DICTIONNAIRE

DE

L'ARMÉE DE TERRE

OU RECHERCHES HISTORIQUES

SUR L'ART ET LES USAGES MILITAIRES

DES ANCIENS ET DES MODERNES,

PAR LE GÉNÉRAL BARDIN,

AUTEUR DU MANUEL D'INFANTERIE,
DU MÉMORIAL DE L'OFFICIER D'INFANTERIE, MEMBRE DE L'ACADÉMIE DES SCIENCES DE TURIN,
COLLABORATEUR DU COMPLÉMENT DU DICTIONNAIRE DE L'ACADÉMIE FRANÇAISE,
DU DICTIONNAIRE DE LA CONVERSATION,
DE L'ENCYCLOPÉDIE DES GENS DU MONDE, ETC., ETC.

NEUVIÈME PARTIE.

PARIS,

LIBRAIRIE MILITAIRE, MARITIME ET POLYTECHNIQUE
DE J. CORRÉARD,

LIBRAIRE-ÉDITEUR ET LIBRAIRE-COMMISSIONNAIRE,
RUE CHRISTINE, 4.

Décembre 1848.

même ; mais, au contraire, il fut relevé de la retraite et promu deux cent quatre-vingts Généraux. D'août 1830 à 1832, il y eut dans le cadre des Généraux quatre-vingt-dix avancements. — Combien faut-il, en FRANCE, d'OFFICIERS GÉNÉRAUX? Si l'on consultait des discours prononcés à la tribune par M. de Tracy et quelques autres orateurs, il en faudrait en activité de cent vingt à cent cinquante. Ce serait environ un MARÉCHAL DE CAMP par deux RÉGIMENTS, un LIEUTENANT GÉNÉRAL par deux BRIGADES. — Forçons la proposition ; supposons qu'il faille un MARÉCHAL DE CAMP par trois mille hommes et un LIEUTENANT GÉNÉRAL par six mille. Supposons que les CADRES soient portés à cinq cent mille hommes ; il faut cent soixante-sept MARÉCHAUX DE CAMP, quatre-vingt-quatre LIEUTENANTS GÉNÉRAUX et cinq MARÉCHAUX, au total deux cent cinquante-six. — A partir du règne de Louis QUINZE, le nombre des Généraux français, non compris ceux EN RETRAITE et les MARÉCHAUX DE FRANCE, a répondu avec plus ou moins de justesse, car nous ne garantissons jamais les chiffres, au tableau qui suit :

En 1735, 719. Après la PAIX DE VIENNE.

1748, 619. Après la PAIX D'AIX-LA-CHAPELLE.

1763, 544. Après la PAIX DE PARIS.

1769, 924.

1776, 555. C'est l'effet des réformes de SAINT-GERMAIN.

1781, 678.

1783, 1041.

1784, 574. Après la paix de Versailles.

1788, 958, non compris la maison militaire, les diplomates, les pensionnaires, les sinécures, ce qui faisait plus de 1,500.

1790, 962. Le DÉCRET DE 1790 (18 AOUT) les réduisait à 94.

1794, 250.

1799, 256.

1801, 360.

1804, 584.

1808, 398.

1812, 560.

1814, 970. A la fin du règne impérial le chiffre était de 541.

1815, 675.

1818, 554.

1820, 558.

1824, 650, ou, suivant les discussions du budget, 666 pour 198,000 hommes. — L'ORDONNANCE DE 1824 (1er DÉCEMBRE) n'en reconnaissait que 410.

1825, 484.

1826, 450, dont 150 LIEUTENANTS GÉNÉRAUX. C'était le nombre que donnait le budget.

1829, 300. L'ORDONNANCE DE 1829 (24 MAI) le prescrivait ainsi ; elle n'a pas été observée.

1830, 459, y compris les MARÉCHAUX, les GÉNÉRAUX EN ACTIVITÉ, EN DISPONIBILITÉ, EN RÉSERVE. L'*Annuaire* de 1830 n'en mentionne que 427.

1831, 497. En vertu des ORDONNANCES DE 1831 (27 FÉVRIER et 22 MARS), et en infraction à l'ORDONNANCE DE 1830 (15 NOVEMBRE). — L'*Annuaire* de 1831 en reconnaissait 542.

1832, 535. Tant dans le CADRE D'ACTIVITÉ que de RÉSERVE, dont 201 LIEUTENANTS GÉNÉRAUX (Rapport du MINISTRE SOULT, 1832, 5 avril). Mais le nombre en excédait réellement 600, en y comptant ceux nommés dans les cent jours et nouvellement reconnus, et ceux mis à la réforme en juillet 1830.

1833, 440. Au 1er janvier il y en avait 416. Le *Spectateur militaire* (t. XVI, p. 252) donne d'autres renseignements.

1835, 360. Par ordonnance du 9 juillet, savoir : CADRE D'ACTIVITÉ, 120 ; CADRE DE VÉTÉRANCE, 240.

1839 (1er janv.), 320. CADRE D'ACTIVITÉ, 225 ; en NON-ACTIVITÉ, 74 ; CADRE DE RÉSERVE, 21.

— Les PROMOTIONS des OFFICIERS GÉNÉRAUX [...] ou à la nomination du gouvernement du roi. — La LOI DE 1832 (14 AVRIL) ont toujours été subordonnées à l'ORDRE DU [...]

devant lesquels ils passent étant en uniforme. Les DRAPEAUX doivent être portés aux REVUES qu'ils passent. — Si, dans l'exercice de leurs fonctions, les Généraux rencontrent des CORPS D'INFANTERIE EN ROUTE dans l'INTÉRIEUR, et si ces CORPS sont sous leurs ordres, les HONNEURS qu'ils en reçoivent consistent seulement dans l'attention que le chef prend de faire aligner les rangs et de faire observer le silence, mais sans qu'il soit fait halte. — Suivant le rang qu'ils tiennent, les GÉNÉRAUX EN ACTIVITÉ ont un ou plusieurs AIDES DE CAMP ou OFFICIERS D'ORDONNANCE; le nombre en variait, si le Général était EMPEREUR ou ROI, PRINCE ou MARÉCHAL. Ils ont à leur porte un FUSILIER ou GRENADIER pour SENTINELLE, et dans quelques circonstances une GARDE D'HONNEUR. — N° 5. FONCTIONS, DEVOIRS. — Avant le dix-huitième siècle, les COMMISSIONS n'étaient que temporaires, et le SERVICE DE JOUR était le mode habituel de commandement. Avant la GUERRE DE 1756, les OFFICIERS GÉNÉRAUX ne se mettaient, le GÉNÉRAL EN CHEF excepté, à la tête des TROUPES que les JOURS DE BATAILLE. — L'ORDONNANCE DE 1768 (1ᵉʳ MARS) fut une des premières qui, sous le rapport du SERVICE DE GARNISON, se soit occupée des OFFICIERS GÉNÉRAUX. — Un obstacle aux succès de l'ARMÉE FRANÇAISE, suivant LESSAC (1783, A), c'est l'INDISCIPLINE des officiers généraux. *Leurs déplorables prétentions,* a dit le général Foy en parlant des temps modernes, *a souvent fait manquer la réussite de plus d'une opération habilement concertée.* — Ce qui a été dit des devoirs du GÉNÉRAL D'ARMÉE, ou même d'un CHEF D'ESCORTE DE CONVOI, est applicable aux Généraux de tout GRADE, quand ceux-ci, se trouvant isolés, agissent en chef. Il suffit au lecteur de modifier par la pensée ce qui demande à l'être, à raison de la position, de la circonstance, de l'étendue plus ou moins grande des attributions, du plus ou moins d'importance du rang. — Les Généraux de classe moins élevée, vivant plus près du soldat, doivent s'appliquer surtout à connaître à fond leur TROUPE et à gagner sa confiance en veillant sans cesse à son bien-être. — Depuis l'ORDONNANCE DE 1829 (31 MAI), les Généraux n'étaient plus susceptibles d'être appelés au COMMANDEMENT DES PLACES, si ce n'est extraordinairement sous le nom de COMMANDANTS SUPÉRIEURS ou de GOUVERNEURS. — Les rédacteurs d'ordonnances auraient dû avant tout s'occuper des attributions des Généraux : ils ne l'ont pas osé. Une décision qui traite superficiellement de l'autorité qu'ils exercent est insérée dans le *Journal des Sciences militaires* (t. XXV, p. 249). — Les devoirs un JOUR DE COMBAT étaient indiqués au titre vingt de l'ORDONNANCE DE 1792 (5 AVRIL). Elle enjoignait aux Généraux de BIVAQUER quand leur TROUPE serait au BIVAC; mais alors les réglements regardaient le BIVAC comme une disposition passagère, exceptionnelle, non comme une manière permanente de prendre gîte. Du reste, il n'était pas prescrit aux Généraux de camper sous la TENTE; la forme des CAMPS MINCES s'y opposait même; cependant ceux d'ALLEMAGNE étaient habitués, depuis les guerres contre les Turcs, à être sous la toile. — En 1831 le MINISTÈRE s'aperçoit, mais un peu tard, que le service et les attributions des Généraux sont jusque-là restés mal déterminés. Il promulgue à cet égard l'INSTRUCTION DE 1831 (20 SEPTEMBRE), qui traçait quelques principes relatifs aux FONCTIONS et aux DEVOIRS; mais elle ne traitait encore que superficiellement cette importante question, qui demandait à être consignée dans de durables réglements, et non dans des documents fugitifs, incomplets et vagues. — Cette instruction veut que les Généraux *voient fréquemment les corps dans les casernes, sur les terrains d'exercice, dans les revues;* elle les charge de *faire disparaître toute introduction d'objets de fantaisie ou non tolérés par les règlements.* — Elle veut qu'ils prennent d'exacts renseignements à l'égard des plaintes portées contre des OFFICIERS, et à l'égard des demandes en CASSATION de SOUS-OFFICIERS; qu'ils vérifient s'il ne s'élève aucune plainte fondée à l'égard de la question de la MASSE INDIVIDUELLE, à l'égard de l'emploi du PRÊT, à l'égard de la quantité des EFFETS D'UNIFORME. — Enfin, sous le MINISTRE SOULT, l'ORDONNANCE DE 1833 (2 NOVEMBRE, tit. IV) a tracé avec plus de netteté leurs devoirs et leur surveillance ; elle veut qu'ils écoutent et examinent toutes les réclamations individuelles, qu'ils portent toute leur attention sur les PUNITIONS infligées et subies, etc. Elle est en grande partie satisfaisante sur ce sujet, et il convient de la consulter. — L'ORDONNANCE DE 1832 (3 MAI, § 17) détermine les DEVOIRS DES GÉNÉRAUX EN CAMPAGNE, et dispose qu'ils donnent leurs noms aux BRIGADES, aux DIVISIONS, etc., placées sous leur COMMANDEMENT. — Un genre de fonction qui tient de celle du législateur a été confié aux Généraux. Ce sont exclusivement des MILITAIRES de ce GRADE qui ont fait partie des institutions nommées CONSEIL DE LA GUERRE, CONSEILS SUPÉRIEURS, COMITÉS PERMANENTS, COMMISSIONS D'EXAMEN. — Il a été traité des devoirs des Généraux par M. BONJOUAN. — A raison de la nature diverse de leurs FONCTIONS, les Généraux français se distinguent ou se sont distingués en GÉNÉRAUX AU CORPS D'ÉTAT-MAJOR, — D'AVANT-GARDE, — DE BRIGADE, — DE DIVISION, — EN CHEF. — Il en a été employé comme AIDES-MAJORS GÉNÉRAUX, CHEFS DE CORPS D'ARMÉE, CHEFS D'ÉTAT-MAJOR GÉNÉRAL, COMMANDANTS DE PLACE, GOUVERNEURS DE PROVINCE, MAJORS GÉNÉRAUX, MARÉCHAUX DES LOGIS D'ARMÉE, MESTRES DE CAMP. — N° 6. INSTRUCTION. — Il était difficile, sauf de rares exceptions, que des Généraux de l'ancien régime eussent quelque teinture du métier, quelque goût, quelque connaissance de ses détails, dans un temps où la NOBLESSE obtenait les BRODERIES sans les avoir gagnées par des services réels, dans un temps où l'on n'entrait à l'Œil-de-bœuf qu'en habit noir, où il n'existait ni ÉCOLE DE BRIGADE, ni ÉCOLE DE DIVISION, ni GRANDES MANOEUVRES, dans un temps où les CAMPS D'INSTRUCTION n'étaient que des réunions de plaisir, des terrains nivelés pour parader. — *En France*, disait GUIBERT (1806, G), *a-t-on jamais pensé à donner une armée à un Général pendant la paix, et le laisser essayer, étendre, perfectionner ses talents par l'habitude de manier des troupes et des circonstances? a-t-on jamais songé à établir une grande école de guerre?* — L'ART MILITAIRE n'avait d'ailleurs ni professeurs, ni ÉCOLES, ni DICTIONNAIRES, ni rudiments; rien n'encourageait à l'étude dans un pays où l'ARMÉE changeait de CONSTITUTION à chaque changement de MINISTÈRE, et où l'on regardait l'éminence des GRADES comme un rang et un droit de cour, et non comme l'attribut d'une fonction publique. Quantité d'OFFICIERS DE CAVALERIE, qui devenaient Généraux, ne savaient guère que monter à cheval; tel Général qui sortait de l'INFANTERIE était tout neuf s'il s'agissait de manier de l'ARTILLERIE, de diriger une ATTAQUE DE PLACE, de JETER UN PONT. — Sous le règne de LOUIS QUATORZE et de LOUIS QUINZE, les Généraux qui, au milieu de tant d'entraves et au sein d'ARMÉES si mal constituées, obtenaient quelques succès, quelque renommée, ceux qui enfin, comme le dit M. le colonel CARRION (1824, A), *parvenaient à conduire passablement un grand corps*, devaient être intrinsèquement pourvus d'un immense mérite, surtout dans les GUERRES DÉFENSIVES. — *Ni notre constitution*, dit LESSAC (1785, A), *ni nos usages ne leur ménagent* (aux Généraux français) *aucun moyen d'instruction. Du moment qu'ils quittent leur régiment, s'ils sont maintenus en exercice, c'est pour passer une revue et faire défiler une parade; est-ce ainsi qu'on se rend capable du commandement des armées?* — La malignité et la vanité des étrangers tiraient

avantage de la médiocrité de nos Généraux; mais la faute n'en était-elle pas au gouvernement? Nos MINISTRES DE LA GUERRE avaient-ils donné le moindre soin à l'instruction ou même à l'éducation première des Généraux? Chacun exerçait sans règle et à sa guise le métier qui veut le savoir le plus étendu, des études de tous les jours et une infatigable pratique; le COMMANDEMENT de plusieurs CORPS était confié à tel militaire qui n'en avait que le nom, à tel officier qui ne l'avait été que pour la forme, qui avait obtenu AVANCEMENT sans quitter la GARNISON, ou qui n'avait figuré que sur les contrôles de l'ÉTAT-MAJOR et n'avait jamais vu une BATAILLE. — On devenait Général sans avoir été COLONEL; mais tel qui avait commandé un RÉGIMENT ne s'était jamais trouvé en position d'étudier les fonctions nouvelles qu'il était appelé à exercer; aussi, jusqu'en 1792 (exceptons-en quelques hommes de génie, quelques êtres supérieurs), la partie la plus inhabile de la MILICE FRANÇAISE c'étaient ses Généraux. Incapables de diriger l'instruction, étrangers à ses éléments, ils étaient systématiques, arrogants, pleins de dédain pour les ordonnances; et pourtant il faut dire, en l'honneur du pays où tant d'imperfections se rencontraient, qu'il n'est pas de nation moderne qui, depuis le seizième siècle, ait eu, non compris ceux de la guerre de la révolution, autant de Généraux célèbres et classiques. — A l'ouverture des campagnes de la révolution, la FRANCE semblait réduite à confier la conduite de ses SOLDATS à des étrangers naturalisés. Que de noms qui n'étaient pas français, tels que Dillon, Kellermann, Kleber, Labarpe, Luckner, Macdonald, Masséna, Miranda, Steingel, Wimpfen, etc. — La cour croyait même que la FRANCE ne pouvait plus faire la guerre. Elle disait, comme le témoigne l'abbé de Pradt: *Qui commanderait aujourd'hui les armées? Le maréchal de Broglie est trop vieux.* — Les choses allaient prendre une nouvelle face. Il allait devenir aisé de guider des troupes qui pour la plupart allaient d'elles-mêmes. L'expérience devait bientôt suppléer au défaut d'apprentissage. *Les exploits d'un seul homme*, a dit le général FOX, *ont obscurci les autres renommées; plusieurs Généraux classés au second ordre tiendraient le premier rang chez les puissances rivales. En Espagne, la guerre avait formé assez de Généraux pour en approvisionner toutes les armées du monde.* — Manier habilement la troupe sur le TERRAIN est le fond indispensable de la SCIENCE de tout Général; mais, en traitant des hauts GRADES, nous avons indiqué combien d'autres branches de savoir doivent être également cultivées. Il est à regretter que l'ORDONNANCE DE 1831 (4 MARS), en s'occupant du remaniement du RÈGLEMENT DE 1791 (1ᵉʳ AOUT), n'ait pas apporté de notables progrès dans le système d'études des Généraux. — Nᵒ 7. PUNITIONS, PEINES. — Ce qui a été dit de la MILICE ROMAINE témoigne que dans l'antiquité toutes les peines répressives des délits des SOLDATS frappaient, et souvent avec aggravation, leurs Généraux. Rien au contraire en FRANCE n'était déterminé; l'impunité semblait acquise à qui portait un habit brodé. — La LÉGISLATION répressive était si vague, si incomplète, que les GRADES des Généraux n'étaient pas même mentionnés dans notre CODE PÉNAL. On eût dit que le gouvernement français regardait ces personnages comme infaillibles, ou du moins comme n'étant pas de nature à subir des PUNITIONS, apparemment à raison de leur qualité de GENTILSHOMMES. —La gravité des PEINES devrait au contraire se proportionner à l'éminence des FONCTIONS, et si l'article 166 du code pénal civil porte : *Tout crime commis par un fonctionnaire public dans ses fonctions est une forfaiture,* nous laissons au lecteur le soin d'en tirer les déductions qu'il jugera convenables. Cependant, depuis les LOIS DE L'AN QUATRE (3 BRUMAIRE) et de l'AN CINQ (4 FRUCTIDOR), et depuis le règne du DIRECTOIRE, les officiers généraux pouvaient être traduits devant des CONSEILS PERMANENTS, dont la composition subissait en ce cas quelques modifications. —Mais en quelle circonstance a-t-on vu la justice leur demander compte des fautes les plus funestes à l'Etat? On lit dans M. CH. DUPIN (1820, B) : *Lorsque Bonaparte eut corrompu les mœurs militaires par des titres,* etc., *lorsqu'il étouffa le désintéressement, et partout où il ne commanda plus en personne, ses lieutenants, rivaux les uns des autres, préférèrent se laisser battre isolément que d'unir leurs efforts pour obtenir par la victoire une illustration partagée. La perte de l'Espagne fut un des premiers fruits d'un tel système.* — L'ORDONNANCE DE 1836 (21 MAI) constituait les conseils d'enquête spéciale pour les MARÉCHAUX DE CAMP et les LIEUTENANTS GÉNÉRAUX. — Dans la marche ordinaire des choses, les Généraux ne doivent pas s'immiscer dans l'ADMINISTRATION des CORPS, à moins qu'ils n'agissent comme GÉNÉRAUX EN CHEF, ou à titre de COMMANDANTS DE DIVISION TERRITORIALE, ou comme INSPECTEURS D'ARMES; l'ADMINISTRATION supérieure n'est qu'extraordinairement de leur ressort; l'ADMINISTRATION courante ne les regarde que de concert avec le CORPS de l'INTENDANCE, comme au-

trefois avec les COMMISSAIRES DES GUERRES.

GÉNÉRAL GREC. V. GREC, adj. V. HÉRAUT. V. MILICE GRECQUE Nᵒ 6, 7. V. MUSICIEN. V. MUSIQUE. V. MYRIARQUE. V. PHILARQUE. V. SKYTALE.

GÉNÉRAL INSPECTEUR. V. GRENADIER DE FRANCE. V. HAIE. V. INSPECTEUR. V. INSPECTEUR GÉNÉRAL Nᵒ 3. V. TÊTE A DROITE.

GÉNÉRAL LIEUTENANT. V. LIEUTENANT. V. MILICE BAVAROISE Nᵒ 1. V. MILICE HOLLANDAISE Nᵒ 2. V. MILICE PRUSSIENNE Nᵒ 2, 6, 9. V. MILICE RUSSE Nᵒ 2, 5. V. MILICE SAXONNE Nᵒ 1. V. MILICE SUÉDOISE Nᵒ 1. V. MILICE WURTEMBERGEOISE Nᵒ 1.

GÉNÉRAL (généraux) MAJOR (F), OU GÉNÉRAL DE BATAILLE. Sorte de GÉNÉRAL dont le titre et les fonctions existent dans les MILICES de BAVIÈRE, d'ESPAGNE, de HOLLANDE, de PRUSSE, du WURTEMBERG. Son rang y répond à celui des MARÉCHAUX DE CAMP français. — Dans les MILICES ANGLAISE et ANGLO-AMÉRICAINE, le MAJOR GÉNÉRAL primait le BRIGADIER. Dans ces ARMÉES, le DÉPOT de la guerre était sous la direction d'un Général major. — Dans les MILICES AUTRICHIENNE, NÉERLANDAISE, RUSSE, SAXONNE, SUÉDOISE, un Général major est immédiatement au-dessus du COLONEL, et répond au grade de GÉNÉRAL DE BRIGADE ou de MARÉCHAL DE CAMP. — Dans la MILICE HESSOISE, le Général major commande une BRIGADE, de même que le MAJOR GÉNÉRAL en commande une dans la MILICE PIÉMONTAISE. — Le QUARTIER-MAITRE GÉNÉRAL a, dans quelques ARMÉES, GRADE de Général major.

GÉNÉRAL NÉERLANDAIS. V. MILICE NÉERLANDAISE Nᵒ 1, 6. V. NÉERLANDAIS, adj.

GÉNÉRAL NORWÉGIEN. V. MILICE NORWÉGIENNE. V. NORWÉGIEN, adj.

GÉNÉRAL PIÉMONTAIS. V. MILICE PIÉMONTAISE Nᵒ 1, 5. V. PIÉMONTAIS, adj.

GÉNÉRAL POLONAIS. V. MILICE POLONAISE Nᵒ 1. V. POLONAIS, adj.

GÉNÉRAL PORTUGAIS. V. MILICE PORTUGAISE Nᵒ 1. V. PORTUGAIS, adj.

GÉNÉRAL PRUSSIEN. V. MILICE ANGLAISE Nᵒ 8. V. MILICE PRUSSIENNE Nᵒ 2, 3, 7, 8, 9. V. PRUSSIEN, adj. V. STRATÉGIE. V. TABLE D'OFFICIERS.

GÉNÉRAL ROMAIN. V. BOUCLIER. V. CAMP ROMAIN. V. CENTURION EN CHEF. V. COLONEL D'INFANTERIE FRANÇAISE DE LIGNE Nᵒ 2. V. COTTE D'ARMES. V. ENSEIGNE D'ÉQUIPEMENT. V. ÉQUIPAGES. V. GRÈVE. V. MAITRE DE LA CAVALERIE. V. MILICE ROMAINE; id. Nᵒ 4, 5, 7, 8, 9, 10. V. MUSIQUE. V. PRÉFET DE LÉGION. V. PRÉFET DE MILICE ROMAINE. V. PRÉTOIRE. V. QUESTEUR. V. ROMAIN, adj. V. SERMENT. V. SIGNAL STRATEUMATIQUE. V. SOUS-CONSUL. V. SUPPLICE.

v. TENTE. v. TOUR DE FORTIFICATION. v. TRIBUN ROMAIN ; id. n° 1, 3, 4, 5, 6.

GÉNÉRAL RUSSE. v. MILICE RUSSE n° 1, 2, 3, 8. v. CARRÉ D'EGYPTE. v. RÉPRESSION. v. RUSSE, adj.

GÉNÉRAL SAXON. v. MILICE SAXONNE n° 1. v. SAXON, adj.

GÉNÉRAL SUÉDOIS. v. MILICE SUÉDOISE n° 1, 4. v. SUÉDOIS, adj.

GÉNÉRAL SYKE. v. MILICE SYKE n° 4, 5. v. SYKE, adj.

GÉNÉRAL TURC. v. MILICE TURQUE n° 2, 6, 7. v. ORDONNANCE D'EXERCICE D'INFANTERIE. v. TURC, adj.

GÉNÉRAL TURCO-ÉGYPTIEN. v. MILICE TURCO-ÉGYPTIENNE n° 2, 3, 4, 5. v. TURCO-ÉGYPTIEN, adj.

GÉNÉRAL VÉNITIEN. v. MILICE VÉNITIENNE.

GÉNÉRAL WURTEMBERGEOIS. v. MILICE WURTEMBERGEOISE n° 1, 3, 5, 7. v. WURTEMBERGEOIS, adj.

GÉNÉRALAT, subs. masc. (F). Ce mot, qui a la même racine que le terme GÉNÉRAL, répondait au substantif stratégie des langues anciennes. Il a été employé par un petit nombre d'ÉCRIVAINS, par FURETIÈRE, par l'ACADÉMIE, pour exprimer les fonctions ou la charge exercées par un OFFICIER GÉNÉRAL, et pour désigner la possession de ce genre d'emploi, ou même la circonscription du terrain que le COMMANDEMENT de ce genre embrasse, et dont un RÉGIMENT (prenant ce mot dans son acception primitive) avait la garde. — Dans le dernier siècle, les GRADES EN SECOND étaient l'échelle du Généralat. — Dans la MILICE AUTRICHIENNE on désignait par l'expression Généralat une sorte de DIVISION TERRITORIALE, un RÉGIMENT FRONTIÈRE, une étendue de frontières militaires et l'ensemble d'un pays habité par les Valaques, les Morlaques, les GRECS, etc. — La MILICE TURQUE est distribuée par Généralats. — Dans les usages français, le mot Généralat s'est appliqué quelquefois aux GÉNÉRAUX D'ARMÉE, mais jamais à un système de délimitation : l'expression eût été préférable cependant aux termes DIVISION MILITAIRE TERRITORIALE; elle aurait dû succéder au terme capitainerie quand le GÉNÉRAL a succédé au capitaine.

GÉNÉRALE, subs. fém. (term. génér.). Ce mot, qui a la même étymologie que l'adjectif GÉNÉRAL, a été une ellipse des locutions ASSEMBLÉE générale ou ALARME générale; il ne s'appliquait d'abord qu'à l'INFANTERIE, parce que la GÉNÉRALE DE CAVALERIE était le BOUTE-SELLE. — On a, par synecdoque, transporté au signe de la chose le nom de la chose, et l'on a désigné ainsi une BATTERIE DE CAISSE et une SONNERIE D'INFANTERIE d'un caractère particulier. On voit déjà le mot, pris sous cette forme, figurer dans l'ORDONNANCE DE 1670 (10 JUILLET). — BATTRE LA GÉNÉRALE répond, suivant quelques opinions, à la locution antique *classicum sonare*, exécuter le CLASSICON ; cependant il sera difficile d'éclaircir jamais ce point obscur de la science, puisque des ÉCRIVAINS qui font autorité ont prétendu que le *classicum* que sonnait la BUCCINE, jouée de concert avec d'autres INSTRUMENTS A VENT, était une sorte de PAS DE CHARGE. — Avant l'emploi de l'expression examinée ici, on appelait ALARME ce qu'on a ensuite nommé Générale. Quelquefois aussi on a appelé ASSEMBLÉE ces mêmes BATTERIES; cependant l'ASSEMBLÉE et la Générale sont distinctes en garnison, puisque l'ASSEMBLÉE proprement dite précède de deux heures au plus l'ASSEMBLÉE DE DÉPART et la batterie AUX DRAPEAUX; elles se BATTAIENT d'ailleurs à une VITESSE différente : la Générale était un PAS REDOUBLÉ ou ACCÉLÉRÉ. — Maintenant la Générale est ou une BATTERIE D'ALARME qui, de jour comme de nuit, appelle sur-le-champ les troupes AUX ARMES, ou bien elle est une BATTERIE DE DÉPART qui annonce aux MILITAIRES qu'il leur est enjoint de se lever, de rassembler leurs effets, et de se tenir prêts à être incessamment réunis avec ARMES ET BAGAGES. — La Générale, considérée comme BATTERIE D'ALARME exécutée en présence de l'ENNEMI, est entrée de nos jours dans le langage de la pénalité : ainsi les militaires ABSENTS A LA GÉNÉRALE sont considérés comme coupables d'un DÉLIT; ainsi la justice connaît de l'ABSENCE A LA GÉNÉRALE. — L'ORDONNANCE DE 1754 (29 JUIN) voulait que la Générale fût battue comme PAS REDOUBLÉ, ou à raison de deux pas par seconde. — Depuis l'institution du PAS ACCÉLÉRÉ, la Générale devait être battue à raison de cent pas à la minute, et non plus à raison de cent vingt. Mais cette modification n'était justifiée par aucun règlement; le principe était resté vague sous le rapport musical et sous celui de la cadence du pas. — L'ORDONNANCE DE 1768 (1er MARS) réglait l'application de la Générale au service; elle voulait que dans les GARNISONS la Générale fût battue non pas seulement pour l'INFANTERIE, mais quand toutes les TROUPES à la fois devaient PRENDRE LES ARMES. — L'usage s'est sagement établi de n'exécuter, à l'ÉCOLE DES TAMBOURS, la Générale qu'à la fin de la leçon, afin de ne pas induire en erreur les TROUPES et de ne pas donner l'ALARME aux citoyens. — Dans des temps d'effervescence on a quelquefois remplacé la Générale par la RETRAITE, pour donner signal à tous les militaires de se rendre dans leur caserne ou dans leurs quartiers, afin d'y attendre des ordres. — L'infanterie de la garde impériale avait substitué la grenadière à la Générale. Alors le caprice faisait loi. — L'ordonnance de 1818 (13 mai) réglait, à l'égard des troupes en marche, que pour donner le signal du rassemblement la batterie qu'on a nommée le premier ne consisterait plus que dans la batterie aux champs, tandis qu'auparavant elle consistait dans la Générale, toutes les fois que dans le lieu du gite où la troupe en route avait couché il ne se trouvait point d'autres corps que cette troupe de passage. Cette ordonnance ne veut pour tout intervalle qu'une heure et demie entre le signal du premier et le départ. — Au signal du premier, les convalescents, les fourriers et le logement se mettent en route. — Quelques détails qui concernent la Générale sont insérés dans le *Dictionnaire de la Conversation*. — La Générale sera surtout distinguée ici en générale au camp.

GÉNÉRALE au camp (E, 1; G, 6). Sorte de générale qui commence ordinairement au quartier général, et qui est battue par le tambour de ce poste, pour annoncer le décampement. Elle donne le signal de détendre, si la troupe occupe un camp de tentes; elle annonce que l'armée va se mettre en route dans une heure et demie. — Les tambours des gardes des généraux et ceux des gardes de police répètent sans retard la batterie de poste en poste. — Si toute l'armée devait prendre les armes sans que ce fût pour quitter le camp, la Générale serait battue à l'heure qui aurait été indiquée la veille par l'ordre du jour, afin de prévenir tout malentendu.

GÉNÉRALE de cavalerie. V. cavalerie. V. générale.

GÉNÉRALE en route. V. caporal en route. V. consigne de piquet de logement. V. convalescent de corps en route. V. fourrier en route. V. logement actif.

GÉNÉRALISSIMAT, subs. masc. v. généralissime. v. législation. v. maréchal de France n° 3.

GÉNÉRALISSIME, subs. masc. (F). Mot qui a été un augmentatif du substantif général, et qui est analogue, suivant l'Encyclopédie (1751, C), à l'archistratége des Grecs, au patrice des Byzantins. C'est une de nos expressions les mieux faites; elle est claire et simple. Dans l'origine, elle donnait idée d'un ministre de la guerre l'épée à la main. — Le grade de Généralissime date de Charles neuf. La loi a aboli ce titre en 1790. Une décision ministérielle l'a fait re-

vivre en 1823. — Les personnages dont le titre a jadis répondu à celui de Généralissime étaient, sous la première race, le grand maitre de la milice, le maire du palais; sous la seconde race, le duc des Français; sous la troisième race, le grand sénéchal, et ensuite le connétable; mais ce dernier était Généralissime perpétuel; il différait en cela de ses prédécesseurs qui n'avaient commandé que par commission, et n'avaient exercé que des fonctions censées révocables; les lieutenants généraux étaient également des Généralissimes temporaires. — Charles neuf donna le baton de Généralissime au duc d'Anjou, devenu Henri trois. — En 1629, un ecclésiastique est Généralissime : c'est Richelieu : il prend ce titre, quoiqu'il n'eût été décerné jusque-là qu'à des princes du sang; mais porter la pourpre romaine et être de la famille des rois était tout un aux yeux de Richelieu. Il avait sous ses ordres, dans l'armée d'Italie, deux maréchaux; il avait pour guides d'état-major une compagnie de gardes du corps. — Dans la même année, Walstein s'instituait Généralissime de terre et de mer; Tilly hérita, en 1632, de ce grade. — En 1635, Louis treize nomma Généralissime le duc de Savoie, Victor-Amédée. — Condé était Généralissime à Nordlingen en 1645. — Louis quatorze créa quelquefois un Généralissime, quelquefois un maréchal général des camps et armées; on n'entrevoit pas de nuance entre ces deux qualifications, si ce n'est que la première supposait un rang plus illustre; l'un ou l'autre était un connétable temporaire, parce que le roi ne voulait pas rétablir, avec caractère indélébile, l'ancien grade, ou un grade analogue à celui de connétable. — En 1692, ce prince, faisant la guerre dans les Pays-Bas, partagea l'armée en quatre corps, se réserva le commandement du premier; mais il s'y fit aider par son frère le duc d'Orléans, qu'il nomma Généralissime, et il plaça en second Turenne, qu'il nomma capitaine général; ainsi il subordonna au premier de ces titres celui de capitaine général, qui par là décroissait, et qui avait jusque-là donné idée du commandement suprême. — Louis quatorze accorda aussi le titre de Généralissime à l'électeur de Bavière et à Villars, qui avait élevé bien plus haut ses vues en aspirant à l'épée de connétable. — Dans la guerre de 1756, le maréchal de Richelieu est Généralissime de l'armée d'Allemagne. — On voit que, suivant cette immuable loi de la destinée qui veut que les titres militaires aillent progressivement se ravalant, la qualification de Généralissime était déjà bien déchue ; elle n'était plus réservée à la personne d'un PRINCE ; elle n'impliquait plus l'idée de la direction de plusieurs ARMÉES ; le chef d'une seule pouvait être revêtu de ce titre. — En août 1792, Luckner était Généralissime, mais titulairement plutôt qu'effectivement. — Au commencement de la GUERRE DE LA RÉVOLUTION, le titre de Généralissime est abrogé, comme nous l'avons dit. — En l'an sept, SOUWAROF porte cette désignation. Les vieux usages militaires de FRANCE ont fait le tour du monde. — Depuis la PAIX DE PARIS en 1814, WELLINGTON est Généralissime de la MILICE DES PAYS-BAS. — L'ARMÉE CONFÉDÉRÉE des Etats allemands est, depuis 1815, soumise à un Généralissime. — En 1823, un PRINCE FRANÇAIS est Généralissime de l'armée d'Espagne. — Les AUTEURS qui ont donné la définition du terme Généralissime regardent cet officier comme un chef à CARTE BLANCHE, n'ayant militairement personne au-dessus de lui et n'obéissant qu'aux ordres d'un cabinet, d'un sénat, d'un ministre. Tel serait à peu près le COMMANDEUR EN CHEF de l'armée ANGLAISE ; cependant celui-ci a du moins des devoirs tracés. — Il y a même des ÉCRIVAINS qui, n'ayant envisagé le titre que dans sa splendeur primitive, comme le fait FURETIÈRE, ont dit que c'était une dignité de PRINCE DU SANG ; mais cette définition pèche contre l'exactitude, ainsi que nous l'avons démontré. — BONAPARTE a dit (MONTHOLON, t. II, p. 175) : *Le titre de Généralissime comporte l'idée du commandement général de toutes les troupes d'un Etat.* — On peut dire même qu'un Généralissime était législateur, aux temps où il n'y avait pas de STRATONOMIE ou de lois écrites. — Mais, s'il en est ainsi, ce titre a continué à déchoir : puisque, en 1823, les voyages du MINISTRE DE LA GUERRE à l'armée d'ESPAGNE, les courses de ses mandataires et les marchés si amèrement attaqués qui ont eu lieu, prouvent que le prince n'avait pas CARTE BLANCHE comme l'avait en Hanovre RICHELIEU, et qu'il ne commandait que conditionnellement et seulement sur le territoire étranger. Un mort canonisé avait été Généralissime de la MILICE PORTUGAISE ; de même, en 1835 (27 août), le trente-cinquième bulletin de don Carlos, élève au grade de Généralissime la très-sainte Vierge des sept Douleurs, et lui consacre un étendard-Généralissime, dispensé de saluer personne, même le monarque, et devant être salué des mêmes honneurs que le saint sacrement. — Un Français est devenu Généralissime de l'ARMÉE SYKE.

GÉNESTAIRE, subs. masc. v. GÉNETAIRE.

GÉNESTEUR, subs. masc. v. GÉNETAIRE.

GENET, subs. mas. v. CHEVAL. v. GÉNETAIRE. v. GÉNETTE.

GÉNETAIRE, adj. v. LANCE G...

GÉNETAIRE, subs. masc. (F), ou GÉNESTAIRE, ou GÉNESTEUR, ou GÉNETTAIRE, ou GÉNITAIRE suivant ROQUEFORT, ou GENNETAIRE comme dit BRANTOME (1600, A), ou JANETAIRE suivant BOREL (Pierre), ou JANETTAIRE comme l'écrit BERAULT. — Ces mots dérivent de l'ITALIEN *giannetario*, provenu de l'ESPAGNOL *gineta*, LANCE courte. — De même qu'en FRANCE on nommait LANCE un LANCIER, en italien *cavallarmato* un GENS D'ARMES, de même on appelait en ESPAGNOL *ginète*, Génetaire, le CAVALIER LÉGER, armé de la LANCE COURTE, nommée *gineta*, genet ; ces CAVALIERS, ces LANCES GÉNETAIRES, ayant toutes les coutumes, toutes les allures des SARRASINS, on exprima en équitation par GÉNETTE la manière moresque dont ces soldats se tenaient à cheval. — Les Français ont également nommé Génetaire une LANCE ou JAVELINE, et la CAVALERIE LÉGÈRE qui se servait de ce genre d'ARMES. — COMMINES regardait Génetaire comme ayant du rapport avec JANISSAIRE ; mais cette étymologie est entièrement dépourvue de fondement. Avec plus de raison, on a classé dans la même catégorie les Génetaires et les STRADIOTS. — Les Génetaires composaient la CAVALERIE LÉGÈRE de la MILICE ESPAGNOLE : ils en étaient les HUSSARDS ; ils avaient de l'analogie avec les ALBANAIS au SERVICE DE FRANCE ; ils étaient vêtus de même à la turque ; ils se servaient de ZAGAIES et avaient un BOUCLIER ; ils étaient montés sur des CHEVAUX de petite taille que les FRANÇAIS et les ANGLAIS appelaient GENETS et les ITALIENS *ginetti* ; ils étaient harnachés à la GENETTE, c'est-à-dire avec les ÉTRIERS courts et le MORS à la moresque. — Les ITALIENS prenaient Génetaire (*giannetario*) comme l'opposé du mot HOMME D'ARMES, *cavallarmato* ; ils appelaient *giannetta*, GENETTE, leur ARZEGAIE, comme on le voit dans GRASSI (1817, H). — BRANTOME, parlant de l'armée ESPAGNOLE combattant à RAVENNES en 1512, dit que *Don Pedro de Pas était capitaine de tous les Génetaires.*

GÉNETTAIRE. v. GÉNETAIRE.

GÉNETTE, subs. fém. (F), ou CANNE D'ARMES, ou DEMI-PIQUE, ou GINETTE suivant BOREL (Pierre), ou LANCE COURTE, ou MORS turc, ou ZAGAIE. Le mot Génette, dérivé du bas LATIN et de l'ESPAGNOL *gineta*, est analogue à l'ITALIEN *giannetta*, ARME OU BRIDE de GÉNETAIRE. — BRANTOME (1600, A) emploie souvent, sous forme adverbiale, l'expression A LA GÉNETTE pour donner idée de la manière de combattre des GÉNETAIRES, et de la manière de monter un GENET; l'un était un système d'ESCRIME, l'autre un système d'ÉQUITATION et de HARNACHEMENT. — L'usage de la Génette s'introduisit dans l'INFANTERIE ESPAGNOLE dans le quinzième siècle; cette ARME, que portaient les CAPITAINES, répondait à l'ESPONTON français. Cette Génette avait le fer doré, était ornée d'une houppe en fils d'or; elle s'accourcit ensuite en CANNE D'ARMES, recouverte de velours écarlate, garni de clous dorés. — L'expression Génette fut aussi le nom de l'ensemble du mors et de la gourmette des BRIDES ARABES; elle était faite en forme d'anneau de fer, arrêté au haut de la liberté de langue : on en retrouve les images dans PLUVIMEL et l'usage en Algérie. — Dans des COMBATS SINGULIERS on convenait de brider de cette sorte le cheval. — Le mot avait un tout autre sens s'il s'agissait de l'ORDRE DE LA GÉNETTE. — Les MILICES ITALIENNES connaissaient deux genres d'ÉQUITATION, l'un mantouan, l'autre A LA GÉNETTE.

GENGIS. V. NOMS PROPRES.

GÉNIE, subs. masc. V. ADJOINT AU G... V. ADMINISTRATION DU G... V. ALLOCATION DE G... V. ARME DE G... V. ARME DU G... V. ARSENAL DU G... V. ATELIER DU G... V. BATAILLON DU G... V. BRIGADE DU G... V. CAISSON DU G... V. CAPITAINE DU G... V. CHEF DE BATAILLON DU G... V. CHEF D'ÉTAT-MAJOR DU G... V. CHEF DU G... V. CHEVAL DU G... V. COLONEL DU G... V. COMITÉ DU G... V. COMMANDANT DU G... V. COMPAGNIE DU G... V. COMPAGNIE DU TRAIN DU G... V. COMPOSITION DE G... V. COMPTABILITÉ DU G... V. CORPS DU G... V. CORPS IMPÉRIAL DU G... V. CORPS ROYAL DU G... V. CRÉATION DE G... V. DEVOIR DE G... V. DIRECTEUR DU G... V. DÉNOMINATION DE G... V. DIRECTION DU G... V. ÉCOLE DU G... V. EFFECTIF DU G... V. EFFET AU COMPTE DU G... V. ÉLÈVE DU G... V. EMPLOYÉ DU G... V. ÉTABLISSEMENT DU G... V. ÉTAT-MAJOR DU G... V. FONCTIONS DE G... V. FORCE DE G... V. GARDE DU G... V. GARDES DU G... V. GÉNÉRAL DU G... V. GÉNÉRAL DE BRIGADE DU G... V. GÉNÉRAL DE DIVISION DU G... V. GRADE DU C... V. HOMME DU G... V. INSPECTEUR GÉNÉRAL DU G... V. INSTRUCTION DE G... V. LIEUTENANT-COLONEL DU G... V. LIEUTENANT GÉNÉRAL DU G... V. MAGASIN DU G... V. MAJOR DU G... V. MARÉCHAL DE CAMP DU G... V. MATÉRIEL DU G... V. MINEUR DU G... V. OFFICIER DE G... V. OFFICIER DU G... V. OUTIL DU G... V. OUVRIER DU G... V. PARC DU G... V. PAYE DU G... V. PERSONNEL DU G... V. PRÉPOSÉ DU G... V. PRÉROGATIVES DU G... V. RANG DE G... V. RÉGIMENT DU G... V. SAPEUR DU G... V. SERVICE DU G... V. SOLDE DU G... V. SOUS-ARME DU G... V. SOUS-OFFICIER DU G... V. TRAIN DU G... V. TRAVAILLEUR DU G... V. TRAVAUX DU G...

GÉNIE, subs. masc. (term. génér.), ou ARCHITECTONIQUE, ou ENGIGNERIE, ou ENGINERIE dont l'ANGLAIS a fait *enginey*, ou GÉNIE FRANÇAIS, ou GÉNIE militaire, ou PÉRIBOLOGIE. La racine du mot Génie est des plus anciennes, tandis que, sous son acception actuelle, le terme est moderne dans l'ARMÉE FRANÇAISE. — L'expression Génie proprement dit, et faisant abstraction de la chose militaire, vient du GREC *geno* ou *geneo*, engendrer, et du LATIN *genius*, puissance ou être surnaturel qui préside à la naissance des humains. Mais la locution Génie militaire tient à une souche différente. — Au MOYEN AGE, on appelait en français ANGIN, ENGIN, et en ITALIEN *ingegno*, les instruments ou les MACHINES que fabriquaient des constructeurs ou INGÉNIEURS, en ITALIEN *ingegniere*. — La basse LATINITÉ traduisait ENGIN par *ingenium*; quelques AUTEURS, prenant l'effet pour la cause, ont fait dériver le terme Génie du LATIN *ingenium*; mais GUIBERT (1775, E) conteste cette origine; et en effet l'expression provient du verbe LATIN *inginere*, engendrer, produire, verbe qui lui-même a donné naissance au verbe français *enger*, dont sont sortis les substantifs ANGIN, ENGIEN, ENGIN, puis ANGIGNOUR, ANGIGNNIER, ENGIGNIER, ENGIGNIÈRE, ENGIGNOUR, ENGINEUR, ENGINGNEUR, ENGINGNIER, ENGINGNIERRE, ENGINIER, INGIGNOUR, et tous les autres synonymes du même mot. Ces derniers substantifs ont amené INGÉNIEUR, dont Génie est dérivé. Le même mot *engineer* est resté en ANGLAIS, et répondait, à ce que dit GUIBERT (1773, E; t. II, p. 195), au *konstabler* ou *kiensthabler* des ALLEMANDS, mot qui ne se trouve pas dans les dictionnaires. — Ce même écrivain dit, à l'égard des INGÉNIEURS et du Génie : *Les ingénieurs ne savent ni comment les troupes manœuvrent ni comment on doit les conduire; ils ne veulent pas même le savoir, regardant leur art comme le premier des arts. Si ce préjugé est entretenu chez eux par le beau nom de Génie, je dois les avertir que cette pompeuse dénomination est de création nouvelle; que, du temps de Vauban, on disait simplement le corps des ingénieurs, et qu'ingénieur dérive, non du mot Génie, mais du mot engin, parce qu'alors les ingénieurs étaient les constructeurs des machines de guerre.* — Mais, dans le cours de ses ouvrages, GUIBERT répand le blâme ou la louange, suivant la manière dont il se passionne : ainsi dans un autre traité (1806, G) il déclare la conversation des OFFICIERS DU GÉNIE plus instructive que celle de quelque OFFICIER GÉNÉRAL que ce soit. — L'expression Génie était inconnue de PHILIPPE DE CLÈVES (1520, A); on ne voit même rien dans son livre qui soit analogue aux ingénieurs ; on y retrouve seulement que le maitre de l'artillerie a sous ses ordres des pionniers menés par un capitaine, et qu'il leur fait faire à sa volonté les fortifications, les tauditz, les tranchées. — L'expression Génie a, sur beaucoup d'autres locutions militaires, l'avantage de la brièveté ; malheureusement la malignité l'entremêle trop souvent de ridicule par des équivoques de mauvais goût. — L'Académie prétend que le Génie est l'art de la fortification ; mais cette assertion, présentée d'une manière absolue, est fausse par plusieurs raisons qui seront déduites bientôt. Le vice de la locution était reconnu par tous les écrivains qui, dans l'absence d'une expression précise, ont composé ou employé le terme hercotectonique ; mais ce terme ne s'applique lui-même qu'à la partie architecturale du Génie. — Le Génie est une des hautes branches de la science que les anciens et quelques savants modernes ont appelée aréotectonique. — Quittons la grammaire pour l'histoire. — Originairement le grand maitre des arbalétriers avait dans ses attributions les opérations qui concernent actuellement le Génie. — Dans les temps moins anciens, les maitres ou le grand maitre de l'artillerie décidaient des travaux de fortifications à exécuter sur les points où se faisait la guerre. Ils étaient chargés aussi d'établir les ponts de campagne, dont la construction a regardé ensuite, en différentes circonstances, le Génie. — Rien de pareil au corps actuel du Génie n'existait, en France, sous Henri quatre. Le colonel Carrion (1824, A) dit cependant que Sully s'occupa de cet objet ; mais ce ministre se contenta d'appeler en France des Italiens pour ce genre de service ; à l'armée, les officiers d'infanterie s'en acquittaient de leur mieux. Dans l'intérieur du royaume, les gouverneurs de province décidaient à l'égard des travaux militaires analogues aux travaux civils ; ils concernent aujourd'hui les ingénieurs des ponts et chaussées ; des entrepreneurs s'en chargeaient, et y employaient des ingénieurs civils. — Louvois, ou plutôt Colbert, changèrent cet ordre de choses ; mais ce fut surtout Vauban qui fut le père du Génie civil et militaire, formé en un seul corps ; l'école de Mézières, créée en 1748, fut le premier établissement consacré à la démonstration de la science.—Le corps, composé de trois cents officiers par l'ordonnance de 1744 (7 février), se partagea en civil et en militaire vers le milieu du siècle : c'est l'époque où s'introduisit dans l'armée l'expression corps du génie, parce

que les militaires ont toujours été curieux de titres bien distincts de ceux des fonctionnaires civils. — Lachesnaie (1758, I) fait mention un des premiers, dans les ordonnances qu'il relate, de cette désignation alors nouvelle ; par ellipse, on substitua, dans le langage familier, le mot Génie au mot corps du génie. — Le Génie, c'est-à-dire cette partie du corps des ingénieurs qui continuérent à être militaires et qui constituent aujourd'hui une arme, se trouvant dégagé du soin des travaux civils, la fusion du Génie et de l'artillerie en un seul corps fut regardée, en 1748, comme d'un résultat avantageux. Cette opinion, embrassée par les hommes d'un talent supérieur, fut partagée par de Vallière ; il aima mieux la soutenir que d'obtenir, pour prix de son silence, le cordon rouge. — D'Argenson cependant était poussé à cet amalgame par d'honorables motifs, développés dans Audouin. La réunion des deux corps eut lieu en 1755 (8 décembre) ; Belle-Isle révoqua cette disposition et sépara l'artillerie du Génie en 1758 (5 mai). — On comptait trois cents ingénieurs et trois cent vingt et un officiers d'artillerie ; les premiers formèrent, en vertu de l'ordonnance de 1776 (31 décembre), le corps royal du Génie, composé de vingt directeurs, de quatre-vingt-seize ingénieurs en chef et de deux cents ingénieurs ordinaires. C'est vers cette époque que le corps commença à participer à la faveur des pensions de retraite. — Le Génie a eu dans ses attributions l'architecture militaire, la castramétation, la fortification, les mines ; mais, à la guerre de la révolution, cette dernière partie est passée dans le domaine de l'artillerie ; et la castramétation est plutôt à présent dans les attributions du corps d'état-major. — Le Génie, si l'on en croit ses grands prêtres, est l'arche sainte ; abstenons-nous d'y toucher, nous qui n'appartenons pas à son sacerdoce ; ses desservants mêmes, s'ils n'étaient membres du comité, n'avaient pas la permission de discuter les systèmes admis ou susceptibles de l'être ; contentons-nous de citer les documents, les livres qui en ont traité. — Les ordonnances qu'on peut consulter sont celles de 1750, 1755, 1759, 1776 (30 et 31 décembre), le décret de 1790 (7 décembre), la loi de 1791 (10 juillet), l'arrêté de l'an quatre (22 germinal), le décret de 1810 (22 septembre), le recueil pour l'état-major des places, imprimé en 1813. — Les écrivains auxquels on peut recourir sont : M. Allent, Ambert, Audouin, Bardet (1740, A), Belair (1787), Belidor (1755, F), Blein, Boehm, Bureaux de Pusy,

CARRÉ (1783, E), COEHORN, CORMONTAINGNE, DABIGNÉ, DARÇON (1775, P), DEMBARRÈRE, DOORMANN, DUFOUR, EGGER (1751, B; 1757, N), l'ENCYCLOPÉDIE (1751, C; au mot *Ingénieur*), FAESCH (J.-R. [1725]), FAULHABER, M. GRIVET, HUMBERT, LACHESNAIE (1751, B), LEBLOND (1743, A), MORIN, MOUSSIER, SÉID, TISSOT-GRENUS, VAUBAN, VOCH, le *Journal de l'Armée* (t. III, p. 355), la *Sentinelle de l'Armée* (t. III, p. 171), l'*Encyclopédie des Gens du monde*. — Embrassons ici le terme comme étant quelquefois synonyme d'ARME DU GÉNIE ou d'ÉTAT-MAJOR DU GÉNIE, et quelquefois synonyme de SCIENCE de l'INGÉNIEUR; ainsi nous le distinguerons en GÉNIE IDIOPLIQUE et en GÉNIE STRATOPÉDIQUE.

GÉNIE ANGLAIS. V. ANGLAIS, adj. V. MILICE ANGLAISE Nº 1, 3, 4, 7. V. MINISTÈRE DE LA GUERRE. V. ORDONNANCE IDIOPLIQUE. V. PONTONNIER.

GÉNIE ANGLO-AMÉRICAIN. V. ANGLO-AMÉRICAIN, adj. V. MILICE ANGLO-AMÉRICAINE Nº 1.

GÉNIE AUTRICHIEN. V. AUTRICHIEN, adj. V. MILICE AUTRICHIENNE Nº 1, 2, 3.

GÉNIE BAVAROIS. V. BAVAROIS, adj. V. MILICE BAVAROISE Nº 1.

GÉNIE DANOIS. V. DANOIS, adj. V. MILICE DANOISE Nº 1.

GÉNIE ESPAGNOL. V. ESPAGNOL, adj. V. MILICE ESPAGNOLE Nº 2, 3, 7, 9.

GÉNIE FRANÇAIS. V. ADMINISTRATION MILITAIRE. V. BLOCKHAUS. V. COMBUSTIBLE DE CUISINE DE CASERNE. V. DIRECTEUR-MINISTRE. V. FRANÇAIS, adj. V. GÉNIE. V. GÉNIE IDIOPLIQUE. V. POT DÉFENSIF. V. QUARTIER DE CAVALERIE. V. RECRUTEMENT.

GÉNIE HAITIEN. V. HAITIEN, adj. V. MILICE HAITIENNE.

GÉNIE IDIOPLIQUE (A, 1), ou CORPS D'INGÉNIEURS MILITAIRES, ou CORPS DU GÉNIE, ou GÉNIE FRANÇAIS, ou OFFICIER DU GÉNIE. Sorte de GÉNIE MILITAIRE considéré, non pas comme une SCIENCE, mais comme le PERSONNEL d'une des ARMES de l'ARMÉE FRANÇAISE. — L'histoire et les détails du Génie ont exercé principalement les recherches de MM. le colonel ALLENT, AMIOT (1830), le général GIRARDIN, GRIVET, SICARD, VITOT, et les écrivains nombreux qui se sont occupés des INGÉNIEURS et des OFFICIERS DU GÉNIE, le *Spectateur militaire* (t. XXIII, p. 597 et 598, note), la *Sentinelle de l'Armée* (1837, nº 120). — Le sujet est de nature à se diviser dans l'ordre suivant : CRÉATION, COMPOSITION, DÉNOMINATION, FORCE, UNIFORME, ALLOCATIONS, PRÉROGATIVES, RANG, FONCTIONS, DEVOIRS, INSTRUCTION. — Nº 1. CRÉATION, COMPOSITION. — Les INGÉNIEURS militaires furent primitive-

ment une fraction de l'INFANTERIE et une portion de l'ÉTAT-MAJOR de l'ARMÉE. En 1668, ils formèrent un CORPS subordonné à des DIRECTEURS ; il s'amalgama avec le Génie civil et maritime, et s'en sépara en 1750. — Le GÉNIE MILITAIRE fut incorporé en 1755 (5 DÉCEMBRE) avec l'ARTILLERIE ; ce système fut presque aussitôt abandonné. — CHOISEUL, en 1767, en réforma les OFFICIERS roturiers. — En 1776, le COLONEL-DIRECTEUR a rang de BRIGADIER D'INFANTERIE ; les CHEFS DE BRIGADE ont rang de COLONEL ; les SOUS-BRIGADIERS ont rang de LIEUTENANT-COLONEL. — Un rapport de BOUTHILLIER, publié en 1790 (9 septembre), témoigne que, à cette époque, le MINISTÈRE remettait en question la fusion de l'ARTILLERIE et du Génie ; ce projet n'eut pas de suite, et l'année 1791 vit créer le comité du Génie. — En l'AN DEUX (2 BRUMAIRE), les COMPAGNIES DE MINEURS passent de l'ARTILLERIE dans le Génie. A cette époque existent, par suite de l'émigration, par le besoin de sujets nombreux, des ADJOINTS DU GÉNIE : c'étaient des INGÉNIEURS GÉOGRAPHES, des INGÉNIEURS DES PONTS ET CHAUSSÉES, ou même de jeunes architectes, se soustrayant par cet emploi au service de la PREMIÈRE RÉQUISITION. La création de l'ÉCOLE POLYTECHNIQUE mit un terme à ce genre de recrutement. — La LOI DE L'AN TROIS (14 VENTOSE) créait un COMITÉ central des FORTIFICATIONS. En 1800 (1er janvier), un PREMIER INSPECTEUR DU GÉNIE était institué. — Au temps du régime impérial il y avait un Génie de ligne et un Génie de la garde. — Maintenant le GÉNIE FRANÇAIS est une CATÉGORIE militaire et une ARME PERSONNELLE ; il a des CHEFS D'ÉTAT-MAJOR et des GÉNÉRAUX. — Il comprend un CORPS D'OFFICIERS SANS TROUPE qu'on nomme l'ÉTAT-MAJOR ; une certaine quantité d'EMPLOYÉS ou de GARDES, et une SOUS-ARME, ou une TROUPE qui, depuis la GUERRE DE LA RÉVOLUTION, s'est composée, à diverses époques, de BATAILLONS ou de RÉGIMENTS DE SAPEURS, de COMPAGNIES DE MINEURS, de trois COMPAGNIES DU TRAIN, d'une COMPAGNIE D'OUVRIERS, etc. — Le Génie a été réorganisé par les ORDONNANCES DE 1824 (27 OCTOBRE), 1827 (17 DÉCEMBRE), 1829 (13 DÉCEMBRE), 1830 (14 NOVEMBRE) : il comprenait alors trois RÉGIMENTS. — Un des BUREAUX du MINISTÈRE a la direction de tout ce qui concerne le Génie, son RECRUTEMENT, son savoir-faire. — Il a, à METZ, un ARSENAL, et dans les autres DIRECTIONS et SOUS-DIRECTIONS des MAGASINS. — Par une exception dont l'arme du Génie offrait seule l'exemple, les CLASSES DES OFFICIERS y équivalaient à des grades. — Quelques AUTEURS, tels que M. le général BLEIN, etc., seraient d'avis que les PONTONNIERS fussent attachés au Génie. — Plus d'un ÉCRIVAIN a agité la question de savoir si c'est à raison ou non que l'ORGANISATION de plusieurs MILICES ÉTRANGÈRES ne reconnaît que comme un seul et même CORPS l'ARTILLERIE et le Génie, et s'il serait possible d'éviter dans les CAS DE SIÉGE le conflit de ces ARMES si elles sont indépendantes. Le maréchal GOUVION disait, en Catalogne, qu'il se trouvait entre son COMMANDANT du Génie et son COMMANDANT de l'ARTILLERIE comme un malade entre deux médecins bien décidés à ne pas s'entendre. — Le *Spectateur militaire* (t. XVI, p. 264) reconnaissait, en 1854, le nombre des OFFICIERS du Génie comme étant de trois cent quatre-vingt-quinze, dont cent trente-six officiers supérieurs. Vers ces époques, le corps était un des plus avantagés quant à l'AVANCEMENT. En 1838, il comptait vingt-huit colonels. — N° 2. DÉNOMINATION. — On a défini le Génie : ART de fortifier; mais l'acception s'est modifiée. — Les INGÉNIEURS, satisfaits d'abord de ce titre, en ambitionnèrent d'autres. En 1758 (5 mai), la dénomination de CORPS ROYAL DU GÉNIE fut créée. En 1762, la qualification d'INGÉNIEURS ORDINAIRES DU ROI fut adoptée; elle joignait au défaut de la prolixité celui d'être ridicule. L'ordonnance de 1776 (31 décembre) y substituait le seul titre de CORPS ROYAL DU GÉNIE. — En 1790, le titre plus raisonnable d'INGÉNIEUR MILITAIRE reparut; mais s'effaça par l'habitude prise de dire OFFICIERS DU GÉNIE. — L'ARMÉE s'accoutuma à dire, par ellipse, le Génie. — N° 3. FORCE. — LOUIS QUATORZE n'avait qu'une poignée d'INGÉNIEURS, tant militaires que civils et maritimes; le chiffre de l'ARME a varié dans la proportion qui suit.

En 1668.	55.	
1697.	600,	dont une grande partie à titre temporaire.
1744 (ORDONNANCE DU 7 FÉVRIER).	300,	pour tous les genres de services.
1749.	200,	suivant M. SICARD (1828); mais nous supposons qu'il ne mentionne que les INGÉNIEURS MILITAIRES.
1758.	516.	
1759 (ORDONNANCE DU 10 MARS).	500.	
1762 (4 DÉCEMBRE).	400.	
1776 (31 décembre).	529,	y compris 13 directeurs ayant rang de brigadiers. Il y a 21 BRIGADES.
1790.	376.	
1790 (DÉCRET DU 24 OCTOBRE).	584,	plus dix ÉLÈVES.
1791 (1ᵉʳ janvier).	310.	
1795 (15 décembre).	5,515,	y compris OFFICIERS et HOMMES DE TROUPE.
AN TROIS (LOI DU 22 FRIMAIRE).	5,935,	y compris 400 OFFICIERS.
AN TROIS (LOI DU 14 VENTOSE).		Le nombre des OFFICIERS est porté à 457.
AN QUATRE (10 BRUMAIRE).	20,272,	dont 400 OFFICIERS D'ÉTAT-MAJOR, 600 MINEURS, 12 BATAILLONS DE SAPEURS.
AN SEPT (25 FRUCTIDOR).	5,681.	L'état-major est de 657 individus, dont 5 GÉNÉRAUX DE DIVISION, 4 GÉNÉRAUX DE BRIGADE.
1804.	4,573.	
1808.	7,780,	y compris le TRAIN.
1812 (16 sept. et 12 novemb.).	8,397.	
1813.	10,465.	2 bataillons de mineurs, 5 de sapeurs français, 5 hollandais, italien et espagnol, un bataillon du train.
1814 (12 MAI).	4,305.	
1815 (6 septembre).	2,650.	
1824 (27 OCT.) Pied de paix.	7,842	Le nombre des OFFICIERS fixé à 400; chaque RÉGIMENT DU GÉNIE à 3 BATAILLONS de 8 COMPAGNIES, dont 2 de MINEURS.
1824 (27 OCT.) Pied de guerre.	11,268	
1825 (29 SEPT.) Pied de paix.	8,681.	
1825 (29 SEPT.) Pied de guerre.	12,037.	
1828 Pied de paix.	7,949	OFFICIERS non compris.
1828 Pied de guerre.	11,405	

1829 (15 déc.)	{ Pied de paix. .	4,416 }	350 officiers, les 12 officiers généraux ou d'état-major non compris.
	{ Pied de guerre. .	6,504 }	
1831 (18 mars).		8,101.	Le nombre des officiers s'éleva de nouveau à 400, à cause des travaux d'Alger.
1833 (1er janvier).		8,574.	Ou, suivant le *Journal de l'Armée*, 8,151 hommes ; il y a 808 chevaux.
1833 (1er mai).		8,151.	Rapport de 1833 (1er mai).
1834.		6,100.	*Journal de Statistique*, t. v, p. 67.
1835.		5,621,	suivant la *Sentinelle de l'Armée*, et non compris les officiers sans troupe.

La force numérique du corps du génie, par rapport à l'armée française, était en 1763, comme un est à quatre cents ; en 1776, comme un est à neuf cents ; en 1820, comme un est à quatre-vingts ; en 1825, comme un est à trente. Cette proportion est démesurée. — Le *Spectateur militaire* (t. xvi, p. 253) donne un aperçu numérique et par grades du personnel des officiers en 1833. — N° 4. Uniforme, allocations, prérogatives, rang. — Les ordonnances de 1775 (2 septembre) et de 1776 (31 mars) réglaient l'uniforme. C'était la seule arme qui eût le revers en panne ou en velours. — Le décret de 1790 (24 octobre) réglait la totalité des dépenses du corps à sept cent quatre-vingt-cinq mille francs. — En 1829, la dépense que le Génie occasionne est d'un million sept cent trente mille quatre cent dix-neuf francs. Sa solde excède d'un tiers celle de l'infanterie. — Depuis le décret de 1810 (22 septembre), le Génie participait au butin résultant du rachat des cloches de forteresses. — La décision de 1825 (22 février) autorisait les sous-officiers à porter l'épée. — Le Génie a toujours figuré au nombre des corps privilégiés ; et pourtant il ne tient que le troisième rang dans l'ordre de l'importance des armes ; il marche après la cavalerie ; il est primé par les troupes a cheval, parce que son service est moins général, moins journellement utile, et que sa création est plus moderne ; il prenait rang avant l'artillerie, en vertu de la décision de l'an six (29 brumaire), quoiqu'il soit de création plus moderne, parce que ses travaux se rattachent davantage au gouvernement du pays occupé, à la haute politique de la guerre, aux combinaisons conservatrices. Cependant ces deux armes spéciales ou savantes ont été regardées comme sœurs ; car, si dans les batailles le Génie n'est qu'accessoire, dans les sièges l'artillerie n'est que l'auxiliaire du Génie. — N° 5. Fonctions, devoirs, instruction. — Quantité d'officiers d'infanterie secondaient, dans l'exercice de leurs fonctions de campagne, les ingénieurs de Louis quatorze et de Louis quinze : ils s'ouvraient par là une carrière plus avantageuse, une perspective de gloire et d'avancement. — Le Génie maintenant se suffit à lui-même. — En tout temps il dirige les constructions militaires, soit permanentes, soit passagères, soit d'habitation, soit de défense. — En temps de paix il construit, entretient ou répare les casernes ; il a sous ses ordres les caserniers, les éclusiers, les gardes du génie ; il les emploie à la surveillance des établissements, des magasins, des effets au compte du génie. — S'il fait partie d'une armée agissante, son service est de reconnaître, d'ouvrir, de rendre praticables les chemins ; il est suivi, à cet effet, de caissons destinés au transport des outils des travailleurs, et il met en œuvre et surveille les pionniers. Peut-être l'état-major général s'acquitterait-il d'une partie de ces attributions ; mais c'est une des obscurités de l'art. — La branche de l'art militaire de terre qui embrasse l'attaque et la défense des places concerne surtout le Génie. — Si l'armée entreprend un siége, le Génie fait la reconnaissance des abords et de l'enceinte, facilite à l'infanterie les approches de la forteresse assiégée, indique à l'artillerie les points d'attaque et de défense, trace l'emplacement des abris et des batteries ; il unit ainsi à sa fonction propre une partie des combinaisons de la science de l'artillerie, et dirige les opérations les plus délicates du siége. Les chefs du Génie y sont les conseillers et le bras droit du général en chef. — En 1848, le corps de l'état-major général a attiré à lui quelques attributions jusque-là particulières au Génie. Rien n'est plus difficile que de délimiter les fonctions de l'un et de l'autre de ces corps. — Depuis quelque temps, la gymnastique et le tir de la grenade ont été regardés avec raison comme une étude importante pour les soldats du génie. — M. Legrand témoigne que, en 1837, trois écoles du génie étaient établies à Arras, Metz, Montpellier.

GÉNIE militaire. v. génie. v. glacis. v. magasin de corps. v. militaire, adj. v. officier du génie n° 7.

GÉNIE napolitain. v. milice napolitaine n° 2. v. napolitain, adj.

GÉNIE NÉERLANDAIS. V. MILICE NÉERLAN-
DAISE N° 1. V. NÉERLANDAIS, adj. V. PONTON-
NIER.

GÉNIE NORWÉGIEN. V. MILICE NORWÉ-
GIENNE. V. NORWÉGIEN, adj.

GÉNIE PIÉMONTAIS. V. MILICE PIÉMONTAISE
N° 1. V. PIÉMONTAIS, adj.

GÉNIE POLONAIS. V. MILICE POLONAISE N° 1.
V. POLONAIS, adj.

GÉNIE PORTUGAIS. V. MILICE PORTUGAISE
N° 1, 3. V. PORTUGAIS, adj.

GÉNIE PRUSSIEN. V. MILICE PRUSSIENNE
N° 2, 4, 5, 7. V. PRUSSIEN, adj.

GÉNIE RUSSE. V. MILICE RUSSE N° 1, 2, 6.
V. QUARTIER-MAITRE GÉNÉRAL. V. RUSSE, adj.

GÉNIE SAXON. V. MILICE SAXONNE N° 1, 4.
V. SAXON, adj.

GÉNIE STRATOPÉDIQUE (G, 4), ou ART de la
FORTIFICATION, ou PÉRIBOLOGIE. Sorte de GÉNIE
MILITAIRE considéré comme SCIENCE, au lieu
d'être considéré comme un PERSONNEL de
l'ARMÉE FRANÇAISE. On l'a appelé aussi ARCHI-
TECTURE MILITAIRE; mais l'architecture n'est
qu'une partie du Génie, la partie qui érige
les CONSTRUCTIONS, et non celle qui les combat, qui les renverse. — Le Génie est l'ART
de construire des ÉTABLISSEMENTS MILITAIRES
dans les GARNISONS aussi bien qu'en campagne, de bâtir et de détruire des FORTIFICA-
TIONS, de percer, de choisir ou de réparer
des ROUTES; il embrasse par conséquent l'AR-
CHITECTURE MILITAIRE, l'ATTAQUE et la DÉFENSE
des PLACES, la CASTRAMÉTATION, la FORTIFICA-
TION PASSAGÈRE, la science des MARCHES. —
Le Génie est, ainsi que l'ARTILLERIE, un des
arts latéraux et auxiliaires de l'INFANTERIE;
celle-ci devrait par conséquent avoir la préséance sur eux, soit à raison du degré de
l'utilité, soit par le droit de l'ancienneté;
mais les deux ARMES qu'on a appelées SAVAN-
TES, ces ARMES, sœurs ou plutôt filles d'une
ARME qu'elles ne traitent pas toujours filiale-
ment, lui ont disputé le pas, et, fort à
tort, ont réussi à le prendre sur elle. La
gravité des études, le long noviciat des
ÉCOLES, le chiffre considérable des dépenses,
ne justifient pas, mais expliquent la primauté
que l'ARTILLERIE et le Génie se sont attribuée. De leur côté est la profondeur des
théories; de l'autre est l'importance capitale du but, l'énergie des efforts et la valeur de la pratique; le recueillement et la
méditation font les INGÉNIEURS; l'ESPLANADE,
les TERRAINS, la guerre, font l'INFANTERIE. —
Une ordonnance de 1755 a organisé l'ÉCOLE
du Génie, créée en 1748 à MÉZIÈRES; plus
tard elle s'établit à CHALONS. Un ARRÊTÉ DE
L'AN ONZE (12 VENDÉMIAIRE) la transporta à
METZ. — Dans des ARMÉES ÉTRANGÈRES, et

surtout dans la MILICE ANGLAISE, la réunion
des deux ARMES savantes a eu lieu à l'imitation des anciens usages français, et s'est
maintenue; aussi leurs deux ÉCOLES n'en
font qu'une; elle est établie à WOOLWICH.
Les ÉLÈVES ne se décident pour l'une ou
l'autre de ces ARMES qu'après les avoir étudiées toutes deux. — Les études du Génie
sont cultivées aussi dans l'école de l'ÉTAT-
MAJOR de CHATTAM, comme on le voit dans
M. CH. DUPIN (1820, A); l'ENSEIGNEMENT
MUTUEL y est appliqué comme dans toutes
les institutions militaires de l'ANGLETERRE.
— Tel simple sergent qui étudie le Génie à
l'ÉCOLE anglaise y dessine correctement et
pour ainsi dire sous la dictée tout plan,
coupe et élévation de FORTIFICATION, toute
OPÉRATION de l'ATTAQUE ou de la DÉFENSE des
PLACES, la CASTRAMÉTATION, la FORTIFICATION
PASSAGÈRE, la SCIENCE des MARCHES. — Un
CONSERVATOIRE de FORTIFICATIONS y est établi
à l'instar de nos reliefs de l'HOTEL DES INVA-
LIDES; mais en ANGLETERRE on tire du fruit
de cet établissement; il n'est pas inacces-
sible et sous clef comme en France. Au milieu des nombreux modèles anglais se trouve
la représentation d'une PLACE FORTE exécutée
dans une dimension de six mètres de longueur. Les ABORDS, les ACCIDENTS, les CAMPS
D'ATTAQUE, y sont figurés, et complètent les
moyens d'étude. A l'aide de modèles de
BOYAUX aussi en relief et mobiles, on fait la
démonstration des ATTAQUES, des REVERS, des
DÉFILEMENTS; les simples SOLDATS ne sont pas
étrangers à ces théories : ils ont accès dans
la BIBLIOTHÈQUE de l'établissement, qui, sous
le rapport militaire, est une des plus riches
de l'EUROPE.

GÉNIE SUÉDOIS. V. MILICE SUÉDOISE N° 1,
2, 4. V. SUÉDOIS, adj.

GÉNIE SUISSE. V. ACADÉMIE MILITAIRE. V.
MILICE SUISSE N° 5. V. SUISSE, adj.

GÉNIE TOPOGRAPHIQUE. V. GOUVERNEMENT
STRATOPÉDIQUE. V. INGÉNIEUR GÉOGRAPHE. V.
TOPOGRAPHIE. V. TOPOGRAPHIQUE, adj.

GÉNIE TURC. V. MILICE TURQUE N° 6. V.
TURC, adj.

GÉNIE TURCO-ÉGYPTIEN. V. MILICE TURCO-
ÉGYPTIENNE N° 2, 3, 5. V. TURCO-ÉGYPTIEN, adj.

GÉNIE WURTEMBERGEOIS. V. MILICE WUR-
TEMBERGEOISE N° 1. V. WURTEMBERGEOIS, adj.

GÉNIES. V. NOMS PROPRES.

GÉNIZAIRE, subs. masc. V. GÉNETAIRE.

GÉNITOIRES, subs. fém. plur. V. CAS
DE RÉFORME. V. INFIRMITÉ. V. PERTE DE G...

GENIÈVRE, subs. masc. V. CAPORAL
D'ESCOUADE N° 2.

GENNETAIRE, subs. masc. V. GÉNE-
TAIRE.

GENNOVICI; GÉNOIS. v. NOMS PRO-
PRES.

GÉNOIS (génoise), adj. v. ARCHER G...

GENOU (genoux), subs. masc. v. A G...
v. FEU A G... v. FEU A GÉNUFLEXION. v. GE-
NOUILLÈRE. v. MARCHE ÉLÉMENTAIRE.

GENOU A TERRE. V. A TERRE. v. DELIGNE
(1780, I). v. FEU D'INFANTERIE. v. FEU A GÉ-
NUFLEXION. v. MESSE MILITAIRE. v. TRIAIRE.

GENOUILLÈRE (genouillères), subs.
fém. (term. génér.), OU GENOUILLIER. Mot
qui dérive, suivant ROQUEFORT, du bas LATIN
genualia, provenu de l'expression *genu*, genou. Il sera surtout distingué ici en GENOUIL-
LÈRE D'ARMURE et en GENOUILLÈRE DE BATTE-
RIE.

GENOUILLÈRE D'ARMURE (F). Sorte de
GENOUILLÈRE qui appartenait aux ARMURES du
MOYEN AGE et servait à garantir le genou;
elle avait quelque ressemblance avec la CU-
BITIÈRE, mais ne formait qu'une portion de
cercle; elle avait un GOUSSET qui répondait
à la partie latérale extérieure de la rotule,
et s'étendait en arrière en forme de ROSETTE
plus ou moins grande. — La Genouillère a
commencé à être en usage vers 1350, temps
où l'on se servait encore de l'ARMURE A HAU-
BERT, ainsi que le faisaient les SERGENTS D'AR-
MES; mais la Genouillère a appartenu prin-
palement à l'ARMURE PLATE; elle recouvrait
la partie inférieure du devant du CUISSARD
ou du DEMI-CUISSARD. — La CAVALERIE FRAN-
ÇAISE s'en est même servie au temps de l'usage des CUISSOTS. — Ordinairement une
courroie ou jarretière la fixait sous la rotule;
quelquefois la Genouillère tenait à demeure
aux CUISSARDS, et s'ajustait par divers moyens
à la GRÈVE OU JAMBIÈRE. — Il y avait, comme
le dit l'*Encyclopédie des Gens du monde*, des
Genouillères auxquelles était fixée horizontalement de leur côté extérieur une espèce de
lame de poignard qui, dans les mêlées, es-
tropiait les chevaux de l'ennemi.

GENOUILLÈRE de BATTERIE (G, 2).
Sorte de GENOUILLÈRE qui est la partie la plus
basse d'un MASSIF, d'un PARAPET, d'une EM-
BRASURE ou d'une BATTERIE. La Genouillère
est sous la VOLÉE de la pièce, et elle règne
depuis la PLATE-FORME de l'ouvrage jusqu'à
la hauteur du genou des canonniers ou jusqu'à deux pieds et demi à trois pieds. Son
épaisseur est égale à celle du MERLON. — Les
Genouillères des BATTERIES DE PLACE sont
presque de la hauteur d'un homme, parce
que le châssis exhausse en proportion la
pièce. — Les BATTERIES A BARBETTE ne consistent, pour ainsi dire, qu'en une Genouillère. — On peut consulter, à l'égard de
leurs dimensions, GASSENDI (1819) et l'*Encyclopédie des Gens du monde*.

GENOUILLÈRE de GUÊTRE. V. FEU A
GÉNUFLEXION. v. GUÊTRE. v. GUÊTRE DE TOILE.

GENOUILLIER, subs. masc. v. GE-
NOUILLÈRE.

GÉNUFLEXION, subs. masc. v. A G...

GENS, subs. masc. plur. v. ENFORÇAIR DE
G... v. POIGNÉE DE G... v. SERREGENS.

GENS (term. génér.). Mot tout LATIN qui
sera surtout distingué ici en GENS DE TRAIT.

GENS ARCHERS. V. ARCHER. V. GENDAR-
MERIE DE LA MAISON. V. GRAND PRÉVOT DE
L'HOTEL.

GENS D'ARMERIE. V. ADMINISTRATION MILI-
TAIRE. V. ARMURE. V. ARMURE PLATE. V. BA-
TAILLE DE G... V. BATAILLON D'INFANTERIE FRAN-
ÇAISE DE LIGNE Nº 3. V. BEC DE FAUCON. V. BOUR-
DONASSE. V. CARABINIER A CHEVAL. V. CAVALERIE.
V. CAVALERIE DE LIGNE. V. CAVALERIE FRANÇAISE
Nº 7. V. CAVALERIE LÉGÈRE. V. CHARGE DE CA-
VALERIE. V. CHEVALERIE. V. CHEVALIER DU MOYEN
AGE Nº 9. V. COMPAGNIE DE GENTILSHOMMES. V.
CONNÉTABLE Nº 6. V. CUIRASSE DE CAVALERIE.
V. DISCIPLINE. V. ÉCHARPE MILITAIRE. V. ES-
COUTE. V. ÉTENDARD. V. EXTRAORDINAIRE DES
GUERRES. V. FEUDATAIRE. V. GENDARME DU
MOYEN AGE Nº 3, 6, 7. V. GENDARMERIE DU
MOYEN AGE. V. GENTILHOMME. V. GRAND MAITRE
DES ARBALÉTRIERS. V. GRAND SÉNÉCHAL. V. GUI-
DON D'ÉQUIPEMENT. V. HAIE. V. HOMME DE
POESTÉ. V. INFANTERIE Nº 1, 10. V. INFANTE-
RIE COMMUNALE Nº 2. V. LANCE A MAIN. V.
LANCE FOURNIE. V. LÉGISLATION, 1517 (24
JANVIER), 1550 (15 JUILLET), 1553 (12 FÉ-
VRIER). V. MAISON DU ROI. V. MARÉCHAL DE
FRANCE Nº 10. V. MILICE AUTRICHIENNE Nº 1.
V. MILICE ESPAGNOLE Nº 2. V. MILICE FRANÇAISE
Nº 2. V. NOBLESSE. V. OFFICIER DE CAVALERIE.
V. ORDONNANCE OFFICIELLE. V. ORDONNANCE
TACTIQUE. V. PASSE-VOLANT. V. PAYE. V. PEINE
DE MORT. V. PENNON. V. PETAU. V. PIQUE. V. PLU-
MET. V. POLICE. V. REVUE. V. TACTIQUE, subs.
V. TOURNOI.

GENS D'ARMES (subs. masc. sing. et plur.).
V. ADMINISTRATION MILITAIRE. V. AIDE. V.
ARME DÉFENSIVE PORTATIVE. V. ARMES. V. AR-
MÉE FRANÇAISE Nº 1. V. ARQUEBUSIER A PIED.
V. ARRIÈRE-BAN. V. AUMONIER DE CORPS Nº 1,
8. V. BEC DE FAUCON. V. BOURGUIGNOTE. V.
CABINET D'ARMES. V. CAPITAINE GÉNÉRAL. V.
CASQUE OUVERT. V. CASSÉ, adj. V. CAVALIER
DE TROUPE. V. CHEVAL DE GENS D'ARMES. V.
CLERC. V. COIFFURE. V. COMMUNE. V. CORPS
PRIVILÉGIÉ. V. DUEL. V. ÉCU. V. ÉQUESTRE,
adj. V. FIEF. V. GANTELET. V. GARDE DU CORPS.
V. GASTADOUR. V. GENDARME DU MOYEN AGE;
id. Nº 1, 3. V. GENDARMERIE DE LA MAISON.
V. GENDARMERIE DU MOYEN AGE. V. GOUJAT. V.
GOUVERNEUR DE PLACE DE GUERRE Nº 5. V.
GRADE D'OFFICIER. V. GRANDE TENUE. V. GUERRE

DE 1672. V. GUIDON DE GENS D'ARMES. V. GUI-DON D'ÉQUIPEMENT. V. HACHE D'ARMEMENT. V. HEAUME. V. INFANTERIE N° 5. V. LÉGISLATION 1340 (FÉVRIER); 1551 (4 FÉVRIER). V. LEVÉE. V. MAITRE. V. MANTEAU DE G... V. MARÉCHAL DE CAMP N° 6. V. MASSE D'ARMES. V. MÉLANGE D'ARMES. V. MENEUR DE G... V. MILICE AN-GLAISE N° 1, 4. V. MILICE ESPAGNOLE N° 2, 4. V. MILICE FRANÇAISE N° 2. V. MILICE POLONAISE N° 5. V. MILICES ITALIENNES. V. MINISTRE DE LA GUERRE N° 2. V. MONTRE ADMINISTRATIVE. V. OFFICIER DE G... V. OFFICIER FRANÇAIS N° 1. V. PAYE. V. PÉDIEUX. V. PENNON. V. PILLAGE. V. PIQUE. V. PIQUIER N° 1, 4. V. PISTOLET. V. PORTE-ORIFLAMME. V. PRÊT. V. RANGS DE CAVA-LERIE. V. RÉGIMENT. V. REITRES. V. REMPART DE FORTERESSE. V. ROBE. V. ROUSSIN. V. ROUT. V. SECONDE LIGNE DE BATAILLE. V. SELLE DE CA-VALERIE. V. SERGENT D'ARMES.

GENS D'ARMES FIEFFÉ. V. CHEVAL BARDÉ. V. FIEF. V. FIEFFÉ, adj. V. GENDARME DU MOYEN AGE N° 6. V. GENDARMERIE. V. SERGENT FIEFFÉ.

GENS D'ARMES VOLONTAIRE. V. ARMÉE ROYALE. V. CHEVAL BARDÉ. V. FIEF. V. GEN-DARME DU MOYEN AGE N° 6. V. GENDARMERIE. V. VOLONTAIRE, adj.

GENS DE CHEVAL. V. CHAUSSURE. V. JAQUE DE MAILLES. V. SELLE DE CAVALERIE.

GENS DE GUERRE. V. ADMINISTRATION D'AR-MÉE. V. AMBOISE. V. ARMURE. V. AUMONIER DE CORPS N° 6. V. AUTEUR MILITAIRE (1692, B). V. AVENTURIER. V. AVOUÉ. V. BATAILLE TACTI-QUE. V. BOURGEOIS. V. CANTINE STABLE. V. CA-SERNE. V. COCARDE. V. COIFFURE. V. COLONEL GÉNÉRAL DE L'INFANTERIE N° 1. V. COMMIS-SAIRE DES GUERRES N° 2, 6. V. CONDUCTEUR DE G... V. CONNÉTABLE. V. CONSEIL DE LA GUERRE N° 1. V. DÉLIT. V. DÉLIT COMMUN. V. DÉNOM-BREMENT. V. DISCIPLINE. V. ÉTAPE. V. ÉTAPIER. V. ÉTRIER. V. FACTION. V. FORT, subs. V. GAR-NISON. V. GAUTIER. V. GRAND PRÉVOT DE LA CONNÉTABLIE. V. GRAND SÉNÉCHAL. V. GUERRE. V. HIÉRARCHIE. V. INSTRUMENT DE GUERRE. V. JAVELOT. V. JUSTICE MILITAIRE. V. LAQUAIS. V. LÉGISLATION 1358 (JUIN), 1575 (1er JUIL-LET), 1651 (25 MAI). V. LOGEMENT DE G... V. MAITRE D'ARTILLERIE. V. MARÉCHAL DE FRANCE N° 6, 7, 10. V. MINISTRE DE LA GUERRE N° 4. V. ORDONNANCE OFFICIELLE. V. PAYE. V. PIL-LAGE. V. POLICE. V. PRÉVOT DES BANDES. V. RANÇON. V. RECRUTEMENT. V. REUSS (1776). V. SEIGNEUR. V. SOLDAT. V. TABAR. V. TIMA-RIOT.

GENS DE PIED. V. ARMÉE FRANÇAISE N° 1. V. BANDE AGRÉGATIVE. V. BATAILLE. V. BATAIL-LON D'INFANTERIE FRANÇAISE DE LIGNE N° 3. V. BIDAU. V. COLONEL GÉNÉRAL DE L'INFANTERIE N° 1. V. COMPAGNIE D'INFANTERIE FRANÇAISE DE LIGNE N° 2. V. COTTE DE MAILLES. V. DANSE DE L'ÉPÉE. V. FANTASSIN. V. GENDARME DU

MOYEN AGE N° 5. V. GRAND MAITRE DES ARBA-LÉTRIERS. V. HOMME DE POESTÉ. V. INFANTERIE; id. N° 1. V. MILICE FRANÇAISE N° 6. V. MILICE SUISSE N° 2. V. PIED. V. SERGENT.

GENS DE POESTÉ. V. HOMME DE POESTÉ. V. POESTÉ. V. SERF.

GENS DE QUALITÉ. V. NOBLE. V. QUALITÉ.

GENS DE TRAIT (F). Nom que les traduc-teurs ont donné aux ARCHERS ou aux ARMÉS A LA LÉGÈRE des MILICES de l'antiquité. Ils étaient porteurs D'ARMES PROJECTILES A POIN-TE. — PHILIPPE DE CLÈVES (1520, A) emploie encore ce mot, quoique de son temps il n'y eût plus de Gens de trait précisément dits.

GENS D'ÉPÉE. V. ÉPÉE.

GENS DU ROI. V. COMMISSAIRE DES GUERRES N° 1. V. FEMME D'ARMÉE. V. ROI.

GENS SANS AVEU. V. ADJUDANT EN GARNI-SON. V. JUSTICE MILITAIRE. V. PRÉVOT DES MA-RÉCHAUX. V. RECRUTEMENT. V. SANS AVEU. V. SERGENT CHEF DE POSTE.

GENT D'ARMERIE, subs. fém. V. GENDAR-MERIE.

GENT D'ARMES, subs. masc. V. ARMES. V. GENDARME DU MOYEN AGE N° 5.

GENTIL (gentils), subs. masc. (F). Mot tout LATIN qui d'abord signifiait homme d'une famille libre. CICÉRON le témoigne, comme le rapporte MÉNAGE, dans cette phra-se : *Gentiles sunt qui inter se eodem nomine sunt, quorum majorum nemo servitutem ser-vivit* : Ceux-là peuvent se qualifier Gentils qui portent entre eux un même nom, et dont aucun ascendant n'a vécu en état d'es-clavage. — Tels étaient les usages civils des-quels sortirent, par une analogie mal con-nue, les usages militaires dont nous allons parler. — Au temps des EMPEREURS, l'expres-sion Gentils donnait idée d'une TROUPE DE CAVALERIE PRÉTORIENNE qui prenait rang au-dessus des SCUTIFÈRES, *scutarii* (DARDEURS porte-écu), que quelques traducteurs ex-priment par ÉCUYERS. — AMMIAN (380, A) nous apprend que ces Gentils étaient des troupes nationales uniquement composées de ROMAINS alors que l'incorporation des barbares avait fait de L'ARMÉE ROMAINE une armée étrangère. Il en fut ainsi jusqu'aux derniers temps de la corruption de la MILICE BYSANTINE. — Chez les FRANCS, imitateurs grossiers des coutumes ROMAINES et WISI-GOTHES, les Gentils composaient des CORPS D'ÉLITE, ou bien étaient des SOLDATS PRIVI-LÉGIÉS ou des OFFICIERS qui, dans les par-tages des BÉNÉFICES MILITAIRES, recevaient une portion plus considérable des terres, et qui, en échange de ces libéralités, étaient astreints au SERVICE MILITAIRE FÉODAL; de là sont venues peut-être les expressions GEN-

TILHOMME (*gentilis homo*), SEIGNEUR FIEFFÉ, ÉCUYER FIEFFÉ, et gentilfemme, gentille-femme (*gentis fœmina, gentiles fœminœ, gentis femme*), pour signifier des personnages de race NOBLE. Telle est la souche de la NOBLESSE, souche à laquelle malheureusement se rattachent des idées de domesticité, de dévouement aveugle et de rapines, puisque les biens distribués étaient autant de spoliations et d'usurpations au profit des NOBLES qui s'engageaient à porter les armes *per fas et nefas*, au premier signal de leur maître.

GENTILHOMME, subs. masc. v. RÉGIMENT DE G... V. SOLDE DE G...

GENTILHOMME (gentilshommes), ou GENTISHOMME (term. génér.). Mot dont le substantif et l'adjectif LATINS *gentilis*, GENTIL, sont la racine. AUDOUIN pense que le terme vient de *gentis homo*, homme de la nation, homme de la famille; en cela il s'abuse. BOREL (Pierre), s'appuyant sur le *Roman de Tristan de Léonois*, qui l'écrit *gentis homs*, est d'avis que l'expression signifie *petit-fils d'un qui s'est acquis le titre de noble*. DELAROQUE dit de même qu'un anobli n'est pas Gentilhomme, mais que son successeur le devient. La vérité est que le terme a d'abord voulu dire homme de la condition de ceux que les ROMAINS appelaient *gentiles*, GENTILS. — M. ROQUEFORT affirme que le substantif Gentilhomme avait pour féminin JANTIFAME (gentillefemme), et qu'on appelait PAIGNOTES des Gentilshommes de la classe inférieure que des personnages puissants et riches s'attachaient comme POURSUIVANTS D'ARMES, et se donnaient pour ESCORTES ou CORTÉGE dans les CÉRÉMONIES, dans les TOURNOIS; de là peut-être l'expression MONT PAGNOTE. Cette locution, au lieu d'être prise dérisoirement, comme cela avait lieu dans les derniers siècles, s'appliquait-elle au poste où le BANNERET, entouré de ses PAIGNOTES (*pagenses*) ou PAGES, jugeait les chances du COMBAT, transmettait les COMMANDEMENTS, faisait les SIGNAUX. — On lit dans M. ROQUEFORT que Gentilhomme a eu pour synonymes les substantifs ÉLIN, DOMANGER, DOMENGER. D'autres étymologistes donnent à ce dernier terme un sens plus particulier. — Sur quelques-uns de ces points l'ENCYCLOPÉDIE (1751, C) peut être consultée, ainsi que l'*Encyclopédie des Gens du monde*. — Passons à des considérations HISTORIQUES plus générales. — Les FRANCS qui s'établirent en GAULE sous CLOVIS et ses successeurs furent tous Gentilshommes, ou hommes de la nation victorieuse, *nobiles*. Ainsi les appelaient les Gallo-Romains. A mesure que quelque colonie de la race GERMAINE s'éteignait, événement qui partiellement se répéta souvent, surtout dans les provinces du Midi, une migration la rajeunissait, ravivait le sang noble, donnait de nouvelles souches. Pendant bien des siècles l'indigène ne fut que ROTURIER, affranchi, ou SERF. — Le mot Gentilhomme a donc d'abord signifié NOBLE de race, ou membre d'une famille féodale. — MÉNAGE a laissé au sujet des Gentilshommes une assez longue dissertation; on y voit qu'on appelait GENTILHOMME D'ARMES celui que la COTTE D'ARMES distinguait: Gentilhomme de nom celui qui prouvait une certaine lignée ascendante masculine, un certain nombre de QUARTIERS; c'était une condition constatée dans la CÉRÉMONIE des RÉCEPTIONS DE CHEVALIERS. On appelait GENTILSHOMMES DE LA MAISON ceux qui étaient ÉCUYERS DU CORPS, ou formaient une portion d'une TROUPE analogue à un CORPS d'une GARDE ROYALE. — Le Gentilhomme de nom, d'ARMES et de CRI était celui qui avait la possession du FIEF ou HAUBERT; celui qui portait, à titre d'aîné, les ARMOIRIES de la famille, ou les PLEINES ARMES; qui pouvait LEVER BANNIÈRE, et qui avait, à la GUERRE, le droit de CRI D'ARMES. Des SERGENTS FIEFFÉS étaient Gentilshommes de la moindre classe. — Il y avait, dit POTIER (1779, X), les Gentilshommes de ligne et de sang; c'étaient ceux qui l'étaient par leurs ancêtres, soit père ou mère; le GENTILHOMME DE PARAGE l'était par son père; mais toutes ces futiles distinctions ont donné naissance, comme on le voit dans DELAROQUE, à une foule de controverses maintenant tombées dans l'oubli. — De l'axiome nobiliaire, *On fait un noble, on ne fait pas un Gentilhomme*, ou, suivant le dicton espagnol : Le roi fait le noble, Dieu fait le Gentilhomme, il eût résulté que, pour faire preuve de vrai Gentilhomme, d'homme de la nation, il eût fallu démontrer qu'on descendait des SOLDATS de la PREMIÈRE ou de la SECONDE RACE. — Si l'on en eût cru les aventuriers de la CHEVALERIE ERRANTE, ils étaient Gentilshommes par excellence. Cette propension à l'usurpation des titres de NOBLESSE a amené l'institution des ROIS D'ARMES, des JUGES D'ARMES et des HÉRAUTS D'ARMES, chargés, comme l'a été plus tard le TRIBUNAL DU POINT D'HONNEUR, de mettre un frein à l'intrusion et d'empêcher le DUEL à l'épée, si l'on n'était pas Gentilhomme. — Si le bien d'un Gentilhomme des hautes classes était frappé de confiscation, ceux dont il était le DÉBITEUR n'avaient aucun droit de saisie sur la ROBE de CÉRÉMONIE et le PALEFROI du maître, non plus que sur le ROUSSIN de l'ÉCUYER. — Si le Gentilhomme se laissait FAIRE PRISONNIER par un ROTURIER, son BLASON était acquis, sous le nom d'ARMES ASSOMPTIVES, au GUERRIER non noble resté vainqueur dans le combat. — Dans la charte intitulée *Esta-blissements* (*li Establissements le Roy de France*), il est question des cas où une gentisfemme (gentilfame) épouse un homme coutumier (roturier); en ce cas les biens se partagent *gentillement,* c'est-à-dire noblement. Velly en parle à la date 1270. — A mesure des révolutions ou des altérations que l'ordre nobiliaire a éprouvées, les descendants d'anoblis non fieffés ont pris d'eux-mêmes le titre de Gentilshommes. Telle est la marche constante et l'envahissement de tous les temps. Nous n'avons pas traité d'une seule dénomination militaire, d'un seul emploi, fonction militaires, sans avoir appelé l'attention du lecteur sur le relâchement successif des règles, l'empiétement infatigable des intrus, la décroissance progressive du rang et des grades militaires. — Plusieurs faits analogues servent de preuve à celui-ci; le nom de sire, longtemps donné par hasard à des nobles, puis à de simples particuliers, est, par hasard aussi, resté affecté aux seules têtes couronnées, mais se retrouve dans le mot messire changé en monsieur. Il s'est littéralement conservé dans la qualification obséquieuse dont on salue de nos jours le moindre bourgeois d'Angleterre. — Les mots dom, don, qui n'appartenaient qu'aux seigneurs (*dominus, domini*), s'étaient dégradés jusqu'à être la qualité de misérables moines et d'Espagnols d'un rang commun. — Enfin le mot *gentleman,* moitié teuton, moitié latin, dont se servent les Anglais bien plus communément que nous n'employons le mot Gentilhomme, a duré davantage et s'est dénaturé bien plus. Il ne veut pas dire homme de naissance, il veut dire homme d'honneur, homme comme il faut, personnage de considération. Dans la milice anglaise certains élèves d'écoles militaires ont titre de *gentlemen.* — L'histoire des Gentilshommes commence par celle des feudataires; elle devient ensuite celle de la gens d'armerie du moyen age; elle se rattache de toutes parts aux traditions de notre armée, depuis la naissance de la monarchie et pendant les croisades jusqu'à la guerre de la révolution. — D'abord les seuls Gentilshommes ont le droit de coiffer le grand casque, de se couvrir complétement d'armes défensives, de se parer d'un collier, de livrer des duels d'apparat, et de porter sur le poing l'épervier ou l'autour. Cette dernière prérogative semble n'avoir rien de militaire; pourtant elle se rattache à notre sujet par plusieurs points, puisque les lois bourguignonnes défendaient que, dans quelque circonstance que ce fût, on s'emparât ou de l'épée ou de l'autour

d'un noble; ni la justice, ni un créancier, ne pouvaient les exiger ou en exproprier le possesseur. Quand les nobles montaient la garde ou veillaient aux postes les plus périlleux, ils ne se dessaisissaient pas de leurs oiseaux. Ainsi, à l'attaque de Paris par les Normands, sous le règne de l'usurpateur Eudes, les seigneurs préposés à la garde du pont y avaient avec eux leurs faucons encapuchonnés; mais, dans un instant critique, ils les décoiffèrent et leur donnèrent la volée, de peur que l'ennemi, s'il demeurait victorieux, ne s'en emparât. C'eût été une trop grande honte. — Depuis l'irruption des Normands, les Gentilshommes forment la cavalerie ou l'armée; car ces deux mots n'avaient qu'un même sens. — Quand la féodalité reçoit une apparence d'organisation, les Gentilshommes deviennent l'élément du ban et arrière-ban; ils entrent dans les armées féodales comme généraux, comme maitres, ou comme capitaines, sous les noms de barons et de bannerets; comme officiers, sergents d'armes et soldats, sous les noms de chevaliers, de gens d'armes, d'archers, de lance garnie, d'écuyers, de bacheliers, de gentilshommes a pied, de maitres a cheval, de poursuivants, de pages, de varlets, de coutilliers, de damoiseaux, de guisarmiers (soldats pourvus d'une guisarme), de trabans. Les Gentilshommes de l'ordre plus éminent revêtent la cotte d'armes, et donnent le hoqueton à leurs suivants. — Cette classe de Gentilshommes se change en stipendiaires à partir de l'époque des croisades. Velly, à la date 1250, a dit *que dans ces anciens temps nos souverains étoient obligés d'acheter quelquefois bien cher les services de leurs sujets, et que ces fiers paladins, qu'on nous représente si délicats sur l'honneur, se vendoient le plus qu'ils pouvoient, non-seulement aux rois, mais même aux seigneurs particuliers, et toujours sous la condition de la table.* — Ce même auteur range les gentilshommes a pied entre l'écuyer simple (c'est-à-dire écuyer fieffé non banneret) et le sergent a pied. Nous avons dit, en parlant de la taille, qu'à cette époque les Gentilshommes différaient de rang, suivant qu'ils possédaient manoir ou non. Le gentilhomme a pied avait en 1250 une solde de deux sous par jour. Ce n'était pas tout à fait le double de la solde du sergent a pied. — En maintes circonstances, des bénéfices ecclésiastiques leur furent dévolus en manière de pensions militaires.—L'ordonnance de 1338 (juin) porte que *le simple Gentilhomme armé de tunique, jambières* (grèves), *bacinet, aura deux sous, et, s'il est mieux armé, deux sous six deniers.* — Dans le siècle suivant, des Gentilshommes sont LIEUTENANTS des PRÉVOTS DES MARÉCHAUX. — L'ORDONNANCE DE 1578 (4 MARS) appelle Gentilshommes des militaires un peu au-dessus du simple soldat. — Quand les CRIS D'ARMES commencent à s'effacer ou à se nationaliser, quand les FEUDATAIRES et les HOMMES D'ARMES commencent à redevenir forcément les sujets du trône, le rang des Gentilshommes s'abaisse, le PENNON leur échappe, tous les élégants leur dérobent la PLUME FRISÉE, mais leur titre continue cependant à respirer dans toutes nos institutions : ainsi des Gentilshommes prennent le commandement de l'INFANTERIE COMMUNALE; d'autres deviennent la CAVALERIE des communes ; d'autres sont élevés au rang de CAPITAINE EN CHEF, ou bien ils entrent dans la composition des CORPS D'INFANTERIE nommés BANDES, et ils y prennent la dénomination de CAPITAINES ENTRETENUS. — Les Gentilshommes qui se dévouent au service du prince se forment en COMPAGNIES D'ORDONNANCE, en COMPAGNIES spéciales nommées GRANDE GARDE, OU ORDINAIRES, OU EXTRAORDINAIRES. — SERVAN (1780, B) parle des Gentilshommes à pied, qui avaient par jour une PAYE de neuf sous. — Au temps où CHARLES HUIT forme une ARMÉE DE RÉSERVE, il donne aux Gentilshommes qui habitent leurs domaines un titre équivalent à un GRADE D'OFFICIER; ils étaient assimilés, par le rang qu'ils tenaient dans cette espèce de GARDE NATIONALE, aux écuyers d'écurie et aux paneliers. — Depuis LOUIS DOUZE, *ceux qui se jettent à l'infanterie,* comme on disait alors, se font appeler sire CAPITAINE, même quand ils ne sont que SIMPLES SOLDATS, et se font servir par des GOUJATS. — Des Gentilshommes provinciaux sont chargés, dans le seizième siècle, de censurer la gestion des COMMISSAIRES DES GUERRES. — Dans certaines occasions, ceux qui FONT CAMPAGNE viennent combattre comme ANSPESSADES dans l'INFANTERIE FRANÇAISE. — Ceux qui portent le mousqueton comme simples CAVALIERS ou MAITRES, sous LOUIS TREIZE, jouissent du privilége de n'être châtiés qu'à COUPS DE PLAT de sabre, parce que la FUSTIGATION et les COUPS DE BATON étaient le partage des ROTURIERS. C'était alors une importante distinction en fait de JUSTICE MILITAIRE. — Jusqu'à la fin du règne de LOUIS SEIZE on retrouve les titres de CADET GENTILHOMME, de GENTILHOMME AU BEC DE CORBIN, de GENTILHOMME AU DRAPEAU OU DU DRAPEAU. — Ce qui vient d'être exposé démontre que des définitions absolues ne sont presque jamais justes quand il s'agit de faits historiques ou

de longues coutumes. Ainsi, sous CHARLES SEPT, comme le remarque POTIER (1779, X), quiconque, NOBLE ou non, possédait un FIEF noble et en acquittait les obligations, ou quiconque faisait PROFESSION DES ARMES, était Gentilhomme, et devenait NOBLE sans lettres d'anoblissement. HENRI TROIS au contraire, par l'ÉDIT DE BLOIS, en 1589, décida que les ROTURIERS *acquérant fiefs nobles ne seroient pas pour cela anoblis.* Quant à la PROFESSION DES ARMES, qui, jusqu'à HENRI QUATRE, *donnoit commencement de noblesse et de postérité,* comme le témoignait l'édit portant règlement sur les tailles, elle avait été indûment revendiquée par un si grand nombre d'anciens ligueurs, pour s'exempter des impositions, que ce prince y mit ordre en déclarant qu'il ne suffisait pas, pour se dire Gentilhomme, d'avoir PORTÉ LES ARMES. — Quelques-unes de ces questions sont agitées dans GANEAU et le *Dictionnaire de la Conversation.* — Depuis l'extinction de la FÉODALITÉ et du SERVICE FORCÉ auquel les hommes FIEFFÉS étaient astreints, les Gentilshommes, ou les CAVALIERS comme on disait aussi, se regardaient comme libres à tout instant de quitter le SERVICE du roi. MONTESQUIEU cherche à expliquer et à justifier cette espèce de droit; il était admis en principe, au mépris de plusieurs décisions légales, mais oubliées : de là vient que, jusqu'à l'époque de la GUERRE DE 1792, un OFFICIER n'était jamais regardé comme DÉSERTEUR. La loi n'associait pas dans une même locution les mots DÉSERTION et OFFICIER ; ou si des lois en avaient dit l'équivalent, elles étaient en complète désuétude. — Techniquement parlant, les Gentilshommes ne font plus partie de l'ARMÉE FRANÇAISE, puisque leur titre a cessé d'y figurer. Sous le régime de la restauration, ce titre n'existait plus qu'à la cour, où il obligeait à un service d'intérieur et de domesticité quelques MILITAIRES d'un rang élevé; mais la dénomination équivoque qu'ils y prenaient avait un sens tout différent de l'ancien titre, puisque quantité de *gentilshommes de la chambre* n'avaient pas dans les veines une goutte de sang féodal, et que leurs ascendants ou eux-mêmes n'étaient NOBLES que par anoblissement plus ou moins constaté, mais non par PARAGE, NOBLESSE D'ÉPÉE, CRI OU PLEINES ARMES. — Le titre n'était plus qu'un mot de politesse ou de vanité, comme tant d'autres. — En AUTRICHE, les Gentilshommes sont dispensés de la CONSCRIPTION. — Dans la MILICE AUTRICHIENNE il se voit encore des CADETS GENTILSHOMMES. — Nous donnerons quelques explications de plus à ce mot, sous le point de vue des GENTILSHOMMES A

DRAPEAU, — D'ARTILLERIE, — DU DRAPEAU.

GENTILHOMME A CHEVAL. V. A CHEVAL. V. CLIENT.

GENTILHOMME (gentilshommes) A DRAPEAU (F). Sorte de GENTILSHOMMES ou d'OFFICIERS D'INFANTERIE qui faisaient partie du RÉGIMENT DES GARDES FRANÇAISES, et qu'il ne faut pas confondre avec les GENTILSHOMMES DU DRAPEAU. Les Gentilshommes à drapeau étaient, dans l'origine, de jeunes nobles servant sans paye et aspirant à devenir OFFICIERS. — L'ORDONNANCE DE 1728 (12 FÉVRIER) en créait trente-trois, à raison d'un par compagnie ; celle de 1740 (11 janvier) en attachait un second ; ils devaient être d'une NOBLESSE reconnue ; leur service était le même que celui des ENSEIGNES.

GENTILHOMME A PIED. V. A PIED. V. GENTILHOMME. V. GRADE. V. MILICE FRANÇAISE N° 8.

GENTILHOMME AU BEC DE CORBIN. V. ARCHER DE CORPS. V. AU BEC DE CORBIN. V. BEC DE CORBIN. V. COMPAGNIE DE G... V. GARDE ROYALE N° 2. V. GARDES DU CORPS. V. MASSE D'ARMES. V. PETITE GARDE. V. RÉGIMENT FRANÇAIS. V. SERGENT D'ARMES.

GENTILHOMME D'ARMES. V. ARMES. V. CLIENT. V. COLLIER DE CHEVALERIE. V. COMMISSAIRE DES GUERRES N° 1. V. COTTE D'ARMES. V. GENTILHOMME. V .ORDRE DE LA TOISON D'OR. V. SERGENT MILITAIRE. V. TACTIQUE, subs.

GENTILHOMME D'ARTILLERIE (F), ou SOUS-COMMIS, suivant DELAFONTAINE (1665, A) et GANEAU. Il y en avait un, disent-ils, par PIÈCE DE CANON, pour en surveiller la conservation et en diriger le FEU. Ils formaient trois classes, suivant le calibre de la PIÈCE placée sous leurs ordres.

GENTILHOMME DE LA MAISON. V. DUC N° 1. V. GARDE ROYALE N° 1. V. GENTILHOMME. V. MAISON DU ROI N° 2.

GENTILHOMME DE NOM. V. NOM. V. ORDRE DE LA TOISON D'OR.

GENTILHOMME DU DRAPEAU (F). Sorte de GENTILSHOMMES d'un rang bien plus élevé que ne le furent les GENTILSHOMMES A DRAPEAU, comme le témoigne GANEAU. En 1680, il fut institué dans les GARDES FRANÇAISES quatre Gentilshommes du drapeau. Ils devaient accompagner le ROI partout, et combattre pour sa défense. Ils avaient une BANDOULIÈRE de buffle galonné et une PERTUISANE dorée. Au commencement du siècle suivant ils étaient supprimés.

GENTILHOMME HAUT JUSTICIER. V. HAUT JUSTICIER. V. NOBLESSE.

GENTILHOMME ORDINAIRE. V. COMPAGNIE DE GENTILSHOMMES. V. ORDINAIRE, adj.

GENTILHOMME PENSIONNAIRE. V. LANCE FOURNIE. V. MILICE ANGLAISE N° 2. V. PENSIONNAIRE, adj.

GENTILINI ; GENTILIS. V. NOMS PROPRES.

GENTILSHOMMES, subs. masc. plur. V. GENTILHOMME.

GÉNUFLEXION, subs. fém. V. A G... V. CONSIGNE DE SENTINELLE EN GARNISON DE JOUR. V. FEU DE BATAILLON.

GÉODÉSIE. V. BAILLY. V. BENOIT. V. CARTE TOPOGRAPHIQUE. V. DÉPOT DE LA GUERRE. V. DURET. V. FLAQUE D'EAU. V. FRANCOEUR (1835, N). V. MILICE AUTRICHIENNE N° 6. V. OFFICIER D'ÉTAT-MAJOR GÉNÉRAL.

GEOFFROY. V. NOMS PROPRES.

GÉOGRAPHE, subs. masc. V. INGÉNIEUR G... V. OFFICIER G...

GÉOGRAPHE D'ARMÉE. V. ARMÉE. V. INGÉNIEUR GÉOGRAPHE N° 1, 2. V. MILICE NÉERLANDAISE N° 4.

GÉOGRAPHE MILITAIRE. V. INGÉNIEUR GÉOGRAPHE. V. MILITAIRE, adj.

GÉOGRAPHIE, subs. fém. V. ADOLPH. V. BÉNICKEN. V. CARTE GRAPHIQUE. V. DÉPOT DE LA GUERRE. V. ÉCOLE DE SOUS-OFFICIERS. V. ÉCOLE D'ENSEIGNEMENT PRIMAIRE. V. GÉNÉRAL D'ARMÉE N° 9. V. HAHNZOG. V. HOMEYER. V. INGÉNIEUR GÉOGRAPHE N° 1, 2. V. LAVALLÉE. V. MALCHUS. V. MEINECKE. V. MILICE AUTRICHIENNE N° 2. V. OFFICIER D'ÉTAT-MAJOR GÉNÉRAL. V. OFFICIER DU GÉNIE N° 7. V. QUARTIER-MAITRE GÉNÉRAL. V. RUMPF (1824, F). V. TERRAIN STRATÉGIQUE. V. TOPOGRAPHIE.

GÉOGRAPHIQUE, adj. V. CARTE G...

GEOLAGE, subs. masc. (B, 1 ; C, 5), ou FRAIS DE GEOLAGE, OU FRAIS DE GITE ET GEOLAGE. Le mot Geôlage dérive de GEOLE, vieille expression qui provient du bas LATIN gayola, cage ; ou jaïole, suivant BARBAZAN (1808) : ce même AUTEUR dérive à tort gaolier, ou GEOLIER, du LATIN cavea. — Le terme Geôlage se rapporte à une mesure de police et d'administration ; ainsi il donne l'idée non de l'EMPRISONNEMENT, mais du droit des GEOLIERS, du remboursement des dépenses autrefois faites par eux, et maintenant par les CONCIERGES DE PRISON PUBLIQUE pour le couchage et la nourriture des DÉTENUS MILITAIRES. — Dans les usages des communes, le Geôlage de la JUSTICE MILITAIRE était ce que le CASTELAGE était dans les usages des CHATELLENIES. — L'ORDONNANCE DE 1788 (1er JUILLET) voulait que le GEOLIER fournît aux MILITAIRES entrants douze livres de PAILLE fraiche moyennant six liards par SOLDATS et trois sous par bas-officiers : l'Etat passait en compte cette dépense. — Le RÈGLEMENT DE 1792 (24 JUIN) allouait aux GEOLIERS, pour

chaque HOMME DE TROUPE six deniers par jour
de FRAIS DE GEOLE, et pour chaque OFFICIER
six sous par jour à retenir sur les APPOINTE-
MENTS de l'officier détenu. — L'arrêté de
l'an onze (29 thermidor), les INSTRUCTIONS
DE 1806 (4 DÉCEMBRE) et 1810 (16 MAI) réglaient administrativement la matière. —
L'ORDONNANCE de 1823 (19 MARS) expliquait
ce que l'on considère comme PRESTATIONS de
GITE ET GEOLAGE dans les PRISONS MILITAIRES
OU CIVILES; ces PRESTATIONS consistent dans
la fourniture de la PAILLE DE COUCHAGE que
le CONCIERGE est chargé de délivrer et dans
le payement d'une PRIME en deniers que le
gouvernement passe par chaque JOURNÉE DE
DÉTENTION pour fournitures d'ALIMENTS autres
que le PAIN, parce qu'il est délivré des magasins militaires aux hommes INCARCÉRÉS. Le
prix des ALIMENTS varie suivant que les DÉ-
TENUS sont en résidence ou de passage, et
qu'ils sont à PARIS ou dans les départements. — Le COMMISSARIAT et, depuis son
abolition, l'INTENDANCE étaient chargés de la
liquidation des FRAIS DE GITE ET GEOLAGE. —
Une DÉCISION DE 1829 (31 MARS) traitait de
la comptabilité du Geôlage.

GEOLE, subs. fém. V. DÉTENU EN PRISON.
V. DÉTENU MIS EN JUGEMENT. V. FRAIS DE GEOLE.
V. PRISON.

GEOLIER, subs. masc. V. BIENVENUE. V.
COMMENTARISTE. V. CONCIERGE DE PRISON. V.
GEOLAGE. V. PRISON MILITAIRE. V. SOUS-OFFICIER
N° 11.

GÉOLOGIE, subs. fém. (G, 4, 7; H). Mot
tout GREC qui signifie connaissance et examen
des formes extérieures de la terre; le terme
est considéré uniquement ici par rapport à
l'étude des TERRAINS et des THÉÂTRES de la
GUERRE; ainsi la Géologie s'occupe des péri-
phéries, des surfaces, des profils, des VER-
SANTS et des stationnements d'EAUX, du
cours des FLEUVES et des RIVIÈRES, de l'inclinaison des GLACIS, des agroupements de
MONTAGNES, de leurs CHAINES, direction, RA-
MEAUX et CONTRE-FORTS, de leur élévation,
régions, CRÊTES et GORGES. — Les ÉCRIVAINS
n'ont pas caractérisé nettement les dissem-
blances, les analogies, entre la Géologie et
la TOPOGRAPHIE. La première est plutôt la
science du naturaliste, du physicien; la TO-
POGRAPHIE est plutôt l'art de l'arpenteur, du
dessinateur, du praticien : l'une devine et
découvre ce que l'autre constate et décrit.
— La Géologie appartient aux études de
l'INGÉNIEUR, de l'OFFICIER D'ÉTAT-MAJOR et
du TOPOGRAPHE; l'un en applique le savoir à
la confection des CARTES; les autres, dans les
GUERRES où ils servent, règlent leurs OPÉRA-
TIONS sur des combinaisons où la Géologie a
une grande part. — S'agit-il de la GUERRE

DE SIÉGE DÉFENSIF, la science géologique se
rend compte du parti que les APPROCHES peuvent tirer des CRIQUES et de la résistance
que les CRIQUES peuvent favoriser; elle entre
dans le calcul du DÉFILEMENT DES FEUX, des
COMMANDEMENTS à donner aux OUVRAGES, de
la protection que peuvent espérer les SOR-
TIES. — S'agit-il de la GUERRE DE SIÉGE OF-
FENSIF, des combinaisons analogues influent
sur l'OUVERTURE des TRANCHÉES, le jeu des
MINES, le choix des points susceptibles d'être
BATTUS EN BRÈCHE. — Dans les ÉCOLES des
ARMES SAVANTES, les modèles en relief sont
les meilleurs moyens d'étude de cette branche de la SCIENCE DES ARMES. — La Géologie
a des rapports non moins intimes avec l'ART
du GÉNÉRAL, puisqu'il doit s'occuper de la
configuration et des ACCIDENTS des localités
géologiques par rapport aux quantités de
TROUPES à employer, aux agressions possibles
de l'ENNEMI, aux chances de succès ou de
revers que les ARMÉES ont à attendre ou à
redouter. Ainsi les passages à travers les
MONTAGNES étant généralement ouverts le
long des VALLÉES et des COURS D'EAU, c'est
aux sources des versants et aux CONTRE-FORTS
élevés que gît le point militaire défensif; et
tel GÉNÉRAL, qui occuperait quantité de TROU-
PES à la garde de plusieurs GORGES, centrali-
serait bien plus avantageusement sa défense
au point culminant. — L'influence de ces
calculs s'exerce aussi bien sur les vastes
OPÉRATIONS de la STRATÉGIE que sur la conduite des PARTIS, sur les SURPRISES, les ATTA-
QUES BRUSQUÉES, les EMBUSCADES. — C'est à la
Géologie qu'appartiennent ces neiges où
s'engloutirent les éléphants d'ANNIBAL, où
s'imprimèrent les pas de CHARLEMAGNE, où
BONAPARTE a fait glisser l'artillerie de Marengo. — Pour le GÉNÉRAL D'ARMÉE, la Géologie et la STATISTIQUE sont sœurs; mais
l'une est une étude physique et l'autre une
étude morale. Si les données de ces SCIENCES
eussent influé sur de grandes résolutions
militaires, peut-être l'INVASION de l'ESPAGNE
et de la RUSSIE n'auraient pas été tentées. —
Parmi les AUTEURS qui fournissent à l'égard
de la Géologie plus ou moins de renseignements et de lumières, il faut citer SCHULTZ,
et surtout RUMPF (1824, F) et WALTHER
(1783, C), qui indiquent les écrivains qui
s'en sont occupés.

GÉOLOGIE MÉDICALE. V. CHIRURGIEN-
MAJOR DE CORPS N° 12. V. MÉDICAL, adj.

GÉOLOGIQUE, adj. V. AIGUILLE G... V.
AIGUILLETTE G... V. ARÊTE G... V. BASSIN G...
V. CARTE G... V. CHAINE G... V. CHAINON G...
V. COL G... V. CONTRE-FORT G... V. COTE G...
V. COMMANDEMENT G... V. DENT G... V. ÉPERON
G... V. GLACIS G... V. GORGE G... V. HAUTEUR

G... v. NŒUD G... v. PAS G... v. PIC G... v. PLA-
TEAU G... v. RAMEAU G... v. RENFLEMENT G... v.
REPÈRE G... v. RESSAUT G... v. REVERS G... v. ROC
G... v. SOMMET G... v. TERRAIN G... v. VERSANT
G...

GÉOMÉTRIE, subs. fém. v. AVANCE-
MENT AU GRADE D'OFFICIER PARTICULIER. v. CORPS
D'ÉTAT-MAJOR.

GÉOMÉTRIQUE, adj. v. BATAILLON G...
v. PAS G...

GÉOSTRATÉGIE, subs. fém. v. ART
MILITAIRE DE TERRE.

GÉRANCE, subs. fém. v. GÉRENCE.

GÉRANT, adj. et subs. masc. v. ADMI-
NISTRATEUR MILITAIRE. v. CONSEIL G... v. GÉ-
RENCE. v. RÉGIE.

GÉRARD. v. NOMS PROPRES.

GERBE (subs. fém.) de TRAITS. v. MI-
TRAILLE. v. SIÉGE DÉFENSIF. v. TRAIT.

GERBER, verb. neut. v. BOMBE v. PIERRE
PROJECTILE.

GÉRENCE, subs. fém. (B, 1). Mot qui ne
se trouve pas dans le Dictionnaire de l'ACA-
DÉMIE de 1761 ni de 1835; quelques-uns
l'ont écrit GÉRANCE. Il est mentionné dans
le RÈGLEMENT DE L'AN QUATRE (22 GERMINAL),
concernant l'ADMINISTRATION des DÉPENSES des
TRAVAUX DE FORTIFICATION; c'était le mode
qu'il avait été nécessaire de substituer aux
ENTREPRISES de TRAVAUX par ADJUDICATION au
rabais, parce que la dépréciation des valeurs numéraires, avait rendu impossible le
mode d'ADJUDICATION prescrit par la LOI DE
1791 (10 JUILLET). Un GÉRANT agissait en
vertu de la signature du CHEF DU GÉNIE; il
acquittait le prix des TRAVAUX sur les bons
de ce même chef; il était le TRÉSORIER bre-
veté et comptable de cette partie. — La
réapparition du numéraire a permis le retour à l'ancien et préférable système des AD-
JUDICATIONS. — Hasardons une définition qui
n'a pas encore été faite; une Gérence est
une RÉGIE toujours de clerc à maître; tandis
qu'il y a des RÉGIES dont la COMPTABILITÉ est
moins restrictive. — Sauf l'application légale du mot à des SERVICES différents, nous
voyons presque similitude entre AGENCE et
Gérence.

GÉRER, verb. act. v. ADMINISTRATEUR.

GÉRHART. v. NOMS PROPRES.

GÉRIT, subs. masc. v. DJÉRID.

GERMAIN; GERMANIE. v. NOMS PRO-
PRES.

GERMANIQUE, adj. v. CERCLE G... v.
CONFÉDÉRATION G... v. CORPS G... v. DIÈTE G...
v. EMPIRE G...

GERNON, subs. masc. v. BARBE. v. GRE-
NON. v. MOUSTACHE.

GERRE, subs. fém. v. GUERRE.

GERROIER, verb. neut. v. GUERRE.

GERSDORF; GERSTENBERG. v.
NOMS PROPRES.

GÉSATE (gésates), subs. masc. (F), ou
GESSATE, comme l'écrit LACHESNAIE (1758, I).
SOLDATS de la MILICE GAULOISE qui étaient armés d'un DARD A MAIN ou d'une DEMI-PIQUE
nommée GÉSE : de là proviendrait leur nom
de *gœsatus, gesator, gesiger, gessatis*. Les Ci-
salpins, dit M. LISKENNE, les appelaient
gaisda, ou porteurs du GAIS. — POLYBE (150
avant J.-C.) parle des Gésates (*gessatœ*)
comme d'une troupe qui faisait partie des
peuplades qui habitaient vers les Alpes et
le Rhône : ce seraient ainsi les ancêtres des
PIÉMONTAIS et des SUISSES. Leur nom venait,
dit-il, de la SOLDE qu'on leur donnait; mais
il est plus croyable que la PAYE que touchaient des MERCENAIRES les avait fait appeler
Gésates par une sorte d'assimilation. — MÉ-
NAGE, au mot GÉSE, l'ENCYCLOPÉDIE (1751,
C), FOLARD (1727, A), GANEAU, ont traité
ce même sujet. — MORÉRI (au mot *Gaule*)
prétend que les Gésates étaient des TROUPES
MERCENAIRES qu'il met en opposition avec les
SOLDURIERS, ou troupes nationales gauloises.
— LACHESNAIE (1758, I) les mentionne
comme une sorte de CAVALERIE tirée d'un
pays habité par les GESSATES, et qui se ven-
dait pour la guerre et prenait même du
SERVICE loin de ses foyers, et surtout dans
les MILICES GRECQUES. — Ce genre de troupe
s'éteint, ou du moins son nom disparaît de
la LANGUE au milieu du cinquième siècle. —
On peut, à leur égard, également consulter
PLUTARQUE.

GÉSE (géses), subs. masc. (F), ou GAIS
suivant M. LISKENNE, ou GÉZE. Mot GAULOIS
ou CELTIQUE que les LATINS exprimaient par
gœsum, gœsa, gœsus, gessa, gesum. — Dans
la basse LATINITÉ il s'écrivait *gesus, gessus*.
— C'était le nom d'une ARME DE DEMI-LON-
GUEUR ou d'un DARD, que VIRGILE appelait
arme alpine ou des Alpes, et qui donna aux
soldats GAULOIS le nom de GÉSATES. Cette
ARME était en usage chez les ALLOBROGES. Elle
fut adoptée par les FRANCS. Elle était, dit-on,
durcie au feu et terrible dans la main de
ceux qui la portaient. — Ce que VIRGILE
(VIIIe liv., Enéide) appelle arme alpine ou
des Alpes, était un Gése ou une MATÈRE. —
TITE LIVE et VIRGILE emploient au neutre le
mot. SUIDAS le prend au féminin, et le regarde comme synonyme de CONTUS, TRAIT
qui frappe de loin; il compare la Gése du
GAULOIS au PILUM des ROMAINS; mais il y a
cette différence entre ces deux armes, que,
chez les ROMAINS, c'était l'INFANTERIE PE-
SANTE qui portait la lance et le PILUM, tandis
que TITE LIVE range au nombre des ARMÉS
A LA LÉGÈRE ceux qui lançaient la Gése ou le

Gése. — Festus dit que ce fut le Gése qui fut le modèle du pilum des Romains; mais Athénée est d'une autre opinion, et prétend que ce fut des Espagnols que les Romains empruntèrent l'idée du pilum. — Carré (1785, E) compare le Gése à une demi-pique. — Lachesnaie (1758, I) dépeint les Géses comme des dards a main *d'une demi-coudée, à moitié carrés, de telle sorte qu'ils finissaient par une pointe fort aiguë et fort ronde.* En citant ce passage, pillé dans Ganeau, nous sommes loin de le regarder comme clair et satisfaisant. — Les Romains adoptérent le Gése dans leurs armées; l'usage s'en introduisit aussi chez les Grecs; leurs milices corrompirent ce mot, dont ils firent l'expression ysse. — Il existait encore des Géses au treizième siècle dans la milice française, puisque, dans son Histoire de Provence, Boucher fait mention d'une arme de cette espèce qui figure sous le nom de *gesus, gessus,* dans un inventaire des armes saisies sur les templiers par le roi de la ville d'Aix. — Il est traité de cette arme par Borel (Pierre), César (50 avant J.-C), Duane, Ganeau, Hugo, Juste Lipse (1598, A), Lachesnaie (1758, I), Ménage, Varron, Vossius, l'*Encyclopédie du dix-neuvième siècle* (au mot *Arme*).

GESSATE, subs. masc. v. gésate. v. milice piémontaise n° 1.

GESTION, subs. fém. (B, 1). Mot tout latin qui exprime un des moyens ou des procédés que l'administration militaire met en usage. — Un conseil d'administration ne devrait s'appeler, suivant l'opinion de quelques administrateurs, que conseil de gestion, parce que toute Gestion, toute agence, a des comptes à rendre, tandis que l'administration n'est pas soumise à comptabilité, mais elle dirige la comptabilité. Le ministre de la guerre, il est vrai, doit des comptes; mais ce n'est que l'ensemble et le résumé de ceux qu'il a exigés et réunis. — La Gestion, en prenant ce mot par opposition à entreprise ou à régie, consiste dans l'acquisition, la répartition, le maniement, l'emploi des matières, par les soins directs des corps militaires. Les régies sont ou simples ou intéressées. La Gestion ne peut jamais être que simple. Les entreprises sont aléatoires; la Gestion est étrangère à toute idée, à toute chance de bénéfices. Les services administratifs, les fournitures de subsistances, marchent par voie de Gestion administrative et par voie de Gestion manutentionnaire. Des employés et des sous-employés en sont chargés. — Les inconvénients de la Gestion consistent dans l'inégalité de forme des opérations et des écritures, et dans l'inévitable dissemblance des produits moraux et matériels, parce que chaque corps procède suivant des vues qui ne sauraient cadrer, soit qu'il y ait de sa faute ou non. C'est ce qui rend inadmissible le système de la Gestion, surtout en temps de guerre; il ne conviendrait même, en temps de paix, qu'à des corps fixés dans des garnisons sédentaires. — Ces questions sont traitées par M. Ballyet (1817, D; p. 504).

GETTEIS, subs. masc. v. fronde. v. perrier. v. pierre projectile.

GEUSS. v. noms propres.

GÉZE, subs. masc. v. gése. v. milice piémontaise n° 1.

GHERNON, subs. masc. v. grenon. v. moustache.

GHEYN. v. noms propres.

GIAMBONI; **GIANNETTASIUS**; **GIANNONE**; **GIANNOTTI.** v. noms propres.

GIBAULT, subs. masc. (F), ou gibbe, ou gibe, ou gibet, ou guibet. Mots qui servaient de dénomination à une ancienne arme d'infanterie, et qui ont même exprimé, suivant quelques opinions, un instrument d'agriculture. — Le Gibault répondait, suivant quelques opinions, au gibet que Don Carpentier regarde comme une fronde a manche. — Roquefort au contraire regarde le gibet comme un casse-tête, une massue; il en dérive le nom du latin *gibbus,* bossu, parce que sa forme était celle d'une lourde palette en forme de mâchoire. Il en retrouve l'image dans les miniatures qui accompagnent le manuscrit de Froissart. Peut-être le Gibault avait-il quelque analogie de formes avec la crosse à jouer au mail. — Gibet signifiait en général morceau de bois robuste : de là ce nom donné à un poteau de justice, à des fourches patibulaires.

GIBBE, subs. masc. v. gibault.

GIBBECIÈRE, subs. fém. v. gibecière.

GIBBON. v. noms propres.

GIBBOSITÉ, subs. fém. v. cas de réforme. v. infirmité.

GIBE, subs. masc. v. gibault.

GIBECIER, subs. masc. v. gibecière.

GIBECIÈRE, subs. fém. v. travers de g...

GIBECIÈRE, subs. fém. (F), ou gibbecière comme l'écrit d'Espagnac (1751, D), ou gibecier. Mot provenu ou de l'allemand comme en vient giberne, ou, suivant Furetière et Ménage, du latin barbare *gibessiara, gibbiciaria,* dérivés de *gibbus,* bossu. — La langue militaire française a emprunté au langage de la vénerie le terme Gibecière, puis-

que le verbe *gibecer*, qu'on trouve dans
Chrestien, et qui y signifie chasser à l'oiseau, a été la racine ou le dérivé de gibier.
— Le mot Gibecière est ensuite devenu tout
à fait militaire. — L'Encyclopédie (1751, C)
témoigne que, dans le dix-septième siècle,
celle des grenadiers a pied et a cheval
était carrée et à banderole ; que celle
du reste de l'infanterie, d'abord soutenue
par la bandoulière où pendait le fourniment, était, à une époque plus récente, attachée au ceinturon. — Quand les ecclésiastiques étaient en même temps hommes
d'épée, tels d'entre eux officiaient à l'Eglise
affublés d'une Gibecière ou d'une sabretache. — La Gibecière a remplacé le carquois des archers, le sac a pierres des fron-
deurs ; elle a été un effet de grand équipement en usage depuis l'invention des petites
armes a feu jusqu'à la moitié du siècle dernier. — Gaya (1678, B) appelle Gibecière la
grenadière ; Manesson (1685, B) dit que le
ceinturon a fourniment du cavalier portait
*un cartouche ou une espèce de Gibecière con-
tenant douze charges.* — Saint-Remi (1697)
n'appelle pas la gibecière autrement que Gibecière. D'Espagnac (1751, D) et Leblond
(1758, B) appellent Gibecière la gibecière des
officiers de grenadiers ; leur baionnette s'y
attachait. Dhéricourt (1756, G) appliquait le
même terme à toutes les gibernes des officiers de l'infanterie. — Lachesnaie (1758,
I) appelle Gibecière la sabretache ; mais, au
mot *Composition*, il est le premier auteur
qui substitue le terme giberne à l'expression
Gibecière, quoiqu'il mentionne encore cette
dernière à l'article Bandoulière ; il distingue, comme on le faisait plus anciennement, la Gibecière du fourniment ; ces deux
pièces pendaient à la bandoulière. — Au
milieu du dix-huitième siècle, le mot giberne commençait à être d'un usage populaire quand son synonyme Gibecière était
encore le mot de la loi. — On peut regarder,
depuis l'adoption des arquebuses a serpentin
jusqu'à l'emploi de la giberne, la Gibecière
comme ayant été d'abord pour les mousquetaires a pied un sac a balles, ou pour les
grenadiers un sac a grenades, et comme
ayant contenu les cartouches quand l'usage
des coffins et des grenades a cessé. — Il y
a cette différence que la bandoulière à coffins, à sac a balles et à pulvérin, ou ce
qu'on appelait en une expression collective
le fourniment, a été surtout à l'usage des
arquebusiers a pied, et que la bandoulière
à Gibecière sans coffins et à poudrière a
été à l'usage des mousquetaires à pied. Cette
dernière Gibecière s'est changée en giberne.
— Depuis l'invention de la baionnette, la

bandoulière était assujettie par un travers,
c'est-à-dire par une bande de buffle cousue
horizontalement au-dessus de la Gibecière :
c'était à ce travers que la baionnette se
suspendait. — Jusqu'à l'époque où, pour la
première fois, les fusils furent retirés aux
dragons, la banderole de leur giberne avait
une forme particulière ; elle portait encore
le travers : c'était un vestige de l'ancien
usage. — On a renoncé au terme Gibecière,
parce qu'on s'est aperçu, quoique fort tard,
qu'il avait quelque chose de mal sonnant
depuis qu'il avait été adopté dans la langue
des Bohémiens nomades et des escamo-
teurs ; on y a substitué le mot giberne, qui
était un composé de termes imaginés, suivant quelques opinions, par des jongleurs
d'Allemagne. — La langue allemande nous
a de même donné le mot havre-sac. —
Quant à nous, nous serions porté à croire
que les mots Gibecière et giberne ont une
racine arabe, et nous ont été apportés par
ces castes errantes qu'on a nommées Bohêmes et Egyptiens. La *gebira* des cavaliers
algériens est une véritable Gibecière.

GIBERNE, subs. fém. v. a g... v. attribut de g... v. auge de coffret de g... v.
bande de banderole de g... v. banderole de
g... v. bois de g... v. boite de g... v. bordure de g... v. boucle de g... v. bourse de
g... v. bouton de g... v. ceinture de g...
v. cirage de g... v. cire a g... v. cloison de
g... v. coffret de g... v. compartiment de
g... v. contre-sanglon de g... v. couvre-
g... v. devant de boite de g... v. écusson de
g... v. étui de g... v. martingale de g... v.
passant de g... v. patelette de g... v. petite
pièce de g... v. pièce de g... v. plaque de g...
v. porte-g... v. traverse de g...

GIBERNE (term. génér.), ou cartouche
pris au masculin, et comme l'appelait encore l'ordonnance de 1766 (1er janvier), ou
cartouchier suivant Roquefort (1835), ou
gargoussière suivant Ganeau, ou giberne
d'infanterie. — Le mot Giberne est peu
ancien ; il se trouve dans les éditions modernes du Dictionnaire de l'Académie, mais
n'existe pas dans Furetière. Il paraît pour
la première fois dans Puységur (1748, C)
comme synonyme de sac a grenades, et
dans Lachesnaie (1758, I ; aux mots *Armement* et *Composition*) comme synonyme de
gibecière de fusilier d'infanterie. En d'autres passages, et à l'article *Exercice*, cet
écrivain appelle porte-cartouches la Giberne, tant l'usage du mot était encore peu
arrêté, et tant les auteurs de dictionnaires
sont en contradiction avec eux-mêmes. —
Gustave-Adolphe a donné, le premier, à
son infanterie la Giberne dès 1620, sui-

vant Moritz Meyer; la guerre de 1655 en répandit l'usage, si l'on en croit le *Journal de l'Armée* (t. i, p. 250, et t. ii, p. 264). Mais cette Giberne, ou plutôt cette gibecière, déjà plus anciennement en usage dans la cavalerie, ne s'appelait pas encore Giberne, et Meyer confond Giberne avec sac a grenade, quand il dit que, en 1664, les soldats détachés ont la Giberne, et que, en 1670, elle s'introduit dans l'infanterie brandebourgeoise. — Les Italiens ont imité le terme français Giberne, et en ont fait le mot *giberna*. — L'étymologie de Giberne est peut-être encore à découvrir. On a supposé que le terme dérivait de gibecière. Ces expressions ont en effet une analogie marquée dans notre langue, et remontent sans doute à une racine commune. — Voici, suivant quelques opinions, comment s'est francisé le mot. — On lit dans Ménage (1727) qu'Eccard, ou plutôt Eckhard, philologue saxon mort en 1757, dérive gibecière d'escamoteur des mots allemands *schieben*, ou suivant l'Encyclopédie (1751, C) *schiben*, pousser, *verschieben*, serrer, cacher, et du mot *becher*, gobelet, d'où serait venu le substantif *schibbecher*; c'eût été l'expression des jongleurs bohémes ou égyptiens, pour signifier le sac, la gibecière, où ils tenaient leurs gobelets, leurs muscades. — Une objection à opposer à l'opinion d'Eccard, c'est que le mot gibecière date de très-loin; qu'il se retrouve dans le bas latin, et qu'il paraît s'être appliqué à la chasse avant d'avoir été un terme d'escamoteur. — Mais il est permis d'induire de l'assertion de Furetière que, de même que les bataillons d'infanterie française appelaient gibecière, à l'imitation des chasseurs, leur sac à munitions, de même les soldats allemands auront trivialement appelé *schibbecher* le sac a grenades ou la crenadière, et que nos soldats auront appris des Allemands au service de France le mot *schiebenbecher*, *schibbecher*, qui, s'étant adouci en chiberne, est devenu Giberne; on l'aura préféré à gibecière, qui déplaisait aux troupes, parce que ce terme était employé par les charlatans français; mais ceux qui y substituèrent Giberne ne savaient pas que l'expression nouvelle était familière aux charlatans allemands. — Il s'élève cependant une difficulté au milieu de ces suppositions; c'est que, de nos jours, la langue militaire allemande ne fait pas usage d'un mot qui lui appartiendrait originairement, mais qu'elle a continué au contraire à dénommer la Giberne *patrontasche*, traduction germanisée de l'italien *tasca di cartocci*, sac à patrons, sac à cartouches, que Montécuculi, dans ses

ouvrages, rend par le terme *patrona*. — Les Anglais appellent la Giberne *cartouch-box*, boîte à cartouches : de là vient peut-être que nous avions pris de nos régiments franco-irlandais l'usage du mot masculin un cartouche, dont on s'est servi, dans la première moitié du dernier siècle pour signifier une Giberne. — Si nous n'avions de la répugnance à manifester, dans la science si conjecturale des étymologies, nos propres impressions, nous demanderions si les mots Giberne et gibecière n'auraient pas pour racine commune le verbe arabe *gib* ou *djib*, porter, apporter, et ne seraient pas presque littéralement le mot arabe *gebira* ou *djebira*, dénomination d'une espèce de sabretache, ou de sacoche, que suspendent à la selle de leur cheval tous les cavaliers du nord de l'Afrique, et que les Kobaïls portent souvent de l'épaule à la hanche. — Ces nomades, nommés Egyptiens et Bohêmes, mais dont l'origine est bien évidemment arabe, auront, dans leurs migrations vagabondes, apporté directement parmi nous et la chose et le nom. — Grassi (1817, H) appelle la Giberne *fiaschetta*, petit flacon, petite poire a poudre; il blâme comme un néologisme le mot *giberna*, qui en effet n'a pas, dans la langue militaire, un siècle de date. — On voit, dans les gravures de Bombelles (1746, A), de Giffart (1696, A) et dans celles du règlement de 1755 (17 aout), la représentation des Gibernes alors en usage; mais le nom de Giberne n'était pas encore donné à cet effet d'équipement, hormis dans le patois du soldat; en effet Puységur (1748, C) appelle simplement étui ce qu'on nomme maintenant Giberne. — D'Espagnac (1751, D) dit qu'au lieu d'une cartouche les grenadiers ont une Giberne. — Laporterie commençait à se servir, en 1754, des expressions porte-cartouches ou Giberne, et les explique l'un par l'autre. Le mot était si peu répandu, que le *Dictionnaire universel de la France*, imprimé en 1771 (in-12, t. iv, p. 79), parlant des Gibernes des cent-suisses, croyait devoir, dans une note, expliquer le sens du mot, et faire connaître que c'était un sac à mettre des grenades.— L'Encyclopédie (1751, C; au mot *Gibecière*) témoigne que, à l'époque où était composé l'article, on ne connaissait encore que des gibecières, et qu'il n'y avait de gibecières carrées qu'à l'usage des grenadiers a pied et à cheval: celles-ci sont devenues le type des Gibernes à cartouches. — Ce même ouvrage se dément lui-même en disant, au mot *Gibecière*, qu'on appelle ainsi la Giberne de grenadiers : cette Giberne servait encore, au besoin, à porter des grenades a main, et différait de la DEMI-GIBERNE ou CARTOUCHE du soldat non grenadier, parce que cette dernière n'avait pas de SAC A GRENADES. — LACHESNAIE (1758, I) emploie CARTOUCHE dans le sens où il se prend maintenant; et pourtant le RÈGLEMENT DE 1766 (1er JANVIER) mentionnait encore, dans les détails d'exercice, le commandement : *Ouvrez la cartouche!* pour signifier : Ouvrez la Giberne. — Les Gibernes des COMPAGNIES DE GRENADIERS et de FUSILIERS figurent nominalement dans l'ORDONNANCE DE 1767 (25 AVRIL); mais cette même ordonnance appelle encore CARTOUCHE la Giberne des OFFICIERS et celle de la CAVALERIE. On retrouve, dans le même sens, ce mot CARTOUCHE dans l'INSTRUCTION DE 1769 (1er MAI). — Concluons-en que les mots Giberne et CARTOUCHE sont tombés dans la LANGUE FRANÇAISE comme l'avait fait le mot HAVRE-SAC, et sans que le MINISTÈRE DE LA GUERRE s'en soit aperçu ou s'en soit soucié. — Les étrangers n'ont pas imité l'emploi de notre mot Giberne, parce que la mode n'était plus alors, comme au temps de Louis QUATORZE, de copier les usages militaires de la FRANCE et de lui emprunter ses mots. — L'usage de la Giberne est maintenant aussi répandu que celui de la poudre; les Gibernes se ressemblent à peu près partout; cependant celles de la MILICE COCHINCHINOISE présentent des particularités curieuses, elles sont moins grandes que celles de l'armée anglo-indienne, comme le témoigne le *Bulletin des sciences militaires* (1826; p. 179). Elles contiennent des CARTOUCHES à enveloppe en bambou, une fiole d'huile essentielle (apparemment odorante et peut-être de toilette), un PULVÉRIN à amorcer et un jeu d'échecs. Elles supportent deux baguettes en forme de spatule, larges d'un pouce et longues de six; le bruit que font ces baguettes, suivant la manière dont la main du soldat ou de la SENTINELLE les entre-choque, équivaut à un SIGNE DE RALLIEMENT, de reconnaissance, à un mot d'ordre; elles servent en outre de fourchettes à la manière chinoise. — Un fait singulier dont nous avons expliqué les causes, c'est qu'il y a eu en France des DEMI-GIBERNES dans la loi écrite, avant que les ordonnances fissent mention de Gibernes, avant que le mot Giberne fût pour ainsi dire français. — La Giberne a succédé à la PANETIÈRE, à la GIBECIÈRE, au FOURNIMENT, comme la PANETIÈRE et la GIBECIÈRE ont succédé au CARQUOIS où se tenaient en réserve les CORDES D'ARC, et au SAC où le FRONDEUR portait ses MOBILES. Les primitives Gibernes se portaient en avant de la CEINTURE comme le montre le *Journal de l'Armée* (t. III, p. 132). — La manière

de priver de sa GIBECIÈRE ou de sa Giberne l'HOMME DE TROUPE CONDAMNÉ à des PEINES graves entrait autrefois dans les formes de la DÉGRADATION usitée. — Des CORPS D'INFANTERIE LÉGÈRE ont porté la GIBERNE A LA CORSE, ou la PATRONE, comme l'appelle PICTET (1761, E) : c'était une petite Giberne cintrée portée en avant de l'homme et en CEINTURE; mais ce placement de la Giberne gêne le maniement des armes, et il y a le danger que le feu prenne aux CARTOUCHES; aussi, après des essais plusieurs fois répétés, les CHASSEURS A PIED ont-ils renoncé à cette mode, que voudraient cependant faire revivre des auteurs modernes, tels que M. MAUDUIT, M. Heurteloup, etc. — Le RÈGLEMENT DE 1779 (21 FÉVRIER) conservait aux Gibernes leur ancienne forme, et exprimait que la CARTOUCHE, c'est-à-dire la GIBERNE des OFFICIERS D'INFANTERIE, était percée à seize trous. — Le plus ancien document officiel, relatif à la forme détaillée de la Giberne, est de l'AN DIX (4 BRUMAIRE). — La Giberne, considérée comme un des EFFETS DE GRAND ÉQUIPEMENT actuellement en usage dans l'INFANTERIE FRANÇAISE DE LIGNE, ne sert qu'aux HOMMES DE TROUPE et celle des SERGENTS diffère de la Giberne des SOLDATS et CAPORAUX. — La Giberne consiste en un petit coffre partagé en deux AUGES propres à contenir les CARTOUCHES, la BOITE A TOURNEVIS et les objets nécessaires à l'entretien de l'ARMEMENT. — La CIRCULAIRE DE L'AN DOUZE (11 FRUCTIDOR) donnait la GIBERNE A LA CORSE aux TAMBOURS et aux SAPEURS D'INFANTERIE. — Maintenant la Giberne se porte généralement au moyen d'une BANDEROLE dont la BANDE est à PORTE-BAIONNETTE : elle se compose d'un COFFRET EN BOIS blanc enfermé dans une BOITE en cuir formée de diverses PIÈCES; elle supportait les PASSANTS que traversaient les COURROIES du BONNET DE POLICE, avant que l'ORDONNANCE DE 1833 (21 DÉCEMBRE) prescrivît de porter le BONNET dans le HAVRE-SAC; elle est accompagnée d'une MARTINGALE; sa PATELETTE ferme au moyen d'un CONTRE-SANGLON et d'une BOUCLE; elle a été accompagnée d'un RECOUVREMENT en basane, ou SOUS-PATELETTE, qui était une double garantie des CARTOUCHES; ses bords apparents sont renforcés d'une BORDURE. — Il est attaché à la PIÈCE postérieure une TRAVERSE où s'introduisent les CONTRE-SANGLONS destinés à s'attacher aux PUNAISES ou DEMI-BOUCLES. — Le DEVANT de la BOITE porte la BOURSE où sont contenues les PIERRES et la PIÈCE GRASSE; cette BOURSE ferme à BOUTON. — On tient brillants les COTÉS, ou PETITES PIÈCES de la Giberne et sa PATELETTE, par le cirage : on y a employé ou le travail de l'ASTIC ou le vernissage. — Il y a des Gibernes faites de manière que le MONTE-RESSORT y soit logé dans un COMPARTIMENT de la CLOISON. — Celle des CORPS PRIVILÉGIÉS portait comme ATTRIBUT une PLAQUE ou ÉCUSSON. — Suivant les temps, l'ÉPINGLETTE a été logée contre la Giberne; la fiole à l'huile l'était dans un des TROUS A CARTOUCHES. — Dans l'intérieur des CHAMBRES, le CAPORAL D'ESCOUADE veille à ce que la Giberne, couverte de son ÉTUI, soit accrochée par la BANDEROLE à la cheville à équipement, où le nom du SOLDAT à qui est la Giberne est affiché. Si ce SOLDAT porte le SABRE, la Giberne et le briquet sont suspendus à la même cheville. — Des mesures analogues concernent ces effets déposés en MAGASIN. — Si des EXERCICES A FEU sont ordonnés, le caporal s'assure qu'il n'est pas laissé de CARTOUCHES A BALLE dans les AUGES ou dans les TROUS A CARTOUCHES. — Les RÉPARATIONS des Gibernes sont faites ordinairement par le MAITRE CORDONNIER du corps; mais ce genre de travail demanderait à être exécuté par un BUFFLETIER. — L'ARRÊTÉ DE L'AN ONZE (17 FRIMAIRE) réglait la durée de la Giberne à vingt ans. — S'il s'agit d'un transport de Gibernes emballées, une balle en contient cent vingt, conformément au tableau de la composition des colis officiellement publié par le MINISTÈRE. — La GARDE CONSULAIRE avait adopté, sans en avoir demandé l'autorisation au MINISTÈRE, des GIBERNES VERNISSÉES et enchéries par divers attributs en cuivre. — Un ouvrage moderne (1818, B), qui devait devenir légal en vertu de la DÉCISION non mise à exécution de 1817 (5 SEPTEMBRE), donne la description détaillée des Gibernes françaises de toutes les armes, et présente de grandeur naturelle les dessins, coupe et profils de toutes leurs parties. — La manière d'en fixer la MARTINGALE à un BOUTON de l'HABIT, de la CAPOTE, ou de la VESTE, ou du BAUDRIER DE SABRE, était réglée par la DÉCISION DE 1828 (31 MAI). — La CIRCULAIRE DE 1852 (25 JANVIER) établissait d'autres principes de confection de Gibernes. — Le *Journal de l'Armée* (t. III, p. 278) et la *Sentinelle de l'Armée* (t. II, p. 345) offraient des projets de modèle nouveau. — Il est défendu à tout MILITAIRE faisant partie d'un POSTE de quitter sa Giberne. — La Giberne de France se distingue en GIBERNE DE SAPEUR, — DE SERGENT, — DE SOLDAT.

GIBERNE A LA CORSE. V. A LA CORSE. V. CARTOUCHE A FUSIL. V. ÉCOLE DE MARS Nº 5. V. FUSIL KOPTIPTEUR. V. GIBERNE. V. GRENADIÈRE. V. INFANTERIE LÉGÈRE Nº 5. V. MILICE ESPAGNOLE Nº 4. V. MILICE HELLÉNIQUE. V. MINISTRE DE LA GUERRE EN 1815 (9 juillet). V. TAMBOUR IDIOPLIQUE D'INFANTERIE FRANÇAISE Nº 5.

GIBERNE AU CAMP. V. ARME AU CAMP. V. AU CAMP.

GIBERNE de CAPORAL. V. CAPORAL. V. CAPORAL D'INFANTERIE DE LIGNE Nº 6. V. GIBERNE.

GIBERNE de CHASSEUR. V. CHASSEUR. V. CHASSEUR A PIED. V. CEINTURE DE GIBERNE DE CHASSEUR. V. GIBERNE.

GIBERNE de CHIRURGIEN. V. CHIRURGIEN. V. CHIRURGIEN DE CORPS. V. CONSEIL DE SANTÉ.

GIBERNE de DRAGON. V. DRAGON. V. DRAGON FRANÇAIS Nº 4. V. TRAVERS DE BANDEROLE.

GIBERNE de FOURRIER. V. FOURRIER. V. FOURRIER D'INFANTERIE FRANÇAISE DE LIGNE Nº 4.

GIBERNE de FUSILIER. V. BOUTON DE GIBERNE. V. FUSILIER. V. GIBERNE DE SOLDAT.

GIBERNE de GRENADIER. V. GIBERNE. V. GRENADIER. V. GRENADIER D'INFANTERIE FRANÇAISE DE LIGNE.

GIBERNE de NAGEUR. V. NAGEUR. V. NATATION.

GIBERNE de SAPEUR (B, 1). Sorte de GIBERNE particulière aux SAPEURS des CORPS D'INFANTERIE FRANÇAISE DE LIGNE. Elle diffère totalement des autres, en ce qu'elle consiste en un petit COFFRET appliqué sur l'ÉTUI DE HACHE au moyen d'une ENVELOPPE, et ayant sa PATELETTE arrêtée par un BOUTON et une BOUTONNIÈRE.

GIBERNE de SERGENT (B, 1), ou GIBERNE DE SOUS-OFFICIER DE COMPAGNIE. Sorte de GIBERNE qui, dans l'INFANTERIE FRANÇAISE DE LIGNE, ne diffère de la GIBERNE des SOLDATS que par la dimension du COFFRET, de la BOURSE, du CONTRE-SANGLON, de la CLOISON. — Le RÈGLEMENT DE 1779 (21 FÉVRIER) voulait que les SERGENTS eussent la Giberne plus petite et plus légère. Le RÈGLEMENT DE 1786 (1er OCTOBRE) confirmait cette disposition. — Pendant la GUERRE DE LA RÉVOLUTION les Gibernes de toute l'INFANTERIE étaient pareilles. — Depuis 1815 (23 SEPTEMBRE), l'usage des Gibernes de deux espèces a été rétabli. — Probablement les FOURRIERS, à mesure qu'ils prennent rang parmi les SOUS-OFFICIERS, en devaient prendre aussi la Giberne.

GIBERNE de SOLDAT (B, 1). Sorte de GIBERNE considérée comme étant à l'usage des FUSILIERS, GRENADIERS, CAPORAUX et CHASSEURS de l'INFANTERIE FRANÇAISE DE LIGNE; elle ne diffère de celle des SERGENTS que par la BOURSE, le COFFRET, le CONTRE-SANGLON, la CLOISON. — L'ORDONNANCE DE 1788 (1er JUILLET) voulait que, dans l'intérieur et quand elles ne sont pas en service, les Gibernes fussent garnies de leur ÉTUI, étiquetées du nom de chaque SOLDAT, *et attachées par la boîte au-dessus du chapeau, de manière que*

la banderole retombât par-dessus la boîte.
— Quand une Giberne de soldat, garnie de deux PAQUETS DE CARTOUCHES, dé ses accessoires et du TOURNEVIS, est accompagnée de sa BANDEROLE et du FOURREAU de sa baïonnette, le poids de cet ensemble d'objets est de deux kilogrammes cinq cent cinquante grammes.

GIBERNE de SOUS-OFFICIER. V. CORNET IDIOPLIQUE N° 4. V. GIBERNE DE SERGENT. V. HOMME DE TROUPE N° 4. V. MONTE-RESSORT. V. SOUS-OFFICIER ; id. N° 5, 8.

GIBERNE d'HOMME DE GARDE. V. CORVÉE DE CORPS DE GARDE. V. HOMME DE GARDE.

GIBERNE d'HOMME DE TROUPE. V. HOMME DE TROUPE.

GIBERNE d'INFANTERIE. V. FUSIL KOPTIPTEUR. V. GIBERNE. V. INFANTERIE. V. MILICE PRUSSIENNE N° 4.

GIBERNE d'OFFICIER DE CAVALERIE. V. HAUSSE-COL. V. OFFICIER DE CAVALERIE N° 5.

GIBERNE d'OFFICIER D'INFANTERIE. V. CARTOUCHE D'ÉQUIPEMENT. V. CARTOUCHE D'OFFICIER. V. ÉPAULETTE D'OFFICIER. V. GIBERNE. V. HOMME DE TROUPE N° 4. V. OFFICIER D'INFANTERIE. V. SERMENT.

GIBERNE VERNISSÉE. V. GIBERNE. V. MINISTÈRE DE LA GUERRE.

GIBERT. V. NOMS PROPRES.

GIBET, subs. masc. V. GIBAULT. V. PRÉVOT D'ARMÉE.

GIBRALTAR ; GIFFART ; GIGANTI. V. NOMS PROPRES.

GIGUE, subs. fém. V. CROSSE DE FUSIL.

GILBERT. V. NOMS PROPRES.

GILET, subs. masc. V. BOUTON DE G... V. BOUTONNIÈRE DE G... V. COLLET DE G... V. CORPS DE G... V. DEVANT DE G... V. DOUBLURE DE G... V. EMMANCHURE DE G... V. ÉPAULETTE DE G... V. MANCHE DE G... V. PAREMENT DE G... V. PATE DE POCHE DE G... V. POCHE DE G...

GILET (B, 1), OU GILET DE TROUPE. Ce mot, dont l'origine est triviale, rappelle le vêtement du masque Gille, c'est-à-dire une VESTE OU un POURPOINT SANS BASQUES. — Un EFFET D'HABILLEMENT, nommé Gilet d'écurie, était connu anciennement dans la CAVALERIE; à son imitation, le mot s'est approprié à l'INFANTERIE FRANÇAISE ; il commençait à paraître dans le RÈGLEMENT DE 1779 (21 FÉVRIER) ; les troupes faisant la guerre dans un pays froid reçurent un ÉQUIPEMENT D'HIVER, dont un GILET CROISÉ en estamette blanche faisait partie; mais ce Gilet sans MANCHES était indépendant de la VESTE alors en usage ; il était à BOUTONS d'étoffe et à un seul rang de BOUTONNIÈRES; il devait durer trois ans et n'être porté que dans les mois de novembre, décembre, janvier et février. — La DÉCISION DE L'AN SEPT (11 THERMIDOR) nom-

mait Gilet ce que, plus anciennement, on appelait VESTE. Cependant ce n'était pas précisément un Gilet, puisque ce vêtement avait encore des basques, mais fort accourcies il est vrai ; aussi le RÈGLEMENT DE 1806 (10 FÉVRIER) et le DÉCRET DE 1806 (25 AVRIL) maintenaient-ils l'expression VESTE. — Le DÉCRET DE 1812 (19 JANVIER), qui donnait à toute l'INFANTERIE FRANÇAISE DE LIGNE l'HABIT A REVERS droits, supprimait les inutiles basques de la VESTE des OFFICIERS et des SOLDATS, et nommait GILET A MANCHES la VESTE des HOMMES DE TROUPE. — Depuis cette époque le GILET A MANCHES et à BOUTONS en métal était devenu légalement un des EFFETS D'HABILLEMENT de l'INFANTERIE FRANÇAISE ; sa DURÉE était réglée à deux ans. — La DÉCISION DE 1821 (28 AVRIL) nommait simplement Gilet celui des OFFICIERS ; c'était un gilet sans manches. — La DÉCISION DE 1821 (13 JUILLET) donnait aux HOMMES DE TROUPE de l'INFANTERIE FRANÇAISE DE LIGNE le GILET A MANCHES en TRICOT. — La DÉCISION DE 1822 (30 AVRIL) supprimait le Gilet des SOUS-OFFICIERS et des MUSICIENS. — La DÉCISION DE 1822 (9 MAI) voulait que le Gilet de troupe pût se porter sous l'HABIT sans qu'aucun des mouvements de l'homme fût gêné. — La DÉCISION DE 1822 (26 JUIN) réglait le prix de confection du Gilet et la quantité de TRICOT, de DRAP de distinction et de TOILE A DOUBLURE dont il se composait. Le TRICOT y entrait dans la quantité d'un mètre six cent vingt millimètres ; la TOILE, d'un mètre deux cent quarante millimètres; le drap, de trente-cinq millimètres. — Les Gilets portaient un PAREMENT, les CHEVRONS D'ANCIENNETÉ, les BOUTONS A ÉPAULETTES, un BOUTON A MARTINGALE. — L'ORDONNANCE DE 1818 (15 MAI) et la DÉCISION DE 1822 (19 OCTOBRE) commettent l'erreur d'appeler encore VESTE ce qui, dès l'an sept et depuis vingt ans, s'appelait légalement Gilet. — Par abus, on ajoute des BRIDES D'ÉPAULETTES aux Gilets des COMPAGNIES D'ÉLITE. — L'EFFET D'HABILLEMENT ici examiné se compose du CORPS, du COLLET, des ÉPAULETTES, des MANCHES, des BOUTONS, de la POCHE et de sa PATE, de la DOUBLURE des QUARTIERS, etc. La MARTINGALE DE GIBERNE s'est attachée au Gilet avant que le bouton à martingale ne fût fixé au pantalon. — La longueur du CORPS du Gilet était telle, qu'il ne fût pas aperçu l'HABIT étant boutonné. — Le poids du Gilet étant neuf est de six cent soixante grammes. — Les Gilets doivent porter sur la DOUBLURE, vers le milieu du côté droit, la MARQUE de la compagnie et de l'homme. — Si l'on considère les Gilets comme devant s'empaqueter pour être transportés au loin, une BALLE de Gilets en doit

contenir cent vingt. — Les HABITS A REVERS
COURBES étaient inséparables de la VESTE.
Depuis l'adoption des HABITS A REVERS droits,
ou sans REVERS, le Gilet est devenu une espéce de double HABIT, un habit de négligé,
utile surtout en temps de paix et en garnison, mais qui, suivant quelques opinions
(*Journal des Sciences militaires*, 57ᵉ livrai-
son), n'est qu'une surcharge dans les armées
agissantes, et devrait cesser de faire partie
de leur BAGAGE ; aussi, dans la GUERRE DE
1825, les CORPS D'INFANTERIE qui n'avaient
pas laissé en FRANCE leurs Gilets reçurent-
ils l'autorisation de les déposer dans des
magasins à MADRID. Le général de l'armée
de Catalogne ordonna même à son INFAN-
TERIE de livrer ses Gilets aux auxiliaires déguenillés que l'esprit de bigoterie avait appelés l'ARMÉE de la Foi. — En 1835, les
HAVRE-SACS, réduits dans leurs dimensions,
ne pouvaient plus contenir le Gilet : ainsi,
dans les cas de ROUTE et en CAMPAGNE, il
rentrait en magasin. La *Sentinelle de l'Armée* (nº 25, p. 174) conseillait de supprimer
cette pièce de vêtement ; mais il eût convenu
auparavant de conseiller aux rédacteurs ou
compositeurs d'ordonnances de supprimer
l'article des règlements qui veut que les
HOMMES DE GARDE aillent en Gilet aux CORVÉES.
— Par un caprice du langage, depuis que
la VESTE ne fait plus partie de l'habillement
militaire, le mot VESTE est redevenu d'un
usage général, et, contre toute raison, c'est
la désignation actuelle du Gilet.

GILET A MANCHES. V. A MANCHES. V.
BAILE SKEUOPHORIQUE. V. GILET.

GILET CROISÉ. V. CROISÉ, adj. V. ÉQUI-
PEMENT D'HIVER. V. GILET.

GILET de SOUS-OFFICIER. V. GILET. V. LÉ-
GISLATION. V. SOUS-OFFICIER ; id. Nº 5, 11.

GILET de TRICOT. V. GILET. V. TRICOT.
V. TRICOT EN LAINE.

GILET de TROUPE. V. GILET. V. TROUPE.

GILET d'INFANTERIE. V. GILET. V. INFAN-
TERIE. V. INFANTERIE FRANÇAISE.

GILET d'OFFICIER. V. BAUDRIER DE DESSOUS.
V. GILET. V. OFFICIER. V. OFFICIER D'INFANTE-
RIE FRANÇAISE Nº 2.

GILET RETOURNÉ. V. CACHOT. V. CONSIGNE
CORRECTIONNELLE. V. RETOURNÉ, adj.

GILLES ; GILLOT. V. NOMS PROPRES.

GINETTE, subs. fém. V. GENETTE. V.
HARNACHEMENT A LA GENETTE.

**GIOCONDO ; GIOVACCHINO ; GIO-
VINE ; GIOVIO ; GIRARD ; GIRAR-
DIN.** V. NOMS PROPRES.

GIREL, subs. masc. (F), ou GIRON, ou
DEVANT DE BARDES. Mot dérivé du LATIN *gyrus*, tour, ou de l'ITALIEN *giro*, *girello*. Ce
dernier terme signifiait les FAITES ou les
basques du POURPOINT que les HOMMES D'ARMES
portaient sous la CUIRASSE. — Le substantif
Girel s'est appliqué aux CHEVAUX D'ARMES ou
aux CHEVAUX HOUSSÉS ; il exprimait, comme
le témoigne CARRÉ (1785, E), la partie de
la HOUSSE cachant le giron de l'animal, ou
la partie de l'ARMURE qui lui couvrait les
épaules. Il y avait de ces derniers Girels qui
étaient en lames de fer, d'autres en cuir
bouilli ; d'autres consistaient en une espèce
de coque en métal qui enveloppait le poitrail et venait s'unir aux BARDES et à la SELLE
D'ARMES, et s'y attachait aux FLANÇOIS, sous
les jambes du cavalier, au moyen d'un FER-
MAIL en boucle ou en agrafe ; aussi nommait-
on également poitral ou poitrail le Girel du
CHEVAL BARDÉ. — La forme ou le profil en
pointe que présentait le Girel se retrouve
dans le MEUBLE DE BLASON que MÉNESTRIER
nomme GIRON ; cette pièce est une moitié de
carré coupé d'angle en d'angle, diagonale-
ment.

GIRON, subs. masc. V. GIREL.

GIRONNE. V. NOMS PROPRES.

GIROUETTE, subs. fém. (F), ou VIRO-
LET. Mot dérivé, suivant MORIN, du GREC
gureuein, tournoyer ; d'où est venu le LATIN
gyrus, tour, circuit, suivant LACURNE et
LELABOUREUR. ROQUEFORT le tire directement
du bas LATIN *girare*, tourner, qui a produit
aussi VIROLE. — Jadis, s'il faut en croire
M. REY, il fallait avoir MONTÉ A L'ASSAUT et
PLANTÉ son DRAPEAU sur la brèche, pour
avoir le droit d'ARBORER une Girouette ; mais
cette assertion n'est pas appuyée de preuves.
— Au temps de la FÉODALITÉ, la Girouette
était une marque distinctive des CHATEAUX
où la NOBLESSE résidait, des PAVILLONS ou des
TENTES qu'elle dressait en campagne ; celle
des BANNERETS était carrée, puisque c'était
la forme de la BANNIÈRE ; celle des BACHE-
LIERS ou des CHEVALIERS non BANNERETS s'appelait PENNONCEL. Il y en avait d'autres qui,
suivant CARRÉ (1783, E), s'appelaient FLO-
QUETS, et qui étaient à QUEUES ou à FANONS,
ainsi que le PENNON. — Le peu de consistance de la DRAPERIE des BANNIÈRES ou ÉTEN-
DARDS employés comme Girouettes a amené
l'usage de les figurer en matières plus solides. — On appelait PANONCEAUX, suivant
l'ENCYCLOPÉDIE (1751, C), celles qui avaient
des ARMOIRIES peintes ou évidées à jour. —
Les SEIGNEURS qui permettaient aux VASSAUX
de surmonter de Girouettes leurs habitations en exigeaient, en retour, des droits
seigneuriaux et l'HOMMAGE. — Cette importance attachée aux Girouettes, qui étaient un
signe nobiliaire, en avait fait des MEUBLES DE
BLASON.

GIROUETTE ARMORIÉE. V. ARMORIÉ, adj.
V. BANNIÈRE SEIGNEURIALE. V. CHATEAU. V.
GIROUETTE. V. PENNON.

GISARME, subs. fém. V. GUISARME.

GISORS. V. NOMS PROPRES.

GISTE, subs. masc. V. GITE.

GITE, subs. masc. V. ARRIVÉE AU G...
V. ARRIVÉE DE BAGAGES AU G... V. ARRIVÉE DE
CORPS AU G... V. AU G... V. CORPS AU G... V.
DÉPART DE G... V. FRAIS DE G... V. LIEU DE
G... V. PRISON DE G...

GITE (B, 1 ; E, 4), OU GISTE, OU GITE DE
CORPS EN ROUTE, OU LIEU DE GITE, OU OST. Le
mot Gîte appartenait au vieux verbe gésir,
signifiant coucher; le style tumulaire en a
retenu l'expression *cy-gist, cy-gît.* Cependant DUCANGE tire le terme Gîte du bas LA-
TIN *gistum,* qui avait le même sens. — Une
ORDONNANCE DE 1555 défendait aux CORPS de
s'arrêter plus d'un jour dans le cours de
leur ROUTE; mais elle n'employait pas encore le mot Gîte. — BOMBELLES (1746, A)
n'appelait Gîte que le LOGEMENT ; mais maintenant le mot exprime un lieu de STATION
dans lequel un CORPS ou un MILITAIRE porteurs d'une FEUILLE DE ROUTE reçoivent le
LOGEMENT chez l'HABITANT, pour une nuit,
ou tout au plus pour la nuit qui suit l'ARRI-
VÉE et pour celle qui suit le JOUR DE SÉJOUR;
car il ne s'agit pas ici du Gîte qui se prend
par CAMPEMENT ou par CANTONNEMENT prolongé. — Le Gîte diffère du LIEU D'ÉTAPE en
ce que, à raison de l'exiguïté des communes, un CORPS EN ROUTE est souvent réparti
entre les différents LIEUX DE GITE qui sont
circonvoisins de l'ÉTAPE. — Un CORPS ou un
MILITAIRE qui franchiraient en un jour plusieurs Gîtes n'auraient droit aux DISTRIBU-
TIONS DE VIVRES qu'au Gîte de l'ARRIVÉE et
qu'à raison d'une seule journée; mais ils
jouiraient des PRESTATIONS EN ARGENT, à raison du nombre de Gîtes franchis. — Nous
n'examinerons ici le mot que par rapport au
SERVICE DE ROUTE et AUX CORPS EN ROUTE SUR
PIED DE PAIX; car il n'y a rien à dire du Gîte
des HOMMES ISOLÉS, puisque ce n'est en quelque sorte qu'une affaire de police municipale ou de mesure administrative qui regarde
l'INTENDANCE et les MAIRES DE COMMUNES. —
L'ARRÊTÉ DE L'AN HUIT (1er FRUCTIDOR) réglait
les Gîtes de manière que la JOURNÉE DE MAR-
CHE fût de trente kilomètres au moins et de
quarante au plus ; il distinguait les Gîtes en
trois classes : ceux où il n'est donné que le
LOGEMENT, ceux où il est de plus donné le
PAIN, enfin ceux où il est de plus donné le
FOURRAGE. — Les Gîtes sont parcourus plusieurs jours à l'avance par l'ADJOINT AU TRÉ-
SORIER qui précède le CORPS; cet OFFICIER a
soin de faire connaître à temps au CHEF du

CORPS si des LIEUX DE GITES sont hors de la
ROUTE, afin d'éviter à la TROUPE des trajets
superflus ; il laisse aussi de Gîte en Gîte une
lettre pour le MAJOR, dans laquelle il l'in-
forme de toutes les mesures prises dans
l'intérêt de la TROUPE. — L'ADJUDANT DE SE-
MAINE va journellement au LOGEMENT en
avant du CORPS pour donner les soins convenables au placement de la CAISSE A TROIS
SERRURES, à l'installation de la GARDE DE PO-
LICE et à la délivrance des BILLETS DE LOGE-
MENT que les FOURRIERS répartissent ensuite.
Cet ADJUDANT fait remettre à cette garde les
hommes en état de PUNITION et que la PETITE
AVANT-GARDE conduit. — Une HALTE a lieu
peu avant l'entrée au Gîte, afin que la
TROUPE y arrive réunie et en ordre. — A
l'ARRIVÉE AU GITE, les CHIRURGIENS DU CORPS
visitent les ÉCLOPPÉS, que les CAPORAUX réunissent à cet effet; il est rendu compte de
cette visite au CHEF DE BATAILLON DE SEMAINE.
— On fait l'ORDINAIRE ou la CUISINE des
CHAMBRÉES au LOGEMENT du CAPORAL D'ORDI-
NAIRE. — Si la JOURNÉE a été courte et que
l'ARRIVÉE ait eu lieu dans la matinée, un
APPEL du soir est en ce cas ordonné; le CHEF
DE BATAILLON de semaine s'y trouve. — Autrefois le DÉPART du Gîte était annoncé par
la GÉNÉRALE, le PREMIER ou la DIANE ; main-
tenant la BATTERIE AUX CHAMPS, l'ASSEMBLÉE
et le RAPPEL en sont le SIGNAL. Les CAPORAUX
doivent être les premiers debout dans leur
CHAMBRÉE, si les COMPAGNIES logent par CHAM-
BRÉE. — Le CORPS une fois en ROUTE, il est
du devoir du COMMANDANT de l'ARRIÈRE-
GARDE de faire sortir des CABARETS du Gîte
les hommes qui s'y attardent. — Avant le
DÉPART du Gîte, une INSPECTION des COMPA-
GNIES doit être passée par chaque CAPITAINE.
— De Gîte en Gîte la bonne conduite de la
TROUPE est constatée par un CERTIFICAT DE
BIEN-VIVRE ; cette pièce est recueillie ou pour
l'ensemble du CORPS, ou par chaque CHEF DE
DÉTACHEMENT s'il y a des COMPAGNIES DÉTA-
CHÉES. — Lorsque c'est dans une ville à état-
major ou dans une FORTERESSE qu'une troupe
prend Gîte, le COLONEL du CORPS ou le CHEF
du DÉTACHEMENT doivent une visite au COM-
MANDANT de la PLACE. — Suivant la nature
du Gîte et des circonstances, il est indiqué
aux troupes quels sont les POSTES D'ALARME
où elles se rendraient. — Les règles de la
POLICE qui doit être observée dans chaque
Gîte sont exprimées dans la CONSIGNE du PI-
QUET DE LOGEMENT ou de la GARDE DE POLICE
EN ROUTE. — L'ORDONNANCE DE 1823 (19 MARS)
voulait que dans chaque Gîte où la TROUPE
a SÉJOUR une REVUE ADMINISTRATIVE fût passée par les OFFICIERS DE COMPAGNIE. — Tout
LIEU D'ÉTAPE est lieu de Gîte, ou, comme

dit l'ORDONNANCE DE 1823 (19 MARS), GITE D'ÉTAPE; mais tout LIEU DE GITE n'est pas LIEU D'ÉTAPE pour l'INFANTERIE. — Voulez-vous constater si un CORPS ou un DÉTACHEMENT observent en route une convenable police, assurez-vous si les OFFICIERS traînent ou non de Gîte en Gîte des FEMMES à leur suite : les FEMMES sont le désespoir des HOTES; elles occasionnent une surcharge illégale de LOGEMENT; elles sont une cause de difficultés, d'encombrement de voitures, de disputes, d'embarras, de retards et d'abus de toute espèce. En temps de paix, elles doivent user de la poste ou de la diligence (les convois à la suite ne sont pas alloués à leur intention); en temps de guerre, elles doivent rester chez elles.

GITE D'ARRIVÉE. V. ARRIVÉE. V. GITE. V. ORDONNANCE IDIOPLIQUE.

GITE DE CHEVET. V. CHEVET. V. LIT DE BARAQUE.

GITE DE CONVOI. V. CONVOI. V. CONVOI A LA SUITE.

GITE DE CORPS EN ROUTE. V. CAVALERIE N° 9. V. CORPS EN ROUTE. V. GITE. V. LÉGISLATION, 1355. V. OFFICIER DE SECTION ADMINISTRATIVE. V. ORDONNANCE IDIOPLIQUE. V. POSTE D'ALARME.

GITE DE PIED. V. LIT DE BARAQUE. V. PIED.

GITE DE PLATE-FORME. V. PLATE-FORME.

GITE D'ÉTAPE. V. ÉTAPE. V. GITE. V. INDEMNITÉ DE ROUTE D'HOMME DE TROUPE. V. PRÉFET DU PRÉTOIRE.

GITE ET GEOLAGE. V. GEOLAGE.

GITTIN. V. NOMS PROPRES.

GLACE, subs. fém. v. FOSSÉ INONDÉ. V. GUERRE DE 1792. V. MARCHE D'ARMÉE.

GLACIS, subs. masc. (term. génér.), ou GLASIS. Mot dont il est difficile d'indiquer la racine, quoiqu'il soit peu ancien dans le FRANÇAIS. Ce sont surtout les locutions les plus récentes sur lesquelles on a le moins de lumières, comme le prouvent les mots BIVAC, GIBERNE, JALON, etc. Aucun étymologiste ne s'est occupé, à notre connaissance, du substantif Glacis, et les ITALIENS, à qui nous devons presque tous les termes que le GÉNIE MILITAIRE emploie, se servent dans le même sens du mot *spalto*. — Le terme Glacis viendrait-il de ce que, à la naissance du système moderne de FORTIFICATION, on aurait défendu pendant un rude hiver l'île de Bommel, en Hollande, en inondant ses abords pour les entourer d'un talus de glace? Mais, dans ce cas, l'expression aurait un caractère ou une désinence hollandaise qu'on n'y retrouve pas; ou bien le substantif Glacis, considéré comme tapis de gazon ou gazonnage en pente, sera-t-il analogue au mot

glase, glaze, au lieu de glaise, ou au mot glason, glazon, qui, suivant ROQUEFORT, s'est dit longtemps et en beaucoup de provinces au lieu de gazon? en effet, on écrivait GLASIS au temps de LOUIS QUATORZE, comme le témoigne le *Journal de l'Institut historique* (t. IV, p. 125). — On voit dans BARDAZAN (1808, t. IV, p. 504) que jadis on disait glacer, glacier, au lieu du verbe glisser, et qu'une glacie signifiait une glissée. Dans l'ancien langage, une glacie était une face inclinée, sur laquelle glisse, ou glace, ce qui s'y place ou y tombe. Le masculin Glacis est ainsi une corruption du féminin glacie : le premier de ces substantifs a été emprunté par la langue des militaires à celle des architectes; dans celle-là un Glacis de corniche est une partie taillée en pente pour l'écoulement des eaux. — Suivant M. FRANCOEUR, un Glacis est un terrain à pente douce ou incliné à moins de quarante-cinq degrés, et différant par là du TALUS, qui est beaucoup plus roide. — Le terme Glacis est usité en GÉOLOGIE et en FORTIFICATION pour exprimer une pente douce ou une masse prismatique de terre. Il se distingue en GLACIS D'ABATIS, — DE FORTIFICATION, — GÉOLOGIQUE.

GLACIS D'ABATIS (G, 4). Sorte de GLACIS ou de masse de terre amoncelée en avant d'un ABATIS, pour en rendre l'arrivée âpre et le garantir des effets des grands PROJECTILES.

GLACIS DE CAPONNIÈRE. V. CAPONNIÈRE.

GLACIS DE CITADELLE. V. CITADELLE. V. ESPLANADE.

GLACIS DE CONTRE-GARDE. V. CONTRE-GARDE.

GLACIS DE CORNE DE FORTIFICATION. V. CORNE DE FORTIFICATION.

GLACIS DE DEHORS. V. DEHORS.

GLACIS DE FORTERESSE. V. FORTERESSE. V. GLACIS DE FORTIFICATION. V. HALTE DE ROUTE. V. PARAPET. V. PLACE D'ARMES DE GARNISON. V. PREMIÈRE PARALLÈLE. V. QUI VIVE. V. REDOUTE PERMANENTE. V. SIÉGE OFFENSIF. V. TROISIÈME PARALLÈLE.

GLACIS DE FORTIFICATION (G, 4). Sorte de GLACIS qu'on a d'abord appelé ESPLANADE, comme on le voit dans SAINT-REMY, GUILLET (1686, B), MANESSON (1685, B). Il s'appelait ainsi, parce qu'avant VAUBAN il était peu élevé et ne masquait pas les édifices d'une VILLE FORTE. C'était le *spalto* des ITALIENS; mais depuis longtemps on n'appelle plus ESPLANADE que l'espace libre qui règne entre une CITADELLE et la VILLE. — Les fouilles d'un FOSSÉ DE FORTIFICATION, et au besoin celles d'un AVANT-FOSSÉ, donnent les matériaux qu'on emploie à la construction de la pente douce qui enveloppe l'enceinte extérieure d'un lieu défendu : ainsi les moindres FORTIFICATIONS légères peuvent avoir aussi leur Glacis, si elles sont à fossés ; mais il ne sera question ici que du Glacis des FORTERESSES et de leurs DEHORS. — Ce dernier règne à partir du PARAPET du CHEMIN COUVERT, et va s'inclinant vers la campagne, à laquelle son PIED s'unit par un angle très-obtus ; sa CRÊTE excède de deux mètres ou un peu plus le rez-de-chaussée ou niveau du sol ; quelques-unes de ses parties sont disposées à ARÊTES et à GOUTTIÈRES ; quelquefois son pied est surmonté de FLÈCHES ; certains points du Glacis sont ou ont été protégés par des BONNETTES. — L'étendue ou la pente du Glacis, mesurée de la crête au rez-de-chaussée de la PLACE, a varié entre douze et soixante mètres ; elle est calculée de manière que les FEUX du REMPART, du CHEMIN COUVERT et des DEHORS rasent en tout sens la surface du Glacis. Sa disposition est telle, que l'ASSIÉGEANT ne puisse BATTRE que la partie du REMPART qui excède le cordon. Tel est l'art du DÉFILEMENT des OUVRAGES. — L'ORDONNANCE DE 1768 (1ᵉʳ MARS) appelle PIED du Glacis son ARÊTE. Il y a des AUTEURS qui appellent au contraire PIED du Glacis son angle de jonction intérieure et inférieure avec la BANQUETTE. — Le Glacis entoure la CONTRESCARPE, forme le masque du CHEMIN COUVERT, est borné par les PALISSADES, est percé de coupures qui communiquent aux PORTES. — Certaines PLACES ont un AVANT-GLACIS ou un DOUBLE GLACIS qui part de l'A-VANT-FOSSÉ. — Il y a des places dont les CAPONNIÈRES joignent le pied extérieur du Glacis et communiquent aux OUVRAGES EXTÉRIEURS ; il y en a qui ont des COUPURES défendues par des BARRIÈRES disposées de manière à favoriser les SORTIES. — Il y a des Glacis près desquels il est construit des ÉCLUSES PROVISIONNELLES. Il en est ainsi quand le terrain environnant est baigné par un COURS D'EAU. — FLACHON proposait de faire descendre de la CRÊTE des Glacis des irrigations au moyen desquelles on pût inonder la PARALLÈLE de l'ASSIÉGEANT, quand les TRANCHÉES étaient parvenues à leur pied. Il avait même avancé qu'on devrait appliquer à la défense le secours d'ARMES A VAPEUR en même temps que d'ARMES INONDANTES. — Une SENTINELLE est ordinairement placée à la naissance du Glacis, pour assurer la liberté des COMMUNICATIONS ; sa CONSIGNE et celle de la SENTINELLE de l'AVANCÉE leur enjoignent aussi de s'opposer à ce que le Glacis soit traversé par personne, ou qu'aucuns bestiaux n'y paissent, ou que rien ne les endommage. — C'est à la naissance du Glacis que les CORPS EN ROUTE SUR PIED DE PAIX FONT HALTE à l'instant de

leur ARRIVÉE aux PORTES d'une PLACE DE GUERRE. Autrefois ils y étaient visités par les COMMIS DES FERMES. — En cas de départ des CORPS, il est fait un APPEL en dehors du Glacis. — Dans la GUERRE DE SIÉGE OFFENSIF, c'est du PIED du Glacis que sont poussées les SAPES ; c'est du milieu du Glacis que s'entament les ATTAQUES du CHEMIN COUVERT A FORCE OUVERTE ; c'est à travers le Glacis que se dirige la DESCENTE A CIEL OUVERT OU COUVERTE ; c'est sur sa CRÊTE que les LOGEMENTS et les BATTERIES DE SIÉGE s'établissent. — Dans la GUERRE DE SIÉGE DÉFENSIF, on dispute le Glacis à l'aide des GALERIES D'ENVELOPPE et des GALERIES MEURTRIÈRES ; on le sème quelquefois d'ABATIS, pour retarder d'autant le COURONNEMENT du CHEMIN COUVERT, ou bien on y enterre des CAISSONS D'ARTIFICE, et l'on y ménage des CONTRE-MINES, soit PERMANENTES, soit VOLANTES. — Quand une CAPITULATION a lieu à la suite d'un SIÉGE, c'est sur le Glacis que l'ASSIÉGÉ, réduit à se RENDRE, vient DÉPOSER SES ARMES. — DUMOURIEZ raconte qu'au siége de BRÉDA, un des premiers de la GUERRE DE LA RÉVOLUTION, les soldats français, à la grande surprise des artilleurs HOLLANDAIS, commencèrent les approches en allant danser la carmagnole sur le Glacis.

GLACIS de FORTIFICATION LÉGÈRE. V. FORTIFICATION LÉGÈRE. V. GLACIS. V. REDOUTE DE CAMP RETRANCHÉ.

GLACIS de FORTIFICATION MARITIME. V. FORTIFICATION MARITIME. V. RISBERME.

GLACIS GÉOLOGIQUE (G, 7). Sorte de GLACIS naturel qui, dans la langue de la TOPOGRAPHIE, consiste en un TERRAIN dont le plan est légèrement incliné à partir d'une VALLÉE vers un COURS D'EAU.

GLADIATEUR, subs. masc. V. ARME A LACS. V. ARME A MAILLES. V. ARME A OUTRANCE. V. ARME COURTOISE. V. BATAILLE. V. CAMPIDUCTEUR. V. CORPS PRIVILÉGIÉ. V. CRUPELLAIRE. V. FILET D'ARMES. V. GLAIVE. V. HOPLOMACHIE. V. INSTRUCTEUR. V. MIRMILONIUM. V. PARME. V. POIGNARD. V. RATÉ. V. RUDIAIRE. V. TOURNOI. V. TRIBUN ROMAIN Nº 5.

GLAIS MILITAIRE (E, 2), ou CLAS suivant MORIN, ou GLAS suivant FURETIÈRE et GANEAU. Mot auquel ROQUEFORT (1835) donne une multitude de synonymes, et qui dérive, suivant DUCANGE, de *classicum*, CLASSICON, signifiant originairement retentissement d'INSTRUMENTS DE GUERRE, et ensuite sonnerie de cloches. — Les Glais militaires, dont il est question dans DESPAGNAC (1751, D) et LACHESNAIE (1758, I), s'exécutaient au bruit de l'artillerie, soit en outre, soit en remplacement des sonneries funèbres d'Eglise. Ils sont un des moyens de rendre les derniers HONNEURS à des MILITAIRES qui occupaient un ᴄʀᴀᴅᴇ, ou à des personnages qui de leur vivant étaient revêtus de certaines ᴅɪɢɴɪᴛᴇs. — Suivant le ᴄʀᴀᴅᴇ ou la ᴅɪɢɴɪᴛᴇ, le Glais diffère et s'y proportionne ; il est accompagné en certains cas de ꜱᴀʟᴠᴇꜱ. — Les Glais militaires ont été l'imitation des Glais ecclésiastiques, qui consistaient à frapper une cloche d'autant de coups qu'un prélat ou un bénéficier qui était venu à décéder avait vécu d'années ; il commença à être tiré des ᴄᴏᴜᴘꜱ ᴅᴇ ᴄᴀɴᴏɴ par forme de Glais militaires pendant le trajet que firent d'Aʟʟᴇᴍᴀɢɴᴇ à Pᴀʀɪꜱ et de Chambord à Sᴛʀᴀꜱʙᴏᴜʀɢ le cercueil du maréchal de Guébriant et celui du maréchal de Sᴀxᴇ. — Depuis cette époque, les Glais consistent dans des ᴅᴇ́ᴄʜᴀʀɢᴇꜱ ᴀ ᴘᴏᴜᴅʀᴇ faites soit avec de ᴘᴇᴛɪᴛᴇꜱ, soit avec de ɢʀᴀɴᴅᴇꜱ ᴀʀᴍᴇꜱ ᴘʏʀᴏʙᴀʟɪꜱᴛɪǫᴜᴇꜱ ; ce sont ou des ꜱᴀʟᴠᴇꜱ ᴅ'ᴀʀᴛɪʟʟᴇʀɪᴇ, ou des ᴄᴏᴜᴘꜱ tirés à intervalle. — L'auteur du *Traité des marques nationales* comprend même dans les Glais militaires le jeu des ɪɴꜱᴛʀᴜᴍᴇɴᴛꜱ exécutant des airs funèbres et des ʙᴀᴛᴛᴇʀɪᴇꜱ ꜱᴏᴜʀᴅᴇꜱ.

GLAIVE, subs. masc. (F), ou ɢʟᴀᴠᴇ, ou ɢʟᴀᴠᴇʟᴏᴛ, ou ɢʟᴀᴠɪᴏᴛ suivant Rᴏǫᴜᴇꜰᴏʀᴛ. Ces mots, qui ont donné le diminutif ɢʟᴀɪᴠᴇʟᴇᴛ, viennent, suivant Mᴇ́ɴᴀɢᴇ, du ʟᴀᴛɪɴ *gladius*, ᴇ́ᴘᴇ́ᴇ, tandis que d'autres le dérivent de l'ᴀʟʟᴇᴍᴀɴᴅ *glefe*, qui signifie un ᴊᴀᴠᴇʟᴏᴛ robuste, une ʟᴀɴᴄᴇ courte à hampe pleine, par opposition à ʙᴏᴜʀᴅᴏɴ ᴏᴜ ʙᴏᴜʀᴅᴏɴɴᴀꜱꜱᴇ́, grosses et longues ʟᴀɴᴄᴇꜱ creuses. — On a pu pencher pour l'étymologie ʟᴀᴛɪɴᴇ, parce que depuis longtemps Glaive se prend dans le sens d'ᴇ́ᴘᴇ́ᴇ, et que le *gladius* des Rᴏᴍᴀɪɴꜱ exprimait une ᴀʀᴍᴇ ᴅ'ᴇꜱᴛᴏᴄ telle que celle des ɢʟᴀᴅɪᴀᴛᴇᴜʀꜱ. — Mais ce qui donne de la vraisemblance à l'étymologie allemande, c'est qu'au temps de l'ᴀʀᴍᴜʀᴇ, et pendant une grande partie du ᴍᴏʏᴇɴ ᴀɢᴇ, l'ᴀʀᴍᴇ ᴅᴇ ʟᴏɴɢᴜᴇᴜʀ des ᴄʜᴇᴠᴀʟɪᴇʀꜱ et les ᴇ́ᴘᴇ́ᴇꜱ ʟᴏɴɢᴜᴇꜱ, qui motivaient l'emploi du ꜰᴀᴜᴄʀᴇ, se sont appelées Glaives ; on nommait au contraire ᴍɪ-ɢʟᴀɪᴠᴇ, comme le remarque M. Rᴏǫᴜᴇꜰᴏʀᴛ, une ᴀʀᴍᴇ ᴅᴇ ᴅᴇᴍɪ-ʟᴏɴɢᴜᴇᴜʀ, une sorte de ᴅᴇᴍɪ-ᴘɪǫᴜᴇ ou de ʜᴀʟʟᴇʙᴀʀᴅᴇ. — Dans les ᴄᴏᴍʙᴀᴛꜱ ᴀ ᴘʟᴀɪꜱᴀɴᴄᴇ, dans les ǫᴜɪɴᴛᴀɴᴇꜱ, on se servait de ɢʟᴀɪᴠᴇꜱ ᴄᴏᴜʀᴛᴏɪꜱ, c'est-à-dire de lances émoussées ᴏᴜ ɪɴɴᴏᴄᴇɴᴛᴇꜱ, comme on le voit dans Dᴜᴄᴀɴɢᴇ (*Sur Joinville*). Les ʜᴇ́ʀᴀᴜᴛꜱ ᴅ'ᴀʀᴍᴇꜱ constataient la sincérité, la sûreté de la précaution, ou, comme on disait alors, de la courtoisie. — Vɪʟʟᴇʜᴀʀᴅᴏᴜɪɴ ne fait figurer Glaive dans ses récits que dans le sens de ʟᴀɴᴄᴇ. C'est sous cette acception qu'on appelait Glaive la ʜᴀᴍᴘᴇ de l'ᴏʀɪꜰʟᴀᴍᴍᴇ. — Dans les ᴄᴏᴍʙᴀᴛꜱ ᴅᴇ ᴊᴜɢᴇᴍᴇɴᴛ, les adversaires se présentaient *Glaive au poing*, épée

et dague ceintes. — De même qu'on appelait ʟᴀɴᴄᴇ le ɢᴜᴇʀʀɪᴇʀ qui s'en servait, on appelait Glaive le ᴄʜᴇᴠᴀʟɪᴇʀ armé d'une ʟᴀɴᴄᴇ. — Remarquez toutefois que, suivant Gᴀɴᴇᴀᴜ, un ꜰᴀɴᴛᴀꜱꜱɪɴ se nommait Glaive par opposition au ᴄᴀᴠᴀʟɪᴇʀ, qui se nommait ʟᴀɴᴄᴇ, et que, le 29 décembre 1556, les états d'Auvergne mirent sur pied quatre cents Glaives ou ꜱᴏʟᴅᴀᴛꜱ ᴀ ᴘɪᴇᴅ. — Peut-être Gᴀɴᴇᴀᴜ se trompe-t-il ; peut-être ces Glaives étaient-ils des ʜᴏᴍᴍᴇꜱ ᴅᴇ ᴄʜᴇᴠᴀʟ. — Cᴀʀʀᴇ́ (1785, Æ) regarde le Glaive comme une ʟᴀɴᴄᴇ de sept pieds, tandis que le ʙᴏᴜʀᴅᴏɴ en avait quatorze. — Le fer du Glaive, en prenant ce mot dans le sens de ʟᴀɴᴄᴇ, était une simple pointe à douille, de douze à quinze pouces de long. — Le Glaive pris dans le sens d'ᴇ́ᴘᴇ́ᴇ est un ꜱᴀʙʀᴇ à simple ᴘᴏɪɢɴᴇ́ᴇ, à deux tranchants presque parallèles, séparés par une nervure et terminés par une ᴘᴏɪɴᴛᴇ pyramidale. — On disait ꜱᴀᴄʜᴇʀ le Glaive, ce qui signifiait, suivant Bᴏʀᴇʟ (Pierre), le tirer de son ꜱᴀᴄʜᴇ ou sac ; car les ʟᴀɴᴄᴇꜱ avaient leur lame dans un sac ou étui. Par allusion, ꜱᴀᴄʜᴇʀ a aussi signifié tuer. — Depuis que l'expression ʟᴀɴᴄᴇ a prévalu, le mot Glaive a uniquement signifié ᴇ́ᴘᴇ́ᴇ ; de là sont venus le verbe ᴅᴇ́ɢʟᴀᴠɪᴇʀ et la synonymie entre Glaive et ᴇ́ᴘᴇ́ᴇ ᴅᴇ ᴄᴏᴍᴍᴀɴᴅᴇᴍᴇɴᴛ des ᴍᴀʀᴇ́ᴄʜᴀᴜx.

GLAIVE ᴄᴏᴜʀᴛᴏɪꜱ. ᴠ. ᴄᴏᴜʀᴛᴏɪꜱ. ᴠ. ɢʟᴀɪᴠᴇ.

GLAIVE de ᴍᴇʀᴄɪ. ᴠ. ᴀʀʙᴀʟᴇ́ᴛʀɪᴇʀ. ᴠ. ᴍᴇʀᴄɪ. ᴠ. ᴍɪꜱᴇ́ʀɪᴄᴏʀᴅᴇ.

GLAIVELET, subs. masc. ᴠ. ɢʟᴀɪᴠᴇ. ᴠ. ᴊᴀᴠᴇʟᴏᴛ.

GLAND, subs. masc. ᴠ. ᴀ ɢ... ᴠ. ᴛᴇ̂ᴛᴇ ᴅᴇ ɢ...

GLAND de ʙᴏɴɴᴇᴛ. ᴠ. ʙᴏɴɴᴇᴛ. ᴠ. ʙᴏɴɴᴇᴛ ᴀ ᴘᴏɪʟ. ᴠ. ʙᴏɴɴᴇᴛ ᴅᴇ ᴘᴏʟɪᴄᴇ. ᴠ. ᴄᴏʟʙᴀᴄʜ. ᴠ. ᴄᴏǫᴜɪʟʟᴀɢᴇ ᴅᴇ ɢʟᴀɴᴅ. ᴠ. ᴄᴏʀᴅᴏɴ ᴅᴇ ʙᴏɴɴᴇᴛ.

GLAND ᴅᴇ ᴄʜᴀᴘᴇᴀᴜ. ᴠ. ᴄʜᴀᴘᴇᴀᴜ. ᴠ. ʟᴀᴄ.

GLAND de ᴄᴏʀᴅᴏɴ. ᴠ. ᴄᴏɴᴛᴏᴜʀ ᴅᴇ ɢʟᴀɴᴅ ᴅᴇ ᴅʀᴀᴘᴇᴀᴜ. ᴠ. ᴄᴏʀᴅᴏɴ ᴀ ᴄʀᴀᴠᴀᴛᴇ. ᴠ. ᴄᴏʀᴘꜱ ᴅᴇ ɢ... ᴠ. ꜰʀᴀɴɢᴇ ᴅᴇ ɢʟᴀɴᴅ. ᴠ. ʟᴀᴄ.

GLAND de ᴄᴏʀɴᴇᴛ. ᴠ. ᴄᴏʀᴅᴏɴ ᴅᴇ ᴄᴏʀɴᴇᴛ. ᴠ. ᴄᴏʀɴᴇᴛ.

GLAND de ᴅʀᴀᴘᴇᴀᴜ. ᴠ. ᴀᴍᴇ ᴅᴇ ᴄᴏʀᴅᴏɴ. ᴠ. ᴄᴏɴᴛᴏᴜʀ ᴅᴇ ɢ... ᴠ. ᴄʀᴀᴠᴀᴛᴇ ᴅᴇ ᴅʀᴀᴘᴇᴀᴜ. ᴠ. ᴅʀᴀᴘᴇᴀᴜ.

GLAND de ꜰʀᴏɴᴅᴇ. ᴠ. ʙʀɪᴄᴏʟᴇ. ᴠ. ꜰʀᴏɴᴅᴇ. ᴠ. ᴘʟᴏᴍʙᴇ́ᴇ. ᴠ. ᴘʀᴏᴊᴇᴄᴛɪʟᴇ.

GLAS, subs. masc. ᴠ. ɢʟᴀɪꜱ.

GLASER. ᴠ. ɴᴏᴍꜱ ᴘʀᴏᴘʀᴇꜱ.

GLASIS, subs. masc. ᴠ. ɢʟᴀᴄɪꜱ.

GLASSE. ᴠ. ɴᴏᴍꜱ ᴘʀᴏᴘʀᴇꜱ.

GLAVE, subs. masc. ᴠ. ɢʟᴀɪᴠᴇ.

GLAVELOT, subs. masc. ᴠ. ɢʟᴀɪᴠᴇ.

GLENI ; GLENIE. ᴠ. ɴᴏᴍꜱ ᴘʀᴏᴘʀᴇꜱ.

GLISSADE, subs. fém. v. PIQUE A MAIN.

GLISSANT, adj. v. NASAL G...

GLOBE, subs. masc. (term. génér.). Mot dérivé du LATIN *globus*, corps sphérique. Il se distingue en GLOBE DE COMPRESSION, — PROJECTILE, — TACTIQUE.

GLOBE A FEU. V. A FEU. V. GLOBE PROJECTILE. V. LIGNE DE MOINDRE RÉSISTANCE. V. MILICE CHINOISE N° 6. V. PERRIER. V. SCHRAPNELL.

GLOBE A VAPEUR. V. A VAPEUR. V. GLOBE PROJECTILE.

GLOBE de CAVALERIE. V. CAVALERIE. V. CAVALERIE FRANÇAISE N° 7. V. RANG DE CAVALERIE.

GLOBE de COMPRESSION (G, 2, 3). Sorte de GLOBE ou de MINE qu'on emploie dans la GUERRE SOUTERRAINE et l'ATTAQUE DES PLACES. On le surcharge de matériaux pesants, afin d'en diriger principalement l'explosion latéralement ou en dessous, et de réussir plus sûrement ainsi à endommager de plus loin les FOURNEAUX de mine, les CONTRESCARPES, les GALERIES de l'ENNEMI. — L'art de la défense des places passe pour avoir éprouvé depuis cette découverte un sensible désavantage. — Les Globes de compression ont été inventés par BÉLIDOR en 1753, et essayés à POTSDAM, en 1754, en présence de FRÉDÉRIC, par l'ingénieur LEFEBVRE, officier français au service de Prusse. Il en éprouva véritablement l'effet en en faisant jouer un de cinquante quintaux de POUDRE au siége de Schweidnitz, en 1762 (8 septembre), où GRIBEAUVAL, autre officier français, servait dans l'ARTILLERIE AUTRICHIENNE ; à l'aide de ce moyen, LEFEBVRE ouvrit le CHEMIN COUVERT. — MIRABEAU (1788, C) prétend cependant qu'en Prusse les essais de cette fulmination, qui devait un jour rendre impuissantes les MINES DE FORTERESSES, ne réussit d'abord qu'imparfaitement. — Quand une MINE agit par compression, son FOURNEAU doit, pour ainsi dire, être un centre dont les rayons d'explosion soient de longueur presque égale dans tous les sens. C'est surtout la meurtrissure et le refoulement sphérique que le terrain éprouve par le fait de l'explosion de la POUDRE qui a fait donner à ce moyen le nom de Globe. — BELAIR (1792) entre en quelques explications à l'égard des Globes de compression. M. LEGRAND (1757, A) en regarde comme un diminutif le CAMOUFLET. — Il est fourni aussi des renseignements touchant les Globes de compression dans l'*Encyclopédie des Gens du monde.*

GLOBE PROJECTILE (G, 2, 3). Sorte de GLOBE qui comprend les BOMBES, les GRENADES, les anciennes BOULES, mais surtout les PROJEC-TILES CREUX qui s'emplissent de POUDRE : on les appelle absolument même Globes ou GLOBES A FEU. — M. le colonel REVERONI (1826) propose au contraire des GLOBES A VAPEUR.

GLOBE TACTIQUE (F), OU ORBE, OU ROND TACTIQUE. Sorte de GLOBE que les ROMAINS nommaient *globus*, et qui souvent était pris comme signifiant un GROS, une TROUPE, une MASSE, un DÉTACHEMENT, un PARTI, une COHORTE. — C'est dans ce dernier sens que l'emploie SALLUSTE. Mais on peut, en lisant AULUGELLE, conjecturer que le Globe était quelquefois une MANOEUVRE, un ORDRE DE BATAILLE, une forme d'ÉVOLUTION, et différait peut-être du cercle, *orbis*, en ce que l'un était un ROND plein, l'autre un ROND vide : de là les conjectures des tacticiens au sujet des anciens GLOBES DE CAVALERIE. CARRION (1824, A ; p. 424) peut être consulté à cet égard.

GLOGO, subs. masc. v. MILICE GRECQUE N° 6.

GNUEGEN. V. NOMS PROPRES.

GOBELET, subs. masc. v. AMEUBLEMENT DE PAVILLON.

GOBERGE, subs. fém. (B, 1). Nom donné par allusion à celui d'une morue séche. Il signifie ais ou planches formant le fond d'un BOIS DE LIT de soldat et soutenant la PAILLASSE. Le verbe populaire se goberger n'a pas d'autre origine : c'est s'étendre sur des Goberges.

GOBESON, subs. masc. v. GAMBESON.

GOBESSON, subs. masc. v. GAMBESON.

GOBISSON, subs. masc. v. COTTE DE MAILLES. V. GAMBESON.

GOCEON, subs. masc. v. HABIT.

GODEFROI ; **GODEFROY.** V. NOMS PROPRES.

GODENDAC, subs. masc. (F), OU GODENDAS, OU GONDEHOC suivant FAUCHET. Ces mots sont une corruption de la locution ALLEMANDE et HOLLANDAISE qui signifie bonjour. — Guillaume Guyart appelle Godendac la PIQUE dont se servaient les soldats FLAMANDS. L'ENCYCLOPÉDIE (1785, C) relate le passage versifié où se trouve ce mot. — ROQUEFORT lui donne plusieurs synonymes en allemand corrompu, dont la MILICE DES PAYS-BAS se servait.

GODENDAS, subs. masc. v. GODENDAC.

GODIN. V. NOMS PROPRES.

GODRON, subs. masc. v. AME DE POIGNÉE DE SABRE D'OFFICIER. V. FRAISE.

GOETHE ; **GOETZMANN.** V. NOMS PROPRES.

GOITRE, subs. masc. (D, 4, 5). Mot que

Ménage fait dériver du latin *gutturosus*, et du bas latin *gutteria*, *gutturnia*, signifiant enflure du gosier, dégénérant en infirmité permanente. — Les Goîtres volumineux, incurables et gênant la respiration, sont un cas de réforme et entraînent l'invalidité absolue.

GOIZ, subs. masc. v. épée. v. sabre.

GOLDENBERG; GOLDMANN. v. noms propres.

GOLEON, subs. masc. v. habit.

GOLETTE, subs. fém. v. cuirasse.

GOLISSON, subs. masc. v. gambeson.

GOLLET (subs. masc.) de mailles. v. cotte de mailles. v. mailles.

GOLLETTE (subs. fém.) de mailles. v. cotte de mailles. v. mailles.

GOLLUT. v. noms propres.

GOMBETTE, adj. fém. v. loi g...

GOMER; GOMETZ; GONDEBAUD. v. noms propres.

GONDEHOC, subs. masc. v. godendac.

GONELLE, subs. fém. v. cotte d'armes. v. grand sénéchal.

GONFALON, subs. masc. (F), ou confalon suivant Roquefort, ou confanon comme dit Louis onze (1480, A), ou confaron, ou conferon selon Ménage, ou gonfanon comme dit Wace (1165), ou gonfannon, ou gonfaron comme l'emploie Carré (1785, E), ou conferon dans Furetière, ou gontfanon, ou gouffenon, ou gouffenon comme l'indique Borel (Pierre). Mot dont Caseneuve déclare ignorer l'étymologie. Roquefort la retrouve dans le bas latin *confalo*; d'autres font venir confanon de *cum* et de *fano*, pour signifier à plusieurs fanons; mais cette opinion a été contestée. — Roquefort donne encore dix autres synonymes à ce même terme et le traduit par banderole de chevalier. — Audouin est d'avis au contraire que les gonfanons étaient de grandes bannières; et en effet on regarde comme un Gonfalon la chape de Saint-Martin. Mais de pareilles définitions sont vagues; des explications aussi absolues n'expliquent rien, elles sont même inexactes. — M. Rey témoigne qu'on transperçait des ennemis avec le fer du Gonfalon; c'était donc une lance a banderole. — Nous adoptons, puisque l'Académie le veut, Gonfalon plutôt que gonfanon, quoique cette dernière expression soit plus usitée et plus conforme à l'étymologie. La préférence que les académiciens donnent à la première de ces expressions témoigne du peu de zèle que les corps savants ont apporté à la recherche des racines techniques. — Le nom qui nous occupe était un composé qui avait sa souche dans la langue teu-

tone, comme le témoigne Wachter. — Les termes tudesques *gund*, ou *guth*, signifiaient guerre; *fanen*, *fahne*, signifiaient linge ou drapeau; ceux-ci, changés dans la basse latinité en *fano*, synonyme de *vexillum*, et francisés en fanon, ont composé le latin barbare *guntfano*, qui figure dans les plus anciennes chartes; le français gonfanon en a été la traduction. Les Italiens l'ont corrompu en *gonfalone*, que l'Académie française a regardé à tort comme racine à admettre; car elle aurait dû remarquer que cette préférence donnée par les Italiens à une prononciation sur l'autre pouvait tenir à ce que le mot fanon n'était pas connu dans leur langue. — Il ne serait pas facile d'expliquer, ou il serait trop long de rechercher les rapports que les mots français faillion, fallion, ont avec Gonfalon, et ceux que fanion a avec gonfanon. — Les gonfanons étaient d'abord des insignes royaux ou souverains : on retrouve les traces de cette vérité dans tous les écrivains du moyen âge. — Wace (1165), le roman de Guiteclin, celui d'Alexandre, parlent tous de gontfanons, de confanons. — Le roman de Guillaume au court Nez parle des gonfanons des Sarrasins. Ces auteurs expriment positivement par là un pennon royal ou une enseigne du premier rang, et non un étendard de l'Eglise. — Sous la seconde race, les comtes faisaient porter le gonfanon à la tête de leurs troupes. Un gonfanon figurait dans les armes d'Auvergne. — Le clergé, qui, de tout temps, a donné quelque attention au temporel, s'est approprié, dès la première race, les gonfanons. Les princes ont consenti à déposer ces insignes dans les églises métropolitaines ou patriarcales; et les évêques s'en sont regardés comme possesseurs. — Que nos *missi dominici* (délégués ou lieutenants) ordonnent, dit un capitulaire de Charles le Chauve, en 864 (lit. xxxii, chap. 15), *que chaque évêque, abbé, abbesse, fassent marcher leurs vassaux avec leur gonfalonier* (cum guntfanonario). — De cette sanctification des marques seigneuriales sont provenues plusieurs coutumes particulières. — Les gonfanons d'Eglise variaient suivant la qualité du saint à qui on les consacrait; la couleur des gonfanons d'évêques était verte; celle des martyrs, rouge; celle des confesseurs, bleue. — En confiant à un guerrier la garde et la défense du gonfanon, une Eglise se créait un avoué. — Les investitures de royaumes se faisaient par la remise du gonfanon. Le pape Léon, en donnant à Charlemagne le titre d'avoué, lui met en main le gonfanon de Saint-Pierre; au moyen d'un don pareil, le pape fait roi d'Agleterre GUILLAUME LE CONQUÉRANT : l'usurpation de l'heureux bâtard est ainsi légitimée canoniquement. Clément quatre décerne la couronne de Sicile et un Gonfalon au frère de LOUIS NEUF, quoique l'aventurier français fût un usurpateur bien avéré. — Comme il y a une lutte perpétuelle entre les hommes du pouvoir et les hommes de Dieu, les premiers, contrariés de la multiplication des SIGNES MILITAIRES, et souffrant avec impatience que leur DRAPEAU fût manié par le bras sacerdotal, y renoncent, et lui substituent les BANNIÈRES et les PENNONS; ils sont en effet d'un usage postérieur, comme le remarque DANIEL (1721, A) : cette révolution a lieu vers le neuvième ou le dixième siècle, et se consomme vers le commencement de la TROISIÈME RACE. — Il y avait cette parité entre les Gonfalons et les BANNIÈRES que ces deux genres d'INSIGNES avaient leur DRAPERIE attachée à une HAMPE en potence ou EN CROIX, ce qui s'appelait aussi HAMPE ENVERGÉE; cette forme fut abandonnée quand les DRAPEAUX et les ÉTENDARDS succédèrent aux BANNIÈRES : telle fut la différence la plus marquée entre l'ancien et le nouvel usage ; dans celui-ci, la DRAPERIE ne tenait plus que latéralement et au corps seul de la HAMPE. — Plus tard, par une de ces réactions dont les exemples sont nombreux, et qui tourmentent depuis dix-huit cents ans le monde, l'Eglise s'empare des BANNIÈRES; mais ce détail serait déplacé ici. — La substitution de la BANNIÈRE au Gonfalon amène des événements qui méritent d'être observés. — Dans plusieurs contrées, en FRANCE surtout, nos anciens GONFANONIÈRS (on appelait ainsi les préposés à la garde d'un GONFANON métropolitain) s'éteignent, parce que des BANNERETS se ressaisissent des insignes de la puissance féodale. Dans le pays de l'Eglise au contraire, des BANNERETS ne s'établissent que de fait, mais point nominalement ; l'épée de Saint-Pierre y ébrèche celle des empereurs. Les protecteurs que les papes établissent dans les villes soustraites à la protection impériale sont GONFALONIERS; et cette dignité italienne s'est perpétuée jusqu'à nos jours. Le GONFALONIER romain est le porte-étendard du saint-siège. — Le GONFANON de Saint-Marc était à VENISE le signe de la puissance suprême, son LABARUM. Il figure à la première croisade du treizième siècle et à l'assaut de CONSTANTINOPLE en 1203 ; il a subsisté jusqu'à nos jours. — Dans tout le MOYEN AGE, les GARDES NATIONALES D'ITALIE, formées en grande partie d'INFANTERIE, avaient chacune leur GONFANON et leur GONFALONIER. — En tous lieux, les règles ne s'étant établies que par tirail-

lement, et non en vertu de principes généraux, les GONFANONS de l'Eglise et les BANNIÈRES de la FÉODALITÉ continuérent longtemps à exister concurremment. — Dans la charte intitulée *Assises de Jérusalem*, en 1099, on voit de quelle manière le CONNESTABLE et le MARÉCHAL devaient, chacun à leur tour, porter le Gonfalon devant le ROI, marchant à cheval dans les CÉRÉMONIES ; était-ce un DRAPEAU séculier? était-ce un ÉTENDARD ecclésiastique ?. On pourrait supposer que c'était à la fois l'un et l'autre. — Primitivement l'ORIFLAMME était un véritable GONFANON ecclésiastique. FROISSART témoigne qu'elle en avait la forme. — BENETON (1742, A) fait entre les BANNIÈRES et les GONFANONS cette différence que les premières étaient pendues par le milieu du bord supérieur à une PIQUE, et que les derniers y étaient attachés par le côté; nous ne croyons pas à la justesse de cette distinction. — Les AUTEURS croient en général que les GONFANONS différaient des BANNIÈRES par des découpures en pointes ou à pendants, et qu'ils étaient à FANONS à queue arrondie, au nombre de trois ou de quatre. — Le Gonfalon, encore usité comme MEUBLE DE BLASON, est à trois fanons. — Les AUTEURS qu'on pourrait consulter sur cette matière sont AUDOUIN, BENETON (1742, A), BOREL (Pierre), CARRÉ (1785, E), DANIEL (1721, A), l'ENCYCLOPÉDIE (1751, C; 1785, C, au mot *Enseigne*), FURETIÈRE, MÉNAGE, POTIER (1779, X), REY, TURPIN (1785, O), le *Dictionnaire de la Conversation.*

GONFALONIER, subs. masc. (F), ou CONFALONIER, OU CONFANONIER, OU GONFANONIER, OU GONFANIER suivant GANEAU. Ce mot, auquel ROQUEFORT donne encore plusieurs autres synonymes, se rattache à la même étymologie que GONFANON, substantif plus français qu'ITALIEN et plus usité que GONFALON, tandis qu'au contraire Gonfalonier, qui est plus italien que français, était plus usité que GONFANONIER. — Un capitulaire de CHARLES LE CHAUVE appelle *gonfanonarius* le PORTE-ÉTENDARD d'une TROUPE FÉODALE. — L'histoire de ces Gonfaloniers municipaux d'ITALIE, élus pour une courte durée de temps, l'histoire des Gonfaloniers de Lucques et de Sienne, celle du Gonfalonier de VENISE, qui était le chef de la république et de la MILICE, celle du Gonfalonier de ROME, évêque PORTE-ÉTENDARD, ou laïque comparable au PORTE-ORIFLAMME de FRANCE et revêtu du COMMANDEMENT des ARMÉES, ne touchent pas assez directement à la chose militaire pour qu'il en soit parlé ici, non plus que des titres des ducs d'Urbin, de PARME et de Modène, qui, ayant été Gonfaloniers de l'Eglise, en avaient gardé les témoignages dans leurs ARMOIRIES. — Dans les villes libres d'ITALIE, aux onzième et douzième siècles, les TRIBUNS, ou PORTE-ÉTENDARDS des GARDES NATIONALES ou des compagnies de citoyens et des corporations des différents métiers, s'appelaient Gonfaloniers. — Chaque profession se rassemblait près de son Gonfalonier dans les temps de troubles ou dans les CÉRÉMONIES. — Il y avait en certaines villes un Gonfalonier principal ou GRAND GONFALONIER; dans d'autres, au lieu de Gonfalonier, il y avait des PENNONIERS. — A Florence, BANNERET et Gonfalonier étaient synonymes; et dans cette ville il y avait le Gonfalonier de la justice, ce qui prouve que le Gonfalonier n'était pas précisément celui qui portait le GONFALON d'une MILICE, mais le chef, le CAPITAINE, auprès duquel était placé cet ÉTENDARD comme sa chose propre et son INSIGNE personnel. — Les Gonfaloniers de LYON s'appelaient PENNONIERS. — Des AUTEURS ont traduit le latin *vexillifer*, qui signifiait porte-ÉTENDARD d'église française, par Gonfalonier, synonyme de ADVOUÉ, ADVOÉ, patron, défenseur, pro-

tecteur d'une église. — CARRÉ (1785, E) cite des AUTEURS anciens qui rapportent que, en 1124, LOUIS LE GROS, à titre de comte du Vexin et d'AVOUÉ de Saint-Denis près Paris, porta le GONFALON de cette église contre l'empereur Henri : ce GONFALON n'était autre chose que l'ORIFLAMME. — En 1499, le bâtard Borgia était gouverneur et Gonfalonier des Etats de l'Eglise.

GONFANIER, subs. masc. v. GONFALONIER.

GONFANON, subs. masc. v. AILETTE. V. CORPS PRIVILÉGIÉ. V. GONFALON. V. GONFALONIER.

GONFANONIER, subs. masc. v. GONFALON. V. GONFALONIER.

GONFARON, subs. masc. v. GONFALON.

GONFÉRON, subs. masc. v. GONFALON.

GONORRHÉE, subs. fém. v. MALADIE LÉGÈRE.

GONSALVE. V. NOMS PROPRES.

GONTFANON, subs. masc. v. GONFALON.

GONVOT ; **GORDIEN** ; **GORDON** ; **GORET.** V. NOMS PROPRES.

GORGE, sùbs. fém. v. DEMI-G... v. SOUS-G...

GORGE {
  DE CHIEN.
  DE FORTIFICATION.. { GORGE
    DE BASTION.
    DE DEHORS.
    DE DEMI-LUNE.
  }
  GÉOLOGIQUE.
}

GORGE (term. génér.). Mot que MÉNAGE fait dériver du LATIN inusité *gurgum* et du bas LATIN ou de l'ITALIEN *gorga, gorgia :* il est analogue à l'ALLEMAND *gurgel*. Il s'applique principalement dans tous ces cas à la gorge humaine; mais ici il prend, par allusion, des sens tout différents : il a produit DÉGORGEOIR, GORGERIN et tous les analogues. Il se distingue ici en GORGE DE CHIEN, — DE CONTRE-QUEUE, — DE CORNE, — DE FORTIFICATION, — DE MONTAGNES, — DE PLACE D'ARMES, — DE QUEUE D'YRONDE, — DE REDOUTE, — D'EMBRASURE, — D'OUVRAGE, — GÉOLOGIQUE, — OUVERTE.

GORGE de BASTION (G, 4). Sorte de GORGE DE FORTIFICATION considérée ici par rapport aux BASTIONS DE FORTERESSES de l'espèce nommée BASTIONS PLEINS. — On représente cette Gorge par une ligne imaginaire; celle des BASTIONS ordinaires est brisée à angles saillants, et est tirée de l'angle de l'OUVRAGE à l'angle du FLANC et de la COURTINE; la Gorge

des BASTIONS PLATS est au contraire en ligne droite; en général, la Gorge forme l'intervalle de l'extrémité d'un FLANC à l'extrémité de l'autre. — Plus la Gorge des BASTIONS est large, plus la DÉFENSE en est sûre, parce qu'on y fait à la dernière extrémité un RETRANCHEMENT. — Quand un BASTION ruiné par suite d'un SIÉGE OFFENSIF tombe au pouvoir de l'ENNEMI, un ASSIÉGÉ opiniâtre élève des OUVRAGES DÉFENSIFS ou creuse des COUPURES à la Gorge de l'ouvrage abandonné. C'est là, dit DUPAIN (1757, B), *qu'un drapeau arboré couvre de gloire un gouverneur.* — Cette résistance est quelquefois l'occasion d'une direction nouvelle donnée aux ATTAQUES : tel est le cas si l'ASSIÉGEANT se décide à battre en BRÈCHE la COURTINE. — Le milieu de la Gorge des BASTIONS, qu'on appelle aussi CENTRE du BASTION, est le point où répond ordinairement l'ouverture des CONTRE-MINES du REMPART ou des CONTRE-MINES PASSAGÈRES. — Le TERRAIN FORTIFICA-

TOIRE se calcule à partir du pied de la Gorge des bastions. — Il est défendu aux RONDES d'abréger leur route en traversant la Gorge des BASTIONS.

GORGE de CHIEN DE FUSIL (G, 1). Sorte de GORGE qui consiste en une partie à jour ménagée entre le devant et le DOS du CHIEN du FUSIL DE MUNITION français. La partie antérieure de cette espèce d'ANNEAU s'appelle SOUS-GORGE. — La VIS A TÊTE PERCÉE aboutit à la partie supérieure de la Gorge, dont la partie inférieure répond à l'ESPALET. — Le CHIEN de notre FUSIL diffère par là du chien du FUSIL DE CHASSE et du FUSIL DE MUNITION anglais ; ceux-ci ont une Gorge pleine, mais non pas un CŒUR ou un anneau environné par le support double du CHIEN entre la MACHOIRE INFÉRIEURE et le CORPS.

GORGE de CONTRE-QUEUE. V. CONTRE-QUEUE D'YRONDE.

GORGE de CORNE. V. CORNE DE FORTIFICATION.

GORGE de DEHORS (G, 4). Sorte de GORGE DE FORTIFICATION, ou intervalle entre les AILES des différents DEHORS mesuré du côté du FOSSÉ de la PLACE.

GORGE de DEMI-LUNE (G, 4). Sorte de GORGE DE FORTIFICATION qui occupe l'espace compris entre les extrémités des deux FACES du côté de la PLACE ; une Gorge se divise par la pensée en DEMI-GORGES dont l'angle ou le sommet regarde ordinairement la PLACE. Le système de CORMONTAINGNE était de former en ligne droite cette Gorge. — S'il s'agit de DEMI-LUNES A FLANCS, la Gorge est l'intervalle entre les extrémités des deux FLANCS.

GORGE (gorges) de FORTIFICATION (term. sous-génér.), ou GORGE D'OUVRAGE. Sorte de GORGES formant l'entrée ou le côté de l'OUVRAGE qui répond au CORPS de la PLACE, ou qui règne du côté d'où part la DÉFENSE. — Les Gorges se partagent en DEMI-GORGES, et ce dernier terme est plus usité que le mot Gorge ; les deux DEMI-GORGES forment un angle que CORMONTAINGNE proposait de supprimer. — Dans des DEHORS ou des ouvrages isolés, la Gorge est quelquefois retranchée ; la PIÈCE, en ce cas, est une sorte de FORT. — Les Gorges des OUVRAGES non adhérents à une FORTERESSE, mais qui en dépendent, sont en général aplanies et ouvertes ou sans PARAPET, afin que, si l'ENNEMI s'en emparait, il ne pût pas en profiter pour se couvrir du FEU de la PLACE. — Si des OUVRAGES sont exposés aux SURPRISES et que leur Gorge ne soit pas fermée, on y plante un rang de PALISSADES, et on y prépare des FOURNEAUX pour faire sauter l'ENNEMI qui s'en rendrait maître et se disposerait à y construire un LOGEMENT. — La Gorge des OUVRAGES de l'EN-

CEINTE extérieure d'une PLACE répond à la CONTRESCARPE ; elle est en COMMUNICATION avec la PLACE au moyen des RAMPES. — Les Gorges de l'ENCEINTE intérieure reposent ordinairement sur des CONTRE-FORTS. — GANEAU traite ce sujet.

GORGE de MONTAGNES. V. MONTAGNE. V. TOPOGRAPHIE.

GORGE de PLACE D'ARMES. V. PLACE D'ARMES DE CHEMIN COUVERT. V. QUEUE D'YRONDE.

GORGE de QUEUE D'YRONDE. V. CONTRE-QUEUE D'YRONDE. V. QUEUE D'YRONDE.

GORGE de REDOUTE. V. FORT DE CAMPAGNE. V. REDOUTE. V. QUEUE D'YRONDE.

GORGE de TÊTE DE PONT. V. TÊTE DE PONT.

GORGE d'EMBRASURE. V. EMBRASURE.

GORGE d'OUVRAGE DE FORTIFICATION. V. FER A CHEVAL. V. FOURNEAU DE MINE. V. GORGE DE FORTIFICATION. V. LIGNE A LUNETTES. V. OUVRAGE DE FORTIFICATION.

GORGE GÉOLOGIQUE (G, 7), OU GORGE DE MONTAGNES. Sorte de GORGE ou de passage plus ou moins étranglé qui forme le point de communication par lequel on débouche entre deux hautes MONTAGNES dans les VALLÉES. Il y a des ÉCRIVAINS qui prennent l'un pour l'autre les mots Gorge et COL ; il y a pourtant en style de GÉOLOGIE quelque différence. — Pour un COMMANDANT EN CHEF, les Gorges sont des points importants ; les FOUILLER avant de s'y engager, les fortifier et y poster des GRAND'GARDES si elles défendent un CAMP RETRANCHÉ, les regarder comme un des principaux théâtres où se décident les AFFAIRES DE POSTES, en occuper les positions dominantes, sont autant de préceptes que les ÉCRIVAINS répètent tous. — Les Gorges des VALLÉES et des MONTAGNES (car en GÉOLOGIE on donne aux mêmes ouvertures ces deux noms) sont le rétrécissement et l'intervalle qui existent entre deux CONTRE-FORTS GÉOLOGIQUES. Ces Gorges sont ordinairement à peu de distance du point d'attache des CONTRE-FORTS à la CHAINE. C'est un lieu de passage ouvert à un torrent et plus ou moins accidenté. — On nomme VAL une Gorge d'une certaine étendue et prenant peu d'évasement.

GORGERAIN, subs. masc. V. GORGERIN.

GORGÈRE, subs. fém. V. GORGERIN.

GORGERÈTE, subs. fém. V. GORGERIN.

GORGERETTE (subs. fém.) de MAILLES. V. COLLET DE MAILLES. V. GORGERIN. V. HAUSSE-COU. V. MAILLES.

GORGERIN, subs. masc. (term. génér.), OU GORGERAIN, OU GORGÈRE, OU GORGERÈTE, OU GORGERETTE, OU GORGERON, OU GORGERY comme dit CARRÉ (1783, E), OU GORGETTE, terme resté dans la langue anglaise, *gorget*, ou gorgier, ou gorgière comme dit Fauchet, ou gorgies, ou gourgerin suivant Roquefort, ou hausse-cou : il s'appelait en bas latin *collare, collarium.* — Le mot Gorgerin dont le substantif latin *gurges*, gorge, et le bas latin *gorgeria*, donnent l'étymologie, appartient au système de l'armure de fer plein aussi bien qu'au système du costume de mailles ; dans ce dernier cas, le mot était synonyme de hausse-cou ; dans le premier cas, il se distinguait en gorgerin de casque.

GORGERIN de bourguignote. v. bourguignote.

GORGERIN de casque (F). Sorte de gorgerin qui appartenait à certains casques fermés ; car tous les heaumes ou armets n'en avaient pas ; il n'en était point attaché à toutes les bourguignotes ; et, par le fait de leur structure, le bassinet, le cabasset, le chapeau de fer, n'en comportaient pas. — Le Gorgerin n'était pas toujours adhérent au casque. Au quinziéme, et même au seiziéme siécle, comme le témoigne Brantome (1600, A), il était formé d'un tissu très-serré de mailles, reste de la cotte de mailles du treiziéme siècle ; quelquefois il se prolongeait en hausse-cou, et même ne faisait qu'un avec le nasal. Quelquefois il recouvrait en partie le hausse-cou, et il s'étendait tant soit peu sur la cotte de mailles, ou sur la cuirasse, à partir du dessous du menton. Quelquefois le Gorgerin était en même temps un Gorgerin et une mentonnière. — Quelquefois, et depuis Louis douze, le Gorgerin était en lames de métal qui couvraient une partie des épaules : il prenait en ce cas le nom de colletin. — Il y en avait qui restaient fermés quand la visière s'ouvrait ; quelquefois ils ne formaient qu'une même piéce avec le ventail et montaient jusqu'aux yeux ; il y en avait qui, en se relevant, découvraient entièrement le menton et le devant du col ; il y en avait qui n'étaient pas susceptibles de se relever, et qui ne s'ouvraient par le jeu de leurs rivets d'attache qu'autant qu'il le fallait pour permettre à la tête de l'homme de s'introduire dans le heaume. — Le soin d'unir sans intervalles le Gorgerin et le hanapier, ou hausse-cou de la cuirasse de fer plein, était d'une grande importance pour prévenir le danger des coups d'estoc et des coups de pointe dirigés à la gorge. — Il y avait des Gorgerins qui servaient en même temps de hausse-cou, parce qu'ils s'attachaient à la cuirasse même ; mais ce qui rend inconcevable l'adoption de ce moyen, c'est que, dans ce cas, la tête du guerrier ne devait plus pouvoir pivoter. — A raison de la forme de ce Gorgerin, Borel

(Pierre) et Furetière prennent l'un pour l'autre le mot hausse-cou, ou hausse-col, et Gorgerin ; mais cette assertion est inexacte hormis par rapport au Gorgerin de casque, puisqu'il y avait des Gorgerins, tels que ceux de mailles, qu'on ne saurait comparer à un hausse-col.

GORGERIN de mailles. v. armure. v. casque. v. collet de mailles. v. cotte de mailles. v. coulevrinier. v. coutilier. v. gorgerin. v. haubert. v. jaque de mailles. v. mailles.

GORGERON, subs. masc. v. gorgerin. v. hausse-cou.

GORGERY, subs. masc. v. gorgerin.

GORGETTE, subs. fém. v. gorgerin.

GORGIER, subs. masc. v. gorgerin.

GORGIÈRE, subs. fém. v. gorgerin. v. hausse-cou.

GORGIES, subs. masc. v. gorgerin. v. hausse-cou.

GOSLIN. v. noms propres.

GOSSET, subs. masc. v. gousset.

GOTH ; **GOTTFRIED.** v. noms propres.

GOTTONAIRE, subs. masc. v. guttonaire.

GOUBISSON, subs. masc. v. gambeson.

GOUDRA, subs. fém. v. fascine goudronnée.

GOUDRONNÉ (goudronnée), adj. v. cercle g... v. fagot g... v. fascine g... v. tourteau g...

GOUFANON, subs. masc. v. gonfalon.

GOUFFANON, subs. masc. v. gonfalon.

GOUFFORT, subs. masc. (F), ou gouffourt suivant Ganeau et Lacombe, ou gouffront, ou goufourt. Mot dérivé, suivant Roquefort, du bas latin *gaverlotus.* C'était une machine propre à lancer des pierres ; mais cet écrivain n'indique pas l'espéce de cet engin.

GOUFFOURT, subs. masc. v. gouffort.

GOUFFRONT, subs. masc. v. gouffort.

GOUFOURT, subs. masc. v. gouffort.

GOUGEAS, subs. masc. v. goujat.

GOUJART, subs. masc. v. charge de soldat. v. domestique. v. goujat. v. soldat.

GOUJAT, subs. masc. (F), ou gelde, ou gougeas, ou goyart suivant Roquefort ; on disait aussi goujart comme on disait soudart. — Il va en être question comme d'un genre de non combattants et de pavesiers. Il y a des auteurs qui prétendent que Goujat dérive du latin *galearius*, que Roquefort traduit par galiaire. On trouve *galearius* dans Végèce (390, A), pour signifier portecasque ou VALET DE SOLDAT; mais cette racine n'a rien de satisfaisant. BOREL (Pierre) le tire du GASCON ou du languedocien *goujon*, signifiant garçon, de même que, dans le midi de la France, *gouge* signifie encore fille ou servante. — Le mot est probablement d'origine languedocienne ou limousine. — La MILICE GRECQUE avait ses Goujats : c'étaient des ilotes. — Il se voyait des Goujats dans l'INFANTERIE FRANÇAISE vers 1346. Peut-être leur nom et leur usage venaient-ils des GASCONS, qui, depuis l'invention des ARMES A FEU, imitaient l'INFANTERIE ESPAGNOLE, et faisaient porter l'ARQUEBUSE A CROC sur un BIDET dont la conduite et l'entretien regardaient un GOUJART, un Goujat, un jeune garçon, un gars. — Quand les ARMES s'allégèrent assez pour être portées, non plus sur un CHEVAL DE PELOTON, mais par le SOLDAT lui-même, et quand les événements de la guerre privèrent les compagnies de leurs BÊTES DE SOMME, les SOLDATS mirent sur le dos du Goujat leur ARQUEBUSE, leurs PAVESADES, leur CANAPSA; de là cette vieille locution : Il a porté le CANAPSA, pour signifier il a été Goujat; de là la traduction ALLEMANDE *pachtknecht*, domestique du paquet, du bagage : tels étaient les LANSQUENETS avant de se séparer des REITRES. — Il n'est pas à notre connaissance que, avant l'emploi des ARMES A FEU, le terme Goujat ait été militairement usité; car les FANTASSINS n'étaient pas en position de se faire servir, étant eux-mêmes aux ordres des GENS D'ARMES, dont les VARLETS ou GROS VALETS étaient les serviteurs personnels. Cependant quelques AUTEURS disent que, au temps de PHILIPPE AUGUSTE, les Goujats de son INFANTERIE étaient des BIBAUX. Mais ce sont des mots transmis par traduction, et par conséquent de signification douteuse. — Le mot Goujat répond au *skeuophoros* (SKEUOPHORE) ou porte-bagage des OPLITES GRECS, aux *farcinator*, *lixa*, *cacula*, *galearius* (GALÉAIRE), *ferentarius* (FÉRENTAIRE), *calo* des ROMAINS; il se rendait en ITALIEN par *bagaglione*, *galuppo*, *saccardo*, et en espagnol par *galopin*, *criado* : il répondait aux primitifs *landsknecht*, ou LANSQUENETS, qui servaient de VALETS aux REITRES ALLEMANDS. Ainsi il n'est originairement ni LATIN, ni ITALIEN, ni ESPAGNOL, ni ALLEMAND. M. ROQUEFORT lui donne pour synonyme le mot FOURON, qu'il fait venir du latin *fur*, voleur. — BRANTOME (1600, A), parlant de ce qui se passa à Bordeaux, vers le temps de l'entrevue de Bayonne, raconte que *Strozzi et le connétable Anne de Montmorency se virent, et que le connétable dit à Strozzi, qui commandait les gardes, de les employer, eux et leurs Goujats, à dépiécer un*

vaisseau. — On lit dans le même AUTEUR que, *en Piémont, un soldat de qui un barbet* (dont le chien) *avoit pris une poule en cheminant, eût été passé par les piques sans qu'il prouva* (s'il n'eût réussi à prouver) *que son Goujat, qui le menoit* (qui conduisait le chien), *l'avoit laissé eschapper.* — On pourrait induire de ce passage qu'alors chaque SOLDAT D'INFANTERIE avait son DOMESTIQUE, ce que pourtant nous ne supposons pas avoir existé ou du moins d'une manière générale; mais il a pu se faire qu'au temps où la NOBLESSE, comme dit BRANTOME (1600, A), *commença à se jeter aux piques*, c'est-à-dire à entrer dans l'INFANTERIE, les GENTILSHOMMES qui y étaient SIMPLES SOLDATS eussent tous leur VALET. Ainsi, depuis LOUIS DOUZE, les SOLDATS d'extraction noble, qui se faisaient appeler CAPITAINES quoiqu'ils fussent sans aucun GRADE réel, étaient accompagnés d'un VALET ou Goujat qui portait leur BAGAIGE, et recevait d'eux une petite PAYE; mais nous n'avons pas vu qu'il leur en ait été octroyé une aux frais du trésor. — Le célèbre baron de la Garde était entré au service comme Goujat. — Il y avait des soldats qui avaient plusieurs Goujats, puisque l'ORDONNANCE DE 1570 (10 DÉCEMBRE) n'en permettait qu'un seul, et livre à la FUSTIGATION ceux *de surplus* et les FEMMES SUSPECTES; les ORDONNANCES DE 1575 (1er JUILLET) et 1579 reproduisaient le fond de cette disposition; le PRÉVOT DE L'ARMÉE faisait infliger ce châtiment. — GHEYN, retraçant des usages qui appartiennent aux mêmes temps, montre un Goujat, ou un valet à pied, portant à la suite d'un GENS D'ARMES sa LANCE et son MANTEAU. — Il ne fut ensuite reconnu qu'un Goujat par trois SOLDATS, sous CHARLES NEUF et sous HENRI TROIS, comme le prouvent les ÉDITS DE 1574 (1er JUILLET) et DE 1579, relatif à la GENDARMERIE et à l'INFANTERIE; l'article onze porte que *les Goujats, au cas qu'il s'en trouve plus d'un par trois soldats, seront chastiez du fouet; sera tenu le fourrier avoir par escript le nom desdits Goujats pour les faire chasser sous peine du fouet pour la première fois, et s'ils s'y retournent d'estre pendus et estranglez sans aucune forme ne figure de procès.* — Un Goujat portait la CAISSE du TAMBOUR-MAJOR. — L'habitude de regarder les Goujats comme des PALEFRENIERS de chevaux de bât était si enracinée, que, au commencement du dernier siècle, BOMBELLES (1746, A) ne l'emploie que dans ce sens. Suivant lui, un Goujat était un jeune garçon aspirant à devenir SOLDAT. — Un article du *Dictionnaire de la Conversation* a confondu Goujats et PIQUICHINS. — L'ARMÉE ANGLO-INDIENNE regorge de Goujats.

GOULET (subs. masc.) de BOMBE. V. BOMBE.

GOULON. V. NOMS PROPRES.

GOULOT (subs. masc.) de BOMBE. V. BOMBE.

GOUPILLE, subs. fém. (term. génér.), ou COUPILLE, parce que c'était un morceau coupé d'un fil de fer, ou, parce que, suivant JAULT, il est dérivé du LATIN *cuspicula*, diminutif de *cuspis*, pointe. — Dans l'ART DE L'ARMURIER, les Goupilles font partie de la GARNITURE du FUSIL DE MUNITION ; ce sont de petites broches cylindriques en ACIER TREMPÉ qui ne débordent pas le BOIS et qui sont propres à retenir la QUEUE du BATTANT D'EN BAS, la TÊTE de la DÉTENTE et le CUEILLERON ; elles ne doivent être déplacées qu'au moyen du CHASSE-GOUPILLE OU POUSSE-GOUPILLE. — Le mot sera surtout distingué ici en GOUPILLE DE DÉTENTE.

GOUPILLE de DÉ DE HACHE. V. DÉ DE HACHE.

GOUPILLE de DÉTENTE (G, 1). Sorte de GOUPILLE dont le déplacement et le remplacement dégradent bientôt le BOIS du FUSIL, comme l'explique GASSENDI. Une circulaire de 1826 (24 février) indique les moyens de remédier à cet inconvénient, et la BOITE A TOURNEVIS a été en partie adoptée dans cette même vue. — Dans le modèle de 1816, la TÊTE de la Goupille est en GOUTTE DE SUIF et retenue du côté de l'encastrement de la PLATINE ; sa TIGE est conique, afin qu'elle ne puisse sortir que d'un côté. COTTY (1822, A) en explique la raison.

GOURGAUD. V. NOMS PROPRES.

GOURGERIN, subs. masc. V. COULEVRINIER. V. GORGERIN.

GOURGON, subs. masc. V. DARD A MAIN. V. FLÈCHE PROJECTILE. V. TRAIT PROJECTILE.

GOURMETTE, subs. fém. V. BAVIÈRE. V. BRIDE. V. FILET DE HARNACHEMENT. V. ORDRE DE LA GENETTE. V. SCHAKO.

GOUSSET, subs. masc. (F), ou GOSSET. Mot dérivé de l'ITALIEN *guscio*, écaille ou coquille. Par allusion, on a appliqué ce terme au langage des HEAUMIERS, parce que, au MOYEN AGE, et surtout au douzième siècle, les ARMURES PLATES étaient principalement fabriquées en ITALIE. — Le Gousset était une PIÈCE dépendante de l'ÉPAULIÈRE et à peu près en forme d'OREILLON ; il s'étendait devant et derrière l'épaule, et suivait le mouvement du bras ; il préservait des COUPS D'ESTOC l'aisselle, quand l'HOMME D'ARMES levait le bras ; il avait une branche plus ouverte et plus courte que l'autre. — Le pli du bras, ou l'interstice du BRASSART DE FER à la hauteur du coude, était également à Gous-

set. Il jouait aussi d'une manière analogue au jeu de la GENOUILLÈRE. — Le BLASON a conservé des images de Goussets comme MEUBLES D'ARMOIRIES.

GOUSSET A POMPON. V. A POMPON. V. BONNET A POIL. V. CHAPEAU A TROIS CORNES. V. COLBACH. V. SCHAKO D'INFANTERIE.

GOUSSET de BRASSARD. V. BRASSARD. V. BRASSARD DE FER PLEIN. V. SPLINT.

GOUSSET de CHEMISE. V. CHEMISE. V. CHEMISE D'ÉQUIPEMENT.

GOUSSET de CUBITIÈRE. V. CUBITIÈRE. V. OREILLON.

GOUSSET de GENOUILLÈRE. V. GENOUILLÈRE.

GOUSSET de GUÊTRE. V. GUÊTRE.

GOUTTE, subs. fém. V. CAS DE RÉFORME. V. INFIRMITÉ.

GOUTTE de SUIF (G, 1). Expression usitée en armurerie. C'est quelquefois un affleurement arrondi : telle est l'extrémité de la BRANCHE du PONTET et de la PATE de la GRANDE BRANCHE du RESSORT DE BATTERIE ; telle est la tête de la GOUPILLE DE DÉTENTE, dans le modèle de 1816.

GOUTTIÈRE, subs. fém. (term. génér.). Ce mot, provenu du LATIN *gutta*, se distingue en GOUTTIÈRE DE LAME DE BAIONNETTE et en GOUTTIÈRE DE GLACIS.

GOUTTIÈRE (gouttières) de LAME DE BAIONNETTE (G, 1). Sorte de GOUTTIÈRES ou de cannelures qui sont creusées entre les ARÊTES, le long des faces de la LAME de la BAIONNETTE d'un FUSIL DE MUNITION. Il y a trois Gouttières, deux PETITES et une GRANDE.

GOUTTIÈRE de GLACIS (G, 4). Sorte de GOUTTIÈRE ou d'angle rentrant formé par la réunion des différentes parties du GLACIS en avant des RENTRANTS du CHEMIN COUVERT. Le nom de Gouttière leur est donné parce que le renfoncement qu'elles forment donne en effet écoulement aux eaux pluviales.

GOUTTIÈRE de LAME. V. BATON FOURRÉ. V. LAME. V. PLAT DE SABRE.

GOUVERNEMENT, subs. masc. (term. génér.). Ce mot, qui a la même étymologie que le mot GOUVERNEUR, signifie, suivant ses différentes applications : ensemble des actes du gouvernement; action de l'AUTORITÉ qui gouverne; personnel de cette AUTORITÉ; logement du GOUVERNEUR ; RÉDUIT DE CITADELLE, ville, FORTERESSE, ou étendue de pays soumis au COMMANDEMENT d'un GÉNÉRAL ou d'un OFFICIER d'un grade élevé. — Dans les usages de l'antiquité, GOUVERNEMENT MILITAIRE, ADMINISTRATION, STRATÉGIE, étaient synonymes. — Ici le terme est considéré comme l'action d'un POUVOIR légalement exercé sur l'ARMÉE FRANÇAISE. Ce genre de POUVOIR pourrait s'appeler le GOUVERNEMENT

STRATONOMIQUE, puisqu'il faut le distinguer du GOUVERNEMENT MILITAIRE.

GOUVERNEMENT DE PROVINCE. V. CODE MILITAIRE. V. COMTE N° 3. V. DIVISION TERRITORIALE. V. FÉODALITÉ. V. GOUVERNEMENT MILITAIRE. V. GOUVERNEUR DE PROVINCE. V. INSPECTEUR GÉNÉRAL N° 5. V. LIEUTENANT GÉNÉRAL N° 1. V. LOGEMENT D'ÉTAT-MAJOR GÉNÉRAL. V. MARCHE FRONTIÈRE. V. MILICE AUTRICHIENNE N° 2. V. MILICE TURQUE N° 2. V. PRÉVOT DES MARÉCHAUX. V. PROVINCE. V. RÉGIMENT. V. RÉGIMENT DE PRINCE. V. RÉGIMENT D'INFANTERIE FRANÇAISE N° 5. V. TERZE.

GOUVERNEMENT MILITAIRE (F). Sorte de GOUVERNEMENT qui, avant la révolution, répondait au COMMANDEMENT d'une CITADELLE, CHATEAU, maison royale, PLACE DE GUERRE, ou VILLE OUVERTE; mais dans les derniers temps il donnait surtout idée d'un gouvernement de PROVINCE, et de ce qu'on nomme actuellement DIVISION TERRITORIALE. — Des COMTES, MARQUIS, CHATELAINS, SERGENTS D'ARMES, ont exercé ce genre de COMMANDEMENT. — Le terme Gouvernement était d'une application plus juste que le mot DIVISION MILITAIRE; mais on jugea, quoique sans motif fondé, que l'ancienne expression était féodale, et elle fut abolie depuis 1790. — L'édit de Blois, rendu sous HENRI TROIS (art. 271), instituait douze grands Gouvernements; l'avidité des courtisans obligea bientôt la cour à en accroître le nombre : il en fut érigé quarante; quelques-uns ne comprenaient qu'une province, d'autres deux, d'autres seulement une grande VILLE. L'ENCYCLOPÉDIE (1785, C) donne la nomenclature de ces Gouvernements, dont les titulaires étaient qualifiés de GOUVERNEURS GÉNÉRAUX. — Ce système de Gouvernements militaires n'était appuyé que sur de fragiles et incomplètes ordonnances; la constitution de l'État y était intéressée, et pourtant la loi y restait indifférente. Quand les MINISTRES DE LA GUERRE acquirent de la puissance, les GOUVERNEURS perdirent la leur; ils cessèrent de s'astreindre à la résidence, ou même le droit de résider leur fut refusé. — SAINT-GERMAIN comprit, en 1776, et déclara que ces inutiles Gouvernements étaient trop nombreux et dévoraient le trésor; mais il se borna à en supprimer un et à diminuer les ÉMOLUMENTS des GOUVERNEURS; il leur enjoignit de résider, ainsi que nous l'apprend AUDOUIN, au chef-lieu de leur COMMANDEMENT; il osa leur interdire les cumulations de TRAITEMENTS, et exigea que pour obtenir ce genre d'emploi on eût acquis dans l'ARMÉE un GRADE élevé. Ces décisions parurent intolérables aux courtisans, qui devenaient la plupart du temps GOUVERNEURS MILITAIRES sans être militaires et sans quitter la cour. Voilà comme la FRANCE a été si longtemps régie. — SAINT-GERMAIN maintint trente-neuf Gouvernements de première classe et cent quatorze Gouvernements particuliers. — Le faible monarque qui occupait le trône fut ébranlé par les réclamations des hommes de la cour; il paralysa sa propre ordonnance en y insérant que les titulaires actuels resteraient pourvus jusqu'à leur mort. SAINT-GERMAIN étant mort avant eux, l'ORDONNANCE fut regardée comme non avenue.

GOUVERNEMENT STRATONOMIQUE (C, 1), ou POUVOIR GOUVERNEMENTAL MILITAIRE. Sorte de GOUVERNEMENT considéré comme le haut COMMANDEMENT DES ARMÉES, ou dans les ARMÉES, et comme le POUVOIR que le souverain confie à un délégué unique ou à plusieurs délégués. Une expression plus simple que celle-ci, un terme généralement admis, manquent pour le développement de l'ordre d'idées auquel le sujet appartient; le lecteur en peut acquérir la preuve en recourant au tableau qui fait suite à l'article CODE MILITAIRE, et en consultant ODIER (1824, E, t. II, p. 102) qui a pris dans le même sens POUVOIR, mot beaucoup trop vague, mais qui suivant lui exprime *une magistrature, une autorité qui commande, administre, rend la justice, entretient la police.* — Ce POUVOIR, les anciens l'appelaient DISCIPLINE. — Le Gouvernement est cette branche du CODE qui embrasse la HIÉRARCHIE ou la distribution graduelle des POUVOIRS inférieurs. De ce principe vivifiant dépendent et découlent la LOCALISATION, ou forme de répartition des MILITAIRES sur différents points déterminés et suivant différentes POSITIONS, la distribution des ORDRES DE ROUTE, la POLICE DES TROUPES, la RÉMUNÉRATION des bons services, la répression de toutes les INFRACTIONS AUX RÈGLES ou AUX LOIS MILITAIRES. — Maintenant l'ADMINISTRATION est distraite du Gouvernement; mais il n'en a pas toujours été ainsi, et des personnages qui se croient intéressés à faire rétrograder l'ART vers son enfance insinuent qu'il faudrait en revenir à une fusion; ceux qui administrent espèrent qu'ainsi ils seraient au niveau de ceux qui commandent; ceux qui exercent le COMMANDEMENT espèrent que, par un amalgame, ils exerceraient sans contrôle l'ADMINISTRATION. — Cette tendance, ces propositions encore timides, se colorent sous le nom de bien public; mais cette erreur, si elle triomphait, couronnerait celles qui ont fondu ou confondu les ARTILLEURS A PIED avec les ARTILLEURS A CHEVAL, le GÉNIE TOPOGRAPHIQUE avec le CORPS de l'ÉTAT-MAJOR. — Voici les exemples que l'antiquité présente, et qui peuvent être médités. — L'ADMINIS-TRATION et le COMMANDEMENT se confondaient dans la personne des TRIBUNS de la MILICE ROMAINE, des PRÉFETS DU PRÉTOIRE, des CONSULS, des DICTATEURS. — La séparation de ces deux branches s'opéra sous CONSTANTIN; ce fut une mesure vivement blâmée par Zozime; il lui attribua tous les malheurs de l'INDISCIPLINE, tout le fléau des dilapidations; mais il fallait chercher ailleurs la vraie cause de ces deux chancres de l'État. — Il y a si peu d'ÉCRIVAINS qui se soient occupés des questions de l'ADMINISTRATION romaine, que de sages esprits ont pu se laisser séduire par les lamentations de Zozime; mais depuis qu'un auteur savant, consciencieux, M. de MONTVÉRAN, démontre que, pendant cette phase de ROME qu'on peut appeler les siècles impériaux, le mode d'administrer ne fut qu'un enchaînement d'affreux désordres, une phase de spoliations, de tyrannie et de bon plaisir, on en peut induire qu'une pensée sage, mais qui a porté peu de fruits, amena cette séparation du pouvoir qui manie l'épée et du pouvoir qui nourrit les combattants. — Les primitives ARMÉES FRANÇAISES imitèrent le système byzantin, parce que les CHEFS D'ARMÉE ne savaient pas lire; mais la FÉODALITÉ, s'accommodant peu de tout ce qui était entraves pour les GUERRIERS de haut rang, refoula l'administration dans le COMMANDEMENT, ou plutôt annihila l'ADMINISTRATION, qui n'a repris la vie que depuis un siècle à peine et qui s'agite encore dans ses langes. — Nul doute que, dans l'état actuel des choses et des sciences, le COMMANDEMENT et l'ADMINISTRATION ne doivent rester distincts, hormis dans les crises où il devient indispensable que franchement, et à la manière romaine, ces deux branches se concentrent passagèrement dans les mains d'un DICTATEUR. — La MILICE ANGLAISE est une de celles où le Gouvernement militaire, considéré comme nous l'avons défini, et tel qu'il doit être dans les temps de calme, est le plus habilement approprié au système militaire du pays; mais, tel qu'il est, il ne saurait être applicable à d'autres contrées, ni être présenté comme règle. — On peut consulter sur ces questions ODIER (1818, p. 44).

GOUVERNEMENTAL (gouvernementale), adj. v. POUVOIR G...

GOUVERNER (verb. act.) la DIRECTION. V. ADJUDANT-MAJOR D'INFANTERIE FRANÇAISE DE LIGNE N° 11, 13. V. DIRECTION. V. DIRECTION DE BATAILLON EN COLONNE. V. GOUVERNEUR. V. GUIDE DE SUBDIVISION.

GOUVERNEUR, subs. masc. v. ALLOCATION DE G... V. AUTORITÉ DE G... V. CRÉATION DE G... V. DÉNOMINATION DE G... V. DEVOIRS DE G... V. DROITS DE G... V. FONCTIONS DE G... V. GARDES DE G... V. LIEUTENANT DE G... V. LOGEMENT DE G... V. NOMINATION DE G... V. PRÉROGATIVES DE G... V. RÉGIMENT DE G... V. REMPLACEMENT DE G... V. RONDE DE G... V. SERMENT DE G... V. SUBORDINATION DE G... V. UNIFORME DE G...

GOUVERNEUR { DE PLACE DE GUERRE. { GOUVER. DE PLACE ASSIÉGÉE. / DE PROVINCE.

GOUVERNEUR (term. génér.), ou GOUVERNEUR MILITAIRE. Mot dérivé du LATIN *gubernator*, et qui tient à la même racine que les termes GOUVERNEMENT et GOUVERNER. — De tout temps il y a eu, par le fait, des Gouverneurs en FRANCE; mais ils étaient connus sous d'autres qualifications. — D'abord Gouverneur, LIEUTENANT DE ROI, CAPITAINE, LIEUTENANT GÉNÉRAL, furent un seul et même titre, ou du moins ces titres furent pris indifféremment, capricieusement, les uns ou les autres par des personnages de GRADES et de fonctions analogues. Les BAILLIS mêmes se disaient Gouverneurs; PHILIPPE DE VALOIS le leur défendit. L'histoire mentionne des Gouverneurs préposés par CHARLES SIX en 1414, par les édits de CHARLES HUIT en 1494, par ceux de LOUIS DOUZE en 1499. — Le règlement provisionnel de CHARLES HUIT disposait que, conformément aux vœux de la NOBLESSE assemblée aux états de Tours, les GOUVERNEMENTS ne seraient confiés qu'à des MILITAIRES expérimentés et originaires de FRANCE. — Avant FRANÇOIS PREMIER, les Gouverneurs n'étaient nommés que pour trois ans, à ce que disent DEVILLE (1674) et GUIGNARD (1725, B); cependant on ne retrouve rien de bien fixé avant les ÉDITS DE 1560 et DE 1566, postérieurs à FRANÇOIS PREMIER. — Il n'y eut d'abord en FRANCE des Gouverneurs de villes et de provinces que sur les points du royaume où l'on FAISAIT LA GUERRE; mais, durant les dissensions civiles du quinzième et du seizième siècle, il en fut établi même au cœur de l'État; les monarques se proposaient par là de consolider le trône, de brider des provinces remuantes, et d'améliorer l'ORGANISATION et la POLICE de l'ARMÉE FRANÇAISE. Ce rouage, qui répondit mal à sa destination, se maintint jusqu'à LOUIS QUINZE. — Au seizième siècle, le titre de Gouverneur et la nature du GRADE étaient encore bien vagues. BRANTOME (1600, A) dit que le COLONEL GÉNÉRAL DE L'INFANTERIE *était Gouverneur*, c'est-à-dire qu'il avait juridiction sur les TROUPES réparties dans les GOUVERNEMENTS des provinces en état de guerre, et qu'il déplaçait à sa volonté ces TROUPES. — Depuis le règne de FRANÇOIS PREMIER, les Gouverneurs, au lieu d'être renouvelés ou de permuter tous les trois ans, devinrent permanents ; mais leurs PROVISIONS n'étaient cependant que des COMMISSIONS révocables. — Pendant ce même siècle, quantité de Gouverneurs appartenaient à l'ordre ECCLÉSIASTIQUE : c'était une trace de la FÉODALITÉ ; mais tout alors était contradiction. — En 1589, par l'ÉDIT DE BLOIS, HENRI TROIS chargeait les Gouverneurs de maintenir sous l'obéissance du ROI *les sujets, manants et habitants ; leur pouvoir et faire administrer la justice ; commander au ban et à l'arrière-ban*, etc.; *faire faire par les commissaires ordinaires les monstres et revues*. Ce droit de rendre la JUSTICE ou de faire entamer des PROCÉDURES leur avait valu le titre de JUGES D'ÉPÉE et de CONSEILLERS DE ROBE COURTE. — En vertu du même ÉDIT, les Gouverneurs devaient résider au moins six mois dans leur GOUVERNEMENT. — Les Gouverneurs dont le COMMANDEMENT était important avaient une COMPAGNIE de GARDES A CHEVAL qui portaient la CASAQUE D'ARMES à leur LIVRÉE, et étaient armés de CARABINES. — L'ORDONNANCE DE 1643 (30 FÉVRIER) voulait que les Gouverneurs assistassent aux REVUES des COMMISSAIRES DES GUERRES et les signassent. — Les GOUVERNEURS EN CHEF ou de PROVINCE prêtaient le SERMENT entre les mains du ROI ; ceux des VILLES et des PLACES, entre les mains du CHANCELIER DE FRANCE. — Quand les Gouverneurs se multiplièrent, tous, même ceux des PLACES, voulurent être LIEUTENANTS GÉNÉRAUX ; les monarques s'opposèrent en vain à cet abus des titres, mais l'obstination de la vanité et l'industrie de l'intérêt personnel finissent toujours par triompher, et la dépréciation des qualifications en est la conséquence inévitable : ainsi ce titre, d'abord si respecté, de LIEUTENANT DE ROI, ce vieux synonyme de VICE-ROI, devint la qualification d'OFFICIERS tellement nombreux, que des Gouverneurs avaient jusqu'à neuf ou dix Gouverneurs sous leurs ordres. De même les GOUVERNEURS GÉNÉRAUX s'accrurent au point qu'il y en eut quatre en Bourgogne,

cinq en Champagne, etc. — L'ORDONNANCE DE 1750 (25 JUIN) exposait avec quelques détails les droits et les fonctions des Gouverneurs ; c'étaient les efforts d'un MINISTÈRE DE LA GUERRE qui se débattait contre des résistances intolérables, et s'essayait à substituer ses droits aux droits jusque-là si arbitraires, si confus des Gouverneurs. — Dans le siècle dernier, les Gouverneurs, revêtus de COMMANDEMENTS effectifs ou honoraires, n'étaient pas toujours MILITAIRES ; il y avait des GOUVERNEURS CIVILS : ainsi l'ORDONNANCE DE 1767 (25 AVRIL) défendait aux GOUVERNEURS MUNICIPAUX de porter l'UNIFORME. — En 1763, les GOUVERNEURS GÉNÉRAUX étaient au nombre de trente-deux, et les GOUVERNEURS PARTICULIERS au nombre de deux cent neuf. L'abus était tel, que la Samaritaine du Pont-Neuf de PARIS avait son Gouverneur. — En 1775, il y avait, non compris les COMMANDANTS EN CHEF et les COMMANDANTS PARTICULIERS, quarante et un GOUVERNEURS GÉNÉRAUX et quatre cent huit GOUVERNEURS PARTICULIERS. — Le DÉCRET DE 1791 (20 et 25 FÉVRIER) abolissait les Gouverneurs de toutes les CLASSES qui n'étaient pas tenus à résidence. — Les Gouverneurs reparaissent sous le régime consulaire ; car BONAPARTE rebâtissait avec des ordonnances ce que la loi avait aboli. En l'an douze (24 nivôse), Murat est Gouverneur de PARIS. — Sous le régime impérial, on vit renaître les titres de Gouverneurs donnés à des personnages non militaires. Par DÉCRET DE 1810 (13 DÉCEMBRE), Lebrun est nommé Gouverneur général de la HOLLANDE. — En 1828 il existe treize Gouverneurs, que les chambres législatives regardent comme autant de rouages aussi inutiles que dispendieux. — Une ORDONNANCE DE 1830 (15 NOVEMBRE) abolit les GOUVERNEURS DE DIVISIONS. — JABRO (1777, G) s'est étendu, au sujet des Gouverneurs, en de longs détails qu'il a tirés de DÉVILLE, FEUQUIÈRES (1750, A) et FOLARD (1727, A). On peut sur le même sujet consulter DELASIMONNE, GAYA (1691, B), KHEVENHUELLER (1771, F), MAIZEROY (1771, A), POTIER (1779, X, aux mots *Gouvernement* et *Gouverneur*), M. SIGARD, TURPIN (1769, C), le *Dictionnaire géographique des Gaules*, et presque tous les AUTEURS qui ont traité des GOUVERNEURS DE PLACES DE GUERRE. — Le mot Gouverneur sera distingué ici en GOUVERNEUR DE CITADELLE, — DE DIVISION, — DE FORTERESSE, — DE PLACE DE GUERRE, — DE PROVINCE, — DE VILLE, — EN CHEF, — GÉNÉRAL, — MILITAIRE, — MUNICIPAL, — PARTICULIER.

GOUVERNEUR CIVIL. V. CIVIL, adj. V. GOUVERNEUR. V. LÉGISLATION.

GOUVERNEUR de CITADELLE. V. CITA-
DELLE.

GOUVERNEUR de DIVISION MILITAIRE.
V. DIVISION MILITAIRE TERRITORIALE. V. GOUVER-
NEUR. V. LIEUTENANT GÉNÉRAL N° 3.

GOUVERNEUR de FORTERESSE. V. DROIT
DE LA GUERRE. V. EXTRAIT DE REVUE. V. FOR-
TERESSE. V. GOUVERNEUR DE PLACE DE GUERRE.

GOUVERNEUR de FRONTIÈRES. V. CAP-
TAL. V. FRONTIÈRE.

GOUVERNEUR de PLACE ASSIÉGÉE (H, 1),
OU COMMANDANT DE PLACE ASSIÉGÉE. Sorte de
GOUVERNEUR DE PLACE DE GUERRE prêt à opposer ou opposant aux ATTAQUES de l'ENNEMI la
résistance que prescrivent les lois qui régis-
sent l'ARMÉE FRANÇAISE. Les principales mesures qu'il ait à prendre sont la création
d'un CONSEIL DE DÉFENSE, la nomination d'un
PRÉVOT MILITAIRE, les précautions relatives à
l'ADMINISTRATION, aux TRAVAUX CIVILS et d'AR-
TILLERIE et au MATÉRIEL de la FORTERESSE, la
tenue d'un JOURNAL DE SIÉGE énonciatif de
toutes les OPÉRATIONS des OFFICIERS DU GÉNIE,
de toutes les AFFAIRES auxquelles prend part
la GARNISON, et enfin toutes les dispositions
énoncées dans la DÉCISION DE 1792 (1er SEP-
TEMBRE) et le DÉCRET DE 1811 (24 DÉCEMBRE).
— D'autres mesures touchant lesquelles la
LOI garde le silence, mais qu'on pourrait
justifier par de nombreux exemples, sont
l'expulsion des BOUCHES INUTILES, l'enlève-
ment des APPROVISIONNEMENTS des HABITANTS
au profit des MAGASINS MILITAIRES, la fabrication, si besoin est, d'une MONNAIE OBSI-
DIONALE. — Au MOYEN AGE, le Gouverneur
qui se voyait réduit à CAPITULER dépêchait
vers l'ASSIÉGEANT un HÉRAUT D'ARMES, ou bien
se transformait lui-même parfois en PARLE-
MENTAIRE, franchissait les REMPARTS, et se
rendait au camp de l'ENNEMI. — Des régles
plus sages s'établirent; LOUIS QUATORZE défendit aux Gouverneurs de sortir de l'EN-
CEINTE EXTÉRIEURE. Cette disposition subsiste
encore. — Le DÉCRET DE 1811 (24 DÉCEMBRE)
conférait aux Gouverneurs une autorité absolue, plaçait sous leurs ordres la GARDE NA-
TIONALE, les revêtait de l'autorité des magistrats, et permettait qu'ils apportassent à
l'ADMINISTRATION des corps les modifications
qu'ils jugeraient convenables. — La nécessité et la raison obligeaient ainsi la loi à se
plier aux anomalies; car la DÉFENSE serait
impossible si les attributions étaient res-
treintes. Le GOUVERNEMENT d'une PLACE AS-
SIÉGÉE est une véritable dictature; nous y
avons vu exercer le droit de vie et de mort.
Nous avons vu, en l'an six à ANCONE, en
1814 à ANVERS, les COMMANDANTS faire battre
une monnaie obsidionale, et accomplir ainsi
l'acte le plus direct de la souveraineté. —

LES LOIS DE 1792 (26 JUILLET) et de l'AN CINQ
(21 BRUMAIRE), l'arrêté de l'an sept (16 messidor), les DÉCRETS DE 1811 (24 DÉCEMBRE) et
1812 (1er MAI), déterminaient les peines
réservées aux Gouverneurs coupables d'une
REDDITION DÉSHONORANTE. Ce dernier décret
énonçait les cas d'une CAPITULATION licite.
— Celui de 1811 soumettait à une purifi-
cation devant un CONSEIL D'ENQUÊTE tout
Gouverneur qui rentrait en FRANCE après
avoir rendu à l'ENNEMI la PLACE qu'il défendait; il fallait qu'il justifiât judiciairement
de la nécessité qui avait amené la REDDITION.
— Dans les derniers siècles, on ne regardait comme valeureuse et honorable que la
DÉFENSE d'un Gouverneur qui élevait un OU-
VRAGE nouveau à la GORGE d'un BASTION renversé, assailli et emporté, et qui, forcé de
se rendre PRISONNIER par CAPITULATION, ne
cédait la FORTERESSE qu'en en sortant par la
BRÈCHE, lui, sa GARNISON et ses PIÈCES DE BA-
TAILLE attelées. — On lit dans BONAPARTE
(MONTHOLON, t. V) : *Il est des généraux,
Villars est de ce nombre, qui pensent qu'un
Gouverneur ne doit jamais se rendre, mais à
la dernière extrémité faire sauter les fortifications, se faire jour de nuit au travers de
l'armée assiégeante, ou, dans le cas que la
première de ces choses ne serait pas faisable,
sortir du moins avec sa garnison et sauver
ses hommes.* — Ainsi agirent, en 1793, les
émigrés qui sortirent nuitamment de Menin,
et passèrent sur le corps des chasseurs de
Vandamme. — Tout ce qui vient d'être dit
à l'égard des Gouverneurs ne s'écarte en
rien, quant au fond, des explications qui
peuvent concerner les COMMANDANTS DE PLACE;
mais il était inévitable de traiter l'un et l'autre de ces sujets, puisque la qualification
de Gouverneur a tantôt existé, tantôt disparu, et que les récits historiques et les documents officiels mentionnent parfois des
COMMANDANTS, parfois des Gouverneurs, ou
même consacrent et confondent la double
locution.

GOUVERNEUR (gouverneurs) de PLACE
DE GUERRE (A, 1; H, 1), OU GOUVERNEUR DE
FORTERESSE, OU GOUVERNEUR DE VILLE. Sorte
de GOUVERNEUR ou de COMMANDANT DE PLACE
à l'égard desquels on peut surtout consulter
l'ORDONNANCE DE 1750 (25 JUIN). — L'autorité des Gouverneurs a pour limite le RAYON
de la DÉFENSE; aussi les appelait-on, par cette
raison, GOUVERNEURS PARTICULIERS. — Cependant c'était dans l'ÉTAT-MAJOR des PLACES
que comptaient aussi les GOUVERNEURS GÉ-
NÉRAUX. — La LOI DE 1791 (10 JUILLET) substituait aux Gouverneurs de place les COM-
MANDANTS AMOVIBLES. — On peut consulter
à l'égard de l'EMPLOI des Gouverneurs de

place et à l'égard de leurs attributions, de leurs devoirs : BARDET (1740, A), DELASI-MONNE, DEVILLE (1674), l'ENCYCLOPÉDIE (1785, C), FEUQUIÈRES (1750, A), FOLARD (1727, A), LACHESNAIE (1758, I), MONTLUC (1575, A), SANTA-CRUZ (1758, A), VAUBAN (1740, C), le document officiel intitulé : *Recueil de lois*, etc., *pour le service des* ÉTATS-MAJORS *des places*, le *Spectateur militaire* (t. XXII, p. 386, 496). — Le mot Gouverneur va être examiné ici dans les particularités que voici : CRÉATION, DÉNOMINATION, NOMINATION, UNIFORME, REMPLACEMENT, LOGEMENT, ALLOCATIONS, DROITS, AUTORITÉ, PRÉROGATIVES, FONCTIONS, DEVOIRS, SUBORDINATION. — N° 1. CRÉATION, DÉNOMINATION. — L'emploi des Gouverneurs appartient surtout aux siècles de FRANÇOIS PREMIER et de LOUIS QUATORZE; ils furent imités de ceux d'ESPAGNE. — Le titre de Gouverneur a succédé à la dénomination que portaient les BAJULES ou BAILLIS, les CASTELANS, les CONNÉTABLES, les CAPITAINES DE PLACES, c'est-à-dire à CAPITAINERIE. Ces personnages ont tour à tour été CHEFS DE GARNISON; ainsi au MOYEN AGE on disait : Le CONNESTABLE de Bourdeaux, etc.; on disait, au quinzième siècle : Le CAPITAINE de Rouen, etc. — La désignation de CASTELAN, CATELAN, CHATELAIN, rappelait des idées de FÉODALITÉ qui convenaient mal aux souverains; aussi se sont-ils appliqués à éteindre ces dénominations vieillies; les deux autres qualifications ont pris des acceptions différentes dans la langue de l'ARMÉE FRANÇAISE. — N° 2. NOMINATION, UNIFORME. — Les Gouverneurs étaient d'abord des délégués qu'un souverain ou un prince nommaient temporairement et pour trois ans, à ce que dit DEVILLE (1674); ils différaient par là des CASTELANS, dignitaires qui, soit par concession, soit par usurpation plus ou moins ancienne, gouvernaient héréditairement leur FORTERESSE. Souvent ces CHATELAINS se déclaraient ennemis du prince ou du monarque dont ils relevaient. Dans les GUERRES CIVILES plus d'un Gouverneur en fit de même; aussi était-il reçu que le CHEF d'une ARMÉE ROYALE pouvait faire pendre, sans forme de procès, aux CRÉNEAUX de la VILLE le CONNESTABLE, le CASTELAN, le CAPITAINE, le Gouverneur qui ne lui envoyait pas ses CLEFS et l'obligeait à tirer le FAUCONNEAU. — Depuis LOUIS QUATORZE les choses changèrent; la cour ne nommait Gouverneurs que des hommes réputés sûrs; mais, pour plus de sûreté encore, elle leur interdisait l'exercice des fonctions dont leur titre donne l'idée. — Depuis le rétablissement du GRADE réel, le DÉCRET DE 1811 (24 DÉCEMBRE) a réglé le rang et le traitement des Gouverneurs; il en

conférait la dignité en vertu de LETTRES PATENTES dont il prescrivait l'enregistrement; il leur a donné un UNIFORME pareil au grand uniforme des COMMANDANTS D'ARMES de première classe; il est brodé sur toutes les tailles et accompagné de l'ÉCHARPE OU CEINTURE de soie blanche moirée, à FRANGES d'or et semée d'étoiles d'or. — N° 3. REMPLACEMENT, LOGEMENT, ALLOCATIONS. — Les LIEUTENANTS DE ROI étaient les seconds et les remplaçants des Gouverneurs ou des COMMANDANTS DE PLACE : ainsi, dans toutes les PLACES où il n'était attaché, au temps de la restauration, que des LIEUTENANTS DE ROI, ils avaient à s'acquitter de tout ce qui concerne les attributions des Gouverneurs ou des COMMANDANTS. — Le DÉCRET DE 1811 (27 FÉVRIER) déterminait le LOGEMENT des Gouverneurs. — Sous HENRI QUATRE, les Gouverneurs étaient entretenus par la province ou les villes, ainsi que les compagnies de MORTES-PAYES qui gardaient leurs FORTS ou leurs CITADELLES. — Quand LOUIS QUATORZE ne toléra plus que des GARNISONS tirées de l'ARMÉE FRANÇAISE, les HALLEBARDIERS, ou les COMPAGNIES DE GARDES des Gouverneurs à qui il en était octroyé tombèrent au compte des provinces et des pays d'états. C'était une grande cause d'abus, surtout depuis que la cour interdisait la résidence aux Gouverneurs. — Le budget de 1829 témoigne que l'officier qui commandait à Vincennes, PLACE à peine de TROISIÈME LIGNE, jouissait du titre pompeux de Gouverneur, et était payé une fois plus que les autres COMMANDANTS d'une PLACE de même force. Le bon plaisir se jouait de la loi. — N° 4. DROITS, AUTORITÉ, PRÉROGATIVES. — Les CHATELAINS d'ITALIE avaient pour GARDES DU CORPS des ESTAFIERS; à leur imitation, les Gouverneurs de FRANCE avaient des MORTES-PAYES, dix ou douze HALLEBARDIERS et une COMPAGNIE de GARDES d'une vingtaine d'hommes. GUIGNARD (1725, B) indique quel était le montant des dépenses que les villes acquittaient pour l'entretien de ces soldats d'apparat. — L'ORDONNANCE DE 1665 considérait les Gouverneurs comme présidents-nés des CONSEILS JUDICIAIRES, qui connaissaient des délits des gens de guerre. L'administration de la JUSTICE MILITAIRE était tout entière dans leurs mains; ils annulaient ou rendaient exécutoires les JUGEMENTS, ou décidaient du genre des SUPPLICES. — Cette même ordonnance voulait que les DRAPEAUX de la GARNISON fussent déposés chez eux. — Ils pouvaient autoriser des PARTIS DE GUERRE, en en signant et scellant les PASSE-PORTS. — Depuis que l'ADMINISTRATION DES CORPS prit une ombre de régularité, les EXTRAITS DE REVUE n'étaient valables que revêtus du visa des Gouverneurs. — DEVILLE (1674) témoigne que les Gouverneurs commandaient *aux soldats ainsi qu'aux habitants*. L'ESPAGNE connaissait encore de nos jours cet usage. En FRANCE, ce GOUVERNEMENT militaire absolu provoqua de vives réclamations, et amena de grands débats avec les AUTORITÉS CIVILES et les parlements ; aussi les ordonnances du dix-huitième siècle défendirent-elles aux Gouverneurs de s'immiscer dans le maniement de la JUSTICE CIVILE , et d'apporter obstacle à l'action des TRIBUNAUX CIVILS ; mais le pli était pris, et l'arbitraire continuait à régner. La cour biaisa, et paralysa insensiblement la puissance des Gouverneurs en ne nommant que pour la forme la plupart d'entre eux, et ne leur permettant que par extraordinaire de résider. Les premières lignes de l'ORDONNANCE DE 1768 (1er MARS) témoignent formellement l'existence de cette sinécure. — Depuis qu'il a reparu des Gouverneurs après un long oubli de cet emploi, le DÉCRET DE 1811 (24 DÉCEMBRE) a réglé les HONNEURS et les PRÉSÉANCES auxquels ils ont droit, et veut que s'ils meurent sur la brèche, ou par suite de blessures reçues en défendant la place, ils soient inhumés avec les mêmes honneurs que les grands officiers de la LÉGION D'HONNEUR. — L'ORDONNANCE DE 1818 (2 AOUT) a déterminé quel est le genre de COMMANDEMENT que les Gouverneurs sont habiles à exercer. — N° 5. FONCTIONS, DEVOIRS, SUBORDINATION. — En FRANCE et au quinzième siècle, les ANGLAIS capitaines de place pour le roi d'ANGLETERRE, et par exemple le CAPITAINE de Mantes, comme on le voit dans DANIEL (1721, A), passaient marché avec le monarque au moyen d'une ENDENTURE (*charta endentata*), ou charte endentée, ou contrat à talon. C'était un titre double , au moyen duquel le CAPITAINE se constituait entrepreneur et fournisseur ; moyennant une somme convenue, il s'obligeait , pour un temps d'une durée fixée, à rassembler, tenir sur pied, solder, vêtir, armer, un nombre déterminé de GENS D'ARMES A CHEVAL, de GENS D'ARMES A PIED, d'ARBALÉTRIERS, etc. — On a dirigé de vives accusations contre les FOURNISSEURS modernes des armées. Ces amères censures sont-elles équitables et dégagées d'envie ? Ce n'est, pour ainsi dire, que d'hier que les GÉNÉRAUX ont cessé d'être FOURNISSEURS , et les choses alors n'en allaient pas mieux. — Nous avons cité cet usage anglais et anglo-français, cette cumulation de fonctions guerrières et nourricières , parce qu'à cette époque la MILICE ANGLAISE était plus régulièrement organisée que les TROUPES FRANÇAISES , et qu'à beaucoup d'égards les FRANÇAIS alors étaient

imitateurs. — La plus ancienne ORDONNANCE que nous connaissions concernant *la police des charges* de Gouverneurs est celle DE 1592 (17 MARS). — Sous LOUIS QUATORZE, les Gouverneurs prêtaient SERMENT de ne point rendre la FORTERESSE à l'ENNEMI avant d'avoir soutenu trois ASSAUTS AU CORPS de la PLACE ; mais dès le siècle passé, comme on le voit dans LACHESNAIE (1758, I), ce SERMENT n'était plus regardé que comme une formule tombée en désuétude ; les progrès de l'ARTILLERIE et de la GUERRE DE SIÉGE OFFENSIF avaient forcément tempéré cette vieille régle. — Depuis que des réglements français ont été publiés sur le SERVICE DES PLACES, une des fonctions des Gouverneurs consistait à faire de temps en temps une RONDE DE NUIT, escorté par quatre fusiliers et un caporal. Ils devaient aussi faire, au moins une fois par mois, une VISITE D'HOPITAL. — L'ORDONNANCE DE 1768 (1er MARS) ne permettait aux Gouverneurs des PLACES, en TEMPS DE GUERRE, de sortir de leur ENCEINTE qu'en vertu d'une autorisation accordée par l'OFFICIER GÉNÉRAL COMMANDANT, ou à moins que ce ne fût dans des cas d'urgence. — Des dispositions plus modernes ont rendu plus stricte cette défense : ainsi le DÉCRET DE 1811 (24 DÉCEMBRE) interdisait, en TEMPS DE GUERRE, aux Gouverneurs de coucher hors des BARRIÈRES EXTÉRIEURES et de s'éloigner de plus d'une PORTÉE DE CANON de la PLACE , à moins d'un ordre du MINISTRE DE LA GUERRE. Ce même décret voulait qu'ils eussent dans leur cabinet la carte et les plans de la PLACE. — Si le ROI entrait dans la PLACE, le poste du Gouverneur qui l'y recevait était, comme le témoigne GUIGNARD (1725, B), à la PORTE de l'ESCARPE. — Les Gouverneurs, après avoir été, surtout en temps de SIÉGE, tout-puissants, comme nous l'avons démontré , avaient vu décliner leur autorité, au point que dans le siècle dernier il leur était prescrit de déférer aux ordres écrits des GÉNÉRAUX COMMANDANT les frontières et d'obéir au COMMANDANT SUPÉRIEUR que ces GÉNÉRAUX jugeaient à propos d'employer dans la FORTERESSE et d'y placer au-dessus d'eux. GUIGNARD (1725, B) témoigne qu'alors le Gouverneur devenait sans fonctions , et que le poste qu'il devait occuper restait même indéterminé ; le MAJOR DE PLACE s'acquittait du service courant, et succédait à son chef pendant cette arbitraire déchéance. — Les régles de la subordination des Gouverneurs étaient établies d'une manière si incertaine, que les COMMANDANTS de CITADELLES ont eu quelquefois le titre de Gouverneur : quelquefois ils étaient soumis au Gouverneur de la VILLE ; quelquefois leur emploi n'était qu'honorifique ; quelquefois, quoique cela semble contre toute raison, ils étaient d'un rang plus éminent que le COMMANDANT de la PLACE : ainsi le maréchal de VAUBAN était Gouverneur de la CITADELLE de LILLE. — L'ORDONNANCE DE 1829 (31 MAI), prévoyant le cas où des circonstances extraordinaires l'exigeraient, attribuait au gouvernement le droit de placer des Gouverneurs au-dessus des COMMANDANTS DE PLACE.

GOUVERNEUR (gouverneurs) de PROVINCE (F). Sorte de GOUVERNEURS dont le rang, l'emploi, les attributions ont varié, suivant les époques et les pays. — Au temps de la grande puissance ROMAINE, les Gouverneurs des provinces conquises posent un CAMP aux avenues de leur résidence. Les jardins du palais du Luxembourg étaient à Paris un camp de cette espèce ; le palais des Thermes en était le quartier général. — Les comtes ROMAINS, BYSANTINS et ceux de nos PREMIÈRES RACES ont été Gouverneurs de PROVINCES, comme l'étaient les PACHAS dans la MILICE TURQUE. Les DUCS et les MARQUIS ont été Gouverneurs, soit de districts, soit de FRONTIÈRES ; mais les historiens distinguent mal ces différences ; VELLY dit seulement que *les ducs étaient dans les villes frontières et les comtes dans les cités.* — On peut regarder les DUCS primitifs comme ayant été Gouverneurs de certains districts des GAULES ou de la FRANCE, antérieurement aux coutumes féodales, et comme ayant eu sous leurs ordres les MAITRES DE LA CAVALERIE et DE L'INFANTERIE ; mais pendant le règne de la FÉODALITÉ rien ne ressemble à des Gouverneurs tels que ceux des temps modernes ; ce n'est que quand le trône se raffermit sur ses bases qu'on voit reparaître une institution intimement liée à l'existence d'un pouvoir central et étendu. — Dans le principe l'établissement des DUCS FRANÇAIS, qui remplacèrent les Gouverneurs ROMAINS, fut une combinaison assez habilement conçue, car ils étaient commandés par un DUC en chef, et ils avaient pour subordonnés un certain nombre de COMTES ; le nombre des DUCS fut de douze suivant les temps. — Dans les contrées qui avoisinaient la FRANCE, les fonctions des Gouverneurs à l'époque des bas siècles n'étaient guère moins indéterminées que chez les Français. On lit dans DARU (*Venise*, liv. XXI) : *Les Gouverneurs, surtout ceux des provinces éloignées, ressemblaient assez à ce que sont les pachas d'aujourd'hui ; ils pouvaient établir des impôts, lever des troupes, disposer des finances et de presque tous les emplois, à leur gré faire ou violer les lois ; ils administraient eux-mêmes la justice criminelle et civile, exerçaient le*

droit de faire grâce, et suivaient sans beaucoup de risques une autre direction que celle de leur gouvernement. — A des époques plus rapprochées, les DUCS furent remplacés en FRANCE par des Gouverneurs ou LIEUTENANTS GÉNÉRAUX dont les parlements provinciaux vérifiaient et entérinaient les COMMISSIONS. De même la MILICE ESPAGNOLE obéissait à des DIGNITAIRES à la fois civils et militaires nommés ADELANTADES. — Les Gouverneurs de FRANCE usurpèrent une autorité qui luttait avec celle du trône ; ils nommaient eux-mêmes les GOUVERNEURS sous leurs ordres, pourvoyaient bien ou mal aux SUBSISTANCES ; ils faisaient grâce, anoblissaient, légitimaient les bâtards, accordaient droit de foire, évoquaient par-devant eux, s'ils le jugeaient à propos, les causes pendantes devant les JUGES civils ou ordinaires ; DUHAILLAN en retrouve les preuves dans les registres du parlement (1465, 12 août). — Louis DOUZE travailla à tempérer ces empiétements, mais avec peu de succès. — Les Gouverneurs avaient conservé le droit de faire mettre à mort les SÉDITIEUX, ou les PRISONNIERS ENNEMIS qui se révoltaient ; en vertu des ORDONNANCES DE 1650 (8 OCTOBRE, etc.), ils avaient la direction des ÉTAPES. Ils avaient près de leur personne une COMPAGNIE DE GARDES ; plus tard même ils se firent garder par un RÉGIMENT de leur nom, qui reconnaissait leur autorité plus que celle du ROI ; ils se considéraient, dans leur PROVINCE, comme des souverains ; ils y levaient et en licenciaient les TROUPES. S'ils s'en absentaient, ils se donnaient des LIEUTENANTS ou des représentants qui ne reconnaissaient que l'autorité du Gouverneur, non celle du ROI. Le maréchal Marillac, Gouverneur de Verdun, ayant été arrêté, son LIEUTENANT, nommé Biscava, quoiqu'il eût le titre de LIEUTENANT DE ROI, se refusa à remettre Verdun au ROI, avant d'en avoir deux fois reçu l'ordre de Marillac ; on doit à l'utile despotisme de LOUIS QUATORZE d'avoir mis un terme à cette tyrannie de détail. Le sceptre ne put reprendre du pouvoir qu'en licenciant les RÉGIMENTS de Gouverneurs, cassant leurs créatures, et transformant en sinécures les GOUVERNEMENTS. — Les Gouverneurs LEVAIENT, au nom du ROI, le BAN ET ARRIÈRE-BAN ; ils ordonnaient et décidaient à l'égard des travaux qui concernent aujourd'hui le GÉNIE civil ; dans certaines PROVINCES ils avaient le pas sur le premier président du parlement ; dans d'autres ils marchaient après lui. — Les ORDONNANCES DE 1499 (art. 70), 1560, 1566 (art. 22), 1570, 1586 (art. 274), s'étaient appliquées à leur défendre de faire GRACE, d'évoquer les causes civiles, de s'entremettre du fait de la JUSTICE, de lever aucuns deniers, impôts, taxes, etc.; mais 'ces abus se perpétuèrent bien plus tard. — Postérieurement à la FÉODALITÉ, nos Gouverneurs de provinces n'étaient pas positivement les supérieurs des GOUVERNEURS des VILLES, puisque dans ces deux catégories il se rencontrait également des GOUVERNEURS GÉNÉRAUX et PARTICULIERS ; cette organisation était un chaos, comme une infinité de choses modernes. Les royaumes le moins mal ordonnés ne sont encore que de pièces et de morceaux; nulle part les grands résultats ne sont le fruit d'un plan. Des chances inattendues et contraires ont décidé de tout. — Les ORDONNANCES DE 1661 (12 OCTOBRE) et DE 1665 (25 JUILLET) réglaient les HONNEURS MILITAIRES auxquels les Gouverneurs français avaient droit. — En dernier lieu, ces FONCTIONNAIRES représentaient dans leur PROVINCE le TRIBUNAL DES MARÉCHAUX, et étaient JUGES DU POINT D'HONNEUR. — Nous avons expliqué par quel changement de système les Gouverneurs n'avaient plus pour la plupart, dans le siècle suivant, qu'un GRADE sans fonctions. L'ORDONNANCE DE 1750 (25 juin) en rendait témoignage. — L'ORDONNANCE DE 1768 (1er MARS) commence par cette proposition étrange : *Les Gouverneurs des provinces, lorsque Sa Majesté leur permettra d'exercer leur charge,* etc. — La crainte qu'ils n'abusassent de leur prépondérance, comme ils l'avaient fait tant de fois dans les deux siècles précédents, obligeait la cour à ne faire que fictivement emploi des Gouverneurs ; c'était un moyen de donner des émoluments à un favori sans fonctions. — L'ordonnance appelait OFFICIERS GÉNÉRAUX employés les chefs qui exerçaient le COMMANDEMENT dans les provinces ou dans les GOUVERNEMENTS ; elle chargeait ces OFFICIERS GÉNÉRAUX, soit qu'ils fussent ou non Gouverneurs, de veiller à la police, discipline, subordination, tenue et exercice des TROUPES dans le district de leur COMMANDEMENT, car on commençait à ne plus dire GOUVERNEMENT; ces Gouverneurs étaient ordinairement LIEUTENANTS GÉNÉRAUX. — Quand les pouvoirs publics des Gouverneurs commencèrent à se borner à une ENTRÉE D'HONNEUR, il y avait des PROVINCES dont le magistrat faisait semblant d'offrir spontanément au DIGNITAIRE reçu en CÉRÉMONIE une bourse, que le Gouverneur avait la délicatesse de ne point accepter. Le duc de RICHELIEU se trouva dans une position où il se conduisit autrement : nommé, au milieu du dernier siècle, au gouvernement de GUYENNE et de Bourdeaux, au retour de sa fameuse ambassade de Vienne, le magistrat lui présente un plat couvert de monnaies d'or ; il

lui insinue dans une harangue de circonstance combien la ville avait été touchée de la délicatesse de son prédécesseur, qui avait eu la générosité de refuser cette même offrande. *Je sais,* dit le maréchal, *que mon devancier a été inimitable en tout ; je n'oserai jamais prétendre à tout le mérite qu'il avait.* RICHELIEU justifia ces paroles en s'emparant de la bourse. — L'ORDONNANCE DE 1776 (18 MARS) déclarait que *les dix-huit gouvernements généraux, du produit de soixante mille livres chacun, qui ne seront pas accordés à des princes du sang, ne pourront l'être qu'à des maréchaux de France.* — Les LIEUTENANTS GÉNÉRAUX Gouverneurs de province ont été abolis en 1791 (25 FÉVRIER) et remplacés par les GÉNÉRAUX COMMANDANTS des DIVISIONS MILITAIRES TERRITORIALES ; mais depuis longtemps la plupart d'entre eux n'avaient qu'un vain titre, un GRADE FICTIF.

GOUVERNEUR de VILLE. V. BAILLI. V. FORT, subs. V. GOUVERNEUR. V. GOUVERNEUR DE PLACE. V. GOUVERNEUR DE PROVINCE. V. PAIR DE FRANCE. V. VILLE.

GOUVERNEUR des INVALIDES. V. HOTEL DES INVALIDES. V. INVALIDE.

GOUVERNEUR en CHEF. V. EN CHEF. V. GOUVERNEUR.

GOUVERNEUR GÉNÉRAL. V. GÉNÉRAL, adj. V. GOUVERNEMENT MILITAIRE. V. GOUVERNEUR. V. GOUVERNEUR DE PLACE DE GUERRE. V. GOUVERNEUR DE PROVINCE. V. LIEUTENANT GÉNÉRAL Nº 1.

GOUVERNEUR MILITAIRE. V. DOMESTIQUE MILITAIRE. V. DUC Nº 1. V. GOUVERNEUR. V. MILITAIRE, adj. V. PAIR DE FRANCE. V. RÉGIMENT DE PRINCE. V. TRÉSORIER.

GOUVERNEUR MUNICIPAL. V. GOUVERNEUR. V. MUNICIPAL, adj.

GOUVERNEUR PARTICULIER. V. GOUVERNEMENT MILITAIRE. V. GOUVERNEUR. V. GOUVERNEUR DE PLACE. V. GOUVERNEUR DE PROVINCE. V. LIEUTENANT GÉNÉRAL Nº 1. V. PARTICULIER, adj.

GOUVERNEUR TURC. V. MILICE TURQUE Nº 2. V. TURC, adj.

GOUVEST; GOUVION; GOUYE. V. NOMS PROPRES.

GOY, subs. masc. V. FAUCHON A GARDE. V. SABRE.

GOYART, subs. masc. V. GOUJAT.

GRACE, subs. fém. V. AVOIR LES G... V. CONGÉ DE G... V. EN G... V. FAIRE G... V. LETTRES DE G... V. RECOURS EN G...

GRACE (grâces) (C, 5). Mot tout LATIN qui prend militairement des acceptions diverses ; il donne l'idée d'une REMISE, d'une ANNULATION ou d'une COMMUTATION DE PEINES infligées par la JUSTICE MILITAIRE ; de là

l'expression : recours en Grâce ; FAIRE GRACE.
—Sous un autre point de vue, il y a analogie, sinon synonymie, entre Grâce et
QUARTIER. — Sous une autre acception, le
mot Grâce exprime une faveur qui a pour
résultat la concession d'un CONGÉ, soit gratuit, soit acheté, la délivrance d'un BREVET,
la RÉCOMPENSE d'une ACTION D'ÉCLAT, les
bienfaits, les faveurs, les PENSIONS que le
bon plaisir laisse tomber sur une MILICE
dépourvue de CONSTITUTION. — Dans ce dernier sens, le mot Grâce a cessé d'appartenir
au langage des ORDONNANCES, puisque c'est
sur l'équité de la loi et du prince, et non
sur la bienveillance d'un COMMIS du MINISTRE
ou d'un personnage en faveur, que doivent
compter les militaires libérables, quand
ils ont acquitté la dette du SERVICE ; c'est sur
la bonté des SERVICES, non sur la puissance
des protections, que doivent se fier les MILI-
TAIRES recommandables par les DROITS de
l'ancienneté ou par l'éclat des services et les
ACTIONS SIGNALÉES. Mais dans le siècle dernier le mot s'employait surtout au pluriel :
ainsi on disait les Grâces pour signifier
l'AUTORITÉ ou la fraction du MINISTÈRE qui
octroyait l'AVANCEMENT, distribuait les RÉ-
COMPENSES, prononçait les NOMINATIONS. Le
COMMIS *qui avait les Grâces* délivrait les
CONGÉS DE GRACE. Le RÈGLEMENT DE 1816 (24
JUILLET) a fait un instant revivre le mot
Grâces dans le sens de faveurs demandées par
le soldat, telles que permissions, exemptions,
etc. — En ne prenant le terme que sous un
point de vue judiciaire, le droit de FAIRE GRACE
aux MILITAIRES CONDAMNÉS soit pour DÉSERTION,
soit pour tout autre CRIME, a été exercé arbitrairement tant que la FRANCE a été dépourvue de
lois constitutionnelles ; le CONNÉTABLE, un GÉ-
NÉRAL D'ARMÉE, un GOUVERNEUR DE PROVINCES,
ont eu pendant longtemps DROIT DE VIE ET DE
MORT. — L'ORDONNANCE DE 1776 (25 MARS)
ne permettait l'application de la PEINE CAPI-
TALE qu'après l'approbation du ROI, qui se
réservait seul le droit, en TEMPS DE PAIX, de
confirmer la PEINE ou de FAIRE GRACE. En
TEMPS DE GUERRE, ce droit était attribué au GÉ-
NÉRAL D'ARMÉE ; ces dispositions restrictives
de l'omnipotence ancienne des chefs militaires étaient un des titres de SAINT-GER-
MAIN à la reconnaissance de l'armée. —
L'INSTRUCTION DE 1808 (8 SEPTEMBRE) réglait
les dispositions relatives à la SOLDE après obtention de LETTRES DE GRACE. — Une DÉCISION
DE L'AN ONZE (10 VENDÉMIAIRE), relative aux
SURSIS ou aux RECOURS EN GRACE, exprime que
les DEMANDES de LETTRES DE GRACE ne peuvent
être faites que pendant les délais de la PRO-
CÉDURE. Le DÉCRET DE 1813 (14 JUIN) s'est
occupé de la même matière. — Longtemps

après le gouvernement impérial, les principes sur cette matière sont restés sans être
rajeunis ; les règles suivies à l'égard de la
JUSTICE MILITAIRE française étaient obscures ou
fausses ; l'administration de la justice des
RÉGIMENTS FRANCO-SUISSES ne répondait pas
aux formes de la PÉNALITÉ nationale.

GRACIÉ, adj. et subs. v. COLONEL D'IN-
FANTERIE FRANÇAISE DE LIGNE N° 26. v. COM-
MUTATION DE PEINE. V. DÉSERTEUR GRACIÉ. v.
DRAPEAU.

GRACIEUX (gracieuse), adj. v. ARME
G... v. ÉPÉE G... v. LANCE G...

GRADE, subs. masc. v. ANCIEN DE G...
v. ANCIENNETÉ DE G... v. ANNÉE DE G... v.
DISTINCTION DE G... v. EXERCICE DE G... v. GA-
LON DE G... v. PRIMAUTÉ DE G... v. RANG
DE G... v. SOLDE DE G... v. SUSPENSION DE G...
v. TRAITEMENT DE G...

GRADE (term. génér.), OU GRADE MILI-
TAIRE. Mot dont le LATIN *gradus,* degré,
donne l'étymologie ; l'ART MILITAIRE DE TERRE
et les lois de la COMPOSITION l'ont emprunté à
la langue de l'Eglise et à la jurisprudence civile, et il donne presque exclusivement l'idée
d'un échelon de la SUBORDINATION MILITAIRE.
— AYALIUS ne se servait, en 1582, que du
mot *officium,* OFFICE. — Dans FURETIÈRE, imprimé en 1688, et dans le dictionnaire de
l'ACADÉMIE, le terme n'a encore aucune application militaire. — DELAMONT (1671, A)
n'emploie dans le même sens que le mot
CHARGE, c'est-à-dire CHARGE HIÉRARCHIQUE. —
BAYARD n'a jamais eu d'autre titre que
celui de CHEVALIER, d'autre Grade nominal
que celui de CAPITAINE DE CENT HOMMES D'AR-
MES, et encore ne fut-ce que peu avant sa
mort. Le duc de GUISE, deux fois LIEUTENANT
GÉNÉRAL du royaume, vainqueur de CHARLES-
QUINT à METZ, de CONDÉ et de COLIGNY à
DREUX, n'a jamais eu d'autre Grade que celui
de CAPITAINE de GENS D'ARMES. — Dans l'acception applicable ici, le Grade militaire est
un anneau de la SUBORDINATION de l'ARMÉE ;
il constitue un caractère, un DROIT, qui impliquent COMMANDEMENT sur une certaine
classe de MILITAIRES ; il s'acquiert suivant des
formes fixes de NOMINATION et d'AVANCEMENT ;
il délimite les degrés de la HIÉRARCHIE que la
CONSTITUTION MILITAIRE reconnaît ; il s'appro-
prie à toutes les classes de MILITAIRES, puisqu'il y a des GRADES D'HOMMES DE TROUPE et
des GRADES D'OFFICIERS ; son ANCIENNETÉ relative produit PRIMAUTÉ. — Le Grade est
une sorte de propriété usufruitière, révocable suivant certaines règles, et concédée par
NOMINATION avec ou sans BREVET ; de là la
différence que la LANGUE ANGLAISE établit
entre les Grades brevetés et non brevetés,
comme on l'a fait autrefois en France. — Les

militaires français en activité peuvent posséder le Grade aussi bien avec que sans emploi. Dans le premier cas, le Grade s'exerce dans un cercle déterminé d'autorité, et donne jouissance des attributions que les réglements déterminent; dans le second cas, il ne cesse pas d'exister, mais il sommeille. — Le Grade diffère de la fonction en ce qu'elle découle de la volonté du souverain, tandis qu'il ne s'acquiert et ne se perd que du fait de la loi; il en devrait du moins être ainsi toujours et partout. — Le Grade est un droit non perpétuel au commandement; l'emploi est l'exercice positif de ce même commandement pendant une durée quelconque et dans la sphère du Grade. — Le Grade, considéré comme uni à l'emploi, est un des échelons du pouvoir militaire; il assure à celui qui en jouit un rang déterminé, certaines places dans les cérémonies, son action de puissance, ses droits à l'avancement, etc. La possession en est manifestée par des marques extérieures qu'on nomme insignes, distinctions, décorations. — Les honneurs peuvent être dus au Grade sans emploi. Le droit de donner le mot n'est acquis qu'au Grade avec emploi, sauf le cas où l'on cède ce droit par politesse ou galanterie. — Si la mort frappe le militaire gradé, son convoi funèbre, la proportion des détachements, l'espèce des décharges ou du glais militaire, rendent à son Grade les derniers honneurs officiels et publics. — Dans le rapport de 1790 (20 septembre), Alexandre Lameth disait : *L'admission au Grade de soldat,* etc. Etait-ce une locution exacte? — On voit dans M. le colonel Carrion (1824, A) qu'il n'y avait dans la milice grecque que trois nuances ou catégories de Grades; ces nuances sont innombrables dans les milices modernes, et l'on ne voit pas que la police des troupes y ait gagné. — Dans la milice romaine les Grades n'étaient point à vie. On voit, en l'an de Rome 620, l'ex-consul Cassius portant les armes en Macédoine à titre de simple tribun légionnaire. — De tels exemples sont-ils applicables dans nos mœurs modernes? Faut-il dire avec M. Carrion : *Les sages Romains ne s'enchaînaient point par des Grades à vie donnés à un individu déclaré désormais ne pouvoir être moins.* — *Une longue échelle de Grades amène le règne de l'intrigue toujours active; c'est un mal auquel on n'a pas fait assez attention. Un homme n'est jamais à la place qu'il remplît bien; il faut le punir pour le conserver, ou nuire au service pour le récompenser. Ce désordre organisé est également funeste à l'autorité qu'il entrave, au mérite qu'il décourage, au service qu'il fait*

manquer. — Machiavel (1510, A), s'appuyant sur l'autorité des anciens, a remarqué le premier parmi les modernes qu'il faut sur dix hommes au plus un commandement, ou Grade primaire. — Le substantif roi a été synonyme de militaire de haut Grade aussi bien que tant d'autres termes, car tous les titres de suprématie ou de distinction ont été militaires. Ce serait une grave erreur de n'accepter que dans le sens actuel ou moderne les mots baron, colonel, comte, connétable, duc, empereur, général, maitre, etc. La plupart de ces appellations, devenues spéciales, n'étaient que génériques, comme seraient de nos jours les mots chef ou commandant. — Au temps des bandes des légions de François premier, il y avait soixante-sept militaires gradés pour mille hommes. — Les Grades d'un sénéchal, d'un connétable, de deux ou trois maréchaux, furent d'abord bien longtemps les seuls Grades à vie, après n'avoir été longtemps que des Grades révocables. — La création des Grades maintenant reconnus dans l'armée française n'est pas ancienne. Leur dénomination dans les siècles derniers comportait des acceptions actuellement tout à fait changées. On voit dans Brantome (1600, A) que tel capitaine des gardes était en même temps gouverneur de province; que tel autre était mestre de camp de l'infanterie d'une province; que tel autre commandait en outre quinze bandes ou enseignes; que tel soldat était capitaine, ou tel capitaine soldat; que *Deponcenal, lieutenant de Dugua, était brave soldat, et capitaine, et mestre de camp.* — A ces mêmes époques un lieutenant était le second, le substitut d'un généralissime, aussi bien que d'un cap d'esquadre ou d'escouade, et un lieutenant de roi ou un vice-roi étaient la même chose; rien n'est moins stable que l'acception donnée aux termes désignatifs des Grades. — Il est de l'essence des Grades, des titres de noblesse, des insignes de chevalerie, de perdre chaque jour une partie de leur importance. Le mot capitaine (*capitaneus*) d'abord, le mot colonel (*coronello*) ensuite, ont été synonymes de général en chef; le sergent (*serviens*) a été un officier du grand état-major; le fourrier (*fodrarius*) a été un intendant d'armée, un financier de haut rang; il est devenu un officier chargé de l'administration de quinze cents hommes avant d'être aux derniers échelons d'une compagnie; le substantif maitre (*magister militiæ*) a donné idée d'une unité de pouvoir, partagé ensuite par bien d'autres maitres; caporal (*caporione*) a signifié officier supérieur; anspessade a désigné le gen-

TILHOMME qui consent ou est réduit à servir à pied ; enfin les DIGNITAIRES les plus anciens de l'EMPIRE GERMANIQUE qui s'appelaient VAVASSEURS (*valvassores majores*) sont tombés à n'être que huissiers ou sergents, et en ANGLETERRE la qualification de grand CONNÉTABLE s'est tournée à rien dans celle du constable. — Au seizième siècle, quelques Grades commencent à être mieux marqués et ne sont plus exercés passagèrement ; ils deviennent un titre à vie. — Depuis la GUERRE DE 1667, les réglements les caractérisent mieux et y attachent une considération graduée sur leur importance ; mais la LANGUE FRANÇAISE s'applique peu à les représenter sous des dénominations claires ; le caprice en enfante les noms. — Les GRADES A LA SUITE furent d'abord un dédommagement équitable des RÉFORMES ; ils devinrent ensuite un moyen commode de distribuer des faveurs, au préjudice du trésor et de la discipline. — Sous LOUIS QUINZE commence l'abus des GRADES A LA SUITE. — Dans la GUERRE DE 1741 les Grades de toute espèce sont multipliés hors mesure. — Dans les COMPAGNIES de l'INFANTERIE FRANÇAISE DE LIGNE il y avait, en 1776, plus de quarante militaires GRADÉS, dont six ou sept OFFICIERS, dix CAPORAUX et dix APPOINTÉS, etc. Mais à la même époque il régnait bien d'autres abus, que LESSAC (1783, A) a frappés d'un juste blâme. — A mesure que le Grade s'élève, dit cet ÉCRIVAIN, *les devoirs deviennent plus importants et les infractions plus funestes* ; et pourtant dans les armées modernes la discipline mollit à proportion qu'elle monte, et devient nulle dans les Grades éminents, dans les Grades où une seule prévarication compromet l'existence d'un empire. — Aujourd'hui le nombre des Grades est en général de trois OFFICIERS et de quatorze SOUS-OFFICIERS par COMPAGNIE D'INFANTERIE ; c'est un commandant pour cinq ou six commandés. Dans la MILICE AUTRICHIENNE il n'y a eu longtemps qu'un commandant pour vingt commandés ; c'était, comme économie, ce que trois est à un. — Le siècle dernier a vu naître un abus qui subsiste encore ; les Grades actifs ont varié ; les Grades morts ou ceux qu'on aurait appelés autrefois Grades de MORTES-PAYES, sont restés stationnaires : ainsi tels GRADES CONSTITUTIFS que la loi consacrait dans l'ARMÉE, et par exemple ceux d'ADJUDANT, de FOURRIER, de SOUS-LIEUTENANT, etc., sont jusqu'à nos jours demeurés inconnus à l'HOTEL des INVALIDES, parce qu'ils avaient été créés postérieurement à la publication des règles surannées qui régissaient cet HOTEL ; les vieux CHIRURGIENS-MAJORS n'étaient admis dans cet établissement, pendant le dernier

siècle, qu'à titre de BAS-OFFICIERS. Tel est l'effet d'une LÉGISLATION qui, comme celle de France, manque d'harmonie, parce que rien ne s'y est fait de jet. — Plus d'une fois, il est arrivé même que les procédés, les combinaisons, les ressources de la DÉFENSE EN RASE CAMPAGNE se sont ressentis du peu d'accord des Grades. — Des anomalies non moins préjudiciables se sont introduites parmi les Grades actifs, dans des CORPS où les formes devaient être unes : ainsi, d'un cadre à l'autre, les Grades différaient dans leur qualité comme dans leur espèce. L'arbitraire, la précipitation et le caprice qui ont présidé à la COMPOSITION des CORPS ÉTRANGERS, des CORPS PRIVILÉGIÉS et des CORPS ROYAUX, ont rompu toute unité de système ; ici il y a des APPOINTÉS qu'ailleurs on ne connaît pas ; là ce sont des CAPITAINES qui sont CHEFS DE BATAILLON, quoiqu'ils ne commandent que des COMPAGNIES ; là des COLONELS qui sont GÉNÉRAUX et qui pourtant ne sont pas COLONELS GÉNÉRAUX ; là des COLONELS à qui leur Grade donne droit à la retraite de LIEUTENANT GÉNÉRAL, etc. — Si l'on jette les yeux au delà de l'INFANTERIE, ce sont des GRADES EN PREMIER qui ne sont pourtant pas GRADES SUPÉRIEURS ; ce sont des CAPITAINES et des LIEUTENANTS EN SECOND qui ont le même Grade que ceux en premier ; ce sont des AIDES DE CAMP attachés au berceau d'un enfant que le destin n'appellera peut-être jamais aux fonctions de GÉNÉRAL. — Si enfin on jette les yeux sur l'administration, on y verra des OFFICIERS D'INTENDANCE pouvoir décliner l'AUTORITÉ des CHEFS MILITAIRES et pouvoir braver le MINISTRE DE LA GUERRE lui-même et le défier de les traduire en JUGEMENT. — L'ORDONNANCE DE 1818 (10 mars) a réglé, au titre AVANCEMENT, les principales règles relatives à l'obtention des Grades ; des modifications y ont été apportées en 1830. — L'ORDONNANCE DE 1818 (1er août) réglait la HIÉRARCHIE des Grades et posait en principe que *l'autorité du rang pour le commandement a la même force que celle du Grade supérieur sur l'inférieur.* Ce principe malheureusement n'est pas clairement posé ; la phrase signifie que, quand un Grade se partage en premier et en second, l'un commande à l'autre comme s'il y avait Grade différent. Il est fâcheux que l'usage paralyse la disposition que la loi exprime. — L'ORDONNANCE DE 1825 (19 MARS) règle que nul n'a droit qu'à la SOLDE, aux APPOINTEMENTS, aux ALLOCATIONS, aux COUPONS D'INDEMNITÉ attribués au Grade, et que ce droit, ainsi que l'EXERCICE légal du Grade, ne date dans les CORPS que du jour de la RÉCEPTION ; elle règle aussi ce qui a rapport aux DÉLÉ-

GATIONS proportionnélles aux Grades; elle remet aux OFFICIERS D'INTENDANCE le soin de s'assurer de l'exécution de ces mesures. — D'autres ordónnances ont disposé qu'il est du devoir des INSPECTEURS GÉNÉRAUX de s'assurer que dans les CORPS chaque Grade jouit de la plénitude de ses attributions. — Tous les règlements exigent que les BILLETS D'HOPITAL mentionnent exactement le Grade. — Les CAMPAGNES donnent droit à une bonification du quantum de la PENSION DE RETRAITE du Grade. — Quand il y a entre concurrents parité de Grade et égalité d'ANCIENNETÉ dans le Grade, l'ANCIENNETÉ D'AGE devient le titre de primauté. — L'annotation ou inscription du Grade et de ses variations ont lieu sur la MATRICULE et dans les CASES du CONTROLE ANNUEL des COMPAGNIES. — Lorsque des AVIS JUDICIAIRES doivent être prononcés en conformité des formules consacrées, l'ordre observé dans la manifestation de l'AVIS émis par chaque JUGE est l'inverse de l'ordre de primauté de leurs Grades. — Il conviendrait à l'harmonie d'un système bien conçu que la distribution de l'intérieur des CASERNES fût d'accord avec l'espèce et la quantité des Grades institués par les lois de la COMPOSITION de l'armée; car tout se tient, tout est lié dans le militaire; mais si le caprice d'un MINISTRE DE LA GUERRE dénature, réduit ou multiplie les Grades, la symétrie du casernement n'en sera-t-elle pas troublée? faudra-t-il rebàtir les CASERNES de la FRANCE pour les coordonner aux modifications de la COMPOSITION de l'armée? Ce sont là des vérités palpables que l'autorité ne veut pas comprendre; il lui est si doux de donner au bon plaisir le pas sur le bon sens. — Quelques AUTEURS, tels que M. le général PRÉVAL, ont nommé GRADES CONSTITUTIFS ou constitutionnels ceux qui sont combinés et réglés en vertu d'une CONSTITUTION MILITAIRE et qui ont une action effective; ce qui n'est pas le cas des GRADES A LA SUITE, OU SURNUMÉRAIRES, OU SANS EMPLOI. — Quantité d'ÉCRIVAINS ont signalé tous les inconvénients attachés à l'institution des GRADES A LA SUITE. — ODIER (1818, E) a mis au jour quelques sages réflexions qui pourraient être transformées en autant de règles fondamentales sur la question de l'essence, de l'inaliénabilité et de la sphère d'activité des Grades. Voici ce qu'il dit : *Nul ne monte un degré qu'il ne se soit arrêté un certain temps sur un autre. Les Grades sont à vie, sauf la liberté de se démettre, et sauf un jugement de privation légale. L'état à vie n'emporte pas nécessairement l'état d'activité. Il y aura unité de Grade pour toute l'armée,* **un Grade unique pour chaque fonction.** *L'au-*

torité des Grades s'accroîtra si l'on attribue à chacun un droit de récompenser proportionné au droit de punir. Ce même auteur (1824, E) a traité plus spécialement encore des Grades. — La rigidité des PEINES devrait être en raison composée de l'élévation du Grade; on voit presque toujours régner l'usage contraire. — Les Grades étant une propriété acquise au prix du sang, du mérite reconnu, ou des travaux opiniâtres, celui qui en est revêtu n'en peut être dépouillé qu'en vertu d'un JUGEMENT légal, et non par des DESTITUTIONS arbitraires. — L'indélébilité de caractère du Grade est un dédommagement accordé par la patrie au citoyen qu'elle a contraint à être SOLDAT en le soumettant à la CONSCRIPTION. — Prodiguer les Grades, c'est les priver de la considération dont ils doivent être entourés, et les énerver par leur multiplication même. — Tout Grade donné avant la vacance de l'EMPLOI est une illégalité. — La création de tout Grade inutile ou superflu est une injustice commise envers les défenseurs de la patrie et une dilapidation des deniers du trésor. La mise en jugement du MINISTRE DE LA GUERRE devrait être la conséquence du maintien ou du renouvellement des abus de ce genre. — Les MILICES NÉERLANDAISE et RUSSE étaient celles où les Grades de GÉNÉRAUX étaient nombreux, et même surabondants et confus. — AUDOUIN, AVRIL, AYALIUS, M. BALLYET (1817), BOHAN (1784, H), CARRION (1824, A), M. le général de CHAMBRAY (1855), DECRAMMEVILLE (1789, A), le général GIRARDIN, GONVOT, MAURICE DE SAXE (1757, A), PINARD, SAINT-GERMAIN (1779, C), SERVAN (1780, B), M. SICARD (1850), VITOT, peuvent être consultés sur la manière, soit de décerner, soit d'exercer les Grades; PINARD en traite historiquement; M. GONVOT, légalement; M. BLONDEL (1835), moralement ou dans un esprit critique. — Le mot Grade sera surtout distingué ici en GRADE D'OFFICIER.

GRADE A FINANCE. V. A FINANCE. V. ADMINISTRATION MILITAIRE. V. GRADE D'OFFICIER.

GRADE A LA SUITE. V. A LA SUITE. V. CHEF DE BATAILLON A LA SUITE. V. GRADE. V. GRADE D'OFFICIER.

GRADE AUXILIAIRE. V. AUXILIAIRE, adj. V. CHIRURGIEN DE CORPS. V. GRADE D'OFFICIER.

GRADE CONSTITUTIF. V. CHEF DE BATAILLON D'INFANTERIE FRANÇAISE DE LIGNE. V. CONSTITUTIF, adj. V. GRADE. V. GRADE D'OFFICIER. V. GRADE FICTIF.

GRADE D'ADJUDANT. V. ADJUDANT. V. ADJUDANT D'INFANTERIE FRANÇAISE DE LIGNE N° 4, 6, 8, 13, 14, 19. V. GRADE. V. RÉCOMPENSE. V. SECRÉTAIRE ARCHIVISTE. V. SOUS - OFFICIER N° 7.

GRADE d'adjudant de place. v. adjudant de place n° 1. v. classe hiérarchique.

GRADE d'adjudant-major. v. adjudant-major d'infanterie française de ligne n° 4. v. ancienneté de grade d'adjudant-major. v. épaulette d'adjudant-major.

GRADE d'aide de camp. v. aide de camp n° 1, 2. v. grade. v. grade d'officier.

GRADE d'anspessade. v. anspessade.

GRADE d'appointé. v. appointé. v. grade.

GRADE de capitaine. v. ancienneté de grade de capitaine. v. capitaine. v. capitaine de première classe. v. capitaine d'infanterie française de ligne n° 1, 4. v. chef de bataillon d'infanterie française de ligne n° 3, 5. v. chirurgien-major d'infanterie française de ligne n° 9. v. classe hiérarchique. v. colonel d'infanterie française de ligne n° 4. v. grade. v. grade d'officier. v. intendant militaire n° 3. v. légion de Henri deux. v. ordre de Saint-Lazare. v. secrétaire archiviste. v. trésorier de corps n° 2.

GRADE de caporal. v. ancienneté de grade de caporal. v. capitaine d'infanterie française de ligne n° 4. v. caporal. v. caporal d'infanterie française de ligne n° 6. v. grade. v. maître ouvrier n° 4. v. milice espagnole n° 2. v. sous-officier n° 8. v. tambour-major n° 3.

GRADE de cavalerie. v. cavalerie. v. cavalerie de ligne. v. cavalerie française n° 2. v. classe hiérarchique.

GRADE de centurion. v. centurion n° 1. v. centurion de triaires. v. triaire n° 3.

GRADE de chef de bataillon. v. adjoint a l'intendance. v. chef de bataillon. v. chef de bataillon commandant de corps. v. chef de bataillon d'infanterie française de ligne n° 1, 3, 7. v. grade. v. grade d'officier.

GRADE de chef de détachement. v. chef de détachement de guerre n° 1, 2, 5. v. comptabilité de détachement.

GRADE de chef de musique. v. chef de musique.

GRADE de chef d'escadron. v. chef d'escadron. v. escadron. v. grade d'officier.

GRADE de chef d'état-major. v. chef d'état-major d'armée.

GRADE de chevalier. v. chevalerie d'affiliation n° 4. v. chevalier. v. chevalier du moyen age n° 5, 6.

GRADE de chirurgien. v. chirurgien. v. chirurgien-major n° 4, 9.

GRADE de colonel. v. adjudant d'infanterie française de ligne n° 4. v. colonel. v. colonel a la suite. v. colonel au camp. v. colonel commandant. v. colonel de tranchée. v. colonel d'infanterie française de ligne n° 2, 3, 5, 7, 12, 19, 21, 24. v. écharpe militaire. v. grade. v. grade d'officier. v. grenadier de France. v. sous-intendant n° 7.

GRADE de colonel en second. v. colonel en second.

GRADE de colonel général. v. colonel général d'infanterie n° 3, 5. v. grade.

GRADE de colonel général d'infanterie légère. v. colonel général d'infanterie légère.

GRADE de colonel général des Suisses. v. colonel général des Suisses.

GRADE de commandant de division territoriale. v. commandant de division territoriale n° 2.

GRADE de commandant de place. v. commandant amovible. v. commandant de place; id. n° 4.

GRADE de commandeur en chef. v. commandeur en chef.

GRADE de commissaire des guerres. v. commissaire des guerres n° 1, 3, 5, 6.

GRADE de commissaire ordinaire. v. commissaire ordinaire.

GRADE de commissaire ordonnateur. v. commissaire ordonnateur.

GRADE de connétable. v. connétable n° 1, 2, 6, 7.

GRADE de cornette. v. cornette. v. cornette idioplique.

GRADE de feld-marschall. v. feld-marschall. v. feld-marschall lieutenant.

GRADE de feldzeugmeister. v. feldzeugmeister.

GRADE de fourrier. v. appel de police. v. capitaine d'infanterie française de ligne n° 14. v. fourrier. v. fourrier d'armée. v. fourrier d'infanterie française de ligne n° 2, 3. v. grade. v. quartier-maître d'infanterie française de ligne n° 1. v. récompense.

GRADE de gendarmerie. v. gendarmerie. v. gendarmerie de police n° 1.

GRADE de général. v. armée française n° 5. v. commandant supérieur. v. général. v. général d'armée n° 3, 7. v. général de brigade. v. général de division n° 3, 4, 5. v. général en chef n° 1. v. général français n° 1, 5, 6. v. général-major. v. grade. v. intendant militaire n° 3. v. milice néerlandaise n° 1. v. quartier-maître général. v. questeur.

GRADE de général d'armée. v. général d'armée n° 3, 7. v. maire du palais. v. patrice.

GRADE de général de brigade. v. général de brigade n° 3.

GRADE de général de division. v. général de division n° 3, 4, 5.

GRADE de GÉNÉRALISSIME. V. GÉNÉRALIS-
SIME. V. GRADE.

GRADE de JUGE. V. JUGE. V. JUGE MILI-
TAIRE.

GRADE de la LÉGION D'HONNEUR. V. CHE-
VALIER DE LA LÉGION. V. GRAND OFFICIER DE LA
LÉGION. V. LÉGION D'HONNEUR.

GRADE de LIEUTENANT. V. CHEVALIER DE
LA LÉGION D'HONNEUR. V. CHIRURGIEN-MAJOR
DE CORPS N° 9. V. CLASSE DE LIEUTENANT. V.
LIEUTENANT. V. SECRÉTAIRE-ARCHIVISTE. V. TRÉ-
SORIER DE CORPS N° 2.

GRADE de LIEUTENANT-COLONEL. V. ADJU-
DANT D'INFANTERIE FRANÇAISE DE LIGNE N° 4.
V. LIEUTENANT-COLONEL. V. GRADE D'OFFICIER.
V. ORDONNANCE D'EXERCICE D'INFANTERIE. V.
SOUS-INTENDANT N° 7.

GRADE de LIEUTENANT-COLONEL EN PRE-
MIER. V. CHEF DE BATAILLON D'INFANTERIE FRAN-
ÇAISE DE LIGNE N° 5. V. LIEUTENANT-COLONEL
EN PREMIER.

GRADE de LIEUTENANT-COLONEL EN SE-
COND. V. CHEF DE BATAILLON D'INFANTERIE FRAN-
ÇAISE DE LIGNE N° 5. V. LIEUTENANT-COLONEL
EN SECOND.

GRADE de LIEUTENANT GÉNÉRAL. V. GRADE.
V. LIEUTENANT GÉNÉRAL; id. N° 1.

GRADE de MAJOR. V. CHEF DE BATAILLON
COMMANDANT DE CORPS. V. CHEF DE BATAILLON
D'INFANTERIE FRANÇAISE DE LIGNE N° 7. V. CO-
LONEL D'INFANTERIE FRANÇAISE DE LIGNE N° 4,
19. V. MAJOR. V. ORDONNANCE D'EXERCICE D'IN-
FANTERIE.

GRADE de MARÉCHAL DE CAMP. V. GÉNÉRAL
DE BRIGADE N° 5. V. GRADE D'OFFICIER. V. MA-
RÉCHAL DE CAMP N° 1, 2, 3, 5.

GRADE de MARÉCHAL DE FRANCE. V. BA-
TAILLE RANGÉE. V. GRADE D'OFFICIER. V. MARÉ-
CHAL DE FRANCE; id. N° 4.

GRADE de MARÉCHAL DES LOGIS D'ARMÉE.
V. MARÉCHAL DES LOGIS D'ARMÉE N° 4, 5.

GRADE de MEMBRE DE CONSEIL PERMA-
NENT. V. CONSEIL PERMANENT N° 1. V. MEMBRE
DE CONSEIL PERMANENT.

GRADE de MEMBRE DE LA LÉGION D'HON-
NEUR. V. ÉTOILE DE LA LÉGION D'HONNEUR. V.
MEMBRE DE LA LÉGION D'HONNEUR.

GRADE de MILITAIRE DE CORPS. V. EN-
CEINTE DE FORTERESSE. V. FEUILLE D'APPEL. V.
FEUILLE DE SUBSISTANCE. V. MILITAIRE DE CORPS.
V. MONTRE ADMINISTRATIVE.

GRADE de PORTE-DRAPEAU. V. PORTE-DRA-
PEAU.

GRADE de PRISONNIER DE GUERRE. V. PRI-
SONNIER DE GUERRE.

GRADE de QUARTIER-MAITRE. V. QUAR-
TIER-MAITRE D'INFANTERIE FRANÇAISE DE LIGNE;
id. N° 3. V. TRÉSORIER DE CORPS N° 1.

GRADE de SÉNÉCHAL. V. GRADE. V. GRAND
SÉNÉCHAL. V. SÉNÉCHAL.

GRADE de SERGENT. V. ADJUDANT D'IN-
FANTERIE FRANÇAISE DE LIGNE N° 14, 22. V.
ANCIENNETÉ DE GRADE. V. FOURRIER D'INFANTE-
RIE FRANÇAISE DE LIGNE N° 3. V. GAGISTE. V.
GENDARMERIE DE LA MAISON. V. GRENADIER D'IN-
FANTERIE FRANÇAISE DE LIGNE N° 2. V. MAITRE
CORDONNIER. V. MAITRE OUVRIER N° 4. V. ROTU-
RIER. V. SERGENT. V. SERGENT DE BANDE. V.
SERGENT D'INFANTERIE FRANÇAISE DE LIGNE; id.
N° 2, 4, 6, 8, 11. V. SERGENT MILITAIRE.

GRADE de SERGENT-MAJOR. V. CASSATION
D'ADJUDANT. V. COMPAGNIE DE GRENADIERS D'IN-
FANTERIE FRANÇAISE DE LIGNE N° 1. V. QUAR-
TIER-MAITRE D'INFANTERIE FRANÇAISE DE LIGNE
N° 1. V. SERGENT-MAJOR N° 1, 2, 3, 7.

GRADE de SOUS-INTENDANT. V. ADJOINT A
L'INTENDANCE. V. SOUS-INTENDANT N° 1, 3, 7.

GRADE de SOUS-LIEUTENANT. V. ARTILLE-
RIE IDIOPLIQUE. V. GRADE. V. GRATIFICATION DE
PREMIÈRE MISE. V. SOUS-LIEUTENANT N° 1, 3.

GRADE de SOUS — OFFICIER. V. AUTEUR
(1784, A). V. AVANCEMENT AU GRADE DE SOUS-
OFFICIER. V. BAS-OFFICIER. V. COMPAGNIE DE
DISCIPLINE. V. CONSIGNÉ A LA CHAMBRE. V.
HAUSSE-COL. V. MASSE DE COMPAGNIE. V. PEN-
SION DE RETRAITE. V. RENGAGEMENT. V. SOUS-
OFFICIER; id. N° 1, 3, 5, 8. V. SUSPENSION DIS-
CIPLINAIRE.

GRADE de TAMBOUR-MAJOR. V. TAMBOUR-
MAJOR N° 1, 6.

GRADE de TRÉSORIER. V. TRÉSORIER. V.
TRÉSORIER DE CORPS N° 1, 2, 4.

GRADE d'ENSEIGNE. V. ENSEIGNE. V. EN-
SEIGNE IDIOPLIQUE N° 4.

GRADE d'HOMME DE TROUPE. V. ABSENCE
A LA GÉNÉRALE. V. ANCIEN DE TROUPE. V. AN-
NÉES DE GRADE POUR AVANCEMENT. V. ANSPES-
SADE. V. BÉNÉFICIAIRE. V. CANDIDAT DE TROUPE.
V. CAP D'ESCOUADE. V. COLONEL D'INFANTERIE
FRANÇAISE DE LIGNE N° 12. V. CAPORAL D'IN-
FANTERIE FRANÇAISE DE LIGNE N° 2. V. GRADE.
V. HAUTE-PAYE. V. HAUTE-PAYE PÉCUNIAIRE. V.
HOMME DE TROUPE N° 3, 9. V. RENGAGEMENT.

GRADE d'INFANTERIE. V. CAPITAINE EN-
TRETENU. V. INFANTERIE. V. INFANTERIE FRAN-
ÇAISE DE LIGNE N° 2. V. MARQUE DISTINCTIVE.
V. MILICE AUTRICHIENNE N° 8. V. MONTGEON
(1615, D).

GRADE d'INGÉNIEUR. V. INGÉNIEUR MILI-
TAIRE.

GRADE d'INGÉNIEUR GÉOGRAPHE. V. INGÉ-
NIEUR GÉOGRAPHE N° 1.

GRADE d'INTENDANT. V. INTENDANT MI-
LITAIRE N° 2, 5.

GRADE (grades) d'OFFICIER (A, 1, 3; C).
Sorte de GRADES dont il va être question par
rapport à l'ARMÉE FRANÇAISE. — Des person-

nages, qu'on pourrait appeler hommes à ARMOIRIES, à BACÈLES, à BANNIÈRE, à BAUDRIER, à CIMIER, à ÉPERONS DORÉS, à PENNON, ont été revêtus, on pourrait même dire, ont été propriétaires des Grades de notre ancienne MILICE, ou du moins, dans un temps où rien n'était bien réglé en fait de Grades, de RANGS, ils étaient, de force et de droit, CHEFS DE TROUPE à divers degrés. — Dans la MILICE GRECQUE BYSANTINE, la qualification de DOMESTIQUES MILITAIRES répondait à l'idée de personnages revêtus des hauts GRADES de l'ARMÉE. Ce système fut plus tard appliqué aux coutumes de l'OCCIDENT, et y introduisit la différence entre les GRADES royaux et les GRADES féodaux. — Les chefs de la MILICE FRANÇAISE se sont nommés, pendant le cours des PREMIÈRE et SECONDE RACES, et suivant les phases de la FÉODALITÉ : AMIRAL, AVOUÉ, BAILLI, BANNERET, BARON, CASTELAN, CHEVALIER, COMMANDEUR, COMTE, CONNÉTABLE, DAPIFER, DUC, EXEMPT, GRAND MAITRE DE LA MILICE, GRAND OFFICIER, GRAND PRÉVOT, GRAND PRÉVOT DE L'HOTEL, MAIRE DU PALAIS, MARÉCHAL, MARQUIS, ROI, SÉNÉCHAL, VICOMTE, VIDAME, VIGUIER. — Au gouvernement militaire qui participait des formes gallo-romaines succèdent les notabilités féodales ; à celles-ci succède le régime des OFFICES ; il en est traité dans AYALIUS. — Il y avait eu jusque-là des COMMANDANTS de toutes dénominations dont l'échelonnement était mal déterminé et les attributions confuses. — Aux OFFICES succèdent les CHARGES ; le mot Grade n'était pas encore applicable à des CHEFS que nous appelons maintenant OFFICIERS, mais qui n'avaient pas cette dénomination, bien postérieure à l'emploi du mot OFFICE. Le GRAND MAITRE DES ARBALÉTRIERS, les MAITRES D'ARTILLERIE, le GRAND MAITRE DE L'ARTILLERIE, avaient des CHARGES qu'on distinguait des OFFICES, et qui étaient une nature de Grade, mais sans en avoir encore le nom. Ces personnages étaient des DIGNITAIRES, mais non des officiers. — L'expression Grade, connue depuis un siècle à peine, a succédé à l'expression CHARGE. — Ainsi au MOYEN AGE, depuis l'adoption et les premiers progrés de l'idiome français, on dépeignait un MILITAIRE exerçant un COMMANDEMENT, ou jouissant d'une position qu'on nommerait maintenant Grade, en disant qu'il s'acquitte d'un OFFICE, qu'il a CHARGE, qu'il commande par COMMISSION ; la COMMISSION était le titre écrit ou le mandat (*mandatum*) ; l'OFFICE (*officium*) ou la CHARGE étaient le Grade. — Pendant longtemps ce genre de COMMANDEMENT fut héréditaire et terrien ; Coquille, dans l'*Institution du droit français*, en a traité. — Les ROIS travaillèrent à rendre les Grades révocables, ou à n'y attacher qu'un droit usufruitier ; ils devinrent négociables comme un effet de FINANCE. Voici comment s'opéra cette révolution. — Quand la FÉODALITÉ et la CHEVALERIE se dissolvent, ce qui a lieu vers les règnes de CHARLES SEPT et de LOUIS ONZE, d'autres règles s'établissent. Le trône se raffermit par la création des COMPAGNIES D'ORDONNANCE, par la distribution du territoire en GOUVERNEMENTS et par les essais d'une ADMINISTRATION MILITAIRE mieux concertée, plus prévoyante ; les OFFICES et les CHARGES vont cesser d'être un droit, et vont devenir le fait d'une concession, d'une PROMOTION royale. Les CAPITAINES, les COLONELS, les MESTRES DE CAMP, les ÉTATS-MAJORS, les CAPITAINES GÉNÉRAUX, les GOUVERNEURS, prennent naissance ; mais il devait s'écouler deux siècles encore avant que le mot Grade ne reçût une acception militaire, et avant que les CLASSES ne fussent tranchées par des démarcations combinées. — Il est impossible de remonter au delà du règne de LOUIS QUATORZE pour traiter de l'EXERCICE des Grades ; car il n'existait que des à peu près de Grades qu'on désignait par des dénominations non moins vagues que la chose. Ouvrez le dictionnaire de l'ACADÉMIE de 1762, vous n'y verrez pas que les CHARGES fussent des GRADES ; il en était pourtant ainsi absolument parlant. — Dans l'examen du Grade, si l'on se reporte au temps où la chose, existant de fait, n'était cependant représentée que par d'autres expressions, il y a quelques remarques philosophiques à faire. — L'ambition militaire, ne connaissant pas de limites et allant toujours s'élevant, la valeur nominale et effective des Grades va toujours s'abaissant, s'aliénant, de même les monnaies s'avilissent en se multipliant. Le caporal a été un personnage important, si ce n'est en France, du moins dans d'autres pays. Le FOURRIER a été un ADMINISTRATEUR de haut rang. Le SERGENT a été OFFICIER GÉNÉRAL. Un CAPITAINE a été un chef suprême ; bientôt il fallut que, pour échapper à une parité qui le blessait, depuis la multiplication du titre, le capitaine s'appelât CAPITAINE EN CHEF, puis CAPITAINE GÉNÉRAL, puis GÉNÉRAL, puis GÉNÉRALISSIME. — Sous les successeurs de FRANÇOIS PREMIER, un COLONEL était un GÉNÉRALISSIME ; au milieu du dernier siècle, les choses étaient à tel point changées, qu'il y avait six COLONELS dans chacun des bataillons du régiment des GRENADIERS DE FRANCE. Cette dépréciation perpétuelle des Grades explique pourquoi tel GÉNÉRALISSIME a cru devoir se faire empereur. — Ces réflexions révèlent au lecteur pourquoi il y a eu un sénéchal et un grand sénéchal; des maréchaux, puis des maréchaux du roi, puis des maréchaux de France, puis des grands maréchaux; des prévots, puis des grands prévots; des grands amiraux, des grands bannerets, des grands chatelains, des grands dignitaires, des grands fonctionnaires, des grands maitres, des grands officiers, des grands vassaux, des premiers inspecteurs. Ce débordement de personnages prétendus grands et premiers a usé les titres; leurs successeurs ne sauront comment s'appeler; dans quelques siècles, il leur faudra recourir à la désinence issime, ou à l'augmentatif initial archi, jusqu'à ce que ces superlatifs des superlatifs soient démonétisés eux-mêmes. — De cet aperçu philosophique, de ce coup d'œil sur les langues modernes, revenons à l'étude de l'histoire. — Dans le dix-septième siècle, l'usage permettait aux démissionnaires de vendre le grade et l'emploi qu'ils exerçaient dans un corps. — Au temps de Turenne, l'ordre du tableau était observé quant au tour de l'accomplissement du service journalier des officiers généraux et quant au tour de service journalier des régiments suivant le rang qu'ils tenaient : c'était le premier fruit de l'établissement d'un ministère de la guerre. Cet ordre du tableau, créé pour les Grades très-supérieurs, était une conquête faite sur les prérogatives de la naissance, car la noblesse avait jusque-là commandé, comme si elle eût eu le mérite inné; il est vrai qu'alors on n'avait guère l'occasion ou le moyen de s'instruire à moins d'être noble; mais il est vrai aussi que la noblesse s'instruisait peu. — Turenne osa s'écarter de l'ordre du tableau : c'était une seconde conquête; il y avait eu celle des bons services prévalant sur le préjugé de la naissance, il y eut celle du mérite personnel prévalant sur les services du commun des fonctionnaires. — Suivant Voltaire (*Siècle de Louis quatorze*), sous le ministère de Louvois, et surtout depuis 1667, *le Grade militaire commença à être un droit au-dessus de celui de la naissance.* — Le même écrivain attribue à Marlborough l'honneur d'avoir décerné, le premier, les Grades militaires à raison de la capacité reconnue; en cela Marlborough appliquait à un objet plus général et plus positif l'opinion de Turenne, dont il se souvenait d'avoir été l'élève. — La vénalité des Grades s'est établie par l'habitude et le laisser-aller du gouvernement, plus que par l'effet d'une règle raisonnée. L'ordonnance de 1654 (4 avril) le témoigne. Elle défendait qu'à l'avenir les démissions des enseignes, des lieutenants et des

capitaines d'infanterie fussent acceptées quand elles porteraient condition de remplacement au choix du démissionnaire. — Dans l'infanterie et la cavalerie, la vente de gré à gré des charges de colonel n'était pas défendue. Le régiment des gardes françaises n'était pas compris dans l'ordonnance, parce que, jusqu'en 1661, le colonel général de l'infanterie se regardait comme en droit de disposer à son profit de la vente des places vacantes dans les gardes françaises. — Louis quatorze essaya, sans succès et sans persévérance, d'instituer des cadets; leur école devait être la pépinière de tous les Grades. Cette pensée, incomplétement réalisée alors en France, a été le germe des écoles militaires de toute l'Europe et de l'utile noviciat qui façonne aux armes la jeunesse. — Cette loterie, dont les droits au commandement sont les lots gagnants et qu'on désigne maintenant sous le nom d'avancement et de nomination, était devenue royale, de féodale qu'elle avait été; mais les brevets commencèrent à être prostitués sous Chamillart, au profit du fisc, ou du ministère, ou des protégés; les Grades à finance envahirent l'armée; quantité d'enfants devinrent colonels en achetant des régiments. — Au temps de Biron (1559, A), les offices ou les charges ne consistaient guère dans une armée qu'en un maréchal de camp et quelques colonels. Au temps de Puységur (1748, C), l'abus des Grades était excessif, comme il le témoigne et l'explique. — Maurice de Saxe (1757, A) faisait la critique de cet abus, et regardait comme suffisant un petit nombre de Grades. — Dans la milice prussienne il n'existait point de grades sans fonctions; on n'y connaissait ni la survivance, ni les Grades doubles; seulement on y voyait l'abus de quelques grades fictifs privilégiés. — La milice anglaise au contraire avait imité tous les abus français du grand règne. — En France, quelques corps, tels que celui des carabiniers, avaient jusqu'à cinq officiers du Grade de colonel; il y avait seize colonels et huit lieutenants-colonels dans le corps des grenadiers de France, et les grades a la suite, doubles, fictifs, honoraires, etc., etc., étaient sans nombre. — Saint-Germain (1779, C) s'élève avec force contre l'usage des grades honoraires, ou honorifiques, ou fictifs, qu'il appelle titres, et qu'on a nommés depuis, avec peu de justesse, grades supérieurs, c'est-à-dire obtenus par un déplorable privilége. L'ordonnance de 1818 (1er aout), sur la hiérarchie, a dû, pour éclaircir la chose, appeler constitutifs ceux qui sont réels et effectifs. — On lit dans Turpin (1785, O):

Tout Grade accordé par commission qui ne donne ni fonctions ni commandement, s'il est honorifique pour le particulier qui l'obtient, est à charge à l'État et nuisible au service.— Depuis Louis quatorze, les Grades étaient le domaine des gentilshommes ; un brevet ne pouvait être octroyé qu'à celui qui justifiait de plusieurs quartiers ou degrés de noblesse ; mais cette règle avait quelques exceptions ; elle était modifiée par des priviléges de provinces ou de l'ordre de Saint-Louis, par les graces qu'on arrachait au souverain, par des concessions aux familles vivant noblement, par une espèce d'hérédité acquise aux fils d'officiers ou de commissaires. — A la fin du dernier siècle, la loi décidait, par exception, que des adjudants pouvaient devenir sous-lieutenants et lieutenants au plus ; mais ces grâces étaient rares. — Sous Louis quatorze et Louis quinze, il était accordé si peu de faveur au mérite, même transcendant, qu'il n'est pas un auteur qui, en traitant de la question des Grades, n'ait parlé du merveilleux avancement de Catinat, de Chevert, de Vauban, parvenus aux sommités de l'armée française sans y avoir eu droit par leur naissance. — Les Grades d'un ordre inférieur appartenaient à la noblesse de province, fière, pauvre, peu subordonnée, peu éclairée. — Les Grades élevés étaient la propriété des hommes de qualité ou nobles de cour ; mais cette démarcation entre deux classes de noblesse ne tournait pas au profit de la discipline ; comment la subordination eût-elle régné entre des gentilshommes qui se regardaient tous comme égaux depuis que les nuances féodales s'étaient effacées, et que l'esprit chevaleresque seul avait survécu ? Tel colonel imberbe avait pour tuteur son lieutenant-colonel : c'était le renversement de toute idée raisonnable. — De-crammieville (1789, A) nous redit cette phrase d'un auteur connu : *Il existe des places dont un des priviléges est souvent de dispenser d'acquérir des talents.* — Sous Louis quinze, époque où les erreurs et les folies ne se cachaient pas sous de la grandeur, on imagine les brevets pour prendre rang, les brevets honoraires ; il y en avait de mille sortes. Madame Dubarry, qui présidait à ces prodigalités, forçait la main à Monteynard et à Daiguillon. A cette même époque, on prohibe à la fois et l'on tolère les concordats, qui étaient un marchepied des Grades. — L'année 1788 (17 mars) donne naissance aux chefs d'escadron. — L'année 1790 amène la révocation de la production des titres nobiliaires, jusque-là exigés par les ministres de la guerre. —

L'année 1793 donne naissance au grade de chef de bataillon. — La multiplication démesurée des Grades avait cédé à un système plus sage ; l'abus avait cessé depuis la guerre de la révolution jusqu'à l'institution du consulat. Alors le titre de général en chef n'était pas un Grade, mais une fonction temporaire, une suprématie momentanée dont était revêtu un général de division placé par le choix ou par l'ancienneté au plus haut échelon du commandement. — Mais l'homme à qui il n'avait pas suffi d'être le premier soldat et le premier citoyen de son pays, s'empressa de faire revivre une féodalité militaire ; elle reparaît entourée d'un cortége de titres usés, de grades fictifs et de sinécures ruineuses pour le trésor ; on voit revivre des colonels généraux, des lieutenants généraux, des généraux en chef, des maréchaux, un grand amiral, des majors généraux, des grands officiers, un connétable, un vice-connétable ; on voit surgir des adjudants supérieurs, des premiers inspecteurs, un grand maréchal du palais, des gouverneurs de palais, des lieutenants de l'empereur ; on voit des généraux de division rabaissés au rang d'aides de camp, des militaires de hauts Grades sont changés en valets de chambre, en valets de chasse, en valets d'écurie ; des enfants de bonne maison, sous le nom de pages, sont assouplis à la servilité, redevenue la route des Grades élevés. — Tels furent les superfétations, les recrépissements, par lesquels un généralissime croyait s'exhausser d'autant par l'interposition de chaque échelon nouveau. Ce luxe, cette surcharge, ne faisait au contraire qu'avilir d'autant le soldat ; plus le chef s'éloignait du piédestal, moins la base resterait solide. Les chevaliers et les gens d'armes, qui, en réalité, n'étaient jadis que de simples soldats, n'avaient joui de tant de considération et d'importance que parce qu'il n'y avait presque point de Grades au-dessus d'eux. — Un auteur militaire, M. Sainte-Chapelle, a dit, en déplorant ces abus du règne impérial, qu'il ne fallait pas attribuer à d'autres causes les débats si fatals entre les généraux d'Espagne, les non-succès de la campagne de Saxe, les pointes meurtrières dont la Bohême fut le théâtre et les capitulations sous Paris, dont on a mitigé le nom en les appelant conventions. — M. Ch. Dupin (1820, B) a parlé de nos désastres et de la conduite de nos généraux d'armée en termes analogues. — Napoléon, en enflammant tous les genres d'ambition, en avilissant les ambitieux et en tuant le patriotisme, préparait à notre France la destinée de l'empire d'ALÉXANDRE ou de celui de CHARLEMAGNE. — Depuis le règne impérial, on a rendu presque inintelligible la matière par l'invention ou par l'imitation exagérée des GRADES FICTIFS, des GRADES SUPÉRIEURS, des BREVETS, des OFFICIERS DE LA GARDE, et par cette division surabondante de CLASSES HIÉRARCHIQUES, ce luxe de teintes pâles et fausses qu'on pourrait appeler des sous-grades, des demi-grades. — A une époque plus moderne on rétablit la bursalité du DROIT DE SCEAU; et la restauration traîne après elle le TRAITEMENT de DISPONIBILITÉ et l'AGE APOMAQUE. Il était bien forcé d'annuler ou de mettre à l'écart les personnages gradés qu'on ne savait plus à quoi employer à cause de leur quantité démesurée. — De notre temps, on a assimilé à des GRADES EFFEC- TIFS les GRADES AUXILIAIRES : tels sont ceux des OFFICIERS DE SANTÉ, des AUMONIERS, des EMPLOYÉS DES SERVICES. On a enflé les Grades du CORPS DE L'INTENDANCE par rapport aux Grades de l'ARMÉE combattante, comme si la fatigue tolérable du champ de bataille était à la fatigue écrasante du cabinet ce que, en arithmétique, deux sont à trois. — Les MARQUES DISTINCTIVES des Grades sont ou ont été, suivant les temps, une ÉCHARPE, un ESPONTON, un BAUDRIER, des ÉPERONS DO- RÉS, une CUIRASSE, un BATON, des ÉPAULETTES avec ou sans CONTRE-ÉPAULETTE, une DRA- GONNE. De nos jours, ces marques consistent en un ARMEMENT particulier, une CEINTURE, une AIGUILLETTE, des GALONS D'OR, des BRO- DERIES, des étoiles, des enjolivures aussi nombreuses que la plus féconde imagination en ait pu créer. — Des idées plus saines, quant à la marche à suivre pour les PROMO- TIONS aux Grades, avaient prévalu en 1790, et ont repris quelque force en 1818. Si des ordonnances ressuscitaient des Grades inu- tiles, tels que ceux de LIEUTENANT DE ROI, de LIEUTENANT-COLONEL, de PORTE-DRAPEAU, la loi du moins contre-balance dans le calcul des droits l'ANCIENNETÉ DE SERVICE, l'ANCIEN- NETÉ DE GRADE, le savoir personnel; on a tiré des HOMMES DE TROUPE un certain nombre de CANDIDATS AUX SOUS-LIEUTENANCES. On a compris qu'il ne suffisait pas uniquement de baser les NOMINATIONS sur des ANNÉES DE SER- VICE ou des ANNÉES DE GRADE; qu'il fallait améliorer l'ancienne institution des CADETS; et que le pouvoir royal, les ACTIONS D'ÉCLAT, l'ANCIENNETÉ et l'élection devaient avoir concurremment de l'influence sur la répar- tition des PLACES. On a reconnu que les lois de la durée de la vie humaine exigeaient qu'il fût admis comme officiers des indivi- dus dispensés d'avoir rempli tous les GRADES INFÉRIEURS; ces lois de la vie, ce trajet pro-

gressif et obligé à partir de l'état de soldat, n'eussent permis en effet à aucun militaire d'arriver, dans l'âge de la force, à la som- mité des grades; il est vrai qu'il en faut at- tribuer la faute à la quantité de nos Grades; mais les acceptant mal conçus et surabon- dants, comme ils le sont, il faut inévitable- ment que l'égalité politique plie devant la nécessité. — En considérant le sujet par rapport à certains détails positifs de la loi ou des règlements, l'espèce des Grades donne une position particulière dans les CONSEILS JUDICIAIRES et dans les CONSEILS D'AD- MINISTRATION, dans l'organisation même des TABLES D'OFFICIERS. — La MATRICULE D'OFFICIER énonce toute variation de Grade. — Par l'événement d'un CHANGEMENT DE CORPS, le Grade peut légalement s'élever, jamais s a- baisser. — L'autorité des Grades est en rapport avec l'application des ARRÊTS SIMPLES ou FORCÉS et les CONSIGNES A LA CHAMBRE. — Tout GRADE SUPÉRIEUR a droit de punition envers le GRADE INFÉRIEUR. — Les Grades concourent pour les CONGÉS DE SEMESTRE ou les CONGÉS LIMITÉS; ils influent sur la nature des CORVÉES, sur le COMMANDEMENT des DÉTA- CHEMENTS AU CAMP; ils motivent certains droits relatifs aux ÉTAPES, aux CHEVAUX DE SELLE, aux CLEFS de la CAISSE A TROIS SER- RURES. — Un système de classement assez compliqué subdivise, ou plutôt embrouille certains Grades. — Les ARMES n'ont entre elles aucune unité de système en fait de Grades et de CLASSES. — Les GRADES HONO- RAIRES sont censés ne plus exister depuis l'ORDONNANCE DE 1815 (18 SEPTEMBRE). Autre chose étaient les Grades honorifiques; ceux- ci ont été, pour l'avenir, abolis par l'ORDON- NANCE DE 1830 (15 NOVEMBRE). — En campa- gne, les SUPPLÉMENTS DE GRATIFICATION se proportionnent à l'AVANCEMENT AUX GRADES. — Les mêmes Grades devraient donner, à raison d'une ANCIENNETÉ déterminée, les mêmes droits à la PENSION DE RETRAITE, quelle que soit l'ARME ou la CLASSE; en ceci, les OFFICIERS SUISSES jouissaient d'une exception; les officiers de CORPS PRIVILÉGIÉS en jouissaient aussi; jamais nos lois ne purent être unes; le privilége infectait tout. — Dans l'ÉTAT- MAJOR DE PLACE, les Grades n'avaient pas de CLASSES. — La DÉCISION DE 1821 (10 JUIL- LET) a modifié les MARQUES DISTINCTIVES des Grades. — L'ANCIENNETÉ du Grade date de l'entrée en FONCTIONS; et son espèce, ainsi que les MUTATIONS qu'il éprouve sont anno- tés dans la MATRICULE des OFFICIERS. — Le mode de l'obtention des Grades était réglé par l'ORDONNANCE DE 1818 (2 AOUT) et par la LOI DE 1832 (14 AVRIL). — L'ÉCOLE MILI- TAIRE de Saint-Cyr est un des débouchés qui y conduisent. L'institution des PAGES de Napoléon et de la restauration était également un débouché ouvert, mais non en vertu de lois, aux familles nobiliaires et protégées. — Les formes de la consécration étaient prescrites par l'ORDONNANCE DE 1818 (13 MARS), et l'ont été depuis par l'ORDONNANCE DE 1835 (2 NOVEMBRE). Les droits aux allocations, proportionnellement aux Grades, sont énumérés dans l'ORDONNANCE DE 1825 (19 MARS). Cette année a vu naître le Grade indéfinissable de PRÉVOT DE DIVISION et de PRÉVOT D'ARMÉE. — Suivant les temps, une RETENUE SUR APPOINTEMENTS était exercée à toute prise de possession d'un Grade nouveau. — La LOI DE 1832 (14 AVRIL) ne reconnaît plus ni GRADES HONORAIRES, ni Grades sans EMPLOI. — La LOI DE 1834 (19 MAI) exposait comment se confère et se perd le Grade. — L'ORDONNANCE DE 1838 (20 JANVIER) détermine quels droits les Grades donnent à la PAYE. — BOHAN (1777, H) a composé, à l'égard de l'AVANCEMENT et des Grades, un chapitre étudié et étendu. — La *Sentinelle de l'Armée* (t. IV, p. 81) a fait de cette question l'objet de quelques remarques. — Le mot Grade d'officier se distingue surtout ici en GRADE EN SECOND, — FICTIF, — SUPÉRIEUR.

GRADE D'OFFICIER D'ARTILLERIE. V. ARTILLERIE A CHEVAL. V. CHEF D'ESCORTE D'ARTILLERIE. V. OFFICIER D'ARTILLERIE.

GRADE D'OFFICIER DE CAVALERIE. V. COMMANDEMENT DE VILLE OUVERTE. V. OFFICIER DE CAVALERIE; id. N° 6. V. PAS HIÉRARCHIQUE.

GRADE D'OFFICIER DE GARDE ROYALE. V. ANNÉES DE GRADE D'OFFICIER DE GARDE ROYALE. V. GARDE ROYALE N° 3. V. GRADE D'OFFICIER. V. OFFICIER DE GARDE ROYALE. V. SERVICE JOURNALIER.

GRADE D'OFFICIER DE GRENADIERS. V. ABSENCE DE GRENADIERS. V. OFFICIER DE GRENADIERS.

GRADE D'OFFICIER DE PLACE. V. OFFICIER D'ÉTAT-MAJOR DE PLACE.

GRADE D'OFFICIER DE SANTÉ. V. OFFICIER DE SANTÉ. V. SOUS-AIDE.

GRADE D'OFFICIER D'ÉTAT-MAJOR. V. CONTROLE ANNUEL D'ÉTAT-MAJOR. V. OFFICIER D'ÉTAT-MAJOR.

GRADE D'OFFICIER D'INFANTERIE. V. OFFICIER D'INFANTERIE N° 7. V. PAS HIÉRARCHIQUE.

GRADE D'OFFICIER D'INTENDANCE. V. CORPS D'INTENDANCE N° 2, 4, 7, 8. V. OFFICIER D'INTENDANCE.

GRADE D'OFFICIER PARTICULIER. V. AVANCEMENT AU G... V. CINQUANTAINE. V. OFFICIER PARTICULIER.

GRADE D'OFFICIER RAPPORTEUR. V. CAPITAINE RAPPORTEUR. V. OFFICIER RAPPORTEUR. V. SECRÉTAIRE ARCHIVISTE.

GRADE D'OFFICIER SUPÉRIEUR. V. ARME PERSONNELLE N° 3. V. AVANCEMENT AU G... V. CANDIDAT AU G... V. OFFICIER SUPÉRIEUR.

GRADE DOUBLE. V. DOUBLE, adj. V. GRADE D'OFFICIER.

GRADE DU GÉNIE. V. GÉNIE. V. GÉNIE IDIOPLIQUE.

GRADE EFFECTIF. V. CHIRURGIEN DE CORPS. V. EFFECTIF, adj. V. GRADE D'OFFICIER. V. GRADE FICTIF.

GRADE ÉGAL. V. CÉRÉMONIE FUNÈBRE. V. COMMANDANT DE DIVISION TERRITORIALE N° 2. V. COMMANDEMENT DE VILLE OUVERTE. V. ÉGAL, adj. V. GRADE.

GRADE EN PREMIER. V. AVANCEMENT. V. EN PREMIER. V. GRADE EN SECOND. V. OFFICIER D'INFANTERIE FRANÇAISE N° 1.

GRADE EN SECOND (A, 1, 3; C). Sorte de GRADE D'OFFICIER qui, dans la machine militaire, est une superfétation et un embarras. — On ne peut interpréter clairement les institutions qu'en remontant à leur source. D'où viennent les Grades en second, et à quoi ont-ils servi? Le voici. — Au temps où le militaire français était encore parqué par catégories, au temps où l'AVANCEMENT était réglé par classes ou aptitudes nobiliaires, les Grades en second étaient destinés à former l'échelle particulière par laquelle la NOBLESSE de cour devait monter aux grands EMPLOIS militaires, aux échelons élevés de l'ÉTAT-MAJOR GÉNÉRAL. — On voit dans la correspondance du ministre SÉGUR et dans une lettre autographe qu'il adressait en 1782 (8 avril) au grand COMITÉ DE LA GUERRE, c'est-à-dire à l'espèce de CONSEIL DE LA GUERRE chargé de travaux relatifs à la confection d'un CODE MILITAIRE, qu'il faut distinguer trois classes: celle de la haute NOBLESSE, celle de la NOBLESSE de province, celle de la ROTURE; que les OFFICIERS de la haute NOBLESSE devant arriver dans la force de l'âge aux premières dignités de l'ARMÉE, il ne convient pas qu'elle passe par la même filière que la NOBLESSE de province; qu'en conséquence son avis est de créer des SOUS-LIEUTENANTS surnuméraires, des CAPITAINES EN SECOND, des COLONELS EN SECOND, des MAJORS EN SECOND, des MESTRES DE CAMP EN SECOND, et que c'est en parcourant rapidement ces échelons, et non les autres, que les hommes du privilège doivent arriver au CORPS de l'ÉTAT-MAJOR et monter au GÉNÉRALAT. Ils auraient ainsi appris le métier, du moins on l'espérait, sans nuire à l'avancement et à la perspective des OFFICIERS EN PREMIER à qui toutes les voies restaient ouvertes, sauf le droit d'atteindre aux sommités de l'échelle. L'intention du ministre était également de tirer des Grades en second les AIDES DE CAMP et les OFFICIERS D'ÉTAT-MAJOR. — Il resterait à demander à quoi peuvent servir les Grades en second quand les anciennes distinctions de privilége sont effacées ; mais quelques-uns de ces Grades n'en sont pas moins devenus constitutionnels, parce que les COMMIS DE LA GUERRE, qui travaillaient sur des traditions, ignoraient quelles avaient été les vues secrètes des MINISTRES. — Le système des Grades en second porte avec lui le trouble et la confusion ; il donne des armes commodes et cachées à la mutinerie et à la vanité ; il éveille mille questions insolubles ; personne, y compris le MINISTRE DE LA GUERRE, ne sait si ce Grade exerce de l'effet dans l'intérieur seulement du CORPS, ou bien s'il motive des démarcations d'un corps à l'autre ; ainsi, quant à ce genre de question, rien de clair ne sort de l'ORDONNANCE DE 1818 (2 AOUT) ; elle accorde, il est vrai (art. 246), l'autorité au RANG SUPÉRIEUR sur le RANG INFÉRIEUR dans un même GRADE ; mais cette AUTORITÉ DE GRADE EN PREMIER sur le Grade en second est-elle restreinte dans l'arme, ou s'exerce-t-elle sur toutes les armes ? — Le CAPITAINE EN SECOND d'artillerie prétend qu'il doit concourir avec le CAPITAINE COMMANDANT de la CAVALERIE ou du GÉNIE, en ne formant d'autre point de départ que la date du BREVET quelconque de CAPITAINE ; ceux-ci au contraire s'en défendent, et affirment que cette position, cette appellation, n'établissent qu'une différence de classe, mais non de GRADE. — Le GRADE EN PREMIER est vu par l'autre avec jalousie et prévention ; l'un veut obtenir une supériorité que l'autre lui conteste ; l'un veut exagérer une AUTORITÉ que l'autre cherche à paralyser par des moyens cachés ; l'un veut jouir seul d'une considération que l'autre ne vise qu'à affaiblir ; l'un ne voit que des empiétements à craindre, l'autre que de l'arbitraire à dénoncer ; l'un prétend s'acquitter exclusivement des devoirs dans lesquels l'autre pourrait montrer de la capacité : ainsi les comédiens sociétaires font tout ce qu'ils peuvent pour empêcher les doublures de jouer. — L'ENCYCLOPÉDIE (1785, C, au mot *Compagnie*) a énuméré les abus des Grades en second.

GRADE EN TROISIÈME. V. EN TROISIÈME. V. OFFICIER D'INFANTERIE FRANÇAISE N° 1.

GRADE ÉVENTUEL. V. CHEF DE BATAILLON D'INFANTERIE FRANÇAISE DE LIGNE N° 1. V. ÉVENTUEL, adj.

GRADE FICTIF (A, 1, 5). Sorte de GRADE D'OFFICIER, ainsi nommé par opposition à GRADE CONSTITUTIF, — EFFECTIF, — NOMINAL, etc. — Le Grade fictif est hors des rangs, par conséquent imaginaire, HONORIFIQUE ou privilégié. — Le Grade fictif des OFFICIERS qui, jouissant de la PENSION DE RETRAITE, reçoivent le BREVET du GRADE SUPÉRIEUR à celui qu'ils ont exercé était un GRADE HONORIFIQUE. — L'ORDONNANCE DE 1830 (15 NOVEMBRE) interdit à l'avenir la concession de ce genre de GRADES. Mais le droit aux PENSIONS de priviléges s'est maintenu ; on a aboli ce qui ne coûtait rien ; on a maintenu ce qui était onéreux pour le trésor, injuste en point de droit, et désobligeant pour les CORPS non privilégiés. — On a vu dans des GARDES DE SOUVERAINS des OFFICIERS avoir le BREVET d'un Grade dont leur ÉPAULETTE était la MARQUE, et dont pourtant ils n'exerçaient pas les FONCTIONS ; de tels usages produisent dans la machine militaire le trouble, l'obscurité, la complication, l'injustice.

GRADE HONORAIRE. V. GÉNÉRAL FRANÇAIS N° 2. V. GRADE D'OFFICIER. V. HONORAIRE, adj.

GRADE HONORIFIQUE. V. GRADE D'OFFICIER. V. GRADE FICTIF. V. HONORIFIQUE, adj.

GRADE INFÉRIEUR. V. ANCIENNETÉ DE GRADE. V. COMMANDEMENT HIÉRARCHIQUE. V. GRADE D'OFFICIER. V. GRADE SUPÉRIEUR. V. INFÉRIEUR, adj. V. JUGE MILITAIRE. V. OBÉISSANCE. V. PUNITION. V. SALUT. V. SOUS-OFFICIER N° 2.

GRADE MILITAIRE. V. ARMÉE FRANÇAISE N° 2. V. AUTORITÉS MILITAIRES. V. CHAUSSURE. V. CHEVALERIE D'AFFILIATION. V. COMPAGNON. V. CONSCRIPTION. V. CONSUL. V. COTTE D'ARMES. V. DUC. V. ÉTAT QUATRIDIAIRE. V. DROIT INDIVIDUEL. V. FELDZEUGMEISTER. V. GRADE. V. GRAND MAITRE DE LA MILICE. V. HONNEURS FUNÈBRES. V. INFANTERIE FRANCO-SUISSE N° 6. V. INSUBORDINATION. V. INSPECTEUR GÉNÉRAL. V. JUSTICE MILITAIRE. V. LÉGION ROMAINE N° 1. V. LÉGISLATION. V. MARÉCHAL DE BATAILLE. V. MARÉCHAL DE FRANCE. V. MARÉCHAL DES LOGIS N° 4. V. MILICE ANGLAISE N° 2. V. MILICE FRANÇAISE N° 2. V. MILICE PIÉMONTAISE N° 1, 3. V. MILICE PORTUGAISE N° 1. V. MILICE WURTEMBERGEOISE N° 1. V. MILITAIRE, adj. V. OFFICIER DE SANTÉ. V. PAYE. V. POLICE. V. PRÉFET DE LÉGION. V. PRESTATION. V. PRÉVOT DES MARÉCHAUX. V. QUESTEUR. V. RAPPORT GÉNÉRAL. V. RÉPRESSION. V. RÉVISION JUDICIAIRE. V. RONDE. V. ROTURIER. V. SALUT SANS ARMES. V. SERMENT. V. SERVICE.

GRADE SANS EMPLOI. V. EMPLOI. V. GRADE D'OFFICIER. V. SANS EMPLOI.

GRADE SUPÉRIEUR (A, 1, 5). Sorte de GRADE D'OFFICIER et de SOUS-OFFICIER. Ce terme, qu'aucun MINISTRE DE LA GUERRE n'a encore défini, présente des sens obscurs et opposés quelquefois. Dans l'ordonnance de 1768 (1er mars, tit. xx, art. 38) et dans celle de 1818 (1er août, sur la hiérarchie), le Grade supérieur est le grade effectif ayant droit de punir l'inférieur, ayant prérogative d'en recevoir le salut ; mais, dans le langage entortillé et louche des commis, le mot signifie grade fictif, octroyé par privilége et immédiatement supérieur au grade réel. — L'acception de la locution Grade supérieur était fort différente dans la garde ou la maison, et dans la ligne. Un lieutenant de la garde royale disait : Dans quatre ans j'aurai le Grade supérieur, c'est-à-dire mon brevet et mes quatre ans m'auront fait capitaine, soit que j'en exerce ou non les fonctions. L'officier particulier de l'armée de ligne dit : Quand obtiendrai-je donc le Grade supérieur ? c'est-à-dire quand porterai-je une épaulette a torsade qui me revêtira du commandement que j'exercerai comme officier supérieur ? — Le mauvais exemple des Grades supérieurs accordés aux corps privilégiés avait été donné par la milice prussienne. Le premier des trois bataillons des gardes-infanterie avait des capitaines revêtus du rang de major, et une partie des lieutenants y avaient rang de capitaine ; mais cet abus des grades fictifs ne régnait que dans un bataillon. L'infanterie franco-suisse, les intendants militaires et tant d'autres personnages ont exigé un privilége de ce genre. — La même pratique existe dans la milice russe. — En ne prenant le mot Grade supérieur que dans le sens positif, abstraction faite des fictions et du privilége, et en se conformant aux ordonnances de 1768 (1er mars) et de 1818 (13 mai), le militaire revêtu du Grade supérieur a droit d'exiger l'obéissance du grade inférieur et de lui infliger punition dans toutes les circonstances qui ont trait au service. — Un certain nombre d'années de grade et des services bons, réels et continus, doivent seuls, hormis à la guerre, donner des droits au Grade supérieur. — En temps de guerre, le commandement et le titre de chef de détachement appartiennent nécessairement à l'officier revêtu du Grade supérieur. — Les sous-officiers employés dans les compagnies de discipline jouissent de la paye du Grade supérieur, mais n'en portent pas les marques ; ici il y a dédommagement, et non privilége.

GRADE surnuméraire. v. grade. v. surnuméraire, adj.

GRADÉ, adj. et subs. v. autorité. v. cercle d'ordre. v. chef de patrouille. v. consigne a la chambre. v. corvée. v. demande de permission. v. emploi. v. garde en

campagne. v. grade. v. haute paye idiopirique. v. homme g... v. militaire g...

GRADIN (subs. masc.) de tranchée. v. tranchée.

GRÆCUS ; **GRÆVENITZ**. v. nom propres.

GRAFION, subs. masc. v. comte n° 2. v. milice française n° 2.

GRAHAM. v. noms propres.

GRAILE, subs. fém. v. trompette.

GRAIN (grains), subs. masc. v. mélange de g..., v. mettre un g..., v. moulin a bras. v. moulin portatif.

GRAIN (term. génér.). Mot provenu du latin *granum*, ainsi que l'expression graine ; il se prend au pluriel absolu quand il s'agit de productions céréales. — Au singulier il sera distingué en grain de canon de fusil et en grain de mire d'arbalète. Au pluriel absolu il le sera en grains d'approvisionnement et en grains de munitions.

GRAIN d'approvisionnement. v. approvisionnement. v. grains. v. milice romaine n° 11. v. riz.

GRAIN de canon de fusil (G, 1). Sorte de grain ou de vis en fer employée par les armuriers de corps à reboucher la lumière trop élargie du canon d'un fusil de munition, pour la reforer ensuite ; cette réparation s'exprime par la locution : mettre un grain ; il était traité du rengrainement dans l'instruction de 1822 (30 mars).

GRAIN de cire. v. cire. v. poudre d'amorce.

GRAIN de fronteau. v. fronteau. v. grain de mire d'arbalète.

GRAIN de mire d'arbalète (F), ou grain de fronteau. Sorte de grain ou d'alidade sphérique situé à la partie antérieure de l'arbrier d'une arbalète. L'œil faisait usage de cette visière, en cherchant le point de mire à travers le trou du fronteau de mire. — Le Grain était enfilé dans une cordelette tendue horizontalement au-dessus du trait et attachée à deux montants ; ce moyen de viser a été le plus parfait, mais plusieurs autres ont été usités.

GRAIN de mire de fusil. v. fusil. v. mire de fusil. v. visière de fusil.

GRAIN de poudre. v. portée d'arme a feu. v. poudre. v. poudre a feu. v. poudre a fusil.

GRAINE (subs. fém.) de genièvre. v. air vital. v. caporal d'escouade n° 2. v. chambre de soldat. v. deniers d'ordinaire. v. genièvre. v. ordinaire, subs.

GRAINE d'épinards (B, 1). Le mot graine a la même étymologie que l'expression grain. Il est employé ici par une allusion détournée, et désigne un travail de passementerie qui fait partie de certaines ÉPAULETTES ; mais, en style correct de fabrique, ce travail s'appelle simplement GRAINE, et non pas Graine d'épinards, comme il a plu au langage soldatesque de le dénommer, quand il s'agit de grades supérieurs. Ce travail consiste en un fil d'or ou d'argent qui entoure en spirale jointive un fil droit. — Le RÈGLEMENT DE 1765 (25 AVRIL) ne mentionnait pas de Graine dans la description qu'il faisait des ÉPAULETTES de CAPITAINE ; c'était une FRANGE d'un simple et seul fil qui y était attachée, et non un FILÉ A GRAINE. En dessous de cette frange de métal il y en avait une de soie. — Les ORDONNANCES DE 1767 (25 AVRIL) et DE 1779 (21 FÉVRIER) appelaient Graine d'épinards la FRANGE fine, d'or ou d'argent, sur laquelle reposait la FRANGE A NOEUDS de CORDELIÈRES, ou à CORDES A PUITS, ou à TORSADES, des ÉPAULETTES des COLONELS ; car alors les ÉPAULETTES des OFFICIERS SUPÉRIEURS, au lieu de ne porter que des TORSADES, comme à présent, ne soutenaient qu'un seul rang ou une simple épaisseur de cordes à puits. Cette Graine d'ÉPINARDS, ou ce FILÉ A GRAINE qui soutenait les TORSADES, n'était pas sensiblement mélangé de soie, d'une manière apparente, comme l'était la FRANGE des ÉPAULETTES des LIEUTENANTS et des SOUS-LIEUTENANTS, et comme l'étaient les rangs de dessous de la FRANGE des épaulettes des MAJORS et des CAPITAINES. Voilà pourquoi la langue soldatesque a continué, par habitude, mais avec peu de justesse, d'appliquer le terme Graine d'épinards comme signifiant MARQUE DISTINCTIVE D'OFFICIERS SUPÉRIEURS. L'expression était exacte avant 1792 : elle était devenue fausse depuis ; car il faut remarquer que d'eux-mêmes, sans que la loi en décidât, les CAPITAINES, LIEUTENANTS et SOUS-LIEUTENANTS n'ont plus voulu de filé de soie dans leurs ÉPAULETTES ; que la FRANGE de ces épaulettes n'a plus été de simple fil, mais de FILÉ à GRAINE pareille à la Graine d'épinards de dessous des ÉPAULETTES D'OFFICIERS SUPÉRIEURS, Graine que d'eux-mêmes ceux-ci répudiaient également, ne voulant plus avoir pour FRANGE que des CORDES A PUITS, ou TORSADES. — Il a bien fallu, comme cela s'est toujours vu, que la loi finît par sanctionner ces misérables empiétements d'une coquetterie toujours plus exigeante. — La Graine, ou le FILÉ A GRAINE, était devenue, depuis la guerre de la révolution, le travail de passementerie propre aux ÉPAULETTES des CAPITAINES et des OFFICIERS PARTICULIERS, et elle était restée en usage à l'égard de ceux à qui le privilége de la petite torsade était refusé. — L'ORDONNANCE DE 1821 (10 JUILLET) appelle PETITE FRANGE à Graine celle qui n'était ni à petites ni à grosses TORSADES.

GRAINS D'APPROVISIONNEMENT EXTRAORDINAIRE (B, 1 ; H, 1). Sorte de GRAINS ou de céréales qui doivent être fournis non mélangés, et qui consistent surtout en AVOINE, FROMENT, SEIGLE, etc. — La quantité des Grains qui font partie des DENRÉES DE FORTERESSE, et qui sont destinés à la nourriture de l'homme, se calcule à raison de cinquante kilogrammes par homme et par trois mois.

GRAINS de FOURRAGE. V. FOURRAGE. V. FOURRAGE AU VERT. V. FOURRAGE DE DISTRIBUTION. V. MAÏS. V. OFFICIER DE CAVALERIE Nº 5.

GRAINS de MANUTENTION (B, 1). Sorte de GRAINS considérés par rapport à la fabrication du PAIN DE MUNITION. — L'INSTRUCTION DE L'AN TROIS (16 VENTOSE) est un des documents qui s'est étendu le plus pertinemment à l'égard des soins que demandent les Grains destinés aux BOULANGERIES MILITAIRES et à la NOURRITURE DES TROUPES. — Le RÈGLEMENT DE L'AN SIX (25 GERMINAL) chargeait les COMMISSAIRES DES GUERRES de surveiller et de constater la qualité des Grains reçus, et voulait que le FROMENT et le SEIGLE fussent de *qualité bonne, loyale et marchande*. Il disposait que le MÉLANGE des Grains dans les MANUTENTIONS devait n'avoir lieu qu'en présence du COMMISSAIRE DES GUERRES accompagné de MEMBRES DES CONSEILS D'ADMINISTRATION. — Le recueil de lois, etc., sur le service des places, imprimé en 1813, et surtout l'ouvrage d'ODIER (1824, E, t. VI), donnent sur ce sujet des développements suffisants.

GRAISSE, subs. fém. V. A GRAISSE. V. ALIMENT D'ORDINAIRE. V. BOUILLON D'OS. V. ORDINAIRE D'HOMME DE TROUPE.

GRAIVE, subs. fém. V. GRÈVE.

GRAIVEIRE, subs. fém. V. GRÈVE.

GRAMMAIRE, subs. fém. V. AVANCEMENT AU GRADE D'OFFICIER PARTICULIER.

GRAND {
- BIDON.
- CERCLE.
- CHEVAL.
- 'CROIX DE LA LÉGION D'HONNEUR.
- ÉQUIPEMENT.
- 'GARDE. . . . . {
  - DE CAVALERIE.
  - D'INFANTERIE.
- MAITRE. . . . . {
  - DE LA MILICE.
  - DE L'ARTILLERIE.
  - DES ARBALÉTRIERS.
- MOIS D'HIVER.
- OFFICIER. . . . . {
  - DE LA COURONNE.
  - 'DE LA LÉGION D'HONNEUR.
- PRÉVOT. . . . . {
  - DE LA CONNÉTABLIE.
  - DE L'HOTEL.
- RESSORT.
- SÉNÉCHAL.
- SEUIL.
}

GRANDE {
- COMPAGNIE.
- MANOEUVRE.
- TACTIQUE.
- TENUE.
- VIS DE PLATINE.
}

GRAND (grande), adj. (term. génér.). Mot dérivé du LATIN *grandis*, et considéré ici comme s'incorporant inséparablement à des substantifs, et formant les premières syllabes d'une sorte de périphrase. — L'expression Grand, Grande, sera donc présentée comme employée sous les formes suivantes : GRAND AMIRAL, — APPEL, — AUMONIER, — BAGAGE, — BAILLI, — BANNERET, — BIDON, — CALIBRE, — CASQUE, — CERCLE DE BATTERIE, — CERCLE DE CAISSE, — CERCLE DE GARNISON, — CERCLE DE PARADE, — CERCLE DE TIMBRE, — CERCLE D'ORDRE, — CHANCELIER, — CHATELAIN, — CHEVAL, — COLLET, — COMPLET, — CONGÉ, — CONNÉTABLE, — CONSEIL JUDICIAIRE, — CORDON, — COTÉ, — 'CROIX, — DÉPOT, — DIGNITAIRE, — -DUC, — ÉCHANTILLON, — ÉCUYER, — ÉQUIPEMENT, — ÉTAT-MAJOR, — FEUDATAIRE, — FIEF, — FIEFFÉ, — FONCTIONNAIRE, — FOURNEAU, — FOURRAGE, — 'GARDE, — 'GARDE DE CUIRASSE, — GÉNÉRAL, — GONFALONIER, — JUGE D'INFANTERIE FRANCO-SUISSE, — JUGE MILITAIRE, — MAITRE, — MAITRE DE L'ORDRE DE SAINT-LOUIS, — MAITRE DES CRANEQUINIERS, — MAITRE DES ENGIGNOURS, — MAITRE DES MINOURS, — MANIEMENT D'ARMES, — MANIPULE, — MARÉCHAL, — MOIS D'HIVER, — OFFICIER, — PARC, — PAS, — PIED DE GUERRE,

— PRÉVOT, — QUARTIER DE GUÈTRE, — RÉGI-
MENTAIRE, — RESSORT, — SEIGNEUR, — SÉNÉ-
CHAL, — SEUIL, — VASSAL, — VAVASSEUR, —
VIZIR.

GRAND AMIRAL. V. AMIRAL. V. GRADE
D'OFFICIER. V. RÉGIMENT DE PRINCE.

GRAND APPEL. V. APPEL. V. APPEL DE PO-
LICE.

GRAND AUMONIER. V. ATTACHE DE CHAN-
CELLERIE. V. AUMONIER DE CORPS ; id. N° 4. V.
HOTEL DES INVALIDES. V. INDEMNITÉ DE FRAIS
DE CULTE. V. MESSE MILITAIRE. V. MINISTRE DE
LA GUERRE N° 10, 13 ; id. EN 1819 (18 NO-
VEMBRE).

GRAND BAGAGE. V. BAGAGE. V. BAGAGE
D'ARMÉE.

GRAND BAILLI. V. BAILLI. V. BAN ET AR-
RIÈRE-BAN. V. BANNERET N° 3. V. GÉNÉRAL,
subs.

GRAND BANNERET. V. BAN ET ARRIÈRE-
BAN. V. BANNERET N° 3, 5. V. CAPITAINE D'IN-
FANTERIE FRANÇAISE DE LIGNE N° 1, 2. V. CA-
PITAINE EN CHEF. V. GÉNÉRAL, subs. V. GÉNÉ-
RAL D'ARMÉE N° 7. V. GRADE D'OFFICIER. V.
VIGUIER.

GRAND BIDON (B, 1 ; E, 3). Ce mot donne
principalement l'idée d'un EFFET DE CAMPE-
MENT et d'un BIDON DE COMPAGNIE que supportait une BANDEROLE. L'ORDONNANCE DE
CAMPAGNE DE 1753 prescrivait l'usage d'un
Grand bidon ou d'un BARIL A EAU. — L'EN-
CYCLOPÉDIE (1785, C) s'est étendue en longs
détails à l'égard des BIDONS. — Les INSTRUC-
TIONS plus modernes sur le CAMPEMENT VOU-
laient qu'EN ROUTE les SERGENTS portassent,
à TOUR de CORVÉE, dans le Grand bidon le
VINAIGRE distribué à la COMPAGNIE. — Chaque
CHAMBRÉE OU TENTE avait un Grand bidon ;
mais cette disposition avait cessé d'être régulièrement observée depuis que l'usage des
bivouacs avait prévalu. — Le TARIF DE 1831
(13 NOVEMBRE) classe parmi les ustenciles de
campement les Grands bidons, et les veut
ou en fer-blanc ou en fer battu. — Les BI-
DONS DE CORPS DE GARDE des GARNISONS sont
de l'espèce des Grands bidons.

GRAND CALIBRE. V. ARME A FEU DE G...
V. ARME DE G... V. CALIBRE. V. PIÈCE DE G...

GRAND CASQUE. V. CASQUE. V. CASQUE
FERMÉ. V. CHEVALIER DU MOYEN AGE N° 4. V.
CRÈTE DE CASQUE. V. GENTILHOMME. V. HAUSSE-
COU. V. HEAUME. V. MISÉRICORDE. V. MUSIQUE.
V. SALADE. V. SALADE A VISIÈRE. V. SECRÈTE.

GRAND CERCLE DE BATTERIE. V. BATTERIE
DE CAISSE. V. CERCLE DE BATTERIE. V. CERCLE DE
CAISSE.

GRAND CERCLE DE CAISSE (B, 1). CERCLES
au nombre de deux, formés d'une planchette
de bois de frêne large de cinquante milli-

mètres et épaisse de dix. Ses extrémités,
après qu'elles ont été amincies et courbées,
sont superposées, collées et clouées. — Chacun des Grands cercles d'un TAMBOUR INSTRU-
MENTAL sert à tendre une PEAU ; il s'emboîte
sur un des orifices du FUT, et il a en dehors
une saillie égale à celle du CERCLE DE ROU-
LAGE. — Les Grands cercles opèrent la ten-
sion des PEAUX, en exerçant, au moyen du
jeu du CORDAGE, un mouvement de pression
sur le pourtour du CERCLE DE ROULAGE. — Le
diamètre dans œuvre des Grands cercles est
égal au diamètre hors œuvre du FUT, et, afin
qu'ils s'y ajustent mieux, on les polit inté-
rieurement à la pierre ponce. — Chaque
CERCLE est aminci vers le pourtour, qui cor-
respond au CERCLE DE ROULAGE, de manière à
n'avoir en cette partie que six millimètres
d'épaisseur. — L'un des CERCLES s'appelle
GRAND CERCLE DE TIMBRE, et l'autre GRAND
CERCLE DE BATTERIE ; ils ne diffèrent entre eux
que parce que le GRAND CERCLE DE TIMBRE est
percé de MORTAISES A TIMBRE. — Il est pratiqué dans les deux Grands cercles des TROUS
OU ŒILLETS au moyen d'un fer brûlant. —
Ils portent sur leur face extérieure les OLIVES
destinées à arrêter les BRETELLES PORTE-CAISSE.

GRAND CERCLE DE GARNISON. V. CAPORAL
DE SEMAINE. V. CERCLE DE GARNISON.

GRAND CERCLE DE PARADE. V. CERCLE DE
PARADE. V. MAJOR CAPITAINE N° 4.

GRAND CERCLE DE TIMBRE. V. CERCLE DE
TIMBRE. V. GRAND CERCLE DE CAISSE. V. TIMBRE.

GRAND CERCLE D'ORDRE. V. CERCLE DE PA-
RADE. V. CERCLE D'ORDRE.

GRAND CHANCELIER DE LA LÉGION D'HON-
NEUR. V. BREVET DE LA LÉGION D'HONNEUR. V.
CHANCELIER. V. CONTRE-SEING. V. COPIE DE JU-
GEMENT. V. GUERRE DE 1830. V. LÉGION D'HON-
NEUR. V. MEMBRE DE LA LÉGION D'HONNEUR. V.
ORDRE DU LIS. V. ORDRE ÉTRANGER.

GRAND CHATELAIN. V. BARON N° 1. V.
CHATELAIN. V. GRADE D'OFFICIER.

GRAND CHEVAL (F), OU CHEVAL DE BA-
TAILLE, OU DESTRIER, qui, au MOYEN AGE, était
le CHEVAL BARDÉ, dont les CHEVALIERS se servaient dans les TOURNOIS et à la GUERRE.
Après ce cheval venait le PALEFROI. — EUS-
TACHE DESCHAMPS établit cette différence, que
le DESTRIER était le Grand cheval destiné aux
JOUTES, et que le COURSIER, ou le MOYEN, était
le Grand cheval de la GUERRE DE CAMPAGNE.
— Mais M. MONTEIL, en traitant du quinzième siècle, dément ce fait en citant les
ordonnances qui décidaient que les HOMMES
D'ARMES ne devaient prendre LOGEMENT chez
les BOURGEOIS qu'autant qu'ils avaient le
Grand cheval. — Pourtant PHILIPPE DE CLÈVES
(1520, A) donne au MARÉCHAL DE L'OST un
Grand cheval. — Ce mot a laissé à la langue

vulgaire le proverbe : Monter sur ses Grands chevaux; ce qui signifie, prendre l'arrogance du défi, la colère du combat.

GRAND COLLET. V. ARTILLERIE IDIOPLIQUE. V. CAVALERIE FRANÇAISE N° 5. V. COLLET. V. COLLET D'HABILLEMENT. V. CRAVATE. V. HABILLEMENT. V. MANTEAU D'HABILLEMENT. V. OFFICIER D'INFANTERIE FRANÇAISE N° 2.

GRAND COMPLET. V. COMPLET, subs.

GRAND CONGÉ. V. CONGÉ. V. CONGÉ LIMITÉ. V. SOLDE, subs. fém.

GRAND CONNÉTABLE. V. CONDOTTIERI. V. CONNÉTABLE. V. CONSEIL JUDICIAIRE.

GRAND CONSEIL JUDICIAIRE. V. CONSEIL JUDICIAIRE. V. MILICE NÉERLANDAISE N° 6.

GRAND CORDON DE LA LÉGION D'HONNEUR. V. CORDON DE LA LÉGION. V. GRAND OFFICIER DE LA LÉGION. V. LÉGION D'HONNEUR.

GRAND COTÉ DE BANDEROLE DE SAC DE CAMPAGNE. V. BANDEROLE DE SAC DE CAMPAGNE. V. COTÉ. V. SAC DE CAMPAGNE.

GRAND'CROIX DE LA LÉGION D'HONNEUR (C, 4). OFFICIERS, ou, suivant le style en usage depuis le gouvernement impérial, DIGNITAIRES qui étaient décorés d'une ÉTOILE ou PLAQUE brodée en argent sur l'habit; les sentinelles leur PRÉSENTENT LES ARMES en manière de SALUT; il leur est rendu, après leur DÉCÈS, des HONNEURS FUNÈBRES proportionnés à leur rang et pareils à ceux qui sont décernés aux GRANDS OFFICIERS. — Les Grand'croix de la Légion d'honneur prenaient rang avec les GRAND'CROIX DE SAINT-LOUIS, conformément à l'ORDONNANCE DE 1816 (26 MARS). — La LANGUE MILITAIRE est si dépourvue de logique, que, dans un ORDRE où le fondateur n'a admis d'autre décoration que l'ÉTOILE, qui devait effacer le souvenir des CROIX, ce dernier mot s'amalgame cependant, dans le solécisme Grand'croix, pour exprimer le DIGNITAIRE porteur d'une grande PLAQUE à cinq branches. — L'ORDONNANCE DE 1816 (26 MARS) fixait à quatre-vingts le nombre des Grand'croix; mais il en existait, dit M. MOUNIER, quatre-vingt-dix-huit en octobre 1838.

GRAND'CROIX DE SAINT-LOUIS. V. CROIX DE SAINT-LOUIS. V. GRAND'CROIX DE LA LÉGION D'HONNEUR. V. ORDRE DE SAINT-LOUIS. V. SAINT-LOUIS.

GRAND DÉPOT. V. ARMÉE AGISSANTE N° 5. V. DÉPOT.

GRAND DIGNITAIRE. V. CARDINAL. V. COLONEL GÉNÉRAL DE L'INFANTERIE FRANÇAISE DE LIGNE N° 4. V. DIGNITAIRE. V. GRADE D'OFFICIER. V. HONNEURS. V. HONNEURS FUNÈBRES.

GRAND-DUC. V. DUC. V. MAIRE DU PALAIS.

GRAND ÉCHANTILLON. V. ÉCHANTILLON. V. FUSÉE DE GRAND ÉCHANTILLON.

GRAND ÉCUYER. V. CONNÉTABLE N° 1. V. ÉCUYER. V. ÉCUYER DE SUITE N° 1.

GRAND ÉQUIPEMENT (B, 1). Ensemble des EFFETS des HOMMES DE TROUPE de l'INFANTERIE FRANÇAISE, dont les BUREAUX DE LA GUERRE ont l'ADMINISTRATION directe, dont le BUDGET consacre la dépense, et dont la CAISSE du CORPS fait les frais; tandis que le PETIT ÉQUIPEMENT est acheté ou censé acheté par le SOLDAT lui-même, non par le MINISTÈRE. — Le Grand équipement, dans lequel devraient être fondus les EFFETS DE CAMPEMENT, est comme le mobilier du CORPS : à ce titre il est insaisissable, ainsi que les autres EFFETS D'UNIFORME. — Le terme Grand équipement est peu ancien; l'INSTRUCTION DE 1791 (1er AVRIL) ne se servait dans le même sens que de l'expression ÉQUIPEMENT. L'INSTRUCTION DE L'AN TROIS (16 VENTOSE) est la première où le Grand équipement figure nominalement. — La LOI DE L'AN SEPT (26 FRUCTIDOR) imputait sur la MASSE D'HABILLEMENT la dépense du Grand équipement; la MASSE GÉNÉRALE en a aussi été chargée. — Une DÉCISION DE L'AN DIX (4 BRUMAIRE) est la première qui ait fixé avec quelque précision les formes et les dimensions de quelques EFFETS; mais ces descriptions étaient incomplètes, et bien des obscurités ou des incertitudes règnent encore à l'égard de quantité d'EFFETS. — La DÉCISION DE L'AN DOUZE (11 FRUCTIDOR) témoignait qu'alors la DÉPENSE du Grand équipement était supportée par la SECONDE PORTION de la MASSE GÉNÉRALE. Ses RÉPARATIONS l'ont été par la MASSE D'ENTRETIEN. — L'INSTRUCTION DE 1808 (24 SEPTEMBRE) chargeait les SOUS-INSPECTEURS de l'examen de la COMPTABILITÉ du Grand équipement. — La CIRCULAIRE DE 1811 (21 FÉVRIER) offrait le TARIF des divers EFFETS. — Des DÉCISIONS DE 1819 (18 JANVIER et 15 AVRIL) bouleversaient toutes les règles relatives au Grand équipement en donnant aux BATAILLONS DE CHASSEURS, aux ÉCLAIREURS des LÉGIONS et à l'INFANTERIE LÉGÈRE un équipement nouveau et différent. Cette disposition déraisonnable, ce système mal combiné et bientôt abandonné, ont occasionné d'énormes frais. — Une CIRCULAIRE DE 1819 (15 MARS) contenait une description du Grand équipement; elle n'avait pas beaucoup plus de clarté ni de précision que celle de l'an dix; c'était une copie tronquée et défectueuse d'un projet de règlement général (1818, B) que le MINISTRE sortant venait de faire rédiger, et dont le texte et les gravures présentaient les renseignements les plus exacts et les plus complets qu'on eût encore recueillis. Le MINISTRE arrivant répudia et mit au néant ce travail, dont les COMMIS DE LA GUERRE reprirent, par plagiat, des lambeaux. — Les diverses instructions sur l'INSPECTION GÉNÉRALE

l'ENNEMI, l'une des deux coure au galop avertir le poste. — La moitié des Grand'gardes doit toujours être à cheval, et le reste ne débride que successivement et seulement pour faire manger les chevaux. — SAINT-GERMAIN (1779, C) et SIONVILLE (1756, E) se montrent opposés au vieux usage où l'on était de pousser au loin, pendant le jour, les Grand'gardes de cavalerie soutenues en arrière par l'INFANTERIE. SAINT-GERMAIN propose au contraire de ne tenir au loin, mais dans des POSTES sûrs, pendant le jour, que les GRAND'GARDES D'INFANTERIE, et de conserver à quelques centaines de pas du CAMP les cavaliers de Grand'garde. — Il veut qu'à la nuit ce soit la CAVALERIE qui se porte en avant, reste bridée, pousse des PATROUILLES vers tous les points exposés, et change chaque nuit son emplacement, afin de n'être pas exposée à être enlevée. — SINCLAIRE (1771, F) soutient l'opinion diamétralement opposée à celle de SAINT-GERMAIN. — Dans le siècle dernier, les Grand'gardes des CAMPS DE SIÉGE étaient fort nombreuses; elles s'élevaient jusqu'à trois cents hommes, parce que c'était à cette CAVALERIE à faire justice des SORTIES EXTÉRIEURES ou à répondre aux tentatives des ARMÉES DE SECOURS.

GRAND'GARDE de CUIRASSE. V. CUIRASSE. V. CUIRASSE DE FER PLEIN. V. MANTEAU D'ARMURE.

GRAND'GARDE D'INFANTERIE (H, 2). Sorte de GRAND'GARDES qui se mettent ordinairement à l'abri derrière quelques OUVRAGES DE TERRE ou quelque DÉFENSE naturelle; quelquefois même elles occupent un POSTE FERMÉ; autant que possible, elles s'établissent dans des lieux difficiles et fourrés; elles s'ADOSSENT; elles se ménagent des APPUIS, afin de tenir avec succès, si elles sont ATTAQUÉES, et de donner le temps au CAMP de leur PORTER SECOURS. — SAINT-GERMAIN (1779, G) blâme les anciennes méthodes pratiquées dans le placement des GRAND'GARDES DE CAVALERIE et D'INFANTERIE, et voulait que, de jour, l'INFANTERIE eût seulement à chaque POSTE cinq ou six cavaliers chargés de la transmission des nouvelles.

GRAND GÉNÉRAL. V. GÉNÉRAL. V. MILICE POLONAISE N° 1.

GRAND GONFALONIER. V. GONFALONIER.

GRAND HABIT. V. GÉNÉRAL FRANÇAIS N° 3. V. HABIT.

GRAND INSTRUMENT DE BOIS. V. BASSON. V. INSTRUMENT DE BOIS. V. INSTRUMENT DE BUIS. V. SERPENT.

GRAND JUGE D'INFANTERIE FRANCO-SUISSE. V. JUGE SUISSE. V. INFANTERIE FRANCO-SUISSE.

GRAND JUGE MILITAIRE. V. COLONEL GÉNÉRAL D'INFANTERIE N° 5. V. COMMISSAIRE DES GUERRES N° 6. V. COMMISSAIRE ORDONNATEUR. V. CONNÉTABLE N° 5. V. COUR MARTIALE. V. GRAND PRÉVOT DE LA CONNÉTABLIE. V. JUGE MILITAIRE. V. JUSTICE MILITAIRE. V. LÉGISLATION. V. MARÉCHAL DE L'OST. V. MILICE SUISSE N° 2. V. STRATÉGIE.

GRAND MAITRE de la MILICE (F). Quand les ROMAINS gouvernaient les GAULES, vers le temps qui répond à l'établissement de la PREMIÈRE RACE, les locutions *magister militum*, *magister exercitus*, équivalaient au titre de GÉNÉRAL D'ARMÉE ou de GÉNÉRALISSIME, qu'on a employé plus tard dans la MILICE FRANÇAISE. — VELLY, à l'imitation des premiers traducteurs des livres anciens, a exprimé ce rang par le titre de Grand maître de la milice; les MAITRES DE LA CAVALERIE et DE L'INFANTERIE étaient sous ses ordres. — Ces mots *magister* et MAITRE se retrouvent pendant toute la durée du MOYEN AGE; ils donnent idée de différents GRADES D'OFFICIERS qui se sont modifiés comme on va le voir, et qui sont encore usités dans quelques MILICES.

GRAND MAITRE de l'ARTILLERIE (F), ou CAPITAINE GÉNÉRAL D'ARTILLERIE, ou INTENDANT de l'ARTILLERIE comme l'appellent MONET et BOREL (Pierre), ou MAITRE EN CHEF comme l'appelle SERVAN (1780, B), ou MAITRE GÉNÉRAL et VISITEUR comme le dit DANIEL (1721, A), ou souverain maître comme l'appelle le *Spectateur militaire* (t. XXII, p. 404). — Cet emploi répondait au *præfectus fabrum* des ROMAINS dont parle VELLEIUS. — Le Grand maître de l'artillerie, ou des OFFICIERS d'une dénomination analogue, ont existé pendant un siècle environ dans la MILICE FRANÇAISE en même temps que le GRAND MAITRE DES ARBALÉTRIERS et des CRANEQUINIERS. La nature des fonctions que ces deux MAITRES exerçaient est un point mal éclairci; il devait y avoir conflit entre eux. Mais la charge de Grand maître de l'artillerie prit de l'importance quand l'autre perdit la sienne; les fonctions de ce CHEF devinrent plus spéciales quand l'usage général des ARMES A FEU fit abandonner l'ARBALÈTE; jusque-là l'INFANTERIE avait exécuté et les ARMES NÉVROBALISTIQUES et les ARMES A FEU de tout calibre; mais, sous LOUIS ONZE, un PERSONNEL D'ARTILLERIE fut créé à part, et son chef reçut le nom de Grand maître. Il reste douteux si ce fut par suite d'un démembrement ou par un droit de succession que le titre de GRAND MAITRE DES ARBALÉTRIERS se fondit dans celui de Grand maître de l'artillerie. — Dès l'an 1228, comme le dit SERVAN (1780, B), et comme on peut le conjecturer en lisant GUILLAUME GUYART, ou au moins depuis 1291, comme le disent ANSELME et DANIEL (1721, A), il existait des MAITRES D'ARTILLERIE ou des MAISTRES DE L'ARTILLERIE, c'est-à-dire des officiers ayant l'intendance des anciennes MACHINES DE GUERRE et des ARMES du temps : ils remplissaient ainsi les fonctions d'INGÉNIEURS; ils furent subordonnés aux maîtres ou au GRAND MAITRE DES ARBALÉTRIERS quand ce grade commença à exister. — En 1330, ces MAITRES DE L'ARTILLERIE avaient chacun un département à ROUEN, à PARIS, à MELUN, à Montargis, etc. — Vers 1354, époque à laquelle se rapporte, à ce qu'on croit, l'usage, devenu plus général en France, de la POUDRE et des MACHINES A FEU, il commença à exister un CAPITAINE GÉNÉRAL DES POUDRES. — En 1358, sous le roi JEAN, Jean du Lion était *souverain maître de l'artillerie.* — L'ORDONNANCE DE 1397, sous CHARLES SIX, reconnaissait un MAITRE GÉNÉRAL et VISITEUR des ARTILLERIES de FRANCE; et pourtant, en 1411, les CANONNIERS étaient encore soumis au GRAND MAITRE DES ARBALÉTRIERS; aussi ces personnages étaient-ils perpétuellement en lutte; il n'existait pas de MINISTRE DE LA GUERRE pour régler leurs prétentions. — Sous CHARLES SEPT, le célèbre Jean Bureau était Grand maître, à ce que disent RAY DE SAINT-GENIES (1755, A), et CARRÉ (1785, E). C'est depuis 1420 (1ᵉʳ septembre), suivant POTIER (au mot *Artillerie*), que nominalement l'office de Grand maître est établi. — En 1477, ou, suivant GUIGNARD (1725, B), en 1479, chaque MAITRE DE L'ARTILLERIE avait sa BANDE, c'est-à-dire une certaine quantité d'OFFICIERS et d'HOMMES DE TROUPE sous ses ordres; ces BANDES furent amalgamées en une seule en 1479. — La qualification de Grand maître de l'artillerie n'aurait nominalement existé, suivant le *Spectateur militaire*, que depuis 1550; mais fut probablement donnée par l'usage, si ce n'est par la loi, à l'OFFICIER qui devint le chef de ces divers MAITRES quand ils cessèrent de dépendre du GRAND MAITRE DES ARBALÉTRIERS. DANIEL (1721, A) pense que cette organisation eut lieu en 1477, époque de la première abolition du GRAND MAITRE DES ARBALÉTRIERS; nous disons la première abolition, car son emploi fut ensuite rétabli pour quelque temps encore. Les LETTRES PATENTES DE 1601 (JANVIER) le témoignent. — Le Grand maître de l'artillerie était à la tête d'une des six justices particulières de la ville de PARIS; cette juridiction, dont GUIGNARD (1725, B) fournit le tableau, était établie à l'arsenal. — Il avait le gouvernement des ARTILLIERS, MINEURS, FOSSIERS, l'administration des ENGINS et MACHINES DE

GUERRE, la conduite des constructions et de l'établissement des PONTS, qui depuis ont regardé le GÉNIE; il ordonnait, à l'égard des FONDERIES. — Il donnait pour support à son écusson deux CANONS sur leur AFFUT, et mettait ses ARMOIRIES sur les pièces qu'il faisait jeter en bronze. — Il commissionnait les OFFICIERS; ordonnait seul du mouvement des MUNITIONS DE GUERRE; passait les MARCHÉS; avait la surintendance des MANUFACTURES D'ARMES; exerçait sa charge tant dans l'intérieur que hors du royaume; réglait, arrêtait, ordonnançait les comptes; avait sous lui un LIEUTENANT GÉNÉRAL et des COMMISSAIRES. — Lors de son entrée et de sa sortie des forteresses, il était salué par cinq volées de grosses pièces. — Il s'appropriait le métal et les cloches contenus dans les PLACES DE GUERRE dont les ARMÉES ASSIÉGEANTES s'emparaient; cette prise était l'objet d'un rachat à prix débattu, à moins que la CAPITULATION n'eût assuré à la ville la conservation de ses CLOCHES et ne l'eût dispensée du rachat. — Le Grand maître de l'artillerie assistait apparemment aux SIÉGES avec un droit presque égal à celui du GÉNÉRAL EN CHEF, ou même comme GÉNÉRAL, autrement cette prise, ce rachat, cette forme de CAPITULATION auraient pu susciter entre le GÉNÉRAL COMMANDANT et les MAITRES DE L'ARTILLERIE de vives difficultés. — Au temps de LOUIS QUATORZE, comme on le voit dans DANIEL (1721, A), l'ARTILLERIE des PLACES prises devenait la propriété du roi, et non plus le BUTIN du Grand maître. — Il est question de Grands maîtres de L'ARTILLERIE dans l'histoire et dans des actes authentiques longtemps avant que les ordonnances fassent emploi de ce titre; il n'y figure que depuis FRANÇOIS PREMIER : voilà pourquoi l'on ne regarde le chef de l'artillerie que comme créé en 1546. — En janvier 1601, HENRI QUATRE, voulant reconnaître les services de SULLY, chef des INGÉNIEURS sous le titre de SURINTENDANT DES FORTIFICATIONS, érigea en CHARGE DE LA COURONNE l'OFFICE ou l'EMPLOI de Grand maître et CAPITAINE GÉNÉRAL de l'artillerie; ainsi, dans l'ordre des dates et l'échelle des créations, le chef de l'ARTILLERIE ne venait que le dernier comme grand OFFICIER DE LA COURONNE. — LOUVOIS était à la fois ministre et Grand maître. — En FRANCE, le titre de Grand maître s'éteint en 1755 par abolition; mais quelques-unes des fonctions revivent plus tard par l'institution des INSPECTEURS GÉNÉRAUX. — DESPAGNAC (1751, D) et RAY DE SAINT-GENIES (1755, A) témoignent que le comte d'Eu, revêtu de cette charge depuis 1740, est le dernier dont l'histoire fasse mention:

il en a été décoré fort longtemps. — Le titre d'INSPECTEUR GÉNÉRAL de l'ARTILLERIE succéda, en 1755, à celui de Grand maître. — En 1771, le prince de Condé espérait faire rétablir à son profit la charge de Grand maître. Il protégea, auprès de la favorite régnante, MONTEYNARD, et espérait, en retour de la nomination de ce ministre, devenir Grand maître. Cette intrigue échoua, parce que les bureaux firent sentir au MINISTRE de quelle influence il se priverait en détachant du ministère cette branche devenue si importante. — Le général WELLINGTON est, en ANGLETERRE, Grand maître de l'artillerie et du GÉNIE ; cette espèce de ministère ou d'ÉTAT-MAJOR s'appelle le bureau de l'ordonnance. — Le même GRADE et la même désignation existent encore dans les MILICES NAPOLITAINE, NÉERLANDAISE, PIÉMONTAISE, RUSSE, SUÉDOISE, etc. — Le Dictionnaire du général COTTY (1822, A) ne nous a fourni aucune lumière au sujet des Grands maîtres, ou du moins il ne se trouve ni au mot Grand ni au mot MAITRE.— Les auteurs qu'on peut consulter sur ce sujet sont : ANSELME, CARRÉ (1783, E), DANIEL (1721, A), DELASIMONNE, DESPAGNAC (1751, D), DUTILLET, l'ENCYCLOPÉDIE (1751, C), GUIGNARD (1725, B), LEFÉRON, PINARD, POTIER (1779, X), RAY DE SAINT-GENIES (1755, A), SAINT-REMY, SERVAN (1780, B), VELLY (t. v, p. 86 ; t. xvi), VITON, le *Journal des Sciences militaires* (octobre 1856, p. 6).

GRAND MAITRE de l'ORDRE de SAINT-LOUIS. V. ORDRE DE SAINT-LOUIS.

GRAND MAITRE des ARBALÉTRIERS et des CRANEQUINIERS (F), ou ADMIRAL (amiral) des ARBALESTRIERS comme dit MONSTRELET, ou CAPITAINE GÉNÉRAL DES ARBALÉTRIERS. — OFFICIER qui tenait la première place au-dessous du CONNÉTABLE, et qui, à certains égards, marchait presque son égal et était MINISTRE en sa partie. DANIEL (1721, A) et DESPAGNAC (1751, D) disent qu'il venait après le MARÉCHAL ; mais cette subordination ne résulta pas d'une règle permanente ; son GRADE n'a été primé par celui du MARÉCHAL que quand il n'y avait, en FRANCE, qu'un MARÉCHAL ou qu'un petit nombre de MARÉCHAUX ; et il ne déférait à leurs ordres que dans les circonstances où l'un d'eux remplaçait le CONNÉTABLE ou le souverain, ou bien quand le TRIBUNAL DES MARÉCHAUX DE FRANCE était investi de la juridiction du CONNÉTABLE. — C'est du règne de LOUIS NEUF et de l'an 1226 que date la création de l'OFFICE de Grand maître des arbalétriers, ou plutôt du MAITRE DES ARBALÉTRIERS : car, pendant longtemps, il s'est nommé simplement ainsi. — En 1270, le Grand maître est in-

vesti du commandement de toute l'ARTILLERIE NÉVROBALISTIQUE ; il devenait ainsi le CHEF des fonctionnaires qui, sous les deux règnes précédents, étaient chargés, à titre de ROIS et de MAITRES (*rex, magister machinarum*), de la direction et de l'emploi des ARBALÈTES, ARMES NÉVROBALISTIQUES, ENGINS, MACHINES. Les premiers AUTEURS qui ont écrit en FRANÇAIS ont aussi appelé ces ROIS MAITRES DES ENGIGNOURS et des MINOURS. GUILLAUME GUYART les appelle *commandères*. — BOULAINVILLIERS pense que l'institution de l'OFFICE ou de la CHARGE de Grand maître des arbalétriers appartient à l'année 1260. RAY DE SAINT-GENIES (1755, A) ne la croit que de 1270. Ces divergences d'opinions viennent de ce que le Grand maître s'est d'abord appelé MAITRE. L'importance que le SERVICE DES HOMMES DE PIED commençait à prendre, détermina la création du Grand maître ; l'INFANTERIE ne tira cependant quelque profit de cette institution que depuis CHARLES SEPT. — CARRÉ (1783, E) prétend que, en 1192, il aurait existé un Grand maître des ENGIGNOURS (OFFICIERS DU GÉNIE) et des MINOURS ; cependant DANIEL (1721, A), DESPAGNAC (1751, D) et GUIGNARD (1725, B) n'en disent rien, et n'attribuent le commandement de ces diverses ARMES ou IDIOPLIES qu'au seul CHEF suprême des ARBALÉTRIERS, qui, en 1191, avait sous ses ordres les INGÉNIEURS ou MAITRES D'ENGINS (*magistri machinarum*). — Dans le quatorzième siècle, le Grand maître fait fonction de GÉNÉRAL D'AVANT-GARDE ou D'ARRIÈRE-GARDE, suivant le cas. — Depuis 1354 environ, l'ARTILLERIE nouvelle et tout ce qui y a rapport commencent à dépendre du Grand maître des arbalétriers. — L'ORDONNANCE DE 1372 veut qu'il choisisse un LIEUTENANT chargé de passer en son nom les REVUES DE TROUPE ; ainsi il exerçait en chef des fonctions d'INSPECTEUR GÉNÉRAL. — Le Grand maître des arbalétriers n'a pas toujours été uniquement connu sous cette désignation ; son titre a varié. Des LETTRES PATENTES de 1373 (16 décembre) le dénomment : *Capitaine général des arbalétriers tant de pied que de cheval*. Mais il faut faire cette distinction que les ARBALÉTRIERS et ARCHERS A CHEVAL auxquels il commandait n'étaient pas soldats féodaux. — Le sire Jean de Breuil, Grand maître des arbalétriers, est tué à la bataille d'AZINCOURT. — La grande maîtrise a été supprimée ou suspendue en 1477, et resta vacante quarante-six ans ; FRANÇOIS PREMIER la rétablit en 1523 en faveur d'Aymar de Prie, pour donner, comme dit DANIEL (1721, A), *un titre et des appointements à un seigneur* : car les sinécures et le bon plaisir ont été de tous les règnes. La fonction, ou du moins la place, a existé jusqu'en 1534 pour être abolie à jamais, parce que la manière de guerroyer décida alors de l'abandon de l'ARBALÈTE, et témoigna la supériorité de l'ARTILLERIE A FEU. — Une ORDONNANCE que rend PHILIPPE LE BEL en 1306 veut que, quand le ROI est à l'armée, le Grand maître des arbalétriers se tienne entre l'AVANT-GARDE et le CORPS DE BATAILLE; cette ordonnance donne la preuve que, à cette époque, ce Grand MAITRE était secondé par un MAITRE DES ARBALÉTRIERS. — Les attributions et les droits du Grand maître ont été considérables; OFFICIER longtemps révocable, il compta ensuite au nombre des GRANDS OFFICIERS DE LA COURONNE; il était le surintendant des MACHINES DE GUERRE, le directeur de l'ARTILLERIE de l'OST (de l'ARMÉE ou du CAMP), le répartiteur des CANONS de toute espèce et de toutes les ARMES A FEU du temps; il avait sous son administration et ses ordres les machinistes, CANONNIERS, CHARPENTIERS, FOSSIERS, OUVRIERS, ARCHERS A PIED et A CHEVAL, ARBALÉTRIERS et CRANEQUINIERS, MAITRES DE L'ARTILLERIE, etc.; il les commandait à toutes MONSTRES OU REVUES; il conservait ces droits, même dans les CHEVAUCHÉES du ROI, c'est-à-dire quand le monarque paraissait à l'ARMÉE. Le Grand maître des arbalétriers plaçait toutes les ESCOUTES, sauf celles des gens d'armes; en l'absence du ROI ou du CONNÉTABLE, il DONNAIT LE MOT. — Les gens du Grand maître étaient PASSÉS EN REVUE par un LIEUTENANT AUX MONSTRES. — On présume que les ARBALÉTRIERS A CHEVAL, distincts des CRANEQUINIERS, TROUPE A CHEVAL peu nombreuse, dépendaient aussi du Grand maître; c'est l'opinion de DANIEL (1721, A); ainsi cet OFFICIER était à la tête des ARMES qu'on appellerait aujourd'hui ARTILLERIE, INFANTERIE, GÉNIE, PIONNIERS, OUVRIERS, TRAIN; il disposait de plus de quelque CAVALERIE LÉGÈRE. Il intervenait puissamment dans les CAPITULATIONS des VILLES qui se rendaient aux ARMÉES du ROI. — Quand le ROI chevauchait en l'OST ou BATAILLE (était ou se transportait à l'ARMÉE), le Grand maître des ARBALÉTRIERS recevait directement de lui et sans l'intermédiaire du CONNÉTABLE ou du MARÉCHAL, ou *envoyoit querre* le CRY (chercher le MOT); il prenait immédiatement l'ordre du ROI pour le commandement de l'INFANTERIE; il ASSEYAIT le premier les ESCOUTES (plaçait les POSTES D'INFANTERIE et les SENTINELLES); il avait le droit de s'emparer du métal et des CLOCHES des PLACES DE GUERRE qui capitulaient, et de toute l'ARTILLERIE prise dans les combats où la sienne FAISAIT FEU; il avait juridiction sur tous les GENS DE PIED; il en avait toutes les MONSTRES (en faisait toutes les revues). — DANIEL (1721, A) pense que, quand le ROI n'était pas présent, le Grand maître prenait les ordres d'un CHEF ou du MARÉCHAL qui représentait le souverain. — Il semblerait donc que, à peu de chose près, il avait sur les HOMMES DE PIED l'autorité que le CONNÉTABLE exerçait sur la GENS D'ARMERIE et sur la MAISON MILITAIRE. — Les ARCHERS, ARBALÉTRIERS et CANONNIERS, ayant prétendu, sous CHARLES SIX, n'être pas sous la CHARGE des (tenus à l'obéissance envers les) MARÉCHAUX, un ARRÊT DE 1411 (22 AVRIL) détermina que la *connaissance* (le droit de juridiction, la REVUE, les MONSTRES) *de ces troupes appartiendrait aux maréchaux.* — Mais DUHAILLAN affirme que les Grands maîtres rentrèrent bientôt dans les droits et l'autorité que les MARÉCHAUX leur avaient disputés et enlevés; et en effet, en 1461, le Grand maître des arbalétriers a sous sa juridiction le GRAND MAITRE DE L'ARTILLERIE. — DUTILLET prétend, mais DANIEL (1721, A) conteste, que le COLONEL GÉNÉRAL DE L'INFANTERIE aurait succédé au Grand maître des arbalétriers; on peut cependant regarder cette CHARGE comme s'étant partagée en trois. Les ARBALÉTRIERS A CHEVAL échurent au COLONEL GÉNÉRAL DE LA CAVALERIE LÉGÈRE ou des ALBANAIS, les HOMMES DE PIED au COLONEL GÉNÉRAL DE L'INFANTERIE, et toute l'ARTILLERIE au GRAND MAITRE DE L'ARTILLERIE. — En 1477, le sire d'Auxi est l'avant-dernier Grand maître des arbalétriers. Le titre s'éteint en 1534, ou, suivant le *Journal de l'Armée* (t. III, p. 366), en 1526. — Les AUTEURS que l'on peut consulter touchant le Grand maître des arbalétriers sont: ANSELME, BOULAINVILLIERS, CARRÉ (1783, E), DANIEL (1721, A), DESPAGNAC (1751, D), DUHAILLAN, DUTILLET, l'ENCYCLOPÉDIE (1751, C), GALLAND (Cb.-Ph.), GUIGNARD (1725, B), GUYARD, LEFÉRON, POTIER (1779, X, au mot *Artillerie*), RAY DE SAINT-GENIES (1755, A), VELLY, VITON.

GRAND MAITRE DES ARCHERS. V. ARCHER. V. MILICE ANGLAISE N° 2.

GRAND MAITRE DES CRANEQUINIERS. V. CRANEQUINIERS. V. GRAND MAITRE DES ARBALÉTRIERS. V. MAITRE.

GRAND MAITRE DES ENGIGNOURS. V. ENGIGNOUR. V. GRAND MAITRE DES ARBALÉTRIERS. V. MAITRE.

GRAND MAITRE DES MINOURS. V. GRAND MAITRE DES ARBALÉTRIERS. V. MAITRE. V. MINOUR.

GRAND MANIEMENT D'ARMES. V. MANIEMENT D'ARMES.

GRAND MANIPULE. V. FILE ROMAINE. V. MANIPULE; id. N° 1, 4, 5.

GRAND MARÉCHAL. V. AUTEUR MILITAIRE (1658, A). V. GRADE D'OFFICIER. V. MARÉCHAL. V. MARÉCHAL DE FRANCE.

GRAND MOIS D'HIVER (B, 1). Les MARCHÉS de CHAUFFAGE, et entre autres celui de 1818 (21 décembre), passés par le département de la guerre, contiennent les mots Grands mois d'hiver par opposition au mot DERNIER MOIS D'HIVER, parce que les FOURNITURES de CHANDELLE ou autre ÉCLAIRAGE, ainsi que celle du CHAUFFAGE des CORPS DE GARDE, varient à raison de ces différents mois quant à la proportion des matières fournies.

GRAND OFFICIER (grands officiers) de la COURONNE (F). Par cette désignation il faut entendre des hommes à OFFICES royaux, mais non pas précisément militaires, puisque originairement OFFICE était analogue au mot FONCTION publique quelconque, de même que OFFICIER était analogue au mot personnage s'acquittant d'une de ces FONCTIONS. — Les Grands officiers dont il va surtout être question ici sont ceux qui ont, par leur dénomination, répondu surtout aux *domestici* (DOMESTIQUES MILITAIRES) de BYSANCE. — Le temps qui use tout a constamment et successivement usé les OFFICES; nous avons démontré en mille passages cette dépréciation inévitable des titres, des EMPLOIS et des GRADES. — Originairement les Grands officiers ont été la monnaie des MAIRES DU PALAIS. — Quand les hommes qui accomplissaient auprès du ROI un OFFICE se sont multipliés par le partage de l'office, ou ont grandi en dignité, ceux d'entre eux qui étaient le plus en faveur se sont refusés à ne s'appeler qu'OFFICIERS; ils se sont fait appeler Grands officiers. Quand le titre de Grand officier s'est entouré d'assez de considération, ou a été accompagné d'assez de crédit pour devenir viager ou héréditaire, ceux qui avaient des fonctions dans le palais comme Grands officiers de la personne royale sont devenus Grands officiers de la couronne, et non plus uniquement de la personne. — Ainsi les époques où les OFFICES ont commencé à être exercés par de Grands officiers de la couronne sont celles où des personnages en exercice passaient d'une condition révocable à une condition permanente, par la transformation de l'OFFICE dont la nature s'améliorait en leur faveur. — Pour ne parler que de la chose militaire, on voit, suivant les temps, le DAPIFER, le GRAND SÉNÉCHAL, le CONNÉTABLE, le MARÉCHAL, n'être d'abord que simples domestiques à OFFICES civils, s'élever ensuite plus ou moins par la faveur ou par l'autorité dont ils jouissaient, devenir Grands officiers de la couronne, se regarder uniquement comme militaires et s'é-

riger en GÉNÉRAUX D'ARMÉE à poste fixe. D'autres OFFICES furent compris dans la même catégorie : tels furent l'emploi du GRAND MAITRE DES ARBALÉTRIERS, du COLONEL GÉNÉRAL DE L'INFANTERIE, du GRAND MAITRE DE L'ARTILLERIE; enfin il y a des fonctionnaires qui, suivant des auteurs, ont été, ou, suivant d'autres, n'ont pas été Grands officiers : tel fut le GRAND PRÉVOT DE L'HOTEL. — Sous la SECONDE RACE et au commencement de la TROISIÈME, les fonctions de maître d'hôtel, de maître de la garde-robe, de bouteiller, d'écuyer, n'étaient rien moins que relevées par elles-mêmes; mais elles étaient exercées par des hommes devenus puissants, parce qu'ils étaient comblés des grâces du souverain, et qu'ils avaient, comme on disait, bouche en cour; ces parvenus prétendirent s'assimiler aux BARONS et aux PAIRS de France; ceux-ci se refusaient à laisser siéger parmi eux des valets dorés et anoblis; il en fut ainsi jusqu'à LOUIS HUIT, qui décida que les domestiques à OFFICES ou officiers de la MAISON du ROI auraient séance avec les PAIRS. — Cette circonstance explique combien les fonctionnaires qui, depuis LOUIS NEUF, s'acquittèrent des EMPLOIS militaires dont nous avons parlé ont dû mettre d'ardeur à faire changer en grands OFFICES ou grandes CHARGES DE LA COURONNE leurs offices, jusque-là éventuels; ils y parvinrent pour la plupart. — La haute influence que prirent ces DIGNITAIRES ayant quelquefois inquiété, ébranlé même le trône, leurs places durent rester et restèrent effectivement vacantes plus d'une fois. — Sous HENRI TROIS, les Grands officiers prirent rang après les PRINCES DU SANG. — BONAPARTE, remontant vers les vieilles voies, fit revivre, d'une manière plus ou moins mitigée, ces usages; les sénatus-consultes de l'AN DOUZE (28 FLORÉAL), le DÉCRET DE 1806 (4 FÉVRIER), celui DE 1811 (19 MARS), prononcérent; mais, au lieu de se servir du mot OFFICIER, jadis autant civil que militaire, et uniquement militaire alors, ils appelèrent génériquement GRANDS FONCTIONNAIRES ce qu'on avait appelé jadis Grands officiers. — La LOI DE 1807 (11 SEPTEMBRE) assimilait au droit à la pension les GRANDS FONCTIONNAIRES, les MARÉCHAUX et les MINISTRES. — En l'an douze, le PREMIER INSPECTEUR GÉNÉRAL D'ARTILLERIE prend rang de Grand officier. — Le DÉCRET DE L'AN DOUZE (24 MESSIDOR) sur les HONNEURS atttachait aux prérogatives des Grands officiers les ENTRÉES D'HONNEUR, etc.; mais ce décret ne disait pas ce qu'il faut entendre par Grand officier. — ANSELME, FAVYN, M. SICARD, ont traité spécialement des Grands officiers de la couronne; VOLTAIRE se montre peu satisfait de l'opinion du premier de ces ÉCRIVAINS, et dit, en parlant de lui (*Siècle de Louis quatorze*) : *Rien n'est décidé sur cette matière; et il y a autant de confusion et d'incertitudes sur tous les droits et sur tous les titres en France qu'il y a d'ordres dans l'administration.* — En 1832, il n'était plus reconnu dans le royaume comme Grands officiers que les MARÉCHAUX DE FRANCE.

GRAND OFFICIER de la LÉGION D'HONNEUR (C, 4). Officier dont le GRADE a été créé par le décret de l'an dix (29 floréal) et reconnu par l'ORDONNANCE DE 1816 (26 MARS). — Dans le principe, ce grade était le plus élevé; en 1816, il ne fut plus que le quatrième ou l'avant-dernier; dans le principe, il était reconnaissable par la PLAQUE portée à gauche et par le GRAND CORDON; en 1816, il ne fut plus distingué que par la PLAQUE portée à droite; le GRAND CORDON devint l'un des INSIGNES du cinquième GRADE OU GRADE des GRAND'CROIX. — Le nombre des Grands officiers était fixé en 1816 à cent soixante; mais, au mépris de cette disposition, il en existait en octobre 1838 deux cent sept, à ce qu'affirme M. MOUNIER. Ils ont l'ÉTOILE en or; ils portent à droite une PLAQUE brodée en argent. Les HONNEURS FUNÈBRES qui leur sont attribués sont pareils à ceux auxquels ont droit les GRAND'CROIX ou des LIEUTENANTS GÉNÉRAUX employés; ils ont droit, comme SALUT MILITAIRE, au PORT D'ARMES. — L'ORDONNANCE DE 1816 (22 MAI) réglait que, dans les CÉRÉMONIES PUBLIQUES, ils prenaient rang avec les COMMANDEURS DE SAINT-LOUIS.

GRAND PARC. V. PARC. V. PARC D'ARTILLERIE. V. PARC DE SIÉGE.

GRAND PAS. V. PAS ALLONGÉ. V. PAS DE PELOTON.

GRAND PIED DE GUERRE. V. AUGMENTATION DE FORCES. V. COMPAGNIE DE GRENADIERS Nº 3. V. COMPAGNIE D'INFANTERIE FRANÇAISE DE LIGNE Nº 2, 4. V. INFANTERIE DE BATAILLE Nº 3, 4. V. INFANTERIE FRANÇAISE Nº 3. V. INFANTERIE FRANCO-ÉTRANGÈRE. V. PIED DE GUERRE. V. TURPIN (1769, C).

GRAND PIQUET DE TENTE. V. PIQUET DE TENTE.

GRAND PONT. V. PANTALON. V. PANTALON D'INFANTERIE. V. PONT.

GRAND PRÉVOT (term. génér.), ou PRÉVOT D'ARMÉE. Officier de la MILICE FRANÇAISE dont l'EMPLOI, le GRADE, l'existence, sont autant de questions et de souvenirs encore mal éclaircis. Sa place est-elle maintenue ou abrogée? On l'ignore. Le RÈGLEMENT, retouché à Schœnbrunn en 1809 (11 octobre), remanié de nouveau et encore plus malhabilement en 1823, mentionnait encore ce GRADE; et pourtant les FONCTIONS anciennes

qui y sont attachées, FONCTIONS qui ne reposent que sur des traditions, ont cessé d'être en harmonie avec notre LÉGISLATION civile et militaire; disons même qu'elles sont devenues impossibles. — Au commencement de ce siècle, les ordonnances étaient si confuses, que BONAPARTE se faisait suivre, dans ses campagnes, d'un OFFICIER DE GENDARMERIE revêtu du titre de Grand prévôt, quoique la loi eût supprimé ce titre en 1790; quoiqu'il n'existât plus ni prévôts particuliers, ni PRÉVOTÉ, ni CAS PRÉVOTAUX, ni JUGEMENTS PRÉVOTAUX, et qu'il y eût incompatibilité entre l'ancienne FONCTION et les nouvelles mœurs. — Des qualifications fort différentes ont été successivement données jadis au FONCTIONNAIRE dont nous nous occupons ici. Ses attributions n'ont pas moins varié; mais il est impossible d'en tracer un exact tableau : car, malgré les recherches historiques les plus minutieuses, on ne trouve à cet égard qu'obscurité et ambiguïté. Comment réussirait-on aujourd'hui à éclaircir le sujet, puisque les personnages qui avaient le plus d'intérêt à démêler la vérité, et qui étaient le plus à portée d'y réussir, l'ont essayé en vain. On voit dans MIRAULMONT, historien, qui lui-même était Grand prévôt, que deux Grands prévôts, l'un qu'on nommait ainsi, ou bien PRÉVOT GÉNÉRAL DE LA CONNÉTABLIE, l'autre qu'on nommait GRAND PRÉVOT DE L'HOTEL et GRAND PRÉVOT DE FRANCE, se disputaient vivement, dans l'avant-dernier siècle, sur la question de savoir si la dernière de ces CHARGES avait été dépendante ou démembrée de celle du PRÉVOT GÉNÉRAL DE LA CONNÉTABLIE; si celle de ce PRÉVOT GÉNÉRAL tirait son origine des MAIRES DU PALAIS et du MAITRE D'HOTEL DU ROI; si le GRAND PRÉVOT DE L'HOTEL avait ou non succédé au ROI DES RIBAUDS: aucune lumière n'est sortie de ces vains débats. — On sait seulement, sur le témoignage de VELLY, que, en 1265, le Grand prévôt de France exerçait une CHARGE DE LA COURONNE; mais, bien plus anciennement, il existait une PRÉVOTÉ, magistrature qui prend naissance, ou qui du moins commence à être mentionnée dans l'histoire, à partir du règne de PHILIPPE PREMIER (1070). Elle succéda à la JUSTICE du COMTE et du VICOMTE DE PARIS; elle était militaire, judiciaire et fiscale. Il est question plus tard, comme le témoigne l'ENCYCLOPÉDIE (1751, C; au mot PRÉVOT DE FRANCE), de la PRÉVOTÉ DE L'HOTEL, TRIBUNAL auquel siégeaient des lieutenants civils et criminels, et dont la réorganisation eut lieu en 1543. — Le grade de Grand prévôt, qui se retrouve, à l'imitation des usages français, dans le *prevost marshal* de la MILICE ANGLAISE, a varié chez nos ancêtres, à mesure de l'accroissement de l'AUTORITÉ, et autant par les désignations que par les attributions. Ainsi le titulaire s'est successivement appelé PRÉVOT, PRÉVOT GÉNÉRAL, comme il s'intitule encore dans la MILICE ANGLAISE, GRAND PRÉVOT DE LA CONNÉTABLIE, GRAND PRÉVOT DE L'HOTEL, GRAND PRÉVOT DE FRANCE. — Il y a eu encore bien d'autres PRÉVOTS et Grands prévôts, tels que ceux de la MARÉCHAUSSÉE, celui des monnaies, celui du chancelier, celui de l'Ile-de-France, etc.; mais ces derniers n'avaient rien de militaire. — Pour saisir l'ensemble du sujet, il faut donc le prendre à partir du simple PRÉVOT. — Il y a trop peu de probabilité que leur création se rattache à celle des MAIRES DU PALAIS pour en faire l'objet d'une supposition : pourtant il y a eu de tout temps des PRÉVOTS; avant la création de la LANGUE FRANÇAISE, le mot, qui n'avait rien de technique, et qui était représenté par le substantif latin *prepositus, prepostus*, signifiait simplement assistant ou second, vicaire ou lieutenant; c'était une expression générique et non spéciale : de là vient que BENETON (1741, A) donne le titre de Grands prévôts, c'est-à-dire de préposés en chef, aux BANNERETS, qui, dans les armées, représentaient le ROI, évoquaient en son nom le BAN ET ARRIÈRE-BAN, et décidaient des SUPPLICES. — Il ne faut pas porter ses regards au delà de la création du CONNÉTABLE, puisque la LANGUE FRANÇAISE n'existe que de l'époque des CROISADES. Il n'y a plus que peu de chose à en dire depuis la création des MINISTRES DE LA GUERRE, parce que dans leurs attributions sont venues en grande partie se fondre celles des Grands prévôts. — Le mot PRÉVOT signifiait donc, d'une manière qui a été longtemps indéterminée, agent subalterne ou LIEUTENANT du MARÉCHAL : il l'aidait à peu près comme le MARÉCHAL aidait le CONNÉTABLE, dont il était aussi le prévôt, de même que le CONNÉTABLE avait été le prévôt du GRAND SÉNÉCHAL; ce qui justifie cette assertion, c'est que la LANGUE ANGLAISE, dans laquelle on retrouve les vestiges de quelques vieux usages militaires dont notre LANGUE a perdu le souvenir, appelle *marshal* (MARÉCHAL) le FONCTIONNAIRE qu'on appelait, dans les derniers siècles, PRÉVOT, et ensuite GRAND PRÉVOT DE CONNÉTABLIE. Dans cette MILICE, le *marshal* ou Grand prévôt exerce encore aujourd'hui, en campagne, dans toute leur rigueur primitive les anciennes attributions prévôtales. De même, dans les derniers siècles, le CASSI-ASCHER de la MILICE TURQUE, ainsi que le témoigne GANEAU, était le haut justicier de l'ARMÉE des

croyants; car c'est une idée simple et naturelle que d'attacher un CHEF DE JUSTICE à une ARMÉE EN CAMPAGNE. — Le CONNÉTABLE, tant qu'il a existé, ou, pendant les vacances de son EMPLOI, la CONNÉTABLIE, c'est-à-dire le corps des MARÉCHAUX qui représentait le CONNÉTABLE, ont toujours eu une COUR, une juridiction présidée par un JUGE D'ÉPÉE; ce JUGE était un PRÉVOT, ou un PRÉVOT GÉNÉRAL, ou un Grand prévôt. — Il est croyable que quand les monarques se seront mal accordés avec leur connétable ou leur CONNÉTABLIE, que quand ils n'auront pas eu confiance dans l'exercice de la JUSTICE et de la POLICE de ce TRIBUNAL ou de ce personnage, et que quand l'extension de leur puissance les aura amenés à instituer une contre-police et une contre-justice, de grands changements en auront été le résultat; ainsi il aura commencé à exister un PRÉVOT DE L'HOTEL, soit sous le nom de ROI DES RIBAUDS, comme cela était en 1517, soit comme CHEF DE JUSTICE ayant sous ses ordres ce ROI DES RIBAUDS. — La chose est mal éclaircie jusqu'au règne de CHARLES SIX. Ce prince supprima le ROI DES RIBAUDS; il ne conserva que le PRÉVOT DE L'HOTEL; et de même que le PRÉVOT DE LA CONNÉTABLIE était le CAPITAINE de la COMPAGNIE D'ORDONNANCE attachée à la personne du CONNÉTABLE, de même le PRÉVOT DE L'HOTEL fut chef d'une COMPAGNIE D'ORDONNANCE attachée au roi, et devenue plus tard PRÉVOTÉ DE L'HOTEL. — Depuis la création des MINISTRES DE LA GUERRE, le Grand prévôt de l'ARMÉE dépendait d'eux, mais non le GRAND PRÉVOT DE L'HOTEL. — L'ORDONNANCE DE 1655 (14 FÉVRIER) plaçait sous la juridiction du Grand prévôt les troupes en campagne. — QUINEY (1741, E) fait mention du Grand prévôt de l'ARMÉE, parce qu'il n'envisage que les devoirs que cet OFFICIER y remplissait, et qu'il confond sous cette appellation soit le GRAND PRÉVOT DE L'HOTEL accompagnant le ROI à l'ARMÉE, soit le GRAND PRÉVOT DE LA CONNÉTABLIE faisant campagne dans une ARMÉE commandée par le ROI, ou dans une ARMÉE conduite par un GÉNÉRAL COMMANDANT. — Depuis 1671, le GRAND PRÉVOT DE L'HOTEL commandait une compagnie de cent neuf gardes, ou archers, ou exempts, qui faisaient partie de la maison militaire. L'ORDONNANCE DE 1690 (29 JUILLET) lui confiait la police et le châtiment des FEMMES SUSPECTES. — En ne considérant le Grand prévôt que comme chef de la POLICE et de la JUSTICE d'une ARMÉE, ses attributions consistaient en général, sous Louis QUATORZE et Louis QUINZE, à taxer les DENRÉES, réprimer la MARAUDE, classer, diriger, surveiller les BAGAGES de l'ARMÉE, faire BRANCHER prévôtalement les MARAUDEURS et les DÉSERTEURS, instruire les PROCÈS relatifs aux autres DÉLITS, faire exécuter les SENTENCES, et mettre au besoin l'EXÉCUTEUR à la disposition des MAJORS en vertu de leur requête. — S'il s'agit du PRÉVOT DE L'HOTEL, il était à la tête de tout ou partie de sa troupe nommée PRÉVOTÉ, et menait à sa suite la COUR prévôtale de l'hôtel. — S'il s'agit du GRAND PRÉVOT DE LA CONNÉTABLIE, il était à la tête d'une COMPAGNIE D'ARCHERS, c'est-à-dire de cavaliers armés de mousquetons, et il était judiciairement secondé par un LIEUTENANT, des EXEMPTS, un GREFFIER. — S'il se formait plusieurs ARMÉES, le Grand prévôt de la CONNÉTABLIE détachait à chacune un de ses LIEUTENANTS qui y exerçait les mêmes FONCTIONS juridiques et de POLICE. — A l'armée, les Grands prévôts ou PRÉVOTS GÉNÉRAUX, de quelque classe qu'ils fussent, prélevaient à leur profit un droit sur tous les MARCHANDS de COMESTIBLES du QUARTIER GÉNÉRAL. — Depuis qu'il a commencé à régner quelque POLICE dans les ARMÉES de LOUIS QUATORZE, si le PRÉVOT DE L'HOTEL, devenu alors GRAND PRÉVOT DE FRANCE, et si le PRÉVOT GÉNÉRAL DE LA CONNÉTABLIE se trouvaient ensemble à l'ARMÉE où était le ROI, le premier avait JURIDICTION dans toute l'étendue des LOGEMENTS marqués à la CRAIE BLANCHE; le ressort du second embrassait tout ce qui était marqué à la CROIX JAUNE. — Le règlement retouché par l'ORDRE DU JOUR DE 1809 (11 OCTOBRE, tit. XXIV) chargeait des fonctions de Grand prévôt le COMMANDANT de la GENDARMERIE de l'ARMÉE. — En 1850, le colonel de gendarmerie Neuilly est Grand prévôt de l'armée d'Afrique. — A l'époque où nous vivons, on embarrasserait peut-être un Grand prévôt, si on lui demandait ce que son titre signifie, en quoi consistent ses fonctions, en vertu de quel code, de quelle charte, il instrumente, quels rapports il doit établir avec les PRÉVOTS DE DIVISION; mais ainsi sont faites en France la LÉGISLATION, la LANGUE, la COMPOSITION. — Les AUTEURS qui ont traité de ce sujet sont : AUDOUIN, BAUCLAS, DUTILLET, FAUCHET, GUIGNARD (1725, B), LACHESNAIE (1758, I, au mot *Droit*), LEFÉRON, M. LEGRAND (1857, A, au mot *Prévôt*), MIRAULMONT, POTIER (1779, X), SAUGRAIN, le *Dictionnaire de la Conversation* (au mot *Prévôt*). — Pour éclaircir davantage la matière, nous distinguerons les Grands prévôts en GRAND PRÉVOT DE CONNÉTABLIE et en GRAND PRÉVOT DE L'HOTEL.

GRAND PRÉVOT D'ARMÉE. V. ARMÉE. V. ARMÉE FRANÇAISE N° 2. V. GRAND PRÉVOT. V. GRAND PRÉVOT DE LA CONNÉTABLIE. V. MAJOR-CAPITAINE N° 4. V. PRÉVOT D'ARMÉE. V. SÉNÉCHAL.

GRAND PRÉVOT DE FRANCE. V. FRANCE. V. GRAND PRÉVOT. V. GRAND PRÉVOT DE LA CONNÉTABLIE. V. GRAND PRÉVOT DE L'HOTEL. V. MILICE ANGLAISE N° 2. V. PRÉVOT DE FRANCE. V. PRÉVOT DE LA CONNÉTABLIE. V. PRÉVOT DES MARÉCHAUX.

GRAND PRÉVOT DE LA CONNÉTABLIE et MARÉCHAUSSÉE DE FRANCE (F). Sorte de GRAND PRÉVOT qui n'est autre que le FONCTIONNAIRE d'abord nommé PRÉVOT GÉNÉRAL DE LA CONNÉTABLIE et MARÉCHAUSSÉE, ainsi que l'appelle FURETIÈRE (au mot *Connétablie*). Ce PRÉVOT était GRAND JUGE MILITAIRE, et nommait les PRÉVOTS PARTICULIERS; il marchait accompagné d'ARCHERS; il avait en campagne juridiction sur l'étendue du terrain dont les LOGEMENTS étaient marqués à la CRAIE jaune. — Suivant plusieurs ÉCRIVAINS, le fameux Tristan l'Ermite, compère de LOUIS ONZE, passe pour avoir été le premier qui ait porté le titre de PRÉVOT GÉNÉRAL DE LA CONNÉTABLIE. Mais d'autres auteurs, tels que VELLY, l'appellent PRÉVOT DES MARÉCHAUX. — On voit dans BAUCLAS et dans SAUGRAIN que LOUIS ONZE avait réparti dans les provinces du royaume des LIEUTENANTS du GRAND PRÉVOT DE FRANCE; qu'ils s'appelaient PRÉVOTS GÉNÉRAUX, et qu'ils eurent à leur tour des LIEUTENANTS. S'agit-il, dans cette expression GRAND PRÉVOT DE FRANCE, du GRAND PRÉVOT DE L'HOTEL ou du Grand prévôt de la connétablie ? Nous pensons qu'il s'agit de ce dernier. — FRANÇOIS PREMIER décida qu'il y aurait à l'ARMÉE un de ces PRÉVOTS GÉNÉRAUX. — Le titre de Grand prévôt de la connétablie et maréchaussée était légal sous HENRI DEUX, comme on le voit dans LACHESNAIE (1758, I). — L'ORDONNANCE DE 1551 (16 JUILLET) mentionne ce Grand prévôt sous le titre de PRÉVOT GÉNÉRAL DE L'ARMÉE, et détermine ses FONCTIONS. — Sous les règnes suivants, ce Grand prévôt avait le rang de MESTRE DE CAMP DE CAVALERIE, et était chargé de l'inspection de toutes les MARÉCHAUSSÉES DE FRANCE. — Dans les temps ordinaires, le Grand prévôt tenait, à Paris, sa juridiction à la table de marbre du palais. — FURETIÈRE dit que, quand il y avait plusieurs ARMÉES, le PRÉVOT GÉNÉRAL DE LA CONNÉTABLIE servait dans l'ARMÉE ROYALE, et que ses LIEUTENANTS servaient dans les autres ARMÉES. — Nous avons vu dans ce qui précède qu'à l'ARMÉE le Grand prévôt de la connétablie instruisait les PROCÈS des GENS DE GUERRE, et était secondé par des LIEUTENANTS nommés PRÉVOTS D'ARMÉE. Il avait également sous ses ordres les PRÉVOTS DE CORPS, qu'on avait appelés, suivant les temps, PRÉVOT DES BANDES, PRÉVOT DE L'INFANTERIE FRANÇAISE. — Il y avait en 1788 six Grands prévôts inspecteurs ; leur rang équivalait à celui de chef d'escadron ; ils avaient sous leurs ordres les officiers de robe courte et les officiers d'épée. — Les Grands prévôts ont été abolis en 1791.

GRAND prévot de l'hotel (F). Sorte de grand prévot dont le titre existe positivement ou officiellement depuis Charles six; mais il y avait, plus anciennement, une juridiction du prévot de l'hotel, quelque nom que portât le fonctionnaire. — Les uns croient que cette fonction fut instituée en 1422, les autres en 1479. — Audouin et Lachesnaie (1758, I) disent que le Grand prévôt de l'hôtel était à la tête d'une des six justices particulières de Paris. — Leféron affirme que Charles six attacha à la cour un des juges militaires ayant titre de prévot ; que ce prévôt du palais présidait le tribunal de la prévôté, et devint conseiller d'Etat et grand officier de la couronne, quand, plus tard, il ajouta à sa qualité celle de grand prévot de France. — L'Encyclopédie (1751, C, au mot *Prévôt*) dit : *C'est un officier d'épée qui est le juge de tous ceux qui sont à la suite de la cour.* — Miraulmont regarde l'emploi de Grand prévôt de l'hôtel comme ayant succédé à celui des comtes du palais, ou palatins. — Dutillet pense que le Grand prévôt de l'hôtel remplaça le roi des ribauds, et fut revêtu, en tout ou en partie, des mêmes droits. — L'Encyclopédie (1751, C) est d'avis que l'autorité du Grand prévôt *dérive de celle du grand sénéchal, qui existait en même temps que le comte du palais, et que le prévôt ou grand prévôt a toujours eu juridiction.* — Potier (1779, X, aux mots *Garde de la prévôté* et *Prévôt*) pense que l'autorité du Grand prévôt avait été tour à tour celle du grand sénéchal, du bailli du palais, du grand maître du palais, du maître d'hôtel, officiers qui avaient eu sous leurs ordres le roi des ribauds. — Suivant Miraulmont, Charles sept institua l'office sous le titre de prévots de l'hostel; la qualification de prévot de France, que portait le prévot du connétable, serait venue, suivant cet auteur, se fondre dans la qualification de prévost de l'hostel. — Cette fusion n'eut lieu, suivant de Thou, qu'en 1570; suivant Lamarre et Miraulmont, qu'en 1578. — L'histoire certifie qu'en 1455 le prévot de l'hotel était en fonction, et les grandes chroniques de Saint-Denis témoignent qu'en 1458 il assista au procès du duc d'Alençon à Lyon, le roi y étant. — Tristan l'Ermite, qui vivait encore en 1472, est regardé comme le dernier, dit l'Encyclopédie (1751, C), qui ait exercé l'office de prévot de l'hotel. Ce fait est contestable.

— Le surnom de Grand prévôt fut obtenu ou pris par ce fonctionnaire quand ses attributions devinrent plus étendues; mais il resta subordonné au grand maître de la maison, comme le témoigne le règlement de 1574 (15 septembre). — Dans l'expédition de Naples, en 1494, le Grand prévôt de l'hôtel et ses gens archers de la garde du corps veillaient autour de la personne du monarque. — Un arrêt de 1589 (5 juin) et d'autres arrêts postérieurs déclarèrent que la qualité de Grand prévôt ne serait pas attribuée à d'autres qu'au prévot de l'hotel et grand prévot de France. C'est une preuve que ces titres, obtenus ou usurpés par divers fonctionnaires, étaient une cause de discussions et de difficultés. — Il est plus clair et plus simple de dire que le prévot des maréchaux, ou un prévot des maréchaux, ayant été attaché à la cour, qu'alors on appelait l'hostel, prit le titre de prévot de l'hostel, ensuite de Grand prévôt de l'hostel, et enfin de grand prévot de France. — Au reste tout ce qui concerne les emplois, fonctions, ou grades des prévots et Grands prévôts est une source d'ambiguïté et de confusion, parce que les uns l'appellent Grand prévôt de l'hôtel, les autres simplement prévot de l'hotel ; que cette charge a été tantôt distincte de celle du grand prévot de France, tantôt confondue avec elle, ainsi qu'avec les charges des prévots des maréchaux à la suite de la cour. — Nous avons témoigné nos doutes sur la question de savoir si Tristan l'Ermite, sous Louis onze, était prévot général de la connétablie, ou Grand prévôt de l'hôtel : peut-être cumulait-il ces deux fonctions. — Un règlement de 1574 (15 septembre) mentionnait spécialement le Grand prévôt de l'hôtel. — Par lettres patentes de 1578 (28 février), Henri trois réunit les charges de prévot de l'hotel et de grand prévot de France, avec un accroissement de droits et de prérogatives. Depuis cette époque on a regardé le grand prévot de France comme grand officier de la couronne; mais Voltaire (*Siècle de Louis quatorze*) témoigne que jamais rien n'avait été réglé à l'égard des grands officiers. — En temps ordinaire, le Grand prévôt de l'hôtel tenait sa juridiction au Louvre, ou dans un établissement qui en était peu distant; il portait, comme signe distinctif, un baton de commandement; il avait en toute circonstance juridiction sur la maison du roi, et en campagne juridiction sur une partie de l'armée royale. Il était capitaine de la garde de la prévôté de l'hotel; il se regardait comme indépendant du ministre de la guerre; ses fonctions étaient à la fois judiciaires et militaires. Ce qu'elles avaient de judiciaire ou de particulier à la police de la MAISON MILITAIRE du ROI n'est pas de nature à être développé ici : on pourrait sur ce sujet consulter GUIGNARD (1725, B). — Quand le roi allait à l'ARMÉE, ce FONCTIONNAIRE l'y accompagnait avec tous les militaires dont il était le chef et tous les personnages attachés à la cour judiciaire qu'il présidait. — Si le Dauphin ou les PRINCES DU SANG commandaient l'armée, un détachement de la PRÉVÔTÉ les y accompagnait, et exerçait la juridiction accoutumée. — Dans tous ces cas le Grand prévôt exerçait la JUSTICE dans la circonscription où les LOGEMENTS étaient marqués à la CRAIE blanche. — Les AUTEURS que sur ces questions on peut consulter sont : AUDOUIN, BRANTOME (1600, A), DUTILLET, FAUCHET (*Origine des dignités*), l'ENCYCLOPÉDIE (1751, C), GUIGNARD (1725, B), LACHESNAIE (1758, I, au mot *Prévôt de l'hôtel*), LEFÉRON, LOYSEAU, MIRAULMONT, PASQUIER, POTIER (1779, X).

GRAND QUARTIER DE GUÊTRE. V. BOUTONNIÈRE DE GUÊTRE. V. GUÊTRE. V. QUARTIER DE GUÊTRE.

GRAND QUARTIER GÉNÉRAL. V. COMMANDANT DE QUARTIER GÉNÉRAL. V. QUARTIER GÉNÉRAL.

GRAND RÉGIMENTAIRE. V. MILICE POLONAISE N° 1. V. RÉGIMENT. V. RÉGIMENTAIRE, subs.

GRAND RESSORT DE PLATINE (G, 1). PIÈCE INTÉRIEURE principale de la PLATINE d'un FUSIL DE MUNITION. Sa destination est de déterminer le mouvement de la NOIX et l'ABATAGE du CHIEN. Il est situé au-dessous du REMPART DE BATTERIE, contre lequel son TALON ou arrière-partie de la PATTE s'appuie. Ses parties se nomment GRANDE et PETITE BRANCHES. La PETITE est immobile, et porte le PIVOT ; l'autre branche est mobile, et porte à son extrémité la GRIFFE. La partie aplatie nommée PATTE est à demi engagée dans une coche pratiquée à cet effet sous le BASSINET ; elle est percée d'un ŒIL pour recevoir la VIS. — Le Grand ressort se place et se déplace au moyen du MONTE-RESSORT. — Un Grand ressort vif donne, toutes choses égales d'ailleurs, beaucoup plus de feu que s'il était mou ; sa force doit être plus grande que celle du RESSORT DE BATTERIE. — Un Grand ressort qui resterait au BANDÉ perdrait de son élasticité, et serait d'ailleurs sujet à se casser dans les temps de gelée. Pour lui conserver toute son intensité, on abat le CHIEN en mettant les FUSILS au RATELIER. — Un Grand ressort paraît affaibli lorsqu'il y a du CAMBOUIS desséché dans la PLATINE ; mais il retrouve sa vigueur lorsque la PLATINE est nettoyée et qu'on a mis une goutte

d'huile entre sa GRIFFE et celle de la NOIX. — Ceux qu'on essaye à l'aide du BLÉMOMÈTRE et qui soulèvent vingt à vingt-quatre hectogrammes, paraissent les meilleurs. Mais on est encore à découvrir le moyen de construire des Grands ressorts dont la force se maintienne sans varier. Il en est qui, restant en MAGASIN après que la vérification a prouvé qu'ils étaient bons, s'y détériorent sans cause connue. Quelquefois ils cassent seuls, le CHIEN étant abattu. Les gelées sont contraires à ceux qui sont trempés trop secs. — Un problème de mathématiques qu'il serait utile de résoudre serait celui-ci : Quelle est la force que doivent proportionnellement avoir le Grand ressort, le RESSORT DE BATTERIE et le RESSORT DE GACHETTE ? Est-elle comme tel nombre est à tel autre ? Cette solution manque au perfectionnement d'une PLATINE. — La CIRCULAIRE DE 1822 (30 MARS) donne le détail et la représentation gravée du Grand ressort. — Les RÉPARATIONS du Grand ressort consistent dans le travail par lequel l'ARMURIER ajuste et retrempe cette PIÈCE.

GRAND SEIGNEUR. V. COLONEL D'INFANTERIE FRANÇAISE N° 5. V. CORNETTE ROYALE. V. DAGUE. V. GENDARME DU MOYEN AGE N° 8. V. NOBLESSE. V. PLUMET. V. SEIGNEUR.

GRAND SÉNÉCHAL (F). OFFICIER dont le titre était analogue à celui de certains DOMESTIQUES MILITAIRES de BYSANCE, et dont le grade existait, suivant quelques auteurs, dès la PREMIÈRE RACE, ou depuis PÉPIN, suivant l'ENCYCLOPÉDIE (1751, C) ; elle dit qu'il s'est souvent vu deux SÉNÉCHAUX en même temps, dont l'un s'appelait SÉNÉCHAL de FRANCE. Mais de pareilles assertions sont toujours ambiguës quand elles se rapportent à des temps où la LANGUE FRANÇAISE n'était pas encore parlée, ce qui rend toute traduction douteuse, surtout si le citateur néglige d'indiquer une époque. — Sous les SECONDE et TROISIÈME RACES, dit encore l'ENCYCLOPÉDIE, le SÉNÉCHAL ne prenait rang qu'après le MAIRE DU PALAIS. Il y a ici confusion : la TROISIÈME RACE n'avait plus de MAIRES DU PALAIS proprement dits ; c'était l'extinction de la DIGNITÉ des MAIRES qui avait accru d'autant celle du Grand sénéchal. — POTIER (1779, X, aux mots *Prévôt* et *Ministre*) dit que le Grand sénéchal exerçait en même temps que le COMTE DU PALAIS, mais avec une autorité moins étendue ; qu'il était le GÉNÉRAL des TROUPES, le régulateur de l'ORDRE DE BATAILLE, le grand AIDE DE CAMP, ou le MARÉCHAL DE CAMP DU ROI, le gouverneur de la MAISON, le MINISTRE DE LA GUERRE, ou même le premier MINISTRE ; qu'un AUMONIER lui était attaché. Il semble difficile que le COMTE DU PALAIS ait pu avoir de plus larges attributions, des prérogatives plus relevées, des honneurs presque royaux. — L'autorité du Grand sénéchal a eu des interrègnes ; plus d'une charte a constaté ce fait par la formule *Dapifero nullo, vacante dapifero*, le dapiférat restant vacant ; aussi, jusqu'en 1262, ce n'était que par commission que le connétable commandait l'armée ; ce n'était pas comme possédant à vie et en chef ce droit, parce que ce gouvernement était censé appartenir à l'office, quoique non pourvu, de Grand sénéchal. Ainsi la suppression de ce grand officier ne fut définitive que depuis Louis neuf, et il fut fait partage de ses attributions : celles qui étaient domestiques échurent au grand maître d'hôtel, les autres au connétable, jusque-là subordonné du sénéchal à titre de prévot ou de maréchal. — Quand la dénomination de Grand sénéchal devint française, ce fonctionnaire avait remplacé les dignitaires nommés dapifer, duc de France, duc des Français, préfet des armées. Il exerçait la justice militaire à l'aide d'une sénéchaussée, comme elle s'est administrée plus tard à l'aide d'une maréchaussée. — Ce fut en 970, ou, suivant Lachesnaie (1758, I), en 978, que le roi Lothaire premier créa la charge de Grand sénéchal en faveur de Geoffroi, comte d'Anjou, surnommé Grisegonelle, c'est-à-dire casaque ou cotte grise. Daniel (1721, A) suppose que cet événement eut lieu sous Louis cinq, dernier roi de la seconde race. — Louis le Gros attribua à cette charge l'hérédité, et l'attacha au comté d'Anjou. Le sénéchal de France ne fut plus alors que le lieutenant du Grand sénéchal. — La charge de Grand sénéchal de France, après avoir été possédée par les rois d'Angleterre à titre de comtes d'Anjou, s'éteignit en 1191, sous Philippe Auguste. La charge de sénéchal de France cessa également d'exister depuis ce règne. — Il y a cette différence à faire, que tant qu'on a parlé latin le dapifer était le sénéchal, et que quand l'idiome français s'est formé le sénéchal et le Grand sénéchal étaient l'ancien dapifer, devenu grand officier de la couronne et généralissime. — Sous la troisième race, le Grand sénéchal était le premier des grands officiers de la couronne ; on l'appelait, comme le témoignent Rigord et Suger, *princeps militiæ, princeps gentis armatæ*, prince de la milice, prince de la gens d'armerie, généralissime. — Le Grand sénéchal ne résidait pas à la cour, soit que le monarque le tint volontairement éloigné pour prévenir le retour des usurpations qui avaient renversé le trône, et qui avaient mis le sceptre aux mains des maires

du palais, soit que la famille des Grands sénéchaux fût assez puissante pour dédaigner un office qui cependant donnait le commandement suprême de la milice, la surintendance des finances, la présidence de tous les conseils, les prérogatives de grand maître de l'hôtel, la direction du grand prévot et la puissance judiciaire attachée au titre de comte de la milice et du palais. — Dans l'absence ou l'inactivité du Grand sénéchal, le sénéchal de France jouissait des mêmes droits dans toute leur plénitude, mais à charge de foi et hommage envers le Grand sénéchal. Velly donne idée de ce genre de vacance, et nous montre, sous Louis le Gros, en 1116, un comte Foulques dans la famille duquel la charge était héréditaire depuis Lothaire. Ce comte d'Anjou exerçait d'autant moins, tout Grand sénéchal qu'il fût, qu'il faisait la guerre à son souverain. — Une des fonctions du Grand sénéchal, considéré dans ce cas comme chef des bannerets, était de convoquer au nom du roi le ban et arrière-ban ; sa dignité avait pour insigne le baton de commandement ; il était porteur, ou censé porteur, de la bannière nationale, comme le dapifer avait eu la charge et la garde de la chape de Saint-Martin ; il signait des chartes, assistait aux plaids d'apparat, était le chef des conseils judiciaires et le directeur des procédures, ou plutôt il était à lui seul la justice militaire du temps ; car il avait droit de vie et de mort. C'est surtout à raison de cette circonstance que plusieurs auteurs se sont étonnés que des ecclésiastiques aient exercé les fonctions de Grand sénéchal. — Un des devoirs écrits du Grand sénéchal consistait en ce qui suit : *Quum in exercitu regis fuerit, vel ierit, protutelam faciet ei, et in reditu retutelam.* Quand il fera partie de l'armée du roi et marchera avec elle, il servira de rempart à la personne du souverain en le précédant lors des marches offensives, et dans les marches rétrogrades il le couvrira en se tenant derrière lui. — Ainsi il était les jours de combat à l'avant-garde, les jours de retraite à l'arrière-garde, comme dut le faire depuis le connétable, ou, en l'absence de celui-ci, le maréchal. — Ces fonctions étaient expliquées dans un traité conclu entre Louis le Gros et le comte d'Anjou, Grand sénéchal. — Les attributions du Grand sénéchal embrassaient celles de grand maître de l'hôtel du roi, celles que les comtes du palais avaient eues quant à l'administration de la justice, celles qu'à la guerre le connétable eut ensuite comme général d'armée. — Après la mort du Grand sénéchal Thibaut, comte de Blois, qui périt en 1191 au

siége de Saint-Jean d'Acre, PHILIPPE AU-
GUSTE abolit ou laissa s'éteindre une autorité
qui faisait ombrage à la sienne : ainsi la
CROISADE DE 1188 donna naissance à l'élévation du CONNÉTABLE ; mais celui-ci n'hérita
que de la portion d'autorité que le Grand
sénéchal exerçait sur les GENS DE GUERRE, et,
suivant l'ENCYCLOPÉDIE (1751, C, au mot
Préfet), ses droits de JURIDICTION intérieure
devinrent ceux du GRAND PRÉVOT DE L'HOTEL.
— Il n'a survécu, ou du moins il n'est venu
à notre connaissance, aucun monument qui
témoigne de quelle manière le Grand sénéchal exerçait la JUSTICE MILITAIRE. — Les
AUTEURS qu'on peut consulter à l'égard du
Grand sénéchal sont : BENETON (1742, A),
DANIEL (1721, A), DESPAGNAC (1751, D), Du-
CANGE, l'ENCYCLOPÉDIE (1751, C), GALLAND,
LACHESNAIE (1758, I), POTIER (1779, X), RAY
DE SAINT-GÉNIES (1755, A), RIGORD, VELLY.

GRAND SEUIL de BARAQUE (E, 1 ; G, 4).
SABLIÈRE régnant dans la longueur du grand
côté de la BARAQUE, faisant angle droit avec
les PETITS SEUILS et portant au point de leur
jonction les POTEAUX CORNIERS.

GRAND TRAIT. V. TRAIT. V. TRAIT PROJEC-
TILE.

GRAND UNIFORME. V. GÉNÉRAL FRANÇAIS
N° 5. V. REVERS D'HABIT. V. UNIFORME.

GRAND VASSAL. V. BARON N° 1. V. COM-
BAT DE JUGEMENT. V. FÉODALITÉ. V. GUERRE
PRIVÉE. V. INFANTERIE COMMUNALE N° 5. V. LÉ-
GISLATION. V. SERVICE FÉODAL. V. VASSAL.

GRAND VAVASSEUR. V. CAPITAINE D'IN-
FANTERIE FRANÇAISE DE LIGNE N° 1. V. VAVAS-
SEUR.

GRAND VIZIR. V. MILICE TURQUE N° 2. V.
VIZIR.

GRANDE ARBALÈTE. V. ARBALÈTE. V. CAR-
REAU. V. GUINDARD. V. MANUBALISTE.

GRANDE ARME A FEU. V. ARME A FEU
PORTATIVE. V. ARMEMENT D'UNIFORME. V. ARTIL-
LERIE D'ARMEMENT. V. BOUCHE A FEU. V. BRONZE.
V. DÉCHARGE D'ARME PYROBALISTIQUE. V. GLAIS.
V. INFANTERIE N° 5. V. MINISTÈRE DE LA
GUERRE.

GRANDE ARME NÉVROBALISTIQUE. V. ARME
NÉVROBALISTIQUE DE GRANDE DIMENSION. V.
CANON D'ARTILLERIE. V. MACHINE. V. MANUBA-
LISTE. V. MITRAILLE. V. MOUCHETTE. V. PER-
RIER.

GRANDE ARMÉE. V. ARMÉE. V. ARMÉE
AGISSANTE. V. ARMÉE FRANÇAISE N° 3. V. AR-
MÉE PERMANENTE. V. ART DE LA GUERRE. V. BA-
RAQUE. V. CORPS D'ARMÉE. V. GUERRE DE 1792.
V. LIEUTENANT GÉNÉRAL N° 5. V. MARÉCHAL DE
CAMP N° 5. V. PIERRE PROJECTILE. V. SECONDE
LIGNE DE BATAILLE.

GRANDE AVANT-GARDE. V. AVANT-GARDE

DE CORPS SUR PIED DE PAIX. V. CONSIGNE DE PI-
QUET DE LOGEMENT.

GRANDE BALISTE. V. BALISTE. V. BALISTE A
ROUE. V. BALISTE DE SIÉGE. V. CATAPULTE. V. CO-
HORTE DE LÉGION ROMAINE N° 5. V. ONAGRE. V.
PERRIER. V. SCORPION NÉVROBALISTIQUE.

GRANDE BARAQUE. V. BARAQUE.

GRANDE BATAILLE. V. BATAILLE. V. BA-
TAILLE STRATEUMATIQUE.

GRANDE BOUCLE DE BAUDRIER. V. BANDE
DE BAUDRIER. V. BOUCLÉ DE BAUDRIER.

GRANDE BRANCHE DE RESSORT. V. BRANCHE
DE GRAND RESSORT. V. BRANCHE DE RESSORT DE
GACHETTE. V. GOUTTE DE SUIF. V. GRAND RES-
SORT DE PLATINE. V. RESSORT DE GACHETTE.

GRANDE-BRETAGNE. V. NOMS PROPRES.

GRANDE BUCCINE. V. BUCCINE.

GRANDE CHARGE de la COURONNE. V.
CHARGE DE LA COURONNE. V. COLONEL GÉNÉRAL
DE L'INFANTERIE FRANÇAISE N° 1. V. CONNÉ-
TABLE. V. COURONNE. V. GRAND SÉNÉCHAL.

GRANDE CLARINETTE. V. CLARINETTE. V.
MUSIQUE MILITAIRE.

GRANDE COMPAGNIE (grandes compagnies) (F.), OU BLANCHES COMPAGNIES. Bandes
d'AVENTURIERS qui, dans le quatorzième siècle, couraient la France et portaient les
armes tantôt comme faisant partie de l'ARMÉE
FRANÇAISE, tantôt comme lui étant opposés ;
en 1357 la désolation marquait leurs pas.
— L'historien de DU GUESCLIN les appelle
COMPAGNIES BLANCHES et grand compengne :
c'étaient les restes des TARD-VENUS. On les
nommait aussi MALANDRINS et BRABANÇONS,
parce qu'il en venait beaucoup du Brabant ;
on les connaissait sous la désignation d'ES-
CORCHEURS, parce qu'ils écorchaient les gens
d'Eglise qu'ils appelaient cantatours. — On
lit dans le journal de Paris que sous le règne
de CHARLES SIX et CHARLES SEPT, *ils rôtirent
hommes et enfants au feu quand ils ne pouvoient payer leur rançon*. — Les Grandes
compagnies étaient le rebut de la nation et la
lie de tous les pays ; elles avaient pour chefs
des entrepreneurs de guerre qui vendaient
aux souverains ou aux princes leurs soldats,
gardaient pour eux le prix de cette transaction
et faisaient vivre leurs troupes au moyen
d'un brigandage que les peuples avaient fini
par regarder comme une nécessité du gouvernement d'alors. L'histoire de ces temps
est, comme le dit VOLTAIRE, celles des ours
et des loups. — Les COMPAGNIES avaient surtout
pour chefs des bâtards de grandes maisons ;
la haute NOBLESSE donnait un état aux fils
naturels, en les faisant CHEFS DE BRIGANDS.
Quelques bandits anoblis à force de scéléra-
tesse, tels que Huche-chien, et même des
ECCLÉSIASTIQUES puissants, partagèrent ce triste

honneur. — Villaret nous montre Jean cinq, évêque de Liége, conduisant en 1401, sept mille escorcheurs, et méritant, par ses atrocités, le surnom de Jean sans Pitié. — On ne peut donner une idée plus juste des compagnies qu'en empruntant les propres paroles d'Olivier de la Marche (*Collection des Mémoires*, etc., t. viii, i^re partie, chap. 4, p. 25). *Tout le tournoyement du royaume estoit plein de places et de forteresses dont les gardes vivoient de rapine et de proie ; et par le milieu du royaume et des païs voisins s'assemblèrent toute manière de gens de compagnies que l'on nommoit escorcheurs ; et chevauchoient et alloient de pays en pays et de marche en marche, quérans victuailles et aventures pour vivre et pour gagner, sans regarder n'espargner les pays du roi de France, du duc de Bourgogne, ne d'autres princes du royaume ; mais leur estoient la proie et le butin tout un, et tout d'une querelle ; et furent les capitaines principaux, le bastar de Bourbon, Brusac, Geoffroi de Saint-Belin, Lestrac, le bastar d'Armignac, Rodrigues de Villandras, Pierre Regnaut, Guillaume Regnaut et Antoine de Chabanes comte de Dammartin ; et combien que Poton de Saintrailles et La Hire fussent deux des principaux et des plus renommés capitaines du parti des François, toutes fois ils furent de ce pillage et de cette escorcherie ; mais ils combattoient les ennemis du royaume..... Les dits escorcheurs firent moult de maux et griefs au pauvre peuple de France et aux marchands*, etc. — On peut regarder l'établissement des compagnies d'ordonnance comme ayant marqué le terme de ces désastres.—Zurlauben (1760, G) a écrit l'histoire des grandes compagnies. Un article sous la même désignation est inséré dans le *Dictionnaire de la Conversation*, et le même sujet se retrouve dans l'*Encyclopédie des Gens du monde* (au mot *Compagnie*).

GRANDE CORNE. V. CORNE. V. CORNE DE FORTIFICATION.

GRANDE CORVÉE. V. BALAYAGE DE GRANDE CORVÉE. V. CAPORAL DE SEMAINE. V. CASERNE. V. CORVÉE. V. FOURRAGE ARMÉ. V. HOMME DE GRANDE CORVÉE.

GRANDE COULEVRINE. V. ARTILLERIE D'ARMEMENT. V. COULEVRINE.

GRANDE DAGUE. V. DAGUE. V. INFANTERIE N° 5.

GRANDE DÉCORATION DE LA LÉGION D'HONNEUR. V. DÉCORATION DE LA LÉGION D'HONNEUR. V. LÉGION D'HONNEUR.

GRANDE DEMI-LUNE. V. DEMI-LUNE. V. MOUZÉ. V. RÉDUIT DE DEMI-LUNE.

GRANDE ENTURE. V. ENTURE.

GRANDE ÉVOLUTION. V. ÉVOLUTION. V. ÉVOLUTION DE LIGNE. V. GRANDE MANŒUVRE. V. GRANDE TACTIQUE. V. INTERVALLE D'INFANTERIE EN BATAILLE. V. MANŒUVRE. V MARCHE DE BATAILLON EN COLONNE. V. MASSE TACTIQUE. V. ORDONNANCE D'EXERCICE D'INFANTERIE.

GRANDE FRONDE. V. FONDELLE. V. FRONDE.

GRANDE FUSÉE. V. FUSÉE. V. FUSÉE DE GRAND ÉCHANTILLON.

GRANDE GARDE. V. COMPAGNIE DE GENTILSHOMMES AU BEC DE CORBIN. V. CONTRE-ORDRE. V. GARDE. V. GARDE ROYALE N° 1, 2. V. GENTILHOMME. V. GRAND'GARDE. V. MAISON DU ROI N° 2. V. PETITE GARDE.

GRANDE GENDARMERIE. V. GENDARMERIE. V. GENDARMERIE DE LA MAISON.

GRANDE GOUTTIÈRE. V. GOUTTIÈRE. V. GOUTTIÈRE DE LAME DE BAÏONNETTE.

GRANDE GRENADE. V. BOMBE. V. GRENADE.

GRANDE GUERRE. V. ACTION DE GUERRE. V. AUTEUR MILITAIRE (1761, C ; 1777, D ; 1808, E). V. GUERRE. V. GUERRE DE PLAINE. V. MARCHE D'ARMÉE. V. PASSAGE STRATEUMATIQUE. V. PONTON. V. STRATÉGIE.

GRANDE GUÊTRE. V. CULOTTE. V. GUERRE DE 1792. V. GUÊTRE. V. GUÊTRE BLANCHE. V. MILICE AUTRICHIENNE N° 4. V. TENUE.

GRANDE HALTE DE CONVOI. V. CHEF D'ESCORTE DE CONVOI. V. HALTE DE CONVOI.

GRANDE HALTE EN ROUTE. V. APPEL DE G... V. HALTE DE ROUTE.

GRANDE LUNETTE. V. LUNETTE DE DEMI-LUNE. V. TENAILLON.

GRANDE MANŒUVRE (grandes manœuvres (G, 6), OU MANŒUVRE D'ARMÉE, OU ÉVOLUTION DE LIGNE, OU GRANDE ÉVOLUTION, OU GRANDE TACTIQUE. — Les nuances entre ces expressions diverses sont indéterminées jusqu'ici. — Nous eussions pu nous borner à réunir aux articles ÉVOLUTION, MANŒUVRE, SECONDE LIGNE, les explications qui vont être données ; mais tous les écrivains qui ont parlé de la MILICE PRUSSIENNE, de Frédéric DEUX, et de l'INFANTERIE redisent à chaque ligne le mot Grandes manœuvres ; il demande donc à être l'objet de quelques éclaircissements. — Pendant le printemps, les garnisons prussiennes s'exerçaient aux répétitions des Grandes manœuvres. Il y avait ensuite d'autres rassemblements préparatoires qui étaient le prélude des manœuvres de Potzdam, et le préliminaire des congés de semestres. — Les manœuvres préparatoires avaient lieu dans la marche électorale au mois de juin. Celles de l'automne commençaient à la mi-septembre ; c'était l'école des généraux ; le roi y commandait lui-même et désignait un général pour son antagoniste, souvent ce fut d'Anhalt. — La victoire consistait à forcer l'adversaire à abandonner le TERRAIN de l'ORDRE primitif de bataille. On y avait surtout recours, tant pour l'offensive que la défensive, aux CHANGEMENTS DE FRONT, à la coopération des SECONDES LIGNES, à l'emploi des CARRÉS. — Le comte de GISORS, fils du maréchal de BELLE-ISLE, et envoyé en PRUSSE par ce ministre, avait vu les manœuvres de POTZDAM, et il est le premier qui en ait rendu compte. GUIBERT (1803, D) a tracé le tableau de ce qui s'y passait et l'a enrichi des jugements que ce spectacle lui avait inspirés. — Les Grandes manœuvres FRANÇAISES n'ont pris leur développement que depuis CHOISEUL. — L'art des JALONNEMENTS, de l'ALIGNEMENT des BATAILLONS EN BATAILLE, de la DIRECTION des BATAILLONS EN COLONNE, de l'ORDRE EN ÉCHELON, est fondamental en fait de Grandes manœuvres. De là découle, pour les OFFICIERS SUPÉRIEURS, la nécessité d'être à cheval. — Les CAMPS D'INSTRUCTION en sont le seul et naturel théâtre, depuis l'extension donnée au FRONT DE BATAILLE, puisque les environs de FORTERESSES ne présentent presque jamais aux TROUPES des GARNISONS un terrain suffisant pour ce genre de répétition. — Les FEUX DE PELOTON et la MARCHE des BATAILLONS PAR LE FLANC doivent être bannis des Grandes manœuvres ; cette disposition émanera probablement des premiers RÈGLEMENTS qui interviendront. — Ceux qui sont en vigueur veulent que dans les grands DÉPLOIEMENTS le point extrême de l'AILE DROITE OU GAUCHE, suivant la nature des MOUVEMENTS, soit JALONNÉ par un AIDE DE CAMP. — Trois OFFICIERS, de grades différents, jouent aujourd'hui le principal rôle dans les Grandes manœuvres ; savoir le COMMANDANT EN CHEF ou le GÉNÉRAL DE DIVISION, le CHEF DE BATAILLON, le CHEF DE SUBDIVISION et surtout DE DIVISION ; le concours continuel, habile, des ADJUDANTS-MAJORS, des OFFICIERS D'ÉTAT MAJOR et des ADJUDANTS y est d'un grand effet. Le concours momentanné des GÉNÉRAUX DE BRIGADE et des COLONELS y est plutôt un remède aux erreurs et une fonction de surveillance qu'un moyen d'exécution et un ressort essentiel. — Quand des règles plus complètes se réaliseront, quand une ÉCOLE DE BRIGADE et une ÉCOLE DE DIVISION seront instituées, les Grandes manœuvres auront pour agents le GÉNÉRAL DE DIVISION et le GÉNÉRAL DE BRIGADE, en outre des OFFICIERS qui viennent d'être indiqués ; ces GÉNÉRAUX sont en effet dès à présent les indispensables chaînons de la chose tactique ; mais il règne si peu d'harmonie dans nos ORDONNANCES, qu'il a existé pendant trente ans des GÉNÉRAUX DE DIVISION, sans qu'il ait été officiellement réglé en quoi con-

sistaient les Grandes manœuvres des DIVISIONS D'ARMÉES ; on ne savait même pas, depuis le rétablissement du DRAPEAU BLANC, quelle doit être sa place en MANŒUVRES. Cette incertitude est loin d'être dissipée depuis la réapparition des trois couleurs. — L'ORDONNANCE DE 1816 (30 OCTOBRE) voulait qu'à l'époque des REVUES D'INSPECTION GÉNÉRALE toute l'INFANTERIE de la GARDE ROYALE se réunît pour les Grandes manœuvres ; c'était un de ces projets, qui, en FRANCE, tombent en oubli dès leur naissance. — Les Grandes manœuvres de la MILICE RUSSE occasionnaient des rassemblements de troupe qui s'élevaient jusqu'à cent trente mille hommes. De curieuses notions à cet égard se trouvent dans M. le comte de BISMARK (1836), dans M. VANDERMEERE, dans le *Spectateur militaire* (t. XXII, p. 124).

GRANDE MÉRIE. V. MÉRARQUE. V. MÉRIE. V. MÉROS. V. TURME.

GRANDE MUSIQUE. V. INSTRUMENT A PEAU. V. INSTRUMENT DE HAUT BRUIT. V. MUSIQUE.

GRANDE PARADE. V. CHATIMENT. V. FUSTIGATION. V. MILICE ANGLAISE N° 9. V. MILICE ROMAINE N° 10. V. PARADE, V. PARADE GÉNÉRALE. V. REVUE.

GRANDE PATELETTE D'ÉTUI. V. CONTRESANGLON DE PATELETTE D'ÉTUI. V. PATELETTE D'ÉTUI DE HACHE.

GRANDE PAYE. V. AVENTURIER. V. CHEVALIER DU MOYEN AGE N° 5. V. GENDARMERIE DU MOYEN AGE. V. LÉGISLATION, 1554 (15 FÉVRIER). V. PAYE. V. PRÊT.

GRANDE PHALANGE. V. DIPHALANGARCHIE. V. ÉPITAGME D'INFANTERIE. V. LOUIS ONZE (1480, A). V. MILICE GRECQUE N° 2, 6. V. PHALANGE. V. OPLITE. V. TÉTRAPHALANGARCHIE.

GRANDE PIÈCE D'ÉTUI. V. BOUCLE D'ÉTUI. V. PIÈCE D'ÉTUI.

GRANDE PLACE. V. CORPS DE GARDE DE GRANDE PLACE. V. GRENADIER D'INFANTERIE FRANÇAISE DE LIGNE N° 8. V. PLACE. V. PLACE D'ARMES. V. PLACE D'ARMES DE GARNISON.

GRANDE PLATINE. V. PLATINE. V. PLATINE DE BRACONNIÈRE.

GRANDE PORTE DE CASERNE. V. CAPORAL DE POLICE. V. CASERNE. V. PORTE DE CASERNE. V. RETRAITE CÉLEUSTIQUE.

GRANDE POSE. V. POSE. V. SENTINELLE.

GRANDE RECONNAISSANCE. V. CAMP VOLANT. V. RECONNAISSANCE. V. RECONNAISSANCE EN CAMPAGNE.

GRANDE REDOUTE. V. REDOUTE. V. REDOUTE DE CAMPAGNE. V. RÉDUIT CASEMATÉ.

GRANDE RÉPARATION. V. CONSEIL D'ADMINISTRATION N° 4. V. RÉPARATION.

GRANDE REVUE. V. MILICE WURTEMBERGEOISE N° 4. V. REVUE.

GRANDE RUE DE CAMP. V. APPEL DE LA SOUPE AU CAMP. V. CAMP. V. COMPAGNIE DE GRENADIERS Nº 5. V. RUE DE CAMP.

GRANDE SORTIE. V. SORTIE. V. SORTIE D'ASSIÉGÉS.

GRANDE STRATÉGIE. V. GRANDE TACTIQUE. V. STRATÉGIE.

GRANDE TACTIQUE (G, 6). Expression synonyme DE STRATÉGIE et de GRANDE STRATÉGIE, car les ÉCRIVAINS semblent regarder l'une et l'autre comme l'art d'appliquer à l'ÉTAT DE GUERRE les GRANDES MANOEUVRES, les GRANDES ÉVOLUTIONS. — Ainsi GUIBERT (1775, E) regarde comme Grande tactique l'art des MOUVEMENTS des ARMÉES. — On lit dans les Mémoires de BONAPARTE (MONTHOLON, t. Iᵉʳ, p. 296): *Toutes ces questions de Grande tactique sont des problèmes physico-mathématiques indéterminés, qui ont plusieurs solutions, et qui ne peuvent être résolus par les formules de la géométrie élémentaire.* — Le MINISTÈRE DE LA GUERRE ne s'est occupé que tard et incomplétement de Grande tactique. — Les AUTEURS qui ont traité spécialement de la Grande tactique, sont : M. BRANDT, CARRION (1824, A), COLTELLI, DECKER, FEUQUIÈRES, FRÉDÉRIC DEUX, GUIBERT (1775, E), JOMINI (1805, F), LAVERNE (1808, F), LINDENAU (1780, G), LLOYD (1762, M), MAIZEROY (1777, E), MONTÉCUCULI (1704, D), MUELLER (1759, E), M. LE GÉNÉRAL ROGNIAT (1816, B), SERVAN (1780, B), M. THÉOBALD, TURENNE, XILANDER.

GRANDE TAILLE. V. BANDE DE BANDEROLE DE GIBERNE. V. SOULIER. V. TAILLE. V. TAILLE DE MILITAIRE.

GRANDE TENAILLE. V. TENAILLE.

GRANDE TENUE (E, 2). État d'un MILITAIRE ou d'une TROUPE qui, dans une circonstance déterminée et par exemple dans une CÉRÉMONIE, une REVUE, pour une PARADE, une VISITE, le SERVICE DE GARNISON, font usage de certains EFFETS D'UNIFORME qu'on pourrait appeler leurs atours, par opposition aux EFFETS qui ne servent que pour le service courant, pour la PETITE TENUE, pour le négligé de la ROUTE, ou du matin. — La Grande et la PETITE TENUE existaient déjà du fait de la loi sous FRANÇOIS PREMIER; les revues en ROBES se faisaient en négligé; les GENS D'ARMES des COMPAGNIES D'ORDONNANCE s'y présentaient en MANTEAUX ou en CASAQUES. La REVUE en armes se passait en Grande tenue; les GENS D'ARMES s'y rendaient ARMÉS DE TOUTES PIÈCES. — Il y eut, dans les DRAGONS, les REVUES avec le BONNET ou le CHAPERON de l'homme, mis suivant la circonstance ou sur la tête du CHEVAL ou sur la tête de l'homme; cette dernière manière était la grande tenue devant le ROI ou les PRINCES.

GUIGNARD (1725, B) retrace, sans les expliquer, ces singularités. — Il y eut, dans la GROSSE CAVALERIE, les PASSATIONS de REVUES avec les BOUFFETTES, ou nœuds de rubans placés à la BRIDE et à la croupière du CHEVAL; elles rappelaient la parure *in fiocchi* (avec les FLOQUETS) des GENS D'ARMES D'ITALIE. — Des BOTTES rouges, bleues, jaunes et à broderies, à la manière orientale, et le PANTALON DEMI-COLLANT ont été la Grande tenue des HUSSARDS, quand ils figuraient à la cour ou dans des salons. — Les GUÊTRES BLANCHES ont été la grande tenue de l'INFANTERIE. — L'ORDONNANCE DE 1788 (1ᵉʳ JUILLET) voulait que le commandant passât tous les DIMANCHES une INSPECTION en Grande tenue ou PETITE TENUE : la différence n'en était pas expliquée. — L'ORDONNANCE DE 1818 (13 MAI) voulait que les OFFICIERS rendissent, en CORPS et en Grande tenue, une VISITE aux INSPECTEURS GÉNÉRAUX; elle autorisait les LIEUTENANTS GÉNÉRAUX COMMANDANTS et en leur absence les COMMANDANTS DE PLACE à décider certains cas de Grande tenue. — Les RÉCEPTIONS DE SOUS-OFFICIERS n'ont lieu qu'en Grande tenue. — Toutes les instructions sur les INSPECTIONS GÉNÉRALES voulaient que les CORPS PASSÉS EN REVUE par les INSPECTEURS D'ARMES soient en Grande tenue, de même qu'aux REVUES D'HONNEUR. — La DÉCISION DE 1821 (29 SEPTEMBRE) réglait la Grande tenue des GÉNÉRAUX FRANÇAIS. — La DÉCISION DE 1821 (23 OCTOBRE) donnait aux TAMBOURS-MAJORS un BAUDRIER de Grande tenue. D'autres décisions ont accordé à des CORPS PRIVILÉGIÉS les GANTS, à des SAPEURS D'INFANTERIE un BONNET comme COIFFURE DE GRANDE TENUE; ces puérilités, ces profusions, ces colifichets coûtent bien de l'argent au trésor, bien du temps et du papier aux COMMIS DE LA GUERRE.

GRANDE TENUE D'OFFICIER. V. BOTTES A L'ÉCUYÈRE. V. CORPS D'OFFICIER. V. DRAGONNE D'OFFICIER. V. ÉTAT-MAJOR DE PLACE. V. HAUSSE-COL. V. OFFICIER. V. OFFICIER D'INFANTERIE FRANÇAISE DE LIGNE.

GRANDE TENUE D'OFFICIER GÉNÉRAL. V. GÉNÉRAL FRANÇAIS Nº 3. V. OFFICIER GÉNÉRAL.

GRANDE VERGE. V. BANDE NOIRE. V. VERGE. V. VERGE DE PAVILLON.

GRANDE VIS DE PLATINE (G, 1). Vis qui traverse la CONTRE-PLATINE, le BOIS DU FUSIL, et l'œil de TALON DE CULASSE; elle aboutit à la BOUTEROLLE du CORPS DE PLATINE, et en affleure la face extérieure. La circulaire de 1822 (30 MARS) en donne le détail et le dessin.

GRANDMAISON; **GRANDPRÉ**. V. NOMS PROPRES.

GRANDS BAGAGES. V. BAGAGE.

GRANEQUIN, subs. masc. v. CRANEQUIN.

GRANET; **GRANSON**. v. NOMS PROPRES.

GRAP (subs. masc.) de LANCE. v. LANCE. v. LANCE A MAIN.

GRAPE (subs. masc.) de LANCE. v. LANCE. v. LANCE A MAIN.

GRAPHIQUE, adj. v. CARTE G... v. PLAN G...

GRAPHONOMIE, subs. fém. v. CARTE GRAPHIQUE. V. CARTE TOPOGRAPHIQUE.

GRAPHONUCTIOMÈTRE, subs. masc. (H, 1). Ce mot, formé de termes GRECS signifiant mesure du tracé de nuit, est le nom d'un instrument, inventé en 1811, pour tracer nuitamment les TRANCHÉES d'un SIÉGE OFFENSIF.

GRAPIN (subs. masc.) A MAIN. V. A MAIN. V. ABORDAGE.

GRAPIN de LANCE. v. LANCE. V. LANCE A MAIN.

GRAPPE (subs. fém.) de BISCAIENS (F). Le mot Grappe, dont l'étymologie était mal connue de MÉNAGE, vient, suivant FURETIÈRE, du bas LATIN *grappus*; on l'a employé par allusion pour exprimer une CARTOUCHE garnie de ses PROJECTILES, et servant à l'ARTILLERIE DE CAMPAGNE pour TIRER A MITRAILLE. — Les Grappes étaient formées d'un plateau de bois dont le diamètre répondait au calibre de la bouche à feu; il portait à son centre une tige en fer autour de laquelle on fixait avec du goudron des BALLES DE PLOMB OU DE FER. On renfermait le tout dans un sac de toile poissée, et on l'assujettissait avec du fil de fer.— Le poids de ces Grappes excédait d'un cinquième environ celui du BOULET de même calibre. — Dans les guerres d'Allemagne, on donnait dans le siècle dernier à ces projectiles le nom de GRAPPE DE RAISIN; on les a ensuite appelés simplement Grappes, et enfin CARTOUCHES A BALLES DE FER. — GASSENDI (1819) fait peu de cas de l'emploi des Grappes.

GRAPPE de RAISIN. v. GRAPPE DE BISCAIENS. V. MITRAILLE. V. RAISIN.

GRAS (grasse), adj. v. BOUILLON G... v. BUFFLE G... v. PIÈCE G...

GRASSI; **GRASSIN**; **GRATIEN**. v. NOMS PROPRES.

GRATIFICATION, subs. fém. v. TARIF DE G... v. TRÉSORIER DES G...

GRATIFICATION (term. génér.), ou GRATIFICATION MILITAIRE. Mot tout LATIN qui rappelle des usages très-anciens, et le plus souvent une bonification de PAYE. — Dans la MILICE ROMAINE, les Gratifications étaient quelquefois des RÉCOMPENSES en matières, quelquefois en deniers; les LÉGIONS en touchaient fréquemment de cette dernière espèce; elles s'appelaient *donativum*, et étaient collectives; elles différaient des RÉCOMPENSES nommées *pretium*, prix; celles-ci étaient personnelles. — Les LÉGIONNAIRES formaient une MASSE des GRATIFICATIONS PÉCUNIAIRES qui leur étaient octroyées. On voit dans VÉGÈCE (590, A) que la moitié du montant entrait en dépôt. Chaque COHORTE avait sa bourse ou caisse de Gratification. — En outre de ces dix bourses par LÉGION, il y avait une bourse commune pour pourvoir aux frais des FUNÉRAILLES. — BONAPARTE avait en quelque sorte renouvelé la méthode romaine par un arrêté de l'an onze (14 ventôse). — Dans les usages modernes, les Gratifications sont des PRESTATIONS PÉCUNIAIRES de plusieurs espèces; il y en a qui devaient être accordées à l'INFANTERIE FRANCO-SUISSE en cas de LICENCIEMENT; il y en a qui étaient EN NATURE; il y en a qui sont accordées à la GENDARMERIE DE POLICE en cas d'arrestation; mais ce n'est pas de ces Gratifications qu'il est question ici. — Il n'y sera traité, avec quelques détails, que des GRATIFICATIONS PÉCUNIAIRES allouées aux OFFICIERS, et surtout à ceux de l'INFANTERIE FRANÇAISE DE LIGNE, et acquittées par l'ordre du MINISTRE et l'intermédiaire de l'INTENDANCE : elles consistent en une somme fixée par TARIFS et une fois payée par le gouvernement pour l'acquit d'une dépense que l'OFFICIER est tenu de faire conformément à la lettre des réglements. — Ces Gratifications se distinguent en GRATIFICATION DE PREMIÈRE MISE et en GRATIFICATION D'ENTRÉE EN CAMPAGNE.

GRATIFICATION de CAMPAGNE. v. CAMPAGNE. v. GRATIFICATION D'ENTRÉE EN CAMPAGNE. v. GUERRE DE 1831. v. MILICE PRUSSIENNE N° 7.

GRATIFICATION de PREMIÈRE MISE D'OFFICIER (B, 1), ou GRATIFICATION DE SOUS-OFFICIER promu, ou GRATIFICATION EXTRAORDINAIRE, ou INDEMNITÉ DE PREMIÈRE MISE d'officier. Sorte de GRATIFICATION qui était accordée, depuis l'ARRÊTÉ DE L'AN ONZE (9 FRIMAIRE) et la circulaire du 24 prairial, aux SOUS-OFFICIERS qui passaient SOUS-LIEUTENANTS après avoir servi comme SOUS-OFFICIERS pendant cinq ans sans interruption dans le même corps. — Le droit à la Gratification n'est acquis que du jour inclus de la PROMOTION. Le payement n'en doit être effectué qu'après une REVUE ADMINISTRATIVE constatant la possession du nouveau GRADE. — La circulaire de l'an douze (6 frimaire) détermine nominalement la nature et l'espéce des EFFETS D'UNIFORME à l'achat desquels doit pourvoir la Gratification. — La CIRCULAIRE DE 1809 (15 MAI) étendait le même avantage aux SOUS-OFFICIERS DES CORPS FRANCO-ÉTRANGERS. — La CIRCULAIRE DE 1810 (25 AOUT) décidait que, en cas de CHANGEMENT DE CORPS, c'était au CORPS d'où sortait l'OFFICIER, et non à celui dans lequel il entrait, à solder le montant de la Gratification. — Le DÉCRET DE 1810 (21 DÉCEMBRE) fait payer les trois cents francs sur les fonds de la solde. En 1811, la MASSE GÉNÉRALE y pourvoit. — L'ORDONNANCE DE 1823 (19 MARS, art. 222) a réglé la matière ; elle fixe la Gratification par TARIF, suivant l'ARME, après quatre ans de SERVICE EFFECTIF et consécutif dans un même CORPS ou dans des CORPS différents de la même ARMÉE. Elle ne l'accorde pas aux SOUS-OFFICIERS passant dans le CORPS de l'ÉTAT-MAJOR.

GRATIFICATION de SOUS-OFFICIER CHEF D'ÉCOLE. V. INSPECTEUR GÉNÉRAL D'INFANTERIE N° 2. V. SOUS-OFFICIER CHEF D'ÉCOLE. V. MINISTRE DE LA GUERRE N° 10.

GRATIFICATION de SOUS-OFFICIER PROMU. V. GRATIFICATION DE PREMIÈRE MISE. V. SOUS-OFFICIER PROMU.

GRATIFICATION d'ENTRÉE EN CAMPAGNE (B, 1), OU GRATIFICATION DE CAMPAGNE, OU INDEMNITÉ D'ENTRÉE EN CAMPAGNE, OU INDEMNITÉ EXTRAORDINAIRE. Sorte de GRATIFICATION que la loi déclarait insaisissable par OPPOSITION juridique. — Cette Gratification appartient à une législation qui a d'abord été très-obscure ; on pouvait déduire de son texte que quiconque avait une fois perçu une Gratification n'était plus apte à la recevoir pendant le cours de la même guerre. Ce principe pourtant n'a pas été observé toujours. — Cette Gratification n'est due que sur le PIED DE GUERRE ; et le DROIT n'en était OUVERT aux PARTIES PRENANTES que suivant l'ARME et qu'en vertu de décisions spéciales. — Elle est accordée, depuis 1792, aux OFFICIERS de l'ARMÉE FRANÇAISE ENTRANT EN CAMPAGNE, et n'a été en général payée qu'une seule fois dans une même GUERRE, sauf un SUPPLÉMENT DE GRATIFICATIONS octroyé, à raison des PROMOTIONS aux différents GRADES, pendant le cours d'une campagne. Ce supplément était égal à la différence tarifée en proportion du GRADE. — Les LOIS DE 1792 (17 ET 29 FÉVRIER, 15 MARS, 5 MAI) ont prescrit et expliqué ce qui concerne cette Gratification, qu'elles ont classée à raison des GRADES différents des OFFICIERS. — L'ARRÊTÉ DE L'AN CINQ (11 BRUMAIRE) déterminait que la Gratification n'était due qu'aux OFFICIERS combattants et aux COMMISSAIRES DES GUERRES recevant pour la première fois l'ordre d'ENTRER EN CAMPAGNE. — Une DÉCISION DE L'AN SEPT (4 PLUVIOSE) réglait le droit que les OFFICIERS DE SANTÉ pouvaient avoir à la Gratification. — La CIRCULAIRE DE 1810 (26 MAI) a déterminé les formalités relatives à cette

ALLOCATION. — L'ORDONNANCE DE 1818 (13 MAI) disposait que la Gratification n'était pas passible de RETENUE POUR DETTE comme l'était la PAYE. — Dans la GUERRE DE 1823, les EMPLOYÉS des SERVICES ADMINISTRATIFS ont joui d'une Gratification d'entrée en campagne. — Les INDEMNITÉS DE PERTE D'ÉQUIPAGES ne devaient point excéder le taux de la Gratification de campagne. — L'ORDONNANCE DE 1823 (19 MARS, art. 226) a déterminé le cas du droit à la Gratification qu'elle exempte de toute RETENUE. — M. DENERVO et le général LECOUTURIER (au mot *Equipages*) ont examiné ce qui concerne les Gratifications d'entrée en campagne. — ODIER (1818, E) propose d'abolir cette gratification. Les motifs sur lesquels il s'appuie méritent qu'on les étudie.

GRATIFICATION d'HOMME DE TROUPE. V. HOMME DE TROUPE ; id. N° 5. V. HOMME NOUVEAU. V. SABOTS DE CHAUSSURE.

GRATIFICATION d'ORDINAIRE. V. CAHIER D'ORDINAIRE. V. ORDINAIRE, subs.

GRATIFICATION EN NATURE. V. EN NATURE. V. EAU-DE-VIE. V. GRATIFICATION. V. RIZ. V. SABOTS DE CHAUSSURE. V. VIN.

GRATIFICATION EXTRAORDINAIRE. V. EAU-DE-VIE. V. EXTRAORDINAIRE, adj. V. GRATIFICATION DE PREMIÈRE MISE. V. HOMME DE TROUPE N° 5.

GRATIFICATION MILITAIRE. V. GRATIFICATION. V. MILITAIRE, adj.

GRATIFICATION PÉCUNIAIRE. V. ESCRIME. V. GRATIFICATION. V. INFANTERIE FRANCO-SUISSE N° 5. V. PÉCUNIAIRE, adj. V. RÉMUNÉRATION.

GRATII. V. NOMS PROPRES.

GRAVE, adj. V. ARME G... V. BATAILLON G... V. CAVALERIE G... V. FAUTE G... V. INFANTERIE G... V. PAS G... V. PUNITION G...

GRAVELLE, subs. fém. (D, 4, 5). Mot que MÉNAGE mentionne comme dérivé de l'expression gravier de fontaine. La Gravelle est une INFIRMITÉ ABSOLUE résultant d'un désordre du système urinaire ; elle est au nombre des CAS DE RÉFORME qui motivent l'INVALIDITÉ.

GRAVELOT, subs. masc. V. JAVELOT.

GRAY. V. NOMS PROPRES.

GREC (grecque), adj. V. ADJUDANT G... V. ARCHER G... V. ARMÉE G... V. ARTILLERIE G... V. BATAILLON G... V. BAVARO-G... V. CAVALERIE G... V. CAVALIER G... V. CHASSEUR G... V. CHAUSSURE G... V. CORPS G... V. DÉCURION G... V. DIVISION G... V. ENSEIGNE G... V. ÉPÉE G... V. ÉTAT-MAJOR G... V. EXTRAORDINAIRES G... V. FEU G... V. FILE G... V. FOURRIER G... V. GÉNÉRAL G... V. HÉRAUT G... V. INFANTERIE G... V. LANCIER G... V. LANGUE G... V. MAJOR G... V. MANŒUVRE G... V. MILICE G... V. MU-

SIQUE G... V. OFFICIER G... V. PAYE G... V. PHA-
LANGE G... V. PIÉTON G... V. RÉGIMENT G... V.
RÉSERVE G... V. SERRE-FILE G... V. SOLDAT G...
V. SOUS-OFFICIER G... V. SUBDIVISION G... V.
TACTIQUE G... V. TRAIN G...

GREC; **GRECS**. V. NOMS PROPRES.

GRECQUES, subs. fém. plur. v. GRE-
GUES.

GREFFE, subs. masc. v. COMMISSAIRE
DU ROI. V. GREFFIER.

GREFFIER, subs. masc. v. COMMIS G...
V. INDEMNITÉ DE G...

GREFFIER (term. génér.). Mot qui a
donné naissance au terme GREFFE; il dérive
du LATIN *graphiarius*, provenu du GREC *gra-
phein*, écrire. FURETIÈRE tire les exemples de
cette étymologie de MARTIAL, de SUÉTONE et
d'OVIDE. — Le mot Greffier sera surtout examiné ici par rapport à l'INSTRUCTION des PRO-
CÈS MILITAIRES, et il sera distingué en GREF-
FIER DE CONSEIL PERMANENT et en GREFFIER DE
RÉGIMENT.

GREFFIER de CONNÉTABLIE. V. CONNÉTA-
BLIE. V. GRAND PRÉVOT. V. PRÉVOT D'ARMÉE.

GREFFIER de CONSEIL DE GUERRE PER-
MANENT (C, 5). Sorte de GREFFIER chargé d'assister un CAPITAINE RAPPORTEUR, de le seconder dans les travaux que nécessitent l'administration de la JUSTICE et la PROCÉDURE, tels
que le PROCÈS-VERBAL d'INTERROGATOIRE, la
CONFRONTATION des TÉMOINS, la rédaction du
PROCÈS-VERBAL d'INFORMATION, la transcrip-
tion des COPIES DE JUGEMENTS. — Autrefois
cette fonction était quelquefois celle des SE-
CRÉTAIRES ARCHIVISTES. — Le CODE PÉNAL DE
1793 (12 MAI) chargeait le Greffier de la lecture de l'ACTE D'ACCUSATION. — La LOI DE
L'AN CINQ (13 BRUMAIRE) confiait au CAPITAINE
RAPPORTEUR chargé de l'INSTRUCTION le droit
de choisir le Greffier, et voulait que ce dernier signât l'INTERROGATOIRE, et écrivît, en
présence du CONSEIL, le JUGEMENT au pied du
PROCÈS-VERBAL. — Une CIRCULAIRE DE L'AN
CINQ (28 FLORÉAL) accordait une INDEMNITÉ
de douze francs pour la totalité des ACTES
d'une AFFAIRE. — La LOI DE L'AN SIX (18 VEN-
DÉMIAIRE), relative aux CONSEILS DE RÉVISION,
décidait que le Greffier était au choix du
PRÉSIDENT. — La LOI DE L'AN SIX (27 FRUCTI-
DOR) établissait les cas où il lui était adjoint
un COMMIS. — La CIRCULAIRE DE 1827 (16
MARS) fixait les allocations qui lui étaient
dues. — ODIER (1824, E) a dit quelques mots
de ces fonctions; et leur utilité, leur importance, est démontrée dans la *Sentinelle de
l'Armée* (t. III, p. 235).

GREFFIER de CONSEIL DE GUERRE D'IN-
FANTERIE FRANCO-SUISSE. V. CONSEIL DE GUERRE
D'INFANTERIE FRANCO-SUISSE. V. INFANTERIE
FRANCO-SUISSE N° 6.

GREFFIER de CONSEIL DE RÉVISION. V.
CONSEIL DE RÉVISION.

GREFFIER de CONSEIL EXTRAORDINAIRE.
V. CONSEIL EXTRAORDINAIRE.

GREFFIER de PRÉVOTÉ. V. PRÉVOT D'AR-
MÉE. V. PRÉVOT DE CORPS. V. PRÉVOT DES BAN-
DES. V. PRÉVOT DES MARÉCHAUX. V. PRÉVOTÉ. V.
RÉGIMENT D'INFANTERIE FRANÇAISE N° 1.

GREFFIER de RÉGIMENT (C, 5). Sorte de
GREFFIER qui était sous les ordres du PRÉVOT:
c'était, suivant DELAFONTAINE (1675, A), son
homme de plume. On voit dans MANESSON
(1685, B) que l'ÉTAT-MAJOR de chaque RÉGI-
MENT français comprenait un Greffier : il
jouissait du même USTENCILE que les ARCHERS
et l'EXÉCUTEUR. — Ces Greffiers et les PRÉ-
VOTS ont été supprimés dans les RÉGIMENTS
DE LIGNE par l'ORDONNANCE DE 1762 (10 DÉ-
CEMBRE); mais l'ORDONNANCE DE 1764 (29 JAN-
VIER) maintenait dans les GARDES FRANÇAISES
un Greffier : il y est resté jusqu'au licenciement de ce RÉGIMENT.

GREFUE, subs. fém. v. GRÈVE.

GREFVE, subs. fém. v. GRÈVE.

GRÉGEOIS (grégeoise), adj. v. ARTILLE-
RIE G... V. FEU G... V. FUSÉE G... V. PELOTE G...

GRÉGESQUES, subs. fém. plur. v.
GRÉGUES.

GRÉGOIRE. V. NOMS PROPRES.

GRÉGUES, subs. fém. plur. (F), ou GAR-
CESQUES, OU GARGUESQUES, OU GRECQUES, OU
GRÉGESQUES suivant ROQUEFORT. Nom donné,
du temps des ARMURES DE FER et sous le règne
de LOUIS ONZE, aux anciens HAUT-DE-CHAUSSES
sans BRAYETTE, AUX RABACHES, dont les MILI-
TAIRES empruntèrent la mode des GRECS au
temps des CROISADES, et que recouvraient les
CUISSARDS et DEMI-CUISSARDS. HENRI ESTIENNE
(*Nouveau Langage français*) temoigne que,
dans le seizième siècle, les CHAUSSES à la
GARGUESQUE, à la GRÉGESQUE, c'est-à-dire grecques ou à la GRECQUE, devenaient de mode
parmi les citadins. Aux GRECQUES ont succédé
les TROUSSES, la CULOTTE, le PANTALON. Cependant LACHESNAIE (1758, I) parlait encore
des GRECQUES des HUSSARDS.

GRÊLE (subs. fém.) de BALLES, de COUPS,
de GRENADES. V. BALLE. V. BALLE DE FUSIL. V.
BALLE PROJECTILE. V. COUP. V. COUP D'ARMES. V.
GRENADE. V. PORTE DE FORTERESSE.

GRÊLIER, subs. masc. v. MITRAILLE.

GRENADE, subs. fém. v. A G... V. COUP
DE G... V. EXERCICE DE G... V. FUSÉE DE G...
V. GRANDE G... V. JETER LA G... V. LUMIÈRE DE
G... V. MÈCHE DE G... V. OEIL DE G... V. PATÉ
DE G... V. PORTÉE DE G... V. SOU DE G... V. TIR
DE G...

GRENADE (term. génér.), ou OILLE suivant CARRÉ (1785, E), et COTTY (1822, A).

Le mot Grenade s'est introduit dans le français par une imitation visible du nom du fruit qui de temps immémorial s'appelle de même. Les Latins, comme le témoigne Pline, nommaient *granatum* le fruit du grenadier, à cause de la quantité de ses grains ou graines. — Rabelais appelle migraine la Grenade d'artillerie. Borel (Pierre) et Lepuchat expliquent cette synonymie en disant que le fruit du grenadier s'appelait migraine ou mille graines. — Monstrelet, en parlant du siége de Rouen, sous Charles six, par les Anglais, fait mention des engins volants dont se servaient les assiégés; c'étaient peut-être des espèces de Grenades; cependant Ufano, auteur du seizième siècle (1612), prétend qu'elles avaient été inventées de son temps; mais elles existaient bien plus anciennement; on les connaissait, comme le dit Jabro (1777, G, au mot *Pyrotechnie*), depuis plus de cinquante ans, quand l'usage des bombes se répandit dans la milice française. — Le mot Grenade a d'abord et pendant longtemps signifié projectile creux sans anses, quel que fût son diamètre. Saint-Remy fait mention de Grenades ou de crevettes dont le poids variait depuis un quarteron jusqu'à cinq livres; il y avait en outre les bombettes, bombines ou bombes de fossé, sorte de Grenades qui pesaient depuis cinq livres jusqu'à vingt. — Ce qu'on appelait Grenade différait surtout de ce que l'on appelait bombe, en ce que les unes avaient des anses et que les autres n'en avaient pas; d'ailleurs les Grenades qu'on lançait au moyen d'un tube long ou court étaient accompagnées d'un culot de bois, tandis que les bombes, ne se lançant qu'à l'aide d'un tube court, comme on tire les obus, n'avaient pas besoin d'un culot: du reste les principes de fabrication et la confection des Grenades de métal ne différaient en rien. — Strada regarde les bombes comme ayant donné naissance aux Grenades et aux pots a feu; Daniel (1721, A) soutient l'opinion opposée; les mémoires de Martin Dubellay témoignent que la bombe a été un perfectionnement de la Grenade. — Néanmoins ce procès est difficile à juger, il faudrait, comme en tant de choses militaires, s'entendre; ceux qui entrent dans le débat veulent-ils faire mention de Grenades, absolument parlant? Nous avons dit qu'il y en avait qui étaient des bombes de fossés. Veulent-ils parler de grenades a main qui étaient tout autre chose? Mais, dans ce cas, ils eussent dû s'expliquer. — Furetière redit que les boulets a feu ont été inventés longtemps avant les Grenades, de même que les grenades a main l'auraient été longtemps après

les grandes Grenades. Il y a visiblement confusion de termes, car sans doute on ne sera arrivé à faire de grosses bombes qu'après avoir fabriqué de petites Grenades. C'est la marche naturelle des découvertes et des progrès que font les arts. — Une preuve de plus du défaut de précision que ces termes ont eu pendant longtemps, c'est que Philippe de Clèves (1520, A) appelaient génériquement pierres a feu tous les boulets creux. — Dubellay (1535, A) commence à employer le terme Grenade; il y en avait à Arles au nombre des munitions dont François premier approvisionnait cette ville; et M. Sicard (*Journal des Sciences militaires*, 1830, p. 71) pense que les premières furent lancées au siége d'Arles en 1536. Mais, en Allemagne, dès 1388, comme le démontre M. Moritz Meyer, des projectiles analogues étaient déjà en usage. — On fit usage de Grenades au siége de Rouen en 1562. Les mémoires de Castelnau le témoignent. — On peut dire que, nominalement, en France, les Grenades datent de François premier; mais qu'effectivement, sous d'autres noms, l'usage en est bien plus ancien en Europe. — Dethou appelle Grenades les bombes dont on se servit au siége de Wachtendook en 1588. — Simienowicz veut qu'on n'appelle bombes que les mobiles ovales ou allongés: c'étaient les grenades a flèches. — On regarde en général l'usage des bombes proprement dites comme postérieur d'un demi-siécle au tir des Grenades proprement dites: c'est l'opinion de Goetzmann (1777), qui s'appuie sur les Mémoires de Castelnau; mais ce n'est qu'une vérité relative et non absolue. — On a jeté d'adord des Grenades avec des arquebuses a croc; on en a fait entrer ensuite dans les ballons et des barils foudroyants, dans des carcasses, des cruches, des pots a feu, des patés, qu'on assaisonnait de poudre; on en a lancé avec les pierriers, les mortiers, les cuillers. Simienowicz, Ganeau, Carré (1783, E), parlent de grenades borgnes, ou sans lumière: c'étaient celles qui n'avaient pas besoin d'être allumées, et qui s'enflammaient en tombant sur un corps dur et résistant. — Un usage oublié avait marié les premières Grenades avec les dernières flèches; la milice espagnole se servait de flèches a grenades, à l'instar des falariques de petit échantillon des anciens. Ces Grenades étaient ovales; il en fut fait surtout emploi, en 1602 et 1603, au siége d'Ostende. — Il a été employé des grenades cylindriques en 1627, comme le témoigne Moritz Meyer; en 1657, en 1666, les Allemands les tiraient, dit-il, au moyen du mousquet; ces Grenades étaient fixées sur un culot à tige, qui s'enfonçait dans toute la longueur du tube. Il en a été fabriqué en bois, en cuir, en carton, pour les exercices à feu ; il y en a eu en fer-blanc, en terre cuite, en verre, jusqu'en 1726, comme le témoigne Meyer (Moritz). Depuis cette époque, elles ont été généralement en fer aigre fondu. Celles d'une enveloppe moins solide n'ont plus été employées que pour la garniture des balles a feu, ou autres balles projectiles de même nature. — On se servait de ces différents globes dès les règnes de Charles six et de Charles sept ; mais ce fut surtout François premier qui fit emploi de Grenades dans ses guerres contre Charles - Quint. Dubellay (1535, A) parle des lances (lance a feu), des pots (pot a feu), des Grenades, que le roi de France faisait préparer en 1537. Ce n'était pas encore précisément des grenades a main. — Au siége de Stettin en Poméranie, défendu en 1677 par les Suédois contre l'électeur de Brandebourg, les assiégés se servaient de Grenades de bois attachées à de grosses baguettes ; il n'y avait qu'un pas entre cette méthode et l'invention des fusées de guerre. — Sous la minorité de Louis quatorze, les Français commencèrent à jeter les Grenades au moyen de mortiers à plusieurs tubes ; le tube central, qui était grand, lançait une bombe ; la circonférence de la pièce, divisée en petits tubes, lançait un chapelet de Grenades. Ce mortier s'appelait perdreau, parce que le vol de ces projectiles se comparait à une perdrix accompagnée d'une volée de petits. — On essaya aussi de lancer, au moyen de la fronde, les Grenades ; il en fut ainsi au siége d'Aire. Ces deux genres de tir étant plus périlleux pour l'artilleur que pour l'ennemi, on leur préféra le système des grenades a cuiller et des grenades a main. On désigna dans le régiment du roi les quatre plus braves mousquetaires par compagnies pour s'acquitter de cette fonction ; ils s'appelaient, en 1667, grenadiers. L'innovation fut imitée, en 1672, dans les trente premiers régiments de l'infanterie française, elle le fut ensuite généralement ; de là vient l'expression grenadiers, prise dans le sens d'hommes armés de globes projectiles, du calibre d'un boulet de quatre et d'un diamètre de soixante-cinq millimètres environ. Il fut ensuite fait des Grenades qui avaient jusqu'à quatre-vingts millimètres de diamètre. — On se sert quelquefois de lances a feu pour allumer des Grenades cachées ou presque entièrement enterrées. — Le mot Grenade se distingue en grenade a cuiller, — a main, — de rempart, — de retroussis.

GRENADE (grenades) a cuiller (F). Sorte de grenades qui différaient de la grenade a main et par le poids et par la manière d'être lancées. — Vauban (1829, K) en parle ; mais les écrivains français qui étaient ses contemporains n'en disent rien, parce que cette mode était surtout espagnole. — On se servait de Grenades à cuiller pour la défense d'un rempart, d'une brèche, ou quand il fallait s'opposer au passage du fossé. — Des enfants perdus ou des grenadiers se plaçaient sur deux rangs. Le premier rang était pourvu d'un instrument de bois de la longueur d'une pelle ordinaire et de la forme d'une cuiller à pot ; chaque enfant perdu plaçait horizontalement cette cuiller sur son épaule droite, et en tenait le manche à deux mains. Les grenadiers du second rang logeaient la Grenade dans le cuilleron de l'instrument, et y mettaient le feu ; les grenadiers, armés de la cuiller, la faisaient basculer, et lançaient paraboliquement le projectile. — Cette méthode avait plusieurs avantages : ainsi, au lieu de produire des feux successifs, elle produisait des salves. — Si le premier rang était aperçu de l'ennemi, le second n'en était pas vu, et même tous les grenadiers pouvaient rester masqués par un épaulement ; il suffisait que le chef qui les commandait regardât par-dessus le parapet pour reconnaître à quel instant et dans quelle direction il était à propos d'agir ; alors il donnait ordre au second rang de placer la Grenade, et lui faisait le commandement d'allumer l'ampoulette ; à un troisième signal un jet d'ensemble s'exécutait : c'était une espèce de feu par peloton. — Peut-être était-ce l'homme du second rang qui donnait lui-même l'ordre ou le signal du départ du projectile pour prévenir tout accident. — Les Grenades qu'on jetait de cette manière étaient de l'espèce des bombines, des bombes de fossé, des grenades de rempart, et pesaient de trois à dix kilogrammes. — Ganeau appelle bascule a grenades la cuiller qui servait à cet usage.

GRENADE a flèche. V. a flèche. V. balle a feu. V. grenade. V. grenade a main.

GRENADE a fusée. V. a fusée. V. balle a feu. V. fusée. V. grenade a main.

GRENADE (grenades) a main (F). Sorte de grenades prises surtout par opposition aux grenades a cuiller, a flèche, a fusée, cubiques, ovales, aux balles a feu qui se lançaient de même, et aux grenades de rempart. — Dubellay (1549, A) proposait d'armer de Grenades les rondelliers. — Le nom des Grenades à main a donné naissance à ceux des grenadiers d'infanterie et des grenadières. — Les Grenades à main ont été

en général sphériques ; cependant SIMIE-
NOWICZ et FURETIÈRE (au mot *Globe*) affirment
qu'on voyait chez le duc d'Oldenbourg *d'anciennes Grenades de forme cubique.* — Cette
forme, à six faces, permettait de les tenir en
réserve, la mèche en l'air, sur le bord d'un
parapet ; un homme les allumait ; un autre
les poussait à mesure. — Les CREVETTES
étaient surtout des Grenades de l'ARMÉE NA-
VALE ; elles pesaient une livre. — L'usage
des Grenades de fer fondu appartient au
règne de LOUIS QUATORZE ; depuis sa minorité, les ENFANTS PERDUS, sorte d'INFANTERIE
LÉGÈRE des MOUSQUETAIRES A PIED, combattaient avec cette ARME. Pendant la GUERRE DE
1665, ils portaient leurs Grenades dans une
GIBECIÈRE qu'on appelait aussi SAC A GRENADES
OU GRENADIÈRE. — Les Grenades se chargeaient suivant les procédés que SIONVILLE
(1756, E) et SAINT-REMY indiquent. Le feu
s'y communiquait à travers l'ŒIL par l'AM-
POULETTE OU FUSÉE. Leur CALIBRE égalait celui
d'un BOULET DE QUATRE ; elles pesaient en général un kilogramme ; suivant un usage plus
moderne que GASSENDI désapprouve, elles ont
pesé jusqu'à cinq livres ; elles contenaient
quatre à cinq onces de POUDRE FINE, et
avaient une PORTÉE évaluée à trente mètres ;
on les jetait de trente à quarante pas. —
Les ENFANTS PERDUS prirent en 1667 le nom
de GRENADIERS ; à partir de là les Grenades
à main ont fait partie des ARMES DES GRENA-
DIERS A PIED et A CHEVAL. Il y en avait trois
par giberne ; elles étaient enveloppées dans
un morceau de vessie. — Les grenadiers
continuèrent quelque temps encore à être
au nombre de quatre ou de six par COMPA-
GNIES dans les RÉGIMENTS D'INFANTERIE FRAN-
ÇAISE DE LIGNE ; il en fut ainsi jusqu'en
1670 ; ils jetaient la Grenade dans les ABOR-
DAGES, à la défense des BRÈCHES, dans les
ATTAQUES DE CHEMIN COUVERT A FORCE OUVERTE ;
ils prenaient la MÈCHE dans le CACHE-MÈCHE
de fer-blanc ou de cuivre qui était attaché
sur le devant de la banderole ; mettaient le
feu de la main gauche à la LUMIÈRE OU ŒIL ;
tournaient le dos à l'ENNEMI (si l'on en croit
MANESSON (1685, B), et JETAIENT LA GRENADE
par-dessus leur tête. — GIFFART (1696, A)
trace un dessin qui représente l'EXERCICE du
JET de la Grenade. — Pour la facilité du TIR
de la GRENADE, les PRUSSIENS adoptèrent des
premiers le bonnet pointu et à CORDONS. Sa
forme effilée permettait de passer le fusil à
la GRENADIÈRE ; son cordon le retenait suspendu si quelque choc renversait cette va-
cillante coiffure. — GUIGNARD (1725, B) a
décrit la manière de mettre le FUSIL A LA
GRENADIÈRE, l'exercice de la Grenade, la
préparation de l'AMPOULETTE, le maniement

de la MÈCHE, la projection du MOBILE à la
suite de laquelle le GRENADIER TIRAIT LE
SABRE. — BOTTÉE (1750, B) enseigne encore
l'EXERCICE du JET de la Grenade, la manière
de DÉCOIFFER l'AMPOULETTE avec les dents,
d'amorcer la Grenade en grattant la FUSÉE
avec le pouce, de SOUFFLER LA MÈCHE et d'y
mettre le feu. Il n'explique pas positivement
que de son temps le GRENADIER tournât le
dos à l'ENNEMI, il le donne pourtant à entendre, puisqu'il dit que, quand il JETTE LA
GRENADE, il fait DEMI-TOUR A GAUCHE en
avançant d'un grand pas. — Les ASSIÉGEANTS
se garantissaient des Grenades des ASSIÉGÉS
en couvrant de BLINDAGES les TRANCHÉES. —
Il a été originairement donné une inclinaison aux FRAISES des FORTIFICATIONS, afin
que les Grenades, qui tombaient dessus
quand l'ENNEMI en JETAIT, coulassent dans
le FOSSÉ, ce qui en neutralisait l'effet. Cette
disposition des FRAISES avait encore un autre
objet, celui de faire tomber sur l'ASSIÉGEANT
les Grenades jetées, ou plutôt lâchées par
l'ASSIÉGÉ. — Depuis que les GRENADIERS furent formés en COMPAGNIES, ce qui commença
à avoir lieu en 1670 ; depuis qu'ils eurent
des FUSILS, ce qui, dans tous les RÉGIMENTS,
eut lieu en 1678, et surtout depuis la bataille de STEINKERQUE en 1690, époque où
les FEUX ROULANTS prirent vogue et où le
FUSIL devint plus commun, on commença à
abandonner les Grenades. On ne peut déterminer l'époque précise de leur abolition,
parce que cela se fit graduellement et à peu
près suivant le caprice des CHEFS. — Au
siége de Lille, en 1708, les Français se servaient de PATÉS DE GRENADES ; on nommait
ainsi des pots de terre qui en étaient remplis. — Depuis la paix de Versailles on
cessa d'exercer des soldats au jet de la Grenade à main ; cette étude est redevenue une
de celles des sapeurs du GÉNIE. — En 1720,
la MILICE ANGLAISE avait encore par COMPA-
GNIES quatre GRENADIERS armés de Grenades ;
l'INFANTERIE AUTRICHIENNE s'en est servie tard,
et les a gardées la dernière de toutes. —
Les Grenades à main continuent à faire partie des PETITES ARMES ; les MINEURS DES RÉGI-
MENTS DU GÉNIE et la MARINE s'en servent ;
ou les emploie aux abordages, dans les SIÉGES
OFFENSIFS, à la défense des PORTES d'une FOR-
TERESSE, etc. On les JETTE à la main, on les
TIRE avec des PIERRIERS ou des MORTIERS, on
les attache à des CERCLES A FEU, etc. — La
CIRCULAIRE DE 1831 (7 JUILLET) donnait à la
Grenade à main un diamètre de trois pouces,
une paroi sans culot de quatre lignes d'é-
paisseur et une pesanteur de deux livres
deux onces. Une demi-livre de poudre est le
maximum de leur charge. — L'art de ce

TIR a été l'objet de quelques recherches consignées dans le *Mémorial de l'Officier du génie* (1825) et dans le *Journal des Sciences militaires* (1833, 9ᵉ année, p. 129). — La portée de la Grenade à main est de vingt-cinq à trente-cinq mètres, suivant la force du bras qui la lance; mais on a obtenu des portées bien différentes en se servant de MORTIERS A LA COEHORN ou d'une espèce de MORTIER de bois nommé GRENADIER A FEU. — C'est surtout quand l'ASSIÉGEANT combat dans la TROISIÈME PARALLÈLE qu'il a recours au jet de la Grenade. — Les AUTEURS qu'on peut consulter à l'égard des Grenades sont : BOTTÉE (1750, B), CARRÉ (1785, E), COTTY (1820, A), DURTUBIE (1779), GASSENDI (1819), GUIGNARD (1725, B), HOYER, LACHESNAIE (1758, I), M. LEGRAND (1837, A), MANESSON (1685, B), POTIER (1779, X ; au mot *Grenadier à cheval*), SAINT-REMY, SANTA-CRUZ (1738, A), SIMIENOWICZ, SIONVILLE (1756, E), et le *Journal des Sciences militaires* (1833, 9ᵉ année, p. 139).

GRENADE BORGNE. V. BORGNE, adj. V. GRENADE.

GRENADE CUBIQUE. V. CUBIQUE, adj. V. GRENADE. V. 'GRENADE A MAIN.

GRENADE CYLINDRIQUE. V. CYLINDRIQUE, adj. V. GRENADE.

GRENADE de BONNET. V. BONNET. V. BONNET A POIL.

GRENADE de BONNET DE POLICE. V. ATTRIBUT DE BONNET. V. BONNET DE POLICE.

GRENADE de FOSSÉ. V. FOSSÉ. V. GRENADE DE REMPART.

GRENADE de POMPON. V. ATTRIBUT DE POMPON. V. POMPON.

GRENADE (grenades) de REMPART (G, 2, 3; H, 1), OU GRENADE DE FOSSÉ, OU GRENADE ROULANTE. Sorte de GRENADES dont le CALIBRE a été comparable à celui du BOULET DE SEIZE, DE VINGT-QUATRE, de TRENTE-TROIS, et dont le plus grand diamètre était à peu près de cent soixante millimètres. Elles pesaient, suivant GASSENDI, de huit à neuf kilogrammes, et, suivant M. COTTY (1822, A), de quatre à six kilogrammes. On les chargeait à cinq livres de poudre. — Les moindres de ces Grenades étaient peut-être les mêmes que celles qu'on a nommées GRENADES A CUILLER; mais celles qu'on roulait sur l'ENNEMI, glissaient dans un auget. — Dans les APPROVISIONNEMENTS d'ARTILLERIE, des SIÉGES DÉFENSIFS, les Grenades de rempart étaient dans la proportion du septième des GRENADES A MAIN. — La CIRCULAIRE DE 1851 (7 JUILLET) prescrivait d'employer comme Grenades de rempart, les PROJECTILES CREUX des plus petits calibres, ainsi que des OBUS DE VINGT-QUATRE.

GRENADE (grenades) de RETROUSSIS (B, 1). Sorte de GRENADES qui ont été attachées aux RETROUSSIS des HABITS des COMPAGNIES DE GRENADIERS. Celles des GRENADIERS étaient en drap écarlate, ainsi que celles des OFFICIERS; on les taillait à l'emporte-pièce. — Les DRAGONS, lorsqu'ils prirent l'UNIFORME, eurent le droit de porter cette MARQUE DISTINCTIVE, parce qu'ils étaient censés assimilés aux GRENADIERS; mais, au lieu de quatre Grenades, ils n'en avaient que deux; chacune d'elles répondait à une FLEUR DE LIS. — Quand les RÉGIMENTS D'ARTILLERIE se formèrent, ils réclamèrent aussi la Grenade; quantité d'autres CORPS l'ont successivement obtenue; il en est de cette DÉCORATION ou attribut comme des titres et des grades qui, dans l'origine, s'accordent toujours avec une sage parcimonie, et qui, en se multipliant, perdent de leur prix. — Lorsque la GARDE NATIONALE se forma, les OFFICIERS DE GRENADIERS de cette GARDE se donnèrent la Grenade, non en drap, mais en broderie d'or; c'est à leur imitation que, depuis la GUERRE DE LA RÉVOLUTION, les OFFICIERS DE GRENADIERS de l'armée ont porté des Grenades brodées. — Maintenant la Grenade de retroussis est à sept FLAMMES; elle a soixante-cinq millimètres de hauteur sur quarante-cinq millimètres de largeur; elle est affectée aux GRENADIERS A PIED et A CHEVAL, à la GENDARMERIE DE POLICE, aux CARABINIERS A PIED et A CHEVAL et aux CUIRASSIERS. Des DÉCISION MINISTÉRIELLES DE 1818 l'affectaient aussi aux retroussis postérieurs seulement des basques de l'habit des DRAGONS, des ARTILLEURS A PIED et A CHEVAL, des GARDES D'ARTILLERIE, des CANONNIERS VÉTÉRANS, des CORPS DU GÉNIE et des GARDES DU GÉNIE. — La DÉCISION DE 1821 (23 OCTOBRE) a été jusqu'à donner des Grenades brodées en or ou en argent aux TAMBOURS-MAJORS.

GRENADE de SERPENTEAU. V. SERPENTEAU.

GRENADE OVALE. V. BALLE A FEU. V. FALARIQUE. V. GRENADE. V. GRENADE A MAIN. V. OVALE, adj.

GRENADE ROULANTE. V. GRENADE DE REMPART. V. ROULANT, adj.

GRENADIER, adj. et subs. masc. V. ABSENCE DE G... V. ARME DE G... V. BATAILLON DE G... V. BONNET DE G... V. CAPITAINE DE G... V. CAPORAL DE G... V. CHAPEAU DE G... V. COLONNE DE G... V. COMPAGNIE DE G... V. CORPS DE G... V. CRÉATION DE G... V. DIVISION DE G... V. ÉPAULETTE DE G... V. ESCOUADE DE G... V. FILE DE G... V. FONCTIONS DE G... V. FOURRIER DE G... V. FUSIL DE G... V. GIBERNE DE G... V. HABIT DE G... V. HAUTE-PAYE DE G... V. LIEUTENANCE DE G... V. LIEUTENANT DE G... V. OFFICIER DE G... V. PAYE DE G... V. NOMINATION

DE G... V. PELOTON DE G... V. PRÉROGATIVES DE G... V. PUNITION DE G... V. RÉGIMENT DE G... V. SABRE DE G... V. SCHAKO DE G... V. SERGENT DE G... V. SERGENT-MAJOR DE G... V. SOLDE DE G... V. SOUS-LIEUTENANT DE G... V. SOUS-OFFICIER DE G... V. TACTIQUE DE G... V. TAILLE DE G... V. TAMBOUR DE G... V. TENTE DE G... V. TIRAILLEUR-G...

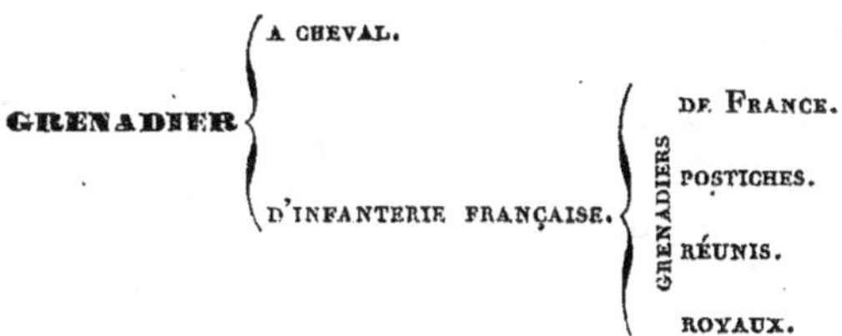

GRENADIER (grenadiers) (term. génér.). Ce mot, dont l'expression GRENADE A MAIN est la souche, s'appliquait à des soldats d'une espèce particulière, qu'à raison de leurs fonctions primitives on a comparés aux TRIAIRES ROMAINS et aux RIBAUDS du MOYEN AGE. — C'étaient des VOLONTAIRES, comme l'avaient été plus anciennement les ENFANTS PERDUS; un d'eux en devenait momentanément le chef, comme cela s'est pratiqué plus tard parmi les PARTISANS. — En 1665, quelques poignées de Grenadiers étaient employés transitoirement. — En 1775, POTIER (1779, X) évaluait le nombre des Grenadiers, tant officiers que troupe, y compris les GRENADIERS ROYAUX, PROVINCIAUX, de la MAISON, etc., à vingt-trois mille cinq cent quatre-vingt-un hommes. — D'abord les Grenadiers n'ont été que de la classe des FANTASSINS; il cessa d'en être ainsi en 1676. — L'ENCYCLOPÉDIE (1751, C) peut être consultée à l'égard des Grenadiers. — Le mot sera distingué en GRENADIER A CHEVAL, — A CHEVAL DE LA GARDE, — A FEU, — A PIED, — ANGLAIS, — AUTRICHIEN, — BADOIS, — BAVAROIS, — BELGE, — BRÉSILIEN, — D'ARTILLERIE, — DE GARDE IMPÉRIALE, — DE GARDE ROYALE, — DE LA MAISON, — DE LÉGION, — DES GARDES FRANÇAISES, — D'INFANTERIE DE GARDE ROYALE, — D'INFANTERIE FRANÇAISE DE LIGNE, — D'INFANTERIE FRANCO-SUISSE, — ESPAGNOL, — FRANÇAIS, — FRANCO-ÉTRANGER, — -GARDE, — -GENDARME, — HOLLANDAIS, — HONGROIS, — NAPOLITAIN, — NÉERLANDAIS, — PIÉMONTAIS, — POSTICHE, — PROVINCIAL, — PRUSSIEN, — RUSSE, — SAXON; et en grenadiers, GRENADIERS D'ARRAS, — RÉUNIS, — ROYAUX.

GRENADIER (grenadiers) A CHEVAL (F), OU GRENADIER DE LA MAISON. Sorte de GRENADIERS qui formaient une COMPAGNIE qui marchait à l'avant-garde de la MAISON DU ROI. LOUIS QUATORZE la créa en 1676 (décembre), et la forma de quatre-vingt-huit MAItres en trois ESCADRONS, officiers non compris; c'était une ARME MIXTE destinée à jeter la GRENADE A MAIN, et à combattre à pied et à cheval; aussi avaient-ils, dès l'origine, le FUSIL, les TAMBOURS, la GIBECIÈRE carrée, et plus tard le BONNET A POIL; ils étaient la roture équestre, les PIONNIERS A CHEVAL de la MAISON, aussi portaient-ils chacun un OUTIL. Leur ÉTENDARD présentait l'image d'une GRENADE en éclats. On eût pu donner à ce CORPS le titre de GRENADIERS des DRAGONS, car c'était une COMPAGNIE D'ÉLITE de DRAGONS, tant par sa destination et son SERVICE que par son armement. — Leur nombre augmenta jusqu'à cent vingt et cent cinquante MAITRES, auxquels il était attaché un COMMISSAIRE A LA CONDUITE. — Ils agirent en vaillante INFANTERIE au siége de VALENCIENNES en 1677, et à Ypres en 1691; ils se distinguèrent comme CAVALERIE à Leuze et à FONTENOY. — A la fatale affaire de RAMILLIES, un ESCADRON ANGLAIS salue militairement les Grenadiers à cheval, comme c'était alors et comme c'était un siécle plus tard l'usage; les Français rendent politesse pour politesse, jouent du sabre comme à l'ouverture d'un assaut d'armes, écrasent cet ESCADRON, lui passent sur le corps, et vont charger la SECONDE LIGNE. — Ils n'étaient plus que cinquante MAITRES en trois BRIGADES à l'époque de leur licenciement qui eut lieu en 1775 (15 décembre); ils ont reparu depuis le consulat comme SOUS-ARME DE CAVALERIE. Ils ont été licenciés en 1830. — Les AUTEURS qu'on peut consulter à cet égard sont CARRÉ (1783, E), DANIEL (1721, A), l'ENCYCLOPÉDIE (1785, C), GUIGNARD (1725, B), LACHESNAIE (1758, I, au mot *Paye*).

GRENADIER A CHEVAL de la GARDE. V. A CHEVAL. V. ARME PERSONNELLE Nº 2. V. ARMÉE FRANÇAISE Nº 2. V. COMPOSITION. V. GARDE. V. GARDE IMPÉRIALE Nº 2. V. GENDARMERIE. V. GRENADE DE RETROUSSIS. V. GROSSE CAVALERIE Nº 1, 4. V. HABILLEMENT. V. MILICE ANGLAISE Nº 8. V. RÉ-

G IMENT DE GRENADIERS A CHEVAL. V. TIMBALE.

GRENADIER A FEU. V. A FEU. V. GRENADE A MAIN.

GRENADIER A PIED. V. A PIED. V. CAMP. V. CHEVELURE MILITAIRE. V. COMPAGNIE DU CENTRE. V. COMPOSITION. V. DRAGON FRANÇAIS N° 6. V. EXÉCUTION A MORT. V. GIBECIÈRE. V. GRENADE A MAIN. V. GRENADE DE RETROUSSIS. V. GRENADIER D'INFANTERIE FRANÇAISE. V. GRENADIÈRE CÉLEUSTIQUE. V. MARCHE EN ROUTE. V. MÈCHE. V. PLUMET. V. PUPILLE N° 1, 5.

GRENADIER ANGLAIS. V. ANGLAIS, adj. V. BUFFLE DÉFENSIF. V. MILICE ANGLAISE N° 2, 4, 8.

GRENADIER AUTRICHIEN. V. AUTRICHIEN, adj. V. COMPAGNIE DE FLANC. V. GRENADIERS RÉUNIS. V. MILICE AUTRICHIENNE N° 2, 7.

GRENADIER BADOIS. V. BADOIS, adj. V. MILICE BADOISE.

GRENADIER BAVAROIS. V. BAVAROIS, adj. V. MILICE BAVAROISE N° 1.

GRENADIER BELGE. V. BELGE, adj. V. MILICE BELGE.

GRENADIER BRÉSILIEN. V. BRÉSILIEN, adj. V. MILICE BRÉSILIENNE.

GRENADIER DANOIS. V. DANOIS, adj. V. MILICE DANOISE N° 1.

GRENADIER D'ARTILLERIE. V. ARTILLERIE. V. ARTILLERIE IDIOPLIQUE.

GRENADIER de FRANCE. V. FRANCE. V. PREMIER GRENADIER DE FRANCE.

GRENADIER (grenadiers) de FRANCE (A, 1). Sorte de GRENADIERS D'INFANTERIE FRANÇAISE qui formaient un CORPS D'ÉLITE, mais qui appartenaient à l'INFANTERIE DE LIGNE; ils furent créés par l'ORDONNANCE DE 1749 (15 FÉVRIER); ils furent un amalgame des quarante-huit COMPAGNIES de GRENADIERS des RÉGIMENTS D'INFANTERIE, dont les cadres et les FUSILIERS venaient d'être réformés depuis la PAIX D'AIX-LA-CHAPELLE. — DARGENSON forma les Grenadiers de France en un RÉGIMENT de quatre BATAILLONS qu'on nommait BRIGADES; chacune de ces BRIGADES était de douze COMPAGNIES, et celles-ci de quarante-cinq hommes; la force totale du CORPS était de deux mille quatre cents hommes environ; un GÉNÉRAL INSPECTEUR les commandait. — L'abus des GRADES fut porté à un tel point dans ce RÉGIMENT, qu'il s'y voyait, dit POTIER (1779, X), seize COLONELS, huit LIEUTENANTS-COLONELS, quatre MAJORS; il y fut même reconnu jusqu'à vingt-quatre COLONELS, comme le témoigne LACHESNAIE (1758, I). — Les Grenadiers de France était alimentés par les GRENADIERS ROYAUX. Ce corps prit rang dans l'infanterie sous le n° 40 en 1750. — Une DANSE DE L'ÉPÉE était un des exercices, ou du moins une des ré-

créations de ce CORPS. — L'ORDONNANCE DE 1762 (21 DÉCEMBRE) les qualifiait de CORPS des Grenadiers de France; il offrait comme tous les CORPS PRIVILÉGIÉS un assemblage de mille abus; on y choisissait les OFFICIERS plutôt à la taille qu'au mérite, à la conduite ou aux droits acquis; il fallait, comme le témoigne POTIER (1779, X), qu'ils eussent cinq pieds quatre pouces. On admettait dans la TROUPE tous les mauvais sujets dont les RÉGIMENTS voulaient se défaire, pourvu que ce fussent de beaux hommes de cinq pieds sept à huit pouces; on y engageait les DÉSERTEURS qui obtenaient par ce moyen leur grâce. Les Grenadiers de France étaient un superbe RÉGIMENT de diables enragés; ils furent à la fois travaillés par l'indiscipline et par la DÉSERTION; on fut forcé de les licencier; ils furent dissous par l'ORDONNANCE DE 1771 (4 AOUT).

GRENADIER de GARDE IMPÉRIALE. V. GARDE IMPÉRIALE N° 2. V. HAVRE-SAC. V. PUPILLE N° 5. V. TAMBOUR-MAJOR N° 7.

GRENADIER de GARDE ROYALE. V. COMPAGNIE DE GRENADIERS DE GARDE ROYALE. V. GARDE ROYALE N° 2.

GRENADIER de la MAISON. V. MAISON. V. MAISON DU ROI.

GRENADIER de LÉGION. V. BONNET A POIL. V. LÉGION. V. LÉGION DE LOUIS QUINZE.

GRENADIER des GARDES FRANÇAISES. V. GARDES FRANÇAISES N° 2.

GRENADIER D'INFANTERIE DE GARDE ROYALE. V. COMPAGNIE DE GRENADIERS DE GARDE ROYALE. V. COMPAGNIE DE GRENADIERS D'INFANTERIE DE GARDE ROYALE. V. INFANTERIE DE GARDE ROYALE.

GRENADIER (grenadiers) D'INFANTERIE FRANÇAISE (term. sous-génér.), ou GRENADIER A PIED. Sorte de GRENADIERS dont le nom est aujourd'hui synonyme de CARABINIER A PIED. — Ce qui les concerne sera considéré sous les rapports suivants: CRÉATION, COMPOSITION, NOMINATION, UNIFORME, REMPLACEMENT, SOLDE, PRÉROGATIVES, FONCTIONS, TACTIQUE, SERVICE. — N° 1er. CRÉATION. — La création des Grenadiers est toute française; elle a été imitée universellement. — La GRENADE, qui pendant plus d'un siècle n'avait été lancée le plus généralement qu'au moyen de TUBES ou de machines diverses, fut JETÉE à la main, depuis LOUIS TREIZE, par les ENFANTS PERDUS: on nommait ainsi des MOUSQUETAIRES qui se détachaient momentanément de leur COMPAGNIE, la plupart du temps par un motif vénal, et qui se portaient aux actions périlleuses et à l'ATTAQUE DU CHEMIN-COUVERT. Cette innovation amena l'institution ou plutôt consolida l'usage ancien déjà des GRENADIERS. — MAIZEROY (1765, B; 1767, E) et tous les AUTEURS rapportent cet événement à l'année 1667; en cela ils ne sont que les échos de DANIEL (1721, A); ce dernier ÉCRIVAIN avoue qu'il ne fondait son opinion que sur un mémoire qui lui avait été confié par le RÉGIMENT DU ROI, RÉGIMENT qui tirait vanité d'avoir donné naissance aux Grenadiers. Ainsi cette date 1667 n'est pas absolument authentique. — Le nom de Grenadiers n'a, à la vérité, été consacré que depuis 1667; mais depuis la minorité de LOUIS QUATORZE, comme l'affirme PUYSÉGUR (1748, C), des Grenadiers existaient de fait sous le nom d'ENFANTS PERDUS, comme le témoigne DANIEL. Si l'on considère le Grenadier comme un jeteur ou un TIREUR DE GRENADES, il y a une remarque à faire; c'est que quand on commença à mentionner les Grenadiers, il cessa d'y en avoir, puisque aussitôt qu'ils furent formés en COMPAGNIES particulières, ce qui commença en 1670, ils cessèrent de combattre uniquement ou principalement à COUPS DE GRENADE, quoiqu'ils en aient porté bien plus tard. — Avant 1667, tout MOUSQUETAIRE qui se sentait de la résolution, ou qui aspirait à une gratification pécuniaire, devenait Grenadier un JOUR D'ACTION; mais depuis cette époque ce SERVICE devint, dans le RÉGIMENT DU ROI, une fonction précise et spéciale. Quatre soldats d'une valeur éprouvée y furent désignés dans chaque COMPAGNIE, comme destinés seuls au maniement de la GRENADE, et l'ancienne gratification, jusque-là arbitraire et éventuelle, devint d'une manière permanente le SOU DE GRENADE. — MAURICE DE SAXE (1757, A) a dit : *Je ne suis pas pour les Grenadiers*, etc. L'ENCYCLOPÉDIE (1785, C) a répété ces paroles, ainsi que M. le général CARRION (1824, A) et quantité d'AUTEURS; mais il n'est pas sûr que l'opinion du Maréchal ait été saisie; car il ne cherchait pas toujours à être clair. MAURICE, en proscrivant les Grenadiers, veut dire qu'il improuve l'usage des jeteurs de GRENADES, et dans le même passage il propose d'appeler VÉTÉRANS à peu près les mêmes hommes qu'on a appelés Grenadiers depuis l'abolition de la GRENADE A MAIN. La différence qu'il voulait établir était la même que celle qu'il y a entre la TAILLE et l'ancienneté; mais un ÉCRIVAIN qui réellement improuvait les Grenadiers, c'est DELIGNE (1780, I). — N° 2. COMPOSITION. — Les Grenadiers doivent être examinés sous trois points de vue. Comme ENFANTS PERDUS, ils n'avaient qu'une fonction passagère : c'étaient des SOLDATS détachés pour JETER la GRENADE; c'étaient des TIRAILLEURS tombés au sort, ou marchant DE BONNE VOLONTÉ, ou stimulés par l'appât d'une récompense pé-

cuniaire. — Dans la seconde moitié du dix-septième siècle, les Grenadiers de toutes les compagnies des corps se réunissent tactiquement en un PELOTON d'une cinquantaine d'HOMMES. GAYA (1670, D) et GUILLET (1686, B) nous les montrent ainsi faisant à part le SERVICE SOUS des OFFICIERS DE FORTUNE, mais continuant à appartenir aux COMPAGNIES DE MOUSQUETAIRES pour la SOLDE et l'administration; on ne voit pas qu'ils eussent encore de SOUS-OFFICIERS ni d'APPOINTÉS. — Les Grenadiers considérés comme HOMMES DE BONNE VOLONTÉ ou ENFANTS PERDUS ont servi ainsi pendant un siècle environ; il faut dire environ, car c'est une période de temps que l'HISTOIRE a mal déterminée. — Comme HOMMES D'ÉLITE, ils prennent positivement en 1667 le nom de Grenadiers; ils sont destinés, spécialement et eux seuls, à JETER LA GRENADE, et appartiennent aux COMPAGNIES DE MOUSQUETAIRES A PIED qui faisaient la guerre. Ils y furent successivement établis à raison de quatre par COMPAGNIE dans le RÉGIMENT DU ROI, de cinq ou de six par COMPAGNIE dans d'autres RÉGIMENTS, et enfin de dix dans les COMPAGNIES de MOUSQUETAIRES des GARDES FRANÇAISES. — Cette période n'est point longue; elle ne dure que jusqu'à l'époque où ces Grenadiers, cessant d'appartenir aux diverses COMPAGNIES de MOUSQUETAIRES, sont amalgamés en COMPAGNIES spéciales d'HOMMES D'ÉLITE. — Les années 1670, 1672, 1689, sont celles où ces COMPAGNIES commencent à exister d'une manière permanente, d'abord dans le RÉGIMENT DU ROI, ensuite dans les trente premiers RÉGIMENTS, et enfin aux GARDES FRANÇAISES. — L'INFANTERIE DE LIGNE eut d'abord une COMPAGNIE DE GRENADIERS par RÉGIMENT; elle en eut ensuite une par BATAILLON. Les GARDES n'en avaient qu'une par deux BATAILLONS; mais elle était une fois plus forte que celle de la ligne, et se brisait en DEMI-COMPAGNIES. — En 1691 il fut établi dans les RÉGIMENTS SUISSES, mais pendant la guerre seulement, des COMPAGNIES provisoires de Grenadiers; c'était la même institution que ce peloton d'ENFANTS PERDUS dont nous avons parlé. Plus tard ces COMPAGNIES sont devenues permanentes dans les CORPS FRANCO-ÉTRANGERS; mais DESPAGNAC (1751, D) déclare que de son temps les Grenadiers des CORPS ALLEMANDS et SUISSES étaient encore distribués dans toutes les COMPAGNIES et non réunis en une seule. — L'ORDONNANCE DE 1692 (15 JANVIER) exigeait qu'à l'instant de leur nomination leurs LIEUTENANTS et leurs SERGENTS n'eussent pas plus de quarante ans. Jusqu'à la GUERRE DE LA RÉVOLUTION le grade de cet OFFICIER était, à peu d'exceptions près, le plus élevé de ceux auxquels un officier de fortune pouvait parvenir; c'était un vestige du temps où il répugnait à des nobles de commander à des enfants perdus. — Le système de nomination des sergents de grenadiers différait, en vertu de l'ordonnance de 1771 (19 juin), du mode de nomination des sergents de fusiliers, qui étaient choisis par le capitaine; ceux de Grenadiers prenaient ce grade par ancienneté. — Le mode d'avoir des compagnies d'élite a promptement amené l'abus de l'institution; de là vient que, de nos jours, plus d'une milice, telles que celle du Wurtemberg, etc., n'ont pas de grenadiers; celle de Bavière n'a de grenadiers que ceux de la garde. — L'extension démesurée des corps privilégiés n'a laissé à ces compagnies que leur nom et a détruit la chose. Cette révolution a résulté des variations perpétuelles de la composition particulière des compagnies et de la composition générale de l'infanterie française. — La taille des Grenadiers a été exigée à six pouces aussi longtemps que la force numérique relative des grenadiers et des fusiliers a permis de trouver assez d'hommes de cette taille; il s'en rencontrait assez quand un Grenadier était choisi sur dix-sept soldats. — Quand il était choisi sur huit ou neuf soldats, comme cela eut lieu pendant la seconde moitié du dernier siècle, un colonel se trouvait heureux d'avoir ses moindres Grenadiers à quatre pouces. Le règlement de 1792 (24 juin) prescrivait cette taille, mais bientôt on fut forcé de la baisser jusqu'à trois pouces. — Les principes d'une taille déterminée ont cessé d'être possibles quand un Grenadier a dû être choisi sur quatre soldats, comme cela avait lieu en 1808 (18 février). — Un Grenadier aujourd'hui est tiré sur six soldats; mais ce n'est pas une amélioration, par comparaison avec 1808; il y a des causes nombreuses qui s'y opposent, telles que l'abaissement général de la taille de l'infanterie, etc. — Despomelles, établissant un calcul de statistique militaire dans lequel il prend pour type et pour point de départ le Grenadier de six pouces, entreprend de démontrer que pour trouver en France un célibataire de vingt à trente-cinq ans qui réunisse à l'avantage de cette taille les autres qualités physiques qu'on exige dans ce soldat, il faut le prélever sur une population de six mille âmes. Il est vrai qu'au temps où il écrivait le recrutement de la milice était énervé et entravé par des exceptions aussi nombreuses qu'abusives; mais, d'autre part, il ne s'agit ici que du physique de l'homme; or on sait combien d'autres conditions, telles que la bravoure,

la propreté, la bonne conduite, etc., sont indispensables; ce qui modifierait d'autant le calcul de Despomelles. — Si les moindres prévisions, les plus simples notions en statistique eussent occupé nos législateurs militaires, ils auraient chargé le dépôt de la guerre ou une académie militaire de constater par des expériences générales et évidentes si le chiffre de Despomelles était exact; en supposant qu'il le fût, ils eussent supputé combien trente-deux millions d'âmes peuvent donner d'hommes de cinq pieds six pouces; et en ne prenant pour terme arithmétique qu'un chiffre affaibli, comme le veut la raison, ils eussent connu quelle peut être la quantité de troupes françaises dans lesquelles on ne soit admissible qu'à cinq pieds six pouces. — En supposant que la taille du Grenadier de l'infanterie soit fixée dans son minimum à trois pouces, ce qui semble la proportion la plus faible à admettre, ils eussent connu combien on peut avoir de Grenadiers dans une armée dont l'infanterie de ligne ne devrait jamais être de moins de cent mille hommes sous les armes. — Ces calculs sont bien simples; si les législateurs s'en fussent occupés, ils se seraient gardé de porter jusqu'à l'exagération la force des corps privilégiés, de créer beaucoup trop de grosse cavalerie, de transformer inutilement en dragons des régiments de chasseurs a cheval, de composer un second régiment de carabiniers, et d'appeler dans la gendarmerie tout le reste des hommes de troupe robustes et de belle taille; mais, faute de plan, faute de précautions, on a énervé le fonds de l'armée, on a transformé en voltigeurs toute l'infanterie de ligne. Rien n'est donné à l'utilité, tout est donné à la parade et aux colifichets, et pour compléter les Grenadiers de l'infanterie de ligne et leurs sous-officiers, à peine trouve-t-on des hommes de cinq pieds. — L'ordonnance de 1818 (13 mai), rédigée par des hommes qui ont senti la difficulté et l'ont éludée, ne mentionne pas la taille des Grenadiers comme le faisait l'ordonnance de 1792. Les rédacteurs, dans leur style évasif, parlent seulement des hommes *qui par la taille sont susceptibles d'être Grenadiers.* — En 1834, sous le ministère de M. le maréchal Soult, on ne voulut plus de soldats du train qu'ils n'eussent taille de Grenadiers, comme si un homme de cinq pieds ne pouvait pas être charretier. Ces abus et la surabondance des corps privilégiés forçaient l'infanterie à prendre à cinq pieds ses Grenadiers, et elle devait porter moustache, comme pour rendre témoignage qu'elle était imberbe. — N° 3. Nomination. — Depuis l'institution des COMPAGNIES de Grenadiers, un SOLDAT n'y entrait qu'à vingt-deux ans, et qu'après six ans de SERVICE. Dans l'origine il fallait même qu'il contractât l'ENGAGEMENT de servir trois ans de plus. — TURPIN (1785, O) rappelle qu'avant la GUERRE DE SEPT ANS les Grenadiers se choisissaient entre eux, mais qu'au temps où il écrit l'usage de ce REMPLACEMENT était aboli. — BOHAN (1781, H) proposait de le rétablir; quantité d'ÉCRIVAINS militaires ont été unanimes dans cette opinion. — L'ORDONNANCE DE 1792 (24 JUIN) voulait qu'au premier de chaque année il fût dressé par le COLONEL une liste de CANDIDATS Grenadiers désignés dans toutes les COMPAGNIES DU CENTRE; cette LISTE était remise au CAPITAINE DE GRENADIERS, qui, en cas de vacance dans sa COMPAGNIE, proposait au COLONEL deux des CANDIDATS inscrits, après s'être éclairé sur ce choix en consultant ses OFFICIERS et ses SOUS-OFFICIERS. Le CHEF du CORPS prononçait ensuite. En cela l'ordonnance recopiait une disposition qui avait été consacrée par une INSTRUCTION DE 1791 (1er MAI). — Le même règlement portait que *les Grenadiers devant donner l'exemple de la valeur, de la bonne conduite et de la subordination, seraient choisis parmi les soldats d'un mérite éprouvé.* — Le RÈGLEMENT DE 1816 (24 JUILLET) ne permettait de les prendre que parmi les hommes faisant partie de la PREMIÈRE CLASSE. — L'ORDONNANCE DE 1818 (13 MAI) voulait que les Grenadiers fussent choisis par le COLONEL, sur la présentation de CANDIDATS désignés par chaque CHEF DE BATAILLON, et qu'ils fussent tirés *parmi les hommes les plus propres à ce service par leur taille,* etc. Ces ordonnances du ministre GOUVION, qu'on a prétendu si libérales, remettaient au pouvoir l'exercice d'un droit que les lois de la monarchie absolue confiaient à l'élection. — L'ORDONNANCE DE 1833 (2 NOVEMBRE) autorise le COLONEL à choisir, sur la proposition du LIEUTENANT-COLONEL, les SOUS-OFFICIERS DE GRENADIERS, en les tirant indistinctement de toutes les COMPAGNIES du CORPS. — N° 4. UNIFORME. — MANESSON (1685, B) montre les Grenadiers sans MOUSQUET ni FUSIL; ces armes eussent été pour eux un surcroît de charge démesuré, puisqu'ils avaient à porter au moyen de la même BANDEROLE le SAC ou GIBECIÈRE rempli de GRENADES, et une HACHE moins lourde que l'OUTIL des SAPEURS actuels. — La CHARGE qui leur était imposée ne peut guère s'évaluer, puisque aucun document ne fait connaître quelle était la quantité de GRENADES A MAIN que la GRENADIÈRE devait contenir; mais on peut conjecturer, par le dessin que donne MANESSON (1685,

B), que le SAC en contenait dix à douze. Ce poids excédait de beaucoup celui des objets dont ils sont chargés par les usages modernes. — Les Grenadiers étaient armés tous, en 1678, de FUSILS; et la manière dont ils s'en servaient ou le portaient a donné naissance au nom de la PIÈCE DE GARNITURE appelée GRENADIÈRE; ils portaient encore la petite HACHE; peu après la GIBECIÈRE se changea en GIBERNE; c'est depuis ces époques que les GRENADES ont été tout à fait abandonnées, et que les Grenadiers n'ont plus été que des FUSILIERS d'élite. Quand, extraordinairement, ils combattaient à coups DE GRENADES depuis qu'ils portaient le FUSIL, ils mettaient cette ARME A LA GRENADIÈRE, soit quand ils JETAIENT la grenade, soit quand ils MONTAIENT A L'ASSAUT. — Ils portaient le SABRE au lieu d'ÉPÉE. Ils avaient le PORTE-BAÏONNETTE au BAUDRIER. — Les Grenadiers anglais et allemands avaient conservé jusqu'à nos jours la BOITE A MÈCHE, tube en cuivre qui était attaché le long et au milieu de l'extérieur de la banderole; cette BOITE était percée de petits trous, et tenait la mèche à l'abri de l'humidité. — Il y a à présent un siècle que les Grenadiers s'affublent d'un BONNET A POIL, d'abord toléré, et successivement proscrit, prescrit, abandonné et repris. Un des vices de cet usage, c'est que les soldats à BONNET ne sont pas dispensés d'être pourvus d'un CHAPEAU; cette histoire et celle du BONNET DE SAPEUR sont inséparables; nous en dirons ici quelques mots. — Presque tous les usages tiennent à des causes que l'utilité justifiait; mais la cause disparaît, l'usage se perpétue; et ce qui était une nécessité devient un ridicule ou un abus. — Les Grenadiers des MILICES du NORD ayant continué à jeter la GRENADE longtemps après l'adoption du FUSIL, on éprouva que, pour passer le FUSIL A LA GRENADIÈRE et le reprendre quand on l'avait mis en sautoir, il était indispensable d'ôter le CHAPEAU. Or c'était un embarras et une difficulté que de se décoiffer; pour y obvier, on remplaça le CHAPEAU par un BONNET pointu; et, comme on n'était pas loin du pays des ours, on fit en peau d'ours ces espèces de MITRES des Orientaux. — Les Grenadiers FRANÇAIS avaient depuis longtemps renoncé au jet de la GRENADE, quand ils s'avisèrent d'imiter l'usage du NORD, et ils prirent, sans que rien en justifiât l'utilité, et précisément quand il ne leur était plus nécessaire, le BONNET pointu des MILICES septentrionales. Du moins ce BONNET facilitait le passage du FUSIL A LA GRENADIÈRE quand il fallait MONTER A L'ASSAUT; mais, dans ce cas, il eût fallu donner aussi à tous les FUSILIERS le bonnet pointu des FUSILIERS ALLEMANDS;

on n'en fit rien, et au contraire le bonnet a poil devint ovale de pointu qu'il était. — La forme particulière du bonnet a amené une mode particulière dans l'accommodage de la chevelure ; celle des Grenadiers a été retroussée en cadenettes depuis le milieu du siècle dernier jusqu'à la guerre de la révolution. — Le fusil de Grenadier est le premier qui ait été a baïonnette et a bretelle ; de là cette prérogative, dont ils ont joui pendant plus d'un siècle, de donner et de recevoir des coups de bretelles, et non des coups de baguettes. — Il leur a été tour à tour défendu et ordonné de porter sur la giberne un écusson ou un attribut. — Ils ont eu d'abord le porte-baïonnette près du sabre avant de l'avoir à droite. — Ils ont eu d'abord la houpette au chapeau. Depuis la guerre de la révolution, ils ont eu le plumet au bonnet. En 1812, l'aigrette leur fut donnée. En 1817, ils ont quelques instants porté sur le schako un pompon offrant dans son milieu l'image d'une grenade en cuivre. Une décision plus moderne leur a rendu l'aigrette, puis le pompon à flamme ayant à peu près la forme d'une grenade enflammée. — A l'imitation de la garde nationale, ils ont pris l'inutile dragonne ; c'est aussi à cette garde qu'ils doivent l'usage du plumet et des épaulettes. — Depuis que l'uniforme a pris de la régularité, les Grenadiers ont porté à leur habit la grenade de retroussis, et ils ont été distingués par la moustache et la mouche. — Les ordonnances de police veulent que les Grenadiers étant en tenue soient toujours armés de leur sabre. — N° 5. Remplacement, solde. — Des règles précises sur le remplacement des Grenadiers par les soins de leur capitaine étaient fixées depuis 1792, mais ont été peu observées. — De temps immémorial les Grenadiers ont joui de la haute paye, nommée sou de grenade ; mais les grenadiers postiches n'ont jamais eu droit à ce supplément de solde. — L'ordonnance de solde de 1758 leur donnait six sous six deniers. — L'ordonnance de 1762 (10 décembre) donnait au simple Grenadier six sous huit deniers par jour en temps de paix et sept sous en temps de guerre ; ainsi leur solde était par an de cent vingt à cent vingt-six francs. — L'instruction de 1811 (4 mars) présentait le tarif de leur solde. — L'ordonnance de 1823 (19 mars, art. 18) accorde le sou de grenade aux Grenadiers de ligne à compter du jour de leur passage dans la compagnie, pourvu qu'ils aient un an de service. Ceci doit être l'objet d'une remarque. — De même que la loi a été forcée de se relâcher à l'égard de la taille, comme nous

l'avons dit, elle a également dû se modifier à raison du service antérieur à la nomination du Grenadier. On exigeait dans l'origine six ans de service ; on se restreignit à trois et à deux, on n'en demande maintenant plus qu'un, et combien de fois n'avons-nous pas vu des conscrits sauter d'emblée au rang de Grenadier. — N° 6. Prérogatives, fonctions. — En outre des prérogatives dont nous avons parlé et qui avaient rapport à la nature des punitions qui leur pouvaient être infligées, les Grenadiers avaient le droit de ne coucher que deux à deux ; d'être exempts de corvées générales, et de n'accomplir que celles de leur compagnie ; d'être les premiers aux distributions de rations et à l'étape ; d'aller aux drapeaux ; de porter le sabre. — En cantonnement, ils n'étaient tenus, à moins de cas urgents, qu'au service des découvertes ; au camp, ils jouissaient également de plusieurs dispenses analogues. — Les honneurs militaires étaient plus obséquieux lorsque les Grenadiers y jouaient un rôle ; ainsi ils n'étaient placés comme sentinelles à la porte des commandants de place qu'autant que ces commandants étaient officiers généraux. Enfin ils avaient une prérogative bien triste : c'était de conduire au supplice les condamnés, et d'ensanglanter leurs armes dans les exécutions a mort, comme si une fonction de bourreau eût été un privilége de bravoure. — Les fonctions du Grenadier ont varié à raison de la manière différente dont il a été armé ; ainsi il a réellement d'abord été un tirailleur et un escarmoucheur ; il est devenu ensuite un fantassin de réserve. Mais les auteurs répètent si longtemps et comme par écho les vieux ouï-dire, que Leblond (1758, B) prétend que les Grenadiers s'appellent ainsi parce qu'ils se servent de grenades dans les attaques, etc. Il y avait pourtant un demi-siècle que d'autres usages avaient prévalu quand Leblond faisait imprimer son traité ; et Carré (1783, E) dit encore, comme chose positive, que le *Grenadier jette la grenade*. — Les fonctions et la position militaire des Grenadiers d'infanterie française ont varié suivant qu'ils ont servi comme grenadiers de France, — postiches, — réunis, — royaux. — N° 7. Tactique. — Dans le principe, après avoir jeté la grenade, les Grenadiers tiraient le sabre au commandement : Avancez ! — Dans la guerre de 1667, les enfants perdus se forment en compagnies provisoires de Grenadiers. Dans la guerre de 1672, les Grenadiers sont en compagnies permanentes. — Depuis qu'il y a eu une compagnie de grenadiers, soit par régiment, soit par bataillon, soit par l'amalgame momentané des Grenadiers appartenant à diverses COMPAGNIES, ils formaient un peloton d'une cinquantaine d'hommes environ ; ils se tenaient dans la MARCHE EN ORDRE DE COLONNE à vingt pas en avant du chef ; en ORDRE DE BATAILLE, ils se tenaient à vingt pas en avant du flanc du BATAILLON. Les Grenadiers eurent habituellement cette position, mais avec plus ou moins de distance entre eux et le FRONT du BATAILLON. La place tactique des autres COMPAGNIES de l'INFANTERIE FRANÇAISE a au contraire varié infiniment. — Depuis qu'ils ont formé COMPAGNIES, les Grenadiers ont toujours été l'une des COMPAGNIES DE FLANC des COMPAGNIES DU CENTRE, et au flanc opposé étaient, suivant les temps, un PIQUET ou des CHASSEURS. — BARDET (1740, A) explique encore l'EXERCICE de la GRENADE ; il rend compte de la manière dont il se faisait à la hollandaise et à la française ; mais au temps où il écrivait les Grenadiers remplissaient d'autres fonctions. — Un système de marche par DÉBOITEMENT DE FILES, système qui avait en vue une projection successive de GRENADES A MAIN, avait laissé, pendant la première moitié du dernier siècle, une forme particulière à l'ARRANGEMENT des Grenadiers, de leurs ESCOUADES et de leurs FILES ; voilà pourquoi ces FILES ont changé tactiquement de destination et constitutivement de forme. — Dans la GUERRE DE 1756, lorsqu'il s'agissait de COUPS DE MAIN, on réunissait quelquefois des BATAILLONS DE GRENADIERS à des BATAILLONS DE CHASSEURS. — Depuis le dix-neuvième siècle, on réunissait quelquefois des COMPAGNIES DE GRENADIERS à des COMPAGNIES DE VOLTIGEURS. — Quand on manœuvrait par ÉCHELONNEMENT, les Grenadiers faisaient la tête. — Ce qui a été l'objet de changements considérables et fréquents dans la manière de manœuvrer des Grenadiers, c'est la FORMATION différente qui a été donnée aux RANGS de l'INFANTERIE et aux DIVISIONS DE BATAILLON. — Dans l'état actuel de cette FORMATION, si, en campagne, les Grenadiers étaient détachés du BATAILLON, la PREMIÈRE DIVISION se trouverait disloquée, et la GARDE DU DRAPEAU cesserait d'être au centre DU BATAILLON. — Dans maints passages nous avons démontré les vices, nous pourrions presque dire l'illégalité de la formation des DIVISIONS ; nous avons fait voir combien est fâcheuse l'influence que leurs formes ont eue sur les Grenadiers et sur les fonctions de leur CAPITAINE. Tout le système fondamental du RÈGLEMENT DE 1791 (1ᵉʳ AOUT) en a été ébranlé, et l'ORDONNANCE DE 1831 (4 MARS) n'y a remédié en rien. — Vers le milieu du dernier siècle, on répartissait les Grenadiers aux angles du BATAILLON CARRÉ.

— Nº 8. SERVICE. — Originairement, comme on l'a vu, LOUIS QUATORZE employait les Grenadiers à jeter des GRENADES dans les CHEMINS COUVERTS des places qu'il assiégeait. — L'usage de la GRENADE ayant fini en FRANCE avec le dix-septième siècle, les Grenadiers ont cessé d'être employés à des ESCARMOUCHES ; on les a au contraire réservés pour les EXPÉDITIONS importantes d'INFANTERIE LÉGÈRE ; ils sont devenus troupe solide, et les TROUPES LÉGÈRES, créées en plus grand nombre depuis ces époques, se sont acquittées du SERVICE confié aux Grenadiers avant qu'ils ne fussent INFANTERIE DE BATAILLE. — Le SERVICE des Grenadiers était regardé comme devant toujours être fait par une troupe au complet ; de là l'usage fort ancien des GRENADIERS POSTICHES. — En GARNISON, les Grenadiers occupent le CORPS DE GARDE de la GRANDE PLACE, ainsi que les POSTES PARTICULIERS, sous les ordres d'un CAPITAINE ou d'un OFFICIER DE GRENADIERS. — Autrefois ils allaient journellement à la DÉCOUVERTE. — Dans la guerre, les DRAGONS FRANÇAIS qui étaient démontés venaient se placer par rang de taille parmi les Grenadiers. — Dans les SIÉGES OFFENSIFS du dernier siècle, des COMPAGNIES DE DRAGONS ont agi, manœuvré et combattu tout à fait comme des COMPAGNIES DE GRENADIERS. — Les RÈGLEMENTS DE CAMPAGNE dispensaient les Grenadiers de s'acquitter de certains services, tels que la garde de police, la GARDE DU CAMP et le PIQUET ; ils voulaient que, pendant les SIÉGES OFFENSIFS, de petites réserves de Grenadiers fussent disposés dans les PLACES D'ARMES pour secourir au besoin les autres GARDES de la TRANCHÉE. — Les PASSAGES DE RIVIÈRE s'opèrent sous la protection de PELOTONS de Grenadiers portés à l'avance sur la rive du DÉBARQUEMENT. — En cas d'ABSENCE d'OFFICIERS DE GRENADIERS, les jours de MANŒUVRE ou d'action l'ADJUDANT-MAJOR y plaçait comme POSTICHE l'OFFICIER PREMIER A MARCHER. — La GUERRE DE 1852 a renouvelé le fâcheux usage des BATAILLONS DE GRENADIERS.

GRENADIER D'INFANTERIE FRANCO-SUISSE. V. CAPITAINE DE GRENADIERS D'INFANTERIE FRANCO-SUISSE. V. COMPAGNIE DE GRENADIERS. V. ÉPAULETTE DE GRENADIER. V. GRENADIER D'INFANTERIE FRANÇAISE DE LIGNE Nº 2. V. GRENADIÈRE. V. INFANTERIE FRANCO-SUISSE.

GRENADIER ESPAGNOL. V. ESPAGNOL, adj. V. MILICE ESPAGNOLE Nº 2, 4.

GRENADIER FRANÇAIS. V. DUEL. V. FRANÇAIS, adj. V. GRENADIER D'INFANTERIE FRANÇAISE DE LIGNE. V. ORDONNANCE D'EXERCICE D'INFANTERIE. V. SAC A FEU. V. STRATAGÈME. V. SURPRISE DE PLACE. V. TRAIN. V. TRÉSORIER DE CORPS Nº 6.

GRENADIER FRANCO-ÉTRANGER. V. FRANCO-ÉTRANGER. V. GRENADIER D'INFANTERIE FRANÇAISE DE LIGNE N° 2.

GRENADIER-GARDE A PIED du corps du ROI. V. AUMONIER DE CORPS N° 1. V. CENT-SUISSES. V. FIFRE. V. GARDE A PIED. V. GARDE DU CORPS. V. HOTEL. V. INFANTERIE FRANÇAISE DE GARDE ROYALE. V. INFANTERIE FRANCO-SUISSE DE GARDE ROYALE. V. MAISON DU ROI N° 2. V. ROI.

GRENADIER-GARDE-COTES, GARDES-COTES. V. GARDES-COTES.

GRENADIER-GENDARME. V. GARDE DU CORPS LÉGISLATIF. V. GENDARMERIE DE POLICE. V. INFANTERIE DE BATAILLE N° 5.

GRENADIER HOLLANDAIS. V. HOLLANDAIS, adj. V. MILICE HOLLANDAISE N° 2.

GRENADIER HONGROIS. V. HONGROIS, adj. V. MILICE AUTRICHIENNE N° 2. V. QUEUE DE CHEVELURE.

GRENADIER NAPOLITAIN. V. MILICE NAPOLITAINE N° 1. V. NAPOLITAIN, adj.

GRENADIER NÉERLANDAIS. V. MILICE NÉERLANDAISE N° 1. V. NÉELANDAIS, adj.

GRENADIER PIÉMONTAIS. V. MILICE PIÉMONTAISE N° 1. V. PIÉMONTAIS, adj.

GRENADIER (grenadiers) POSTICHE (A, 1). Sorte de GRENADIERS D'INFANTERIE FRANÇAISE qui étaient destinés à occuper les places des Grenadiers, soit en cas d'ABSENCE, soit à mesure qu'il y en avait de vacantes. Ils n'ont jamais joui du SOU DE GRENADE, parce qu'ils n'étaient en quelque sorte qu'en survivance. — Dans le siècle dernier, il y avait dans les COMPAGNIES DE FUSILIERS, des Grenadiers postiches désignés à l'avance ; cet usage n'a pas duré. — Il y a eu des Grenadiers postiches d'une espèce particulière : c'étaient ceux des GRENADIERS ROYAUX formés en COMPAGNIES POSTICHES.

GRENADIER PROVINCIAL. V. GRENADIER. V. GRENADIERS ROYAUX. V. PROVINCIAL.

GRENADIER PRUSSIEN. V. CATOGAN. V. MILICE PRUSSIENNE N° 2, 8. V. PRUSSIEN, adj.

GRENADIER RUSSE. V. MILICE RUSSE N° 4. V. RUSSE, adj.

GRENADIER SAXON. V. MILICE SAXONNE N° 1. V. SAXON, adj.

GRENADIERS, interj. V. COMMANDEMENT D'AVERTISSEMENT.

GRENADIERS D'ARRAS. V. GRENADIERS RÉUNIS.

GRENADIERS RÉUNIS, OU GRENADIERS D'ARRAS. Sorte de GRENADIERS D'INFANTERIE FRANÇAISE dont la dénomination n'était pas tout à fait exacte, puisque le CORPS DE TROUPE, ou plutôt le CAMP VOLANT, comme on disait jadis, qui fut ainsi appelé, se com-

posait de dix mille SOLDATS D'ÉLITE, tant GRENADIERS que CARABINIERS. Le général JUNOT avait été chargé, en nivôse an douze, d'en réunir les COMPAGNIES à ARRAS, et de les organiser en BATAILLONS. — Une révolution dans le COSTUME fut la conséquence de l'institution de ce CORPS : nous voulons parler des cheveux à la Titus et de l'adoption des SCHAKOS. — Le duc de REGGIO en prit le commandement en prairial an douze (mai 1804). Sous ses ordres, ils se distinguèrent dans cette célèbre campagne de 1805, qui ouvrit aux FRANÇAIS les portes de VIENNE ; à Wertingen, peu avant la prise d'Ulm, qui fut une conséquence de cette AFFAIRE, ils culbutèrent dix-huit mille GRENADIERS AUTRICHIENS ; ils se distinguèrent de nouveau à Amstellen et à Turnbach. Ils se rendirent maîtres du pont du Danube, à l'instant où il allait être renversé par une MINE VOLANTE. Ils s'emparèrent de Stockerau ; à Hollabrunn, où fut blessé OUDINOT pour la centième fois, ils firent prisonniers ou jetèrent sur le carreau six à sept mille RUSSES ; ils prirent une part brillante à la victoire d'AUSTERLITZ ; ils ne s'illustrèrent pas moins dans la campagne de 1806, en PRUSSE, et de 1807, en POLOGNE ; la victoire d'Ostrolenka, la réduction de DANTZIG, leur sont dues. Ils firent, ainsi qu'OUDINOT, des merveilles à FRIEDLAND. — Dans la campagne de 1809, ces Grenadiers, presque renouvelés après de sanglantes pertes, se composaient de dix-huit BATAILLONS à la célèbre affaire d'Ebersberg, où sept mille FRANÇAIS passèrent sur le corps de trente-cinq mille ENNEMIS. — Après la bataille d'Essling, le CORPS D'ARMÉE d'OUDINOT ne comptait plus que quelques milliers de Grenadiers qu'avait épargnés le sort des combats : telle fut à peu près la durée de cette TROUPE illustre que la victoire avait usée.

GRENADIERS ROYAUX (A, 1). Sorte de GRENADIERS D'INFANTERIE FRANÇAISE qui, depuis 1744, formaient un corps de dix à douze mille hommes ; DARGENSON les institua sur la proposition du maréchal de SAXE, et les composa de l'ensemble des COMPAGNES DE GRENADIERS des RÉGIMENTS DE MILICE qui gardaient les places frontières ; ils combattirent d'une manière brillante dans la GUERRE DE 1741, et semblaient, dit DARU (rapport fait en l'an dix [28 floréal]), *annoncer d'avance à l'Europe ce dont était capable une armée de citoyens français.* — Pendant les QUARTIERS D'HIVER, chaque COMPAGNIE rentrait dans le BATAILLON DE MILICIENS dont elle faisait partie. — En TEMPS DE PAIX, ces Grenadiers ne se rassemblaient qu'au printemps pour manœuvrer.—L'ORDONNANCE DE 1745 (10 AVRIL) forma définitivement en RÉGIMENTS ces COMPAGNIES ; ils furent d'abord au nombre de sept, qui ne se composaient chacun que d'un BATAILLON et de douze compagnies. L'ORDONNANCE DE 1746 (28 JANVIER) y attacha les COMPAGNIES de GRENADIERS POSTICHES qui, dans ces RÉGIMENTS, étaient comme un premier degré ou un lieu de passage obligé qu'on traversait pour devenir Grenadier en pied. — Les RÉGIMENTS DE GRENADIERS royaux se composaient ainsi de deux BATAILLONS, l'un de Grenadiers en pied, l'autre de GRENADIERS POSTICHES OU GRENADIERS PROVINCIAUX. L'ORDONNANCE DE 1750 (1er MARS) porta ces RÉGIMENTS au nombre de onze, composés chacun de vingt COMPAGNIES. — En 1761, le vicomte de Narbonne, à la tête d'un régiment de Grenadiers royaux dont il était le colonel , défendit Fritzlar d'une manière brillante, et y gagna le nom de Narbonne Fritzlar. — Les Grenadiers royaux acquirent, dans la GUERRE DE 1756, un tel renom, que madame de Pompadour voulut voir manœuvrer des Grenadiers royaux ; pour complaire à la favorite, on en appela au CAMP DE COMPIÈGNE ; les officiers s'y ruinèrent, les soldats s'y dérangèrent : ce qui altéra, dit AUDOUIN, *l'esprit d'abord tout militaire de ce beau régiment.* — Par l'ORDONNANCE DE 1779 (8 AVRIL), LOUIS SEIZE porta le CORPS à treize RÉGIMENTS de huit COMPAGNIES chacun. — Les Grenadiers royaux concouraient à recruter les GRENADIERS DE FRANCE. — En 1789 (4 août), ces RÉGIMENTS furent abolis. — On peut consulter à leur égard : AUDOUIN, GANEAU, LACHESNAIE (1758, I), LEBLOND (1758, B), POTIER (1779, X).

GRENADIÈRE, subs. fém. V. A LA G... V. ANNEAU DE G... V. BANDE DE G... V. BATTANT DE G... V. PIVOT DE G... V. RESSORT DE G... V. ROSETTE DE G...

GRENADIÈRE (term. génér.). Ce mot, dont l'expression GRENADE A MAIN est la souche, ne tient plus à cette origine que par des rapports dont quelques-uns sont fort éloignés ; ainsi le terme se distingue en GRENADIÈRE CÉLEUSTIQUE, — D'ARMEMENT, — D'ÉQUIPEMENT.

GRENADIÈRE CÉLEUSTIQUE (G, 6). Sorte de GRENADIÈRE ou de BATTERIE DE CAISSE qui était usitée dans la GARDE IMPÉRIALE du fait de l'usage, car aucune règle légale ne consacrait cette expression. — La Grenadière était la GÉNÉRALE des GRENADIERS A PIED de la GARDE.

GRENADIÈRE D'ARMEMENT (B, 1). Sorte de GRENADIÈRE qui est une des PIÈCES de la GARNITURE des FUSILS DES MUNITION ; c'est le TENON du milieu. La Grenadière se compose du BATTANT, de la BOUCLE formant rosette, du CLOU RIVÉ et du PIVOT. — On l'a appelée Grenadière, parce que les GRENADIERS de l'INFANTERIE FRANÇAISE portaient dans certaines circonstances le FUSIL en sautoir au moyen de la BRETELLE, dont une des extrémités s'attachait au BATTANT OU BOUCLE qui en reçut son nom. — Quand il a été créé des VOLTIGEURS, il fut donné à quelques PIÈCES de la GARNITURE de leurs FUSILS une forme particulière. Ainsi , à l'instar de la BARRE de l'EMBOUCHOIRE, la BOUCLE du milieu était double au lieu d'être simple comme aux FUSILS ordinaires. Cette différence venait de la supposition que les VOLTIGEURS monteraient souvent en croupe derrière des CAVALIERS avec le FUSIL A LA GRENADIÈRE, et que le CANON et le BOIS en seraient moins endommagés par les secousses de ce double anneau que par une Grenadière étroite. — Les VOLTIGEURS n'ayant marché qu'à pied, ces combinaisons ont tombé à faux. — Aux FUSILS ordinaires, un petit trou est foré à travers la Grenadière pour le passage du crochet du RESSORT. Aux FUSILS des VOLTIGEURS, un RESSORT retenait la Grenadière dans le sens opposé, et appuyait sur la BARRE supérieure. — Le prix et les réparations des Grenadières sont indiqués dans la CIRCULAIRE DE 1817 (29 MAI).

GRENADIÈRE de FUSIL DE VOLTIGEUR. V. FUSIL DE VOLTIGEUR. V. GRENADIÈRE D'ARMEMENT. V. RESSORT DE GARNITURE.

GRENADIÈRE D'ÉQUIPEMENT (B, 1), ou SAC A GRENADES. Sorte de GRENADIÈRE qu'on a aussi appelée GIBECIÈRE. Celle qui est représentée dans les gravures de SAINT-REMY était destinée à porter les GRENADES A MAIN ; elle n'était accompagnée que d'un PULVÉRIN OU petite POIRE A POUDRE, mais non de la POIRE A POUDRE des MOUSQUETAIRES, parce qu'originairement le GRENADIER D'INFANTERIE n'avait pas d'autre arme à feu que la GRENADE ; ce PULVÉRIN avait pour objet de réamorcer la GRENADE si elle le demandoit. — La Grenadière était portée par une BANDOULIÈRE OU BANDEROLE, et appuyait sur le manche de la HACHE de GRENADIER. Elles contenaient dix ou douze GRENADES, suivant leur poids. — Les Grenadières se sont portées à gauche quand les ENFANTS PERDUS OU les GRENADIERS n'avaient pas de FUSILS ; ainsi MANESSON (1685, B) nous montre la Grenadière placée près de la garde du sabre ; elle était plus convenablement de ce côté que de l'autre, parce qu'elle craignait moins les étincelles. — Quand il fut donné des FUSILS aux COMPAGNIES DE GRENADIERS, le SAC les eût gênés pour le port d'armes ; ainsi ils portèrent, depuis cette époque, la Grenadière sur la hanche droite ; BOTTÉE (1750) le donne à entendre, quand il dit que c'est de la droite que le GRENADIER prend la GRENADE. — Ce SAC A GRENADES s'appela aussi GIBERNE, et donna son nom à la DEMI-GIBERNE. — Le devant de la BANDEROLE portait extérieurement, le long de son milieu, un tube ou ÉTUI en cuivre destiné à contenir un bout de MÈCHE propre à enflammer la GRENADE. — Les primitifs GRENADIERS des RÉGIMENTS FRANCO-SUISSES avaient, en outre de la Grenadière OU GIBERNE A GRENADES, la DEMI-GIBERNE ou giberne à cartouches ; elle était de l'espèce des GIBERNES A LA CORSE. — PUYSÉGUR (1748, C) blâmait l'usage où l'on était encore de son temps de faire porter aux GRENADIERS une Grenadière ou GIBERNE qui ne leur était plus d'aucune utilité, non plus que leur petite HACHE. — L'ENCYCLOPÉDIE (1751, C) donne quelques renseignements sur ces matières.

GRENOBLE. V. NOMS PROPRES.

GRENON (grenons), subs. fém. (F), ou GERNON, OU GHERNON, OU GUERNON. Mot dérivé, suivant GANEAU et ROQUEFORT, du bas LATIN granus, greno ; il signifiait MOUSTACHE avant que cette dernière expression ne fût en usage. Ce LATIN barbare désignait, chez les VISIGOTHS, les cheveux ou le poil.

GRENOUILLE, subs. fém. v. CAPORAL D'ORDINAIRE. V. DENIER D'ORDINAIRE. V. MASSE COMPTABILIAIRE.

GRENTEMESNIL ; **GRESSIER.** V. NOMS PROPRES.

GRENU (grenue), adj. v. POUDRE GROSSE. V. POUDRE MENUE.

GRÈVE (grèves), subs. fém. (F), ou GRAIVE, OU GRAIVEIRE, OU GREFUE, OU GREFVE, OU GREVETTE, OU GREVIÈRE suivant M. ROQUEFORT. — Le mot Grève provient, comme le témoigne DUCANGE, du bas LATIN greva, qui autrefois signifiait jambe, ou partie de la jambe ; aussi a-t-on pris quelquefois l'un pour l'autre les termes Grève et JAMBIÈRE dans le sens d'enveloppe artificielle. — On n'est pas d'accord sur l'acception précise du vieux mot Grève. Suivant FURETIÈRE, c'est le devant de la JAMBE ; le patois bourguignon l'emploie en effet ainsi, c'est-à-dire appelle Grève le tibia. BRANTOME (1600, A), LEDUCHAT, MÉNAGE, RABELAIS, feraient croire au contraire qu'ils entendent par Grève le gras de la JAMBE. — Quelle que soit l'application juste de l'ancien terme employé par rapport à la structure humaine, la MILICE FRANÇAISE a appelé Grève, par allusion à la JAMBE, une espèce d'enveloppe ou d'étui en métal servant d'ARME DÉFENSIVE de cette partie du corps, ou a donné le même nom à des CHAUSSES d'étoffe ou de matière souple d'un usage postérieur à celui des RABACHES. —

Nous nommerons ici JAMBIÈRES les Grèves des anciens, et Grèves les JAMBIÈRES du MOYEN AGE ; nous serons ainsi d'accord avec les traducteurs des LATINS et avec les ÉCRIVAINS qui appartiennent aux époques où Grève était technique. Cependant nous devons avouer que quantité d'AUTEURS prennent ces mots l'un pour l'autre, que les BOTTES OU ARMURES DE JAMBES que les LATINS nommaient cruralia, ocrea, tibiaria, le latin BARBARE les a appelées gamberia, gambiera ; ainsi l'on voit les Grèves être prises quelquefois comme synonyme de HEUSES, et les JAMBIÈRES être regardées comme une partie de l'ARMURE PLATE, et comme réunies aux CUISSARDS par les GENOUILLÈRES. — Les JAMBIÈRES étaient de diverses matières ; elles formaient une espèce de BRODEQUIN, ou de BOTTE, ou de devant de BOTTE. — VOSSIUS prétend qu'elles furent d'abord de cuir, puis bientôt d'airain ; mais HOMÈRE, TITE LIVE, POLYBE, nous apprennent que, dès les temps héroïques, celles des GRECS, qui s'appelaient cnemides, furent fabriquées en métal. PLINE assure que leur invention et celle des AIGRETTES est due aux Cariens, ocreas et cristas cares. — Les LÉGIONS ROMAINES prirent assez tard les JAMBIÈRES. La république était florissante déja, qu'à peine ils commençaient à en faire usage ; les monuments, les médailles le prouvent. Les GÉNÉRAUX mêmes eurent longtemps les jambes et les cuisses nues. — Les LATINS appelaient par le singulier absolu ocrea ou tibiale la JAMBIÈRE, parce que l'usage était de ne revêtir qu'une des deux jambes ; ils donnaient un BRODEQUIN de fer ou d'airain à celle qui, dans le jeu de l'ESCRIME, s'avançait et s'exposait le plus. Chez certains peuples, c'était la jambe droite ; chez d'autres, la gauche. — TITE LIVE dit des Samnites : Sinistrum crus ocreâ tectum. Leur jambe gauche est garantie par la JAMBIÈRE. SILIUS ITALICUS rend la même idée en parlant des Sabins. VÉGÈCE (390, A) dit au contraire des ROMAINS : Pedites scutati etiam ferreas ocreas in dextris cruribus cogebantur accipere. Les fantassins qui portaient l'ÉCU devaient aussi revêtir d'une défense de fer leur jambe droite. — Cette différence de l'ARMURE des jambes s'explique en ce que, pour le maniement de l'ÉPÉE, on portait en avant la cuisse droite, tandis que, suivant VÉGÈCE, il fallait avoir le pied gauche en avant pour lancer des TRAITS ; en effet combattre avec l'ÉPÉE veut que d'abord on avance le bras droit, combattre avec la PIQUE ou le PILUM veut qu'on recule ce bras. Les lois de l'équilibre décident ensuite de la position des jambes par rapport aux bras. — Peut-être quand on devait combattre des deux manières avait - on les deux jambes également garnies, ou peut-être ce complément d'armure était-il un signe distinctif de grade. Ces suppositions reposent sur de grandes probabilités, et semblent justifiées par d'anciennes statues qui donnent des exemples de tous ces cas; mais, comme règle positive, le point est mal éclairci. — Homère nous montre les Grecs ayant chaque jambe défendue par une armure d'airain qui était attachée avec des boucles d'or, d'argent, d'ivoire; et Virgile nous parle des jambières, *ocreæ*, que Vulcain avait forgées pour Enée. — Des marbres antiques représentent des jambières bien différentes d'un brodequin, car elles sont d'une grandeur telles, qu'elles couvrent une partie de la cuisse; ainsi le soldat, appuyant un bouclier court sur la jambière, n'offrait à l'ennemi aucune partie vulnérable. — L'usage de la jambière était général sous les empereurs romains. On lit dans Paul, le jurisconsulte, qui écrivait en l'an 193 : *Si tibiale vel humerale miles alienavit castigari verberibus debet*, le soldat qui divertit ou aliène sa jambière ou sa cuirasse encourt la fustigation. — Au nombre des obscurités qui régnent à l'égard des jambières on peut citer ce que Végèce (390, A) rapporte de la cavalerie bottée, *equites ocreati*, qu'on a formée, dit-il, sur le modèle des cavaliers légionnaires : *Ad quorum exemplum ocreati equites sunt instituti*. Il y avait donc des cavaliers dont les jambes étaient nues; Ganeau, Juste Lipse et Stéwéchius ne donnent à cet égard aucune lumière. Peut-être cette cavalerie mal armée était-elle celle des alliés. — L'empereur Maurice (590, A) abolit dans l'infanterie grecque les jambières comme pesantes et incommodes. — Quelques auteurs ont dit que le Moine de Saint-Gall parlait des jambières de Charlemagne; ils en ont conclu, comme on le voit dans l'Encyclopédie (1785, C), qu'on se servait déjà de bottines de fer ou de chausses de mailles; en cela il y a quiproquo : sous le règne de Charles on ne connaissait pas encore, ou du moins généralement, les Grèves que la chevalerie a portées. Carré (1785, E) affirme que du temps de Roland on n'en faisait pas usage; leur invention n'a suivi que de très - loin celle des braconnières et des chausses de mailles, et elles ont complété fort tard le costume de l'homme armé de toutes pièces; il ne s'en voit pas avant 1180. — Des Grèves ont accompagné, dans le treizième siècle, ou, suivant l'opinion de Legendre, depuis 1330 seulement, l'armure a haubert; dans le quatorzième siècle, Duguesclin en portait; l'ordonnance de 1338

(juin) témoigne que le simple gentilhomme devait, sous les armes, avoir jambières. Des monuments du commencement du quinzième siècle montrent des devants de grèves; or ces deux mots Grève et devant de grève ont été souvent pris l'un pour l'autre. Il n'y a point d'unanimité à cet égard; ainsi Carré (1785, E) appelle jambière la totalité de l'arme défensive ou de la bottine de fer qui faisait partie de l'armure plate; et il ne donne le nom de Grèves qu'aux devants de la jambière. — Cependant une ordonnance de Henri deux, rendue en 1559, parle positivement de devants de grèves que devaient porter les hommes d'armes; cela prouve donc qu'il y avait des Grèves entières composées d'un devant et d'un derrière, d'autres qui n'étaient que des demi-Grèves; c'est ce qui nous a décidé à appeler par opposition, et comme cela vient d'être expliqué, jambière, Grève et devant de grève, les pièces que nous avons cru devoir être distinguées par ces termes. — Les Grèves étaient le plus souvent formées de deux feuilles d'acier, à peu près en demi-cylindre, qui s'unissaient l'une à l'autre par différents moyens, tels que celui des lacets, des crochets, des rivets, des charnières, des frémaillets. Le bord opposé au côté des charnières se joignait à recouvrement, et quelquefois faisait ressort pour s'accrocher à des boutons cylindriques. La partie supérieure du devant de la Grève était recouverte par la genouillère. Le plus grand nombre avaient les crochets du côté extérieur et les charnières du côté qui touchait à la selle d'armes. — La partie postérieure de la Grève des chevaliers portait l'éperon. A partir de l'éperon jusqu'en bas, quelques - unes étaient formées de lames jouant les unes sur les autres; d'autres étaient d'une seule pièce. — La partie antérieure de certaines Grèves se joignait au soleret ou soulier de fer nommé pédieux ou heuse, ne faisait qu'un avec lui, et permettait au pied de se mouvoir au moyen de lames transversalement superposées et susceptibles de jouer. Cette espèce d'empeigne du soulier d'armes était attachée à demeure à la Grève. — Il y avait des Grèves à souliers de mailles; on les reconnaît à la rangée de petits trous qui règne le long de leur bord inférieur; ces trous servaient à y coudre les empeignes. Il y avait des Grèves tombant sur des bottines de cuir. — On voit dans Willemin des archers portant les Grèves, et des sergents d'armes ayant les Grèves fermées. — Dans les descriptions que donne Billon (1612, B) de l'armure en usage sous Henri quatre et Louis treize, il n'est plus question de Grèves; elles disparaissent depuis cette époque. — Les AUTEURS qu'on peut consulter à l'égard des Grèves et des JAMBIÈRES sont Brantome (1600, A), Carré (1783, E), M. le colonel Carrion (1824, A), M. le général Cotty (1822, A), Despagnac (1751, D), Furetière, Homère, M. Planché, Pline, Polybe, Rabelais, Robinson, Tite Live, Turpin (1783, O), Végèce (390, A), Virgile, Vossius.

GREVETTE, subs. fém. v. GRÈVE.

GREVIÈRE, subs. fém. v. GRÈVE.

GREWENITZ ; **GRIBEAUVAL** ; **GRIENDEL** ; **GRIESHEIM.** v. NOMS PROPRES.

GRIETE, subs. fém. v. BOMBARDE.

GRIFFE, subs. fém. v. A G...

GRIFFE de BRANCHE DE MONTE-RESSORT. V. BRANCHE DE MONTE-RESSORT.

GRIFFE de CONTRE-SEING. V. CONTRE-SEING. V. LÉGISLATION.

GRIFFE de GRAND RESSORT. V. GRAND-RESSORT. V. GRIFFE DE NOIX.

GRIFFE de MONTE-RESSORT. V. CRAMPON DE MONTE-RESSORT. V. MONTE-RESSORT.

GRIFFE de NOIX (G, 1). Le mot Griffe dérive, suivant Roquefort, du bas LATIN *griffus*; il exprime ici la partie évidée qui est du côté opposé aux deux CRANS de la NOIX. — La GRIFFE du GRAND RESSORT appuie sur la Griffe de la NOIX pour faire roder le CHIEN ; cette partie ne doit jamais rester sans huile.

GRIFFON, subs. masc. v. ÉCOUVILLON.

GRIFFON, subs. masc. v. CANON D'ARTILLERIE. V. LICORNE. V. OBUSIER.

GRIL, subs. masc. v. BATTERIE A BOULET ROUGE. V. BOULET ROUGE.

GRILLE (subs. fém.) de BLASON. V. BLASON. V. HERSE.

GRILLE de FORTERESSE. V. FORTERESSE. V. HERSE DE FORTERESSE. V. SENTINELLE.

GRILLE de HEAUME. V. BLASON. V. CASQUE. V. HEAUME. V. MEZAIL. V. VISIÈRE.

GRILLE de POIGNÉE D'ÉPÉE. V. ÉPÉE.

GRILLE d'ÉTRIER. V. ÉTRIER. V. SELLE DE CAVALERIE.

GRIMAREST ; **GRIMM.** v. NOMS PROPRES.

GRIMAUD, subs. masc. v. PIERRE A FEU.

GRIMOARD ; **GRINGALLET.** v. NOMS PROPRES.

GRIOTE, subs. fém. v. BOMBARDE.

GRIS, subs. masc. et adj. v. BLEU DE ROI. V. COULEUR DE FOND D'HABILLEMENT. V. GUÊTRE GRISE. V. HABILLEMENT. V. INFANTERIE FRANÇAISE DE LIGNE Nº 5. V. MILICE PRUSSIENNE Nº 4. V. MOUSQUETAIRE G... V. RÉGIMENT FRANÇAIS Nº 4.

GRIS BEIGE. V. BATAILLON COLONIAL. V. BEIGE.

GRIS de FER. V. CAPOTE D'INFANTERIE. V. CHIRURGIEN-MAJOR D'INFANTERIE Nº 4. V. COMMISSAIRE DES GUERRES Nº 3. V. FER. V. HOMME DE TROUPE Nº 4. V. INGÉNIEUR MILITAIRE. V. OFFICIER DE SANTÉ. V. OFFICIER DU GÉNIE Nº 5. V. PANTALON G... V. TRAIN. V. VÉTÉRINAIRE.

GRIVAUX. V. NOMS PROPRES.

GRIVET ; **GROBERT** ; **GROEBEN** ; **GROENING.** V. NOMS PROPRES.

GROFFE, subs. fém. v. DARD A MAIN. V. LANCE.

GROGNARD, subs. masc. v. GARDE IMPÉRIALE Nº 3. V. SOLDAT.

GROGNET, subs. masc. v. ARME OFFENSIVE.

GROIGNET, subs. masc. v. ARME MATÉRIELLE. V. ARME OFFENSIVE.

GROMATICIEN, subs. masc. (F). Mot dérivé du LATIN *groma*, suivant Gaigne (1801, C). C'était une perche à toiser qui avait environ vingt pieds de long. — Suivant Maizeroy (1771, A), la GROME était un instrument de mathématiques composé de *deux règles en croix, dont l'une servait d'alidade.* On posait cette machine sur une verge de fer; elle avait de l'analogie avec le CORDEAU DE PERPENDICULAIRE des modernes. — M. Noël, dans son Dictionnaire latin, emploie de préférence *gruma* à *groma*, et le tire d'un verbe grec signifiant marquer; il le traduit par JALON. — Militairement le mot *groma* a été plus employé que l'autre; on en a la preuve dans le surnom de Gromaticien, sous lequel Hygin (120, A) fut connu. — Les Gromaticiens étaient les artistes ou OFFICIERS faisant emploi de la GROME ; c'étaient les TOPOGRAPHES et les arpenteurs militaires chargés surtout de la CASTRAMÉTATION. — Dans la MILICE ROMAINE, ils étaient spécialement employés à dresser le CAMP, et l'art qu'ils exerçaient se nommait la GROMATIQUE. On peut supposer que leurs attributions étaient analogues à celles qui furent plus tard celles des MÉTATEURS, ou directeurs du CAMPEMENT.

GROMATIQUE, subs. fém. v. CAMP ROMAIN. V. GROMATICIEN.

GROME, subs. fém. v. GROMATICIEN.

GROOTE. V. NOMS PROPRES.

GROS (term. génér.). Mot que Ménage dérive (le considérant comme adjectif) du bas LATIN *grossus*, corruption de *crassus*. Ici ce mot sera surtout distingué en GROS D'ARMÉE.

GROS (grosse), adj. v. POUDRE G...

GROS (adj.) BAGAGE. V. BAGAGE. V. BAGAGE DE CORPS. V. TRANSPORT.

GROS (adj.) BOIS. V. BOIS. V. BOIS D'HAST. V. HALTE. V. LANCE. V. PIQUE.

GROS (adj.) BOUT DE BAGUETTE. V. BAGUETTE DE FUSIL. V. BOURRER. V. BOUT DE BAGUETTE. V. POIRE DE BAGUETTE. V. TIRE-BALLE.

GROS (adj.) BOUTON. V. BOUTON. V. BOUTON DE DEVANT DE FRAC. V. BOUTON PLAT. V. REVERS D'HABIT.

GROS (adj.) BOUTON DE CAPOTE. V. CAPOTE. V. CAPOTE D'INFANTERIE FRANÇAISE.

GROS (adj.) CONTOUR. V. CONTOUR. V. CONTOUR D'ÉPAULETTE.

GROS (subs. masc.) D'ARMÉE (H, 2). Mot qui est en usage depuis l'avant-dernier siècle, et qui donnait idée d'une masse de troupe rassemblée sans intervalles. MANESSON (1671, B) dit que l'ARMÉE se partageait en trois Gros ou en trois CORPS. Le principal s'appelait le CORPS DE BATAILLE ou la BATAILLE ; les AILES s'appelaient ESCADRONS. Cette ancienne acception du mot s'est effacée. — Le sens qu'il prend maintenant se rapproche davantage des mots CATERVE, COIN et GLOBE de l'antiquité. On dit, dans le style historique, mais non techniquement, un GROS DE CAVALERIE OU D'INFANTERIE, le Gros d'une ARMÉE, etc. — On appelle également Gros une RÉSERVE, un CORPS, qui ne prend point de part à des ESCARMOUCHES. — Le chef d'un POSTE FERMÉ ne fait donner qu'à la dernière extrémité le Gros de sa TROUPE.

GROS (subs. masc.) de CAVALERIE. V. CAVALERIE. V. CAVALERIE FRANÇAISE N° 7. V. GROS D'ARMÉE. V. MÉLANGE D'ARMES. V. PASSAGE DE DÉFILÉ EN RETRAITE. V. STRATÉGIE.

GROS (subs. masc.) D'INFANTERIE. V. INFANTERIE. V. PIQUIER. V. TERZE. V. TOUR ROULANTE.

GROS, adj. V. ÉQUIPAGE. V. COLONNE SKEUOPHORIQUE. V. CHARROI. V. ÉQUIPAGE. V. PARC DE G...

GROS (adj.) FRÈRE. V. FRÈRE. V. GROSSE CAVALERIE. V. RÉGIMENT DE CAVALERIE FRANÇAISE N° 3.

GROS (adj.) MAJOR. V. MAJOR.

GROS (adj.) GUET. V. GARDE DE CAMP. V. GUET.

GROS (adj.) VALET. V. DAMOISEAU. V. GOUJAT. V. VALET.

GROS (adj.) VARLET. V. DAMOISEAU. V. PAGE DE LANCE FOURNIE. V. VARLET.

GROSE ; **GROSLANTARDUE** ; **GROSS**. V. NOMS PROPRES.

GROSPHOMAQUE, subs. masc. (F). Dénomination donnée aux soldats ou HOMMES DE TRAIT des MILICES GRECQUE et BYSANTINE qui faisaient usage du JAVELOT nommé en GREC et en LATIN *grosphos, grosphus*. Les VÉLITES étaient Grosphomaques.

GROSSE ARTILLERIE. V. ARME DE PARAPET. V. ARTILLERIE. V. ARTILLERIE D'ARMEMENT. V. ARTILLERIE DE SIÉGE. V. BOURN. V. BUCHNER. V. CATAPULTE. V. COMMANDANT DE PLACE ASSIÉGÉE. V. DÉFENSE DE PLACE. V. ENCLOUAGE. V. MACHICOULIS. V. MIETHE. V. MUELLER (W.). V. REMPART. V. TOUR ROULANTE.

GROSSE CAISSE (B, 1), OU BEDON. INSTRUMENT de MUSIQUE qui a été connu de l'antiquité et des PARTHES. Son usage en EUROPE est moderne, son nom l'est encore davantage ; on le trouve, il est vrai, dans LACHESNAIE (1758, I ; au mot *Instrument*) ; mais le *Dictionnaire des Arts et Métiers de l'Encyclopédie méthodique* (t. IV, p. 140) et CARRÉ (1783, E, p. 368, 375) ne donnent encore à cette CAISSE DE PERCUSSION d'autre nom que celui de TONNANT. — LACHESNAIE ne mentionne la Grosse caisse que comme un INSTRUMENT à l'usage de la seule MILICE TURQUE ; elle s'y appelait DAUL suivant lui et Raymond. — Le soldat qui touchait ce TAMBOUR s'en servait à cheval, et le faisait résonner en présence de l'ENNEMI pour tenir éveillées les gardes ; il frappait la PEAU supérieure avec un gros bâton de buis et la PEAU inférieure avec une petite baguette. — L'usage de la Grosse caisse ne s'est introduit dans les TROUPES FRANÇAISES que depuis que la MUSIQUE TURQUE y a pris vogue. CARRÉ (1783, E) n'en parle que comme d'un instrument *de peu d'usage, si ce n'est dans une musique complète dont il marque le temps et la mesure*. Il le regarde comme TURC OU CHINOIS, et comme se frappant d'un côté avec une BAGUETTE à TAMPON, de l'autre avec un faisceau de lanières. — Les RÉGIMENTS D'INFANTERIE FRANÇAISE en faisaient usage peu d'années avant la révolution ; mais c'était une affaire de mode, et non de règle ; aucune ordonnance, aucune décision n'en parlaient. — La DÉCISION DE 1820 (24 JUILLET) est la première où figure le mot Grosse caisse ; elle n'en donne aucun détail. — La DÉCISION DE 1822 (25 DÉCEMBRE) reconnaît une Grosse caisse dans toute espèce de MUSIQUE D'INFANTERIE. Cette décision en règle le prix. — Dans les MARCHES MILITAIRES, la Grosse caisse sert surtout à indiquer aux soldats la CADENCE du pied gauche, parce que le TAMPON avec lequel le MUSICIEN frappe de sa main droite la PEAU principale, règle le départ de la MARCHE, et marque, par la répétition des coups, la succession des mouvements de la jambe gauche. — Ce musicien se sert pour les accompagnements d'une BAGUETTE refendue en plusieurs brins qui répond au FOUET de lanières des TURCS, et qui donne les BASSES CONTINUES en frappant sur la PEAU inférieure.

GROSSE CAVALERIE (A, 1), OU CAVALERIE DE BATAILLE. Sorte de CAVALERIE FRANÇAISE qu'on peut regarder comme une imitation des institutions de la MILICE ESPAGNOLE. Il va être traité de celle de l'ARMÉE FRANÇAISE sous les rapports suivants : CRÉATION, COMPOSITION, DÉNOMINATION, FORCE, UNIFORME, ALLOCATIONS, TACTIQUE, SERVICE. — N° 1. CRÉATION, COMPOSITION. — Les RÉGIMENTS de Grosse cavalerie de FRANCE rappellent en quelques points les COMPAGNIES D'ORDONNANCE et les LANCIERS de l'ancienne GENS D'ARMERIE; c'est cette GENDARMERIE quittant l'ARMURE et les BARDES, et se composant de CAVALIERS qui prennent d'abord le nom de MAITRES. — Cette distinction de Grosse cavalerie, par rapport aux autres genres de cavalerie, commence à être mieux marquée sous HENRI QUATRE. C'était une imitation des usages d'Espagne. — Les CARABINIERS servaient sous forme de COMPAGNIES et à raison d'une par chaque RÉGIMENT avant de devenir le RÉGIMENT d'élite de la Grosse cavalerie de ligne, et de se diviser plus tard en deux RÉGIMENTS. — La COMPOSITION de la CAVALERIE, le nombre, l'espèce, la quantité de ses HOMMES, de ses COMPAGNIES, le rang et le nombre de ses OFFICIERS, sont des sujets remplis d'obscurités, comme nous avons eu déjà l'occasion de le faire remarquer. — Depuis qu'une grande partie de la Grosse cavalerie est devenue CUIRASSIERS, quelques ÉCRIVAINS l'ont désignée par ce dernier nom; mais c'est à tort, puisque les GRENADIERS A CHEVAL n'étaient pas CUIRASSIERS, et qu'ils tenaient cependant la tête de la Grosse cavalerie dont ils étaient l'élite. Les GENDARMERIES IMPÉRIALE et ROYALE étaient la Grosse cavalerie. — L'ARME des DRAGONS, soit en tout, soit en partie, a appartenu positivement à la Grosse cavalerie, quoique les hommes fussent de bien moindre TAILLE. En fait-elle encore partie? Le MINISTRE DE LA GUERRE serait seul habile à résoudre cette question ; aucun document ou tableau ministériel n'a présenté sur l'ensemble de ce sujet des principes généraux et clairs. — Pour sortir d'incertitude, il faut regarder l'ARME de la Grosse cavalerie comme se partageant en SOUS-ARME DE CARABINIERS, — DE CUIRASSIERS, — DE GRENADIERS A CHEVAL. — La Grosse cavalerie a commencé à être ordonnée par ESCADRONS sous HENRI DEUX, comme on le voit dans DELANOUR (1587, B). La force, le nombre, la proportion de ces ESCADRONS, comparés à ceux des autres ARMES, ont varié sans cesse. — N° 2. DÉNOMINATION. — L'expression Grosse cavalerie est impropre, on peut même dire qu'elle n'est pas de bon goût; un lazzi soldatesque lui a donné naissance. — Les CAVALIERS ne prenaient pour NOMS DE GUERRE, au commencement du dernier siècle, que

des noms de saints; on commandait de service armé Saint-Martin ou Saint-Georges, on envoyait à l'écurie Saint-Joseph, on chargeait de corvées Saint-Cristophe, on écrasait sous les lames d'ÉPÉE Saint-Paul. Les HOMMES DE PIED, toujours disposés aux brocards envers des SOLDATS qui se croyaient privilégiés, parce qu'au lieu de COUPS de BATON ils ne recevaient, à l'instar de l'ancienne GENDARMERIE, que des COUPS de PLAT d'ÉPÉE; les hommes de pied, par allusion à cet autre privilége du nom des saints, ou au privilége de ne monter la garde que sept ou huit fois par an, ont comparé les cavaliers à des moines, et les ont appelés frères; ils leur ont ensuite donné le sobriquet de GROS FRÈRES, à cause de leurs grosses bottes. Depuis une cinquantaine d'années, on a changé en chose sérieuse la plaisanterie, les GROS FRÈRES sont devenus Grosse cavalerie; voilà comme les MINISTRES ont fait notre LANGUE. — BASTA (1616) ne se sert pour rendre la même idée que de l'expression CAVALERIE GRAVE. D'autres AUTEURS se servent de la locution CAVALERIE PESANTE. — ROHAN (1658, C) disait CAVALERIE PESAMMENT ARMÉE. BOHAN (1781, H) ne fait mention que de *cavalerie proprement dite*. BOIS-ROGER (1775, G) est le premier qui l'appelle Grosse cavalerie ou *proprement dite*. — Quant aux réglements du dernier siècle, ils disaient positivement CAVALERIE, sans distinguer des autres CORPS A CHEVAL ce substantif par une épithète. — La locution dont se servait BASTA, il y a deux siècles, était préférable; mais notre LANGUE MILITAIRE l'a laissé perdre comme tant d'autres. — Depuis la création des divers genres de RÉGIMENTS de CAVALERIE, on a senti la nécessité de rendre distinctes leurs qualifications. — Les BUREAUX DU MINISTÈRE, qui se traînent à la suite des usages, au lieu d'avoir la force et le talent de les créer, ont commencé depuis peu à sanctionner l'emploi du terme Grosse cavalerie. — N° 3. FORCE. — Nous avons indiqué en traitant de la CAVALERIE DE BATAILLE quelle est la force numérique légale de la Grosse cavalerie. Nous avons fait connaître en parlant de la CAVALERIE GRAVE quelques opinions relatives à la proportion dans laquelle devait être maintenue la Grosse cavalerie. Nous avons indiqué en traitant des DRAGONS FRANÇAIS que la Grosse cavalerie était ou devait être d'un tiers ou d'une moitié moins nombreuse que cette ARME. — La force exagérée de la Grosse cavalerie est une des causes de l'exiguïté des chevaux des autres cavaleries, et de la difficulté que l'INFANTERIE éprouve pour faire des GRENADIERS. — N° 4. UNIFORME. — La Grosse cavalerie avait encore la CUIRASSE DE FER PLEIN au temps de ROHAN. Elle prenait le PISTOLET en 1610. Vers 1650, elle abandonna les BARDES, la SELLE D'ARMES et toutes les PIÈCES D'ARMURE excepté la CUIRASSE. Elle ajouta, sous Louis QUATORZE, les TIMBALLES à sa MUSIQUE de TROMPETTES. — Dans les GUERRES DE 1701, 1741, 1756, elle porte la DEMI-CUIRASSE, alors nommée PLASTRON. — Dans le dernier siècle, elle avait le CHAPEAU, et elle était à la guerre PLASTRONNÉE, à la paix sans ARMES DÉFENSIVES. Chacun de ses escadrons se ralliait sous un ÉTENDARD. — Pendant une partie du dernier siècle, elle avait les BOTTES à chaudron ; lors de l'usage des BOTTES il lui fut donné des COMMISSAIRES DE BOTTES. — Elle a toujours marché sous des ÉTENDARDS ; c'était un vestige de la BANNIÈRE sous laquelle se ralliait la GENDARMERIE DU MOYEN AGE. Par l'espèce de ce signe et par quelques détails de GRANDE TENUE, la Grosse cavalerie différait des autres ARMES. Les couleurs de ces étendards, au lieu de rappeler une COULEUR NATIONALE, avaient différé arbitrairement de CORPS à CORPS. — A l'époque de la GUERRE DE LA RÉVOLUTION, le PLASTRON était abandonné ; le seul régiment n° 8 était cuirassé. — En 1802, la Grosse cavalerie, sauf les GRENADIERS A CHEVAL, a repris le CASQUE et la CUIRASSE. Elle a demandé et obtenu pour ATTRIBUT DE RETROUSSIS la GRENADE. — La Grosse cavalerie a toujours eu l'ÉPÉE OU SABRE DROIT et les PISTOLETS ; elle a porté et quitté le MOUSQUETON. — Les GRENADIERS de la GARDE ROYALE faisaient partie de la Grosse cavalerie, mais différaient, du reste, de cette CAVALERIE par l'HABILLEMENT. — N° 5. ALLOCATIONS, TACTIQUE, SERVICE. — Les principales différences en fait d'ALLOCATIONS ont consisté dans le DROIT à une plus forte perception de FOURRAGE ; suivant les temps, ce DROIT a été ou octroyé, ou retiré aux DRAGONS et aux OFFICIERS MONTÉS de l'INFANTERIE. — Plusieurs ÉCRIVAINS sont d'avis que la Grosse cavalerie doit être placée à la RÉSERVE de l'ARMÉE, et non incorporée dans des DIVISIONS DE CAVALERIE ; elle doit être secondée, éclairée et gardée par des BRIGADES DE CAVALERIE LÉGÈRE ; elle doit assurer elle-même l'ARMÉE par de solides GRAND'GARDES. — Depuis le milieu du dernier siècle, elle a commencé à exécuter les CHARGES au galop. Depuis l'an quatre, elle a chargé par DIVISIONS D'ARMÉE.

GROSSE INFANTERIE. V. ARQUEBUSE A MAIN. V. BATAILLON DE G... V. INFANTERIE. V. INFANTERIE DE BATAILLE ; id. N° 2. V. INFANTERIE FRANÇAISE N° 1, 2. V. OPLITE.

GROTHAUS ; **GROTIUS**. V. NOMS PROPRES.

GROUPE ÉLÉMENTAIRE, OU TACTIQUE. V. ARME PERSONNELLE N° 2. V. BATAILLON. V. BATAILLON D'INFANTERIE. V. BATAILLON D'INFANTERIE FRANÇAISE N° 1. V. BATTERIE D'ARTILLERIE. V. BRIGADE D'ARMÉE. V. CAVALERIE FRANÇAISE N° 7. V. COMPAGNIE-ESCADRON. V. ÉLÉMENTAIRE, adj. V. ESCADRON. V. MARCHE D'ARMÉE. V. MILICE ESPAGNOLE N° 2. V. MILICE GRECQUE N° 2. V. ORDRE DE BATAILLE. V. ORDRE QUARTENAIRE. V. QUADRILLE. V. RANG D'INFANTERIE. V. RÉGIMENT D'INFANTERIE FRANÇAISE ; id. N° 2.

GROUPE TACTIQUE. V. ORDRE DE BATAILLE. V. TACTIQUE, adj. V. TACTIQUE, subs.

GRUAU, subs. masc. V. POUDRE ALIMENTAIRE.

GRUBERT. V. NOMS PROPRES.

GRUE, subs. fém. V. CORBEAU OFFENSIF. V. TOLLENON.

GRUMMERT ; **GRUNDEL** ; **GRUYS**. V. NOMS PROPRES.

GUABION, subs. masc. V. GABION.

GUADELOUPE ; **GUALDO**. V. NOMS PROPRES.

GUANCHOS, subs. masc. plur. V. ARME A LACS.

GUARINI. V. NOMS PROPRES.

GUARITE, subs. fém. V. GUÉRITE.

GUARNIERE. V. NOMS PROPRES.

GUARNISON, subs. fém. V. GARNISON.

GUARROT, subs. masc. V. CARREAU.

GUASSOS, subs. masc. plur. V. ARME A LACS. V. BARBE DE SAPEUR.

GUASTADOUR, subs. masc. V. GASTADOUR.

GUAY (guaye), adj. V. LANCE G...

GUÉ, subs. masc. (H, 2), ou VAIS, ou VAYS, ou VÉ, ou VEAGE (passage de Gué), ou VÈS, ou VEY, ou VUI, ou WAIDE, ou WEY, ou WOUÉ comme ROQUEFORT le témoigne. Mot dérivé du LATIN *vadum*, *vado*, dont le bas LATIN a fait *guadare*, *guadum*, et dont l'ITALIEN a fait *guado* ; de là sont provenus les verbes italiens *guazzare*, *squazzare*, qu'on a rendu en français par GAYER, guayer, gueer, gueyer, guyer, traverser un Gué, et GUIER, GUIDER à travers un Gué. — Un Gué est la partie d'une RIVIÈRE dont le fond est solide, dont les EAUX sont ordinairement basses, et qui offre ainsi un DÉFILÉ à des TROUPES. Mais, au besoin, un CLAYONNAGE, un épi, se change en un Gué artificiel. — Un RUISSEAU, un COURS D'EAU, sont GUÉABLES, ou quayables, comme dit ROQUEFORT, quand l'INFANTERIE peut en effectuer le PASSAGE sans BATEAU, sans nager. — PUYSÉGUR (1748, C) remarque l'habileté avec laquelle César faisait passer à ses HOMMES DE PIED les Gués rapides et dangereux ; il barrait en AMONT, avec une forte masse de CAVALERIE, le COURS de l'EAU. — Il faut considérer les Gués par rapport aux RECONNAISSANCES qui les explorent, aux MARCHES D'ARMÉES qui les rencontrent, aux TÉMOINS DE CAMPEMENT et aux circonstances d'OFFENSIVE ou de DÉFENSIVE. Dans l'un et l'autre cas, on les SONDE au moyen de quelques HOMMES DE CHEVAL. On les traverse, si besoin est, par une MARCHE EN GROUPE. — Si l'on est sur la DÉFENSIVE, on étudie ceux qui avoisinent un CAMP DE GUERRE, un CAMP VOLANT, un DÉTACHEMENT. Si l'on reconnaît que l'ENNEMI pourrait y passer, on les rend impraticables par différents moyens, en y faisant en AVAL une retenue d'eau ; en y couchant des arbres à demi ébranchés et à rameaux aiguisés ; en y plantant des PIEUX que l'on aiguise ; en y jetant des tables ou des madriers hérissés de clous ; en les barrant par une FORTIFICATION PASSAGÈRE, une REDOUTE, en y creusant parallèlement une TRANCHÉE, une cunette ; en y pratiquant des PUITS ; en les ROMPANT avec des CHAUSSES-TRAPES ou des CHEVAUX DE FRISE, des HERSES D'ATTRAPE, des HERSILLONS. A défaut de CHAUSSES-TRAPES, on y implantait autrefois, la pointe en haut, les ÉPERONS à broche. — On appelle GUÉS PIQUÉS les Gués de cette dernière espèce. — S'il s'agit de l'OFFENSIVE, et si l'on est dans le cas d'effectuer le PASSAGE des Gués, on les reconnaît ; on PURGE, comme dit la TOPOGRAPHIE, ceux qui sont embarrassés, en en entraîne les obstacles ; on unit ceux qui sont creusés en les couvrant de CLAIES que l'on charge de pierres ; on obvie de même aux dangers des GUÉS PIQUÉS ; on améliore, on exhausse, on consolide par des moyens analogues les Gués qui le demandent ; on s'assure s'ils ne sont pas de nature à être submergés par des crues subites, par des orages, par des vannes qui pourraient s'ouvrir, par des bondes qui pourraient se lâcher, par la rupture d'une digue, etc. — Dans les deux cas, ou de l'OFFENSIVE, ou de la DÉFENSIVE, rechercher, reconnaître, SONDER, étudier, PURGER les Gués, sont au nombre des fonctions du CORPS de l'état-major général. — Les AUTEURS qui peuvent être consultés à l'égard des Gués sont : DUBOUSQUET (1769, B), l'ENCYCLOPÉDIE (1785, C, au mot *Gué* et au mot *Passage de Gué*), JABRO (au mot *Rivière*), LACHESNAIE (1758, I), LAROCHE (1770, L), LECOINTE (1759, B), TRAVERSE (1758, D), et le *Journal des Sciences militaires* (t. XXVIII, p. 289 ; id. 1854 [avril], p. 56).

GUÉ PIQUÉ. v. GUÉ. v. PIQUÉ, adj.

GUÉABLE, adj. v. GUÉ.

GUENTERRODT ; **GUENTHER** ;

GUÉRARD ; **GUERINIÈRE**. v. NOMS PROPRES.

GUÉRITE, subs. fém. (E, 4 ; H, 1), ou ÉCHAUGUETTE, ou GARITE comme dans le Roman de Perceforest et comme l'appelle GANEAU, ou GACHETTE, ou GACHIL, ou GUARITE suivant ROQUEFORT, qui les tire du provençal *gacha*, GUET. GÉBELIN est au contraire d'avis que Guérite vient du TEUTON *waren, warren*, garantir. Mais pourquoi dans ce cas serait-il inusité dans la LANGUE ANGLAISE, qui emploie la locution *centry-box*, boîte de sentinelle. — Il n'y a pas d'unanimité relativement à l'étymologie du mot Guérite, car GANEAU la retrouve dans le bas latin *garita*, qui serait analogue au vieux verbe français garir, garantir. COVARRUVIAS le tire du mot ARABE *gar* ou *gara*, qui signifie trou ou fossé. Cette origine s'appuie sur peu de probabilité. Les opinions de FAUCHET et BOREL (Pierre) ne sont pas plus satisfaisantes. MÉNAGE le dérive de l'ALLEMAND *Warte*, signifiant lieu élevé, ou de l'infinitif *warten*, signifiant examiner, observer. FURETIÈRE prétend, avec peu de raison, qu'il dérive du verbe ALLEMAND *waren*, signifiant conserver ou guérir. GRASSI (1817, H) le tire de l'ITALIEN *garetta*, ou du basque *garaitoa*, lieu élevé. ROQUEFORT le retrouve dans le bas LATIN *garita, gaita*. — Peut-être les substantifs ITALIENS *garetta*, Guérite, et *guaraguato*, GUET, ne sont-ils pas sans analogie, car les termes qui appartiennent à l'art de construire les FORTERESSES sont en général d'origine italienne. — Chez les ROMAINS, les Guérites, ou du moins le point de station d'où les SENTINELLES surveillaient l'ENNEMI, s'appelaient *specula*, d'où était venu le nom des SPÉCULATEURS BYSANTINS. — Le mot Guérite, ou plutôt GARITE, a répondu à l'idée qu'on attachait aux expressions AUBETTE, BEFFROI, BRETÈCHE. Le mot est resté sous l'acception d'abri de SENTINELLE. — Les mots GARITE, Guérite, ont d'abord signifié un lieu où se tenaient un POSTE, le GUET, un CORPS DE GARDE, un petit réduit pratiqué dans l'épaisseur d'une FORTIFICATION. — AMIOT (1782, O) montre aux yeux de ses lecteurs des GUÉRITES ROULANTES que les CHINOIS avaient coutume de conduire aux armées. AMIOT les appelle *chars à garantir du vent*. Ces chars sont percés de petites FENÊTRES ou de MEURTRIÈRES qui permettent de voir de loin et qui donnent passage au FUSIL. — SAUVAL témoigne que MARCEL, prévôt des marchands, fit placer, en 1356, sept cent cinquante Guérites de bois attachées aux CRÉNEAUX des murailles de Paris par des crochets de fer. Cette date de 1356 est à remarquer, car alors le langage des troupes françaises n'avait encore rien emprunté à l'ITALIEN : ainsi le mot serait bas LATIN. — Les Guérites doivent être considérées surtout par rapport au SERVICE EN GARNISON, et comme ayant été GUÉRITES STABLES ou fixes et GUÉRITES MOBILES ou ambulantes, comme les appelle GUIGNARD (1725, B) ; les premières ont été en maçonnerie, les secondes n'ont jamais été qu'en bois, et conformes plus ou moins à celles qui sont en usage de nos jours. — Au MOYEN AGE, on appelait NIDS D'HIRONDELLES les Guérites en maçonnerie, on TOURELLES saillantes et suspendues en dehors des OUVRAGES. — Depuis l'invention de la FORTIFICATION moderne, il a été établi des Guérites stables sur les REMPARTS ; elles étaient le plus généralement en briques ou en pierres, si les REMPARTS étaient revêtus ; elles étaient situées aux ANGLES DE L'ÉPAULE, à l'ANGLE FLANQUÉ des BASTIONS, des DEMI-LUNES et de tous les OUVRAGES où elles pouvaient être utiles ; on en bâtissait aussi au milieu de la COURTINE ; leur pied répondait au CORDON du REMPART ; elles étaient ou presque entièrement saillantes ou de moitié hors œuvre. Leur forme était en tube ou à pans ; elles avaient plusieurs FENÊTRES ou CRÉNEAUX au travers desquels les SENTINELLES et les RONDES pouvaient jeter les yeux dans le fossé. La dimension des Guérites était en général de deux mètres de haut sur un mètre ou un peu plus de diamètre. Leur position était telle, que la SENTINELLE pût découvrir à travers leurs ouvertures le pied du REMPART, les FACES, le FOSSÉ. On avait accès dans la Guérite au moyen d'une coupure d'un mètre environ pratiquée dans l'épaisseur du PARAPET. — Si l'ouvrage n'était qu'en gazonnage, les Guérites étaient en bois et de la forme d'un carré long. MANESSON (1685, A) dit, ainsi que plusieurs autres, que les soldats désignaient sous le nom d'ÉCHAUGUETTES ces GUÉRITES DE BOIS attachées au REMPART. — DEVILLE (1674) dit que, de son temps, il y avait à chaque Guérite et à chaque CORPS DE GARDE des REMPARTS une CLOCHE ou clochette, et que, quand le chef du poste voulait s'assurer si les SENTINELLES se tenaient éveillées et attentives, il sonnait la CLOCHE du CORPS DE GARDE, il fallait qu'à l'instant toutes les SENTINELLES y répondissent en sonnant la clochette de leur Guérite. — MANESSON (1685, A), qui écrivait peu de temps près DEVILLE, ne fait plus mention de cet usage ; mais, au milieu du dernier siècle, il était encore pratiqué en ALLEMAGNE. — L'ENCYCLOPÉDIE (1785, C) donne avec détail les mesures des Guérites construites en maçonnerie ou fabriquées en bois. — BELAIR (1792) dit que, de son temps, on avait renoncé, dans la construc-

tion de beaucoup de PLACES, à établir sur les REMPARTS des GUÉRITES STABLES et saillantes, et qu'on commençait à ne plus se servir que de GUÉRITES MOBILES, quadrangulaires et en bois. — Nous ne nous occuperons ici des Guérites que d'une manière générale et relativement au SERVICE EN GARNISON. — Les règlements en vigueur veulent que les RONDES examinent les Guérites des BANQUETTES. Celles des POSTES sont reconnues par le CAPORAL DE CONSIGNE ainsi que les CONSIGNES qui y seraient affichées et les CAPOTES des SENTINELLES ou MANTEAUX DE GUÉRITE qui y seraient accrochées. Le CAPORAL DE POSE surveille ensuite ces Guérites, et s'assure de la propreté de leurs environs. — Les SENTINELLES ne doivent pas s'éloigner de la Guérite au delà de trente pas ; elles y déposent leur FUSIL si elles montent à la porte d'un MAGASIN A POUDRE ; elles ne laissent approcher, pendant la nuit, les passants qu'à une certaine distance de leur Guérite ; elles ne peuvent s'y retirer que dans le cas de mauvais temps ; elles en doivent sortir, quel que temps qu'il fasse, toutes les fois qu'un OFFICIER GÉNÉRAL ou SUPÉRIEUR s'en approchent pendant le jour, ou toutes les fois qu'une troupe quelconque, une RONDE, une PATROUILLE, s'en approchent, soit de jour, soit de nuit.

GUÉRITE de BOIS. V. BOIS. V. ÉCHAUGUETTE. V. GUÉRITE.

GUÉRITE MOBILE. V. GUÉRITE. V. MOBILE, adj.

GUÉRITE ROULANTE. V. GUÉRITE. V. MACHINE. V. ROULANT, adj.

GUÉRITE STABLE. V. FORTIFICATION. V. GARNISON. V. GUÉRITE. V. REMPART. V. STABLE, adj.

GUERNON, subs. masc. V. CRENON. V. MOUSTACHE.

GUERRE, subs. fém. V. ACTION DE G... V. ADMINISTRATION DE LA G... V. AFFAIRE DE G... V. AGENT DE LA G... V. ALLUMER LA G... V. APPAREIL DE G... V. APPROVISIONNEMENTS DE G... V. ARCHIVE DE LA G... V. ARME DE G... V. ARMER EN G... V. ARMURE DE G... V. ART DE LA G... V. ARTIFICE DE G... V. ATTAQUE DE G... V. ATTIRAIL DE G... V. AUDITEUR DES G... V. AVOIR LA G... V. BATAILLON DE G... V. BATTRE LA G... V. BLESSURE DE G... V. BONNE G... V. BRUIT DE G... V. BULLETIN DE G... V. BUREAU DE LA G... V. CAMP DE G... V. CAMPAGNE DE G... V. CAPITULATION DE G... V. CARTEL DE G... V. CAS DE G... V. CASQUE DE G... V. CHAR DE G... V. CHEVAL DE G... V. CHEF DE G... V. CHIEN DE G... V. COMBAT DE G... V. COMITÉ DE LA G... V. COMMIS DE LA G... V. COMMISSAIRE-AUDITEUR DES G... V. COMMISSAIRE DE LA G... V. COMMISSAIRE DES G...; id. Nº 2, 3, 4, 6. V. COMPLET DE G...

V. CONSEIL DE G... V. CONSEIL DE LA G... V. CONSEIL SUPÉRIEUR DE LA G... V. CONSIGNE DE G... V. CONTRIBUTION DE G... V. CONTROLEUR DES G... V. CONTROLEUR GÉNÉRAL DES G... V. CORPS SUR PIED DE G... V. CORVÉE DE G... V. CRI DE G... V. DÉCLARATION DE G... V. DÉCLARER LA G... V. DÉNONCER LA G... V. DÉPARTEMENT DE LA G... V. DÉPOT DE LA G... V. DÉTACHEMENT DE G... V. DIRECTEUR DE LA G... V. DIRECTEUR GÉNÉRAL DE LA G... V. DROIT DE G... V. DROIT DE LA G... V. ÉLÉPHANT DE G... V. EN G... V. ENGAGEMENT DE G... V. ENSEIGNE DE G... V. ENTAMER LA G... V. ÉTAT DE G... V. ÉVOLUTION DE G... V. EXTRAORDINAIRE DES G... V. FAIRE LA G... V. FEU DE G... V. FORMATION DE G... V. FORT DE LA G... V. FOURNISSEUR DE LA G... V. FOURNITURE DE LA G... V. FUSÉE DE G... V. FUSIL DE G... V. GENDARMERIE DE G... V. GENS DE G... V. GRANDE G... V. HABILLEMENT DE G... V. HACHE DE G... V. HAUBERT DE G... V. HÉRAUT DE G... V. HOMME DE G... V. HONNEURS DE LA G... V. HOPITAL DE G... V. HOTEL DE LA G... V. INFIRMIER DE G... V. INSTRUMENT DE G... V. JOURNAL DE G... V. JOURNÉE DE G... V. MACHINE DE G... V. MANOEUVRE DE G... V. MARCHE DE G... V. MATÉRIEL DE G... V. MATÉRIEL DE LA G... V. MÉTIER DE LA G... V. MINISTÈRE DE LA G... V. MINISTRE DE G... V. MINISTRE DE LA G... V. MOUSQUET DE G... V. MUNITIONS DE G... V. NOM DE G... V. NOURRIR LA G... V. OPÉRATION DE G... V. ORDINAIRE DES G... V. PARTI DE G... V. PAVILLON DE G... V. PAYE DE G... V. PAYEUR DE LA G... V. PERSONNEL DE LA G... V. PETITE G... V. PIED DE G... V. PHILOSOPHIE DE LA G... V. PLACE DE G... V. PLAN DE G... V. POLITIQUE DE LA G... V. PORTER LA G... V. POSITION DE G... V. POSTE DE G... V. POUDRE DE G... V. POURPOINT DE G... V. PRÉPARATIFS DE G... V. PRÉVOT DES G... V. PRISE DE G... V. PRISON DE G... V. PRISONNIER DE G... V. PROCLAMATION DE G... V. QUARTIER DE G... V. QUARTIERS DE G... V. RECONNAISSANCE DE G... V. RENCONTRE DE G... V. RETRAITE DE G... V. ROI DE LA G... V. RUSE DE G... V. SAMBUQUE DE G... V. SCIENCE DE LA G... V. SECRÉTAIRE A LA G... V. SECRÉTAIRE DE LA G... V. SECRÉTAIRE D'ÉTAT DE LA G... V. SECRÉTAIRE GÉNÉRAL DE LA G... V. SELLE DE G... V. SERVICE DE G... V. SERVICE DE LA G... V. SIGNAL DE G... V. SOLDE DE G... V. SORT DE LA G... V. SOUFFRANCE DE G... V. SOUTENIR LA G... V. SURPRISE DE G... V. SYSTÈME DE G... V. TARIÈRE DE G... V. TEMPS DE G... V. THÉATRE DE G... V. THÉATRE DE LA G... V. TORTUE DE G... V. TRANSPORT DE G... V. TRAVAUX DE G... V. TRÉSORIER DE LA G... V. TRÉSORIER DES G... V. TRÉSORIER GÉNÉRAL DES G... V. TRÉSORIER ORDINAIRE DES G... V. TRIBUNAL SUPRÊME DE G...

CÉLEUSTIQUE.

CIVILE.

DE SIÉGE. . . . . . { GUERRE SOUTERRAINE.

DÉFENSIVE.

EN RASE CAMPAGNE. { GUERRE DE MONTAGNE. / DE PLAINE. / DE POSITION. / DE SECOURS. / D'INVASION. / MÉTHODIQUE.

GUERRE {

FRANÇAISE. . . . { GUERRE DE 1610. 1615. 1620. 1621. 1624. 1625. 1627. 1629. 1631. 1633. 1635. 1665. 1667. 1672. 1683. 1688. 1701. 1719. 1733. 1741. 1756. 1767. 1775. 1778. 1786. 1792. 1823. 1828. 1829. 1830. 1831. 1832. 1833.

OFFENSIVE.

PRIVÉE.

GUERRE (term. génér.), ou ARMES, ou GERRE suivant BARBAZAN (1808), ou HOST, ou MUÈTE, ou OSE, ou OST, ou POIGNAIS, ou TENCE, ou TESSÈRE, ou WANRE, ou WERRE, ou WIÈRE. — ROQUEFORT et les écrivains en LANGUE ROMANE sur lesquels il s'appuie témoignent de l'emploi ancien de ces locutions hors d'usage ; ceux de ces synonymes qui sont littéralement ou orthographiquement analogues au mot Guerre ont produit les adjectifs GUERRIEUR, GUERROYEUR, WERRIER, dont il reste le substantif et l'adjectif GUERRIER ; de la même racine sont sortis les vieux verbes WAIRIER, WARRIER, et les verbes encore usités AGUERRIR et GUERROYER. — ROQUEFORT indique aussi comme synonymes les substantifs BERONCHE, dont nous ignorons l'origine, et GARRE, qu'il prétend de souche HÉBRAÏQUE ; il mentionne le verbe GUIER comme signifiant conduire à la guerre. — Le dictionnaire de Raymond témoigne qu'on disait porter, déposer la SAIDE, dans le sens de FAIRE LA GUERRE, de FAIRE LA PAIX. — Quelles sont les racines de l'expression guerre ? Les étymologistes ne sont pas d'accord, et les doutes ne pourraient se dissiper que par une étude approfondie de toutes les langues ; il faudrait que cette étude fût éclairée par l'histoire, et que l'histoire fût éclairée par les langues ; car la guerre touche, de toutes parts, langue et histoire. — Le terme vient-il de l'ancien SAXON *ger* ou *wer*, mots qui ont laissé *wehr* dans l'ALLEMAND, *war* et *warrior*, GUERRIER, dans l'ANGLAIS ? Vient-il, comme le croit BÉNETON (1741, A), du CELTIQUE, qui se retrouve dans le LATIN barbare *guerra*, *werra*, et dans le verbe ITALIEN *guerreggiare* ? — Des écrivains pensent que le substantif CELTIQUE *gerra* est entré dans le nom propre des GERMAINS, *Gerra-man*, *German*, HOMME DE GUERRE, de même que le NORMAND, *Nord-man*, était l'homme du Nord, et le Marco-man, *March-man*, l'homme de frontière. Si ces étymologies ne sont pas démontrées, elles sont du moins ingénieusement présentées par ceux qui les proposent. — GANEAU déclare suédois le mot Guerre. — La GAULE ayant été conquise par les BOURGUIGNONS, les WISIGOTHS, les FRANCS, et arrachée par eux aux ROMAINS, les vainqueurs substituèrent au *bellum* ou au *duellum* des LATINS les mots *wer* ou *ger*, qu'à la manière CELTIQUE ou teutone ils prononçaient *gair ;* ces monosyllabes se changèrent dans l'ITALIEN en *verra*, comme le témoigne DARU (1821, t. I, p. 587). Ce dernier terme s'est depuis corrompu en *guerra*. On trouve la preuve de ces allégations dans quantité d'AUTEURS et dans WACHTER (au mot *Ger*). — Si, contre l'usage que nous observons,

nous recherchions les racines du LATIN, nous verrions que *bellum* vient, à ce qu'on a conjecturé à la légère, du nom de Bélus, fils de Nembrod, qui, suivant de vieilles traditions, aurait entrepris la première GUERRE que l'HISTOIRE ait mentionnée ; VARRON, au contraire, établit par de savants arguments que *bellum* est une modification de *duellum*. D'autres ÉCRIVAINS supposent que les ROMAINS avaient fait des mots inusités *bellus*, *bellulus*, beau, joli, agréable, le mot *bellum*, parce que, dans la pensée de ce peuple sombre, la guerre était le beau idéal, de même que, dans sa politique sanguinaire, c'était le bon par excellence. — Cette passion pour la domination et le sang n'a pas animé les ROMAINS seuls ; elle respirait dans les croyances, dans le langage de plus d'une nation. Le paradis promis aux Scandinaves leur assurait l'ineffable félicité d'un ÉTAT DE GUERRE perpétuel. L'idiome du Canada employait comme identiques les expressions homme et guerrier. — Les termes que l'usage français a unis au mot Guerre produisent une multitude de composés ; c'est un témoignage de l'importance du sujet ; c'est un indice de l'étendue des définitions que l'expression exige ; ainsi l'on dit : ALLUMER, AVOIR, BATTRE, DÉCLARER, ENGAGER, ENTAMER, ENTENDRE, ENTREPRENDRE, FAIRE, SOUTENIR la Guerre, ÊTRE EN GUERRE, ENTRER en Guerre, etc. ; on dit que la Guerre éclate, qu'elle est acharnée, sanglante, A MORT, A FEU ET A SANG, qu'elle traîne en longueur, etc., etc. — Dans la LANGUE FRANÇAISE l'expression Guerre se prend, par syncope, sous l'acception de ART DE LA GUERRE, BUREAU DE LA GUERRE, DÉPARTEMENT DE LA GUERRE, MINISTÈRE DE LA GUERRE. — On appelle, dit l'ACADÉMIE, le FORT DE LA GUERRE, le pays où elle est le plus acharnée. Cette expression n'est pas rigoureusement vraie : l'expression le fort de la guerre appartient à un style peu relevé et non militaire. — On appelle BONNE GUERRE, franche Guerre, celle dans laquelle on agit à découvert, sans surprise, ou, comme dit l'ACADÉMIE, conformément à la JURISPRUDENCE des ARMES, au DROIT de la Guerre ; l'ACADÉMIE suppose que cette JURISPRUDENCE existe ; malheureusement il n'en est rien. — De cette esquisse des propriétés et des nuances du terme passons au tableau de la chose. — Parler de la Guerre, de son essence, de ses caractères, à une génération qui tout entière a COMBATTU ou a VU COMBATTRE, est difficile et délicat ; aussi visons-nous moins à composer un article essentiellement historique, à produire un morceau de philosophie, que nous ne cherchons à traiter quelques rapports dogmatiques, tels, entre autres, que l'influence de l'ART sur la marche de la Guerre, et les progrès que la GUERRE DE TERRE a fait faire à l'ART MILITAIRE. — Pour nous élever à ce point de vue il est indispensable de jeter un coup d'œil sur quelques grandes BATAILLES, de résumer les débats littéraires dont la Guerre a été l'objet dans tous les temps, d'en composer un essai de définitions techniques, et d'en faire ressortir quelques réflexions ; ainsi le discours offrira successivement un aperçu des FAITS D'ARMES principaux, l'examen succinct des coutumes, des méthodes suivant lesquelles la Guerre s'est faite, l'analyse des jugements et des sentiments des ÉCRIVAINS touchant la partie philosophique de la question, la définition critique de l'expression, la récapitulation nominale des AUTEURS qui sont les lumières du sujet. — Notre intention étant d'étudier la connexion de la Guerre et de la SCIENCE, mais de la SCIENCE moderne et française, la recherche des choses anciennes n'en sera qu'un court préambule ; les choses des MILICES ÉTRANGÈRES n'y seront qu'effleurées, et seulement comme éléments de comparaison. — La marche de l'HISTOIRE est la même dans toutes ses branches ; l'ORIENT a instruit l'OCCIDENT. — La Guerre et l'anthropophagie se sont longtemps donné la main. HÉRODOTE et LUCAIN affirment qu'après quelques jours de MARCHE les SOLDATS que Cambyse conduisait contre les ÉTHIOPIENS manquèrent de nourriture au milieu d'un pays de sable ; ils convinrent de s'entre-dévorer en se soumettant à la loi du sort. La décimation fournissait à leur subsistance. Cette barbarie, dont l'histoire des Caraïbes et des naufrages devrait seule, à ce qu'il semble, fournir des exemples, s'est reproduite dans plusieurs grands SIÉGES de l'antiquité ; elle se renouvelait dans PARIS au temps de HENRI QUATRE ; le cimetière des Innocents fournissait une farine osseuse qui rappelait le pain des anciennes famines, *le pain odieux*. — Le colonel LABAUME (1859, t. v, p. 205) parle du régal des bandits qui combattaient dans le comtat Venaissin en 1790. C'était le foie rôti d'un curé. — Tout PARIS a vu, en l'an huit, un maigre géant, déserteur de tous les SERVICES, ignorant le lieu de sa naissance, mais se croyant RUSSE ou TARTARE. Il était SOLDAT FRANÇAIS dans l'EXPÉDITION de HOCHE, avait débarqué en Irlande sous Humbert, et avouait, comme nos propres oreilles l'ont entendu, que dans l'expédition *il vivait d'Anglais*. Il est mort à Bruxelles, garde-chasse de la maison d'Aremberg. — La Guerre est un fléau bien ancien. — Toutes les croyances invoquaient un dieu des ARMÉES ; le Sabaoth des HÉBREUX

est un dieu Mars ; le perfectionnement des ARMES a été le premier progrès de la civilisation ; l'art du forgeron, la ductilisation du fer, doivent le jour au besoin des ÉPÉES. Le mot PORTE nous serait inconnu, si les FORTERESSES n'avaient eu des PORTES. Les premières combinaisons en fait de JURISPRUDENCE et d'ÉTAT CIVIL ont été le résultat et les nécessités d'un système conscriptionnel ; l'ARME nommée ANYSOCYCLE a révélé aux horlogers le secret des ressorts de MONTRE ; le maniement des ARMÉES a donné naissance à la CALLIGRAPHIE, à la STÉGANOGRAPHIE, à la TÉLÉGRAPHIE, aux ESTAFETTES, à la POSTE AUX LETTRES. Se battre est un des passe-temps forcés de l'humanité, une des fonctions naturelles de l'homme sauvage, une des PROFESSIONS de l'homme civilisé. Sans la BATAILLE de GRANSON, la tiare papale, la maison d'AUTRICHE, la couronne de FRANCE n'auraient pas possédé les trois plus beaux diamants connus. — La Guerre a été l'école primitive de la sociabilité ; elle est la mère du monde politique, mère quelquefois peu tendre. En tous les pays, hormis en Pensylvanie, ce sont les hasards, les violences et les conquêtes qu'elles produisent qui ont fondé les sociétés régulières ; la loi ne vient qu'après le glaive qui a fait le droit, et loin de répudier le glaive, la loi s'en empare, Thémis tient une épée comme une garantie du droit, l'Eglise glorifie l'épée comme un appui et un instrument chrétien. Les statues, les tableaux, les prières de nos prélats en perpétuent les tristes preuves.

Chaque peuple a brillé tour à tour sur la terre,
Par l'esprit, par les arts et surtout par la Guerre.

Excepté deux ou trois nations, dit encore VOLTAIRE, *il n'en est pas que leur histoire ne représente armées les unes contre les autres.* La BATAILLE de THYMBRÉE est le plus ancien événement de Guerre dont les détails nous soient parvenus ; des ARMÉES formidables s'y déploient ; quatre cent mille hommes s'y entre-choquent. Les ÉLÉPHANTS dressés et disciplinés y combattent. CYRUS y triomphe de Crésus ; des trônes sont élevés et abattus. L'empire des PERSES s'assoit sur les ruines de celui des Assyriens. — Depuis les temps historiques, le soleil a presque toujours éclairé une Guerre flagrante, sur un point du globe ou sur un autre. — Sous le règne d'AUGUSTE, quelque répit est donné, dit-on, pendant deux ou trois ans au monde ; car en ce temps on appelait univers l'étroite surface des terres alors connues ; mais probablement on GUERROYAIT dans des contrées non découvertes, on se déchirait dans un autre hémisphère ; le bienfait d'une PAIX universelle n'a jamais existé. — Les Guerres qui auront fondé les confédérations des CELTES, et qui auront éclaté dans les GAULES pendant les siècles antérieurs à l'ère chrétienne, doivent être d'une haute antiquité ; car les coutumes des peuples peu éclairés viennent de bien loin ; mais ces Guerres sont oubliées comme tant d'autres vieux titres de la chronologie de la terre. — ALEXANDRE, homme à grandes vues, conquérant admirable, POLÉMARQUE divinisé, s'empare du monde connu pour le laisser, par lambeaux, à d'indignes successeurs ; dans un des délassements de sa toute-puissance, le demi-dieu, fils de Jupiter, se réveille à la voix d'une courtisane, près de laquelle il s'est enivré ; et l'illustre aventurier, pour obéir à Thaïs et l'amuser, jette, de la même main qui poignarde Clitus, le premier brandon sur les édifices de Persépolis, et se délecte de l'incendie qui les dévore. — La Guerre est portée vers l'OCCIDENT par les ROMAINS. César, homme sans entrailles, commence la dépopulation des Gaules, en massacrant, suivant ses propres récapitulations, deux cent cinquante-huit mille Helvétiens ; il continue cette œuvre d'extermination en faisant vendre comme esclaves cinquante-trois mille Attuates ou Attuaires, en abandonnant à l'épée un quart de la population, en confisquant le tiers des terres ; l'homme des conquêtes a cimenté à ce prix sa renommée. L'excellent Titus ne se conduisait pas autrement envers les Juifs. — Les FRANCS ont soumis à leurs armes les ROMAINS, les GAULOIS, les BOURGUIGNONS, les VISIGOTHS. Ils ont effacé les dernières traces des coutumes gallo-celtiques ; ils ont incorporé dans leurs rangs les GUERRIERS qui avaient combattu sous les AIGLES. — La victoire remportée par CHARLES MARTEL à POITIERS sur l'émir Abderame, ou plutôt Abd-er-Rahman, a été la digue d'une nouvelle invasion : elle a opposé une barrière éternelle à une barbarie menaçante. — CHARLEMAGNE plante la croix sur les rives de l'Elbe au prix de trente ans de Guerre et de quelques exécutions sanglantes ; ainsi, en 782, et pendant le temps que dure un de ses repas, il fait couper la tête à quatre mille cinq cents SAXONS faits prisonniers. — HALLAM a dit : *Aucune expédition de Charlemagne ne peut se comparer à la victoire de Charles Martel ; il combattait pour la liberté, Charlemagne pour des conquêtes, et la partiale renommée célèbre plutôt l'heureux conquérant que le défenseur de la patrie.* — Il y a ici emphase et déclamation ; CHARLES MARTEL défendait la propriété que ses ancêtres avaient usurpée ; il consolidait la domination des SEIGNEURS sur les SERFS. Quelques-uns l'accusent d'être le père de la FÉODALITÉ. CHARLEMAGNE au contraire a laissé des lois ; il tenait en bride les SEIGNEURS et les ECCLÉSIASTIQUES ; il embrassait, dans l'avenir, la grandeur du pays ; mais il l'a morcelé comme un héritage privé, a laissé se confondre le droit de propriété et de gouvernement, n'a pas assis la civilisation sur une base assez large, ne s'est occupé que de quelque smilliers d'hommes libres écrasant des millions d'esclaves ; les déchirements de plusieurs siècles ont résulté de ces erreurs de système. — Depuis le traité de Mersen-sur-Meuse, consenti entre CHARLES LE CHAUVE et ses frères en 847, on voit, jusqu'aux premiers temps de la TROISIÈME RACE, exister en FRANCE deux genres de Guerre, celle DU ROI et la GUERRE DE L'ETAT ; ce traité de Mersen autorisait les grands vassaux à ne suivre le ROI que pour les GUERRES DE L'ETAT ou Guerres générales. — Les GUERRES DU ROI étaient celles que soutenait un monarque comme CHEF féodal contre des CHEFS qui étaient censés ses sujets ; l'autre était celle où le concours des CHEFS féodaux nationalisait la Guerre. — Dans leurs assemblées du CHAMP DE MARS ou DE MAI, sorte de parlements en plein air, les BARONS FRANÇAIS décidaient quelle Guerre on devait entreprendre ; ils étaient tenus de se rendre à l'HOST s'il s'agissait de la GUERRE D'ETAT ; mais ils n'y coopéraient qu'à leur guise, si leur puissance autorisait leur FÉLONIE. C'est là l'origine, sinon de la FÉODALITÉ, du moins de la grande anarchie qui en est l'événement précurseur : c'est le signal de ces longues Guerres de SEIGNEURS que CHARLEMAGNE et CHARLES LE CHAUVE s'appliquèrent plus ou moins infructueusement à réprimer, à tempérer ou à prévenir. — Il ne se voit, pendant les quatre siècles qui vont suivre, que des GUERRES PRIVÉES : ce sont de brusques invasions dont le PILLAGE est l'objet, dont le ravage est le moyen ; un TERRAIN peu étendu en est le THÉÂTRE ; un HÉRAUT D'ARMES en répand le MANIFESTE, on en apporte le DÉFI ; d'insignifiantes ESCARMOUCHES en sont les préludes ; des GASTADOURS s'y montrent la TROUPE la plus agissante ; ils ont pour ARME le levier, la hache, la torche ; quelques JOURNÉES DE MARCHE forment la durée de la CAMPAGNE ; une seule ACTION en marque le terme. — De là cette stérilité des récits de l'HISTOIRE militaire du neuvième au douzième siècle ; de là cette longue nullité de l'ART MILITAIRE qui, de nos jours, est si loin encore de la perfection ; qu'auraient eu à inscrire et à transmettre des historiens ; qu'auraient pu exécuter des tacticiens, quand ces luttes atroces se perpétuaient de province à province, de village à village, tantôt alliés, tantôt ennemis, et quand les mêmes incendies dévoraient les écrits et ceux qui tenaient la plume ? La Guerre est un tel gouffre, qu'il ne se retrouve pas d'armures occidentales qui soient plus anciennes que 1350. — Si quelque relâche était donnée aux proches voisins, un brigandage qui s'exerçait au loin à l'ombre des armoiries, ou sur le grand chemin à l'ombre du donjon, succédait à un héroïsme brutal, et devenait un délassement et une petite guerre ; aller au gain, à la proie, était l'action d'un noble qui exploitait les terres de gagnage, ou venait s'embusquer près des chemins pour détrousser les voyageurs. Les plus qualifiés seigneurs avaient des coureurs (*cursores*) qui faisaient le coup de main ou *jouaient des mains*, comme on disait en style adouci ; ces délégués, ces gentilshommes de moyenne classe, étaient armés a la légère, et équipés comme pour la chasse du vol ou de l'oiseau. Le mot français voleur devint leur nom, soit parce que le leste équipage de chasseur suffisait à leurs expéditions, soit parce qu'ils volaient, voltigeaient comme s'ils eussent eu des ailes. Rigoureusement et grammaticalement parlant, on a confondu *latro* et *miles*, soldat et voleur, brigand (*brigant*) et homme de guerre, assassin et menadier (de l'italien *masnadiere*), scélérat et maheutre, fantassin et bandit, chenapan et tireur de fusil, homme de pillage et rifleman (carabinier anglais) ; heureusement nous sommes loin des temps qui justifiaient ces synonymies. — Les chroniques rappellent les efforts de Louis le Gros, du vivant de son père, pour réprimer les brigandages de la féodalité ; elles nous apprennent les noms des seigneurs dont il tira raison, et ajoutent : *Si furent robés cil qui souloient rober les autres* ; ainsi furent spoliés ceux qui avaient coutume d'être les pillards. Toute l'histoire de la Guerre et de la politique de ces époques est renfermée dans ce cercle. — Si l'on porte ses regards au delà du Rhin, les circonstances y étaient les mêmes que dans le reste de l'Occident ; pendant tout le moyen age, la Guerre non interrompue des Etats d'Allemagne se terminait rarement par des conquêtes. Une incursion sur le territoire de l'ennemi, un combat, ou une bataille rangée, un siége, un traité, composent, dit Hallam, l'ensemble d'une Guerre. — Quand Louis le Jeune, avant de revenir de la Terre sainte, fit partir en avant de lui quelques seigneurs croisés, son ministre Suger lui reprocha, au rapport de Daniel (1721, A), *de déchaîner*

des loups ravissants. — Cette interminable lutte féodale, cette vaste guerre civile qui embrase l'Europe, cette histoire des chevaliers qui n'est que celle de l'escrime à fer émoulu, ne sauraient être présentées en corps d'histoire. On ne pourrait faire un récit étudié que des croisades et de la guerre de la succession de France ; encore ces deux événements ne peuvent-ils être offerts aux militaires comme éléments d'étude positive. Quant aux excursions qu'on a appelées si improprement les Guerres saintes, nous en avons traité à part avec quelques détails, parce qu'elles sont comme la transition de la féodalité au gouvernement d'un seul, et comme le signal d'une nouvelle ère militaire. Bornons-nous ici à crayonner l'ensemble de ce sujet. — L'apothéose chrétienne est offerte et garantie par saint Bernard aux croisés ; ses prédications préparent les massacres qui vont désoler l'Orient et l'Occident pendant trois siècles. — Une assemblée des évêques grecs avait soutenu une thèse toute contraire aux opinions de Bernard ; ils avaient déclaré que, à titre de serviteurs d'un Dieu de paix, ils ne pouvaient adhérer qu'à la discipline proclamée, au quatrième siècle, dans la lettre de saint Basile à Amphiloque ; lettre où il dit que *tout chrétien tuant un ennemi est, pendant trois ans, indigne d'approcher de la sainte table.* — Les paroles de Bernard, l'ardeur qu'elles inspirèrent pour le martyre, l'enthousiasme si peu éclairé qui enflammait les libérateurs du Saint-Sépulcre, eussent peut-être amené la ruine totale du christianisme si le mahométisme eût été plus robuste, plus vieux de quelques règnes. L'opinion des évêques grecs, qui voyaient l'hérésie et la damnation où Bernard voyait la rédemption des croisés et la palme céleste, ne fut pas moins fatale aux chrétiens en Orient, puisque cette opinion contribua à pervertir la milice byzantine, la plongea dans la lâcheté, et fut une des causes de l'invasion et du sac de Constantinople. — Entre cette utilité de l'esprit guerrier et ce danger de l'enthousiasme belliqueux quel milieu tenir ? Entre des oppositions si manifestes comment discerner la vérité ?...... Dieu et l'Eglise ordonnent-ils la Guerre, ou la proscrivent-ils ? Qui applaudir de saint Basile le Grand ou de saint Bernard le Savant ? Qui a raison de Jules deux coiffant le casque et se jouant de la vie des chrétiens, ou de Jésus tendant la joue et exagérant jusqu'à l'humiliation l'humilité ? — Les croisades deviennent une fièvre générale ; on se précipite au combat, non plus pour faire la Guerre, mais pour verser du sang ; on s'égorge sans projet arrêté, tantôt en Pa-

LESTINE, tantôt à CONSTANTINOPLE ; aujourd'hui contre les infidèles, demain contre les chrétiens ou contre les JUIFS. Ces migrations déplacent à l'improviste des populations jetées en des lieux privés de ressources ; les TROUPES sont conduites sans chefs ; les OPÉRATIONS sont entamées sans ensemble, abandonnées sans motifs, reprises sans profit. Les événements de ces époques attachent au nom de RICHARD CŒUR DE LION une célébrité romanesque, et ils entremêlent de ridicule ou ternissent les vertus qui ont fait canoniser LOUIS NEUF. — Endurci contre de sages conseils, il se jette à l'aventure en ORIENT. Ce chrétien, dont la couronne brille des reflets de l'auréole, ce roi qui semblait destiné à améliorer le sort de la FRANCE, la met à deux doigts de sa perte, et il expie une agression inique, en périssant de misère sur une plage lointaine et sous un froc de moine. — Les CROISADES ont produit, il est vrai, quelque avantage ; elles ont rendu plus rares les Guerres particulières ; un mal en adoucissait un plus grand ; elles ont donné naissance à la SOLDE ; les CHEVALIERS ont commencé à concourir aux GUERRES NATIONALES ; l'ORGANISATION plus militaire des ARMÉES et la centralisation des pouvoirs en ont été le fruit. — PHILIPPE AUGUSTE, imitateur des usages remis en vigueur par Henri premier et HENRI DEUX d'Angleterre, assura, aux frais de la couronne, une PAYE à des TROUPES qui jusque-là avaient été au compte des COMMUNES ou des VASSAUX ; il secoua ainsi la dépendance où le tenaient les SEIGNEURS, et plia les villes à l'uniformité de l'obéissance. — La débilité des ARMÉES FÉODALES et leur impuissance vis-à-vis des TROUPES ANGLAISES devinrent de plus en plus évidentes ; la nécessité de garder sur pied des CORPS RÉGULIERS se fit sentir impérieusement. On évalua la prépondérance dont jouirait à la Guerre une ARMÉE pourvue d'un TRÉSOR. — La SOLDE MILITAIRE a amené la permanence des cadres ; elle a été le germe de l'ADMINISTRATION des troupes, et bientôt il a fallu calculer l'assiette, la centralisation, la levée des impôts, seul fondement des ARMÉES RÉGULIÈRES. Ce retour vers des règles que l'antiquité avait appliquées, que la barbarie avait laissé évanouir, et qui constituent l'art de gouverner, fut le fruit des CROISADES, fruit sans doute bien inattendu, bien chèrement payé. — Un autre événement, ou plutôt une longue série de catastrophes qu'on a appelées GUERRE DE LA SUCCESSION de France, demande qu'on y arrête ses regards. — ÉDOUARD TROIS entreprend cette Guerre sous des prétextes vains, et en s'autorisant de titres controuvés ; la lutte s'entrecoupe de

TRAITÉS DE PAIX, qui ne sont chaque fois que de courts ARMISTICES ; les HOSTILITÉS se prolongent pendant cent vingt ans, et l'état d'inimitiés se prolonge pendant trois siècles : *Il périt plus de trois millions de Français, parce que*, dit un historien, *un archevêque (c'était Guillaume de Rouen), en 1096, s'était fâché contre les longues chevelures ; parce qu'un roi, Louis sept, avait fait raccourcir la sienne et raser sa barbe ; parce que sa femme (Léonore d'Aquitaine), devenue reine d'Angleterre, l'avait trouvé ridicule avec des cheveux courts et un menton rasé.* — On a comparé cet héritage de désolations à un grand et affreux TOURNOI où la vanité personnelle, bien plus que le patriotisme, combat à outrance. Les FAITS D'ARMES qui ensanglantent le royaume sont peu honorables pour la FRANCE, ou du moins pour le faible noyau territorial qu'on appelait alors le royaume. La supériorité de l'ARMÉE ANGLAISE, recrutée, il est vrai, des indigènes de notre sol, est témoignée par nos désastres de CRÉCY, de POITIERS, d'AZINCOURT. Les HOSTILITÉS dégénèrent en une Guerre de PARTISANS ; elles se terminent par l'apparition romanesque et par le beau et patriotique courage de JEANNE D'ARC ; la vierge illuminée a planté son PENNON entre la vieille et la moyenne FRANCE. — Le quatorzième siècle est l'époque d'une révolution marquée dans le système de la Guerre. Les MILICES COMMUNALES s'éteignent, l'INFANTERIE reprend faveur. Le droit de se racheter du SERVICE PERSONNEL concourt à amener l'usage général des TROUPES MERCENAIRES. La CAVALERIE, devenue royale, revêt une ARMURE perfectionnée et uniforme ; l'ambition et la politique prennent une direction nouvelle ; les combinaisons de la Guerre deviennent plus savantes, et les ARMÉES commencent à combattre, non plus contre des habitants, mais contre des ARMÉES ; cependant ce progrès de la SCIENCE ne produit encore, en faveur du pays et de l'humanité, que de faibles avantages, parce que les troupes restent en présence plus longtemps ; les succès demeurent indécis ; les CHAMPS DE BATAILLE sont ensanglantés par de nombreuses AFFAIRES, et les CAMPAGNES se prolongent pendant toute la belle saison. — Depuis la TROISIÈME RACE jusqu'à LOUIS ONZE, les FRANÇAIS n'avaient franchi, sous forme d'armée, les frontières que pour usurper, sans profit pour leurs compatriotes, l'ANGLETERRE, s'égarer sur le sol mal connu de l'ORIENT, se creuser un tombeau en SICILE, se déshonorer à NICOPOLIS. — Depuis le règne de Louis onze, l'agonie de la FÉODALITÉ marque la renaissance de la nation ; ses ARMÉES vont faire succéder à des EXPÉDITIONS intestines ou à des COURSES d'AVENTURIERS, les GUERRES NATIONALES ou qu'on appelait ainsi. CHARLES HUIT en conçoit l'idée, et cette entreprise mal combinée et fatale, ou, comme on dirait aujourd'hui, cette pointe sur NAPLES a trouvé un panégyriste dans HALLAM ; il s'écrie : *L'énergie de Philippe Auguste, la sagesse paternelle de saint Louis, la politique de Philippe le Bel, avaient jeté les fondements d'une monarchie puissante, que les armes de l'Angleterre, les soulèvements de Paris et la révolte des princes ne purent renverser. La France ayant achevé sa propre conquête en 1480, se trouva préparée, sous un monarque d'une ardente ambition, à porter ses armes en d'autres contrées, et à disputer sur le théâtre de l'Europe la passion de la gloire et la supériorité de la puissance.* — L'exemple des entreprises à la fois chevaleresques et royales est donné par le petit roi, comme l'appelle BRANTOME (1600, A) ; le goût s'en propage ; la NOBLESSE ne rêve que COURSES militaires à la suite du monarque ; il fallait à la fois aux GENTILS-HOMMES de son cortège l'éclat d'une cour et le bruit des ARMES ; les imitateurs de cette manie sont éblouis de quelques succès, et restent aveugles quand il en faut juger les résultats. Nos ROIS franchissent les frontières sans PLAN de campagne arrêté, sans intelligences ménagées, ils marchent à la Guerre comme on se livre après boire à un jeu de dés. Ils promènent en ITALIE la coquetterie, la présomption et la vaillance française ; LOUIS DOUZE y justifie mal sa réputation de bénignité. La captivité de FRANÇOIS PREMIER va être le résultat de son imprévoyance, comme les vêpres siciliennes ont été le prix de la turbulence de nos ancêtres. — Mais l'inflexible HISTOIRE est là pour nous révéler à quoi tient le sort des peuples et le sang des SOLDATS. Les réflexions qui doivent sortir du récit suivant peuvent s'appliquer à tous les temps et à toutes les Guerres ; il suffirait de changer le nom des acteurs, et de substituer au reproche d'une légèreté folle l'accusation d'une avarice sanguinaire ou d'une démence furieuse. — FRANÇOIS PREMIER, possesseur du Milanais, y tenait des GARNISONS respectables ; pourtant ses LÉGIONS plièrent bientôt. La perte de la province et la ruine des troupes furent le fruit de l'inhabileté et des exactions sanguinaires de LAUTREC et de son frère, seigneur de l'Escu et MARÉCHAL de Foix. Ce dernier *vint en poste à la cour, rier au secours, après avoir fait trancher la teste au seigneur Palvoisin, de l'âge de soixante-quinze ans, pour avoir son bien confisqué* (afin de s'emparer de ses propriétés et du bien saisi). *Le roy le reprit en*

grâce, par la faveur de madame de Chasteau-Brillant (Châteaubriant), *sa sœur, que le roy aimoit : il n'y a rien qui ne se r'habille par l'amour* .... *M. de l'Escu fut aussi bien venu que son frère,* etc. — Mais, après l'évacuation de l'ITALIE, la ruine de l'ARMÉE, et le pardon accordé à des favoris criminels, dont une femme perdue était le défenseur, FRANÇOIS PREMIER, à l'instigation d'un autre favori, va rentrer en ITALIE, y donner la BATAILLE de PAVIE, y succomber faute d'avoir étudié son terrain et connu l'EFFECTIF de son ARMÉE, et s'écrier, à tort ou à raison : *Tout est perdu, fors l'honneur.* Voyons pourtant quels motifs l'avaient poussé à cette Guerre où il invoque l'honneur ; écoutons une seconde fois BRANTOME (1600, A)..... *Bonnivet vouloit faire cette entreprise pour l'amour à laquelle* (auquel) *il estoit fort sujet. Ce fut lui qui conseilla au roy de repasser les monts, non pour le bien et service de son maistre, mais pour aller revoir une grande dame de Milan qu'il avoit faite* (choisie) *pour maistresse, et avoir tiré plaisir, et en vouloit retaster. Il avoit fait cas* (fait un récit attrayant) *au roy de cette dame, il lui en avoit fait venir l'envie de la voir et coucher avec elle : et voila la principale chose de ce passage du roy* (la traversée des Alpes). *Ainsi Dieu qui sçait tout se moque bien de nous.* — Des jours plus sombres encore se préparent pour la patrie. François deux, CHARLES NEUF, HENRI TROIS, prennent parti dans de vaines et ridicules querelles, ne font la Guerre qu'à leurs peuples, et souillent leurs lâches épées dans le sang de leurs sujets. — Aucun patriotisme, non plus aucun esprit national, ne règne au temps de HENRI DEUX ; en lui c'était l'amour de la Guerre pour la Guerre elle-même. BRANTOME (1600, A) nous apprend en nous parlant des CAMPAGNES de ce prince : *qu'il s'y plaisoit grandement* (à la Guerre), *et en trouvoit, disoit-il, la vie plus plaisante que toute autre.* — Nous voyons dans le même ÉCRIVAIN que, quand *le prince de Parme estoit à Codebec* (Caudebec), *Biron* (qui fut depuis décapité) *représenta à son père que s'il lui vouloit donner quatre mille arquebusiers,* etc., *il lui empescheroit* (il barrerait à l'ennemi) *le passage. Le maréchal rabroua son fils devant le roy, et lui dit que c'estoit un habile homme pour le faire* (sortir vainqueur de l'entreprise). — *Le soir, il lui dit qu'il savoit bien qu'il auroit fait ce coup ; mais il ne falloit jamais voir la ruine d'un tel ennemi, car si tels sont une fois ruinez, les roys ne font plus cas de leurs capitaines, et qu'il faut toujours labourer et cultiver la Guerre, autrement ceux qui la laissent enfri-*

cher meurent de faim. — De semblables inspirations, de pareils aveux, ne sont que
trop croyables : MAURICE DE SAXE reproche à
bien des GÉNÉRAUX d'avoir prolongé des
Guerres qu'ils eussent pu terminer plus tôt;
peut-être MAURICE lui-même ne fut-il pas
exempt d'un pareil tort? — Si l'on fouillait,
sans remonter bien haut, les annales et les
souvenirs de la Guerre, n'y verrait-on pas
tel CAPITAINE ayant dans son porte-feuille un
TRAITÉ DE PAIX conclu, mais encore secret,
livrer pourtant une dernière BATAILLE pour
en tirer gloire, profit ou vengeance, comme
le fit, en 1678, le prince d'Orange, se
souillant du meurtre inutile de plusieurs
milliers d'hommes; ne verrait-on pas tel
autre ne donner franchement dans une AF-
FAIRE que quand un de ses collègues, dont
il va se faire le libérateur, commence à
PLIER; celui-ci ne s'est porté à l'ACTION qu'au
moment où l'émule qu'il déteste y a été
écrasé; celui-là a mieux aimé perdre la BA-
TAILLE que d'attendre secours d'un rival
odieux, ou que de se soumettre à une subordination qui révolte son orgueil; tel autre,
comme il arriva à la bataille d'Averstaedt,
gagnée par DAVOUST, se dispense de combattre, et aime mieux laisser dans un gué-
pier son confrère que de n'avoir pas seul
l'honneur du succès; ROVIGO (t. II, p. 295)
en rend témoignage. — Plus d'un ambitieux
s'aventure et compromet son ARMÉE, à peine
avitaillée, plutôt que de suspendre un départ dont le retard ou le contre-ordre peuvent, à son avis, préjudicier à sa fortune;
HOCHE, vainqueur à Heddersdoff, se désespérait qu'un courrier, apportant de LÉOBEN
l'annonce des PRÉLIMINAIRES de la PAIX, le
forçât, dit M. THIERS, de suspendre sa MAR-
CHE à la veille des succès plus brillants encore que se promettait ce GÉNÉRAL. — Mais
l'histoire ne cite, dit ce même historien,
qu'un seul GÉNÉRAL, elle ne cite que Piche-
gru qui se soit fait battre volontairement. —
Nous n'avons pas appuyé d'une citation de
noms propres, comme on l'eût pu, chacune
de ces hypothèses; mais si plus d'un grand
CAPITAINE septuagénaire survivant de BONA-
PARTE parlait la main sur la conscience, il
avouerait avoir su ou saisi quelque chose de
ces mystères d'iniquités. Un tableau de ces
rivalités, de ces turpitudes, de cette INDIS-
CIPLINE, est tracé dans le *Journal des Sciences
militaires* (1835 [avril], p. 302), dans SAINTE-
CHAPELLE, dans le général FOY. — Ce que
maintenant on cacherait comme un mystère
d'iniquité, EUGÈNE (1827, D) en tirait vanité: il se vante du massacre de Zenta en
1697, où il combattit au mépris des défenses de son maître. — Depuis CHARLES

MARTEL jusqu'aux derniers siècles, quantité
de monarques FRANÇAIS n'avaient PRIS les
ARMES que par caprice, par vanité, par ivresse
chevaleresque; ils n'avaient marché aux
COMBATS que sous les inspirations d'une ambition aveugle ou dans un esprit de vengeance personnelle. CHARLES SEPT, ou plutôt
ses généraux, et JEANNE, en avaient mieux
agi. HENRI QUATRE surtout a fait la Guerre
au profit du royaume et de la royauté; mais
les COMBATS où il commande ne s'étant donnés que de FRANÇAIS à FRANÇAIS, nous les
passerons sous silence, et nous n'entrerons
dans quelques détails qu'à partir de la
GUERRE DE TRENTE ANS : c'est l'époque de la
renaissance de l'ART et d'une organisation
moins imparfaite de l'armée. Ce n'est donc
qu'à dater de là qu'un abrégé chronologique
des Guerres intéresse notre sujet. — Il y
aurait cependant quelques leçons curieuses
et intéressantes à tirer des dissensions civiles
qui ont agité le royaume depuis FRANÇOIS
PREMIER jusqu'à LOUIS TREIZE. M. ROCQUAN-
COURT a éclairé ce sujet; mais nos examens
ne sauraient remonter plus haut que la naissance et l'organisation de l'ARMÉE FRANÇAISE.
Or, avant l'affermissement du trône de
HENRI QUATRE, il n'existait pas de TROUPES
organisées qui méritassent le nom d'ARMÉE.
— Sous LOUIS QUATORZE, le désordre des
Guerres de SUZERAIN à SUZERAIN a cessé, et
peut-être ne renaîtra jamais; la civilisation
a tiré de cette pacification forcée un avantage immense. — Mais une autre époque a
été bien plus étonnante que celle de LOUIS
QUATORZE; les souvenirs en sont récents; les
plaies en sont saignantes. Par un renversement des usages de toute éternité, les hommes de l'OCCIDENT et du MIDI ont débordé
chez les SARMATES. Il semble voir les fleuves
remonter vers leur source, et la maturité de
l'âge se mettre en quête de son berceau. —
Le Kremlin tombe au pouvoir d'un conquérant plus grand que tous les autres, puisqu'il a vaincu au milieu des temps les plus
éclairés; que d'efforts déploie son génie,
que de preuves il laisse de la SCIENCE la
moins contestée; qu'en advient-il? Il enseigne en définitive la route de PARIS aux
spoliateurs des sanglants trophées que la
FRANCE avait achetés par vingt ans de
Guerre, de victoires et de renommée; les
chefs-d'œuvre du muséum sont dispersés;
le chrême du saint-siège avait pourtant con-
solidé les traités de cession et patrimonia-
lisé l'héritage. — De cet aperçu historique,
de ces sommaires des Guerres de nos ancêtres et de nos contemporains, passons à un
autre ordre d'idées; occupons-nous de ce
qu'on a appelé APERTISE D'ARMES, ARÉOTECH-

TONIQUE, DIALECTIQUE MILITAIRE, DISCIPLINE, POLÉMOLOGIE, POLÉMONOMIE, STRATOLOGIE, etc., c'est-à-dire ensemble des arts mécaniques, des spéculations sublimes, des études physiques et mathématiques, qui ont fait de la Guerre une SCIENCE si difficile, si importante. Voyons comment les ÉCRIVAINS ont entendu la politique de la Guerre, ses éléments, sa marche, ses conséquences générales, et ce que quelques-uns ont appelé sa PHILOSOPHIE. — Ninus, roi des Assyriens, est regardé comme le premier qui ait établi des régles de Guerre, mais ce qui en a été récité appartient presque aux temps héroïques ou fabuleux. — L'Attique et le pays des ETRUSQUES sont, par rapport à l'Occident, les premières ÉCOLES MILITAIRES des nations au berceau. — La conquéte de la terre est l'œuvre d'une poignée de pâtres guerriers chez qui cet ART, importé de la GRÈCE, a pris une perfection inconnue de tout autre peuple. — Les enfants du Latium, après sept siècles d'éclat et quatre siècles d'abatardissement, d'avilissement, de tyrannie, léguent à leur race dégénérée un empire sans limites. Le sac de ROME brise sa puissance ; cet événement se renouvelle vingt fois depuis, et des moines foulent le sol de Curtius. — Jusqu'à l'instant où ils ont péri par la Guerre, car il est de sa nature de dévorer ses enfants, les ROMAINS ont été le seul peuple pour qui les résultats des CAMPAGNES aient rapporté largement les intérêts de la mise de fonds. L'habileté romaine a consisté à retarder l'inévitable catastrophe; elle n'en a été que plus terrible. — Les CHINOIS au contraire n'ont jamais été un peuple conquérant, ni même belliqueux; déjà ils savaient ce qu'ils savent de la Guerre; ils connaissaient la POUDRE ; ils faisaient jouer des bombes et des FUSÉES DE GUERRE quand ROME était au berceau. Ils sont encore debout depuis une antiquité incalculable; ils ont vécu par les lois. — Toutes les LANGUES, tous les livres retentissent du mot Guerre, et cherchent à tracer l'image de la chose. BONAPARTE a dit (M. LASCAZES, t. II, p. 411) : *L'histoire ancienne est longue, et le système de Guerre a changé souvent ; de nos jours, il n'est déjà plus celui de Turenne et de Vauban.* — Les ÉCRIVAINS considèrent la Guerre comme une combinaison profonde, un jeu grave dans lequel les moindres fautes portent préjudice; les cas y sont fortuits, les OPÉRATIONS variées à l'infini ; elle exige à tout instant une détermination subite et souvent inverse des résolutions adoptées peu avant. — Le moyen d'y réussir tient à un soin recommandé par MONTÉCUCULI (1704, D), et mis constamment en pratique par BONAPARTE; c'est de se mettre plusieurs contre un, et de frapper fort sur un point faible, sur le point négatif, suivant l'expression de MONTÉCUCULI. — Tirer parti de la circonstance, est le secret de la Guerre. Faire ou empêcher des CONQUÊTES, voilà son but. Vaincre ou n'être pas vaincu, est le mot d'ordre de tout temps; prévoir la possibilité des défaites est la première pensée de l'homme de génie et d'expérience. Faire le plus de mal possible à l'ENNEMI tant qu'il combat, est la nécessité d'une profession tant soit peu sauvage; ne vouloir jamais ce qu'il veut, et *oser entreprendre*, comme le dit MACHIAVEL (1510, A), *ce que l'adversaire croit impossible que l'on tente*, sont la maxime et le triomphe des grands GÉNÉRAUX. — Quelquefois à la Guerre la prudence sert moins que le hasard, surtout si le talent y met à profit les occasions heureuses, et tourne à son avantage les chances que l'inhabileté aurait laissé perdre. — On lit dans M. LASCAZES (t. II, p. 179) : *Le succès à la Guerre tient tellement au coup d'œil et au moment, que la bataille d'Austerlitz, gagnée si complètement, eût été perdue si j'eusse attaqué six heures plus tôt.* — Dès son début dans la carrière des ARMES, BONAPARTE avait dit : *La Guerre est une affaire de tact.* — Sans cesse il parle (M. le général MONTHOLON, t. v) *de l'honneur des armes, cette partie si essentielle de la force d'une armée. Achille était fils d'une déesse et d'un mortel; c'est l'image du génie de la Guerre; la partie divine est tout ce qui dérive des considérations morales, du caractère, du talent, de l'intérêt de votre adversaire, de l'opinion, de l'esprit du soldat qui est fort et vainqueur, faible et battu selon qu'il croit l'être; la partie terrestre, c'est les armes, les retranchements, les positions, les ordres de bataille, tout ce qui tient à la combinaison des choses matérielles.* — FRÉDÉRIC DEUX (1761, E) avait dit :

La Guerre en tous les temps fut le premier des arts.

C'est effectivement le plus savant, le plus difficile, celui qui donne le plus de renom; c'est ce qu'il faut entendre par l'épithète premier; mais il s'en faut bien que ce soit une SCIENCE à principes arrêtés, puisque, de nos jours encore, on ne s'accorde ni sur l'essence du DROIT, ni sur les circonstances qui peuvent légitimer les HOSTILITÉS, ni sur la nature permise des moyens, ni sur les principes préférables d'exécution. Apportons-en quelques preuves. — Il est traité d'une question difficile et compliquée dans les *Maximes du prisonnier de Sainte-Hélène* (1820); il y est fait apologie de la révolution qui s'est opérée dans les systèmes de Guerre ; l'auteur y élève aux nues cette énergie que l'offensive a prise, et qui apporterait de si grands changements dans le système de la défense ; mais cette stratégie audacieuse se maintiendra-t-elle ? se renouvellera-t-elle si tôt ?.. — Cet homme, qui a brillé par d'étonnantes conquêtes, a dit, depuis sa chute, qu'une nation devait changer tous les dix ans son système de Guerre. Frédéric deux et Gustave-Adolphe étaient dans la persuasion contraire, ou du moins leur esprit de persévérance semble leur avoir valu tous leurs succès ; ils ne perdaient pas de vue, ils admiraient la longue durée des règles qui ont fait la force des milices grecque et romaine. Turenne et Montécuculi n'estimaient que les petites armées. Bonaparte ne croyait jamais assez grosses les siennes. Comment le vulgaire des guerriers aurait-il une opinion arrêtée, quand les dominateurs du monde, les héros admirés, les capitaines dont l'apothéose est encore resplendissante, sont dans un état de dissentiment si marqué et ont opéré si diversement. — Si la marche de la Guerre est devenue moins funeste depuis quelques siècles, ce résultat tient plus aux modifications que les mœurs des peuples ont subies qu'aux changements produits, comme on l'a prétendu, par l'invention de la poudre, de la balistique, de la baionnette, de l'artillerie a cheval, par la rapidité des charges, par les progrès des feux, par la science et les travaux du génie et de la géologie. — Sous le rapport scientifique, il s'est fait moins de progrès qu'on ne devait en attendre, le côté moral a gagné davantage. — La Guerre ne ressemble plus à ce qu'elle était quand le sac des villes, la destruction des populations, l'esclavage des vaincus qui survivaient, étaient la suite prévue et inévitable de la défaite. Les cadènes (chaînes à vaincus) ont cessé d'être un attirail de Guerre ; l'usage des rançons s'est éteint ; la perspective des échanges réglés par cartels a été assurée aux prisonniers. Le supplice de la hart n'a plus menacé le défenseur d'un créneau ou le porteur d'une arquebuse a feu. — S'étonnera-t-on que jadis les femmes et les enfants défendissent si énergiquement leurs murailles, puisque la vie de tous était indifféremment menacée. Ce qui semble le plus surprenant à l'observateur, c'est que l'histoire n'ait pas illustré un plus grand nombre de Jeanne d'Arc et de Jeanne Hachette ; elles n'ont pas manqué aux historiens, les historiens leur ont manqué. — On lit dans les Mémoires de Bonaparte (M. le général Gourgaud, 1825, t. ii, p. 93 et 94) :

Le droit des gens dans la Guerre de terre n'entraîne plus le dépouillement des particuliers, ni un changement dans l'état des personnes ; la Guerre n'a action que sur le gouvernement. Ainsi les propriétés ne changent pas de mains, les magasins de marchandises restent intacts ; les personnes restent libres. Sont seulement considérés comme prisonniers de Guerre les individus pris les armes à la main, et faisant partie de corps militaires. Ce changement a beaucoup diminué les maux de la Guerre. Il a rendu la conquête d'une nation plus facile, la Guerre moins sanglante et moins désastreuse. Une province conquise prête serment, et, si le vainqueur l'exige, donne des otages, rend les armes ; les contributions se perçoivent au profit du vainqueur, qui, s'il le juge nécessaire, établit une contribution extraordinaire, soit pour pourvoir à l'entretien de son armée, soit pour s'indemniser lui-même des dépenses que lui a causées la Guerre. Mais cette contribution n'a aucun rapport avec la valeur des marchandises en magasin ; c'est seulement une augmentation proportionnelle plus ou moins forte de la contribution ordinaire. Rarement cette contribution équivaut à une année de celles que perçoit le prince, et elle est imposée sur l'universalité de l'État, de sorte qu'elle n'entraîne jamais la ruine d'aucun particulier. — Jadis l'épée frappait sur les peuples, elle ne s'exerce plus que contre leurs armées. Ainsi les levées de boucliers deviennent chaque jour moins excusables, puisqu'elles n'ont pour résultats que d'appauvrir vainqueurs et vaincus, et que le plus souvent les empires survivent aux défaites et ne gagnent pas aux conquêtes. Les améliorations qui ont été produites par quelques années de paix, les accroissements de population et les progrès sensibles de l'économie politique suffisent pour démontrer combien les peuples sont réciproquement intéressés à leur prospérité. Cette vérité évidente préviendra peut-être des ruptures entre plus d'un gouvernement, puisque, dans la supposition du succès, les accroissements de territoire ne tournent pas au profit de la nation victorieuse, amènent, pour plus ou moins de temps, le régime des dictatures, et grossissent l'épargne des rois au seul profit de leurs courtisans. — Le besoin d'importance et de supériorité qui tourmente les hommes, s'accommode mal de la paix. Mille prétextes colorent les motifs. *La gloire*, disait Eugène de Savoie (1827, D), *est quelquefois une hypocrite qui se cache sous le manteau de l'honneur des États. La fortune, le renom, sont le rêve des chefs des armées ; mais tous se retranchent der-*

rière le bien de tous ; à les en croire, c'est la nation , et non pas eux, qui veut des soldats et des succès ; dans leurs demandes d'hommes et d'argent, ils invoquent comme inséparables, l'honneur, la Guerre, la patrie, quoique parfois les intérêts du pays et de l'armée ne soient pas les mêmes ; ils nourrissent la passion des armes, et alimentent le recrutement par l'appât des récompenses, par l'éclat des qualifications qui attendent les guerriers, par les gratifications qu'ils leur prodiguent, par l'importance qu'ils laissent prendre aux soldats qui ont été le marchepied de leur élévation, et par tous les prestiges qui éblouissent et subjuguent les jeunes imaginations. — Ils vont quelquefois jusqu'à appeler, à titre d'auxiliaire , la religion. — Mahomet et Cromwell l'ont mise tout entière dans la Guerre ; ils ne pouvaient réussir autrement. Bonaparte, hormis dans ses proclamations aux musulmans, ne l'y a fait entrer en rien, et savait sans elle marcher au succès. — Ne mêlons pas, disait Frédéric deux, le ciel aux querelles des hommes ; ce prince avait fait rayer de ses drapeaux les mots intermédiaires de l'épigraphe : *Pro Deo et patriâ.* — Au temps où des dictateurs romains prenaient les rênes de l'Etat et le maniement des armées, la statue de la Liberté se voilait ; en effet l'état de guerre occasionne une suspension plus ou moins absolue de la loi : il déplace la clef du trésor, il introduit d'autres formes dans l'administration des troupes, il autorise la dérogation au droit qu'un certain nombre d'années de grade donne pour l'avancement ; il modifie les méthodes de campement, la marche de la justice militaire, la durée du service des armes diverses, l'emploi de la cavalerie, le régime des places assiégées ; et si le sol de la patrie est le théâtre des actions, les soins de la défense influent sur la marche de toute la chose publique, absorbent les deniers de l'Etat et engagent la fortune des particuliers. — Dans le mouvement des armées, les cas qui déroutent toutes les prévisions sont fréquents ; trop d'exceptions sont inévitables, trop d'arbitraire se déploie forcément : voilà pourquoi, dans les loisirs de la paix, un gouvernement qui voit de loin et de haut ne saurait assez soigneusement plier sa milice à n'agir en Guerre que de la manière la moins ultra-légale possible ; c'est sur ce principe que la légion romaine était dressée ; c'est ce principe qui a fait la gloire de Gustave-Adolphe, les premiers succès de Charles douze et la consolidation du trône de Frédéric ; mais les maux que l'esprit d'ordre parvient à atté-

nuer reparaîtront tous s'il faut que la Guerre change de forme tous les dix ans, comme l'affirme Bonaparte. — Le droit de faire la Guerre résulte d'une législation qui a varié comme les époques et les peuples ; le droit de la Guerre publique résidait, au temps de la république romaine, dans le sénat ; il est concédé, dans les gouvernements actuels, aux souverains de l'Angleterre et de la France ; il est refusé au roi de Suède ; il est le grand fleuron des couronnes russe et turque ; mais la guerre privée est implicitement prohibée dans toutes les constitutions des gouvernements modernes. — L'amélioration des mœurs nationales tendra partout à rendre plus rares les Guerres ; car, quoique le droit de les décider et de les entreprendre soit dévolu à la plupart des souverains, cependant les divans, les sénats, les corps représentatifs, auront à discuter sur les subsides qui en sont le nerf ; et, comme maintenant on n'entre plus en campagne qu'à force d'argent, les esprits belliqueux et les ministères y trouveront matière à réflexion ; il en résultera un état social plus habituellement calme ; les caprices d'un furieux, les folies d'un Charles douze, les faiblesses d'un esprit dominé par les obsessions d'une camarilla, ne pousseront plus les peuples à leur ruine. — Le droit de la Guerre n'est rien non plus sans le droit de lever des hommes ; si des pouvoirs balancés interviennent à cette levée, il pourra se voir des Washington, mais plus de Tamerlan. — Si l'on recherche dans le livre du passé et dans les souvenirs de la barbarie l'histoire des armées d'envahissement, on verra que leurs succès ont été le fruit de l'éducation qui crée des guerriers à peu près comme on dresse des dogues pour la chasse du sanglier ; quand ils ne se sacrifient pas sous les défenses de leur ennemi, ils tremblent à plat ventre sous le bâton du veneur qui les châtie. — Si l'on pouvait ouvrir le livre de l'avenir, peut-être y lirait-on que les invasions ne conduiront plus à la gloire, et qu'on n'appellera légitimes que les guerres défensives ou nationales. Une autre direction est donnée actuellement aux opinions humaines ; le grand tribunal des écrivains est bien puissant. — Si les Guerres sont nationales, nul membre de la nation ne peut se refuser à y contribuer de ses deniers ou de sa personne. Le clergé qui administre l'Eglise, les magistrats qui dirigent ou tempèrent la chose publique, peuvent seuls être dispensés du service personnel ; c'est une concession à des habitudes qui ont leur utilité ou que des préjugés ont légitimées. — Quant au clergé inutile, puisqu'il consomme sans produire, c'est-à-dire les moines et les confréries, leur cas est différent. Jabro (1777, G) est d'avis qu'en aucun pays ils ne peuvent être dispensés d'intervenir de leur personne à la GUERRE NATIONALE. — Maintenant l'ADMINISTRATION, c'est-à-dire la manière de manier les deniers et de répartir les écus, fait la Guerre. L'empereur Léopold-Ignace se plaignait à WALSTEIN de n'avoir pas d'argent pour LEVER DES TROUPES; ce GÉNÉRAL lui répondit, à ce que rapporte SANTA-CRUZ (1738, A), *qu'il n'y avait à cela d'autre remède que de lever une fois plus d'hommes qu'il n'en avait sur pied.* — POLYEN (170, A) nous apprend que Demetrius POLIORCÈTES en agissait de même. C'était jusqu'aux derniers siècles l'opinion des SÉNÉCHAUX féodaux et des financiers de cour; mais les opinions se sont rectifiées. — Les ALLEMANDS usent du proverbe qu'il *faut attacher ses chevaux aux arbres des ennemis.* BONAPARTE a répété ce mot si connu qui était dans la bouche de CATON, de GUSTAVE-ADOLPHE, de MONTÉCUCULI, de FRÉDÉRIC : *La Guerre doit nourrir la Guerre.* Mais ceux qui redisent cet axiome l'ont-ils pesé? la traduction de cette pensée, à la prendre jusqu'au fond, est dans la proposition suivante : Désolez tellement un pays, que les habitants, mourant de faim, abandonnent leur famille et désertent leurs habitations incendiées pour solliciter la faveur de porter l'ARQUEBUSE; transportez alors cette RECRUE dans un pays qui n'aura pas été ravagé encore, et la Guerre aura nourri la Guerre. C'est justement ce tableau que nous retrace SCHILLER à chaque page de la Guerre la mieux nourrie des temps modernes, la GUERRE DE TRENTE ANS. Ainsi, dans l'esprit de tous les conquérants, l'idée de la Guerre se complique de l'idée du brigandage; ils le consacrent par des axiomes, ils le gazent sous des déceptions. — A l'examen dogmatique des choses de la Guerre doit succéder l'analyse des jugements que les AUTEURS ont portés; mais, après l'article si piquant de VOLTAIRE (*Dictionnaire philosophique*, au mot *Guerre*); après le tableau si effroyable, si éloquent de SCHILLER, on ne peut dire plus ni mieux. — Il n'y a dans la morale publique, dans les religions des peuples, dans les jugements des hommes, que contradictions et incohérences; aussi y a-t-il autant à dire pour que contre la Guerre; tel idéologue qui prêche l'abolition de la peine de mort, courrait, pour oui ou non, sur le pré verser le sang d'un ami, ou pousserait un gouvernement irrésolu à entreprendre d'interminables Guerres pour de vaines questions de gloriole. — TITE LIVE (liv. IX, ch. 10) a dit:

Justum est bellum quibus necessarium; et pia arma quibus nulla, nisi in armis, relinquitur spes. Point de Guerre juste, si elle n'est nécessaire; point de Guerre consentie par la Divinité, si elle n'est le seul et dernier refuge des peuples. — VOLTAIRE est sans doute trop absolu quand il avance que la Guerre de Spartacus est la seule que son motif ait légitimé : toute Guerre entreprise dans un but purement défensif est juste; mais, comme la marche des HOSTILITÉS se compose essentiellement et se complique inévitablement de DÉFENSIVE et d'OFFENSIVE, la question du juste et de l'injuste en est obscurcie, et il y a peu d'espoir qu'une JURISPRUDENCE MILITAIRE bien nette soit un jour une sauve-garde pour les peuples. — MONTESQUIEU (liv. x, ch. 2) soulève une thèse bien hardie : un peuple qui craint, dit-il, pour son avenir, qui voit son existence politique menacée par la prospérité d'un Etat voisin, ou qui en redoute une ATTAQUE, doit se hâter d'être l'agresseur, et se garantir d'insulte en courant sus par précaution. Voici ses termes : *Le droit de la défense naturelle entraîne quelquefois la nécessité d'attaquer, lorsqu'un peuple voit qu'une longue paix en mettrait un autre dans le cas de le détruire.* Les casuistes nous diront-ils si c'est là de l'OFFENSIVE ou de la DÉFENSIVE, et s'il faut, ou non, de la morale dans la politique. — Le précepte de MONTESQUIEU, rétorqué d'une manière aussi piquante que victorieuse par VOLTAIRE (*Questions sur l'Encyclopédie*), suppose donc l'infaillibilité des horoscopes et l'art de lire dans le cœur humain; mais la PAIX et la Guerre ne sont plus du ressort des aruspices et de l'astrologie judiciaire. — Le même publiciste a dit : *Sitôt que les hommes sont en société, l'état de Guerre commence.* La proposition est fausse; c'est la Guerre organisée et savante qui commence avec la civilisation; mais la Guerre comparable à celle que se font les animaux est plus familière à la vie sauvage de l'homme, que la Guerre réduite en ART n'est inséparable de l'état de société. Militairement parlant, MONTESQUIEU a avancé peu de propositions qui ne puissent être et ne doivent être réfutées. — Les ÉCRIVAINS qui ont réduit en leçons les OPÉRATIONS des CAMPAGNES et la conduite à tenir sur le CHAMP DE BATAILLE, et les philosophes qui résument les souvenirs militaires puisés dans les annales, n'ont pas tiré tous des conclusions pareilles; mais la substance de leurs réflexions se ressemble.— Ceux qui blâment la Guerre l'avouent inévitable, et la considèrent comme une position forcée de la vie humaine; ceux qui se sont fait les chantres de l'héroïsme

ne parlent que des bienfaits de la PAIX. Ho-
MÈRE insulte mainte fois à *Mars, le farou-
che, le cruel, l'atroce.* Dans le protocole
obligé des TRAITÉS DE PAIX modernes, le tableau des calamités de la Guerre, une sorte
de repentir politique, un élan de componc-
tion religieuse, remplissent les premières
lignes du contrat, que les signataires hypo-
crites ne regardent peut-être, à part eux,
que comme un ARMISTICE déguisé. — *L'é-
clat dont brillent les grands succès,* a dit un
AUTEUR anonyme (1817, D), *ferme les yeux
des peuples sur le prix qu'ils ont coûté. Les
tombeaux se dérobent sous les arcs de triomphe; les chants de victoire étouffent les cris
de mort; la misère est moins hideuse, parée
de lauriers. L'immensité des entreprises, l'é-
tendue des résultats, couvrent l'horreur des
détails enveloppés et perdus dans le tumulte
des marches et des combats....... La gloire
étourdissait sur la tyrannie.* — La Guerre
n'en est pas moins la mère de l'HISTOIRE, et
Clio, si elle n'a des faits d'armes à raconter,
est maussade et monotone. — Les anciens
ont été jusqu'à affirmer que les nécessités
de la Guerre ont fait sentir la nécessité de
l'écriture, et que la calligraphie doit le jour
aux ARMES. — Les chroniques des peuples
pacifiques, a dit VOLTAIRE, *sont dépourvues
d'intérêt.* — Cependant où sont les fruits
de tant de Guerres si étonnantes, entreprises par des peuples disparus depuis longtemps, eux, leurs villes, leurs monuments,
leur mémoire? A quoi ont servi aux héritiers du sol, le génie de XÉNOPHON, la gloire
d'ALEXANDRE, l'habileté d'ANNIBAL, le talent
de CÉSAR, l'audace de Colomb, le renom des
héros qui ont percé vers des terres loin-
taines et les succès romanesques des FLIBUS-
TIERS. — La Guerre, comme l'a dit spirituellement WALTER SCOTT, est *le seul jeu où
les deux parties se trouvent en perte quand
il est fini;* la seule classe de population qui
s'accroisse est celle des INVALIDES. — En
1815, un propriétaire se désespérait que
son château, voisin de Troyes en Champagne, fût dévasté et à moitié détruit. Son
fils, âgé à peine de douze ans, et bercé au
récit des gloires de l'empire, lui disait : De
quoi te plains-tu, mon père, c'est la Guerre.
— On ne peut nier qu'elle n'ait sa gloire,
son utilité même, puisque la destruction
entre dans les lois de la création; mais le
reflet qu'on recherche, mais le tribut qu'on
acquitte, sont à haut prix. Guerre, vol,
saccagement, sont inséparables. — Dans le
gouvernement providentiel, tout marche
vers un but : le crime et la vertu, la santé
et la maladie, la Guerre et la paix. — Ber-
nardin de Saint-Pierre a dit, dans un style

figuré, que l'équilibre des êtres n'est établi
que sur leurs COMBATS, et que c'est du sein
même d'une Guerre non interrompue que
sortent les harmonies de la nature. M. THIERS
(édit. de 1854, t. I, p. 565) a dit : *Dieu n'a
donné la justice aux hommes qu'au prix des
combats.* Mais si les souffrances humaines
et les luttes des peuples peuvent produire
quelque avantage, cet avantage répond-il
jamais aux résultats que se promettent ceux
qui décident de la Guerre? Le point où ils
touchent n'est jamais le but où ils visent.
— Hobbes va jusqu'à affirmer que l'amour
de la Guerre est plus naturel à l'homme
que le désir de la PAIX; cette opinion est le
manichéisme de la philosophie. — La Guerre
a changé la face du monde, voilà pourquoi
les CHINOIS, à ce que dit M. le colonel CAR-
RION (1824, A), l'appellent *grande affaire.*
Les modernes peuvent l'appeler grande section de BUDGET, grande de nos jours en
effet, puisque l'ARMÉE FRANÇAISE, qui, en
TEMPS DE PAIX, ne coûtait que six millions
en 1600 (treize millions actuels), somme
qui baissa ensuite, en est venue depuis les
soixante millions de 1715 aux deux cent
millions de la restauration et aux quatre
cent millions de 1850. — Que la terre serait riante et entrecoupée d'agréables promenades, si l'on eût consacré à creuser des
canaux, à percer des routes, à aplanir des
CHEMINS, à les planter de beaux arbres, la
millième partie de l'or et des bras sacrifiés
pour des meurtres inutiles, des Guerres de
fantaisie, des luttes sans résultats ! Car
nous ne parlons pas des Guerres que commandent l'honneur ou la nationalité. — Si
l'on en croit M. le général Philippe de Sé-
GUR, *à la Moskowa, Bonaparte, abattu par
la maladie, s'écriait : Qu'est-ce que la Guerre?
Un métier de barbares où tout l'art consiste
à être le plus fort sur un point donné.* —
Mais écoutons ce qu'on lit dans M. LASCASES
(t. I, p. 201). C'est BONAPARTE qui parle :
*Vous allez voir quel peut être l'abus de l'au-
torité, à quoi peut tenir le sort des hommes:
la promenant* (promenant ma maîtresse) *dans
les environs du col de Tende, il me vint dans
l'idée de lui donner le spectacle d'une petite
Guerre; j'ordonnai une attaque d'avant-
postes; nous fûmes vainqueurs; mais il ne
pouvait y avoir de résultats; l'attaque était
une fantaisie; quelques hommes y restèrent;
je me le suis reproché.* — Ce trait en rappelle un plus ancien que citaient les Mémoires de madame Lebrun (t. II). — *La
princesse* (madame Dolgorouki, dont Po-
temkin était éperdument épris) *voulut voir
donner un assaut; elle avait hâte de partir;
la brèche n'était pas préparée; l'assaut fut*

dónné cependant, et deux ou trois mille hommes de plus tombèrent sous les murs d'Oczakoff pour satisfaire la cruelle curiosité d'une femme et l'aveugle passion d'un amant, général en chef. — L'on trouve dans M. O'Méara (1822) ces paroles de Bonaparte : *Un général que je connais perdit trois mille hommes pour s'emparer d'une hauteur qu'il croyait devoir lui être utile; ayant réussi après plusieurs attaques, il s'aperçut qu'il s'était trompé, et dit froidement : Oh! ce n'est pas cette hauteur que je devais prendre, c'est une autre; et il revint occuper la première position.* — Néanmoins écrire contre la Guerre, c'est déclamer contre la fureur des orages et frapper de blâme l'Etna. Il faut accepter l'état social avec ses charges, et la Guerre en est une; il faut tolérer chez les hommes les passions inséparables de leur nature. Changerait-on les sentiments de celui qui affectionne la Guerre, en tâchant de lui prouver qu'il ressemble au fou qui désirerait la maladie pour l'avantage incertain ou le simple espoir de recouvrer la santé? — *Les hasards,* dit Voltaire *(Questions sur l'Encyclopédie), le mélange des bons et mauvais succès, les intrigues, la lassitude, éteignent cet incendie que d'autres hasards, d'autres intrigues, la cupidité, la jalousie, l'espérance, avaient allumé; la Guerre est comme le mont Vésuve; ses éruptions engloutissent des villes, et ses embrasements s'arrêtent.* — La religion permet-elle la Guerre? Le pour et le contre peuvent se soutenir; une bénédiction de drapeaux la précède; des prédicateurs déclarent qu'elle est équitable, que quelquefois même elle est sacrée; leurs encensoirs se balancent vers le Dieu des armées; des aumoniers donnent *in articulo mortis* des absolutions en masse; des *Te Deum,* inventés depuis la bataille de Mont-Cassel en 1328, *Te Deum* qu'on pourrait appeler antipathiques, antagonistes, sont chantés en même temps dans des métropoles ennemies; mais ces actions de grâces n'ont lieu, dit Voltaire, que quand une dizaine de mille hommes a été tuée et qu'une ville est détruite de fond en comble; il faut ces grandes circonstances pour *un* Te Deum *dans lequel on chante à quatre parties des barbarismes.* Ces coutumes de l'Eglise sont l'innocentation de la Guerre; mais Basile le Grand regarde de tels sentiments comme des attentats et des blasphèmes, et véritablement aucune main n'a encore effacé des saintes lois le commandement *Homicide point ne seras.* — On lit dans Jauro (1777, G, au mot *Militaire*) un passage qu'il transcrit d'un autre écrivain, et qui prouve combien la Guerre et la morale

mystique sont peu sympathiques; son raisonnement a pour conséquence : *Ne faites pas la Guerre si vous êtes chrétiens, ou abjurez vos croyances si vous voulez la faire. Le christianisme est tout spirituel, il est occupé uniquement des choses du ciel. La patrie du chrétien n'est pas de ce monde; pourvu qu'il n'ait rien à se reprocher, peu lui importe que tout aille bien ou mal ici-bas. Si l'Etat est florissant, il craint de s'enorgueillir de la gloire du pays; si l'Etat dépérit, il bénit la main de Dieu qui s'appesantit sur son peuple. Les gens de Guerre sont-ils chrétiens; les chrétiens se font-ils gens de Guerre?* —Ainsi parle en style dubitatif l'homme religieux. Quant au moraliste, il se demande quel est le but de la Guerre ainsi que de tout état de rivalité : ce but, c'est la paix achetée par le triomphe; est-il un plus puissant argument, s'écrie le philosophe, pour démontrer le néant de la Guerre et la préférence que mérite la paix! — Mais à son tour vient le publiciste; il pèse dans d'autres balances les destinées humaines, il scrute autrement l'individu social; il constate que rien ne peut tenir les nations à l'abri d'insultes non provoquées, et que, si chez leurs voisins une Guerre éclate, la modération n'est pas une garantie contre l'agression de l'une ou l'autre des parties belligérantes. — Bonaparte aurait dit (*Maximes du Prisonnier de Sainte-Hélène,* 1820) : *Un souverain n'évite pas la Guerre quand il veut; et, lorsqu'il y est forcé, il doit se hâter de tirer l'épée le premier.* — C'est une paraphrase de la proposition déjà citée de Montesquieu. Si l'on n'épouse pas dans son entier le précepte, on ne peut nier que, contre les accidents politiques, contre les armements menaçants, une attitude ferme soit l'unique ressource; être préparé à tout braver pour une cause juste est le seul moyen de prévenir l'effusion du sang, ou d'adoucir des maux inévitables. La Guerre ne doit jamais trouver un grand peuple au dépourvu. Quel homme sensé n'est pénétré de la justesse de l'aphorisme latin : *Neque quies gentium sine armis.* — L'Etat ne peut fleurir qu'à l'ombre d'une armée. — Ainsi c'est un gouvernement insensé ou aveugle que celui qui s'endort pendant les armistices qu'on est convenu d'appeler état de paix, c'est un ministre imprévoyant que celui qui néglige les perfectionnements des systèmes qui assureront la supériorité du pays, c'est un Etat mal gouverné que celui dont le chef ne s'occupe pas de l'accumulation des ressources et de la bonification des économies qui concourront au salut commun quand le canon grondera. — Car à quoi tiennent la Guerre et son issue? —Philippe premier se moque, en 1087, du gros ventre de Guillaume d'Angleterre, et demande à quand l'accouchement ; la France, ou du moins le mince domaine composant alors la France royale, est, pour ce propos, mis à feu et à sang ; Mantes est entièrement saccagé : c'est le prélude d'un long incendie, et si Guillaume ne fût mort à Rouen, il venait à Notre-Dame *faire ses relevailles,* comme il se l'était promis, en y amenant *six mille lances pour y briller en guise de cierges.*—Louis le Jeune, prince faible et mari trompé, ne sait pas mettre à la raison une femme de mœurs suspectes ; il fait divorce en 1152 ; cet événement met la Guienne aux mains des Anglais ; elle deviendra la place d'armes d'où ils promèneront en France, pendant plusieurs siècles, la Guerre et le ravage. — L'ambition et l'égoïsme de Richelieu ont éveillé chez le grand roi l'amour de la Guerre, et Louis quatorze était perdu si lady Marlborough ne se fût brouillée avec la reine d'Angleterre au sujet d'un éventail ou d'une paire de gants. — Frédéric deux enveloppe dans une même raillerie deux impératrices et une courtisane, et son trône est à la veille d'être renversé. — Et qui aurait prédit que le petit roc de Sainte-Hélène dût être un jour la pierre tumulaire de la gloire française ? — Résumons quelques arguments qui parlent, soit en faveur de la Guerre, soit contre elle ; car ne voir de la Guerre que les maux qu'elle enfante, serait une exagération de quakérisme ; Mars peut être invoqué par les adorateurs d'Orimane aussi bien que d'Oromaze. — Si le géant Bonaparte a immortalisé le nom français, personne n'a dit philosophiquement plus de mal de la Guerre que lui dans son admirable lettre proposant de Léoben la paix à l'archiduc Charles ; personne ne fait de la Guerre une peinture plus effroyable que son célèbre bulletin de Moscou ; et, dans les intervalles où dormaient ses passions , il était loin d'être l'apologiste des combats. — Des commotions suffisent pour changer la forme des Etats contigus qui s'entre-touchent ; mais l'arbitrage de la Guerre trace seul des limites entre les peuples. — La France est un produit de la Guerre ; elle lui doit ses dynasties, son influence, ses grands hommes, son sol, son affranchissement. — La guerre de l'Amérique du Nord a introduit sur la scène des nations cette république déjà colossale, née d'hier, créée par enchantement, et qui est le plus homogène des grands gouvernements ; l'épée de Washington et celle de Lafayette ont été une baguette de fée.—La guerre de la révolution a préparé l'émancipation de l'Amérique

du Midi ; germe d'événements qui déplaceront peut-être les leviers du globe. — *Ceux qui ,* comme l'a dit le général Oudinot (1835), *désapprouvent hautement la politique qui conseilla la dernière occupation de Rome par nos troupes, conviennent qu'elle y a diminué le nombre des crimes, et qu'elle s'est constamment montrée soigneuse des intérêts du pays ; tels ont été l'amélioration de la justice criminelle, une prompte administration de la justice, l'abolition des asiles, l'éclairage nocturne, l'extension des dépôts de mendicité,* etc. Naples devait à la Guerre la pacification des Calabres, ingouvernables depuis les Romains, et la paix y a rallumé le brigandage. — Voyons le revers de la médaille. — La vue et l'effet des blessures extraordinaires reçues à la Guerre, loin d'émouvoir la commisération des Orientaux, les ont rendus plus cruels ; instruits par l'expérience que des guerriers blessés aux parties sexuelles ou à la langue pouvaient en guérir, ils se sont donné des eunuques noirs ou mutilés à ras pour les sérails, ils se sont donné des muets pour bourreaux. Cette barbarie mahométane s'est introduite en Occident : elle a été goûtée dans les domaines des lieutenants du Christ ; les chapelles ont retenti des voix argentines des eunuques blancs ou à demi mutilés, et nos pères ont fait arracher ou percer la langue aux blasphémateurs ; la sensualité, le despotisme, le rituel et la justice, ont eu recours aux mêmes abominations. — Les succés des conquérants espagnols au Mexique ont indirectement amené l'abâtardissement de l'Espagne ; si elle n'eût pas pompé l'or du nouveau monde, elle n'eût pas cessé peut-être de former un grand et puissant peuple. La Guerre qui illustrait Colomb, ruinait et enrichissait à la fois sa patrie. — Sans la chute du grand homme à qui le destin pouvait donner des héritiers , non des successeurs, que fût devenue la France gigantesque du nouveau Charlemagne ? Tout ce que la révolution avait produit de moral et de philosophique s'évanouissait ; le règne des chartes, l'empire de la loi, la monarchie tempérée, n'eussent été ni appréciés ni établis. — Mais ces catastrophes inattendues, ces avantages longtemps douteux et si chèrement achetés, ces bienfaits sortis des orages, quel esprit humain les avait prévus ou leur eût assigné une époque ? — Maintenant que la morale, la civilisation, la statistique se donnent la main, il est difficile d'isoler leurs calculs, même quand il est question de la Guerre. — On trouve dans un ouvrage intitulé : *Supplément au contrat social, principalement applicable aux grandes nations*, un tableau statistique des variations annuelles que, pendant les TEMPS DE PAIX OU DE GUERRE, les naissances ont éprouvées dans les principales villes de FRANCE depuis un siècle. On voit dans PARIS les naissances y décroître de plusieurs mille dès la première CAMPAGNE de chaque Guerre. Ce déficit s'y proportionne aux chances plus ou moins désastreuses que l'ARMÉE éprouve. Le contraire a lieu régulièrement au retour de la PAIX, et la reproduction y répond aux mesures plus ou moins sages que le gouvernement adopte. — Vingt ans après les années 1813, 1814, 1815, la conscription offrait des résultats inférieurs à tous les produits précédents. La paternité était tombée en prostration. — Voici quelques souvenirs qu'on pourrait appeler la statistique de l'histoire de la Guerre moderne. — Sous LOUIS TREIZE, l'ÉTAT DE GUERRE a duré une fois plus que l'ÉTAT DE PAIX, et le minimum des phases de PAIX a été de trois à quatre ans. — Depuis ce règne jusqu'à la fin du dix-huitième siècle, la FRANCE a eu un peu moins de deux années de paix pour une année de Guerre. — Depuis la GUERRE DE TRENTE ANS, le plus long repos que la paix ait donné à la France, n'a été que de vingt ans : et l'on cite cette merveille comme le titre le plus méritoire du cardinal de Fleury. — Après une tempête d'un tiers de siècle, combien s'est-il écoulé de temps entre 1815 et la GUERRE D'ESPAGNE, entre 1823 et l'expédition de Morée, entre l'année 1828 et le blocus si longtemps dérisoire d'ALGER, blocus presque aussi ridicule que le prétexte de la Guerre, mais couronné par des résultats inespérés ? — Les CHINOIS sont plus tranquilles que notre terre d'Occident : depuis un siècle et demi, ils n'ont point vu la Guerre ; mais leur empereur en est réduit à dire, de temps en temps, par l'ordre du jour, à la première caste de ses armées, à ses TARTARES, qu'ils ne sont plus qu'un vil ramas. Partout le mal est à la porte du bien. Et qui sait ce que l'avenir réserve à la Chine. — Le lecteur eût préféré peut-être que la définition de la Guerre eût précédé le tableau de ses vicissitudes et l'esquisse de son histoire ; mais un exposé de faits constatés par des autorités solides n'était-il pas un préalable nécessaire de cette définition. — Ce ne serait pas la peine de dire, comme GROTIUS, que *la Guerre est la situation de ceux qui tâchent de vider leurs différends par la voie de la force* ; l'explication est naïve, mais elle n'est ni exacte ni complète. — MONTÉCUCULI définit la Guerre : *Position dans laquelle est une armée portant l'offensive par tous les moyens, et dont le but est la victoire.* Cette définition est du moins militaire, mais n'embrasse qu'une partie ; la politique, la morale, la défensive, y sont oubliées. — BOHAN (1781, H), BRÉZÉ (1773), DESPAGNAC (1751, D), LEBLOND (1758, B), s'expliquent à peu près dans les mêmes termes que leurs prédécesseurs. CARRÉ (1783, E, p. 540) envisage le sujet plus philosophiquement. — Politiquement la Guerre est un ARMÉMENT de nation à nation, ou un engagement de faction à faction ; elle est une suite plus ou moins prolongée d'HOSTILITÉS entre deux ou plusieurs peuples dont les ARMÉES TIENNENT la CAMPAGNE ; elle est un état de choses quelquefois provoqué par des insultes ; une nécessité quelquefois imposée par la force ; un fruit de la vengeance ; une soif des REPRÉSAILLES. — Des publicistes l'ont définie : *Poursuite du droit par la force.* Dans ce sens la Guerre serait un appel à la justice ; mais il en est rarement ainsi. Ce que l'homme prétend être son droit, n'est souvent que vindicte, fraude, violence, esprit de domination, et il FAIT LA GUERRE. — Quels qu'en soient la cause ou le motif, la Guerre est publique ou privée ; la première est du domaine du droit public, l'autre du domaine du droit naturel. — On a appelé GUERRE LÉGITIME, par opposition à GUERRE PRIVÉE, celle qui se faisait sous les drapeaux du chef de l'État. — Défendre son bien, usurper ou retenir celui d'autrui, venger une injure, courir à la célébrité, sont les mobiles de la Guerre ; on l'excuse par la nécessité, on en colore les motifs par des MANIFESTES, on en donne le SIGNAL par une DÉCLARATION ; le rassemblement de l'ARMÉE a lieu, les HOSTILITÉS s'engagent, la force et la ruse s'y combinent : tels sont l'effort et la marche d'une immense entreprise pour un profit incertain ; car la fin de la Guerre, comme le dit MONTÉCUCULI, est la victoire ; mais c'est un espoir souvent déçu, et fût-il réalisé, la fin de la victoire est la PAIX ; son inévitable retour, que le manque d'écus nécessite, amène l'urgente dislocation des TROUPES. Ainsi ce que la nature de la Guerre a de singulier et de contradictoire, c'est qu'elle ne s'occupe à faire du mal qu'en vue de faire guérir ce mal par la PAIX, et qu'elle est l'occasion des bouleversements que la PAIX est chargée de régulariser, de sanctionner, de tempérer ou d'effacer. — La Guerre est un état passager, un effort public et concerté, une lutte entreprise par la colère, continuée par l'orgueil et terminée par l'indigence ; elle est une affection du corps politique, et une maladie intermittente si elle n'est continue ; elle est un état de fièvre morale et un mal chronique dont les peuplades doivent être tour à tour travaillées. Pour l'homme de la nature, elle est un instinct ; pour les cannibales, elle est un besoin, un bonheur, puisque leur existence physique y tient, et que leur gloutonnerie s'y délecte ; pour l'homme social, elle est le tribut que l'humanité paye à la civilisation, puisque les peuples ont leur superbe et leurs passions comme les individus ; et, une fois l'épée tirée, la loi de la défense naturelle tient l'arme hors du fourreau, puisque l'ennemi est là pour vous punir du mal que vous ne lui feriez pas. Ces aveux sont douloureux, honteux presque ; mais la sagesse se brise contre la force, et la politique sera toujours gouvernée par les suggestions de la violence et par les illusions de la victoire. — La persuasion que la science de la Guerre n'est que l'art d'en abréger les maux, et que la paix n'est jamais qu'une trève rompue bientôt, a excité le zèle patriotique de beaucoup d'écrivains. Quel est le savant qui, sans cette considération, sans cette excuse, sans ce désir du triomphe du pays, ne se reprocherait les études d'un sujet aussi sombre que l'art des combats ? Au lieu de s'enfoncer dans les fastes de la folie humaine, au lieu de peindre la terre ensanglantée par la manie de la destruction, il serait plus satisfaisant, mais serait-il plus profitable, de ne consacrer sa plume qu'aux arts si doux de la paix. — Les recherches sur la Guerre sont importantes, et le seront toujours. Il a été composé sur la théologie, la philosophie, la morale, des milliers de traités, en grande partie oubliés pour jamais ; et le moindre des écrits passables sur la Guerre est encore consulté, cité, recopié. — Il est peu d'auteurs qui, en traitant de la Guerre, ne se soient cru obligés d'en médire pour l'acquit de leur conscience. Cette précaution oratoire est un hommage que la philosophie arrache à ceux mêmes qui exercent le métier le moins philosophique, le métier des armes. — Les auteurs qui se sont cru tenus à des ménagements se sont efforcés d'excuser la Guerre, de la colorer d'un vernis d'utilité, d'y chercher presque un côté de philanthropie ; mais Attila seul, s'il en eût écrit, en eût osé faire ouvertement l'éloge, et Marc-Aurèle, en parlant des combats qu'il livrait dans les marais bataves, dit de lui et des conquérants : *Que sommes-nous, si nous ne sommes pas des brigands ?* On a vu que le même mot était sorti de la bouche de Napoléon. — Libre du reste aux lecteurs de se rallier aux avocats qui ont plaidé diversement la cause ; mais les improbateurs de la Guerre l'emportent sur leurs adversaires par le nombre, la logique, le talent. — Tassoni, dans son poëme de la *Secchia rapita*, a marqué de ridicule la Guerre, comme Cervantes a stigmatisé la chevalerie ; mais les chevaliers sont tombés, et la Guerre vivra. — Bulow (1801, D) a présenté la théorie de la Guerre sous forme scolastique ; M. le général Jomini (1819, B), sous forme expérimentale et comme une science de faits dont les événements constituent les règles. Le prince Charles d'Autriche s'est exercé sur le même sujet, et en a développé les méthodes en géomètre et sous les formes de l'analyse. — La conduite des opérations de la Guerre, leurs éléments, comme les considéraient les anciens, sont exposés dans Arrien, César, Polybe, Thucydide, Végèce (590, A), Xénophon. — Ceux qui, avec plus ou moins d'étendue, dans tous les temps et toutes les langues, se sont occupés de la même matière, et ont introduit le mot dans les titres ou les chapitres principaux de leurs traités, vont être mentionnés.

ALLEMANDS. PRUSSIENS. SUISSES.	ANGLAIS. ANGLO-AMÉRICAINS.	ESPAGNOLS. PORTUGAIS.	FRANÇAIS.	GRECS. BYZANTINS. TURCS.	HOLLANDAIS. FLAMANDS.	ITALIENS.	LATINS.	RUSSES. POLONAIS.	SUÉDOIS. DANOIS.
62	12	7	72	5		13	7	2	1

ALIMANI, AMIOT (1830), ARRIEN (110, A.),
ASTER (L.-H.), AUCKLAND (1795), AUDOUIN
(1811), BEAUCHAMP, BEAURAIN, BEER, BELLI
(1566), BELLO, BÉNETON (1741, A; 1742),
BÉNITO (Cohelo), BEUST, BIEBERSTEIN, BIRON
(1611, A), BIRON (Louis-Antoine), BLACAS
(1500, A), BLAND (1711), BUCERUS, BOEHM
(1819), BOHAN (1781, H), BOIS-ROGER (1768,
B), BONBRA (1655), BOURGET, BOURDEILLE
(1560, A), BOUSSANELLE (1770), BRANDÈS,
BRANDT (H. de), BRÉZÉ (1773), BRUECH (1777),
BUDRINUS, BUGEAUD (1831, A), BULOW (1801,
D; 1803, 1806, H), CANCRIN (1820, O),
CANTEBOUBE (1818, F), CARDOSO, CARRION
(1824, A), CENTORIO, CÉSAR (51 avant J.-C.),
CHAMBRAY (1827), CLAUZEWITZ, DARÇON (1779,
K), DARCQ, DAUTHVILLE (1762, K), DECKER,
DEGRAMMEVILLE (1789, A), DELACROIX (1752),
DELATOUR (1514, A), DESPAGNAC (1751, D),
DILICH (1607, 1689), D'IVERNOIS, DUANE
(1810, E, au mot *War*), DUBELLAY (1535,
A), DUBOUSQUET (1769, B), DUHESME (1814,
C), DUPAIN (1757, B), EGGERS (1751, B;
1757, L), ÉLIEN, EMMERICH (1789), l'ENCY-
CLOPÉDIE (1751, C; 1785, C; aux mots *Cam-
pagne* et *Coup d'œil*), ENEHOLM (1818), ES-
CALENTE, EWALD, FAESCH (1770, G), FEU-
QUIÈRES (1752, B; 1750, A), FOLARD (1752,
B; 1753, préface du 5e vol.), FORQUEVAULT,
FRÉDÉRIC DEUX, FRONSPERG (1596), FRONTIN
(86, A), GANEAU, GAUGREBEN, GAYA (1670,
D), GERSDORFF, GIANNETTASIUS, GOETHE, GRI-
MOARD (1782, K), GROTIUS, GUGY (1782, K),
GUIBERT (1773, E), GUICHARDIN, GUIGNARD
(1725, B), GUISCHARDT (1758, H), HANZELET,
HAY (1757, H), HERLIN (1738), HOERSCHEL-
MANN (1775), ILLNIG, IMBERT, JABRO (1777,
G), JACQUINOT, JAHN (F.-J.), JOMINI (1803,
F; 1819, D), KAUSLER (1826), KHÉVENBUEL-
LER (1730, A; 1738, C; 1771, F), KNOCH
(1762, C; 1769, D), KOBEL, KROHN, LALLE-
MAND (1825), LAON (1652, B), LAROQUETTE,
LATRILLE, LAVALLIÈRE (1675, B), LEBLOND
(1758, B), LEFREN, LEISSNIG, LEMESURIER,
LÉON (900, A), LIPPOLD, LLOYD (1783, N;
1801), LOEN (1743), LOLOOZ (1770, C),
LONGCHAMPS, LOSSOW (1819, C), LOUIS ONZE
(1480, A), LOUIS TREIZE (1616, B), MAIZEROY
(1763, 1765, B; 1771, 1777, E), MALORTY,
MALTHUS, MANSFIELD, MASCHI, MASSIAC, MAU-
RICE DE SAXE (1757, A), MAUVILLON (1740),
MEINERT, MELLINET (1805, C), MÉNAGE, MEN-
DOZA (1596, 1619), MINA (1767), MONTÉCU-
CULI (1670, A; 1736, A), MURALTO, MUT,
NEUMAYR (1618, C), NICÉPHORE (965, A),
OBRECHT, ONOSANDRE (50 avant J.-C.), PA-
NIGAROLA (1595), PERRIN-PARNAJON, PERROT
(1832), PHILIPPE DE CLÈVES (1520, A), PO-
LYBE (150 avant J.-C), PORPHYROGENÈTE (950,
A), POTIER (1779, X, au mot *Guerre*, p. 143

et 193, et au mot *Hostilité*), PUYSÉGUR (1748,
C), RACCHIA, RANSAY, RAMZOV, RAY DE SAINT-
GÉNIES (1755, A), REUSNER, REVERONI (1808,
1826), RICHARD (1777), RIESS, ROBILANT
(1757, P), ROCCA (1582), ROEBEL, ROGNIAT
(1816, B), ROHAN (1729, A), RUEHLE (1814),
RUMPF (1824, F), SAMUEL, SANTA-CRUZ
(1738, A), SCHARNHORST (1793, D), SCHAEDEL,
SCHWENDI, SERVAN (1780, B; 1805, F), SILVA
(1788, F), SIMES (1772, A), SOLM (1559),
STAMFORD, STEINER, STERWECHIUS, TARTA-
GLIA, THEOBALD, THUCYDIDE, TIELKE (1797),
TISSOT-GRENUS, TURENNE (*Mémoires de*), TUR-
PIN (1769, C), VALENTINI, VALLO (1554),
M. VAUDONCOURT, VÉGÈCE (390, A), VILLA-
RET, WAGNER (1830), WARNERY (1758, A),
WENZELL, WERKLIN, XÉNOPHON (370 avant
J.-C.), ZAUTHIER (1779, F), ZENNER, des
AUTEURS anonymes (1548, A), le *Spectateur
militaire* (t. XIX, p. 273; t. XX, p. 449). —
Présentons quelques dispositions légales et
de détails. — Les GRATIFICATIONS D'ENTRÉE
EN CAMPAGNE ne sont l'objet d'un DROIT acquis
qu'une fois par chaque Guerre. — L'ÉTAT
D'HOSTILITÉS a pour conséquence de suspendre la délivrance des CONGÉS D'ANCIENNETÉ,
de forcer le chiffre des LEVÉES à raison des
pertes d'hommes, de nécessiter des CONTRI-
BUTIONS sur l'ENNEMI, d'occasionner des impositions sur le pays, à raison des pertes du
MATÉRIEL de tout genre. — Si l'on reprochait
à la présente dissertation de ne pas conclure, elle répondrait : *Salus populi, su-
prema lex esto?* et l'auteur ajouterait : La
Guerre est une maladie; les maladies sont
indépendantes des volontés humaines. Les
maladies bien traitées peuvent n'être pas
mortelles; il y en a même qui rassurent la
santé. — Toutefois des moralistes renou-
vellent les tentatives de l'abbé de Saint-
Pierre; M. le comte de Seillon, estimable
philanthrope, a créé à Genève une société
dont l'objet est l'abolition de la peine de
mort, du duel et de la Guerre. Il a remis
ou adressé à grands frais l'exposé de son
plan à tous les souverains, à tous les cabinets. — Le mot Guerre sera distingué ici
en GUERRE A FEU ET A SANG, — A MORT, —
A OUTRANCE, — ACTIVE, — CÉLEUSTIQUE, —
CIVILE, — D'AMÉRIQUE, — DE CAMPAGNE, —
DE CHICANES, — DE CORSE, — DE 1805, —
DE FLANDRE, — DE HANOVRE, — DE LA RÉ-
VOLUTION, — DE LA SUCCESSION DE FRANCE,
— DE LA SUCCESSION D'ESPAGNE, — DE LA
VENDÉE, — DE L'ETAT, — DE MER, — DE
PARTIS, — DE POSTES, — DE RETRANCHEMENT,
— DE RUSSIE, — DE SEPT ANS, — DE SIÉGE,
— DE TERRE, — DE TRENTE ANS, — DÉFEN-
SIVE, — D'EGYPTE, — D'ENVAHISSEMENT, —
D'ESPAGNE, — D'ETAT, — D'HANOVRE, —

DU ROI , — EN RASE CAMPAGNE , — EXPEC-
TANTE, — FÉODALE, — FRANÇAISE, — INTES-
TINE, — LÉGITIME, — NATIONALE, — OFFEN-
SIVE, — OUVERTE, — POLIORCÉTIQUE, — PRI-
VÉE, — PUNIQUE, — RÉGULIÈRE, — SOURDE,
— SUPÉRIEURE, — TEMPORISANTE.

GUERRE A FEU et A SANG. V. A FEU et A
SANG. V. GUERRE.

GUERRE A MORT. V. A MORT. V. FLIBUS-
TIER. V. GUERRE.

GUERRE A OUTRANCE. V. A OUTRANCE. V.
DRAPEAU NOIR. V. GANTELET. V. GUERRE PRIVÉE.

GUERRE ACTIVE. V. ACTIF, adj. V. AIDE
DE CAMP Nº 1. V. ARMÉE NEUTRE. V. CAMPEMENT
POLÉMONOMIQUE. V. COUP D'ŒIL. V. MÉDAILLE.
V. SALUT.

GUERRE CÉLEUSTIQUE (F). Sorte de GUERRE
ou de BATTERIE DE CAISSE qui donnait un SI-
GNAL comparable au commandement de
FAIRE FEU.

GUERRE (guerres) CIVILE (G). Sorte de
GUERRES fratricides dans lesquelles un grand
parti en combat un autre au sein de la nation même. Un gouvernement établi, soit
par le fait, soit par le droit, y lutte contre
des sujets que l'insoumission provoque, ou
contre des étrangers que les factions recrutent, ou contre des rivaux que le bien public anime, à ce qu'ils assurent. Ce gouvernement a pour antagonistes des MILITAIRES
improvisés, des GOUVERNEURS DE PLACE qui
en font usurpé l'EMPLOI, des GÉNÉRAUX qui
trahissent leur mandat, et changent de
livrées. — Chez tous les peuples, les Guerres
civiles (et c'est à la fois un fait curieux et un
aveu déplorable) ont tourné au profit de
l'ART MILITAIRE et même des autres arts. VOL-
TAIRE (*Mélanges historiques*) remarque que,
pendant la Guerre du Péloponèse que raconte THUCYDIDE, *la Guerre civile, le plus
horrible des fléaux, ajoutait un nouveau feu
et de nouveaux ressorts à l'esprit humain.
Dans ce temps, les arts florissaient; ils commencent à se perfectionner à Rome du temps
de César, et renaissent aux quinzième et seizième siècles parmi les troubles de l'Italie.*
— Les Guerres civiles diffèrent des GUERRES
PRIVÉES; les premières peuvent être provoquées par des motifs louables ou des passions aveugles; mais de sordides intérêts
commandent les GUERRES PRIVÉES, comme
l'ont prouvé perpétuellement celles qui ont
ensanglanté les pays de FÉODALITÉ. Mille
partis différents y sont en présence; rien de
profitable n'en peut sortir; quels fruits attendre de l'esprit de domination et de ra-
pacité, de vengeance et de bassesse. La tyrannie de LOUIS ONZE a fait incomparable-
ment moins de mal à la FRANCE que ne lui
en ont fait éprouver les GUERRES PRIVÉES du

règne de CHARLES SIX. — Les Guerres civiles, que la morale et la politique ne sauraient justifier, ne sont cependant pas
flétries par la conscience de l'histoire; elles
sont aux gouvernements engourdis ce que
les tempêtes sont à la science navale; et de
même que les mers orageuses sont l'école
des navigateurs, il surgit des tourmentes
de la société une pépinière de GÉNÉRAUX qui
ignoraient leur aptitude, une foule de SOL-
DATS qui ne se doutaient pas de leur intré-
pidité, et des administrateurs, des hommes
d'État qui s'étonnent de se réveiller habiles.
Dans les grandes dissensions civiles, la nécessité du moment développe des talents
dont le germe eût avorté, et l'homme pré-
destiné y puise la conscience de ce qu'il
vaut; les TROUPES ÉTRANGÈRES, qui ordinairement y prennent part, sont pour leurs adversaires ou leurs alliés un objet de remarque et d'émulation. Les STRATAGÈMES deviennent plus fins, plus audacieux; les MARCHES
deviennent plus savantes, plus rapides; l'entrave des ORDONNANCES, la plupart si défec-
tueuses, est secouée; et l'atroce coutume,
l'épouvantable nécessité de ne pas faire de
PRISONNIERS, exalte encore l'énergie. C'est la
Guerre toujours prise au sérieux, et la vie
toujours en présence de la mort. Notre monarchie, pendant une existence de quatorze
siècles, a trouvé dans son sein moins d'habiles CHEFS DE GUERRE, d'INGÉNIEURS savants
et d'hommes de feu et de ressources, qu'il
n'en est sorti des GUERRES DE LA SUCCESSION
DE FRANCE, du calvinisme et DE LA RÉVOLU-
TION. — Si la Guerre n'eût été déclarée
entre MAZARIN et CONDÉ en 1650, peut-
être un des hommes qui a fait le plus d'honneur à la FRANCE, notre illustre VAUBAN,
fût-il resté domestique d'un curé de village?
— Mais ces déchirements ont coûté à la
FRANCE la fleur de sa NOBLESSE et l'élite de
sa population; la tempête, si elle a été instructive, a été fertile en naufrages. — Les
GUERRES PRIVÉES ont pu se faire avec des
HOMMES DE CHEVAL; les Guerres civiles n'ont
pas le temps de dresser des ESCADRONS; elles
appellent aux armes l'INFANTERIE; l'ART DE
LA GUERRE en fructifie d'autant. — Les
GUERRES NATIONALES sont des entreprises de
gouvernements; elles sont lentes, molles,
dispendieuses, et nulles de résultats, sauf le
sang versé, les fortunes détruites et les ter-
ritoires perdus. Les Guerres civiles sont des
entreprises particulières; elles sont souvent
folles, mais toujours ardentes et marchant
au but. Leur bannière est le DRAPEAU NOIR.
— Par un sentiment plus national que philanthropique, par une pensée qui était vraie
alors, qui serait fausse aujourd'hui, ROHAN

(1638, C), dans son *Art de la Guerre*, déclare que *le principal, le plus puissant remède contre la Guerre civile est d'entretenir la Guerre étrangère*. La politique se montrerait peu avisée, si de nos jours elle répétait gravement un pareil conseil. — Les Guerres de religion, la Ligue, la Fronde, ont laissé dans les règlements militaires cette teinte de défiance, cette exagération de précaution qui s'étendent au service des POSTES, à la fermeture des FORTERESSES, etc. M. ROCQUANCOURT (t. II, p. 418, note) a tracé avec sagacité les résultats militaires que produisent ordinairement les Guerres civiles.

GUERRE d'Alger. v. ALGER. v. ARMÉE EXPÉDITIONNAIRE. v. ARTILLERIE DE MONTAGNES. v. ARTILLERIE FRANÇAISE. v. BALLE DE FUSIL. v. CHIAOUX. v. GUERRE DE 1830. v. GUERRE DE 1835. v. LÉGION D'HONNEUR. v. PORTÉE DE FUSIL. v. REDOUTE DE CAMPAGNE. V. TENTE.

GUERRE d'Amérique. v. AIDE-MARÉCHAL GÉNÉRAL DES LOGIS. v. AMÉRIQUE. v. ARME DÉFENSIVE PORTATIVE. v. BARIL A EAU. v. CIBLE. V. ÉQUIPAGES. v. GENDARMERIE DE LA MAISON. V. GUERRE DE 1775. v. MAJOR GÉNÉRAL. v. MILICE ANGLAISE N° 7. v. MILICE HOLLANDAISE N° 3. v. MINISTRE DE LA GUERRE en 1761, 1774 (8 juin), 1790 (15 novembre). v. OFFICIER FRANÇAIS N° 7. v. TOT DÉFENSIF. V. RIZ. v. SAPEUR D'INFANTERIE.

GUERRE de 1610 (H). Sorte de GUERRE FRANÇAISE qui a lieu sous LOUIS TREIZE. Pendant un règne de trente-deux ans, ce monarque ou ses ministres donnent à peine un repos de onze ans à la malheureuse FRANCE. Onze Guerres sont entreprises, et six d'entre elles sont des GUERRES CIVILES. — Celle de 1610 est entamée et terminée dans la même année : on l'a appelée Guerre de la succession de Clèves ; elle peut être regardée comme l'époque où disparaissent les ARQUEBUSIERS A PIED, où les BANDES S'ENRÉGIMENTENT, où les RÉGIMENTS D'INFANTERIE sont de dix COMPAGNIES de cent à deux cents hommes chacune. La FRANCE possédait alors trente-trois CANONS DE CAMPAGNE, sept à huit mille chevaux et trente-deux mille hommes d'INFANTERIE. La COMPOSITION générale de l'ARMÉE dépassait quarante-neuf mille hommes.

GUERRE de 1615 (H). Sorte de GUERRE FRANÇAISE, ou plutôt Guerre de la noblesse française. Les seigneurs, mécontents du crédit du maréchal d'ANCRE, lèvent l'étendard ; le prince de CONDÉ prend parti contre le roi. On dépose les armes en 1617.

GUERRE de 1620 (H). Sorte de GUERRE FRANÇAISE ou de Guerre des mécontents. Elle s'émeut en faveur de Marie de Médicis. Elle se termine dans la même année.

GUERRE de 1621 (H). Sorte de GUERRE FRANÇAISE, ou première Guerre de religion. Elle finit en 1622. Elle est célèbre par le siége de LA ROCHELLE.

GUERRE de 1624 (H). Sorte de GUERRE FRANÇAISE. Elle a lieu dans la Valteline contre les ESPAGNOLS. Elle finit en 1626. Le connétable Lesdiguières y commande trente mille hommes. L'attaque infructueuse de GÈNES est un de ses épisodes.

GUERRE de 1625 (H). Sorte de GUERRE FRANÇAISE, ou seconde Guerre de religion. Elle finit en 1626.

GUERRE de 1627 (H). Sorte de GUERRE FRANÇAISE, ou troisième Guerre de religion. Elle finit en 1629. LOUIS TREIZE paraît un instant au siége de LA ROCHELLE. Cette ville tombe en son pouvoir.

GUERRE de 1629 (H). Sorte de GUERRE FRANÇAISE entreprise pour la succession de MANTOUE contre le duc de SAVOIE, l'AUTRICHE et l'ESPAGNE. LOUIS TREIZE y assiste en personne ; un ECCLÉSIASTIQUE est généralissime : c'est RICHELIEU ; il obtient quelques avantages. — L'ARMÉE FRANÇAISE, après d'infructueux succès, se met en retraite presque tout entière pour aller combattre les huguenots du Languedoc. Cette Guerre se termine par la PAIX DE QUIEVASQUE en 1631.

GUERRE de 1631 (H). Sorte de GUERRE FRANÇAISE livrée aux ducs de Lorraine et d'ORLÉANS. Les maréchaux SCHOMBERG et Laforce, envoyés par le roi en Languedoc, y combattent Montmorency, qui est défait et décapité. La Guerre finit en 1632.

GUERRE de 1633 (H). Sorte de GUERRE FRANÇAISE, ou seconde Guerre contre le duc de Lorraine. Il y perd ses Etats. Elle finit en 1634.

GUERRE de 1635 (H). Sorte de GUERRE FRANÇAISE qui est un épisode ou une continuation de la GUERRE DE TRENTE ANS, commencée en 1618. Celle de 1635 peut être regardée comme la première des Guerres de LOUIS QUATORZE, quoique entamée sous son prédécesseur. — RICHELIEU se décide à rompre la PAIX en vue de rendre importante sa personne et indispensables ses services. — Il met les troupes en campagne sans DÉCLARATION préalable, et sous prétexte de défendre l'ITALIE des envahissements de la maison d'AUTRICHE. — LOUIS TREIZE prend les armes contre le roi d'ESPAGNE, l'empereur et leurs alliés. Les HOSTILITÉS des Français donnent un caractère nouveau à la Guerre que la SUÈDE et quelques princes alliés faisaient à Ferdinand. — L'ARMÉE FRANÇAISE prend une constitution plus robuste : elle est portée à cent mille hommes ; elle forme cinq ARMÉES ; sa COMPOSITION comprend dix-huit mille HOMMES DE CAVALERIE ; pour la dernière fois ce genre de troupe combat sous le nom de GENDARMERIE. — Il se voit encore, et pour la dernière fois, des SERGENTS DE BATAILLE. — Une ARMÉE FRANÇAISE est sous les ordres d'un ECCLÉSIASTIQUE : le cardinal de Lavalette ; la nation lutte contre l'ESPAGNE, la Lorraine, les Pays-Bas et une partie de l'EMPIRE GERMANIQUE. — Cette Guerre continue malgré la mort de LOUIS TREIZE, arrivée en 1643. — Les SURPRISES DE QUARTIERS sont le genre d'ACTION qui y prend le plus de vogue. A Dullingen une ARMÉE FRANÇAISE est surprise et détruite ; mais une CAMPAGNE brillante efface bientôt cette honte. — Le grand CONDÉ fait ses premières armes ; il s'illustre par les victoires de ROCROI, LENS et FRIBOURG. C'est l'aurore de la gloire française. — Fabert, Gassion, Guébriant, L'Hôpital, RANTZAU, SCHOMBERG, commandent les ARMÉES avec éclat. TURENNE paraît sur la scène. — Le gaspillage des trésors qu'avait laissés HENRI QUATRE, le désordre des finances, les frais énormes de la campagne de 1636, obligent RICHELIEU à faire banqueroute aux rentiers de l'hôtel de ville ; il leur fait perdre trois quartiers de leurs arrérages. — En 1648, après treize ans d'inutiles massacres, la PAIX DE MUNSTER termine cette Guerre, excepté avec l'ESPAGNE. La lutte entre ce royaume et la France s'entrecoupe de GUERRES CIVILES. Il y est mis un terme en 1659, par la PAIX DES PYRÉNÉES. — *On en était venu à ce point, dit SCHILLER, que l'on continuait la Guerre pour fournir aux troupes de l'occupation et du pain, que l'on se battait uniquement pour les quartiers d'hiver, et qu'on prisait plus l'avantage d'avoir établi heureusement son armée que d'avoir gagné une grande bataille.* — Dans cette Guerre on voit servir à la fois, dans une même ARMÉE, plusieurs LIEUTENANTS GÉNÉRAUX, plusieurs MARÉCHAUX DE CAMP. Les AIDES DE CAMP commencent à s'acquitter du service qui, jusque-là, était accompli par les MARÉCHAUX DE CAMP. — Les DRAGONS français sont rétablis. — La campagne de la Valteline jette de l'éclat sur le nom de ROHAN (1729, A). — Le maniement du CANON devient plus savant. Les Suédois en ont DE CUIR bouilli. L'infanterie combat sur huit rangs ; son MOUSQUET se garnit généralement d'une PLATINE. Des CHIRURGIENS sont attachés à des CORPS. Les GIBERNES s'introduisent. La longueur des PIQUES diminue. L'INFANTERIE quitte la CUIRASSE. Des FEUX D'ENSEMBLE prennent faveur. — La MILICE SUÉDOISE déploie une DISCIPLINE jusquelà inconnue. GUSTAVE-ADOLPHE, le premier législateur des armées modernes, fonde sa

haute réputation. WALSTEIN aussi se rend célèbre par sa férocité et par ses campements. — La Guerre de trente ans est le tombeau de l'unité germanique et l'aurore des principautés qui déchirent l'Allemagne par lambeaux. — On peut consulter sur l'histoire de cette Guerre : BOUGEANT, DELIGNE (1779, H), FRANCHEVILLE (1772), GALETTI (1808), GRIMOARD (Vie de Gustave), HAUG, SCHILLER, STRADA, un AUTEUR anonyme (1788, I), le *Journal de l'Armée* (t. II, p. 262), le *Dictionnaire de la Conversation* (au mot *Guerre de trente ans*). — A partir de 1644, les événements de chaque campagne sont décrites et jugés par BONAPARTE (MONTHOLON (t. v).

GUERRE de 1665 (H). Sorte de GUERRE FRANÇAISE qu'on peut regarder comme la seconde, ou plutôt comme la première de celles qu'on appelle Guerres de LOUIS QUATORZE. Ce prince souscrit un traité particulier avec la HOLLANDE et le PORTUGAL ; il leur fournit des secours contre les ANGLAIS et les ESPAGNOLS. Le débat entre ces différentes puissances dure un peu plus d'un an. — L'ARMÉE FRANÇAISE comprend cent vingt-cinq mille hommes sous les armes. Quelque régularité commence à régner dans les troupes. Le soldat, considéré isolément, coûte moins cher que sous les règnes précédents ; le système du gouvernement est d'abaisser progressivement la SOLDE et les ALLOCATIONS, non pour dépenser moins, mais pour entretenir davantage d'HOMMES. Il en sera ainsi pendant tout ce règne. — La COMPOSITION des troupes se modifie ; les COMPAGNIES D'INFANTERIE, qui jusque-là n'étaient qu'un moyen de division des RÉGIMENTS, commencent à devenir, depuis 1662, les éléments du BATAILLON ; elles continuent à se partager par ESQUADRES. PUYSÉGUR (1748, C) les dépeint comme fortes en général de cinquante hommes. — Les méthodes des MARCHES et la TACTIQUE sont encore dans l'enfance ; l'INFANTERIE ne combat pas par COMPAGNIES ou par PELOTONS, mais par MANCHES, espèce d'agrégations dont on regarde comme UNITÉ la FILE. — La place des OFFICIERS D'INFANTERIE est indéterminée un JOUR D'ACTION. — Les ENFANTS PERDUS sont ESCARMOUCHEURS, et jettent la GRENADE. — Une ordonnance de 1665 déclare INFANTERIE A CHEVAL les DRAGONS ; mais à l'égard de leur service rien n'est encore positivement déterminé. — La CAVALERIE combat par le FEU en exécutant des MANŒUVRES analogues à celles de l'INFANTERIE, c'est-à-dire en tirant par RANGS, par FILES et en BORDANT LA HAIE ; elle ne sait encore CHARGER qu'au pas, et en se tenant alignée sur l'INFANTERIE. — Des SOUS-LIEUtenants commencent à être attachés à l'infanterie de ligne. — La paix de Bréda met fin à cette Guerre en 1667 (26 janvier). — Il en a été traité par Servan (1806, C), et par Voltaire (*Siècle de Louis quatorze*).

GUERRE de 1667 (H). Sorte de guerre française dont l'ambition est le vrai motif. Mais Louis quatorze donne pour prétexte le non-acquittement de la dot de Marie-Thérèse, sa femme, et les droits qu'elle avait sur le Brabant comme princesse espagnole. — Charles deux, encore enfant, venait de monter sur le trône d'Espagne ; ce prince, frère de Marie-Thérèse et fils de Philippe quatre, était d'une constitution débile qui ne lui promettait qu'une courte existence. — L'empereur Léopold, malgré les liens de parenté qui existaient entre lui et Philippe, et quoiqu'il eût dû être le protecteur naturel de Charles, fait secrètement avec le roi de France un partage des États du jeune prince. En vertu d'une des clauses de ce traité de démembrement, Louis entre en Flandre avec l'armée que commande le maréchal de Turenne ; il s'empare de la Franche-Comté ; rien ne résiste à ses armes. — L'Angleterre, la Hollande et la Suède, cédant aux sollicitations du prince d'Orange, se coalisent contre la France. L'empereur reste neutre en apparence, mais en secret il favorise la ligue. — Les forces que Louis déploie varient de cent vingt-cinq mille à cent quatre-vingt mille hommes, y compris trente mille auxiliaires. — Il ajoute à sa couronne Lille et Douai. Les Français font le premier essai des principes de castramétation, ressuscités par Maurice de Nassau. L'usage des fanions et des cordeaux de campement prend naissance. Le caractère des grades est mieux déterminé. Notre infanterie commence à combattre par le choc et à se ranger par bataillon, non plus éventuels et purement tactiques, mais constitutifs et permanents. Ceux-ci y sont au nombre de un, de deux, de trois ou de quatre par régiment ; quant aux régiments, non encore divisés par bataillons, ils sont de dix compagnies. — Les bataillons ont trois drapeaux répartis, l'un au centre composé de piquiers, chacun des deux autres à chaque aile composée de mousquetaires. Les piquiers, ordonnés sur huit rangs, se divisent par demi-files. — La forme et le nombre des compagnies d'infanterie ne sont pas encore réglés ; elles continuent à prendre rang dans le bataillon, à raison de l'ancienneté du capitaine ; mais la manière disparate dont elles sont armées intervertit nécessairement cet ordre les jours d'action. — La compagnie colonelle est compagnie de

franc. La compagnie des enfants perdus, ou compagnie provisoire des grenadiers, se tient à vingt pas sur l'alignement du bataillon. — Les drapeaux prennent les armes de France. — La gendarmerie commence à s'embrigader avec la cavalerie de la maison. — Les sièges commencent à être conduits suivant une poliorcétique plus savante. — La prudence et la nécessité obligent Louis quatorze à offrir, en 1668, la paix à ses ennemis. Elle est signée à Aix-la-Chapelle le 2 mai. — On peut consulter à l'égard de la Guerre de 1667 Servan (1806, C) et l'Analyse critique tracée par Bonaparte (le général Montholon, t. v).

GUERRE de 1672 (H). Sorte de guerre française entreprise par ambition et malgré les conseils de Colbert. Louvois y pousse Louis quatorze, sous prétexte que les journalistes hollandais avaient manqué de respect au roi, et qu'une médaille qui lui était injurieuse avait été frappée dans les Provinces-Unies. — La France s'unit à l'Angleterre, s'assure de la neutralité de la Suisse et de la Suède, fait alliance avec l'évêque de Munster et l'électeur de Cologne. — L'électeur de Brandebourg, une partie des princes de l'Empire, l'Espagne et l'empereur arment en faveur de la Hollande. La Guerre dure sept ans, et donne à la France le reste de l'Artois, une partie du Hainaut, du pays entre Sambre et Meuse, du Cambrésis, de la Franche-Comté, et Fribourg en Brisgau. — Louis prend, évacue, désole et reconquiert la Franche-Comté, la Lorraine, l'Alsace, le Palatinat ; il est à la veille de se rendre maître de toute la Hollande, alors en possession du commerce du monde, et riche de douze mille navires de haut bord ; elle lui échappe en se submergeant. — La flotte française triomphe sur mer, et s'empare de Messine, qu'elle abandonne bientôt. — Turenne souille sa gloire par l'inutile incendie du Palatinat ; il est tué peu après. — Malgré sa mort et la retraite de Condé, la gloire française ne pâlit pas ; Vauban, Luxembourg, Créqui, résistent aux coalisés, que commandent Guillaume, prince d'Orange, et Montécuculi. — La prise de Valenciennes, de Gand, d'Ypres, le passage du Rhin, la bataille de Sénef, dernière victoire du grand Condé, la mort de Ruyter, la soumission de Gênes, le bombardement d'Alger, sont au nombre des événements remarquables de cette guerre. — Du reste elle fausse toutes les mesures prises par Colbert ; elle ruine nos compagnies de commerce et nos colonies ; elle désole et nos fabriques de luxe et nos beaux-arts naissants ; elle obère la France de quatre cents millions ;

elle contraint le controleur général à recourir à des ressources honteuses et usuraires; sa durée et son terme sont marqués par des créations d'offices ridicules; elle donne naissance au timbre, à la marque de l'or, aux droits sur les boissons; elle empoisonne les derniers moments de Colbert, qui meurt, en 1683, injustement voué à l'exécration du peuple, auquel on soustrait son cadavre en l'enterrant de nuit. — Louis, tout puissant en apparence, est réduit, faute d'argent, à offrir la paix; les alliés s'empressent d'y donner les mains. — La Guerre de 1672, commencée sans motifs, finit sans résultat, ou du moins n'aboutit qu'à incorporer au royaume la Franche-Comté et quelques villes de Flandre, qu'on eût pu acquérir à bien meilleur marché. Le roi n'a-t-il pas attaché à sa couronne Dunkerque et Strasbourg, en achetant la première de ces villes et en s'emparant par surprise de l'autre dans la Guerre suivante. Quant à dérober, autant le faire sans verser de sang. — Dans cette Guerre on fait pour la première fois emploi de carcasses; l'usage des mortiers à bombes prend accroissement; l'armée est pourvue d'un équipage de siége et d'un large matériel de campagne. Des hopitaux sont établis sur ses derrières. Les gardes françaises d'abord, et tous les corps successivement, prennent l'habit d'uniforme. — Il n'existe plus rien de ces gens d'armes qui, dans les Guerres précédentes, étaient bardés de fer. La cavalerie française commence à se présenter sur les champs de bataille sans être revêtue d'aucune arme défensive. Un seul régiment de cavalerie porte la cuirasse, encore est-ce plutôt le fait d'un caprice du chef du corps et une affaire de complaisance ou de faiblesse de la part du ministre, que le résultat d'une combinaison étudiée. — Le titre de capitaine général avait été décerné à Turenne. — Dans les régiments à deux bataillons, le major commande, en manœuvre, le premier bataillon, où il est censé représenter le Colonel; le lieutenant-colonel commande le second. Dans les régiments de plus de deux bataillons, les autres bataillons sont sous les ordres du plus ancien capitaine à titre de capitaine commandant. — Un des derniers exemples de rançons consenties se voit dans cette Guerre. Louis quatorze revend aux Hollandais, à trois livres par tête, les soldats qu'il avait faits prisonniers et qu'il eût été bien plus profitable de retenir; ce fut une des fautes que commit le ministre Louvois. — La force générale des compagnies d'infanterie française est de cinquante hommes; la troupe est sur

six et sur cinq rangs; il y a cinquante-deux officiers par régiment. Les piquiers forment le tiers du bataillon. — Les grenadiers se forment en compagnies permanentes, à l'imitation de la compagnie de grenadiers du régiment du roi, compagnie créée en 1670. — Les pontons de cuivre, inventés par les Français, commencent à être en usage. — Les mousquetaires de la garde se distinguent partout où ils donnent. — Le roi avait entrepris la Guerre avec cent mille hommes; ses forces montent bientôt à cent soixante-seize mille, et s'élèvent successivement, à ce que dit Decrammeville (1789, A), à deux cent vingt-cinq mille hommes, dont cent soixante-cinq mille d'infanterie et soixante mille de cavalerie; ainsi la cavalerie forme à peu près le quart de l'infanterie. — Au moment de la paix, l'armée était montée à quatre cent mille hommes. — Plusieurs actions de choc sont remarquables dans cette Guerre, que Bonaparte (Montholon (t. v) regarde comme *une ère nouvelle de l'art militaire*. — Pendant les campagnes qui suivent 1672, Louis quatorze introduit dans ses troupes la passion du luxe, que Turenne cherchait au contraire à proscrire. — La paix de Nimègue met fin, en 1678, à cette Guerre aussi politiquement désastreuse que militairement glorieuse. — Les auteurs qu'on peut consulter sur ce sujet sont Ramsay et Rozière (1764). Les quatre dernières campagnes ont été décrites par Grimoard et Beaurain. La campagne de Condé l'a été par Zurlauben (1760, G).

GUERRE de 1685 (H). Sorte de guerre française. Terminée ou suspendue par une trêve de vingt ans, conclue en 1684 (10 août) entre Louis, l'Empire, l'Espagne et la Hollande, elle a pour inutiles résultats la prise de Courtray, de Dixmude, de Trèves et de Luxembourg, que Vauban emporte de vive force. L'art des siéges avait fait de notables progrès depuis quelques années. — La cavalerie commence à se servir de cartouches.

GUERRE de 1688 (H). Sorte de guerre française dont l'issue est ruineuse; elle dure dix ans; elle augmente de vingt millions sterling la dette de l'Angleterre; elle lui coûte en tout trente-six millions; mais cette puissance s'en libère en partie après la paix. — La hauteur et l'injustice avec laquelle Louis quatorze expliquait à son avantage plusieurs points du traité de Nimègue conclu en 1678, ses efforts pour faire échouer les projets de Guillaume sur l'Angleterre, la surprise de Strasbourg livré en 1681 à l'armée française par les manœuvres de Louvois, les succès militaires de 1685, enfin la crainte et la haine qu'inspire l'ambition de Louis soulèvent l'Europe contre lui, et donnent naissance à la fameuse ligue d'Augsbourg, formée en 1687 et suscitée par le stathouder Guillaume d'Orange, ennemi politique et personnel du roi. — La Guerre, à peine interrompue, se rallume avec une nouvelle fureur. Quatre cent cinquante mille hommes, partagés en cinq armées, sont commandés par Luxembourg, Catinat, Boufflers, Noailles, etc.; elles résistent avec avantage à leurs nombreux adversaires; elles sont victorieuses à Fleurus, à Staffarde, à la Marsaille, à Nerwinde, à Steinkerque. — La flotte française, commandée par Tourville, longtemps victorieuse, éprouve à la Hogue un fatal échec. — Louis fait construire une bombe monstrueuse, une machine infernale, destinée à foudroyer Alger. Les Anglais dirigent de pareilles tentatives en 1693 et 1694 contre Saint-Malo, Dieppe, le Havre, Dunkerque, Calais; ils détruisent presque cette dernière ville. — Tout le Palatinat est incendié une seconde fois par l'ordre du féroce Louvois. — Les progrès qu'avait faits pendant la paix l'art militaire sont sensibles au commencement de cette Guerre. Les alignements sont plus corrects et plus rapides; l'infanterie est sur cinq rangs, et commence à se mettre uniquement sur quatre. — On se bat de plus loin, parce que les mousquets sont en plus grand nombre. Les piquiers ne sont plus dans les bataillons français que dans la proportion d'un cinquième. Les compagnies sont à trois, à huit, à treize, à seize par bataillon, mais surtout à treize. La force des bataillons est de six cents à huit cents. Les files sont de cinq et de quatre hommes. Les escadrons français sont à quatre compagnies. — Vingt-six régiments sont créés; des compagnies nouvelles grossissent les vieux cadres, et accroissent l'armée de trente-cinq à quarante mille hommes; son total est de deux cent soixante mille hommes environ. La cavalerie forme encore le quart de l'infanterie; mais le nombre des fantassins s'accroît à mesure que l'importance de cette arme est plus sentie, et le total de l'armée s'élève jusqu'à trois cent quatre-vingt-seize mille hommes. — On commence à attacher des baionnettes a douille aux fusils de l'infanterie. — Le pain de munition devient l'objet d'une administration mieux étudiée. — On fait usage dans les campagnes de 1690 de cartouches a fusil; mais on ne s'en sert pas encore pour amorcer. — Les troupes d'infanterie adoptent l'usage du ceinturon; quelques corps s'affublent de cocardes de papier, afin que les jours d'action le soldat reconnaisse ceux de son parti et en soit reconnu.

— Les carabiniers a cheval commencent à combattre comme corps spécial à l'ouverture de la campagne de 1692. — La réputation des dragons fléchit, en 1692, à Steinkerque, où ils combattent à pied; ils la rétablissent à la Marsaille en 1693, où ils combattent comme cavalerie. — La prise de Mons et de Valenciennes sont les dernières opérations militaires auxquelles assiste le roi. — Le nombre des maréchaux de camp devient démesuré. — La mort de Luxembourg, la lassitude qu'occasionne la Guerre, la misère du peuple, décident Louis quatorze à demander la paix et à la consentir honteuse. Elle est signée en 1697 à Riswick après quinze ans de désolations. — Les dépenses où l'Angleterre est entraînée par cette Guerre s'élèvent à trente-six millions sterling, ou neuf cent millions de francs; elle y perd cent mille hommes. — Eugène, dans ses *Mémoires* (1827, D), donne à l'égard de cette Guerre un précis curieux; Dumont, Roussel, Voltaire (*Siècle de Louis quatorze*) et les observations sur la Guerre de la succession d'Espagne (*Journal des Sciences militaires*, t. IX) peuvent aussi être consultés.

GUERRE de 1701 (H). Sorte de guerre française nommée de la succession d'Espagne; les Anglais l'appellent Guerre de 1702. — Le commencement de ce siècle est marqué par une nouvelle tentative de spoliation diplomatique en vertu de traités secrets; la Guerre de 1667 en avait donné le modèle. Le partage de la Silésie et le démembrement de la Pologne en ont été, quelques lustres plus tard, une imitation. — Peu avant la mort de Charles deux, roi d'Espagne, la France, l'Angleterre et l'Empire, avaient conclu un premier, puis un second traité qui démembraient la Péninsule. Mais le monarque espagnol, obsédé par Louis quatorze, désigne le duc d'Anjou pour son héritier. Louis trouve alors plus profitable d'accepter le testament que de demeurer fidèle au pacte consenti; l'Angleterre et l'Empire en sont choqués, et lui déclarent la Guerre. — Guillaume, décédé au moment de se mettre à la tête des armées, est remplacé dans le commandement par Marlborough et Eugène. Leurs forces et leur génie, agissant de concert, triomphent presque toujours de l'armée française, conduite par des chefs désunis. Vauban, Catinat, Villars, capables eux seuls de résister à de tels adversaires, sont abreuvés de dégoûts, et renoncent au commandement. — Villeroi est surpris dans Crémone, et y est fait prisonnier. — Tallart subit le même sort à Hochstet, où l'incapacité de ce général occasionne la destruction de l'ARMÉE. — Donawert, RAMILLIES et TURIN, où est tué MARSIN, sont témoins de semblables DÉFAITES. — Des ACTIONS partielles, poussées avec à propos et vigueur, font échouer les débarquements des ANGLAIS à Belle-Isle en 1703, à TOULON en 1707, à BOULOGNE, à Etaples, à la Hogue en 1708, à Agde et à Cette en 1710. — EUGÈNE remporte la victoire à MALPLAQUET en 1709. — La MILICE PORTUGAISE, longtemps attachée au parti français, se déclare contre LOUIS; mais la bataille de Villaviciosa, que VENDOME gagne en 1710, consolide le trône de la dynastie nouvelle. — L'ALSACE, la FLANDRE, la LORRAINE, une partie de la CHAMPAGNE, sont envahies. Des partis ennemis viennent jusqu'à Sèvres enlever un courrier qu'ils prennent pour le dauphin. — Les Impériaux, maîtres de REIMS, menacent Paris. La famine désole la FRANCE. LOUIS demande en vain une paix qu'il se résigne à acheter aux conditions les plus dures. On repousse ses propositions s'il ne s'engage préalablement à détrôner de ses propres et seules mains son petit-fils. Il s'y refuse avec indignation. — L'armée de LOUIS s'était montée, non compris celle d'ESPAGNE, à trois cent quatre-vingt-douze mille hommes; elle était, en 1707, de quatre cent cinquante mille; et pourtant elle avait plié souvent, et s'était laissé enlever successivement les principales places frontières des PAYS-BAS. La FRANCE allait être réduite aux dernières calamités, si la disgrâce et le rappel de MARLBOROUGH n'eussent changé la face des choses. Ce GÉNÉRAL voulait la Guerre; la reine Anne désirait la PAIX; elle la conclut avec LOUIS à UTRECHT; mais les Impériaux n'y prennent point part et leurs succès continuent à porter la désolation dans le royaume. — La campagne de 1710 fut marquée par d'honorables faits d'armes au désavantage des expéditions maritimes des ANGLAIS; la ressource des MARCHES EN CROUPE et EN POSTE y avait été utilement appliquée. — L'heureuse issue de la bataille de DENAIN sauve notre pays, et VILLARS répare dix ans de DÉFAITES et de honte par le traité inattendu de RASTADT. — Des LEVÉES considérables avaient épuisé le trésor; des créations de CORPS nouveaux portent une grave atteinte à la COMPOSITION et à la DISCIPLINE de l'armée. L'ANGLETERRE voit s'augmenter de trente-cinq millions sterling sa dette; elle dépense en totalité, dans cette Guerre, soixante-deux millions cinq cent mille livres sterling (un milliard, cinq cent soixante-deux millions cinq cent mille francs), à ce qu'affirme le *Spectateur militaire* (t. VI, p. 399). Mais elle y gagne la possession de

GIBRALTAR, tombé en son pouvoir en 1703. — Les Guerres de LOUIS QUATORZE lui coûtèrent moins cher, dit-on, que ses édifices; mais cette double profusion élevait, à l'instant de la mort du grand roi, la dette de la FRANCE à deux milliards six cents millions, somme effrayante, puisque l'argent était à vingt-huit livres le marc. — Les REMONTES faites à l'étranger avaient occasionné une exportation de plus de cent millions. — La PAIX D'UTRECHT, signée en 1713, et celle de RASTADT, en 1714, assurent à la maison de LOUIS QUATORZE la couronne d'ESPAGNE. Ainsi finit une Guerre de treize ans. — Il n'a fallu rien moins que vingt ans de PAIX et le ministère froid, mais sage de FLEURY, pour réparer quelque peu l'appauvrissement de la FRANCE, et la retenir sur les bords de l'abîme creusé par les erreurs du grand roi. — L'usage des ÉCHARPES MILITAIRES cesse. — Les COLONNES D'ATTAQUE prennent faveur. — L'INFANTERIE FRANÇAISE est à un, deux, quatre BATAILLONS par RÉGIMENT, et à treize COMPAGNIES par BATAILLON de sept cents hommes; chaque BATAILLON se partage, non plus par MANCHES, mais en DEMI-RANGS et en QUARTS DE RANG. La MILICE recrute la LIGNE. — Les TROUPES à pied sont sur quatre RANGS, et commencent à se mettre SUR TROIS. La CAVALERIE commence à se former sur deux LIGNES. — La PIQUE est abandonnée, le FUSIL devient l'ARME A FEU généralement en usage; mais, à cet égard, *la Guerre*, dit GUIBERT (1773, E, *Disc. prél.*), *se fit avec incertitude; les bataillons combattaient tantôt à quatre, tantôt à six, et les anciens officiers réclamaient toujours les piques.* — LESSAC (1783, A) se montre également persuadé que les sanglants désastres éprouvés par les FRANÇAIS furent en partie causés par l'abolition de la PIQUE et par l'imperfection du FEU de notre INFANTERIE; il dit, en parlant des FRANÇAIS : *Leur chaleur se tourna en impatience; avertis par instinct de l'erreur de leurs chefs, ils les méprisèrent; et, perdant l'espoir et jusqu'au zèle de la victoire, ils ne songèrent plus qu'à sauver leur vie.* — Les FRANÇAIS, combattant au Nord, au lieu d'imiter leurs adversaires qui ornent leur bonnet d'un branchage ou d'une poignée de foin, mettent les JOURS D'ACTION la COCARDE de papier pour se mieux reconnaître entre eux. Quant aux FRANÇAIS combattant au Midi, ils prennent, ainsi que les soldats ESPAGNOLS, leurs ALLIÉS, la COCARDE rouge et blanche. Ce fait témoigne que les COCARDES, adoptées uniquement d'abord comme signe de CONFÉDÉRATION ou comme distinction utile dans le combat, n'ont commencé à être d'un usage général, dans quelques ARMÉES seulement, que depuis les dernières années de Louis QUATORZE. — Il est rendu, en 1701, une ordonnance qui défend aux OFFICIERS, sous peine d'être cassés, de délivrer des CONGÉS D'ANCIENNETÉ. — Les COMPAGNIES D'INFANTERIE FRANÇAISE commencent à devenir des UNITÉS TACTIQUES ; jusque-là c'étaient les FILES qui étaient UNITÉS. — Les DRAPEAUX de l'INFANTERIE FRANÇAISE, au lieu d'être répartis sur divers points du BATAILLON, comme cela se voyait dans la Guerre de 1667, commencent à se grouper à son centre. — Le titre de CAPITAINE GÉNÉRAL est donné aux GÉNÉRAUX servant en ESPAGNE. — La GROSSE CAVALERIE porte la DEMI-CUIRASSE. — La bataille de DENAIN est la première où l'ARMÉE FRANÇAISE exécute des CHARGES D'INFANTERIE. — Cent RÉGIMENTS, créés à un BATAILLON sur le pied de six cents hommes, ne parvinrent jamais à mettre sur pied plus de deux cent cinquante hommes chacun ; tel est le vice des CORPS créés à la hâte pour la Guerre ; on n'avait encore aucune idée de ce système suivant lequel les cadres doivent élastiquement s'élargir ou se resserrer, et non se multiplier ou s'abolir. — Les ESCADRONS FRANÇAIS sont de quatre COMPAGNIES. — DELIGNE (1777, H) a donné quelques aperçus sur les GÉNÉRAUX qui figurent dans cette Guerre. — Cette Guerre coûte à l'Angleterre quarante-trois millions sterling et quatre cent cinquante mille hommes. — DUMONT, M. DUVIVIER (1826, B), le prince EUGÈNE (1827, D), ROUSSEL, ROSIÈRE, VACANI, VOLTAIRE (*Siècle de Louis quatorze*), peuvent également être consultés.

GUERRE de 1719 (H). Sorte de GUERRE FRANÇAISE de peu d'importance. PHILIPPE d'Orléans, régent, la soutient contre l'ESPAGNE. Elle fut une suite de la conspiration de Cellamare, ambassadeur d'Espagne. Le duc du Maine, bâtard de Louis quatorze, trempait dans cette conspiration, qui avait pour but de faire passer à Philippe cinq la régence. — La Guerre de 1719, terminée en 1720, appauvrit toutes les puissances qui y prennent part, et leur impose une dette énorme. Elle coûte à l'Angleterre cinquante-quatre millions cinq cent mille livres sterling, ou un milliard trois cent soixante-deux millions cinq cent mille francs.

GUERRE de 1733 (H). Sorte de GUERRE FRANÇAISE qui éclate après vingt ans de paix et à l'occasion du décès d'Auguste deux, qui laissait vacant le trône de POLOGNE. Elle est concertée avec l'ESPAGNE et le PIÉMONT ; elle est déclarée par Louis QUINZE à l'empereur d'AUTRICHE. Le MINISTÈRE DE LA GUERRE s'y préparait depuis huit ans. La FRANCE met sous les armes près de deux cent mille hom-

mes, non compris la garde des places, des côtes et des colonies ; elle jette une ARMÉE sur le Rhin, une dans les évêchés, une en ITALIE. — Son ARMÉE, l'une des premières pour lesquelles il ait été dressé des CAMPS D'INSTRUCTION, est une des plus belles et des mieux constituées que la FRANCE eût eues encore ; on la devait à l'habileté de LEBLANC et de DANGERVILLIERS et à la sagesse de FLEURY. — Les finances étant moins délabrées que dans les autres Guerres, le gouvernement se contente d'une subvention ou *don gratuit* de vingt millions, que le clergé acquitte en deux payements. — LOUIS QUINZE réussit à faire élire une seconde fois Stanislas, son beau-père, par les POLONAIS ; mais l'empereur, appuyé de la RUSSIE, s'oppose à son élection ; quinze cents FRANÇAIS, chargés de la soutenir, osent lutter contre dix mille RUSSES ; mais ils sont forcés de se rendre prisonniers. C'est le premier choc où s'entrevoient les MILICES RUSSE et FRANÇAISE. — La HOLLANDE et l'ANGLETERRE restent neutres. La FRANCE obtient dans l'ITALIE autrichienne des succès rapides. Elle y emploie soixante-huit mille hommes ; il y meurt vingt-trois mille hommes, comme le témoigne TURPIN (1783, O) ; plus de la moitié de ce nombre avait péri aux HOPITAUX, alors déplorablement tenus. — Le maréchal de VILLARS, GÉNÉRAL EN CHEF des ARMÉES FRANÇAISES, espagnoles et piémontaises, meurt à quatre-vingt-deux ans, après s'être emparé de MILAN. — Son successeur, le duc de COIGNY, et le duc de Montemor, général espagnol, s'illustrent par plusieurs victoires. — D'ESPAGNAC et MAURICE DE SAXE figurent dans les CAMPAGNES de cette Guerre. Le comte (depuis duc) DE BROGLIE s'y distingue, à l'âge de quinze ans, au siège de Pizzighitone et aux affaires sanglantes de PARME et de Guastalla, et est fait prisonnier à la SURPRISE de la Secchia. — Un coup de canon emporte BERWICK en 1734 au siège de Philisbourg. — EUGÈNE paraît pour la dernière fois sur la scène militaire, et signe la paix sans avoir livré de bataille ; il n'y put acquérir, comme il le dit dans ses *Mémoires* (1827, D), *qu'une gloire passive*. — L'empereur Charles six perd presque toute l'ITALIE. — Cette Guerre, la seule qui, depuis CHARLEMAGNE, se soit terminée dans cette contrée avec un plein succès pour les FRANÇAIS, donne à la FRANCE la Lorraine, à l'infant don Carlos d'Espagne, prince héréditaire de Toscane, NAPLES et la SICILE, au roi de Sardaigne le Tortonnais et la Navarre. — On combat sans être encore précisément arrêté, comme dit GUIBERT (1773, E), sur l'ORDRE MINCE et l'ORDRE PROFOND. La prééminence du fusil sur la pique, ou de la pique sur le fusil, restait chose douteuse; ces dissentiments en tactique étaient un fruit des systèmes de Folard. — L'infanterie était quelquefois encore sur quatre rangs, et comprenait des corps d'arquebusiers. — Les bataillons sont de dix-sept compagnies et de sept cent trente hommes; il y a deux ou trois bataillons par régiment. — Cette division en dix-sept compagnies était une modification ou une imitation de l'ancien système de la marche par manches. — La cavalerie pesante porte le plastron. — Les Français commencent à reconnaître l'importance de la cavalerie légère et le besoin d'accroître la leur; ils cherchent à suppléer à ce qu'il leur manque à cet égard par des créations de compagnies franches. — La Guerre se termine, en 1755, par la paix de Vienne, conclue définitivement le 8 novembre 1738. — Lerouge (1741), Massuet, Turpin (1783, O), Voltaire (*Siècle de Louis quinze*), peuvent être consultés à l'égard de la Guerre de 1755. — L'ouvrage de Puységur (1748, C) est surtout celui où l'on voit quelle était alors la science de la guerre, et les progrès qu'elle commençait à faire.

GUERRE de 1739 (H). Sorte de guerre française, ou plutôt de campagne de trois semaines, qui suffisent à Maillebois pour soumettre la Corse aux armes françaises.

GUERRE de 1741 (H). Sorte de guerre française que les Anglais appellent Guerre de 1746; elle est le fruit des intrigues du maréchal et du chevalier de Belle-Isle. Les efforts qu'ils font dans leur intérêt particulier l'emportent sur la circonspection du cardinal de Fleury. Louis quinze prend parti contre la Sardaigne, l'Angleterre et l'Autriche; il déclare une Guerre injuste et mal concertée à Marie-Thérèse, qui défendait la succession de son père, et qui voulait faire couronner empereur son époux. — La France se joint à l'Espagne, et s'unit au roi de Prusse, déjà maître de la Silésie et de la Saxe; cette coalition appuie les prétentions de Charles-Albert, électeur de Bavière, qui aspire à la couronne impériale. — Il avait été question en conseil, à Versailles, de faire revivre l'usage des chars a faux. — Une armée étrangère est soldée par Louis quinze. — Sans y être préparée, l'armée française entre en campagne; elle se grossit, ou plutôt se surcharge d'une quantité de légions, de chasseurs, d'arquebusiers, de partisans, de corps, levés à la hâte, au nombre desquels se distinguèrent les Fischers, ainsi appelés du nom de leur chef, les fusiliers de la Morlière, créés en 1745. — Malgré les exemples fàcheux de la guerre de 1701, et

le peu de succès qu'on avait tiré de la composition des cadres nouveaux, le ministère de la guerre recourt, en 1742 (1er août), à la vicieuse ressource du dédoublement des compagnies, afin d'ouvrir des débouchés, et d'offrir des emplois à un grand nombre de gentilshommes. — Le roi d'Angleterre, quoiqu'il ne fasse la guerre à la France qu'en qualité de roi de Hanovre, fait insulter cependant nos côtes par la flotte anglaise. — Une expédition mal concertée vient attaquer, en 1742, la ville de Lorient, et prend la fuite à l'instant de s'en emparer. — Potier (1779, X) nous a transmis le contenu d'un cartel de bonne guerre signé en 1742 (avril). Il établissait entre les armées française et prussienne d'une part et l'armée impériale de l'autre une sorte de droit de la guerre, un taux de rançons. Il était interdit de recourir aux partis bleus et aux chenapans; il était défendu (art. 60) de se servir de balles d'étain, ou autres balles empoisonnées, de corrompre les eaux, d'attenter à la vie des hommes ou des animaux par d'autres procédés que ceux de la bonne guerre. Il y était question de la conduite à observer envers les prisonniers de guerre. — Les Français, dit Potier (1779, X), *en exécutèrent les conditions de bonne foi; mais, la défection subite et imprévue du roi de Prusse ayant fait pencher la balance du côté de la reine, les généraux de cette princesse ont enfreint les clauses de ce traité de la manière la plus inhumaine.* — Dès l'hiver de 1744, l'infanterie ne trouvait plus pour recrues que des enfants hors d'état de faire campagne : on les incorpora dans les bataillons de miliciens des places frontières, et l'on demanda en échange des hommes de bonne volonté à ces bataillons; il s'en présenta en telle quantité, qu'on ne fut embarrassé que du choix : telle fut la cause originelle de la création des grenadiers royaux, qui se couvrirent de gloire pendant le reste des campagnes de cette Guerre. — Le défaut de cartes (car le dépôt de la guerre en possédait à peine quelques mauvaises) fut une des entraves des opérations de la campagne. D'autres désavantages résultèrent de la non-existence de sapeurs d'infanterie. Mais de brillantes surprises de postes illustrèrent les armes françaises. — La Guerre est plus brillante qu'heureuse; c'est surtout une guerre de postes. Nos armées s'y montrent aussi braves que malhabiles; l'instruction de leurs officiers, à ce que Turpin (1783, O) affirme, était nulle; mais nos troupes n'étaient pas les seules qui fussent neuves ou peu instruites. Les Autrichiens, les Anglais, les Hollandais, signalent, au dire de Deligne (1780, I), leurs campagnes par leurs bévues; et la maison d'Autriche eût succombé, à ce que dit Mirabeau (1788, C), sans ses troupes légères, ses hussards, ses pandours, ses compagnies franches, ses Croates, ses Esclavons et ses tolpaches, c'est-à-dire la partie la moins solide de sa milice. — Nos troupes, qui excèdent quatre cent mille hommes, affaiblies par leur nombre même, sont hors d'état de s'avitailler et de vivre; elles sont expulsées de l'Italie et de l'Allemagne. — Le dégoût du service était tel parmi les Français, à ce que rapporte l'Encyclopédie (1785, C, au mot *Désertion*), que les officiers, aussi bien que les soldats, désertaient les armées, et revenaient en foule de Bavière et de Bohême. Le gouvernement fut réduit à expédier l'ordre de les arrêter indistinctement sur les frontières; il ne fallut rien moins que la présence du roi à l'armée et les triomphes du maréchal de Saxe pour relever le moral des troupes. Louis quinze eut recours à un autre moyen, mais toujours aussi fatal que dispendieux, ce fut de prodiguer les grâces, les récompenses, les grades. — Toutes ces troupes envoyées en Bohême, en Westphalie, en Bavière, dit D'Hérouville (1755, B), et qui y étaient entrées dans le meilleur état, reviennent ruinées sans avoir presque assisté à une affaire générale; tels sont les fruits de l'indiscipline et du maraudage. — Une forte partie des troupes françaises, manœuvrant entre la mer et la Meuse, s'empare de Tournay, d'une partie du Brabant, des Pays-Bas autrichiens et de la Flandre hollandaise. — Nos autres avantages avaient consisté dans la conquête d'une partie de l'Autriche, la prise de Prague par Maurice de Saxe et le comte de Broglie; le gain des batailles de Raucoux et de Lauffeldt, le siége d'Egra, l'escalade des lignes de Weissembourg, le couronnement de Charles-Albert dans Francfort, la victoire de Fontenoy, bataille célèbre gagnée par hasard sur la milice anglaise. — Depuis la défection de Frédéric, qui, content d'avoir obtenu la Silésie, avait conclu la paix de Breslaw, les avantages infructueux des premières campagnes sont trop chèrement payés par la défaite de Dettingue, la destruction presque totale de l'armée d'Italie commandée par Conty et l'invasion du Dauphiné et de la Provence, où pénétrent les Autrichiens. — Des Russes entrent en lice à la fin de cette Guerre; mais n'y exécutent rien d'important. — Louis quinze est forcé de renoncer à ses conquêtes; et la France perd cette espèce de droit d'arbitrage que depuis vingt ans elle exerçait en Europe; sa position devient critique vis-à-vis de l'Angleterre; et cet état équivoque s'oppose à la réduction de l'armée sur le pied de paix accoutumé. — Dans la Guerre de 1741, les services de Lowendal et de Maurice leur valent le bâton de maréchal; Despagnac et Dumux y servent avec distinction. Chevert se montre comme général du premier ordre. — La Guerre de 1741 donna lieu à la démolition totale ou partielle des fortifications de Menin, Ypres, Tournay, Mons, Brisach, Fribourg, Demont, Montablan; Louvois avait fait fortifier la plupart de ces places, dans l'intention de les conserver; Dargenson les faisait démanteler en vue de les restituer. — Des ponts de campagne commencèrent à être habilement jetés. — La haute administration d'armée fait quelques progrès sous l'intendance de Hérault de Séchelles. — Les troupes reçoivent le vendredi du riz, à raison de ce qu'elles font maigre. — La grosse cavalerie continue à faire usage du plastron. — L'infanterie est pourvue de tentes. — L'artillerie de campagne commence à se servir de gargousses, et reçoit un développement qu'elle n'avait pas encore eu. — Des troupes au service de France se servent pour la première fois d'obusiers et d'amusettes. — L'infanterie légère, qu'on appelait alors les partisans, prend de l'accroissement et acquiert de l'habileté. — Dans chaque armée, un intendant en dirige l'administration. — Les troupes françaises font, pour la première fois, connaissance avec les hullans. — Des compagnies de cavalerie, créées en 1743, n'avaient pas encore pu entrer en campagne quand la paix de 1748 se concluait : telles étaient alors les lenteurs de l'organisation, le peu d'habileté du ministère et la folle manie du recours à de nouveaux cadres. — Quelques marches en poste ont lieu par urgence. — Chaque bataillon d'infanterie française avait encore trois drapeaux comme dans les guerres de 1667 et 1701; le nombre s'en réduisit peu après. — L'artillerie d'infanterie commençait à être en usage. — L'infanterie sentait l'inutilité des épées; aussi plusieurs régiments français avaient-ils entreposés, en deçà du Rhin, les épées de soldats. — Quelques corps de cavalerie commencent à porter le casque à cimier. — Les compagnies colonelles et celles d'arquebusiers a pied figuraient aux armées pour la dernière fois; le drapeau blanc dont elles avaient la garde commençait à être confié à la première compagnie du corps. — Quelques corps se donnaient une musique turque. — Cette Guerre renouvelle le spectacle des ecclésiastiques guerriers; Clément douze autorise le prince de Clermont, abbé de Saint-Germain des Prés à manier l'épée; c'est lui qui, en 1744, mène les principales attaques du siége d'Ypres. — Le prince de Dessau applique aux grandes manœuvres prussiennes le pas cadencé, aux fusils de l'infanterie les baguettes de fer. — L'ordre sur trois rangs est le seul dont l'infanterie prussienne fasse usage; à son imitation le pas cadencé se propage. — Frédéric deux met en pratique cette régle que, en présence de l'ennemi, *marcher et charger impulsivement sont tout.* Ce roi donne le premier exemple des bataillons de grenadiers. — Les compagnies d'infanterie française commencent à tirer un double emploi de la cartouche a fusil; c'est-à-dire qu'on s'en sert pour amorcer; jusque-là on ne les employait qu'à charger. — Des majors de l'infanterie française essayent le mécanisme des déploiements, qui étaient le fonds de la tactique de Prusse. — L'abus des grades est tel, qu'il se voit, en 1745, dans la Flandre seule, quatre-vingt-seize maréchaux de camp. — L'expérience acquise dans la Guerre de 1741 fait faire des progrès aux méthodes du service de campagne, et fait sentir la nécessité d'une organisation mieux entendue, plus complète de l'état-major de l'armée. Cet éveil, donné à l'esprit d'observation, a profité dans la guerre suivante. — Si, au milieu de tous les désavantages du champ de bataille, les Français eurent momentanément quelques succès, ils le durent en partie, suivant Lessac (1783, A), à l'estime que le maréchal de Saxe avait pour l'arme blanche et au peu de cas qu'il faisait de la ressource du feu. — De deux cent mille hommes que la France tint en Bohême et en Bavière, il n'en rentra pas le quart en France, à ce que Turpin (1783, O) affirme; le plus grand nombre était décédé aux hopitaux, où régnait un affreux désordre. — Après huit ans d'efforts sans fruits, de tâtonnements, de désolations que rien ne rachète, la Guerre de 1741 se termine par la paix d'Aix-la-Chapelle, signée en 1748 (18 octobre). — Les impôts de la France étaient presque triplés; la marine ne possédait plus que deux vaisseaux; la dette publique était augmentée de douze cents millions, malgré le secours de cinquante-quatre millions de dons gratuits que le clergé avait versés en vertu de quatre délibérations différentes. — A l'issue de cette Guerre, les pensions de retraite, jusque-là accordées directement par la cour, commencèrent à l'être par l'intermédiaire des bureaux du ministère. Il en coûte à l'Angleterre quarante-huit millions sterling et

deux cent cinquante mille hommes. — Une des campagnes de cette Guerre, celle de 1744, a été écrite par Frédéric deux et donnée par Roux-Fazillac. — On peut consulter sur l'ensemble des événements : Delacalmelette, Fæsch (G, R), Frédéric deux (*Histoire de mon temps*, de 1740 à 1745), Lloyd (1748, C), Millot, Voltaire, un auteur anonyme (1755, G), le *Dictionnaire de la Conversation* (au mot *Guerre de la Succession*).

GUERRE de 1756 (H). Sorte de guerre française nommée de sept ans à raison de sa durée, ou d'Hanovre, en prenant la partie pour le tout. — Elle est entreprise sans motifs plausibles, conduite sans habileté par la plupart des généraux français et entrecoupée de vicissitudes infinies; elle est marquée par plus de siéges et de batailles que celle de trente ans; elle offre d'instructives leçons comme mécanisme sur le champ de bataille, genre de savoir et d'opérations dont les détails étaient alors regardés comme si importants à une époque où l'on ne parlait que de tactique, et point de stratégie. Elle est mémorable par des fautes sans nombre de la part de toutes les armées qui y figurent; elle se termine au grand désavantage de la France. — En 1755, le roi de Prusse sollicite l'alliance de Louis quinze; il est blessé du refus qu'il éprouve, et se ligue avec l'Angleterre pour prévenir les attaques des puissances du Nord et pour se soustraire aux châtiments dont le menaçait une armée d'exécution. — Les négociateurs avaient négligé, en dressant le traité de paix d'Utrecht, de spécifier les limites des possessions françaises et anglaises au Canada. Les Anglais saisissent ce prétexte pour nous attaquer; on voit alors, comme le dit Voltaire, deux puissances, se disputant quelques arpents de neige en Acadie, ensanglanter un territoire jusque-là désert, et qu'elles ne connaissaient ni l'une ni l'autre : notre pays allait être débouté dans ce ridicule procès d'un vain arpentage. — La France et l'Autriche oublient leur ancienne inimitié; notre cabinet perd de vue les traditions laissées par Henri quatre et par Mazarin; les plénipotentiaires respectifs signent à Versailles le traité d'alliance de 1756 (1er mai), ouvrage impolitique de l'abbé de Bernis. Ce traité décide de notre rupture avec la Prusse: la Guerre est déclarée entre Frédéric deux et madame de Pompadour. — Alors commence, en 1756 sur mer et en 1757 sur terre, cette lutte honteuse pour notre diplomatie, et si peu honorable pour nos armes; les intrigues de cour décident de la marche des événements ; l'impéritie de plus d'un GÉNÉRAL égale la corruption de quesques-uns de nos maréchaux, corruption dont la construction du pavillon d'Hanovre à Paris fut une trace longtemps vivante. — La FRANCE déploie en 1757 une ARMÉE de deux cent cinquante-sept mille hommes ; c'était une nouvelle faute, puisqu'elle ne s'était engagée vis-à-vis de l'AUTRICHE qu'à fournir un secours de vingt-quatre mille hommes. — En 1759, l'INFANTERIE FRANÇAISE est toute disparate : ses régiments sont de quatre, de deux, d'un bataillon : c'était une ineptie de plus au milieu de tant d'autres aberrations. — SERVAN (1780, B) dit qu'en général la FRANCE a tenu sur pied quatre armées : *une en Allemagne, une sur le bas Rhin, une dans la Hesse, une en Espagne.* Généralement aussi il évalue l'ensemble des forces françaises à cent quatre-vingt mille hommes, non compris les TROUPES LÉGÈRES, les garnisons, les gardes-côtes, les troupes embarquées, les colonies, les îles. — La PRUSSE, unie à l'ANGLETERRE, TIENT TÊTE aux forces de l'EMPIRE GERMANIQUE, de l'AUTRICHE, de la RUSSIE, de la SUÈDE, de la FRANCE. Par les plus étonnantes alternatives, BERLIN est plusieurs fois pris et mis à contribution, tandis que DRESDE est occupé par les Prussiens. — FRÉDÉRIC DEUX, admirable surtout au sein des désastres, se montre toujours supérieur aux événements ; il lutte contre des forces formidables sans en être écrasé ; une sorte de prodige l'arrache à une ruine imminente. — Les ARMÉES FRANÇAISES, commandées par les maréchaux d'ESTRÉES et de RICHELIEU, ont d'abord des succès. Après avoir poussé CUMBERLAND à l'embouchure de l'Elbe, les FRANÇAIS le forcent à capituler ; mais ils ne tirent aucun fruit de cet avantage. — Dans la bataille de HASTEMBECK, Brunswick-Lunebourg jette les fondements d'une réputation qui devait venir s'éclipser, en 1792, dans les plaines de la Champagne. Cette même action coûte la vie à un homme connu et comme militaire, et comme littérateur, à BOUCHAUD DE BUSSY. — La FRANCE est attaquée en même temps dans l'INDE et dans l'AMÉRIQUE par l'ARMÉE NAVALE des ANGLAIS, armée bien supérieure alors à leur MILICE de terre. Georges deux, qui ne pouvait pardonner l'envahissement du HANOVRE et les exactions du GÉNÉRALISSIME RICHELIEU, est vainqueur dans les quatre parties du monde. La MARINE française est battue, abaissée, anéantie ; elle perd quatre-vingts vaisseaux ou frégates. — RICHELIEU tire, il est vrai, quelque vengeance des ANGLAIS, en s'emparant vaillamment de Minorque et de PORT-MAHON par un genre d'ASSAUT

jusque-là sans exemple. — La défaite de l'ARMÉE FRANÇAISE à ROSBACH et la perte de la bataille de CREVELT nous font payer avec usure les stériles succès du début et des îles Baléares. — En 1759, BROGLIE gagne la bataille de Bergheim, où périt le général ennemi, prince d'Isembourg ; le bâton de maréchal est donné à BROGLIE, fils d'un maréchal lui-même. — La perte de la bataille de Minden rejette l'ARMÉE FRANÇAISE sur la Lahn. — L'influence de la maîtresse en titre, revêtue du droit de CARTE BLANCHE, et l'incapacité de son protégé SOUBISE, rendent mémorable la désastreuse campagne de 1761. — La pénurie des finances est au comble ; les villes sont forcées de subvenir aux frais de la Guerre. Le monarque, la famille royale, les courtisans, en sont réduits à faire fondre leur vaisselle. — Quoique ses finances soient si obérées, LOUIS QUINZE porte, de 1759 à 1762, son ARMÉE à trois cent trente mille hommes y compris les MILICES PROVINCIALES et indépendamment de sept mille hommes de MILICES BOURGEOISES chargées du SERVICE DE L'INTÉRIEUR. LOUIS entretient dix mille SAXONS et huit mille six cents WURTEMBERGEOIS commandés par leur duc en personne. — En 1761, *elle* (la France) *avait deux armées, l'une de cent mille hommes, l'autre de soixante : Force prodigieuse et suffisante,* dit BONAPARTE (M. le général MONTHOLON, t. v), *pour conquérir l'Allemagne ; l'armée française, quoique si misérablement commandée, était tout autre en 1761 qu'en 1757.* — Contre tout principe raisonnable, le commandement d'une même ARMÉE est déféré, en 1762, à deux GÉNÉRAUX : ce sont D'ESTRÉES et SOUBISE. — La PAIX honteuse de 1762 met fin à cet état de choses ; la FRANCE, qui avait dépensé quatre cents millions par an, reste appauvrie de onze cents millions ; moitié de ses dépenses annuelles avait été perdue sur mer, le reste s'était dissipé en ALLEMAGNE. La dette ANGLAISE s'accroît de trente et un millions sterling (un milliard et demi) ; ou, si l'on en croit le *Spectateur militaire,* les DÉPENSES de l'ANGLETERRE montent à cent douze millions sterling (deux milliards huit cents millions de francs). Les ALLEMANDS évaluaient ses dépenses, en six ans, à trois cents millions d'écus. — *Après sept ans de combats,* dit BONAPARTE (MONTHOLON, t. v), *la paix rétablit les choses sans qu'un seul village se trouve avoir changé de maître.* Mais les vaisseaux, mais les ports, mais les îles, mais les métaux précieux en avaient changé. — Examinons maintenant les conséquences de cette Guerre, les jugements portés par quelques ÉCRIVAINS et les particularités qui se rattachent à l'étude et aux progrès de l'art. — Guibert (1775, E) nous entretient des dilapidations et des abus qui dans l'armée française étaient une suite du système qui remettait l'administration et le service des revues aux seules mains des généraux et des chefs militaires, au lieu de les confier à un corps administratif militaire, surveillable, contrôlable. Ce même auteur (1787, B; 1803, D) fait la peinture des horreurs que le roi de Prusse commit, et lui reproche les dévastations, les incendies, les démolitions, les pillages qu'il ordonnait de gaieté de cœur en Saxe; il l'accuse de basse animosité contre le comte de Bruhl. — Il démontre combien de fausses idées s'étaient accréditées et combien de fautes furent commises par les armées différentes. — Frédéric perd en personne trois batailles sur seize : l'armée prussienne, considérée à part de son roi, en perd autant qu'elle en gagne; elle avait contre elle l'infériorité des forces, et pour elle la précision et l'habileté dans les évolutions alors connues ; le général Seydlitz maniait la cavalerie avec une science jusque-là sans exemple. Dans les dernières campagnes, l'artillerie a cheval de Prusse avait acquis une rapidité égale à celle des autres armes; et l'infanterie prussienne, depuis longtemps habile, en était venue au point, comme le dit Mirabeau (1788, C), de discerner les manœuvres qui lui manquaient, de créer au besoin et de rendre plus rapides, plus sûrs encore, ses déploiements foudroyants, ses merveilleux changements de front. — Ce même écrivain pense que, sans le secours et l'énergie de ses Croates et de ses hussards, la maison d'Autriche succombait. — Des observateurs et des critiques, qui des petites causes tirent de grands résultats, ont attribué une partie de nos désastres à l'indifférence que nos généraux mettaient à communiquer directement avec les espions; ils avaient institué une fonction nouvelle : celle de chef d'espions (incorrectement nommé chef aux espions) : le partisan Fischer en était chargé. — L'armée française, surprise dans son camp, en 1762 (24 juin), à huit heures du matin, ne l'eût pas été, disent ces auteurs, si les grands seigneurs qui la commandaient avaient eu le moindre espion. — On lit dans Jabro (1777, G) que *les jésuites et les dévots attribuèrent aux encyclopédistes nos malheurs. Et cependant c'était à des hérétiques, tels que les Anglais et le roi de Prusse, que l'avantage restait.* — *Si l'indiscipline,* dit Lessac (1783, A), *y contribua* (aux malheurs de nos armes), *ce n'est point celle du soldat. Ce serait une injustice de l'accuser des*

désastres dont il n'était que la victime. On ne pouvait comparer à l'indiscipline des généraux que leur luxe. — On vit, à ce que dit Lessac, tels d'entre eux *entretenir journellement une table de cent et de deux cents couverts.* — On voit dans Despomelles que, pendant cette Guerre, cinquante mille Français avaient péri à l'hopital ; il attribue cette consommation d'hommes à la faible espèce des soldats : *L'armée ne prit,* dit-il, *un peu de consistance qu'après une incorporation de quarante-neuf bataillons de milice.* — *L'Etat perdit,* dit Voltaire, *la plus florissante jeunesse, plus de la moitié de l'argent comptant qui circulait dans le royaume, sa marine, son commerce, son crédit. Quelques ambitieux, pour se faire valoir et se rendre nécessaires, précipitèrent la France dans cette Guerre. La dépense seule de l'extraordinaire des Guerres avait été en une année de quatre cent millions : qu'on juge par là du reste. La France aurait beaucoup perdu quand même elle eût été victorieuse.* — L'Angleterre lui enleva ses possessions dans le continent de l'Amérique septentrionale, abima ses flottes, ruina son commerce en Afrique et aux grandes Indes; elle exigea plus de vingt millions pour avoir nourri les vingt et un mille matelots français dont elle s'était emparée pendant la Guerre. L'affaire s'arrangea, dit Choiseul, pour seize millions, que la France paya en trois ans pour cette espèce de rachat de prisonniers. — Cependant Choiseul, à l'aide des intrigues qu'il sut fomenter à Londres, et grâce à la chute de Pitt, qui prétendait ne rien restituer des conquêtes faites sur la France, parvient à faire recouvrer au royaume Pondichéry, les Philippines, la Guadeloupe, la Martinique, Sainte-Lucie, Cuba, la Havane, Honduras, Gorée, Belle-Isle et la pêche de Terre-Neuve. L'Angleterre ne conserva que le vaste désert du Canada. — Occupons-nous de quelques-unes des conséquences de la guerre de sept ans par rapport à l'armée française. — Tout le bien qui en fut le fruit, comme le remarque Bohan (1784, H), c'est que la guerre mit dans toute son évidence l'ignorance du militaire français en général, mais surtout le peu de savoir tactique des officiers et les vices nombreux de la constitution. Un grand ministre, s'appuyant sur cette conviction, osa opérer une grande révolution, embrasser l'instruction des différentes armes, refondre les lois, créer une administration, relever la discipline, remédier à la pénurie des cartes du dépot de la guerre, mettre sur un autre pied l'état-major de l'armée. Telle fut l'œuvre entreprise de 1762 à 1763 par Choiseul. — Le besoin d'ordonner plus méthodiquement l'ARTILLERIE se fit sentir et occasionna une polémique entre les GÉNÉRAUX VALLIÈRE et GRIBEAUVAL; après quinze ans de débats, le système de GRIBEAUVAL a prévalu; les CANONS A CHAMBRE furent abandonnés. — Les généraux n'étaient jusque-là que de jour: ils commencèrent à avoir le commandement à poste fixe de leurs TROUPES. — Cherchons maintenant quel était l'état de l'ART, les formes du SERVICE, les usages de la TACTIQUE et les régles relatives à certaines parties de l'UNIFORME des CORPS. — Les HOPITAUX DE GUERRE des ARMÉES FRANÇAISES sont un objet d'entreprise adjugée au rabais; leur administration était une suite de révoltants désordres. *Les hôpitaux*, dit Guibert (1773, E), *étaient des charniers.* — Les FEMMES SUSPECTES que le PRÉVÔT saisit sont expulsées; mais auparavant on leur noircit la figure avec une composition quasi indélébile. — La HALLEBARDE et l'ESPONTON disparaissent définitivement. — Les OFFICIERS D'ÉTAT-MAJOR commencent à s'occuper du CAMPEMENT, comme le témoigne TURPIN (1783, O. p. 341). Jusque-là ce soin n'avait regardé que le MARÉCHAL DE CAMP DE JOUR. — L'usage du MOT DE RALLIEMENT s'introduit. Le mot STRATÉGIE prend naissance. — La MUSIQUE militaire est dans l'enfance. *On ne saurait dire*, à ce qu'affirme Jean-Jacques ROUSSEAU, *à combien de braves gens des tons faux ont coûté la vie*, parce que les paysans d'outre-Rhin méprisent et assassinent des soldats qu'ils supposent tous des recrues à cause de la médiocrité de leurs INSTRUMENTISTES. — Cependant l'importance du PAS CADENCÉ commençait à être généralement sentie. — Il est donné une tente à la GARDE du CAMP, quoique le RÉGLEMENT DE CAMPAGNE de 1753 en décidât autrement. — Les GRENADIERS ROYAUX, création alors nouvelle, se montrent avec éclat. — Les DRAGONS FRANÇAIS soutiennent et augmentent même leur ancienne réputation. — La MARAUDE, jusque-là punie de MORT, est réprimée à COUPS DE BATON; il y aurait eu trop de soldats à BRANCHER, parce que tous les liens de la DISCIPLINE étaient relâchés, comme le témoigne SAINT-GERMAIN (*Correspondance*). — La GROSSE CAVALERIE revêt le PLASTRON par-dessus l'HABIT long. — Les COMPAGNIES FRANCHES à pied et à cheval prennent de l'accroissement et de l'importance, et servent comme TROUPES LÉGÈRES; le célèbre partisan Devert s'illustre à leur tête, et y est tué. La création des TROUPES LÉGÈRES de FRANCE et l'emploi des LÉGIONS formées d'HOMMES DE PIED et DE CHEVAL datent de cette Guerre; où, en d'autres termes, les COMPAGNIES franches sont remplacées par des RÉGI-

MENTS LÉGERS, qui, suivant JABRO (1777, G), servirent moins bien qu'elles ne l'avaient fait dans les GUERRES précédentes. — La classe des AUMONIERS tombe dans le discrédit, parce que quantité de moines expulsés de leur couvent figurent dans la GUERRE D'HANOVRE; est-ce par cette raison que, dans tout le cours de la Guerre, il est peu question de BÉNÉDICTIONS DE TROUPE. — La manière de mettre en jeu l'AVANT-GARDE d'une ARMÉE devient plus méthodique. L'emploi des OBUSIERS devient plus puissant, plus savant. — Les modifications que la TACTIQUE de l'INFANTERIE éprouve consistent en ce qu'on ne forme plus de COLONNE PAR BATAILLONS; on ne les forme que d'un front bien moindre; les FEUX EN AVANÇANT deviennent ou plus rares ou moins compliqués; les COMPAGNIES forment DEMI-PELOTONS; des CHARGES D'INFANTERIE sont de temps en temps un moyen de choc décisif. — Les FEUX DE BILLEBAUDE ou de trois rangs, les hommes restant debout, sont exécutés avec succès par des RÉGIMENTS FRANCO-ÉTRANGERS. — On commence à pratiquer les CARRÉS et à en sentir l'utilité. TEMPELHOF le témoigne; mais l'INFANTERIE FRANÇAISE avait encore recours aux lourdes et anciennes CONVERSIONS EN BATAILLE, c'est-à-dire que, pour changer la position ou la direction d'une LIGNE DE BATAILLE, on faisait mouvoir le BATAILLON tout d'une pièce. — L'usage des COLONNES D'ATTAQUE devient plus fréquent et plus général. Le CAMPEMENT de l'INFANTERIE a lieu par TENTE de sept hommes, et l'on fait dans les CAMPS le premier essai de la batterie nommée BRELOQUE. — La guerre de PARTISANS devient importante et habile. — La CAVALERIE FRANÇAISE n'a encore ni ensemble ni légèreté. — Dans les deux dernières campagnes, l'ARMÉE FRANÇAISE commence à s'organiser et à combattre en DIVISIONS. — Dans la campagne de 1759, nous faisons le premier essai des BATAILLONS DE GRENADIERS et de CHASSEURS; et l'on voit s'établir l'usage de mettre à la tête des COMPAGNIES DE GRENADIERS les plus anciens CAPITAINES du corps. — L'ARMÉE FRANÇAISE, toujours avide de nouveautés, admire les BONNETS A POIL des AUTRICHIENS; quelques COMPAGNIES françaises commencent à s'en coiffer, le CORDON du bonnet fait le tour de la poitrine de l'homme. — L'INFANTERIE se sert de COUVRE-PLATINES et la GROSSE CAVALERIE porte la DEMI-CUIRASSE. — La COCARDE française est blanche et verte; mais chez les adversaires de la FRANCE, l'usage de la COCARDE est inconnu. — Il y a des ÉCRIVAINS qui ont regardé le mauvais succès de la Guerre de 1756 comme ayant été le fruit ou de l'infériorité de notre TACTIQUE, ou de l'inhabileté des GÉNÉRAUX qui étaient à la nomination d'une favorite, ou enfin de l'oubli total où la GYMNASTIQUE des anciens était tombée. — L'ANGLETERRE perd dans cette Guerre deux cent cinquante mille hommes et cent onze millions sterling. — Quantité d'AUTEURS ont traité de la Guerre de 1756 ; tels sont : ARCHENHOLTZ, BONAPARTE, BOURCET, DECKER (1839), DELIGNE (1805, A), DUCLOS, DUMOURIEZ (1790), FRÉDÉRIC DEUX (*Histoire la Guerre de sept ans*), JOMINI (1818, H ; 1819, B), LINDSAY, LLOYD (1762, M ; 1771, I ; 1783, Q ; 1784, C ; 1801, A), MARCHESSAN, MAUBERT (1758, K), le général MONTHOLON (t. II et V), MONRO, RETZOW, RICHARD, ROESCH, ROGNIAT (1816, B), ROUX-FAZILLAC (1803, B), SMITH (1779, H), TEMPELHOFF, TIELKE, VOLTAIRE (*Siècle de Louis quinze*), WARNERY (1760, N ; 1777, L).

GUERRE de 1767 (H). Sorte de GUERRE FRANÇAISE dont la pacification de la CORSE est l'objet. Elle est conduite par le maréchal Devaux ; elle est l'occasion des premiers succès de GUIBERT ; DUMOURIEZ y est nommé colonel ; on y fait l'essai d'un système nouveau d'ARTILLERIE DE MONTAGNES. L'usage du HAUSSE-COL est interdit. — Un aperçu de cette expédition se trouve dans Pommereuil (*Histoire de la Corse*) ; et CHOISEUL, l'instigateur de cette acquisition, en dit quelques mots dans ses *Mémoires*. — La PAIX de Corse est conclue en 1769.

GUERRE de 1775 (H), ou GUERRE DE 1776, ou GUERRE DE 1778 comme l'appellent les ANGLAIS, ou GUERRE D'AMÉRIQUE. Sorte de GUERRE FRANÇAISE désignée sous divers millésimes d'années, parce qu'elle a éclaté avant d'être déclarée ; qu'elle ne l'a été par les AMÉRICAINS qu'en 1776, et que la MARINE française ne l'a commencée qu'en 1778. — Cette Guerre, entreprise sous le ministère de MONTBAREY, a donné lieu à la plus importante de nos expéditions maritimes et coloniales. — Les premiers troubles qui préparent cette commotion éclatent en 1765. — L'AMÉRIQUE du Nord, résolue à secouer le joug de l'ANGLETERRE, invoque l'appui de la FRANCE ; LOUIS SEIZE tend la main aux dissidents ; une ligue puissante se forme ; Une MILICE ANGLO-AMÉRICAINE est créée comme par enchantement. L'ANGLETERRE, dépourvue d'alliés, est réduite à lutter seule. Les ANGLAIS commencent avant les DÉCLARATIONS d'usage à écumer les mers ; ils s'emparent de tous les BATIMENTS de commerce qu'ils trouvent naviguant ; ils donnent pour excuse que *telle est la coutume de la nation*. — La Guerre s'engage sur terre par une action qui a lieu, en 1775 (9 avril), à **Lexington**, dans l'Etat de Massachusetts,

entre les insurgents et les ANGLAIS. En 1776 (4 juillet), le congrès proclame l'émancipation. — En 1777 (octobre), Burgogne met bas les armes à Saratoga. — Les HOSTILITÉS duraient, depuis septembre 1778, dans les Antilles, entre la MARINE de l'ANGLETERRE et celle de la FRANCE, quand le gouvernement français publia le manifeste de 1779. Il était la conséquence du traité d'alliance conclu entre LOUIS SEIZE et le congrès en 1778, traité en vertu duquel ce prince envoie aux AMÉRICAINS des TROUPES AUXILIAIRES. — On ne peut donner idée des événements qui surviennent en AMÉRIQUE qu'en distinguant la Guerre de terre de la GUERRE DE MER. Parlons d'abord de cette dernière. — Notre MARINE est commandée par Destaing, qui débute par une navigation d'une lenteur sans exemple, parce que le peu de confiance que l'amiral avait en ses capitaines l'obligeait à rester en panne les nuits. Cependant une fois en action, notre armée de mer se montre vigoureuse et manœuvrière ; elle s'empare de la Grenade, et étonne les ANGLAIS, qui, depuis nos désastres dans la GUERRE DE SEPT ANS, ne supposaient pas que nos vaisseaux osassent tenir la mer, et se battre à nombre égal ; nos BATIMENTS de Guerre résistent cependant à leurs adversaires ; ils ont quelquefois même des succès ; mais les vices de notre administration maritime et la fréquence des épidémies nous font perdre le fruit du sang versé et le bénéfice des succès obtenus. — Les ROMAINS consacraient le souvenir des grands FAITS D'ARMES sur mer en érigeant des colonnes rostrales. Chez les FRANÇAIS, occupés alors de danses et de chansons, au lieu d'un monument, il fut composé une contre danse nommée *la belle poule ;* son nom rappelait le glorieux combat et la victoire du vaisseau français *la Belle-Poule*, commandée par Lablancheterie. — L'ÉTAT-MAJOR était si imparfaitement organisé en FRANCE, qu'il ne se trouva pas un MARÉCHAL qui pût commander les FORCES DE TERRE ; cependant il venait d'en être créé cinq, presque à l'instant de la Guerre par le ministre DUMUY ; mais ils étaient vieux et usés ; il fallut déférer le commandement à un LIEUTENANT GÉNÉRAL. — La Guerre de terre commence sous des auspices malheureux. — Les secours que nous portons arrivent décousus ; ROCHAMBEAU, à la tête de douze mille hommes, ne peut parvenir à en embarquer que la moitié ; notre coopération est d'abord une suite d'entreprises sans résultats et de fautes rachetées, il est vrai, par le dévouement des soldats et par la bravoure de leurs chefs. BOUILLÉ s'empare, en 1778 (7 septembre), de la Dominique.

Dans la même année, il attaque sans succès Sainte-Lucie ; il prend, en 1780, Tabago ; à la fin de 1781, il surprend Saint-Eustache ; et ce coup de main, exécuté par quatre cents hommes à peine, ne lui coûte pas plus de dix hommes tués. Les Français sous ses ordres triomphent également à Saint-Christophe par un siége régulier, poussé en présence de la flotte ennemie, et ils entrent dans la place en 1782. — Lafayette, aidé des troupes de Rochambeau et favorisé par le concours d'une marine supérieure à celle de l'ennemi, parvient à acculer à York-Town, Cornwallis. L'Amérique s'élève au rang des nations à la suite de quelques campagnes pleines de souvenirs glorieux à nos armes. — *On n'ignore pas*, dit Lessac (1785, A), *avec quel art supérieur, mêlé de sagesse et d'audace, Lafayette, inférieur en forces à Cornwallis dans cette campagne, qui a décidé du sort de l'Amérique, a su le tenir en échec pendant plusieurs mois, et le forcer enfin à prendre cette position désavantageuse qui l'a réduit à capituler avec toute son armée. On n'ignore pas non plus que c'est ce jeune guerrier que Cornwallis a reconnu pour son véritable vainqueur, et auquel il voulait rendre son épée.* — Nous tenons de la bouche de Lafayette que cette dernière circonstance n'est pas entièrement vraie. — Cette Guerre de patrouilles, ainsi l'appelait Lafayette lui-même, se termine en 1783, en vertu de la paix signée en 1782 (30 novembre) ; elle enlève à l'Angleterre treize provinces florissantes ; elle coûte à la France près d'un milliard ; elle augmente de cent vingt millions sterling ou de trois milliards la dette de l'Angleterre. — Cette paix honorable à la France et nos avantages militaires dans cette lutte sont une réparation de la paix honteuse et mal cimentée de 1762 et un léger dédommagement de nos revers dans la guerre de sept ans. Notre influence se rétablit en Europe. — Examinons quelques particularités de cette Guerre, où se sont distingués : Washington, Lafayette, Rochambeau, Degrasse, Degrasse, Destaing, Suffren ; où figuraient Ségur, Matthieu Dumas, Blanchard, Vilmanzi ; où servait Jourdan. — La Guerre de 1777 à 1781 a honoré par de brillants succès le ministère de Louis seize ; elle a jeté de l'éclat sur son règne ; on joindra à jamais son nom à celui du nouveau monde. — Les changements que subit la composition des troupes ne consistent qu'en une augmentation par dédoublement des corps d'infanterie de l'expédition. — Les modifications en fait de tactique consistent en ce que les compagnies forment divisions ; aux méthodes prussiennes succède un élan plus national. — En campagne, les généraux prennent des mœurs plus simples. La vaisselle plate n'alourdit plus leurs équipages ; ils ne portent plus au camp les raffinements du luxe ; ce sont des chefs de soldats, ce ne sont plus des hommes de cour. Washington et le major général Lafayette combattent sans cuirasse ; les généraux français qui arrivent pour leur porter secours n'osent pas mettre une défense de métal entre eux et les balles anglaises, puisque les Anglais et les Anglo-Américains méprisent cette précaution ; en cela nos vieux règlements sont faussés, et une mode nouvelle s'établit ; les cuirasses et le pot de fer des généraux sont relégués dans les garde-meubles. L'usage des bidons de soldats date de la guerre d'Amérique ; mais alors, au lieu d'être des vaisseaux de fer-blanc, c'étaient des tonnelets. — L'ordre de Cincinnatus voit le jour. — Audouin rapporte que, dans cette Guerre, Rochambeau, mécontent de la conduite que tenaient les aumoniers, se vit forcé à ne les employer qu'à la suite des hopitaux. — Un système nouveau d'administration d'armée est essayé ; la haute main en fait de finances n'est plus laissée comme ci-devant aux généraux ; le ministre attache à l'armée de terre, à titre de chef d'administration, un commissaire principal. — Le premier usage que les Anglais aient fait des caronades date des dernières campagnes de cette Guerre. Elle leur coûte deux cent mille hommes et cent trente-neuf millions sterling. Du reste cette Guerre longue, quoique peu sanglante, mesquine dans ses moyens, nulle sous le rapport de la science, a été immense, incalculable dans ses résultats. — Il a été traité des événements de la guerre d'Amérique par Andrews, Botta, Gordon, Henri, Hurilée, Leboucher, Marshall, Ramsay, Raynal, Sévélinges, Soules.

GUERRE de 1778 (H). Sorte de guerre française, si l'on applique cette date, comme quelques historiens le font, à la guerre d'Amérique ; mais, rigoureusement parlant, la Guerre de 1778 est une courte lutte entre l'empereur et le roi de Prusse ; elle est mentionnée ici pour éviter une confusion qui pourrait induire en erreur les lecteurs. — La Guerre de 1778 s'est aussi nommée Guerre d'Allemagne ou Guerre de la succession de Bavière ; elle avait pour objet l'envahissement et la possession de la Bohême ; mais il fut impossible au roi de Prusse de s'en emparer. Elle a contribué à donner de la célébrité au duc de Brunswick, à Landon, à Deligne ; elle n'a produit que de faibles résultats ; elle s'est à peu près bornée à des marches. Elle ressemble, si l'on en croit les critiques articulées par Guibert (1806, G), aux campagnes qui se faisaient un siècle avant; *elle ne se compose que de petites actions de Guerre et de grands travaux de paix; à raison de la quantité d'artillerie qu'avaient les deux armées, le front des deux corps était un parc continuel.* — Suivant Lessac (1789, E), elle fut remarquable *par l'inertie, l'immobilité profonde des deux armées. Ces colosses, engourdis par leur énormité, furent plusieurs mois en présence, sans qu'aucun des deux osât quitter sa place pour attaquer l'autre.* — Mirabeau (1788, C, t. i, p. 150), dit que, quoique l'armée de Frédéric passât pour être toujours prête à entrer en campagne, cependant, dans la Guerre de 1778, on *consuma en préparatifs quatre mois, après lesquels les régiments manquaient encore de beaucoup de choses nécessaires;* il ajoute qu'une singularité de la Guerre de 1778 fut que *l'artillerie de campagne, au lieu de se former en parc, se forma en brigades d'artillerie qui accompagnèrent partout les brigades de l'armée, et que, dans cette Guerre, il fut attaché à l'armée prussienne cinq à six cents pièces de canon.* — Ce fut dans cette Guerre le principal événement qui eut trait à la tactique. — Frédéric deux a tracé le tableau de cette campagne (*Mémoires de la Guerre de 1778*), et l'appelait *son procès de la Bavière.* Du reste il n'aimait point à en parler; elle lui avait coûté cher, et ne lui avait rapporté ni gloire ni avantages. — Cette Guerre est celle où il se soit vu le plus de déserteurs; un tiers de l'armée prussienne abandonne les drapeaux. — Kléber y sert, en 1779, comme sous-lieutenant du régiment belge de Kaunitz. — La paix de Teschen termine cette Guerre à peine entamée. — Schmettau a publié un traité sur cette campagne.

GUERRE de 1786 (H). Sorte de guerre française, ou du moins qui fut à l'instant d'être française : elle a lieu entre le stathouder et les patriotes de Hollande; la France y prend, en faveur de ces derniers, une faible part. Brunswick-Lunebourg, distingué déjà dans les Guerres précédentes, profite des irrésolutions de la France, et pénètre brusquement en Hollande; il s'empare de la Haye, d'Amsterdam et d'Utrecht. — Ces événements ont été décrits par Ségur (le fils du maréchal).

GUERRE de 1792 (H), ou guerre de la révolution, ou guerre de 1793 (28 juin) comme l'appellent les Anglais. Sorte de guerre française, si jamais Guerre le fut. — Il ne s'agit ici ni d'articuler des griefs, ni de relever des fautes, ni de dépeindre cette lutte de géants ; mais seulement de rassembler quelques faits avérés, et d'exposer les changements, les altérations, les innovations, qu'une suite de combats inouïs a produits sur la chose militaire. — La dénomination qui convient à ce grand drame n'est pas encore unanimement convenue. Des historiens appellent guerre de la révolution celle qui finit au consulat, Guerre de l'empire celle qui lui succède; mais nous comprenons sous un seul et même nom cette série de faits d'armes qui s'enchaînent depuis 1792 jusqu'en 1815, et qui n'ont été entrecoupés que de trêves bientôt rompues. — Le congrès de Pilnitz, en 1791, est le brandon de l'Europe; la guerre de la révolution en sera l'incendie. Dumouriez, ministre des affaires étrangères, provoque le décret de 1792 (20 avril). La Guerre est déclarée au roi de Hongrie et de Bohême. — Alors commence cette lutte toute nationale et la plus remarquable, la plus prolongée qui ait été soutenue avec autant de forces et sur autant de points à la fois par le gouvernement de la France depuis le commencement de la monarchie; son but était de résister aux agressions, aux spoliations dont les couronnes coalisées menaçaient les Français. Ils se lèvent en masse et font tête partout. — Brunswick, si caressant, si poli dans les cercles de la société, Brunswick, qui n'aurait pas été éloigné d'accepter, comme le certifiait Lafayette, le généralissimat des armées françaises, s'il en eût été pressé davantage par une coterie au nom de laquelle Custine et Narbonne le lui proposaient, publie imprudemment, en 1792 (25 et 27 juillet), deux proclamations dont le ton de menace et l'arrogance soulèvent la nation. — La campagne commence sous des auspices sinistres pour la France constitutionnelle. La défaite sous Tournay (28 août) est suivie de l'assassinat du général Dillon. Le lendemain, nouvelle défaite sous Mons; elle est le fruit de l'indiscipline bien plus que du défaut de bravoure. — Ce genre jusque-là inconnu de démission en masse des officiers nobles, cette désertion concertée qu'on a nommée l'émigration, avait occasionné une désorganisation momentanée; mais le mal était moins grave qu'il ne le paraissait; les lacunes dans les grades sont faciles à réparer; la France aura toujours assez de bons officiers quand des Français jeunes et dévoués aspireront à l'épaulette. La bataille de Valmy et le sort de l'armée prussienne, Jemmapes et les merveilles de l'artillerie à cheval, Fleurus et son aérostat, enfin le million de Français qui courent aux armes sont restés dans toutes les mémoires. — Dans la pénurie de fusils, la pique reprend un instant faveur. — La Guerre est déclarée à l'Angleterre et au prince d'Orange, en 1793 (1er février), à l'instigation de Brissot. Elle l'est dans la même année (7 mars) à l'Espagne. Les troupes de l'empire germanique entrent en scène en avril 1793. Brissot venait encore d'être l'ardent provocateur de la Guerre contre l'Autriche. — Les puissances étrangères ont sur pied, en 1793, sept cent cinquante mille hommes, dont moitié prend part à la Guerre. La coalition qui combat la France consiste alors dans l'Autriche, la Prusse, le corps germanique, le roi de Sardaigne, l'Angleterre, la Hollande, l'Espagne, le Portugal, les Deux-Siciles et l'État ecclésiastique. — L'armée française reçoit du gouvernement républicain un développement sans exemple; elle puise son énergie dans l'imminence du danger plus que dans son affection pour ce gouvernement. — Pour la première fois, une armée française de cent mille hommes est réunie, et manœuvre à un seul commandement; la bataille de la Roer en donne le spectacle en 1794. — L'état militaire de la France est porté de deux cent vingt mille hommes à cinq et a six cent mille; de nombreuses compagnies franches se lèvent; les demi-brigades se forment; des compagnies de canonniers y sont attachées. — En l'an deux, les effectifs s'élèvent à onze cent mille hommes; mais, entre cette supputation écrite et la force réelle des combattants, il y a une différence énorme dont on ne se rendra jamais compte avec précision. Continuellement deux à trois cent mille hommes étaient errants, blessés, convalescents, prisonniers, malades, éloignés des corps, ou peut-être fictivement et illicitement inscrits sur les controles : c'était ce qu'une ironie soldatesque appelait l'armée roulante. — Le chiffre des forces vraies était un mystère impénétrable. — Des suspensions d'armes décorées du nom de traités de paix sont signés en 1795. — La Guerre s'allume à cette époque entre l'Angleterre et la Hollande. Elle éclate, en 1796, entre l'Angleterre et l'Espagne. — L'année 1796 est marquée par des interruptions partielles d'hostilités.—Le total des Français présents sous les armes était décru de moitié en l'an cinq. La crise française n'a rien produit de plus étonnant que la campagne de Bonaparte en Italie : en onze mois, un succès sans exemple y est obtenu et assuré par vingt-sept batailles, précédées , accompagnées ou suivies de soixante-quatre combats. — C'est l'époque de la première et de la plus glorieuse paix,

celle de Campo-Formio, en 1797. — L'expédition d'Égypte est entreprise, en l'an six , avec trente-deux mille trois cent soixante-quinze hommes, dont trois mille cent trente-neuf de cavalerie, trois mille soixante-quatre d'artillerie, et vingt-six mille cent soixante-deux d'infanterie. — En 1798 (6 décembre), ou 16 frimaire an sept, la Guerre est déclarée aux rois de Naples et de Sardaigne par la France. — En 1799 (12 mars), ou 22 ventôse an sept, la Guerre est déclarée à l'empereur d'Autriche et au grand-duc de Toscane. Une ligue nouvelle, qu'on nomme seconde coalition, se forme ; une partie de l'empire, l'empereur, Naples, le Portugal , la Turquie , la Russie , les Etats barbaresques y participent. Les Français franchissent de nouveau les frontières. — L'Autriche, aidée de la Russie, rentre en possession de tout ce qu'elle avait cédé. — En 1800 , la bataille de Marengo rejette l'Autriche derrière l'Adige. Celle de Hohenlinden consolide les avantages de la France. — La paix de Lunéville en 1801 en est le fruit. — La paix, conclue en 1802 entre la France et l'Angleterre , est rompue en 1803 : c'est l'époque où il n'était plus question de combattre pour acheter une paix glorieuse, mais pour asseoir une domination immense. L'esprit d'envahissement crée une milice conquérante; son chef en fait un instrument d'ambition; il tourne à son profit les restes d'une noble effervescence; il passionne la France pour la gloire des armes, rend le patriotisme complice de ses gigantesques desseins, et voile de lauriers les tombes militaires. — En 1805, la troisième coalition met de nouveau en présence l'Angleterre et l'Espagne, l'Autriche et la France, et donne lieu à une Guerre de trois mois : c'est celle que Bulow (1801, D) a appelée Guerre de 1805. — La victoire d'Austerlitz ramène la paix qu'on nomme paix de Presbourg (26 décembre 1805). — Dans la quatrième coalition en 1806, François deux, redevenu François premier par son changement de couronne, ne prend pas de part à la lutte; mais dans la cinquième coalition, en 1809, il y figure de nouveau; il en est pour la quatrième fois puni par sa défaite à Wagram. L'envahissement de l'Autriche amène la paix chèrement achetée de Vienne en 1809. — En 1807, le Portugal et l'Espagne sont occupés par surprise, disons même envahis par supercherie; ils sont inondés de troupes à peine organisées, de bataillons de marche, de régiments provisoires, de légions de réserve, ainsi appelées parce que primitivement c'étaient des corps d'infanterie destinés à garder l'empire en deçà des frontières, et composés de la CONSCRIPTION anticipée de 1808. — Pendant ce dernier période, en 1807, l'ANGLETERRE et la PRUSSE s'étaient réconciliés. L'ANGLETERRE, la RUSSIE, le DANEMARCK se font la Guerre depuis 1807. En 1809, l'ANGLETERRE et la TURQUIE font la paix. — En 1810, la SUÈDE se déclare contre l'ANGLETERRE. — La Guerre d'ESPAGNE est pour l'empire français un chancre dévorant. Cette entreprise mal concertée se poursuit sans succès. La MILICE ANGLAISE s'y mesure avec avantage contre nos TROUPES. — Pendant sept ans, et au prix de la vie de plus de trois cent mille hommes, on voit s'agiter, dans la Péninsule, l'égoïsme, la vanité, les rivalités lâches, les basses jalousies, les rapines honteuses et la cruauté froide; avoir lutté de férocité avec les chefs des GUÉRILLAS fut une des grandes fautes que commirent quelques FRANÇAIS, comme le témoignent le *Bulletin des Sciences militaires* (1827, p. 106) et des OUVRAGES nombreux. Le récit de ce sombre drame a exercé la plume de : CABANES, M. CANCRIN, GOUVION, M. JONES, M. Eug. LABAUME, Nellerot, Pecchio, l'abbé de Pradt, RIGEL, SARRAZIN, SUCHET, M. THIERS, TORRENO, VACANI, etc., etc. — Des détails s'en retrouvent dans le *Journal des Sciences militaires* (1835 [avril], p. 298). — En 1812, la GUERRE DE RUSSIE éclate; la cour de Saint-Pétersbourg, l'ANGLETERRE, la SUÈDE, le DANEMARCK s'unissent par un traité. Cinq cent soixante-quatorze mille hommes, tant FRANÇAIS qu'ALLIÉS, franchissent le Niémen. Pour la première fois l'AUTRICHE joint ses ARMÉES aux nôtres : elle temporise en jouant avec indifférence quelques hommes sur le tapis vert des batailles; elle nous seconde, mais mollement, jusqu'en 1813, époque où FRANÇOIS PREMIER offre son inutile et inacceptable médiation aux empereurs de FRANCE et de RUSSIE. — En 1813 (12 août), l'AUTRICHE déclare la Guerre à NAPOLÉON; telle est la sixième coalition. La bataille de DRESDE coûta la vie à l'ex-général MOREAU, dont le tombeau russe rappellera une innovation curieuse, un AVANCEMENT posthume; le monument funéraire sera décoré des BATONS croisés, tandis qu'en FRANCE le destin ménagera à la veuve de l'illustre transfuge le droit inouï d'être créée MARÉCHALE. — La bataille de LEIPZIG décide de l'évacuation de l'ALLEMAGNE par les ARMÉES FRANÇAISES; sept cent mille hommes marchent contre la France; la ville de DRESDE devient l'ULM français. — Le premier acte de ce drame de vingt-cinq ans en avait été la plus merveilleuse partie; le patriotisme est le levier des succès de la république; à quelques années

de là, le dévouement militaire et la reconnaissance nationale fondent le consulat; plus tard l'ambition et la servilité élèvent le pavois impérial. — Entre BONAPARTE à la Guerre et NAPOLÉON sur le trône, on peut établir le même parallèle qu'entre l'homme de génie, artisan de sa fortune, bienfaiteur de ses adhérents, gloire de son pays, et le capitaliste ébloui, aventureux, qui compromet de grands biens pour les grossir. — Des travaux heureux et brillants, des traités solennels, la sanction pontificale, de convenables délimitations, avaient restitué à la couronne de CHARLEMAGNE le Rhin et l'Escaut, avaient rattaché au trône de saint Louis une partie du duché de BOURGOGNE. — Des conquêtes impolitiques, ruineuses, ont été faites; la passion d'agrandir sa famille jette un grand homme dans l'égarement et les injustices. Ce fardeau que CHARLEMAGNE supportait, non sans peine, son imitateur se l'est imposé, plus l'ESPAGNE; il ne voyait pas qu'un tel sceptre ne pouvait être au plus que viager. — Les mots *Altesse, Majesté, Excellence, Monseigneur* ont reparu, quoiqu'on répugnât à s'en servir vis-à-vis de camarades qu'on avait tutoyés. L'accessoire a tué le principal, l'éclat des CHEFS a fait pâlir la gloire de l'ARMÉE, leur illustration a éteint le patriotisme, rapetissé le siècle et fait douter du destin de la FRANCE; de sages prédictions mal écoutées se sont cruellement réalisées. — Un homme qui tenait la balance de l'EUROPE a mis dans un des plateaux son épée et sa dynastie et dans l'autre la patrie; elle a été emportée par le fer et une famille. — En 1812 (17 juin), quatre cent soixante-dix-sept mille hommes, dont quatre-vingt mille de cavalerie, ont semblé un instant avoir blessé au cœur la RUSSIE; mais des circonstances inattendues ont changé la face du monde, et quatre-vingt mille soldats à peine réchappés des GLACES de la Sarmatie ont revu leur patrie. NAPOLÉON a jeté dans l'enjeu de ses batailles des provinces que nous ne tenions pas de la munificence de son épée. Le gouvernement impérial est tombé, et le tribut de rachat, ainsi que le grand banquet de l'émigration, comme disait Fox, pesèrent longtemps sur notre trésor. Des soldats parvenus se transformèrent en hommes de cour; ils s'approchèrent d'une NOBLESSE qui les méprisait, comme l'avait éprouvé Ney. Ils n'effacèrent une tache originelle que par de plus grandes; et, suivant l'expression acérée que le sardonique BOUILLÉ adressait à ses contemporains, *il y en eut qui vinrent ternir leurs broderies dans l'infection des alcoves.* — La PAIX DE 1814 et le TRAITÉ DE 1815 établissent une nouvelle balance politique, et spolient brutalement Paris des chefs-d'œuvre dont il s'était enrichi, et dont l'acquisition avait été légitimée et la possession souscrite solennellement par les têtes couronnées ; elles n'en ordonnaient pas moins ces violences au préjudice de leur protégé et allié Louis dix-huit. — Quelques colonies françaises de l'Inde sont rendues par l'Angleterre à la France ; telles sont : Chandernagor, Kariskal, Mahé, Pondichéry, Yanaon. Mais le traité, signé à Londres en 1815 (7 mars) témoigne que c'était sous condition que ces établissements ne seraient ni des points militaires ni des comptoirs où il pourrait être fait trafic du sel ou de l'opium. — Les événements de ces années, trente-deux puissances qui combattent la France expirante, les traités qu'elles lui imposent, donnent naissance au royaume des Pays-Bas ; rétablissent l'ancien roi de Naples sur son trône et renversent deux fois Napoléon. La dernière scène de cet ébranlement de l'Europe est la signature du contrat de la sainte alliance en 1815 (21 septembre). — Saint Louis, invoqué par ses arrière-neveux, avait-il suggéré à ses descendants de répudier les plus belles provinces de son ancien domaine? Une précipitation irréfléchie a-t-elle poussé les enfants de France à jouir moins, à condition de jouir vite ? Quelle qu'en soit la cause, la France a vu se resserrer les bornes mêmes du domaine de Louis seize, et l'ombre du roi martyr s'en est étonnée. Le comte d'Artois a coûté à la France, suivant les calculs du général Lamarque, trente grandes places de guerre, douze mille canons de bronze et vingt-sept vaisseaux. La restauration est une conquête dans laquelle il y a eu bien des défaites. — Ces vicissitudes et tous les événements survenus jusqu'à la restauration sont tracés dans des ouvrages, plus nombreux qu'il n'en a jamais paru à la suite d'aucune guerre. La nomenclature que voici en est la preuve : Ader, Amade, Andréossy, Archenholtz, Arnault, Bailleul, Barante, Batty, Beauchamp, Beaulac, Beauvais (1819, A), Bellaire, Belmas, Berthier, Berthre, Blanch (Luigi.), Blanchard, Boissy, Bonamy, Bonaparte, Bosrédon, Botta (1824), Bouillé, Bourgeois, Bourrienne, Brant (H. de), Bulow (1801, D), Butturlin, Cancrin, Carricero, Canuet, Carel, Carnot (1796, G; 1810, A), Cavallero, Chambray (1823, B), Charles, Chas, Chateauneuf, Clausewitz (1834), Coelbn, Crossard, Darçon, D'Auzon, Decker (1825), Decqvilly, Dedon, Denon, Desgenettes, Desjardins, Duchateau (1822), Ducor, Duhesme (1808, H;

1825, N), Dumas (Matthieu), Dumouriez (1794), Durfort (William), Eliot, Fain (L.-B.), Fleury de Chaboulon, Foy, Fuchs (M.), Gallois, Gourgaud, Gouvion, Grimoard (1755, D), Groslantardue, Gross, Hofmann, Hugo (Abel), Jomini (1819, B), Jones, Jourdan, Kerporter (1817), Koch, Krieg, Labaume, Laborde, Laffaille, Lamare, Landmann, Lapéne, Larrey, Lascases, Latrille, Laverne (1809, H), Legrand, Leith, Liebenstein, Liger, Mangourit, Marcillac, Martin, Metral, Milburne, Miller (Maurice), Miot, Moore, Montholon, Mortonval, Mussinan, Napier, Napoléon, Naylies, Ney, Norvins, Odeleben, Odier (1824, E), Okouneff, Oudinot (1834), Pamphile-Lacroix (1820), Pelet, Petiet (Auguste), Pellot, Peuchet (1809, C), Pfretzscher, Pommereuil, Puibusque, Relmont, M. Reveroni (1826), Reybaud, Reynier, Rigel, Ritchie, Rocca (1814), Rocquancourt, le général Rogniat, Rouse, Rovigo, Saintines, Saint-Maurice, Sarrazin, Scharnhorst (1790, E), Schepeler, Schiller, Schneidewind, M. Schodzko, M. Segur (Phil.), Servan (1780, C; 1805, F; 1808, G), Sevelinges (1806, B), Seydlitz, Southey, Staff (1821), Stephen, Studenitz, Suchet, Taillard, Talandier, Théobald (1825), Thibaudeau, Thiebault (an huit), Thiers, Tissot, Toréno, Turreau, Vane, Vandamme, Vauban, Vaudoncourt (1813, 1814), M. Viennet, Vignolle, Wagner (Auguste) (1831), Walter Scott, Walsh, M. Wilson (Robert) (1826), enfin l'*Histoire de l'Expédition d'Egypte* (12 vol. in-8°, 1832, etc.), les ouvrages anonymes (1805, F; 1806, K; 1833, A), le *Spectateur militaire* (t. xix, p. 54), le *Journal de l'Armée* (t. iii, p. 167). — On peut consulter en outre les renseignements que fournit M. Rumpf (1824, F), les matériaux du dépôt de la guerre, riches encore malgré de déplorables spoliations, l'ouvrage intitulé l'*Atlas historique des Guerres*, etc. (1833), *Histoire scientifique de l'Expédition en Egypte* (1832), la *Collection complémentaire des Mémoires relatifs à la Révolution française* (t. iii, 1823), l'*Encyclopédie des Gens du monde* (au mot *Coalition*), les *Mémoires de madame d'Abrantès, de Bourrienne, de Rovigo*, la *Collection de pièces importantes relatives à la Révolution française* (50 vol. in-12, 1821. Dans cette collection, on peut surtout consulter Bournisiaux, Choudieu, Hentz, Langevin, Philipeaux, Rousselin, Savary, Thureau, Westermann. — Les oscillations de la balance de l'Europe et les mouvements de la fortune publique réclament aussi quelque attention. — Bonaparte (1822) nous apprend qu'à la fin de cette Guerre *l'Autriche a augmenté sa population de dix millions d'habitants, la Russie de huit, la Prusse de dix ; que la Hollande, la Bavière, la Sardaigne, etc., etc., ont obtenu un agrandissement de territoire.* — Cette Guerre avait accru, de 1792 à la naissance du consulat, la dette de l'ANGLETERRE de six cent vingt-trois millions sterling, ou vingt-neuf milliards de francs ; la Grande - Bretagne avait emprunté près de treize milliards de francs pour alimenter les hostilités. — Suivant ce que rapporte le *Spectateur militaire*, la GUERRE DE 1792 jusqu'à la première restauration a coûté en totalité à cette nation un milliard six cent vingt-trois millions de livres sterling, savoir : quatre cent soixante-quatre millions sterling pour ce période, que quelques historiens anglais appellent GUERRE DE LA RÉVOLUTION, et onze cent cinquante-neuf millions sterling pour ce qu'ils appellent Guerre de l'empire. — L'heure n'est pas venue de calculer tout ce qu'elle a coûté de numéraire à la FRANCE, ni ce que sont devenues nos vingt-trois mille BOUCHES A FEU de 1815 ; mais son issue a prouvé qu'elle retranchait des domaines de NAPOLÉON et de ses alliés près de trente-deux millions d'âmes. Elle a ébranlé l'EUROPE et l'AMÉRIQUE ; elle a commencé par la banqueroute de l'Etat, a dévoré les biens du clergé et des émigrés ; a grossi sans mesure la dette publique qui ne va que s'accroissant , s'est terminée par une RANÇON de quinze cent millions, et a produit, pour derniers fruits, l'indemnité du milliard et le doublement des contributions d'autrefois. — Après vingt-deux années d'une Guerre de géants, tandis que quelques couronnes subalternes se sont rapetissées, la FRANCE, vingt ans victorieuse, est restée debout et grande vis-à-vis de quatre ou même de six coalitions ; mais elle a pensé être engloutie par la dernière dans un abîme de gloire, et s'est vue restreinte au domaine de LOUIS QUATORZE, moins quelques forteresses importantes. — Rendons compte de l'influence que cette Guerre a eue sur la COMPOSITION des troupes, leur UNIFORME, leur TACTIQUE, les formes du SERVICE, la marche morale des ARMÉES, enfin l'ADMINISTRATION MILITAIRE française. Les premières lignes de cet article ont témoigné qu'il n'était pas écrit dans un autre but. — L'abolition du titre de GÉNÉRALISSIME est prononcée. — Les expressions ARMÉE DE LIGNE et GÉNÉRAL EN CHEF, jusque-là inconnues, prennent naissance ; le classement des GÉNÉRAUX FRANÇAIS et les dénominations mieux appropriées de leurs GRADES se règlent sur un système meilleur ; leurs

AIDES DE CAMP acquièrent une importance qu'ils n'avaient pas encore eue, parce que des OFFICIERS d'un GRADE plus élevé sont appelés à des fonctions devenues plus graves depuis l'agrandissement du THÉATRE stratégique. — Les fonctions, ou plutôt le titre de CHEF D'ÉTAT-MAJOR et l'emploi de COMMANDANT DE PLACE DE QUARTIER GÉNÉRAL , sont institués ; le mécanisme et l'ORGANISATION des ÉTATS-MAJORS GÉNÉRAUX prennent de la précision et de la science. — L'ANCIENNETÉ des CORPS D'INFANTERIE, c'est-à-dire le droit graduel de primauté des anciens sur les nouveaux, s'éteint par la création des DEMI-BRIGADES. Des COMPAGNIES de CARABINIERS armés de CARABINES à BAIONNETTE marchent à la tête des CHASSEURS A PIED. — Le personnel du GÉNIE prend de l'accroissement et une organisation plus forte. — Les AUMONIERS ne sont plus appelés dans des CORPS et à des ARMÉES qu'il leur eût été impossible de suivre et d'aider spirituellement ; des prêtres eussent-ils pu figurer, par exemple, à l'ÉCOLE DE MARS ou dans l'ARMÉE INFERNALE. — Des AIDES-CHIRURGIENS, jusque-là connus dans les seuls HOPITAUX, prennent place dans le SERVICE DE SANTÉ actif. — Les DRAGONS FRANÇAIS perdent leur ancien caractère d'ARME à fonctions spéciales. L'ARTILLERIE A CHEVAL est créée. — Tant que cette Guerre a duré, les CONGÉS y ont été rares ; il fallait une loi pour qu'il en fût accordé. — Des FEMMES fourmillaient , au mépris de la loi , dans les ARMÉES FRANÇAISES ; jamais il ne s'y en était trouvé proportionnellement autant depuis les GUERRES dont parle BRANTOME (1600, A), et d'où il fallait, pour en purger l'armée, les noyer, comme il en fait le récit. — Des armées infernales, des compagnies infernales, entrent en jeu ; des armées révolutionnaires montrent à l'armée militante les bonnets rouges dont elles s'affublent, la guillotine qu'elles traînent à leur suite, et les horreurs que nos guerriers ne connaissaient que par ouï-dire. — Les MARCHES EN POSTE sont fréquemment usitées. Quelques marches en croupe sont essayées. — Quant à l'UNIFORME des CORPS, voici les particularités ou les innovations qui ont été le fruit de cette Guerre. — Les CHEVEUX coupés court succèdent aux CHEVEUX poudrés. La CHEVELURE grecque fait oublier la QUEUE. Le PANTALON COLLANT remplace la CULOTTE. Le PANTALON LARGE est substitué au PANTALON COLLANT. les BOTTES A L'ÉCUYÈRE et à ÉPERONS non fixés font place aux BOTTES A LA HUSSARDE. Les BOTTES A REVERS sont abandonnées. Les DEMI-GUÊTRES font oublier les GUÊTRES LONGUES.—L'HABIT COURT devient celui de la CAVALERIE DE BATAILLE de ligne et de la CAVALERIE

LÉGÈRE DE LIGNE.— Le SCHAKO est substitué au CHAPEAU D'INFANTERIE et aux CASQUES DE CUIR. — Les DRAGONS quittent la BANDEROLE à traverses ; laissent le FUSIL A BAIONNETTE ; reprennent le FUSIL sans baïonnette, après avoir eu le MOUSQUETON. Le PORTE-MANTEAU cylindrique devient général. — Les CARABINIERS A CHEVAL quittent le BONNET A POIL pour le CASQUE, et échangent l'habit bleu pour l'HABIT BLANC, puis pour le bleu de ciel. La CULOTTE DE PEAU cesse d'être en usage. — Le DRAPEAU TRICOLORE devient, en 1790, le DRAPEAU de l'INFANTERIE et des autres armes. Des COULEURS nouvelles et des ENSEIGNES différentes sont adoptées dans toutes les ARMÉES FRANÇAISES ; une CEINTURE de COMMANDEMENT est donnée à certains CHEFS. — La COCARDE acquiert une utilité plus nationale, plus positive, parce qu'en accompagnant un vêtement quelquefois plus que simple et souvent délabré au point d'en être méconnaissable ; elle a été en plus d'une occasion le seul signe de reconnaissance des FRANÇAIS entre eux. — La COIFFURE de tous les corps ne ressemble plus à ce qu'elle était avant la Guerre. — Les DRAPS DE TROUPE sont l'objet de fournitures dirigées par le MINISTÈRE. — Dans quelques CORPS D'INFANTERIE, le SABRE D'OFFICIER se substitue à l'ÉPÉE d'ordonnance. — Les AIGLES font oublier les DRAPEAUX. — Les réglements prescrivent l'usage des BIDONS ; mais c'est l'EFFET DE TROUPE dont on se sert le moins, tout utile qu'il soit. — Les FANIONS DE COMPAGNIES sont tour à tour abandonnés et repris. — Les ÉPAULETTES DE COMPAGNIES D'INFANTERIE, les DRAGONNES DE TROUPES et le PLUMET écarlate imités du costume de la GARDE NATIONALE deviennent des attributs affectés aux GRENADIERS de ligne. — L'INFANTERIE DE LIGNE quitte le BLANC, puis essaye plusieurs fois de le reprendre ; elle commence la Guerre en CASQUETTES de cuir et à chenille, en HABITS LONGS et chaussée de GRANDES GUÊTRES ; elle la finit en SCHAKO, en HABITS COURTS et en DEMI-GUÊTRES. Elle adopte la CAPOTE. — La GROSSE CAVALERIE prend le CASQUE et la CUIRASSE. — La TACTIQUE surtout a subi une mémorable métamorphose ; l'ART a pris une face nouvelle ; l'exercice élémentaire s'est débarrassé de ses puérilités ; l'éducation du fantassin et les ÉVOLUTIONS se sont simplifiées , les différentes ARMES ont appris à se prêter mieux appui. — Les SIÉGES DÉFENSIFS ont tenu à une distance plus respectueuse les ASSIÉGEANTS timides ; au contraire, les ASSIÉGEANTS nerveux ont attaqué de plus près. — L'ADMINISTRATION moins timorée a sacrifié la morale politique au succès des armes ; et, suivant l'ancien axiome d'un brigandage anobli : *La Guerre a nourri la Guerre ;* l'élan du soldat a enfanté la STRATÉGIE. et la science s'en est emparée. La nécessité de s'avancer à pas de course était une condition de l'époque, mais de cette pensée simple sont sorties des théories trop compliquées qui pourraient égarer plus d'un GÉNÉRAL. — La TOPOGRAPHIE est devenue plus savante, l'ARTILLERIE LÉGÈRE et les LANCIERS ont paru sur la scène. — Le brillant emploi des CHARGES à la BAIONNETTE, des COLONNES D'ATTAQUE et de la manœuvre nommée DISPOSITIONS CONTRE LA CAVALERIE , ont justifié l'ancienne estime dont jouissaient les ARMES BLANCHES. — Les FEUX EN AVANÇANT et les longues MARCHES DE BRIGADE D'INFANTERIE EN BATAILLE ont perdu crédit. — La place de bataille des COLONELS de l'INFANTERIE FRANÇAISE devient problématique, par suite des variations du système de COMPOSITION : c'était un résultat inévitable de la forme disparate du cadre des RÉGIMENTS et du défaut d'accord des ORDONNANCES. — Les MARCHES lentes, mais moins hasardeuses , qu'on appelait COLONNES COMBINÉES, cessent d'être le principe fondamental du MOUVEMENT DES ARMÉES. — Les COLONNES PAR BATAILLONS, tombées en désuétude depuis 1756, reprennent plus d'une fois faveur. — Depuis 1810, l'ARTILLERIE DE CAMPAGNE modifie le numéro des CALIBRES. — On cesse de ne DÉFILER qu'au PAS ORDINAIRE ; une allure plus vive est préférée. — Les DIVISIONS D'ARMÉE deviennent le grand instrument ; il en est ainsi jusqu'à l'époque où ces DIVISIONS perdent leur importance, et ne sont plus que les UNITÉS des CORPS D'ARMÉE. — Les DIVISIONS DE BATAILLON reçoivent diverses modifications qui sont autant d'atteintes portées aux principes du RÈGLEMENT DE 1791 (1ᵉʳ AOUT) ; ce RÈGLEMENT, censé toujours en vigueur, est implicitement abrogé dans une quantité de ses parties, telles que le FEU A GÉNUFLEXION, les FEUX DE PELOTON ; certains détails de la FORMATION EN BATAILLE , etc.; ainsi, par ce fait, comme par mille autres, l'esprit de simplification a enfanté les questions les plus compliquées, et notre LÉGISLATION s'est décousue et s'est obscurcie. — La manière d'employer la CAVALERIE subit des changements inattendus. — Les COMPAGNIES de GRENADIERS quittent fréquemment leur BATAILLON pour servir isolées ou former des BATAILLONS particuliers. — Les TIRAILLEURS, mot jusque-là inconnu, donnent à la tactique des formes et une marche inaccoutumées. — La direction et l'emploi des ESPIONS deviennent plus méthodiques, plus raffinés. — Les CAMPAGNES D'HIVER font oublier les QUARTIERS ; les CAMPS D'INFANTERIE construits en BARAQUES remplacent les anclens CAMPS DE TENTES. Quelques CAMPS DE FORTERESSES sont d'un utile secours. Le mot BIVAC, à peine connu jusque-là, est dans toutes les bouches. — Les BATTERIES INCENDIAIRES, tirant de nuit comme de jour, donnent le spectacle d'une double innovation; car jusque-là on ne brûlait de la POUDRE qu'entre la DIANE et la RETRAITE, et l'on ne recourait pas ou l'on recourait peu aux moyens incendiaires. — La CARONADE devient, dans la GUERRE D'ESPAGNE, une ARME DE SIÉGE OFFENSIF. — L'OPÉRATION méthodique qu'on nomme FOURRAGE dans les anciennes Guerres a été négligée en général dans celle-ci, ainsi que les longues et grandes MARCHES DE BATAILLON EN BATAILLE. — Pendant l'EXPÉDITION D'EGYPTE, la TACTIQUE de l'INFANTERIE fait un grand pas. Le système de la formation des CARRÉS prend une application nouvelle; on fait, ou plutôt on renouvelle l'essai des CHEVAUX DE FRISE; la BAIONNETTE, même dans les mains des TIRAILLEURS, commence à être une ARME D'ESCRIME. — Les BOULETS CREUX prennent vogue. — Le TRAIN est créé. — Les FUSÉES DE GUERRE paraissent pour la première fois, comme ARMES de mer, à BOULOGNE; comme ARMES de terre, à LEIPZIG et à WATERLOO. — Les RÉCOMPENSES et les PEINES, le jeu du SERVICE, la forme des LEVÉES, les conséquences du mouvement général demandent un coup d'œil. — Les mentions honorables, les ARMES D'HONNEUR, et plus tard les DÉCORATIONS, sont le prix des ACTIONS D'ÉCLAT. La LÉGISLATION rémunératoire se régularise et s'améliore. — Les CONSEILS JUDICIAIRES reçoivent une organisation qui change plusieurs fois : ils ont appliqué pour le crime de DÉSERTION une PEINE jusque-là inusitée, celle du BOULET. — Les DÉPENSES DE LUXE, sorte d'abus inconnus depuis la Guerre de 1775, ont été fréquemment l'objet de dispositions plus menaçantes que répressives de la part du MINISTÈRE. — Le service des CHIRURGIENS D'AMBULANCE s'accomplit avec plus de régularité. — L'expédition d'Egypte prouve que le soldat peut se passer de boissons fermentées. — Jamais ARMÉE ne compta moins de DÉSERTEURS A L'ÉTRANGER qu'il ne s'en est vu dans l'ARMÉE FRANÇAISE pendant cette Guerre; mais la remarque s'applique aux troupes nationales, et met hors de cause l'émigration, les transfuges des départements insurgés, les défections des armées étrangères alliées à la FRANCE, et le peu de fidélité de quelques CORPS FRANCO-ÉTRANGERS : tels que Royal-allemand, Saxe-hussards et les Suisses à Baylen. — Ces principes, ces règles, jusqu'ici mal déterminés, que des légistes militaires de divers pays ont nom-

més le DROIT DE LA GUERRE, n'ont reçu aucun perfectionnement des campagnes de la révolution. — Un tableau tracé par M. de CHAMBRAY (1827) n'est dépourvu ni de couleur ni de vérité : *Les campements et les distributions de vivres, n'entravant plus la marche des troupes, la Guerre prit un caractère d'activité, de résolution et d'audace, qu'elle n'avait point eu depuis l'invention de la poudre. On perdit un grand nombre de soldats par les maladies; la réquisition et la conscription réparèrent ces pertes. — Les généraux des armées opposées, n'ayant pu adopter les changements opérés dans la manière de faire la Guerre des armées républicaines, se trouvèrent dans une situation désavatageuse. — Les généraux républicains étaient pour la plupart jeunes, robustes, pleins de bravoure, d'activité, de résolution. — Bientôt les succès donnèrent une telle confiance aux troupes françaises, qu'il y eut des époques où il aurait été difficile à un général français, ayant de l'audace, de se faire battre. — La république laisse à l'empire des généraux jeunes, ardents, remplis d'expérience.* — Mais cet élan sans exemple, qui était à la fois un besoin public et l'explosion de passions individuelles, a porté des fruits divers; il a eu ses avantages et ses inconvénients; une Guerre où l'on ne procédait que par LEVÉES EN MASSE familiarise la nation avec le spectacle des GRANDES ARMÉES, et par une tendance naturelle des choses l'énergie d'une large défense fait éclore ou renouvelle le système des ARMÉES D'ENVAHISSEMENT. — Terminons cette revue par un coup d'œil sur la chose administrative. — Les CONSEILS D'ADMINISTRATION exercent une surveillance plus générale que dans les anciennes Guerres; mais les événements la rendent souvent illusoire. — L'ADMINISTRATION D'ARMÉE emploie d'abord la voie des RÉQUISITIONS : c'était une forme de pillage régularisé. Mais du fond même des désordres il est sorti des systèmes moins imparfaits d'ADMINISTRATION MILITAIRE. — Le service par ENTREPRISE est tour à tour modifié, repris, rejeté; celui des ÉTAPES reçoit des simplifications et des améliorations. — Les BOULANGERS MILITAIRES, qui, dans les anciennes Guerres, avaient exercé une profession libre, cessent d'être employés; des BOULANGERS MILITAIRES soldats NON COMBATTANT entrent dans la COMPOSITION DE L'ARMÉE. — On commence à se servir, mais avec peu de succès, des CAISSONS D'AMBULANCE; et en général le service des HOPITAUX D'ARMÉE fait peu de progrès. — Le système de TRANSPORT par BÊTES DE SOMME et par CHEVAUX DE COMPAGNIE est, au commencement, abandonné pour celui des caissons de bataillons; il est ensuite repris. L'organisation du système des transports par colliers se régularise. — Sous le consulat l'extension que prend de nouveau l'armée est l'occasion de la création d'un directeur ministre. — Les allocations des chirurgiens-majors de l'infanterie deviennent mieux proportionnées. — Les dispositions légales promulguées sous le nom d'état civil appliqué aux militaires ont été un des bienfaits politiques de la Guerre de la révolution.

GUERRE de 1805. v. Bulow (1801, D). v. guerre de 1792.

GUERRE de 1823 (H), ou guerre d'Espagne, ou guerre dynastique. Sorte de guerre française par le nom, mais sacerdotale et espagnole par le fait. Elle avait pour préliminaire l'établissement d'un prétendu cordon sanitaire : c'était le noyau de l'armée qui se disposait à combattre. — La Guerre commence le 6 avril avec cinquante mille Français à peine, secondés, ou plutôt surchargés de sept à huit mille hommes de *l'armée de la foi;* ces auxiliaires ont pour chef un déserteur des autels, le trappiste Maragnon. — Ce féal ramas à demi nu reçoit en aumône, par ordre du général en chef de l'armée de Catalogne, tous les gilets de corps d'infanterie de l'armée. Une pareille charité n'avait jamais été prévue par nos règlements d'habillement : ce cas sans exemple fait la critique de cette toute-puissance en fait d'administration que s'arrogent les généraux ; cette mesure témoigne le vague de nos règles en économie militaire et le peu d'accord qui existe entre les besoins vrais du soldat français et l'espèce des effets d'habillement qui lui sont fournis, puisqu'il peut, au caprice de ses chefs, s'en vêtir ou s'en passer. — Le plan originel était d'employer en Espagne cent sept mille hommes, dont trente-trois mille chevaux, et de réunir un total de cinquante-six régiments d'infanterie et de quatre-vingts escadrons. — Odier (1824, E) évalue à quatre-vingt-quinze ou cent mille le nombre de Français successivement entrés dans la Péninsule ; d'autres ont prétendu qu'ils se sont montés à cent quinze mille hommes ; ce nombre est exagéré ; mais au moins soixante-quinze mille soldats ou sous-officiers d'infanterie ont franchi les Pyrénées; leur armement était en si mauvais état que, sur les réclamations des chefs de corps, plus de cinquante mille fusils dégradés furent échangés contre des fusils neufs; peut-être y mit-on un peu de prodigalité; ce fut une dépense de plus d'un million; le témoignage en est donné, en connaissance de cause, dans le

Journal de l'Armée (t. ii, p. 180). — Si le personnel, si l'infanterie étaient respectables, le matériel de l'artillerie était médiocre, et ses attelages débiles et insuffisants. Cependant une batterie de montagnes, organisée en Catalogne, y rendit quelques services. — Cette Guerre impolitique et de coterie est entreprise par un ministre malhabile, qui se laisse traîner à la remorque de la Sainte-Alliance et des camarillas espagnole et française ; elle était entamée sans plan raisonné, sans combinaisons étudiées, sans que les chosses d'administration fussent prêtes. En voici la raison : le projet étant tramé dans l'ombre et les ministres l'ayant nié à la tribune, il résultait de la fausse position où ils s'étaient jetés, des difficultés de tous genres pour les approvisionnements à faire et pour toutes les créations préliminaires. Tels sont les inconvénients d'une politique tortueuse. — Cependant une année semblait suffire pour réaliser les opérations relatives aux vivres, aux transports, à la chaussure, aux rassemblements de chevaux et de mulets, etc. Le département de la guerre s'y est montré au-dessous de son rôle, ou peut-être l'irrésolution du premier ministre a-t-elle entretenu les hésitations qui ont contrarié l'entreprise. — A peine une partie des troupes commandées est rassemblée à Bayonne, qu'on est aux expédients pour les faire vivre. Les départements français qui avoisinent les Pyrénées se trouvent soumis aux mesures illégales des fournitures forcées et aux exactions ruineuses des réquisitions. — Le ministère crée un train des équipages; mais il n'est pas encore sur pied que déjà la Guerre est finie. En dix mois, tous les efforts de la France pour tirer du Nord les chevaux d'artillerie qui manquaient aux équipages en produisent à peine quinze mille, qui, rendus aux Pyrénées, ne peuvent compléter que les attelages de quarante-huit pièces, faible quantité sans proportion avec une armée de cent mille hommes. — Le gouvernement fait confectionner à Lille des piquets de bois pour la cavalerie destinée à bivaquer en Espagne ; il fait venir un équipage de pont de Strasbourg aux Pyrénées; il fait construire dans le département de l'Eure les caissons de transport qui devaient faire le trajet de Cadix ; il fait partir en poste, de Paris, des ustenciles, des outils, des denrées; mais, faute de moyen de transport sur les points de relais, ou par le retard de l'arrivée, rien de tout cet envoi ne peut servir, non plus que le riz acheté en Angleterre, les grains à Hambourg, etc., etc. — Honneurs soient rendus à une armée qui a su réussir quand tout lui manquait, et quand elle renfermait pour ainsi dire tous les éléments de ses désastres et de sa défaite. — Le budget de 1824 témoigne que la Guerre d'Espagne a coûté à la France quatre-vingts millions, non compris les prêts ou secours accordés à la couronne d'Espagne; ce qui porte l'ensemble de la dépense à trois ou quatre cents millions; ce dernier chiffre est avoué à la tribune, en 1831 (13 janvier), par le ministre des finances; on a mis en doute si le trésor de Madrid acquitterait de si légitimes obligations, parce qu'on tirait un mauvais augure de la bonne foi royale depuis la banqueroute criante qui suivit le royal emprunt fait pendant l'existence des cortès. — On lit dans une opinion du général Foy (17 mai 1825): *Il en a coûté au trésor trois cent quarante-huit millions huit cent soixante-quatorze mille francs pour faire, dans un pays presque ami, une Guerre de huit mois. Ces trois cent quarante-huit millions étaient plus que l'équivalent des ressources que produit le revenu d'une année; et cette dépense a grevé le trésor de deux cent soixante millions de dettes extraordinaires.* — Le budget de 1828 avouait déjà un déficit de deux cents millions. — Une sanglante critique et une pâle apologie de cette Guerre sont sorties des discussions de la chambre des députés en 1829, séance du 6 mai. Le président du conseil avoue à la tribune, en 1832 (13 janvier), que cette expédition a grevé d'une dette de quatre cents millions le trésor. — Cette Guerre, ou plutôt cette facile campagne, a eu peu d'influence sur l'art; cependant les officiers du corps de l'état-major y ont servi avec plus d'habileté qu'ils n'avaient encore fait; la topographie a fait un grand pas. Le système des divisions, renfermant des armes diverses, y reprit faveur. Une marche nouvelle y fut mise en pratique par le génie : ce fut l'attaque de Pampelune, dont le siége commença par la citadelle. — Le seul épisode marquant est la chute du fort du Trocadéro, où fut poussée la tranchée. Ce fait d'armes asseyait la tyrannie espagnole sur les débris de l'ordre légal. — La campagne est close le 30 septembre 1823. *Ni siéges*, dit Odier (1824, E, t. v, p. 279), *ni défense de places, ni batailles; tout s'est passé en combats d'avant-garde; quelques milliers de cartouches, quelques centaines de boulets en ont fait les frais; on n'a eu aucune ligne de magasins, ni sur l'Ebre, ni sur le Tage, ni sous la Sierra-Morena. On a demandé aux chambres deux cent sept millions d'extraordinaire, et le budget avait supporté une dépense de plus de cinquante millions.* — Le seul résultat généreux

a été le traité d'Andujar; il a été déchiré et violé par l'ingratitude de Ferdinand. — La Russie avait exigé l'occupation, l'Angleterre, l'évacuation du pays. Mais cette Guerre a pour fruit de prouver au gouvernement que la France possède une armée. Les actes subséquents de la politique s'en ressentent. — Le chef d'état-major a le titre de major général; et pendant quelques instants il s'en vit deux, un en Espagne, l'autre à Bayonne. Le prince qui la commande a le titre de généralissime. — Le grand prévot a au-dessous de lui des prévots de division. — L'escadron-compagnie de la cavalerie de ligne figure, pour la première fois, sur des champs de bataille. La plupart des régiments de cavalerie sont à six escadrons; de l'artillerie de montagnes est employée utilement. — Il a été traité de cette Guerre par MM. Capefigue et Abel Hugo, par le général Vaudoncourt (*Annuaire des Armées*, etc., p. 482, de 1836), par le *Journal des Sciences militaires* (1835 [avril], p. 558). — Cette Guerre, qui a été couronnée d'un succès facile et ruineux, a été saluée de quelques mots sanglants par *la Sentinelle* (1835 [20 juillet]).

GUERRE de 1828 (H), ou guerre de Morée. Sorte de guerre française dont la Morée a été le théâtre. Le ministère est réduit à épuiser d'hommes valides trente régiments, pour compléter les quinze mille soldats de l'expédition. Elle s'est faite l'arme au bras; les actions et les opérations s'y sont réduites à des pourparlers et à des capitulations; elle a valu le bâton de maréchal à un général distingué; elle a été l'occasion heureuse de quelques avancements non moins justifiés par le mérite anciennement prouvé de ceux qui les ont obtenus. — Elle a coûté plus d'hommes qu'il n'en n'eût été consommé dans une Guerre très-active de même durée. — Cette levée de boucliers avait ressuscité l'enthousiasme français; l'enrolement volontaire doubla comparativement aux années précédentes. — Quelques maladresses administratives ont signalé l'entreprise faite en faveur des Grecs. — Les médicaments étaient enfouis au fond des bâtiments de charge; mais on ignorait dans lesquels; on restait au bivac, parce qu'on ne savait où retrouver les planches venues sur des transports; le soldat ne vivait que de viande salée; et pourtant le ministère de France était persuadé qu'on mangeait trop de viande fraîche; il le témoigne par une lettre officielle qui annonçait un envoi de filets, afin qu'on fît vivre de poissons de mer l'armée. — Faute de savoir condenser le foin au moyen de presses hydrauliques, on l'amoncelait sur des bâtiments privés par là d'équilibre, contenant peu, et susceptibles de sombrer; et rendu en Grèce, le foin y revenait à trente sous la livre. Le quinquina, caché à la base de ces montagnes de fourrage, n'y a pu être retrouvé que quand la fièvre décimait l'armée depuis plusieurs semaines. — Les approvisionnements du camp établi quelque temps en Morée n'étaient pas mieux combinés que ne l'avaient été ceux de 1823. Ainsi, il y a à rabattre sur les louanges données par M. Vauchelle (IIIe vol.) à l'égard des mesures administratives qui ont été prises pour cette expédition. Déjà il s'élève en 1829 des réclamations au sujet de fournitures faites par l'intermédiaire de l'intendant de l'armée, et repoussées par le ministère. — Les papiers publics affirment que, dans l'expédition de Grèce, *la science administrative a abouti à faire que, alternativement en Morée, il y a eu trop ou trop peu, et, d'après l'usage, nous aurons à payer et pour l'un et pour l'autre* (Courrier français, 1829 [9 mai]). — Le général en chef y jouissait d'un traitement de cent vingt mille francs, mesure qu'aucune disposition régulière ne légitimait. — La dépense du seul état-major s'est élevée à deux cent quatorze mille francs. — En novembre 1830, la chambre des députés alloue une dépense de douze millions pour frais de cette expédition, dont une émancipation équivoque et l'obtention d'un bâton de maréchal ont été à peu près tout le résultat. — Quelques remarques sur cette expédition ont été consignées par le général Vaudoncourt dans l'*Annuaire des Armées*, etc., de 1836. Il en a été tracé aussi des aperçus par M. Pellion, dans le *Spectateur militaire* (t. XXVII, p. 128).

GUERRE de 1829 (F), ou guerre de Madagascar. Sorte de guerre française entreprise sous le ministère et à l'instigation de M. Hyde de Neuville; elle avait pour objet de remettre la France en possession d'une station dans la mer de l'Inde; de nous rendre une rade qui correspondît à l'ile Bourbon, et de remédier, autant que possible, à la perte fatale de l'ile de France; il s'agissait de reprendre la presqu'île nommée *Tintingue*, plusieurs fois possédée et abandonnée par les Français depuis 1642. — Cette expédition, dirigée contre les Ovas, ou Madecasses, ou Malgaches, gouvernés par la reine Ranavala Manjoka, fut imprudente, mal concertée et sans succès. — Une armée de quatre à cinq cents hommes prétendait imposer des lois à une nation à demi civilisée qui pouvait leur opposer trente mille guerriers. L'opération, qui devait s'accomplir

pacifiquement, devint hostile le 11 septembre 1829. — Après la révolution de 1830, le gouvernement en fut réduit à expédier à l'ile Bourbon l'ordre de faire évacuer la langue de terre où les Français avaient péniblement élevé un fort qu'ils durent détruire de leurs propres mains. L'entreprise avait coûté deux millions de francs. Quatre cents Français, ou troupes africaines nommées Yoloffs, avaient péri de misère, de l'insalubrité du climat, ou des coups de l'ennemi. — Une relation intéressante de cette campagne de quatre à cinq mois, qu'on doit au lieutenant Larevenchère, se trouve dans le *Journal des Sciences militaires* (1833, 9e année, p. 227); il en est traité dans le *Journal de l'Armée* (t. II, p. 41, 65, 149, 349, et n° 8, supplément) et dans le *Voyage de M. Dumont-Durville).*

GUERRE de 1830 (F; H), ou guerre d'Alger. Sorte de guerre française entreprise le 26 mai. Elle a été active du 29 juin au 5 juillet: elle a été glorieusement accomplie dans ce court espace de temps, après avoir été vainement tentée plusieurs fois, depuis trois siècles, par des armées puissantes et braves. — Le ministre de la guerre en est réduit, comme le disait un journal, *à faire la presse de tous les soldats en congé pour former deux bataillons de Guerre aux régiments destinés à l'expédition.* — Suscitée par des motifs mal expliqués, et en apparence futiles, l'expédition est entreprise sous des auspices peu favorables, et entourée d'abord de préventions fâcheuses, comme le témoigne une brochure de M. Alex. Delaborde, qui se déclarait l'antagoniste de cette entreprise. — Pour la première fois, on voit un ministre de la guerre être en même temps général en chef. On lit, à cet égard, dans une feuille publique (*Courrier français* [21 avril 1830]) les réflexions que voici: *Un commandant en chef part après s'être donné ses instructions; il va faire exécuter les plans qu'il a conçus, les marchés qu'il a conclus; et si la fortune lui était contraire, il nommerait sans doute, comme ministre, les membres de la commission chargée d'examiner sa conduite comme général en chef. Ce système est des plus commodes. On est sûr encore que le général en chef ne se plaindra pas des mesures prises par le ministre; qu'il trouvera que tout a été réglé avec une prévoyance admirable; que les marchés ont été conclus pour le plus grand bien de l'État et du soldat. Le général en chef sera convaincu de l'habileté du ministre, comme le ministre de celle du général en chef.* — L'infanterie de l'expédition consistait en trente et un mille hommes, partagés en trois divisions, chacune de trois brigades. — La cavalerie consistait en trois escadrons de chasseurs, formant plus de cinq cents chevaux. — L'artillerie était de deux mille trois cent soixante hommes ; les troupes du génie de treize cents hommes. — Le total des hommes embarqués était de trente-sept mille cinq cent soixante-dix-sept ; le total des chevaux, de quatre mille à très-peu près. L'ensemble des forces de terre et de mer montait à soixante-quatre mille hommes. — Le matériel était de huit galiotes a bombes, trente pièces de campagne, quatre-vingt-deux pièces de siége ; deux cent cinquante-six caissons, quatre mille huit cent quarante tentes, vingt et un fours de fer, trois mille lits en fer et des bois de construction pour trente hangars d'hopitaux pour un total de quinze cents malades ; on était pourvu de matelas anglais, c'est-à-dire de matelas à hamacs plus larges que ceux de France. — Lo convoi était de trois cent quarante-sept batiments de transport. — La flottille de débarquement se composait de bateaux-boeufs, c'est-à-dire voguant deux à deux, de bateaux de l'île, de bateaux catalans. — L'expédition était accompagnée de sept bateaux à vapeur, dont cinq armés d'artillerie. — Chaque soldat était muni d'un sac de toile, d'une ceinture de flanelle, d'un bidon en fer-blanc pour l'eau, d'un bidon en bois pour le vin ; il était délivré une couverture en laine par trois hommes. — Un nouveau système d'artillerie de campagne et de montagnes allait être essayé en Afrique. On se proposait de creuser des puits artésiens, de faire usage de fusées de guerre, de fortins fortatifs en bois à la manière du camp retranché de Clisson ; de fusils de remparts à fourchette et à la Montalembert ; de fours portatifs en tôle, de hérissons-lances, de gabions carrés, de blockaus a machicoulis et d'aérostats ; c'étaient pour la plupart d'importantes innovations. — A peine en mer, le bâtiment de transport chargé, *à l'insu du capitaine*, des barils de vitriol qui font partie de l'appareil des aérostiers, est incendié par le frottement de ces barils mal arrimés. — Dans le commencement de mai, le Sylène et l'Aventure, bricks de la division navale du blocus d'Alger, s'étaient perdus sur la côte d'Afrique ; une partie de l'équipage est massacrée, le reste est jeté au bagne d'Alger. Peut-être la flotte de débarquement, si elle eût avoisiné à cette époque les atterrages, eût-elle essuyé, par cette bourrasque, le sort de l'expédition de Charles-Quint. — Des prières sont ordonnées dans toutes les églises de France par les évèques ; malgré cette précaution, les débuts de l'exécution sont tra-

versés de plus d'une catastrophe. Un rapport que l'amiral adresse le 2 juin au gouvernement témoigne que deux divisions de l'armée ont été dispersées par les vents contraires ; la réserve entraînée sous le vent ; la flotte forcée de se rallier dans la baie de Palma ; la flottille de débarquement séparée de l'armée sans que de longtemps on ait de ses nouvelles. — Du 15 au 27 juin, une seule affaire sérieuse a lieu : c'est celle de Staouely ou de Sidi-Khalef, le 19 ; déjà plus de cinq cents Français, suivant les bulletins officiels, plus de mille, suivant des lettres particulières, sont tués ou blessés ; car les tirailleurs arabes se servent avec une grande habileté de leurs mauvaises armes, tandis que les excellents fusils français brûlent pour rien de la poudre en quantité. — L'emploi des bouches a feu, suivis de caissons portant les canonniers, justifie, si l'on en croit les bulletins, toutes les espérances conçues ; l'avantage du système nouveau et le perfectionnement atteint par l'artillerie française sont démontrés. — Une décision dont on ignore la date accorde aux officiers un supplément de solde de trente à soixante francs par mois, suivant les grades ; elle augmente de dix centimes par jour la paye des hommes de troupe. — Du 14 juin au 8 juillet, suivant les rapports du général en chef, le nombre des hommes hors de combat est de deux mille trois cents, dont quatre cents morts. — En peu de jours, l'infanterie avait consommé près de quatre millions de cartouches ; son feu n'avait répondu à celui des Arabes qu'avec un tel désavantage, qu'on a prétendu (*Journal de l'Armée* [1833, p. 9]) que les pertes de l'ennemi se réduisirent presque à celles que l'artillerie lui avait fait éprouver. Les fusils arabes avaient au contraire atteint à de longues portées. — Alger capitule le 4 juillet. — Le bronze trouvé se monte à deux mille pièces ; il a été estimé quinze millions ; les juifs en ont offert dix. — Des évaluations diverses sont fournies à l'égard du trésor trouvé dans le palais du dey. On l'estime cinquante-cinq, cent, plus de deux cent millions. L'intérieur de ce palais, nommé Casauba, avait réalisé pour les vainqueurs les récits des mille et une nuits : on y voyait étalés, vêtements somptueux, armes précieuses, dorures, ciselures, étoffes de toute espèce, et les objets les plus recherchés du luxe oriental ; l'or et l'argent étaient amoncelés dans des caves ; mais une grande partie de ces merveilles a promptement disparu. Le procès des ministres de Charles dix a d'abord fait présumer que, d'un trésor de quatre-vingt-dix millions, la moitié à peine était parvenue en

France ; des mains infidèles, disait-on, avaient dissipé le reste. Cependant les enquêtes d'une commission créée par le successeur du général BOURMONT et un ordre du jour de 1830 (22 octobre), justifiaient de cette dilapidation ceux qu'on en avait accusés. — L'artillerie française a eu, dit-on, l'honneur de la campagne ; mais les ovations de ce genre cachent quelquefois de la partialité. — Cette Guerre de quelques semaines a coûté soixante millions. — Le général BOURMONT avait assuré au GRAND CHANCELIER de la LÉGION D'HONNEUR que si l'EXPÉDITION de l'ALGÉRIE réussissait et qu'un trésor tombât aux mains des FRANÇAIS, sa destination était de solder l'arriéré des MEMBRES de la LÉGION D'HONNEUR. — Mais un motif différent présidait à l'entreprise ; la possession d'un trésor avait un autre objet ; CHARLES DIX repoussa l'idée d'un juste allégement au sort des MEMBRES DE LA LÉGION D'HONNEUR. — Deux mille quatre cent sept hommes ont été mis hors de combat en vingt jours ; cinq cents sont morts, mille à douze cents sont réchappés. — Plus de deux mille BLESSÉS sont transportés à Mahon. — Un mois à peine s'était écoulé que l'ARMÉE était réduite d'un tiers ; des trente-trois mille combattants, plus de douze mille hommes étaient ou morts, ou hors de combat, ou aux HOPITAUX ; la dyssenterie faisait d'effrayants ravages dans les armées de terre et de mer, et une vaste conspiration ourdie par la perfidie des TURCS compromettait le sort de tout le reste de l'ARMÉE. — Une des particularités de cette Guerre, c'est que les interprètes y ont un rang militaire ; ceux de première classe sont colonels, ceux des trois classes suivantes sont chefs de bataillon, capitaines ou lieutenants. — Les TRAVAUX de la FORTIFICATION DE CAMPAGNE étaient poussés avec un zèle remarquable. — Les renseignements fournis à la chambre (1830, 6 novembre) établissent que la prise d'ALGER a donné, en métal précieux, quarante et un millions ; en valeurs consacrées à la solde de l'armée, cinq millions deux cent quatre-vingt-cinq mille six cent neuf francs ; en valeurs mermantiles, cinq millions ; en PIÈCES D'ARTILLERIE, au nombre de quinze cent quarante-deux, dont sept cent quinze de bronze, deux millions et demi ; ce qui fait, non compris la valeur des bâtiments de mer ou objets de marine, cinquante-trois millions sept cent quatre-vingt-cinq mille six cent neuf francs ; ce bénéfice, ce BUTIN, viendrait, si l'on en croit quelques opinions, en déduction de quatre-vingt-onze millions, somme dont les troupes de terre et de mer ont occasionné la dépense. — Cependant

M. DENNIÉE établit qu'il y aurait eu balance de dépenses et de recettes ; M. MERLE croit à un bénéfice net de douze millions cent quatre-vingt-quatre mille cinq cent vingt-sept francs ; ce serait, en ce cas, la seule Guerre française, depuis Mérovée, qui eût rendu ce qu'elle eût coûté. — Les rapports soumis en novembre 1830 témoignent que, depuis juillet, il est rentré en France quatre mille huit cent quatre-vingt-cinq MALADES ou BLESSÉS, qu'il en est resté mille à Mahon et ALGER ; total, cinq mille huit cent quatre-vingt-cinq ; et qu'il y a eu quatre mille morts. — Un nouveau système de DISTRIBUTIONS DE RATIONS, la création du corps des ZOUAVES en 1831 (21 mars), la création des CHASSEURS D'AFRIQUE et des SPAHIS, ont été un des résultats de cette Guerre et de celles qui y succèdent en AFRIQUE. — La suceptibilité nationale voyait dans la possession de l'ALGÉRIE une question d'honneur ; la politique ministérielle y voyait un aguerrissement profitable, une étude utile, peut-être un exutoire. Les financiers et les quakers y apercevaient un chancre social, une plaie toujours saignante ; l'avenir révélera laquelle de ces opinions avait raison. — Un tableau de cette campagne a été tracé par M. BERTILLAT, M. l'intendant DENNIÉE, M. le général DESPREZ, M. FERNEL, M. le colonel JUCHEREAU, M. LAUVERGNE, M. le général LOVERDO, M. MERLE, M. PELISSIER, M. PELLION (1839), M. le général PETIET (Auguste), M. QUATREBARBES, M. ROZET, M. le général VAUDONCOURT (*Annuaire de* 1836). Différents aperçus en ont été offerts dans le *Journal des Sciences militaires* (1831, p. 225), le *Spectateur militaire* (t. X, p. 146, 161, t. XI, p. 290, t. XIII, p. 631), les *Annales maritimes et coloniales* (1831 [octobre], p. 533), le *Bulletin des Sciences militaires* (t. X, p. 225, 230 ; t. XI, p. 184), le *Dictionnaire de la Conversation* (au mot *Descente*).

GUERRE de 1830, ou GUERRE DU SÉNÉGAL. Sorte de GUERRE FRANÇAISE qui ne consiste presque qu'en un combat. Une relation de cette Guerre en miniature se trouve dans le *Spectateur militaire* (t. XIX, p. 249).

GUERRE de 1831 et 1832. Donnerons-nous le nom de GUERRE ou de CAMPAGNE à une promenade militaire dans les FLANDRES ; à une MÉDIATION ARMÉE qu'aucune HOSTILITÉ n'a ensanglantée, et qui a servi, en 1831, de sauvegarde aux BELGES que l'ARMÉE HOLLANDAISE allait mettre à mal. Si ce n'est une EXPÉDITION française, c'est du moins une CAMPAGNE, puisque la GRATIFICATION DE CAMPAGNE a été allouée aux OFFICIERS et aux TROUPES qui y ont pris part. — A la fin de

1832, une collision plus sérieuse est le second acte du même drame ; une seconde GRATIFICATION DE CAMPAGNE est servie, aux mêmes OFFICIERS, aux mêmes CORPS ; nous n'oserions assurer qu'il y eût illégalité ; mais il y eut excès de dépenses, par déférence pour des personnages influents qui pouvaient, de ce double payement, tirer témoignage de l'accomplissement d'une double CAMPAGNE. Quelques millions de plus ont coulé des coffres de l'Etat. — L'ARMÉE passe la frontière le 15 novembre. L'avant-garde est commandée par le duc d'Orléans. Le total des forces est de soixante-neuf mille neuf cent quatre-vingt-treize hommes et de dix-sept mille neuf cent soixante-quinze chevaux. — Cette Guerre, ou plutôt ce duel entre une FORTERESSE et une ARMÉE, présentait plusieurs phénomènes ; le plus remarquable était l'alliance de la FRANCE et de l'ANGLETERRE ; une autre singularité, c'est que l'épée était levée contre le gré de la RUSSIE, de l'AUTRICHE, de la PRUSSE, quoique la lutte eût pour objet l'exécution des traités que ces puissances avaient souscrits. L'obstination de Guillaume de Hollande, qui voulait rester en possession de la citadelle d'ANVERS, nécessitait cette dispendieuse levée de boucliers. — Les DIVISIONS D'ARMÉE sont de deux BRIGADES, les BRIGADES de deux RÉGIMENTS. — Des BATTERIES DE FUSÉES et des FUSILS DE REMPARTS sont, pour la première fois, employés en EUROPE par l'ARMÉE FRANÇAISE. — Une armée de l'Est ou de RÉSERVE se forme près de Metz. — La citadelle est défendue par trois mille cinq cent quarante-cinq hommes. — L'OUVERTURE de la TRANCHÉE y a lieu le 29 novembre à huit heures du soir ; les hostilités commencent le 30. Le GÉNIE coiffe de nouveau le POT DE FER. — Cette Guerre voit renaître le système blâmable et antiadministratif des BATAILLONS D'ÉLITE et des agglomérations de GRENADIERS et de VOLTIGEURS. En se décidant à ces mesures, le MINISTRE se mettait en opposition avec l'ORDONNANCE toute moderne DE 1831 (4 MARS) : ce qu'elle prescrivait à l'égard de l'ENDIVISIONNEMENT des PELOTONS ne permettait plus que ceux d'ÉLITE s'absentassent, comme cela pouvait avoir lieu en vertu du RÈGLEMENT DE 1791. Il n'y avait déjà plus d'harmonie à l'égard des PELOTONS DE GRENADIERS et DE VOLTIGEURS entre les pratiques de 1832 et les principes de 1831. — Cette Guerre, à laquelle le fond de l'ARMÉE HOLLANDAISE n'a pas pris part, a été une savante application de l'ART DE L'INGÉNIEUR, une tranquille étude de BOMBARDEMENT. Les opérations, si critiques, si compliquées des armées de secours et d'observation ont manqué à cette théorie. — Une ESCALADE y échoue faute de mesures complétement concertées, comme cela arrive presque toujours. — On acquiert dans la place l'expérience, à ce que quelques relations affirment, que les BOUCHES A FEU en fer résistent mieux et ont une plus longue durée que celles en bronze. Le CHEMINEMENT est rapide ; le SIÉGE ne donne lieu qu'à deux PARALLÈLES. Les BATTERIES de la PREMIÈRE sont à quatre cent cinquante mètres ; ceux de la SECONDE à cent mètres du glacis. — L'emploi des OBUSIERS LONGS contre la flotte et la place ont mis en crédit cette ARME. — De doubles COMINGES ou BOMBES de cinq cents kilogrammes sont fondues à Liége pour ce siége. Les PLACES D'ARMES AMPHIBIES y figurent ; le PÉTARD y est employé ; le MORTIER A LA COHORN y reprend crédit. — Un ordre du jour qui avait étonné l'ARMÉE DE SIÉGE lui avait annoncé la présence officielle du commissaire anglais Caradock ; il avait accès dans tous les ouvrages, de même que les officiers prussiens. — La REDDITION de la citadelle d'ANVERS (le 24 décembre) termine le SIÉGE et la Guerre ; elle avait été de trente-quatre jours, dont vingt-cinq jours de TRANCHÉE ouverte. Les OUVRAGES avaient un développement de quatorze mille mètres ; soixante-trois mille PROJECTILES D'ARTILLERIE avaient été lancés, dont vingt-cinq mille BOMBES de dix à onze pouces ou autres PROJECTILES CREUX. Il y est pris cinq mille HOLLANDAIS, dont cent quatre-vingt-cinq OFFICIERS, cent douze PIÈCES en état, et quatre-vingts hors de service. — Si l'on en croit l'*Encyclopédie des Gens du monde* (au mot *Belgique*), quatre-vingt-quinze mille coups ont été tirés, tant d'une part que de l'autre, c'est une dépense de deux à trois millions, y compris la détérioration de plus de moitié des PIÈCES. — Le MINISTRE a déclaré à la tribune que la consommation seule du matériel tiré des arsenaux équivalait à une dépense de trois millions. — Ce siége et l'incursion en Belgique qui l'avait précédé ont coûté à la FRANCE cinquante millions. — Cinquante et un officiers français et sept cent quatorze hommes de troupes ont été tués, cent trente et un officiers et huit cent quatre-vingt-quatorze hommes de troupe ont été blessés. — Il a été traité du siége d'ANVERS dans le *Spectateur militaire* (t. XV, p. 35 ; t. XVI, p. 574 ; t. XVII, p. 245), dans le *Journal de l'Armée* (t. I, p. 125), dans le *Journal des Sciences militaires* (9ᵉ année, p. 265 ; 1835 [avril], p. 5), dans le *Journal des Opérations de l'Artillerie au siége de la citadelle d'Anvers*, in-4°, imprimerie royale, 1834.

GUERRE (guerres) de 1833 à 1838.

Sorte de GUERRES FRANÇAISES, ou série de CAMPAGNES actives dont la colonisation de l'ALGÉRIE fut l'occasion et le nœud. — La possession de la province africaine fut d'abord une espèce de pacification le pistolet au poing, un essai laborieux de civilisation achetée au prix de continuelles ESCARMOUCHES ; elle s'est ensuite entrecoupée de sérieuses et rudes EXPÉDITIONS. — La première fut celle de BOUGIE, habilement conduite et glorieusement menée à fin par le général TRÉZEL. — Mille neuf cent soixante-dix-neuf HOMMES DE PIED, dépourvus de cavalerie, et cent trente-deux CHEVAUX ou MULETS attachés aux ADMINISTRATIONS, au GÉNIE et à l'ARTILLERIE composent le total des FORCES. — La MARINE aide puissamment les FORCES DE TERRE, et joue un rôle très-honorable. — Des BLOCKHAUS portatifs, enfermés au besoin dans une REDOUTE, des FUSILS DE REMPART figurent utilement pendant le cours de l'EXPÉDITION. — Le FOIN envoyé de Nantes était restreint à l'aide de la presse hydraulique. — Une relation détaillée de la campagne de Bougie a été composée par M. MOLLIÈRE, l'un des officiers qui en faisaient partie, et qui avait été blessé le premier au débarquement. Elle existe en manuscrit dans ma bibliothèque. L'EXPÉDITION de 1835, où figure le duc d'Orléans, commence le 26 novembre : elle elle est conduite par M. le maréchal Clausel ; le combat de l'HABRA, où les Arabes avaient placé du canon sur les hauteurs et essayèrent d'en faire usage, en est l'engagement le plus important ; elle a pour résultat le sac de Mascara, et se termine le 12 décembre ; la relation de cette EXCURSION est insérée dans le *Spectateur militaire* (t. XX, p. 473. — La marche sur Tlemcen, pendant laquelle Oran est vivement attaqué par les ARABES, commence le 8 janvier 1836, sous les ordres du même chef. L'ARMÉE EXPÉDITIONNAIRE, fournie de vivres pour dix-sept jours, donne la main aux TROUPES alliées, aux COLOUGLIS qui occupent Tlemcen ; cette expédition se termine le 18 février de la même année ; le rapport en est publié dans le *Moniteur* le 2 mars suivant. — Ces actions donnent naissance au système de DISTRIBUTIONS DE RATIONS en sacs cachetés ; c'est principalement le RIZ qu'on porte en voyage. Le CAFÉ y devient un genre de DISTRIBUTIONS comme dans l'ARMÉE ANGLO-INDIENNE. — En septembre 1836, la première expédition de CONSTANTINE, conduite par le maréchal célèbre dont nous venons de parler, et près duquel servait le duc de Nemours, est une répétition en petit des catastrophes de 1812 et de la Guerre de Saxe. Une description dramatique en est publiée sous le

voile de l'anonyme (1837, B). v. Mollière. v. *Spectateur militaire* (t. XXIV, p. 29). v. *Journal des Sciences militaires* (1837, p. 35). — Un article substantiel et critique inséré dans le *Journal du commerce* de 1837 (13 décembre) récapitulait l'absence de prévisions , l'insuffisance de précautions qui avaient pensé faire avorter la seconde attaque de CONSTANTINE, que la fermeté des chefs, la résolution des troupes et la haute habileté d'un général d'artillerie qui y devient maréchal de France, avaient seules fait réussir d'une manière si brillante. — Quelques notions touchant le militaire employé en ALGÉRIE se trouvent dans le *Journal des travaux de Statistique* (t. IV, p. 508).

GUERRE de 1838. Expédition maritime conduite par le contre-amiral Baudin ; le prince de Joinville y figure. Elle a pour résultat la prise de Saint-Jean-d'Ulloa (ou d'Ulua) et l'occupation passagère de la Vera-Cruz au Mexique en 1839. — Le *Spectateur militaire* (t. XXVII, p. 33 et 112) en donne la relation.

GUERRE de CAMPAGNE. v. ARQUEBUSE A CROC. v. ART DE LA G... v. BRUEHL (1770, F). v. CAMPAGNE. v. CHEVAL DE FRISE. V. COUP DE CANON. v. DUPUGET. v. DUTEIL (1778, B). v. FORTIFICATION DE CAMPAGNE. v. FOSSÉ. v. FUSIL D'INFANTERIE. v. GÉNÉRAL D'ARMÉE N° 9. v. GRAND CHEVAL. v. GUERRE DE SIÉGE. v. GUERRE EN RASE CAMPAGNE. v. KHEVENHUELLER (1771, F). v. LEBOURG. v. MACHINE. v. MONTROZARD. v. PASSAGE DE DÉFILÉ EN AVANT. v. SIÉGE OFFENSIF. v. THOMPSON.

GUERRE de CHICANE. v. CHICANE.

GUERRE de Corse. v. AIDE-MAJOR GÉNÉRAL. v. AIDE-MARÉCHAL GÉNÉRAL DES LOGIS. v. CORSE. v. GUERRE DE 1759. v. GUERRE DE 1767.

GUERRE de FLANDRE. v. FLANDRE. v. STRADA (1659).

GUERRE de HANOVRE. v. AUMONIER N° 7. v. GUERRE DE 1756. v. HANOVRE. v. HOPITAL MILITAIRE.

GUERRE de la RÉVOLUTION. v. ABORDAGE. v. ACADÉMIE MILITAIRE. v. ADJUDANT D'INFANTERIE FRANÇAISE DE LIGNE N. 6. v. APPOINTEMENTS. v. APPROCHES. v. ARME A FEU PORTATIVE. v. ARMÉE CONFÉDÉRÉE. v. ARME PERSONNELLE N° 1. v. ARMÉE FRANÇAISE N° 4, 5, 7. v. ARSENAL. v. ARTILLERIE DE CAMPAGNE. v. ASSAUT OFFENSIF. v. ATTRIBUT DE RETROUSSIS. v. ATTROUPEMENT. v. BALLE INCENDIAIRE. v. BARBE DE SAPEUR D'INFANTERIE. v. BATAILLE RANGÉE. v. BATAILLE STRATEUMATIQUE. v. BONNET A POIL. v. BOUILLON D'OS. v. BOULET CREUX. v. BOULET ROUGE. v. BREVET D'OFFICIER. v. BRIÇOLE DE CANONNIER. v. BUFLETERIE. v. CAMP ROMAIN. v. CANAPSA. v. CANON DE CAMPAGNE. V.

CAPITAINE DE GRENADIERS N° 2. V. CAPITAINE D'INFANTERIE FRANÇAISE DE LIGNE N° 5. V. CASQUE. V. CHAINE DE FOURRAGE. V. CHANT MILITAIRE. V. CHAPEAU A TROIS CORNES. V. CHATIMENT MILITAIRE. V. CHAUSSURE. V. CHEF DE BRIGADE. V. CHEVAL DE SELLE DE CONVOI. V. CHEVALIER GENTILHOMME. V. CHIRURGIEN DE CORPS. V. CHOC. V. CIBLE. V. COCARDE. V. COIFFURE D'ÉTAT-MAJOR GÉNÉRAL. V. COMBUSTIBLE DE CUISINE DE CASERNE. V. COMINGE. V. COMMISSAIRE DES GUERRES N° 6. V. COMMISSAIRE ORDONNATEUR. V. COMPOSITION. V. CONGÉ DE SEMESTRE. V. CONSEIL D'ADMINISTRATION N° 4. V. CONTREVALLATION. V. CORDEAU MÉTRIQUE. V. CORNET IDIOPLIQUE N° 5. V. CORPS D'INTENDANCE; id. N° 5. V. CORPS EN ROUTE SUR PIED DE PAIX. V. COUP DE FUSIL. V. CUIRASSE. V. DARÇON (1774, D). V. DÉBLOCUS. V. DÉFENSE DE PLACE. V. DEMI-PIQUE. V. DEMI-SOLDE. V. DESTITUTION. V. DICTIONNAIRE MILITAIRE. V. DRAPEAU DE COULEUR. V. DUFEY DE L'YONNE. V. ENFANT D'OFFICIER. V. ÉPAULETTE DE LIEUTENANT. V. ÉPINGLETTE. V. ÉQUIPEMENT D'HIVER. V. ESCADRON FRANÇAIS N° 5. V. ESPACE DE RANGS. V. ÉTAPIER. V. ÉTAT-MAJOR. V. ÉTAT-MAJOR DE CORPS N° 1. V. FACTEUR. V. FACTIONNAIRE. V. FANION DE COMPAGNIE. V. FEMME D'ARMÉE. V. FEU A GÉNUFLEXION. V. FEU DE DEUX RANGS. V. FILE DE BATAILLON. V. FRONTIÈRE. V. FOURRAGE. V. GARDE DU CORPS. V. GÉNÉRAL DE BRIGADE N° 5. V. GÉNIE IDIOPLIQUE N° 1. V. GENTILHOMME. V. GIBERNE DE SERGENT. V. GLACIS DE FORTIFICATION. V. GRENADE DE RETROUSSIS. V. GRENADIER D'INFANTERIE FRANÇAISE DE LIGNE N° 2. V. GUERRE CIVILE. V. GUERRE DE 1792. V. GUERRE DE SIÉGE. V. GUÊTRE. V. GUÊTRE BLANCHE. V. HABIT. V. HAUTE-PAIE PÉCUNIAIRE. V. HAUT-LE-PIED. V. HAVRE-SAC. V. HOMME DE TROUPE N° 2, 19. V. HONNEURS. V. HOPITAL MILITAIRE. V. V. HUSSARD N° 5. V. INDEMNITÉ DE ROUTE. V. INFANTERIE FRANÇAISE N° 1, 2, 8, 10. V. INFANTERIE DE BATAILLE N° 5. V. INFANTERIE FRANÇAISE DE LIGNE N° 2. V. INFANTERIE LÉGÈRE N° 5. V. INSPECTEUR GÉNÉRAL; id. N° 5. V. JOMINI (1805, G). V. JUSTICE MILITAIRE. V. LÉGION FRANÇAISE. V. LÉGISLATION. V. LÉGUME SEC. V. LETTRE AVOCATOIRE. V. LEVÉE. V. LIEUTENANT-COLONEL N° 1. V. LIGNE DE BATAILLE. V. LIGNE IDIOPLIQUE. V. MAJOR DE PLACE N° 2. V. MALADE. V. MAMELOUCK. V. MANIFESTE. V. MANOEUVRE. V. MANUFACTURE D'ARMES. V. MARCHE EN POSTE. V. MARCHE DE BRIGADE D'INFANTERIE EN BATAILLE. V. MARCHE OBLIQUE. V. MARÉCHAL DE CAMP N° 4. V. MARÉCHAL DE FRANCE N° 8, 10. V. MARQUIS. V. MASSE D'HOPITAUX. V. MASSE RÉGIMENTAIRE. V. MASSUE. V. MILICE ANGLAISE; id. N° 2, 7, 8, 12. V. MILICE AUTRICHIENNE N° 2, 6, 7. V. MILICE BELGE. V. MILICE ESPAGNOLE N° 7. V. MILICE HOLLANDAISE; id. N° 3. V. MILICE PIÉMONTAISE N° 2. V. MILICE PORTUGAISE N° 1. V. MILICE PRUSSIENNE N° 8. V. MILICE RUSSE N° 2, 3, 5, 6. V. MILICE VÉNITIENNE. V. MILICES ITALIENNES. V. MILITAIRE, adj. V. MINISTÈRE DE LA GUERRE. V. OBUSIER DE SIX POUCES. V. OFFICER DE CAVALERIE N° 2. V. OFFICIER DE COMPAGNIE. V. OFFICIER DE GARDE. V. OFFICIER D'ORDONNANCE. V. OFFICIER DU GÉNIE N° 7. V. ORDRE EN ÉCHELONS. V. ORGANISATION. V. PAIX DE 1802 (25 MARS). V. PANTALON. V. PARTI BLEU. V. PARTI DE GUERRE. V. PAS OBLIQUE. V. PAS ORDINAIRE. V. PAYE. V. PEINE. V. PENSION DE RETRAITE. V. PETIT ÉQUIPEMENT. V. PIED D'ARMÉE. V. PILLAGE. V. PIONNIER. V. PIQUET EN CAMPAGNE. V. PLUMET. V. POMPON. V. PONTON. V. PORTE-BAIONNETTE. V. PORTE-DRAPEAU N° 1. V. POUDRE A FEU. V. PRÉFET. V. PRISONNIER DE GUERRE ÉTRANGER. V. PROJECTILE. V. PULK. V. QUEUE DE CHEVELURE. V. RALLIER. V. RÉCOMPENSE. V. RECRUE. V. RECRUTEMENT. V. RÉFORME. V. RÉGIMENT D'ARTILLERIE N° 1. V. RÉGIMENT DE CAVALERIE FRANÇAISE N° 3. V. RÉGIMENT D'INFANTERIE FRANÇAISE N° 5. V. RÉGIMENT FRANÇAIS N° 1, 6. V. REPAS DE CORPS. V. RÉQUISITION CONSCRIPTIVE. V. RETENUE SUR PRÊT. V. REVUE D'INSPECTEUR GÉNÉRAL. V. RIZ. V. ROMPEMENT EN BATAILLE. V. SABRE DE SAPEUR. V. SAPEUR D'INFANTERIE. V. SCHILLER. V. SEL. V. SENTENCE. V. SENTINELLE. V. SERGENT D'INFANTERIE FRANÇAISE DE LIGNE N° 4. V. SERVAN (1808, G). V. SERVICE A VIE. V. SERVICE DE CAMPAGNE. V. SERVICE DE SANTÉ. V. SIÉGE. V. SIÉGE OFFENSIF. V. SOUS-OFFICIER N° 5. V. STRATÉGIE. V. TABAC. V. TACTIQUE, subs. V. TAILLE DE MILITAIRE. V. TAMBOUR IDIOPLIQUE D'INFANTERIE FRANÇAISE N° 5. V. TAM-TAM. V. TÉLÉGRAPHIE. V. TENTE. V. TENTE D'OFFICIER. V. TENUE. V. THÉATRE DE GUERRE. V. TIERCEMENT. V. TIRAILLEUR. V. TORSADE D'ÉPAULETTE. V. TRAIN. V. TRAVAIL. V. YOUNG (John).

GUERRE de la SUCCESSION DE FRANCE. V. FRANCE. V. GUERRE. V. GUERRE CIVILE. V. LANGUE FRANÇAISE. V. MILICE ANGLAISE N° 2. V. MINISTRE DE LA GUERRE EN 1701. V. PAL. V. POTEAU DE G... V. SUCCESSION DE FRANCE.

GUERRE de la SUCCESSION D'ESPAGNE. V. DUVIVIER (1630, B). V. ESPAGNE. V. GUERRE DE 1701. V. GUÊTRES. V. LIEUTENANT GÉNÉRAL N° 3. V. MILICE ANGLAISE N° 8. V. MILICE ESPAGNOLE N° 2. V. MILICE PORTUGAISE N° 1. V. MINISTRE DE LA GUERRE EN 1662. V. MOT. V. MOULIN PORTATIF. V. MOUSQUETON. V. NEUTRALITÉ. V. NOBLESSE. V. OFFICIER DE SANTÉ. V. OFFICIER D'ÉTAT-MAJOR GÉNÉRAL. V. SAPEUR D'INFANTERIE.

GUERRE de la VENDÉE. V. BEAUCHAMP. V. BOUILLÉ. V. CANUEL. V. DÉSERTEUR. V. ORDRE DE SAINT-LOUIS. V. VAUBAN. V. VENDÉE.

GUERRE de l'ETAT. V. ETAT. V. FÉODALITÉ. V. GUERRE.

GUERRE de mer. v. art de la guerre. v. corbeau naval; v. général d'armée n° 9. v. guerre. v. guerre de 1672. v. guerre de 1688. v. guerre de 1756. v. guerre de 1775. v. mer. v. Stratégie.

GUERRE de Madagascar. v. guerre de 1829. v. Madagascar.

GUERRE de montagnes (H, 2). Sorte de guerre en rase campagne. — Il semble y avoir antithèse entre les mots rase campagne et montagne ; il y a au contraire analogie, parce que la locution guerre en rase campagne se prend comme l'opposé de la Guerre de siége ; de même autrefois, ce qu'on aplait plat pays donnait aussi bien l'idée de la plaine que des parties montueuses des terrains non fortifiés. — Ici la Guerre de montagnes est prise surtout par opposition à la guerre de plaine. — Suivant Bonaparte (Montholon, t. iii, p. 62) : Le génie de la Guerre de montagnes consiste à choisir des camps situés, soit sur les derrières, soit sur les plancs de l'ennemi, afin de le mettre dans la nécessité ou de déloger sans combattre ou de choisir d'autres camps s'il veut conserver quelque avantage. L'habileté du général consiste à éviter de prendre l'offensive, et à ne point attaquer de front les positions fortes, mais à débusquer l'ennemi en le tournant. — La Guerre de montagnes a été regardée comme l'école des opérations de plaine ; mais ce n'est vrai qu'à l'égard de quelques armes, car elle n'offre pas aux officiers de cavalerie un théâtre propre à leur troupe ; elle a illustré les noms de Scanderberg, de Sertorius, de Ziska ; elle a fait moins d'honneur, s'il en faut croire Folard, à Catinat et aux généraux ses contemporains ; elle est semée de mille difficultés. Plus d'un écrivain a remarqué que tel général qui avait cueilli des lauriers dans la plaine les a vus se flétrir sur un théâtre différent. — Plus d'un peuple a tiré, de la coopération des chiens de guerre, un utile parti dans la Guerre de montagnes. — On a regardé Rohan (1788, I) comme un des auteurs et un des généraux d'armée qui, le premier, ait donné le plus habilement et appliqué avec le plus de succès les préceptes de la Guerre de montagnes. Longtemps après l'époque où il vivait, Lecourbe s'est illustré, mais sans s'astreindre aux préceptes de son prédécesseur ; Rohan ne trouvait de gage de succès que dans la possession des sommités ; Lecourbe, au contraire, a réussi par l'habileté des marches à travers les vallées, et en occupant les débouchés. — A tous égards, on est loin d'être arrêté touchant les principes de la Guerre de montagnes, puisque le meilleur système d'artillerie à y employer est encore un sujet de doutes et de recherches. — A la fin du dernier siècle, et maintenant encore en Circassie, la milice russe s'est montrée peu propre à la Guerre de montagnes. — La Guerre de montagnes a cela de particulier que la conduite à y tenir ne saurait, comme à la guerre de plaine, être éclairée par l'expérience des Guerres passées, ou que du moins les mêmes faits d'armes ne sauraient y être appliqués aux mêmes localités, puisque la civilisation tend incessamment à changer sur certains points les abords, la configuration des montagnes, tandis que les accidents naturels, les éboulements, les avalanches en dégradent l'écorce, en altèrent les surfaces, en changent les cours d'eau. Ainsi les anciennes cartes topographiques deviennent trompeuses, et la marche que de grands généraux ont suivie ne peut plus être donnée comme exemple ; ces défrichements, ces ports, ces ouvertures modernes, qui ont entrecoupé les Alpes et les Apennins rendent inapplicables les combinaisons anciennes. — Le général Neipperg a composé sur ce sujet un traité bien fait que la *Gazette militaire d'Autriche* (1826) a publié ; il est persuadé que l'emploi des fusées de guerre prendra en ce genre d'opérations une grande importance. — Les auteurs qui ont traité le sujet dont il vient d'être question, sont : Bottée (1758, F), M. le colonel Carrion (1824, A), Cugnot (1766, C), Dubousquet (1769, B), l'Encyclopédie (1785, C ; supplém., au mot *Montagne*), Folard (1727, A), le *Journal militaire autrichien* (t. ii), Lachesnaie (1758, I, aux mots *Montagne* et *Retraite*), Lallemand (1825), Lloyd, Maizeroy (1767, M ; 1775, B), Sylva (1778, F), Urbain, Vandermeuc.

GUERRE de Morée. v. guerre de 1828. v. Morée.

GUERRE de partis. v. guerrilla. v. parti.

GUERRE de plaine (H, 2), ou grande guerre. Sorte de guerre en rase campagne qui se prend surtout par opposition à la guerre de montagnes. Les Italiens l'appellent *guerra campale*. — La Guerre de plaine est la haute branche de l'art militaire de terre ; c'est dans les affaires de plaine que se résout le sort des Etats, c'est le théâtre où le général d'armée déploie toutes les ressources de la science. — Les modernes n'ont réussi à faire revivre l'art de la guerre que depuis qu'ils ont su combiner un plan de campagne, et en assurer le succès par l'habileté de l'administration, le soin des approvisionnements, l'ensemble et l'énergie de l'infanterie, le concours de la

CAVALERIE. etc. — Depuis le dernier siècle, le RICOCHET, les FUSÉES, les FUSILS A OBUS sont au nombre des moyens qu'emploie la Guerre de plaine. — BRANDT (1827), DELANOUE (1760, F), VAULTIER (1714) se sont particulièrement occupés de la Guerre de plaine; mais il en a été traité par tous les AUTEURS qui ont écrit sur la GUERRE.

GUERRE de POSITIONS (H, 2), ou GUERRE DE POSTES. Sorte de GUERRE EN RASE CAMPAGNE qui consiste moins dans le jeu des forces que dans le choix des TERRAINS sur lesquels des masses peuvent être respectables, quoique inactives momentanément. — CÉSAR passe pour être le premier qui, parmi les anciens, ait compris et exécuté la Guerre de positions et qui en ait fait un art profond; mais ANNIBAL aussi mérite un pareil éloge; eût-il dominé aussi longtemps en ITALIE sans la science de la Guerre de positions? — De nos jours, elle est frappée de mésestime. M. le colonel CARRION (1824, A) la regarde comme lente et timide et comme ayant été le fruit de l'adoption de l'ORDRE MINCE; il remarque qu'autrefois l'usage de l'ORDRE PROFOND, ou, à des époques plus modernes, l'emploi des COLONNES D'INFANTERIE, ont donné naissance à une GUERRE plus agissante; chez les modernes, l'audace de la STRATÉGIE a prévalu sur la circonspection de la Guerre de positions à laquelle leurs devanciers se bornaient. — Il a été traité nominalement de la Guerre de positions par DELANOUE (1768, F).

GUERRE de POSTES. V. AFFAIRE DE POSTES. V. DELANOUE (1760, F). V. GUERRE DE 1741. V. GUERRE DE POSITIONS. V. PLAN DE CAMPAGNE. V. POSTE. V. POSITION STRATEUMATIQUE.

GUERRE de RETRANCHEMENT. V. ARC. V. FOISSAC-LATOUR (1790). V. RETRANCHEMENT.

GUERRE de RUSSIE. V. AIDE-MAJOR GÉNÉRAL. V. AMBULANCE. V. ASSAUT OFFENSIF. V. BOULANGER MILITAIRE. V. CHARROI MILITAIRE. V. CHIFFRE STÉGANOGRAPHIQUE. V. DÉPOT DE LA GUERRE. V. GUERRE DE 1792. V. MARAUDAGE. V. PAIN DE MUNITION. V. PARC. V. PONT DE CAMPAGNE. V. POUDRE ALIMENTAIRE. V. RÉGIMENT DE CAVALERIE FRANÇAISE N° 2. V. RÉGIMENT DE MARCHE. V. RUSSIE. V. SIÉGE OFFENSIF.

GUERRE de SECOURS (H, 2). Sorte de GUERRE EN RASE CAMPAGNE dont il a été traité particulièrement par plusieurs AUTEURS, tels que LEBLOND (1758, B), RAY DE SAINT-GENIES (1555, A), etc.

GUERRE de SEPT ANS. V. ACADÉMIE MILITAIRE. V. ARTILLERIE A CHEVAL. V. AUMONIER DE CORPS N° 5. V. BATAILLON D'INFANTERIE FRANÇAISE N° 7. V. BIBLE. V. CAMP D'INSTRUCTION. V. CANNE D'OFFICIER. V. CARRÉ TACTIQUE. V. CAVALERIE LÉGÈRE. V. COLONEL D'INFANTERIE FRANÇAISE DE LIGNE N° 1. V. COLONNE PAR BATAILLON. V. COLONNE ÉPAGOGIQUE N° 4. V. CONSTITUTION. V. CONVERSION EN BATAILLE. V. CORPS D'ÉTAT-MAJOR. V. COUP DE PLAT DE SABRE. V. CUIRASSE. V. DECKER (1859). V. DIVISION MILITAIRE. V. FUSIL D'INFANTERIE. V. GRENADIER D'INFANTERIE FRANÇAISE DE LIGNE N° 3. V. GUERRE DE 1756; DE 1775. V. HABILLEMENT. V. INFANTERIE FRANÇAISE N° 2. V. JOMINI (1805, G). V. MAJOR-CAPITAINE N° 4. V. MARCHESAN. V. MILICE ANGLAISE N° 6. V. MILICE AUTRICHIENNE N° 6. V. MILICE SAXONNE N° 1. V. MINISTRE DE LA GUERRE, 1761. V. MUSICIEN N° 1. V. MUSIQUE. V. ORDONNANCE D'EXERCICE D'INFANTERIE. V. PLASTRON. V. RÉGIMENT D'INFANTERIE FRANÇAISE N° 5. V. RIZ. V. SAPEUR D'INFANTERIE. V. SCHLAGUE. V. SERGENT D'INFANTERIE FRANÇAISE DE LIGNE N° 4.

GUERRE de SIÉGE (H, 1), ou GUERRE POLIORCÉTIQUE. Sorte de GUERRE dont une VILLE ou des FORTERESSES sont le point d'attaque ou de résistance, et qui se prend comme l'opposé de la GUERRE EN RASE CAMPAGNE. La marche et les règles de cette Guerre constituent l'ART et la conduite des SIÉGES DÉFENSIFS et OFFENSIFS. — La Guerre de siége a été également opiniâtre et difficile dans tous les temps; mais elle était bien moins savante, bien moins profonde, quand on ne connaissait d'autres méthodes que de BOUCLER les PLACES par des LIGNES, quand on n'avait encore recours qu'au TIR de l'ARC ou de la FRONDE, au jeu des CATAPULTES et du BÉLIER, aux portées incertaines et courtes des ARQUEBUSES A CROC. — Les progrés des sciences physico-mathématiques et de l'art des MINES, le perfectionnement du FUSIL D'INFANTERIE, les effets puissants du CANON, l'accord et la direction des FEUX, la juste proportion des accessoires auxquels travaillent l'ARTILLERIE et ses AUXILIAIRES ont amené de nouvelles découvertes en FORTIFICATION et en POLIORCÉTIQUE. Les FORTERESSES ont éprouvé un changement immense, et leurs formes nouvelles ont influé à leur tour sur les principes de la conduite des SIÉGES et du PASSAGE DU FOSSÉ, sur l'espèce et la dimension des BOUCHES A FEU, sur l'emploi des BATTERIES A RICOCHETS et des FUSÉES DE GUERRE, sur les combinaisons de la STRATÉGIE et sur tous les moyens qui peuvent hâter la REDDITION des PLACES. — Le ministère de LOUVOIS a puissamment contribué à y faire briller les FRANÇAIS. — Les MILICES ESPAGNOLE, HOLLANDAISE, HONGROISE ont pris naissance dans le fracas des Guerres de siége. — A partir de PHILIPPE DE VALOIS jusqu'à la GUERRE DE LA RÉVOLUTION, les ARMÉES FRANÇAISES ont attaqué et emporté quatre-vingt-dix FORTERESSES, ont donné la main à vingt-trois GARNISONS ASSIÉ-

GÉES et ont fait LEVER ONZE SIÉGES. — Une révolution immense se serait opérée à l'égard des Guerres de siége, si l'on en croit les paroles de BONAPARTE, rapportées par M. LASCASES (t. II, p. 411) : *Le système de nos places était désormais problématique ou sans effet; l'énorme quantité de bombes et d'obus changeait tout; ce n'était plus contre l'horizontale qu'on avait à se défendre, mais contre la courbe et la développée. Aucune des places anciennes n'était désormais à l'abri; elles cessaient d'être tenables ; aucun pays n'était assez riche pour les entretenir. Le revenu de la France ne pouvait suffire à ses lignes de Flandre; car les fortifications extérieures n'étaient guère aujourd'hui que le quart ou le cinquième de la dépense nécessaire; les casemates, les magasins, les établissements à l'abri de la bombe, voilà désormais ce qui était indispensable, et ce à quoi on ne pourrait suffire.* — LES AUTEURS qui ont traité de ce genre de Guerre sont les mêmes que ceux qui ont écrit touchant les SIÉGES. — LES ÉCRIVAINS qui se sont occupés nominalement du sujet traité ici sont: APOLLODORE (150, A), M. CIRIACY (1828), CUGNOT (1776, C), DUPAIN (1757, B), DUPUJET (1771), GRÉVEN, M. GRIVET, KHÉVENHUELLER (1771, E), LEBLOND (1758, B; 1761, B), PFRETZSCHER, PHILON (290, avant J.-C.), RIEGER. M. ROCQUANCOURT, ROLAND DE VIRLOYS. M. SEIDEL (1820), et tous les écrivains qui ont traité des MINES.

GUERRE de SIÉGE DÉFENSIF. V. AFFAIRE DE POSTES. V. ART DE LA G... V. BALLE A FEU. V. BOMBARDE. V. CLIDE. V. COMMANDANT DE PLACE N° 6. V. COMMUNICATION DE FORTERESSE. V. GALERIE DE MINE. V. GÉOLOGIE. V. GLACIS. V. LOGEMENT OFFENSIF. V. PIERRIER. V. POLIPHYLACTIQUE. V. SIÉGE DÉFENSIF.

GUERRE de SIÉGE OFFENSIF. V. AFFAMER. V. APPROCHES. V. ART DE LA G... V. CAVALIER DE TRANCHÉE. V. CLIDE. V. DÉFENSIVE. V. GÉOLOGIE. V. GLACIS. V. GOUVERNEUR DE PLACE DE GUERRE N° 5. V. LOGEMENT OFFENSIF. V. PIERRIER. V. RÉCEPTION. V. SIÉGE OFFENSIF.

GUERRE de SIÉGE PAR MINE. V. ART DE LA G... V. GUERRE SOUTERRAINE. V. SIÉGE PAR MINE.

GUERRE de TERRE. V. ARMÉE DE MER. V. GUERRE. V. JURISPRUDENCE MILITAIRE. V. LANSQUENET. V. MINISTÈRE DE LA G... V. TERRE.

GUERRE de TRENTE ANS. V. AIDE DE CAMP N° 1. V. CANON DE CUIR. V. CARTOUCHE A FUSIL. V. ÉCHIQUIER TACTIQUE. V. FELD-MARSCHALL. V. GUERRE. V. GUERRE DE 1635. V. GUERRE DE 1756. V. INFANTERIE N° 8. V. LETTEE AVOCATOIRE. V. MAUVILLON (Jacques). V. MILICE AUTRICHIENNE N° 1. V. MILICE ESPAGNOLE N° 6. V. MILICE HESSOISE. V. MILICE ITALIENNE. V. MI-

LICE PRUSSIENNE N° 1. V. MILICE SUISSE N° 1. V. MILICES ITALIENNES. V. NEUTRALITÉ. V. ORDRE DE BATAILLE D'INFANTERIE. V. RÉGIMENT FRONTIÈRE. V. SUBSISTANCE. V. TRENTE ANS.

GUERRE DÉFENSIVE (H, 2). Sorte de GUERRE qui peut être regardée comme appartenant au double genre de la GUERRE DE SIÉGE et de la GUERRE EN RASE CAMPAGNE. — Quelques AUTEURS ont blâmé l'emploi des expressions Guerre défensive, GUERRE OFFENSIVE, parce que toute espèce de Guerre assume les deux caractères; mais il faut bien se conformer aux usages consacrés depuis plus d'un siècle, et rendre compte de ce que les ÉCRIVAINS ont, à tort ou à raison, appelé Guerre défensive et OFFENSIVE dans les traités où ils se sont occupés de l'ART DE LA GUERRE EN RASE CAMPAGNE. — La philosophie, la politique, la SCIENCE même des ARMES doivent regarder la Guerre défensive comme le principe et la base de tout autre système de Guerre. — La Guerre défensive entreprise sur une grande échelle exige pour THÉATRE un pays de montagnes ou un TERRAIN défendu par les rivages de la mer et les embouchures des FLEUVES, elle veut un TRÉSOR bien fourni; mais c'est surtout le concours de la volonté nationale et le dévouement patriotique des troupes qui en assurent le succès. — Suivant l'opinion de ROUSSEAU (*Contrat social*), les Guerres défensives ont leur cause prochaine dans l'excès du territoire, eu égard à la population. La proposition est obscure; en voici la substance : population exubérante attaquera; population clair-semée doit se préparer à se défendre. — La Guerre défensive diffère de l'OFFENSIVE ou par l'infériorité numérique des troupes MISES EN CAMPAGNE, ou parce que l'ARMÉE aurait ordre de s'abstenir d'AGRESSION, soit pour COUVRIR un pays ou MASQUER certaines dispositions, soit pour ne pas se commettre au sort d'une bataille. — Mais la DÉFENSIVE ressemble à l'OFFENSIVE, en ce que la première ne peut remplir son but si en même temps elle n'est active; son objet est donc de FAIRE FRONT à l'ENNEMI sur tous les points, d'épier ses fautes, de le punir de ses imprudences, de profiter de ses oublis, sans toutefois s'écarter du PLAN DE GUERRE que la nécessité a prescrit. — Du reste, une fois l'épée tirée, se borner rigoureusement à la Guerre défensive, quand il n'y a pas absolue nécessité, c'est manquer de résolution et d'habileté. Les CAMPS RETRANCHÉS, les CHATEAUX, les FORTERESSES, peuvent retarder la défaite; ils n'assurent pas la victoire. — Fabius, MANLIUS, MARIUS, SERTORIUS, CÉSAR, sont presque les seuls capitaines de l'antiquité qui aient compris et pratiqué cette

Guerre; on ne voit partout ailleurs que la GUERRE OFFENSIVE. — Parmi les modernes, TURENNE et MONTÉCUCULI sont les premiers qui aient deviné les secrets de ces deux genres de GUERRE, et qui aient amené leurs imitateurs à en étudier les principes, et à en distinguer les caractères. — MONTÉCUCULI (1704, D) la regardait comme la plus savante; mais il conseille sans cesse de l'éviter, parce que les moindres fautes y sont mortelles, et que tout y est exagéré par la crainte, qui est le microscope des maux. — FEUQUIÈRES (1750, A) a donné sur ce genre de Guerre des règles savantes et des aperçus curieux, tout en convenant que les ressources de la Guerre défensive résident uniquement dans la capacité du GÉNÉRAL; car c'est le genre de GUERRE où il est le plus difficile de maintenir la DILCIPLINE. — FRÉDÉRIC DEUX n'approuvait l'usage des GRANDS DÉTACHEMENTS que dans le cours des Guerres défensives. — Au jugement de MONTESQUIEU, BERWICK est un des GÉNÉRAUX FRANÇAIS qui y a excellé. — Les mauvais succès de la Guerre défensive à laquelle DUMOURIEZ était réduit en évacuant la Belgique lui avaient persuadé *qu'il est dans la nature du Français de marcher devant soi et de conquérir; il n'est pas propre à conserver ses conquêtes sans que sa bravoure diminue; la Guerre défensive et méthodique l'ennuie.* — Cependant la campagne de Zurich, les siéges d'ANCONE et de GÉNES ont prouvé toute l'énergie qu'il peut conserver, sans BASE D'OPÉRATIONS, loin de sa patrie, et se croyant, pour ainsi dire, oublié d'elle. — La Guerre défensive de 1813 a été regardée comme un chef-d'œuvre, quoique le succès y ait trahi le génie; était-ce pour adoucir ses souvenirs que BONAPARTE disait (M. LASCASES, t. VII, p. 155): *Les Français, dans quelque position qu'on les essaye, se battront; mais ils ne savent pas se retirer devant un ennemi victorieux. S'ils ont le moindre échec ils n'ont ni tenue ni discipline; ils vous glissent dans la main.* — M. le colonel CARRION (1824, A), dans quelques remarques qu'il fait sur les MILICES AUTRICHIENNE et PRUSSIENNE, reproduit cette opinion déjà consacrée : *Que la Prusse ne devait jamais faire de Guerre défensive; quand même la Guerre serait, par sa nature générale, défensive, chaque campagne prise à part ne devrait pas l'être. L'Autriche au contraire est merveilleuse pour la défensive.* — On lit dans le même ÉCRIVAIN : *Quelquefois une campagne est offensive au milieu d'une Guerre défensive.* — Les AUTEURS qui ont traité de la Guerre défensive sont : M. ALLENT, BINZER, BOHAN (1781, H), DUBOUSQUET (1769, B), DUVIVIER (1826, B),

FOLARD (1752, B), LACHESNAIE (1758, 1), LEBLOND (1758, B), LEFREN, LLOYD (1766, N), MONTÉCUCULI (1670, A), M. le colonel PAIXHANS (1829), RAY DE SAINT-GENIES (1755, A), M. le colonel REVERONI (1826), M. le général ROGNIAT (1816, B), M. DE SAINTE-CROIX, TURPIN (1769, C), le *Dictionnaire de la Conversation* (au mot *Défense*), le *Journal des Sciences militaires* (1838 [janvier], p. 67).

GUERRE d'EGYPTE. V. EGYPTE. V. GUERRE DE 1792. V. MILICE ANGLAISE Nº 6, 7.

GUERRE d'ENVAHISSEMENT. V. ENVAHISSEMENT. V. GUERRE D'INVASION. V. RETRANCHEMENT.

GUERRE d'ESPAGNE. V. ARTILLERIE DE MONTAGNES. V. BEAULAC. V. BLANCH (Luigi). V. GRATIFICATION D'ENTRÉE EN CAMPAGNE. V. GUERRE DE 1792. V. GUERRE DE 1823. V. MARAUDAGE. V. MILICE ANGLAISE Nº 7, 11. V. MILICE HANOVRIENNE Nº 2. V. ORDONNANCE OFFICIELLE. V. ORDRE MIXTE. V. PAIN DE MUNITION. V. RÉGIMENT DE MARCHE. V. SOUTHEY. V. SUCHET. V. SURPRISE DE PLACE. V. VANNE.

GUERRE d'ETAT. V. ETAT. V. GUERRE.

GUERRE d'HANOVRE. V. GUERRE DE HANOVRE. V. HANOVRE.

GUERRE d'INVASION (H, 2), OU GUERRE D'ENVAHISSEMENT. Sorte de GUERRE EN RASE CAMPAGNE qu'on peut regarder comme le superlatif des GUERRES OFFENSIVES. Un nouveau système les a rendues plus communes et plus promptes. Par leur marche, elles diffèrent essentiellement des GUERRES MÉTHODIQUES; nous avons dit leur objet, leurs résultats, en traitant des ARMÉES D'ENVAHISSEMENT. — Aussi anciennes que la civilisation, les Guerres d'invasion, après un intervalle de trois siècles, ont repris faveur chez les modernes; elles ont succédé au système circonspect de la GUERRE MÉTHODIQUE; BONAPARTE en a renouvelé l'exemple, en se jetant par des mouvements décisifs et rapides au cœur des Etats, évitant de disséminer ses troupes autour des FORTERESSES de l'ENNEMI et ajournant leur ATTAQUE; une des plus mémorables et des plus fatales Guerres d'invasion a porté les aigles françaises en RUSSIE. — On pourrait trouver un aperçu de l'histoire de toutes les Guerres d'invasion dans un récit qui a été fait par un témoin de la Guerre de RUSSIE, M. le colonel CHAMBRAY (1825, t. I, p. 52). C'est un cadre qui convient à plus d'un sujet, car il est des maux qui, dans tous les temps et tous les pays, ne peuvent avoir qu'un aspect et qu'une issue à peu près pareils : tels sont les désordres que traîne à sa suite la Guerre d'invasion. *Le nombre des combattants et la rapidité des marches s'opposaient à ce qu'on fît des dis-*

tributions; les convois de vivres qui suivaient l'armée étaient en arrière de plusieurs journées, et d'ailleurs ils auraient été insuffisants. Les régiments pouvaient à peine faire suivre leurs troupeaux et leurs voitures particulières; aussi faisait-on porter au soldat pour plusieurs jours de vivres. Lorsqu'un régiment était sur le point d'en manquer, il envoyait un détachement à la maraude; ce détachement, obligé de s'enfoncer dans les terres pour trouver des villages neufs, éprouvait de grandes fatigues, et ne parvenait souvent à rejoindre qu'au bout de quelques jours. Cette manière pénible et incertaine d'exister produisit de funestes effets; beaucoup de soldats tombèrent malades; beaucoup d'autres, ne pouvant suivre, poussés par la faim, se jetèrent dans les campagnes; un plus grand nombre encore s'y répandit pour piller et pour éviter les privations, les fatigues et les dangers de la Guerre. La plupart, au lieu de rejoindre leurs corps, se réunissaient par bandes, se choisissaient des chefs, et se cantonnaient dans les villages et dans les châteaux, où ils se gardaient militairement. Ce désordre porta un coup sensible à la discipline; mais il en résulta d'autres maux encore: l'armée éprouva une grande diminution, et cette quantité de traîneurs qu'elle laissait en arrière lui ôtait, en dévastant le pays, des ressources précieuses. Les villages et les châteaux situés sur la route éprouvaient le même sort. Le soldat ne se contentait pas d'y prendre ce qui était nécessaire à sa subsistance; il maltraitait l'habitant, s'emparait de tout ce dont il pouvait tirer quelque avantage, et brisait ce qu'il ne pouvait emporter.

GUERRE du ROI. V. GUERRE. V. GUERRE FRANÇAISE. V. ROI.

GUERRE du SÉNÉGAL. V. GUERRE DE 1830. V. SÉNÉGAL.

GUERRE EN RASE CAMPAGNE (term. sous-génér.), OU GUERRE DE CAMPAGNE. Sorte de GUERRE dont la dénomination prolixe est peu satisfsisante; les Latins la nommaient *bellum campestre*; quelques savants ont proposé de l'appeler HYPOÆTROMACHIE, d'autres l'ont appelée STRATÉGIE. — La Guerre en rase campagne est l'objet principal que l'ART MILITAIRE DE TERRE a en vue; elle est l'opposé de la GUERRE DE SIÉGE; cependant l'emploi ou la DÉFENSE des FORTERESSES qui dépendent du terrain que le GÉNÉRAL embrasse entrait souvent pour beaucoup dans les combinaisons de la conduite à tenir. — La PETITE GUERRE est une partie, un accessoire de la Guerre en rase campagne, et c'est celle dans laquelle l'ARMÉE FRANÇAISE s'est le plus généralement montrée habile. — La Guerre en rase campagne est, suivant les cas, DÉ-

FENSIVE OU OFFENSIVE; elle se distingue, sous le point de vue de l'histoire de tous les temps et de la SCIENCE actuelle, en GUERRE DE MONTAGNES, — DE PLAINE, — DE POSITION, — DE SECOURS, — DÉFENSIVE, — D'INVASION, — MÉTHODIQUE.

GUERRE EXPECTANTE. V. CAMP RETRANCHÉ. V. EXPECTANT, adj.

GUERRE FÉODALE. V. CHEVALIER ECCLÉSIASTIQUE. V. CROISADE. V. FÉODAL, adj. V. GUERRE. V. GUERRE PRIVÉE.

GUERRE FRANÇAISE (term. sous-génér.). Sorte de GUERRE considérée uniquement par rapport à la politique de la FRANCE et aux événements où ses ARMÉES modernes ont figuré; car il ne pouvait entrer dans nos vues d'en traiter que depuis l'existence d'un ART DE LA GUERRE, depuis l'abolition de la différence de la Guerre de l'Etat et de la GUERRE DU ROI, depuis l'extinction des GUERRES PRIVÉES et depuis la consolidation du trône; la scène s'ouvre donc à partir du règne de HENRI QUATRE : là commencera le détail. — Mais sommairement remontons aux TEMPS où la féodalité commence à ne plus contrarier les GUERRES DU ROI. — Sous LOUIS DOUZE, FRANÇOIS PREMIER et LOUIS QUATORZE, la FRANCE s'est mesurée contre l'EUROPE coalisée sans en éprouver d'abaissement ou sans voir son ancien territoire réduit comme il l'a été en 1814 et 1815. Les plus funestes résultats ont suivi la plus grande gloire. Pendant les cinq siècles écoulés depuis PHILIPPE DE VALOIS, il éclate soixante-cinq Guerres, dont vingt-huit en PICARDIE ou en FLANDRE, vingt-trois aux Alpes ou en ITALIE, huit outre-Rhin, six en ESPAGNE, ce qui, pendant cet espace de temps, donne une année de PAIX sur six de Guerre. — Si l'on comparait cette énumération aux Guerres anglaises, on verrait que, depuis la Guerre de 1688 jusqu'en 1815, l'ANGLETERRE a soutenu soixante-cinq Guerres. — L'article primitif GUERRE a compris, par la marche naturelle de la rédaction, quantité d'aperçus propres sans doute à l'ARMÉE FRANÇAISE, et dont la répétition serait superflue; mais la question des Guerres françaises demandait à être mentionnée à part. Elle a été traitée nominalement par JUBÉ, et en général par M. SICARD: elle doit être distinguée en GUERRES DE 1610, — 1615, — 1620, — 1621, — 1624, — 1625, — 1627, — 1629, — 1631, — 1633, — 1635, — 1665, — 1667, — 1672, — 1683, — 1688, — 1701, — 1719, — 1733, — 1759, — 1741, — 1756, — 1767, — 1775, — 1778, — 1780, — 1792, — 1823, — 1828, 1829, 1830, 1831, 1832, 1833.

GUERRE intestine. v. guerre. v. guerre privée. v. intestin, adj.

GUERRE légitime. v. armes assomplives. v. guerre. v. légitime, adj.

GUERRE méthodique (H, 2). Sorte de guerre en rase campagne que quantité d'écrivains mentionnent, en prenant surtout le terme par opposition à la guerre d'invasion, parce que l'une est sans limites, et que l'autre est circonscrite dans une zone étroite ou connue. — M. le général Rogniat (1816, B) a voulu faire de ce genre de Guerre un système universel, un renouvellement en tactique, et cette opinion n'a pas eu l'approbation de Bonaparte (*Mémoires*, etc.). — M. le général Jomini (1819, B) dédaigne en qualité de stratégiste la Guerre méthodique. — La Guerre méthodique est celle où les inspirations du génie le cèdent aux prévisions et aux mathématiques de l'art. Cependant des hommes d'un grand génie, César, Turenne, Frédéric, ont fait méthodiquement la guerre.

GUERRE nationale. v. féodalité. v. droit de la guerre. v. guerre. v. guerre privée. v. national, adj. v. noblesse. v. oriflamme. v. paye. v. siége défensif.

GUERRE offensive (H, 2). Sorte de guerre dont Feuquières a tracé les règles. — La Guerre offensive suppose égalité ou supériorité de forces sur le théâtre de la guerre; elle est en cela le contraire de la guerre défensive, qui y suppose infériorité de troupes. — Les historiens font ordinairement mention de la Guerre offensive quand ils veulent donner idée de l'initiative qu'un général d'armée prend sur son adversaire; dans ce sens une Guerre offensive ne serait pas toujours une guerre d'invasion, puisque l'objet du général pourrait être d'obtenir par force le redressement d'un grief, bien plus que d'envahir les terres de l'ennemi; cependant Bonaparte a dit (M. le général Montholon, 1823, t. ii, p. 11) : *Toute Guerre offensive est une Guerre d'invasion; toute Guerre bien conduite est une Guerre méthodique. La Guerre défensive n'exclut pas l'attaque, de même que la Guerre offensive n'exclut pas la défense, quoique son but soit de forcer la frontière et d'envahir le pays ennemi. Les principes de la Guerre sont ceux qui ont dirigé les grands capitaines dont l'histoire nous a transmis les hauts faits : Alexandre, Annibal, César, Gustave-Adolphe, Turenne, le prince Eugène, Frédéric le Grand.* — On lit dans le même auteur (p. 195): *Faites la Guerre offensive comme Alexandre, Annibal, César, Gustave-Adolphe, Turenne, le prince Eugène et Frédéric; lisez, relisez l'histoire de leurs quatre-vingt-huit campa-*gnes; *modelez-vous sur eux; c'est le seul moyen de devenir grand capitaine et de surprendre les secrets de l'art.* — Rousseau aussi (*Contrat social*) semble prendre comme synonyne guerre d'invasion et Guerre offensive, quand il dit que cette dernière a pour cause l'excès de la population, eu égard au territoire. Mais il en parlait plus politiquement que militairement. — Frédéric deux a brillé dans ce genre de Guerre : Bonaparte l'y a éclipsé. — La conduite habile et les résultats fructueux des Guerres offensives ne sont pas moins intimement liés à la science de la haute administration qu'aux combinaisons de la stratégie. — Les auteurs qui ont traité de la Guerre offensive sont : Bohan (1781, H), Bottée (1758, F), Carrion (1824, A), Dubousquet (1769, B), Folard (1752, B), Hauser (1817), Leblond (1758, B), Lloyd (1801, B), Maizeroy (1773, B), Montécuculi (1670, A), Ray de Saint-Genies (1755, A), Révéroni (1826), Rogniat (1816, B), Turpin (1769, C).

GUERRE ouverte. v. guerre. v. ouvert, adj. v. langue française.

GUERRE poliorcétique. v. guerre de siége. v. héraut. v. poliorcétique.

GUERRE (guerres) privée (F), ou guerre intestine. Sorte de guerre que, suivant M. Dulaure, on appelait en bas latin *faida*; M. Sismondi retrouve ce mot dans l'allemand *fedha*, pris par opposition à *wher*, Guerre publique. Les mots *faida*, *faidum*, que Roquefort traduit par faide, donnaient aussi l'idée du droit en vertu duquel les clients ou les parents d'un individu assassiné vengeaient de leurs propres mains sa mort. *Faida*, *faidum*, signifiaient précisément inimitiés, soif du sang; de là les vieux verbes français faider, faidir, se conduire en ennemi, en faide, comme dit Barbazan (1808). — Le terme qui répondait avec plus de justesse au mot Guerre privée était le substantif *diffidatio*, qui a laissé dans le français les expressions défi, deffiance, diffidation. — Les Guerres privées ont pris naissance au milieu du neuvième siècle, par suite du relâchement, de la décentralisation du service féodal. Ce furent de grands duels qui désolèrent l'Europe pendant le moyen age. La féodalité en fit un droit reçu, et disputa au trône le maintien de ce droit; la poudre a canon et l'imprimerie en marquèrent le terme. — C'est surtout par rapport à la France qu'il va être question des Guerres privées, de ces chevauchées prises par opposition au terme host. — Elles commencent au dixième siècle, à l'époque où la France se hérisse de chateaux forts. *Depuis le droit des Guerres privées*, dit M. Sismondi, à la date 958, *ils* (les seigneurs) *avaient commencé à regarder le vol à main armée comme une Guerre honorable.* — Elles ont été le résultat de la distribution des bénéfices, de la concession des fiefs, de l'usurpation des terres octroyées d'abord par le trône à titre viager. Ces événements amenèrent les mœurs féodales, c'est-à-dire le brigandage de quiconque avait de l'opulence et du pouvoir. Cette turbulente oligarchie des bannerets, ce pouvoir dont la sergenterie était le piédestal, se tenait au-dessus de la loi par l'audace de ses opérations et par l'étendue de son cercle d'activité ; elle ne différait que par là et par plus de fureur du brigandage répressible par les lois. — Les seigneurs fieffés étaient toujours sous les armes par obligation de foi et hommage ; par goût, puisque l'épée et la puissance se tenaient ; par nécessité, puisque l'envahissement les menaçait sans cesse. Il eût été difficile, miraculeux même, que, possesseurs de domaines limitrophes, ils se fussent rencontrés sans se chamailler. Il n'aurait pas été moins surprenant que les nobles, assez forts pour écraser leurs voisins, ne devinssent pas bientôt des sujets inquiets et félons, toujours prêts à décliner ou à secouer le vasselage. — Charlemagne a travaillé constamment à tempérer les Guerres privées ; il les a prohibées dans un grand nombre de capitulaires ; mais à sa mort cette sanglante anarchie devient plus générale, plus continue qu'elle ne l'avait jamais été. La propriété d'un chateau et de quelques serfs était le droit ou la cause d'une vie offensive ou opprimée : tel était l'état habituel de la haute noblesse de France et le principal emploi des armées féodales ; c'était l'état de nature, plus l'esclavage. Un royaume semblait n'avoir pas de souverain, puisque c'était presque à l'insu du trône que des guerres intestines étaient entreprises, poursuivies, terminées. — Les barons, aidés de leur chevalerie, avaient le droit reconnu et la coutume invétérée de se ruer les uns sur les autres sans se soucier si le roi y donnait ou non les mains. C'était le seul et affreux remède auquel pouvait recourir un offensé en un temps où il n'existait aucun tribunal qui lui fût ouvert ; c'était la voie commode où se jetaient la vengeance, l'oppression et la cupidité ; c'était un combat de jugement où s'escrimaient les dignitaires, les princes assez puissants pour se faire justice eux-mêmes ; l'Eglise aussi mettait à feu et à sang ses voisins ; et dans les Guerres privées que soutenait l'abbaye de Saint-Denis, près de Paris, l'abbé y portait l'oriflamme. — Chaque suzerain armait

donc ses vassaux en vue de mettre à sac les chateaux voisins ; on disait indifféremment faire la guerre ou faire le dégat, dans le même sens où l'on dit aujourd'hui exercer une profession, s'acquitter d'un devoir : butin, proie, acquisition ou acquêt, n'avaient qu'un seul et même sens. — Afin de rendre fructueuse la Guerre, le parti prêt à déployer offensivement ses forces faisait construire une forteresse qu'on appelait recept (du latin *receptaculum*), ou bien il faisait disposer des greniers, et élever des hangards dans les forteresses existantes. Tant que les hostilités duraient, ce lieu était l'entrepôt du pillage que les chevaliers rassemblaient, escortaient et gardaient. L'avarice est la mère de la fortification. — Hugues Capet et son fils Robert défendent sévèrement de faire le dégat, c'est-à-dire de brûler les vignes, incendier les habitations, et tuer les bestiaux : c'était le caractère et la marche de la Guerre privée. — Pendant tout le onzième siècle, le royaume n'en est pas moins désolé par les ouvriers dévastateurs qu'on appelait gastadours. — Quantité d'ecclésiastiques, comme nous l'avons vu, prenaient aux Guerres privées une part personnelle ; mais le corps du clergé, fatigué d'être enveloppé souvent dans ces expéditions meurtrières, avait cherché, dans le onzième siècle, à y mettre un terme ; prétextant l'intérêt public, mais véritablement pour la conservation de ses biens, il avait fulminé contre les agents des Guerres privées d'inutiles excommunications. Ne pouvant l'emporter de haute lutte, il s'était retranché dans une prétendue vision ; il s'était restreint, en 995, à défendre l'effusion du sang humain à certains jours de la semaine et aux époques solemnisées ; ces repos s'appelaient *paix de Dieu;* cette paix, étant reconnue impraticable, se change en *trêve de Dieu*, c'était la convention de ne pas s'entr'égorger depuis le mercredi soir jusqu'au lundi matin. Mais, pendant les jours ouvrables de ces temps affreux qu'on a appelés les siècles de plomb, *les seigneurs*, dit Dulaure, *faisaient la Guerre sans la déclarer, tombaient furtivement sur les terres et les villages de leurs ennemis, brûlaient ce qu'ils ne pouvaient piller, enlevaient les laboureurs et les bestiaux, incendiaient beaucoup et se battaient peu.* — L'honneur (car on a fait entrer ce mot partout) voulait qu'on ne se mît en campagne que trois jours après le défi ou le cartel ; mais on s'astreignait rarement à cette régle, parce qu'elle eût gêné le pillage qu'on se promettait. — Les parents, jusqu'au quatrième degré, et même jusqu'au septième, suivant les époques, étaient contraints à prendre parti sous peine d'être déshérités ou répudiés : ainsi un propriétaire terrien, s'il n'était en tout temps préparé à la Guerre, était sans cesse à la veille de sa ruine. — PHILIPPE AUGUSTE chercha à adoucir quelque peu cet état d'angoisse, en ordonnant que la Guerre pour cause de parenté ne s'entreprît qu'après quarante jours à partir de l'ouverture des HOSTILITÉS auxquelles se livraient les contendants principaux. Mais, dans un traité qu'il conclut avec Richard Cœur de lion, il se refuse, par respect pour les coutumes du Poitou et de ses autres provinces, d'insérer la clause qu'il sera défendu à tout BARON d'en attaquer un autre. — On s'indigne que les rois fussent réduits à de pareils palliatifs. — LOUIS NEUF renouvelle, en 1256, l'ordonnance des quarante jours, qui prit le nom de *quarantaine le roy*. — A l'exemple des NOBLES, les ROTURIERS mêmes et les MILICES DES COMMUNES se firent, vers la fin du MOYEN AGE, des GUERRES A OUTRANCE. De FÉODALE qu'elle était la Guerre devient CIVILE. — Plusieurs monarques rendirent contre ces désordres des édits sans résultats marqués; cependant ils tempérèrent progressivement le mal; mais ce fut, il est vrai, bien plus dans leur intérêt que dans celui du peuple. — PHILIPPE LE HARDI chercha à déraciner la coutume de guerroyer. — PHILIPPE LE BEL interdit à jamais le droit de Guerre par l'ORDONNANCE DE 1305 (15 JANVIER) et 1311 (30 décembre); l'usage n'en subsista pas moins. JEAN et CHARLES CINQ travaillèrent avec peu de succès à l'éteindre. CHARLES SIX l'abolit de nouveau; mais l'histoire est là pour témoigner si l'obéissance des VASSAUX a réalisé les tentatives du SUZERAIN, et LOUIS ONZE lui-même est réduit à capituler avec les GRANDS VASSAUX, en cherchant à soumettre à des règles le droit de Guerre privée. — Enfin les parlements mirent un terme à ces abominables coutumes. Elles ont disparu en FRANCE depuis le quatorzième siècle, ou du moins elles étaient prohibées pendant la GUERRE NATIONALE ou royale, et interdite entre deux frères. Elles ne continuèrent plus à subsister qu'en ALLEMAGNE, où chaque électeur, chaque PRINCE, chaque SEIGNEUR féodal se maintint dans cette funeste prérogative jusqu'à la création de l'ARMÉE D'EXÉCUTION. — ROBERTSON est entré sur les Guerres privées dans de curieux détails : il en a fait un examen aussi succinct qu'instructif; et BEAUMANOIR (ch. 5) en a aussi traité. Quelques mots en sont dits dans le *Dictionnaire de la Conversation* (au mot *Diffidation*).

GUERRE PUNIQUE. V. AGE MILITAIRE. V.

CAVALERIE. V. COHORTE DE LÉGION ROMAINE N° 1. V. ÉLÉPHANT. V. HISTORIQUE MILITAIRE. V. LÉGION ROMAINE N° 2. V. LILYBÉE. V. MANIPULE N° 6. V. MILICE CARTHAGINOISE. V. MILICE ROMAINE N° 5, 6, 7. V. PUNIQUE, adj. V. SIÉGE. V. SORTIE D'ASSIÉGÉS. V. TORTUE TACTIQUE. V. TRAVAUX MILITAIRES.

GUERRE SOURDE. V. GUERRE. V. SOURD, adj.

GUERRE RÉGULIÈRE. V. RAPPORT. V. RÉGULIER, adj.

GUERRE SOUTERRAINE (H, 1). Sorte de GUERRE DE SIÉGE qui est prise par opposition à la GUERRE SUPÉRIEURE ou à ciel ouvert. Quelques savants ont proposé de l'appeler HYPORICHTIQUE. Elle est offensive ou défensive. — Les anciens pratiquaient l'art d'excaver les terres, en les minant pour faire BRÉCHE, pour enterrer les SORTIES, pour culbuter les MACHINES; l'histoire de CHARLES SEPT nous donne déjà une idée des rencontres et des luttes des MINEURS et des CONTRE-MINEURS; mais la Guerre souterraine n'est devenue une science fondée sur des principes positifs que depuis l'usage plus général de la POUDRE, l'abondon du BÉLIER, les progrès de l'ART des OFFICIERS DU GÉNIE, le perfectionnement de l'ATTAQUE DES PLACES. — La Guerre souterraine n'est réellement qu'une circonstance ou un épisode de la GUERRE DE SIÉGE; les expressions TAPHORYCTIQUE, ou opération souterraine, eussent été plus convenablement appliquées au sujet, puisqu'une GUERRE est toujours faite par une ARMÉE, et que celle-ci n'est que la lutte isolée de quelques MINEURS. C'est un COMBAT CORPS A CORPS qu'ils se livrent quand ils parviennent à s'entre-choquer, ou bien c'est une entreprise qui se termine au moyen des CAMOUFLETS, de la POUDRE PUANTE, de l'explosion des MINES, du jeu des CONTRE-MINES, etc. Il a même été question d'y employer les ARMES INONDANTES. — La grande différence entre la GUERRE SUPÉRIEURE de SIÉGE et la Guerre souterraine ou GUERRE DE SIÉGE PAR MINE, c'est que, dans cette dernière, l'ATTAQUE a l'ascendant sur la DÉFENSE; il en est ainsi depuis l'invention des GLOBES DE COMPRESSION. — Pendant le cours d'un des SIÉGES mémorables qui ont illustré l'ARMÉE FRANÇAISE en 1794, pendant le SIÉGE de MAESTRICHT, un événement inattendu fut le résultat des travaux de la Guerre souterraine; les ASSIÉGEANTS éventèrent par l'effet pur du hasard d'immenses cavernes dont les rameaux formaient une seconde ville, et communiquaient avec l'ENCEINTE de la PLACE; cet événement est raconté par BEAUVAIS (1819, A). — Les AUTEURS qui traitent du fait de la Guerre souterraine et de l'art du MINEUR sont les mêmes ÉCRIVAINS qui ont mentionné nominalement l'expression GUERRE DE SIÉGE; il faut y ajouter : BELIDOR, COUTÈLE, LEBLOND (1762, G), ROEDE, ROUVROY, WENZELL.

GUERRE SUPÉRIEURE. V. GUERRE SOUTERRAINE. V. OFFICIER DU GÉNIE Nº 8. V. SUPÉRIEUR, adj.

GUERRE TEMPORISANTE. V. CAMPEMENT POLÉMONOMIQUE. V. GUERRE. V. TEMPORISANT, adj.

GUERRIER (guerrière), adj. V. CHANT G... V. CHEVALERIE G...

GUERRIER, subs. masc. V. ACADÉMIE MILITAIRE. V. ADOPTION. V. AILETTE. V. ALLIANCE. V. ARMÉE PERMANENTE. V. ARMOIRIES. V. ARMURE. V. ARMURE DE MAILLES. V. ART MILITAIRE DE TERRE. V. ARZEGAIE. V. AVENTURIER. V. BANNIÈRE. V. BARBE. V. BATAILLE. V. BLESSÉ. V. BLESSURE. V. BOTTES. V. BOUCLIER. V. CAPITULATION. V. CASQUE. V. CHANT MILITAIRE. V. CHEVALERIE D'AFFILIATION. V. CHEVALIER DU MOYEN AGE; id. Nº 9. V. CHEVELURE MILITAIRE. V. CHIEN DE GUERRE. V. CLIENT. V. COMBAT STRATEUMATIQUE. V. COTTE D'ARMES. V. COTTE DE MAILLES. V. CROISADE DE 1096; — DE 1188; — DE 1270. V. CUIRASSE. V. CUIRASSE DE FER PLEIN. V. DIALECTIQUE. V. ÉCHARPE MILITAIRE. V. ÉLÉPHANT. V. ENSEIGNE. V. ÉPAULETTE. V. ÉPÉE. V. ESCADRON. V. ESPADON. V. ÉTAT CIVIL. V. ÉVÊQUE. V. FAIRE LE DÉGAT. V. FAUCRE. V. FÉODALITÉ. V. FRATERNITÉ D'ARMES. V. GLAIVE. V. GAUCHÉ. V. GENDARME DU MOYEN AGE Nº 1, 3, 6. V. GENDARMERIE. V. GÉNÉRAL D'ARMÉE Nº 1. V. GÉNÉRAL FRANÇAIS Nº 2. V. GENTILHOMME. V. GORGERIN DE CASQUE. V. GOUVERNEMENT STRATONOMIQUE. V. GUERRE. V. HABILLEMENT. V. HACHE D'ARMEMENT. V. HAUBERT. V. HAUSSECOU. V. HÉRAUT D'ARMES Nº 4. V. HISTORIQUE. V. HOPITAL MILITAIRE. V. HOTEL DES INVALIDES. V. INVALIDE. V. JUSTICE MILITAIRE. V. LAMBEL. V. LANGUE. V. LANGUE FRANÇAISE. V. LOSSOW (1815, G). V. MARÉCHAL DE FRANCE Nº 2. V. MARIAGE. V. MASSE D'ARMES. V. MASSE TACTIQUE. V. MASSUE. V. MENESTREL. V. MENTONNIÈRE DE CASQUE. V. MILICE AUTRICHIENNE Nº 7. V. MILICE CHINOISE Nº 6. V. MILICE FRANÇAISE Nº 2. V. MILICE ROMAINE Nº 3, 4, 5. V. MILITAIRE, subs. V. MINISTRE DE LA GUERRE Nº 15. V. MONTRE ADMINISTRATIVE. V. MORION. V. MOUSTACHE. V. NASAL. V. NOBLE. V. NOBLESSE. V. OFFICIER FRANÇAIS. V. OST. V. OTAGE. V. PAIX DE DIEU. V. PAL. V. PANACHE. V. PAS D'ARMES. V. PAVOIS. V. PÉDIEUX. V. PENNON. V. PENSION DE RETRAITE. V. POTEAU D'ESCRIME. V. PRISONNIER DE GUERRE. V. PROJECTILE. V. QUEUE DE CHEVELURE. V. RANÇON. V. RÉCOMPENSE. V. RECOUSSE. V. RÉMUNÉRATION. V. REPRÉSAILLES. V. RÉPRESSION. V. RIBAUD. V. SELLE D'ARMES. V. SÉNÉCHAL. V. SENTINELLE. V. SERF. V. SINGULAIRE. V. SOLDAT. V. SOLDURIER.. V. SOULIER A LA POULAINE. V. SURCOT. V. TACTIQUE, subs. V. TAILLE CONSCRIPTIVE. V. TALPI. V. TENANT HÉRALDIQUE. V. TOURNOI.

GUERRIEUR, subs. masc. V. GUERRE.

GUERRILLA (guerrillas), subs. fém. (F). Mot ESPAGNOL francisé, qui s'emploie surtout au pluriel; il signifie proprement PETITE GUERRE, et par allusion DÉTACHEMENT, COMPAGNIES FRANCHES, BANDES faisant en Espagne la GUERRE DE PARTI, et servant surtout comme INFANTERIE de montagnes. — L'usage des Guerrillas se retrouve dès le temps des MAURES; il s'est maintenu à raison de la lenteur des progrès de la civilisation et du défaut d'uniformité dans les lois de police. Dans les Asturies, les *apalidas;* dans la Galice, les *alarmas;* en Catalogne et en NAVARRE, les *somatènes;* dans les Pyrénées, les MIQUELETS, les BANDOULIERS, étaient des LEVÉES ou des TROUPES appelées à ce genre de GUERRE et aux actions de TIRAILLEURS. — Dans la guerre de 1808, et surtout après les désastres de Baylen, il se forma des *quadrillas*, des *partidas*, qu'on a comprises sous le nom général de Guerrillas. — La tactique des Guerrillas est d'exercer l'OFFENSIVE ou la DÉFENSIVE sur des points où l'ennemi ne se défie pas d'elles; leur importante affaire est de piller les BAGAGES et les CONVOIS D'ARTILLERIE et de VIVRES, de désoler les DÉTACHEMENTS, les établissements en l'air, les POSTES peu appuyés, de FAIRE MAIN-BASSE sur les TRAINARDS, les CONVALESCENTS, les HOMMES ISOLÉS. Le patriotisme sert de prétexte; mais le but est le brigandage. — Les Guerrillas marchent sous des chefs qu'on nomme *guerrillero*. La manière dont elles FONT LA GUERRE, la fréquence et la rapidité de leurs RETRAITES, rappellent le genre de service des CAPITAINERIES DE LA MILICE HELLÉNIQUE et la conduite que tenaient en campagne les chouans. — Les absents des Guerrillas, étant censés vivre et combattre sur d'autres points que l'état-major du cadre, sont désignés sous la qualification de *dispersos*. — M. LEMIERRE (1822, D) a traité spécialement des Guerrillas. On trouve aussi des renseignements analogues dans les ouvrages de BOTTÉE (1758, F), de KREVENHUELLER (1774, F), de M. RELMONT, dans le *Spectateur militaire* (t. XVIII, p. 288), dans un Mémoire de DUMOURIEZ, dont les ESPAGNOLS ont emprunté l'opuscule intitulé : *Partidas de Guerrillas.*

GUERROYER, verb. neut. V. CAMPAGNE. V. CONDOTTIERE. V. PHILIPPE DE CLÈVES (1558, A). V. GASTADOUR. V. GUERRE. V. GUERRE PRIVÉE. V. MANIFESTE. V. TRÈVE.

GUERROYEUR, subs. masc. v. GUERRE.

GUESTRE, subs. fém. v. GUÊTRE.

GUET, subs. masc. v. ARCHER DU G... v. ARRIÈRE-G... v. ASSEOIR LE G... v. CAVALIER DU G... v. CHEVALIER DU G... v. CLERC DU G... v. COMPAGNIE DU G... v. ÊTRE AU G... v. FAIRE LE G... v. GROS G... v. LIEUTENANT DU G... v. MOT DU G... v. POSER LE G... v. SERGENT DU G... v. SERVICE DU G... v. SOLDAT DU G... v. SOUS-G...

GUET (term. génér.), ou AGAIT, ou AGUET, ou ÉCHARGUET suivant GANEAU, ou ÉCHAUGAITE, ou ENGACHA, ou ESCARGAITE, ou ESCARGUETTE, ou ESCHAIRGETTE, ou ESCHAUGUETTE, ou ESCHOGUETTE, ou ESGUET, ou ESSAIRGETTE, ou EXHAUGUETTE, ou GAIT, ou GAITE, ou GARDE ARMÉE, ou GAYT, ou GUÈTE, ou GUETTE, ou GUYÈTE, ou GUYETTE, ou QUETS, ou REGUEST, ou REGUET, ou REREGUET, ou RIEREGUET, ou SENTINELLE, ou VEILLÉE, ou VÈTE, ou WAITE, ou WET suivant ROQUEFORT; il tire de ces expressions le substantif WAITAGE, ou WEITAGE, qui, depuis l'affranchissement des COMMUNES, servait de désignation à l'impôt levé sur les citadins pour l'entretien de la GARDE ou pour les frais du SERVICE MILITAIRE; au même mot GUET, et à sa racine, se rattachent aussi les verbes AGUAITER, AGUETER, AGUETTER, WAITER, WAITIER, WOAITER, signifiant MONTER LA GARDE, et les verbes GAITER, ou WETER, signifiant épier, GUETTER. GÉBELIN retrouve l'analogue de ce dernier verbe dans le LATIN barbare *guattare* et dans le TEUTON *wacht*. — Aucun AUTEUR n'avait encore fait la remarque que c'est du mot Guet qu'est provenu le terme GUÈTRE. — Le mot Guet et cette quantité de synonymes que ROQUEFORT, BARBAZAN, DELAMARE, GANEAU et tous les étymologistes ont rassemblés, dérivent, suivant MÉNAGE, de l'ALLEMAND *Wacht*, changé en *Wacta*, *Wachta*, et *guetum* dans la basse LATINITÉ. — On retrouve le substantif Guet dans les plus anciennes ordonnances, et ses divers synonymes se représentent dans tous les romans du MOYEN AGE. Il a exprimé l'homme ou la troupe, ou le GROS GUET qui veille, ou, suivant l'expression actuelle, qui MONTE LA GARDE, ou qui FAIT la RONDE; il a désigné le CORPS DE GARDE, le POSTE, qu'une TROUPE ou une SENTINELLE occupent; il a enfin donné l'idée de l'action même de veiller ou de garder, en ce cas, il a été plutôt féminin. On disait faire la GAITE avant de dire FAIRE LE GUET, et l'on dit encore vulgairement qu'un chien est de bonne GAITE, cependant l'ACADÉMIE dit qu'un chien est de bon Guet; mais cette dernière forme est contraire à l'usage le plus général et à tous les antécédents. Avant de se servir du mot RONDE, on employait dans le même sens le mot Guet,

et pour établir une différence entre ce Guet, qu'on aurait pu appeler ambulant, on appelait GUET ASSIS celui qui se faisait sur place: c'était un SERVICE DE GARNISON. — Le Guet était aussi un SERVICE FÉODAL; le droit du GUET ET GARDE était celui que certains SEIGNEURS ou SUZERAINS exerçaient en obligeant leurs VASSAUX à se vouer pour un temps déterminé ou indéterminé à la GARDE et à la défense des VILLES ou de leurs CHATEAUX. — A la date 1270, VELLY atteste, en parlant de la servitude de la GAITE, que le VASSAL y était tenu *quelquefois avec sa femme, quelquefois sans elle, toujours avec ses sergents ou ses serviteurs, c'est ce qu'on appelait proprement la garde qui n'obligeait qu'à passer les nuits dans le château. Et si elle emportait obligation d'un séjour actuel dans les forteresses du sire dont on relevait, c'est ce qu'on appelait lige-estage, qui ne pouvait se faire qu'en personne, le plus souvent avec sa femme, toujours avec la plus grande partie de sa famille. Les uns le devaient pour toute leur vie, les autres pour six mois; quelques-uns pour six semaines, quelques autres pour quinze jours. Quiconque manquait à ce double service et de la garde et du lige-estage était puni par la perte de ses meubles.* — Le rescrit de 1451 (1er décembre) règle ce qui a rapport au Guet des CHATEAUX. — CHARLES HUIT, partant pour NAPLES, rend un édit qui peut être regardé comme le plus ancien RÈGLEMENT DE SERVICE qui soit connu; il y ordonne que le Guet soit fait en FRANCE avec la même assiduité qu'en TEMPS DE GUERRE. — Avant de se servir de la locution MOT D'ORDRE on disait MOT DU GUET. — PHILIPPE DE CLÈVES (1520, A) n'emploie, au lieu du mot POSTE, qui alors n'était pas encore usité, que le mot Guet, et nomme GUET DE JOUR ce qu'on appelle actuellement GARDE MONTANTE. — L'expression ici examinée a produit le mot guet-apens, donnant idée d'une surprise, d'une embûche, d'une intention préméditée de blesser ou de tuer quelqu'un, de lui causer un dommage quelconque. Cet adjectif indéclinable, apens, est une contraction du vieux adjectif appensé, synonyme de prémédité : ainsi le témoigne l'ACADÉMIE; mais VILLARET affirme qu'on a d'abord écrit et prononcé *aguet à pensé*. En effet, en 1411, sous CHARLES SIX, on voit les princes d'Orléans, dans un cartel adressé au duc de BOURGOGNE, lui reprocher d'avoir fait assassiner par *trahison d'aguet à pensée* le duc d'Orléans. — On employait jadis les locutions mot du Guet ou de reconnaissance : asseoir ou POSER LE GUET, faire le Guet, ÊTRE AUX AGUETS, au Guet, pour signifier ÊTRE EN SENTINELLE; cette périphrase a succédé aux verbes neutres ESCARGAITER, ESCHARGAITER, ESCHARGAITIER, ESCHARGUETER, ESCHARGUETTER, ESCHAUGUETER, ESCHAUGUETTER, ESCHAUGUIETER, ESGAITER, ESGARGAITER, GAITER. Ces infinitifs témoignent le rapport qui existait entre les termes ÉCHAUGUETTE (GUÉRITE) et FACTION. — Les AUTEURS qui ont traité du terme Guet sont : AUDOUIN, DANIEL (1721, A), DESCIAU (1615, A), FURETIÈRE, MACHIAVEL (1510, A), MÉNAGE, le *Dictionnaire de la Conversation*. — Le mot Guet sera surtout examiné ici comme GUET DE PARIS.

GUET A CHEVAL. V. A CHEVAL. V. GARDE DE PARIS. V. LÉGISLATION, 1367, FÉVRIER. V. MARÉCHAUSSÉE.

GUET A PIED. V. A PIED. V. GARDE DE PARIS. V. MARÉCHAUSSÉE. V. PLACE D'ARMES DE GARNISON.

GUET ASSIS. V. ASSIS. V. CHIEN DE GUERRE. V. GARDE DE PARIS. V. GUET. V. INFANTERIE COMMUNALE N° 2. V. PATROUILLE. V. PORTE DE FORTERESSE.

GUET COMMUNAL. V. COMMUNAL, adj. V. GUET DE PARIS. V. MILICE COMMUNALE.

GUET de CAVALERIE. V. CAVALERIE. V. SONNERIE DE CAVALERIE.

GUET de CHEVALIER. V. CHEVALIER. V. CHEVALIER DU MOYEN AGE N° 7, 9. V. CONNÉTABLE N° 5.

GUET de JOUR. V. GARDE MONTANTE. V. GUET. V. HOMME DE GARDE. V. JOUR.

GUET de PARIS (F). Sorte de GUET ou de SERGENTS MILITAIRES dont VELLY parle à la date 1265 ; cette création et le titre de son chef, nommé le CHEVALIER DU GUET (*miles gueti*), étaient reconnus déjà dans une ORDONNANCE DE 1254 et dans un arrêt du parlement des octaves de Pâques ; cette institution fut le modèle des GUETS d'ORLÉANS et de LYON. — Sous LOUIS NEUF, le Guet de Paris était en partie à la solde de la couronne, en partie COMMUNAL, seigneurial, ecclésiastique, judiciaire, prévôtal ; le GUET ROYAL était commandé par le CHEVALIER DU GUET et son LIEUTENANT ; il était composé de soixante SERGENTS (*servientes*), vingt A CHEVAL faisant des RONDES, quarante à pied faisant des PATROUILLES. On les nommait aussi ARCHERS DU GUET, et plus tard SOLDATS DU GUET. — Le GUET COMMUNAL, espèce de GARDE URBAINE, était aux ordres du PRÉVÔT DE PARIS ; les hommes qui s'acquittaient de ce genre de service étaient fournis journellement par les communautés des métiers ; ce Guet se composait d'artisans ou de mercenaires ; il avait des POSTES fixes, et ne faisait pas de PATROUILLES ni de rondes : il s'appelait aussi GUET ASSIS ; mais, à cet égard, VELLY, qui

reparle du même sujet à la date 1363, tombe en contradiction avec lui-même. — Ce même ÉCRIVAIN cite, à la date 1313, un manuscrit (n° 6812) dans lequel on voit, sous PHILIPPE QUATRE *le grand Guet faire la garde en habit uniforme*. — Sous JEAN LE BON, en 1363, des inspecteurs nommés CLERCS DU GUET étaient chargés du commandement du service que devaient les corps de métiers. Sous son règne, le relâchement qui s'était introduit dans cette troupe décida le roi à casser les CLERCS DU GUET. Des notaires du Châtelet devinrent CHEFS de la garde de PARIS ; ils la commandaient de SERVICE, l'ASSEYAIENT après l'avoir rassemblée au son d'une TROMPETTE ; ce qui fit donner à cette garde le nom de GUETTE CORNÉE. Pendant qu'elle se tenait au poste, le CHEVALIER DU GUET faisait faire les RONDES à sa TROUPE particulière. — Mais le Guet, ou plutôt les Guets de PARIS, seraient un sujet inextricable, si on voulait l'approfondir et en décrire le SERVICE dans ses détails, parce qu'il y a eu ARRIÈRE-GUET, CONTRE-GUET, SOUS-GUET, alors que la ville n'était qu'en partie royale, où plus de cent rues étaient la propriété de l'évêque, où le [prieur de Notre-Dame des Champs était possesseur de quatre rues, et où vingt-cinq seigneurs avaient droit de justice et de censive, de police et de voirie. — Suivant les temps, la TROUPE chargée de FAIRE LE GUET ou de MONTER LA GARDE a été plus ou moins distincte des TROUPES soldées par l'Etat, s'est composée de STIPENDIAIRES féodaux, ou d'une TROUPE BOURGEOISE et A PIED, ou d'une TROUPE PERMANENTE et URBAINE, partie A PIED, partie A CHEVAL. — Le RESCRIT DE 1539 (JANVIER) déterminait le SERVICE du Guet, et lui assignait ses POSTES. — En 1760, le Guet était de cent soixante CAVALIERS et de quatre cent soixante-douze SOLDATS A PIED. — Le Guet de Paris existait encore en 1789 sous la dénomination de GUET A PIED et de GUET A CHEVAL ; il a été supprimé au commencement de la révolution. Un résumé de son histoire est inséré dans le *Dictionnaire de la Conversation*.

GUET et GARDE. V. FRANC-ARCHER. V. GARDE. V. GUET. V. SEIGNEUR. V. SERF.

GUET ROYAL. V. GUET DE PARIS. V. ROYAL, adj.

GUÈTE, subs. fém. V. GUET.

GUÊTRE, subs. fém. V. A G... V. BOUTON DE G... V. BOUTONNIÈRE DE G... V. DEMI-G... V. GENOUILLÈRE DE G... V. JARRETIÈRE DE G... V. MANCHETTE DE G... V. PAIRE DE G... V. PETITE G... V. QUARTIER DE G... V. SOUS-PIED DE G...

GUÊTRE { DE TOILE. { GUÊTRE BLANCHE.   D'ÉTOFFE. { GUÊTRE NOIRE. }

GUÊTRE (guêtres) (term. génér.), ou GAMACHE, mot transporté dans l'ALLEMAND, ou GUESTRES suivant FURETIÈRE et MÉNAGE, ou HOUESTRE suivant GÉBELIN, ou TRAQUE-HOUZES, ou TRICOUSE, etc. — Le mot Guêtre ne se retrouve dans aucune des langues de l'EUROPE, si ce n'est dans l'ANGLAIS *gaiter*, mentionné par DUANE, emprunté du français, et à l'occasion duquel DUANE se contredit lui-même en mentionnant le mot *spatterdasches* comme signifiant Guêtres; les autres langues ne rendent la même idée que par des expressions composées autrement : ainsi son étymologie n'est pas démontrée. BOREL (Pierre) prétend que Guêtre dérive du GREC *gestron*, habillement; cette racine est un rêve. — Avant d'employer ce substantif, les FRANÇAIS disaient à peu près dans le même sens TRICOUSE et TRAQUEHOUZE; ce dernier mot était encore usité dans les usages de la vie civile au commencement du dix-septième siècle. MÉNAGE tire Guêtre du bas LATIN *gamachœ*, ce qui est peu croyable. GÉBELIN pense que le substantif Guêtre dérive du CELTIQUE *hous*, BOTTE; suivant lui, les TRIQUEHOUSES, TRIQUEHOUSSES, étaient des Guêtres tricotées. Landais tire Guêtre du bas breton *guellrou*. GANEAU le dérive du bas LATIN *vastræ*. — Les Guêtres de l'INFAN-TERIE sont moins anciennes que les GAMA-CHES que la CAVALERIE attachait à ses sou-LIERS; elles sont postérieures à l'usage de la CULOTTE juste, puisque pendant longtemps les HOMMES DE PIED ont porté simplement des bas, comme on le voit dans PARROCEL, ou même ont eu la jambe nue.—Nos fantassins prirent le goût des Guêtres dans la GUERRE DE LA SUC-CESSION d'Espagne, et imitèrent en cela les coutumes des Basques; ils tirèrent des ter-mes GUET et REGUEST le nom des GUESTRES. — Les Guêtres devinrent le signe du SER-VICE ou du GUET de l'INFANTERIE; elle ne se guétrait que pour PRENDRE LES ARMES, que pour FAIRE LE GUET; le reste du temps elle portait des BAS. Les ORDONNANCES DE 1763 (1er JUIN), et 1764 (29 JANVIER) en parlent des premières, à ce qu'affirme POTIER (1779, X). — Les Guêtres ont d'abord et long-temps été de toile avant d'être en étoffe. Cet EFFET DE CHAUSSURE, donné d'abord à la seule INFANTERIE, a été ensuite à l'usage des DRA-GONS et de la CAVALERIE; ainsi l'ORDONNANCE

DE 1767 (25 AVRIL) en donnait aux cava-liers ; diverses décisions leur reconnais-saient les GUÊTRES NOIRES, et l'ARRÊTÉ DE L'AN HUIT (8 FLORÉAL) témoigne encore que ce sont seulement les GUÊTRES GRISES qui ne sont données qu'à l'INFANTARIE. — L'OR-DONNANCE DE 1775 (2 SEPTEMBRE) témoigne que les Guêtres de l'INFANTERIE DE LIGNE étaient gris bleu, et que ses vieilles Guêtres de toile se teignaient en noir. — Depuis la GUERRE DE LA RÉVOLUTION, les Guêtres n'é-taient plus qu'une CHAUSSURE D'HOMME DE TROUPE; mais, sous le règne de LOUIS QUINZE, elles étaient également une CHAUSSURE D'OF-FICIER, et aussi longtemps qu'a duré l'usage des GRANDES GUÊTRES BLANCHES, les OFFICIERS D'INFANTERIE les portaient en GRANDE TE-NUE. — Les Guêtres ont d'abord et long-temps été uniquement une CHAUSSURE de l'espèce nommée GRANDES GUÊTRES OU GUÊ-TRES LONGUES : elles portaient le long de l'extérieur de la jambe, vingt ou vingt-quatre BOUTONS et BOUTONNIÈRES. — On lit dans le *Journal de l'Armée* (t. I, p. 257) qu'il était d'usage d'en retenir le bord su-périeur avec des épingles; mais c'était ap-paremment une mode étrangère. — Elles montaient au-dessus du genou, et s'y atta-chaient au premier et au second BOUTON d'en bas de la CULOTTE; elles étaient accompa-gnées d'une JARRETIÈRE de même étoffe qui s'arrêtait au moyen d'une BOUCLE en cui-vre; ainsi le prescrivait encore la DÉCISION DE L'AN SEPT (11 THERMIDOR), qui réglait l'es-pèce des EFFETS DE PETIT ÉQUIPEMENT. Mais, avant la suppression des GUÊTRES LONGUES, les troupes avaient d'elles-mêmes cessé de porter la JARRETIÈRE. — Les Guêtres d'é-toffe avaient des SOUS-PIEDS en cuir, les Guêtres de toile avaient des SOUS-PIEDS en toile. Ceux-ci faisaient, après quelques jours de marche, le désespoir des hommes de pied. — Depuis l'adoption des FEUX A GÉ-NUFLEXION, les Guêtres ont été accompagnées de GENOUILLÈRES en cuir destinées à préser-ver d'accident le genou de l'homme de troupe; mais l'usage des GENOUILLÈRES n'a pas été général, et a duré peu. — Avec les Guêtres longues, qui emprisonnaient le ge-nou, le fantassin avait le jarret comme atro-phié : de là venait la mode et la nécessité du pas ordinaire et de la marche à jarret tendu. — Les Guêtres ont été, suivant les temps, BLANCHES, GRISES, NOIRES OU NOIRCIES. — Les ordonnances voulaient qu'elles fus-sent marquées de la LETTRE DE LA COMPAGNIE. — Dans le siècle dernier, les Guêtres se transformaient en un signe de PUNITION, en vertu de dispositions particulièrement prati-quées par quelques RÉGIMENTS D'INFANTERIE.

Un Manuel de police du régiment de Neustrie (régiment que commandait Guibert) fait mention de la guêtre de punition. L'usage en a été ensuite adopté sous le nom de guêtre de consigné en conformité des réglements de l'infanterie. — Une décision de 1792 (15 janvier) maintenait la forme des Guêtres prescrite par le règlement de 1786 (1er octobre) supprimait les guêtres noircies, et conservait les guêtres noires de laine, les guêtres grises et les blanches. Cette même disposition est reproduite dans l'instruction de l'an trois (16 ventose). — La décision de l'an sept (11 thermidor) établissait les devis des diverses espéces de Guêtres et ne reconnaissait aucune différence entre les Guêtres de l'infanterie de bataille et celles de l'infanterie légère. — Ainsi, avant la guerre de la révolution et jusque-là, les guêtres longues étaient à l'usage de l'infanterie de bataille aussi bien que de l'infanterie légère ; cependant, depuis la création des compagnies franches et des demi-brigades d'infanterie légère, cet effet de chaussure n'a été pour les corps légers que de l'espèce des demi-guêtres ; l'usage s'en était introduit en opposition à la loi. — L'arrêté de l'an huit (8 floréal) voulait que la mesure des Guêtres fût prise à chaque homme. — Une circulaire de l'an quatorze (29 frimaire) dispose que les guêtres blanches cessent d'être reconnues au nombre des effets de petit équipement ; mais notre législation, toujours versatile et décousue, en maintenait l'usage dans la garde du souverain. — Depuis 1812, les Guêtres se sont changées dans toute l'infanterie française, la garde impériale exceptée, en guêtres courtes ou demi-guêtres. — De nos jours le terme Guêtre a produit le substantif guêtrier. — Une décision de 1821 (28 avril) avait autorisé les officiers à porter la demi-guêtre noire ou blanche avec le pantalon bleu ou blanc ; mais probablement il ne s'agissait que des officiers non montés. — Les parties dont se composent les Guêtres comprennent un grand et un petit quartier, un gousset ou empeigne, le sous-pied. — Les Guêtres se distinguent en guêtres courtes, — de consigné, — de dragon, — de punition, — de toile, — d'estamette, — d'étoffe, — d'officier, — grise, — longue, — noircie.

GUÊTRE (guêtres) blanche (B, 1). Sorte de guêtres qui furent de toile d'abord, et qu'on a portées ensuite en coton ; elles étaient de l'espèce des grandes guêtres ou guêtres longues. L'usage de cet effet de petit équipement était établi dans les gardes françaises par les ordonnances de 1765 (1er juin)

et 1764 (29 janvier). L'ordonnance de 1768 (1er mars) témoigne que dans l'infanterie de ligne la troupe et les officiers en avaient imité l'usage, et les portaient en été pour les parades et pour certaines gardes en garnison. Le règlement de 1779 (21 février) en donnait une paire à chaque soldat d'infanterie. La décision de 1792 (15 janvier) en maintenait l'usage ; la loi de l'an sept (14 messidor) les reconnaissait encore ; mais on s'en est peu servi pendant la guerre de la révolution ; et le règlement de l'an huit (8 floréal), ainsi que la décision de l'an dix (4 brumaire), ne font plus mention de Guêtres blanches, la garde impériale continua seule à en porter en grande tenue. — La décision de 1821 (8 décembre) donnait deux paires de demi-guêtres blanches aux hommes de troupe de l'infanterie française de ligne. La circulaire de 1832 (25 janvier) en maintenait l'usage et les appelait Guêtres.

GUÊTRE courte. v. court, adj. v. demi-guêtre. v. guêtre. v. homme de troupe n° 4.

GUÊTRE de consigné. v. caporal d'infanterie française de ligne n° 13. v. consigné. v. guêtre.

GUÊTRE de dragon. v. dragon. v. dragon français n° 4. v. gamache. v. guêtre.

GUÊTRE de punition. v. consigné. v. guêtre. v. punition.

GUÊTRE (guêtres) de toile (term. sous-génér.). Sorte de guêtres dont l'usage est plus ancien que celui des guêtres d'étoffe ; elles ont eu d'abord leurs boutons en cuir ou recouverts en toile. — L'ordonnance de 1767 (25 avril) supprimait et défendait l'usage des genouillères. — Ces Guêtres étaient de deux espéces ; savoir : les guêtres grises qu'on portait en route, et les guêtres noircies au moyen d'une composition mêlée de cire ; ces dernières étaient surtout la chaussure que l'infanterie portait en garnison, et avec lesquelles elle faisait le service en été. Elle a depuis 1779 (21 février), porté de préférence les guêtres noires d'étoffe. — Une décision de 1792 (15 janvier) supprimait la Guêtre de toile noircie, et donnait pour le service d'été et pour les marches les guêtres grises avec boutons noirs en cuir ou en os. — Une décision de l'an cinq (12 brumaire) en fixait le prix à une livre onze sous. — Sous le régime impérial, la garde de Paris portait les Guêtres noircies. — Les Guêtres de toile se distinguent surtout en guêtres blanches.

GUÊTRE d'estamette. v. estamette. v. guêtre d'étoffe.

GUÊTRE (guêtres) d'étoffe (term. sous-génér.), ou GUÊTRES D'ESTAMETTE. Sorte de GUÊTRES qui étaient LONGUES. L'usage en est moins ancien que celui des GUÊTRES DE TOILE ; il ne règne que depuis la première moitié du dernier siècle. Les Guêtres d'étoffe étaient la tenue d'hiver des GARDES EN GARNISON ; cet EFFET DE PETIT ÉQUIPEMENT était d'abord en laine de couleur gris blanc et à boutons unis. De 1768 à 1775, on préféra généralement au gris blanc le noir. — Ainsi il sera particulièrement question des GUÊTRES NOIRES.

GUÊTRE D'OFFICIER. V. GUÊTRE. V. GUÊTRE BLANCHE. V. OFFICIER. V. OFFICIER D'INFANTERIE FRANÇAISE.

GUÊTRE GRISE. V. GRIS, adj. V. GUÊTRE. V. GUÊTRE DE TOILE. V. GUÊTRE D'ÉTOFFE. V. GUÊTRE NOIRE. V. SERVICE DE ROUTE.

GUÊTRE LONGUE. V. DEMI-GUÊTRE. V. GAMACHE. V. GUÊTRE. V. GUÊTRE BLANCHE. V. GUÊTRE D'ÉTOFFE. V. GUÊTRE NOIRE. V. LONG, adj.

GUÊTRE NOIRCIE. V. GUÊTRE. V. GUÊTRE DE TOILE. V. GUÊTRE NOIRE. V. NOIRCI, adj. V. PETIT ÉQUIPEMENT.

GUÊTRE (guêtres) NOIRE (B, 1). Sorte de GUÊTRE D'ÉTOFFE considérées comme GUÊTRES LONGUES à l'usage de la CAVALERIE et de l'INFANTERIE ; elles étaient d'abord doublées en totalité ; avant d'être noires elles étaient de laine gris blanc. — L'ORDONNANCE DE 1768 (1er MARS) et le RÈGLEMENT DE 1779 (21 FÉVRIER) prescrivaient l'usage des Guêtres noires en hiver pour le SERVICE des GARDES EN GARNISON ; elles différaient en cela des GUÊTRES DE TOILE noircie qui étaient destinées à faire le SERVICE en été. — Chaque homme avait deux PAIRES DE MANCHETTES DE GUÊTRES qui se portaient en dessous et le long du bord supérieur de la Guêtre. Hors du SERVICE, la troupe portait des BAS. — Le RÈGLEMENT DE 1792 (24 JUIN) voulait que, pendant le SERVICE, les HOMMES DE TROUPE de l'INFANTERIE fussent toujours en Guêtres noires. Les GRISES étaient réservées pour les marches. — Une DÉCISION DE 1792 (15 JANVIER) disposait que les GUÊTRES D'ÉTOFFE de laine noire auraient les BOUTONS en métal jaune et uni, jusque-là, ils n'avaient été que de corne ; cette même décision, qui supprimait les GUÊTRES NOIRCIES, prescrivait pour le SERVICE DE ROUTE l'usage des GUÊTRES GRISES. — Il a été d'usage d'exiger des HOMMES DE TROUPE punis de CONSIGNE qu'ils conservassent à l'une de leurs jambes une Guêtre noire. Le RÈGLEMENT DE 1816 (24 JUILLET) le prescrivait encore ; c'était un moyen peut-être peu convenable de faire reconnaître par les SENTINELLES les militaires CONSIGNÉS à la caserne. Des appels de CONSIGNÉS y ont suppléé. — Les Guêtres, ou, comme on a dit

quelque temps, les DEMI-GUÊTRES ne sont plus façonnées en laine.

GUÊTRIER, subs. masc. V. GUÊTRE. V. MAITRE G... V. MAITRE OUVRIER.

GUETTE, subs. fém. V. GARDE ARMÉE. V. CHATEAU. V. GUET.

GUETTE CORNÉE. V. CORNÉ, adj. V. GUET DE PARIS.

GUETTER, verb. act. et neut. V. GUET.

GUETTEUR, subs. masc. V. APPELER AUX ARMES. V. BEFFROI. V. CORPS DE PLACE. V. DRAPEAU DU BEFFROI.

GUEULARD, subs. masc. V. ESPINGOLE.

GUEULE, subs. fém. V. CANON D'ARTILLERIE.

GUEULES, subs. masc. sing. V. CROISADE. V. COULEUR NATIONALE.

GUIART ; GUIBERT ; GUICCHARDINI ; GUICHARD ; GUICHARDIN. V. NOMS PROPRES.

GUIBET, subs. masc. V. ARME MATÉRIELLE. V. ARME OFFENSIVE. V. GIBAULT.

GUICHÉ, subs. masc. V. BOUCLIER. V. GUIGE.

GUICHET, subs. masc. V. AVANCÉE. V. CHEF D'AVANCÉE. V. HÉRISSON STABLE. V. PORTE DE FORTERESSE.

GUIDE, subs. masc. V. CAPITAINE DE G... V. COMPAGNIE DE G... V. DU COTÉ DU G... V. DU COTÉ OPPOSÉ AU G... V. FUSILIER-G... V. ÉLÈVE-G...

GUIDE
- D'ARMÉE.. { GUIDE D'ÉTAT-MAJOR.
- DE ROUTE.
- TACTIQUE.. { GUIDE DE BATAILLE. / DE SUBDIVISION. } GÉNÉRAL.

GUIDE, subs. masc. (term. génér.). Mot dérivé du verbe guider, qui a été une corruption des verbes guer, GUIEN, signifiant conduire à la GUERRE : il dérive, suivant ROQUEFORT, du LATIN *gubernare* ; cet ÉCRIVAIN en tire également le substantif GUIERE, qui signifiait au MOYEN AGE COMMANDANT ou GÉNÉRAL D'ARMÉE. Il dérive, suivant GANEAU, du latin *videre*, ce qui paraît peu croyable, puisqu'il est à remarquer que Charlemagne avait fondé à Rome un établissement de Guides de pélerins sous le nom de *schola guidonum*, ce qui pourrait faire supposer une tout autre étymologie du mot Guide.

GÉBELIN retrouve les analogues de ces termes dans le TEUTON *wieser*. — Le mot Guide a produit le terme GUIDON. — Il est reconnu des Guides d'une espéce particuliére dans l'INFANTERIE de la MILICE AUTRICHIENNE. — L'expression est ici examinée comme interjection et comme substantif, sous forme de singulier et sous forme de pluriel; elle va être distinguée en GUIDE A CHEVAL, — A DROITE, — A GAUCHE, — A PIED, — A VOS PLACES, — AU CENTRE, — AUTRICHIEN, — BELGE, — CONDUCTEUR D'AILE, — D'ARMÉE, — DE CAMPEMENT, — DE COLONNE, — DE CONVOI, — DE DEMI-BATAILLON, — DE DROITE, — DE GAUCHE, — DE QUEUE, — DE ROUTE, — DE TÊTE, — DU PAYS, — IDIOPLIQUE, — INTERPRÈTE, — PARTICULIER, — RUSSE, — TACTIQUE, — WURTEMBERGEOIS. — Et enfin, au pluriel absolu, en GUIDES A DROITE, — A VOS CHEFS DE FILE, — A VOS PLACES, — REMI-TOUR A DROITE, — SUR LA LIGNE.

GUIDE A CHEVAL. V. A CHEVAL. V. GUIDE D'ARMÉE.

GUIDE A DROITE, interj. (G, 6). COMMANDEMENT D'AVERTISSEMENT usité dans la circonstance où une COLONNE doit être mise EN MARCHE la GAUCHE EN TÊTE; dans ce cas la DROITE est le COTÉ du Guide de chaque SUBDIVISION. Le même commandement a lieu après un EMPELOTONNEMENT dans les cas d'INVERSION, etc.

GUIDE A GAUCHE, interj. (G, 6). COMMANDEMENT D'AVERTISSEMENT dont l'effet est l'inverse de celui qui vient d'être énoncé; ainsi on se sert quelquefois, comme COMMANDEMENT D'EXÉCUTION, des termes Guide à gauche; et, par exemple, à la suite du COMMANDEMENT : PAR PELOTON EN LIGNE !

GUIDE A PIED. V. A PIED. V. GUIDE D'ÉTAT-MAJOR. V. PAL.

GUIDE (guides) A VOS PLACES. V. A VOS PLACES. V. GUIDES A VOS PLACES.

GUIDE AU CENTRE. V. AU CENTRE. V. COLONNE DOUBLE.

GUIDE AUTRICHIEN. V. AUTRICHIEN, adj. V. MILICE AUTRICHIENNE N° 2.

GUIDE BELGE. V. BELGE, adj. V. MILICE BELGE.

GUIDE CONDUCTEUR D'AILE. V. A COUP. V. CONDUCTEUR D'AILE DE SUBDIVISION. V. CONVERSION A PIVOT FIXE.

GUIDE (guides) D'ARMÉE (term. sousgénér.). Sorte de GUIDES dont l'emploi ou l'institution répondaient à la fonction que HYGIN (120, A) attribue à ceux qu'il appelle STATEURS. — JABRO (1777, G) et MAIZEROY (1771, A) disent que les Guides ROMAINS étaient sous les ordres des MÉTATEURS. — PHILIPPE DE CLÈVES (1520, A) les subordonne au MARÉCHAL DES LOGIS de l'ARMÉE. Ces citations impliquent obscurité, toutes, parce que les ÉCRIVAINS ont confondu les GUIDES IDIOPLIQUES, ou considérés comme CORPS à fonctions permanentes, et les Guides, considérés comme individus à fonctions passagères. — MONTÉCUCULI (1704, D) regarde les Guides (il s'agit ici d'eux comme individus) comme les yeux d'une ARMÉE; mais d'autres AUTEURS ont fait cette même comparaison en parlant des espions des ARMÉES, qui en sont effectivement le vrai moyen intuitif. — L'ouvrage estimé et moderne de M. JACQUINOT, a traité des Guides avec développement. — Les Guides doivent être considérés, soit comme remplissant un emploi momentané : ce sont en ce cas des NON COMBATTANTS; soit comme chargés d'une fonction permanente: ils appartiennent dans ce dernier cas à la COMPOSITION de l'ARMÉE. Les uns et les autres accomplissent un service pareil; mais les derniers forment un CORPS attaché à l'ÉTAT-MAJOR GÉNÉRAL, et s'appellent GUIDES D'ÉTAT-MAJOR. En quelques armées, des TIRAILLEURS s'acquittent de cette fonction. — Les précautions à prendre avec les Guides temporaires ou GUIDES DU PAYS sont des plus sérieuses, puisque leur inhabileté ou leur trahison peuvent porter à l'ARMÉE d'incalculables préjudices. — XÉNOPHON (370 avant J.-C.) avait éprouvé, comme le fait remarquer M. le colonel CARRION (1824, A), qu'il faut *lier ses Guides sans les maltraiter, mais que c'est folie de les maltraiter sans les lier.* — Kléber, égaré en 1799 dans le désert, par la perfidie de ses Guides, comme l'avaient été les CROISÉS par la perfidie des GRECS, n'amène que par une espéce de miracle vers Gaza la DIVISION qu'il commandait; elle avait eu à supporter pendant quarante-huit heures toutes les angoisses d'une soif dévorante et tous les tourments d'esprit que peut faire naître une si critique position. — Quand il existait des CARABINS, on les a quelquefois employés comme Guides des armées et comme GARDES DES GÉNÉRAUX. — On voit dans BIRON (1611, A) que, de son temps, le capitaine des Guides de l'armée, était sous la direction du MARÉCHAL DE CAMP; ce titre de MARÉCHAL DE CAMP donnait alors l'idée d'un officier marchant immédiatement sous le GÉNÉRAL D'ARMÉE, et remplissant les fonctions actuelles d'un CHEF D'ÉTAT-MAJOR. — Une compagnie de Guides est instituée par ordonnance de 1744 (25 janvier); celle DE 1756 (26 DÉCEMBRE) crée une COMPAGNIE DE GUIDES de trente hommes sous la désignation de FUSILIERS-GUIDES : douze d'entre eux étaient A CHEVAL et pourvus d'un OUTIL DE CAMPAGNE.

Jusque-là en général toutes les dispositions relatives à ce genre de service ne dépendaient que du GÉNÉRAL de l'ARMÉE ou de son CHEF D'ÉTAT-MAJOR. POTIER (1779, X) en rend témoignage. — Sous le nom de Guides de l'ARMÉE, il est créé, par DÉCRET DE 1792 (17 AVRIL), trois COMPAGNIES A CHEVAL destinées à ce service spécial. — Des COMPAGNIES de Guides sont également formées pour l'armée des Pyrénées par DÉCRET DE 1793 (23 JUIN). — Une LOI DE L'AN SEPT (25 FRUCTIDOR) reconnaît sous le nom de GUIDES A CHEVAL un CORPS de cinq cents hommes en cinq COMPAGNIES; mais ils n'étaient Guides que de nom; depuis le perfectionnement des CARTES TOPOGRAPHIQUES, l'utilité des anciens Guides avait cessé. — Un ARRÊTÉ DE L'AN HUIT (22 VENTOSE) supprime ces Guides, et crée une COMPAGNIE DE DRAGONS dans chaque ARMÉE sous la dénomination de GARDE du GÉNÉRAL EN CHEF. — Des Guides interprètes pour l'ARMÉE D'ANGLETERRE sont créés par un arrêté de l'an douze (12 vendémiaire). BONAPARTE, parvenu au pouvoir suprême, abolit les GARDES ou Guides des GÉNÉRAUX, mais conserva les siens; ils devinrent une GARDE : cent mille hommes. — Dans plusieurs milices d'ALLEMAGNE des écoles de Guides sont établies; on connaît sous ce nom de jeunes aspirants au grade d'OFFICIERS D'ÉTAT-MAJOR qui sont sous la direction du QUARTIER-MAITRE GÉNÉRAL. — Le mot sera surtout distingué ici en GUIDE D'ÉTAT-MAJOR.

GUIDE (guides) de BATAILLE (G, 6), ou de l'infanterie en ordre de bataille. Sorte de GUIDES TACTIQUES considérés dans une fonction relative aux FORMATIONS EN BATAILLE. Cette fonction diffère par là de celle des GUIDES DE COLONNE. — L'invention des Guides appartient au général prussien SALDERN. L'INSTRUCTION DE 1774 (11 JUIN) témoigne qu'en France l'usage n'en était pas encore établi. Les fonctions qu'ils exercent maintenant dans les PLOIEMENTS et les DÉPLOIEMENTS étaient alors remplies par les CAPITAINES. — Depuis les règlements rendus postérieurement, ils sont employés à tous les ALIGNEMENTS DE TROUPE, et particulièrement à l'ALIGNEMENT du BATAILLON de pied ferme ou à l'ALIGNEMENT de la BRIGADE; ils en tracent la LIGNE comme JALONNEURS; ils sont surveillés par l'ADJUDANT-MAJOR. — Les Guides de bataille se composent du PORTE-DRAPEAU, des GUIDES GÉNÉRAUX, et des Guides que fournit pour le JALONNEMENT chaque PELOTON, et qu'on appelle aussi GUIDES PARTICULIERS OU GUIDES DE SUBDIVISION. — Suivant le DEMI-BATAILLON auquel ils appartiennent dans les MANOEUVRES, ce sont ou des SERGENTS DE REMPLACEMENT OU des GUIDES DE GAUCHE. Ces derniers sont les GUIDES PARTICULIERS du DEMI-BATAILLON DE GAUCHE; les uns et les autres JALONNENT toujours en FAISANT FACE AU DRAPEAU. Ils doivent être placés de manière à correspondre à l'un des trois derniers hommes du premier rang de leur PELOTON; du côté opposé au drapeau ils ont soin de faire appuyer contre leur épaule la poitrine de cet homme; ils rentrent au commandement : GUIDES, A VOS PLACES ! — On a reproché au système de l'emploi des Guides de ralentir les ÉVOLUTIONS. Comment, s'est écrié un historien (GOUVION SAINT-CYR, 1829), *exécuter une manœuvre en présence de l'ennemi avec le retard que le placement des Guides apporte.* — La plainte et l'accusation sont hors de saison, car l'utilité est avérée. — Mais, au lieu de frapper de blâme ce moyen, il eût mieux valu en proposer un meilleur, et c'est le difficile.

GUIDE de CAMPEMENT. V. CAMPEMENT. V. CAMPEMENT ACTIF.

GUIDE de COLONNE. V. COLONNE. V. GÉNÉRAL DE BRIGADE N° 5. V. GUIDE DE BATAILLE. V. GUIDE DE SUBDIVISION. V. GUIDE GÉNÉRAL.

GUIDE de CONVOI. V. CONVOI. V. CONVOI POLÉMONOMIQUE.

GUIDE de DEMI-BATAILLON DE DROITE. V. DEMI-BATAILLON DE DROITE.

GUIDE de DROIT. V. DROIT, adj. V. COLONNE PAR PELOTONS. V. GUIDE A DROITE. V. GUIDE DE SUBDIVISION. V. GUIDES SUR LA LIGNE. V. SERGENT DE REMPLACEMENT. V. SUBDIVISION DE COLONNE.

GUIDE de GAUCHE. V. ENCADREMENT. V. GAUCHE, adj. V. GUIDE DE SUBDIVISION. V. GUIDES SUR LA LIGNE. V. SERGENT D'ENCADREMENT. V. SOUS-OFFICIER DE REMPLACEMENT. V. SUBDIVISION DE COLONNE.

GUIDE de QUEUE. V. ADJUDANT D'INFANTERIE FRANÇAISE DE LIGNE N° 8. V. QUEUE.

GUIDE (guides) de ROUTE (H, 2), ou GUIDES du pays. Sorte de GUIDES considérés soit par rapport à des MARCHES-ROUTES dans l'INTÉRIEUR, soit par rapport aux TEMPS DE GUERRE. — Dans certaines circonstances on incorporait pour quelque temps des Guides du pays dans des COMPAGNIES DE GUIDES D'ÉTAT-MAJOR; cette disposition s'est renouvelée encore en 1792. Dans ce cas, ces Guides recevaient une solde. — Il est surtout ici question des Guides de route par rapport aux cas où l'on VA AU CAMPEMENT, par rapport au DÉPART DES CORPS, par rapport aux DÉTACHEMENTS et aux précautions que doivent prendre les CHEFS DE DÉTACHEMENTS dans les

ROUTES. — Les AUTEURS qui se sont occupés de ces matières sont : BOMBELLES (1746, A), BOTTÉE (1731, A), DELAFONTAINE (1675, A), DESPAR (1753, A), LACHESNAIE (1758, I, au mot *Départ* et au mot *Marche*), MATT (1827, F), SANTA-CRUZ (1758, A).

GUIDE (guides) de SUBDIVISION (G, 6), ou GUIDES PARTICULIERS. Sorte de GUIDES TACTIQUES considérés par opposition aux GUIDES GÉNÉRAUX. Ils sont les agents essentiels de la MARCHE d'un BATAILLON EN COLONNE. — L'INSTRUCTION DE 1769 (1er MAI) n'instituait encore comme Guide que la FILE de l'une ou de l'autre AILE. — L'INSTRUCTION DE 1774 (11 JUIN) et DE 1775 (30 MAI) chargeaient un SERGENT de SERRE-FILE de passer à la gauche du PELOTON de la COLONNE en route, et elles le rendaient responsable envers le CAPITAINE de la conservation de la DISTANCE et de la DIRECTION de la SUBDIVISION. — Telle est l'origine de l'usage des Guides : appliqué au mécanisme de la MARCHE, cet usage est tout moderne ; il est d'invention française. En 1806, il n'était pas pratiqué encore dans l'INFANTERIE PRUSSIENNE ; les CHEFS DE SUBDIVISION y faisaient fonction de Guides. — Dans la première moitié du dernier siècle, on appelait CHEF DE FILE l'homme de droite ou de gauche d'une SUBDIVISION qui, dans les CONVERSIONS, faisait fonction de Guide ; on en trouve la preuve dans GANEAU (au mot *Quart de rang*). — Les règles de la science appelée APOMÉCOMÉTRIE constituent le savoir-faire des Guides ; ils sont tirés ordinairement de la classe des SERGENTS de la COMPAGNIE ; leurs fonctions vont être examinées par rapport à l'arrangement intérieur de la SUBDIVISION quand elle MANŒUVRE, et par rapport à l'accomplissement des mouvements d'une COLONNE et à l'ALIGNEMENT des TROUPES EN BATAILLE, car les fonctions de ces Guides sont différentes si la COLONNE opère une MARCHE EN AVANT OU PAR LE FLANC, si elle SE FORME EN BATAILLE, ou si, en ORDRE DE BATAILLE, elle S'ALIGNE. — Si une SUBDIVISION manque de Guides, ou si le PREMIER et le SECOND SERGENT sont absents ou incapables de s'acquitter de cette fonction, l'ADJUDANT-MAJOR et l'ADJUDANT doivent prendre le soin d'y remédier, ou en y employant les TROISIÈME OU QUATRIÈME SERGENTS en empruntant des Guides à d'autres COMPAGNIES, ou en y suppléant par des caporaux. — Occupons-nous d'abord des mouvements d'une COLONNE. — L'ORDONNANCE DE 1831 (4 MARS) veut que chaque Guide, en arrière de celui de la tête, marche dans la trace ou sur le PROLONGEMENT du Guide qui le précède, sans s'occuper de la DIRECTION générale. — Les GUIDES DE COLONNE

sont à une des AILES d'une SUBDIVION et à celle qu'on nomme COTÉ DE DIRECTION ; ils se nomment GUIDES DE DROITE OU GUIDES DE GAUCHE ; ainsi il n'y a à la fois de Guide qu'à l'un ou à l'autre COTÉ de la subdivision, qu'elle soit ou non encadrée. — En général le Guide est à DROITE dans les COLONNES RENVERSÉES ; dans l'ORDRE NATUREL, ou quand la COLONNE a la DROITE EN TÊTE, il tient la gauche, dans ce cas le SERGENT D'ENCADREMENT est Guide. Ces dispositions sont indiquées par les COMMANDEMENTS : GUIDE A DROITE OU A GAUCHE ! BATAILLON GUIDE A DROITE OU A GAUCHE ! — Les Guides de subdivision sont responsables de la DISTANCE, de la direction et du PAS ; c'est sur leur pas que le CHEF de la SUBDIVISION rectifie, s'il y a lieu, celui de sa troupe et le sien même. — Si le mot SUBDIVISION sous-entend DIVISION OU PELOTON, le SECOND SERGENT est Guide dans l'ORDRE DIRECT, le REMPLACEMENT est Guide dans l'ORDRE INVERTI ; s'il n'est au contraire question que d'une SECTION, un seul et même SERGENT, c'est-à-dire, suivant le numéro de la SECTION, le PREMIER OU le SECOND, est, à raison du besoin, GUIDE DE DROITE OU GUIDE DE GAUCHE. — Les Guides doivent, pendant la MARCHE de la COLONNE A DISTANCE ENTIÈRE, observer à l'égard du Guide qui est leur CHEF DE FILE une DISTANCE entre ce Guide et eux qui soit égale à l'étendue du FRONT de la SUBDIVISION ; cette DISTANCE varie et se proportionne s'il s'agit d'une COLONNE A DEMI-DISTANCE ou d'une COLONNE SERRÉE. — Les Guides ne doivent reprendre que pas à pas la DISTANCE, s'ils la perdent ; c'est le seul moyen d'éviter les FLOTTEMENTS, les A-COUP, les TEMPS D'ARRÊT. — Dans tous les CHANGEMENTS DE DIRECTION, le Guide, qu'il soit placé du côté du PIVOT, c'est-à-dire à l'AILE TOURNANTE, ou du côté opposé à la CONVERSION, c'est-à-dire à l'AILE MARCHANTE, doit mettre une égale attention à ne jamais altérer la longueur ni la CADENCE du PAS ; faute d'observer ce principe, il pourrait retarder la MARCHE de la SUBDIVISION suivante, ou occasionner la perte de la DISTANCE entre les SUBDIVISIONS. — Les Guides doivent dans la MARCHE EN COLONNE tenir à six pouces d'eux l'homme de la FILE qui les avoisine le plus ; car s'il y avait ACCOUDEMENT, la direction pourrait se trouver forcée par d'inévitables A-COUP. — Le Guide de la TÊTE de la COLONNE se dirige sur deux objets saillants et alignés que lui indique le CHEF DE BATAILLON ; s'il n'a devant lui qu'un seul objet saillant et distinct, ou qu'un seul JALONNEUR, il se compose un JALONNEMENT artificiel en prenant intermédiairement des points à terre sur une ligne qui irait passer entre les talons du JALONNEUR, ou qui couperait l'objet saillant qu'on lui a désigné. — Dans une COLONNE EN MARCHE, il n'y a pas d'autres cas où le Guide cesse de faire SON PAS DE DEUX PIEDS que celui où il lui est commandé : MARQUEZ LE PAS ! et celui où il a besoin d'accroître insensiblement ou de règagner peu à peu sa distance ; et encore cette seconde hypothèse n'est-elle que le palliatif et la correction d'une faute antérieure. — Toutes les fois que, dans la COLONNE EN MARCHE ou dans la COLONNE DE ROUTE, il est mis successivement des FILES EN ARRIÈRE de la manière dite ABDUCTION ALLONGÉE, le Guide de la SUBDIVISION proportionne ses mouvements à celui de l'ABDUCTION, soit en appuyant vers le centre à proportion du rétrécissement du FRONT, soit en agissant dans le sens inverse, à mesure que les FILES rentrent en ligne. — Les Guides se tiennent toujours au PREMIER RANG, ou au TROISIÈME RANG devenu PREMIER, comme dans certaines FORMATIONS EN COLONNE EN CAS D'OBSTACLE. Cependant il y a quelques exceptions à cette règle, telles que certains cas spéciaux pour SERRER ou pour PRENDRE LES DISTANCES, et ceux où la COLONNE DE ROUTE doit rompre par sections ou par demi-sections ; dans ce dernier cas, le SOUS-OFFICIER cesse d'être Guide, et un OFFICIER INFÉRIEUR ou le chef de demi-section le devient. — Dans les ROMPEMENTS DE PELOTON, la marche oblique s'exécute du CÔTÉ opposé au Guide. — Dans la MARCHE EN COLONNE, l'ADJUDANT-MAJOR, aidé de l'ADJUDANT, surveille et maintient l'ALIGNEMENT DE PROFONDEUR des Guides, et les dirige sur la CAPITALE du PROLONGEMENT ; il GOUVERNE leur DIRECTION, s'assure de la CARRURE de leurs épaules et maintient leur ALIGNEMENT INDIVIDUEL. — En COLONNE en manœuvre le COLONEL se tenait ordinairement à douze ou quinze pas, et se tient depuis l'ORDONNANCE DE 1831 (4 MARS) à vingt ou vingt-cinq pas en dehors de la ligne que forment les Guides. Le CHEF DE BATAILLON est intermédiairement du même côté. — Dans les DÉFILEMENTS D'HONNEURS, les Guides se prennent du même CÔTÉ que la personne à qui l'on rend les HONNEURS. — Après le commandement : HALTE ! prononcé pour ARRÊTER LA COLONNE, les Guides ne doivent plus bouger, quand même ils auraient perdu leur DISTANCE. — L'ADJUDANT-MAJOR les ALIGNE de pied ferme sur leurs CHEFS DE FILE dans le sens du prolongement, puis chaque CHEF DE SUBDIVISION aligne sur son propre Guide le FRONT de sa SUBDIVISION dans le sens perpendiculaire au PROLONGEMENT. — Considérons à présent les Guides par rapport aux mouve-

ments qui ont pour objet de PASSER DE L'ORDRE EN BATAILLE A L'ORDRE EN COLONNE (ENCOLONNEMENT) ou l'inverse (EMBATAILLEMENT). — Un Guide n'est PIVOT FIXE que dans les CONVERSIONS pour se reformer ; il reste immobile pendant l'exécution des CONVERSIONS de ce genre (CONVERSION EMBATAILLANTE, etc.), il ne rentre à son poste primitif qu'au commandement : GUIDES, A VOS PLACES ! — Dans les DÉPLOIEMENTS, des SERGENTS deviennent GUIDES DE BATAILLE ou JALONNEURS et tracent l'ALIGNEMENT de la troupe ; leur position est assurée par l'ADJUDANT-MAJOR, et pour certains cas par l'ADJUDANT ; ils rentrent dans le rang au commandement de : GUIDES, ou DRAPEAU ET GUIDES, A VOS PLACES ! — Dans la FORMATION SUR LA DROITE ou SUR LA GAUCHE EN BATAILLE, le Guide change à l'instant de côté. — Considérons enfin les Guides en ORDRE DE BATAILLE. — Le SERGENT qui, en ORDRE DE COLONNE, devient Guide, n'a de fonction en ORDRE DE BATAILLE que celle de JALONNEUR, de SERRE-FILE ou de REMPLACEMENT ; en d'autres termes les Guides de subdivision sont le plus ordinairement GUIDES DE COLONNE, mais dans quelques circonstances ils agissent comme GUIDES DE BATAILLE ; ils n'ont pas de fonctions particulières dans la MARCHE du BATAILLON PAR LE FLANC. Le SERGENT D'ENCADREMENT fait exception à cette règle. — Pour l'accomplissement de ce qui vient d'être dit, les Guides se conforment aux dispositions qui étaient prescrites par le RÈGLEMENT DE 1791 (1er AOUT), et qui ont été renouvelées ou modifiées par l'ORDONNANCE DE 1831 (4 MARS, ÉCOLE DE PELOTON et DE BATAILLON), et aux règles qui leur sont enseignées soit par les ADJUDANTS-MAJORS, soit dans les études du CADRE OUVERT et du BATAILLON D'INSTRUCTION. — Il est du devoir des INSPECTEURS GÉNÉRAUX de s'assurer de la capacité des Guides, et les SOUS-OFFICIERS destinés à en remplir les fonctions doivent être en état de répondre aux questions qui leur sont faites à la THÉORIE DES SOUS-OFFICIERS. — Faute d'un terme exact, on appelle quelquefois Guides les CONDUCTEURS de l'AILE d'une SUBDIVISION qui exécute une CONVERSION DE PIED FERME, mais il y a à remarquer que dans cette circonstance ce Guide n'est quelquefois qu'un SIMPLE SOLDAT et n'a à accomplir une fonction que de quelques instants. — M. le colonel LEORIER a proposé de changer le système adopté pour le placement des Guides ; il a consigné cette opinion dans le *Spectateur militaire* (1827 octobre). — On ne peut guère, en manœuvre, RENVERSER LES RANGS d'une COLONNE sans apporter un certain trouble dans les opérations de Guides. — Les auteurs qui fournissent quelques notions à l'égard des Guides sont : GUIBERT (1775, E), MIRABEAU (1788, C), SINCLAIRE (1775, L).

GUIDE DE TÊTE. V. ADJUDANT-MAJOR D'INFANTERIE FRANÇAISE DE LIGNE N° 6. V. GUIDE DE SUBDIVISION. V. GUIDE GÉNÉRAL. V. TÊTE.

GUIDE (guides) D'ÉTAT-MAJOR (A, 1), ou GUIDES IDIOPLIQUES. Sorte de GUIDES D'ARMÉE composant un CORPS militaire. Ce CORPS ou cette COMPAGNIE est attaché au QUARTIER GÉNÉRAL et à la personne du GÉNÉRAL EN CHEF. — Ce genre d'institution se retrouve dès les premiers temps des MILICES GRECQUES. — Il fut un temps où les CARABINS s'acquittaient du service des Guides d'état-major. — Il fut un temps où l'on appeloit GARDES DU CORPS des troupes du genre des Guides ; ainsi, quand RICHELIEU et MAZARIN étaient GÉNÉRALISSIMES, c'étaient des GARDES DU CORPS qui étaient attachés à leurs éminences. — Dans le cours du siècle dernier, il était quelquefois attaché éventuellement des GUIDES DE ROUTE ou Guides du pays au corps d'état-major. — En 1792 (27 avril), une compagnie de Guides est attachée à chaque armée. La désignation était mal choisie ; mais on déguisait sous cette dénomination modeste les attributs du pouvoir militaire et la véritable GARDE du GÉNÉRAL. — L'origine récente des Guides tiendrait, dit-on, à l'anecdote suivante que nous laissons raconter à M. DE LAS CASES (t. II, p. 10) : *Bonaparte, après le passage du Mincio, s'arrêta dans un château sur la rive gauche. Un gros détachement ennemi égaré arrive, en remontant le fleuve, jusqu'à ce château. Bonaparte y était presque seul, la sentinelle en faction à la porte n'a que le temps de la pousser, et le général, au sein de la victoire, est réduit à s'évader par les derrières avec une seule botte. Le danger auquel venait d'échapper le général devint l'origine des Guides chargés de garder sa personne ; ils ont été imités par les autres armées.* — L'anecdote est vraie ; mais les conséquences qu'on en tire ne sont pas exactes : nous l'avons témoigné en relatant les dates légales des créations des COMPAGNIES DE GUIDES. — Il y avait en ÉGYPTE des GUIDES A PIED. — Les CORPS des GUIDES A CHEVAL d'ITALIE et d'ÉGYPTE ont été le noyau des CHASSEURS A CHEVAL de la GARDE CONSULAIRE et de la GARDE IMPÉRIALE. — On leur doit la mode du COLBACH. — La MILICE HAITIENNE, en imitant l'usage des Guides français, en avait fait une institution permanente.

GUIDE du PAYS. V. CONSIGNE DE PIQUET DE LOGEMENT. V. GUIDE DE POLICE EN ROUTE. V. GUIDE D'ARMÉE. V. GUIDE DE ROUTE. V. GUIDE D'ÉTAT-MAJOR. V. PAYS.

GUIDE (guides) GÉNÉRAL (G, 6). Sorte de GUIDES TACTIQUES considérés uniquement ici par rapport aux RÉGIMENTS de l'INFANTERIE FRANÇAISE, au JALONNEMENT de la MARINE EN BATAILLE et à plusieurs MANOEUVRES. — L'usage et l'application méthodique de ce moyen sont peu anciens. BOTTÉE (1758, F) en dit quelques mots. L'ORDONNANCE DE 1766 (1er JANVIER) exprimait le besoin de cette création. L'INSTRUCTION DE 1769 (1er MAI) voulait que les OFFICIERS de la gauche et de la droite du FRONT fissent l'office des Guides généraux : c'était une imitation des usages de la MILICE AUTRICHIENNE. — L'instruction de 1775 (30 mai) ne reconnaissait pas de SOUS-OFFICIERS comme Guides généraux en ORDRE DE BATAILLE. Cependant, à cette époque, les DRAPEAUX commencent à être un moyen de DIRECTION, et ils sont en avant dans la MARCHE EN BATAILLE. DARUT (1787, D) proposait de créer des Guides généraux. — Le RÈGLEMENT DE 1791 (1er AOUT) les emploie le premier comme un ressort important dans le mécanisme des MANOEUVRES, dans les ALIGNEMENTS SUR LE CENTRE, dans la MARCHE DES BRIGADES. — Deux SOUS-OFFICIERS par BATAILLON remplissent ce genre de fonctions ; ils sont choisis parmi ceux qui ne laissent rien à désirer pour la précision du PAS et l'habileté à se prolonger sans varier sur une DIRECTION donnée ; leur rôle est ou temporaire ou habituel ; ils sont placés à chaque AILE DE BATAILLON. — La désignation de Guide général leur est donnée par opposition aux GUIDES DE SUBDIVISION et aux GUIDES PARTICULIERS, qui les secondent comme GUIDES DE BATAILLE ou DE COLONNE. — L'usage des FANIONS portés par les Guides généraux a été plusieurs fois adopté et abandonné. — La marche correcte des Guides généraux a une grande influence sur la MARCHE de toute la LIGNE ; leur habileté concourt à prévenir les FLOTTEMENTS et les A-COUPS. — Ils sont, eux et la GARDE DU DRAPEAU, la BASE des ALIGNEMENTS DE BATAILLONS et les grands JALONS ou JALONNEURS de la DIRECTION ; ils se portent sur la LIGNE comme GUIDES DE BATAILLE au commandement : DRAPEAUX ET GUIDES GÉNÉRAUX SUR LA LIGNE ; ils sont le PIVOT de certaines MANOEUVRES. — Dans un BATAILLON isolé, dans un BATAILLON DE DIRECTION, les Guides généraux FONT FACE au DRAPEAU comme point d'ALIGNEMENT. Dans une BRIGADE ils font face au point d'ALIGNEMENT de la BRIGADE ; en quelque endroit qu'ils soient établis, ils se portent, dans la MARCHE EN BATAILLE, sur l'alignement du DRAPEAU. — Dans les ÉVOLUTIONS DE LIGNE, ils ne doivent se conformer, pendant la MARCHE EN BATAILLE, qu'à la direction du rang du PORTE-DRAPEAU de leur BATAILLON. — Quand la LIGNE est formée ou quand on

MARCHE EN COLONNE, le Guide général de droite ou de la TÊTE se tient derrière la première SUBDIVISION; le Guide général de gauche se tient derrière la dernière SUBDIVISION; ils y font partie des SERRE-FILES. — Dans la MARCHE EN COLONNE, à l'instant où la LIGNE DE BATAILLE va être formée, les Guides généraux se portent sur la ligne, ainsi que le DRAPEAU; ils s'y rendent ou simultanément ou successivement, et les GUIDES des SUBDIVISIONS se maintiennent dans la marche de la ligne tracée par eux. — Les Guides généraux sont surveillés par l'ADJUDANT-MAJOR et par l'ADJUDANT-SOUS-OFFICIER. — Dans la MARCHE EN BATAILLE les Guides généraux sont, ainsi que le drapeau, en avant du BATAILLON. — Dans les CHANGEMENTS DE DIRECTION DE BATAILLON EN BATAILLE, l'un ne fait que pivoter, l'autre ne marche que le PAS de deux pieds. — Les AIDES DE CAMP sont eux-mêmes des Guides généraux en chef dans certaines ÉVOLUTIONS. — Dans la COLONNE EN MARCHE, les Guides généraux ne concourent pas aux ALIGNEMENTS quand la COLONNE est serrée à DISTANCE DE SECTION ou EN MASSE. — Ils indiquent aux pelotons des ailes dans la MARCHE EN BATAILLE, le PAS du PORTE-DRAPEAU; ils peuvent aussi concourir à le DONNER dans la MARCHE DE BATAILLON PAR LE FLANC. — Ils rentrent en SERRE-FILES au commandement : DRAPEAU ET GUIDES À VOS PLACES !

GUIDE IDIOPLIQUE. V. COHORTE PRÉTORIENNE. V. GUIDE D'ARMÉE. V. GUIDE D'ÉTAT-MAJOR. V. IDIOPLIQUE.

GUIDE INTERPRÈTE. V. GUIDE D'ARMÉE. V. INTERPRÈTE.

GUIDE PARTICULIER. V. COMPAGNIE D'INFANTERIE FRANÇAISE DE LIGNE N° 9. V. FORMATION FACE EN ARRIÈRE EN BATAILLE. V. GUIDE DE BATAILLE. V. GUIDE DE SUBDIVISION. V. GUIDE GÉNÉRAL. V. GUIDES A VOS CHEFS DE FILE. V. GUIDE TACTIQUE. V. JALONNEMENT. V. LIGNE DE BATAILLE. V. PARTICULIER, adj. V. SERRE-FILE.

GUIDE RUSSE. V. MILICE RUSSE N° 1, 6. V. RUSSE, adj.

GUIDE (guides) TACTIQUE (term. sousgénér.). Sorte de GUIDES que cette dénomination distingue des GUIDES D'ARMÉE, et qui sont considérés ici comme concourant à la régularité des MANOEUVRES de l'INFANTERIE FRANÇAISE et comme l'appui des PELOTONS ou autres SUBDIVISIONS analogues. — Les fonctions de Guides sont principalement celles des SERGENTS. — Les RÈGLEMENTS DE 1766 (1er JANVIER), 1769 (1er MAI), 1774 (11 JUIN), 1775 (30 MAI) ne reconnaissaient pas encore cette fonction. — L'ORDONNANCE DE 1831 (4 MARS) a maintenu, à peu de diffé-rences près, tous les principes posés, à l'égard des Guides, dans le RÈGLEMENT DE 1791 (1er AOUT). — Elle prescrivait de dresser les CAPORAUX aux fonctions de Guides; probablement elle s'occupait seulement, en ce cas, des GUIDES PARTICULIERS. — L'invariabilité de la MESURE DU PAS des Guides est une loi fondamentale en TACTIQUE française. — Il n'a été traité que par GUIBERT (1775, E), MIRABEAU (1788, C), SALDERN (1785, B), SINCLAIRE (1771, L), ZIMMERMANN (1771, O), et deux AUTEURS anonymes (1824, N, O). — Le mot se distingue en GUIDE DE BATAILLE, — DE SUBDIVISION, — GÉNÉRAL.

GUIDE WURTEMBERGEOIS. V. MILICE WURTEMBERGEOISE N° 5. V. WURTEMBERGEOIS, adj.

GUIDES A DROITE, interj. V. A DROITE. V. EN AVANT EN BATAILLE. V. FORMATION SUR LA DROITE EN BATAILLE PAR INVERSION A DROITE.

GUIDES A VOS CHEFS DE FILE, interj. (G, 6). COMMANDEMENT GÉNÉRAL et COMMANDEMENT MIXTE. Le CHEF DE BATAILLON s'en sert quand il a arrêté une COLONNE EN MARCHE, et qu'il veut RECTIFIER l'ALIGNEMENT DE PROFONDEUR des Guides.

GUIDES A VOS PLACES, interj. (G, 6), ou plutôt GUIDES PARTICULIERS ou de SUBDIVISION à vos places; car, dans un cas général, on dit : DRAPEAU ET GUIDES A VOS PLACES ! — COMMANDEMENT MIXTE auquel rentrent à leurs places ceux des GUIDES DE BATAILLE qu'on désigne sous le nom de GUIDES DE SUBDIVISION. Ce COMMANDEMENT a lieu après l'achèvement de la FORMATION EN BATAILLE ou du DÉPLOIEMENT. — On commande Guides à VOS places après l'ÉVOLUTION qui consiste à FORMER LES DIVISIONS DE PIED FERME (ENDIVISIONNEMENT), après la FORMATION à droite ou à gauche EN BATAILLE, après la FORMATION par inversion à droite en bataille, — SUR LA DROITE EN BATAILLE, — FACE EN ARRIÈRE EN BATAILLE.

GUIDES DEMI-TOUR A DROITE. V. COMMANDEMENT MIXTE. V. DEMI-TOUR A DROITE. V. PLOIEMENT.

GUIDES SUR LA LIGNE, interj. (G, 6). COMMANDEMENT quelquefois GÉNÉRAL, quelquefois MIXTE, prononcé par un CHEF DE BATAILLON quand il a arrêté une COLONNE EN MARCHE, et qu'il veut que les GUIDES des SUBDIVISIONS s'établissent sur la LIGNE, que les GUIDES GÉNÉRAUX tracent en dehors d'un des FLANCS. Les GUIDES DE SUBDIVISION font FRONT vers la tête. — Le même commandement Guides sur la ligne a lieu en ORDRE DE BATAILLE quand il s'agit de faire prendre un ALIGNEMENT GÉNÉRAL; dans ce cas, ce sont les GUIDES DE DROITE du DEMI-BATAILLON de droite et les GUIDES DE GAUCHE du DEMI-BAtaillon de gauche qui se portent en jalonneurs sur l'alignement du porte-drapeau et lui font face.

GUIDON (guidons), subs. masc. (term. génér.), ou guy suivant Ganeau. Mot dérivé de l'italien *Guida*, enseigne qui a produit, dans les idiomes du Midi, l'augmentatif Guidon ; peut-être cependant le terme a-t-il son origine dans la langue française, et se rattache-t-il à la même souche que le mot guide. — L'introduction du Guidon dans les usages militaires de France appartient à une époque remarquable, celle où la féodalité fait place à une armée permanente ; celle où la bannière et le pennon disparaissent, et sont remplacés par le drapeau et les enseignes de moindre dimension. — Les capitaines des compagnies d'ordonnance créés par Charles sept, devenant des hommes du roi, cessant d'être des hommes de la féodalité, donnent à leurs compagnies une enseigne qui prend un nom nouveau, se rattache à un autre ordre d'idées ; ce n'est plus le pennon du fief, c'est le Guidon de l'officier ; c'est son insigne personnel, et non celui de sa famille ou de son domaine ; c'est un signe différent de la banderole qui, jusque-là, était plus particulièrement attachée à des troupes étrangères et à la cavalerie légère ; c'est un attribut de corps privilégié confié à un porte-guidon, tandis que la cornette était un attribut de cavalerie de ligne. — Le mot pennon se conserva cependant plus tard par la force de l'habitude et des choses ; mais il disparaîtra bientôt sans retour. — L'Encyclopédie (1751, C) s'égare quand elle affirme que les Guidons appartiennent au règne de Charles neuf ; ils étaient bien plus anciens dans la maison du roi et dans les corps d'archers a cheval. — Il y avait dans les compagnies d'ordonnance un Guidon en outre de l'enseigne. L'enseigne y était confiée au capitaine en chef ; les autres capitaines n'avaient que le Guidon. — Par syncope, on appelait Guidon une charge militaire ; de là l'expression que cite l'Académie : *Acheter un Guidon.* — Les auteurs qu'on peut consulter à l'égard des divers genres de Guidons sont : Beneton (1742, A), Carré (1783, E), Daniel (1721, A), Despagnac (1751, D), Furetière (au mot *Bannière*), Goetzmann (1773), Lachesnaie (1758, I), Manesson (1685, B), Ménage, Montigny (1772, I), Turpin (1783, O). — Ainsi que les cornettes, drapeaux, enseignes, étendards, le Guidon s'est pris sous plusieurs sens ; il a signifié porte-enseigne, troupe servant sous un Guidon, et enfin effet d'équipement. — Le terme demande donc à être distingué en

guidon agrégatif, — d'équipement, — idioplique.

GUIDON agrégatif (F). Sorte de guidon qui répond à ce qu'on appelait bande, etc. Il donne idée d'une troupe ou d'une compagnie ayant pour enseigne un Guidon. — Brantome (1600, A) dit que dans les guerres du Piémont le maréchal Brissac donna son Guidon de cent hommes d'armes à Biron (depuis maréchal), et que : *Tel drappeau ne se donnoit du temps passé à jeunes gens qui n'eussent fait monstre de valeur.* Ici il y a la double acception de troupe et de drapeau. — On lit dans Martin Dubellay (1521) : *Latrimouille et Chabanes demandèrent qu'on leur donnât les Guidons de l'avant-garde, promettant qu'avec ce petit nombre ils déferoient aisément l'ennemi.* Ici l'acception est simple. — Les Guidons se sont fondus dans les régiments de cavalerie.

GUIDON de dragons. v. dragon. v. dragon français n° 4.

GUIDON de fusil. v. fusil. v. visière de fusil.

GUIDON de gens d'armes. v. corps privilégié. v. gens d'armes.

GUIDON de mousquetaires. v. mousquetaire. v. mousquetaire de la garde.

GUIDON d'embouchoir. v. embouchoir. v. fusil de munition. v. fusil d'infanterie.

GUIDON (guidons) d'équipement (F). Sorte de guidons dont l'usage, ainsi que celui des cornettes, se rapporte au temps de la création des compagnies d'ordonnance, à l'équipement des archers a cheval de Charles sept, aux marques distinctives de la garde nationale de Louis onze. Ce genre de Guidon a appartenu à la cavalerie française, aux capitaines d'hommes d'armes, aux maréchaux des logis d'armée, aux généraux d'armée : ceux-ci avaient le Guidon à titre de capitaines de gens d'armerie. — Brantome (1600, A) dit, en parlant de Gaston de Foix, tué à Ravennes, et dont on rapportait triomphalement les restes après la bataille : *Quarante enseignes, tant espagnoles que du pape, que l'on portoit devant son corps, traînantes en terre et son enseigne et Guidon après, tout près de sa personne, démonstrant que ses drapeaux avoient abattu l'orgueil des autres.* — Ce passage présente l'image d'un Guidon comparable à l'ancien pennon du général ; mais ce Guidon avait appartenu à Nemours comme chef d'une compagnie de gens d'armes. — Les chevau-légers qui faisaient partie des compagnies d'ordonnance n'arborèrent pas le guidon ; ils avaient la cornette de cavalerie légère. — L'usage du Guidon se conserva dans la gendarmerie de la maison du roi ; aussi l'Académie donne-t-elle absolument au mot Guidon l'acception d'ENSEIGNE d'une COMPAGNIE de GENS D'ARMES ; mais cette définition n'est vraie que par rapport à certaines époques. — Lorsque les DRAGONS s'enrégimentèrent, ils ne prirent pas l'ÉTENDARD de CAVALERIE, parce qu'ils n'étaient pas précisément et nominalement CAVALERIE, ils prirent le Guidon en remplacement de la CORNETTE qu'ils avaient jusque-là portée. — Le motif de ce choix est mal éclairci ; le caprice de quelques CHEFS en décida ; car il y avait bien plus loin de cette INFANTERIE A CHEVAL à la CAVALERIE que des DRAGONS devenus CAVALERIE aux COMPAGNIES de GENS D'ARMERIE, à moins qu'on ne prétexte de quelque similitude, en ce que les COMPAGNIES D'ORDONNANCE combattaient souvent à pied, et que les DRAGONS et la GENDARMERIE de la MAISON étaient également MOUSQUETAIRES. — On n'est pas plus d'accord sur la forme qu'avait le Guidon que sur celle de tant d'autres ENSEIGNES ; cela provient de ce que chaque chef les faisait faire dans la forme qui lui convenait. Suivant l'ENCYCLOPÉDIE (1751, C), le Guidon avait la DRAPERIE plus longue que large, fendue par le bout en deux pointes arrondies ; c'est en effet la forme du MEUBLE DE BLASON nommé Guidon. — Cependant, si l'on en croit la gravure qui accompagne le traité de DELATOUR (1544, A), le Guidon était à deux pointes ou FANONS ; ainsi il différait par là de l'ÉTENDARD dont la DRAPERIE était CARRÉE, et il avait de la ressemblance avec les anciens PENNONS. POTIER (1779, X) aussi le décrit comme un étendard plus long que large et fendu par le bout. — On a des renseignements plus sûrs à l'égard du GUIDON DE DRAGONS ; sa HAMPE était plus longue et sa DRAPERIE plus grande que les mêmes parties de l'ÉTENDARD de la CAVALERIE ; cette différence tenait au besoin que les DRAGONS avaient d'une ENSEIGNE qui participât des formes du DRAPEAU D'INFANTERIE, puisqu'ils étaient destinés à manœuvrer comme INFANTERIE. — Depuis qu'ils ne furent plus que CAVALERIE, la différence de l'ÉTENDARD au Guidon était sans nul objet ; mais, par suite de cet amour frivole que les corps mettent à rester en possession de distinctions futiles et quelquefois même ridicules, on les vit s'opiniâtrer à conserver le Guidon. — La question des Guidons serait mieux éclaircie si des ORDONNANCES D'UNIFORME les eussent dépeints comme cela eût dû être. — De nos jours, il n'y a plus de différence réelle entre le Guidon et l'ÉTENDARD. — Les historiens du dernier siècle qui parlent de la MILICE TURQUE appellent Guidon les petits FANONS si multipliés dans les troupes de cette na-

tion. A la guerre, un de ces Guidons de serge rouge était le SIGNE DE RALLIEMENT d'une certaine quantité de soldats turcs ; ils marchaient, reculaient, avançaient à sa suite.

GUIDON IDIOPLIQUE (F). Sorte de GUIDON considéré, soit comme un PORTE-GUIDON, soit comme un des OFFICIERS inférieurs des GENDARMES DU MOYEN AGE. — Dans les COMPAGNIES D'ORDONNANCE de la GARDE DE FRANÇOIS PREMIER, il y avait des OFFICIERS nommés ENSEIGNES, indépendamment des OFFICIERS nommés Guidons. — BRANTÔME (1600, A) nous parle du Guidon de M. de Montpensier, bon prince et excellent catholique ; ce Guidon se nommait Montoiron, de la famille de l'archevêque Turpin : *Ce très-beau gentil-homme démesuré, extravagant, insatiable, avoit été honoré par son maistre d'un office de bourreau.* Brantôme veut dire par là que le parent de l'archevêque avait été chargé par M. de Montpensier de violer toutes les huguenotes jeunes et belles qu'on amenait à Montpensier. La manière dont il s'en acquitta fit depuis sa fortune à la cour ; notre historien l'affirme.

GUIER, verb. act. v. GUÉ. v. GUERRE. v. GUIDE.

GUIÈRE, subs. masc. v. COMMANDANT. v. GÉNÉRAL D'ARMÉE N° 2. v. GUIDE.

GUIGE, subs. fém. (F). Mot que BOREL (Pierre) prétend synonyme d'ÉNARME ; ROQUEFORT regarde les termes Guige ou GUICHE comme signifiant ANSE ou poignée de BOUCLIER.

GUIGNARD ; GUIGNES ; GUILLAUME ; GUILLET. v. NOMS PROPRES.

GUIMPLE, subs. fém. v. CORNETTE DE TOURNOI.

GUINDARD, subs. masc. (F), ou TREZIL. Le mot Guindard est provenu de l'ITALIEN *ghindaggio*, tourniquet à mouffles, venu lui-même, si l'on en croit GÉBELIN, du TEUTON *wind*, dévider. — On se servait du Guindard pour BANDER L'ARBALÈTE, pour en GUINDER la CORDE. C'était une manivelle composée d'un rouleau qu'on mettait en mouvement comme celui d'un tourne-broche, à l'effet de l'environner de sa corde dont le raccourcissement faisait obéir l'ARC. — Le Guindard différait du CRANEQUIN en ce qu'il était quelquefois inhérent à de GRANDES ARBALÈTES ou à des ARBALÈTES DE PASSE. Quant aux ARBALÈTES DE GUERRE des HOMMES DE PIED, le Guindard n'y était pas à demeure, ou du moins on voit dans le manuscrit de FROISSART des PIÉTONS qui le portent accroché au côté droit de leur ceinture. — Le cranequin, au contraire, servait aux PETITES ARBALÈTES et aux HOMMES DE CHEVAL.

GUINDER, verb. act. v. ARBALÈTE DE PASSE. V. GUINDARD.

GUINEGASTE. V. NOMS PROPRES.

GUINDRELLE, subs. fém. v. ALLUMELLE. V. ARME D'ESTOC. V. DEMI-ESPADON.

GUINGRET. V. NOMS PROPRES.

GUISARME, subs. fém. (F), ou GISARME, ou GUISSARME, ou GUIZARME, ou GUYSARME, ou GYSARME, ou JAISARME, ou JASARME suivant POTIER (1780, X), ou JUISARME, ou JUSARME, ou QUISARME, ou WISARME, ou ZIRARME suivant ROQUEFORT. — SKINNER dérive ces mots de *bisarma*; GÉBELIN du GAULOIS *gesum*; Barbazan les fait venir du verbe LATIN *acuere*, piquer, ou de *arma acuta.* — Le terme Guisarme a été remplacé par l'expression HALLEBARDE. — La Guisarme était une ARME DE LONGUEUR ou de DEMI-LONGUEUR, une LANCE, une PIQUE, une PERTUISANE se terminant en HACHE A DEUX TRANCHANTS ou ayant une pointe d'un côté. Il en est question dans le livre d'EUSTACHE DESCHAMPS comme d'une arme portée par des HOMMES DE PIED; celles dont on se servait au siége d'ORLÉANS, sous le règne de CHARLES SEPT, avaient une hampe de quatre pieds. Des soldats d'infanterie, sous LOUIS ONZE, combattaient avec la Guisarme, ou le VOULGE, ARMES qui, suivant JABRO (1777, G), étaient pareilles; la Guisarme était, au contraire, suivant l'*Encyclopédie du dix-neuvième siècle*, au mot *Arme*, une robuste HAMPE terminée par deux petits coutelas faisant fourche, le tranchant en dehors. — L'usage de la Guisarme a produit les substantifs GUISARMER, GUISARMIER, GUIZARMER, GUYSARMER, GUYSARMIER, JUISARMER, c'est-à-dire militaire armé d'une Guisarme. — Il fut un temps où il était attaché aux COMPAGNIES D'ORDONNANCE des GUISARMIERS qui y tenaient un rang à peu prés égal à celui des COUTILLIERS; ils étaient en quelque façon les HALLEBARDIERS des GENS D'ARMES. — Il y a eu dans certains corps privilégiés des GENTILSHOMMES servant comme GUISARMIERS ou JUISARMIERS. — LES AUTEURS qui ont laissé à cet égard des renseignements sont : BENETON (1742, A), CARRÉ (1783, E), DANIEL (1721, A), DESPAGNAC (1751, D), ENCYCLOPÉDIE (1785, C, Suppl.), GANEAU, LACHESNAIE (1758, I), POTIER (1779, X), ROQUEFORT, SKINNER.

GUISARMIER, subs. masc. v. COMPAGNIE D'ORDONNANCE N° 4. v. COUTILLIER. V. GENDARME DU MOYEN AGE N° 1. V. GENTILHOMME. V. GUISARME. V. INFANTERIE N° 25. V. LANCE FOURNIE.

GUISCHARDT ; GUISE ; GUMPERTZ. V. NOMS PROPRES.

GUISSARME, subs. fém. v. GUISARME.

GUITERRE, subs. fém. v. BOUCLIER.

GUITREUX, subs. masc. v. BOUCLIER.

GUITTEREUX, subs. masc. v. BOUCLIER.

GUIZARME, subs. fém. v. GUISARME.

GUIZARMIER, subs. masc. v. GUISARME.

GUNNA, subs. fém. (F). Mot que JABRO (1777, G) regarde comme synonyme de *canones*, et comme donnant idée, ou de CHEVAUX DE FRISE, ou de PAULX, ou de pieux de PALISSADEMENT, ou de gros TRAITS dont se servaient les archers des anciennes MILICES.

GUSTAVE ; GUSTAWSON ; GUTHSMUTHS ; GUTSCHOVEN. V. NOMS PROPRES.

GUTTONAIRE, subs. masc. (F), ou COTTONAIRE suivant SAUMAISE, sur Jule Capitolin. Ces mots, qu'on trouve dans GANEAU, sont la traduction du LATIN *gottonarius* que mentionne VÉGÈCE (390, A), et désignent des CAVALIERS lourds qui servaient dans la cavalerie romaine et la MILICE BYSANTINE. Voici, suivant GANEAU, la singulière étymologie de leur nom : le LATIN *guttus*, signifiant amphore à col étroit, et dont le contenu n'en sortait que goutte à goutte. De là le nom donné à un CHEVAL qui ne va qu'au pas, et par suite au CAVALIER lui-même.

GUY, subs. masc. v. GUIDON.

GUYARD ; GUYART ; GUYENNE ; GUYNET. V. NOMS PROPRES.

GUYÈTE, subs. fém. v. GUET.

GUYETTE, subs. fém. v. GUET.

GUYSARME, subs. fém. v. GUISARME.

GUYSARMER, subs. masc. v. GUISARME.

GUYSARMIER, subs. masc. v. GUISARME.

GYMNARQUE, subs. masc. v. GYMNASTIQUE.

GYMNASE, subs. masc. Mot tout GREC venu, suivant GANEAU, de *gumnos*, nu, parce qu'on s'exerçait nu à la gymnastique, pris dans le sens d'ÉCOLE où se démontre la GYMNASTIQUE. La CIRCULAIRE DE 1853 (5 MAI) témoignait que, en outre du Gymnase de PARIS, où des MILITAIRES avaient étudié la GYMNASTIQUE, il était institué des Gymnases divisionnaires à ARRAS, LYON, METZ, MONTPELLIER, RENNES, STRASBOURG, TOULOUSE. L'ORDONNANCE DE 1853 (2 NOVEMBRE) annonçait qu'il y aurait un Gymnase par GARNISON. — Une DÉCISION DE 1855 (20 MAI) accordait au DIRECTEUR le droit de FRANCHISE dans sa correspondance avec les Gymnases des départements. — En 1857, un Gymnase était établi à Douai, à Lille, à Valenciennes.

GYMNASE MUSICAL. Une note ministérielle de 1838 (27 février) reconnaissait quatorze élèves de ce Gymnase comme aptes à passer chefs de MUSIQUE.

GYMNASE MUSICAL. V. ENFANT DE TROUPE N° 2. V. MUSICAL. V. MUSICIEN N° 2.

GYMNASTE, subs. masc. V. GYMNASTIQUE. V. INSTRUCTEUR. V. MILICE GRECQUE N° 5. V. MILICE DANOISE N° 5. V. TACTIQUE.

GYMNASTIQUE, adj. V. ART G... V. COURSE G... V. SAUT G... V. PAS G...

GYMNASTIQUE, subs. fém. (F; G, 5, 6), OU ART GYMNASTIQUE, OU ATHLÉTIQUE, OU, suivant l'ACADÉMIE, GYMNIQUE. — Ces mots, dérivés du LATIN *athletica, gymnastica*, ont d'abord été synonymes et ont cessé de l'être ensuite. — La Gymnastique a été anciennement une étude entièrement militaire, une SCIAMACHIE; on y exerçait continuellement la jeunesse et les SOLDATS, en vue de développer, d'entretenir, d'accroître leurs forces musculaires, de leur donner l'agilité, l'adresse, la souplesse que demandent le COMBAT et la vie militaire. — La MILICE ÉGYPTIENNE s'y livrait avec application. — En GRÈCE, la Gymnastique était l'ensemble des études et des exercices physiques du gymnase et du stade; on l'appelait, suivant quelques opinions, PANCRACE quand le pugilat en faisait partie. — Le professeur de l'école de TACTIQUE se nommait GYMNASTE OU PÉDOTRIBE. — Suivant certains ÉCRIVAINS, la Gymnastique était une partie de la SOMASKIE. — L'art gymnique se partageait en ORCHESTIQUE, — PALESTRIQUE, — CUBISTIQUE et SPHÉRISTIQUE. — La CUBISTIQUE était l'art de faire la culbute et de marcher sur les mains; la SPHÉRISTIQUE était le jeu du ballon et de la paume, l'art de jeter en l'air plusieurs balles ou plusieurs pommes, de les ressaisir, de les relancer alternativement. La PALESTRIQUE était proprement la LUTTE. L'ORCHESTIQUE était la DANSE; celle qu'on appelait danse PYRRIQUE, était l'application de la Gymnastique aux MANOEUVRES. — A ROME, l'ATHLÉTIQUE était l'occupation des élèves du CHAMP DE MARS et l'objet des démonstrations des CAMPIDUCTEURS. L'étude, qui consistait à viser un PAL, un PIEU, s'appelait *palaria*. — L'ATHLÉTIQUE était considérée comme si essentielle à l'entretien des forces humaines, que Gallien la regardait comme une partie de la médecine. — La Gymnastique des anciens, considérée principalement par rapport à l'éducation des RECRUES, comprenait la lutte, le pugilat, la COURSE, le saut, le jet du disque, le tir du PILE, l'ESCRIME, l'action de grimper et de gravir, l'art de l'équilibre; la gestation des fardeaux, la NATATION, et enfin tous les EXERCICES corporels militaires. — SILIUS ITALICUS rapporte que SCIPION l'Africain s'exerçait à l'art du saut en vue de franchir les fossés des places fortes.

Transcendère saltu murales fossas.

PLATON (de leg. 5) distingue en plusieurs genres le saut gymnique; le premier n'est autre que la danse, le second est une des études de la guerre. — VÉGÈCE parle également de ce genre de saut qu'il conseille d'enseigner aux soldats. Il en est question dans le même esprit dans Budée, Mercurialis (l. II, c. 11), PLINE (l. VII, c. 56), Spartien (*in Adriano*), STRABON. — Le MOYEN AGE aussi avait sa Gymnastique; elle participait nécessairement des usages et des ARMES du temps; elle était plus grave, plus directement militaire; elle dédaignait les tours de force, et n'avait en vue que l'art de bien tuer et de peu blesser; elle consistait à manier adroitement le CHEVAL et les ARMES, et à frapper à la gorge ou au cœur l'ENNEMI; les autres COUPS étaient réputés honteux. Pour se former la main, on s'exerçait à COURRE (courir) la BAGUE, le FAQUIN, la QUINTANE, les TÊTES. La Gymnastique s'abaissait cependant jusqu'à la PAVANE, imitation assez ridicule de la DANSE PYRRIQUE; Hors cela elle ne consistait qu'en une sorte d'ESCRIME A CHEVAL à l'usage des hommes fieffés. Ce passe-temps a perdu faveur quand les TOURNOIS ont passé de mode; quelques professeurs d'ÉQUITATION avaient seuls essayé de faire revivre, en partie, ces études: c'était ce qu'on appelait *des airs de manége*. — Depuis la renaissance de l'INFANTERIE et l'institution des ARMÉES PERMANENTES, les MANIEMENTS D'ARMES et les MOUVEMENTS des TROUPES ayant été regardés comme composant seuls la TACTIQUE, l'homme isolé, le COMBAT individuel ayant fait place aux actions des hommes groupés, la Gymnastique est tombée dans le discrédit; la NATATION même, qui en est une partie si essentielle, a été entièrement négligée; à peine nos réglements disaient-ils quelques mots de l'ESCRIME et de la DANSE; et, suivant l'expression de GUIBERT (1773, E), on avait transformé les soldats de l'INFANTERIE *en frotteurs, en vernisseurs, en polisseurs*; leur costume, d'ailleurs, ne permettait guère qu'ils se livrassent à des mouvements qui veulent de la liberté et de la souplesse; leur vêtement étranglé et les ligatures qui enchaînaient toutes leurs articulations s'y opposaient; marcher droit, le jarret tendu, les coudes au corps et saccader le pas, constituait presque tout le savoir d'un HOMME DE PIED. — Les traités qui ont paru depuis un demi-siècle blâmaient unanimement ces ridicules manies; des opinions plus sages ont prévalu en EUROPE, mais n'ont pris que tard crédit en France. — PUYSÉGUR (1748, C), FEUQUIÈRES (1750, A), MAURICE DE SAXE (1757, A) conscillèrent vainement de rétablir, ou plutôt d'instituer dans les troupes l'usage des exercices corporels ; ils avaient principalement en vue de faciliter l'exécution des travaux de campagne par la main même du fantassin, bien plus qu'ils ne s'occupaient de la science du gymnaste, mais du moins ils tendaient à un résultat pareil, c'était d'endurcir, en temps de paix, le soldat aux fatigues de la guerre, et de le rendre plus propre aux combats d'infanterie. — Des études gymnastiques devaient être suivies dans les écoles militaires, qui furent, les premières, créées en France. — Des écrivains ont pensé que le discrédit où était tombée la Gymnastique et l'amollissement des soldats français avaient contribué aux désastres de la guerre de 1756. Mais c'est s'arrêter à de bien petites causes. — En 1790, le célèbre Pestalozzi, à Iverdun, essaya de ranimer le goût de la Gymnastique ; il en mit en pratique les exercices dans son établissement genevois ; il avait surtout en vue de fortifier la complexion des élèves. Vers la même époque, ce même système faisait des progrès dans l'éducation de quelques familles anglaises. — Fellenberg, à Hoffwil, propageait ce genre d'instruction. — En 1794, un aumônier de la cour de Danemark, M. Christiani, faisait de nouveau entrer la Gymnastique dans l'éducation ; il était secondé par M. Nachtegall, qui développa surtout ce genre d'instruction en 1799. Le souverain encouragea son école, portée bientôt à cent cinquante élèves. Une autre institution s'éleva ; et, en 1801, l'artillerie, la marine, les cadets, suivaient les leçons de Gymnastique. En 1804, tous les régiments danois et norwégiens envoyèrent à Copenhague un sous-officier destiné à devenir lui-même professeur. Cette espèce d'enseignement n'a été poussé nulle part aussi loin qu'en Danemark, et il n'y a qu'en France que l'escrime soit pratiquée plus habilement qu'à Copenhague ; c'est du moins le jugement que porte M. Nachtegall, qui a parcouru dernièrement l'Europe, dans l'intérêt de l'art qu'il démontre ; l'établissement danois est appelé institution militaire pour la Gymnastique ; on y enseigne l'escrime du sabre, le jeu de la baïonnette, la défensive contre les lanciers ; les élèves y sont exercés à la course, au saut, à la voltige, à la natation avec ou sans armes. Les études corporelles n'y nuisent point aux études intellectuelles. — En 1828, les deux tiers de l'armée danoise étaient capables de traverser un fleuve à la nage avec armes et bagages. — Dans l'armée wurtembergeoise, nul n'est sous-officier

s'il n'est gymnaste. — La conflagration de l'Europe fut un obstacle à ce que la Gymnastique se propageât en France ; pendant longtemps il n'en fut cultivée qu'une. Celle-là était pratique et générale : les champs de bataille, la vie continuelle des camps, en étaient l'école ; la nécessité et le danger y tenaient lieu de professeurs. — Quand l'empire français eut envahi l'Allemagne, la jeunesse ultra-rhénane, impatiente du joug, fit marcher de front la haine de la domination et l'étude de la Gymnastique. — Les chefs de l'association nommée *tugendbund* prescrivirent aux initiés l'éducation corporelle, et déguisèrent ainsi leur but principal en travaillant à endurcir leurs adeptes aux fatigues de la guerre. — Un arrêté de l'an huit (7 thermidor) ordonnait, mais trop vaguement, que, en France, la Gymnastique fût enseignée aux enfants de troupe ; ainsi la loi commençait à reconnaître comme une partie élémentaire de l'art militaire de terre l'art gymnique, et comme partie de l'art gymnique les écoles d'escrime. — La loi semblait avouer combien de soldats avaient péri, semblait prévoir combien d'hommes périraient faute de s'être livrés, dans leur jeunesse, aux pratiques de la Gymnastique. — Mais ce vœu devait longtemps rester stérile. — En 1807, M. Amoros, ancien ministre d'Espagne, revêtu d'un grade supérieur dans l'armée, fonda à Madrid un établissement modelé sur la maison d'éducation de Pestalozzi ; depuis 1792, il avait dirigé toutes ses méditations vers les perfectionnements et l'utilité de la Gymnastique, et avait réussi à changer en soldats improvisés des recrues espagnoles. — Depuis la restauration française, le colonel Amoros, naturalisé Français, proposa au ministre de la guerre l'établissement d'une école de Gymnastique militaire ; les premiers essais eurent lieu, en 1818, dans la plaine de Grenelle ; de rapides progrès couronnèrent l'entreprise. — Les différents ministres de la guerre qui se sont succédé ont tour à tour ou négligé ou protégé ces établissements ; cette alternative explique pourquoi les résultats en sont inférieurs à ce qu'ils auraient dû être ; de mesquines économies à travers tant de scandales d'argent et de dilapidations ruineuses ont retardé l'établissement d'écoles secondaires qui eussent propagé dans les écoles régimentaires et dans les troupes françaises la Gymnastique réduite en art positif. Le saut, la lutte, la conservation de l'équilibre sur des ponts étroits et sans garde-fous, la gestation de fardeaux considérables, le gravissement par tous les moyens, la projection à la main des mobiles de diverses espèces, l'ESCRIME, la VOLTIGE, l'ÉQUITATION, la NATATION, la MARCHE CADENCÉE, eussent été autant de classes de l'école. — Le MINISTRE CLERMONT-TONNERRE, dans un temps où tant de dépenses moins plausibles étaient tolérées, proposa, en 1825, l'abolition de l'établissement de la plaine de Grenelle; il éprouva, à la chambre des pairs, des oppositions qui lui inspirèrent d'autres sentiments; ils lui suggérèrent la DÉCISION DE 1826 (9 JUIN); de cette époque jusqu'en 1828, des progrès ont eu lieu en Gymnastique; mais rien qui eût caractère d'un document durable n'avait été publié à ce sujet par le MINISTRE, et la CIRCULAIRE DE 1830 (14 SEPTEMBRE) témoignait que l'établissement nommé GYMNASE normal était le point de réunion du petit nombre d'élèves envoyés de divers CORPS; du reste, aucune CASERNE de France n'était convenablement disposée et garnie d'accessoires pour les études gymnastiques. — La CIRCULAIRE DE 1833 (5 MAI) témoignait de l'établissement de GYMNASES divisionnaires. — Dans plusieurs autres MILICES, en ANGLETERRE surtout, la Gymnastique est en crédit; elle a prospéré dans les écoles de Chelsea, de Woolwich, de Sandhurst; plus de quatre mille hommes y sont annuellement exercés. — La PRUSSE, la SAXE, la SUISSE, imitent ces exemples; dans la MILICE DANOISE, non-seulement les écoles publiques de tout genre cultivent l'art gymnique, mais, même en vertu d'un ordre du cabinet rendu en 1829, nul individu ne peut obtenir un diplôme d'instituteur ou de maître d'école dans un établissement particulier d'éducation, à moins qu'il ne prouve qu'il s'est livré personnellement aux études de l'art gymnique. Avouons qu'en FRANCE il serait difficile peut-être de pousser jusque-là l'exigence, et de plier à ce genre d'étude les frères de la doctrine chrétienne. — Il y a des AUTEURS qui ont regardé la Gymnastique comme comprenant surtout la SOMASKIE OU DINAMOKIE, c'est-à-dire l'emploi et l'usage des forces du corps humain; cette branche se prend par opposition à l'ESCRIME et à la NATATION; la DINAMOKIE est utile, mais l'ESCRIME et la NATATION sont indispensables. — La jeunesse se livre actuellement à la Gymnastique; on en sent le besoin dans les ÉCOLES MILITAIRES; plusieurs CORPS y ont été exercés. Depuis quelques années, l'institution de PARIS a été habilement dirigée; des DÉTACHEMENTS D'ARTILLERIE et du GÉNIE sont venus en suivre les cours. Des RÉGIMENTS de la GARDE ROYALE se sont livrés à cette utile récréation; et il a été question d'établir une école normale de Gymnastique où seraient appelés des hommes de toutes les armes. — Le mot Gymnastique commence à figurer dans les instructions données aux INSPECTEURS GÉNÉRAUX D'INFANTERIE. — En 1831, à METZ, un simulacre d'OPÉRATIONS DE SIÉGE exécuté en présence du roi se termine par un assaut donné par des GYMNASTES armés de CROCHETS D'ESCALADE. Une relation publiée dans les journaux donne à ces assiégeants la dénomination peu plausible de GYMNARQUES. On reproche à l'ORDONNANCE DE 1831 (4 MARS) de n'avoir pas compris la Gymnastique au nombre des exercices qu'elle prescrit, et surtout au nombre des exercices des TIRAILLEURS. — En PRUSSE, en ANGLETERRE, en BAVIÈRE, dans la MILICE NÉERLANDAISE, de grands changements se sont opérés dans l'éducation militaire par l'étude si importante de la Gymnastique. Les élèves de l'école de WOLVICH sont dressés à la VOLTIGE A CHEVAL. L'école des ENFANTS DE TROUPE établie à Chelsea est exercée à la course et à franchir les haies et les fossés. La Gymnastique est dans plus d'un royaume une des conditions de l'AVANCEMENT des hommes de troupe.— La NATATION est surtout enseignée à l'école de Greenwich. L'ANGLETERRE possède un gymnaste en réputation : c'est le capitaine Cléas. — Le camp formé en 1834 à Saint-Omer y a apprécié l'importance des exercices gymnastiques. — Les AUTEURS qui peuvent être consultés à l'égard de la Gymnastique sont : M. le colonel AMOROS, BARTHÉLEMY (t. II, ch. 8), M. le colonel CARRION (1824, A), CLIAS, DAIGNAN, DUVAL, EISELIN, ENCYCLOPÉDIE (1751, C; id. au mot *Palestre*; id. au mot *Romains*; 1785, C, aux mots *Chevalerie*, *Course* et *Fellemberg*), M. FRANCOEUR (au mot *Gymnasiarque*), M. le général FRIRION (1822), GUTSMUTH, HESYCHIUS, JAHN, JOUNG, LACHESNAIE (1758, I), LUNIER, MERCURIALIS, MONCHABLON, PASSOW, PLATON, PLINE, RUMPF (1824, F), SALZMAN, SCHMELING, SERVAN (1780, B), STRABON, TURPIN (1785, O), VÉGÈCE, VIETH, WALTHER (1785, C), WERNER, ZELLER, le *Dictionnaire de la Conversation* (au mot *Escrime*), le journal *l'Armée* (p. 226, 255).

GYMNIQUE, subs. fém. v. GYMNASTIQUE.

GYSARME, subs. fém. v. GUISARME.

HABANDON.

HABANDON, subs. masc. v. ABANDON.

HABÈRE, subs. masc. v. HAUBERT.

HABEREAU, subs. masc. v. HABIT.

HABERGE, subs. masc. v. HAUBERT.

HABERGEON, subs. masc. v. HAUBERT.

HABERGON, subs. masc. v. HAUBERT.

HABERJON, subs. masc. v. HAUBERT.

HABERT, subs. masc. v. HAUBERT.

HABERZ, subs. masc. v. HAUBERT.

HABILLEMENT, subs. masc. v. ADJUDANT-MAJOR D'H... v. ADMINISTRATION D'H... v. AGENT DE L'H... v. ATTRIBUT D'H... v. BLANC D'H... v. BLEU D'H... v. BOTTES D'H... v. BOUTON D'H... v. BOUTONNIÈRE D'H... v. BRAIES D'H... v. BRIDE D'H... v. CANONS D'H... v. CAPITAINE D'H... v. CEINTURE D'H... v. CHEVRON D'H... v. COLLET D'H... v. COMMIS DE L'H... v. COMPTABILITÉ D'H... v. CONFECTION D'H... v. COULEUR D'H... v. COUPE D'H... v. DESSOUS D'H... v. DEVIS D'H... v. DIRECTOIRE D'H... v. DISTRIBUTION D'H... v. DURÉE D'H... v. EFFET D'H... v. ENTREPRENEUR D'H... v. ÉTOFFE D'H... v. FAÇON D'H... v. FAIRE SAUTER UN H... v. FOND D'H... v. FRAISE D'H... v. INSPECTEUR D'H... v. JOURNAL D'H... v. LIEUTENANT D'H... v. MAGASIN D'H... v. MANTEAU D'H... v. MARCHÉ D'H... v. MARQUE D'H... v. MARQUE DISTINCTIVE D'H... v. MASSE D'H... v. MESURE D'H... v. MODÈLE D'H... v. OFFICIER D'H... v. ORDONNANCE D'H... v. PAREMENT D'H... v. PATRON D'H... v. PERSONNEL D'ADMINISTRATION D'H... v. PREMIÈRE MISE D'H... v. QUARTIER D'H... v. RÉGIE D'H... v. REGISTRE D'H... v. RÈGLEMENT D'H... v. REMPLACEMENT D'H... v. RÉPARATION D'H... v. REVUE D'H... v. SERVICE D'H... v. SITUATION D'H... v. SURTOUT D'H... v. TAILLE D'H... v. TARIF D'H... v. TONNELET D'H...

HABILLEMENT, subs. masc. (B, 1), ou HABILLEMENT D'UNIFORME, OU HABILLEMENT MILITAIRE, OU HARNAIS. Le mot Habillement dérive du LATIN *habitus*, habit ou manière d'être ; aussi les termes habitude et HABIT, COSTUME (*consuetudo*) et coutume ont-ils d'abord été tout à fait synonymes. — Il va être principalement traité de l'Habillement

HABILLEMENT.

comme d'une des grandes branches de la partie administrative qu'il convient d'appeler l'UNIFORME. L'examen de ce sujet exige quelques recherches préliminaires. — Les traces de la barbarie, les progrès de la civilisation, la gravité des esprits, les caprices de la mode, l'humeur plus ou moins militaire de la nation, le triomphe des mœurs moins turbulentes se retrouvent dans l'Habillement du GAULOIS, du Gallo-ROMAIN, du FRANC, du FRANÇAIS carlovingien, et de l'indigène qui obéissait aux rois des dernières races. La chose militaire transpire dans les moindres coutumes de la monarchie, et une des études élémentaires de ces coutumes est l'étude du costume de l'HOMME DE GUERRE ; car les modifications morales et les vicissitudes politiques que la nation a éprouvées ont eu une liaison aussi intime avec la forme de ses VÊTEMENTS qu'avec la marche de la GUERRE. — Dans l'enfance de notre gouvernement, le GAULOIS à demi sauvage se présente au combat la tête, les jambes, les pieds nus ; sa CHEVELURE s'élève en crête d'alouette ; un SAYON de peau, ou, suivant M. RAYMOND, un BARDIAQUE, *bardiacum*, est sa CASAQUE ; un PAGNE ou PAGNON lui entoure, en certaines contrées, les reins ; en d'autres provinces, ses BRAIES se prolongent en RABACHES. — La ROBE écourtée et à ceinture, et la toge empruntée par ROME à l'ASIE, sont apportées par les LÉGIONS ROMAINES aux citadins des GAULES, aux prud'hommes des campagnes ; il nous est resté comme vestiges de ces modes la CHLAMYDE des GÉNÉRAUX, le MANTEAU des HOMMES DE GUERRE, la simarre des BAILLIS et des MAGISTRATS, la dalmatique de l'Église. — A CASILIN, des BRAIES qui descendent jusqu'aux jambes sont l'unique VÊTEMENT des FRANCS qui y combattent. — A Poitiers, CHARLES MARTEL brise à coups de MASSE les MAILLES du costume collant d'Abdérame ; sa dépouille et celle que les SARRASINS abandonnent à leurs vainqueurs deviennent le modèle de l'ARMURE adoptée par la CHEVALERIE française, et qu'elle a conservée plusieurs siècles. Le perfectionnement et la multiplication de ce genre d'ARMES ont eu d'immenses effets ; tels ont été l'énergie de la FÉODALITÉ, l'esclavage du peuple, l'avilissement de l'EUROPE, l'imbécillité des rois fainéants. — Les CROISADES redonnent quelque chose d'oriental au costume ; il redevient ample, comme la COTTE SALADINE ; la même TENICLE (TUNIQUE) habille le cavalier et le DESTRIER ; mais la solidité même de l'enveloppe défensive énerve le GUERRIER qui y a recours ; il ne tire de son accoutrement qu'une force inerte dont la POUDRE A CANON parvient à triompher : le retour de la classe plébéienne à la dignité d'hommes et l'éclat rendu à la couronne sont dus au creuset d'un alchimiste ; les industriels se pavangonnent aux NOBLES. — Il nous est resté de ces révolutions, soit dans la LANGUE, soit dans les habitudes de la MILICE FRANÇAISE, la COTTE, le SURCOT, le TABAR, le HOQUETON, la CASAQUE D'ARMES. — Le brigandage des AVENTURIERS succède au détroussement méthodique que les NOBLES faisaient exercer par des COUREURS à gages, vêtus de l'HABIT qu'on nommait le LESTE ; l'adjectif leste, si usité de nos jours, n'a pas d'autre racine. — L'Habillement devient tout à coup fort court, et a deux paires de manches ; sous PHILIPPE DE VALOIS, c'était une imitation du LESTE des COUREURS et de l'habit des AVENTURIERS allemands servant en Italie. Cette mode et celle des chausses justes à brague, si indécente, répondent à peu près à l'an 1342. — Un VÊTEMENT peu différent du LESTE s'appelait RIBAUDEQUIN parmi les RIBAUDS ; MAHEUTRE parmi les AVENTURIERS de LOUIS ONZE : c'est un habit sans manches ou à simple enveloppe d'épaule. L'expression MAHEUTRE, à peu près synonyme du LATIN *humerus*, ou du français épaulière, ne signifiait d'abord que la partie prise pour le tout ou la partie du VÊTEMENT qui répondait à l'humérus. L'acception du mot MAHEUTRE s'étend bientôt. Un genre d'UNIFORME s'appelle MAHEUTRE ; un PIÉTON d'aventure va par analogie s'appeler également MAHEUTRE ; enfin un scélérat digne de la potence est un MAHEUTRE. — La CHEVALERIE sombre et lourde des derniers siècles du MOYEN AGE devient folâtre et évaporée ; elle renonce aux POULAINES qui la gênaient les jours de bal ; elle allége son HARNAIS, et ne se couvre plus de fer que devant l'ENNEMI, ou même elle n'y porte que le BUFFLE imité de l'antique QUIRÉE ; elle laisse la toge aux pédants, aux médecins, aux prêtres ; l'expression gens de robe prend naissance, et les CHEVALIERS, sauf l'ÉPÉE et la DAGUE, s'habillent comme le font, par le temps qui court, les funambules

et les saltimbanques. Cette manière de se vêtir règne depuis FRANÇOIS PREMIER jusqu'à LOUIS TREIZE ; c'est le triomphe du haut de chausses à TROUSSES élargies à CANONS collants ; c'est le règne du MORTIER à plumes, du POURPOINT tailladé, brodé, à FRAISE, à LIVRÉES, à rubans, à AIGUILLETTES. Au temps de Charlemagne, la mode des montagnards gascons n'était pas autre ; les Espagnes et l'Italie en avaient hérité ; nous l'y reprenions. Les folies composent un cercle impérissable. — Mais le costume des soldats était de toutes COULEURS comme l'est encore celui de la MILICE CHINOISE. — Le COSTUME FRANÇAIS et guerrier se ressent, sous LOUIS QUATORZE, du changement des inclinations des FRANÇAIS. L'administration, les finances, les études, la mysticité, donnent aux esprits plus de gravité et au COSTUME plus d'ampleur ; les CANONS s'évasent, le JUSTE-AU-CORPS s'allonge, les BASQUES s'étendent, et la PERRUQUE A LA BRIGADIÈRE enveloppe la CUIRASSE. — Depuis ces époques, on appelle militairement DESSOUS, le HAUT-DE-CHAUSSES, les BAS-DE-CHAUSSES, le POURPOINT, puis ensuite la CULOTTE et la VESTE. — LOUIS QUATORZE vainqueur abolit dans son ARMÉE les CUIRASSES de la CAVALERIE. Louis quatorze, vieilli et près d'être vaincu, rend aux HOMMES DE CHEVAL la CUIRASSE, triste refuge d'une vaillance attiédie. — Sous ce règne, on avait relégué dans les CABINETS D'ARMES les POIGNARDS, cette partie inhérente à l'Habillement, cet accompagnement de bon ton que la perfidie ITALIENNE et l'arrogance ESPAGNOLE avaient emprunté à la férocité des MAHOMÉTANS. — Dans le dernier siècle, tandis que le costume étranglé des militaires est une imitation gauche de la parcimonie prussienne, le bourgeois cesse de s'affubler à la militaire ; l'ÉPÉE à nœud et l'EXCUSE sont laissés aux familiers de la cour. On donne plus d'attention aux commodités que la société recherche ; on sent qu'un CHAPEAU est mieux sur la tête que sous le bras, que dans la vie ordinaire une canne ou un manchon valent mieux qu'une épée. Les inclinations plus raisonnables des citoyens ont réagi sur l'ARMÉE. Ainsi les goûts FRANÇAIS ont éprouvé une telle révolution, que, de nos jours, l'OFFICIER ne voit dans ses vingt-quatre heures de SERVICE, et n'entrevoit dans la cessation de son SERVICE de trente ans, que le droit et la douceur de déposer l'HABIT de guerre, d'en substituer un qui soit un gage de liberté, et de se confondre avec ses concitoyens dont les parures suffisent à sa coquetterie ; nous ne disons pas qu'il faille s'en applaudir, nous disons un fait. — L'excursion que nous venons de faire dans le domaine des antiquaires était le préliminaire obligé d'un examen plus technique qui considérera l'Habillement comme une branche de l'UNIFORME actuel, et comme propre surtout à l'INFANTERIE FRANÇAISE et spécialement aux HOMMES DE TROUPE ; nous laisserons de côté le COSTUME DE FER, qui était comme l'attribut exclusif des TROUPES A CHEVAL du MOYEN AGE, et, quant à l'INFANTERIE de ces époques, que pourrions-nous en dire ? GUILLAUME GUIART, dans son manuscrit, et Brantôme, dans ses descriptions, nous la montrent comme un ramas de misérables tout déguenillés. — On trouve dans LOUIS ONZE (1480, A) l'expression HABILLEMENT D'ORDONNANCE : c'est une abréviation de la locution Habillement des hommes des COMPAGNIES D'ORDONNANCE ; cela avait surtout rapport aux MANTEAUX des HOMMES DE CHEVAL, puisqu'ils étaient, du reste, habillés de fer, ou comme on disait *fervestis*. Les termes HABILLEMENT D'ORDONNANCE se regardaient aussi comme synonymes d'HABILLEMENT IDIOPLIQUE ou d'ARME PERSONNELLE ; c'est en ce sens qu'on disait : être de tel Habillement, c'est-à-dire de telle troupe. Répartir en BRIGADES les Habillements, c'était associer les GUERRIERS pourvus d'ARMES d'un genre pareil. — Historiquement on ne peut s'occuper de l'Habillement des corps que depuis l'abolition des ARMURES. Sous le point de vue de l'ADMINISTRATION, on ne peut s'en occuper que depuis le ministère de DARGENSON. Jusque-là tout, dans cette partie, était vague et arbitraire. L'ENCYCLOPÉDIE (1751, C) le témoigne. — Examinons d'abord la chose sous le point de vue historique. Les ORDONNANCES DE 1454 (30 JANVIER) et de 1553 (12 FÉVRIER) font mention de l'Habillement de la NOBLESSE et des HABITS de la GENDARMERIE ; mais, sous ces mots, il faut comprendre, génériquement, aussi bien les ARMURES que le VÊTEMENT ; et, dans le siècle suivant, HABIT signifiait encore Habillement. — L'Habillement des LÉGIONS de FRANÇOIS PREMIER s'appelait ÉQUIPPAGES, comme le témoigne l'ORDONNANCE DE 1554 (24 JUILLET). — Vers ces époques, l'uniformité de l'Habillement s'introduisait chez les ANGLAIS, les HOLLANDAIS, les ESPAGNOLS ; l'entrée de PHILIPPE DEUX à ANVERS, en 1549, y donna le spectacle de huit cents cavaliers et de quatre mille fantassins de la MILICE ESPAGNOLE vêtus uniformément. Un CORPS de sept mille ANGLAIS combattait à SAINT-QUENTIN habillé de bleu ; et à Nieuport, en 1600, une TROUPE ANGLAISE était habillée de jaune. — Sous LOUIS TREIZE, l'ARMÉE FRANÇAISE commence à se vêtir en DRAP ou en BURE ; les COULEURS n'en étaient pas régulièrement déterminées. Une lettre adressée par ce prince au prévôt

des marchands, en 1627 (27 OCTOBRE), frappe les Parisiens d'une réquisition d'habits pour les GARDES FRANÇAISES, consistant, chacun, *en un pourpoint, jupe à longues basques, haut et bas-de-chausses, de bure minime, teinte en laine.* Il reste douteux, si minime signifie drap de médiocre qualité ou drap de couleur de l'habit des minimes. — A la fin des guerres civiles terminées par LOUIS QUATORZE, il s'opère une grande révolution dans la TENUE DES TROUPES. Ce changement est lié aux progrès de l'ART MILITAIRE. L'Habillement ou l'UNIFORME, suivant l'expression peu exacte de quelques ÉCRIVAINS, car l'Habillement n'est qu'une partie de l'UNIFORME ; l'Habillement commence, depuis l'ORDONNANCE DE 1638 (2 SEPTEMBRE), à devenir régulier ; cette amélioration se développe surtout de 1650 à 1680. On s'occupe d'Habillement sous des points de vue de POLICE ; ainsi les BANS CONTRE LES DETTES sont institués comme une déclaration que, hormis pour les objets d'Habillement, etc., les crédits faits à des militaires par des MARCHANDS seraient aux risques et périls du vendeur. — Des VÊTEMENTS de forme nouvelle commencent à prévaloir. Le POURPOINT et ses innombrables boutonnières sont abandonnés. Le HAUT-DE-CHAUSSES, que le peuple appelait encore BRAIES, s'étrécit en CANONS assemblés à coutures droites. Le JUSTE-AU-CORPS des PIQUIERS, ainsi que celui des MOUSQUETAIRES à pied, est remplacé par un HABIT en forme de longue BLAUDE et susceptible de se croiser au moyen de BOUTONS. On commence à distinguer les ARMES PERSONNELLES et les différents CORPS par des COULEURS DE FONDS et des COULEURS TRANCHANTES. Il ne reste presque plus des anciens usages que l'ÉCHARPE et l'AIGUILLETTE. — Jusque-là on avait affecté aux CORPS ROYAUX le GRIS d'abord, puis le BLEU DE ROI ensuite. On avait donné aux corps de la reine l'ÉCARLATE et à ceux des PRINCES DU SANG le blanc ; primitivement les HUSSARDS ont été habillés de vert ; quant aux RÉGIMENTS DE GENTILSHOMMES, ils avaient chacun leur COULEUR. — Quant à l'Habillement de l'INFANTERIE, c'était une révolution presque périodique que celle du MANTEAU devenant HABIT, que celle de la VESTE cessant d'être VESTE, et que le retour à l'usage du MANTEAU à manche ; telles ont été les variations de la COTTE devenant MAHEUTRE, du HOQUETON devenant POURPOINT, de la CASAQUE devenant JUSTE-AU-CORPS, de la REDINGOTE devenant HABIT, de la VESTE devenant GILET, pour recommencer ce cercle par la reprise de la REDINGOTE et de la CAPOTE. — La SOLDE devait subvenir aux frais de l'Habillement ; mais, probablement à l'instant de la création des corps, il était accordé par l'Etat une première mise ; probablement pendant ou après les guerres si vives de Louis quatorze, il était accordé des secours pécuniaires aux régiments pour remédier au délabrement du costume ; aucun écrivain du temps n'a pris le soin de nous en informer, tant ils s'occupaient peu de l'administration ; c'est une science dont ils ignoraient même le nom. — A partir du dix-huitième siècle, l'écharpe, l'aiguillette, la fraise, passent de mode, et il est affecté des couleurs distinctives aux imperceptibles collets des habits des hommes de troupe, aux immenses parements en bottes, aux doublures des larges retroussis et aux vestes à basques pendantes. L'adoption de la culotte juste amène l'usage des guêtres. — Mais il y avait plutôt un esprit d'imitation qui gagnait d'un corps ou d'un bataillon à l'autre qu'il n'y avait de règles positives. Le ministère de la guerre n'avait rien établi de complet touchant l'Habillement ; il n'avait publié que des dispositions obscures et éparses. La plupart du temps il ignorait les changements que les colonels apportaient à l'uniforme, et quantité de décisions ministérielles n'avaient en vue que de régulariser ou de sanctionner les variations de la tenue dans l'intérieur des corps.— L'ordonnance de 1716 (28 février) interdisait aux particuliers tout achat d'Habillements de soldat ; mais il n'en faudrait pas conclure que, à cette époque, les troupes de ligne fussent régulièrement en uniforme déjà. — Après un demisiècle de laissez-aller, l'ordonnance de 1729 (10 mars) et la décision de 1754 (18 janvier) furent les premiers essais officiels qui eussent en vue les effets d'uniforme des hommes de troupe et des officiers ; des règlements plus étendus sur l'Habillement parurent sous le ministère de Dargenson ; ils sont de 1747 (19 janvier), 1750 (1er mai), etc. Les maîtres tailleurs commencèrent à prendre mesure aux soldats ; les officiers cessèrent de porter, sous les armes, l'habit bourgeois brodé d'or ou d'argent et doublé en soie ; plusieurs l'avaient conservé malgré l'ordonnance de 1729 (10 mars) ; ils eurent ordre d'y substituer l'habit d'uniforme analogue à celui que les hommes de troupe portaient depuis longtemps déjà. — Sous le ministère suivant, une épaulette à peine apparente fut arrêtée par des brides sur l'épaule de l'officier. — Vers le milieu du siècle, les commissaires des guerres et les officiers de santé furent vêtus uniformément aussi ; c'est depuis ces époques que l'on peut examiner l'Habillement sous le point de vue de l'administration. — Les règlements de Dar-

genson ne survivent pas à la guerre de sept ans. — Depuis l'ordonnance de 1767 (25 avril), l'Habillement s'étrécit à la manière de celui des Prussiens dont on voulait alors tout imiter. — L'ordonnance de 1768 (1er mars) exigeait que, en public, les militaires ne se montrassent que vêtus de l'uniforme. De 1792 à 1857, cette règle a été fréquemment enfreinte, on peut même dire oubliée, quand, à la fin de 1856, le ministre Bernard essayait de la faire revivre. — Jusqu'au ministère de Choiseul, les capitaines avaient eu le maniement et la gestion souveraine de l'Habillement de leurs compagnies ; les majors commencent à en être chargés. — Une régie de l'Habillement pourvoyait aux besoins des hommes de troupe ; elle était supprimée par l'ordonnance de 1776 (25 mars) qui remettait cette partie aux conseils d'administration, et voulait que le remplacement de l'Habillement se fît à mesure du besoin. — Cette époque est celle de mémorables changements dans l'Habillement ; une masse générale subvient à l'habillement de troupe ; le ministère adopte le chapeau a quatre cornes, l'habit-veste, la ceinture de course, la redingote de soldat dont notre capote de troupe a été une tardive imitation. Mais les innovations introduites par Saint-Germain ne régnent que jusqu'à la promulgation du règlement de 1779 (21 février) ; dès l'année 1782, les comités du ministère de la guerre s'occupent de réviser cette ordonnance, et leur travail produit le règlement de 1786 (1er octobre) que le maréchal de Ségur met au jour, et que l'ordonnance de 1788 (17 mars) confirme. — Viennent ensuite les dispositions également provisoires de 1791 (1er avril) et le règlement de 1792 (1er janvier). — L'école de Mars, institution dont la durée fut si courte, a prodigieusement influé sur les révolutions qu'a éprouvées l'Habillement de l'infanterie. — Jusqu'en l'an deux, les durées et les remplacements étaient, sinon observés, du moins réglés légalement. — De l'an deux à l'an six, le gouvernement délivra aux corps l'Habillement tout confectionné ; des entrepreneurs se chargeaient de le fournir sur marchés ministériels. La décision de l'an cinq (12 brumaire) en donne le tarif. Mais à ces époques il était impossible que des principes de remplacement et de durée se maintinssent. — La circulaire de l'an six (10 nivose) rend aux corps le soin et la surveillance de la confection de leur Habillement ; les étoffes de laine continuent seules à être fabriquées par les ordres du ministre, et fournies par ses soins aux diverses troupes. — Le règlement volumineux de 1806 (10 février) détaillait le service de l'Habillement : le DÉCRET DE 1806 (25 AVRIL) changeait le système et remettait le SERVICE à l'ADMINISTRATION des CORPS ; une longue INSTRUCTION de la même année (12 MAI), mille fois modifiée depuis, cherchait à régulariser cette difficile partie ; le RÈGLEMENT DE 1808 (24 SEPTEMBRE) déterminait les formes et la vérification de la COMPTABILITÉ de l'Habillement, la manière d'en dresser les ÉTATS DE SITUATION, etc. — L'Habillement alors ne se renouvelait que tous les trois ans. — Les FOURREAUX DE BAIONNETTE faisaient partie de l'Habillement, tant sont peu positifs les termes de la LANGUE MILITAIRE. — Le RÈGLEMENT DE 1825 (19 MARS) rassemblait les dispositions antérieures sur la matière. — L'ORDONNANCE DE 1830 (10 NOVEMBRE) créait un personnel de l'Habillement, et le composait d'AGENTS et de COMMIS. — La CIRCULAIRE DE 1831 (15 AOUT) éclairait quelques points de la COMPTABILITÉ de cette partie, et de l'emploi des bénéfices obtenus sur les COUPES. — De 1814 à 1828, la forme, les accessoires, les dimensions, les COULEURS de l'Habillement ont changé plus de fois que le roi n'a changé de MINISTRES de la guerre. La seule INFANTERIE s'est habillée de sept manières différentes. — Après cet aperçu de l'ADMINISTRATION qu'on pourrait appeler légale, exposons quelques vues théoriques, et le tableau des usages reçus. — L'Habillement militaire n'a jamais eu que des formes imaginées par le caprice, déterminées fort tard par des LOIS, brusquement changées ensuite par des ORDONNANCES, ou même par de simples circulaires, et enfin incessamment modifiées et altérées par déférence pour les bizarreries de la mode. Jamais COMMISSION D'EXAMEN ne s'est assemblée pour délibérer sur l'Habillement sans réduire la question à la formule que voici : *Qu'est-ce qui sera le plus joli et de meilleur goût ?* Bien rarement on s'est occupé de ce qui mériterait comme plus utile et moins cher la préférence ; rarement on s'est demandé comment rendre l'Habillement en même temps chaud, léger, imperméable, dégagé de tout accompagnement superflu, solide par la matière, simple par les COULEURS, commode par les formes, peu salissant et susceptible d'être vêtu rapidement. Enfin, dans la crainte de heurter des préjugés ou de contrarier la vanité, on n'a jamais osé poser en principe que, dans chaque ARME, la COULEUR DE FOND serait une, et qu'il n'y aurait de différences établies que de chaque CORPS aux autres CORPS de la même ARME ; de là cette bigarrure des HUSSARDS de la république, cette diversité des troupes de BONAPARTE, ces GRENADIERS A CHEVAL de Louis

DIX-HUIT, qui, quoique GROSSE CAVALERIE, étaient sans CUIRASSE ; ces LANCIERS de la GARDE royale qui ne ressemblaient pas à ceux de la LIGNE, ce défaut d'uniformité dans l'INFANTERIE DE LIGNE et de la garde, cette variété des HABITS de la CAVALERIE de toutes armes, etc., etc. — Un ÉCRIVAIN recommandable, M. CANCRIN, est d'avis que l'Habillement devrait être d'une même coupe, d'une même couleur pour tous les militaires d'une même MILICE. Peut-être est-ce trop généraliser ? Il ne devrait exister que par rapport aux corps à pied et à cheval une variété de formes appropriées au genre de leur service. — Le genre d'Habillement à préférer serait celui dont les couleurs seraient le moins chères et le plus solides, dont les nuances et les formes seraient mieux appropriées au genre de service auquel le corps ou l'arme sont destinés. Un ministère qui donnerait aux troupes légères un Habillement pareil à celui des troupes de bataille, un Habillement éclatant qui dissimulerait mal le soldat au milieu des champs, des bois, des embuscades, ce MINISTÈRE agirait contre la plus simple logique. L'ARMÉE FRANÇAISE peut malheureusement se plaindre de cette erreur. — Le fond de ces réflexions a plus d'un siècle. FEUQUIÈRES (1725, D) disait de l'Habillement : *Qu'il doit être bon, simple, sans ornements, et n'embarrasser dans aucune fonction ; à quoi bon un poids inutile et porter des choses qui ne servent qu'un jour de revue.* BIRON (médecin en chef) disait : *Il faut que sa forme* (de l'Habillement) *soit appropriée aux besoins de la vie plutôt que soumise au goût passager d'un chef de corps ou au caprice de la mode.* — MIRABEAU (1788, C) ne comprenait pas l'adoption du COSTUME bizarre, incommode et dispendieux des HONGROIS. S'il eût vécu trente ans plus tard, eût-il approuvé l'imitation du costume des HOULANS, l'équipage bariolé des MAMELOUCKS, les disparates entre la ligne et la garde ? — De tous les ÉCRIVAINS qui se sont occupés d'HYGIÈNE militaire, il n'en est pas un qui n'ait abondé dans le même sens que BIRON. — Il y a à considérer dans l'Habillement l'ÉTOFFE ou les ÉTOFFES dont il doit se composer ; son emploi diffère suivant les armes, les formes qu'il doit prendre, les DÉPENSES EN DENIERS et en MATIÈRES qu'il doit occasionner ; ces conditions sont rigoureusement liées entre elles ; elles intéressent essentiellement l'ART MILITAIRE DE TERRE et les BUDGETS de l'Etat ; la combinaison n'en a pas moins jusqu'ici échappé aux efforts d'esprit de bien des COMMIS. — Des recherches relatives aux dépenses résultant du prix du mètre du DRAP ne sauraient être de nature à nous occuper, puisque cette DÉPENSE est variable, soumise à beaucoup de circonstances et d'une évaluation qu'il sera toujours facile d'établir. — Ce qu'il importe dans la grande ADMINISTRATION de l'Habillement, c'est de parvenir à se rendre compte de la quantité de mètres d'ÉTOFFES qui doivent être employés pour l'ARMÉE; mais le BUREAU d'Habillement du MINISTÈRE n'avait rien fait pour atteindre ce but, n'avait même pas le moyen de l'atteindre, et les COMMIS tournaient autour de la difficulté; ainsi leurs décisions se bornaient à prohiber l'emploi des PELADES, à constater le nombre des PORTÉES de chaque ÉTOFFE, la quantité des FILS, la mesure des RETRAITS, l'origine des laines, etc.; le plus chétif drapier de village en eût fait autant; c'est pourtant à peu près tout ce qui était dans les RÈGLEMENTS, ORDONNANCES ou décisions, quoiqu'il y faille autre chose. — Quand un particulier a besoin d'un VÊTEMENT, il demande au tailleur quelle quantité de DRAP il lui faut; l'ouvrier répond que cela dépend de deux conditions, savoir : de l'espèce de VÊTEMENT à confectionner et de la MESURE qu'il va prendre à celui qui se fait habiller; il y aurait une troisième circonstance, la largeur commerciale de l'ÉTOFFE à employer; mais il est inutile de s'en occuper, puisque cette largeur est censée légale et une pour toute l'ARMÉE. — A la suite de ce dialogue entre le tailleur et la personne à habiller, il ne s'agit plus que de régler le prix à mettre à l'ÉTOFFE et le salaire de la façon pour arriver à supputer le total des frais et dresser un BUDGET raisonné de DÉPENSES. — Cette espèce d'apologue était indispensable pour expliquer l'art d'habiller les troupes. — Il eût fallu que le MINISTRE eût dit aux divers CORPS : *J'exige que, au moyen de telle quantité de drap de tel prix* (et d'un même prix pour les troupes d'élite ou non), *votre habit soit fait de telle manière; en voici la description écrite, les patrons gravés, et leur coupe cotée. Vous aurez à justifier de la taille vraie de vos hommes, comme base des quantités d'étoffes perçues et des consommations d'effets; vous n'éprouverez aucun déficit sans que j'en tienne compte; réciproquement, vous aurez à tenir compte de toutes les bonifications que vous parviendriez à faire.* — Cette marche administrative, à la fois sage, claire et simple, n'a été ni devinée ni prescrite; mais la justice veut que l'on avoue qu'il était impossible peut-être d'asseoir de pareilles bases avant l'époque des perfectionnements qu'on a obtenus dans les LEVÉES d'hommes au

moyen du système de la CONSCRIPTION. — En effet, jusqu'à la conscription et pendant tout le temps que les RÉGIMENTS se sont recrutés par les ENGAGEMENTS seuls, par les MILICES, par les LEVÉES TUMULTUAIRES, l'espèce des RECRUES, leur corpulence, leur TAILLE, ne pouvaient être l'objet d'une prévision qui les réduisît par ses supputations de statistique à un terme numérique commun; la stature n'était pas susceptible de se traduire en calcul; l'ensemble des TAILLES comparées était une quantité arithmétique dont il n'y avait pas moyen de dégager l'inconnue. Le zèle ou l'habileté des CHEFS, la subtilité des RECRUTEURS, l'assiette plus ou moins favorable de la GARNISON, l'éclat de quelque partie de l'UNIFORME étaient autant de causes déterminantes dont dépendaient et le nombre et la beauté des RECRUES, par conséquent les quantités d'ÉTOFFES à employer pour leur Habillement étaient un problème perpétuel, et les déclarations des BESOINS d'étoffes à fournir ou le compte rendu des CONSOMMATIONS faites se refusaient à des vérifications rigoureuses. — Ces inconvénients auxquels on ne songeait guère au milieu des désordres bien plus graves du dernier siècle ont été un vice infini quand l'ARMÉE est devenue la chose principale de toute l'ADMINISTRATION de FRANCE. — Avant le consulat, les circonstances permettaient peu d'apporter à l'Habillement des améliorations. Il eût fallu s'occuper d'un grand travail, prendre un parti sur l'ensemble comparé de l'Habillement de tous les CORPS quelconques, établir un point de départ réglementaire. Quand un gouvernement s'asseoit, il a bien d'autres soins; d'ailleurs les chefs de la GARDE CONSULAIRE, le COMITÉ DU GÉNIE, celui de l'ARTILLERIE, les personnages influents de la gendarmerie, ne permettaient pas que le BUREAU de l'Habillement touchât aux coutumes et aux détails de leur uniforme; rien n'était fixé, ainsi que nous l'avons dit. Le RÈGLEMENT DE 1786 (1er octobre), quoiqu'il ne parlât ni de CAPOTES, ni de PANTALONS, ni de REDINGOTES, était censé encore en vigueur; mais les formes de l'Habillement ne consistaient que dans un type imaginaire, puisque l'HABIT, la VESTE, la CULOTTE de 1786 ne ressemblaient en rien par la COUPE aux EFFETS D'HABILLEMENT dont on se servait, et ces différences avaient changé tous les prix; quoique les EFFETS de 1786 fussent encore censés modèles, il n'en restait ni souvenir transmis par le dessin ou la gravure, ni description détaillée, ni PATRONS authentiques. La LÉGISLATION était si défectueuse, que *les instructions* (entre autres celle de VENTOSE, AN SEPT) *exigeaient,* dit M. BALLYET (1817), *que l'on présentât sur l'emploi une économie de dix pour cent, outre la coupe des bonnets de police; il eût semblé plus naturel de réduire d'autant le tarif.* On opérait par traditions, par à-peu-près. Cet état de choses a duré plus d'un demi-siècle. — Les corps d'une création postérieure à la révolution s'étaient habillés à la manière des corps existants dont ils étaient les analogues. Aucun examen relatif aux quotités des fournitures à délivrer n'avait été fait à ce sujet par l'autorité; les troupes, quelles qu'elles fussent, avaient été censées avoir droit aux allocations ministérielles qui étaient en usage. Quant aux corps formés sur un pied nouveau, et qui avaient dû se vêtir à raison de formes particulières, ils avaient été invités à envoyer au bureau de la guerre des effets d'habillement tout confectionnés, comme prototype des quantités d'étoffes qui y entraient. Ce moyen était le contre-pied de toute conception raisonnable, puisqu'il confiait à la cupidité ou à l'inhabileté le droit de régler la quotité des matières intrinsèques de l'uniforme; mais, de temps immémorial, on faisait ainsi, et peut-être, pendant la révolution, y était-on forcé plus encore par le défaut de temps que par la routine et l'impéritie. — Avant le consulat, il arriva à peu près pour l'Habillement ce qui est arrivé en 1817 pour les souliers corioclaves. Un Anglais, propriétaire et inventeur d'une machine à couper les habits, etc., propose à la France son secret: il se servait d'un emporte-pièce qui, au moyen d'une presse, taillait uniformément et d'une seule coupe douze habits, etc. L'invention eût été merveilleuse, à raison de l'urgence des besoins, de la symétrie et de l'économie du travail; mais le tailleur attaché au ministère, et connu sous le titre d'expert, fit un rapport constatant que cette machine qu'il avait été voir fonctionner n'était pas d'un bon usage. Cet expert a avoué à la personne qui rédige le présent article que si cet emporte-pièce avait été adopté, *cela eût fait un tort irréparable aux tailleurs qui gagnent leur vie à couper.* — On voit combien le mieux est un but difficile à atteindre et avec quelle malhabileté on le vise. — Nous sommes persuadés au contraire que les vêtements devraient être coupés au moyen de machines à vapeur, et qu'on en viendra là. — Sous les régimes consulaire et impérial, le laissez-aller ou l'indifférence sur cette partie régnaient plus qu'on ne le supposerait; ce ne fut que peu avant la fin de l'existence de la garde impériale qu'on essaya d'en venir à des épreuves sur la partie matérielle et le dispositif financier de son

uniforme. Pendant douze ans, ce corps, si dispendieux, si variable en tout, administré d'une manière si décousue, fut livré à lui-même quant à ses dépenses, et ne fut soumis à aucun contrôle positif, ou n'en fut passif que dérisoirement; comment y eût-on rien établi de fixe, puisqu'à Marengo, par aversion pour les modes autrichiennes, les grenadiers de la garde cousulaire portaient des habits dont les pans tombaient au milieu du gras de jambe, tandis qu'à Austerlitz, par goût pour les modes anglaises et prussiennes, l'infanterie de la garde impériale faisait usage d'habits dont les pans tombaient à quatre pouces au-dessus du jarret? — Si, dans la durée de temps compris entre ces époques, la longueur de l'habit avait varié entre quarante et quarante-huit pouces, c'était du plus au moins une différence de dépense égale à quinze pour cent, et pourtant, malgré la différence de la mode, il ne s'était introduit aucune différence dans les règles écrites, aucun allégement dans les dépenses censées autorisées. — Les effets d'habillement se confectionnaient chaque jour d'une manière plus parcimonieuse; par une circulaire de l'an douze (14 floréal), le ministre Dejean cherchait à y remédier en recommandant *d'étrangler un peu moins les soldats dans leurs vêtements.* — Son successeur, M. le ministre Lacuée, connaissait ce vice de l'Habillement; mais, revêtu du pouvoir qui accordait des quantités d'étoffes sans être investi du droit qui en réglait la confection comme forme d'effets, il opérait dans le vague, puisque le choix et la détermination des formes étaient indépendants de lui. Il n'en cherchait pas moins à y remédier, mais c'était par des contre-sens que ses bureaux y travaillaient; ainsi, le directoire d'habillement, au lieu d'exiger que les hommes fussent vêtus convenablement à raison de patrons officiels mis d'accord avec les quantités d'étoffes régulièrement accordées, travailla à restreindre successivement les prestations en proportion de l'amoindrissement des effets plus étriqués chaque jour par les économies des corps; c'était une sorte de condescendance tacite par rapport à des variations arbitraires et à des modes ridicules. On aurait dit qu'il y avait une gageure entre le directeur-ministre et les capitaines d'habillement ou adjudants-majors d'habillement. C'était à qui ou de ces officiers ou de l'autorité rognerait plus habilement; mais, dans cette espèce de course, M. de Cessac eut beau faire, il ne put gagner de vitesse des concurrents plus ingambes; l'armée eût fini par être habillée comme le sont les chiens qui dansent. — En 1811, les CHEFS DE CORPS portèrent plainte à BONAPARTE et au ministre CLARKE; ils ne recevaient plus suffisamment d'étoffes pour habiller leur troupe. L'harmonie entre le MINISTRE DE LA GUERRE et le MINISTRE-DIRECTEUR en fut troublée. Les choses en vinrent au point que, en juillet, l'empereur entreprit de les départager en faisant rédiger un projet de RÈGLEMENT conforme à des MODÈLES déterminés; il en résulta un travail approfondi, immense, et des recherches curieuses et neuves sur la TAILLE MILITAIRE ramenée arithmétiquement et avec précision à un terme commun et légal par chaque ARME; mais ce fut un résultat sans fruit, comme le témoigne l'article qui traite de l'UNIFORME en général; tout ce qui provint de travaux considérables auxquels coopérèrent le peintre Carle Vernet, son gendre et de très-habiles dessinateurs, se réduisit à la promulgation du DÉCRET DE 1812 (19 JANVIER), etc. Les difficultés et les orages de l'époque s'opposèrent à des publications plus complètes. — En 1815, le ministre FELTRE prit à cœur de mener à bien l'entreprise tentée par ses ordres en 1811; le même officier supérieur (1818, B), qu'il avait mis en œuvre sous le régime impérial, fut chargé de faire revivre et d'approprier au temps nouveau l'ancien travail; trois volumes grand in-folio furent rédigés, soixante et dix planches furent gravées au dépôt de la guerre; quatre d'entre elles offraient une délinéation méthodique et légale des COUPES, c'est-à-dire qu'elles représentaient des PIÈCES D'ÉTOFFES où était figurée de la manière la plus étudiée la disposition suivant laquelle devait être tracée et coupée la moindre partie des moindres EFFETS D'HABILLEMENT; c'était un résultat concordant au travail général sur les TAILLES légales des militaires. Une DÉCISION DE 1817 (5 SEPTEMBRE) prescrivait l'envoi du règlement aux corps. Le MINISTRE qui succéda au duc de FELTRE décida qu'il fallait réduire à sa plus simple expression ce document qui était presque en totalité imprimé, c'est-à-dire que, feuilles imprimées, feuilles gravées, tout fut mis au pilon. Six ans de travaux opiniâtres et une dépense de plusieurs cent mille francs furent perdus. — D'importantes recherches propres à abréger le travail manuel des TAILLEURS restaient à faire, telles que l'art de tracer mécaniquement et à la fois une ligne de COUPES sur une certaine quantité de PIÈCES D'ÉTOFFE. Ce secret est mentionné dans le *Journal des travaux de l'académie de l'industrie* (t. v, p. 248). — Mais cette simplification de travail au moyen d'un même mouvement de manivelle serait de peu d'intérêt, comparée à un découpoir mû par la puissance d'une presse, et taillant rapidement et à la fois un nombre d'EFFETS D'HABILLEMENT; nous avons parlé de cet ingénieux procédé anglais resté sans application.—Voici maintenant quelques aperçus relatifs aux usages reçus, aux principes consacrés. — L'Habillement se divise en EFFETS de diverses formes, MATIÈRES et COULEURS; il varie par des ATTRIBUTS, des CHEVRONS, des COLLETS, des PAREMENTS, des REVERS, des RETROUSSIS, des GALONS, des TRESSES, des BRODERIES; une partie de ces objets a été, suivant les temps et la mode, ou de la couleur du fond, ou d'une COULEUR différente. — Les FAÇONS D'HABILLEMENT sont conformes aux MODÈLES et aux DEVIS et réglées sur des TARIFS. — Les BESOINS d'Habillement, à mesure qu'ils se font sentir dans les CORPS, sont énoncés sur des ÉTATS *ad hoc*. — L'Habillement est fourni au moyen d'ACHATS D'ÉTOFFES et de MARCHÉS de fabrication; celui de la GARDE et de la LIGNE différaient considérablement (et c'est un grand vice) par le prix, les accessoires, l'espèce des ÉTOFFES, le salaire accordé pour les FAÇONS, les MARQUES DISTINCTIVES, etc. — De sages décisions avaient réglé que l'HABILLEMENT D'OFFICIER ne doit différer de celui de la TROUPE que par la qualité des ÉTOFFES et les MARQUES DISTINCTIVES; ces principes ont été trop fréquemment transgressés; ainsi, il s'en est éloigné par la longueur des PANS, la COUPE de la REDINGOTE, l'usage du FRAC, la tolérance du GRAND COLLET OU PETIT MANTEAU, etc., les dimensions des BOUTONS D'UNIFORME, etc. — Le RÈGLEMENT DE 1815 (25 SEPTEMBRE) voulait que sa COUPE, ses dimensions, ses proportions, ses MARQUES DISTINCTIVES fussent semblables à celles de l'ARME correspondante dans la LIGNE. La CIRCULAIRE DE 1815 (19 ocTOBRE) s'étendait sur quelques-unes de ces dispositions. — Tous les MINISTRES DE LA GUERRE ont pris le contre-pied de cette mesure jusqu'à l'époque où le duc de BELLUNE a au contraire assimilé à l'Habillement de la GARDE celui de la LIGNE. — C'était à peu près la consécration de cette formule : Asseyons l'unité, non sur ce qu'il y a de moins dispendieux, mais de plus à la mode, n'importe le prix. — L'Habillement confectionné est visité, pièce à pièce, en présence du MAITRE TAILLEUR, par le CAPITAINE D'HABILLEMENT, et déposé par genre d'EFFETS dans le MAGASIN du CORPS. — L'Habillement est l'objet d'une COMPTABILITÉ EN NATURE et EN DENIERS; il se calcule financièrement par JOURNÉES DE PRÉSENCE; les EFFETS non délivrés ou non usés ne sauraient être l'objet d'aucun décompte; les bénéfices de gestion, s'il en était obtenu, ne doivent tourner qu'au profit de l'Etat. — Le CAPITAINE D'HA-BILLEMENT et les CAPITAINES des COMPAGNIES tiennent enregistrement des DISTRIBUTIONS.— Le REMPLACEMENT des EFFETS D'HABILLEMENT a lieu à la diligence du MINISTRE DE LA GUERRE; il l'ordonne à raison de la DURÉE légale, c'est-à-dire de la CONSOMMATION supposée; mais la délivrance dans l'intérieur du corps n'a lieu qu'à raison de la CONSOMMATION vraie, ce qui peut donner des bénéfices en TEMPS DE PAIX, et pourrait au contraire né-cessiter un renouvellement extraordinaire et plus dispendieux en TEMPS DE GUERRE. — L'Habillement est timbré de MARQUES indi-catives de l'époque de la délivrance, du CORPS qui livre l'EFFET et de l'HOMME qui le perçoit.— Quelquefois les CONFECTIONS d'Ha-billement ont lieu à raison de trois TAILLES, et ce mode convient et suffit; quelquefois le MAITRE TAILLEUR prend mesure; mais cela entraîne une complication qui donne plus d'embarras qu'elle n'a d'utilité. — Dans aucun cas, l'Habillement n'est délivré qu'a-près avoir été essayé en présence des OFFI-CIERS DE DÉTAILS. — Les RÉPARATIONS géné-rales commencent aussitôt la délivrance des EFFETS neufs; quant aux PETITES RÉPARATIONS, une disposition peu exécutable voulait que l'HOMME DE TROUPE en soit chargé lui-même ou qu'un ouvrier y soit employé dans la COMPAGNIE; ce dernier moyen est seul bon; chaque COMPAGNIE doit avoir indispensable-ment son ouvrier qui répare les EFFETS des hommes sous la direction du FOURRIER. — Les REVUES et les INSPECTIONS ont toujours eu pour objet l'examen et l'entretien de l'Habillement; par les mêmes motifs, l'Ha-billement des hommes qui obtiennent un CONGÉ LIMITÉ doit être visité avant leur dé-part. — Les RÈGLEMENTS de POLICE voulaient que l'Habillement fût examiné en détail tous les SAMEDIS, et qu'il en fût passé une REVUE spéciale deux fois l'an. Ils prescrivaient le placement de toutes les parties de l'Habille-ment de la troupe dans l'intérieur des CHAM-BRES DE SOLDATS; ils indiquaient les procédés relatifs au BLANCHIMENT et les méthodes pro-pres à l'ENTRETIEN; ils interdisaient l'usage de tout HABILLEMENT BOURGEOIS, de tous VÊ-TEMENTS d'emprunt; ils établissaient qu'il en serait périodiquement dressé un compte-rendu ou état de situation. Ils se sont oc-cupés de l'ACHAT illicite des EFFETS D'HABIL-LEMENT des HOMMES DE TROUPE. — L'ordon-nance de 1768 (1er mai) défendait aux OF-FICIERS de quitter l'UNIFORME tant qu'ils font partie de la GARNISON où réside leur corps; il y a quarante ans que cette disposition non rapportée a cessé d'être observée. — Les

FONCTIONNAIRES DE L'INTENDANCE s'assurent si les REMPLACEMENTS D'HABILLEMENT ont lieu aux époques voulues, et ils ont la surveil-lance habituelle de l'ADMINISTRATION de cette partie; cette surveillance a un effet prépa-ratoire par rapport aux examens que les INSPECTEURS GÉNÉRAUX D'ARMES doivent pas-ser. — Ces INSPECTEURS sont chargés d'exa-miner l'HABILLEMENT EN SERVICE, EN MAGASIN, EN MATIÈRES, sous le point de vue financier et par rapport à l'uniformité, à l'exécution des règlements et aux DÉPENSES DE LUXE. — Dans l'argot administratif des régiments: FAIRE SAUTER UN HABILLEMENT, comme le dit M. BALLYET (1817, D, p. 254), c'était le faire économiquement parvenir à une DURÉE double de celle qui lui était assignée par la loi, et faire tourner cette différence au pro-fit, ou de l'Etat, ou du CORPS, ou, quelque-fois, des personnages administrant. — Les MILICES ÉTRANGÈRES manquent, ainsi que la nôtre, de rescrits ou d'ORDONNANCES qui rè-glent l'Habillement sur un système large et fondamental. Mais du moins des habitudes respectées leur tiennent lieu de principes, tandis que notre LÉGISLATION, sans cesse déso-béie, varie, pour ainsi dire, d'année en année, d'ARMÉE à ARMÉE.— L'armée de FRÉDÉRIC DEUX renouvelait tous les ans son Habillement; mais cela tenait à la défectueuse qualité des ÉTOFFES. — En ANGLETERRE les COLONELS sont les ENTREPRENEURS de l'Habillement de leurs CORPS; la dépense en est excessive et le re-nouvellement trop fréquent. — RUMFORD, étant ministre de la guerre à Munich, avait fait tailler des PATRONS de fer-blanc comme types officiels de l'Habillement. C'était l'A, B, C d'une science qui a plutôt reculé qu'a-vancé. — La MILICE AUTRICHIENNE avait et a encore l'Habillement le plus économique et le plus semblable à lui-même. — La MILICE PRUSSIENNE s'est vêtue à la RUSSE. Les MILICES RUSSE et POLONAISE ont puisé en FRANCE tout ce qu'il leur a été possible d'y recueillir comme principes, règles, dessins, disposi-tions officielles, etc. De ces échanges et de ces communications commencent à résulter quel-ques modes plus sensées. — En 1831 (jan-vier), un rassemblement tumultueux de gar-çons tailleurs se transporte en un atelier du faubourg Saint-Germain, à Paris, pour y briser violemment les machines à couture employées à la confection de l'Habillement militaire, mais leur projet avorte: cette cu-rieuse et ingénieuse machine venait d'être inventée à Saint-Etienne par un simple ou-vrier. — Tirons de là deux inductions: que l'ancien et fatal esprit qui repousse les per-fectionnements n'est pas éteint; que le MI-NISTÈRE DE LA GUERRE, mieux avisé que par le passé, conçoit l'importance du secours des machines pour le confectionnement des choses d'UNIFORME. — Mais voici l'ombre au tableau : le COSTUME donné en 1831 aux RÉGIMENTS DE LANCIERS est tel, qu'ils en sont réduits à mettre leur argent et leur tabatière dans leur giberne, leur mouchoir et leur correspondance dans leur bonnet, leur pipe dans les fontes. — En 1832 (25 JANVIER et 25 FÉVRIER) des CIRCULAIRES prescrivent de nouvelles règles sur l'Habillement. — Un PERSONNEL d'AGENTS et de COMMIS de l'Habillement a été créé en même temps qu'un PERSONNEL du CAMPEMENT. — A l'exception d'ODIER (1824, E), qui s'est occupé des CONFECTIONS, DÉPENSES, DISTRIBUTIONS, DURÉES, MATIÈRES, REMPLACEMENT, RÉPARATIONS de l'Habillement, et d'un petit nombre d'autres ÉCRIVAINS, les AUTEURS qu'on peut consulter fournissent peu de renseignements profitables ; ces écrivains sont : BARDET (1740, A), BARDIN (1807, B ; 1809, B ; 1818, B), M. BERRIAT (1812, A ; 1825, F), BREZÉ (1779), BRIQUET (1761, H), CARRÉ (1785, E), M. le colonel CARRION (1824, A), CHENNEVIÈRES (1750, C), DALRYMPLE (1767), DANDRÉ-BARDON, DANIEL (1721, A), DELFOSSE, DESPAGNAC (1751, D), DHÉRICOURT (1756, G), ENCYCLOPÉDIE (1785, C), FUNDERFELDT (1693, D), GHEYN (1608, A), GIFFART (1596, F), GUIBERT (1773, E), LACHESNAIE (1758, I), LAPORTERIE, LECOUTURIER (1825, A), LESSAC (1789, E), MALLIOT, MAURICE DE SAXE (1757, A), MONDESIR (1781, C), MONTIGNY (1772, I), ODIER (1818, E ; 1824, E), M. PLANCHE, SAINT-GERMAIN (1779, C), M. SICARD, SINCLAIRE (1773, L), TURPIN (1783, O) ; M. VAUCHELLE, M. le général VAUDONCOURT (1825, D), WIMPFEN (1780, A), le *Spectateur militaire* (t. VII, p. 154), le *Journal de l'Armée* (t. III, p. 205), l'*Encyclopédie des Gens du monde* (au mot *Costume*).

HABILLEMENT BOURGEOIS. V. BOURGEOIS, adj. V. EFFET DE RECRUE. V. ÉPÉE. V. HABILLEMENT. V. SOLERET.

HABILLEMENT de CAVALERIE. V. CAVALERIE. V. CAVALERIE FRANÇAISE N° 5. V. CHASSEUR A CHEVAL. V. DRAGON FRANÇAIS N° 4. V. HUSSARD N° 4, 5. V. LANCIER.

HABILLEMENT de CHIRURGIEN. V. CHIRURGIEN. V. COLLET D'HABILLEMENT DE CHIRURGIEN.

HABILLEMENT de CLAIRON. V. CLAIRON. V. CLAIRON IDIOPLIQUE.

HABILLEMENT de COLONEL. V. COLONEL. V. COLONEL D'INFANTERIE FRANÇAISE DE LIGNE N° 5.

HABILLEMENT de CONDAMNÉ. V. CONDAMNÉ. V. CONDAMNÉ AU BOULET. V. CONDAMNÉ

AUX TRAVAUX. V. CONDAMNÉ POUR DÉSERTION. V. FEUILLE DE JOURNÉE DE COMPAGNIE.

HABILLEMENT de CONGÉDIÉ. V. CONGÉDIÉ.

HABILLEMENT de CORPS. V. COMPTABILITÉ EN NATURE. V. CORPS. V. CORPS RÉGIMENTAIRE. V. HABILLEMENT. V. QUARTIER-MAITRE D'INFANTERIE FRANÇAISE DE LIGNE N° 2.

HABILLEMENT de DÉCÉDÉ. V. DÉCÉDÉ. V. EFFET DE DÉCÉDÉ.

HABILLEMENT de DÉSERTEUR. V. DÉSERTEUR. V. EFFET DE DÉSERTEUR. V. PREMIÈRE MISE D'HABILLEMENT.

HABILLEMENT de DÉTACHEMENT. V. DÉTACHEMENT. V. DÉTACHEMENT ADMINISTRATIF.

HABILLEMENT de DRAGON. V. DRAGON. V. DRAGON FRANÇAIS N° 4.

HABILLEMENT de GARDE ROYALE. V. HABILLEMENT. V. GARDE ROYALE N° 3, 4. V. INFANTERIE FRANÇAISE DE GARDE ROYALE N° 2.

HABILLEMENT de GUERRE. V. GUERRE. V. SAYON.

HABILLEMENT de MAILLES. V. MAILLE, subs. fém.

HABILLEMENT de MARÉCHAL DE FRANCE. V. LÉGISLATION, 1816 (14 AOUT). V. MARÉCHAL DE FRANCE N° 5.

HABILLEMENT de MUSICIEN. V. MUSICIEN. V. MUSICIEN N° 4.

HABILLEMENT de REMPLAÇANT. V. REMPLAÇANT MILITAIRE. V. REMPLACEMENT D'ENROLÉ.

HABILLEMENT de SOUS-OFFICIER. V. SOUS-OFFICIER ; id. N° 5.

HABILLEMENT de TÊTE. V. SALADE. V. TÊTE.

HABILLEMENT de TRAVAILLEUR. V. EFFET DE TRAVAILLEUR. V. TRAVAILLEUR.

HABILLEMENT d'ENFANT DE TROUPE. V. ENFANT DE TROUPE.

HABILLEMENT d'ENFANT D'HOMME DE TROUPE. V. ENFANT D'HOMME DE TROUPE N° 4. V. MASSE D'ENTRETIEN.

HABILLEMENT d'HOMME DE TROUPE. V. HABILLEMENT. V. HOMME DE TROUPE. V. LIVRE DE COMPAGNIE. V. MASSE D'ENTRETIEN. V. MASSE D'HABILLEMENT. V. MILICE ANGLAISE N° 4. V. MILICE ESPAGNOLE N° 11. V. MILICE PRUSSIENNE N° 10. V. OFFICIER DE SEMAINE. V. ORDINAIRE DES GUERRES. V. PAYE. V. PENSION DE RETRAITE. V. RETENUE. V. REVUE D'INSPECTEUR GÉNÉRAL. V. SOUS-INSPECTION. V. TRAVESTISSEMENT.

HABILLEMENT d'HOMME EN CONGÉ. V. HABILLEMENT. V. HOMME EN CONGÉ. V. SEMESTRE D'HOMME DE TROUPE.

HABILLEMENT d'INFANTERIE. V. INFANTERIE FRANÇAISE N° 5.

HABILLEMENT d'INFANTERIE FRANÇAISE DE LIGNE. V. COMPAGNIE D'INFANTERIE FRANçaise de ligne n° 6. v. confection d'effets d'habillement. v. corps royal. v. couleur d'habillement. v. fourrier d'infanterie française de ligne n° 13. v. habillement. v. infanterie française de ligne. v. officier de section.

HABILLEMENT d'infanterie franco-suisse. v. capitaine d'habillement d'infanterie franco-suisse. v. infanterie franco-suisse.

HABILLEMENT d'officier. v. bouton d'habillement. v. drap de troupe. v. effet d'habillement. v. effet d'habillement d'officier. v. habillement. v. masse d'habillement. v. officier. v. officier d'infanterie française. v. redingote. v. retenue sur appointements.

HABILLEMENT d'officier général. v. législation, 1816 (14 aout). v. officier général.

HABILLEMENT d'ordonnance. v. habillement. v. ordonnance.

HABILLEMENT d'uniforme. v. budget. v. cadis. v. capote de troupe. v. commissaire des guerres n° 3. v. fourreau de baionnette. v. habillement. v. habit. v. infanterie n° 5. v. milice turco-égyptienne. v. milice wurtembergeoise n° 3. v. ministre de la guerre, en 1662. v. sergent d'infanterie française de ligne n° 4. v. solde. v. uniforme.

HABILLEMENT idioplique. v. armement d'uniforme. v. habillement. v. idioplique. v. légion de François premier.

HABILLEMENT militaire. v. habillement. v. milice espagnole n° 4. v. militaire, adj. v. effet d'ouvriers. v. tricot.

HABILLEMENT piémontais. v. milice piémontaise n° 3, 4. v. piémontais, adj.

HABILLEMENT romain. v. milice romaine n° 2. v. romain, adj.

HABILLEMENT turco-égyptien. v. milice turco-égyptienne. v. turco-égyptien, adj.

HABIT, subs. masc. v. agrafe d'h... v. basque d'h... v. bouton d'h... v. boutonnière d'h... v. broderie d'h... v. brosse a h... v. carre d'h... v. collet d'h... v. corps d'h... v. coupe d'h... v. devant d'h... v. dos d'h... v. doublure d'h... v. droite d'h... v. emmanchure d'h... v. étui d'h... v. fond d'h... v. galon d'h... v. gauche d'h... v. grand h... v. manche d'h... v. mesure d'h... v. paire d'h... v. pan d'h... v. parement d'h... v. passe-poil d'h... v. poche d'h... v. quartier d'h... v. retroussis d'h... v. revers d'h... v. taille d'h...

HABIT (B, 1), ou habit d'uniforme, ou habit militaire, ou habit uniforme, ou justaucorps, ou soubreveste. Le mot Habit a la

même étymologie que le mot habillement, ou en a été la racine. Il sera principalement examiné ici comme propre à l'infanterie française , comme porté surtout par les hommes de troupe et comme habit a basques. — Donnons cependant un aperçu de l'Habit à l'usage des princes ou des seigneurs dans les temps anciens ; cette recherche n'est pas sans intérêt, puisqu'autrefois être militaire, être en costume de guerre, être un grand personnage étaient même chose. — Le moine de Saint-Gall nous apprend que les Francs étaient vêtus d'une camisole ou d'une veste sous un manteau blanc ou bleu. Cette assertion a induit quelques écrivains à affirmer que nos couleurs nationales se rattachaient à ces couleurs portées par les Francs. — Les historiens ont appelé sayes, sayons, cuirées, jaques (*sagum*) le vêtement militaire des simples soldats de la Gaule et l'Habit des anciens Français. — Les habits longs ont été en usage parmi les chefs militaires et les familiers de la cour de nos rois ; depuis les descendants de Clovis jusqu'à la fin du moyen age , l'Habit de dessous se recouvrait de la chlamyde ; c'était une imitation du costume impérial byzantin ; mais, considéré comme militaire, un pareil vêtement était propre tout au plus aux revues, aux parades, aux cérémonies. Aussi le costume de fer était-il le véritable Habit de guerre des chefs de l'armée et des chevaliers. Les revues en robe supposaient le temps de paix et le costume de fer resté au logis. — Sous le règne de Louis neuf, la cotte se recouvrait du surcot. — Il se pourrait que les ordres de chevaleries régulières eussent introduit le premier usage des Habits d'uniforme, puisque les soldats ou les troupes tenus sur pied par certains ordres, tels que les templiers, étaient vêtus uniformément en noir. Si l'uniforme ne date pas de ces époques pour la généralité des troupes, il y avait du moins des corps qui le portaient. Les historiens que cite Velly à la date 1313, parlent du grand guet de Paris, qui, dans les fêtes données par Philippe quatre, faisait *la garde en Habit uniforme.* — Sous Charles cinq, les habits longs se couvrent d'armoiries, et sont quelquefois mi-partis, c'est-à-dire de deux couleurs, l'une à droite, l'autre à gauche ; ce prince y ajoute un collet d'hermine. — On portait cependant un habit court, un tabar à la campagne et à l'armée quand on n'y était pas fervestu (vêtu du costume de fer). Cet habit court était peut-être analogue au bliaud, au gocéon ou goléon, au habereau ou hobereau, au leste dont Roquefort fait mention, sans indiquer l'époque de l'usage ni l'espèce de ces trois derniers vêtements. — L'Habit uniformément adopté par les principales troupes régulières appartenait surtout à l'institution des compagnies d'ordonnance. Boillot, dont on imprimait les œuvres en 1598, donne l'image (planche 61) de l'uniforme de l'artillerie. N'en rapporter l'usage, comme on le fait, qu'à l'an 1665 ou 1668, est une erreur. Ce sont les couleurs tranchantes qui datent de ces époques. — De très-long qu'il était, l'Habit s'accourcissait extrêmement au commencement du règne de Louis onze. — Celui que les militaires de l'infanterie portaient garnissait les épaules et la moitié des bras; il s'appelait mahoître ou maheutre; de là vient qu'on disait indistinctement un maheutre ou un soldat, comme le témoignent Carré et Ménage. — Quitté sous Louis douze, l'habit court fut repris sous François premier; à l'imitation de ce prince, on le taillada à l'espagnole, on y ajouta un manteau qui ne passait pas la ceinture, un pourpoint fermé et serré, on l'accompagna d'un haut-de-chausses qu'on appela trousses de page. — Depuis le quatorzième siècle, l'Habit militaire s'appela buffle, chape, cotte, mantel, pelisson ou plisson, surcot. — Potiér (1780, X, au mot *Uniforme*) prétend que les premiers habillements d'uniforme parurent sous Louis treize, peu avant le siége de la Rochelle; en effet les troupes recevaient, par réquisitions frappées sur les villes, en 1622, 1647, 1655, des pourpoints longs, en forme de justaucorps, et de couleur grise, qu'on appelait une paire d'habits, parce que les bas-de-chausses en faisaient partie. Les auteurs sur lesquels s'appuie Potier (1780, X) se persuadent que c'est l'époque où l'on a quitté le corselet, et, par conséquent, où l'on a pris l'Habit; mais Puységur (1748, C) dit au contraire qu'on n'a quitté le corselet qu'en 1641. — L'uniforme proprement dit, c'est-à-dire à couleurs tranchantes officiellement réglées, fut donné, d'abord aux gardes du corps, puis aux gardes françaises; ils le reçurent en vertu d'ordonnances, de 1665 à 1668; ils portaient, dans la guerre de 1672, des justaucorps de drap de Vire ou de Châteaurenard; cette innovation de l'uniforme s'appliqua, mais lentement, à toutes les troupes. — Vandermeulen et autres peintres de batailles de ces époques nous montrent des corps d'infanterie ayant des habits de toute couleur, mais la veste et la culotte rouges. Or il faut remarquer que ce qu'on appelait alors l'Habit était, en réalité, un manteau à manches, et que c'était la veste qui était l'Habit d'uniforme. — La plupart des compilateurs n'ont rapporté l'usage de l'Habit qu'à la fin du règne de Louis quatorze, parce qu'ils n'observent pas qu'alors l'Habit ne s'appelait pas Habit. Bien plus anciennement, il y avait des habillements d'uniforme; ainsi, en 1653, le roi demanda à la ville de Paris *trois mille paires d'Habits* (c'est-à-dire d'habillements, y compris veste et culotte) en bure grise; il n'en fut fourni que moitié à neuf livres quinze sols le justaucorps et à deux livres douze sols le haut-de-chausses aussi en bure; il y avait cent habillements en serge rouge cramoisi, c'était probablement ceux des tambours. — Cette apparente confusion entre les expressions habillement et Habit vient de ce que tant qu'on a appelé justaucorps ou pourpoint ce que nous appelons Habit, on a appelé Habit ce que nous appelons habillement. — Sous Louis quatorze, l'Habit de troupe était fait comme le justaucorps bourgeois. — Feuquières (1750, A) se plaint de la quantité d'étoffe que ce vêtement consommait; il blâme l'ampleur de ses manches, la largeur de sa carre, le nombre des plis de ses basques; c'était une espèce de paletot d'une confection compliquée. — On a fait honneur à Louis quatorze de l'invention de l'habit d'uniforme; mais ce moyen distinctif était depuis longtemps en usage dans la milice suédoise. La brigade bleue et jaune de Gustave-Adolphe est célèbre, et elle dut son nom à son Habit. — Au commencement du dernier siècle, l'Habit des militaires français tombe droit sur les cuisses; ses quartiers arrivent à peu près au genou; ses vastes parements faits en bottes laissent à nu le poignet et montent jusqu'au coude, ils sont conformes au costume que les peintres donnent à Luxembourg et à Turenne; mais le poignet commençait à être moins découvert que du temps de Louis quatorze. — Jusqu'à la fin de la régence, comme l'atteste Potier (1779, X), qui en avait été contemporain, non-seulement les officiers des troupes de ligne, mais même les hommes de troupe, *faisaient leur service dans les places, et passaient la revue en Habits de ville. La licence, à cet égard, occasionnait des crimes et des abus de toute espèce.* Il n'y avait que les corps attachés à la maison dont les hommes de troupe eussent l'uniforme. — Depuis 1725 environ, le bliaud, ou casaque fendue verticalement par devant, se dégage peu à peu sur les genoux; ses manches s'allongent et s'étrécissent; ses quartiers de derrière s'agrafent à retroussis; enfin des revers garnissent le devant du corps de l'Habit dont on avait jusque-là entrevu la doublure. — Dans la première moitié du siècle passé, comme le témoigne Despagnac (1751, D), on appelait encore Habit ce que maintenant on appelle habillement ; ainsi, militairement parlant, l'Habit se composait du justaucorps, de la veste et de la culotte. — Depuis 1729 (10 mars), le justaucorps des officiers d'infanterie cessa de porter les broderies de luxe qui en formaient depuis longtemps les seules marques distinctives. Plusieurs officiers cependant, au mépris de cette ordonnance, continuèrent bien plus tard à porter l'Habit de ville. — Depuis l'ordonnance de 1756 (20 avril.), et surtout depuis le ministère de Dargenson, les mesures du justaucorps de soldats sont arrêtées à raison d'une taille moyenne ; sa longueur par devant devait être de trois pieds quatre pouces six lignes ; et, par derrière, il avait un pouce de moins ; les justaucorps étaient, pour ainsi dire, des redingotes courtes dont la partie inférieure était dégagée par des retroussis. — L'ordonnance de 1747 (19 janvier) voulait que la longueur du justaucorps se mesurât à un pouce de terre, l'homme étant à genoux ; cette mesure diminua progressivement. L'ordonnance du 1er juin même année traitait du même sujet. — L'ordonnance de 1748 (51 mars) est la première qui parle de l'habit uniforme ; jusque-là il n'avait été question que de justaucorps. Cette ordonnance témoignait combien était moderne l'usage de l'habit uniforme, et défendait aux fripiers d'en exposer en vente ni d'en garder. — L'ordonnance de 1762 (10 mars) donnait à toute l'infanterie de ligne l'habit blanc. — Le règlement de 1767 (25 avril) voulait que l'extrémité des basques tombât à trois pouces ou trois pouces et demi de terre, l'homme étant à genoux. Ces dispositions étaient renouvelées par le règlement de 1779 (21 février). Ce règlement accordait par Habit une aune et un tiers de drap, non compris les revers et les parements ; il voulait qu'il durât trois ans, ainsi que la veste ; il donnait à des Habits la poche en travers ou à patte d'oie ; à d'autres Habits, la poche en long ; les pattes simulées qui les représentaient à l'extérieur étaient de drap appliqué, garni de passe-poil, et cousu à la place correspondante à la vraie poche intérieure de toile. — L'habit-veste, donné par l'ordonnance de 1776, est supprimé per le règlement de 1779. — Depuis 1792, on s'écarte des règles sages qui avaient été posées par le conseil de la guerre, et l'on cesse de donner les mêmes formes aux Habits de l'infanterie légère et de l'infanterie de bataille. — Les corps belges au service de France prennent un Habit à poches en long et à revers finissant en pointes par le bas

au lieu de finir carrément. Cette mode, imitée par l'infanterie légère française, établit une des différences principales qui la distinguent de l'infanterie de bataille. — Plus tard, quelques corps légers ont même façonné leur habit à la polonaise avec des demi-retroussis et sans poches apparentes ; mais ces bigarrures, qu'il serait trop long de retracer, ne valent pas la peine qu'on s'y arrête. — Les revers, les pattes de parements, les collets, les retroussis, les pattes de poches, les boutons, les boutonnières ont été, suivant les temps, des moyens de distinguer les effets d'habillement portés par des armes ou des corps différents ; mais, touchant ces matières, les principes n'ont jamais été posés d'une manière fixe, ou n'ont jamais eu qu'une courte durée ; c'est une étude où il y a peu de profit et beaucoup d'aridité. — Depuis le consulat, il s'établit une grande dissemblance entre l'Habit de la garde et celui de l'infanterie de ligne ; celle-ci s'évertue à imiter les corps qui entourent le souverain ; et, de 1800 à 1811, les Habits vont s'écourtant et se dégageant progressivement ; chaque jour il y avait moins de proportion entre la quantité d'étoffes consommées, le taux des allocations légales et les calculs de l'utilité. — En 1812, le système de l'habit-veste reparaît ; il a quelque analogie avec celui qui avait été porté sous le ministère de Saint-Germain. — Avant la guerre de la révolution et depuis Dargenson, des séries de couleurs, disposées suivant certaines combinaisons, distinguaient des séries de régiments d'infanterie ; cette méthode avait disparu par l'adoption de l'Habit de la garde nationale et par l'abolition de l'habit blanc. En 1793 (septembre), cet Habit national, adopté et conservé par l'infanterie de bataille, appartenait à un système plus simple ; il a été, sauf de passagères exceptions, porté jusqu'à la restauration. — Avant la révolution la durée de l'habit de troupe était en général de trois ans ; maintenant la durée de l'habit des soldats d'infanterie est en général de deux ans. — Depuis la restauration, des règles d'une durée moindre se sont établies à l'égard des Habits des sous-officiers, du tambour-major, des fourriers, des adjudants, etc. — Depuis l'abolition du régime impérial, le mode des séries de couleurs a repris faveur. L'Habit blanc reparaissait en 1815 (25 septembre) ; il était abandonné en 1820. — En 1828, on se rapprochait de la simplicité de l'Habit républicain ; l'infanterie de bataille ne devait plus être distinguée que par une seule nuance : la garance, regardée comme couleur plus solide, mai

qui n'avait jamais été couleur nationale ;
elle ne sert pas à distinguer les régiments
entre eux, ce qui était une disposition utile ;
elle a été adoptée surtout en vue de différencier la ligne et la garde ; l'une et l'autre
ne différaient déjà que trop. — Une instruction de 1823 (5 février), relative aux colis,
a décidé qu'il entrerait quatre-vingts Habits
par balle ou ballot. — Les doublures, longtemps en cadis pour la troupe et en voile
pour l'officier, ne consistent plus qu'en des
portions de toile et en des retroussis de
drap à l'imitation des corps privilégiés. —
Pendant tout le dernier siècle, le bonnet de
police se confectionnait avec les vieux habits. Les usages moins économiques de nos
gardes de souverain et la nécessité des premières mises par grandes fournitures ont introduit d'autres régles. Les vieux habits ne
servent plus qu'aux réparations. — Les règlements de police prescrivent la manière
de tenir pliés et placés les Habits sur les
rayons des chambres de soldats ; mais cette
mesure a été modifiée par l'invention moderne des étuis d'habits. La décision de
1820 (15 décembre) et l'ordonnance de 1822
(8 mai) donnaient la poche en long à l'infanterie de bataille ; la patte a la soubise, ou
écusson a trois pointes, à l'infanterie légère. Depuis cette époque et le ministère
du duc de Bellune, l'Habit de la ligne a été
façonné de manière à cacher le gilet ; il ne
portait plus d'agrafes qu'au collet, il était
sans revers et de même forme que celui de
la garde et à pans aussi longs. — La décision
de 1854 (20 mars) notifiait aux troupes une
nouvelle coupe d'Habits pour toutes armes.
— Les parties de l'Habit s'appellent carre,
corps, droite, emmanchure, gauche, pans,
quartiers, etc. — Depuis la restauration,
chaque ministère s'est livré à l'invention
d'un uniforme. De 1815 à 1829, l'infanterie a changé six fois d'Habit. Cette insta-
bilité a occasionné de graves inconvénients.
Elle tenait en suspens le commerce, qui
n'osait jamais approvisionner ses magasins à
cause du peu de durée des usages ; elle occasionnait rareté, renchérissement, mécon-
tentement ; elle jetait en dépenses excessives
les officiers ; elle a eu pour résultats des
dégoûts, plus d'une démission, et la dé-
considération d'une autorité qui ne savait
ce qu'elle voulait ; inextricables calculs relatifs aux quantités d'étoffes voulues, et
aux opérations des remplacements ; renouvellement sans fin de devis longtemps
fautifs et devenant inutiles le jour où l'on
parvenait à les purger d'erreurs ; incertitudes sur la nomenclature propre à désigner des parties de l'habillement qui, à

peine adoptées, étaient abolies ; dépenses
considérables dont le trésor public était
grevé sans utilité, et tâtonnements d'un
budget toujours ténébreux s'il n'était men-
songer ; enfin incertitudes de l'administration, trouble de la comptabilité, bouleversements en fait de durées, infidélités en
fait de consommations. — Nos législateurs
et leurs conseillers ignoraient donc que le
moindre colifichet changé dans l'uniforme
entraîne des discussions, des conversations,
une correspondance sans fin ; ils ignoraient
quelle perte de temps en résulte pour les
commis, et combien il y a de papier gâché et
d'essais perdus ; ils ignoraient quel déluge
de critiques amères va saluer leur innovation jusqu'à ce qu'on s'y soit habitué pour
retomber dans un nouveau chaos, et marcher à de nouvelles bigarrures. — Ce n'était
donc pas assez d'avoir emprunté les bonnets
d'oursin aux soldats du Nord, le chapeau
démesuré des Russes, les brandebourgs des
Anglais, les épaulettes en drap des Prussiens, les épaulettes de capitaine des Espagnols, les enjolivements de l'uniforme polonais, le costume incommode et les fanfre-
luches dispendieuses des Hongrois, le casque
des Bavarois et des Autrichiens. Il fallait
que l'infanterie tournât dans un cercle vi-
cieux pour revenir tous les deux ou trois
ans au point d'où elle était partie. Le clergé,
la magistrature, les écoles publiques ont été
plus sages que l'armée ; ainsi les sandales, les
chaperons, les aumusses, les mortiers de
président, etc., etc., qui paraissent maintenant bizarres, sont les vestiges des habitudes
qui régnaient parmi tous les citoyens au
temps de la création des couvents, des écoles
publiques ou des cours de justice, tandis que
l'Habit militaire, livré aux caprices de la fri-
volité et aux métamorphoses de la mode, a
cessé continuellement de se ressembler à
lui-même ; il n'a presque jamais varié dans
des vues d'utilité ; et le trésor public s'é-
puise pour les dépenses folles et fausses que
l'entretien des troupes entraîne. — La diversité des couleurs était beaucoup moins
utile dans la cavalerie que dans l'infanterie, parce que les chevaux ne se trompent
pas de régiment ; cependant, depuis l'existence des régiments a cheval ou depuis deux
siècles, les hommes de cheval ont été bariolés
de mille manières ; aucune décision n'a osé
modifier le fond de ce système. — Pendant
la guerre de la révolution, l'unité de couleurs de l'infanterie était une des nécessités
de l'époque, et l'Habit, dépourvu de distinctions propres à différencier les corps à
pied, était une imperfection inévitable. —
La restauration avait ramené le système de

L'UNIFORME à DISTINCTION. Mais, en 1828, le CONSEIL SUPÉRIEUR DE LA GUERRE rétablissait la simplification des COULEURS de l'INFANTERIE, et ne leur laissait pour distinction que le BOUTON, sans que ce système s'appliquât à toute l'ARMÉE; il est vrai que, en TEMPS DE GUERRE, cette similitude de COSTUME facilite et rend moins ruineux les AMALGAMES; mais, en ce cas, le même parti aurait dû être pris à l'égard de toutes les ARMES. La puissance des priviléges s'y opposa. — La DÉCISION DE 1837 (12 JANVIER) faisait revivre la défense faite aux OFFICIERS de s'habiller, dans leur GARNISON, autrement qu'en UNIFORME. — Suivant les TEMPS et les règlements, les Habits d'HOMMES DE TROUPE ont été ou établis sur trois TAILLES ou faits sur MESURES prises; mais il est à observer que le mot TAILLE D'HABIT a une double acception, et signifie aussi corsage d'Habit. — Les AUTEURS chez lesquels on peut chercher quelques idées, quelques éclaircissements au sujet de l'Habit, sont : AUDOUIN, BARDIN (1818, B), BOHAN (1781, H), BOMBELLES (1746, A), DESPAGNAC (1751, D), ENCYCLOPÉDIE (1785, C), GIFFART (1696, A), LECOUTURIER (1825, A), MAIZEROY (1773, B), MAURICE DE SAXE (1757, A), MONTIGNY (1772, I), POTIER (1779, X), SERVAN (1780, B), le *Journal de l'Armée* (t. III, p. 168).

HABIT A BASQUES. V. A BASQUES. V. HABIT. V. PAN D'HABIT.

HABIT A BRODERIES. V. A BRODERIE. V. GÉNÉRAL FRANÇAIS Nº 3.

HABIT A ÉPAULETTE EN DRAP. V. A ÉPAULETTE. V. BOUTONNIÈRE D'ÉPAULETTE. V. ÉPAULETTE EN DRAP. V. MARQUE DISTINCTIVE.

HABIT A REVERS. V. A REVERS. V. BOUTONNIÈRE DE REVERS. V. COMPAGNIE SÉDENTAIRE. V. CORPS D'HABIT A REVERS. V. FRAC. V. GILET. V. INFANTERIE FRANCO-SUISSE DE GARDE ROYALE. V. MILICE DANOISE Nº 3. V. REVERS D'HABIT. V. MILICE PRUSSIENNE Nº 4. V. MILICE SIKE Nº 2.

HABIT AUTRICHIEN. V. AUTRICHIEN, adj. V. MILICE AUTRICHIENNE Nº 4.

HABIT BLANC. V. BLANC, adj. V. BLANC D'HABILLEMENT. V. BATAILLE Nº 5. V. GARDE DE PARIS. V. GUERRE DE 1792. V. INFANTERIE DE LÉGION DÉPARTEMENTALE.

HABIT BLEU. V. BLEU, adj. V. GARDES DU CORPS Nº 5.

HABIT COURT. V. COURT, adj. V. GUERRE DE 1792. V. HABIT. V. MILICE AUTRICHIENNE Nº 4. V. MILICE DANOISE Nº 3. V. MILICE SIKE Nº 2.

HABIT D'ADJUDANT DE PLACE. V. ADJUDANT DE PLACE Nº 3.

HABIT D'ADJUDANT D'INFANTERIE FRANÇAISE DE LIGNE. V. ADJUDANT D'INFANTERIE FRANÇAISE DE LIGNE Nº 7.

HABIT D'AIDE CHIRURGIEN Nº 1. V. AIDE CHIRURGIEN Nº 1. V. COLLET D'HABIT D'AIDE CHIRURGIEN.

HABIT D'AIDE DE CAMP. V. AIDE DE CAMP Nº 3.

HABIT DANOIS. V. DANOIS, adj. V. MILICE DANOISE Nº 3.

HABIT DE BAS OFFICIER. V. BAS OFFICIER.

HABIT DE CAPORAL. V. CAPORAL. V. CAPORAL D'INFANTERIE FRANÇAISE DE LIGNE Nº 6.

HABIT DE CAPORAL-TAMBOUR. V. CAPORAL-TAMBOUR.

HABIT DE CARABINIER D'INFANTERIE. V. BASQUE D'HABIT. V. CARABINIER D'INFANTERIE.

HABIT DE CAVALERIE. V. AIGUILLETTE. V. CAVALERIE. V. CAVALERIE FRANÇAISE Nº 5, 7. V. GUERRE DE 1792. V. HABIT. V. GUERRE DE 1756. V. OFFICIER DE CAVALERIE Nº 2.

HABIT DE CÉRÉMONIE. V. CÉRÉMONIE. V. GÉNÉRAL FRANÇAIS Nº 5. V. MARÉCHAL DE FRANCE Nº 5. V. OFFICIER GÉNÉRAL. V. TENUE.

HABIT DE CHASSEUR A CHEVAL. V. CHASSEUR A CHEVAL. V. COR DE CHASSE.

HABIT DE CHASSEUR A PIED. V. BATAILLON DE CHASSEURS. V. CHASSEUR A PIED.

HABIT DE CHASSEUR D'INFANTERIE. V. BATAILLON DE CHASSEURS. V. CHASSEUR D'INFANTERIE V. COR DE CHASSE.

HABIT DE CHEF DE MUSIQUE. V. CHEF DE MUSIQUE.

HABIT DE CHIRURGIEN. V. CHIRURGIEN-MAJOR DE CORPS Nº 4. V. COLLET D'HABIT DE CHIRURGIEN. V. SOUS-AIDE CHIRURGIEN.

HABIT DE CHIRURGIEN-MAJOR. V. CHIRURGIEN-MAJOR D'INFANTERIE FRANÇAISE DE LIGNE Nº 4.

HABIT DE COMMANDANT DE PLACE. V. COMMANDANT DE PLACE Nº 3.

HABIT DE COMMISSAIRE DES GUERRES. V. COMMISSAIRE DES GUERRES Nº 3. V. REVERS D'HABIT.

HABIT DE CORNET. V. CHEVRON DE LIVRÉE. V. CORNET. V. CORNET IDIOPIIQUE Nº 4.

HABIT DE CORPS D'INTENDANCE. V. CORPS D'INTENDANCE Nº 5.

HABIT DE DRAGON. V. DRAGON. V. DRAGON FRANÇAIS Nº 4.

HABIT DE FIFRE. V. FIFRE.

HABIT DE FOURRIER. V. FOURRIER. V. FOURRIER D'INFANTERIE FRANÇAISE DE LIGNE Nº 4.

HABIT DE FUSILIER DE GARDE ROYALE. V. BASQUE D'HABIT DE FUSILIER DE GARDE ROYALE. V. FUSILIER DE GARDE ROYALE.

HABIT DE FUSILIER D'INFANTERIE FRANÇAISE DE LIGNE. V. BASQUE D'HABIT DE FUSILIER DE LIGNE. V. FUSILIER D'INFANTERIE FRANÇAISE DE LIGNE.

HABIT DE GENDARMERIE. V. GENDARMERIE DE LA MAISON. V. GENDARMERIE DE POLICE Nº 3.

HABIT de GÉNÉRAL. V. BRODERIE D'HABIT. V. ÉTOILE D'ÉPAULETTE. V. GÉNÉRAL. V. GÉNÉRAL D'ARMÉE N° 7. V. GÉNÉRAL FRANÇAIS N° 3. V. LIEUTENANT GÉNÉRAL N° 4. V. MARÉCHAL DE CAMP N° 4.

HABIT de GRENADIER. V. BASQUE D'HABIT DE GRENADIER. V. GRENADE DE RETROUSSIS. V. GRENADIER. V. GRENADIER D'INFANTERIE FRANÇAISE DE LIGNE N° 4.

HABIT de LIVRÉE. V. HÉRAUT. V. LIVRÉE. V. TAMBOUR IDIOPLIQUE D'INFANTERIE FRANÇAISE N° 3.

HABIT de MAITRE OUVRIER. V. MAITRE OUVRIER N° 2.

HABIT de MOUSQUETAIRE. V. MOUSQUETAIRE. V. MOUSQUETAIRE DE LA GARDE.

HABIT de MUSICIEN. V. BASQUE D'HABIT. V. COLLET D'HABIT DE M... V. MUSICIEN. V. MUSICIEN N° 4.

HABIT de PETIT UNIFORME. V. GÉNÉRAL FRANÇAIS N° 3. V. MARÉCHAL DE FRANCE N° 5. V. OFFICIER GÉNÉRAL. V. PETIT UNIFORME. V. TENUE.

HABIT de SERGENT. V. SERGENT D'INFANTERIE FRANÇAISE DE LIGNE N° 4.

HABIT de SERGENT-MAJOR. V. SERGENT-MAJOR ; id. N° 5.

HABIT de SOLDAT. V. DRILLE. V. HABIT. V. SOLDAT.

HABIT de SOUS-INTENDANT. V. CORPS D'INTENDANCE. V. SOUS-INTENDANT N° 3.

HABIT de SOUS-OFFICIER. V. SOUS-OFFICIER ; id. N° 5, 11. V. MINISTRE DE LA GUERRE EN 1821.

HABIT de TAMBOUR. V. BASQUE D'... V. BOUTONNIÈRE D'... V. CHEVRON DE LIVRÉE. V. CLARINET. V. COLLET D'HABIT DE TAMBOUR. V. COLONEL D'INFANTERIE FRANÇAISE DE LIGNE N° 20. V. ÉCUSSON D'... V. TAMBOUR. V. TAMBOUR IDIOPLIQUE D'INFANTERIE FRANÇAISE N° 3, 7.

HABIT de TAMBOUR-MAJOR. V. BASQUE D'HABIT DE TAMBOUR-MAJOR. V. ÉCUSSON D'H... V. MINISTRE DE LA GUERRE 1821, (SEPTEMBRE). V. TAMBOUR-MAJOR ; id. N° 4.

HABIT de TENUE. V. GÉNÉRAL FRANÇAIS N° 3. V. MARÉCHAL DE FRANCE N° 5. V. OFFICIER GÉNÉRAL. V. TENUE.

HABIT de TROUPE. V. BASQUE D'HABIT DE TROUPE. V. BRIDE D'ÉPAULETTE. V. ÉPAULETTE D'H... V. HABIT. V. JUSTAUCORPS. V. MINISTRE DE LA GUERRE EN 1821 (SEPTEMBRE). V. TROUPE.

HABIT de VOLTIGEUR. V. BASQUE D'HABIT DE V.... V. COR DE CHASSE. V. VOLTIGEUR.

HABIT d'HOMME DE TROUPE. V. BASQUE D'HABIT D'HOMME DE TROUPE. V. CAVALERIE FRANÇAISE N° 5. V. CHEVRON D'ANCIENNETÉ. V. COULEUR D'HABILLEMENT. V. ÉPAULETTE DE CA-POTE. V. ÉPAULETTE D'HABIT D'HOMME DE TROUPE. V. HABIT. V. HOMME DE TROUPE ; id. N° 4. V. MARQUE DISTINCTIVE. V. MARTINGALE DE GIBERNE. V. MÉDAILLON. V. MINISTRE DE LA GUERRE EN 1761, 1821. V. RECRUE.

HABIT d'INFANTERIE DE BATAILLE. V. BOUTON DE DERRIÈRE. V. BOUTON DE DEVANT DE FRAC. V. BOUTON DE REVERS. V. BOUTON DE TAILLE D'HABIT. V. BOUTON D'HABIT. V. COLLET D'HABIT D'INFANTERIE. V. ÉTOFFE. V. INFANTERIE DE BATAILLLE.

HABIT d'INFANTERIE DE GARDE IMPÉRIALE. V. COULEUR NATIONALE. V. INFANTERIE DE GARDE IMPÉRIALE.

HABIT d'INFANTERIE DE GARDE ROYALE. V. BOUTON D'HABIT D'INFANTERIE. V. BOUTONNIÈRE DE PATTE DE PAREMENT. V. BOUTONNIÈRE D'HABIT D'INFANTERIE DE GARDE ROYALE. V. COULEUR NATIONALE. V. DEVANT D'HABIT D'INFANTERIE DE GARDE ROYALE. V. GARDE ROYALE N° 3. V. INFANTERIE DE GARDE ROYALE.

HABIT d'INFANTERIE DE LIGNE. V. BOTTE D'HABILLEMENT. V. COLLET D'HABIT D'INFANTERIE FRANÇAISE DE LIGNE. V. COLLET D'HABIT D'INFANTERIE DE BATAILLE DE LIGNE. V. DEVANT D'HABIT D'INFANTERIE FRANÇAISE DE LIGNE.

HABIT d'INFANTERIE FRANÇAISE. V. CHEVRON D'ANCIENNETÉ. V. COL D'ÉQUIPEMENT. V. DOS D'HABIT. V. DOUBLURE DE BASQUES. V. DOUBLURE D'HABIT. V. GARDES FRANÇAISES N° 3. V. INFANTERIE FRANÇAISE DE LIGNE N° 5.

HABIT d'INFANTERIE FRANCO-SUISSE. V. INFANTERIE FRANCO-SUISSE.

HABIT d'INFANTERIE FRANCO-SUISSE DE GARDE ROYALE. V. INFANTERIE FRANCO-SUISSE DE GARDE ROYALE.

HABIT d'INFANTERIE LÉGÈRE. V. BASQUE D'HABIT D'... V. COLLET D'HABIT D'... V. DERRIÈRE D'HABIT D'... V. INFANTERIE LÉGÈRE.

HABIT d'INSPECTEUR AUX REVUES. V. INSPECTEUR AUX REVUES.

HABIT d'INTENDANT. V. CORPS D'INTENDANCE N° 5. V. INTENDANT. V. INTENDANT MILITAIRE N° 1.

HABIT d'OFFICIER. V. ADJUDANT D'INFANTERIE FRANÇAISE DE LIGNE N° 7. V. BASQUE DE FRAC D'OFFICIER. V. BASQUE D'HABIT D'OFFICIER. V. BAUDRIER D'OFFICIER. V. BRODERIE D'HABIT. V. CEINTURON D'OFFICIER. V. CONTRE-ÉPAULETTE. V. DEUIL MILITAIRE. V. DOUBLURE D'HABIT. V. ÉPAULETTE D'OFFICIER. V. ÉPAULETTE DE CAPITAINE. V. FRAC. V. HABIT. V. HAUSSE-COL. V. MARQUES DISTINCTIVES. V. OFFICIER. V. OFFICIER D'INFANTERIE FRANÇAISE. V. OFFICIER FRANÇAIS N° 7. V. REDINGOTE D'OFFICIER. V. TENUE.

HABIT d'OFFICIER DE CAVALERIE. V. OFFICIER DE CAVALERIE N° 5.

HABIT d'OFFICIER DE SANTÉ. V. BOUTONNIÈRE D'HABIT D'OFFICIER DE SANTÉ. V. OFFICIER DE SANTÉ.

HABIT d'officier du génie. V. officier du génie n° 5.

HABIT d'ordonnance. V. habit. V. ordonnance.

HABIT d'uniforme. V. auteur militaire (1818, B). V. boutonnière d'habit. V. capote de troupe. V. cartel de guerre. V. casaque d'armes. V. chapeau a deux cornes. V. chevalerie régulière. V. cocarde. V. compagnie d'ordonnance n° 4. V. deuil. V. dos d'habit. V. écharpe militaire. V. école de Mars. V. gardes du corps n° 5. V. général français n° 5. V. habillement. V. habit. V. justaucorps. V. maison du roi n° 5. V. milice anglaise n° 4. V. milice néerlandaise n° 5. V. ministre de la guerre en 1821 (septembre). V. parement d'habillement. V. retroussis. V. revers. V. uniforme.

HABIT long. V. chevalier du moyen age n° 4. V. chlamyde. V. guerre de 1792. V. habit. V. infanterie de bataille n° 5. V. long, adj.

HABIT militaire. V. habit. V. militaire, adj. V. paletot.

HABIT piémontais. V. milice piémontaise n° 5. V. piémontais, adj.

HABIT polonais. V. milice polonaise n° 3. V. polonais, adj. V. passe-poil.

HABIT retourné. V. caporal d'infanterie française de ligne n° 16. V. milice anglaise n° 10. V. retourné.

HABIT sans revers. V. boutonnière de devant d'... V. corps d'habit sans revers. V. frac. V. garde royale n° 5. V. gardes françaises n° 5. V. infanterie française de ligne; id. n° 5. V. milice danoise n° 5. V. milice prussienne n° 4. V. revers. V. sans revers. V. tambour d'infanterie française.

HABIT turc.

HABIT turco-égyptien. V. milice turco-égyptienne n° 5.

HABIT uniforme. V. habit. V. uniforme, adj.

HABIT vert. V. légion départementale. V. vert.

HABIT veste. V. cavalerie française n° 5. V. habit. V. homme de troupe. V. infanterie de bataille n° 5. V. milice anglaise n° 4. V. milice autrichienne n° 4. V. milice danoise n° 5. V. milice hellénique. V. milice portugaise n° 3. V. ministre de la guerre en 1775, en 1807. V. pupille n° 4. V. revers d'habit. V. veste.

HABITANT, subs. masc. V. administration d'armée. V. administration militaire. V. appel conscriptif. V. assassin. V. assiégé. V. autorités civiles. V. ban contre les dettes. V. ban d'arrivée a la garnison. V. ban d'arrivée au cantonnement. V. ban de dé-

part. V. ban de route. V. billet de logement. V. bombardement. V. bon ordre. V. bourgeois. V. camp romain. V. campement tactique. V. caserne. V. certificat de bien vivre. V. chauffage en route. V. chauffage en station. V. chevalerie d'affiliation n° 5. V. combustible de cuisine. V. commissaire des guerres n° 4. V. compagnie d'ordonnance n° 5. V. corps en route sur pied de paix. V. corvée d'habitant. V. cotte. V. départ de corps. V. dégat. V. dégradation de casernement. V. détachement de guerre. V. esplanade. V. étape. V. faire le dégat. V. gardes françaises n° 5. V. garnisaire. V. garnison. V. gendarme du moyen age n° 5. V. gite. V. guerre. V. hote. V. inhumation. V. justice militaire. V. langue française. V. logement de militaire. V. logement d'habitation. V. logement en route. V. maire de commune. V. maraudage. V. masse de linge et chaussure. V. marche en route. V. métateur. V. milice. V. milice chinoise n° 5. V. milice romaine n° 6, 10. V. milice wurtembergeoise n° 4. V. ministre de la guerre en 1824 (4 aout). V. officier de troupes légères. V. officier d'état-major de place. V. officier français n° 8. V. ordinaire d'homme de troupe. V. ordonnance officielle. V. otage. V. pas accéléré. V. paye. V. plainte d'habitant. V. prévot d'armée. V. prévot des bandes. V. prisonnier de guerre étranger. V. réforme. V. retraite céleustique. V. siége défensif. V. surprise. V. surprise de place. V. tabac. V. terrain fortificatoire. V. topographie. V. traitement de guerre. V. travail.

HABITANT de forteresse. V. forteresse. V. reddition de place. V. siége défensif. V. gouverneur de place assiégée. V. surprise.

HABITATION, subs. fém. V. casemate d'h... V. chambre d'h... V. lieu d'h... V. logement d'h... V. logement en route. V. quartier. V. quartier d'habitation.

HABITUEL, adj. V. batterie habituelle. V. prestation h...

HABOURJON, subs. masc. V. haubert.

HABRESAC, subs. masc. V. havresac.

HACE, subs. fém. V. hache.

HACHE, subs. fém. V. coup de h... V. dague de h... V. dé de h... V. douille de h... V. étui de h... V. fer de h... V. lame de h... V. manche de h... V. marteau de h... V. pic de h... V. pointe de h... V. porte-hache. V. tranchant de h...

HACHE (term. génér.). Ce mot vient du latin *aciatus*, changé dans la basse latinité en *accetta*, *acha*, *achia*, *actiatus*, *ascia*; il est resté dans l'italien *asce* et dans l'ANGLAIS ; *axe*. *Actiatus dicitur, quasi rescindens;* on l'appelle *actiatus* à cause de sa qualité tranchante. — Les LATINS nommaient aussi la hache, *acieris, bipennis, securis*. Celle des FAISCEAUX était leur principal instrument de SUPPLICE. — *Bipennis* signifiait surtout HACHE A DEUX TRANCHANTS, à ce que dit FESTUS. Il n'est pas improbable que *acieris* aura produit l'adjectif acéré, et qu'il est analogue au substantif ACIER. — ROQUEFORT donne comme synonymes usités au MOYEN AGE, les substantifs HACE, HAICHE, HAISCHE, HASCHE. Il y avait des haches à POINTE ou à PIC. Ce PIC s'appelait, suivant LACOMBE, *touyere, touyiere*. Il appelle DANOISE, HACHE DE CRÈQUE, ou LORROISE, la HACHE D'ARMES. — La hache a de tout temps été une ARME DE GUERRE. C'est dans ce sens qu'elle a produit les diminutifs HACHERAU, HACHEREAU et les verbes HACHER, HACHIER; elle n'est plus appliquée aux usages de la guerre que dans la MARINE; elle n'est plus pour les TROUPES DE TERRE qu'un instrument de PARADE, une MARQUE DISTINCTIVE ou un OUTIL DE CAMPAGNE; elle est restée au nombre des MEUBLES DE BLASON, sous les noms de DOLOIRE, de Hache consulaire et de HACHE D'ARMES. GANEAU regarde Hache et ses dérivés comme provenus du FLAMAND *haccken* ou de l'ALLEMAND *hacchen*, nom d'une hallebarde ou fer de hache d'une haquebute. — Le mot sera distingué ici en HACHE A DEUX TRANCHANTS, — D'ABORDAGE, — D'ARMEMENT, — DE CAMPEMENT, — DE DISTINCTION, — DE GRENADIER, — DE SAPEUR.

HACHE A DEUX TRANCHANTS. V. A DEUX TRANCHANTS. V. BESAIGUE. V. FRANCISQUE. V. GUISARME. V. HACHE.

HACHE D'ABORDAGE (F). Sorte de HACHE qui a d'un côté un TRANCHANT et de l'autre un PIC; elle est au nombre des ARMES D'ABORDAGE dont les ARMÉES NAVALES font usage; il en est tenu en réserve sur les BATIMENTS de la MARINE.

HACHE DANOISE. V. HACHE. V. HALLEBARDE.

HACHE D'ARMEMENT (F). Sorte de HACHE dont le nom pourrait être regardé comme synonyme de HACHE D'ARMES, mais cette dernière rappelle plutôt les usages des CHEVALIERS et le PIEUCHON des HOMMES DE PIED; elle succède, au onzième siècle, à la simple hache et commence à être accompagnée d'une dague; elle appartenait surtout aux GENS D'ARMES du MOYEN AGE et à leur CAVALERIE légère; elle était représentée dans certains symboles ou MEUBLES DE BLASON, et dans l'ancien emblème de la DIGNITÉ des MARÉCHAUX DE FRANCE. — La Hache d'armement a fait partie des ARMES TRANCHANTES ou POURFENDANTES depuis les premiers temps historiques jusqu'à nos jours; elle différait de la hache de travail en ce que du côté opposé au TRANCHANT elle était armée ou d'une pointe de fer nommée PIC ou d'un demicroissant à TRANCHANT effilé; quelques Haches avaient le MANCHE en fer. — PLINE attribue l'invention de la Hache, nommée *securis*, à l'amazone Pantasilée. — On lit dans VIRGILE que l'amazone Tarpéia ne se battait qu'à coups de Hache.

Et œratum quatiens Tarpeia securim.

C'est la hache à la main que Tarpéie combat.

SIDONIUS appelle *securis* la Hache des Gaulois. LEBRETON donne encore le même nom à la Hache du treizième siècle. — Chez les anciens GERMAINS la hache figurait dans la cérémonie de l'AFFILIATION. — La Hache des FRANCS ou la BÉSAIGUE (*bisacuta*) était à deux tranchants. La francisque avec laquelle CLOVIS disciplinait les complices de ses brigandages, rappelle des faits bien connus. — Celles de la milice française, au temps où régnait Thierry, roi de Bourgogne, était à MANCHE très-court; les guerriers la lançaient sur l'ENNEMI avant d'en VENIR AUX MAINS. — Au MOYEN AGE les HACHES de la MILICE FRANÇAISE se nommaient DOLOIRES, HARBOLES, BECS DE CORBIN, BRANCS, GUISARMES, PAFFUS, suivant CARPENTIER; PIEUCHONS (petites pioches) suivant M. ROQUEFORT. — A Hastings l'infanterie anglaise de bataille combat à coups de Hache. — Dans la CROISADE DE 1096, un seigneur Guillaume de Melun était surnommé le Charpentier à cause de sa dextérité à occire ses ENNEMIS à COUPS DE HACHE. Cette circonstance témoigne que l'usage de lancer cette arme avait cessé; la main s'en servait sans s'en dessaisir. — Les Haches DANOISES (*daga, dacæ*) étaient surtout en grande réputation; elles étaient à pointes nommées DAGUES. — VELLY nous montre la Hache d'armes en grand usage sous LOUIS HUIT et CHARLES SIX. — M. de Barante explique, à la date 1447, que des COMBATTANTS tenaient la Hache par le milieu du MANCHE, tantôt frappant du TAILLANT, tantôt de l'autre bout du manche, tâchant d'introduire la pointe de métal qui y servait de talon, dans la VISIÈRE de l'ENNEMI. C'était aussi pour blesser le visage, à travers les ouvertures du MASQUE, que des LAMES de Haches étaient à PIC. — Il fut un temps où les ARCHERS A PIED de certaines milices étaient porteurs d'une Hache — WILLEMIN donne l'image des Haches en usage au quinzième siècle. PAUL JOVE appelle Haches les HALLEBARDES à DAGUES dont se servaient les SUISSES au service de FRANCE. — LES COMPAGNIES DE GENTILSHOMMES AU BEC DE CORBIN ont été, en FRANCE, les dernières TROUPES DE TERRE qui aient conservé la Hache. — On peut consulter à l'égard des HACHES, AUDOUIN, BARDIN (1818, B), BÉNETON (1742), CARRÉ (1785, E), DANIEL, ENCYCLOPÉDIE (1785, C), GAYA (1678), GORTZMAN, LACHESNAIE (aux mots *Armement, Composition, Francisque, Hache*), MAIZEROY (1775), POTIER (1779, X), RAY DE SAINT-GENIES, ROBINSON, M. WILKINSON, l'*Encyclopédie du dix-neuvième siècle*, au mot *Arme*.

HACHE D'ARMES. V. AFFILIATION. V. ARBALÉTRIER. V. ARME CONTONDANTE. V. ARME DE TRAIT. V. ARME POURFENDANTE. V. ARMES. V. BARBOLE. V. BEC DE CORBIN. V. BESAIGUE. V. CAVALERIE LÉGÈRE. V. CHEVALIER DU MOYEN AGE N° 4. V. COMPAGNIE DE GENTILSHOMMES AU BEC DE CORBIN. V. GENDARME DU MOYEN AGE N° 4, 7. V. GUISARME. V. HACHE D'ARMEMENT. V. HALLEBARDE. V. MARTIOBARBULE. V. MASQUE DE CASQUE. V. MILICE TURQUE N° 4. V. PAFFUS. V. PERTUISANE. V. SELLE DE CAVALERIE. V. SERPE D'ARMES. V. TAILLE OFFENSIVE. V. TOURNOI.

HACHE (haches) de CAMPAGNE (B, 1) OU HACHE DE CAMPEMENT. Sorte de HACHES qui étaient délivrées à raison d'un nombre déterminé par COMPAGNIES D'INFANTERIE, ainsi qu'on le voit dans LEBLOND (1758, B) ; elles étaient distribuées en même temps que les autres EFFETS DE CAMPEMENT ; le SOLDAT D'INFANTERIE les portait dans un ÉTUI. — L'INSTRUCTION DE L'AN DOUZE (16 BRUMAIRE) renouvelait ces dispositions et considérait la Hache comme un des quatre OUTILS à délivrer par TENTE DE NOUVEAU MODÈLE. — L'ORDONNANCE de 1753 (13 FÉVRIER) distinguait le FER de la Hache en TÊTE et en TAILLANT ; la TÊTE ou partie servant de DOUILLE ou MANCHE avait deux pouces en tout sens, le TAILLANT avait trois pouces dix lignes de large ; la plus grande largeur du FER était de quatre pouces deux lignes ; le MANCHE mesuré au-dessus de la TÊTE avait un pied dix pouces. — Le RÈGLEMENT DE 1778 (28 AVRIL) disposait que la distance de la TÊTE au TAILLANT était de sept pouces deux lignes. — Le transport de ces Haches était l'objet d'une des CORVÉES EN ROUTE, et l'on en calculait le poids dans celui de la CHARGE DU SOLDAT. — On peut regarder les Haches de SIÉGES OFFENSIFS comme Haches de campagne ; mais elles font partie des AMAS D'OUTILS et sont surtout employées pour les TRAVAUX de la FORTIFICATION DE CAMPAGNE. — A l'égard des Haches de campagne on peut consulter : BOTTÉE (1750, B), COTTY (1822, A), GASSENDI (1819), LACHESNAIE (1758, I, aux mots *Munition, Outil, Siége*).

HACHE de CAMPEMENT. V. CAMPEMENT. V. CHASSEUR A PIED. V. HACHE DE CAMPAGNE. V. TENTE. V. TENTE DE NOUVEAU MODÈLE.

HACHE de CORPS DE GARDE. V. CORPS DE GARDE DE GARNISON. V. EFFET DE CORPS DE GARDE.

HACHE de CRÈQUE. V. CRÈQUE. V. HACHE.

HACHE (haches) de DISTINCTION (B, 1). Sorte de HACHES ou d'images représentant deux Haches croisées ; c'est l'ATTRIBUT des MANCHES du VÊTEMENT des SAPEURS des CORPS D'INFANTERIE FRANÇAISE. — Ces Haches sont ou en BRODERIES de fil comme dans certains CORPS PRIVILÉGIÉS, ou en étoffe ; ces dernières sont découpées à l'emporte-pièce, et en DRAP écarlate pour l'INFANTERIE FRANÇAISE ; elles étaient en drap blanc pour l'INFANTERIE FRANCO-SUISSE. — La longueur du MANCHE de chaque Hache est de 150 millimètres, l'écartement entre le pied des manches est de 70 millimètres.

HACHE (haches) de GRENADIERS (F). Sorte de HACHES dont l'usage se rapporte au temps où les GRENADIERS ne combattaient pas uniquement à coups de FUSIL ; il en était ainsi aux premières époques de la formation des COMPAGNIES DE GRENADIERS et à la première moitié du dernier siècle. — En outre des OUTILS donnés à chaque COMPAGNIE, celle des GRENADIERS de l'INFANTERIE FRANÇAISE recevait particulièrement dix HACHES À MARTEAU, propres à certaines OPÉRATIONS DE GUERRE et au renversement des PALISSADES ; leur dimension était plus forte que celle des autres haches ; leur FER reposait contre la face extérieure du TRAVERS de la BANDEROLE ; le TAILLANT de la Hache était garanti par un cache-taillant ; le manche passait dans un anneau de buffle, et pendait entre la GRENADIÈRE et le dos du GRENADIER. DESPAGNAC (1751, D), GAYA, (1678, B), LEBLOND (1758, B), MAIZEROY (1767, A), MANESSON (1685, B), PUYSÉGUR (1748, C), fournissent des détails à l'égard des Haches de grenadiers.

HACHE de GUERRE. V. GASTADOUR. V. GUERRE. V. HACHE D'ARMEMENT. V. HACHE DE SAPEUR. V. HOMME DE TROUPE N° 4.

HACHE de LICTEUR. V. COMMANDEMENT HIÉRARCHIQUE. V. DÉCIMATION. V. LICTEUR. V. MANUFACTURE D'ARMES. V. MILICE ROMAINE N° 8, 9. V. RÉPRESSION.

HACHE de PARADE. V. HACHE DE SAPEUR. V. PARADE.

HACHE de SAPEUR (B, 1), OU MORNETTE suivant ROQUEFORT. Sorte de HACHE propre AUX SAPEURS de l'INFANTERIE FRANÇAISE. Ce genre d'OUTIL est une imitation des haches données jadis aux GRENADIERS. L'usage s'en était conservé dans les GARDES FRANÇAISES ; il

avait été imité par les RÉGIMENTS DE LIGNE. —
Le RÈGLEMENT DE 1786 (1er OCTOBRE, art. 7)
déterminait comme il suit la forme de la
Hache; nous le citons comme le seul qui
ait embrassé ces détails. — Le FER de la
Hache aura onze pouces du TALON jusqu'au
TRANCHANT; le TALON débordera le MANCHE
de 11 lignes et aura dix lignes d'épaisseur.
La hauteur de l'emmanchure sera, au TALON,
de 4 pouces 10 lignes; et elle diminuera
jusqu'à la naissance du TRANCHANT de la Hache, où elle ne sera plus que de 3 pouces
4 lignes; à cet endroit le FER de ladite emmanchure sera coupé carrément de la hauteur de 9 lignes pour former le TRANCHANT
de la Hache. La hauteur du TRANCHANT sera
de 4 pouces, et elle diminuera insensiblement jusqu'à près le MANCHE, où elle sera
réduite à 2 pouces 6 lignes et où le FER aura
7 lignes d'épaisseur. Le MANCHE aura 3
pieds 8 pouces de long, y compris la partie
qui entrera dans le FER; il sera garni à son
extrémité d'une DOUILLE ou virole de cuivre
de 3 pouces de longueur. — Ce règlement
et ce qu'il prescrivait étaient totalement oubliés en 1792, aussi chaque corps avait-il
fait confectionner d'une manière disparate
les Haches de ses SAPEURS; il y avait même
des régiments où il existait HACHES DE GUERRE
et HACHES DE PARADE. — Le DÉCRET DE 1806
(22 FÉVRIER) pour remédier à ce désordre
disposa que : *Les Haches de sapeurs de régiments d'infanterie seront uniformes
et en tout semblables à de bonnes et fortes Haches de charpentiers. Le ministre
directeur en déterminera la forme.* —
La Hache continua cependant à être un
outil de parade; elle était trop belle et trop
chère pour qu'on l'ébréchât souvent à la
guerre. — Un modèle de Hache a été établi en 1811 (19 décembre) par les ordres du
ministre de la guerre; il a été approuvé de
nouveau par DÉCISION DE 1817 (3 SEPTEM-
BRE); le dessin, les profils, les coupes et la
description détaillée de cette Hache se trouvent dans un règlement inédit (1818, B).
— La Hache des sapeurs comprend le FER
et le MANCHE; elle est portée au moyen de la
BANDEROLE d'un ÉTUI à COFFRET et à ENVE-
LOPPE : l'extrémité inférieure du CORPS du
MANCHE est garnie d'un DÉ terminé en CU-
LOT; la LAME est ANCIEN DE FUSION, du côté
opposé au collet. — Au CAMP, les Haches se
placent aux mêmes FAISCEAUX que les autres
ARMES. — Le détail des qualités que doivent
avoir les Haches et la manière de constater
leur bonté se trouvent dans le *Journal des
Sciences militaires* (t. xxv, p. 249) et dans
la NOTE DE 1851 (7 SEPTEMBRE). — Un moyen
de prévenir les accidents que le tranchant

de la LAME nue de cet OUTIL pourrait causer,
consiste dans l'emploi d'une MORNE qui rappelle de plus anciens usages. — Des renseignements relatifs aux ARMES et à la Hache
des SAPEURS se trouvent dans BARDIN
(1807, D; 1818, B), BERRIAT (1812, A),
M. le général COTTY (1822, A), GASSENDI
(1819).

HACHE d'HONNEUR. V. ARME D'HONNEUR.
V. HONNEUR.

HACHÉ (hachée), adj. V. PAILLE II...

HACHEBUTE, subs. fém. V. ARQUE-
BUSE. V. HAQUEBUTE.

HACHÉE, subs. fém. V. PEINE.

HACHEMENT, subs masc. V. LAMBRE-
QUIN.

HACHER, V. actif. V. HACHE. V. HA-
CHIER.

HACHERAU, subs. masc. V. HACHE.

HACHEREAU, subs. masc. V. ARME
POURFENDANTE. V. HACHE. V. LANSQUENET. V.
SERPE D'ARMES.

HACHEURE, subs. fém. V. LAMBRE-
QUIN.

HACHIER, verb. act. et neut. (F).
Terme de TOURNOIS qui exprime l'action de
donner le COUP DE TAILLE, c'est-à-dire de
frapper avec le SABRE ou l'ÉPÉE comme avec
une HACHE. — L'expression hacher s'est
conservée dans le style pittoresque et dans
les chroniques pour signifier : BATTRE A PLATE
COUTURE une troupe, l'ÉCRASER, la mettre
complétement en DÉSARROI. Se faire hacher,
c'est combattre jusqu'au dernier soupir.

HACKETT. V. NOMS PROPRES.

HACQUEBUTE, subs. fém. (F), ou
ACQUEBUTE, OU HACHEBUTE, OU HAQUEBUTE.
Mots qui étaient employés au commencement du seizième siècle, comme on le voit
dans CARNÉ (1783, E) pour signifier ARQUE-
BUSE. Le mot était une imitation de l'ANGLAIS
ou de l'ALLEMAND *hakebut*. Quelques-uns
ont cru que ce terme avait quelque rapport
avec le substantif BUTE, signifiant BUT DE TIR.
— Dans la relation de la bataille de MARI-
GNAN transcrite dans les mémoires de DUBEL-
LAY, il est question de hachebutes. M. MO-
RITZ MEYER regarde la Hacquebute comme la
première arme, qui, depuis 1483, ait été à
crosse courbe.

HACQUENÉE, subs. fém. V. HAQUE-
NÉE.

**HACQUET; HAFNER; HAGELS-
TAM; HAHNZOG.** V. NOMS PROPRES.

HAGGO, subs. masc. V. DARD A MAIN.

HAICHE, subs. fém. V. HACHE.

HAIDUQUE, subs. masc. V. HEIDUQUE.

HAIDUTTE, subs. masc. V. HEIDUQUE.

HAIE, subs. fém. v. BORDER LA H... V. DOUBLE HAIE. V. EN H... V. FEU DE H... V. FORMER LES H... V. METTRE EN HAIE.

HAIE (G, 6), OU HAIE TACTIQUE, OU HAYE comme l'écrivent GUILLET (1686, B), MÉNAGE, etc. Le mot Haie dérive suivant Roquefort du LATIN barbare *haga, haia,* qu'on trouve dans les capitulaires de CHARLES LE CHAUVE ; il provient, suivant GÉBELIN, du TEUTON *hac,* et donne idée d'une clôture champêtre ; ici, ce substantif prend un sens détourné et ne s'applique qu'à certaines formes tactiques et sans PROFONDEUR. DECRAMMEVILLE (1789, A) regarde l'expression Haie comme ayant signifié techniquement PREMIER RANG ou rang unique et isolé de GENDARMERIE. — Les ITALIENS disaient dans le même sens, *spalliera,* espalier ou manière de garantie ou d'ÉPAULEMENT (*spalla*), parce que le PREMIER RANG couvrait ou garantissait ceux qui étaient en arrière. — Depuis l'abolition des COMPAGNIES D'ORDONNANCE, le terme a pris un sens différent de celui qu'il avait de leur temps. Dans la GUERRE DE 1665, BORDER LA HAIE, c'était amincir une troupe de MOUSQUETAIRES A PIED formés sur une grande PROFONDEUR, et se réduisant à deux, trois ou quatre RANGS, pour se défendre mieux par le FEU, qu'on appelait FEU DE HAIE. — Dans le commencement du dernier siècle on appelait DOUBLE HAIE, l'ÉVOLUTION par laquelle une TROUPE EN BATAILLE sur quatre RANGS serrés FAISAIT FRONT de deux côtés ; c'était un BATAILLON DOUBLE, un ORDRE à DOUBLE FRONT ; deux RANGS faisant face en avant, et deux en arrière. — L'expression Haie a ensuite cessé de s'appliquer à une ÉVOLUTION DE GUERRE ; mais elle a donné idée de l'ARRANGEMENT d'une troupe par RANGS isolés, ou se disloquant pour se former sur un seul RANG. La HAIE DE CAVALERIE était l'opposé de l'HOST ou ESCADRON qui lui a succédé. — L'ORDONNANCE DE 1768 (1er MARS) voulait que les CHEFS DE POSTE qui commandent aux PORTES des PLACES DE GUERRE, disposassent sur deux Haies leur GARDE pendant le temps de l'OUVERTURE ; cela donne l'idée de l'ORDRE en deux Haies séparées se regardant. — Les vieux RÈGLEMENTS D'EXERCICE s'occupèrent de la FORMATION EN HAIE ; les ordonnances modernes avaient cessé d'en traiter, quoique l'usage de la chose se fût maintenu ; de là l'absence de définitions satisfaisantes dans les AUTEURS, et les difficultés, les obscurités sans nombre dans la manière d'entendre les locutions : BORDER et FORMER LES HAIES, DOUBLE HAIE, etc., PELOTONNEMENT, etc. — Suivant l'ancien usage et les décisions officielles qui lui ont donné force de loi, la disposition en Haie, en BATAILLE, se pratiquait pour l'ouverture DES PORTES, et servait à rendre certains HONNEURS MILITAIRES ; telle est la Haie qui tapisse une escorte, une procession. — L'ARRANGEMENT en COLONNE DE PIED FERME en Haie s'applique à la passation de certaines REVUES ; ainsi, avant l'arrivée des COMMISSAIRES DES GUERRES venant PASSER leur REVUE, les COMPAGNIES étaient MISES EN HAIE, comme elles le sont encore pour la REVUE DES OFFICIERS D'INTENDANCE. — Dans le cas d'une REVUE du GÉNÉRAL INSPECTEUR, le RÉGIMENT lui est présenté en ORDRE DE BATAILLE avant de se rompre et de s'allonger en Haie. — Dans les CONVOIS FUNÈBRES une DOUBLE HAIE s'établit ; elle se compose de deux RANGS espacés qui, de pied ferme, se regardent ou sont en BATAILLE et qui, en marche, sont flanc à flanc, ce qui s'appelle HAIE DE PROCESSION.

HAIE de CAVALERIE. V. CAVALERIE. V. CAVALERIE FRANÇAISE N° 7. V. ESCADRON. V. ESCADRON FRANÇAIS N° 5. V. GENDARMERIE DU MOYEN AGE N° 7. V. HAIE. V. HOST.

HAIE de PROCESSION. V. DOUBLE HAIE. V. HAIE. V. PROCESSION.

HAIE de TROUPES. V. MARÉCHAL DE FRANCE N° 8. V. TROUPE.

HAIE TACTIQUE. V. CHEF DE FILE. V. CHEVALERIE D'AFFILIATION N° 4. V. COLONNE ÉPAGOGIQUE N° 4. V. DRAGON FRANÇAIS N °6. V. HAIE. V. HAUTEUR TACTIQUE. V. INFANTERIE FRANÇAISE N° 8. V. OFFICIER DE COMPAGNIE. V. TACTIQUE, adj. v. TACTIQUE, subs. v. PELOTONNEMENT. V. RANG DE TAILLE.

HAIE VIVE. V. REMPART DE FORTERESSE. V. VIF.

HAILLOT. V. NOMS PROPRES.

HAISCHE, subs. masc. HACHE.

HAITI. V. NOMS PROPRES.

HAITIEN (haïtienne), adj. V. AIDE DE CAMP H... V. ARMÉE H... V. ARTILLERIE H... V. BATAILLON H... V. CARABINIER H... V. CAVALERIE H... V. COMPAGNIE H... V. ÉTAT-MAJOR H... V. GARDE NATIONALE H... V. GARDE URBAINE H... V. GENDARMERIE H... V. GÉNIE H... V. INFANTERIE H... V. MILICE H... V. OFFICIER H... V. RÉGIMENT H... V. SOUS-OFFICIER H...

HALAGUES, subs. masc. v. LAQUAIS.

HALBERE, subs. masc. v. HAUBERT.

HALCRET, subs. masc. v. HALECRET.

HALEBARDE, subs. fém. v. HALLEBARDE.

HALEBARDIER, subs. masc. v. HALLEBARDIER.

HALECRET, subs. masc., ou ALCRET, comme dit M. le général COTTY (1822, A), ou ALECRET, ou HALCRET, comme l'écrit BOREL (Pierre), ou HALLEGRET. — Ces mots, suivant l'opinion la plus générale, donnent idée d'une CUIRASSE légère ou d'un CORSELET en COTTE DE MAILLES ou en lames de métal, de largeur égale et jouant l'une sur l'autre pour obéir aux mouvements du corps; mais cette définition n'est pas entièrement juste. — L'étymologie de Halecret se rattache à l'adjectif LATIN *alacris*, leste, léger; c'est du moins ce que Clément MAROT affirme dans un de ses vers; cependant ROQUEFORT (1829) tire Halecret du grec *alacroton* et semble oublier que dans des publications plus anciennes il croyait avoir retrouvé ce terme dans le bas breton, et témoigne que la langue LATINE se servait dans le même sens de *lorica* dont l'expression française pourrait être une corruption. — Les HOMMES D'ARMES de Louis ONZE avaient le Halecret. —Sous le règne de FRANÇOIS PREMIER et jusqu'à HENRI TROIS, l'ARRIÈRE-BAN et les FANTASSINS portaient ce genre d'ARMES DÉFENSIVES avec la CERVETIÈRE. L'HOMME DE PIED, dit DUBELLAY (1555, A), *avait Halecret complet.* —Cette citation est digne de remarque; elle peut aider à expliquer en quoi différaient ou se ressemblaient le CORSELET et le Halecret. — Le CORSELET ayant continué à être porté quand l'usage du Halecret avait disparu, ou quand ses accessoires ou BOUGUINES avaient passé de mode, on en pourrait induire ou que l'un de ces termes est plus nouveau que l'autre, ou que le CORSELET n'était qu'une partie du Halecret. — Le Halecret était le complet d'une ARMURE LÉGÈRE en fer battu, et en deux pièces, à ce que dit POTIER (1779, X); elle régnait depuis le col jusqu'aux GANTS et jusqu'aux genoux; telle était l'ARMURE D'ÉCUYER. Le CORSELET ne défendait que le buste; mais à la suppression des BRASSARDS, CUISSARDS, GANTELETS, HAUSSE-COU, suppression arrivée sous HENRI TROIS, on a pris comme synonymes Halecret et CORSELET. Ainsi, sous HENRI TROIS, le Halecret d'INFANTERIE n'était plus qu'un CORSELET à TASSETTES; il se composait de LAMES de fer et servait aux PIQUIERS; les MOUSQUETAIRES à pied n'en avaient pas. Les officiers avaient encore le Halecret à HAUSSE-COU. — Les auteurs qui parlent du Halecret sont: CARRÉ (1785, E), CARRION (1824, A), COTTY (1822, A), ENCYCLOPÉDIE (1785, C), GANEAU, GAYA (1670, D), GASSENDI (1819), MAIZEROY (1765, B), POTIER (1779, X).

HALLAM. V. NOMS PROPRES.

HALLEBARDE, subs. fém. V. CAFIER. V. COUP DE H... V. DAGUE DE H... V. FER DE H... V. HAMPE DE H... V. LAME DE H... V. PAR LES H... V. PASSER PAR LES H...

HALLEBARDE (F), OU HACHE DANOISE, OU HACHE D'ARMES à deux mains, ou HALEBARDE comme l'écrit BOREL (Pierre), ou HELLEMPARE suivant GÉBELIN, OU MIGLAIVE suivant GANEAU. Vossius prétend que ces mots viennent du SAXON *hel*, luisant, et de *bard*, *bart*, *baert*, qui signifiaient HACHE. C'eût été ainsi le nom d'une espèce de Hallebarde. GANEAU le donne à entendre en traitant de la HACHE. FURETIÈRE dit qu'ils ont pour racine *halle*, vestibule de palais, et *bard*, HACHE, ou HACHE des gardes du palais. Caninius, à ce que dit MÉNAGE, tire Hallebarde de l'ARABE *alabarda*, *albarda*. Ces mots, empruntés et germanisés par les ALLEMANDS depuis les CROISADES, se seraient changés, dit-il, dans leur LANGUE, en *hallebard*. Ce terme se retrouve dans Brantôme (1600, A), qui l'emploie au masculin. Sur ces matières on peut consulter CHAMBERS, l'ENCYCLOPÉDIE (1751, C), le *Journal de l'Institut historique*, t. VI, p. 207. — Une partie de l'EUROPE reçut du DANEMARK et de l'ALLEMAGNE l'usage de la Hallebarde. Cette arme a gardé, en France, le nom de DANOISE; on l'a appelée en ITALIEN *alabarda* et *labarda*, avant de la nommer *sergentina*, comme ARME spéciale du SERGENT. — Un motif pourrait faire douter de l'étymologie ARABE. La racine du mot remonte peut-être aux Lombards (*Longobardi*); car ils portaient, si ce qu'on [a prétendu est vrai, ce nom à raison de la longueur de leurs HACHES ou GLAIVES à HACHE, qui s'appelaient *baerd* ou *barden*. Ces termes, qu'on retrouve dans l'ANGLAIS *halberd*, sont bien antérieurs aux CROISADES. — CARRÉ (1785, E) prend comme synonymes CORBEAU (c'est-à-dire BEC DE CORBIN ou Hallebarde du moyen âge) et SAQUEBUTE. — La Hallebarde de la MILICE FRANÇAISE était une ARME DE LONGUEUR, mais d'une dimension moyenne, puisque le mot se prenait par opposition au LONG-BOIS, c'est-à-dire à la LANCE ou à la PIQUE. Au temps de PHILIPPE AUGUSTE elle avait forme de BEC DE FAUCON. — WALTER SCOTT donne des Hallebardes aux soldats que les templiers tenaient sur pied pour la garde de leurs établissements. — La Hallebarde différait peu de la PERTUISANE, toutes deux étaient à l'usage de la seule INFANTERIE; elles étaient une modification ou une imitation des FRAMÉES, des FAUCHARDS, des FAUCHON A HAMPE, des GUISARMES. — La HAMPE de la Hallebarde et de la PERTUISANE avait, en général, deux mètres de long; elle était cylindrique ou sans poignée. Ces deux genres d'ARMES POURFENDANTES sont confondues dans les cabinets d'armes par les compositeurs de nomenclatures; elles diffèrent cependant en ce que la Hallebarde a été instrument de guerre et de campagne, plus qu'une ARME de parade ou de palais, et que la PERTUISANE a été plutôt une ARME de salon, de cérémonie; une ARME propre au service des portes ou pertuis; elle était plus généralement ciselée, damasquinée ou même dorée. — On voit dans divers CABINETS des FERS DE HALLEBARDE longs, droits, pointus; d'autres ont la lame courbe, ou échancrées, ou flamboyante; les unes sont plates, les autres à deux, trois, quatre tranchants ou carres; il y en a de simples, d'autres compliquées et bizarres; on en remarque qui ont, d'un côté, un taillant en hache arrondie, ou en croissant, ou en étoile; il sort du côté opposé une pointe ou droite ou crochue; probablement c'est une partie ou une variété de ce genre que MONTGEON (1615, D) appelle CAFIER. Il y a des FERS DE HALLEBARDE qu'une broche traverse horizontalement à la naissance de la lance; cette broche était le moyen d'attache d'un étui ou d'un fourreau. — Ce même AUTEUR parle d'un CHATIMENT qui s'infligeait à coups de Hallebardes; c'était le MORION. — Des Hallebardes autrichiennes avaient jusqu'à deux pieds de lame. — A la renaissance de l'INFANTERIE, les SUISSES avaient parmi leurs piquiers des HALLEBARDIERS, nommés aussi ESPADONS. A leur imitation, la MILICE ESPAGNOLE combattait aussi avec des Hallebardes. Cette ARME, à la fois D'ESTOC et DE TAILLE, était, par là, regardée comme supérieure à la PIQUE; elle était confiée à des HOMMES D'ÉLITE, à des CAPS D'ESCADRE; voilà pourquoi elle était restée ARME DE BAS OFFICIERS jusqu'au dix-huitième siècle. — LOUIS ONZE, en introduisant des CORPS SUISSES dans ses TROUPES, donna à son INFANTERIE la Hallebarde helvétique et y supprima l'ARC; cette création de CORPS DE HALLEBARDIERS, cette substitution des ARMES DE LONGUEUR aux ARMES A TRAITS, furent, dans l'ARMÉE FRANÇAISE, une révolution qui rendit à l'INFANTERIE son antique importance. — Cependant M. le colonel CARRION (1824, A) regarde la Hallebarde comme d'un usage plus ancien dans les TROUPES FRANÇAISES : la remarque est juste en ce sens, qu'en effet la Hallebarde, considérée comme ARME isolée, n'était pas inconnue; c'étaient les HALLEBARDIERS, manœuvrant par masses, qui étaient une innovation. — PAUL JOVE dit, au sujet de l'ARMÉE de CHARLES HUIT, qu'un quart des SUISSES et des ALLEMANDS qui y servaient *portait de lourdes haches d'armes surmontées d'une large dague à lame quadrangulaire, ce qui leur servait à frapper d'estoc et de taille; ils les maniaient avec les deux mains; ils appelaient cette arme une Hallebarde.* — Cette dernière phrase de JOVE témoigne que les substantifs italiens *alabarda*, *labarda* seraient moins anciens, ou désignaient une arme de forme quelque peu différente. — Au quinzième

siècle, la MARINE faisait usage d'une Hallebarde nommée RANCON. — Au temps de MACHIAVEL (1510, A) l'usage de la Hallebarde régnait dans une partie de l'INFANTERIE ITALIENNE; cet AUTEUR en rend témoignage, et il la compare à une HACHE D'ARMES dont le MANCHE a trois brasses. Cette longueur explique pourquoi son MANIEMENT s'appelait EXERCICE DES HAUTES ARMES. — Dans le dix-septième siècle, des Hallebardes s'appelaient THAULACHES. — MONTECUCULI (1692, A), inventeur d'un système de formation qu'il conseille d'adopter, dit, à ce sujet, que le quart d'une ENSEIGNE de deux cents FANTASSINS doit être ESPADONS ou Hallebardes, c'est-à-dire HALLEBARDIERS. — A l'époque ou le SIMPLE SOLDAT de FRANCE commença à n'avoir plus pour ARMES que l'ARQUEBUSE où la PIQUE, les ANSPESSADES et les CAPS D'ESCADRE conservèrent seuls la Hallebarde. Depuis la création des RÉGIMENTS D'INFANTERIE, on disait : gagner, mériter, donner, recevoir la Hallebarde; c'est-à-dire devenir ou passer BAS OFFICIER, faire ou nommer un SERGENT, un CAPORAL. — Les BAS OFFICIERS des MOUSQUETAIRES DE LA GARDE avaient la Hallebarde. — La Hallebarde n'a jamais été ARME D'OFFICIER A HAUSSE-COL, ou ne l'a été que fort anciennement; ainsi, des OFFICIERS l'ont portée dans certains CORPS PRIVILÉGIÉS ou GARDES DE SOUVERAIN; on l'appelait, en ce cas, CANNE D'ARMES. — Dans les derniers siècles, la Hallebarde était un ESPONTON de BAS OFFICIER; l'ESPONTON était une Hallebarde d'OFFICIER D'INFANTERIE ou de DRAGONS. — La JUSTICE et la DISCIPLINE se servaient, l'une de la LAME en cas de SUPPLICE, l'autre du MANCHE pour appliquer des coups aux HOMMES DE TROUPE; quand elle était employée comme ARME DE SUPPLICE, cela s'appelait PASSER PAR LES HALLEBARDES. — Sous HENRI QUATRE et LOUIS TREIZE, la HAMPE, en infligeant un CHATIMENT, ennoblissait la FUSTIGATION des HOMMES DE PIED; des COUPS DE BATON leur eussent paru, par comparaison, insupportables. — Quand les DRAGONS FRANÇAIS devinrent positivement TROUPES A CHEVAL, leurs SERGENTS quittèrent la Hallebarde. — La Hallebarde des CENT-SUISSES de Louis quatorze avait la LAME flamboyante et ornée d'un soleil et d'une grenade; elle avait d'un côté un trident horizontal, de l'autre un croissant. — Les Hallebardes de SERGENTS étaient le moyen de toiser les recrues, de mesurer les distances, pour régler l'ORDRE DE BATAILLE et le TERRAIN du camp; les DENTS ou crochets du FER de l'ARME servaient à attirer à terre les HOMMES DE CHEVAL du parti ENNEMI, à ébranler et déplanter les PALISSADES, à retirer des rangs les cadavres, à s'entre-saisir pour former, au besoin, une espèce de chaîne ou de barrière. — L'ordonnance de 1710 (1er décembre) donnait aux sergents de grenadiers des fusils; mais elle armait de Hallebardes les autres sergents. — La Hallebarde a été retirée, suivant Lessac (1783, A) et Jabro (1777, G), aux bas officiers de l'infanterie française, au commencement de la guerre de 1756. — Elle fut quittée par esprit de mode, par imitation. — Il n'en est plus fait mention dans le règlement de 1786 (1er octobre), non plus que de l'esponton. — Le *Journal des Débats* (1831, 3 août) rapporte, à l'égard de la Hallebarde, une anecdote imaginaire. *Un officier gascon, prisonnier à la Bastille en 1776, propose, s'il obtient sa liberté, de faire cadeau au roi de vingt mille bons fusiliers. On le charge d'expliquer dans un mémoire sa découverte. Son mémoire se borne à ces mots : Donnez des fusils aux sergents.* — Le lecteur remarquera qu'il y avait déjà vingt ans que les sergents avaient quitté la Hallebarde ; qu'il y avait cent régiments à peine ; qu'ils étaient de deux bataillons, les bataillons de cinq compagnies; que les sergents de grenadiers portaient fusil depuis 1710; il n'eût donc resté que quatre mille sergents, et non vingt mille, à qui il eût pu être délivré des fusils. — Les assertions de Lessac et de Jabro (1780, X), touchant la suppression de la Hallebarde, sont plus dignes de foi que le journaliste, puisque ces officiers servaient dans l'infanterie pendant la guerre de 1756. — Les sergents de la milice anglaise avaient gardé jusqu'à présent la Hallebarde ; elles servaient à façonner les triangles de chatiment. — L'abolition des Hallebardes françaises a été le fait du caprice et de l'irréflexion; car l'arme réunissait, sous le rapport de la tactique, plusieurs avantages : elle était une marque distinctive très-visible, coûtait moins qu'un fusil a baïonnette, exigeait peu de réparations et d'entretien, et valait mieux dans les mains du sergent, puisque ce bas officier ne devait pas faire feu. — Dans le temps où la fustigation était le moyen de répression reçu; dans le temps où quantité de soldats étaient des bandits, la Hallebarde les tenait en respect; elle servait en plein champ de soutien au drapeau, trois Hallebardes accrochées par leur dague le tenaient verticalement au milieu d'un solide trépied; elle facilitait la méthode du campement, parce que chaque Hallebarde étant d'une toise, c'était une mesure toute trouvée pour le tracé du camp; elle équivalait par là à un cordeau de campement. Enfin, dans la milice prussienne, les Halle-

bardes se changeaient, un jour d'action, en une barricade qui emprisonnait les poltrons; les sergents accrochaient par le croissant le fer de leur arme, et tendaient ainsi, pendant le feu, une chaîne en arrière du troisième rang. — Quand les Français renversèrent le gouvernement du Piémont en l'an six, ils y trouvèrent l'usage de la Hallebarde encore existant. — Dans plus d'un pays, où l'on tient plus par obstination que par raisonnement aux vieux usages, tels que Rome, l'Espagne, etc., il se voit encore des Hallebardes et des hallebardiers. — En France, il y a des Hallebardes civiles et militaires. Les premières sont des armes innocentes et tant soit peu ridicules, qui ne sont maniées que par les suisses d'églises et d'hôtels; elles sont l'épouvantail des chiens vagabonds. — Les Hallebardes militaires sont reléguées dans les dépôts des magasins a poudre, et servent aux sentinelles qui font faction en dehors de ces magasins; les commandants de forteresses prescrivent cette mesure dans le texte des consignes, et ils veillent à son exécution par précaution contre les accidents du feu. — Dans la milice chinoise, des armes comparables aux Hallebardes sont encore en usage. — Les auteurs qu'on peut consulter au sujet de la Hallebarde sont : Audouin, Bombelles (1746, A), Briquet (1761, H), Carré (1783, E), Carnion (1824, A), Cotty (1822, A), Despagnac (1751, D), Dubellay (1555, A), l'Encyclopédie (1785, C), Gassendi (1819), Gaya (1670, D), Giffart (1696, A), Girard, Goetzman, Lachesnaie (1758, I), Leblond (1758, B), Manesson (1685, B), Mauvillon (1788, C), Montgeon (1615, D), Pistofilo, Puységur (1748, C), l'*Encyclopédie du dix-neuvième siècle*, au mot *Arme*.

HALLEBARDIER (hallebardiers), subs. masc. (F), ou halebardier suivant Potier (1779, X), ou espadon, ou traban. Militaires français d'infanterie armés de hallebardes; leur existence répond au temps où cette arme a succédé à la guisarme; on les a comparés aux hastaires de l'antiquité. Ils ont constitué, vers les derniers temps du moyen age, une espèce particulière d'arme personnelle dans les francs-archers, dans certaines enseignes, dans les légions de François premier. Enfin, dans les corps formés de piquiers et d'arquebusiers, qu'on pourrait comparer aux troupes de ligne, ces Hallebardiers y étaient serrefiles. Quand cette armée ne s'est plus battue qu'à coups d'armes a feu, les Hallebardiers y sont devenus, ainsi qu'en Angleterre, sergents armés de hallebardes; mais il n'y a plus eu nominalement de Hallebardiers que dans des corps qui faisaient partie de l'armée privilégiée, comme les doriphores y appartenaient dans l'antiquité, et ils sont devenus une sorte de gardes du corps des princes, des gouverneurs de place, etc. — Il y a encore des Suisses Hallebardiers servant à titre de garde de souverain dans diverses milices; il se voit des soldats à hallebarde à Naples, à Turin, à Rome, etc. La maison militaire du roi d'Espagne comprend cent cinquante Hallebardiers. Le vice-roi de Sardaigne entretient dix-huit gardes du corps sous cette même désignation.

HALLEBUTE, subs. fém. v. sacheboute.

HALLECRET, subs. masc. v. halecret.

HALLEY; **HALLY**. v. noms propres.

HALT, subs. masc. v. halte, subs. fém.

HALTE, interj. et subs. fém. v. colonne h... v. conversion a pivot fixe. v. dernière h... v. faire h... v. grande h... v. peloton, interj. v. première h...

HALTE { INTERJECTION. / SUBSTANTIF. { HALTE DE ROUTE. / HALTE TACTIQUE.

HALTE, subs. fém. (term. génér.), ou alte suivant Ganeau, ou halt suivant Borel (Pierre). — L'expression Halte provient-elle, comme il y a apparence, du terme alte, haut-le-bois? Dérive-t-elle, suivant l'assertion peu croyable de Potier (1779, X), du latin *halitus*, haleine? Provient-elle du verbe allemand *halten*, s'arrêter, comme Gébelin et Lecouturier (1825, A) le croient? ou plutôt ce verbe est-il analogue aux synonymes halt, haltz, hault, haulx que cite Roquefort, comme pure tradition du latin *altus* et comme exprimant stationnement? — A l'égard de ces étymologies il y a dissentiment. Voici les souvenirs qui pourraient jeter sur ce sujet quelque lumière. — Au temps où le bois-d'hast, le gros-bois, le long-bois, c'est-à-dire la pique ou les armes de longueur qui y étaient analogues, étaient le principal instrument des aventuriers a pied que guidaient les condottieri, cette troupe d'infanterie marchait en couchant le bois (*le bois couchié*), c'est-à-dire en tenant la pique sur l'une ou l'autre épaule dans une obliquité telle qu'elle ne gênât pas les rangs postérieurs, et que la troupe passât aisément sous des branchages, sous des portes de ville, dans des rues étroites; car il eût été impossible à des soldats d'infanterie d'y cheminer, s'ils eussent porté verticalement une hampe dont le fer eût

excédé de quatre à cinq mètres la hauteur de la taille ordinaire des hommes. — Quand la troupe en marche s'arrêtait, c'était dans des espaces libres où la pique pouvait être tenue debout; à l'instant où elle suspendait sa marche, les rangs, ordinairement très-ouverts, se serraient a la pointe de l'épée, nécessairement ils dressaient le bois ou redressaient la pique, soit pour faciliter la compression des rangs, soit pour exécuter ce qu'on appelle maintenant le port d'armes, soit pour être prêts à se servir de leur arme contre l'ennemi, en la pointant en avant. — Le commandement propre à relever ou à redresser la pique s'exprimait par l'infinitif : *far alto legno, fare alto*, faire haut le bois ; et de ce qu'un stationnement était la conséquence de ce temps de maniement d'armes, il résulta qu'on s'habitua à prendre comme synonymes les locutions : rester de pied ferme ou faire haut la pique ; de là aussi il arriva que les Français traduisirent le *far alto* des aventuriers et des condottieri italiens par faire halte, faire haut-le-bois. — Une considération peut faire pencher pour l'origine italienne et latine; c'est que l'allemand n'a fourni aux Français presque aucun terme militaire de la langue moderne. — Considérée comme interjection, l'expression a pris une application particulière depuis l'emploi de la locution halte-là.

HALTE, interj. (G, 6). Commandement général ou d'exécution qui équivaut à cette autre phrase : *Arrêtez-vous. Faites une pause.* — Le commandement Halte est un de ceux qui sont répétés dans l'ordre en colonne par les chefs de section comme par les autres chefs de subdivision; le terme Halte est, en ce cas, précédé du mot colonne. — Dans la marche de bataillon en bataille, le commandement Halte ne se répète pas. — Dans la marche au pas cadencé, le commandement Halte doit être prononcé un instant avant que l'une ou l'autre des jambes ne pose à terre, parce que le pas du soldat doit s'accomplir et non s'interrompre. — Au commandement Halte, on porte les armes, si on a l'arme au bras ou a volonté.

HALTE, subs. fém. (term. sous-génér.). Le mot Halte devrait être masculin; le caprice et l'ignorance soldatesque en ont décidé autrement; les bureaux du ministère ont consacré cette imperfection. La langue militaire fourmille de fautes pareilles. — Le mot Halte peut se rendre par pause militaire ou lieu de ce genre de repos. Ganeau témoigne que des auteurs tels que Pélisson en avaient fait le verbe halter ; mais l'usage n'en a pas pris. — Ce substantif sera distingué ici en halte céleustique, — d'armée,

— DE CAVALERIE, — DE CONVOI, — DE CORPS EN ROUTE, — DE DÉTACHEMENT, — DE ROUTE, — D'ESCORTE, — D'INFANTERIE, — EN ROUTE, — TACTIQUE.

HALTE CÉLEUSTIQUE. V. BATTERIE DE CAISSE. V. CÉLEUSTIQUE, adj. V. SONNERIE D'INFANTERIE.

HALTE D'ARMÉE. V. ARMÉE. V. HARCELER. V. PASSAGE DE DÉFILÉ.

HALTE DE CAVALERIE. V. CAVALERIE. V. HALTE DE ROUTE.

HALTE DE CONVOI. V. ATTAQUE DE C... V. CHEF D'ESCORTE DE C... V. CHEMINEMENT. V. CONVOI. V. CONVOI PAR TERRE. V. CONVOI POLÉMONOMIQUE. V. DÉFENSE DE C... V. GRANDE HALTE.

HALTE DE CORPS EN ROUTE. V. APPEL DE C... V. HALTE DE C... V. ARRIVÉE DANS UNE VILLE OUVERTE. V. ARRIVÉE DE CORPS DANS UNE FORTERESSE. V. BATAILLON EN ROUTE. V. BRETELLES DE HAVRESAC. V. CORPS EN ROUTE. V. HALTE DE ROUTE. V. TAMBOUR-MAJOR n° 9.

HALTE DE DÉTACHEMENT. V. CHEF DE DÉTACHEMENT DE GUERRE n° 4. V. DÉTACHEMENT.

HALTE DE ROUTE (E , 4), OU HALTE DE CORPS, OU HALTE EN ROUTE. Sorte de HALTES prises par opposition à la HALTE TACTIQUE. — Une importante partie de l'art des MARCHES est de franchir les DÉFILÉS en n'y faisant de Haltes partielles et par à-coups que le moins possible; les principes qui ont réglé le mécanisme de la COLONNE DE ROUTE ont surtout cet objet en vue. — Suivant les régles, ou plutôt les usages anciens, un CORPS EN ROUTE SUR PIED DE PAIX ne devait faire qu'une Halte d'une ou de deux heures à moitié CHEMIN à peu près DU GITE; la TROUPE devait s'arrêter en dehors des communes ou des lieux habités, et se reposer de préférence sur un terrain où il se trouvât de l'EAU potable. — Des régles moins rigoureuses ont prévalu à mesure que les troupes se sont policées et qu'on n'a plus eu à appréhender que des soldats, s'arrêtant dans les habitations d'un pays ami, y commissent des désordres. — Le RÈGLEMENT DE L'AN HUIT (25 FRUCTIDOR) se contentait de prescrire : qu'aux Haltes, dans une commune, les OFFICIERS eussent à veiller à ce que leur TROUPE se tînt rassemblée et en ordre; mais des dispositions modernes ont remis en vigueur, comme on va le voir, les vieilles régles. — L'ORDONNANCE DE 1768 (1er MARS) prescrivait la Halte qui devait être faite au DÉPART et à l'ARRIVÉE. Cette DERNIÈRE avait lieu sur le GLACIS si le corps se rendait à une PLACE DE GUERRE. — L'ORDONNANCE DE 1788 (12 AOUT) voulait que, dans les MARCHES DE GUERRE, on fît arrêter, toutes les heures, trois ou quatre minutes les TROUPES pour les rassembler,

mais sans leur permettre de quitter le HAVRESAC ou de s'asseoir ; c'est une disposition plausible. — Le RÈGLEMENT DE 1816 (24 JUILLET) et l'ORDONNANCE DE 1818 (15 MAI) voulaient que chaque Halte fût annoncée par un ROULEMENT ; que le CORPS s'arrêtât d'heure en heure, *toujours à quelque distance des habitations, pour ôter aux soldats l'occasion ou le prétexte de s'écarter ;* que la PREMIÈRE HALTE se fît trois quarts d'heure après le DÉPART ; que la GRANDE HALTE fût d'une heure au plus et à moitié chemin; que les CAPITAINES y fissent examen de l'état des BRETELLES DE HAVRESAC ; que la DERNIÈRE HALTE se fît à un quart de lieue du GITE; que la fin de chaque Halte fût annoncée par un RAPPEL, et que l'instant du DÉPART fût indiqué par une reprise de la batterie AUX CHAMPS; qu'enfin une COMPAGNIE désignée, si besoin est, par le LIEUTENANT-COLONEL eût à fournir, pendant la durée des Haltes, une GARDE AU DRAPEAU. — Des mesures analogues à ces dernières dispositions se retrouvent dans la CONSIGNE du PIQUET DE LOGEMENT. — Les dispositions que prescrivent les réglements modernes sur les routes de l'INFANTERIE demanderaient à être modifiées; on croirait que c'est un officier de cavalerie qui les a rédigées, car il importe en effet que les cavaliers ne quittent pas leurs chevaux pendant les Haltes et qu'ils s'arrêtent loin des habitations ; mais la même précaution ne demandait pas à être prise à l'égard des Haltes de l'INFANTERIE. — Le nombre et la durée des Haltes ne sauraient être prescrits d'une manière absolue et générale, le chef doit en décider facultativement; car le plus ou le moins de longueur de la JOURNÉE, la nature des CHEMINS, leur plus ou moins d'inclinaison, l'urgence du voyage, l'état du ciel ou de l'atmosphère, la saison pendant laquelle un CORPS est en ROUTE, sont autant de causes qui influent nécessairement sur les Haltes et qui les modifient. — Il doit être ajouté aux mesures prescrites par les réglements quelques dispositions essentielles; ainsi, les CERCLES D'ORDRE, s'il en doit être formé, se réunissent pendant les Haltes, et surtout pendant celles qui sont d'une certaine durée. — A la DERNIÈRE HALTE, les CAPORAUX doivent s'assurer si aucun homme de leur ESCOUADE n'est demeuré en arrière et si chacun a les EFFETS dont il doit être porteur. — BOMBELLES (1746, A) est l'AUTEUR qui, le premier, s'est occupé de ces détails; il en a été aussi traité par BARDIN (1807, D), par MATT (1827, F), etc.

HALTE D'ESCORTE DE PRISONNIER. V. ESCORTE DE PRISONNIER. V. PRISONNIER DE GUERRE.

HALTE D'INFANTÉRIE. V. HALTE DE ROUTE. V. INFANTERIE. V. MARCHE DE BATAILLON EN COLONNE PAR LE FLANC. V. PAS DE COURSE. V. PAS DE MANOEUVRES. V. PORT D'ARMES. V. ROULEMENT.

HALTE EN ROUTE. V. EN ROUTE. V. HALTE DE ROUTE.

HALTE FRONT; MARCHE, GUIDE A GAUCHE (interj.). V. COMMANDEMENT D'EXÉCUTION. V. PASSAGE D'OBSTACLE EN AVANT. V. PROMPTE MANOEUVRE.

HALTE (haltes) TACTIQUE (G, 6). Sorte de HALTE ainsi nommée par opposition aux HALTES DE ROUTE. — Les Haltes sont le terme d'une MARCHE TACTIQUE et le commencement de l'état qu'on nomme PIED FERME; quelquefois elles se composaient de quelques autres dispositions de TACTIQUE, comme cela avait lieu dans les CHANGEMENTS DE POSITION, dans les FEUX EN AVANÇANT, etc. Ainsi, dans ce dernier cas, commander Halte, c'était commander le FEU. — Quelquefois une SIMULATION DE PAS est une Halte déguisée. — Dans l'INFANTERIE, le PORT D'ARMES est une conséquence du COMMANDEMENT Halte. — Une Halte préparatoire précédait la FORMATION EN BATAILLE. — L'ORDONNANCE DE 1831 (4 MARS) restreignait l'usage des Haltes tactiques.

HALTE-LA, interj. (E), ou ALTE-LA comme l'écrit DUPAIN (1783, F), ou QUOY suivant ROQUEFORT. Cri proféré, en certaines circonstances, par le chef d'une RONDE ou d'une PATROUILLE, ou par une SENTINELLE. Ce cri a pour objet d'intimer à une troupe, à un militaire, à un individu l'injonction de suspendre leur marche, sous peine de mesures de rigueur s'ils continuent à s'approcher de celui qui a crié. — Le cri Halte-là annonce à celui ou à ceux à qui il s'adresse qu'on va militairement procéder à les reconnaître. — L'ORDONNANCE DE 1768 (1ᵉʳ MARS) disposait que, à l'égard des TROUPES ARMÉES qu'on aperçoit, le cri QUI VIVE devait précéder le mot Halte-là; mais l'usage s'est établi de crier, en temps de guerre, Halte-là d'abord, et QUI VIVE ensuite. — La CONSIGNE de la SENTINELLE DE L'AVANCÉE lui prescrit de FAIRE FEU sur ceux qui s'obstinent, en suite de la RECONNAISSANCE, à marcher vers elle après qu'elle leur a réitéré le CRI Halte-là. La CONSIGNE de la SENTINELLE EN GARNISON de nuit est conçue dans le même esprit.

HALTER, verb. neutr. V. HALTE, subs. fém.

HAMAC, subs. masc. V. CASERNE. V. MATELAS. V. MILICE NÉERLANDAISE Nᵒ 7. V. PAILLASSE DE CASERNEMENT.

HAMBACK, subs. masc. (F), ou AMBACTES, mot emprunté de l'allemand et qu'on trouve dans LACOMBE. C'était le nom d'une espèce de COUR-PONTIÈRE ou de GOBISSON qui cachait les cuisses et qui se portait sous la COTTE DE MAILLES.

HAMBRÉGE, subs. fém., qui a produit l'adjectif HAMBREGÉ. Ces deux expressions se trouvent dans LOBINEAU. Son glossaire indique, suivant GANEAU, qu'on a appelé Hambrége la garniture intérieure du GANTELET. Cette définition est inintelligible, mais il paraît que LOBINEAU parlait de la garniture du MANTELET D'ARME. Ce serait une erreur du copiste, qui aurait substitué GANTELET à MANTELET. M. MEYRICK ne parle nulle part de Hambrége.

HAMBREGÉ (hambregée), adj. V. HAMBRÈGE.

HAMÉE, subs. fém. V. HAMPE.

HAMILTON; **HAMMER**. V. NOMS PROPRES.

HAMPE, subs. fém. V. A HAMPE. V. DONNER DE LA H...

HAMPE (term. génér.) ou ARBRE, ou BEHOURD, ou GLAIVE, ou HAMÉE suivant GANEAU, au mot ÉCOUVILLON, ou HAMPTE suivant CARRÉ (1785, E), ou HANSTE, ou HANTE suivant FAUCHET, ou HAULTE, ou HAUSTE suivant BOREL (Pierre) et CHRESTIEN, ou TRABE. Ces mots, suivant quelques AUTEURS, tels que MÉNAGE et VAUGELAS, sont une corruption du LATIN *antenna*, longue perche. Suivant le *Dictionnaire de la Conversation*, ils seraient originaires de l'ALLEMAND *handhabe*, avoir à la main ou ce qu'on tient à la main, et auraient donné naissance au verbe HANSER, PRENDRE LES ARMES. ROQUEFORT est d'avis que Hampe et ses analogues dérivent du LATIN *ames, amitis*, perche, ou de *hasta*, PIQUE; mais il émet une opinion différente dans son dernier ouvrage (1829). GÉBELIN croit que Hampe ou HANTE viennent de l'ALLEMAND *hand*, main. — On a appelé Hampe le FUT des plus anciennes ARMES NATURELLES PORTATIVES; ce FUT était en bois léger, en orme, en frêne; une Hampe servait de manche aux ARMES DE LONGUEUR OU DE DEMI-LONGUEUR qui vont être nommées : aux AIGLES, aux BANNIÈRES, aux ENSEIGNES, ÉTENDARDS, FANIONS, GUIDONS, VEXILLES. — S'il s'agissait de DRAPEAUX ou de CARROUZES, la Hampe s'est aussi appelée ARBRE; de là l'usage du verbe ARBORER. — M. MONTEIL parle des *forêts guerrières de la Chambonie, qui produisent les bâtons de lance,* etc. CHARLES SEPT, en considération de l'emploi de ce bois, affranchit d'impôt cette forêt. —Dans les derniers siècles, la FUSTIGATION militaire s'appliquait à coups de Hampe; de là la locution DONNER DE LA HAMPE, comme le témoigne l'ACADÉMIE. — Il y avait une différence marquée entre les armes a hampe et les armes a manche. — Le mot veut surtout être distingué en hampe de bourdon et en hampe en potence.

HAMPE croisée. v. croisé, adj.

HAMPE d'aigle. v. aigle.

HAMPE d'angon. v. angon a main. v. drapeau.

HAMPE d'arme. v. arme de longueur. v. arme de demi-longueur.

HAMPE de bannière. v. bannière. v. traban. v. trabe.

HAMPE de bourdon (F). Sorte de hampe qui se renflait vers la partie où s'appliquait la main de l'homme armé du bourdon ; cet épaississement avait la forme d'une poire et était en avant de la poignée de l'arme.

HAMPE de bourdonnasse. v. bourdonnasse.

HAMPE de canne d'armes. v. canne d'armes.

HAMPE de carreau. v. carreau.

HAMPE de cestre. v. cestre.

HAMPE de chape. v. chape.

HAMPE de couteau. v. couteau de brèche.

HAMPE de dard. v. dard a main.

HAMPE de djerid. v. djerid.

HAMPE de drapeau. v. cordon a cravate. v. dé de drapeau. v. drapeau. v. drapeau d'infanterie française de ligne. v. draperie. v. milice turque n° 4. v. porte-drapeau n° 8.

HAMPE de falarique. v. falarique.

HAMPE de fanion. v. fanion.

HAMPE de fauchard. v. fauchard.

HAMPE de faux. v. faux a revers.

HAMPE de flèche. v. flèche. v. flèche projectile.

HAMPE de gonfalon. v. gonfalon.

HAMPE de guidon. v. guidon.

HAMPE de hallebarde. v. armée française n° 8. v. coup de baton. v. hallebarde. v. justice militaire. v. morion. v. supplice.

HAMPE de haste. v. haste.

HAMPE de javeline. v. banderole de chevalier du moyen age. v. javeline.

HAMPE de javelot. v. hastaire n° 3. v. javelot. v. lance.

HAMPE de lance. v. assaillant de tournoi. v. cotte de mailles. v. gendarme du moyen age n° 8. v. joute. v. lance. v. lance a main. v. milice romaine n° 4.

HAMPE de manipule. v. manipule ; id. n° 4.

HAMPE de masse d'armes. v. masse d'armes.

HAMPE de pennon. v. pennon.

HAMPE de pertuisane. v. pertuisane.

HAMPE de pile. v. hastaire n° 3. v. pile.

HAMPE de pique. v. pique.

HAMPE de rançon. v. rançon.

HAMPE de refouloir. v. refouloir.

HAMPE de sabre. v. sabre. v. sabre a hampe.

HAMPE de sarisse. v. milice grecque n° 4. v. sarisse.

HAMPE de serpe. v. serpe d'armes.

HAMPE de vexille. v. vexille.

HAMPE d'écouvillon. v. écouvillon.

HAMPE d'enseigne. v. enseigne. v. enseigne de cohorte. v. enseigne de phalange. v. enseigne d'équipement. v. enseigne romaine. v. honneurs funèbres. v. milice chinoise n° 5.

HAMPE d'esponton. v. esponton.

HAMPE d'étendard. v. étendard. v. serment.

HAMPE d'oriflamme. v. glaive. v. oriflamme.

HAMPE en croix. v. draperie de vexille. v. en croix. v. enseigne d'équipement. v. gonfalon. v. oriflamme.

HAMPE en potence (F). Sorte de hampe qui était accompagnée d'une verge de fer soutenant à angle droit la draperie de l'enseigne. Telle était la forme de la Hampe des drapeaux envergés, des gonfalons, etc. Tel était le pavillon que Lachesnaie (1758, I) appelait pavillon sur traversier.

HAMPE envergée. v. bannière de France. v. enseigne d'équipement. v. envergé, adj. v. gonfalon. v. oriflamme.

HAMPÉ (hampée), adj. v. chat hampé.

HAMPTE, subs. fém. v. hampe.

HAMPTON. v. noms propres.

HANAPIER, subs. masc (F), ou hanapière suivant Lacombe, ou hanepier, ou hennepier suivant Ganeau, ou poitrinal suivant Carré (1783, E). Le mot Hanapier, signifiant défense de la poitrine, avait pour racine le substantif hanap, hanepel, qui avaient d'abord signifié un vase, une coupe, et par analogie la poitrine humaine. D'autres écrivains affirment que Hanapier signifiait crâne humain, et par allusion casque d'une certaine forme. — Le Hanapier appartenait au genre nommé armure plate ; c'était un grand hausse-cou que le gorgerin recouvrait ou auquel il s'unissait exactement. — Des corps de brigandiniers portaient le Hanapier en dessus de la brigandine.

HANAPIÈRE, subs. fém. v. hanapier.

HANDSCHAR, subs. masc. v. candjiar. v. janissaire.

HANEPIER, subs. masc. v. hanapier.

HANGIAR, subs. masc. v. candjiar.

HANICROCHE, subs. fém. (F), ou

anicroche. Mots que Gébelin dérive avec peu de vraisemblance des expressions eung (un) et croche ou crochet. Le substantif Hanicroche provient de l'allemand *handt*, main, et *krueke*, crochet; ainsi c'était un croc a main ou une arme de longueur garnie d'un fer courbe ou d'un fer de fourche; peut-être était-ce une espèce d'angon. — Dans une nomenclature qu'on trouve dans Rabelais, on voit figurer l'Hanicroche parmi quantité d'autres armes; ce qui prouve que celle-ci, dont l'emploi remontait à une grande ancienneté, était encore en usage alors, ou du moins n'était pas encore oubliée comme elle l'est aujourd'hui. — L'Anicroche était surtout une arme des usités; elle leur servait à renverser les cavaliers.

HANNE; HANOVRE. v. noms propres.

HANOVRIEN, subs. v. noms propres.

HANOVRIEN (hanovrienne), adj. v. adjudant général h... v. aide de camp h... v. artillerie h... v. armée h... v. bataillon h... v. batterie h... v. brigade h... v. cavalerie h... v. clairon h... v. compagnie h... v. cuirassier h... v. division h... v. escadron h... v. état-major h... v. garde h... v. hussard h... v. infanterie h... v. lancier h... v. légion h... v. milice h... v. officier h... v. quartier-maitre h... v. régiment h... v. service h... v. tambour h... v. travailleur h...

HANQUEBOS, subs. masc. v. pique.

HANRIOT. v. noms propres.

HANSER, subs. fém. v. hampe.

HANSTE, subs. fém. v. hampe.

HANTE, subs. fém. v. arme a hampe. v. flèche. v. hampe.

HANZELET; HAPSBOURG. v. noms propres.

HAQUE, subs. fém. v. demi-h... v. pistolet.

HAQUE, subs. masc. v. cheval. v. haquenée.

HAQUEBUSE, subs. fém. v. arquebuse. v. haquenée. v. mousquet.

HAQUEBUTE, subs. fém. v. acquerau. v. arquebuse. v. but de tir. v. hache. v. mousquet.

HAQUEBUTIER, subs. masc. v. arquebusier.

HAQUEBUTTE, subs. fém. v. arquebuse.

HAQUENÉE, subs. fém. (F), ou hacquenée, ou amblant. Mot dérivé du bas latin *haccus*, corruption d'*equus*, et traduit dans le vieux français par haque, cheval hongre, dont on a fait le féminin Haquenée, répondant, suivant Roquefort (1835), au latin *equa, equina*, d'où serait aussi venu l'anglais *hacney*. C'est directement de ce mot *equa*, jument, que Gébelin le tire. — Du-

cange, au contraire, le tire de l'espagnol *akinca*. — Philippe de Clèves (1520, A) prend cette expression comme l'opposé de cheval de bataille; mais il ne paraît pas que par Haquenée on exprimât toujours une jument, comme les romanciers le donnent à entendre en parlant de la monture des princesses voyageuses; car des Haquenées figuraient quelquefois, soit comme un animal de service journalier, soit comme un destrier à la suite des chevaliers et des lances fournies; c'était une monture de page; un chevalier se fût couvert de déshonneur en chevauchant une jument; ainsi le terme se prenait probablement par opposition à cheval entier.

HAQUET, subs. masc. v. combleau. v. pont de campagne. v. ponton.

HARANGUE (subs. fém.) militaire (F). Le mot Harangue est analogue au verbe italien ou bas latin *aringare*. — Il ne sera pas question ici de ces Harangues romaines que les Latins nommaient allocutions, ni de celles que les hérauts ou excitateurs grecs prononçaient en présence des troupes, ni de celles que débitaient les aumoniers aux soldats, fort inattentifs, mais nous nous occuperons seulement de ces discours d'apparat, ou de ces amplifications de rhétorique que les historiens rapportent comme ayant été adressées aux troupes. — La Harangue diffère par là des apophtegmes si nerveux de quelques grands hommes de la Grèce, et des allocutions romaines qui étaient des discours officiels et une mesure adaptée aux formes du service militaire. Les allocutions ont un cachet historique, les Harangues une fadeur de roman : le lecteur les néglige comme de belles inutilités et comme des passe-temps de collége. — Trop d'historiens, à l'imitation de Thucydide et d'Homère, ont mis des Harangues imaginaires dans la bouche des capitaines et des héros; Quinte-Curce et Polybe ne les épargnent point; celles de Tacite ont été peu goûtées; celles de Tite Live ont été regardées comme surchargées de vains ornements. Paul Jove est tombé dans le même défaut. — La prolixité des Harangues règne même dans les livres sacrés; de semblables hors-d'œuvres disposent à l'incrédulité; car l'expérience de la guerre démontre que les Harangues y sont impraticables, et y seraient intempestives ou ridicules. Elles sont tout au plus praticables aux réceptions de drapeaux. — Deux volumes de Harangues militaires qu'on doit à Belleforest sont plus connues du barreau que des militaires; nous ne leur conseillerons pas d'y puiser les inspirations de leur éloquence et la rédaction de leurs ordres du jour. — Les auteurs qu'on peut consulter sur ce sujet sont : l'Encyclopédie (1785, C), Lachesnaie (1758, 1), Maizeroy (1771, A), Potier (1779, X), Ymbert.

HARAS, subs. masc. v. cavalerie française n° 9. v. ministre de la guerre en 1830 (18 novembre).

HARASSE, subs. masc. (F). Mot dont l'étymologie n'est pas connue; il servait de désignation à un bouclier qu'on employait dans les duels ordonnés par la justice du temps. La Harasse était de la hauteur d'un homme comme l'étaient les grandes targes. Elle se tenait seule debout; deux trous y étaient pratiqués pour les yeux du combattant. — Une Harasse garantissait des atteintes du baton de l'adversaire; elle servait aux combats singuliers des serfs, à ceux de deux vilains et à l'ordalie d'un chevalier contre un vilain. Les champions s'en servaient aussi dans les combats de jugements. — Amiot (1782, O) nous montre diverses sortes de boucliers chinois dont l'antiquité se perd dans la nuit des temps et qui ont forme de Harasses. — Le poids considérable de cette machine, dont il est traité dans Ganeau, a laissé à notre langue, suivant Roquefort (1855), l'expression harasser. Morin cependant donne au contraire une étymologie grecque à ce verbe.

HARASSER, verb. act. v. harceler.

HARAU, subs. masc. v. fourrage armé.

HARAUX, subs. masc. v. fourrage armé.

HARCELER (verb. act.) l'ennemi (H, 2). Le mot Harceler est écrit arceler dans les anciens auteurs. Borel (Pierre) le dérive du grec *erchazein*, quereller. Il se pourrait qu'il fût une corruption du latin *arcere*, presser, repousser, retenir; ou qu'il fût un dérivé du mot arc, et qu'il ait signifié combattre à coups d'arc, parce que originairement la fonction des archers était de harceler, arceler. — L'anglais n'aide pas à en expliquer l'origine, puisqu'en cette langue harasser (*to harass*) et Harceler sont synonymes suivant Duane (1810, E). — Maintenant ce genre de chicane regarde la cavalerie, et surtout la cavalerie légère; depuis les progrès de la petite guerre, on y emploie même de l'artillerie a cheval. — Quelquefois on harcèle en chargeant a la débandade, mais toujours sous la protection d'un corps d'infanterie tenu en réserve. — Harceler, c'est désoler son adversaire par des courses, par des camps volants; c'est l'attaquer à l'improviste et sur plusieurs points, mais sans intentions sérieuses; c'est l'insulter dans ses marches, afin de ralentir ses poursuites, ses efforts, ou bien c'est entreprendre sur ses flancs pour l'inquiéter

dans une retraite, pour le priver de repos et le mener battant pendant ses haltes, pour entamer son arrière-garde. — On a principalement pour objet de lui enlever des équipages, de lui écorner des attelages, de lui enclouer de l'artillerie, de surprendre ses trainards, de favoriser la désertion dans ses rangs, d'ouvrir des débouchés aux espions.

HARCOURT. v. noms propres.

HARDICORT, subs. masc. v. escarmouche.

HARFLEUR. v. noms propres.

HARICOT (haricots). v. légumes frais. v. légumes secs.

HARIGOT, subs. masc. v. arigot.

HARLEM; **HARLS**. v. noms propres.

HARMATARCHIE, subs. fém. v. char de guerre.

HARME. v. arme.

HARMIER, verb. neut. (F). Mot qui est une corruption du mot arme, et qui, suivant Roquefort, signifiait brandir, pointer, menacer l'adversaire.

HARMISCARE, subs. fém. v. peine.

HARMONIE, subs. fém. v. aubade. v. céleustique. v. cor d'h... v. instrument d'h... v. musique d'h... v. timbale d'h...

HARMONIQUE, adj. v. caisse h... v. cor h...

HARNACHEMENT, subs. masc. v. boucle de h... v. bride de h... v. couverte de h... v. effet de h... v. filet de h... v. fleuron de h... v. housse de h... v. ordonnance de h... v. trait de h...

HARNACHEMENT (term. génér.), ou harnachement militaire, ou harnement suivant Carré (1782, E). Le mot Harnachement a pour racine les termes harnas, harnois, etc. Il se divise en harnachement a la genette et en harnachement d'uniforme.

HARNACHEMENT a la genette, adv., ou à la ginette suivant Borel (Pierre) et Ménage. Sorte de harnachement maintes fois mentionné par Brantome (1600, A), pour exprimer la manière de monter à cheval des Maures et de la cavalerie légère de la milice espagnole; ainsi le terme indiquait une selle à étrivières très-courtes, à étriers en large semelle, à bride ayant le mors et la gourmette à la sarrasine; les Arabes et les Turcs montent encore à la genette. — On employait en Italie, pour exprimer deux idées opposées, les mots monter à la genette ou monter à la mantouane; on stipulait quelquefois comme conditions d'un combat a la mazza, qu'on s'y battrait à la genette, c'est-à-dire avec la lance courte, l'écu ou bouclier de cavalerie, et l'équipage de cheval à l'avenant.

HARNACHEMENT d'aumonier. v. AUMONIER. v. AUMONIER DE CORPS N° 5.

HARNACHEMENT de CAVALERIE. v. ABONNEMENT AVEC LES MAITRES OUVRIERS. v. ARMURE. v. CAVALERIE. v. CAVALERIE FRANÇAISE DE LIGNE N° 5. v. ÉTRIER. v. HUSSARD N° 4. v. MILICE ANGLAISE N° 4. v. MILICE DANOISE N° 4. v. MILICE PORTUGAISE N° 3. v. MILICE TURCO-ÉGYPTIENNE N° 3. v. MUSIQUE. v. OFFICIER DE CAVALERIE N° 5. v. TIMBALE.

HARNACHEMENT de CHEVALIER. v. CHEVALIER. v. CHEVALIER DU MOYEN AGE N° 4. v. COMBAT SINGULIER.

HARNACHEMENT de CORPS. v. BAGAGE D'ARMÉE. v. CORPS.

HARNACHEMENT de DRAGON. v. DRAGON. v. DRAGON FRANÇAIS; id. N° 4.

HARNACHEMENT d'OFFICIER D'INFANTERIE MONTÉ. v. BOUCLE DE HARNACHEMENT D'OFFICIER. v. BRIDE DE HARNACHEMENT D'OFFICIER. v. CADRE DE BOUCLE. v. CHEF DE BATAILLON D'INFANTERIE FRANÇAISE DE LIGNE N° 4. v. OFFICIER D'INFANTERIE N° 3.

HARNACHEMENT d'OFFICIER GÉNÉRAL. v. BRIDE DE HARNACHEMENT D'OFFICIER GÉNÉRAL. v. GÉNÉRAL FRANÇAIS N° 3. v. OFFICIER GÉNÉRAL.

HARNACHEMENT d'OFFICIER MONTÉ. v. OFFICIER D'INFANTERIE FRANÇAISE N° 2. v. OFFICIER MONTÉ.

HARNACHEMENT d'OFFICIER SUPÉRIEUR. v. CHEF DE BATAILLON D'INFANTERIE FRANÇAISE DE LIGNE N° 4. v. COLONEL D'INFANTERIE FRANÇAISE DE LIGNE N° 5. v. OFFICIER SUPÉRIEUR D'INFANTERIE FRANÇAISE.

HARNACHEMENT d'UNIFORME (B, 1). Sorte de HARNACHEMENT qui est une branche importante de la partie administrative qu'on nomme l'UNIFORME. — Pendant longtemps on a confondu les expressions ÉQUIPEMENT et Harnachement; d'autres usages ont prévalu. — La description du Harnachement, considéré dans tous ses détails, voudrait des recherches infinies; l'utilité ne répondrait pas à la peine qu'on prendrait. Nous nous dispenserons par conséquent d'approfondir ce sujet aride qui n'intéresse que les troupes qui servent à cheval, c'est-à-dire la septième ou huitième partie de l'armée. Si des écrivains composent spécialement un jour des dictionnaires pour les ARMES ÉQUESTRES, c'est là qu'ils devront consigner un travail complet. — En FRANCE tout est à faire à l'égard du Harnachement; il est urgent d'en asseoir les principes et d'en fixer les règles, ou bien il n'y aura pas de terme aux ruineuses indécisions des COMMIS DE LA GUERRE; sans cesse ils modifient l'espèce et les formes de l'équipage des CAVALIERS. Les COLONELS DE DRAGONS se rappelleront longtemps

la légèreté, la prodigalité qu'on a mise pendant la restauration à changer, à détruire, à renouveler les effets de Harnachement de leurs CORPS. Que d'abus n'ont pas entraînés les inutiles métamorphoses, les vicieuses refontes des CORPS DE CAVALERIE jetés ou dans d'autres CORPS ou en d'autres ARMES; elles ont coûté en pure perte, et en ne parlant que du Harnachement, des sommes considérables, non-seulement pendant une guerre où de semblables dépenses étaient inévitables, mais aussi pendant le ministère où les finances de la France étaient si défectueusement administrées, c'est-à-dire sous le MINISTÈRE DE CLERMONT-TONNERRE. — Jusqu'ici des caprices, des traditions ou des imitations, ont seuls décidé du choix du Harnachement adopté dans l'ARMÉE FRANÇAISE; elle manque d'un corps de règles sur cette matière, ou s'il existe des décisions dont le MINISTÈRE DE LA GUERRE se puisse aider, un tel code peut se comparer à un édifice dont on a commencé les enjolivements avant d'avoir bâti les gros murs. — Quelques questions importantes demandent donc à être agitées, et ne l'ont encore jamais été officiellement ou en connaissance de cause. — Faut-il pour les différents genres de CAVALERIE un Harnachement de différente forme? ou ne suffirait-il pas que, suivant la pesanteur ou la légèreté de l'ARME, et, par conséquent, suivant que les chevaux sont, ou plus puissants ou moins étoffés, le harnais fût seulement, ou plus robuste, ou plus mince, ou plus volumineux, ou plus restreint? Comment asseoir une MASSE DE HARNACHEMENT quand les éléments en sont si nombreux, si variables, si mal connus? — Quand on se décide à créer des ARMES nouvelles, est-il bien convenable d'imiter les usages locaux des étrangers, comme on l'a fait en empruntant aux HONGROIS leur incommode SELLE DE HUSSARD, comme on l'a fait en singeant les HULLANS POLONAIS et en donnant aux LANCIERS FRANÇAIS la dispendieuse SELLE ANGLAISE HONGROISE, comme on l'a fait en introduisant la SELLE de MAMELOUCK dans la GARDE IMPÉRIALE. — Ces incertitudes, ces fluctuations dans les habitudes militaires tiennent à ce qu'aucun écrivain n'a traité à fond les questions de l'uniforme et surtout du Harnachement, et que les ministres ont dédaigné de s'en occuper, ou n'ont pas persévéré dans les essais ordonnés. La publication d'un tableau comparatif du prix, de la commodité et de la durée des différents harnais serait important et immense. — MAURICE DE SAXE (1757, A) a effleuré cet objet comme toutes les choses de guerre dont il a traité. LAPORTERIE s'est livré à des travaux plus sé-

rieux, mais surtout par rapport aux dragons; dans tout le reste on n'avait pour guide que la routine des officiers de Harnachement et les consultations intéressées ou malhabiles des ouvriers en sellerie et en harnais. Le ministère s'abandonnait à cette influence de la coquetterie française plaidant pour ce qu'elle appelle l'élégance et le bon goût. — En 1811, le ministre Feltre sentit la nécessité de remédier à l'absence des documents, à la dissidence des opinions professées par les militaires de cavalerie et à l'impulsion donnée depuis si longtemps par les fantaisies ou les habitudes; mais Feltre n'osa pas agiter les questions fondamentales qui intéressaient la simplification du Harnachement; car, dans des combinaisons de cette espèce, le ministère et Bonaparte ne marchaient jamais qu'au jour le jour; ainsi l'autorité, au lieu de travailler à des améliorations positives, se borna à introduire quelques perfectionnements dans ce qui existait, et seulement par rapport à une partie des troupes. Les corps privilégiés étaient assez puissants pour résister à tout examen et se tenir en dehors des règles. — Une commission que présida le général Bourcier, et à laquelle furent appelés des officiers laborieux et zélés, discuta quelques questions qui intéressaient les seules troupes de ligne; elle proposa des modèles; le ministre les approuva et y apposa son cachet; des descriptions rédigées avec un soin minutieux virent le jour : des dessins, des coupes, des profils donnèrent de grandeur naturelle ou de demi-grandeur toutes les épures, toutes les dimensions, toutes les formes. Les désastres de 1812 interrompirent ces travaux. — Depuis la restauration, le ministre Feltre reprit un projet jusquelà suspendu : il ordonna l'achèvement de ce travail immense. La plus grande partie des descriptions sortirent des presses royales en 1817; des planches habilement gravées et destinées à former un atlas grand in-folio furent exécutées et imprimées au dépôt de la guerre. — A peine Feltre eut-il quitté le portefeuille, que son successeur ordonna que tous ces travaux fussent mis au pilon. D'autres idées, d'autres modes, d'autres goûts ont pris faveur depuis lors, et le laborieux travail qu'il faudrait refaire totalement fut perdu après des dépenses, des frais et des soins incalculables. — Cependant cet ensemble de curieux renseignements existe dans un ouvrage en partie imprimé, en partie manuscrit (1818, B) : il se compose de deux gros volumes in-folio de texte et d'un volume de planches du détail le plus curieux; elles développent la confection des effets de tous les genres de Harnachements, depuis le travail du bûcheron, du forgeron et du corroyeur, jusqu'à celui de l'équipeur, jusqu'au cheval bridé, enfin jusqu'au paquetage et aux effets d'armement qui l'accompagnent. — Il a été traité du Harnachement dans une notice de 1815 (5 décembre). Les rudiments de la décision alors promulguée étaient tirés du travail entamé en 1812.
— Un règlement de 1815 (23 septembre) voulait que le Harnachement des chevaux des officiers montés de la garde royale fût semblable à celui de l'arme correspondante dans la ligne; il a été dérogé à cette disposition à peine publiée et sans qu'elle fût rapportée. — Une décision de 1819 (9 juillet) et une de 1821 (10 août) s'occupent du Harnachement des officiers montés de l'infanterie. Plusieurs décisions de 1823 ont réglé le Harnachement des officiers des autres armes; le ministre de Latour-Maubourg a réglé celui des chevaux d'aumoniers. — Les décisions de 1824 (26 février), de 1825 (31 décembre), le devis de 1826 (1er mai) et 1831 (22 août) ont modifié le Harnachement de troupe et celui des officiers montés, non sans faire le désespoir de plus d'un officier et non sans causer une énorme dépense pour le trésor. — Odier (1824, E) a jugé le Harnachement français trop lourd, trop compliqué; inutilement dissemblable d'arme à arme. — M. Legrand (1837, A, au mot *Sellerie*) a donné quelque idée des plus modernes usages. — Quant aux coutumes plus anciennes, M. Berriat (1825, F), Carré (1785, E), Laporterie et Maurice de Saxe (1757, A) en ont traité; mais il y a peu de lumières à tirer de leurs productions. Le *Spectateur militaire* (t. xxiv, p. 657) s'en est occupé en connaissance de cause. — Examinons le mot comme harnachement a la genette.

HARNACHEMENT militaire. v. cheval d'officier. v. harnachement. v. milice prussienne n° 4. v. milice sike n° 3. v. milice turco-égyptienne n° 2. v. milice wurtembergeoise n° 3. v. militaire, adj. v. parement.

HARNAIS, subs. masc. v. alliance. v. désertion. v. harnois. v. maréchal de France n° 7. v. milice anglaise n° 12. v. milice prussienne n° 2.

HARNAIS de cheval de troupe. v. cheval de troupe. v. vaguemestre.

HARNAS, subs. masc. v. harnachement. v. harnois.

HARNEMENT, subs. masc. v. barde. v. cheval bardé. v. chevalerie d'affiliation n° 3. v. harnois. v. housse d'harnachement.

HARNOIS, subs. masc. (F), ou harnais,

ou harnas, ou harnement, ou harnoys, ou herneix, ou herneys, ou hernois, ou hernoix, ou paroue, suivant Borel (P.), Roquefort, etc.— Le mot Harnois, dont Gébelin retrouve dans l'allemand *harnisch* l'étymologie, a produit les substantifs harnachement et harnement. — Ducange le tire du bas latin *harnascha* ou *arnesium*. Wachter emprunte *arnesium*, *arnisia* de l'allemand *harnisch*, resté dans l'italien *arnese*. De vieilles ordonnances germaniques se servent du latin barbare *harnascha*. — Borel (Pierre) prétend que le terme sortirait du grec *harnakis*, toison; parce qu'on couvrait de peaux les boucliers. Furetière penche pour l'étymologie celtique, et dit que, dans le bas breton, *harnes* signifie cuirasse. — Ménage retrouve le terme dans le flamand *harnas* signifiant armes; serait-ce pour cette raison qu'on a autrefois écrit harme, harmes, comme le témoigne Willemin. — Jault ne serait pas éloigné de croire que, dans l'origine, les mots arroy et Harnois n'auraient pas été sans analogie. — On voit dans Galland qu'on appelait haubergerie l'accompagnement, la sambue, les distinctions, les décorations de certains Harnois de grands seigneurs : dans ce cas, haubergerie était analogue au mot haubert. — Dans Lorris, le mot Harnois signifie bagage ou équipage; en effet, il a d'abord été pris dans le même sens qu'armure, bardes, buffle défensif, effet d'équipement, habillement; il s'appliquait aussi bien aux chevaliers et aux compagnies d'ordonnance qu'à leurs chevaux de bataille. — On appelait Harnois blancs des armures fourbies à blanc ou non brunies. — Depuis que le terme s'est adouci dans le mot harnais, il n'a plus que la dernière de ces acceptions; mais c'était en l'employant dans l'autre sens, qu'on disait : *Endosser le Harnois, avoir blanchi sous le Harnois, lacer le Harnoi.*

HARNOIS blanc. v. blanc, adj. v. garde nationale.

HARNOIS de fer. v. armure plate. v. bonnet a poils. v. cabinet d'armes. v. chevalier du moyen age n° 2. v. combat a plaisance. v. compagnie d'ordonnance n° 4. v. cuirasse ailée. v. hausse-col. v. manufacture d'armes. v. testière. v. tête.

HARNOIS de mailles. v. haubert. v. mailles.

HARNOYS, subs. masc. v. harnois.

HARO, subs. masc. v. fourrage armé.

HARPE, subs. fém. (term. génér.), ou arpe, ou erse, ou herpe, suivant Borel (Pierre), ou herse. Le mot Harpe dérive ou du grec *harpage*, ou, suivant Ménage, du latin *harpa*, ou du latin *harpago*, her-

pex, *herpix*, *hirpix*; il viendrait, suivant Ganeau, de l'allemand *herp*, comme le témoigne Roquefort. Ces termes, qui signifiaient originairement, dit Gébelin, des griffes de quadrupèdes, ont ensuite répondu à un genre de machines de guerre, et ont signifié croc, griffe, main de voleur. Ils ont produit les substantifs harpin et harpon; le terme qui nous en est resté veut ici être surtout distingué en harpe de forteresse et en harpe instrumentale.

HARPE a main. v. a main. v. croc.

HARPE de forteresse (F). Sorte de harpe ou d'avant-porte de château qui consistait, soit en une cataracte, une herse, une porte-coulant, soit, comme le disent Duane (1810, E, au mot *Harpe*) et l'Encyclopédie (1751, C), en un pont-levis qui fermait un ouvrage. — La rue de la Harpe, ou de la Herpe, à Paris, s'appelait ainsi, parce qu'elle menait à une porte, ou barrière, ou herse qui fermait une des issues de l'enceinte ancienne près du palais des Thermes.

HARPE instrumentale (F), ou cithare, ou lyre, ou sistre. Sorte de harpe qui a fait partie des instruments de musique militaire. — Aulu-Gelle rapporte que les Crétois réglaient leurs marches et la cadence du pas au son des Harpes portées par des musiciens nommés *fidicen*, *fidicines*. — Halyates, roi de Lydie, conduisait contre les Milésiens des troupes dont la musique se composait de flutes, de trompettes et de Harpes. — Quintilien et Maizeroy (1766, F) témoignent que, à Lacédémone, les éphores ne permettaient pas que les Harpes de guerre eussent plus de six cordes. — Il est probable que la Harpe est la lyre égyptienne triangulaire qu'on suppose avoir été portée par le roi David, et que les Hébreux appelaient *cinor*.

HARPE offensive. v. armée assiégeante. v. escalade. v. offensif, adj. v. sambuque de guerre.

HARPÉ, subs. masc. (F), ou herpé suivant quelques auteurs. Sabre ou coutelas oriental dont les Latins avaient fait le substantif *harpe*, *harpes*, qu'on trouve dans Ovide. Mercure était surnommé Harpedophore.

HARPIN, subs. masc. v. arme de longueur. v. arme de parapet. v. croc. v. havet. v. sachebboute.

HARPIS, subs. masc. v. arme de longueur. v. arme de parapet. v. croc.

HARPON (subs. masc.) d'armes. v. croc. v. harpe.

HARQUEBOUSE, subs. fém. v. arquebuse.

HARQUEBOUSIER, subs. masc. v. arquebusier.

HARQUEBUSE, subs. fém. v. ARQUE-BUSE. v. BASTION A FEU. v. PISTOLET.

HARQUEBUSIER, subs. masc. v. AR-QUEBUSIER. v. MOUSQUETAIRES. v. PLACE D'ARMES DE SIÉGE OFFENSIF.

HARRIS. v. NOMS PROPRES.

HARS, subs. masc. v. ARC.

HARSCH. v. NOMS PROPRES.

HARSE, subs. fém. v. HERSE.

HARSEGAYE, subs. fém. v. ARZEGAIE.

HART, subs. fém. (G, 2, 4). Mot que FU-RETIÈRE a tiré du CELTIQUE ou du bas breton *ere*, lien ; peut-être vient-il de l'ANGLAIS *halter*, lier avec une corde ; telle est du moins la racine de la Hart de supplice. — On appelle Hart un lien formé d'un bran-chage de bois vert, tordu et propre à assem-bler des FAGOTS D'ARTIFICE, des FASCINES, des SAUCISSONS DE SAPE, à consolider des ABATIS, à attacher des troncs d'arbres les uns aux autres.

HARTMAN. v. NOMS PROPRES.

HASARDER un COMBAT. v. COMBAT. v. COMBAT STRATEUMATIQUE.

HASCHE, subs. fém. v. HACHE.

HASCHÉE, subs. fém. v. SUPPLICE.

HASEBANCKS ; HASIUS ; HAS-PELMACHER. v. NOMS PROPRES.

HASQUIE, subs. fém. v. SUPPLICE.

HASSEGUAIE, subs. fém. v. ARZEGAIE.

HASSELBRINCK ; HASSENFRATZ. v. NOMS PROPRES.

HAST, subs. fém. v. ARME D'H... v. BOIS D'H... v. HASTE. v. PIQUE.

HASTAIRE (hastaires) (F), ou HASTAT, ou HASTATE comme l'écrit TURPIN (1785, O). SOLDATS de la MILICE ROMAINE dont le nom a pour racine le substantif HASTE. Ils ont existé depuis TULLUS HOSTILIUS jusqu'à MARIUS ; ils reparurent, si l'on en croit TURPIN (1785, O), sous JULES CÉSAR ; mais cette assertion tient à une inexactitude d'acception. — Les AUTEURS qu'on peut consulter à l'égard des Hastaires sont : DUANE (1810, E), STIERNE-MAN, l'ENCYCLOPÉDIE (1754, C, aux mots *Guerre, Légionnaire, Logement*), et tous les ÉCRIVAINS qui ont été cités à l'article COHORTE ROMAINE. — Ce qui concerne les Hastaires va être examiné ici sous les rap-ports suivants : CRÉATION, COMPOSITION, DÉ-NOMINATION, FORCE, NOMBRE, UNIFORME, TAC-TIQUE. — Nº 1. CRÉATION, COMPOSITION. — L'institution des Hastaires remonte aux pre-miers rois de ROME : ils furent formés en CENTURIES, et constituèrent d'abord l'INFAN-TERIE LÉGÈRE, la troupe mobile et voltigeante de la LÉGION ; ils devinrent ensuite MANI-PULES de bataille ou l'avant-corps solide de l'INFANTERIE DE BATAILLE. — SERVIUS TULLIUS, qui opéra ce changement, les arma plus for-

tement, et en fit la première LIGNE de l'OR-DRE MANIPULAIRE ; de là vient que des AU-TEURS les appelèrent ACCENSES (ajoutés) ou ÉVOCATS (appelés) ; ils formèrent une des IDIOPLIES de la LÉGION, et se composaient de jeunes gens que TITE LIVE appelle *flos ju-venum pubescentium*, la fleur des ROMAINS atteignant l'âge de puberté ; ainsi ils étaient plus jeunes et moins aguerris que les PRIN-CES : devenir PRINCES était leur ambition ; mais ils ne seraient passés aux TRIAIRES que comme RÉCOMPENSE d'un EXPLOIT. — POLYBE (150 avant J.-C.) nous apprend que, aux jours de recrutement, on formait la troupe des Hastaires après celle des VÉLITES ; ainsi ils prenaient rang entre les VÉLITES et les PRIN-CES, et étaient tirés des TRIBUS peu opulentes. — Nº 2. DÉNOMINATION, FORCE, NOMBRE. — Les Hastaires furent ainsi nommés, comme le dit VARRON, parce qu'ils ne combattaient primitivement qu'à coups de HASTES et de JAVELOTS. Il semble donc que ce soit à tort que les traducteurs aient rendu *hastarius*, *hastatus*, par PIQUIER OU HALLEBARDIER, puis-que les Hastaires étaient destinés à dar-der à la main leurs ARMES PROJECTILES, mais non à les manier en les retenant ; ce qui ne leur est quelquefois arrivé que par excep-tion. — Quelques AUTEURS ont appelé ANTÉ-SIGNAIRES, les Hastaires, parce qu'ils étaient, à ce qu'il paraît, rangés en avant des EN-SEIGNES ; mais cette désignation, ainsi que celle de SUBSIGNAIRE, appartient au temps de la corruption dé la milice. — Les Has-taires conservèrent leur même nom, lors-qu'ils eurent changé d'ARMES ; car, bien an-térieurement à POLYBE, comme le dit cet ÉCRIVAIN, ils avaient cessé d'être VÉLITES ou ARMÉS A LA LÉGÈRE, c'est-à-dire d'être uni-quement JACULATEURS ; ils avaient cédé leurs JAVELOTS, c'est-à-dire la plus légère de leurs HASTES aux VÉLITES par qui ils avaient été remplacés ; ils étaient devenus PREMIÈRE LI-GNE ; ils ne combattaient plus qu'avec l'ÉPÉE et le PILUM. — Le nombre des Hastaires fut d'abord de douze cents par LÉGION ou de cent vingt par CENTURIE ; ils furent successi-vement portés à treize cents, à seize cents, à deux mille. Ce fut probablement par le fait de ces augmentations que la CENTURIE, d'abord égale au MANIPULE, ne fut plus qu'un demi-MANIPULE, qui chacun avait un CEN-TURION. Dans tous les cas, le nombre des Hastaires fut toujours égal à celui des PRIN-CES. — Nº 3. UNIFORME. — L'uniforme des Hastaires était acquis à leur propre compte ; il consistait en un BOUCLIER, *scutum*, une forte ÉPÉE, un CASQUE de cuivre ou de fer surmonté d'une CRÊTE portant un PANACHE de trois PLUMES rouges ou noires, deux HASTES d'un mètre et demi de long environ : l'une plus forte, c'était le PILE à HAMPE épaisse ; l'autre plus légère , c'était le JAVELOT à HAMPE cylindrique ; mais cette dernière ARME leur fut retirée. — Leur CUIRASSE ou GARDE-COEUR se composait de LAMES d'airain régnant sur une hauteur d'un pied ou douze doigts ; ils prirent l'ÉPÉE à l'espagnole à double tranchant, quand ce genre d'ARMES fut adopté par les ROMAINS ; ils la portaient le long de la cuisse droite au moyen d'un baudrier, et avaient à gauche un POIGNARD, soutenus l'un et l'autre par le PARAZONE. Il en fut du moins ainsi pendant une durée de temps mal connue. — Les plus opulents parmi les Hastaires eurent l'autorisation de porter une COTTE DE MAILLES en dessus du GARDE-COEUR. — Quant à ceux dont la fortune ne montait qu'à une valeur de quinze cents livres, ils n'eurent d'abord, à ce que dit POLYBE (150 avant J.-C.), que l'anime ou plastron carré de douze doigts de grandeur ; mais ensuite ils furent tous également armés. — TURPIN (1783, O) dit (p. 351) que les Hastaires n'étaient d'abord armés que d'une HASTE courte, et que SERVIUS TULLIUS leur donna le PILUM en outre de deux JAVELOTS et d'un POIGNARD du côté gauche. — Ce même ÉCRIVAIN dit, p. 38, que les Hastaires portaient cinq FLÈCHES PLOMBÉES dans la concavité du BOUCLIER ; qu'ils avaient deux JAVELOTS et plus de PILUM. — Dans ces assertions obscures et contradictoires, TURPIN confond les Hastaires et les VÉLITES, et néglige d'expliquer la différence des temps. — N° 4. TACTIQUE. — A la création des MANIPULES , les Hastaires étaient en première ligne et sur dix RANGS ; les FRONTS égalaient les INTERVALLES. SCIPION, à ZAMA, en élargit la mesure ; les INTERVALLES des Hastaires répondaient aux FRONTS des MANIPULES des PRINCES, ce qui constituait l'ORDRE EN QUINCONCE ou en échiquier. M. le colonel CARRION (1824, A) croit qu'il fut adopté depuis l'époque du siége de VÉIES, et ne cessa que sous Regulus et Scipion. — On n'est pas positivement éclairé à l'égard de la DISTANCE qui séparait la ligne des Hastaires de celle des PRINCES ; mais tout autorise à croire que cette distance était combinée de manière à permettre le jeu des CONTRE-MARCHES. — Aussi longtemps que l'ORDRE MANIPULAIRE exista, la manière de combattre des Hastaires consistait à se porter vers l'ENNEMI, en ordre, alignés, d'un pas rapide, et au son des INSTRUMENTS ou du CLASSICON. — A vingt pas des RANGS de leurs adversaires, ils s'arrêtaient, lançaient le PILUM et mettaient l'ÉPÉE à la main ; quelquefois même emportés par leur ardeur, sans faire halte, sans se dessaisir du PILUM, ils

venaient choquer et charger ceux qu'ils avaient en tête. — En cas de non-succès, les Hastaires se retiraient en s'écoulant à petits pas par les INTERVALLES des PRINCES. — Ce genre de combat changea tout à fait depuis l'institution des COHORTES, puisque cette institution amena l'adoption générale de la DEMI-PIQUE, et qu'alors les Hastaires , s'ils conservèrent leur nom, n'eurent plus les mêmes fonctions, furent disséminés ou répartis dans les COHORTES, et n'en occupaient pas les PREMIERS RANGS. — Dans ce qu'il dit concernant l'objet qui nous occupe, DESPAGNAC (1755, I, t. III, p. 55) confond le système de l'ORDRE MANIPULAIRE et de l'ORDRE EN COHORTE ; il n'entrevoit pas que, quand les PRINCES furent armés de DEMI-PIQUES, il n'existait plus de Hastaires ; il affirme contre toute évidence que les PRINCES étaient en première ligne et les Hastaires en seconde. — Les PRINCES n'ont été en première ligne que quand les Hastaires étaient VÉLITES, et non encore en MANIPULES solides.

HASTAT, subs. masc. V. HASTAIRE. V. MANIPULE N° 1, 6. V. MILICE GRECQUE N° 2.

HASTATE, subs. masc. V. HASTAIRE.

HASTE, subs. fém. (F), ou ASTE, ou BOIS DE PIQUE, ou HAST suivant BOREL (Pierre). Mot dérivé du LATIN *hasta*, ou du verbe *asto*, être à côté. On n'emploie maintenant ce substantif qu'en l'adjoignant comme génitif aux expressions ARME, BOIS, FANION ; par cette périphrase, on donne idée de leur HAMPE ou long manche. — CARRÉ (1783, E) établit comme différences que hast est une ARME DE GUERRE, un PROJECTILE A POINTE, et que Haste est une ARME INNOCENTE, un JAVELOT sans FER, un sceptre porté par les divinités bienfaisantes ; l'ENCYCLOPÉDIE (1751, C) témoigne contre cette distinction ; et, en effet, les LATINS appelaient *hasta amentata* la ZAGAIE à laquelle était attachée une courroie ; *cruentata*, ou SANGLANTE, celle à hampe rouge, qu'on ARBORAIT comme signe du PILLAGE permis ; *fecialis*, la Haste que lançait un HÉRAUT sur un pays déclaré en état de guerre ; *pura*, celle qui était décernée en récompense d'une ACTION D'ÉCLAT, et qui n'était pas garnie d'un fer ou d'une pointe. — TURPIN (1783, O, p. 351) dit qu'il y avait des Hastes de deux sortes, l'une à HAMPE longue , l'autre à hampe courte ; il confond en cela la Haste et la DEMI-PIQUE. — Les ROMAINS appelaient génériquement Hastes les DARDS A MAIN , ÉPIEUX, FRAMÉES, JAVELINES, JAVELOTS, PILES (PILUM) ; mais techniquement la Haste devint le nom des ARMES PROJECTILES des HASTAIRES avant qu'ils ne fussent en MANIPULES, et des VÉLITES des LÉGIONS ; cette ARME avait un FER faible, et qui, par sa ténuité, se changeait à l'instant du choc en une sorte de hameçon; par là il devenait impropre à resservir et à armer l'ennemi. — La Haste des VÉLITES avait, suivant POLYBE (150 avant J.-C.; liv. VI, chap. 20), une HAMPE de deux pieds deux pouces de longueur (deux coudées); son diamètre était d'un doigt; son FER avait environ huit pouces de long (un spithame). — Les traducteurs et le langage moderne ont appliqué le mot Haste nonseulement aux grandes ARMES PROJECTILES A POINTE, mais également à la PIQUE, à la SARISSE et aux autres longues ARMES A POINTE qu'on n'emploie pas comme PROJECTILES; ainsi, en ITALIEN, *asta* signifie arme de la nature des LANCES; mais les modernes ont faussé l'acception primitive du terme en le généralisant ainsi.

HASTE SANGLANTE. V. HASTE. V. PILLAGE. V. SANGLANT. V. SIGNAL STRATEUMATIQUE.

HASTEMBECKE ; HASTINGS. V. NOMS PROPRES.

HAUBER, subs. masc. V. HAUBERT.

HAUBERC, subs. masc. V. HAUBERT.

HAUBERCOT, subs. masc. V. HAUBERT.

HAUBERE, subs. masc. V. HAUBERT.

HAUBEREAU, subs. masc. V. HAUBERT.

HAUBERG, subs. masc. V. HAUBERT.

HAUBERGE, subs. masc. V. HAUBERT.

HAUBERGENIER, subs. masc. V. HAUBERT.

HAUBERGEON, subs. masc. V. BANNERET N° 5. V. FIEF. V. HAUBERT. V. JAQUE DE MAILLES. V. POURPOINT. V. SERGENT MILITAIRE.

HAUBERGEONIER, subs. masc. V. ARMURE. V. HAUBERT.

HAUBERGERIE, subs. fém. V. HARNOIS. V. HAUBERT.

HAUBERGIÉ, subs. masc. et adj. V. HAUBERT.

HAUBERGIER, subs. masc. V. HAUBERT.

HAUBERGON, subs. masc. V. HAUBERT.

HAUBERION, subs. masc. V. HAUBERT.

HAUBERJON, subs. masc. V. HAUBERT.

HAUBERK, subs. masc. V. HAUBERT.

HAUBERS, subs. masc. V. HAUBERT.

HAUBERT, subs. masc. V. A H... V. FIEF DE H... V. PLASTRON DE H...

HAUBERT (F), OU ALBERC, OU ALBERT, AOUSBER, AUBER, AUBERGEON, AUBERGUE, AUBERJON, AUBERT, AUSBER, AUSBERG, BERG, BRUGNE, OU CHEMISE DE FER, OU CHEMISE DE MAILLES, OU CUIRASSE, OU CUIRIE, OU GOLETTE, HABERC, HABERGE, HABERGEON, HABERGON, HABERJON, HABERT, HABERZ, HABOURJON, HALBERC, HALBERS, HAUBER, HAUBERC, HAUBERCOT, HAUBERE, HAUBERG, HAUBERGE, HAUBERGEON, HAUBERGON, HAUBERJON, HAUBERION, HAUBERK, HAUBERS, HAUBREGON, HAUBREION, HAUL-

BERGEON, HAULBERT, HAULTBERGEON, HAULTBER, HAUTBERT, HAUTBERGEON, HAUTBERS, HAUTBERT, HAUTHERTS, HOBERGEON, OU JACQUE, OU JAQUE, OU JASERON, OU LORIQUE suivant FAUCHET. Ces différentes locutions se trouvent dans BARBAZAN, BENETON (1741, A), BOREL (Pierre), CARRÉ (1783, E), CASENEUVE, DUCANGE, ENCYCLOPÉDIE (1751, C; 1785, C), FAUCHET, GANEAU, JOINVILLE, LAURIÈRE, le *Journal de l'Institut historique* (t. VI, p. 207), LACURNE, ROQUEFORT, SERVAN (1780, B), VELLY. — Le grand nombre des synonymes qui répondent au substantif Haubert sont, comme nous l'avons déjà dit à plusieurs occasions (préface, p. 10, note), la preuve sûre, la vraie pierre de touche de l'importance qu'on a attachée à la chose et au mot; en effet les Hauberts ont gouverné l'EUROPE occidentale. — Ce mot répondait au LATIN barbare *albergellum*, *arbellergum*, *habergellum*, *halbergium*, *halsberga*, *halsbergium*, *halsperga*, *harbergellum*, *haubergellum*, et, suivant GANEAU, *ausbergotum*, *osbergum*. Ces termes, qui se retrouvent dans l'ITALIEN *usbergo*, étaient, suivant SPELMAN, une traduction du GAULOIS. CASENEUVE, DUCANGE, VOSSIUS, les tirent du FRANCO-TEUTON *haltz*, et *bergen*, *pergen*, couvrir; BARBAZAN et FAUCHET les dérivent avec peu de vraisemblance de *albus*, blanc, *albarium*, *alburnum*. BENETON (1741, A), Loyseau et RAGUEAU les forment de HAUT-BER (HAUT-BARON), homme (ber, bers, bert), d'un rang élevé. GÉBELIN en dérive le dépréciatif HOBEREAU, qui a aussi signifié FAUCON, parce que la fauconnerie était un droit et un plaisir nobiliaires. M. Allou et M. Meyrick pensent que c'est à tort qu'on a fait venir Haubert de hault ber, ou haut baron; il est indubitable, pourtant, qu'il y a eu un intime et palpable rapport entre ces expressions. — Le mot Haubert a eu des significations diverses; dans la MILICE FRANÇAISE, il n'est possible de s'en rendre compte et de les saisir complétement qu'en s'appliquant à concilier des opinions contradictoires en apparence. — Qu'on nous permette d'exposer ici quelques observations qui n'ont pas encore été faites. — Pour discerner la véritable origine du mot qui nous occupe, il faudrait découvrir si HAUBERG, signifiant hôtellerie, HAUBERGE, dont les modernes ont fait auberge, est plus ancien que Haubert signifiant ARME DÉFENSIVE; mais il est certain que ces termes se sont écrits et prononcés de même, et qu'ils viennent d'une souche commune; peut-être leur similitude résulte-t-elle de ce que nous allons dire. — Le droit de HAUBERGE ou de hébergement était un droit imposé au VASSAL par le SEIGNEUR. Dans la chaîne non interrompue de la FÉODALITÉ, on appelait HAUBERGES tous les CHATEAUX, soit de VASSAUX, soit de SUZERAINS, excepté peut-être celui ou ceux du ROI. Ce qu'on nommait droit de Haubert, consistant à prendre gîte chez le VASSAL, à vivre sur lui, ce droit était inhérent à celui de porter la COTTE DE MAILLES, dont l'usage était interdit aux hommes non FIEFFÉS ; de là la synonymie de COTTE, de HAUBERGE et de Haubert ; ce dernier mot se prenant comme une abréviation de l'expression droit d'AUBERGE ou de hauberge. — DELAROQUE semble partager cette opinion en disant (p. 39) que Haubert, CHATEAU et FORTERESSE étaient une même chose. — Dans le dernier siècle, le droit français consacrait encore que *le Roi a droit de gîte dans tous les monastères de fondation royale.* C'était une trace de l'ancien hébergement féodal, parce que le FIEF était regardé comme fondateur de l'ARRIÈRE-FIEF. — On appelait HAUBERGERIE, comme on le voit dans GALLAND, les ornements ou le genre des HARNOIS du CHEVAL DE BATAILLE d'un HAUT BER. — Toutes les ARMES du MOYEN AGE ont été également le nom des personnages qui portaient ces ARMES ; on a appelé ARMURES, les GUERRIERS armés de fer ; baunet, l'homme coiffé de ce genre de casque ; topadon, le soldat pourvu de cette arme blanche ; hoqueton et maheutre, le soldat vêtu du hoqueton ou maheutre. Par une analogie visible, on a qualifié de hautber le personnage portant une BRUGNE, une BRUNIE d'un certain genre, et de même on a indiqué sous le nom de Haubert cette COTTE ou SAYON à MAILLES. — On voit dans le roman de Perceval que le Haubert s'est pris pour COTTE, témoin ce vers :

> Et le haubert a endossé.

Mais, si ce simple mot n'a pas absolument répondu en tout temps à la signification de COTTE DE MAILLES, son composé HAUBERGEON et les analogues ont toujours exprimé un vêtement. C'est positivement dans ce sens qu'il est question, pendant le MOYEN AGE, du HAUBERGEON à CHAPE des VARLETS ; la BRIGANDINE à écailles des COULEVRINIERS, la CUIRASSE des CHEVALIERS et des ECCLÉSIASTIQUES guerriers, etc., ont été des espèces de haubergeons. — Les malentendus à l'égard des Hauberts viennent de ce que des ÉCRIVAINS modernes n'ont considéré le terme que comme la qualification d'une classe sociale d'individus, tandis que d'autres n'y ont vu que la dénomination d'un domaine, d'un manoir ou d'un genre d'ARMES ; l'acception a donc été triple ; savoir : PIÈCE D'ARMURE,

hômme ARMÉ, domicile ou lieu de gîte de l'homme ainsi ARMÉ. — Prenons d'abord le mot dans son sens le plus général, c'est-à-dire appliqué à un instrument portatif de guerre. — Le Haubert succède au SAYON ou JAQUE, c'est-à-dire à la CHEMISE ou camisole de cuir, seul accoutrement des simples soldats de la PREMIÈRE RACE ; cette CHEMISE commence, vers le règne de CHARLEMAGNE, à se couvrir d'un tricot de fer. Voilà pourquoi FAUCHET dit que c'était la cuirasse des LEUDES et CHEVALIERS. — Suivant l'opinion de JABRO (1777, G, au mot *Uniforme*), le Haubert ne fut pas substitué, depuis CHARLEMAGNE, au SAYON, mais le Haubert fut un SAYON maillé qui se mit par-dessus l'ancien ; les SAYONS consolidés par un TRESLICE, ornés, *blanchis, menus-mailliez*, comme on disait depuis l'introduction du langage français, deviennent, ainsi que le HEAUME, le vêtement, l'INSIGNE et la MARQUE DISTINCTIVE des GUERRIERS revêtus du pouvoir. — Quelques AUTEURS ont supposé que le Haubert, c'est-à-dire la COTTE DE MAILLES ou à ÉCAILLES, avait été apporté par les NORMANDS, parce que la colonne Trajane témoigne que c'était un costume de SCYTHE et de SARMATE. — Mais la COTTE DE MAILLES était en usage dès le siècle où vivait GRÉGOIRE DE TOURS, elle prit successivement divers accessoires ; mais on n'est pas précisément sûr du temps où ces additions y furent faites ; probablement c'est sous PHILIPPE AUGUSTE. Suivant d'autres opinions, c'est vers 1100 que l'on adjoignit au Haubert des manches et un chaperon. Ainsi le Haubert ne couvrait d'abord que le buste ; peu à peu il y fut attaché un CHAPERON, ou CAPUCHON, ou CHEVESCHE à LAMBREQUINS (suivant ROQUEFORT), des BRASSARDS ou MANCHES, un GORGERIN, des GANTELETS, des CHAUSSES. C'est probablement cet ensemble de PIÈCES que désignait le vieux proverbe : *Maille à maille se fait le Haubert.* — La longueur et le poids de cette ARME DÉFENSIVE varièrent considérablement ; en général elle était en forme de CHEMISE, fendue verticalement de chaque côté, à la hauteur de la CEINTURE, et formant par-devant un tablier qui tombait au-dessus des genoux ou à mi-jambe. Cette fente était ce qu'on nommait le DÉFAUT ; mais il y eut aussi, nous en avons vu, des Hauberts en forme de redingotes boutonnant ou agrafant droit. — On revêtait le Haubert par-dessus le GAMBESON ; quelquefois il recouvrait un petit PLASTRON nommé PLATINE ou PLATE. — Depuis l'invention de la COTTE D'ARMES, le Haubert était en partie caché par cette COTTE. — En route, le Haubert se portait roulé en trousse et attaché derrière la selle d'un cheval de suite.

L'homme ne devait en effet s'en charger que quand la nécessité l'exigeait, à cause du poids insupportable de cette ARMURE. CARRÉ (1785, E, p. 450) assure en avoir soulevé aux antiques de Sédan qui pesaient quarante livres. — JOINVILLE dit que, en 1245, il n'avait pas encore revêtu le Haubert, parce qu'il n'était pas encore armé CHEVALIER; ce même écrivain témoigne dans l'*Histoire de saint Louis*, qu'il y avait des HAUBERTS A TOURNOYER et des HAUBERTS DE GUERRE. On appelait HAUBERGEONS, dit M. ALLOU, de petits Hauberts; il en est mention dans GUILLAUME GUYART. — Les possesseurs de FIEFS, dit HALLAM, étaient couverts de COTTES DE MAILLES; cet écrivain se fût exprimé plus exactement en disant qu'ils avaient le Haubert; car les ÉCUYERS aussi et même l'INFANTERIE portaient des COTTES DE MAILLES, mais non le Haubert; cependant il s'est vu des ÉCUYERS le vêtir en vertu du droit de FIEF DE HAUBERT. — En FRANCE, le Haubert a été porté depuis l'érection des FIEFS; il a été consacré comme costume distinctif dans les *establissemens* (la charte féodale) *de saint Louis*. — Le mot a été en grand usage jusqu'au milieu du quatorzième siècle; mais la forme de la chose a grandement varié; il a été à chausses ou sans chausses, collant ou flottant; à MANCHES ou sans MANCHES, à CAMAIL ou non. Dans les douzième et treizième siècles, et jusqu'en 1320 à 1330, ses MANCHES couvraient le bout des doigts. — On n'en faisait presque plus usage sous les successeurs de Philippe le Bel. La mode s'en est tout à fait évanouie sous le règne de CHARLES CINQ; la CEINTURE MILITAIRE, qui en était inséparable, disparut vers le même temps; le costume de mailles fut remplacé par l'ARMURE PLATE et à CUIRASSE DE FER PLEIN dont l'usage avait commencé à s'introduire au commencement du quatorzième siècle. — DANIEL (1721, A, t. I, p. 45) cite cette formule de la loi du ban : *Omnis homo de duodecim mansis bruniam habeat*. Que tout possesseur de douze métairies ait la BRUGNE (le Haubert). Aussi, en Normandie, ce nombre de douze métairies établissait le FIEF DE HAUBERT. — GOETZMANN (t. I, p. 16) dit que l'ensemble du GAMBESON, de la COTTE DE MAILLES et de la COTTE D'ARMES, constituait le Haubert : l'assertion n'est pas complétement exacte. — L'ENCYCLOPÉDIE (1785, C, t. I, p. 146) ne regarde la COTTE que comme une partie du Haubert, et cite de vieux documents qui donnent à croire que les ÉCUYERS n'avaient pas le droit de porter le Haubert; cela voulait dire seulement que quelques PIÈCES DE MAILLES leur étaient interdites, telles que la

coiffe (CHAPERON), les *brachères* (BRASSARDS), les *chausses* (caleçons); mais ils pouvaient porter la COTTE; du moins il y eut des temps et des pays où il en fut ainsi. — Suivant DELAROQUE (1676, p. 59), qui s'appuie sur FAUCHET, le Haubert comprenait *la cotte de mailles à manches et à gorgerin, la cuirasse, corset, et corselet;* mais cette explication n'est pas claire, elle amène cependant à induire des locutions : droit de Haubert, FIEF DE HAUBERT (*feudum loricæ*), qu'il s'agissait de l'ensemble des ARMES LIBRES, et de ce qui couvrait et défendait le buste d'un GUERRIER appartenant à la classe privilégiée; ainsi, c'eût été le PLASTRON ou la PLATE, le GAMBESON, la COTTE DE MAILLES avec ses accessoires et la COTTE D'ARMES; mais, comme la COTTE D'ARMES n'est pas d'une haute ancienneté, et que le PLASTRON était caché, c'est à la PIÈCE qui fut d'abord et longtemps apparente, c'est à une COTTE DE MAILLES d'un travail précieux et en usage parmi des classes dominantes de la FÉODALITÉ que le nom de Haubert s'est donné le plus universellement. C'est le sentiment de DUCANGE. — Quant au perfectionnement du travail des MAILLES, on en a la preuve dans le roman de Guillaume au court-nez; on y voit que l'épithéte ordinaire du Haubert était l'adjectif doublier (à MAILLES doubles); mais il y en avait de tissus en trois et même en quatre MAILLES; était-ce ce qu'on appelait Hauberts menus-mailliez? Il y avait même des JASERANS en or. — Le Haubert, suivant l'ordre des idées qui viennent d'être développées, était l'ARME DÉFENSIVE des NOBLES, des SEIGNEURS, des GENTILSHOMMES, des BARONS possesseurs de FIEFS, ainsi que des CHEVALIERS DU MOYEN AGE; il a donné naissance aux termes AUBERGÉ, AUBERGIÉ, HAUBERGIÉ, HAUBERGIER, HAUT-BERGIER, qui s'appliquaient aux porteurs de Haubert, aux GUERRIERS armés en vertu d'un droit terrien; c'est ainsi que l'explique BOREL (Pierre), et c'est ce que le latin RENDAIT par *lorica*. — LELABOUREUR (*Histoire de la pairie*, p. 179) se trompe donc quand il regarde un FIEF DE HAUBERT comme un fief d'ÉCUYER. On peut opposer à son opinion ce qui est énoncé dans les ESTABLISSEMENTS DE SAINT-LOUIS. — Le terme Haubert, pris dans le sens d'ARMURE, quelque simple ou compliquée qu'elle soit, a produit le substantif HAUBERGENIERS, HAUBERGEONNIER, qui, suivant ROQUEFORT, signifiaient fabricant de Hauberts ou marchand TRÉFILIER. A la même racine se rattache HAUBERGERIE, qui signifiait, comme le démontre CASENEUVE, HARNOIS DE MAILLES du CHEVAL, ou AUBERGINE; quant au substantif HAUBERGIER, il signifiait VASSAL à HAUBER-

GEON, homme de HAUBERT. — LACURNE affirme qu'il y avait des Hauberts armoriés ; mais c'étaient surtout les COTTES D'ARMES qui portaient les ARMOIRIES. — Suivant M. ALLOU, au treizième et au quatorzième siècles, quantité de HAUBERGEONIERS fabriquaient des Hauberts, des HAUBERGEONS. — Le Haubert convenait mal au jeu de la LANCE, parce qu'il n'était pas accompagné d'un ARRÊT DE LANCE qui la soutînt, et que la pointe de l'arme de l'ENNEMI s'engageant dans l'interstice des MAILLES, le cavalier ainsi accroché en était désarçonné. Cette considération, mais bien plus encore son insuffisance contre les ARMES A FEU en amenèrent l'abolition. — FAUCHET place en l'an 1350 l'extinction de l'usage du Haubert. Il en est cependant question plus tard encore. Elle eut lieu peu à peu de 1294 à 1380. JABRO (1777, G, au mot *Uniforme*) est d'avis que l'armure plate l'avait remplacé sous CHARLES SIX ; mais, avant ce règne, le Haubert était tout à fait abandonné. — Le RÈGLEMENT DE 1351 (DERNIER AVRIL) témoigne que le mot HAUBERGEON, d'abord synonyme de Haubert, pris comme VÊTEMENT de GENTILHOMME, s'appliquait, non plus aux seuls NOBLES, mais à des soldats qu'on nommait HAUBERGEONS pour les distinguer des GENS D'ARMES. Des VALETS portaient haubergeons. Un HAUBERGEON était moins qu'un GENDARME. — M. DE BARANTE témoigne que, en 1467, des FLAMANDS de la classe la moins élevée, portaient *haubergeon de fer ;* depuis que la NOBLESSE avait pris L'ARMURE PLATE, le HAUBERGEON était resté aux VILAINS. — TURPIN (1785, O, t. I, p. 406) prétend que le Haubert ne date que de CHARLES SEPT, et qu'il avait pour objet de distinguer les GENDARMES des cavaliers ARMÉS DE PIED EN CAP ; mais, en cela comme en tant d'autres questions, TURPIN tombe dans une erreur inexcusable. — Nous avons suffisamment donné idée des Hauberts en les considérant comme CHATEAUX OU FORTERESSES ; prenons maintenant le terme comme représentant une classe de personnages ou d'OFFICIERS. — Le hautber, ou HAUT-BARON, ou NOBLE, tenant un FIEF DE HAUBERT, était obligé de suivre à la guerre son SUZERAIN, et de le servir en s'armant de toutes pièces, ou, comme on disait, avec PLEINES ARMES, ou bien il devait lui fournir un certain nombre de GUERRIERS ainsi ARMÉS. — Le terme Haubert, considéré comme signifiant SEIGNEUR de FIEF, a pris pour diminutif ou dépréciatif les substantifs HAUBEREAU, HOBEREAU, comme on a dit plus tard gentillâtre ; c'est du moins une des suppositions de l'étymologie de hobereau ; mais ce n'est pas la seule. — LAURIÈRE et Ragueau ne sont pas

d'accord sur la question de savoir si hautber signifiait SEIGNEUR relevant directement d'un prince souverain ; LAURIÈRE prétend qu'un FIEF DE HAUBERT pouvait être tenu de *baronnie ; la baronnie de la comté ; la comté de la duché ; la duché du roy.* — Suivant ce même AUTEUR, FIEF DE HAUBERT et FIEF DE CHEVALIER eussent été même chose ; et également quelques AUTEURS ont attaché un même sens à BAUDRIER et à Haubert, parce qu'on appelait CHEVALIER DU BAUDRIER les privilégiés à Haubert. — Les AUTEURS qu'on peut consulter à l'égard du Haubert sont : M. ALLOU, BOREL (Pierre), CARRÉ (1785, E), DANIEL (1721, A), DELAROQUE (1676), DESPAGNAC (1751, D), DUCANGE, ENCYCLOPÉDIE (1751, C), FAUCHET, GOETZMAN, JABRO (1777, G), LACHESNAIE (1758, I), LAURIÈRE, LECOUTURIER (1825, A), LELABOUREUR, MAIZEROY (1765, B), POTIER (1779, X), RAY DE SAINT-GENIEZ (1755, A), SERVAN (1780, B), SKINNER, SPELMAN, VELLY, WACHTER, l'*Echo britannique.*

HAUBERT A TOURNOYER. V. A TOURNOYER. V. HAUBERT.

HAUBERT de GUERRE. V. GUERRE. V. HAUBERT.

HAUBREION, subs. masc. V. HAUBERT.

HAUBETZ, subs. masc. V. OBUSIER.

HAUBITZE, subs. masc. V. OBUS.

HAUCTON, subs. masc. V. HOQUETON.

HAUF ; **HAUG** ; **HAUKSBÉE** ; **HAUKWOOD**. V. NOMS PROPRES.

HAULBERGEON, subs. masc. V. HAUBERT.

HAULBERT, subs. masc. V. HAUBERT.

HAULME, subs. masc. V. HEAUME.

HAULTBERGEON, subs. masc. V. HAUBERT.

HAULTBERT, subs. masc. V. HAUBERT.

HAULTE, subs. fém. V. HAMPE.

HAUME, subs. masc. V. HEAUME.

HAUNET, subs. masc. (F). Mot dont on ne connaît ni l'origine, ni la vraie signification. BOREL (Pierre) suppose, sans raison, que le Haunet était la même chose que le COTEREL. DANIEL (1721, A), l'ENCYCLOPÉDIE (1785, C), GANEAU (au mot *Arme*) en font mention sans l'expliquer. Il en est question dans le roman intitulé l'*Outillement du vilain :* le Haunet y est pris par opposition au COTEREL. — Nous sommes fondés à croire que ce substantif Haunet est un barbarisme et que des copistes inattentifs auront pris HAVET, HAUVET, pour Haunet. La vieille LANGUE MILITAIRE est pleine de grossières fautes de cette même nature. Quantité de termes qui n'ont jamais régulièrement existé se sont ainsi consacrés.

HAUQUEBOS, subs. masc. V. PIQUE.

HAUQUETON, subs. masc. v. HOQUE-
TON.

HAUSER. v. NOMS PROPRES.

HAUSSE-COL, subs. masc. v. COL. v.
HAUSSECOL.

HAUSSE-COU. subs. masc. v. COU. v.
HAUSSECOU.

HAUSSE (subs. fém.) d'ARTILLERIE. v.
ARTILLERIE. v. ARTILLERIE D'ARMEMENT. v. BUT
EN BLANC.

HAUSSE de CARABINE. v. BUT EN BLANC
ARTIFICIEL. v. CARABINE.

HAUSSE de PANTALON. v. CANON DE PAN-
TALON. v. PANTALON.

HAUSSE de TIR. v. BUT EN BLANC ARTI-
FICIEL. v. TIR. v. TIR D'ARTILLERIE.

HAUSSE PARABALLE (F). Sorte de BOU-
CLIER D'ARTILLEUR que mentionne M. MEYER
(MORITZ). En 1726, dit-il, on ajustait aux
PIÈCES DE REMPART (mais il n'indique pas en
quel pays, c'était surtout en ALLEMAGNE)
une plaque verticale et parallèle à l'ENNEMI,
*qui mettait le pointeur à couvert des
feux de mousqueterie.*

HAUSSECOL, subs. masc. (B, 1) (ou
HAUSSE-COL, avec une cédille) ou HAUSSE-COU;
ces deux locutions, dont l'étymologie est
toute française, quoi qu'en dise CASENEUVE,
s'expliquent d'elles-mêmes; elles ont eu, d'a-
bord, un sens pareil, maintenant leur emploi diffère; on a continué à nommer HAUS-
SE-COU, la PIÈCE de l'ARMURE PLATE, autrefois désignée ainsi, tandis que les ordonnances appellent Haussecol, la MARQUE
DISTINCTIVE qui est une imitation en petit du
HAUSSE-COU des CHEVALIERS, ou du moins une
trace de l'usage qu'ils faisaient de cette partie de la CUIRASSE ou de la COTTE DE MAILLES.
— L'Académie ne donne pas de pluriel au
mot Haussecol. — L'ARMURE ayant à peine
servi à l'INFANTERIE et ayant été à l'usage
des HOMMES DE CHEVAL pendant une longue
durée de siècles, on a lieu de s'étonner que
le Haussecol soit resté aux OFFICIERS D'IN-
FANTERIE, comme SIGNE DISTINCTIF, tandis
que les OFFICIERS de la CAVALERIE moderne
ne l'ont jamais porté. — Une autre remarque n'est pas moins étonnante : la portion des
FANTASSINS qui combattaient à COUPS DE FEU
n'a jamais été FERVESTIE, comme on disait
jadis, et pourtant le Haussecol appartient
au costume des OFFICIERS qui commandent
des corps analogues aux anciens arquebusiers.
— On n'est pas moins surpris que le Haussecol soit de cuivre, puisque les ARMURES
dont il est un vestige, étaient autrefois de
fer et rarement accompagnées de dorures.
— Aussi dans les MILICES ÉTRANGÈRES, dans
celle des Suisses, dans nos corps franco-

étrangers, le Haussecol était encore blanc
ou d'acier, pendant tout le dernier siècle;
jusqu'en 1792 celui des GARDES SUISSES,
fabriqué d'abord en acier, était en cuivre
argenté ; sa dimension, plus grande que dans
le reste de l'INFANTERIE DE BATAILLE, rappelait davantage les formes de la PIÈCE de
l'ARMURE PLATE qui en avait, autrefois, été
le modèle. — Enfin, on se demande à quoi
servait originairement le Haussecol, puisque l'ESPONTON était alors le véritable signe du
SERVICE de l'OFFICIER placé à la tête des
soldats en armes ; nous essayerons de satisfaire à ces questions. — M. de CESSAC
(ENCYCLOPÉDIE, 1785, C) dit qu'à la suppression de l'ARMURE les OFFICIERS ne gar-
dèrent le Haussecol que parce que c'était
le seul moyen de les distinguer dans un
temps où l'uniformité des HABITS n'était pas
encore inventée. Cette proposition est-elle
exacte, ou du moins est-elle complète? Il
fallait dire que c'était dans le SERVICE des
RONDES ou dans la fonction de JUGE MILITAIRE
que le Haussecol signalait l'OFFICIER, en
fonctions actives, tandis que l'ESPONTON était
l'attribut du SERVICE les armes à la main.
— Le même AUTEUR dit qu'on n'a gardé le
Haussecol depuis l'invention de l'UNIFORME,
que parce que la distinction au moyen des
ÉPAULETTES n'était pas encore imaginée;
mais comment les OFFICIERS DE CAVALERIE
furent-ils dispensés de porter le Haussecol,
puisque c'était vraiment eux qui, vus de
loin, n'avaient rien qui les distinguât des
HOMMES DE TROUPE armés de la même manière qu'eux, et FERVESTIS pendant une si
longue durée de temps. — Ces bizarreries
tenaient à des modes que les ÉCRIVAINS n'ont
pas pris la peine d'éclaircir, et tels d'entre
eux ont divagué sur ces sujets. Ainsi, tout
ce qu'on lit dans AUDOIN (t. III, p. 54) qui
attribue à DARGENSON l'invention du Haussecol, est autant de rêveries. M. BERRIAT
(1812, t. I, introd.), qui le dit inventé peu
avant 1759, se trompe de même. — Abor-
dons la question prise à sa racine. — Dans
le cours du dix-septième siècle, comme on
le voit dans GAYA (1678, B), les PIQUIERS
FRANÇAIS, tant OFFICIERS que soldats, portaient encore l'ARMURE; les MOUSQUETAIRES
ne la portaient pas, mais ils n'étaient qu'une
fraction des COMPAGNIES DE PIQUIERS et par
conséquent n'avaient pas d'OFFICIERS à part,
et obéissaient à ceux des PIQUIERS. — Quand
l'ARME A FEU prévalut et fit abolir la PIQUE,
l'ARMURE cessa d'être en usage chez les
HOMMES DE TROUPE, puisque tous ils devinrent
MOUSQUETAIRES et quittèrent par conséquent
les ARMES DÉFENSIVES; mais l'OFFICIER continua à porter une ARMURE, comme le prouve

Manesson (1685, B, t. iii, p. 42), parce qu'il continuait à être en quelque sorte un piquier, un militaire à pique et ensuite à demi-pique. Ainsi, le corselet à Haussecol continua à être un des attributs distinctifs du droit de commandement, par la raison que l'arme à lame et le piquier qui s'en servait étaient, par la puissance de l'habitude, placés en plus haute estime que la petite arme a feu, et le fusilier; les officiers de fusiliers restèrent distingués par l'esponton et le corselet. Les sergents de fusiliers restèrent piquiers, ou militaires à hallebarde. — Bientôt on se dégoûta du corselet, soit parce qu'il n'y avait plus, ou presque jamais d'engagements l'épée a la main, soit par l'empire de la mode, soit à raison de la pesanteur fatigante du harnais de fer, soit par un mouvement d'une vanité honorable, qui suggéra à l'officier de se présenter aux coups de l'ennemi, sans être mieux défendu contre eux que le simple soldat. — Le besoin de distinctions apparentes se faisait cependant sentir, et le grand Haussecol, à peu près pareil à celui dont Gaya (1678, B) et Manesson (1685, B) donnent le dessin, resta de mode en France, d'autant que l'écharpe qui, dans quelques pays, tenait lieu d'une décoration analogue, venait d'être abolie chez nos ancêtres. — Despagnac (1751, D) dit qu'il y avait des pays où le Haussecol et l'écharpe ne se portaient pas en même temps, d'autres où l'on portait à la fois l'un et l'autre. — Voltaire (Disc. philos., au mot *Armes*) raconte que *Grammont, mestre de camp des gardes françaises sous d'Epernon, et le premier qui eut le nom de colonel des gardes, ne prit plus l'ordre que du roi. Il (ce monarque) installait lui-même ces colonels à la tête du régiment, en leur donnant de sa main un Haussecol doré, avec une pique et ensuite un esponton.* — Cette forme de réception d'officier, dont la mode était établie dans la maison militaire, s'introduisit dans les troupes de ligne et fut la cause de l'usage du Haussecol doré porté sans corselet. — Depuis ces époques et jusqu'à nos jours, le Haussecol est une pièce obligée du costume des officiers d'infanterie quand ils accomplissent un service personnel, soit isolé, soit commun, soit quand ils marchent aux corvées en campagne, soit quand ils sont membres des conseils de guerre ou chefs de poste, soit enfin quand ils sont à la tête d'une troupe sous les armes: cependant un point mal expliqué est de savoir si, dans le service de garnison, le capitaine et les officiers de semaine doivent, pour ce genre de fonction, porter le Haus-

secol. — Au commencement du siècle dernier, les militaires d'infanterie, dont le rang était au-dessus de celui de l'adjudant et des grades inférieurs, étaient officiers a haussecol, comme on eût dit : officiers a brevet, sauf cependant les officiers majors, comme on le voit dans Lachesnaie (1758, I) parce que le service de ceux qui étaient officiers a brevet était censé ne s'entrecouper d'aucune interruption. Ils ne portaient pas le Haussecol, dit l'Encyclopédie (1751, C), non parce qu'ils étaient à cheval, mais parce qu'ils n'avaient pas besoin de ce signe, ou de cette marque de service, pour se faire recevoir, reconnaître, rendre les honneurs, soit par les soldats isolés, soit par les postes. Il était de règle que les officiers à haussecol en fussent décorés pour prêter le serment. — Les ordonnances de 1766 (1er janvier) et de 1767 (1er avril) changèrent cette législation, et enjoignirent aux officiers de l'état-major comme aux autres de porter le Haussecol. Potier (1779, X) dit cependant que les majors et aides-majors n'en portaient pas. — Voici maintenant le côté administratif de la chose. — Lachesnaie (1758, I) a augmenté d'un vieux recueil de règlements une proposition qui a été reproduite par l'Encyclopédie (1785, C). Ce projet, resté sans exécution, consistait à tirer un parti plus profitable du Haussecol qui n'a jamais été que d'une mince utilité. A cet effet on eût gravé autour de l'écusson du Haussecol le nom, l'emploi, le régiment de l'officier, la date de sa commission ou de son brevet; par conséquent l'officier eût porté sur lui le témoignage de son véritable rang d'ancienneté. Combien d'officiers morts inconnus sur le champ de bataille dont ce genre d'inscription eût été pour la famille comme un certificat d'état civil! combien de disputes sur le pas et sur le droit de commandement dont cette mesure eût prévenu les inconvénients et le scandale! — Le règlement de 1768 (1er mars) défendait aux officiers de garde de quitter le Haussecol pendant toute la durée du service. Les officiers de ronde devaient le porter comme les chefs de poste. — L'Encyclopédie (1785, C) témoigne que dans la guerre de Corse, l'usage du Haussecol fut interdit aux officiers français, parce que les Corses, tireurs adroits, visaient toujours de préférence aux militaires décorés du Haussecol. — Une décision de l'an cinq (4 germinal) relative au taux des indemnités allouées pour perte d'équipages ou d'effets d'uniforme évaluait à six francs le prix du Haussecol. — Sous le régime impérial, l'effigie de Bonaparte est l'écusson du Haussecol. La mode, non la loi, en décidait. — L'ordonnance de 1815 (23 septembre) dispose qu'à l'avenir le Haussecol sera le même pour tous les corps ; jusque-là, il n'existait depuis longtemps aucune régularité. — Dans cette même année le ministère de la guerre, s'éveillant après un siécle et demi d'indifférence, s'aperçoit que si le Haussecol est utile dans l'infanterie, la cavalerie a besoin d'un signe équivalent ; en conséquence une décision officielle donne aux officiers des corps de cavalerie, une giberne destinée principalement à être le signe de leur service. Les officiers de cavalerie légère de notre armée portaient déjà depuis quelques années et sans autorisation cette giberne ; elle était censée contenir des cartouches à pistolet ; mais nous en avons vu qui, en réalité, n'étaient qu'un joli nécessaire renfermant des ciseaux à ongles, une brosse à dents, un peigne à moustaches. — Le dessin et la description du Haussecol moderne se trouvent dans un ouvrage déjà cité (1818, B), mais son écusson a changé en 1830 (septembre). — Le milieu de la face extérieure du Haussecol est orné d'un écusson armorié en argent estampé ; les extrémités du corps du Haussecol sont percées de trous destinés au passage d'une ganse d'or à double brin, qui s'attache par un bout au bouton de l'épaulette, et est retenue de l'autre bout par une petite houppe qui masque le trou du Haussecol. — Autrefois cette ganse était non pas en or, mais en soie, de la couleur des revers. — La décision de 1821 (6 mars) regarde le Haussecol comme un effet de grand équipement de l'officier d'infanterie. Les décisions de la même année (6 février et 24 mars) le classent dans la grande tenue. La circulaire de 1830 (11 septembre) y place l'image du coq gaulois.

HAUSSECOU, subs. masc. (F), ou collet de mailles, ou gorgerette, ou gorgerin, ou gorgeron, ou gorgies, ou gorgière, ou haussecou. Le mot Haussecou a donné naissance au substantif haussecol dont il diffère comme nous l'avons expliqué ; il diffère aussi du gorgerin comme nous l'avons dit. — Quand on parlait encore latin il s'appelait : *collare* ou *focale ;* il exprimait originairement une arme défensive portative qui, quelquefois, tenait au capuchon, ou au chaperon de mailles, et qui quelquefois en était séparé. — Le haussecou de mailles a été à l'usage des chevaliers, puis de la cavalerie, et ensuite à l'usage des fantassins ; c'était dans le principe un collet de mailles, comme on l'a vu au mot angon a main ; sa forme alors répondait à celle d'un collet de pèlerin, car il en-

tourait le col du guerrier et retombait autant par derrière que par devant. Il paraîtrait, d'après les dessins de M. de Willemin, qu'il y a eu des Haussecous en manière de fraise. D'autres images en sont représentées par M. Planché. — Depuis l'adoption de la cuirasse de fer plein, il y avait des Haussecous comparables à l'abat-jour d'une lampe qui s'ouvrirait à charnière ; cette pièce emboîtait la poitrine et les épaules ; mais elle pendait plus bas par devant que par derrière, elle recouvrait en partie les épaulières, ou quelquefois les supportait, et était elle-même recouverte en partie par le gorgerin. — Quand le Haussecou était assez grand pour enfermer les pectoraux, il s'appelait hanapier. — Quelquefois la cuirasse était sans Haussecou, ou plutôt le Haussecou était partie intégrante du grand casque ou heaume ; il était comme le prolongement inférieur du gorgerin, quelquefois même du nasal ; mais si le Haussecou formait pièce à part du heaume, il se rattachait au gorgerin ; s'il se composait d'une grande plaque de métal, il se nommait en ce cas hanapier, ou bien le hanapier était le devant du Haussecou ; s'il se portait avec un heaume à chaperon, il était recouvert de l'extrémité de ce chaperon. — Quelquefois le Haussecou se portait par-dessus, quelquefois par-desssous la pièce d'épaule ou épaulière, quelquefois il était fixé à demeure à la cuirasse, quelquefois il était arrêté à une double épaulière qui se portait en manière d'écu, quelquefois il adhérait à la mentonnière. Il y avait des Haussecous formés de plusieurs pièces arrondies et superposées ; il y en avait d'une seule pièce ; quelquefois il se fixait à demeure au plastron, soit en s'accrochant à un bouton, soit par d'autres moyens ; dans ce cas, l'homme d'armes était privé de la liberté de tourner la tête, et ne pouvait mouvoir son buste que tout d'une pièce. — Quand le halecret ou le corselet devint la cuirasse d'infanterie, ces armures furent accompagnées du Haussecou ; devenu plus petit, ce ne fut plus un hanapier. Le halecret des hommes de troupes cessa ensuite d'avoir un Haussecou ; mais le halecret des officiers en conserva un, comme le témoigne Guignard (1725, B) ; c'est ce dernier Haussecou qui s'est perpétué jusqu'à nos jours, et qui s'appelle actuellement haussecol.

HAUSSECOU de mailles. v. haussecou. v. mailles.

HAUSTE, subs. fém. v. hampe.

HAUT (haute), adj. v. batterie h... v. flanc h... v. hauteur. v. pièce h... v. place h... v. selle h...

HAUT baron. v. baron n° 1. v. cotte de mailles. v. haubert.

HAUT bois. v. bois. v. hautbois.

HAUT bruit. v. appel de h... v. bruit. v. cor de h... v. instrument de h... v. musique de h... v. ordonnance d'exercice d'infanterie.

HAUT chevalier. v. chevalier. v. chevalier du moyen age n° 7.

HAUT fait, v. action d'éclat. v. adoption. v. fait. v. torquat.

HAUT de chausses. v. chausses. v. haut-de-chausses (en un seul mot). v. milice anglaise n° 4.

HAUT de porte. v. porte. v. porte de demi-lune. v. sentinelle de haut de porte.

HAUT justicier, adj. v. gentilhomme h... v. justicier. v. noblesse. v. seigneur. h...

HAUT la pique. v. halte. v. pique.

HAUT le bois. v. alte. v. bois. v. bois d'ast. v. halte. v. pique.

HAUT le pied. v. haut-le-pied. v. pied.

HAUT les armes, interj. v. armes. v. esponton. v. haut-les-armes.

HAUT, subs. masc. v. en haut.

HAUTBER, subs. masc. v. haubert.

HAUTBERGEON, subs. masc. v. haubert.

HAUTBERGIER, subs. masc. v. haubert.

HAUTBERS, subs. masc. v. haubert.

HAUTBERT, subs. masc. v. haubert.

HAUTBOIS, subs. masc. (F), ou hautbois, c'est-à-dire instrument a vent d'un ton élevé et propre à jouer le dessus du basson et des batteries de caisse. Il va être traité à part du hautbois homme, ou idioplique, ou instrumentiste. — Le Hautbois est un terme dont l'étymologie se rattache en partie au latin *altus*, qu'on a d'abord traduit par hault; il exprimait un instrument en bois de buis à anche, à clef, à petit pavillon; l'usage s'en est introduit dans la musique de haut bruit des troupes françaises, du propre mouvement des chefs des corps. — De petits Hautbois accompagnaient, suivant Eggers (1751, B), les caisses des pandoures; il en avait été donné de même aux dragons français. — Gaya (1678, B) témoigne que, dans le dix-septième siècle, l'infanterie française n'avait pour instruments que des tambours, des fifres et des Hautbois. — L'expression Hautbois n'était pas d'une exactitude absolue, puisque le Hautbois était le dessus du tambour comme le fifre était le dessus du Hautbois. — Le Hautbois ne fut pas conservé dans l'infanterie; l'ordonnance de 1683 (18 janvier)

défendit expressément d'en tolérer l'usage, et de reconnaître et passer dans les revues les musiciens ou soldats qui en jouaient; les chefs de corps ne tinrent pas longtemps compte de cette prohibition. — La légion des hullans du maréchal de Saxe avait des Hautbois; ils faisaient partie d'une musique turque. — Lachesnaie (1758, I) témoigne que, de son temps, il y avait des Hautbois *dans quelques compagnies franches, dans quelques corps, mais entretenus par le colonel;* car le gouvernement et les troupes étaient en lutte continuelle en fait de dépenses de luxe, mais l'opiniâtreté des sollicitations et la toute-puissance de la mode finissent toujours par vaincre la molle résistance des ministres. — Une transaction eut lieu en faveur d'un corps privilégié; les mousquétaires de la maison eurent, depuis 1663, des Hautbois reconnus. L'ordonnance de 1772 (16 février) en avait doublé le nombre en les portant à quatre par compagnie. — La musique des gardes françaises fut la première où les Hautbois commencèrent à jouer dans l'intervalle des batteries au lieu d'être le chant obligé de la musique de haut bruit; ils appartenaient ainsi à la musique d'harmonie. — Les ordonnances de 1766 (19 avril), de 1767 (25 avril), de 1774 (19 juin), 1772 (9 juin), 1775 (30 mai), 1779 (21 février) reconnaissaient des clarinets (joueurs de Hautbois) dans les régiments d'infanterie. Les bureaux du ministère eurent en quelque sorte la main forcée par l'importunité des chefs des corps de ligne qui ne voulaient pas être en arrière des corps de la maison militaire. — Le Hautbois a été abandonné, parce qu'il est regardé comme de peu d'effet dans les musiques militaires; que le son qu'il rend a trop peu de volume, et que le jeu en est difficile et ingrat. — L'ordonnance de 1788 (17 mars) l'a aboli, en cessant de reconnaître des clarinets, et en établissant dans les régiments des clarinettes. — De nos jours, le jeu simultané d'instruments a embouchure et à percussion dans l'infanterie légère rappelle l'ancien système des Hautbois ayant le tambour pour basse. — Le *Spectateur militaire* (t. xx, p. 657) rapporte que, en 1835, au camp de Kalish, le roi de Prusse a eu l'agrément d'être salué par des fanfares de seize cents Hautbois russes. — M. Francœur et le *Dictionnaire de la Conversation* entrent en quelques détails touchant le Hautbois.

HAUTBOIS idioplique. v. hautbois. v. idioplique. v. tambour-major n° 1.

HAUT-DE-CHAUSSES, subs. masc. (F), ou faude suivant M. Leber (p. 19), ou

HAUT DE CHAUSSES, OU TROUSSES D'HABILLEMENT. Le mot Haut-de-chausses, dont l'étymologie ne demande pas à être expliquée, était analogue au CAMPESTRE ROMAIN, OU KILT ÉCOSSAIS, aux BRAIES de la PREMIÈRE RACE ; il exprime une partie de l'ancien HABILLEMENT D'UNIFORME des TROUPES. — Le Haut-de-chausses a succédé aux GRÈGUES amples ou aux CALEÇONS collants qui répondaient à nos PANTALONS justes ; ces CALEÇONS avaient eux-mêmes été précédés de la RABACHE. Ces vêtements s'appelaient génériquement DESSOUS. — Dans les usages militaires, le Haut-de-chausses date de la suppression de l'ARMURE de mailles et des CHAUSSES DE MAILLES ; il était, depuis le treizième siècle, une imitation de celui que les bourgeois portaient dans certains pays. Celui qui juponnait à la manière des Suisses se portait avec la CUIRASSE DE FER PLEIN. — Mais, de même qu'en Ecosse, et de nos jours encore, les OFFICIERS ont les cuisses vêtues, tandis que les SOLDATS les ont nues, en FRANCE, les SOLDATS de la classe du peuple portaient la JAQUE sans Haut-de-chausses. — Les FRANCS ARCHERS cependant avaient le Haut-de-chausses attaché au POURPOINT. Les TROUPES commençaient à se mieux vêtir. — Sous FRANÇOIS PREMIER, certains Haut-de-chausses s'appellent TROUSSES DE PAGE ; c'étaient ceux d'une forme comparable au jupon de nos danseuses de corde. — Avant HENRI DEUX, le Haut-de-chausses bouffe, se crevasse à l'ESPAGNOLE, n'enveloppe que la partie supérieure des cuisses et juponne au-dessus des CHAUSSES qu'il recouvre en bourrelet. Ainsi étaient vêtus quelques AVENTURIERS que dé-

crit BRANTOME (1600, A) : ils avaient une jambe ou les jambes nues , et *portoient leurs bas deschaussés pendans à la ceinture.*—L'ample Haut-de-chausses, dont l'usage s'est longtemps conservé en quelques pays, et, par exemple, en SUISSE, en HOLLANDE, s'appelle, suivant ROQUEFORT, SARABELLES. GHEYN (1608, A) et M. WILLEMIN en donnent idée dans leurs gravures. — Le Haut-de-chausses des HÉRAUTS D'ARMES était une paire de TROUSSES de velours. — Les TROUSSES DE PAGES avaient quelque similitude avec les FALTES DES CUIRASSES. — Il y avait des Haut-de-chausses à BRAGUETTES comme l'était le vêtement que portait RABELAIS, s'il faut en croire ses portraits ; la BRAGUETTE rappelait les BRAGUES qui accompagnaient certaines CUIRASSES. — Depuis le règne de HENRI DEUX, le Haut-de-chausses s'allonge en CANONS qui se boutonnent verticalement sur le côté extérieur, et il devient une culotte qui ACCOMPAGNE le JUSTAUCORPS. — Les élégants du temps sont d'abord les seuls qui portent cette CULOTTE, puisque bien plus tard on voit durer la vieille mode du Haut-de-chausses. — Les TROUSSES cessent d'être portées au temps de l'adolescence de LOUIS QUATORZE. — Le Haut-de-chausses se porte encore avec les HABITS du dix-septième siècle ; mais il change de forme dans l'INFANTERIE à l'époque des campagnes du duc de VENDOME ; il s'allonge, devient plus juste, et prend le nom de CULOTTE.

HAUT ÉTAT-MAJOR. V. ÉTAT-MAJOR DE CORPS. V. MILICE WURTEMBERGEOISE Nº 1.

HAUTE PAYE, subs. fém. v. HAUTE-PAYE.

<pre>
                         ⎧   ⎧ H   DE RENGAGEMENT.
              ⎧ IDIOPLIQUE. ⎨ A P
HAUTE-PAYE ⎨   ⎩ U A JOURNALIÈRE.
              ⎩ PÉCUNIAIRE.   T Y
                                E E
</pre>

HAUTE-PAYE PÉCUNIAIRE, subs. fém. et masc. (term. génér.), ou HAUTE PAYE, en deux mots. Mot dont l'étymologie ne demande pas de définition, et qui a d'abord donné uniquement l'idée d'une SOLDE militaire, plus forte pour certaine CLASSE D'HOMMES DE TROUPE que pour d'autres classes de MILITAIRES servant dans le même CORPS. MONTEYNARD créa cette récompense par l'ORDONNANCE DE 1771 (16 AVRIL) ; mais, dès le dix-septième siècle, il existait des Hautes payes, comme on le voit dans GANEAU. — L'acception du mot s'est étendue ensuite, et il est devenu la qualification donnée aux

MILITAIRES même jouissant du droit de toucher un PRÊT plus fort en vertu d'une primauté résultant du GRADE ou de l'ANCIENNETÉ. Ainsi l'expression demande à être distinguée en HAUTE PAYE IDIOPLIQUE et en HAUTE PAYE PÉCUNIAIRE.

HAUTE PAYE D'ANCIENNETÉ. V. ANCIENNETÉ. V. ANCIENNETÉ D'HOMME DE TROUPE. V. HAUTE PAYE PÉCUNIAIRE. V. MAITRE OUVRIER Nº 5. V. RENGAGEMENT.

HAUTE PAYE D'ANSPESSADE. V. ANSPESSADE. V. HAUTE PAYE IDIOPLIQUE.

HAUTE PAYE D'APPOINTÉ. V. APPOINTÉ.

V. APPOINTÉ SUISSE. V. APPOINTÉ TAMBOUR. V. HAUTE PAYE PÉCUNIAIRE.

HAUTE PAYE de CARABINIER. V. CARABINIER. V. CARABINIER D'INFANTERIE.

HAUTE PAYE de CHASSEUR. V. CHASSEUR. V. CHASSEUR-CARABINIER.

HAUTE PAYE de CHEVRON. V. CHEVRON. V. CHEVRON D'ANCIENNETÉ. V. HAUTE PAYE PÉCUNIAIRE.

HAUTE PAYE de DEMI-CHEVRON. V. DEMI-CHEVRON. V. HAUTE PAYE PÉCUNIAIRE.

HAUTE PAYE de DEUXIÈME CHEVRON. V. DEUXIÈME CHEVRON. V. DOUBLE CHEVRON. V. HAUTE PAYE PÉCUNIAIRE.

HAUTE PAYE de DOUBLE CHEVRON. V. DOUBLE CHEVRON. V. HAUTE PAYE PÉCUNIAIRE.

HAUTE PAYE de GAGISTE. V. GAGISTE. V. MUSICIEN Nº 5.

HAUTE PAYE de GRENADIER. V. GRENADIER. V. GRENADIER D'INFANTERIE FRANÇAISE DE LIGNE Nº 5. V. TAMBOUR IDIOPLIQUE D'INFANTERIE FRANÇAISE Nº 5.

HAUTE PAYE de PREMIER CHEVRON. V. HAUTE PAYE PÉCUNIAIRE. V. PREMIER CHEVRON.

HAUTE PAYE de PREMIER RENGAGEMENT. V. HAUTE PAYE PÉCUNIAIRE. V. PREMIER RENGAGEMENT.

HAUTE PAYE (hautes payes) de RENGAGEMENT (B, 1). Sorte de HAUTES PAYES PÉCUNIAIRES qui étaient jadis une PRIME attachée aux CHEVRONS, et un moyen imaginé pour retenir de vieux soldats qui auraient aspiré à la pension de retraite; l'institution en avait été abolie en même temps qu'eux; elle avait été rétablie par la LOI DE L'AN SIX (19 FRUCTIDOR). — L'INSTRUCTION DE 1818 (3 SEPTEMBRE, art. 44), une ORDONNANCE du même jour, les CIRCULAIRES DE 1818 (3 DÉCEMBRE) et DE 1820 (29 FÉVRIER) maintenaient le système des Hautes payes de RENGAGEMENT. — L'ORDONNANCE DE 1821 (9 JUIN et 27 AOUT) accordaient la Haute paye du DEMI-CHEVRON ou de PREMIER RENGAGEMENT après six ans, celle du CHEVRON après huit ans, celle du DOUBLE CHEVRON après douze ans, celle du TRIPLE CHEVRON après seize ans; le taux en variait suivant ces divers degrés. — La Haute paye de RENGAGEMENT était due, pour toute la durée du RENGAGEMENT, à raison de trois cent soixante-cinq jours par an; la Haute paye acquittée était mentionnée sur les FEUILLES DE JOURNÉES des COMPAGNIES. — Une portion de la Haute paye de RENGAGEMENT était servie à l'avance; elle différait par là de la HAUTE PAYE JOURNALIÈRE. Une DÉCISION DE 1823 (31 MAI) était relative à ces cas. — L'ORDONNANCE DE 1830 (21 FÉVRIER) supprimait la portion de Haute paye acquittable à l'avance. La LOI DE 1832 (24 MARS)

réglait le fond de la matière. — Il était du devoir de l'INSPECTEUR GÉNÉRAL de s'assurer, pendant le cours de sa revue, si les services des hommes jouissant de la Haute paye étaient établis avec exactitude.

HAUTE PAYE de TRIPLE CHEVRON. V. HAUTE PAYE PÉCUNIAIRE. V. TRIPLE CHEVRON.

HAUTE PAYE de TROISIÈME CHEVRON. V. HAUTE PAYE PÉCUNIAIRE. V. TROISIÈME CHEVRON.

HAUTE PAYE de VOLTIGEUR. V. COMPAGNIE DE VOLTIGEURS Nº 4. V. VOLTIGEUR.

HAUTE PAYE d'HOMME DE TROUPE. V. ANCIENNETÉ DE SERVICE D'HOMME DE TROUPE. V. HAUTE PAYE PÉCUNIAIRE. V. HOMME DE TROUPE; id. Nº 5. V. MASSE DE COMPAGNIE. V. MÉDAILLON. V. MILICE WURTEMBERGEOISE Nº 1. V. MINISTRE DE LA GUERRE EN 1824 (4 AOUT). V. REMPLACEMENT.

HAUTE PAYE d'OFFICIER. V. HAUTE PAYE PÉCUNIAIRE. V. OFFICIER. V. OFFICIER FRANÇAIS.

HAUTE PAYE (subs. masc.) IDIOPLIQUE (B, 1; F.). Sorte de HAUTE PAYE, c'est-à-dire d'HOMMES DE TROUPE que des AUTEURS ont comparés aux *candidati* (CANDIDATS) des LATINS, à leurs *duplares* (DUPLAIRES ou ARMURES DOUBLES), à leurs BÉNÉFICIAIRES, à leurs VÉTÉRANS. Le mot Haute paye est un des moins éclaircis de la LANGUE. — LACHESNAIE (1758, I) dit qu'on a d'abord appelé Hautes payes les SOLDATS qui ne consentaient à s'engager que sur la promesse que contractait le CAPITAINE, de leur ALLOUER une PAYE plus forte que celle des autres SOLDATS; c'était apparemment comme le prix d'une belle stature, ou d'une bravoure connue, ou d'une certaine ANCIENNETÉ DE SERVICE dans d'autres CORPS. — Les ordonnances de LOUIS QUATORZE prohibèrent ce genre de Hautes payes. — Dans les vieux usages FRANÇAIS, les ANSPESSADES, les GRENADIERS, les TAMBOURS étaient Hautes payes; mais on n'y comptait pas les CAPORAUX, ou on les y comptait suivant qu'ils étaient regardés ou non comme faisant nombre dans les BAS OFFICIERS. — GUILLET (1686, B) regarde comme Hautes payes tous les HOMMES DE TROUPE GRADÉS; ainsi les SERGENTS, les CAPORAUX, les APPOINTÉS y étaient compris. — LACHESNAIE (1758, I) témoigne que, de son temps, les SERGENTS n'étaient pas rangés dans la catégorie des Hautes payes; mais à l'article SERGENT, se contredisant lui-même, il affirme que le SERGENT est le premier des Hautes payes. Ainsi l'on voit que, à cet égard comme à tant d'autres, les règles étaient loin d'êtres fixées. — Des ordonnances, des décisions employaient la locution SOLDATS APPRENTIFS par opposition au terme Haute paye. — Aujourd'hui l'on n'est plus dans l'usage de dire une Haute paye, ni de classer sous cette dénomination assez mal choisie les HOMMES qui jouissent d'une PAYE plus forte que celle du SOLDAT ou qui sont SOUS-OFFICIERS.

HAUTE PAYE JOURNALIÈRE (B , I). Sorte de HAUTE PAYE PÉCUNIAIRE qui, au lieu d'être payée à l'avance comme une portion de la HAUTE PAYE DE RENGAGEMENT, était acquittée en même temps que la solde. — Elle était tarifiée en quatre classes par l'ORDONNANCE DE 1823 (19 MARS). Elle était due à partir du premier jour des septième, onzième, seizième, vingt et unième années de service ; elle était un supplément de solde dû en toute position et pour toute JOURNÉE d'existence au service, même pendant les CONGÉS LIMITÉS sans solde. Elle était maintenue par l'ORDONNANCE DE 1830 (21 FÉVRIER).

HAUTE PAYE (subs. fém.) PÉCUNIAIRE (B , 1). Sorte de HAUTE PAYE qu'on nomme ainsi pour la distinguer, par cette épithète, de l'expression qui, sous forme de masculin, donnait idée des BAS-OFFICIERS, des CAPS D'ESCOUADE, des CAPORAUX, et enfin d'une classe du PERSONNEL DES TROUPES. — Les BANS DE REVUES avaient en partie pour objet de faire connaître si le DÉCOMPTE de la Haute paye était fidèlement servi à ceux qui y avaient droit. — Le MÉDAILLON inférait un droit à la Haute paye. Les SUSPENSIONS DISCIPLINAIRES interrompaient le droit à la Haute paye. — La GUERRE DE LA RÉVOLUTION avait fait, pour ainsi dire, oublier le mot Haute paye, parce qu'il n'y avait plus d'APPOINTÉS et qu'on disait à peu près dans l'ancien sens SOU DE GRENADE ou SOU DE BAGUETTES. — La Haute paye a reparu d'abord comme DOUBLE PAYE ; c'était un moyen de récompenser de BELLES ACTIONS ; c'était l'accompagnement lucratif des ARMES D'HONNEUR. BONAPARTE, général de l'ARMÉE D'ITALIE, y avait institué de son propre mouvement cette RÉCOMPENSE, à laquelle tous les GRADES pouvaient prétendre ; ainsi il y avait HAUTE PAYE D'HOMMES DE TROUPE et HAUTE PAYE D'OFFICIERS ; elles se sont fondues dans un nouveau système de RÉCOMPENSE depuis l'institution de la LÉGION D'HONNEUR. — Son TRAITEMENT en tenait lieu. — Une CIRCULAIRE DE L'AN HUIT (17 NIVOSE) distinguait les Hautes payes des DOUBLES PAYES. — L'ARRÊTÉ DE L'AN DIX (3 THERMIDOR) accordait la Haute paye aux HOMMES DE TROUPE après la DIXIÈME ANNÉE DE SERVICE ; c'était une HAUTE PAYE D'ANCIENNETÉ. — Le DÉCRET DE L'AN DOUZE (25 THERMIDOR), l'INSTRUCTION DE L'AN TREIZE (12 FRUCTIDOR) et CELLE DE 1811 (4 MARS) reconnais-

saient, non comprises les COMPAGNIES D'ÉLITE, divers degrés de Hautes payes, dont la jouissance était acquise aux HOMMES DE TROUPE après dix, quinze et vingt ANNÉES DE SERVICE, sans qu'ils fussent astreints à contracter un nouvel ENGAGEMENT pour jouir de cette RÉCOMPENSE. — LES DÉCISIONS DE 1822 (14 JANVIER et 27 JUIN) et l'ORDONNANCE DE 1825 (19 MARS, art. 151, 154, 156, 802) reconnaissaient deux natures de Hautes payes : la PRIME DE RENGAGEMENT ou à l'avance et la Haute paye JOURNALIÈRE. — La Haute paye était perçue à l'avance par les CORPS sur le second ÉTAT DE QUINZAINE de chaque mois ; elle était payée mensuellement par douzième à terme expiré ; elle était servie, comme la SOLDE, à raison de trois cent soixante-cinq ou de trois cent soixante-six jours par année. — L'ORDONNANCE DE 1824 (1er DÉCEMBRE) traitait de ce genre de SUPPLÉMENT ou d'ACCESSOIRE DE SOLDE. — Le MINISTRE CLERMONT-TONNERRE a grossi, par des dispositions peu plausibles, les Hautes payes ; sa CIRCULAIRE DE 1827 (24 JANVIER) augmentait celle des TAMBOURS-MAJORS et des SAPEURS. — La DÉCISION DE 1828 (31 OCTOBRE) voulait que le montant s'en acquittât au moyen des FEUILLES DE PRÊT, ordonnait de ne délivrer qu'à terme échu les Hautes payes journalières, les laissant ainsi, de PRÊT en PRÊT, entre les mains du CAPITAINE. — La LOI DE 1832 (21 MARS) et l'ORDONNANCE DE 1832 (19 AVRIL) n'accordaient de Hautes payes qu'après RENGAGEMENT. — Ces nombreux documents, dont les plus anciens sont frappés de désuétude depuis l'ORDONNANCE DE 1821 (9 JUIN), prouveront combien la LÉGISLATION, à cet égard, était mobile. L'ORDONNANCE DE 1832 (28 AVRIL) réglait, depuis le commencement de la huitième ANNÉE DE SERVICE, la Haute paye D'INFANTERIE à huit centimes par jour ; elle la réglait à douze centimes, depuis le commencement de la douzième ANNÉE ; elle était plus forte dans les autres ARMES. — Quelques détails plus étendus sont fournis par BARDIN (1807, D; 1809, B), M. BERRIAT (1812, A; 1817, A), M. DENERVO, LECOUTURIER (1825,   ).

HAUTE PIÈCE. V. COMPAGNIE D'ORDONNANCE. V. PIÈCE.

HAUTESERRES ; HAUTESIERK. V. NOMS PROPRES.

HAUTEUR (hauteurs), subs. fém. v. COURONNER DES H... V. FILE DE H...

HAUTEUR, term. génér. Mot dont l'adjectif HAUT est la racine ; il demande à être surtout distingué ici en HAUTEUR GÉOLOGIQUE et en HAUTEUR TACTIQUE.

HAUTEUR DE CAVALERIE. V. CAVALERIE. V. CAVALERIE FRANÇAISE N° 7. V. CHEVAL. V.

COUP DE LANCE. V. RANGS DE CAVALERIE.

HAUTEUR d'infanterie. V. arquebusier a pied. V. embolon. V. file. V. infanterie. V. infanterie française de ligne n° 0. V. marche en bataille. V. ordre ouvert. V. rang tactique.

HAUTEUR (hauteurs) géologique (H). Sorte de hauteur analogue aux mots éminence, élévation, commandement dominant, montagne, dont la partie supérieure s'appelle sommet ou cime. On distingue des Hauteurs de plusieurs ordres. — On emploie aussi ce mot sous forme de pluriel ; c'est en ce sens qu'on s'en sert en parlant des convois par terre, et qu'on dit, en parlant de l'infanterie faisant campagne, s'emparer de Hauteurs, conserver, couronner, défendre, garder, occuper les Hauteurs. — Un article assez développé, qu'on doit à Cessac (Encyclopédie, 1785, C), embrasse militairement le mot sous ses principaux points de vue.

HAUTEUR tactique (G, 6). Sorte de hauteur que l'ordonnance de 1766 (1er janvier) et des écrivains tels que Bohan (1781, H), Pictet (1761, I), Sinclaire (1773, L), confondent avec le substantif profondeur ; mais il y a à faire une différence : c'est que Hauteur s'applique plutôt au nombre des rangs d'un corps ou d'une ligne, et que l'ordre profond s'applique davantage à l'épaisseur de diverses lignes et à la dimension donnée aux colonnes ; ainsi l'on dit : la Hauteur de l'ordre en bataille et la profondeur de l'ordre en colonne. Cette profondeur est la dimension de l'axe ou capitale d'une ou de plusieurs colonnes. — L'étendue du front se prend par opposition à la mesure de la Hauteur des files ; on peut comparer front et Hauteur à deux lignes qui se coupent perpendiculairement. — Le nombre habituel des rangs d'une troupe en bataille donne la Hauteur ; c'est en ce sens qu'on dit : être sur deux, trois, huit, etc., de hauteur. — Cinq ou six siècles avant J.-C., l'infanterie des Égyptiens était sur cent de Hauteur, à ce que disent des historiens qui s'abusent, s'ils regardent ce genre de formation comme principe absolu ; elle ne pouvait qu'être éventuelle. — L'infanterie perse se formait sur vingt-quatre de Hauteur ; Cyrus la dédoubla et la réduisit à douze rangs. — La file de la phalange grecque était, suivant les temps ou les manœuvres, de quarante, de vingt-quatre, de seize, de dix, de huit hommes ; celle du manipule romain était de dix hommes ; celle des cohortes romaines a varié de dix à cinq hommes. — Les gendarmes du moyen age ne se forment qu'en haie ; on pourrait dire que c'était une Hauteur négative ou l'unité de la

Hauteur. — Depuis Turenne jusqu'à nos jours, la Hauteur des bataillons de l'infanterie française a varié de douze à deux rangs ; c'est ce qui a rendu plus facile d'abord, si difficile ensuite la marche en bataille. — Le milieu de la Hauteur des hommes de pied a été longtemps marqué par des demi-files. — Diminuer de moitié la Hauteur ou l'épaissir une fois plus, était l'objet des doublements et des dédoublements tactiques. — Le mécanisme compliqué et actuellement oublié des feux de parapet était une conséquence obligée de la grande Hauteur autrefois admise en principe. — Les bataillons carrés sont quelquefois formés sur trois, quelquefois sur six de hauteur. — Proportionner, pour le plus grand avantage de la tactique, le front à la Hauteur et à la profondeur, a été le grand problème, le nœud tant soit peu ridicule du procès de l'ordre profond et de l'ordre mince. — Le mot Hauteur s'emploie quelquefois dans un sens moins positif et comme quelque peu analogue au mot alignement ; c'est en ce sens qu'on dit que des colonnes combinées doivent s'avancer et se maintenir à même Hauteur.

HAUTHERST, subs. masc. v. haubert.

HAUTHERT, subs. masc. v. haubert.

HAUT-LE-PIED, adj. masc. sing. et plur. (A, 1 ; F), ou haut le pied en trois mots. Le terme Haut-le-pied, dont l'étymologie ne demande aucune recherche, a d'abord servi à désigner, dans les armées françaises, certains commis des vivres qui eussent été plus convenablement appelés commis à cheval ; mais tel était l'usage. L'on voit même dans Lachesnaie (1758, 1), copiste en cela de Ganeau, qu'antérieurement à cette coutume, les commissaires des guerres, *sans charge et par commission*, avaient sur les états de l'armée la désignation de commis haut-le-pied. — Depuis la guerre de la révolution on a nommé Haut-le-pied les conducteurs des charrois au compte des entrepreneurs. Par leurs fonctions ils avaient de l'affinité avec les sous-officiers actuels des divers trains ; ils se nommaient Haut-le-pied parce que leurs chevaux n'étaient pas employés aux attelages et différaient par là de ceux des charretiers. — Le règlement de 1813 (22 février) ayant institué ou fait revivre le système des chevaux de bat, attacha par bataillon un Haut-le-pied ou premier conducteur qui avait la direction des simples conducteurs des bêtes de somme des bataillons ; il obéissait au conducteur en chef. — La dénomination de Haut-le-pied appliquée à un homme à pied était mal choisie, puisqu'elle n'eût dû appartenir qu'à des hommes à cheval ; mais on s'en servit faute de trouver mieux. La LANGUE MILITAIRE fourmille de pareilles inexactitudes.

HAUT-LES-ARMES, interj. V. CROISEZ LA BAÏONNETTE.

HAUT-LES-ARMES, interj. (G, 6). COMMANDEMENT MIXTE fait à une TROUPE D'INFANTERIE et qui précède le commandement ROMPEZ VOS RANGS, et quelquefois simplement le COMMANDEMENT : MARCHE ; c'est à ce COMMANDEMENT qu'un instructeur disloque le peloton de ses élèves ou que le CHEF d'une GARDE MONTANTE fait entrer au POSTE les HOMMES DE GARDE. Les CHEFS DE POSTES l'emploient de même dans tous les cas analogues. — Croisez la baïonnette et Haut-les-armes ont été synonymes. — Le COMMANDEMENT Haut-les-armes était le préliminaire du COMMANDEMENT : APPRÊTEZ VOS ARMES, comme le témoigne le RÈGLEMENT DE 1755 (6 MAI). Les ORDONNANCES tactiques modernes l'ont supprimé avec raison comme superflu. Mais il en est resté dans notre LÉGISLATION une contradiction, c'est que l'ORDONNANCE DE 1768 (1ᵉʳ MARS) voulait que les CHEFS DE POSTE, en se portant avec des FUSILIERS à la RECONNAISSANCE DES RONDES OU PATROUILLES, commandassent Haut-les-armes, tandis que depuis le RÈGLEMENT DE 1791 (1ᵉʳ AOUT) il ne doit plus être commandé, dans ce cas, autre chose que : APPRÊTEZ VOS ARMES.

HAUTES ARMES. V. ARME. V. EXERCICE DES H...

HAUVET, subs. masc. V. HAUNET. V. HAVET.

HAVET, subs. masc. (F), ou HAUVET. Mot dont l'étymologie n'est pas éclaircie, mais que MÉNAGE prétend être dérivé du latin *hamus*, synonyme de *uncus*, harpon ou grapin. C'est à peu près en ce sens qu'il est question de Havets dans le vieux *roman de l'Outillement du Vilain*. — Le terme a signifié TRIDENT OU FOURCHE FERRÉE, servant en manière d'ARMES DE PARAPET ; c'était, suivant le dessin que CARRÉ (1785, E) en donne et qu'on retrouve dans l'*Encyclopédie du dix-neuvième siècle*, un trident dont un des piquants latéraux était recourbé en arrière. Cet ÉCRIVAIN et ce traité prennent Havet dans le même sens que CROC, HARPIN, MAIN DE FER. — Il est probable que le substantif HAUNET, qu'on trouve dans BOREL (Pierre) et dans quelques traités, est une corruption ou une copie fautive du mot HAUVET.

HAVRE-SAC, subs. masc. V. ANNEAU DE H... V. BORDURE DE H... V. BOUCLE DE H... V. BRETELLE DE H... V. CLOISON DE H... V.

CONTRE-SANGLON DE H... V. CORPS DE H... V. DOUBLURE DE H... V. FEUTRE DE H... V. PASSANT DE H... V. PATELETTE DE H... V. PORTE H... V. RATELIER DE H...

HAVRE-SAC (B, 1), ou ABRESAC comme dit PUYSÉGUR (1748, C), ou HABRESAC comme l'écrit MÉNAGE, ou SAC DE PEAU, ou SAC D'INFANTERIE comme l'appelait, d'une manière confuse et incomplète, l'ORDONNANCE DE 1833 (21 DÉCEMBRE), ou SAC A PEAU comme le disent incorrectement les SOLDATS. — Le mot Havre-sac dérive de l'ALLEMAND *hafer* ou *haber*, avoine, et de *sack*, sac. C'est le sac à avoine. — AUDOUIN tire son étymologie du mot ALLEMAND *haben*, avoir ; c'est, dit-il, le sac où le soldat met son avoir. L'assertion de cet ÉCRIVAIN tient à une singulière bévue, à une faute d'orthographe en allemand et en français ; il a consulté MÉNAGE, il y a lu *haben* pour *haber*, il y a lu avoir pour avoine. ROQUEFORT, contre toute raison, dérive Havre-sac du LATIN *apertura* et *saccus*. — Au premier aperçu on est surpris du rapport existant entre l'avoine, dont la CAVALERIE fait usage, et un EFFET D'ÉQUIPEMENT qui ne sert qu'à l'INFANTERIE et qui n'a rien de commun avec l'avoine ; mais notre LANGUE MILITAIRE abonde en bizarreries de ce genre. Voici comment la contradiction et le mot se sont introduits. — Quand les REITRES jouèrent un rôle dans nos dissensions religieuses, ils apportèrent de leur pays en FRANCE le terme *hafersack, habersack*, signifiant MUSETTE, ou sac à provision, à BAGAGE. Les charretiers du royaume et les fiacres de PARIS, à ce que disent MÉNAGE et RICHELET, francisèrent le mot ; les FANTASSINS empruntèrent des conducteurs de chevaux *abresac, habresac*, dont l'*h* n'était pas aspiré. — Mais nous sommes d'une opinion différente. Les LANSQUENETS, avant de former des CORPS D'INFANTERIE, avaient été les valets des REITRES ; ils avaient eu l'administration et le maniement de l'avoine et du sac qui servait à la transporter. Ils continuèrent par habitude, après leur émancipation, à appeler *habersack* leur sac à provision ou à BAGAGE. L'INFANTERIE FRANÇAISE, créée postérieurement à celle des LANSQUENETS, et peu connaisseuse, comme toujours, en fait de langue ALLEMANDE, en crut sur parole les BANDES FRANCO - ALLEMANDES et leur emprunta le mot Havre-sac, comme elle emprunta plus tard le mot GIBERNE, sans que le MINISTRE DE LA GUERRE le sût ou s'en doutât. — Les ARQUEBUSIERS A PIED avaient d'abord porté dans la GIBECIÈRE les MUNITIONS DE BOUCHE et DE GUERRE, aussi bien que les EFFETS D'HABILLEMENT ; mais les ARMES et leurs MUNITIONS s'améliorant, se compliquant, la gibecière ne fut plus employée que pour le service de l'arquebuse ou du mousquet, et l'expression *canapsa* (schapp-sac), imitée des lansquenets, s'introduisit. Ce *canapsa* ressemblait à la besace des gueux; son nom devint mal sonnant; il fut abandonné. On lui préféra, depuis le commencement du dernier siècle, le terme abresac, habresac, pris dans le sens de sac à provision. On avait perdu de vue déjà le rapport qu'il pouvait y avoir eu entre une ration d'avoine et ce meuble actuel de l'homme de pied. — On aurait pu donner une dénomination plus convenable au sac de l'infanterie, en faisant revivre les termes latins *sarsina, mantica, manticula, bastagium* (bastingue); car, quand on imite, il faudrait imiter avec discernement. Mais il n'en fut pas ainsi; car personne, dans les derniers siècles, ne recherchait si le soldat des milices grecques ou les skeuophores avaient le Havre-sac de peau, si les soldats barbares avaient le Havre-sac d'osier, comme le dit Aristophane dans sa comédie de la Paix. — Le mot, quoique allemand, n'eut jamais dans cette langue le même sens que dans la nôtre; il s'y rend par *tornister*. —L'orthographe devenue incorrecte qu'emploie Puységur (1748, C), en disant abresac, tient à ce que, dans la première moitié du siècle, le mot n'était pas encore réglementaire. — L'ordonnance de 1768 (1er mars) et quantité de réglements postérieurs ont admis et rendu régulière l'expression Havre-sac. — L'Encyclopédie (1751, C, au mot *Habillement*) témoigne qu'on proposait de substituer, à l'instar des étrangers, le sac de peau au sac de toile. — A cette époque le Havre-sac était de coutil; les dragons en avaient de deux sortes, que les gravures de Laporterie (1754) représentent; l'un était à une seule bretelle, suivant l'ancienne forme, l'autre à deux bretelles et un peu plus grand. L'un et l'autre étaient accompagnés d'un plus petit sac ou étui en peau à poil; celui-ci était destiné à contenir le linge. — Les derniers miliciens qui aient été rassemblés portaient le sac en toile; il en existait encore en magasins à l'instant de la guerre de la révolution. — La forme du Havre-sac porté en carnassière dut changer avec le changement de système de tactique qui donnait naissance à la compression des rangs de l'infanterie, car la carnassière ne permettait pas l'accoudement; de là vint l'usage, qui en temps de guerre existait encore en France au milieu du dix-huitième siècle, de n'ordonner à l'infanterie l'exécution d'une charge, ou d'un feu de file ou de trois rangs, qu'après

avoir fait déposer les sacs à terre afin de pouvoir mettre en contiguïté les files. Cette coutume des sacs laissés à terre s'était conservée encore dans la milice russe, comme on en a la preuve dans les campagnes du commencement du dix-neuvième siècle. Bonaparte en fit l'objet d'une remarque dans un bulletin célèbre; mais il ignorait l'origine de cette habitude. — Maizeroy (1767, A) nous apprend que, vers le temps où il écrivait, quelques régiments prirent d'eux-mêmes le Havre-sac à double bretelle, et que le ministre de la guerre venait d'approuver cette innovation; mais elle ne s'était pas introduite généralement, puisque ce fut l'ordonnance de 1778 (28 avril) qui voulut que le Havre-sac, qu'on portait en sautoir, fût dorénavant porté au moyen de deux bretelles, *afin de répartir également la charge sur les deux épaules.* Audouin attribue au ministre Dargenson l'invention des Havre-sacs de peau, tandis que ce n'est que trente ans plus tard que l'usage s'en est établi. — Le sac de peau a commencé à être adopté généralement en France depuis la publication des règlements qu'on doit à Saint-Germain; mais dans d'autres milices l'usage du Havre-sac à deux bretelles n'a prévalu que bien tard. — La mode du sac en carnassière s'est conservée chez les Autrichiens jusqu'aux campagnes de la guerre de la révolution, ainsi que nous l'avons vu de nos yeux. — Depuis le règlement de 1767 (25 avril) la forme du Havre-sac a peu varié; cependant le règlement voulait que la séparation formée sur la partie antérieure, c'est-à-dire le bissac du dessous de la patelette, renfermât d'un côté les souliers, le sac a poudre, la cire a giberne, et de l'autre côté le pain. D'autres règles ont prévalu; le bonnet de police y a été contenu, etc. — On pourrait conjecturer, à la lecture de l'Encyclopédie (1785, C, au mot *Habillement*), que, jusqu'en 1786, le Havre-sac était de coutil, et que c'était seulement vers cette époque qu'on commençait à conseiller d'imiter les milices étrangères, et de substituer les *sacs de peaux de chien ou de peaux de chèvre garnies de leurs poils* au Havre-sac de coutil; mais cet article, copié de quelque dissertation ancienne déjà, forme une sorte d'anachronisme; c'est le règlement de 1776 (31 mars) qui a substitué au sac de toile le sac de peau. — L'ordonnance de 1768 (1er mars) soumettait le Havre-sac des troupes en route à une visite exercée à l'entrée des villes par les commis des fermes. En ce cas on ouvrait les rangs, et les sacs étaient déposés à terre, débouclés et tenus entrebâillés. — La même ordonnance prescrivait aux COLONELS de faire une VISITE mensuelle des EFFETS D'ORDONNANCE contenus, ou devant l'être, dans le Havre-sac. — Le RÈGLEMENT DE 1779 (21 FÉVRIER) et l'ORDONNANCE DE 1788 (12 AOUT) voulaient que l'intérieur du Havre-sac pût recevoir le PAIN de quatre jours. — Ce dernier règlement ne permettait pas que, dans les HALTES entrecoupant des MARCHES en TEMPS DE GUERRE, l'INFANTERIE déposât le Havre-sac. Le RÈGLEMENT DE 1792 (5 AVRIL) défendait de le quitter les JOURS D'ACTION ; il voulait par là déraciner l'ancienne coutume. — La DÉCISION DE L'AN DIX (4 BRUMAIRE) est le plus ancien document qui ait établi avec quelques détails un devis descriptif du Havre-sac. — Le RÈGLEMENT DE 1806 (10 FÉVRIER) déterminait la MARQUE que le Havre-sac doit porter. — Conformément aux usages plus modernes, le Havre-sac est UN EFFET DE GRAND ÉQUIPEMENT et un objet de PREMIÈRE MISE ; il complète ce qu'on appelle la CHARGE du SOLDAT. — Il pèse, étant neuf, un peu plus d'un kilogramme, comme le témoigne le *Manuel d'infanterie* (1807, D). — Le CORPS du Havre-sac est garni d'une DOUBLURE ; il est partagé par une CLOISON ; un ANNEAU en BUFFLE y est attaché au même FEUTRE que les BRETELLES, dont l'autre extrémité s'ajuste à des OLIVES fixées par un COLLIER ; il ferme au moyen d'OREILLONS, de CONTRE-SANGLONS et de BOUCLES ÉTAMÉES nommées PUNAISES ; il porte la CAPOTE dans son ÉTUI, au moyen des COURROIES LATÉRALES et de la COURROIE LONGUE ; ses flancs se nomment JOUES et sont à PROLONGEMENT ; son dessus ou recouvrement s'appelle PATELETTE. En route et en TEMPS DE GUERRE, ses COURROIES DE CHARGE supportent le PAIN et tour à tour la GAMELLE. — Les règlements en vigueur veulent qu'en tout temps le Havre-sac soit habituellement fait à l'avance en CAS D'ALERTE, mais que cette précaution soit prise surtout au CAMP et en CANTONNEMENT ; qu'en route, les Havre-sacs des ÉCLOPPÉS ne soient déposés aux VOITURES à la suite des CORPS qu'en vertu d'un BILLET qu'on pourrait appeler BILLET SKEUOPHORIQUE ; que, dans les CHAMBRES et à la CASERNE, le CAPORAL D'ESCOUADE veille à la manière dont le Havre-sac est fait et placé au PORTE HAVRE-SAC de la CHAMBRE ; que ce CAPORAL enseigne théoriquement aux RECRUES la manière d'y caser les CHEMISES et autres EFFETS. Les règlements voulaient que, les jours de REVUES ADMINISTRATIVES, les HOMMES DE TROUPE eussent le SAC sur le dos. — Une coutume nouvelle s'est établie depuis la GUERRE DE LA RÉVOLUTION ; elle résulte plutôt des ordres du jour, de l'esprit d'imitation et de la routine des

traditions que du fait des injonctions ministérielles ; ainsi, maintenant, c'est le sac au dos que l'INFANTERIE MONTE LA GARDE et même PREND LES ARMES ; mais il est évident que, en TEMPS DE PAIX et en GARNISON, ce mode est plus théâtral que sérieux, et qu'il y a dans les sacs plus de foin que d'effets en service. Le FUSIL et le sac, devenus inséparables, ne rappellent-ils pas les ANGLAIS et les PRUSSIENS en garnison à Paris ; mais ceux-ci avaient de bonnes raisons pour ne pas quitter le Havre-sac : son contenu n'était pas simulé. — Par rapport à un genre particulier de SERVICE, c'est-à-dire aux branle-bas de la MARINE, les GARNISONS DE BORD forment de leurs Havre-sacs le BASTINGAGE ou le BASTINGUE du BATIMENT. — Les règles de SERVICE EN ROUTE veulent que l'INFANTERIE qui escorte à pied des CONVOIS PAR EAU ait les Havre-sacs embarqués, si faire se peut. — Le paquetage du Havre-sac, ou l'art de l'emplir, a gagné comme uniformité dans l'INFANTERIE FRANÇAISE depuis 1812 ; on le faisait auparavant sans soin et en le bourrant en forme de boule ; il est plat maintenant et carré. Ce système fut dû aux GRENADIERS de la GARDE HOLLANDAISE et aux PUPILLES de la GARDE IMPÉRIALE, quand ils vinrent en France. Les PUPILLES, CORPS de plus de huit mille hommes, occupant neuf garnisons, montrèrent ainsi sur neuf points différents cette innovation d'origine septentrionale. L'infanterie de la GARDE IMPÉRIALE française et la LIGNE se piquèrent bientôt d'imiter l'exemple des HOLLANDAIS, et la mode en a prévalu dans toute l'EUROPE. L'avantage du paquetage aplati, ou du Havre-sac en petite malle, est de répartir mieux la CHARGE ; le poids étant plus égal permet à l'homme de trouver, disait-on, avec moins de fatigue pendant la MARCHE, le centre de gravité artificielle. Cet aplatissement amincit la hauteur des FILES et resserre l'ESPACE entre les RANGS ; elle met l'INFANTERIE à même de marcher plus serrée dans les CHARGES et de DONNER avec plus de cohésion ; elle lui permet de CROISER LA BAIONNETTE plus profitablement, de MANIER LES ARMES sur un espace moins obstrué. — Cette modification des anciens usages n'est pourtant pas sans inconvénients ; la largeur du Havre-sac dépasse la dimension des épaules de l'homme. Depuis que cette espèce de boîte a dix-sept pouces de large sur quinze ou seize de haut, les coudes sont gênés, le FEU des ARRIÈRE-RANGS ne peut plus être dirigé, les accessoires du sac l'allourdissent hors mesure, ses BRETELLES meurtrissent la tête de l'humérus ; son poids, dans les longues MARCHES, fait une multitude de poitrinaires, à ce

qu'affirme ODIER (1824, E, t. III, p. 135).
— Administrativement parlant, le contenu
du Havre-sac doit être vérifié aux REVUES DE
LINGE ET CHAUSSURE. Le DÉCOMPTE de l'EXCÉ-
DANT du FONDS DE MASSE ne peut être délivré
qu'autant que le Havre-sac est reconnu
complet, c'est-à-dire contenant les EFFETS
DE PETIT ÉQUIPEMENT, petits ustensiles et
autres EFFETS D'UNIFORME qu'il doit renfer-
mer, et que le SOLDAT appelle vulgairement
son BUTIN. — Les instructions sur les REVUES
D'INSPECTION GÉNÉRALE veulent que les Havre-sacs soient déposés à terre et ouverts,
afin que l'INSPECTEUR GÉNÉRAL puisse en vérifier le contenu. — Le Havre-sac ANGLAIS,
au lieu d'être en peau, est en toile cirée.
Cette différence a ses avantages et ses inconvénients. — Le SAC anglais est moins
cher, plus uniforme, plus léger, s'imbibe
moins par la pluie, est plus hydrofuge dans
les temps humides; il a une qualité inap-
préciable, c'est de pouvoir être de couleur
différente, suivant les RÉGIMENTS, et de présenter aux yeux des inscriptions qui ne permettent pas de confondre les sacs des bataillons, des compagnies ou même des
SOLDATS; ce qui, en route et à la guerre, est
d'une utilité immense. Mais ce Havre-sac est
moins durable, et une fois qu'il commence
à s'user tous ses avantages disparaissent.
— Gouvion SAINT-CYR, par l'ORDONNANCE DE
1815 (25 SEPTEMBRE), a donné à l'INFANTERIE
FRANÇAISE le Havre-sac imperméable des
ANGLAIS. Une décision de 1815 (6 décembre) a révoqué l'ordonnance et maintenu
le Havre-sac de veau à poils; ainsi ce qu'un
roi ordonne et signe, un ministre le défait
presque sans le signer. — On lit dans les
Mémoires de BONAPARTE (MONTHOLON, t. Ier,
p. 249): *Qu'on réduise ce sac au moindre volume possible; qu'il (le soldat)
n'ait qu'une chemise, une paire de souliers, un col, un mouchoir, un briquet:
fort bien; mais qu'il l'ait toujours avec
lui; car s'il s'en sépare une fois, il ne le
reverra plus. La théorie n'est pas la
pratique de la guerre. C'était un usage
dans l'armée russe que, au moment de se
battre, le soldat mît son sac à terre. Où
sont les avantages attachés à cette méthode? Les rangs pouvaient se serrer
davantage, les feux du troisième rang
pouvaient devenir utiles; les hommes
étaient plus lestes, plus libres, moins fa-
tigués; la crainte de perdre son sac, où
le soldat a l'habitude de mettre tout son
avoir, était propre à l'attacher à sa position. A Austerlitz, tous les sacs de l'armée russe furent trouvés rangés en bataille sur la hauteur de Pazoritz; ils y*

*avaient été abandonnés lors de la dé-
route. Malgré toutes les raisons spécieu-
ses qu'on pourrait alléguer pour cet
usage, l'expérience l'a fait abandonner
aux Russes.* — Bonaparte prouve qu'il ne
se doutait ni du principe de cet usage, ni
des causes des modifications qui l'ont fait
disparaître. — En 1827, un nouveau système de Havre-sac, qui fera peut-être révolution dans les usages de plus d'un peuple,
est adopté par la MILICE HANOVRIENNE : c'est
une espèce de petite malle portative et à
compartiments. — Cette milice va cesser
successivement de se servir des Havre-sacs
à l'anglaise, c'est-à-dire en toile vernie; elle
en adopte qui sont en peau de phoque et
par conséquent en poils gris et courts; cette
peau recouvre une espèce de carcasse en
carton. La durée de cet effet d'équipement
est fixée à douze ans; la forme du sac a
quelque analogie avec celle d'une enveloppe
de lettre; au centre, où serait le cachet,
deux boucles assujettissent les quatre plis.
La capote, en partie roulée, se place sur le
haut du sac, le drap non roulé l'enveloppe;
le tout est enfermé dans un recouvrement
général. Une plaque, qui offre le numéro du
régiment et celui de l'homme, est attachée
au flanc gauche du sac. — La CIRCULAIRE DE
1832 (25 JANVIER) modifiait les formes du
Havre-sac; elle voulait qu'il contînt quatre
PLANCHETTES; elle décidait que, suivant le
genre d'armes, sa capacité varierait en plus
ou en moins, comme si un soldat plus grand
avait plus d'effets qu'un plus petit; mais
cette capacité restait insuffisante, depuis que
le GILET ne se porte plus sous l'habit et depuis l'introduction de tant d'EFFETS DE LUXE.
— Il était enjoint, en 1833, aux MUSICIENS
de porter le Havre-sac. — Le Havre-sac est
devenu, depuis peu d'années, un des EFFETS
à l'usage des MILICES TURCO-ÉGYPTIENNES et
TURQUE. — Une description détaillée et une
représentation gravée du Havre-sac ont été
données dans un ouvrage moderne (1818,
B), et il a été traité spécialement du même
sujet par M. HEISE et par ODIER (1824, E).

HAVRE-SAC DE COMPAGNIE EN ROUTE.
V. BALLOT DE COMPAGNIE EN ROUTE. V. COMPA-
GNIE EN ROUTE.

HAVRE-SAC DE DÉCÉDÉ. V. DÉCÉDÉ.

HAVRE-SAC DE DRAGON. V. DRAGON.
V. DRAGON FRANÇAIS N° 4, 6. V. HAVRE-SAC.

HAVRE-SAC DE NAGEUR. V. NAGEUR.
V. NATATION.

HAVRE-SAC D'ÉCLOPPÉ. V. ÉCLOPPÉ. V.
HAVRE-SAC.

HAVRE-SAC D'OFFICIER. V. INFANTERIE
FRANÇAISE N° 4. V. MILICE PRUSSIENNE N° 4.
V. OFFICIER. V. SAC DE CAMPAGNE.

HAY. v. noms propres.

HAYE, subs. fém. v. haie.

HAYEZ; HAYN; HAYNE; HAZARO.
v. noms propres.

HAZARD, subs. masc. v. jeu de h...

HEALME, subs. masc. v. heaume.

HEAULME, subs. masc. v. bataillon
rond. v. heaume.

HEAUME, subs. masc. v. as-heaume. v.
grille de h...

HEAUME (F), ou eaume, ou elme, ou
grand casque, ou haulme, ou haume, ou
healme suivant Pasquier, ou heaulme, ou
helme, ou herm, ou herme, ou hialme, ou
hiaume, ou hielme, ou ialme, ou iaulme, ou
iaume, suivant Borel (Pierre), Carré (1785,
E), Fauchet, Ganeau, Roquefort, Ville-
hardouin. — Le mot Heaume dérive, suivant Caseneuve, Lindenbrog, Ménage, Spelman, du teuton ou de l'allemand *helm*,
changé en bas latin *elmettus, elmus, hel-
mettus*. Le second de ces substantifs se
trouve dans les lois ripuaires, comme synonyme de *galea*. L'anglais *helm*, l'italien
elmo, l'espagnol *yelmo* et le grec moderne
helmos y sont analogues. Ainsi Barbazan,
qui a cherché dans *amictus* la racine de
Heaume, paraît être tombé dans l'erreur.
Le nom de Heaume est aussi ancien que
l'emploi de la langue française écrite; la
coiffure qu'il exprime cesse, au seizième
siècle, de s'appeler Heaume; le mot armet
le remplace. — Le Heaume, que quelques-
uns confondent avec la salade, était une des
principales armes défensives portatives à
l'usage des nobles et du fief; c'était une
robuste armure qui cachait la chevelure
courte des chevaliers du moyen age et recouvrait leur chaperon; son bord inférieur
s'ajustait au collet de mailles ou se laçait
au haubert. Le grand art de l'écuyer de
suite était d'assembler sans interstices toutes ces pièces aux pièces environnantes au
moyen de vis, de boulons, de crochets, de
lacets, de fermants ou fermaux, de morail-
les, de rivets. — Parler de cette manière
d'unir ces pièces, c'est prouver que le
Heaume est antérieur à l'armure plate. En
effet, avant qu'elle ne fût inventée et dès
le commencement de la troisième race, le
Heaume était, ainsi que le haubert, un
costume de privilège, une pièce des armes
libres. Son usage avait introduit dans la
langue de la chevalerie l'interjection as-
heaume. — Aussi longtemps que le costume
de mailles a été d'usage, certains Heaumes
recouvraient le chaperon de mailles, s'y attachaient par des lambrequins et s'adjoi-
gnaient au collet de mailles, nommé hausse-

cou. — Le Heaume a varié dans ses formes
et son emploi. Dans l'origine, il n'était pas
à cimier et à plumes, comme cela s'est vu
depuis, et il n'avait pas la grande élévation
qu'il a quelquefois prise plus tard. Ce n'était
d'abord qu'un tymbre, un pot de fer, un
chapel, une espèce de bassin ou de calotte
à petits bords, sous laquelle le visage restait à découvert. On y ajoutait quelquefois
un nasal fixe. — A la fin du treizième siècle, il devint casque fermé; il était à masque
ou simple ou composé d'un ventail ou
vent, d'une visière ou vue, d'un nasal mobile, pour compléter mieux la défense et
résister aux couteaux d'armes, aux allu-
melles, aux pics de haches; il n'avait d'ouverture qu'à la hauteur des yeux ou du nez;
quelquefois il y avait un pertuis près la
bouche, afin que le chevalier pût sonner du
cor. — Du temps de Louis neuf, le dessus
du tymbre était une portion de sphère aplatie; on renonça bientôt à cette forme, à
cause de la prise qu'elle donnait à la masse
d'armes. A cette même époque, on substituait le chapel au Heaume quand on trouvait trop pesant ce dernier; en ce cas, l'é-
cuyer en devenait le gardien et le porteur.
— Un chevalier suspendait son Heaume à
l'arçon de la selle, ou bien l'y laissait pendre au moyen d'une chaîne fixée à la ceinture de la cuirasse ou à la poitrine de la
brigandine ou de la cuirie. — Quand la
mode du costume de mailles fit place à celle
de l'armure plate, le Heaume devint un
casque à cimier, un grand casque, par opposition à l'armet, qui était un petit Heaume. Le capuchon de mailles cessa de s'ad-
joindre au tymbre, qui, vers le même
temps, était surmonté d'une crête, d'un
cimier, d'un porte-pennache, et s'ornait de
lambrequins et de feuillards. Il en était
surtout ainsi dans les tournois. — Il y avait
des Heaumes qui supportaient des ailes dé-
ployées, des cornes prolongées, des têtes
d'oiseaux ou de quadrupèdes; quelquefois
une crinière ou un panache y reposaient
dans une douille fixée au bas de la partie
postérieure du tymbre et au point qui répond à la nuque du col. — Le devant du
Heaume s'ouvrait et se fermait comme l'armet; quelquefois sa mentonnière ou son
gorgerin, jouant à pivot, se prolongeaient
en manière de haussecou. Quelques Heaumes étaient à oreillons doubles, servant de
défense à l'oreille gauche ou aux deux oreilles. — A la date 1449, M. de Barante témoigne que, dans le duché de Bourgogne,
le casque était arrêté au reste de l'armure,
mais que tel n'était pas l'usage en Espagne;
aussi, dans une joute à Bruxelles, le bâtard

de Foix avait le visage meurtri à chaque coup de LANCE qui ébranlait et relevait son CASQUE. — Des Heaumes ITALIENS cachaient une SECRETTE. — Le dedans du Heaume était matelassé et à BAVIÈRE ou à BARBUTE. — Le Heaume du GÉNÉRAL EN CHEF était reconnaissable par une COURONNE ou par quelque attribut; ainsi à Ivry, HENRI QUATRE avait le PANACHE blanc. — Ces embellissements, ces accessoires compliqués n'étaient pas chose nouvelle. Les peintures de POMPÉI portent témoignage de l'ancienneté des CASQUES complets et ornés. — Le Heaume, depuis qu'il était CASQUE FERMÉ, se composait ordinairement de trois pièces : le TIMBRE ou CALOTTE, le masque ou VENTAIL, la MENTONNIÈRE ; quelquefois des LAMES superposées au-dessous de son GORGERIN y jouaient en manière de cravate. — On a pris l'un pour l'autre les mots Heaume et BOURGUIGNOTE, mais jamais Heaume et CASQUE D'INFANTERIE. — Suivant les temps, on a pris l'un pour l'autre les mots BOURGUIGNOTE et Heaume, BOURGUIGNOTE et CASQUE D'INFANTERIE. — Le Heaume était regardé comme la principale partie des ARMES DÉFENSIVES, de même que l'ÉPÉE était la première des ARMES OFFENSIVES ; de là vient que, quand on décernait des ARMES comme prix de la victoire remportée dans un TOURNOIS, le vainqueur du parti des TENANTS recevait un Heaume ; le vainqueur du parti des ASSAILLANTS recevait une ÉPÉE. — FAUCHET prétend que quelquefois un *coup de lance bien asséné au nazal, ventaille ou vizière, tournoit le devant derrière, comme il advint à un chevalier à Bovines.* Ce qui explique ce fait, c'est qu'à cette bataille le Heaume n'était pas encore devenu GRAND CASQUE. — Le même auteur rapporte que depuis qu'ils imitèrent mieux la forme de la tête humaine, *ils furent appelés bourguignotes, possible à cause des Bourguignons inventeurs, et par les Italiens armets ou salades.* On verra, à la lecture de ces différents mots, que cette assertion n'est pas rigoureusement exacte; car l'INFANTERIE a porté la BOURGUIGNOTE, tandis que le Heaume n'a appartenu qu'aux HOMMES DE CHEVAL, aux CHEVALIERS, aux GENS D'ARMES. Il était, comme dit CARRÉ (1783, E), *casque noble.* — Cet AUTEUR et M. le général COTTY (1822, A) disent que la GRILLE du Heaume était une partie de la VISIÈRE. FURETIÈRE dit que ce que d'autres appellent improprement GRILLE est ce qu'il faut appeler MEZAIL ; il est vrai que la GRILLE n'était qu'une particularité, une forme capricieuse d'une PIÈCE fondamentale du GRAND CASQUE. — On appelait DEMI-HEAUME la partie qui en était im-

mobile, par opposition à la partie qu'on relevait ou qu'on abaissait à volonté. Dans le roman de Jehan de Xaintré, il est question dans ce sens du DEMI-HEAUME. — MÉNAGE dit qu'au temps de FRANÇOIS PREMIER le Heaume s'appelait ARMET. Cette proposition n'est pas exacte; la preuve s'en trouve dans ce qui a été dit et ce qui va l'être des HEAUMES A LA ROYALE. — PARIS était renommé pour la fabrication du Heaume, ce qui a valu à l'une de ses rues le nom de la Heaumerie, parce que les maîtres HEAUMIERS l'habitaient. — BOREL (Pierre) raconte que, de son temps, les potiers d'étain se servaient de vieux Heaumes comme de fourneaux ou de creusets. C'est une des causes qui en ont tant détruit. — MÉNESTRIER et le *Dictionnaire de Trévoux* décrivent les variétés du Heaume, considéré comme MEUBLE DE BLASON. — Le Heaume qui couronne les ÉCUS D'ARMOIRIES se nomme TYMBRE. Sa forme, sa situation, sa matière variaient héraldiquement, suivant le degré de NOBLESSE, l'importance du FIEF, et même suivant que le NOBLE était bâtard. FURETIÈRE explique avec détails ces différences. M. ALLOU, CARRÉ (1783, E), CHAMPOLLION, JACOB, M. PLANCHÉ, WILLEMIN, donnent quantité de représentations des Heaumes de l'ancienne CHEVALERIE. Il s'en voyait de diverses espèces au cabinet de JEND'HEUR, entre autres celui que FRANÇOIS PREMIER portait, dit-on, à la bataille de PAVIE. — Quoique jamais ÉCUYER de LOUIS DIX-HUIT n'ait lacé Heaume et ajusté VISIÈRE à son maître, on n'en exposa pas moins comme un des INSIGNES de ce monarque, le jour de ses obsèques, à Saint-Denis, un HEAUME A LA ROYALE qui était censé lui avoir servi; il était surmonté d'une COURONNE en vermeil et en pierreries ; il était porté par un dignitaire faisant fonction de premier ÉCUYER. Voilà comme les casuistes du *Punctilio* entendent l'histoire, ou plutôt parviennent à empêcher que l'histoire et les hommes ne soient de leur siècle.

HEAUME A LA ROYALE. V. A LA ROYALE. V. HEAUME.

HEAUMIER, subs. masc. V. ARMURE. V. CATAPHRACTE. V. GOUSSET. V. HEAUME. V. SOULIER. V. TOURNOI.

HÉBRAÏQUE, adj. V. ARMÉE H... V. LANGUE H...

HÉBREU. V. NOMS PROPRES.

HÉCATONTARCHIE, subs. fém. (F), ou, suivant quelques ÉCRIVAINS, HÉCATONTARKIE. Mot dérivé du GREC *hecaton*, cent, et *arché*, pouvoir. C'était une AGRÉGATION TACTIQUE de la MILICE GRECQUE, une SUBDIVISION de la PHALANGE comparable à la CENTU-

RIE ROMAINE, et soumise au commandement de l'HÉCATONTARQUE. — L'Hécatontarchie était la moitié de la PSILAGIE et se composait, comme on le voit dans BOUCHAUD (1757, G) et dans M. le colonel CARRION (1824, A), de cent vingt-huit PELTASTES ou ARMÉS A LA LÉGÈRE, et formés le plus ordinairement sur seize FILES ; elle se partageait en deux PENTACONTARCHIES. — Le nombre des chefs de l'Hécatontarchie était le même que celui du SYNTAGME D'OPLITES. Le SÉMÉIOPHORE y figurait, suivant DILLON, au milieu du cinquième rang. — BOUCHAUD dit qu'on ajoutait à cette troupe cinq surnuméraires, savoir : ENSEIGNE, FOURRIER , HÉRAUT, SERREFILE extraordinaire et TROMPETTE. — Dans la MILICE moderne des HELLÈNES , les COMPAGNIES s'appellent HÉCATONTARCHIES.—M. LISKENNE (t. I, p. 512 , gravure) donne une image de l'Hécatontarchie antique, et y indique le placement des HÉCATONTARQUES. ROBINSON traite du même sujet.

HÉCATONTARKIE, subs. fém. v. HÉCATONTARCHIE.

HÉCATONTARQUE, subs. masc. v. CENTURION N° 5. v. HÉCATONTARCHIE. v. MILICE GRECQUE N° 2, 6. v. MILICE HELLÉNIQUE. v. OFFICIER N° 2.

HECKER ; HECQUET ; HEER ; HEEREN ; HEFFMEYER. v. NOMS PROPRES.

HÉGÉMON , subs. masc. v. DÉCURIE GRECQUE.

HEIDEMANN. v. NOMS PROPRES.

HEIDUQUE, subs. masc. (F), ou HEYDUC. Mot HONGROIS signifiant SOLDAT, comme le témoigne le Dictionnaire hongrois-latin de Albert Molnar. GÉBELIN traduit le substantif HONGROIS *haydu* par fantassin; le *Journal des sciences militaires* (1853, p. 285) regarde, au contraire, HAIDUQUE, HAIDUTTE, HEIDUQUE comme ESCLAVON, et signifiant exilé ou banni. — Un Heiduque est, au contraire, suivant l'ACADÉMIE, un VOLONTAIRE esclavon. — Originairement, l'INFANTERIE HONGROISE se nommait Heiduque; ce nom s'est ensuite appliqué à des HUSSARDS A PIED de la même MILICE armés d'un petit sabre et d'une petite hache , coiffés d'un bonnet à plumes et vêtus d'une livrée; c'étaient des valets de pied de grands seigneurs. — Marie-Antoinette avait amené d'AUTRICHE quelques Heiduques.

HEIMIUS ; HEINSIUS ; HELDER ; HEISE. v. NOMS PROPRES.

HÉLÉPOLE , subs. fém. (F), ou HÉLIPOLE suivant GANEAU et LACOMBE. Ce mot dérive, suivant ROQUEFORT, du GREC *helein*, prendre, et *polis*, ville. — L'Hélépole était une MACHINE DE GUERRE du genre des ROULANTES OU ROULERESSES ; les MILICES GRECQUES s'en servaient dans les siéges offensifs. L'invention en est attribuée à DÉMÉTRIUS Poliorcètes, qui en fit usage à l'attaque de Rhodes. — ATHÉNÉE représente l'Hélépole comme une TOUR carrée à CRÉNEAUX, ou comme un assemblage de charpente dont l'étage inférieur portait un BÉLIER. — LACHESNAIE (1758, I), dans une description obscure qu'il donne de cette MACHINE, dit qu'elle portait trois sortes de BÉLIERS et qu'elle servait à frapper les MURAILLES. L'assertion est inexacte; c'étaient les BÉLIERS seulement qui agissaient et non l'Hélépole elle-même. — La description que DIODORE DE SICILE fait de l'Hélépole de DÉMÉTRIUS semble fabuleuse; il la représente comme haute de quatre-vingt-deux coudées (50 mètres) et large de quatre cent cinq coudées sur chaque face; mais CARRÉ (1783, E) lui donne d'autres dimensions : quatre ROUES de huit coudées de diamètre la supportaient; elle était de neuf ÉTAGES. Diverses MACHINES à jeter des pierres garnissaient les ÉTAGES inférieurs; des BALISTES occupaient les ÉTAGES supérieurs; deux toits formaient la cage des BÉLIERS. — On faisait marcher en avant d'elle des TORTUES pour le nivellement du terrain. — On défendait la MACHINE contre les BRULOTS PROJECTILES des ASSIÉGÉS en la garnissant de cuirs crus, de terre, de fumier. — Les Rhodiens, pour rendre nul l'effet de l'Hélépole de DÉMÉTRIUS, creusèrent une mine où la MACHINE s'abîma. — L'Hélépole, placée devant une TOUR principale, s'unissait quelquefois à une GALERIE en manière de COURTINE ; cette GALERIE était appuyée à d'autres MACHINES dirigées contre les TOURS latérales du front d'attaque de la VILLE ASSIÉGÉE. Quelquefois, au lieu de tenir à une COURTINE, l'Hélépole était seulement accompagnée et flanquée à distance convenable par d'autres TOURS en manière de bastions flanquants. — Dans les CROISADES et au siége de NICÉE, on voit se renouveler l'usage des Hélépoles sous le nom de BEFFROIS, CHATELS, ENGINS. — Les AUTEURS qui se sont occupés de ce sujet sont : AMMIEN MARCELLIN , DIODORE DE SICILE (20ᵉ livre), l'ENCYCLOPÉDIE (1751, C; *id.* t. III des planches), FOLARD (1727, A), GUISCHARDT (1758, H), MAIZEROY (1771, A), MAUBERT (1762, F), MÉNAGE, MONCHABLON, ROBINSON.

HÉLICE, subs. fém. (B, 1). Mot dérivé du grec *helix*, signifiant ligne qui tourne en rond. Ici, le terme donne idée d'une cannelure ou d'un filet qui entourent spiralement la POIGNÉE du BRIQUET, en imitation des filigranes des poignées de cuir. — L'objet des Hélices est de donner à la main le moyen de tenir la poignée avec fermeté et sans glisser. Leur nombre ou la longueur de la totalité de l'Hélice diffèrent suivant les modèles.

HÉLIODORE; HELLENFELD; HELLMODT. v. noms propres.

HÉLIPOLE, subs. fém. v. hélépole.

HELLEMPARE, subs. fém. v. hallebarde.

HELLÈNES. v. noms propres.

HELLÉNIQUE, adj. v. bataillon h... v. cavalerie h... v. compagnie h... v. école h... v. garde du corps h... v. gendarmerie h... v. infanterie h... v. milice h... v. officier h... v. régiment h... v. troupe h...

HELME, subs. masc. v. heaume.

HELT (subs. masc.) d'épée. v. épée.

HELVÉTIQUE; HELVÉTIEN; HÉMART. v. noms propres.

HÉMÉRODROME, subs. masc. (F). Mot tout grec qui dérive de *héméra*, jour, et de *dromos*, course. C'était le nom que, dans la Grèce antique, comme le témoignent Ganeau et Robinson, et chez la milice byzantine, on donnait aux découvertes, aux découvreurs, aux coureurs. Duane (1810, E) donne un autre sens au mot; suivant lui, les Hémérodromes étaient des troupes chargées de la garde des portes des villes.

HÉMISTRIGE, subs. fém. (F). Mot dérivé du grec *hemisus*, demi, et du latin *striga*, strige ou espace entre les rangs tactiques. Hygin (120, A) appelle Hémistrige l'intervalle qui, dans les usages de la milice grecque, partage deux lignes de tentes, et que nous appelons assez incorrectement rue ou ruelle.

HÉMOPTISIE. v. hémoptysie.

HÉMOPTYSIE, subs. fém. (D, 5), ou hémoptisie. Mot tout grec signifiant crachement de sang; *aima*, sang, *ptuéin*, cracher. — Cette infirmité, provenant d'une rupture des vaisseaux du poumon, donne lieu à une dispense provisoire de service; l'administration municipale prononçait d'abord à cet égard, l'administration centrale prononçait ensuite quant à la dispense absolue. — L'Hémoptysie, si elle est habituelle, fréquente, périodique, est une infirmité emportant cas de réforme, et donnant lieu à l'invalidité absolue.

HÉMORRHOIDES, subs. fém. plur. (D, 7). Mot tout grec signifiant flux de sang par les voies inférieures, de *aima*, sang. — Les Hémorrhoïdes, ulcérées, périodiques, incurables sont une infirmité emportant cas de réforme, et de nature à donner lieu à l'invalidité absolue.

HEMPEL; HENDEL; HENNERT; HENRI; HENRION; HENRIQUEZ. v. noms propres.

HENNEPIER, subs. masc. v. hanapier.

HENT (subs. masc.) d'épée. v. épée. v. helt.

HÉRALDIQUE, adj. v. armes h... v. art h... v. fusée h... v. insigne h... v. tenant h...

HÉRAUD, subs. masc. v. héraut.

HÉRAUDERIE, subs. fém. v. duel. v. héraut d'armes n° 1, 2. v. musicien. v. officier français n° 7. v. poursuivant d'armes.

HÉRAULDER, verb. act. v. héraut.

HÉRAULT, subs. masc. v. hérault.

HÉRAUT (hérauts), subs. masc. (term. génér.), ou caducéateur suivant Roquefort, ou éral, ou érald, ou érale, ou éralt, ou éralx, ou érel, ou fécial, ou héraud, ou hérault, ou oreur, ou yrault, suivant Borel (Pierre), Caseneuve, Furetière, Ganeau, Ménage, Moreri, Roquefort. — Ce sujet, tout historique, est un de ceux qui peut être pris de plus haut. — Les Hérauts de la milice grecque étaient nombreux. Il y en avait qu'on pourrait appeler Hérauts d'état-major; ils portaient une couronne sur le front, et tenaient à la main le skytale que le général leur confiait; ils se nommaient, dans la Grèce antique, suivant les temps ou les contrées, *ceryces, irenodyces, irenophylaces*, et dans la Grèce byzantine, *cantatores, excitatores, oratores*. Ce nom de cérices venait, suivant Robinson, du nom de Cerix, fils de Mercure, dont les Hérauts se disaient descendants. — Sous le nom d'irénophylaces, etc., irénophylaques, messagers de paix, ils exerçaient les fonctions de parlementaires; ils concouraient aux traités ou armistices; ceux-là surtout étaient de l'ordre sacerdotal. — Sous le nom d'oreurs ou d'orateurs ils prononçaient les harangues des champs de bataille. — Ceux qui portaient le titre de chanteurs entonnaient l'hymne ou chanson de combat. — Ceux qu'on nommait excitateurs ou porte-voix étaient les crieurs autorisés; ces derniers étaient des officiers purement militaires; leur devoir, sur le champ de bataille, était de communiquer au porte-enseigne de la phalange les commandements des évolutions; le signal en était ensuite donné aux troupes par la semantique ou le jeu télégraphique des enseignes. — Il y avait, comme nous l'apprennent Elien (70, A), Suidas et M. Carrion (1824, A), des Hérauts d'un ordre moindre; ceux-ci étaient ou des officiers ou des hommes hors rang de la syntagme ou de l'hécatontarchie; ils répétaient les COMMANDEMENTS VOCAUX; ils les adressaient aux ÉNOMOTARQUES. — D'autres usages régnaient dans la MILICE ROMAINE. — Les Hérauts se nommaient FÉCIAUX ou fécialiens, du LATIN fetialis, fecialis; l'origine de ces mots est mal connue; FESTUS, PLUTARQUE, VARRON en ont traité sans l'éclaircir. — Les féciaux étaient précédés de FAISCEAUX, exerçaient une juridiction sur les LÉGIONS ROMAINES, et formaient, sous la présidence du *pater patratus*, un collége de vingt personnages sacerdotaux, comme le témoignent TITE LIVE et DENIS D'HALICARNASSE; ce dernier s'est étendu sur leurs fonctions et leurs droits. — Discuter si la GUERRE était juste, porter les DÉCLARATIONS DE GUERRE, jeter la HASTE (*hasta fecialis*) sur le terrain déclaré ennemi, étaient leurs fonctions principales; ils marchaient, dans ce dernier cas, au nombre de quatre; ils avaient le CADUCÉE d'or, et s'appelaient aussi par cette raison *caduceatores*; ils avaient ainsi de l'analogie avec les IRÉNOPHILAQUES GRECS. — CARRÉ (1785, E) regarde les LICTEURS comme des Hérauts d'une classe inférieure.—Quantité de traducteurs ont appelé Hérauts les FÉCIAUX ROMAINS; il y avait cependant une différence bien marquée entre ces personnages anciens et nos Hérauts modernes. — Du temps de VARRON, les FÉCIAUX étaient abolis. — On a rendu par Héraut le substantif *præco*, que VIRGILE emploie comme donnant idée d'une espèce de ROI D'ARMES tel que ceux qui, au MOYEN AGE, étaient attachés aux PRINCES souverains. — Depuis l'établissement du christianisme, les fonctions des Hérauts n'ont plus rien eu de commun avec le culte divin, et leur ancien nom s'est changé dans le LATIN barbare en celui de *heraldus*, dérivé du FRANCO-TEUTON *herold*, *herald*, resté dans l'ANGLAIS, et ayant produit en FRANÇAIS, suivant ROQUEFORT, le verbe HÉRAULDER, signifiant animer, exciter.— CASENEUVE pense que leur nom vient de l'idiome qu'il appelle *langue tioise*; l'ALLEMAND en aurait tiré le substantif *heer*, signifiant CAMP ou ARMÉE. BOREL (Pierre) et RACUEAU veulent retrouver le mot dans *herus*, maître, et FAUCHET dans l'ALLEMAND *heralt*, vieux sire, vieux gendarme. — BÉNETON (1742) prétend que l'expression est venue du CELTIQUE *har-al*, signifiant publicateur des ordonnances émanées d'un SEIGNEUR, et SERGENTS ayant le droit de faire les haros ou saisies de corps, et de proclamer, c'est-à-dire d'intimer les SEMONCES, l'ordre de PRENDRE LES ARMES. — DUCANGE, au mot *Heraldus*, croit le retrouver dans l'ALLEMAND *heere-ald*, HOMME D'ARMES, ou dans l'ANGLAIS *here*, armée,

et *ald*, serviteur. — WACHTER dit que Héraut vient du TEUTON *haren*, crier, d'où les FRANCS auraient fait *héro* et *haro* (*vociferator*), CRIEUR; GÉBELIN le tire du GREC *kerix* ou de *hernos*, rameau. L'ENCYCLOPÉDIE (1751, C) et POTIER (1779, X) témoignent que d'autres ÉCRIVAINS le retrouvent dans *heer-houd*, fidèle à son SEIGNEUR. — D'autres étymologistes, à ce que disent FURETIÈRE et LACHESNAIE (1758, I), veulent que l'expression provienne des vieux mots FRANCS *haren*, *hara*, *harou*, dont on se servait pour porter un DÉFI, annoncer une GUERRE, proclamer une SEMONCE, intimer un BAN. — Les Hérauts des PREMIÈRES RACES avaient accès dans les cours des PRINCES pour y dénoncer la PAIX ou la GUERRE; de là vient que, suivant DUCANGE, on les appelait *clarigarius*, comme on dirait déclarateur, messager qui annonce. — En RASE CAMPAGNE, tant qu'a duré le MOYEN AGE, ils portaient à l'ENNEMI le DÉFI D'ARMES ou en ACCEPTAIENT LE COMBAT; ils annonçaient le jour et l'heure de la BATAILLE, et se réunissaient au moment de l'ACTION, en avant de la principale BANNIÈRE. — A l'instant de l'ENVAHIE (du choc), ils se retiraient sur un lieu élevé, sur le MONT PAGNOTE, pour juger les événements, constater la manière dont les différentes TROUPES donnaient, et en transmettre le rapport au GÉNÉRAL. — Ils faisaient le dénombrement des MORTS, veillaient à ce qu'on relevât les BLÉCÉS (blessés), NAVRÉS, MEHAIGNÉS, s'occupaient de la recherche des ENSEIGNES abandonnées, réunissaient et comptaient les PRISONNIERS, en proposaient les ÉCHANGES. Ces fonctions dans la MILICE FRANÇAISE rappelaient celles des anciens DÉPOTATS, qui faisaient également partie des NON COMBATTANTS. — A CRÉCY, des Hérauts ANGLAIS sont chargés de compter les MORTS. A la bataille de NANCY, le rapport des Hérauts accusa vingt-sept mille sept cents MORTS. — Dans les GUERRES DE SIÉGE, ils intervenaient dans les NÉGOCIATIONS et convenaient des CAPITULATIONS. — Dans les SIÉGES OFFENSIFS ils sommaient les PLACES ATTAQUÉES. — Dans les SIÉGES DÉFENSIFS, en cas de REDDITION d'une FORTERESSE, ils marchaient en avant du GOUVERNEUR pour être, de leurs personnes, sa sauve-garde à travers les TROUPES ENNEMIES. — Sous la TROISIÈME RACE, quand la CHEVALERIE commença à devenir un ORDRE important, quand la science héraldique prit naissance, quand la classification féodale fut établie, chaque petit PRINCE, chaque province, voulurent, à l'imitation des ROIS, avoir un Héraut. C'était à la fois le représentant de la CHEVALERIE et le messager de l'État; il exerçait ses fonctions d'ambassadeur militaire, ou de négociateur politique sous le titre de héraut d'armes. — De nos jours, les parlementaires, ou même un simple tambour, un simple trompette, prenant le caractère d'envoyé, sont une trace de l'usage des Hérauts; par une analogie facile à saisir, ces instrumentistes portaient l'habit de livrée, afin que leur personne fût sacrée comme l'était le Héraut revêtu de sa cotte. — Les écrivains qu'on peut consulter sur ce sujet sont : Ammian-Marcellin, Aulu-Gelle, Carré (1785, E), Cicéron, Denys d'Halicarnasse. Diodore de Sicile, Ducange, Encyclopédie (1751, C), Fauchet, Furetière, Ganeau, Jabro (1777, G, au mot *Déclaration de guerre*), Lachesnaie (1758, I), Plutarque, Potier (1779, X), Tite Live, Varron, un auteur anonyme (1610, D), le *Dictionnaire de la Conversation*. — Il va être donné quelques notions plus étendues à l'égard des hérauts d'armes.

HÉRAUT (hérauts) d'armes (F), ou héraut de guerre, comme les appelle un auteur anonyme (1610, D). Sorte de hérauts considérés comme ayant été attachés à des princes du royaume, ou à la couronne de France, ces derniers y appartenaient sous forme de corporation; ils ont cessé d'être employés depuis Henri deux; s'il se vit plus tard encore des Hérauts, ce n'était plus comme membres d'une compagnie, mais comme les héritiers d'un titre n'exprimant plus qu'une sinécure; on peut à leur égard consulter les traités d'Alexandri, Barbazan, Ducange, Enéas Sylvius, l'Encyclopédie (1751, C), Fauchet (1600), Favyn, Lacolombière, Lachesnaie (1758, I), Lacurne, Menestrier, Moréri, Potier (1779, X), Spelman, Spencer, Villaret (t. x, p. 82). — Ce qui concerne ces Hérauts va être examiné sous les rapports suivants : création, — dénomination, — nombre, — réception, — avancement, — uniforme, — droits, — prérogatives, — rang, — fonctions, — instruction, — surordination. — N° 1. Création, dénomination, nombre, réception, avancement. — Les Hérauts d'armes n'ont existé sous ce titre que postérieurement à l'invention des armoiries; le blason, étant devenu l'objet d'un soin important, une affaire d'Etat, un intérêt politique, ils furent en quelque sorte des juges assermentés en fait d'armes héraldiques. — L'importance des cartels et de la hérauderie date de cette époque. — Le titre latin *præcones*, donné d'abord aux simples Hérauts de France, s'est changé dans la langue romane en celui de butsineour (buccinateur), parce qu'ils sonnaient eux-mêmes du cor, ou quelque-

fois en celui de menestrels, parce qu'on chargeait des menestriers, doués d'une voix sonore et étendue, de proclamer les tournois, ou de crier les commandements des manoeuvres. — Dans certains cas aussi, les substantifs bedeau et Héraut ont eu une commune acception. — Le titre de simple héraut s'anoblit en celui de Héraut d'armes, quand l'emploi de ce personnage devint en quelque sorte une fonction politique. On voit ce titre de Héraut d'armes figurer positivement dans les récits d'Olivier de la Marche. — Les aides, les lieutenants des Hérauts ou leurs surnuméraires s'appelaient chevaucheurs, chevauchiers, poursuivants d'armes; ils devenaient Hérauts, après un noviciat de sept ans. — Dans les circonstances publiques, dans les cérémonies, à la cour, les Hérauts ne portaient d'autre nom que celui qu'on appelait nom de hérauderie, et qu'ils avaient reçu du prince dans un baptême de cérémonie. — Moréri témoigne que le nombre des Hérauts de France fut successivement porté à trente, non compris leurs surnuméraires; chacun d'eux était attaché à une province, tous étaient sous le commandement du roi d'armes. — Il y avait aussi un héraut des ordres du roi. — L'avancement des Hérauts consistait à devenir roi d'armes ou chevalier. — N° 2. Uniforme ou costume. — Les Hérauts d'armes avaient en temps de paix des brodequins; s'ils se montraient ainsi en public ou en mission, c'était une preuve du maintien de l'état de paix; en temps de guerre, ils portaient des houzeaux, bottes ou bottines; s'ils se montraient ainsi chaussés, c'était l'indice d'une rupture, ou l'annonce des hostilités déjà commencées; ils eurent d'abord la tenicle ou tunique, réservée ensuite au roi d'armes. — Les Hérauts d'armes attachés à la cour de France avaient, comme costume de cérémonie, une cotte d'armes sans ceinture, qu'on appelait tabar ou plaque; c'était une casaque de velours violet cramoisi, chargée ou brodée, en entier, d'un semé de fleurs de lis d'or; cette quantité se réduisit ensuite à trois fleurs de lis par devant et trois par derrière. Les manches de la casaque portaient, en broderie, soit sur un bras, soit sur les deux, la représentation des armoiries de la province et l'inscription du cri d'armes ou du nom de hérauderie ou héraulderie. — Les Hérauts étaient coiffés d'une toque ou mortier de velours noir, suivant Moréri, et enrichie d'un bord d'or; cette toque, suivant Carré (1785, E), était blanche. — Le tabard était accompagné d'un haut-de-chausses ou trousse de velours pareil et d'un manteau court de velours blanc ; mais CARRÉ (1783, E) représente l'image d'un Héraut en COTTE D'ARMES à CEINTURE et à FALTES ; peut-être était-ce le COSTUME du ROI D'ARMES. — Les Hérauts portaient une MASSE ou un BATON nommé CADUCÉE, recouvert de la même étoffe que leur TABARD et également semé de FLEURS DE LIS D'OR ; cependant CARRÉ (1783, E), dans l'image d'un TOURNOI livré en 1581, et M. VILLEMIN nous montrent un Héraut armé d'une JAVELINE à BANDEROLE, et non d'un CADUCÉE. Il porte l'écharpe en sautoir. — Aux CÉRÉMONIES FUNÈBRES les Hérauts étaient couverts d'une robe de deuil longue et traînante. — N° 5. DROITS, PRÉROGATIVES. — Suivant FAUCHET, le corps des Hérauts n'a pris de l'importance que depuis LOUIS NEUF ; c'é-taient jusque-là des VALETS confondus parmi les TROUVÈRES et les CHANTEURS avec qui ils eurent de graves démêlés pour la préséance. Les Hérauts, plus anciennement employés dans toute espèce de mission, soit honora-ble ou non, commencèrent, dans le trei-zième siècle, à ne se recruter que parmi la NOBLESSE, et réussirent à se donner du re-lief, en s'appuyant sur un titre supposé qui émanait, disaient-ils, de CHARLEMAGNE, et qui leur octroyait d'excessifs priviléges. — Les Hérauts connaissaient des usurpations et abus relatifs à la disposition ou à la con-figuration des BLASONS, CASQUES, COURONNES, LAMBELS, SUPPORTS, TYMBRES, etc. Mais plus d'un caprice, plus d'une erreur de leur part se sont convertis en régles ; il en fut ainsi à l'égard du CARTEL D'ARMOIRIES des MARÉCHAUX. — Les HÉRAUTS établissaient les prééminen-ces entre les races, et étaient appelés quel-quefois en cour pour donner leur avis, et décider sur les graves questions du cérémo-nial, sur les points difficiles de l'étiquette ; sur le pas que pouvaient prendre les indi-vidus ou les familles, en vertu des attribu-tions ou du rang dont les personnages sou-mis à enquête pouvaient jouir dans d'autres cours, d'autres contrées, d'autres souverai-netés. — Chez l'ENNEMI, la personne des Hérauts était sacrée. — S'ils ne parvenaient pas à être admis par un chef de troupe, par un suzerain, ils fichaient en terre un bâton fendu qui supportait leurs DÉPÊCHES. — Ils étaient présents aux assemblées d'apparat, aux TOURNOIS pour y prévenir toute dispute de préséance ; ils assistaient aux baptêmes et aux mariages des PRINCES, aux festins, au grand tinel, c'est-à-dire à la seconde table du palais, à la table des grands personnages conviés. — Ils tenaient une place distinguée aux obsèques des PRINCES, et enfermaient dans le tombeau les INSIGNES qui avaient ap-partenu au défunt. — Ils assistaient aux

séances des ORDRES DE CHEVALERIE ; ils y sié-geaient revêtus des MARQUES DISTINCTIVES de l'ORDRE, de son COLLIER, de ses CROIX. — N° 4. FONCTIONS. — GRÉGOIRE DE TOURS rap-porte que les Hérauts de la PREMIÈRE RACE, quand ils allaient en PARLEMENTAIRE, mar-chaient tenant une baguette bénite ; c'était le CADUCÉE de l'époque. — Sous le point de vue politique, les Hérauts étaient les con-servateurs d'une certaine JURISPRUDENCE de tradition ; leurs fonctions consistaient à con-voquer les diètes, les plaids, les états gé-néraux. Ils FAISAIENT DE PENNON BANNIÈRE, c'est-à-dire accourcissaient sur le CAMP (champ) de BATAILLE, avec la lame d'un sabre, le PENNON d'un NOBLE pour le trans-former en BANNIÈRE DE CHEVALIER ; cette opé-ration était comme une délivrance de bre-vet, comme une RÉCEPTION après PROMOTION. Ils proposaient les ARMISTICES ; répandaient ou publiaient les MANIFESTES, portaient les DÉCLARATIONS DE GUERRE aux PRINCES OU GÉ-NÉRAUX ENNEMIS ; ils s'acquittaient de ce message en jetant à terre un GANTELET D'ARMES ensanglanté. Le personnage qu'ils défiaient étant obligé par les mœurs arro-gantes du temps de recevoir, avec un ap-parent plaisir, cette notification, faisait ga-lamment donner une robe ou une bourse au Héraut ; c'était le prix de son voyage hostile et de ses insultes déclamatoires. — S'il s'agissait d'une guerre sans quartier, les Hérauts, *durant la publication, por-taient*, dit M. DE BARANTE à l'occasion de la guerre contre Liége en 1467, *l'épée nue d'une main et une torche de l'autre, pour témoigner qu'on allait faire une guerre à feu et à sang.* — VOLTAIRE (*Essai sur les mœurs*), en traitant du règne de LOUIS TREIZE, dit que ce fut pour la dernière fois qu'on vit, de 1620 à 1635, les Hérauts d'armes aller sommer, au nom du roi, les GOUVERNEURS de PLACE d'ouvrir leurs PORTES. — En 1528, FRANÇOIS PREMIER dé-clarait par le message d'un Héraut la guerre à CHARLES-QUINT. — En 1621, le Héraut qui somma Soubise à Saint-Jean d'Angely, avait la casaque de velours violet, la toque de velours noir, le bâton fleur-delisé. — Sous le rapport chevaleresque, il était de leur devoir d'assister au supplice des CHEVALIERS dont la DÉGRADATION était prononcée ; ils les déclaraient : *Foy mentie, déloyaux, félons, vilains.* — Il était de leurs attributions de publier l'annonce des fêtes ou réunions qui avaient pour objet la célébration des rits des ORDRES DE CHEVALE-RIE ; ils étaient comme maîtres des CÉRÉMO-NIES qui se pratiquaient dans ces rassem-blements ; ils guidaient et plaçaient les dames aux loges ou TREFS du CARROUSEL. — Quelquefois des Hérauts de nations opposées étaient déclarés JUGES DU CAMP; il en fut ainsi à l'occasion d'un COMBAT A OUTRANCE convenu entre quinze ANGLAIS et quinze FRANÇAIS sous les murs de Nantes assiégée par Buckingham. — Ils avaient, suivant les pays, certains CRIS D'ARMES dont l'usage était moitié galant, moitié dévot; mais ces mendiants dorés prononçaient surtout le cri: *Largesse, largesse,* auquel les GUERRIERS et les assistants répondaient par une pluie de monnaie. — Ils publiaient les PAS, les CARROUSELS, les JOUTES, les TOURNOIS, les COMBATS EN CHAMP CLOS, les CÉRÉMONIES PUBLIQUES; ils s'acquittaient de messages, ou étaient PORTEURS DE DÉPÊCHES, comme le font nos ORDONNANCES modernes. — Ils signifiaient les CARTELS ou ARMES A OUTRANCE, déterminaient le lieu des DUELS, annonçaient la forme des COMBATS en CHAMP CLOS, secondaient le MARÉCHAL DE CAMP, masquaient le CHAMP de BATAILLE, faisaient appeler au son des TROMPETTES l'ASSAILLANT et le TENANT, examinaient si leurs GLAIVES (armes) étaient charmés, s'ils n'avaient sur eux ou leur cheval *herbes enchantées, incantations, ensorcellements.* Ils partageaient aux combattants le soleil et le vent. Ils mesuraient les GLAIVES; de là l'expression se MESURER avec l'ennemi. — Dans les COMBATS A OUTRANCE et les JUGEMENTS DE DIEU ils donnaient le signal du COMBAT par les mots: *Oyez, oyez,* suivis d'une proclamation indiquant l'objet du COMBAT, les ARMES convenues, la quantité et l'espèce des COUPS permis; ils criaient ensuite aux COMBATTANTS: *Faites vos devoirs,* et aux gardiens des barrières: *Laissez aller;* ils donnaient ainsi *congé de commencer.* — Sous le point de vue héraldique, ils avaient titre de surintendants des ARMES; ils étaient chargés de recevoir et de vérifier les titres des GENTILS-HOMMES et des CHEVALIERS, de constater la sincérité de leurs noms et ARMES, d'apprécier les droits des héritiers de haut lignage, d'enregistrer dans les armoriaux et cartulaires la copie coloriée de leurs QUARTIERS, c'est-à-dire les ARMOIRIES qui étaient aux quatre coins du tombeau du prédécesseur immédiat. Ainsi les témoignages de NOBLESSE transmis par les père et mère se comptaient par quatre, seize, etc., comme on eût dit, un, deux, trois, quatre tombeaux. — Depuis l'abolition des TOURNOIS et la suppression des ARMURES, les Hérauts d'armes n'ont plus été que les instruments d'un vain cérémonial et en quelque sorte une mascarade de cour; cependant, avant la révolution, nous les avons vu proclamer de carrefour en carrefour au son de la TROMPETTE les TRAITÉS DE PAIX. — Depuis l'institution des ROIS D'ARMES ils n'ont plus été juges en FAIT D'ARMOIRIES. — La révolution n'a eu garde de laisser sur pied les Hérauts. BONAPARTE les a rétablis à l'époque où il exhuma les vieilleries féodales et chevaleresques qu'il croyait utiles à la pompe de son trône. — Depuis qu'il n'y avait plus d'autre NOBLESSE effective que la pairie, les Hérauts d'armes exerçaient la plus inutile des sinécures. — En ESPAGNE, des Hérauts d'armes étaient encore employés, en 1834, aux publications politiques. — N° 5. INSTRUCTION, SUBORDINATION. — Les Hérauts d'armes devaient être en quelque sorte des professeurs en science héraldique; ils faisaient à cet effet un noviciat, un cours de droit nobiliaire; ils devaient discerner et expliquer au besoin la qualité du BLASON des CHEVALIERS, leurs DEVISES, leurs INSIGNES; ils devaient, par l'espèce du CRI D'ARMES que jetaient les COMBATTANTS, reconnaître pour quel pays tenait chaque parti. — Les Hérauts étaient soumis aux personnages nommés suivant les temps: MARÉCHAL DE TOURNOIS, MARÉCHAL DU CAMP, MESTRE DE CAMP; ainsi, pendant les COMBATS EN CHAMP-CLOS, ils sortaient de la LICE tant que durait le COMBAT, et n'y rentraient que quand le PRÉSIDENT du TOURNOI ou les JUGES DU CAMP leur en donnaient l'ordre. — Le ROI D'ARMES a été ensuite le capitaine des Hérauts.

HÉRAUT de GUERRE. V. AUTEUR MILITAIRE (1610, D). V. GUERRE. V. HÉRAUT D'ARMES.

HÉRAUT des ordres du ROI. V. HÉRAUT D'ARMES N° 1. V. ORDRES DU ROI.

HÉRAUT GREC. V. GREC, adj. V. HÉRAUT, V. MILICE GRECQUE N° 6.

HÉRAUT ROMAIN. V. AUMONIER DE CORPS N° 1. V. HÉRAUT. V. PRÉFET DU PRÉTOIRE.

HERBAN, subs. masc. V. ARRIÈRE-BAN. V. ROMAIN, adj.

HERBERGEOR, subst. masc. V. AUBERGE. V. HOTE.

HERBERSTEIN; HERBIN DESSAU; HERBORN. V. NOMS PROPRES.

HERCE, subs. fém. V. HERSE.

HERCHE, subs. fém. V. HERSE.

HERCOTECTONIQUE, subst. fém. (G, 4), OU ARCHITECTURE MILITAIRE, OU ARCHITECTONIQUE. Le mot Hercotectonique dérive, suivant MORIN, du GREC *herkos*, MURAILLE, REMPART, et *tektoniké*, art de bâtir; ainsi c'était l'ART DE L'INGÉNIEUR dans les MILICES GRECQUES; l'OFFICIER DU GÉNIE n'y avait d'autres fonctions que celles de constructeur ou d'ARCHITECTE de FORTERESSES. — L'Hercotectonique est la partie architecturale de l'ARÉOTECTONIQUE; elle est, suivant la définition de l'Académie, de l'Encyclopédie (1785, C, suppl.), et Ganeau, *l'art de fortifier les places, de retrancher les camps, de mettre les postes en état de défense.*—Lachesnaie (1785, 1) donne à l'expression une étymologie différente, mais moins juste. — Duane peut aussi être consulté touchant cette expression.

HERCULES. v. noms propres.

HERCULIENS, subs. masc. plur. (F). Soldats de la milice romaine, ainsi nommés parce qu'ils composaient un corps privilégié ou une garde que l'empereur Maximilien Hercule composa d'anciens martiobarbules.

HERDÉGEN. v. noms propres.

HERE, subs. masc. v. armée. v. armistice. v. camp.

HEREBAN, subs. masc. v. arrière-ban.

HERIBAN, subs. masc. v. arrière-ban.

HERICON, subs. masc. v. machicoulis.

HÉRICOURT; **HÉRICON.** v. noms propres.

HÉRISBAN, subs. masc. v. arrière-ban.

HÉRISSÉ (hérissée), adj. v. palissade de h...

HÉRISSER, verb. act. v. chicane. v. fossé de fortification. v. fraiser. v. rempart.

HÉRISSON, subs. masc. (term. génér.). Mot dérivé du latin *ericius, heres, herinaccus, herix*, qui servaient jadis de dénomination à un animal, et à une machine de guerre de l'espèce des chausses-trapes ; on a ensuite appelé hérisson, une évolution et une chicane du genre des chevaux de frise. Gébelin tire les mots hérisson et herse du latin *eres*. —Le mot Hérisson avait cessé d'être employé dans la langue militaire, il a reparu dans la guerre de 1830 ; il se distingue en hérisson-lance, — roulant, — stable, — tactique.

HÉRISSON foudroyant. v. foudroyant. v. hérisson roulant.

HÉRISSON (hérissons-) lance (G, 4; H). Sorte de hérisson dont il a été fait usage dans la guerre de 1830. C'était une manière de chausse-trape composée de trois lances attachées ensemble vers leur milieu, susceptibles de le transporter en paquet, et jouant à la manière des pliants dont se servent les peintres de paysage.

HÉRISSON roulant (F.), Sorte de hérisson dont on se servait pour la défense des brèches ; les Italiens le nommaient *riccio*. On s'en servait déjà en 1555 ; c'était une poutre traversée ou hérissée de nombreux piquants de fer ; elle était garnie d'une roue à chaque extrémité, à ce que dit Carré (1785, E) ; la longueur de cette machine se proportionnait à la largeur de la brèche ; quand l'assaillant s'y présentait, on la roulait sur lui. —Il y a des milliers d'années que la milice chinoise se servait de cette machine. — Quand l'usage de la poudre s'est répandu, cette machine a pris le nom de hérisson foudroyant, parce qu'on a creusé en tube sa pièce principale et qu'on la remplissait d'artifice. On les appelait aussi barils foudroyants. On y mettait le feu avant de l'abandonner contre les assiégeants. — Cette machine et le cheval de frise roulant différaient peu. Carré (1785, E) dit qu'on appelait aussi hérisson une boule creuse en bois ou en fer pleine d'artifice et armée de pointes. — M. le général Cotty (1822, A), Ganeau, Gassendi, Lachesnaie (1758, I), Leblond (1682, G) traitent des Hérissons roulants et foudroyants.

HÉRISSON stable (F). Sorte de hérisson ou de barrière à piquants dont Manesson (1685, B) donne l'image ; on s'en servait pour fermer une brèche, un défilé, un guichet. C'était une espèce de cheval de frise, soit en bois, soit en fer, mais à pointes plus courtes et plus multipliées, comme le dit Carré (1785, E) ; l'arbre en était supporté à son point milieu sur un pieu où il pivotait à volonté. — Guillet (1686, B), Guignard (1725, B), Lachesnaie (1758, 1), Sionville (1756, E) donnent à ce sujet quelques détails.

HÉRISSON (hérissons) tactique (F). Sorte de hérissons ou de gros bataillons qui appartiennent à l'époque où les Suisses ont régénéré l'infanterie et se sont hérissés de fer pour résister aux charges de cavalerie. L'ordre en Hérisson des Helvétiens a servi de modèle à l'infanterie française. M. le colonel Carrion (1824, A) fait la description de cette évolution. — Ces Hérissons se composaient de trois à quatre mille hommes ayant la forme d'un carré à quatre fronts égaux, fraisés de piques ; c'était une image de la phalange antistome dans la disposition de la défensive. On suppose que le limaçon en était le moyen de dislocation, et que le porc-épic en était une variété. Les joueurs d'épée, ou plutôt d'espadon, en étaient l'infanterie légère.

HÉRITIER (héritiers) de militaire (B, 1). Le mot Héritier, provenu du latin *hereditagium*, s'applique à certains cas qui intéressent les militaires ou plutôt leurs ayants cause. — Suivant les règles du Code appropriées à l'état civil de l'armée, l'apposition des scellés doit avoir lieu sur certains objets laissés par des militaires décédés au corps ou à l'hôpital, ou morts en faisant campagne. S'il s'agit des officiers, cette mesure s'applique à tout ce qu'ils laissent d'effets militaires ; s'il s'agit des hommes de troupe, la mesure ne s'étend qu'à l'argent et aux effets autres que les effets d'équipement et d'habillement. — Les procurations à fournir ont été l'objet de la loi de l'an deux (16 fructidor). — L'ordonnance de 1823 (19 mars) disposait que les héritiers des militaires décédés dans une prison publique où ils étaient détenus par suite d'une mise en jugement, ont droit à réclamer l'arriéré de solde ou de traitement dont le rappel aurait eu lieu en cas d'acquittement et au profit du détenu s'il n'était pas mort. — Les Héritiers des militaires décédés a l'hopital sont en droit, en vertu du décret de 1806 (25 septembre), de réclamer à la caisse d'amortissement le montant des valeurs monnayées laissées par le défunt, ainsi que le prix de la vente des effets dont il était possesseur. Ils ont droit, s'il s'agit d'un homme de troupe, de réclamer le fonds de masse qui aurait été déposé à la caisse des consignations comme acquitté à un militaire absent du corps à l'instant de la délivrance de son congé et qui serait décédé ensuite. — Le règlement de 1816 (24 juillet) disposait que les majors des corps où avaient lieu des décès intéressant des Héritiers, devaient leur donner connaissance du montant de la succession. — L'ordonnance de 1818 (31 mai) a gardé le silence à l'égard de ces matières. — Le décret de 1809 (1er juillet) et la décision de la même année (4 septembre) s'occupent particulièrement des droits que les héritiers d'officiers ont sur le produit de l'arriéré du traitement dû au décédé. Ils s'occupent aussi du droit que les héritiers des hommes de troupe pensionnés ont sur l'arriéré dû pour solde de retraite. On voit dans ce décret quelle justification doivent produire les Héritiers, la manière dont ils procèdent s'il n'y a pas de testament, et s'il y en a, le soin qu'ils doivent prendre de fournir l'extrait ou l'expédition d'envoi en possession.

HÉRITIER d'homme de troupe. v. Héritier de militaire. v. homme de troupe. v. milice romaine n° 11. v. petit équipement.

HÉRITIER d'officier. v. Héritier de militaire. v. officier.

HERLIN. v. noms propres.

HERM, subs. masc. v. heaume.

HERMAN. v. noms propres.

HERME, subs. masc. v. heaume.

HERMIAS. v. noms propres.

HERNEIS, subs. masc. v. harnois.

HERNEIX, subs. masc. v. harnois.

HERNIAIRE, adj. v. bandage h...

HERNIE, subs. fém. (D, 1, 4, 7). Mot que Furetière dérive du latin *hernia* ; il exprime une infirmité qui se distingue en hernie réductible et irréductible ou ne pouvant être contenue sans danger. Dans le premier cas, des bandages sont fournis aux militaires atteints de ce genre d'incommodité, comme l'exprime la circulaire de 1808 (7 juin). Dans l'autre circonstance, la Hernie est un cas de réforme et motive invalidité absolue.

HERNOIS, subs. masc. v. harnois.

HERNOIX, subs. masc. v. harnois.

HÉRODIEN ; HÉRODOTE ; HÉRON ; HÉROUVILLE. v. noms propres.

HERPE, subs. fém. v. harpe. v. herse.

HERPÉ, subs. masc. v. candjiar. v. fauchon a garde. v. harpé. v. milice persane n° 3.

HERRIES. v. noms propres.

HERRSE, subs. fém. v. herse.

HERSE, subs. fém. (term. génér.), ou herce, suivant Roquefort. Le mot Herse a donné naissance au substantif hersillon ; il a la même souche que l'expression harpe, ou, suivant Gébelin, la même racine que hérisson, et il viendrait du latin *eres*. — Les étymologistes ne sont pas d'accord sur l'origine du terme, comme il en sera rendu témoignage bientôt. — Il ne faut chercher l'emploi de l'expression Herse que dans la ressemblance plus ou moins exacte que la chose a eue avec une Herse de labourage, parce que les unes et les autres ont été un assemblage de montants et de traverses. — La Herse n'étant considérée ici que comme une chicane, une défense, va être distinguée en herse d'attrape et herse de forteresse.

HERSE d'attrape (F), ou hirpes suivant Roquefort, ou quinconce a pointes. Sorte de herse ou de machine de guerre du genre des chausses-trapes et des hersillons. Elle était une imitation de la Herse des laboureurs, mais ses pointes ou dents étaient en fer au lieu d'être en bois, et verticales au lieu d'être inclinées. On couchait cette chicane au fond des gués en la disposant les pointes en l'air ; on la jetait sur les brèches pour arrêter l'effort des assaillants ; quelquefois on posait des Herses autour des ouvrages de campagne et on les cachait sous une légère couche de terre. Carré (1783, E), M. le général Cessac, Encyclopédie (1785, C), Gassendi (au mot *Chausse-trape*), Manesson (1685, B), M. le général Rogniat (1816, B) s'étendent en quelques détails à cet égard.

HERSE de forteresse (F), ou cataracte, ou érée, ou erse, ou harpe, ou harse, ou herce, ou herche, ou herpe, ou herrse, ou herse sarrazine, ou grille, ou sarasine, ou sarrasine, ou sarazine, suivant Borel (Pierre),

Chambers , Encyclopédie (1751, C; 1785, C), Guillet (1686), Manesson (1685, B), Morin, Roquefort. — Sorte de herse qui a pris ce nom à raison de quelque ressemblance avec celle des cultivateurs ; c'était un genre de portes glissant verticalement dans des rainures, à la manière de celles de la milice bysantine. — Le mot Herse dérive, suivant Borel (Pierre), du bas latin *herpica*, ou, suivant Morin, du grec *herkion*, barrière, clôture. Monet le prend comme synonyme de porte-coulisse, ou de harpe de forteresse.—D'autres ont donné le nom de coulant ou de porte-coulant à la Herse; tous sont à peu près d'accord sur la forme. — Sionville (1756, E) en trace une image exacte et détaillée. — Les Herses militaires servaient de doubles portes ou de secondes portes intérieures aux forteresses ; elles étaient en fer ou en bois , mais surtout en bois et à montant dont l'extrémité inférieure était ferrée. — L'usage des Herses est de toute antiquité, comme Daniel (1721, A) l'affirme; mais le nom de cette défense ou chicane a varié. — Les milices grecque et bysantine l'appelaient cataracte ; dans le moyen age elle se nommait harpe. Les Orientaux s'en servaient , comme le prouve le nom de sarrasine. — En 1818, le savant voyageur Belzoni en a découvert plusieurs dans les galeries de la pyramide de Chefrènes, près le Caire : elles étaient les unes en bois ferré, les autres en fer. — Salluste parle de la Herse qu'il nomme *ericius*. On lit dans César (51 ans avant J.-C. *De bello civili, liber 3*) : *Erat objectus portis eritius*, en avant des portes était dressée la Herse. — Végèce (liv. iv, art. 4) parle des cataractes que les anciens imaginèrent pour remédier à la faiblesse des portes. C'est dans cet écrivain que Goetzmann (1777) a copié la description suivante que, par une erreur visible, il applique à la fortification moderne : *Il y avoit devant chaque porte un boulevart à l'entrée duquel étoit suspendue une Herse, afin que si l'ennemi s'engageait entre la porte et la Herse, la Herse tombant le renfermât.*— La grande différence entre la cataracte romaine et la Herse française, c'est que celle des Romains était une avant-porte, une porte d'avancée. — Le moyen age et les chateaux féodaux ont connu l'usage des harpes ou des Herses. En Italie, elles étaient, non à claire voie, mais pleines ou en forme de vannes. M. le colonel Carrion (1824, A) remarque que Machiavel proposa le premier de les faire à jour, ou en forme de grillage ou de grille pour faciliter de l'intérieur de l'ouvrage le jet des projectiles des assiégés ; de là vient

que comme meuble de blason on l'appelle grille. — L'Encyclopédie (1785, C) regarde comme démontré que les *cataractes, orgues ou sarrazines* étaient des Herses sans assemblage ou sans traverses horizontales. — Cette assertion n'est pas absolument exacte; mais il est vrai que, au retour des croisades, il se fit une révolution dans la fortification, et l'art de la guerre de siége défensif des Grecs et des mahométans, plus savante que celle d'Europe, avait frappé les Occidentaux ; ils empruntèrent les usages qu'ils avaient observés en Grèce et en Orient. On commença donc à appeler herses sarrazines les Herses perfectionnées , ou à l'orientale; leur nom est resté dans l'italien *sarcinesca*. — Les Herses ou sarrazines qui ont succédé à celles des chateaux féodaux appartiennent au système de fortification adopté depuis le quinzième siècle jusqu'à Vauban. — Des Herses étaient des grilles mouvantes disposées en arrière des portes principales du corps de la place des villes de guerre ; elles glissaient verticalement dans deux coulisses entaillées dans le massif du pied-droit de la voute d'entrée ; elles pouvaient fermer ou ouvrir le passage indépendamment du jeu de la porte ; leur objet, suivant Manesson (1685, B), était de suppléer à la porte, quand elle venait à être brisée par le pétard. —Les Herses des temps modernes étaient d'abord des grilles qui se manœuvraient tout d'une pièce ; elles furent ensuite un assemblage de pieux ou paulx ferrés susceptibles de jouer isolément. A raison de la ressemblance de ces dernières avec les tuyaux des orgues d'église , on les appela d'abord orgues, et ensuite orgues de mort. Voici d'où provint le changement de système. — Une Herse était suspendue en arrière d'une porte de ville, et retenue au-dessus de la voute au moyen de chaînes ou de cordages qui entouraient un moulinet. La Herse restait habituellement levée ; on n'en lâchait les cordes qu'en cas d'attaque et à l'instant où l'ennemi ayant forcé la porte , commençait à s'introduire dans la place ; mais plusieurs surprises dont Carré (1783, E) fait le récit, ayant eu lieu, on reconnut par expérience que pour rendre nul l'effet de la Herse , il suffisait à l'ennemi ou d'insérer des supports , des pièces de bois , des fiches de fer dans les coulisses où glissait le cadre de la Herse, ou bien d'apporter un tréteau, d'amener un charriot qui la retenaient suspendue. Cette remarque fit imaginer les orgues de mort, qu'on préféra généralement aux Herses. — Quoique , depuis Vauban , on eût renoncé aux Herses , cependant Manesson (1685, B), dans ses systèmes d'architecture, les admettait encore. Lachesnaie (1758, I) les mentionne comme si la mode en eût existé de son temps, et Sionville (1756, E) a pris le soin d'en décrire et d'en dessiner les divers genres. Mais réellement la Herse n'est plus qu'un meuble de blason. — Les auteurs qu'on peut consulter sur ce sujet, sont : Belair (1792), Carré (1785, E), M. Carrion (1824, A), Daniel (1721, A), Encyclopédie (1751, C; 1785, C), Furetière (au mot *Sarrasine*), Guignard (1725, B), Guillet (1686, B), Lachesnaie (1758, I), Lecouturier (1825), Maizeroi (1771), Manesson (1685, B), Ménage (au mot *Arsenal*), Potier (1779, X), Sionville (1756, E).

HERSE sarrasine. v. herse. v. sarrasine.

HERSE tactique. v. échiquier. v. évolution. v. tactique, adj.

HERSILLON, subs. masc. (H, 2). Mot dérivé de herse, pris dans le sens de herse d'attrape. — Les Hersillons consistent en une planche de trois à quatre mètres dont chacun des deux côtés est hérissé de pointes ou de clous; on s'en sert pour défendre une brèche, un gué, etc., et estropier les hommes ou les chevaux qui essayent d'y passer.

HERSTAL; HERTTENSTEIN; HERVORDT; HESDIN; HÉSIODE; HESSE; HESSENSTEIN; HESSOIS; HESYCHIUS v. noms propres.

HESSOIS (hessoise), adj. v. armée h... v. artillerie h... v. bataillon h... v. brigade h... v. cavalerie h... v. chasseur h... v. compagnie h... v. corps h... v. école h... v. escadron h... v. fusilier h... v. garde h... v. gendarmerie h... v. hussard h... v. infanterie h... v. milice h... v. ministère h... v. mousquetaire h... v. officier h... v. paye h... v. régiment h... v. soldat h... v. sous-officiers h... v. tribunal h... v. troupe h...

HÉTAIRE, subs. masc. v. corps privilégié.

HÉTÉROPLÉSIONNAIRE, adj. (G, 6). Mot venu du grec *heteros*, d'un des côtés, et plésion (carré tactique); il s'applique à une colonne qui se forme à l'un des flancs ou à l'une des ailes d'une ligne de bataille, au lieu de se former à son centre comme le fait la colonne mésoplésionnaire.

HÉTÉROSTOME, adj. v. ordre h... v. phalange h...

HETMAN, subs. masc. (F), ou ataman, ou attaman, ou atteman, suivant Duane, ou hettman. Mots que Lachesnaie (1758, I) prétend d'origine allemande. Il était usité en Pologne, de toute ancienneté; on y appelait : Hetman Wielki, le grand général, et Hetman Polny, son second, ou lieutenant général. Le *pennon de l'Hetman.* — Main-

tenant le mot Hetman donne idée d'un généralissime de Cosaques, et d'un personnage important de la milice russe.

HÊTRE, subs. masc. v. bois de fusil. v. bois dur.

HETTMAN, subs. masc. v. hetman.

HEUBNER. v. noms propres.

HEUGNES, subs. fém. v. hugue.

HEULARD. v. noms propres.

HEUQUES, subs. fém. v. hoqueton.

HEURE, subs. fém. v. cinq h... dix heures du matin. v. dix heures et demie. v. huit heures du matin v. huit heures et demie v. neuf heures.

HEURE de départ. v. colonel en route. v. départ.

HEURE de faction. v. caporal de poste. v. commandant de place n° 5. v. faction. v. sentinelle.

HEURE de rapport. v. rapport. v. rapport journalier.

HEURE de retraite. v. discipline. v. en cas de retraite.

HEURE de ronde. v. boite a marrons; marron.

HEURE de soupe. v. caporal d'escouade n° 6. v. soupe.

HEURTELOUP. v. noms propres.

HEUSE (heuses), subs. fém. (F), ou heuziau, ou hose suivant Ganeau, ou host suivant le même écrivain, ou house, houseau, houseis, housel, houset, housiau, housseau, housseis, housserie, housset, houssette, houzeau, houzel, houzette, houziau, hoziau, hozie, hueze, ou ost, comme le disent Borel (Pierre), Carré (1785, E), Clopinel, Froissard, Ganeau, Joinville, Monstrelet, Pasquier, Roquefort, Villon. Ces écrivains expriment par là le genre de bottes dont on se chaussait de leur temps. — Les mots Heuse, etc., dérivent, suivant Furetière, Roquefort (au mot Houseau), et les autres étymologistes, du bas latin *hosa, hosellem, hoselum, osa,* venus eux-mêmes de l'allemand *hose, hosen,* chaussure, chausser. On disait : dehouser, deshouser, deshueser, pour débotter; houser, houzer pour botter ou guêtrer. Le bas latin *hosatus* signifiait chaussé; *heus, houz,* signifiant bottes, se retrouvent, suivant Gébelin, dans le bas breton, ce qui a fait supposer qu'originairement ces expressions sortaient du celtique. — Sous le règne de Charles sept, et depuis le treizième siècle, on appelait Heuses les bottes; cependant il est à remarquer que dans le *Roman de la Rose,* ouvrage d'un de nos plus anciens écrivains français, on trouve aussi le mot bottes. Appelait-on housseaulx les bottes des chevaliers parce que ces bottes appuyaient sur la housse de la selle d'armes ? Cette difficulté n'est pas éclaircie. — M. Monteil, en parlant du quinzième siècle, distingue des bottines, les housettes, et de celles-ci les houseaux ; les premières coûtaient six sous, les secondes dix sous et ceux-ci une livre la paire. — Il ne paraît pas douteux que tricouse, triquehouse n'aient été un composé de house, houze. — Les citoyens portaient houzeaux. Ainsi Clopinel parle des houziaux comme d'une mode parisienne, et il paraît qu'on a nommé houzeaulx une simple tige de botte sans soulier. — Cependant Carré (1785, E) semble considérer le terme comme purement militaire et regarde Heuses comme synonymes de pedieux, et comme une chaussure exclusivement portée par les chevaliers et les gendarmes ; c'étaient, dit-il, des souliers de fer qui accompagnaient les grèves ou jambières ; ces souliers, qu'on nommait solerets, s'y attachaient et se composaient d'une semelle surmontée de-lames superposées ; ils formaient l'enveloppe extérieure du chausson ou escarpin. — L'invention du Heuse et de la jambière, c'est-à-dire de l'ensemble d'un devant et d'un derrière de grève, n'était pas connu dans la milice de France, ou ne s'y était pas encore introduite en 1180 ; c'est l'année où l'on voit les plus anciennes Heuses. Dans les siècles suivants ils sont devenus une des parties de l'armure plate. — Nous sommes fondés à croire que les Heuses ou les houses étaient les bottes de guerre des chevaliers du moyen age et des hérauts d'armes, et que les housets ou housettes étaient les bottes de paix, les bottines, les brodequins. On peut au surplus consulter Pasquier qui s'est étendu sur ce sujet. — Les houseaux et housettes sont restés comme meubles de blason.

HEUSIAU (heusiaux), subs. masc. pl. V. HEUSE.

HEUSSLER; HEWGILL. V. NOMS PROPRES.

HEXAGONE, adj. V. BATAILLON H...

HEYDUC, subs. masc. V. HEIDUQUE.

HIALME, subs. masc. V. HEAUME.

HIAUME, subs. masc. V. HEAUME. V. NASAL.

HIELME, subs. masc. V. HEAUME.

HIÉRARCHIE (subs. fém.) d'armée. V. ARMÉE. V. HIÉRARCHIE MILITAIRE.

HIÉRARCHIE militaire (C, 1). — Le mot Hiérarchie est tout grec ; Morin, dans l'étymologie qu'il en donne, témoigne qu'il signifie milice sacrée, chaîne de puissances célestes. — Que la milice des cieux pardonne à celles de ce bas monde l'orgueil de l'assimilation ! — Après s'être appliqué uniquement aux choses surhumaines, le ter-

me a exprimé la subordination ou le classement des hommes d'église ; la langue militaire a emprunté cette expression sans se rendre compte de sa source, sans s'inquiéter de son sens vrai ; la législation, malgré tout ce qu'il y aurait à objecter contre l'emprunt, se l'est appropriée ; car, depuis l'importance et la multiplication des rangs, l'armée ne pouvait se passer d'une expression qui indiquât leur graduation respective, leur progressive inégalité, et cette chaîne de rapports qui, par l'intermédiaire de tous les grades, par la filière du service, lie le soldat au ministre et même au roi. Les droits des uns constituaient les devoirs des autres. — Contre la marche accoutumée des choses, ce n'est pas le langage soldatesque et le patois des casernes qui ont imposé aux ministres de la guerre cette locution louche et ambitieuse ; elle a été importée dans leurs bureaux par des écrivains modernes, et d'un ordre élevé ; trop méticuleux pour créer un mot, ils ont été assez hardis pour en demander un à la théologie, et assez mal avisés pour l'employer sans le définir ; il n'en a pas moins été ratifié par les ordonnances. — Turpin (1785, O) paraît en être l'inventeur ; Guibert (1789, I) l'accueillit et s'en servit. L'ordonnance de 1788 (17 mars) le consacrait sous ce titre : *Règlement sur la hiérarchie de tous les emplois militaires.* — L'Encyclopédie (1785, C ; supplément) nous apprend que l'armée chansonna le militaire (Guibert) qui était cause de la sanction légale donnée à cette invention ; mais les chansonniers eussent mieux fait d'imaginer un substantif préférable, et de le cataloguer dans notre vocabulaire ; celui qu'ils tournaient en ridicule reçut, au contraire, une consécration plus marquée par l'ordonnance de 1792 (5 juin), par celle de 1818 (2 aout) et par toutes les instructions sur les revues d'inspection ; elles ont maintenant effacé l'équivoque, et quantité de militaires ignorent que le mot ait eu une nuance mystique. — Il n'est pas surprenant qu'il soit peu ancien, puisque ce qu'il exprime est si nouveau, et puisque le classement des grades est si indéterminé encore. Il s'est substitué au mot subordination. — Sans doute il y avait autrefois une subordination bien ou mal observée ; on obtenait l'avancement par ruse ou par force, par droit de naissance, par faveur, ou par privilége ; il y avait la prééminence des bannières ; la préséance dans les cérémonies, l'autorité des armoiries, les créneaux du chateau et le floquet du donjon ; il existait des nuances, fugitives il est vrai ou mal connues, entre la puissance, le pas, le classement des ducs, des barons, des comtes, des chatelains, des capitaines (chefs suprêmes), des fourriers ou intendants (*fodrarii*), des caporaux ou caporions (chefs de haut rang); enfin les grades quels qu'ils fussent, de nom ou de fait, étaient accompagnés de droits quelconques; mais il n'y avait pas de Hiérarchie réelle, tant que le régime de l'arbitraire a duré, tant que des principes de police n'ont pas été fondés et burinés. — La Hiérarchie est une harmonie que la loi seule peut produire. Rien n'était plus hiérarchique que les milices grecques et romaines, dans le temps où elles florissaient; rien n'était moins hiérarchique que la puissance militaire, dans les temps de la féodalité. — En fait d'institutions fondamentales, il y a en France beaucoup à invoquer encore; il existe, cependant, une Hiérarchie depuis Louis quatorze; elle est devenue plus positive depuis l'institution du ministère, les progrès de l'infanterie, les perfectionnements de sa tactique, le classement mieux combiné des compagnies. — La Hiérarchie est un échelonnement du gouvernement ou commandement des troupes; c'est une répartition graduée de l'autorité dont la constitution de l'armée règle la mesure; elle est une délégation en faveur d'une classe de personnages qui sont comme les chaînons, les ressorts du mouvement militaire; obéir à qui de droit; commander à qui de droit, est tout le devoir, toute la sphère d'activité des dépositaires de l'autorité et des titulaires des emplois. — Mais trop fréquemment, par d'adroites dispositions glissées à travers des prescriptions étrangères à la Hiérarchie, celle-ci est transitoirement faussée ou dénaturée; c'est de cette manière que les ordonnances de 1818 (2 février) et de 1823 (19 mars) ont traité favorablement les intendants. — Ainsi la Hiérarchie est un enchaînement de grades qui commence à celui qui les prime, quelque titre qu'il porte, et qui descend jusqu'à l'échelon le moins élevé; elle donne naissance à un droit proportionnel dans l'application des punitions prononcées à l'égard de l'inférieur; elle est entretenue par les rapports ou comptes rendus de supérieur en supérieur; elle est une série de pouvoirs progressivement subordonnés et qui tous ont leur degré de responsabilité directe ou indirecte envers le chef; nous disons progressivement subordonnés, puisque le roi lui-même, premier anneau de l'état-major de l'armée, le roi qui est le général de ses généraux d'armée, comme ceux-ci le sont de leurs lieutenants, est subordonné à la loi qu'il fait ou qu'il reconnaît. Sans cette condition point de Hiérarchie. — Tirons-en la

conséquence que la Hiérarchie sera d'autant plus parfaite, que le nombre des chaînons en sera réduit au strict nécessaire; que chaque chaînon ne pèsera que sur le chaînon inférieur; qu'il n'aura qu'avec lui ses principaux contacts et qu'il sera sans collision avec aucun grade superflu. Il en résultera la transmission des injonctions par la ligne la plus droite, l'empressement à y déférer quel que soit le grade de celui qui commande, si celui du subordonné est immédiat, l'accomplissement rapide et ponctuel des ordres légalement donnés. — Ainsi envisagée, la Hiérarchie fixe la mesure de l'obéissance dans les corps aussi bien qu'en dehors d'eux; elle est le ressort du service, l'âme et la base de la discipline; elle concourt à l'administration de la justice; elle produit l'émulation, la stabilité de position, la sécurité des hommes voués à l'état militaire. — La guerre étant, malheureusement, une des conditions vitales de la société, la Hiérarchie pouvant seule assurer le succès de la guerre, une monarchie légale pouvant seule produire et entretenir la Hiérarchie, il n'y a pas de plus puissant argument contre les rêves philosophiques du républicanisme, ou les prétentions du pouvoir absolu. — Mais comme la nature humaine ne se prête pas aux combinaisons d'un sage pouvoir et se révolte involontairement contre le joug de l'obéissance, il n'y aura jamais de Hiérarchie parfaite. — Le Tellier, quoiqu'il n'en sût pas le nom, s'occupa de la chose, la comprit, en introduisit le germe. — De règne en règne, de ministre en ministre, la Hiérarchie française change de forme et de physionomie; les nombreuses preuves s'en trouvent dans ce que nous avons dit des aides de camp, des brigadiers des armées, des classes hiérarchiques, du corps d'intendance, des généraux de division, des fourriers de l'infanterie française de ligne, des usages qui étaient consacrés dans l'infanterie franco-suisse, de la position équivoque des intendants, de ce qu'étaient jadis les majors en second, du pouvoir mal pondéré qu'exerçaient les maréchaux de camp de jour, de la transmission des rapports, et enfin du peu de solidité du système qui asseoit les grades, en général, et de l'ignorance qui préside aux choix des dénominations, ou qui tolère celles que le hasard a produites. — La doctrine de la surveillance hiérarchique progressive, qui rend responsable des fautes du subordonné le supérieur, avait été établie par les ordonnances de Louis quatorze, mais a été négligée ou s'est affaiblie sous Louis seize. — L'accomplissement du service sous les armes modifie certaines lois de la

Hiérarchie ; ainsi un OFFICIER DE GARDE, dans un POSTE commandé par un officier d'un autre corps, passe momentanément d'une subordination constitutive à une subordination éventuelle. L'ordre public et le besoin du SERVICE l'exigent. — La CIRCULAIRE DE 1852 (10 AVRIL) faisait connaître que les lois de la Hiérarchie n'étaient pas toujours observées par les COLONELS, dont les ordres, franchissant des échelons médiats et constitutifs, étaient irrégulièrement transmis, immédiatement à des sous ordres. — Maintenir, rétablir l'équilibre de la Hiérarchie, est un des motifs des REVUES DES INSPECTEURS GÉNÉRAUX. — ODIER (1818, E) est un des AUTEURS qui s'est le plus savamment étendu sur les questions de la SUBORDINATION et de la HIÉRARCHIE. M. BALLYET (1817, D, p. 449), BARDIN (1807, D), M. BERRIAT (1812, A). M. le général de CHAMBRAY (1835), M. GOUVOT, LECOUTURIER (1825, A), peuvent être également ment consultés.

HIÉRARCHIQUE, adj. v. AUTORITÉ H... V. CHARGE H... V. CLASSE H... V. COMMANDEMENT H... V. COMPTE H... V. PAS H... V. RANG H... V. RAPPORT H...

HILDEBRANDT ; HILLEFELD ; HILSCHER ; HIMECCIUS ; HIMSLEY ; HIMLY ; HINDE ; HINDHOUSTAN ; HINRICHS ; v. NOMS PROPRES.

HIPPACONTISTE, subs. et adj. v. ARCHER A CHEVAL.

HIPPARCHIE, subs. fém. v. ÉPHIPPARCHIE. v. MILICE GRECQUE N° 2. v. XÉNAGIE.

HIPPARQUE, subs. masc. v. MILICE GRECQUE N° 2. v. OFFICIER N° 2.

HIPPERT. v. NOMS PROPRES.

HIPPIATRIQUE, subs. fém. v. CAVALERIE. v. LAFOSSE. v. LECOUTURIER (1825, A). v. RUMPF (1824, F). v. VOGELI.

HIPPOTOXOTE, subs. masc. v. ARCHER A CHEVAL. V. CAVALERIE LÉGÈRE. V. CAVALIER LÉGER. V. MILICE GRECQUE N° 2, 4.

HIRONDE, subs. fém. v. QUEUE D'H...

HIRONDELLE, subs. fém. v. NID DE PIE.

HIRPES, subs. fém. v. HERSE D'ATTRAPE.

HIRSCH ; HIRTHUS. v. NOMS PROPRES.

HISTOIRE, subs. fém. v. APPLICATION DE L'ÉTUDE, etc. v. ARÉOTECTONIQUE. v. ART MILITAIRE. V. AVENTURIER. V. AVRIL. V. BARON. v. ÉTUDE DE L'H... V. MILICE ROMAINE N° 11.

HISTOIRE MILITAIRE. v. ADAM (1712, C) ADER, AGATHIAS, AIMOIN, ALLENT, ALEXANDRE DE BERNAY, AMBERT, AMIOT (1782, O), AMIOT (A.-P.-J.). AMMIAN MARCELLIN (580, A) ANDREWS, ANNE DE COMNÈNE, ANQUETIL, ANSELME, ANTOMARCHI, APPIAN, ARCHENHOTZ, ARGENTI, ARGENVILLERS, ARMURE,

ARRIEN, AUDOUIN, AUTEUR MILITAIRE (1813, F ; 1818, K ; 1821, B ; 1825, C). v. AVANCEMENT AU GRADE DE SOUS-OFFICIER. BALDELLI, BANNIER, BARANTE (de), BARBIER DU BOCAGE, BASNAGE, BATINI, BEAUCHAMP, BEAULAC, BEAURAIN, BEAUVAIS (1819, A ; 1823, A), BELLEFOREST, BERENHORST, BELLERIVE, BENETON (1741, B), BERLIER (1825, B), BERTHIER, BERTHRE, BERWICK, BLADEN, BLANCHARD, BERVILLE, BLANKENBURG (1795, F), BONAPARTE, M. BONTEMPS (1838), BOTIDOUX (1809, A), BOTTA, BOUQUET, BRANTOME, BULOW (1801, D), BUSSY-RABUTIN, BUTTURLIN, CARREL, COLET DE LA ROZIÈRE, CARNOT, CARRION (1824, A), CASSIODORE, CATINAT, CÉSAR (51 avant J.-C.), CHAMBRAY, CHANTREAU, CHARLES (1818, A), CHAS (1801), CHATEAUNEUF, CHAUSSARD (1802, B), CHRISTINE DE PISAN, CIRIACY, CLARKE, CLOPINEL. v. COMMISSAIRE DES GUERRES N° 6. COMMINES, CONDÉ, CORNÉLIUS NÉPOS, COURCELLES, CONDÉ, CRILLON, CUVELIER, DABLANCOURT (1660, B), DANGEAU, DANIEL (1721, A), DARC, DARU, DAUBIGNÉ, DAVISIUS, DAVON, DECKER, DECRAMMEVILLE (1789, A ; 1794, D), DEDON, DELACROIX (1771, B), DELALUZERNE (1786, D), DELANOUE, DELIGNE (1789, H), DENIS D'HALICARNASSE, DESJARDINS, DETHOU, DIODORE DE SICILE, DION, DOHSSON, DUBELLAY (1535, A), DUBOS, DUCHESNE, DUCLERQ, DUHAILLAN, DULAURE, DUMAS, DUMOULIN, DUNCAN, DUPLEIX, ÉCOLE D'ENSEIGNEMENT PRIMAIRE, ÉCOLE RÉGIMENTAIRE DE SOUS-OFFICIERS, EDMONDES, EGGER (1771, K), EGINHARDT, ÉLIEN, ENCYCLOPÉDIE (1785, C), EUGÈNE, EUSÈBE, EUTROPE, FAIN, FESTUS, FEUQUIÈRES (1725, D), FEVRET, FLEURANGES, FLOBERT (1738, B), FLORUS, FOLARD (1725, A), FORQUEVAULT, FOY, FRÉDÉRIC DEUX, FROISSART, GAGUIN, GÉNÉRAL D'ARMÉE N° 9, GERSDORFF, GIBBON, GILBERT, GILLES, GISCONDO, GOETZMANN, GOLLUT, GOURGAUD, GOUVION, GRADE D'OFFICIER, GRASSI (1821, K), GRÉGOIRE DE TOURS, GRENADIER D'INFANTERIE FRANÇAISE N° 2. GRIMOARD (1806, C), GROTIUS, GUERRE, GUICHARDIN, GUISCHARDT (1773, I), HEEREN, HENRI (1773, I), HENRI QUATRE, HÉRODOTE, HISTORIQUE, subs., HOMÈRE, HOYER (1798), HUGO, JOMINI (1805, G), JOSÈPHE, JOURDAN, JUBÉ, JUSTELIPSE (1598, A), JUVÉNAL DES URSINS, KAUSLER (1825 ; 1826 ; 1827), KER-PORTER (1817), KOCH, KOEPPE, LABBÉ, LABORDE, LACHESNAIE (1767, F), LAMARQUE, LASCASES, LEGENDRE, LEGRAND-D'AUSSY, LEMAZERIER, LENGLET, LLOYD (1762, M), LOLOOZ (1770, C ; 1771, P), LUXEMBOURG, MABLY, MAINGARNAUD (1827, A), MAIZEROY 1771, A ; 1775, B ; 1781, A ; etc.), MARCILLAC, MARLBOROUGH, MARTIN, MAUBERT (1762, F), MEZERAI, MILICE GRECQUE N° 2, MILLOT (1777), MILICE NÉERLANDAISE N° 4, MIOT, MI-

RABEAU (1788, C), MONSTRELET, MONTÉCUCULI (1704, D), MONTEIL, MONTESQUIEU, MONTHOLON, MONT-LUC (1592, B), NASSAU, NAST, NEUMAYÉR (1657, B), NOAILLES, NORVINS, NOUGARET, OMÉARA. V. ORDRE TACTIQUE. PAGEZY (1828), PALLADIO, PAUL JOVE, PELET, PELLOT, PETITOT, PEUCHET (1809, C). V. PILLAGE, PINARD, PLUTARQUE, POLYBE (150, avant J.-C.), PUYSÉGUR (1690), QUINCY, QUINTE-CURCE, RAMUS, RITCHIE, ROCQUANCOURT, ROBERTSON, ROLLIN, ROUX (1805, B), ROYOU, RUIVAMBA (1788, G), RUMPF (1821, L; 1826, G), SAINT-CYR, SAINTE-FOIX, SALLUSTE, SARRAZIN, SAUMAISE (1647, A), SCALIGER, SCHELS (1829), SCRIVERIUS (1670, B), SERVAN, M. SIGARD (1850), SIGRAIS, SISMONDI, SMITH (1779, H), STRABON, STUDENITZ, TACITE, TEMPELHOF, THUCYDIDE, TISSOT, TITE LIVE, TOULOUGEON (1812, B), TOWERS (1812, F), TRANCHANT (1805, D; 1809, H), TURENNE, TURNER, (1781), TURPIN (1787, C), VALORY, VAUDONCOURT, VAUDRÉCOURT (1787, E), VELLY, VELLEIUS, VENDOME, VIGENÈRE, VIGNOTTE, VITON, VITTAES, VOLTAIRE, VOSSIUS, WALTHER (1785, C), WAILLY, WARNERY (1785, H), XÉNOPHON (570 avant J.-C.), ZURLAUBEN (1760, G), le *Journal de l'armée*, t. II, p. 1, et un AUTEUR anonyme (1815, F).

HISTORIQUE, adj. V. BULLETIN H… V. JOURNAL H…

HISTORIQUE (subs. fém.) MILITAIRE (F), ou PARTIE HISTORIQUE des ÉTUDES de la GUERRE, ou APPLICATION de l'HISTOIRE à la CHOSE MILITAIRE, ou SCIENCE HISTORIQUE. — Le substantif Historique a la même étymologie que le mot HISTOIRE, qui est tout LATIN. — Un ÉDIT peu connu de CHARLES NEUF, en 1567 (15 DÉCEMBRE), voulait qu'il fût envoyé à l'ARMÉE un COMMISSAIRE DES GUERRES, à qui l'on *donnera les mémoires et les gages pour faire écrire l'histoire du royaume.* Ce dispositif est resté sans exécution. — Le général DUPONT, chef du bureau topographique du DIRECTOIRE, avait fait décider par le gouvernement que, à la fin des CAMPAGNES, chaque GÉNÉRAL EN CHEF devait faire rédiger un récit des MOUVEMENTS, un précis des FAITS D'ARMES de son ARMÉE; rien de pareil ne s'est réalisé. — Les études historiques occupaient ou étaient censées occuper une section du DÉPOT DE LA GUERRE du royaume de FRANCE. Pendant longtemps ce bureau a peu produit, et a laissé incertaine et languissante la TACTIQUE. La MILICE ESPAGNOLE n'était pas à cet égard beaucoup plus avancée; l'ARMÉE TURQUE l'était presque autant. — Dans la MILICE AUTRICHIENNE, les études et les travaux historiques regardent le corps de l'ÉTAT-MAJOR, et embrassent la politique, la critique des productions nouvelles, les traductions, les analyses, les vues renfermées dans des MÉMOIRES. — La PRUSSE et toutes les MILICES DU NORD introduisent l'histoire dans l'ÉDUCATION MILITAIRE; c'est une des révolutions du siècle. — L'histoire générale est le bréviaire de l'homme d'Etat; l'histoire militaire est le catéchisme des GÉNÉRAUX D'ARMÉE. *Quand l'histoire,* a dit Bossuet, *serait inutile aux autres hommes, il faudrait la faire lire aux militaires; les histoires ne sont composées que des choses qui les occupent, tout semble y être fait pour leur usage.* — La SCIENCE historique est la première des branches de l'ARÉOTECTONIQUE, genre d'étude qui, en vue de perfectionner l'ART MILITAIRE, embrasse les temps anciens, la connaissance des coutumes des étrangers, l'analyse des lois du pays, les ARTS et les SCIENCES utiles au GUERRIER. — L'ENCYCLOPÉDIE (1785, C, au mot *Histoire*) et le général Lossow développent quelques-unes de ces propositions. — VOLTAIRE (*Dictionn. philosoph.*) dit : *L'histoire des arts peut être la plus utile de toutes, quand elle joint à la connaissance de l'invention et des progrès des arts la description du mécanisme.* — Cette proposition, en la restreignant à l'ART MILITAIRE, aurait pu être l'épigraphe du présent traité; la pensée qu'elle contient s'y reproduit partout; les sujets historiques y tiennent une place considérable, comme le témoigne le vocabulaire sommaire (colonne F), et ce que VOLTAIRE nomme mécanisme, par opposition à la partie morale de l'étude et à la chronologie des événements, s'appelle ici, et devait s'y appeler, le CODE ou la partie légale de l'ART MILITAIRE. — L'Historique embrasse les antécédents dont la connaissance peut expliquer nos coutumes actuelles. Ce genre de recherches répare des oublis, trop communs chez nos devanciers; il résume ou récapitule ce qui est ou passé de mode, ou tombé dans le domaine de l'HISTOIRE du pays, ou étranger aux usages FRANÇAIS; il s'exerce sur une série d'événements ou d'observations dont l'examen nous révèle les secrets de la GUERRE, et rend intelligibles pour nous les AUTEURS qui en ont traité. — Malheureusement les sources antiques sont pauvres ou trompeuses; il ne faut presque rien croire de l'HISTOIRE des cinq premiers siècles de la MILICE ROMAINE; l'on doit regarder comme fabuleuse une partie des temps historiques de la GRÈCE, puisque TROIE était tombée quatre siècles avant l'apparition de l'*Iliade.* Il y a peu à s'appesantir sur les ouï-dire d'EGYPTE et de CHINE, et, depuis qu'on se bat, il n'y a pas de récit de bataille qui ne soit entremêlé de mensonges, s'il n'est entièrement imaginaire ou s'il n'est l'opposé de la vérité. Plusieurs relations embrassent-elles un même fait d'armes, elles ne sont jamais identiques; aussi ne parlerons-nous que des résultats connus, de la marche démontrée ou croyable des faits, presque jamais de leurs épisodes, de leurs accidents. — On a révoqué en doute et le siège de Troie et l'existence même de cette ville; on a reconnu fabuleuse cette armée de Sémiramis, où cinq cent mille chevaux et cent mille chars accompagnaient trois millions d'hommes de pied; on n'a pas ajouté plus de foi aux quatre à cinq millions d'âmes que Xercès déplaçait, ainsi qu'aux deux cent mille chevaux de Ninus. On s'est demandé si c'étaient les Horaces ou les Curiaces qui combattaient du côté des Romains. La guerre des Gaules, telle que César l'a décrite, a été mise en question. Polybe (150 ans avant J.-C.) compare les historiens aux auteurs dramatiques, qui présentent à leur guise des sujets imaginaires, et, suivant Bayle, l'histoire est comparable aux travaux de la cuisine; les faits crus sont assaisonnés au goût des convives, et autant de nations autant de ragoûts. — Cette étude de l'histoire militaire, c'est-à-dire des hommes, des livres, des choses, de la législation, est si vaste, que nous ne pouvons qu'effleurer les annales ou les commentaires qui y jettent du jour. La guerre a occupé plus ou moins directement tous les historiens; pour énumérer sans oubli les documents spéciaux à obtenir d'eux, il faudrait rechercher tous les catalogues bibliographiques existants, et extraire de leur section historique la série des renvois qu'ils fourniraient sous le point de vue militaire. Or, ce travail serait sans limites; il convient donc de se borner aux recherches à faire dans les catalogues uniquement militaires, l'ensemble en est assez vaste. Deligne (1805, A), M. Rumpf (1824, F) et Walther (1780, C) mentionnent bien plus d'écrivains qui ont traité de l'histoire des armes qu'ils ne citent de compositeurs didactiques purement militaires. — L'Historique est, suivant Dalembert (Encyclopédie (1751, C), *Tableau des connaissances humaines*), *l'application de la mémoire, dont l'étude et l'expérience assemblent et perfectionnent les matériaux.* — Dans notre cadre, c'est une vaste galerie de tableaux anciens ou de sujets d'origine étrangère qui aident et amènent à concevoir les usages de la France actuelle et de sa milice de tous les temps; on y démêle le fil des institutions; on y suit la marche des pro-

grès des armées; on y saisit la clef des origines; on y découvre la trace des analogies et des oppositions. — Mais ces recherches ont leur théorie, il ne suffit pas du courage qui les entreprend, il faut s'imposer certains principes de travail, certaine tenue d'esprit. Voici ce qui peut être conseillé à qui veut rendre profitables les efforts d'une telle entreprise : croire peu; douter des assertions isolées ou dont les certificateurs sont partie intéressée; concilier les auteurs à l'aide des monuments et de la numismatique; parer à l'insuffisance des dictionnaires en interrogeant le blason, les sceaux, les médailles, les monuments, les pierres gravées; se défier également des narrateurs qui ne distribuent que l'éloge, ou qui ne répandent que le blâme ou la critique, car il est rare que le bien soit absolu et que le mal soit sans correctif; comparer beaucoup; s'appliquer à discerner les plagiats nombreux et à démêler les erreurs trop fréquentes, même dans les auteurs de talent et de bonne foi; être en garde contre le style tranchant, les propositions absolues; ne donner crédit qu'à la candeur dubitative ou à la prépondérance qui s'appuie sur des témoignages nombreux, non concertés, non reproduits en échos; ne chercher à comprendre que ce qui est vulgairement intelligible; car l'obscurité des auteurs est quelquefois ignorance, quelquefois un effet du calcul, un échappatoire. Ainsi, des interprétations hypothétiques ne payeraient pas la peine qu'on prendrait à combiner et à débattre ce qui s'enveloppe d'incertitude. — Lecteurs qui cherchez le vrai, regardez comme fardés et équivoques tous les mémoires où perce la louange des contemporains puissants; ne parcourez qu'en pyrrhonien les œuvres à dédicace. — Défiez-vous des récits où l'auteur énumère avec complaisance ses hauts faits et ébauche sa future biographie; économisez par là un temps précieux; car les vérités sanglantes proclamées par Feuquières ont plus avancé la science que toutes ces relations intéressées que publient des hommes à préface emmiellée, soit qu'ils adressent leurs productions à des protecteurs, soit qu'ils se les dédient à euxmêmes : qui ne me dit que du bien de lui travaille à me tromper. — Un homme dont on ne contestera pas la haute capacité, Napoléon Bonaparte, était armé d'une sage défiance en fait d'histoire. Il témoigne le peu de foi qu'on doit aux assertions de Jules César, aux narrations merveilleuses des marches-routes et de la stratégie des légions, aux récits enflés des expéditions carthaginoises. On en trouve des témoignages dans les *Souvenirs* de M. LASCASES. *Les innombrables armées des Carthaginois en Sicile*, disait BONAPARTE (LASCASES, t. I, p. 564), *sont un conte. Il ne croyait pas aux millions d'hommes de Darius et de Xercès ; il doutait de toute cette partie brillante de l'histoire ; ne voyait dans cette fameuse guerre punique que des actions indécises ; qu'on n'oublie pas que ce sont les Grecs qui les disent* (qui parlent de victoires remportées sur leurs innombrables ennemis); *qu'ils étaient vains, hyperboliques*, etc. — Et en effet, qui eût pourvu à la SUBSISTANCE D'ARMÉES d'un million d'hommes occupant un seul théâtre ? — Eh bien, ne lisez pas avec une foi aveugle les bulletins de Bonaparte, et donnez encore moins de créance à ceux de Napoléon. — XÉNOPHON et QUINTE-CURCE sont des romanciers ; TITE LIVE met de l'imagination à la place des détails, qu'il ne prenait pas la peine d'approfondir, et des vérités militaires qu'il ignorait ; PLUTARQUE ressassait des traditions ; VÉGÈCE entassait les compilations creuses de ses scribes. De nos jours, quoique la vérité soit l'objet d'un culte pour des hommes de conscience, quoique les bibliothèques soient riches de documents sincères, de renseignements précis et nombreux, cependant il n'est pas de relations de bataille décrites par témoins oculaires qui ne se contredisent. BONAPARTE, encore premier consul, s'est appliqué à retrouver la date mal connue de la bataille de MARENGO. Rentré en France, il dépêcha pour cet éclaircissement un exprès sur les lieux, et n'a pas pu rencontrer d'unanimité chez les régnicoles milanais consultés à l'égard de ce point de chronologie : la bataille ayant duré plus d'un jour, quel est le jour rationnellement dénominateur de la bataille ? Ce pourra être une chose de convention, jamais de démonstration. — En fait d'événements vieillis, en fait de choses passées, ne fût-ce que d'hier, la vérité tout entière est introuvable ; la cherchera-t-on dans les livres hébraïques, dans les rêveries d'Hérodote, dans le discours sur l'Histoire universelle de Bossuet, dans les adulations de VÉGÈCE, dans les rapsodies de ROLLIN, dans les grandes chroniques de FRANCE, dans les dictionnaires biographiques, dans les éloges nécrologiques de nos jours, dans les éloges académiques de l'autre siècle. Lecteurs qui cherchez le vrai, procédez-y donc d'un esprit sceptique et lisez dans l'ENCYCLOPÉDIE (1751, C, au mot *Histoire*) l'admirable article sorti de la plume de VOLTAIRE et le *Journal de l'institut historique* (t. VIII, p. 244). — Tels sont les moyens, non d'acquérir tout

ce qui constitue le savoir du GÉNÉRAL D'ARMÉE, mais de tirer fruit de l'étude des AUTEURS dont nous avons cité les noms à la suite ou dans le cours des articles qui ont trait à l'HISTOIRE, et qui sont principalement ceux-ci : ARMOIRIES, ARMURE, AVENTURIER, BANNERET, BARON, BLASON, CHEVALERIE, COMBAT DE JUGEMENT, COMTE, CONDOTTIÈRE, CONNÉTABLE, COULEUR NATIONALE, CROISADE, DRAPERIE, DUC, ECCLÉSIASTIQUE, ÉCUYER, ENSEIGNE, EXERCICE, FÉODALITÉ, FLÈCHE, FLIBUSTIER, GENDARME, GENDARMERIE, GENTILHOMME, GUERRE, HABILLEMENT, HÉRAUT, MARÉCHAL, MARQUIS, MILICES, NOBLESSE, PRINCE, SEIGNEUR, SÉNÉCHAL, SERGENT.

HIVER, subs. masc. V. CAMP D'H... V. CAMPAGNE D'H... V. CHAUFFAGE D'H... V. COMBUSTIBLE D'H... V. ÉQUIPEMENT D'H... V. MANOEUVRE D'H... V. MOIS D'H... V. QUARTIER D'H... V. QUARTIERS D'H...

HOBEREAU, subs. masc. V. ARCHER. V. HABIT. V. HAUBERT. V. NOBLE.

HOBERGEON, subs. masc. V. HAUBERT.

HOBILER, subs. masc. V. ARCHER.

HOBITZ, subs. masc. V. OBUS.

HOCHE. V. NOMS PROPRES.

HOCHEBOS, subs. masc. V. PIQUE. V. PIQUIER.

HOCHFELDEN ; HOCHKIRCHEN ; HOCHSTETT. V. NOMS PROPRES.

HOCKEBOS, subs. masc. V. PIQUE.

HOCQUEBOS, subs. masc. V. PIQUE.

HOCQUEBUTE, subs. fém. V. ARQUEBUSE.

HOCQUETON, subs. masc. V. HOQUETON.

HOCQUINCOURT ; HOERSCHELMANN ; HOFFMAN ; HOFFMANN ; HOFMANN ; HOGRÈVE. V. NOMS PROPRES.

HOGUINES, subs. fém. plur. V. ARMURE. V. CERVELIÈRE.

HOHENLOHE. V. LÉGION DE H...

HOHENLOHÉ ; HOHENZOLLERN ; HOHENLINDEN. V. NOMS PROPRES.

HOKEBOS, subs. masc. V. INFANTERIE. V. PIQUE. V. PIQUIER N° 2. V. SOLDAT.

HOLLANDAIS (hollandaise), adj. V. ARCHER H... V. ARMÉE H... V. ARTILLERIE H... V. BATAILLON H... V. CAVALERIE H... V. CHASSEUR H... V. COMPAGNIE H... V. CORPS H... V. CUIRASSIER H... V. DRAGON H... V. ESCADRON H... V. ÉTAT-MAJOR H... V. GARDE H... V. GRENADIER H... V. HUSSARD H... V. INFANTERIE H... V. LANCIER H... V. LANGUE H... V. MILICE H... V. MILITAIRE H... V. OFFICIER H... V. PAVILLON H... V. RÉGIMENT H... V. SOLDAT H... V. SOUS-OFFICIER H... V. TROUPE H...

HOLLANDAIS; HOLLANDE; HOLLEBEN; HOLLIDAY; HOLTERMANN; HOLTZENDORFF; HOMÈRE; HOMEYER. V. NOMS PROPRES.

HOMACOSTOME, adj. V. PHALANGE H...

HOMÉOPATHIQUE, adj. V. MÉDECINE H...

HOMMAGE, subs. masc. V. ANTRUSTION. V. BARON Nº 2. V. ÉPERON DE BOTTES. V. FÉODALITÉ. V. FIEF. V. FOI. V. GARDE DE PRINCE. V. GIROUETTE. V. GRAND SÉNÉCHAL. V. HOMME. V. LEUDE. V. MARÉCHAL DE FRANCE Nº 9. V. MILICE FRANÇAISE Nº 2. V. PRÊTER HOMMAGE. V. SERGENTERIE. V. SERVICE FÉODAL.

HOMME LIGE. V. FÉODALITÉ. V. LIGE.

HOMME, subs. masc. V. APPELER LES H... V. BATAILLON CARRÉ D'H... V. CONVERSION PAR H... V. DÉGAGER UN H... V. GENTILHOMME. V. JETER DES H... V. LEVÉE D'H... V. PAR H... V. PASSER UN H...

HOMME {
A L'HOPITAL.
APPELÉ.
DE POESTÉ.
DE SERVICE.... { HOMME DE GARDE. }
DE TROUPE.
D'ENCADREMENT.
EN SUBSISTANCE.
NOUVEAU.
}

HOMME (term. génér.), ou UEM, ou UEME, ou UM comme le témoigne ROQUEFORT. Ces mots, qui étaient une corruption du *homo* des LATINS, ont produit le mot UMAGE, synonyme d'HOMMAGE et signifiant, au temps de la FÉODALITÉ, action ou serment de se faire l'homme d'un SEIGNEUR FIEFFÉ. — Le mot Homme se distingue en HOMME A CHEVAL, — A LA SALLE DE DISCIPLINE, — A L'HOPITAL, — A L'INFIRMERIE, — A PIED, — APPELÉ, — AU SERVICE, — AUX ÉQUIPAGES, — CONGÉDIÉ, — D'AILE, — D'ARMES, — D'ARTILLERIE, — DE BONNE VOLONTÉ, — DE CAMPEMENT, — DE CAPELINE, — DE CAVALERIE, — DE CENTAINE, — DE CHEVAL, — DE CORPS, — DE CORVÉE, — DE CUISINE, — DE DEUXIÈME RANG, — DE FILE, — DE GARDE, — DE GARDE AU CAMP, — DE GARDE EN CAMPAGNE, — DE GARDE EN GARNISON, — DE GARDE EN ROUTE, — DE GRANDE CORVÉE, — DE GROSSE CAVALERIE, — DE GUERRE, — DE MER, — DE NOU-VELLE LEVÉE, — DE PATROUILLE, — DE PIED, — DE PIQUET, — DE PLANTON, — DE POESTÉ, — DE PREMIER RANG, — DE PREMIÈRE CLASSE, — DE QUALITÉ, — DE RANG, — DE RECRUE, — DE RÉSERVE, — DE SALLE DE DISCIPLINE, — DE SERGENTERIE, — DE SERVICE, — DE SERVICE AU CAMP, — DE SERVICE EN GARNISON, — DE SERVICE EN ROUTE, — DE TERRE, — DE TRAIT, — DE TRANCHÉE, — DE TROISIÈME RANG, — DE TROUPE, — DE TROUPE AU CAMP, — DE TROUPE D'ADMINISTRATION D'HOPITAL, — DE TROUPE D'ARTILLERIE, — DE TROUPE DE CAVALERIE, — DE TROUPE DÉCÉDÉ, — DE TROUPE D'ÉLITE, — DE TROUPE D'ESCORTE, — DE TROUPE D'ÉTAT-MAJOR, — DE TROUPE DÉTENU, — DE TROUPE D'INFANTERIE, — DE TROUPE DU GÉNIE, — DE TROUPE EN CAMPAGNE, — DE TROUPE EN DÉTACHEMENT, — DE TROUPE EN GARNISON, — DE TROUPE EN JUGEMENT, — DE TROUPE EN PERMISSION, — DE TROUPE EN PRISON, — DE TROUPE EN ROUTE, — DE TROUPE EN TÉMOIGNAGE, — DE TROUPE ISOLÉ, — DE TROUPE PRISONNIER DE GUERRE, — D'ÉLITE, — D'ENCADREMENT, — D'INFANTERIE, — D'ORDONNANCE, — DU GÉNIE, — EN CAMPAGNE, — EN CONGÉ, — EN JUGEMENT, — EN MARCHE, — EN PERMISSION, — EN PRISON, — EN SAUVEGARDE, — EN SUBSISTANCE, — GRADÉ, — HORS RANG, — ISOLÉ, — LIBRE, — LIGE, — MARIÉ, — MONTÉ, — NOUVEAU, — PARTANT, — PERDU, — PRÉSENT, — PRISONNIER DE GUERRE, — PUNI, — RAYÉ, — RENTRANT DE PERMISSION, — SORTANT D'HOPITAL.

HOMME A CHEVAL. V. A CHEVAL. V. ADMINISTRATION D'ARMÉE. V. ARME A MAILLES. V. BOUCLIER. V. CALIBRE DE CANON DE MOUSQUETON. V. CAVALERIE FRANÇAISE Nº 4. V. COLONEL GÉNÉRAL DE L'INFANTERIE. V. ÉPAULEMENT DE FORTIFICATION. V. ÉRIMARKISIE. V. ESCADRON. V. FIEF. V. FIEF DE HAUBERT. V. INFANTERIE Nº 4. V. INFANTERIE FRANÇAISE Nº 6. V. LANGUE FRANÇAISE. V. MALANDRIN. V. MASSE INDIVIDUELLE. V. MILICE GRECQUE Nº 1, 2. V. RÉGIMENT D'ARTILLERIE. V. TOURNOI.

HOMME A LA SALLE DE DISCIPLINE. V. A LA SALLE DE DISCIPLINE. V. DÉTENU A LA SALLE DE DISCIPLINE.

HOMME (hommes) A L'HOPITAL (B, 1; D, 2), OU MALADE A L'HOPITAL, OU MILITAIRE A L'HOPITAL. Sorte d'HOMMES en activité de service regardés comme légalement et régulièrement admis dans les HOPITAUX MILITAIRES, et surtout dans ceux du lieu ou de la FORTERESSE où le CORPS est en GARNISON. Ils y supportent sur leur SOLDE la RETENUE déterminée par leur POSITION. — Les ALLEMANDS nomment HOSPITALIERS, *spitaeler* les HOMMES A L'HOPITAL, comme le témoigne WOLTER. La LANGUE FRANÇAISE manque d'un mot unique qui réponde au substantif allemand. — Quelquefois, sous la qualification d'Hommes aux

HOPITAUX mentionnés dans l'effectif du CORPS, on comprend, sans distinction, les OFFICIERS et les HOMMES DE TROUPE; mais l'expression ne sera appliquée ici qu'aux seuls HOMMES DE TROUPE admis aux HOPITAUX et qui y existent, ou sont censés y exister. — Le COMMANDANT DE PLACE est chargé de veiller à ce qu'ils y vivent en bon ordre. — Il ne peut et ne doit être question ici des Hommes aux HOPITAUX que par rapport à l'ADMINISTRATION, aux VISITES des CAPITAINES, aux ÉTATS DE SITUATION à dresser, à la surveillance des SOUS-INTENDANTS; mais la question curative, l'hygiène, le genre de NOURRITURE, ne sauraient nous occuper. — Il est du devoir des BARBIERS DE COMPAGNIE d'aller faire la barbe aux Hommes à l'HOPITAL DU LIEU; mais cette disposition que les règlements établissent d'une manière absolue, veut, comme tant d'autres, des exceptions, puisque, à PARIS, par exemple, elle est inexécutable. — Une autre disposition voulait que les ARMES des Hommes à l'HOPITAL restassent au MAGASIN du CORPS comme EFFETS DE PARTANTS, et que l'inscription des objets laissés fût apposée au dos du BILLET D'ENTRÉE A L'HOPITAL; mais, dans mille circonstances, l'homme ENTRANT A L'HOPITAL est nécessairement porteur de ses ARMES. — Les Hommes à l'hôpital n'ont droit qu'à la perception des DENIERS DE PETIT ÉQUIPEMENT, et n'en sont rappelés qu'à l'époque de la RENTRÉE AU CORPS; de là l'usage des expressions : RETENUE D'HOPITAL, SOLDE D'HOPITAL, etc. — Le RÈGLEMENT DE L'AN TREIZE (25 GERMINAL) voulait que, à la fin de chaque mois, l'économe de l'HOPITAL dressât un ÉTAT des Hommes aux hôpitaux; cet ÉTAT, transmis au COMMISSAIRE DES GUERRES (il le serait au SOUS-INTENDANT), était adressé par le COMMISSAIRE au COLONEL ou au CHEF du CORPS pour que l'existence des Hommes aux Hôpitaux ou leurs MUTATIONS pussent être constatées lors de la REVUE D'EFFECTIF. — Le même règlement voulait que les CONSEILS D'ADMINISTRATION et les CHEFS DE DÉTACHEMENTS adressassent tous les trois mois au SOUS-INSPECTEUR (SOUS-INTENDANT) un ÉTAT des Hommes à l'hôpital; cet ÉTAT revenait ensuite au ministère et servait ainsi au calcul du nombre des JOURNÉES à l'hôpital. — Le RÈGLEMENT DE 1816 (24 JUILLET) s'occupait de la question relative aux époques de RADIATION des Hommes aux hôpitaux; mais ce qui concerne les RAYÉS est resté mal éclairci.

HOMME à l'INFIRMERIE. V. INFIRMERIE. V. SERVICE JOURNALIER.

HOMME A PIED. V. A PIED. V. CROISADE DE 1147. V. ÉPAULEMENT DE FORTIFICATION. V. FANTASSIN. V. GENDARME DU MOYEN AGE N° 7.

V. INFANTERIE. V. INFANTERIE FRANÇAISE N° 6. V. LANGUE FRANÇAISE. V. LÉGION. V. MALANDRIN. V. MASSE INDIVIDUELLE. V. MILICE GRECQUE. V. LÉGION D'ARTILLERIE.

HOMME (hommes) APPELÉ (A, 2). Sorte d'HOMMES ainsi nommés depuis la LOI DE 1818 (10 MARS). Leur nom donne idée des CONSCRITS sans INFIRMITÉS et jugés propres au SERVICE par le CONSEIL DE RÉVISION; mais différant des HOMMES LEVÉS, en ce que, sans être présents aux drapeaux, et restant disponibles dans leurs foyers, ils y accomplissent le temps de SERVICE que la loi exige d'eux, tandis que les HOMMES LEVÉS l'accomplissent sous les drapeaux.

HOMME au CACHOT. V. CACHOT. V. MILICE PIÉMONTAISE N° 7. V. SERVICE JOURNALIER.

HOMME AU SERVICE. V. AU SERVICE. V. COMPAGNIE D'INFANTERIE FRANÇAISE DE LIGNE N° 2. V. ÉTAT DE SITUATION. V. FORCE ARMÉE. V. FORCE COMPTABILIAIRE. V. GENDARMERIE DE POLICE N° 1. V. INHABILETÉ AU SERVICE. V. SIGNALEMENT.

HOMME aux ÉQUIPAGES. V. BILLET DE LOGEMENT DE GARDE D'ÉQUIPAGES. V. CHEF DE POSTE DE POLICE EN ROUTE. V. CORPS EN ROUTE SUR PIED DE PAIX. V. ÉQUIPAGES. V. FOURRIER EN ROUTE. V. GARDE D'ÉQUIPAGES.

HOMME CONGÉDIÉ. V. CONGÉDIÉ. V. FONDS DE MASSE DE CONGÉDIÉ. V. GALE. V. GENDARMERIE DE POLICE N° 1.

HOMME COUTUMIER. V. COUTUMIER. V. ROTURIER. V. SERF.

HOMME D'AILE. V. AILE. V. CONVERSION EMBATAILLANTE. V. CONVERSION ROMPANTE. V. EXERCICE D'INFANTERIE. V. FLIÉGELMAN.

HOMME D'ARMES. V. ARBALÉTRIER A PIED. V. ARCHER A CHEVAL. V. ARME A FEU. V. ARME DE TRAIT. V. ARMES. V. ARMET. V. BANNERET N° 5. V. BARON N° 1. V. BOURGUIGNOTE. V. CABINET D'ARMES. V. CAPITAINE DE GENS D'ARMES. V. CAPITAINE D'HOMMES D'ARMES. V. CAVALERIE FRANÇAISE N° 7. V. CAVALERIE LÉGÈRE. V. CENT HOMMES D'ARMES. V. CHEVALERIE D'AFFILIATION N° 4. V. CHEVALIER DU MOYEN AGE N° 9. V. COMPAGNIE DE CENT HOMMES D'ARMES. V. COMPAGNIE DE GENTILSHOMMES. V. COMPAGNIE D'HOMMES D'ARMES. V. COMPAGNIE D'ORDONNANCE N° 1, 2, 4, 5, 6. V. CONGÉ. V. COTTE DE MAILLES. V. COUTILLIER. V. CROISADE DE 1500. V. CRUPELLAIRE. V. CUIRASSE DE FER PLEIN. V. CUISSOT. V. DAGUE. V. DÉNOMBREMENT. V. ÉCUYER N° 4. V. ÉTENDARD. V. EXERCICE. V. FANTASSIN. V. FÉODALITÉ. V. FEUDATAIRE. V. GARDE-BRAS. V. GARDE ROYALE N° 1. V. GARDES DE LA PORTE. V. GENDARME DU MOYEN AGE; id. N° 2, 3, 8. V. GENDARMERIE. V. GENDARMERIE DE LA MAISON. V. GÉNÉTAIRE. V. GENTILHOMME. V. GIREL. V. GOUSSET. V. GRAND CHEVAL. V. GRÈVE. V.

HALECRET. V. HAUSSECOU. V. HÉRAULT. V. HOPITAL MILITAIRE. V. HOQUETON. V. INFANTERIE N° 3, 4. V. JAQUE DE MAILLES. V. LANCE FOURNIE. V. LÉGISLATION MILITAIRE, 1550 (15 JUILLET). V. LOGEMENT DE MILITAIRE. V. MAISON DU ROI N° 2. V. MARÉCHAL DE L'HOST. V. MARÉCHAUSSÉE. V. MILICE FRANÇAISE N° 8. V. MILICE ANGLAISE N° 1. V. MILICE ESPAGNOLE N° 2. V. MILICE RUSSE N° 2. V. MORION. V. OFFICIER D'H... V. PANSERNE. V. PAYE D'H... V. PENSION DE RETRAITE. V. PIQUIER N° 2. V. REMPLAÇANT. V. REVUE D'ADMINISTRATION. V. ROI DES RIBAUDS. V. SERGENT FIEFFÉ. V. SERGENT MILITAIRE. V. SOLDAT. V. SOLDE. V. SOLERET. V. TABOURIN. V. TAMBOUR INSTRUMENTAL.

HOMME D'ARTILLERIE. V. ARTILLERIE. V. ARTILLERIE DE LIGNE. V. ARTILLERIE ÉTRANGÈRE. V. ÉCOLE DE MARS N° 1. V. GARNISON DE SIÉGE. V. PROLONGE. V. RÉGIMENT D'ARTILLERIE N° 3. V. SERVICE CONSCRIPTIF. V. TRAVAUX MILITAIRES.

HOMME DE BONNE VOLONTÉ. V. BONNE VOLONTÉ. V. GRENADIER D'INFANTERIE FRANÇAISE DE LIGNE N° 2. V. RÉGIMENT D'ARTILLERIE N° 2. V. TAILLE DE MILITAIRE. V. TIRAILLEUR.

HOMME DE CAMPEMENT. V. CAMPEMENT. V. CAMPEMENT ACTIF. V. FICHE.

HOMME DE CAPELLINE. V. CAPELLINE.

HOMME DE CAVALERIE. V. BARAQUE. V. CAVALERIE. V. CAVALERIE FRANÇAISE N° 4. V. CHEVALIER DU MOYEN AGE N° 2. V. ÉCOLE DE MARS N° 1. V. GARDE CONSTITUTIONNELLE. V. GARNISON DE SIÉGE. V. GUERRE DE 1635. V. HUSSARD N° 5. V. MAISON DU ROI N° 4 ET 6. V. RÉGIMENT DE CAVALERIE; id. N° 2, 4. V. SALLE D'EXERCICE. V. SERVICE CONSCRIPTIF. V. TENTE DE NOUVEAU MODÈLE.

HOMME DE CENTAINE. V. CENTAINE.

HOMME DE CHEVAL. V. ACADÉMIE MILITAIRE. V. ARC. V. ARME A FEU. V. ARMURE PLATE. V. BOURGUIGNOTE. V. CABINET D'ARMES. V. CAVALERIE. V. CAVALERIE FRANÇAISE N° 1, 2, 7, 8. V. CHEVAL. V. CHEVAL DE TROUPE. V. CHEVALIER DU MOYEN AGE N° 1. V. COLONEL GÉNÉRAL DE L'INFANTERIE N° 1. V. CONNÉTABLE N° 1, 2. V. COTTE D'ARMES. V. COTTE DE MAILLES. V. COUP DE PLAT DE SABRE. V. CUISSARD. V. DRAGON FRANÇAIS N° 6. V. D'EMBLÉE. V. DJÉRID. V. ÉCU. V. ÉCUYER. V. ÉPERON. V. ÉQUESTRE. V. ESQUIÈRE. V. EXPLORATEUR. V. EXTRAORDINAIRES. V. FEU TACTIQUE. V. GENDARME DU MOYEN AGE N° 3. V. GENDARMERIE DU MOYEN AGE. V. GLAIVE. V. GUÉ. V. GUERRE DE 1756. V. GUERRE CIVILE. V. GUINDARD. V. HABILLEMENT. V. HABIT. V. HALLEBARDE. V. HAUSSE-COL. V. HEAUME. V. HOMME DE POESTÉ. V. INFANTERIE N° 1, 4, 6. V. INFANTERIE FRANÇAISE N° 6. V. INFANTERIE FRANÇAISE DE GARDE ROYALE N° 1. V. JAVELINE. V. JUSTICE MILITAIRE. V. LANCE A MAIN. V. LÉGION. V. LÉGION ROMAINE N° 3. V. MAIRE DE COMMUNE. V. MA

NIPULE N° 6. V. MARCHE EN POSTE. V. MARÉCHAL. V. MARTINGALE. V. MASSE D'ARMES. V. MASSE INDIVIDUELLE. V. MILICE ANGLAISE N° 5. V. MILICE CHINOISE N° 1. V. MILICE COMMUNALE. V. MILICE GRECQUE N° 1, 6. V. MILICE POLONAISE N° 2. V. MILICE PRUSSIENNE N° 2. V. MILICE ROMAINE N° 2, 7. V. MILICES ITALIENNES. V. OFFENSIVE. V. OFFICIER DU GÉNIE N° 7. V. ORDINAIRE ROMAIN. V. ORDRE PROFOND. V. PAIN DE MUNITION. V. PAS DE CAMP. V. PAYE. V. PHALANGE GRECQUE. V. PRÉTOIRE. V. REDINGOTE. V. RÉGIMENT DE CAVALERIE N° 1. V. RONDACHE. V. RONDELLE. V. SABRE-POIGNARD. V. SACHEBOUTE. V. SAYON. V. SCHAKO D'HOMME DE TROUPE. V. SERGENT FIEFFÉ. V. SOIE DE COCHON. V. SOLDAT. V. SOULIER. V. SOULIER A LA POULAINE. V. SPAHI. V. SUPPLICE. V. TACTIQUE, subs. V. TAMBOUR INSTRUMENTAL. V. TIRAILLEUR. V. TRABAN. V. TRAVAUX MILITAIRES.

HOMME DE CORPS. V. COMBAT DE JUGEMENT. V. CORPS. V. LEUDE. V. MUSIQUE. V. ROTURIER. V. SERF.

HOMME DE CORVÉE. V. ADJUDANT DE SEMAINE EN ROUTE. V. ARRIVÉE AU CAMP. V. BOIS ET LUMIÈRES. V. BRANCARD A CHAUFFAGE. V. CAHIER D'ORDINAIRE. V. CAPITAINE DE DISTRIBUTION. V. CAPORAL DE SEMAINE N° 2. V. CAPORAL DE SEMAINE EN ROUTE. V. CAPORAL D'ORDINAIRE N° 2, 3. V. CHAMBRE DE SOLDAT. V. CHEF D'ORDINAIRE. V. COMMANDANT DE PLACE N° 5. V. CORVÉE. V. CORVÉE AU CAMP. V. CORVÉE DE CASERNE. V. CORVÉE DE DISTRIBUTION. V. CORVÉE DE FORTERESSE. V. CORVÉE DE PAIN. V. CORVÉE DE SOUPE. V. CORVÉE GÉNÉRALE. V. DENRÉE D'ORDINAIRE. V. DISTRIBUTION DE DENRÉE. V. DISTRIBUTION DE PAIN. V. DISTRIBUTION EN ROUTE. V. FOURRIER D'INFANTERIE FRANÇAISE DE LIGNE N° 12. V. FOURRIER EN ROUTE. V. HOMME DE SERVICE. V. INFANTERIE FRANÇAISE N° 10. V. INHUMATION. V. MARRON DE DISTRIBUTION. V. PIQUET DE DISTRIBUTION. V. SOUPE. V. TENUE D'HOMME DE CORVÉE.

HOMME DE CUISINE. V. CUISINE. V. CUISINIER. V. EFFECTIF.

HOMME DE DEUXIÈME RANG. V. FEU DE DEUX RANGS.

HOMME DE FILE. V. FILE. V. FILE DE BATAILLON. V. PROTOSTASE.

HOMME (hommes) DE GARDE (E), OU MILITAIRE DE GARDE. Sorte d'HOMMES DE SERVICE MONTANT à TOUR DE RÔLE, réunis par POSTES, et répondant à ce qu'on appelait autrefois le GUET OU le GUET DE JOUR; c'était la GARDE ARMÉE qui faisait le SERVICE, soit à l'ÉCHAUGUETTE, soit en GARNISON, soit en tout autre lieu. — Ce qui va être dit des Hommes de garde ne s'applique qu'aux seuls HOMMES DE TROUPE de l'INFANTERIE; mais, sous la désignation d'Hommes de garde, on comprend quelquefois, et les OFFICIERS et la TROUPE et des Hommes de cheval. — Le règlement de 1816 (24 juillet) voulait qu'il fût affiché dans les chambres des soldats une liste des Hommes de garde. — L'ordonnance de 1768 (1er mars) voulait qu'à neuf heures et demie les sergents de subdivision en passassent l'inspection. — Les caporaux de semaine conduisent à l'instant de la prise d'armes leurs Hommes au lieu du rendez-vous de la parade; ils les forment sur un rang et s'assurent de leur tenue. Le sergent-major ou un sous-officier de semaine en font l'appel. — L'adjudant de semaine réunit la garde montante et la forme sur plusieurs rangs; il fait serrer les hommes vers la droite en réservant quelques intervalles entre les gardes de chaque compagnie; il les répartit ou les associe ensuite en faisant l'appel des postes; les commandants de la garde montante se réunissent à la troupe placée sous leurs ordres. Ils ont en avant ou à leur droite leur tambour. — Les Hommes de garde, après l'inspection passée par le chef de chambrée, les officiers de semaine, le capitaine de semaine, ou par le capitaine de garde, et après l'exécution de quelques temps de maniement d'armes, si cette mesure est ordonnée, sont conduits par le chef de poste au corps de garde; ils y sont numérotés par le caporal de garde, ou par l'un des caporaux de garde. — Les Hommes qui doivent aller en faction, y sont conduits par le caporal de poste; ceux qui doivent aller aux corvées y sont envoyés en gilet, mais avec leur giberne, par le caporal de consigne. Le reste des Hommes de garde fait haut les armes, et dépose les fusils au ratelier du corps de garde. — Les corvées peuvent être infligées par forme de punitions aux Hommes de garde commettant des fautes légères. — L'appel de la garde sous les armes est fait toutes les fois que le chef du poste le juge à propos. — Après la retraite, les Hommes de garde mettent le bonnet de police et la capote. — Les Hommes de garde ont été, suivant les temps, dispensés ou tenus de paraître aux revues administratives. — Les Hommes de garde prévenus de quelques délits ne peuvent être arrêtés que du consentement du chef de poste. — La soupe du soir est portée aux hommes; celle du matin leur est conservée. — Après avoir descendu la garde et être revenus au quartier, les Hommes de garde rendent au sergent-major, au fourrier ou au sergent de subdivision les cartouches qui auraient pu leur être délivrées pour la durée de leur garde; ils s'occupent ensuite à remettre en bon état leurs armes. — De plus amples détails sur le même sujet ont été

donnés aux articles : alerte de bruit, chef de garde montante, chef de poste, corps de garde de police, faction, garde descendante, garde relevante, ordre de corps, etc.

HOMME de garde au camp. V. consigne de sentinelle de front de camp. V. garde au camp.

HOMME de garde en campagne. V. en campagne. V. garde en campagne. V. poste d'hommes de garde en campagne.

HOMME de garde en garnison. V. bois et lumières. V. capitaine de police en garnison. V. capote d'homme de troupe. V. caserne d'infanterie. V. chef de garde montante en garnison. V. chef de poste de place d'armes. V. classe de corps de garde. V. corps de garde de garnison. V. corps de garde de police en garnison. V. cuisinier. V. garde en garnison. V. major de place n° 3. V. officier chef de poste. V. officier d'état-major de place. V. poste d'hommes de garde en garnison. V. revue d'administration. V. sarrau. V. subdivision.

HOMME de garde en route. V. chauffage de poste de troupe de passage. V. garde de police en route. V. garde en route. V. poste d'hommes de garde en route.

HOMME de grande corvée. V. balayage de grande corvée. V. baquet de cour. V. grande corvée.

HOMME de grosse cavalerie. V. cuirasse de cavalerie. V. grosse cavalerie.

HOMME de guerre. V. administration de corps. V. agrégation. V. allié. V. archer à cheval. V. arme de troupe. V. arme d'uniforme de troupe. V. arme personnelle n° 3. V. armes. V. armée agissante n° 3. V. armée féodale. V. artillerie d'armement. V. artillerie idioplique. V. attaquant. V. auteur militaire (1693, D). V. ban et arrière-ban. V. bannière. V. bataille strateumatique. V. bataillon de chasseurs. V. baudrier. V. brigade. V. butin. V. capitaine d'infanterie française de ligne n° 1. V. capitulation. V. chasse. V. chaussure. V. chef de poste fermé. V. chevelure militaire. V. citoyen. V. clairon. V. colonel général d'infanterie n° 5. V. colonisation. V. combat strateumatique. V. compagnie d'infanterie française de ligne n° 3. V. congé. V. condamné. V. constitution. V. contingent. V. contrescarpe. V. convoi polémonomique. V. croisade de 1096. v. Desmond. V. discipline française. v. Dupain-Triel (1792). v. échauguette. v. Eneholm. V. état civil. V. exercice. v. Funderfelt (1711, A). V. fusil d'infanterie. V. gardes du corps n° 4. V. garnison de siége. V. guerre. V. gymnastique. v. habillement. V. hôpital militaire. v. hôtel des Invalides. V. ingénieur géographe n° 1.

V. INFANTERIE COMMUNALE N° 1, 5. V. INITIA-
TION MILITAIRE. V. LANCE A MAIN. V. LANCE
IDIOPLIQUE. V. LANGUE. V. LANGUE FRANÇAISE.
V. LANSQUENET. V. LEVÉE. V. LIT DE SOLDAT.
V. LOGEMENT EN ROUTE. V. MAHEUTRE. V. MA-
RAUDAGE. V. MARCHE-ROUTE. V. MILICE GRECQUE
N° 4. V. MILICE ROMAINE N° 9, 10. V. MILI-
TAIRE, subs. V. MONTRE ADMINISTRATIVE. V.
OFFICIER D'ÉTAT-MAJOR GÉNÉRAL. V. OFFICIER
FRANÇAIS N° 14. V. ORDRE. V. ORDRE DE BA-
TAILLE. V. ORDRE TACTIQUE. V. ORDONNANCE DE
TACTIQUE. V. PARTI DE GUERRE. V. PAYE. V.
PLASTRON. V. POLICE. V. PRISONNIER DE GUERRE.
V. PROCÉDURE. V. PROFESSION DES ARMES. V.
RAISE. V. RECRUTEMENT. V. REDOUTE DE CAMPA-
GNE. V. RÉGIMENT. V. RÉGIMENT D'INFANTERIE
FRANÇAISE N° 1. V. RÉSERVE. V. REVUE ADMI-
NISTRATIVE. V. SERGENT MILITAIRE. V. SERVICE
PERSONNEL. V. SOLDAT. V. STATISTIQUE. V. SUP-
PLICE. V. SUBSISTANCES. V. TACTICOGRAPHIE. V.
TACTIQUE, subs. V. TAILLE DE MILITAIRE. V.
TAILLE FISCALE. V. TERRAIN STRATÉGIQUE.

HOMME de MER. V. ARMÉE DE MER. V.
ÉQUIPAGES. V. ÉVOLUTION. V. FLIBUSTIER. V.
MER.

HOMME de NOUVELLE LEVÉE. V. LEVÉE.
V. NOUVELLE LEVÉE. V. SIÉGE OFFENSIF.

HOMME de PAILLE. V. PASSE-VOLANT. V.
REVUE.

HOMME de PATROUILLE. V. CHEF DE PA-
TROUILLE. V. HOMME DE SERVICE. V. PA-
TROUILLE.

HOMME de PIED. V. AMINCISSEMENT TAC-
TIQUE. V. ARC. V. ARME A FEU. V. ARME A FEU
PORTATIVE. V. ARME A VOLONTÉ. V. ARMURE A
HAUBERT. V. BAIONNETTE. V. BRIQUET. V. CA-
BINET D'ARMES. V. CAPITAINE EN ROUTE. V. CAS-
QUET. V. CATERVE. V. CAVALERIE FRANÇAISE
N° 7. V. CAVALIER DE TROUPE. V. CERVELIÈRE.
V. CHAUSSURE. V. CHEVALIER DU MOYEN AGE N° 9.
V. CHIRURGIEN DE CORPS. V. COIFFURE. V. COLO-
NEL D'INFANTERIE FRANÇAISE DE LIGNE N° 2. V.
CHEMINEMENT PÉDESTRE. V. COTTE D'ARMES. V.
CROISADE DE 1500. V. CULOTTE. V. DJÉRID. V.
DRAGON FRANÇAIS N° 1. V. ÉCOLE DE MARS. V.
ÉCURIE. V. EFFET D'HABILLEMENT. V. ÉPÉE. V.
EXERCICE. V. EXTRAORDINAIRES. V. FANTASSIN.
V. FOURNIMENT. V. FUSIL D'INFANTERIE. V.
GARDE ROYALE N° 3. V. GENDARME DU MOYEN
AGE N° 3. V. GRAND MAITRE DES ARBALÉTRIERS.
V. GROSSE CAVALERIE N° 2. V. GUÉ. V. GUERRE
DE 1756. V. GUERRE DE 1833. V. GUINDARD.
V. GUISARME. V. HACHE D'ARMEMENT. V. HALLE-
BARDE. V. HALLECRET. V. HAUTEUR TACTIQUE. V.
HAVRE-SAC. V. HISTORIQUE MILITAIRE. V. HUTTE.
V. INFANTERIE; id. N° 4. V. INFANTERIE COM-
MUNALE N° 1. V. INFANTERIE FRANÇAISE N° 1,
2, 3, 5, 6, 9, 11. V. JANISSAIRE. V. JAQUE.
V. JUSTICE MILITAIRE. V. LANCE A MAIN. V.
LANSQUENET. V. LÉGION ROMAINE N° 1, 3. V.

MAIRE DE COMMUNE. V. MANTEAU D'HABILLE-
MENT. V. MARCHE D'ARMÉE. V. MARQUER LE PAS.
V. MASSE INDIVIDUELLE V. MÉLANGE D'ARMES.
V. MILICE FRANÇAISE N° 6. V. MILICE GRECQUE
N° 4. V. MILICE HOLLANDAISE N° 5. V. MILICE
ROMAINE N° 3. V. MILICE RUSSE N° 2. V. MILICE
SUISSE N° 2, 6. V. MILICE VÉNITIENNE. V.
MILICES ITALIENNES. V. MORION CORRECTION-
NEL. V. OFFENSIVE. V. ORDRE EN CARRÉ. V.
ORDRE MINCE. V. PAIN DE MUNITION. V. PALE-
FRENIER. V. PAS CADENCÉ. V. PAS DE CAMP.
V. PAS ORDINAIRE. V. PASSE-VOLANT. V. PAYE.
V. PETITE GUERRE. V. PETIT PAS. V. PÉDOMÈTRE.
V. PIED. V. PIÉTON. V. PIONNIER. V. PIQUIER
N° 3. V. PLAQUE DE COUCHE. V. PLOIEMENT. V.
PORT D'ARMES. V. PORTE-BAIONNETTE. V. POR-
TEZ VOS ARMES. V. POSITION SOUS LES ARMES. V.
PRÉTOIRE. V. PSILAGIE. V. RABACHE. V. RANGS
D'INFANTERIE. V. RANGS OUVERTS. V. RÉCOM-
PENSE. V. REITRE. V. REPOS, interj. V. REPOSEZ-
VOUS SUR VOS ARMES. V. RÉSERVE DE BATAILLE.
V. RONDACHE. V. SAPEUR. V. SAYON. V. SERGENT
DE BANDE. V. SERGENT MILITAIRE. V. SOLDAT.
V. SOLDE. V. SPAHI. V. SUPPLICE. V. TACTIQUE,
subs. V. TAILLE DE MILITAIRE. V. TAILLEVAS-
SIER. V. TAMBOUR INSTRUMENTAL. V. TERRAIN
INDIVIDUEL. V. TERZE. V. TIMBALE. V. TRABAN.
V. TRANCHANT EXTÉRIEUR.

HOMME de PIQUET. V. FRONT DE BAN-
DIÈRE. V. PIQUET. V. PIQUET ACTIF. V. PIQUET
AU CAMP.

HOMME de PLANTON. V. PLANTON.

HOMME (hommes) de POESTÉ (F), ou de
POETE, ou de POTE. Sorte d'HOMMES qui
étaient sujets à servitude, ou tributaires de
la GLÈBE au temps de la FÉODALITÉ; ils étaient
soumis à des MONTRES de leur SEIGNEUR; ils
marchaient quelquefois, comme GENS DE
PIED, aux ARMÉES FÉODALES; ils étaient les VI-
LAINS de première classe du BAN ET ARRIÈRE-
BAN. La quantité des désignations qui leur
ont été données témoigne combien a longtemps duré l'usage de ce terme. On les a appelés HOMMES DE POESTÉ (*homo potestatis*), de
poestet,—de póete,—de pooste,—de poote,
—de POSTE, —de poté, et, au pluriel, homs
de poote.—DUCANGE (au mot *Potestas*) et les
vieux AUTEURS que cite ROQUEFORT emploient
ces synonymes qui signifiaient littéralement:
Homme dont le pouvoir dispose.—Cet ÉCRI-
VAIN définit l'homme de poesté : *Roturier
en état de servitude ;* mais, suivant d'autres
opinions, l'Homme de poesté était un tribu-
taire tenant le milieu entre l'homme libre
ou NOBLE et le SERF. — Des nuances, aujourd'hui mal débrouillées, différenciaient
probablement les dénominations données
aux INGÉNUS, aux hommes de poesté et aux
malheureux absolument SERFS. Avant l'affranchissement des communes, on nommait

poesté la catégorie sociale qui jouissait du pouvoir, et gens de poesté les ROTURIERS, les VILAINS, les SERFS que la poesté ou puissance pouvait retenir, aliéner, rechercher, revendiquer en vertu du *droit de suite*. La noblesse traînait ces hommes à la guerre, les employait comme GASTADOURS, ou les plaçait en avant des lignes de GENS D'ARMERIE, comme un rideau ou un bouclier qui servait à émousser les flèches de l'ENNEMI, à fatiguer son glaive et à combler ensuite les TRANCHÉES que les HOMMES DE CHEVAL devaient franchir. — Il y a apparence que, quand la CHEVALERIE menait, au MOYEN AGE, quelque INFANTERIE à sa suite, les Hommes de poesté, reconnaissables par la portion de CHEVELURE qu'ils conservaient, étaient les COMBATTANTS à pied et à moitié nus de l'ARMÉE FÉODALE, ou bien les piqueurs des PIONNIERS : les SERFS, la tête rasée, servaient surtout comme GASTADOURS. — Il a été traité des Hommes de pote par PASQUIER.

HOMME de PREMIER RANG. V. FEU DE DEUX RANGS. V. PREMIER RANG.

HOMME de PREMIÈRE CLASSE. V. CAPORAL DE SEMAINE. V. PREMIÈRE CLASSE.

HOMME de QUALITÉ. V. NOBLE. V. QUALITÉ.

HOMME de RANG. V. ABDUCTION ALLONGÉE. V. A-COUP. V. ACCOUDEMENT. V. AGRÉGATION. V. ALIGNEMENT DE BATAILLON. V. ALIGNEMENT DE FRONT. V. ALIGNEMENT DE COLONNE SERRÉE. V. ALIGNEMENT DE SERRE-FILES EN BATAILLE. V. ALIGNEMENT D'ENSEMBLE. V. ALIGNEMENT DE FRONT. V. ALIGNEMENT INDIVIDUEL. V. ALIGNEMENT SIMULTANÉ. V. ANTÉSIGNAIRE. V. APPRÊTEZ VOS ARMES. V. AUGMENTATION DE FORCES. V. BAIONNETTE DE FUSIL. V. BATAILLON CARRÉ D'HOMMES. V. BATAILLON GÉOMÉTRIQUE. V. BATAILLON D'INFANTERIE FRANÇAISE DE LIGNE Nº 2, 6. V. CADRE TACTIQUE. V. CAPITAINE D'INFANTERIE FRANÇAISE DE LIGNE Nº 11. V. CAPITAINE EN CHEF. V. CAPORAL D'INFANTERIE FRANÇAISE DE LIGNE Nº 7. V. CENTRE D'ALIGNEMENT. V. CHANGEMENT DE DIRECTION A PIVOT FIXE. V. CHEF DE DEMI-FILE. V. CHEF DE FILE. V. CHEF DE PELOTON. V. CHEF DE SUBDIVISION TACTIQUE. V. CLISE. V. CLYPE. V. COMBAT CONTRE INFANTERIE. V. COMPAGNIE D'INFANTERIE FRANÇAISE Nº 9. V. CONVERSION A PIVOT MOBILE. V. CONVERSION ROMPANTE. V. DEMI-FILE. V. DILOCHIE. V. DIMÉRIE. V. DOUBLEMENT. V. EMBOITEMENT. V. ENOMOTARQUE. V. ÉPISTATE. V. FACTIONNAIRE. V. FEU A GÉNUFLEXION. V. FORMATION TACTIQUE. V. FRONT DE BATAILLON. V. HOMME DE TROUPE Nº 7. V. HOMME D'ENCADREMENT. V. MANIEMENT D'ARMES. V. MARCHE PAR LE FLANC. V. MILICE GRECQUE Nº 2. V. MILICE PRUSSIENNE Nº 2, 8. V. OFFICIER D'ARTILLERIE Nº 4. V. ŒIL D'HOMME DE RANG. V. OPLITE. V. ORDRE DE BATAILLE D'INFANTERIE. V. ORDRE

OUVERT. V. OUVRAGE. V. PARASTATE. V. PELOTON. V. PELOTONNEMENT. V. PIVOT TACTIQUE. V. RANG DE TAILLE. V. RANGS D'INFANTERIE. V. SERRE-FILE. V. TATONNEMENT. V. TAXIARQUE. V. TERRAIN INDIVIDUEL. V. TROISIÈME RANG.

HOMME de RECRUE. V. BATAILLON DE MARCHE. V. BAN DE SOLDAT D'INFANTERIE. V. CAHIER D'APPEL. V. CAPITAINE D'INFANTERIE FRANÇAISE DE LIGNE Nº 20. V. CAPORAL D'INFANTERIE FRANÇAISE DE LIGNE Nº 14. V. CONGÉ D'ÉTÉ. V. CONSEIL DE RÉVISION CONSCRIPTIVE. V. ÉCOLE DE BATAILLON. V. JEUNE SOLDAT. V. MILICE PORTUGAISE Nº 1. V. PIQUE. V. RECRUE. V. SAC A DISTRIBUTION. V. SIGNALEMENT. V. SIGNALEMENT D'HOMME DE RECRUE. V. TIRAILLEUR.

HOMME de RÉSERVE. V. MILICE PRUSSIENNE Nº 2. V. PROSTAXE. V. RÉSERVE.

HOMME de ROUT. V. ROTURIER. V. ROUT.

HOMME de SALLE DE DISCIPLINE. V. BALAYAGE DE GRANDE CORVÉE. V. BARBE D'HOMME DE SALLE DE DISCIPLINE. V. CAPORAL DE POLICE. V. SALLE DE DISCIPLINE.

HOMME de SERGENTERIE. V. GARDE ROYALE Nº 1. V. INSIGNE. V. SERGENTERIE.

HOMME (hommes) de SERVICE (term. sous-génér.), ou MILITAIRES DE SERVICE. Sorte d'HOMMES considérés principalement par rapport à l'INFANTERIE et comme étant commandés à tour de rôle pour s'acquitter d'un des genres de SERVICE que le CORPS dont ils font partie est chargé d'accomplir. — On appelle Homme de service et les OFFICIERS et les HOMMES DE TROUPE quand les uns et les autres marchent à leur tour; mais ce qui va être dit ne s'applique qu'aux HOMMES DE TROUPE de l'INFANTERIE FRANÇAISE. — Le nombre et la TENUE des Hommes de service est ordinairement indiqué au CERCLE D'ORDRE de la PARADE par l'ADJUDANT DE SEMAINE. — La manière dont ils sont employés varie suivant qu'ils sont convoqués pour rendre les HONNEURS, ou employés comme HOMMES DE CORVÉE, — DE GARDE, — DE PATROUILLE, — d'ORDONNANCE. — Il en est, en général, passé quelques heures à l'avance une REVUE. — Les Hommes de service, après avoir été inspectés par les CAPORAUX D'ESCOUADE, sont amenés aussitôt le RAPPEL par les CAPORAUX DE SEMAINE au lieu du rendez-vous; l'ADJUDANT DE SEMAINE les rassemble et leur assigne une destination; l'OFFICIER DE SEMAINE s'assure de leur TENUE et de leur propreté. — Il était autrefois fourni aux Hommes de service des BALLES qu'on nommait ROULANTES. Ce sont maintenant les BALLES DE CIBLE qui représentent les anciennes BALLES ROULANTES. — Les peines réservées aux DÉSERTEURS s'aggravent s'ils abandonnent le CORPS étant de service et si leur FUSIL disparaît avec eux. Il est donc à regretter que l'expression Homme de service n'ait pas été légalement définie, puisque ces circonstances peuvent motiver la PEINE DE MORT. L'ambiguïté d'expression vient de ce qu'on peut regarder comme Homme de service un HOMME DE CORVÉE, tandis que c'est le service de la GARDE ou des FACTIONNAIRES que la loi peut seule avoir en vue quand elle déclare applicable au DÉSERTEUR la PEINE DE MORT. — Notre LÉGISLATION MILITAIRE néglige trop souvent d'aussi importantes précautions. — Ce qui regarde les Hommes de service est en partie expliqué dans l'ORDONNANCE DE 1835 (2 NOVEMBRE). — Les FEUILLES D'APPEL, quand elles sont présentées à qui de droit sur le TERRAIN, ne doivent pas offrir la mention des ABSENTS à titre d'Hommes de service, mais un ÉTAT particulier des Hommes de service signé et certifié accompagne la FEUILLE; et à mesure que les noms de ces ABSENTS sont appelés, il est répondu pour eux, en indiquant la cause de l'ABSENCE. — Les Hommes de service seront surtout examinés comme HOMMES DE GARDE.

HOMME de SERVICE AU CAMP. V. COMMANDEMENT DE SERVICE AU CAMP. V. GARDE EN CAMPAGNE. V. PIQUET AU CAMP. V. SERVICE AU CAMP. V. SIÉGE OFFENSIF.

HOMME de SERVICE EN GARNISON. V. CASERNE. V. COMMANDEMENT DE SERVICE EN GARNISON. V. SERVICE EN GARNISON.

HOMME de SERVICE EN ROUTE. V. COMMANDEMENT DE SERVICE EN ROUTE. V. PIQUET DE LOGEMENT. V. SERVICE DE ROUTE.

HOMME de TERRE. V. ARMÉE DE MER. V. BISCUIT. V. BUTIN. V. ÉQUIPAGES. V. FLIBUSTIER. V. GAMELLE. V. LANGUE FRANÇAISE. V. MILICE ROMAINE N° 2. V. TERRE.

HOMME de TRAIN. V. ESCADRON. V. TRAIN. V. TRAIN DES ÉQUIPAGES.

HOMME de TRAIT. V. GROSPHOMAQUE. V. INFANTERIE LÉGÈRE N° 2. V. TRAIT.

HOMME de TRANCHÉE. V. GARDE DE TRANCHÉE. V. TRANCHÉE.

HOMME de TROISIÈME RANG. V. FEU DE DEUX RANGS. V. TROISIÈME RANG D'INFANTERIE.

HOMME de TROUPE, subs. masc. V. ABSENCE D'HOMME DE TROUPE. V. ACTION D'ÉCLAT D'H... DE T... V. ADMINISTRATION D'H... DE T... V. ALLOCATIONS D'H... DE T... V. AMENDE D'H... DE T... V. ANCIENNETÉ D'H... DE T... V. ANCIENNETÉ DE SERVICE D'H... DE T... V. APPEL D'H... DE T... V. ARME D'H... DE T... V. ARME D'UNIFORME D'H... DE T... V. ARMEMENT D'H... DE T... V. BARBE D'H... DE T... V. BATAILLON CARRÉ D'H... DE T... V. BAUDRIER D'H... DE T... V. BIDON D'H... DE T... V. BLANCHISSAGE D'H... DE T... V. BONNET DE POLICE D'H... DE T... V. CAMPAGNE D'H... DE T... V. CHAPEAU D'H... DE T... V. CHEF DE POSTE D'H.... DE GARDE. V. COL D'H... DE T... V. COMPOSITION D'H... DE T... V. CONGÉ D'H... DE T... V. CONGÉ DE SEMESTRE D'H... DE T... V. CONTRE-ÉPAULETTE D'H... DE T... V. CORVÉE D'H... DE T... V. COUVERTE D'H... DE T... V. DÉCÈS D'H... DE T... V. DÉCOMPTE D'H... DE T... V. DÉGRADATION D'H... DE T... V. DÉLIT D'H... DE T... V. DÉNOMINATION D'H... DE T... V. DÉPART D'H... DE T... V. DÉSERTION D'H... DE T... V. DEVOIRS D'H... DE T... V. DRAGONNE D'H... DE T... V. DRAP D'H... DE T... V. DROITS D'H... DE T... V. EFFETS D'H... DE T... V. ENFANT D'H... DE T. V... ENGAGEMENT D'H... DE T... V. ENROLEMENT D'H... DE T... V. ÉPÉE D'H... DE T... V. ÉQUIPEMENT D'H... DE T... V. ÉTAT DES H... A L'HOPITAL. V. FAUTE D'H... DE T... V. FEMME D'H... DE T... V. FONCTIONS D'H... DE T... V. FONDS DE MASSE D'H... DE T... V. GRADE D'H... DE T... V. GRATIFICATION D'H... DE T... V. HABILLEMENT D'H... DE T... V. HABIT D'H... DE T... V. HAUTE PAYE D'H... DE T... V. HÉRITIER D'H... DE T... V. INCORPORATION D'H... DE T... V. LIT D'H... DE T... V. MATRICULE D'H... DE T... V. NOM D'H... DE T... V. ORDINAIRE D'H... DE T... V. ORPHELIN D'H... DE T... V. PANTALON D'H... DE T... V. PAYE D'H... DE T... V. PEINE D'H... DE T... V. PERMISSION D'H... DE T... V. PROMOTION D'H... DE T... V. PUNITIONS D'H... DE T... V. REDINGOTE D'H... DE T... V. RÉFORME D'H... DE T... V. REPAS D'H... DE T... V. RETENUE SUR H... DE T... V. SABRE D'H... DE T... V. SALUT D'H... DE T... V. SERVICE D'H... DE T... V. SIGNALEMENT D'H... DE T... V. SOLDE D'H... DE T... V. SOULIER D'H... DE T... V. SUBORDINATION D'H... DE T... V. TACTIQUE D'H... DE T... V. TAILLE D'H... DE T... V. TENTE D'H... DE T... V. TRAVERSIN DE LIT D'H... DE T... V. UNIFORME D'H... DE T...

HOMME (hommes) de TROUPE (A, 1), ou absolument TROUPE. Sorte d'HOMMES faisant partie des CADRES militaires ou CORPS RÉGIMENTAIRES de l'ARMÉE FRANÇAISE appartenant à la catégorie subordonnée aux OFFICIERS; ainsi, dans les CORPS D'INFANTERIE (car c'est surtout sous le point de vue de l'INFANTERIE qu'il va en être question), tous les individus qui n'ont pas GRADE ou rang d'OFFICIER sont Hommes de troupe. — Les Hommes ou la TROUPE ainsi considérés se divisent en SOUS-OFFICIERS et SOLDATS, ou, suivant d'autres principes, en SOUS-OFFICIERS, CAPORAUX et SOLDATS; car, à cet égard, le MINISTÈRE DE LA GUERRE ne s'est pas toujours montré d'accord avec lui-même, et, en fait de moyens de DÉNOMBREMENT, des principes clairs et sûrs sont encore à créer. Dans cette même catégorie il faut comprendre les GAGISTES et MAITRES OUVRIERS et les HOMMES DU PETIT ÉTAT-MAJOR. On pourrait partager logiquement cet ensemble en plusieurs divisions, telles que celle des Hommes portant FUSIL ou n'en portant pas; celle des MUSICIENS, celle des joueurs d'INSTRUMENTS DE HAUT BRUIT, celle des Hommes qui n'ont pas de GRADES et celle des HOMMES GRADÉS. Il y a entre ces MILITAIRES des différences marquées, puisque plus d'une fois à la guerre on a vu des Hommes de troupe GRADÉS être temporairement CHEFS DE COMPAGNIE. — Depuis la création de l'ARMÉE FRANÇAISE et depuis que les FANTASSINS ont été agrégés par COMPAGNIES, les Hommes de troupe étaient au compte de leur CAPITAINE, comme le témoigne l'ORDONNANCE DE 1668 (8 JANVIER); mais, depuis 1762 (10 DÉCEMBRE), la TROUPE est passée au compte de l'État. — Les Hommes de troupe demandent à être considérés ici sous les rapports suivants : COMPOSITION, — DÉNOMINATION, — AVANCEMENT, — UNIFORME, — ALLOCATIONS, — SOLDE, — FONCTIONS, — DEVOIRS, — TACTIQUE, — SUBORDINATION, — PUNITIONS, — SERVICE, — ADMINISTRATION. — Nº 1. COMPOSITION. — Les Hommes de troupe appartiennent à un ordre d'idées aussi ancien que la DISCIPLINE ; point de TROUPE sans CHEFS, par conséquent sans subordonnés ; mais, dans la PHALANGE de la MILICE GRECQUE, dans les MANIPULES ROMAINS, etc., etc., ce genre de classification était moins tranché que dans les RÉGIMENTS modernes. — Ceux-ci comptaient, comme Hommes de troupe, les ANSPESSADES, les BARBIERS, les BAS OFFICIERS, les CORNETS, les FIFRES, les FRATERS, les GARÇONS-MAJORS; on y comprenait même les AUMONIERS quant à certaines ALLOCATIONS, puisqu'ils n'avaient qu'USTENCILE DE SERGENT. — Suivant des usages qui ont varié, les ADJUDANTS ont été ou non Hommes de troupe. — Les mœurs modernes, une coutume plus équitable ménagent une PROFESSION honorable aux Hommes de troupe doués de capacité et recommandables par leur conduite. — Actuellement la TROUPE se compose du PETIT ÉTAT-MAJOR, du MAITRE DE MUSIQUE et de ses MUSICIENS OU GAGISTES, du TAMBOUR-MAJOR et des TAMBOURS, du VAGUEMESTRE, des MAITRES OUVRIERS, des ENFANTS DE TROUPE, des SOUS-OFFICIERS, des CAPORAUX, des GRENADIERS, VOLTIGEURS, FUSILIERS et CLAIRONS. — Nº 2. DÉNOMINATION. — L'expression Homme de troupe est peu ancienne dans nos règlements. Les ORDONNANCES DE COMPOSITION ont, depuis la GUERRE DE LA RÉVOLUTION, fait la distinction des OFFICIERS et de la TROUPE. Le mot TROUPE ne valait rien à raison de la quantité d'homonymes qui occasionnent ambiguïté ou confusion ; plusieurs ÉCRIVAINS modernes ont commencé à obvier à ce défaut, en imaginant l'emploi de l'expression Homme de troupe que l'ORDONNANCE DE 1823 (19 MARS, art. 747) a sagement adoptée. —

Depuis la fin du dernier siècle, on se sert dans les DÉNOMBREMENTS du mot pluriel BAIONNETTES, pris comme synonyme de TROUPE D'INFANTERIE; on se sert de même du terme LANCES pour Hommes de troupe des CORPS DE LANCIERS, ou de SABRES, comme synonyme de TROUPE DE CAVALERIE ; mais, dans ce dernier cas, la locution manque de justesse, ou du moins il n'y a pas analogie avec l'expression que l'INFANTERIE emploie, puisque dans la CAVALERIE les OFFICIERS sont armés de SABRES comme la TROUPE, et que les officiers de lanciers n'ont pas de lances. — Il y a des règlements qui appellent HOMMES NOUVEAUX les Hommes de troupe qui viennent d'être INCORPORÉS. — Nº 3. AVANCEMENT. — Les CHEVRONS et le MÉDAILLON ont été des MARQUES DISTINCTIVES du dix-huitième siècle. — Dans les derniers siècles, la HALLEBARDE était le prix de la capacité, de la bonne conduite, de la tenue, de la tournure des Hommes de troupe du moindre rang. — Depuis le dix-huitième siècle, la loi a exigé que les CANDIDATS sussent lire et écrire pour devenir BAS OFFICIERS; mais la nécessité a fait enfreindre fréquemment cette disposition. — Depuis la GUERRE DE LA RÉVOLUTION, les ACTIONS D'ÉCLAT des Hommes de troupe étaient récompensées, soit par le don d'un FUSIL D'HONNEUR, soit par celui des autres ARMES D'HONNEUR; la DOUBLE PAYE était une conséquence de ces RÉCOMPENSES. — Quant au SABRE D'HONNEUR, il ne pouvait être pour l'Homme de troupe que le prix d'extraordinaires EXPLOITS. — Maintenant les Hommes de troupe sont susceptibles d'obtenir la DÉCORATION de la LÉGION D'HONNEUR ; ils sont en cela plus favorisés que ceux des MILICES ÉTRANGÈRES qui n'obtiennent que la MÉDAILLE, simple signe remémoratif d'une GUERRE ou d'une CAMPAGNE. — Une des RÉCOMPENSES des Hommes de troupe de l'ARMÉE FRANÇAISE consiste dans l'AVANCEMENT aux GRADES de CAPORAUX ou de SOUS-OFFICIERS. S'il s'agit d'Hommes de troupe déjà GRADÉS, ils sont ou ont été aptes, suivant les temps ou les pays, à devenir CORNETTE, ENSEIGNE, SOUS-LIEUTENANT. — Quelquefois l'avancement consiste à passer dans une COMPAGNIE d'une classe supérieure du même RÉGIMENT ; mais le plus ordinairement, c'est l'ANCIENNETÉ DE SOLDAT qui donne droit à être admis dans les GRENADIERS ou autres COMPAGNIES D'ÉLITE. — On nomme CANDIDATS DE TROUPE, les ASPIRANTS à ces divers AVANCEMENTS. — Une nouvelle carrière d'avancement s'est ouverte pour l'INFANTERIE, depuis l'ORDONNANCE DE 1830 (10 NOVEMBRE), relative aux ÉCOLES, et surtout depuis l'ORDONNANCE DE 1830 (13 NOVEMBRE), la CIRCUlaire de 1851 (25 avril) et l'ordonnance de 1852 (17 février), qui admettent les Hommes de troupe à concourir pour être reçus à l'école polytechnique. — N° 4. Uniforme. — Ce que nous appelons l'uniforme des Hommes de troupe, le langage soldatesque l'a appelé et l'appelle encore butin. — Ce qu'il y a à dire de l'uniforme témoigne le peu de stabilité des principes de notre législation. — L'armement, l'habillement, les effets quelconques, la coiffure, les aigrettes, les pompons, l'accommodage même de la chevelure ont presque autant varié que les modes qui ont régné chez les habitants des villes. Il n'y a pour ainsi dire en fait d'équipement que la forme de la chemise qui soit restée la même. Le hasard seul a produit les mesures qui ont eu vigueur; le calcul, l'utilité, la sagesse des prévisions n'y sont entrés pour rien. L'influence de l'exemple des milices étrangères, la coquetterie des chefs français, les caprices des corps d'élite ont dicté les déterminations prises. — S'agit-il des armes? l'usage de les brunir est tour à tour admis et oublié. A l'épée a succédé le sabre-briquet, aussi inutiles au simple fantassin l'un que l'autre; le poignard d'artillerie, que les papiers publics ont si fâcheusement tympanisé, a ensuite prévalu; l'esponton et la hallebarde, la hache et le pic ou pioche ont été adoptés et rejetés. — S'agit-il des effets d'habillement? le justaucorps, qui succède au maheutre, est abandonné pour l'habit long; celui-ci fait place à l'habit-veste, aujourd'hui remplacé par l'habit moyen, imité de la garde royale et accompagné de l'étui d'habit qu'elle a inventé. — Chaque régime politique a fait varier les attributs de retroussis. — Après les capotes belges on prend les capotes gris de fer. Des capotes à martingale sont remplacées par des capotes a taille étroite; après les vestes viennent les gilets; après les haut-de-chausses bouffants, sont adoptées les culottes collantes; après les culottes doublées, on se sert de pantalons et de caleçons; après les fraises, on s'est servi des cols et des cravates. Les sarraus ont été remplacés par les blouses. Tels corps avaient des boutons à queue rapportée; d'autres, à queue de même pièce, etc. Quelques-unes de ces disparates avaient leur excuse; plusieurs de ces changements étaient plausibles; mais ils étaient dus, non aux prévisions du ministère, non à la sage volonté des chefs militaires, mais à l'esprit d'imitation ou aux caprices de la mode. — S'agit-il des effets de petit équipement? les bidons de compagnie, les petits bidons, les bouteilles clissées, les tonnelets ne rappel-

lent que des dispositions vagues et incohérentes; et tantôt on range dans la petite monture, ou dans toute autre classe mal déterminée, les brosses, le dé a coudre, l'épinglette, la fiole a l'huile, la houppe a poudrer, les manchettes de sabre, les bouchons ou tampons de canon de fusil. — S'agit-il de grand équipement? les dragonnes, les épaulettes a franges, les plumets, les écussons de gibernes, les gants, rappellent les dispendieuses superfluités du costume des gardes nationaux. Les gibernes, dans le siècle dernier, n'étaient que de deux espèces, celle des officiers et celle des hommes de troupe; maintenant les gibernes des hommes de troupe sont de deux espèces, celle des soldats et celle des sous-officiers. Le havre-sac, d'abord à une bretelle avant d'être en hotte, a été substitué au canapsa, qui, autrefois, contenait et constituait ce qu'on appelle la charge du soldat; le baudrier a alterné avec le ceinturon. — S'agit-il d'effets de coiffure? le chapeau à volants a relevé ses bords; les deux, les trois, les quatre cornes en ont tour à tour changé la figure. Au bonnet de nuit a succédé le serre-tête; au pokalem, le bonnet de police; au chapeau, le casque de cuir; à la casquette, le chapeau; et à celui-ci le schako à flamme, mille fois modifié depuis un quart de siècle: suivant les compagnies, les corps, les époques, la coiffure a été surmontée d'aigrettes, de houpettes, de pompons. Le bonnet a poils et le chapeau russe ont été pris avec engouement et à l'imitation de plusieurs milices étrangères; les sapeurs-pompiers ont coiffé le casque à la Minerve. — S'agit-il de la chaussure? aux bas ont succédé les guêtres; les guêtres noires d'étoffes sont venues après les guêtres de toile noircie; et les guêtres courtes ont fait oublier les anciennes guêtres blanches. — S'agit-il de la chevelure? les cheveux coupés à la grecque ont succédé à la boucle suisse; au crapaud, au catogan prussien, à la queue de la brigadière. — Une description étudiée et détaillée que renferme un document officiel composé il y a peu d'années (1818, B) embrassait tout l'uniforme; ce travail, vieilli, caduc, n'offre plus qu'un petit nombre de dessins qui aient conservé quelque harmonie avec les modes, les formes et les marques distinctives actuelles, tant les décisions ministérielles ont peu de solidité. — En 1836, les Hommes de troupe de l'infanterie recevaient des gants, et des gants blancs, avec défense de les mettre à l'exercice ou pendant le cours du service armé; c'était apparemment pour aller au cabaret ou aux salles de danse. —

Administrativement parlant, les EFFETS D'U-
NIFORME, et surtout les EFFETS D'HABILLEMENT
étaient fournis sur ÉCHANTILLONS, conformément à des DEVIS ministériels, et en vertu
de MARCHÉS. — Ils sont distribués par les
sergents-majors; si ces effets sont défec-
tueux, les hommes ont le droit d'adresser
une réclamation à leur CAPITAINE, à leur
MAJOR, au CONSEIL D'ADMINISTRATION. — Si
ces EFFETS ont besoin de RÉPARATIONS, le
CAPITAINE D'HABILLEMENT se fait présenter et
inspecte les hommes à qui ils appartiennent,
et il décide à quel compte doivent être exécutées les RÉPARATIONS, et de quelle nature
elles sont. — N° 5. ALLOCATIONS, SOLDE. —
Dans cette branche administrative, il faut
comprendre les GRATIFICATIONS que les Hommes de troupe peuvent obtenir s'ils n'ont
pas l'AGE DE L'APTITUDE A LA PENSION DE RE-
TRAITE, les DISTRIBUTIONS et le LOGEMENT
auxquels ils ont DROIT, la MASSE D'HABILLE-
MENT qui leur est affectée, certaines INDEM-
NITÉS DE PERTE D'ÉQUIPAGE, DE CHAUFFAGE,
DE ROUTE, DE VIVRES, DE SEL, qu'en certain
temps ils reçoivent en nature, la HAUTE
PAYE à laquelle ils montent, les DENIERS DE
POCHE OU ACCESSOIRE DE SOLDE qui leur sont
périodiquement servis. — Il est quelquefois
alloué de l'EAU-DE-VIE aux Hommes de troupe
à titre de GRATIFICATION EXTRAORDINAIRE et
d'accessoire de NOURRITURE. — L'espèce de
leurs LITS DE CASERNE a reçu une amélioration marquée; ils ne contiennent plus de PAIL-
LASSES. — Dans le cas du déplacement d'un
CORPS passant d'une DIVISION dans une autre,
les DROITS aux ALLOCATIONS EN DENIERS ne sont
reconnus et acquittés que sur le vu d'un certificat de CESSATION DE PAYEMENT.—Leur SOLDE,
ou plus correctement parlant, leur PRÊT, la
paye de l'ADJUDANT exceptée, était susceptible
de la RETENUE des DENIERS DE PETIT ÉQUIPEMENT;
les DENIERS DE POCHE cessaient de leur être
payés en cas d'EMPRISONNEMENT.—Les CONGÉS
SANS SOLDE délivrés aux Hommes de troupe
n'interrompent pas la jouissance de la HAUTE
PAYE dont la possession leur serait acquise.
— Les Hommes de troupe EN JUGEMENT ont
droit jusqu'au jour inclus de l'ACQUITTEMENT
ou de la CONDAMNATION au TRAITEMENT DE
PRISON; et, s'ils entrent à l'HOPITAL, ils ont
DROIT à la SOLDE D'HOPITAL, dont le RAPPEL
leur est payé au CORPS, à moins qu'ils n'aient
été RAYÉS. — Les Hommes de troupe appelés
EN TÉMOIGNAGE devant les TRIBUNAUX MILI-
TAIRES ont, sur PIED DE PAIX, DROIT à la SOLDE
simple DE PRÉSENCE et en sont rappelés au
CORPS; mais ils ne le sont pas des autres
PRESTATIONS; ils ont DROIT à l'INDEMNITÉ DE
ROUTE et DE SÉJOUR ainsi qu'au LOGEMENT. Sur
PIED DE GUERRE, ils perdent le TRAITEMENT DE

GUERRE si le TRIBUNAL est dans l'intérieur. —
Les Hommes de troupe EN TÉMOIGNAGE de-
vant les TRIBUNAUX CIVILS ont, de plus que
les TÉMOINS appelés par les TRIBUNAUX MILI-
TAIRES, le droit à une INDEMNITÉ payée par la
JUSTICE CIVILE. — Les Hommes de troupe
ISOLÉS n'ont droit aux FOURNITURES D'EFFETS
DE PETIT ÉQUIPEMENT qu'en vertu de l'ordre
donné par un MEMBRE DE L'INTENDANCE; mais
ils n'y auraient aucun DROIT s'ils tenaient une
autre ROUTE que celle qu'ils doivent suivre.
— Les Hommes de troupe en permission
n'ont droit qu'à la SOLDE simple sans autres
PRESTATIONS. — A l'HOPITAL l'homme n'a
droit qu'aux deniers de linge et chaussure.
— Les Hommes de troupe PRISONNIERS DE
GUERRE ont DROIT, si la CAPTIVITÉ excède deux
mois, à un secours en deniers égal à deux
mois de SOLDE DE GUERRE, sinon ils ont DROIT
à un rappel de SOLDE DE GUERRE égal à la
durée de la CAPTIVITÉ. — Les RETRAITES,
l'admission aux INVALIDES sont un genre de
SOLDE dont nous avons traité.— N° 6. FONC-
TIONS, DEVOIRS. — Les fonctions spéciales
des Hommes de troupe diffèrent dans un
même CORPS suivant qu'ils sont DE GARDE, DE
SERVICE, MEMBRES DE CONSEIL D'ADMINISTRA-
TION, etc.; elles ne sont pas les mêmes dans
les ARMES diverses; ainsi, par exemple, l'OR-
DONNANCE DE 1768 (1er MARS) disposait que,
dans certains cas, des Hommes de troupe
D'INFANTERIE pourraient être commandés
pour un service d'artillerie. — L'INSTRUC-
TION DE 1815 (5 SEPTEMBRE) s'opposait à ce
que les Hommes de troupe fussent employés
comme MUSICIENS, etc. — Ce qui concerne
d'une manière générale les devoirs d'un
Homme de troupe embrasse ce qui suit : —
Avoir la BARBE faite et les CHEVEUX coupés
aux époques voulues; se rendre ponctuelle-
ment aux APPELS, à moins de DISPENSES;
après la BATTERIE de l'ASSEMBLÉE, s'acquitter,
envers ses SUPÉRIEURS, des SALUTS, soit AVEC,
soit SANS ARMES; ne sortir de la CASERNE
qu'en TENUE; ne jamais demander CRÉDIT
aux CABARETIERS; ne point s'attarder au CA-
BARET, et en sortir à la première sommation
des CAPORAUX DE PATROUILLE; à moins de
dispense d'APPEL DU SOIR, être rentrés à la
CASERNE une demi-heure après la RETRAITE
sous peine d'être arrêté et conduit au CORPS
DE GARDE. — N° 7. TACTIQUE. — Il y a peu
à dire à cet égard, parce que les principes
de tactique diffèrent en plusieurs points suivant l'espèce ou la CLASSE dont les Hommes
de troupe font partie; mais, en général, on
peut regarder les Hommes de troupe comme
se distinguant tactiquement en HOMMES DE
RANG et en HOMMES HORS RANG. — En traitant
de la FILE, du FRONT du BATAILLON, des MA-

NIEMENTS D'ARMES, du PAS CADENCÉ, du PORT D'ARMES, nous avons donné un aperçu de quelques variations que la TACTIQUE de l'INFANTERIE a éprouvées. — Les Hommes de troupe sont tenus d'assister à tous les EXERCICES du CORPS dont ils font partie, à moins d'empêchement légitime ou de DISPENSE accordée ou consentie par le COLONEL lui-même; les réglements autorisent ce chef à en exempter les Hommes de troupe suffisamment instruits. Un supplément de tactique consistait, en quelques corps, en leçons de CONTRE-POINTE. — N° 8. SUBORDINATION. — Les Hommes de troupe sont subordonnés au CORPS D'OFFICIERS, et plus immédiatement aux OFFICIERS DE COMPAGNIE et de SECTION. — Ils l'étaient aussi aux AUMONIERS et aux OFFICIERS DE SANTÉ du CORPS, puisqu'ils leur devaient le SALUT du PORT D'ARMES; mais ils ont droit d'adresser des réclamations aux GÉNÉRAUX, aux MEMBRES de l'INTENDANCE, à leur COLONEL, en se conformant aux formes voulues. — LES DEMANDES DE PERMISSIONS TEMPORAIRES qu'ils forment sont l'objet des décisions du COLONEL; les DEMANDES DE MARIAGE qu'ils présentent sont soumises par le COLONEL à la délibération du CONSEIL D'ADMINISTRATION. — L'état des hommes qui MANQUENT AUX APPELS est donné nominalement au COLONEL. —Tout CONGÉ LIMITÉ d'un Homme de troupe n'est valable que revêtu de la signature de son CAPITAINE et de son COLONEL. Tout CHANGEMENT DE CORPS veut l'adhésion des deux chefs de corps que le fait concerne. — N° 9. PUNITIONS. — Autrefois en FRANCE, on infligeait aux Hommes de troupe la BASTONNADE, le CHATIMENT des BAGUETTES, celui des COUPS DE PLAT DE SABRE, etc.; mais si le COUPABLE était revêtu d'un GRADE, le PRÉVOT lui faisait préalablement subir la DÉGRADATION. — La violation des sauvegardes entraînait PEINE DE MORT. — Jadis on soumettait quelquefois à des EXERCICES EXTRAORDINAIRES les hommes en PUNITION. — Maintenant d'autres usages se sont établis, et quelques observations préliminaires doivent être données ici. — Les CAS D'ABSENCE PROHIBÉE sont quelquefois des FAUTES, quelquefois des DÉLITS; car il y a une différence immense entre l'action de manquer à un APPEL DE POLICE et l'action de se rendre COUPABLE de l'ABANDON DU DRAPEAU. Ces diverses ABSENCES sont ainsi l'objet de RÉPRESSION, de POURSUITES, de mesures qui diffèrent s'il s'agit des ABSENTS A LA GÉNÉRALE, — AU PREMIER JANVIER, — AUTORISÉ, — FAUTIVEMENT, — ILLÉGALEMENT, — PAR CONGÉ, — PAR MISSION, — PAR SEMESTRE, — PAR SERVICE, — SANS CAUSE CONNUE. — Des AMENDES participent de la nature des PUNITIONS; ainsi la perte de DÉCOMPTE DE RENTRANT peut être regardée comme une espèce d'AMENDE infligée en certains cas. — Etre APPOINTÉ DE SERVICE, c'est encourir une des PUNITIONS les moins graves, mais peut-être les moins plausibles. — Les POURSUITES JUDICIAIRES connues sous la désignation d'ACTIONS POUR DETTES sont une des mesures répressives dont la forme a été longtemps mal déterminée; dans les derniers siècles, les JUGES MILITAIRES en connaissaient; peut-être la création d'un CODE PÉNAL mieux en harmonie avec le siècle et les institutions politiques produira-t-elle en cette matière des améliorations? — S'il s'agit d'hommes présumés CRIMINELS ou simplement PRÉVENUS, comme on dirait en JUSTICE CIVILE, les CONSEILS JUDICIAIRES militaires seuls ont le droit de prononcer l'EMPRISONNEMENT ou autres PUNITIONS GRAVES. — S'il s'agit de DÉSERTION? la dénonciation du DÉSERTEUR n'est lancée qu'après l'expiration du DÉLAI DE REPENTIR. — S'il s'agit de CRÉANCES non acquittées? le débat tombe dans la juridiction civile. — S'il s'agit de PUNITIONS DE DISCIPLINE? elles peuvent être prononcées par tous les OFFICIERS du même CORPS; mais le CAPITAINE ou les OFFICIERS d'un GRADE plus haut que le sien peuvent seuls punir de cachot les Hommes de troupe. La réduction au pain et à l'eau dans la SALLE DE DISCIPLINE peut être prononcée par tous les OFFICIERS de la COMPAGNIE et OFFICIERS SUPÉRIEURS, par tous capitaines et ADJUDANTS-MAJORS. Les hommes y sont en CAPOTE ou en SARRAU. — S'il s'agit de déréglements habituels, d'inconduite incorrigible, de DUELS, les CONSEILS DE DISCIPLINE en connaissaient, et le renvoi dans les BATAILLONS COLONIAUX, ou autres CORPS DE PUNITION, avait lieu. — Les COLONELS des corps doivent être informés par une indication nominale de toutes les PUNITIONS infligées à des Hommes de troupe, soit par mesure de SIMPLE DISCIPLINE, soit en vertu de CONDAMNATIONS JUDICIAIRES. — Les COMMANDANTS DE DIVISION TERRITORIALE transmettent au MINISTRE DE LA GUERRE les demandes qui ont pour objet l'EXPULSION d'un Homme de troupe et son passage dans une COMPAGNIE DE DISCIPLINE. Des punitions usitées en FRANCE, quoique non légales, y ont été connues sous des dénominations triviales; telle était, pour les simples Hommes de troupe, la SAVATE, et pour les OFFICIERS, la CALOTTE. — L'ORDONNANCE DE 1833 (2 NOVEMBRE) réglait ce qui concerne les PUNITIONS LÉGÈRES. — N° 10. SERVICE. — Avant d'expliquer le SERVICE des Hommes de troupe, il est indispensable de rappeler que l'expression prend des acceptions très-différentes, s'il s'agit du SERVICE que l'homme accomplit civiquement ou par devoir D'ENROLÉ, ou comme REMPLAÇANT, ou bien s'il s'agit du service des FONCTIONS qu'il accomplit, à tour de rôle, dans l'intérieur de son CORPS ; dans le premier cas, on dit de l'homme qu'il EST AU SERVICE ; dans le second, qu'il EST DE SERVICE ; ainsi il faut distinguer le SERVICE CIVIQUE ou catalogique, comme disaient les GRECS, et le SERVICE DE FONCTION qu'on peut appeler TESSERAIRE, comme disaient les ROMAINS, parce que les LÉGIONNAIRES s'en acquittaient en se conformant aux ordres que la TESSÈRE et le TESSERAIRE transmettaient ; aucun autre terme analogue ne se présente dans les langues modernes, dérivées du LATIN, ou dans le langage de nos devanciers. Quelque opposé qu'on soit au néologisme, il n'y a pas moyen de rendre autrement l'idée. — L'ENROLEMENT ou l'ENGAGEMENT des Hommes de troupe est comme le premier pas qu'ils font dans la carrière du SERVICE CIVIQUE, ou catalogique, ou conscriptionnaire. — Autrefois ce SERVICE pouvait cesser quand les Hommes de troupe obtenaient licence de se DÉGAGER ; maintenant les DÉGAGEMENTS sont une mesure inusitée, et à moins de REMPLACEMENT légalement autorisé, le SERVICE CIVIQUE n'a d'autre terme final que les DÉCÈS, la DÉSERTION, les radiations judiciaires, les CONGÉS D'ANCIENNETÉ, la LIBÉRATION par congé, ou les RÉFORMES, quand le CHIRURGIEN-MAJOR les déclare et constate la nécessité du CAS. — Le SERVICE peut changer de forme, mais non de DURÉE, par le fait des CONGÉS DE PASSE, par le CHANGEMENT DE CORPS. — Pour le droit à l'obtention de la CROIX DE SAINT-LOUIS, réclamée par un OFFICIER qui a servi comme SOLDAT, le SERVICE d'Homme de troupe ne s'évaluait qu'à raison de moitié du SERVICE D'OFFICIER. — La PLAQUE DE VÉTÉRANCE, les CHEVRONS, le DEMI-CHEVRON ont été, suivant les temps, les signes de l'ANCIENNETÉ DE SERVICE d'un RENGAGÉ. — Quant au SERVICE DE FONCTION ou TESSERAIRE, il comprend la GARDE, les PATROUILLES, les ORDONNANCES, les CORVÉES, les stations de GARNISAIRES ; il est commandé et réparti au prorata du DISPONIBLE. Le SERVICE qui a lieu les ARMES A LA MAIN, est dirigé par un CHEF MILITAIRE, par un CHEF DE POSTE, par un CHEF DE PATROUILLE, etc. — En parlant des PUNITIONS des Hommes, nous avons témoigné combien on a mal défini jusqu'ici le SERVICE DE FONCTION, puisque, dans tel document officiel, les CORVÉES ne sont pas regardées comme SERVICE, tandis qu'en réalité et dans le langage courant, une CORVÉE DE BALAYAGE, le transport d'un BAQUET, les fonctions de CUISINIER, et, à la guerre, des CORVÉES souvent

périlleuses et des TRAVAUX MILITAIRES de divers genres sont réellement des SERVICES. — Est-il permis, est-il interdit aux Hommes de troupe de se consacrer au service des OFFICIERS, d'être leurs DOMESTIQUES ? C'est une de ces questions irrésolues dont l'inconvénient a déjà été signalé ; et c'est une preuve de plus de l'ambiguïté et de l'homonymie du pur mot SERVICE. — Pendant toute la GUERRE DE LA RÉVOLUTION, les PORTE-DRAPEAUX étaient HOMMES DE TROUPE. — N° 11. ADMINISTRATION. — Les MONTRES d'Hommes de troupe, c'est-à-dire leurs REVUES ou les formes appliquées à la justification du droit à la SOLDE, ont différé de tout temps du système pratiqué à l'égard des OFFICIERS. Une de ces différences résultait de ce qu'il n'était pas donné officiellement de SOBRIQUET aux OFFICIERS, tandis qu'il en était donné autrefois à tous les Hommes de troupe, et que, en certains cas, il en est encore donné à quelques-uns. — Le SEL, le CHAUFFAGE, le TABAC, la PAILLE étaient délivrés aux Hommes de troupe ; les OFFICIERS n'y avaient point droit. — Le DÉCÈS des Hommes de troupe, leur ABSENCE, si elle est irrégulière, leur DÉPART ou TRANSCORPORATION comme PERMISSIONNAIRES ou définitivement, les CONGÉS AVEC SOLDE qu'ils obtiennent, etc., etc., motivent la remise en MAGASIN de certains EFFETS nommés EFFETS DE PARTANT, DE DÉCÉDÉ, DE RAYÉ, etc. ; leur POSITION INDIVIDUELLE provoque certains DÉCOMPTES DE LIQUIDATION ou de DÉPOT ; nécessite certaines inscriptions sur la MATRICULE dans les CASES du CONTROLE ANNUEL de la COMPAGNIE, dans le CAHIER D'APPEL, dans le CONTROLE DE DEMI-SIGNALEMENT, dans le LIVRE DE COMPAGNIE, etc. — Les CONGÉS DE SEMESTRE ou autres genres de CONGÉS des Hommes de troupe, leurs ABSENCES PAR MALADIE ou par d'autres causes modifient les formes du DÉCOMPTE DE PETIT ÉQUIPEMENT ou de la remise de l'EXCÉDANT DE LA MASSE DE LINGE ET CHAUSSURE qu'ils auraient eu DROIT de percevoir et qui se règle par CRÉDIT et DÉBIT, et constitue le FONDS DE MASSE. Ces détails sont du ressort des CAPITAINES, et sont surveillés par le CONSEIL D'ADMINISTRATION. — Les REPAS des Hommes de troupe sont fixés par les réglements ; longtemps ils ont eu lieu à dix heures du matin et à quatre du soir ; ils ont ensuite été fixés à neuf heures et à trois. ODIER (1824, E) jugeait peu plausible la dernière de ces dispositions. — Jusqu'à l'époque de la distribution des FONDS DE MASSE des hommes, cette valeur doit être intégralement en CAISSE ; c'est un des importants objets de la responsabilité du CONSEIL D'ADMINISTRATION. — Ce CONSEIL fait faire le dépouillement des

BONS D'EFFETS D'IMPUTATION dans lesquels les hommes du CORPS sont compris; il fait dresser les ÉTATS DE SITUATION des hommes, les FEUILLES D'APPEL, etc. — Le BLANCHISSAGE est l'objet d'une mesure d'ADMINISTRATION de la CHAMBRÉE OU ESCOUADE. Il fut un temps où la MASSE DE COMPAGNIE y pourvoyait. — Sous un point de vue autant administratif que répressif, la DÉSERTION des Hommes de troupe doit être dénoncée de suite à la GENDARMERIE et au MINISTRE DE LA GUERRE par le COLONEL. — Les EFFETS D'HABILLEMENT qui sont en DRAP ne peuvent être confectionnés qu'en ÉTOFFES, dont l'origine et l'espèce se constatent au moyen des CHEFS de l'ÉTOFFE. — Les MENUES RÉPARATIONS que les anciens RÈGLEMENTS appelaient points et coutures, et celles d'ARMEMENT, sont mises, s'il y a lieu, au COMPTE des HOMMES, par détermination des OFFICIERS D'HABILLEMENT; la MASSE de l'homme y subvient au prix fixé par les ABONNEMENTS avec les MAITRES OUVRIERS. — Le CASERNEMENT et le COUCHAGE ont fait des progrès marqués; la PAYE s'est bonifiée. — L'ORDINAIRE des Hommes de troupe se compose surtout de PAIN DE MUNITION, de PAIN BLANC mis en SOUPE, de LÉGUMES et de BŒUF. — On commence à améliorer le système des FOURNEAUX et des MARMITES; mais c'est vainement que de sages économistes ont conseillé d'ajouter à la dose du BOUILLON obtenu, les sucs alimentaires qui pourraient être le résultat de la pulvérisation et de la coction des os. — Les lettres adressées par la voie de la POSTE aux Hommes de troupe sont retirées des BUREAUX par le FACTEUR et délivrées par le SERGENT-MAJOR. — Quelques mesures administratives qui s'appliquent aux Hommes de troupe ont en vue leurs ENFANTS et leurs FEMMES considérées, soit comme FEMMES A LA SUITE, soit dans la position contraire. — Des mesures spéciales envisagent sous le point de vue du GEÔLAGE les cas d'EMPRISONNEMENT. — Le MAJOR examine et constate les FEUILLES DE TRAVAILLEURS. — Des dispositions légales adoptées dans l'intérêt des HÉRITIERS ont prévu les cas où les Hommes de troupe laisseraient des valeurs après DÉCÈS. — Dans l'intérêt de la société en général, il a été pris des mesures relatives aux AUTORISATIONS DE MARIAGE à accorder en suite des DEMANDES faites dans la forme voulue par les RÈGLEMENTS. — Autrefois les COMMISSAIRES DES GUERRES exerçaient, comme le fait maintenant, en vertu de ses fonctions propres, le CORPS D'INTENDANCE, une surveillance, soit médiate, soit immédiate, sur les objets, ou la plupart des objets qui viennent d'être indiqués; les moyens de cette surveillance étaient ou sont les AP-PELS sur le TERRAIN, l'examen des FEUILLES D'APPEL et du LIVRE DE COMPAGNIE, la confrontation des FEUILLES DE JOURNÉES DE COMPAGNIE, l'attention donnée à la BALANCE des COMPTES EN DENIERS, à l'acquittement des PREMIÈRES MISES, à la gestion de toutes les MASSES, à la sincérité du LIVRET INDIVIDUEL, à la régulière fourniture des PIÈCES D'ARMES, à la distribution fidèle du PRÊT, à la tenue du COMPTE OUVERT, à la légalité des ACHATS ADMINISTRATIFS, aux droits des CONGÉDIÉS, aux PRESTATIONS des HOMMES nouveaux, et aux avantages pécuniaires des RENGAGÉS, au rebattage des TRAVERSINS aux époques voulues.

HOMME de TROUPE ABSOUS. V. ABSOUS.

HOMME de TROUPE ANGLAIS. V. ANGLAIS, adj. V. MILICE ANGLAISE N° 2.

HOMME de TROUPE AU CAMP. V. ADJUDANT AU CAMP. V. AU CAMP. V. BILLET D'APPEL DE POLICE. V. CAMP. V. CAMP MINCE. V. CANONNIÈRE DE CAMPEMENT. V. CHAMBRÉE. V. EFFET DE CAMPEMENT. V. GAMELLE. V. SABOT DE CHAUSSURE. V. TROUPE AU CAMP.

HOMME de TROUPE D'ADMINISTRATION D'HOPITAL. V. ADMINISTRATION D'HOPITAL. V. HOPITAL MILITAIRE. V. TROUPE D'ADMINISTRATION.

HOMME de TROUPE D'ARTILLERIE. V. ARTILLERIE. V. ARTILLEUR. V. ARTILLERIE IDIOPLIQUE. V. GRAND MAITRE DE L'ARTILLERIE. V. MINISTRE DE LA GUERRE, 1830 (19 NOVEMBRE). V. TROUPE D'ARTILLERIE.

HOMME de TROUPE DE CAVALERIE. V. CAVALERIE. V. CAVALIER DE TROUPE. V. FOURRAGE DE DISTRIBUTION. V. HAUSSE-COL. V. SAINT-PAUL. V. TROUPE DE CAVALERIE.

HOMME de TROUPE DE GARDE ROYALE. V. GARDE ROYALE N° 2.

HOMME de TROUPE DÉCÉDÉ. V. CAPITAINE D'INFANTERIE FRANÇAISE N° 24. V. DÉCÉDÉ. V. MAGASIN DE CORPS. V. SOLDE.

HOMME de TROUPE D'ÉLITE. V. ARME DE SOUS-OFFICIER. V. TROUPE D'ÉLITE.

HOMME de TROUPE D'ESCORTE. V. ESCORTE DE DISTRIBUTION. V. TROUPE D'ESCORTE.

HOMME de TROUPE D'ÉTAT-MAJOR. V. APPEL D'ÉTAT-MAJOR. V. APPEL DE PETIT ÉTAT-MAJOR. V. ÉTAT QUATRIDIAIRE DE PETIT ÉTAT-MAJOR. V. HOMME DE TROUPE. V. PETIT ÉTAT-MAJOR. V. TROUPE D'ÉTAT-MAJOR.

HOMME de TROUPE DÉTENU. V. DÉTENU EN PRISON PUBLIQUE.

HOMME de TROUPE D'HOPITAUX. V. HOPITAL. V. INFIRMIER. V. OFFICIER. V. OFFICIER D'ADMINISTRATION D'HOPITAUX. V. TROUPE.

HOMME de TROUPE D'INFANTERIE. V. AUMONIER N° 6. V. BATAILLON D'INFANTERIE FRANÇAISE DE LIGNE N° 2. V. BOURGEOIS. V. COMPAGNIE SÉDENTAIRE. V. EFFET DE PREMIÈRE MISE. V. FANTASSIN. V. HALLEBARDE. V. HOMME

DE SERVICE. V. HOMME DE TROUPE. V. INFANTE-
RIE. V. INFANTERIE FRANÇAISE N° 2, 5, TA-
BLEAU. V. LIEUTENANT D'INFANTERIE N° 5.
V. LIQUIDE. V. MASSE D'ENTRETIEN. V. MASSE
D'HABILLEMENT. V. MASSE GÉNÉRALE. V. MI-
NISTRE DE LA GUERRE EN 1821. V. PORT D'ARMES.
V. PUPILLE. V. RATELIER D'ARMES. V. REVERS
D'HABIT. V. SERGENT D'INFANTERIE FRANÇAISE
DE LIGNE N° 4. V. SOUS-AIDE-MAJOR. V. SOUS-
LIEUTENANT N° 2. V. TIERCEMENT. V. TRAVAIL-
LEUR. V. TROUPE D'INFANTERIE.

HOMME DE TROUPE DU GÉNIE. V. GARNI-
SON DE SIÉGE. V. GÉNIE. V. GÉNIE IDIOPLIQUE
N° 5. V. TROUPE DU GÉNIE.

HOMME DE TROUPE EN CAMPAGNE. V. DIS-
TRIBUTION DE PAILLE DE COUCHAGE. V. FOURRAGE
DE DISTRIBUTION. V. GANT. V. TROUPE EN CAM-
PAGNE.

HOMME DE TROUPE EN DÉTACHEMENT. V.
CAPITAINE D'INFANTERIE FRANÇAISE DE LIGNE
N° 25. V. DÉTACHEMENT DE CORPS. V. TROUPE
EN DÉTACHEMENT.

HOMME DE TROUPE EN GARNISON. V. AD-
JUDANT D'INFANTERIE FRANÇAISE DE LIGNE N° 18.
V. AIR VITAL. V. BAGUETTE DE FUSIL. V. BAQUET
DE CHAMBRÉE. V. BAQUET DE COUR. V. BAN CON-
TRE LES DETTES. V. BILLET D'APPEL DU SOIR. V.
CHAMBRES. V. CHEF D'AVANCÉE. V. CLASSE DE
CORPS DE GARDE. V. CONSIGNE DE SENTINELLE
DE POLICE EN GARNISON. V. CONSIGNE INTRA
MUROS. V. CONSIGNÉ A LA CASERNE. V. CORPS DE
GARDE DE GRANDE PLACE. V. COUVERTE D'HOMME
DE TROUPE. V. DISTRIBUTION DE PAILLE DE COU-
CHAGE. V. EFFETS DE DÉCÉDÉ EN GARNISON. V.
GAMELLE. V. GARDE DE POLICE EN GARNISON. V.
GARNISON. V. HOMME A L'HOPITAL. V. HOMME DE
GARDE. V. MAJOR DE PLACE N° 5. V. TABLE DE
CASERNE. V. TROUPE EN GARNISON.

HOMME DE TROUPE EN JUGEMENT. V. EN
JUGEMENT. V. HOMME DE TROUPE N° 5. V. MI-
LICE ANGLAISE N° 10.

HOMME DE TROUPE EN PERMISSION. V. EF-
FETS D'HOMME DE TROUPE EN CONGÉ. V. EN PER-
MISSION. V. ORDINAIRE D'HOMME DE TROUPE.

HOMME DE TROUPE EN PRISON. V. DÉTENU
EN PRISON PUBLIQUE. V. EMPRISONNEMENT. V.
EN PRISON.

HOMME DE TROUPE EN ROUTE. V. BILLET
D'APPEL DE SOIR. V. CAPITAINE EN ROUTE. V.
CHEF DE POSTE DE POLICE EN ROUTE. V. CHIRUR-
GIEN EN ROUTE. V. CONSIGNÉ EN ROUTE. V.
CORPS EN ROUTE SUR PIED DE PAIX. V. DÉPART
DE CORPS. V. ÉCLOPPÉ. V. ÉTAPE. V. FEUILLE DE
ROUTE DE MILITAIRE ISOLÉ. V. FOURRIER D'INFAN-
TERIE FRANÇAISE DE LIGNE N° 15. V. FUSIL
D'HOMME DE TROUPE EN ROUTE. V. GARDE DE
POLICE EN ROUTE. V. INDEMNITÉ DE ROUTE. V.
MARCHE-ROUTE. MILICE PRUSSIENNE N° 6. V. RÉ-
GIMENT DE MARCHE. V. SOUS-INTENDANT N° 8.

V. SOLDE. V. TRANSPORT. V. TROUPE EN ROUTE.

HOMME DE TROUPE EN TÉMOIGNAGE. V.
EN TÉMOIGNAGE. V. TÉMOIN.

HOMME DE TROUPE ISOLÉ. V. FOURNITURE
AUX ISOLÉS. V. HOMME DE TROUPE N° 5. V.
ISOLÉ.

HOMME DE TROUPE PRISONNIER DE GUERRE.
V. HOMME DE TROUPE N° 5. V. PRISONNIER DE
GUERRE. V. SOUS-INTENDANT N° 8.

HOMME D'ÉLITE. V. ARME DE VOLTIGEUR.
V. BOUTON A ÉPAULETTE. V. CARABINIER. V.
CASSATION DE SOUS-OFFICIER. V. CASSATION
D'HOMME D'ÉLITE. V. CASSATION DISCIPLINAIRE.
V. CAVALERIE FRANÇAISE N° 2. V. COHORTE DE
LA LÉGION ROMAINE N° 5. V. COHORTE MIL-
LIAIRE. V. COHORTE PRÉTORIENNE. V. COIFFURE.
V. COMPAGNIE D'ÉLITE N° 1. V. CONGÉDIÉ. V.
CORVÉE. V. DIVISION DE BATAILLON. V. DRAGON
FRANÇAIS N° 1. V. ÉLITE. V. FILE GRECQUE. V.
FRONT DE BATAILLON. V. GRENADIER D'INFANTE-
RIE FRANÇAISE DE LIGNE N° 2. V. HALLEBARDE.
V. LABARUM. V. LATRON. V. MANIPULE N° 6.
V. MILICE AUTRICHIENNE N° 2. MILICE DANOISE
N° 5. V. MILICE ROMAINE N° 2. V. MILICE RUSSE
N° 2. V. OURAGUE. V. PEINE D'HOMME D'ÉLITE. V.
PHALANGE GRECQUE. V. POMPON. V. RÉSERVE DE
BATAILLE. V. SABRE D'HOMME DE TROUPE. V.
SABRE D'HOMME D'ÉLITE. V. SERGENT D'INFAN-
TERIE FRANÇAISE DE LIGNE N° 1. V. TIRAILLEUR.

HOMME (hommes) D'ENCADREMENT (G,
6). Sorte d'HOMMES ainsi appelés parce que,
en ORDRE DE BATAILLE D'INFANTERIE, ils sont
les points d'ENCADREMENT sur la direction
desquels on OUVRE LES RANGS. — Les CHEFS DE
PELOTON, les SERGENTS DE REMPLACEMENT, le
CAPORAL D'ENCADREMENT sont Hommes d'encadrement et servent de BASE D'ALIGNEMENT
au SECOND et au TROISIÈME RANG quand ils doivent s'ouvrir. Dans ce cas, le CHEF DE PELO-
TON et le SERGENT D'ENCADREMENT de gauche
sont Hommes d'encadrement du DEUXIÈME
RANG, et, pour tracer cet ALIGNEMENT, ils reculent sur la ligne des SERRE-FILES où l'AD-
JUDANT-MAJOR assure leur position. — Les
REMPLACEMENTS et le CAPORAL D'ENCADRE-
MENT de gauche sont Hommes d'encadre-
ment du TROISIÈME RANG. — Les Hommes
d'encadrement alignent les HOMMES DE RANG
sur le nouveau tracé indiqué aux RANGS OU-
VERTS. — Les Hommes d'encadrement de
TROISIÈME RANG, pour tracer l'ALIGNEMENT,
reculent à quatre pas en arrière des SERRE-
FILES, et s'y alignent; leur position est assu-
rée par l'ADJUDANT. — Il était d'usage autre-
fois de faire faire PAR LE FLANC droit aux
Hommes d'encadrement, pour que leur ALI-
GNEMENT fût plus facile et plus simultané. —
Les Hommes d'encadrement ne reprennent
leur PLACE DE BATAILLE qu'au COMMANDEMENT :
FIXE.

HOMME d'épée. v. aumonier n° 8. v. épée. v. gibecière. v. juge militaire. v. langue. v. militaire, subs. v. ministre de la guerre n° 4. v. spahi.

HOMME d'infanterie. v. ajuster. v. artillerie d'armement. v. banquette de tranchée. v. bastion de forteresse. v. batterie de caisse. v. batteur d'estrade. v. baudrier. v. briquet. v. buffle défensif. v. capitaine de compagnie d'élite. v. camarade de lit. v. carré d'Egypte. v. carré tactique. v. carrure. v. charge de soldat. v. cheval de frise. v. chatiment militaire. v. chiliarchie. v. cohorte prétorienne. v. compagnie d'infanterie française de ligne n° 2. v. compagnie hors rang. v. déboitement. v. école de Mars n° 1. v. épaulement de fortification. v. fantassin. v. fronde. v. front de bataillon. v. garde constitutionnelle. v. garnison de siége. v. infanterie ; id. n° 3, 5, 6. v. légion de Henri deux. v. maison du roi n° 6. v. masse d'entretien. v. palissade. v. pierre a peu. v. piquet au camp. v. rang de taille. v. raquetier. v. saucisson défensif. v. section administrative. v. talon de soulier. v. tente de nouveau modèle. v. terrain individuel.

HOMME d'ordonnance. v. garde de police en route. v. garde en campagne. v. garde royale n° 1. v. gendarme du moyen age n° 3. v. homme de service. v. hoqueton. v. ordonnance. v. peloton d'infanterie. v. réserve de bataille. v. salle d'exercice. v. saucisson défensif. v. service conscriptif. v. talons humains.

HOMME du génie. v. génie. v. génie idioplique. v. régiment du génie. v. saucisson défensif. v. taille de militaire.

HOMME en campagne. v. en campagne. v. nourriture. v. sergenterie.

HOMME en congé. v. activité de service. v. arme d'homme en congé. v. délit commun. v. effets d'homme en congé. v. en congé. v. habillement d'homme en congé. v. hopital militaire. v. indemnité de route. v. masse de propreté. v. milice néerlandaise n° 1. v. masse générale. v. permissionnaire. v. revue d'effectif. v. service journalier. v. traitement d'activité.

HOMME en jugement. v. accusé. v. condamné. v. en jugement. v. jugement militaire.

HOMME en marche. v. en marche. v. marche , subs. fém.

HOMME en permission. v. homme de troupe n° 5. v. hotel des invalides. v. ordinaire d'homme de troupe. v. revue d'effectif.

HOMME en prison. v. couchage de prisonnier. v. en prison. v. magasin de corps. v. service journalier.

HOMME en sauve-garde. v. en sauve-garde. v. sauve-garde.

HOMME (hommes) en subsistance (B, 1), ou militaires en subsistance. Sorte d'hommes isolés, placés passagèrement dans un corps, tenus d'y faire, s'ils en sont capables, le service, et y ayant droit aux prestations de vivres et de solde. L'ordonnance de 1823 (19 mars, art. 374 et 552) et la circulaire de 1854 (19 août) établissaient les règles qui les concernent. — Les instructions sur l'inspection autorisaient les inspecteurs généraux d'armes à faire placer en subsistance dans un corps présent sur les lieux les Hommes impropres au service et dont le corps serait éloigné ; mais, en général, la législation est à peu près muette sur ce sujet, qui n'a été traité que par M. Husson (1836, A).

HOMME en témoignage. v. en témoignage. v. homme de troupe n° 5. v. témoin judiciaire.

HOMME gradé. v. feu de peloton. v. gradé. v. homme de troupe. v. infanterie française de ligne n° 4. v. sous-officier n° 9.

HOMME hors rang. v. arme névrobalistique portative. v. bataillon d'infanterie française de ligne n° 2. v. cadre tactique. v. caporal d'infanterie française de ligne n° 7. v. chef de file. v. chef de peloton. v. disposition contre la cavalerie. v. héraut. v. homme de troupe n° 7. v. hors rang. v. marche par le flanc. v. milice grecque n° 2. v. officier d'artillerie n° 4. v. phalange grecque. v. peloton. v. rangs d'infantèrie. v. serre-file. v. homme isolé. v. taxiarque.

HOMME isolé. v. corps d'intendance n° 8. v. détachement en route. v. effet de petit équipement. v. feuille de route de militaire isolé. v. fourniture aux isolés. v. gite. v. guerilla. v. homme de troupe n° 5. v. homme en subsistance. v. hopital militaire. v. isolé, adj. v. indemnité de route d'homme de troupe. v. rapport.

HOMME levé. v. homme appelé. v. levé, adj. v. levée, subs. fém. v. libération.

HOMME libre. v. libre. v. service féodal.

HOMME lige. v. féodalité. v. leude. v. lige.

HOMME marié. v. chargement d'équipages en route. v. marié. v. remplaçant.

HOMME monté. v. infanterie communale n° 2. v. monté.

HOMME moyen. v. administration militaire. v. armée française n° 9, et tableau. v. budget de dépenses. v. hotel des invalides. v. milice anglaise n° 12. v. milice autrichienne n° 11. v. milice belge. v. milice prussienne n° 10. v. ministre de la guerre n° 14 ; id. en 1745, 1761. v. moyen, adj. v. paye.

HOMME (hommes) nouveau (A, 2 ; B, 1).

Sorte d'hommes que l'ordonnance de 1825 (19 mars, art. 213) nommait ainsi pour exprimer ceux des hommes de troupe auxquels était due la gratification de première mise qui forme leur masse individuelle.

HOMME partant. v. livre de compagnie. v. partant.

HOMME perdu. v. cahier d'appel. v. perdu.

HOMME présent. v. montre administrative. v. présent. v. ration. v. service journalier.

HOMME prisonnier de guerre. v. homme de troupe n° 5. v. prisonnier de guerre.

HOMME puni. v. infanterie française de ligne n° 15. v. caporal de semaine en route. v. colonel d'infanterie française de ligne n° 52. v. coup de plat de sabre. v. deniers de poche. v. garde de police en route. v. homme de troupe n° 9. v. livre de compagnie. v. ordinaire d'hommes de troupe. v. sous-aide-major.

HOMME rayé. v. fonds de masse d'homme de troupe. v. livret individuel. v. longue absence. v. major chef du bataillon n° 12. v. major lieutenant-colonel n° 5. v. rayé, adj.

HOMME rentrant de permission, — de service, etc. v. capitaine d'infanterie française de ligne n° 18. v. cartouche de service. v. garnisaire. v. permission. v. rentrant.

HOMME sortant d'hopital. v. dépôt de corps. v. déserteur d'hopital. v. feuille de route de militaire isolé. v. ordre de route. v. sortant d'hopital.

HOMME sous les armes. v. front de bataille. v. sous les armes.

HOMME taillable. v. taillable. v. taille conscriptive. v. taille fiscale.

HONDIUS ; HONDZCOOTE ; HONFLEUR ; HONGRIE ; HONGROIS. v. noms propres.

HONGROIS (Hongroise), adj. v. culotte h... v. grenadier h... v. infanterie h... v. insurrection h... v. langue h... v. milice h... v. pantalon. h... v. recrutement h... v. garde h... v. régiment h... v. sabre d'h... v. selle anglaise h... v. selle h... v. soldat h...

HONNEUR (honneurs), subs. masc. v. abattement d'h... v. affaire d'h... v. arme d'h... v. armement d'h... v. baguette d'h... v. batterie d'h... v. billet d'h... v. chevalerie d'h... v. conseil d'h... v. croix d'h... v. écuyer d'h... v. entrée d'h... v. escorte d'h... v. fusil d'h... v. garde d'h... v. gardes d'h... v. hache d'h... v. légion d'h... v. marque d'h... v. médaille d'h... v. page d'h... v. point d'h... v. poste d'h... v. rendre les h... v. revue d'h... v. sabre d'h... v. sentinelle d'h... v. service d'h... v. tribunal d'h...

HONNEURS, subs. masc. plur. (term. génér.), ou honneurs militaires. Le mot Honneurs est tout latin, son acception est fort différente de celle qu'il a quand on l'emploie au singulier. Pris sous un sens détourné, il est synonyme de décorations ou d'insignes. Pris sous un rapport de déférence et de hiérarchie, il s'applique au service de cérémonial et exprime certaines démonstrations, certains actes d'égards et de respect déterminés par la loi et qui sont au nombre des prérogatives des autorités civiles et militaires. — De tout temps les chefs des troupes avaient reçu d'elles des témoignages extérieurs quelconques de dévouement et d'obéissance. Le grand sénéchal, les princes, les généraux ne manquaient pas de les exiger et de l'armée et des pays qu'elle occupait ; c'est un point d'histoire qui se sent mieux qu'on ne l'expliquerait. Ce que nos annales rappellent de positif, c'est surtout la remise des clefs de forteresse et leur bassin d'or qui était un tribut sans préjudice à de plus larges prélèvements. — Avant le règne de Louis quatorze, il n'existait, en fait de civilité militaire, que des habitudes et des traditions. Nous ne chercherons pas à en retracer les souvenirs ; ce travail ne vaudrait pas la peine qu'il donnerait. — Louis quatorze fonda la haute jurisprudence des Honneurs, en évoquant à sa seule personne les hommages jusque-là partagés par le connétable et le colonel général de l'infanterie ; il rendit les ordonnances de 1661 (12 octobre), 1663 (6 octobre), 1664, 1665, 1671 (26 mai), 1696 ; elles furent le fruit d'une pensée principale, la centralisation du suprême commandement des troupes ; droit dont les sujets ne purent plus jouir que par une délégation du souverain. — Mais dans la personne du monarque, jaloux de tout éclat, on retrouve l'homme accessible à quelques faiblesses ; ainsi l'inconduite du prince, l'influence des favorites, les légitimations ne sont pas étrangères à la création de son code des Honneurs à rendre. — Louis quatorze voulant anoblir tout ce qui entourait son trône, même l'illégitimité, et renouvelant en cela le quinzième siècle, se décida, en grande partie par ce motif, à publier les ordonnances sur les Honneurs, pour y faire figurer ces princes que la politesse appelait légitimés, et que le langage moins réservé des siècles plus anciens eût qualifié de bâtards. Letellier ne multiplie coup sur coup ces documents que pour inculquer plus puissamment cette loi orientale qui érigeait en princes du sang des adultérins, des enfants de courtisane, et cette loi de servilité qui obligeait les RÉGIMENTS à voir un de leurs CHEFS suprêmes dans un fils de l'amour. — GUIGNARD (1275, B) rapporte que, *non qu'il y ait pour cela aucune ordonnance*, on rendait au MINISTRE DE LA GUERRE les mêmes Honneurs qu'au roi. — BRIQUET (1761, H ; titre 101) témoigne qu'au milieu du dernier siècle, les Honneurs à rendre par la CAVALERIE restaient encore indéterminés, et cet ÉCRIVAIN récapitule en thèse générale quantité de cas litigieux sur lesquels la JURISPRUDENCE se taisait. Ce qui a été dit plus haut prouve assez que le monarque ne s'étudiait guère qu'à assurer et à asseoir le fond du principe de sa prépotence, tandis que le législateur restait indifférent aux détails du *punctilio* commun. — Ensuite vint l'ORDONNANCE DE 1727 (20 AVRIL). — L'ORDONNANCE DE 1750 (25 JUIN) s'occupa particulièrement des HONNEURS EN GARNISON ; celle DE 1753 (17 FÉVRIER) des HONNEURS EN CAMPAGNE. Cette division était empruntée de l'ouvrage composé depuis le commencement du siècle par BOMBELLES (1746, A), et reproduisait en partie les souvenirs publiés par GUIGNARD (1725, B). — Les dispositions du premier de ces DOCUMENTS, le fond de ceux qui avaient paru dans le même esprit depuis 1661 et les règles prussiennes publiées par KÉRALIO (1757, F) se fondirent dans l'ORDONNANCE DE 1768 (1er MARS), encore en vigueur aujourd'hui, quoique en grande partie abolie ou renouvelée ; ainsi en a disparu le titre sur les Honneurs. — Le DÉCRET DE L'AN DOUZE (24 MESSIDOR), qui s'y est substitué, a accommodé aux formes impériales et au rétablissement des GRANDS DIGNITAIRES les dispositions royales tombées en désuétude depuis la GUERRE DE LA RÉVOLUTION jusqu'au consulat. — Une LOI DE L'AN TROIS (14 FRUCTIDOR) étendait aux MILITAIRES MUTILÉS et aux BLESSÉS par le fait de l'ENNEMI le droit aux Honneurs de nature à être rendus par les POSTES et les SENTINELLES. — Si ce système, alors mal digéré, se fût maintenu en s'amendant, si le MILITAIRE ESTROPIÉ par le fait de l'ENNEMI eût porté sur lui une marque apparente de l'origine de cette anoblissante mutilation, il y aurait eu entre les temps passés et les usages nouveaux cette différence, que les Honneurs, au lieu d'être uniquement ou principalement un tribut de politesse exigé par l'esprit de gloriole et une obséquiosité envers le RANG ou l'EMPLOI, eussent été en même temps le prix de la capacité personnelle, de la valeur et des SERVICES cimentés par le sang ; l'ESPRIT MILITAIRE y eût gagné, et la reconnaissance publique n'eût pas risqué de se fourvoyer en honorant telle blessure reçue en DUEL. — Aujourd'hui les Honneurs sont une des branches du CÉRÉMONIAL militaire ; ils sont un acte de déférence et de respect envers des INSIGNES, l'objet de certains CRIS D'ALERTE, une salutation ou un adieu adressés par des TROUPES à des DIGNITAIRES, à des FONCTIONNAIRES, à des GÉNÉRAUX, à des PRINCES, à la personne royale. Si l'ARMÉE est sur PIED DE GUERRE, certaines modifications sont, en ce cas, observées. — L'expression Honneurs s'applique aussi au témoignage qu'un vainqueur rend à un vaincu dont la défense et la chute n'ont pas été sans gloire ; enfin le terme présente parfois à la pensée les hommages rendus par les troupes à la Divinité. — Les RÈGLEMENTS DE 1776 (1er JUIN) et DE 1791 (évolutions de ligne) déterminaient les Honneurs à rendre au SAINT SACREMENT. — Les Honneurs se rendent par des AUBADES, par un genre de DÉFILEMENT, par le choix du côté où se place le GUIDE, par le SALUT au moyen du PORT D'ARMES ou des ARMES PRÉSENTÉES et du mouvement ou MANIEMENT du DRAPEAU ; ils sont manifestés par la BATTERIE AUX CHAMPS, la manière de BORDER LA HAIE, la PRÉSENTATION DES CLEFS, la répartition et l'emploi des ESCORTES et des GARDES D'HONNEUR ; les VISITES DE CORPS, le rassemblement des POSTES de CAVALERIE plutôt que d'INFANTERIE ou l'inverse, la présence ou non des GRENADIERS et de leurs OFFICIERS. — Dans les CÉRÉMONIES MILITAIRES, PUBLIQUES, FUNÈBRES, RELIGIEUSES, le nombre de DÉCHARGES, de SALVES, de VOLÉES, l'espèce des DRAPEAUX déployés par les CORPS, la forme des CONSIGNES que les SENTINELLES ont à accomplir sont autant de particularités des Honneurs. — DONNER LE MOT est un droit acquis, à titre d'Honneurs, en certains cas. — L'INFANTERIE SOUS LES ARMES NE REND LES HONNEURS que la BAIONNETTE AU BOUT DU FUSIL ; on voit dans LACHESNAIE (1758, I, au mot *Honneurs*), que, dans la première moitié de l'autre siècle, on suivait précisément l'usage contraire. — En GARNISON, on ne rend plus les Honneurs quand il ne fait plus assez clair pour qu'on puisse distinguer sans FALOT ; mais les POSTES RENDENT LES HONNEURS aux MILITAIRES DE SERVICE qu'un FALOT précède et éclaire. — En campagne et dans les POSTES RETRANCHÉS la TROUPE NE REND LES HONNEURS qu'en restant sur le terrain qu'elle occuperait en CAS D'ATTAQUE ; elle ne doit cette marque de SUBORDINATION ni avant la DIANE ni après la RETRAITE. — Les ORDONNANCES DE 1818 (13 MARS art. 434) et DE 1853 (2 NOVEMBRE) ont réglé les HONNEURS EN ROUTE SUR PIED DE PAIX. — Une DÉCISION DE 1825 (30 SEPTEMBRE) indique quels sont les Honneurs à rendre aux PRÉSI-

DENTS DE COURS D'ASSISES, magistrats dont la création est postérieure au DÉCRET DE L'AN DOUZE (24 MESSIDOR). — L'INSTRUCTION DE 1831 (20 SEPTEMBRE) est relative au même objet.—De clandestines dispositions, adroitement insérées dans des ORDONNANCES dont les Honneurs n'étaient pas l'objet, en ont plus d'une fois déplacé les limites. Il en était advenu ainsi du fait des ordonnances de 1818 (2 février) et 1825 (19 mars), rendues pour et par des INTENDANTS. — Un temps viendra où l'on sentira l'abus attaché, si ce n'est pour la personne du ROI, aux Honneurs qui constituent l'Etat en dépense. Une sage économie s'opposera à ce que tel GRAND DIGNITAIRE se laisse saluer par des VOLÉES DE CANON dont chaque coup dissipe en fumée une forte somme. Un MINISTRE DE LA GUERRE, venu à BAYONNE depuis la paix, n'a pas fait grâce au trésor public d'un seul feu. — Quand saint Pierre, d'humble mémoire, distribuait la prédication, il ne prévoyait guère que des Honneurs militaires seraient un jour rendus dispendieusement AUX CARDINAUX, AUX ARCHEVÊQUES, AUX ÉVÊ-QUES. Un gouvernement sage doit calculer les sommes que ces frivoles témoignages coûtent à l'Etat, le temps qu'ils font perdre AUX MILITAIRES et les fatigues qu'on impose à des TROUPES à qui il y a tant de choses utiles à enseigner. — Les AUTEURS qu'on peut consulter sur la forme légale des Honneurs, sont : BARDIN (1807, D; 1814, E), BER-RIAT (1812, A; 1825, F), BLAND, BOHAN (1781, H), BOMBELLES (1746, A), BRIQUET (1761, H), DELAMONT (1695, C), D'HÉRICOURT (1756, G), DUANA (au mot *Honor*), DUBOUSQUET (1769, B), ENCYCLOPÉDIE (1785, C), GONVOT, GUI-GNARD (1725, B), KÉRALIO (1757, F), LA-CHESNAIE (1758, I), LECOUTURIER (1825, A), QUILLET. — Les Honneurs se distinguent surtout en HONNEURS DE LA GUERRE et en HONNEURS FUNÈBRES.

HONNEURS à l'INSPECTEUR GÉNÉRAL. V. DÉFILEMENT ADMINISTRATIF. V. INSPECTEUR GÉ-NÉRAL D'ARMES.

HONNEURS AU CAMP. V. AU CAMP. V. CONSIGNE DE GARDE DE CAMP. V. CONSIGNE DE POLICE AU CAMP. V. GARDE DE POLICE AU CAMP. V. GARDE D'HONNEURS AU CAMP. V. GARDE DU CAMP. V. GÉNÉRAL D'ARMÉE Nº 5, 6. V. HON-NEURS.

HONNEURS AU COLONEL. V. COLONEL. V. COLONEL D'INFANTERIE FRANÇAISE DE LIGNE Nº 20.

HONNEURS AU COLONEL GÉNÉRAL DES SUISSES. V. COLONEL GÉNÉRAL DES SUISSES.

HONNEURS AU DRAPEAU. V. DRAPEAU. V. DRAPEAU D'INFANTERIE FRANÇAISE DE LIGNE.

HONNEURS AU GÉNÉRAL D'ARMÉE. V. GÉ-NÉRAL D'ARMÉE Nº 6. V. HONNEURS.

HONNEURS AU ROI. V. HONNEURS. V. ROI.

HONNEURS AU SAINT SACREMENT. V. SAINT SACREMENT.

HONNEURS AUX AMBASSADEURS. V. AM-BASSADEUR.

HONNEURS AUX ARCHEVÊQUES. V. AR-CHEVÊQUE.

HONNEURS AUX AUMONIERS. V. AUMO-NIERS DE CORPS Nº 6.

HONNEURS AUX CARDINAUX. V. CARDI-NAL.

HONNEURS AUX CHIRURGIENS-MAJORS. V. CHIRURGIEN-MAJOR D'INFANTERIE FRANÇAISE DE LIGNE Nº 9.

HONNEURS AUX COMMANDANTS DE PLACE. V. COMMANDANT DE PLACE Nº 8.

HONNEURS AUX COMMISSAIRES DES GUER-RES. V. COMMISSAIRE DES GUERRES Nº 5.

HONNEURS AUX DÉCORATIONS. V. DÉCO-RATION.

HONNEURS AUX DRAPEAUX. V. AUX DRA-PEAUX. V. COLONEL D'INFANTERIE FRANÇAISE DE LIGNE Nº 25. V. DRAPEAU. V. DRAPEAU DE COULEUR. V. DRAPEAU D'INFANTERIE FRANÇAISE DE LIGNE. V. FANION TACTIQUE. V. RÉCEPTION DE DRAPEAU.

HONNEURS AUX ÉVÊQUES. V. ÉVÊQUE.

HONNEURS AUX GÉNÉRAUX. V. GÉNÉRAL D'ARMÉE Nº 6. V. GÉNÉRAL DE BRIGADE Nº 3. V. GÉNÉRAL DE DIVISION Nº 3. V. GÉNÉRAL FRANÇAIS Nº 4. V. HONNEURS.

HONNEURS AUX GOUVERNEURS DE PLACE. V. GOUVERNEUR DE PLACE Nº 4.

HONNEURS AUX GOUVERNEURS DE PRO-VINCE. V. GOUVERNEUR DE PROVINCE.

HONNEURS AUX GRANDS OFFICIERS DE LA COURONNE. V. GRAND OFFICIER DE LA COU-RONNE.

HONNEURS AUX INSPECTEURS GÉNÉRAUX. V. INSPECTEUR GÉNÉRAL Nº 5.

HONNEURS AUX LIEUTENANTS GÉNÉRAUX. V. LIEUTENANT GÉNÉRAL Nº 1 et 5.

HONNEURS AUX MARÉCHAUX. V. MARÉ-CHAL DE FRANCE Nº 7.

HONNEURS AUX MEMBRES DE LA LÉGION D'HONNEUR. V. CHEVALIER DE LA LÉGION D'HON-NEUR. V. COMMANDEUR DE LA LÉGION D'HON-NEUR. V. GRAND-CROIX DE LA LÉGION D'HON-NEUR. V. GRAND OFFICIER DE LA LÉGION D'HON-NEUR. V. MEMBRE DE LA LÉGION D'HONNEUR.

HONNEURS AUX MINISTRES. V. MINISTRE. V. MINISTRE DE LA GUERRE.

HONNEURS AUX OFFICIERS D'INFANTERIE. V. HAUSSE-COL. V. OFFICIER D'INFANTERIE.

HONNEURS AUX OFFICIERS D'INTENDANCE.

V. DÉFILEMENT ADMINISTRATIF. V. OFFICIER D'INTENDANCE.

HONNEURS AUX PRÉFETS. V. PRÉFET. V. PRÉFET DE DÉPARTEMENT.

HONNEURS AUX PRINCES. V. DRAPEAU DE COULEUR. V. HONNEURS. V. PRINCE.

HONNEURS de la GUERRE (H). Sorte d'HONNEURS ou de formes usitées dans le cas de la REDDITION d'une VILLE, de la CAPITULATION d'un POSTE FERMÉ, d'un ENTERREMENT militaire, etc. — Le CHEF d'un POSTE attaqué quand l'infériorité de ses forces le contraint à SE RENDRE, réclame toujours les Honneurs de la guerre comme une clause qui serve en quelque sorte de témoignage de la vigueur de sa DÉFENSE, et qui soit un dédommagement national de son malheur. — L'usage des Honneurs de la guerre est fort ancien, comme le donnent à entendre DEVILLE (1628), FOLARD (1727, A), KHEVENHUELLER (1771, F), LEBLOND (1762, G); mais il n'en sera question ici qu'à partir de l'époque où des documents officiels en ont fait l'objet d'une disposition légale; ainsi l'ORDONNANCE DE 1792 (5 AVRIL, titre 15) regarde les Honneurs de la guerre comme un des deux seuls modes permis de CAPITULATION. — Les Honneurs de la guerre consistent dans le droit accordé à une TROUPE de sortir de la PLACE avec ARMES ET BAGAGES, TAMBOURS BATTANTS, DRAPEAUX DÉPLOYÉS. Au temps des MOUSQUETS, on ajoutait dans le texte de la CAPITULATION, la condition de la BALLE EN BOUCHE et de la MÈCHE allumée par les deux bouts. — Quelquefois les Honneurs de la guerre comprennent l'autorisation d'emmener une certaine quantité de PIÈCES DE CAMPAGNE avec leurs CAISSONS À MUNITIONS, CHARGÉS et la MÈCHE ALLUMÉE. — Dans les enterrements un SALUT DE COUPS À POUDRE fait partie des Honneurs de la guerre.

HONNEURS EN CAMPAGNE. V. EN CAMPAGNE. V. HONNEURS. V. SERVICE DE CAMPAGNE.

HONNEURS EN GARNISON. V. CONSIGNE DE SENTINELLE EN GARNISON, DE JOUR. V. EN GARNISON. V. GARNISON. V. HONNEURS.

HONNEURS EN ROUTE. V. COLONEL EN ROUTE. V. CORPS EN ROUTE SUR PIED DE PAIX. V. EN ROUTE. V. GARDE DE POLICE EN ROUTE. V. GÉNÉRAL FRANÇAIS N° 4. V. HONNEURS.

HONNEURS FUNÈBRES (E, 2). Sorte d'HONNEURS que les TROUPES rendent à la dépouille mortelle de certains personnages, conformément à des règles et à une étiquette que la loi détermine et qu'elle modifie à raison du RANG que tenait le défunt, ou à raison du GRADE ou de l'EMPLOI qu'il exerçait de son vivant. — Les Honneurs militaires funèbres sont de toute antiquité. PLUTARQUE, THUCYDIDE, XÉNOPHON dépeignent les honneurs décernés aux morts du champ de bataille. D'anciens peuples exprimaient dans les CÉRÉMONIES de cette nature leur DEUIL, au moyen de mouvements, de trépignements ou de MANIEMENTS D'ARMES, comme on peut le voir dans TITE LIVE quand il traite de la mort de Gracchus, et dans TACITE lorsqu'il parle des GERMAINS. Le premier de ces historiens nous apprend qu'ANNIBAL, à l'occasion de cet événement, fit allumer dans son CAMP un bûcher autour duquel l'ARMÉE en armes défila en dansant suivant l'usage de divers peuples, et surtout des ESPAGNOLS. — Tout autorise à croire que les anciens habitants des GAULES ou que les ARMÉES D'INVASION qui y dominaient honoraient les morts illustres ou les victimes du champ de bataille par une INHUMATION pompeuse et en élevant un monceau de terre sur leurs restes. Pour édifier ce simple et durable monument, les soldats défilaient près du lieu de la sépulture, et y déposaient chacun à leur tour une certaine quantité de sable ou de pierres qu'ils portaient dans le casque ou le bouclier : telles paraissent être ces éminences encore désignées sous le nom de tombes, et qui parsèment les plaines qui avoisinent Ruremonde, Louvain, etc. — Dans le MOYEN AGE, les MILITAIRES marchaient les ARMES et PIQUES TRAINANTES aux CONVOIS FUNÈBRES. La DRAPERIE des ENSEIGNES restait, dit MONTEIL, enroulée autour de la hampe, et ne se déployait pas. La caisse des tambours était portée sur leur épaule; l'usage de la battre, assourdie, débandée, masquée de SERGE noire, n'a pris naissance que pendant le dix-huitième siècle. — Pendant une grande partie du dernier siècle, il n'y avait rien encore de positivement réglé à l'égard des détails des CÉRÉMONIES solennisées à la mort des GRANDS DIGNITAIRES, et entre autres des MARÉCHAUX, comme le remarquent et l'expliquent GUIGNARD (1725, B) et LACHESNAIE (1758, I). L'ORDONNANCE DE 1750 (25 JUIN, art. 534) est le premier document qui trace quelques règles à cet égard, comme le témoigne D'HÉRICOURT (1756); l'ORDONNANCE DE 1768 (1er MARS) reproduisit ces dispositions. — Maintenant les Honneurs funèbres sont rendus aux AUTORITÉS MILITAIRES et à certaines AUTORITÉS CIVILES par un nombre déterminé de TROUPES commandées à cet effet; elles marchent précédées de trompettes garnies de SOURDINES et de TAMBOURS couverts de SERGE NOIRE; s'il y a lieu, leurs DRAPEAUX sont voilés de CRÊPE. L'INFANTERIE DÉFILE À RANGS ouverts, l'ARME SOUS LE BRAS GAUCHE. Des personnages d'un rang analogue à celui que le défunt occupait, tiennent les coins du poêle. Les DÉTACHEMENTS exécutent à la porte de l'ÉGLISE, et à l'instant de l'ENTERREMENT, des DÉCHARGES de PETITES ARMES chargées avec des CARTOUCHES A POUDRE; la CÉRÉMONIE est même accompagnée de DÉCHARGES D'ARTILLERIE si la localité le permet et que la dignité du mort l'exige. — S'il était OFFICIER et MEMBRE D'ORDRES DE CHEVALERIE, son cercueil est décoré des INSIGNES, des MARQUES DISTINCTIVES, de l'ÉPÉE qu'il portait de son vivant; quelquefois, à la manière antique ou chevaleresque, son CHEVAL DE BATAILLE, en HARNAIS de grande tenue, est conduit en main à la suite du char funèbre. —— Les Honneurs qui entraînent le trésor public dans de vaines dépenses ne sont pas moins blâmables quand il s'agit des morts que quand il s'agit des vivants. L'abus en ce genre a été porté si loin, que, à STRASBOURG, comme on en peut chercher le témoignage dans les archives de l'état-major de cette place, le 21 août 1754, de Trélant, lieutenant du roi au gouvernement de STRASBOURG, décida que tous les Honneurs funèbres dus à la dépouille mortelle des MARÉCHAUX, conformément aux usages et aux traditions (car la loi se taisait), seraient accordés aux restes de la maréchale Dubourg, à l'exception du CRÊPE AUX DRAPEAUX; le MINISTRE DE LA GUERRE approuva cette forme inusitée et peu plausible, par DÉCISIONS DE 1734 (20 JUIN et 21 AOUT) et DE 1759 (20 JANVIER); il en est rendu témoignage par d'HÉRICOURT (1756, E). — Les AUTEURS qui ont traité des CÉRÉMONIES FUNÈBRES sont BARDIN (1807, D; 1814, E), d'HÉRICOURT (1756, E), ENCYCLOPÉDIE (1785, C; idem, supplément au mot *Enterrement*), GUIGNARD (1725, A), KÉRALIO (1770, H), LACHESNAIE (1751, I).

HONNEURS MILITAIRES. V. BRÈCHE PRATICABLE. V. CORPS D'INTENDANCE N° 6. V. GOUVERNEUR DE PROVINCE. V. HONNEURS. V. INTENDANT MILITAIRE N° 2. V. MILICE PRUSSIENNE N° 2. V. MILITAIRE, adj. V. PAIR DE FRANCE. V. PIQUE. V. PORTE-DRAPEAU N° 8. V. PRINCE FRANÇAIS. V. SOUS-INTENDANT N° 7.

HONORABLE, adj. V. AMENDE H... V. PIÈCE H...

HONORAIRE, adj. V. BREVET H... V. COLONEL H... V. GRADE H... V. OFFICIER H... V. SOUS-OFFICIER H...

HONORAIRES, subs. masc. plur. V. APPOINTEMENTS. V. CHEVALIER DU MOYEN AGE N° 5. V. COMMISSAIRE DES GUERRES N° 4. V. GAGE. V. RÉGIE. V. RÉGIE DES VIVRES. V. ORDINAIRE D'HOMME DE TROUPE. V. SERMENT.

HONORÉ. V. NOMS PROPRES.

HONORIFIQUE, subs. et adj. V. BREVET H... V. CHARGE H... V. DROITE H... V. GRADE H... V. RANG H... V. RÉCOMPENSE H...

DICTIONNAIRE DE L'ARMÉE.

HONORIAQUES, subs. masc. plur. (F). Corps PRIVILÉGIÉ qui faisait partie de la MILICE ROMAINE. Les SOLDATS qui le composaient trahissant l'empereur Constans, comme le témoigne Orose, ouvrirent et livrèrent les défilés de l'ESPAGNE aux ALAINS, aux GOTHS, aux VANDALES, et se rangèrent sous leurs drapeaux.

HONORIUS; **HOOGE.** V. NOMS PROPRES.

HOORDE, subs. masc. V. HOUR...

HOPELITE, subs. masc. V. OPLITE.

HOPITAL, subs. masc. V. A L'H... V. ADJUDANT D'H... V. ADMINISTRATEUR D'H... V. ADMINISTRATION D'H... V. AGENT DES H... V. AIDE-MAJOR D'H... V. ALIMENTS D'H... V. AUMONIER D'H... V. BILLET D'ENTRÉE A L'H... V. BILLET D'H... V. CAPOTE D'H... V. CHIRURGIEN DE GARDE A L'H... V. CHIRURGIEN D'H... V. CLASSE D'H... V. COMMIS D'H... V. CONTROLEUR D'H... V. CUISINE D'H... V. DÉCÉDÉ A L'H... V. DÉCOMPTE D'H... V. DENIERS D'H... V. DENRÉE D'H... V. DÉPENSE D'H... V. DÉSERTEUR DE L'H... V. DÉSERTION DE L'H... V. DIRECTEUR DE L'H... V. DIRECTOIRE D'H... V. DISCIPLINE D'H... V. ÉCONOME D'H... V. EMPLOYÉ D'H... V. ENTRANT A L'H. V. ENTREPRISE D'H... V. FACTEUR D'H... V. FERMIER DES H... V. FOURNITURE D'H... V. GARDE D'H... V. INFIRMIER D'H... V. INSPECTEUR D'H... V. JOURNÉE D'H... V. LIGNE D'H... V. LIT D'H... V. MAGASIN D'H... V. MARMITE D'H... V. MASSE D'H... V. MATÉRIEL D'H... V. MÉDECIN D'H... V. MILITAIRE A L'H... V. OFFICIER D'ADMINISTRATION D'H... V. OFFICIER DE SANTÉ D'H... V. OFFICIER PRINCIPAL D'H... V. PAIN D'H... V. PARC D'H... V. PERSONNEL D'H... V. PHARMACIE D'H... V. PIED D'H... V. PLANTON D'H... V. PETIT H... V. POLICE D'H... V. PORTION D'H... V. POSTE D'H... V. RÉGIME D'H... V. RÉGISSEUR D'H... V. RETENUE D'H... V. SALLE D'H... SEL D'H... V. SENTINELLE D'H... V. SERVICE D'H... V. SITUATION D'H... V. SOLDE D'H... V. SORTANT D'H... V. SORTIE D'H... V. SOUS-DIRECTEUR D'H... V. SOUS-FERMIER DES H... V. SURINTENDANT D'H... V. TRANSPORT D'H... V. VÊTEMENT D'H... V. VIANDE D'H... V. VISITE D'H...

HOPITAL AMBULANT. V. AMBULANCE. V. AMBULANT. V. CAMP DE GUERRE. V. CHIRURGIEN D'AMBULANCE. V. HOPITAL MILITAIRE. V. MILICE AUTRICHIENNE N° 2.

HOPITAL CIVIL. V. CHIRURGIEN DE CORPS. V. CIVIL. V. HOPITAL MILITAIRE. V. OFFICIER D'ÉTAT CIVIL.

HOPITAL D'ARMÉE. V. ARMÉE. V. ARMÉE FRANÇAISE N° 4, 9. V. CHIRURGIEN D'AMBULANCE. V. CITADELLE. V. COMMISSAIRE DES GUERRES N° 7. V. COMMISSAIRE ORDONNATEUR. V. CORPS D'INTENDANCE N° 8. V. GARDES FRANÇAISES N° 2. V. GUERRE DE 1672, 1733, 1741, 1756, 1792. V. HOPITAL MILITAIRE. V.

JUSTICE MILITAIRE. V. MÉDECINE MILITAIRE. V. OFFICIER D'ÉTAT CIVIL.

HOPITAL de COLONIE. V. COLONIE. V. SERVICE DES COLONIES.

HOPITAL de FORTERESSE. V. FORTERESSE.

HOPITAL de GARNISON. V. CAPITAINE DE VISITE D'HOPITAL. V. CHEF DE BATAILLON DE SEMAINE N° 2. V. COMMANDANT DE PLACE N° 5. V. GARNISON. V. HOPITAL MILITAIRE V. OFFICIER D'ÉTAT CIVIL. V. SALLE DE DISCIPLINE. V. SERGENT-MAJOR N° 10.

HOPITAL de GUERRE. V. ART MILITAIRE DE TERRE. V. COMMISSAIRE ORDONNATEUR. V. GUERRE. V. GUERRE DE 1756. V. HOPITAL MILITAIRE. V. MÉDERER.

HOPITAL de PLACE. V. COMMANDANT DE PLACE N° 5. V. PLACE.

HOPITAL de PLACE ASSIÉGÉE. V. APPROVISIONNEMENT DE SIÉGE DÉFENSIF. V. PLACE ASSIÉGÉE. V. SIÉGE OFFENSIF.

HOPITAL de PREMIER SECOURS. V. DIVISION D'AMBULANCE. V. PREMIER SECOURS. V. SECOURS. V. SIÉGE OFFENSIF. V. TRANCHÉE.

HOPITAL de PREMIÈRE LIGNE. V. AMBULANCE VOLANTE. V. HOPITAL MILITAIRE. V. PREMIÈRE LIGNE.

HOPITAL de SECONDE LIGNE. V. AMBULANCE VOLANTE. V. SECONDE LIGNE.

HOPITAL d'EAUX MINÉRALES. V. EAU MINÉRALE.

HOPITAL d'INSTRUCTION. V. ÉCOLE SPÉCIALE. V. INSTRUCTION. V. LÉGISLATION MILITAIRE, 1831 (1er AVRIL).

HOPITAL du LIEU. V. BARBE D'HOMME A L'HOPITAL. V. COLONEL D'INFANTERIE FRANÇAISE DE LIGNE N° 38. V. COMMANDANT DE PLACE N° 5. V. FORTERESSE. V. HOPITAL MILITAIRE. V. LIEU. V. PORTE-DRAPEAU N° 6.

HOPITAL EN CAMPAGNE. V. COMMISSAIRE ORDONNATEUR. V. EN CAMPAGNE. V. GUERRE DE 1830. V. HOPITAL MILITAIRE. V. INHUMATION. V. INTENDANT GÉNÉRAL V. MAJOR GÉNÉRAL.

HOPITAL EXTERNE. V. CRÉANCIER DE MILITAIRE DÉCÉDÉ. V. EAU MINÉRALE. V. EXTERNE. V. FEUILLE DE ROUTE DE MILITAIRE ISOLÉ. V. PERMISSIONNAIRE.

HOPITAL MILITAIRE (term. génér.), ou NOSOCOME suivant ROQUEFORT. Le mot hôpital a eu pour synonymes : HOSPITAL, OST, OSTAL, OSTAU, OSTÉ, OSTEIL, OSTEL, OSTEUX, OSTEX, OSTIEX, OSTIL. — Les savants ne sont pas d'accord sur l'origine de ces termes. DESSAUVAGES prétend en retrouver l'étymologie dans le LATIN *statio*, mais cette conjecture paraît peu fondée ; d'autres ÉCRIVAINS dérivent ces expressions du verbe *opitulari*, secourir ; d'autres veulent qu'une partie de ces substantifs proviennent du bas LATIN *ostalaria*, *ostisia*, analogues à HOTEL ; de là

l'expression : Hôtel-Dieu. — Il paraît plus croyable que les mots hôpital, hospital viennent du LATIN *hospitia*, INFIRMERIE ouverte aux étrangers dans les palais romains, ou du bas LATIN *hospitalium*, dérivé du pur LATIN *hospes*, HOTE, et signifiant : lieu consacré à l'hospitalité. — Les synonymes d'hôpital répondaient, dans le moyen âge, à nos locutions GITE, HOSPICE, refuge, asile ouvert aux indigents ; car il n'y avait point, à cette époque, d'hôpitaux positivement comparables à ceux des temps modernes, ou, s'il en existait, ils s'appelaient, en bas LATIN, non pas *hospitale*, HOSPICE de charité, mais *nosocomium*, *nosodochium*, substantifs qui donnaient idée d'un ÉTABLISSEMENT public pour le soulagement ou la guérison des malades ; ce genre d'institution, au reste, était rare, parce que tant que l'esclavage, tant que la servitude ont duré, c'était aux possesseurs d'esclaves ou de serfs à guérir leurs gens malades. C'est le prolétariat qui a produit les Hôtels-Dieu. En effet on ne retrouve rien dans l'antiquité qui avant le commencement du sixième siècle donne idée d'un hôpital, c'est-à-dire, d'un lieu ouvert au public nécessiteux et d'un ÉTABLISSEMENT philanthropique permanent consacré au traitement sanitaire d'une réunion de MALADES ; mais depuis 550 chaque ville avait un xéno ou Hôtel-Dieu. — POLYBE (150 avant J.-C.) ne parle nulle part du SERVICE DE SANTÉ DES ARMÉES ROMAINES. — HYGIN (120, A), contemporain d'ADRIEN, mentionne, il est vrai, comme une des parties du CAMP, l'INFIRMERIE qu'il nomme *valetudinarium*. Aussi LEBEAU suppose-t-il qu'on TRAITAIT SOUS LA TENTE les SOLDATS MALADES. — Cependant le chapitre où VÉGÈCE (390, A) parle des moyens de conserver en santé les SOLDATS des LÉGIONS n'indique aucun moyen curatif. Cet AUTEUR ne s'occupe, pour ainsi dire, que d'une HYGIÈNE tactique ; il recommande de faire faire souvent l'EXERCICE aux TROUPES pour les tenir en SANTÉ. — Sous le régime BYSANTIN il était entretenu des DÉPOTATS, mais on ne les voit agir que temporairement ; ils n'administraient que des secours provisoires. Aucun ÉCLAIRCISSEMENT ne prouve qu'il existait à BYSANCE des Hôpitaux militaires, des *nosocomia*. Justinien rendait en 530 une constitution qui fait partie du premier livre du Code, et qui énonce nominalement tous les genres de dépenses municipales, sans faire la moindre mention de frais d'hôpitaux, d'hospices, de lieux de refuge. — Dans le MOYEN AGE, les CROISÉS instituèrent en ORIENT les maisons de secours où les HOSPITALIERS recevaient les pèlerins ; il y avait d'autres ÉTABLISSEMENTS où les ORDRES MILITAIRES et religieux recevaient les GUERRIERS MALADES; ce fut le premier exemple des Hôpitaux militaires. — Il fut construit ensuite dans quelques ports de mer et dans les principales villes de FRANCE, non pas dix hôpitaux, comme on entend maintenant le mot, mais des ÉTABLISSEMENTS, les uns généralement SANITAIRES, les autres en grande partie MILITAIRES; c'étaient des HOSPICES, des maladreries, des ladreries ouverts aux voyageurs d'outre-mer; on les nommait : *hospitale, hospitamentum, sanitas*; ainsi LOUIS neuf érigea à Orléans l'édifice encore nommé *sanitas*, et qui était destiné à recevoir les aveugles revenus d'ORIENT. Ce dernier genre d'HOSPICE était une espèce d'HOTEL DES INVALIDES, ou de maison d'incurables. — L'hospital civil de Beaune, l'un des plus anciens de FRANCE, fut construit sous le règne de LOUIS ONZE; c'était un refuge ouvert aux pauvres; c'était un hôpital de charité, comme ils l'ont tous été jusqu'à l'établissement des premiers Hôpitaux militaires. — CHENNEVIÈRES (1750, C) et COLOMBIER (1772, C) sont en opposition avec les ÉCRIVAINS qui supposent que pour le soulagement des passagers il a existé des établissements sanitaires militaires dès les règnes de CHARLES SEPT et de LOUIS ONZE; on ne retrouve en effet aucun renseignement qui le prouve; depuis la création des GARNISONS PERMANENTES les AUTORITÉS communales venaient peut-être au secours des SOLDATS MALADES; probablement les CAPITAINES D'HOMMES D'ARMES donnaient des CONGÉS TEMPORAIRES aux MALADES; probablement dans les VILLES ASSIÉGÉES il était préparé des cénacles pour les MALADES et les BLESSÉS; mais, quant aux MILITAIRES qui FAISAIENT CAMPAGNE, ils se guérissaient comme ils pouvaient; aussi quand les MILICES COMMUNALES prenaient les armes, les HOMMES emmenaient leurs FEMMES, afin d'en être, au besoin, pansés, ou soignés; de même à la tête des TROUPES FÉODALES les SEIGNEURS FIEFFÉS se faisaient suivre par des PHYSICIENS, des MIÉGES, des MYRES. — VOLTAIRE (*Essai sur les mœurs*) attribue à SULLY et à HENRI QUATRE l'établissement des premiers Hôpitaux militaires du genre de ceux qu'on a ensuite nommés AMBULANCES; cependant l'histoire témoigne que plus anciennement, on donnait quelques secours aux MALADES quand les circonstances le permettaient. MONTLUC (1575, A) parle des BLESSÉS du siége de THIONVILLE qu'on avait envoyés à METZ, et il dit : *Je leur fis distribuer de l'argent de l'hospital que M. l'admiral avoit dressé.* — Il est question d'Hôpital militaire dans une ordonnance rendue par HENRI QUATRE et retrouvée dans les registres de la PRÉVOTÉ DE L'HOTEL; cette ordonnance veut que pour subvenir à la dépense nécessaire il soit prélevé un droit sur la vente des boissons débitées par les VIVANDIERS de l'ARMÉE, et qu'un impôt acquitté par les OUVRIERS à la suite des TROUPES ait la même destination. CHENNEVIÈRES (1750, C) prétend que cette ordonnance est de 1591 (16 décembre); mais c'est une erreur, elle fut rendue en 1597, au siége d'AMIENS, comme SULLY le témoigne dans ses Mémoires (t. III, p. 146). — La ressource à laquelle HENRI quatre recourait n'était encore qu'un essai temporaire bien imparfait. — On avait apparemment oublié dans le siècle suivant *ce siége de velours,* cette AMBULANCE D'AMIENS la plus ancienne de l'EUROPE, puisque RICHELIEU, dans son testament politique, propose, comme une innovation utile, d'instituer des hôpitaux à la suite de l'ARMÉE *ainsi qu'on l'a fait,* dit-il, *en la même année* (en 1639). — Cette date, mentionnée dans ce testament politique, testament dont l'authenticité a été contestée, est une erreur, puisque RICHELIEU veut parler de la campagne de CAZAL, et que dans les anciens protocoles *du bureau de la guerre* il s'est retrouvé un brevet délivré en 1629 (16 février) au SURINTENDANT de l'hôpital de l'ARMÉE envoyée au secours de CAZAL. — Depuis le règne de HENRI QUATRE et tant que l'ARMÉE FRANÇAISE ne fut que d'un faible nombre, ses MALADES eurent accès dans les hôpitaux religieux ou les HOSPICES CIVILS; mais l'extension des forces militaires de la FRANCE sous LOUIS TREIZE nécessita d'autres dispositions. Quand la MILICE s'éleva à cent mille hommes, RICHELIEU dut songer à créer une MÉDECINE D'ARMÉE, à ouvrir des HOPITAUX DE GUERRE; il institua, à ce que dit AUDOUIN, mais pour le TEMPS DE GUERRE seulement, le premier ÉTABLISSEMENT de ce genre à Pignerol; ce fut vers 1630. Cette assertion d'AUDOUIN n'est pas entièrement exacte, puisqu'en 1629 (15 février) il avait été délivré déjà à l'archevêque de Bordeaux un brevet qui lui donnait la surintendance de l'Hôpital de l'armée d'Italie. — Telles semblent donc être les époques fixes de la création légale des HOPITAUX D'ARMÉE, mais encore AMBULANTS ou TEMPORAIRES et non PERMANENTS. — Le règne de LOUIS QUATORZE s'est passé sans que l'administration du SERVICE DE SANTÉ ait reçu de perfectionnements marqués; on voit seulement ce prince établir des HOPITAUX TEMPORAIRES sur les derrières de ses ARMÉES DE HOLLANDE en 1672. — *Le Dictionnaire des sciences médicales* (t. XXVI et XXXI, p. 518) témoigne que pour la première fois, le MINISTRE DE LA GUERRE s'occupait en 1709 des Hôpitaux: cependant VOLTAIRE (*Siècle de*

Louis quatorze) parle avec enthousiasme de l'admirable tenue des hôpitaux de LILLE, pendant le SIÉGE de 1707; c'étaient apparemment des hôpitaux civils, ou des établissements éventuels, tels que ceux qu'on a appelés plus récemment HOPITAUX DE PREMIÈRE ligne. — Mais sur toutes ces questions CHENNEVIÈRES (1750, C), quoiqu'il fût PREMIER COMMIS, et à la tête du BUREAU des hôpitaux, reste dans le doute, et POTIER (1779, X), quoiqu'il ait consacré quatre-vingt-quatorze pages in-folio à ce sujet, ne l'éclaircit pas entièrement. — Le CONSEIL DE LA GUERRE, créé en 1715, descendit le premier dans quelques détails relatifs à ce genre d'ÉCONOMIE publique, et commença à en développer les règles comme le témoigne l'ORDONNANCE DE 1716 (1ᵉʳ JANVIER), la plus ancienne que retrouve et mentionne BRIQUET (1761, H); mais la LÉGISLATION n'avait en vue que les Hôpitaux frontières, puisqu'en 1727 il n'existait pas encore, à ce que dit AUDOUIN, un hôpital militaire SÉDENTAIRE dans l'INTÉRIEUR du royaume; les seuls HOPITAUX CIVILS y étaient ouverts aux soldats MALADES; ailleurs, pourtant (t. II, p. 64), il dit qu'un manuscrit de la propre main de Letellier, *dépose que le premier hôpital sédentaire fut établi au dix-septième siècle par Richelieu*. Et il cite les améliorations que LEBLANC apporta dans le système financier des Hôpitaux par les ORDONNANCES DE 1717 et 1718 (20 DÉCEMBRE). — Une ORDONNANCE DE 1728 (22 NOVEMBRE) s'en occupe, mais superficiellement. — En 1747 (1ᵉʳ JANVIER), une ORDONNANCE détaillée règle l'ADMINISTRATION des Hôpitaux, et détermine leur MATÉRIEL; elle exige plus formellement la présentation des FEUILLES DE ROUTE des MILITAIRES ISOLÉS, et la délivrance des BILLETS DE SORTIE et d'ENTRÉE, déjà plus anciennement connus sous le mon général de BILLET D'HOPITAL; elle a été en vigueur pendant plus de trente ans. — Jusque-là, il ne se voyait qu'arbitraire, désordre, dilapidation; cette ordonnance fut un bienfait qui est dû à DARGENSON. — Les soins cependant étaient encore si imparfaits que les MALADES couchaient deux à deux; la preuve s'en trouve dans le marché passé en 1752 (janvier); il est stipulé que les LITS auront au moins quatre pieds de large, ce qui eût été beaucoup trop pour un seul MALADE. — Pendant la GUERRE DE HANOVRE, comme le témoigne ANDREU (p. 53), le prix de la JOURNÉE, en outre des dépenses au compte du roi, était de vingt-deux à vingt-cinq sous, et l'ensemble de la dépense pouvait monter à trois livres. — En 1764 (20 MARS), une nouvelle ORDONNANCE règle l'organisation et le mécanisme des Hôpitaux; on en est redevable à

CHOISEUL. — Dans le milieu du siécle passé, il était reconnu en FRANCE quatre-vingt-cinq HOPITAUX PERMANENTS; LACHESNAIE (1758, I) donne l'indication des lieux où ils étaient établis. — Le détestable système des ENTREPRISES entretenait, dans les établissements dressés à la suite des ARMÉES, les plus criants désordres; des fermiers se chargeaient des FOURNITURES à raison d'une somme fixe par JOURNÉE D'HOPITAL, et cédaient à des SOUS-FERMIERS, et celui-ci à des RÉGISSEURS, leurs marchés. TURPIN (1785, O), en commentant le chapitre de VÉGÈCE (590, A) sur la SANTÉ DES TROUPES, a retracé, dans de nombreuses pages, ces abominations. Il avait vu dans les GUERRES DE 1733 et 1741 périr dans les Hôpitaux, ou plutôt faute de secours à l'Hôpital, bien plus de SOLDATS que les ARMES de l'ENNEMI n'en avaient moissonné. — Dans la GUERRE DE 1756, rien n'était amélioré; *les Hôpitaux*, dit GUIBERT (1773, E), *étaient des charniers*. DESPOMELLES affirme qu'il y périt cinquante mille FRANÇAIS. CHOISEUL accuse dans ses Mémoires les friponneries qui s'y commettaient. — Comment cette branche du SERVICE DE SANTÉ se serait-elle perfectionnée plus tôt, puisque c'est à peine dans la seconde moitié du dernier siècle que la CHIRURGIE MILITAIRE a pris l'essor, et que l'on a commencé à combiner les lois d'une ADMINISTRATION basée sur la COMPTABILITÉ, la responsabilité, la PASSATION des MARCHÉS débattus et contrôlés, le choix et l'institution des moyens de TRANSPORT. — Vers le milieu du dix-huitième siècle, la nécessité des Hôpitaux commence a être généralement sentie en EUROPE; il en est fondé en PRUSSE, en DANEMARK, en AUTRICHE, en SUÈDE; les ANGLAIS imitent cet usage FRANÇAIS, mais en général ces Hôpitaux des MILICES ÉTRANGÈRES étaient RÉGIMENTAIRES, non SÉDENTAIRES ou publics; c'étaient des INFIRMERIES sur un grand pied. — Cependant JOSEPH DEUX institua des hôpitaux pour ses TROUPES dans une partie des couvents qu'il supprima. Dans les pays où il est souffert des couvents, dans plus d'un pays, ils se transformèrent de même en CASERNES ou en Hôpitaux. — De 1709 à 1792, sept ordonnances ont paru sur la matière; depuis cette dernière époque six lois et plus de douze projets de décrets ont apporté un grand trouble dans la forme organique des Hôpitaux. — Depuis que le SERVICE du COMMISSARIAT avait pris quelque régularité, les COMMISSAIRES ORDONNATEURS et les COMMISSAIRES DES GUERRES étaient chargés de surveiller les Hôpitaux, d'en viser les COMPTES, d'en vérifier l'EFFECTIF, d'en transmettre les ÉTATS DE SITUATION, de dresser les FEUILLES d'évacuation, d'en conserver et entretenir le matériel.; mais Guignard (1725, A), Lachesnaie (1758, I), Servan (1780, B), Turpin (1785, O) accusent en plusieurs passages l'inefficacité de cette surveillance et dévoilent même de coupables tolérances ou des connivences criminelles. Le plus moderne de ces auteurs, Servan (p. 127), trace un tableau si sombre de l'administration, ou plutôt des abus et des dilapidations qui régnaient dans les Hôpitaux militaires sous le règne de Louis quinze, qu'il nous force à bénir le peu de bien qui s'est opéré depuis l'époque où il écrivait. Servan proposait d'adopter le système allemand et prussien des hopitaux régimentaires, et de renoncer à celui des Hôpitaux communs ou généraux ; c'est une de ces propositions philanthropiques qui ne soutiendrait pas la discussion ; le remède serait pire que le mal. Des infirmeries régimentaires ne peuvent et ne doivent traiter que la gale, maladie que les perfectionnements de la civilisation tendent à faire disparaître, mais il ne saurait être établi d'Hôpitaux régimentaires même pour les cas simples ; s'il existe de tels établissements dans la milice anglaise, c'est au moyen d'une retenue de plus d'un franc par jour sur la solde du simple soldat ; cette retenue est allouée au chirurgien-major du corps : il pourvoit ainsi aux médicaments, aux dépenses que le traitement entraîne dans l'Hôpital dont il est à la fois le directeur, le docteur et l'entrepreneur. — En tout autre pays que l'Angleterre, est-il une milice où la solde pourrait subvenir à une retenue pareille ? et combien serait insuffisante l'allocation en France, où les journées d'hopital coûtent plus de deux francs. — Les hopitaux régimentaires sont d'ailleurs impraticables en temps de guerre, et ne réussiraient en temps de paix que dans des garnisons sédentaires. — Les imperfections de système éveillèrent la sollicitude du ministre Ségur, mais bien des améliorations restaient à faire. — Notre travail ne permet pas que nous nous étendions à l'égard du personnel, du service, de l'administration des Hôpitaux, d'autant que nous n'envisageons cette administration que par rapport aux mesures qui, pour les corps d'infanterie, résultent de l'admission des militaires de corps aux Hôpitaux. Sur ces différents sujets, nous nous bornerons à un rapide examen. — Les dépenses d'Hopital se supputent sur le pied d'une masse et de diverses prestations dont le taux est d'une nature trop variable pour qu'il en puisse être question. — Les officiers a l'hopital sont à part des hommes de troupe. — Les

militaires en congé, les officiers en disponibilité ou jouissant d'une pension de retraite ont le droit, s'ils tombent malades, de se présenter aux Hôpitaux militaires pour être traités. — Dans peu de villes de France, les militaires isolés sont admis aux Hôpitaux du lieu pour les cas de maladies vénériennes, ce qui est un abus criant en législation et même en morale. — Les moindres principautés d'Allemagne déploient plus de philanthropie dans les efforts de la médecine préventive. — Le personnel des Hôpitaux comprend ou a compris des administrateurs, des aides-chirurgiens, des aumoniers, des chirurgiens en chef, des chirurgiens-majors, des controleurs (espèce de directeurs), un directoire, des directeurs, des économes, des élèves, des employés, des hommes de troupe d'administration, des infirmiers, des inspecteurs (ancienne fonction temporaire de commissaire en campagne), des médecins de diverses classes, des officiers d'administration, des pharmaciens de diverses classes, des sous-directeurs, des sous-aides. — Les facteurs de poste aux lettres qui y sont attachés y sont nommés avec l'approbation de l'inspecteur des Hôpitaux. — Les premières règles du service et de la surveillance des Hôpitaux appartiennent en partie au règlement de 1768 (1er mars) ; il chargeait les gouverneurs ou commandants de place de veiller à ce que les militaires aux Hôpitaux (titre ii, art. 2) vécussent en bon ordre ; il chargeait spécialement de la police des Hôpitaux (titre xxiv) les commissaires des guerres et les intendants de province ; il prescrivait les visites journalières et mensuelles qui devaient être faites dans l'intérieur des salles, soit par les commandants de place, soit par les colonels, soit par des capitaines de jour ou par des porte-drapeaux. — Les ordonnances exigent qu'à l'arrivée des malades, leurs effets soient déposés dans le magasin de l'établissement. — Une des règles de la police des Hôpitaux veut que les distributions d'aliments s'y fassent à dix heures et à quatre heures, et que chaque jour les distributions marchent en sens inverse de la veille, et quant à l'ordre des salles, et quant à l'ordre des lits. — Le capitaine de visite d'hopital doit, autant que possible, s'y rendre avant le commencement d'une distribution ; il rend compte de sa visite au major du régiment. — Un sergent de planton est chargé de se tenir à la cuisine, d'assister à la pesée de la viande, de tenir sous clef la marmite et le garde-manger où est la viande ; de voir couper les portions, etc. — Il est établi, à l'entrée de l'Hôpital, une garde armée ; elle fournit le nombre de SENTINELLES jugées nécessaires. Les anciennes régies voulaient que le COMMISSAIRE DES GUERRES déterminât quelle devait être la force de cette GARDE ; il requérait, en conséquence, le COMMANDANT DE PLACE de la faire fournir, et il donnait au CHEF du POSTE les CONSIGNES que la TROUPE devait exécuter. Les attributions anciennes des COMMISSAIRES DES GUERRES sont maintenant celles des OFFICIERS D'INTENDANCE ; la DISCIPLINE des Hôpitaux, l'ordre et la police de leurs PARCS regardent les INTENDANTS. — Les CHIRURGIENS-MAJORS de l'INFANTERIE FRANÇAISE DE LIGNE ne peuvent se refuser, non plus que leurs AIDES, à s'acquitter momentanément du SERVICE des Hôpitaux près desquels leur CORPS réside ; cette fonction passagère ne doit point détourner de leurs devoirs habituels les OFFICIERS DE SANTÉ des CORPS. — Les CHIRURGIENS-MAJORS des CORPS non employés momentanément aux Hôpitaux, ont le droit de visiter à l'Hôpital et à l'HOSPICE du LIEU les MALADES qui appartiennent à leur CORPS ; ils peuvent exiger du PLANTON de l'Hôpital de les conduire aux SALLES où se trouvent ces MALADES. — Depuis l'institution des INSPECTIONS GÉNÉRALES D'ARMES, les INSPECTEURS GÉNÉRAUX ont eu mission d'étendre leur surveillance sur les Hôpitaux des GARNISONS où ils passent leurs REVUES ; ils se font accompagner à ces ÉTABLISSEMENTS par un OFFICIER DU GÉNIE et par l'OFFICIER D'INTENDANCE ; ils recueillent tous les renseignements tant sur la tenue de l'Hôpital et son régime administratif que sur la capacité des OFFICIERS DE SANTÉ et la ponctualité des EMPLOYÉS. La REVUE qu'ils passent est une sorte de contrôlement ou de confirmation de la REVUE D'INSPECTION ADMINISTRATIVE de l'INTENDANT MILITAIRE. — Le CONSEIL DE LA GUERRE avait essayé en 1788 de remettre dans la main des RÉGIMENTS l'ADMINISTRATION de leurs Hôpitaux ; la nécessité obligea bientôt de renoncer à ce système. Dans cette même année, le premier essai d'un DIRECTOIRE des Hôpitaux eut lieu, comme le disent l'ENCYCLOPÉDIE (1785, C) et Xavier AUDOUIN (t. IV). — Pendant le siècle dernier, les Hôpitaux étaient gérés par ENTREPRISES. Des adjudicataires principaux se chargeaient du SERVICE à tant par tête de MALADES et par JOURNÉE D'HOPITAL. C'étaient la plupart du temps des seigneurs, des courtisans, des protégés ou des favorites qui obtenaient le marché ; ils le sous-affermaient à des soumissionnaires représentés quelquefois eux-mêmes par des sous-fermiers. Comme il fallait que chaque classe de traitants tirât de son marché quelque bénéfice, la réduction des prix du TRAITEMENT devenait telle qu'il en résultait des INFIDÉ-

LITÉS, des atrocités que la plume se refuse à tracer. GUIGNARD (1725, A ; t. Ier, liv. 2) et GUIBERT (1775, E ; chapitre 18) en disent assez à cet égard. — *Mettre en entreprise le service d'un Hôpital,* a dit ODIER (1818, E), *n'est-ce pas mettre la vie des hommes au rabais.* — Depuis la GUERRE DE LA RÉVOLUTION, des efforts constants et nombreux furent faits pour améliorer le SERVICE des Hôpitaux, soit de GARNISON, soit d'ARMÉE. — Ainsi un DÉCRET DE 1793 (7 AOUT) réglait les bases du SERVICE DE SANTÉ. — Une INSTRUCTION DE L'AN DEUX (7 VENTOSE) s'est occupée de la sanification des Hôpitaux et des importantes mesures de leur POLICE. — L'INSTRUCTION DE L'AN TROIS (16 VENTOSE) embrasse entre autres détails les devoirs des CHIRURGIENS DE GARDE, et les règles de la POLICE et de la tenue des Hôpitaux alors placés sous la direction d'une AGENCE générale. Un RÈGLEMENT DE L'AN QUATRE (30 FLORÉAL) les divisait en HOPITAUX PERMANENTS et en HOPITAUX PROVISOIRES. — La LOI DE L'AN SEPT (26 FRUCTIDOR) a institué la MASSE D'HOPITAL. — La CIRCULAIRE DE L'AN HUIT (12 FRIMAIRE) a réglé le taux des RETENUES à exercer pour JOURNÉES DE TRAITEMENT dans les HOPITAUX CIVILS et militaires. — Un ARRÊTÉ DE L'AN HUIT (4 GERMINAL) instituait un DIRECTOIRE CENTRAL des Hôpitaux militaires. — Un ARRÊTÉ de cette même année (24 THERMIDOR) renouvelait les règles de leur ADMINISTRATION et les divisait par classes ; il a prévu les cas d'admission, soit sur BILLET, soit sur le vu des BLESSURES ; il a déterminé la formation des SALLES militaires des HOSPICES CIVILS ; il a réglé ce qui concerne les HOPITAUX près les EAUX MINÉRALES et les formalités à suivre pour y diriger les militaires MALADES. — Quand l'ADMINISTRATION DE LA GUERRE a été une fraction à part du MINISTÈRE DE LA GUERRE, elle avait dans ses attributions les Hôpitaux. — Une CIRCULAIRE DE L'AN ONZE (16 NIVOSE) réglait de nouveau le tarif des RETENUES. — Un ARRÊTÉ DE L'AN DOUZE (9 FRIMAIRE) modifiait quelques dispositions relatives au SERVICE DE SANTÉ, et a confirmé celles qui mettent en fonctions aux hôpitaux publics les OFFICIERS DE SANTÉ des CORPS. — Une CIRCULAIRE DE L'AN TREIZE (15 FRIMAIRE) transmettait aux Hôpitaux militaires un nouveau formulaire pharmaceutique. — L'INSTRUCTION DE L'AN TREIZE (12 FRUCTIDOR) réglait le tarif pour RETENUES à exercer sur les OFFICIERS reçus aux Hôpitaux, et distinguait deux sortes de SOLDE D'HOPITAL, celle d'Hôpital non vénérien et celle d'HOPITAL VÉNÉRIEN. Les HOMMES qui y avaient été traités pour MALADIES VÉNÉRIENNES perdaient le droit au DÉCOMPTE D'HOPITAL. — Le DÉCRET DE L'AN TREIZE

(25 GERMINAL) avait abrogé les dispositions relatives aux FEUILLES DE RETENUES de JOURNÉES D'HOMMES DE TROUPE à l'Hôpital. — Des dispositions plus étendues à l'égard de ces mêmes retenues étaient développées dans une INSTRUCTION EN L'AN QUATORZE (1er VENDÉMIAIRE, art. 45). — L'INSTRUCTION DE 1808 (24 SEPTEMBRE) chargeait les SOUS-INSPECTEURS (actuellement SOUS-INTENDANTS) de constater, par une visite, l'existence des HOMMES MALADES à l'Hôpital. — L'INSTRUCTION DE 1809 (15 NOVEMBRE), qui réglait l'application du CODE CIVIL AUX MILITAIRES, s'est occupée de la tenue des LIVRES divers et des ACTES constatant les DÉCÈS aux Hôpitaux ; elle a prescrit la correspondance entre les ADMINISTRATEURS et les OFFICIERS DE L'ÉTAT CIVIL des CORPS ; elle a embrassé les intérêts des HÉRITIERS des DÉCÉDÉS, etc. — Une DÉCISION DE 1833 (17 OCTOBRE) prévoyait les cas d'INHUMATION. — Un DÉCRET DE 1810 (8 JANVIER) a traité de la POLICE à exercer sur les DÉTENUS traités aux Hôpitaux. — Une DÉCISION DE 1810 (22 AVRIL) a déterminé le genre de VÊTEMENTS et CAPOTES destinés aux INFIRMIERS et aux MALADES. — Une CIRCULAIRE DE 1810 (9 NOVEMBRE) voulait que le prix de la vente des EFFETS des MILITAIRES DÉCÉDÉS fût restitué aux CORPS dont ces DÉCÉDÉS avaient fait partie. — L'ORDONNANCE DE 1823 (19 MARS) comprenait dans la SOLDE D'ABSENCE, la SOLDE D'HOPITAL, et la distinguait en SOLDE D'HOMME A L'HOPITAL et en SOLDE D'HOMME A L'HOPITAL EN ÉTAT DE SEMESTRE. — Une ORDONNANCE DE 1824 (18 SEPTEMBRE) et le RÈGLEMENT qui la développe (18 et 20 DÉCEMBRE), mais surtout le RÈGLEMENT DE 1831 (1er AVRIL) déterminaient tout ce qui a rapport au SERVICE, à l'ADMINISTRATION, au PERSONNEL, au MATÉRIEL des Hôpitaux, aux CHIRURGIENS DE GARDE, à l'espèce et à la nature des BOUILLONS suivant le genre du RÉGIME, à la tenue de la CUISINE, à la surveillance de ses FOURNEAUX par le PLANTON, à la conservation des ARMES des HOMMES DE TROUPE, etc. — En 1824, les Hôpitaux militaires offraient aux militaires malades huit à neuf mille lits, quantité bien insuffisante si les HOSPICES CIVILS n'offraient la ressource de quatorze mille lits. Ce total répond à peu près au vingtième de l'armée française si elle était en temps ordinaire sur le pied qu'elle devrait avoir. C'était la proportion des malades en 1819, comme le témoigne ODIER (1824, E). — En 1828, les hôpitaux étaient au nombre de trente-quatre, y compris ceux d'instruction, ceux des EAUX MINÉRALES, ceux des INVALIDES ; ils offraient un matériel d'environ dix mille LITS ; ils étaient gérés par des OFFICIERS D'ADMINISTRATION et servis par des

HOMMES DE TROUPE D'ADMINISTRATION ; le nombre total de ces derniers était, en 1828, de cent cinquante-trois. — Si des efforts constants ont été faits ¡par le MINISTÈRE et le gouvernement pour améliorer le SERVICE des hôpitaux en général, et si la TENUE des HOPITAUX SÉDENTAIRES surtout a fait des progrès, l'expérience de la GUERRE DE 1792 et de modernes RASSEMBLEMENTS D'ARMÉE ont prouvé que l'administration des HOPITAUX DE GUERRE était loin encore de la perfection ; on tombe généralement d'accord que c'est une des parties les moins avancées de l'ART MILITAIRE DE TERRE. M. le colonel CHAMBRAY (1825) est un des AUTEURS qui en rendent témoignage. — Les Hôpitaux ne sont presque jamais approvisionnés à temps ; on l'a éprouvé partout, et aussi bien en POLOGNE en 1811, comme le démontre cet ÉCRIVAIN, et à Witepsk où d'abord les MALADES n'avaient pas même de paille, que dans la Morée en 1828, où ils n'avaient pas même d'abri : il fallut porter de FRANCE en GRÈCE les planches destinées à construire les hangars destinés aux MALADES restés sans secours depuis le débarquement ; il fallut attendre qu'on eût déchargé des montagnes de foin, pour retrouver à fond de calle le quinquina de l'armée ; telles ont été entre autres les causes de la mortalité que les FRANÇAIS ont éprouvée dans l'expédition de GRÈCE. — Mais peut-être la manière dont les HOPITAUX MILITAIRES SÉDENTAIRES sont gérés eux-mêmes n'est-elle pas à l'abri de tout reproche ; ne pourraient-ils en général être mieux situés, plus aérés, mieux assainis, et surtout moins dispendieux ? — Les aperçus mis au jour lors de la discussion du budget de 1826 (2 juin) témoignent que la DÉPENSE des Hôpitaux militaires PERMANENTS se monte, non compris les frais de CHIRURGIENS et de PHARMACIENS, à deux francs par JOURNÉE de MALADES ; elles s'élèvent dans les colonies jusqu'à quatre francs cinquante centimes, tandis que les HOSPICES CIVILS ne dépensent presque pour le même objet qu'un franc. — Le rapport sur le budget de 1828 renouvelle ce même témoignage. — Les discussions de 1829 établissent la JOURNÉE militaire à un franc cinquante centimes, et la JOURNÉE civile à un franc dix centimes. — En cette même année, le prix de la JOURNÉE, dans les Hôpitaux militaires, toute dépense comprise, se monte à deux francs vingt-cinq centimes et un tiers ; tandis que la JOURNÉE n'est que d'un franc dix dans les HOPITAUX CIVILS. C'est une des améliorations à demander au BUDGET. — Le MINISTRE DE LA GUERRE propose d'augmenter encore de trois centimes le taux établi. L'excès du prix de traitement militaire comparé au traitement civil produit une différence annuelle de plus de deux millions cinq cent mille francs. — En évaluant, comme on le fait annuellement, la DÉPENSE du service de guerre à douze millions et celle du service de paix à huit millions, on voit de combien on pourrait alléger, en TEMPS DE PAIX du moins, les frais beaucoup trop considérables du RÉGIME CURATIF, ou du moins étendre le bienfait du soulagement sans dépenser plus en traitant les MALADIES secrètes; mais il ne suffit pas seulement de chercher à rendre moins fortes les DÉPENSES, mieux vaudrait encore travailler à rendre moins grand le nombre des MALADIES; il faudrait pour y parvenir admettre un système plus sage de CASERNEMENT, et un mode de NOURRITURE plus réparateur. — Une question curieuse de statistique administrative et politique serait celle-ci : Dans quelle proportion diminuerait la DÉPENSE des JOURNÉES D'HOPITAL, par suite de l'accroissement de DÉPENSES pour l'amélioration de la NOURRITURE du SIMPLE SOLDAT, et par l'extinction ou l'affaiblissement de malignité de la syphilis. — Si les REMPLAÇANTS, ainsi que l'expérience le démontre, encombrent les Hôpitaux, cette dernière MALADIE en est surtout cause. — Guyton-Morveau et Smith ont reconnu que, dans les Hôpitaux, la masse cubique de l'AIR VITAL nécessaire à chaque MALADE devait s'évaluer à treize mètres. On peut inférer de cette observation que si, au lieu des dortoirs étouffés de nos CASERNES, il était donné des emplacements où chaque homme bien portant pût respirer au milieu de treize mètres d'AIR VITAL, il y aurait bien moins de soldats MALADES dans les Hôpitaux de l'ARMÉE. — D'autres moyens d'assainir et les CASERNES et les Hôpitaux auraient été utilement employés si l'on eût déféré aux conseils des AUTEURS qui ont proposé avec raison d'entourer ces ÉTABLISSEMENTS de cyprès, de peupliers baumiers, de pins d'encens, de platanes, de tilleuls. — Dans leur organisation actuelle les Hôpitaux se divisent par CLASSES; ils sont distribués par SALLES consacrées spécialement les unes aux BLESSÉS, les autres aux FIÉVREUX, les autres aux VÉNÉRIENS; mais dans un petit nombre d'ÉTABLISSEMENTS les affections vénériennes sont traitées. — L'état énumératif des malades est mensuellement transmis au MINISTRE. — En CAMPAGNE il est quelquefois établi, à la portée des Hôpitaux, un ENTREPOT de CONVALESCENTS ABSENTS momentanément de leur CORPS. — La présence aux Hôpitaux est, par rapport aux CORPS, une POSITION D'ABSENCE mentionnée aux CONTROLES ANNUELS et aux ÉTATS DE SITUATION; cette présence aux

Hôpitaux n'interrompt pas l'ACTIVITÉ DE SERVICE. — Les OFFICIERS DE SANTÉ EN CHEF des Hôpitaux militaires sont ou ont été chargés de la CONTRE-VISITE des MILITAIRES regardés comme étant hors d'état de rester au service actif. Ces mêmes OFFICIERS EN CHEF interviennent et prononcent à l'égard des cas d'ÉPILEPSIE, d'INCONTINENCE D'URINE, de RÉFORME et des demandes de CONGÉS DE CONVALESCENCE; ils s'acquittent de ces fonctions, soit quand il s'agit de MILITAIRES actuellement à l'Hôpital, soit quand il s'agit de MILITAIRES des CORPS qui résident dans la circonscription de l'Hôpital. — Les DOMESTIQUES D'OFFICIERS, les OUVRIERS D'ARMÉE, les ENFANTS des HOMMES DE TROUPE, les FEMMES A LA SUITE, les MILITAIRES de tout GRADE, les ÉCLOPPÉS hors d'état de suivre un CORPS EN ROUTE DANS L'INTÉRIEUR, les ENROLÉS VOLONTAIRES rejoignant sont admissibles dans les Hôpitaux. — Peut-être le droit d'admission devrait-il, en CAMPAGNE, être étendu à tous les EMPLOYÉS à la suite des ARMÉES, puisque, par exemple, dans plusieurs PLACES ASSIÉGÉES, nous avons vu qu'indispensablement, les Hôpitaux s'ouvraient pour les personnes quelconques attachées à l'ARMÉE, si elles tombaient MALADES ou venaient à être BLESSÉES; mais à cet égard la loi est restée muette, et la nécessité a fait loi. — Le RÈGLEMENT DE 1792 (20 JUIN) et l'ARRÊTÉ DE L'AN HUIT (12 FRIMAIRE) réglaient la RETENUE imposée à l'OFFICIER pour TRAITEMENT à l'Hôpital. La loi de l'an cinq fixait aux deux tiers de la SOLDE la RETENUE opérée sur les HOMMES DE TROUPE; un DÉCOMPTE était fait aux RENTRANTS D'HOPITAL, et ils touchaient ce qu'on appelait les DENIERS D'HOPITAUX. La LOI DE L'AN SEPT (26 FRUCTIDOR) maintenait cette RETENUE. L'ORDONNANCE DE 1823 (19 MARS) employait d'une manière analogue les mots SOLDE D'HOPITAL. — Le TARIF DE 1827 (20 DÉCEMBRE) concernait le MOBILIER. — Pendant la GUERRE DE LA RÉVOLUTION, le système administratif des Hôpitaux était mixte, comme le dit M. BALLYET (1817, D, p. 256). Il y en avait dont les économes COMPTAIENT DE CLERC A MAITRE avec le MINISTRE; *complication de compte rendus qui en rendait la vérification aussi rebutante que l'établissement difficile.* — En 1835, le nombre des MALADES à l'Hôpital se supputait à raison du dix-neuvième de l'ARMÉE, en soustrayant de l'EFFECTIF l'ÉTAT-MAJOR, la GENDARMERIE et l'INCOMPLET. — Un DICTIONNAIRE développant le RÉGIME et l'organisation des HOPITAUX eût été un OUVRAGE curieux et important; un pareil travail manque à notre littérature militaire. — Une INSTRUCTION DE 1837 (14 AOUT) embrassait la question des Hôpitaux militaires, d'instruction et de perfectionnement. — Le système de la MÉDECINE HOMÉOPATHIQUE, introduit de nos jours dans l'ARMÉE AUTRICHIENNE et SAXONNE, occasionnerait une révolution marquée dans les opérations et l'administration des Hôpitaux. — Les AUTEURS qui ont traité des Hôpitaux sont : BALLYET (1817, D), BARDET (1740, A), BARDIN (1813, B; 1816, E), M. BERRIAT (1812, A), BILGUER (1763), BOREL (Pierre), BORIE, BRIQUET (1761, H), M. CANCRIN, CHAMOUSSET, CHENNEVIÈRE (1750, C), COLOMBIER (1772, C), COSTE (1790), M. COTTY (1822, A), M. COURTIN (1823, E), DARUT (1787, D), DELAHAIE (1781), M. DENERVO, DUANE (au mot *Hospital*, ENCYCLOPÉDIE (1851, C; 1785, C, supplément), EICKHEIMER, FOY, FURETIÈRE (au mot *Hospital*), M. GONVOT, JACKSON (1803), LACHESNAIR (1758, I), LOMBARD (1797), MONRO (1764), M. MORIN (1798), PETIT (1774), POTIER (1779, X; au mot *Directeur* et *Hôpital*), M. PURL., M. QUILLET, RICHARD (1766), M. RUMPF (1824, F), M. SICARD (1830), TURPIN (1783, O), M. VAUCHELLE, M. le général VAUDONCOURT (1825, D), *le Journal l'Armée*, p. 104.

HOPITAL PERMANENT. V. HOPITAL MILITAIRE. V. PERMANENT. V. PRÉFET DE DÉPARTEMENT.

HOPITAL près les EAUX MINÉRALES. V. EAU MINÉRALE. V. HOPITAL MILITAIRE.

HOPITAL PROVISOIRE. V. HOPITAL MILITAIRE. V. PROVISOIRE.

HOPITAL RÉGIMENTAIRE. V. CHIRURGIEN-MAJOR D'INFANTERIE Nº 12, 18. V. CONSEIL DE LA GUERRE. V. ÉCOLE DE MARS. V. HOPITAL MILITAIRE. V. INFIRMERIE. V. MASSE RÉGIMENTAIRE. V. MILICE ANGLAISE Nº 12. V. MILICE ESPAGNOLE Nº 11. V. MILICE POLONAISE Nº 6. V. MILICE PRUSSIENNE Nº 2. V. RÉGIMENTAIRE.

HOPITAL RUSSE. V. MILICE RUSSE Nº 10. V. RUSSE, adj.

HOPITAL SÉDENTAIRE. V. AMBULANCE. V. CANTINE D'AMBULANCE. V. HOPITAL MILITAIRE. V. SÉDENTAIRE.

HOPITAL TEMPORAIRE. V. DIVISION D'AMBULANCE. V. HOPITAL MILITAIRE. V. TEMPORAIRE.

HOPITAL THERMAL. V. EAU MINÉRALE. V. HOPITAL MILITAIRE. V. THERMAL.

HOPITAL VÉNÉRIEN. V. HOPITAL MILITAIRE. V. VÉNÉRIEN.

HOPITALIER, subs. masc. V. HOMME A L'HOPITAL.

HOPLITE, subs. masc. V. OPLITE.

HOPLOMACHIE, subs. fém. (F), ou OPLOMACHIE. Mot tout GREC signifiant COMBAT avec ARMES, et venant de *hoplon*, ARME DÉFENSIVE, et *maché*, COMBAT. C'était un genre

d'ESCRIME exécuté par des adversaires ARMÉS DE TOUTES PIÈCES. Les GLADIATEURS ROMAINS qui se présentaient ainsi dans la LICE s'appelaient *hoplomachus, hoplomachi*, que MORIN traduit par HOPLOMAQUE. — PISTOFILO s'est étendu en quelques détails sur ce sujet.

HOPLOMAQUE, subs. masc. V. HOPLOMACHIE.

HOQUE, subs. masc. V. HOQUETON.

HOQUEBOS, subs. masc. V. PIQUIER Nº 2. V. SOLDAT.

HOQUETON, subs. masc. (F), ou ACTON, ou AKETON, ou AUCTON, ou AUQUETON, ou HAUCTON, ou HAUQUETON, ou HEUQUES, ou HOCQUETON, ou HOQUE, ou HOUCQUE, ou HOUQUE, ou HUQUE, comme l'écrivent BOREL (Pierre), CARRÉ (1783, E), M. le colonel CARRION (1824, A), DESPAGNAC (1751, D), CHRESTIENS, M. ROQUEFORT; suivant ce dernier ÉCRIVAIN et suivant DUPAIN (1783, F), on appelait également Hoqueton et une TUNIQUE ou chemisette que portait un ARCHER A CHEVAL, et l'ARCHER ou SOLDAT ainsi vêtu. SULLY, dans ses Mémoires, parle souvent des Hoquetons de la GARDE pour signifier SOLDATS DE LA GARDE. — BAYF, HENRI ESTIENNE et M. MORIN dérivent le mot Hoqueton du GREC *ho chitón*, signifiant la CASAQUE; ils joignent ainsi, contre toute raison, l'article au substantif; aussi MÉNAGE conteste-t-il cette opinion, il retrouve le terme dans l'ANGLAIS *aketon*, que WALSINGHAM mentionne. — HUET pense que Hoqueton vient du mot HOQUE, que MONSTRELET emploie souvent, et que l'expression était d'origine FLAMANDE et répondait au VÊTEMENT ou MANTEAU appelé HUCHE, HUQUE. — LEDUCHAT tire notre terme de l'ALLEMAND *hack*, ou de l'ANGLAIS *hock*, signifiant crochet; cette origine paraît peu vraisemblable. — Le Hoqueton a été adopté légalement dans la MILICE FRANÇAISE, depuis l'institution des COMPAGNIES D'HOMMES D'ARMES; il appartient peut-être au règne de CHARLES CINQ, ou bien il fut comme une continuation du SAYON antique, une imitation de la COTTE D'ARMES ou AKETON des SIMPLES SOLDATS ANGLAIS sous le règne d'ÉDOUARD trois et sous le commandement du PRINCE NOIR. — Il était en grand usage sous CHARLES SIX et sous CHARLES HUIT. — Des ordonnances du seizième siècle prenaient l'un pour l'autre les termes Hoqueton ou SAYE. — Les Hoquetons descendant à mi-cuisse s'appelaient aussi PALETOTS; ce terme est resté dans la MARINE. — Le Hoqueton FRANÇAIS était un SURCOT qui succéda à l'usage de la COTTE D'ARMES vers le milieu du quatorzième siècle; il en différait surtout, comme le témoigne LACHESNAIR (1758, I, au mot *Uniforme*), en ce qu'il ne caractérisait pas essentiellement des MILITAIRES du premier rang. Ainsi la COTTE D'ARMES était le Hoqueton que chaque GENTILHOMME ornait de ses ARMOIRIES, tandis que le Hoqueton était la COTTE D'ARMES donnée à de SIMPLES SOLDATS, à des HOMMES D'ARMES, à des suivants de la LANCE FOURNIE; elle était marquée, soit de CROIX nationales, soit des nuances de l'ÉTENDARD, soit des couleurs ou des ARMOIRIES du CHEF de la TROUPE, soit de sa DEVISE. Ce genre d'HABILLEMENT était, à ce que dit CARRÉ (1783, E), plus long que l'ancienne COTTE D'ARMES. De là son surnom de ROBE D'ARMES, suivant POTIER (1779, X). — DESPAGNAC (1751, D) et LACHESNAIE (1788, I) comparent le Hoqueton à une MANTILLE ou à un mantelet; mais ce fut la casaque qui, plus que le Hoqueton, participa de ces formes. — M. DE BARANTE dit que, en 1445, les soldats des COMPAGNIES D'ORDONNANCE eurent *ordre de s'habiller d'un simple Hoqueton de cuir de cerf ou de mouton.* — DELAROQUE (1676) dit que, sous LOUIS ONZE, les ARBALESTRIERS du Dauphiné avaient Hoqueton de gros drap, dessus la BRIGANDINE et le POURPOINT. — Les HOMMES D'ORDONNANCE OU GENDARMES des COMPAGNIES D'ORDONNANCE de CHARLES SEPT eurent le Hoqueton des couleurs de la livrée du CAPITAINE; il avait la forme d'une chemise ou chemisette descendant à mi-cuisses; ainsi c'était un SAYON à manches, mais à manches non fermées. — On donna ensuite une autre forme au Hoqueton, on ferma ses manches et on fendit son devant; ce VÊTEMENT s'est alors appelé CASAQUE. — Mais les deux dénominations se prirent longtemps l'une pour l'autre. Ainsi DANIEL (1721, A) dit que, sous LOUIS TREIZE, l'usage des Hoquetons ou des CASAQUES fut aboli dans la GENDARMERIE DE LA MAISON; cependant certaines TROUPES ont gardé le Hoqueton bien plus tard, et quelques-unes même jusqu'à l'époque de la révolution. Ainsi les ARCHERS DE CONNÉTABLE, la GARDE de la PRÉVÔTÉ DE L'HOTEL, les GARDES DE LA MANCHE avaient le *Hoqueton d'orfèvrerie*, comme on disait alors; ce VÊTEMENT, analogue à celui des anciens ARCHERS DE LA GARDE, portait, sous HENRI QUATRE et sous LOUIS QUATORZE, le monogramme de ces princes. Ce Hoqueton était aux nuances qu'on a plus tard nommées COULEURS NATIONALES. — L'abandon du Hoqueton a amené l'usage du justaucorps; mais quelques troupes, telles que la prévôté, l'avaient conservé dans les cérémonies. — Il est traité du Hoqueton par DUCANGE au mot *Akton.*

HOQUETON ORDINAIRE. V. MAISON DU ROI N° 2. V. ORDINAIRE, adj.

HORACE. V. NOMS PROPRES.

HORD, subs. masc. V. FORTIFICATION. V. HORDIS. V. TOURNOI.

HORDE, subs. fém. V. ARMÉE AGISSANTE N° 1. V. COHORTE DE LÉGION ROMAINE N° 3. V. LANCIER. V. MILICE TURQUE N° 2.

HORDEIE, subs. fém. V. HOUR.

HORDEIS, subs. masc. V. HOUR.

HORDER, verb. act. V. FORTIFICATION.

HORDIR, subs. masc. V. BOULEVARD.

HORDIS, subs. masc. (F), ou BORD, ou HORD, OU HORDEIS, OU HORDOIS, OU HOUR, OU HOURDIS. Mots que ROQUEFORT dérive du bas latin *hordecium, hurdicium,* BARRIÈRE DE FORTERESSE, PALISSADEMENT DE FORTIFICATION. De l'emploi du substantif Hordis étaient venus les verbes HORDER et le réduplicatif REHORDER, OU FORTIFIER de nouveau. Suivant GANEAU, un Hordis, ou HOURDOIS, étaient un engin de guerre.

HORDOIS (subs. masc.), ou HOURDOIS. V. FORTIFICATION. V. HORDIS OU HOUR.

HORION, subs. masc. (F), ou OREILLON. Mot dont l'origine s'explique d'elle-même; il exprimait, suivant LACHESNAIE (1758, I) et plusieurs autres, une sorte de COIFFURE ou de CASQUE qui a laissé dans la langue vulgaire l'expression Horion, coup donné sur le CASQUE ou sur la tête. Horion et MORION paraissent avoir été synonymes.

HORIZONTAL (horizontale), adj. V. BLINDE H... V. CIBLE H... V. TIR H...

HORNE; HORNECK; HORRER. V. NOMS PROPRES.

HORS (interj.) de COMBAT. V. COMBAT. V. COMBAT STRATEUMATIQUE. V. MISÉRICORDE.

HORS de GARDE, interj. V. ALERTE DE CAPORAL. V. CONSIGNE DE SENTINELLE EN GARNISON DE NUIT. V. ÊTRE HORS DE GARDE. V. GARDE. V. RONDE.

HORS de LIGNE. V. LANGUE FRANÇAISE. V. LIGNE.

HORS de SERVICE. V. SERVICE. V. METTRE HORS DE S...

HORS des ARMES. V. ARMES. V. ESTOC.

HORS d'EUROPE. V. EUROPE. V. SERVICE HORS D'E...

HORS d'INSULTE. V. ÊTRE H... V. INSULTE. V. METTRE H...

HORS du CORPS, adv. V. CORPS. V. DÉCÈS HORS DU CORPS.

HORS du TERRITOIRE, adv. V. DÉCÈS HORS DU TERRITOIRE. V. TERRITOIRE.

HORS la GARDE, interj. V. ALERTE DE POSTE. V. COLONEL D'INFANTERIE FRANÇAISE DE LIGNE N° 20. V. COLONEL EN ROUTE. V. CONSIGNE DE SENTINELLE DE POLICE EN GARNISON. V. CONSIGNE DE SENTINELLE DE POLICE EN ROUTE. V. CONSIGNE DE SENTINELLE EN GARNISON DE

NUIT. V. GARDE. V. GARDE EN GARNISON. V. RONDE.

HORS les armes, interj. v. ARMES. v. ESTOC.

HORS LIGNE, adv. v. BATAILLON HORS LIGNE. V. CORPS HORS LIGNE. V. LIGNE. V. OFFICIER HORS LIGNE.

HORS RANG, adv. v. HOMMES HORS R... V. COMPAGNIE HORS R... V. OFFICIER HORS R... V. PELETON HORS R... V. RANG.

HORST. V. NOMS PROPRES.

HORT, subs. masc. v. HOUR.

HORTIE, subs. fém. v. HOUR.

HOSCHÉ, subs. fém. v. CRÉNEAU.

HOS, subs. masc. v. HOST.

HOSPICE, subs. masc. v. CERTIFICAT D'OFFICIER DE SANTÉ. V. CHIRURGIEN-MAJOR D'INFANTERIE N° 12, 16. V. COLONEL D'INFANTERIE FRANÇAISE DE LIGNE N° 57. V. CORPS D'INTENDANCE N° 7. V. HOPITAL MILITAIRE. V. HOTE. V. OFFICIER DE SANTÉ. V. OFFICIER DE SANTÉ D'H... V. PUPILLE id. N° 1, 2. V. TRAITEMENT SANITAIRE.

HOSPICE CIVIL. V. CHIRURGIEN-MAJOR D'INFANTERIE FRANÇAISE DE LIGNE N° 12. V. CIVIL, adj.

HOSPITAL, subs. masc. v. HOPITAL MILITAIRE.

HOSPITALIER, subs. masc. v. HOPITAL MILITAIRE. V. SOLDAT D'AMBULANCE.

HOSE, subs. fém. v. HEUSE.

HOST, subs. masc. v. SIRE DE L'HOST. V. SIRE D'HOST.

HOST (F), ou CAMP, ou GUERRE, ou HEUSE, OU HOSTILS, OU HOUST, OU HOZ, ou HOS, ou HOSTE, ou OS, ou OSE, suivant BARBAZAN, ou OST, ou OSTE, ou OSTZ, ou OTS, ou OUTILS. Ces mots dérivent du bas LATIN *hosticium*, composé de *hostis*, substantif féminin qui signifiait : aide secours, et par contraction : ARMÉE, CAMP, EXPÉDITION, GUERRE, SERVICE FIEFFÉ. Il différait par là du pur LATIN *hostis*, pris au masculin et signifiant ENNEMI. L'ENCYCLOPÉDIE (1751, C) et FONTANELLA, auteur catalan, expliquent la différence de ces deux locutions. On trouve dans le sens d'aide, ou d'ARMÉE, les mots *hostis* et Host dans les lois des BAVAROIS, des FRANCS, des LOMBARDS, des WISIGOTHS, dans les CAPITULAIRES, dans les coutumes d'Anjou, etc. Le mot *hosting*, signifiant présence ou réunion d'une TROUPE SOUS LES ARMES, est resté dans l'ANGLAIS. — WACHTER regarde Host comme emprunté de la LANGUE TEUTONE, dans laquelle le mot, dit-il, signifiait cheval. — Host n'avait pas entièrement le même sens que *campus* et *exercitus*; LOUIS LE DÉBONNAIRE défendant, dans un CAPITULAIRE, à ses soldats de forcer leurs camarades à boire, disait : *ut in hoste, in campo, in exercitu nemo parem suum bibere cogat.* — On a appelé Host l'assem-

blée des VASSAUX allant à la GUERRE, sur la convocation du ROI, pour la défense du pays. Suivant cette signification, le mot Host était l'opposé de CHEVAUCHÉE qui signifiait le rassemblement des VASSAUX sur la convocation du SEIGNEUR, pour ses GUERRES PRIVÉES, et au delà des limites du domaine. Telle était, du moins, la coutume d'Anjou. — Le MARÉCHAL DE L'HOST y était le second ou le représentant du ROI. — S'il s'agissait d'assembler l'Host ou de réaliser le HOSTICE (en bas LATIN *hosticium*, obligation d'aller à la GUERRE), les CHEVAUCHÉES (*cavalcata*, *chevaucheia*) étaient les rendez-vous préparatoires. — On voit, en 1324 et en 1350, les ROIS DE FRANCE accorder certaines exemptions ou DISPENSES d'Host ou de CHEVAUCHÉES. — On appelait AIDE D'HOST, ou les aides, la contribution en argent ou en nature, à laquelle étaient taxés les chefs de FIEFS, les femmes, les sexagénaires exemptés du SERVICE personnel, etc. Les aides n'avaient d'autre origine que les besoins de la guerre et la défense du royaume. — Au temps de PHILIPPE DE CLÈVES, et même plus tard, le terme OST était encore d'usage ; cet écrivain appelle HOSTILS, le CAMP. — En l'ost, le CONNÉTABLE exerçait, en l'absence du ROI, une véritable souveraineté ; le GRAND MAITRE DES ARBALÉTRIERS y avait la garde de l'ARTILLERIE. — Host s'est pris ensuite comme synonyme d'ESCADRON et comme l'opposé de HAIE DE CAVALERIE. — On peut consulter, à l'égard des termes Host et OST, BARBAZAN, BOREL (Pierre), CARRÉ (1783, E), CASENEUVE, DELAROQUE (1676), DELATOUR (1514, A), DUBELLAY (1548, A), DUCANGE (au mot *Cavalcata*), ENCYCLOPÉDIE (1751, C, et 1785, C, au mot *Chevalerie*), JAUCOURT, LAURIÈRE (au mot *Chevauchée*), MÉNAGE (au mot *Ost*), LOUIS ONZE (1616, B), POTIER (1780, X), M. ROQUEFORT.

HOSTAGE, subs. masc. v. OTAGE.

HOSTE, subs. masc. v. HOST. V. HOTE.

HOSTE. V. NOMS PROPRES.

HOSTEL, subs. masc. v. GRAND PRÉVOT DE L'HOTEL. V. HOTEL.

HOSTICE, subs. masc. v. HOST. V. SERVICE FÉODAL. V. VASSAL.

HOSTIL, subs. masc. v. CONDAMNÉ A MORT. V. MARÉCHAL DE FRANCE N° 7. V. OUTIL.

HOSTILE, adj. v. CAMPAGNE H... V. DÉBARQUEMENT H... V. ENGAGEMENT H... V. ENTREPRISE H...

HOSTILITÉ, subs. fém. v. ACTE D'HOSTILITÉ. V. AGE APOMAQUE D'OFFICIER. V. ARMÉE FRANÇAISE N° 3. V. ARMISTICE. V. ATTAQUE DE GUERRE. V. BATTRE. V. BOUCLIER. V. BRUIT DE GUERRE. V. CAMPAGNE. V. CHAMADE. V. COMMETTRE DES HOSTILITÉS. V. CONGRÈS. V. CONSTITUTION. V. COURIR. V. DÉNONCER. V. ÉTAT D'HOS-

TILITÉ. V. FAIRE LE DÉGAT. V. GUERRE. V. HÉRAUT
D'ARMES N° 2. V. JURISPRUDENCE MILITAIRE. V.
MILICE PRUSSIENNE N° 2. V. PLACE DE SECONDE
CLASSE. V. PRISONNIER DE GUERRE. V. REPRISE
D'HOSTILITÉS.

HOSTILS, subs. masc. v. HOST.

HOTE, subs. masc. (E, 1, 3, 4), ou
HOSTE. Ce mot, que GÉBELIN suppose venu du
CELTIQUE *gwest*, est une corruption du LATIN
hospes, qui a aussi produit HOPITAL, HOSPICE,
etc. Le substantif *hospes* avait alors, comme
aujourd'hui, un sens actif et passif; il signifiait HABITANT qui reçoit un étranger, ou
étranger qu'un HABITANT reçoit; ce renversement de sens, ce vice en logique n'est
comparable qu'à la défectueuse acception
du substantif GARNISON, qui s'applique au
lieu occupé et à la TROUPE qui occupe le lieu.
— La LANGUE ROMANCE évitait ce quiproquo,
en donnant, comme le témoigne BARBAZAN
(1808), le nom de HERBERGEOR à l'Hôte qui
héberge. — Ici le mot Hôte ne sera pris que
dans le sens actif; il donne idée de l'HABI-
TANT ou du BOURGEOIS qui, sur la présentation d'un BILLET DE LOGEMENT apporté par un
MILITAIRE, lui donne GITE, COUCHAGE, CHAUF-
FAGE, et, comme on disait, PLACE AU FEU ET
A LA LUMIÈRE; l'Hôte fournit même une ÉCU-
RIE, suivant la qualité ou la fonction du
porteur du BILLET. — A raison du genre de
la GUERRE et de l'époque où on la faisait,
les Hôtes ont même été astreints à bien
d'autres FOURNITURES; il en a été ainsi depuis
l'existence des COMPAGNIES D'ORDONNANCE,
c'est-à-dire depuis la promulgation des premières règles, jusqu'en 1814. — Les FOURRIERS
d'une TROUPE EN ROUTE inscrivaient sur la porte
des Hôtes le nom des soldats logés dans la maison. — L'ORDONNANCE DE 1768 (1er MARS) indiquait les EFFETS DE CHAUFFAGE, etc., qui devaient être fournis par les Hôtes aux OFFICIERS
EN ROUTE et défendait à tout MILITAIRE d'exiger
au delà de ce que prescrivaient les règlements
sur le LOGEMENT. — Le RÈGLEMENT DE 1792
(23 MAI) défendait que les Hôtes fussent jamais délogés de la chambre ou du lit où ils
ont habitude de coucher. — Le RÈGLEMENT
DE L'AN HUIT (25 FRUCTIDOR) était le plus moderne sur l'ensemble de la matière. —
L'ARRÊTÉ DE L'AN HUIT (27 MESSIDOR) prévoyait
les cas où des DÉGATS seraient commis par
des MILITAIRES EN ROUTE, au préjudice de
leurs Hôtes; il indiquait les mesures à prendre pour en obtenir réparation. — L'ORDON-
NANCE DE 1818 (13 MAI art. 443) résumait ces
dispositions. — Il a été traité par MAUVILLON
(F.-W.) des obligations réciproques des
Hôtes et des MILITAIRES voyageant en TEMPS
DE GUERRE.

HOTEL, subs. masc. v. GRAND PRÉVOT DE
L'H... V. PRÉVOT DE L'H... V. PRÉVOTÉ DE L'H...

HOTEL (term. génér.) ou HOSTEL, ou
OSTAU, ou OSTEL. Ce mot, qui a la même racine que le substantif HOPITAL, est mentionné ici parce que quelques CORPS PRIVILÉ-
GIÉS, tels que les GRENADIERS GARDES et la
MAISON DU ROI, le prennent dans le même
sens que CASERNE; il sera surtout distingué
en HOTEL DES INVALIDES.

HOTEL de la GUERRE. V. BUREAU DE LA
GUERRE. V. MINISTÈRE DE LA GUERRE. V. MINIS-
TRE DE LA GUERRE N° 5.

HOTEL de VILLE. V. INFANTERIE COMMU-
NALE N° 2. V. VILLE.

HOTEL des INVALIDES (A, 1; B, 1).
Sorte d'HOTEL qui serait plus correctement
nommé CASERNE, mais les architectes qui
l'ont construit en ont décidé autrement. —
Au temps de la création de l'Hôtel-Dieu, la
dénomination eût été modeste et juste; alors
Hôtel était synonyme d'hospice. Au temps
de LOUIS QUATORZE, la dénomination était
ambitieuse et inexacte; alors Hôtel était
synonyme de palais de moyen ordre. —
L'Hôtel des INVALIDES de France est l'asile et
pour ainsi dire la GARNISON des MORTES-PAYES
qui ont vieilli au service et des MILITAIRES
gravement BLESSÉS à la GUERRE. — La loi attique entretenait, aux frais du trésor, les
hommes MUTILÉS à la GUERRE. L'histoire fait
honneur de cette institution à Pisistrate;
mais ces hommes ne vivaient point en communauté. Quelques AUTEURS, pourtant, prétendent que les GRECS avaient des établissements d'INVALIDES nommés PRYTANÉES. —Les
ROMAINS n'avaient pas de lois fixes à l'égard
des RÉCOMPENSES militaires; ils accordaient
aux INVALIDES des secours temporaires; quelquefois ils leur donnaient des EMPLOIS CIVILS,
quelquefois ils les appelaient au partage des
terres dans les COLONIES. — PHILIPPE AU-
GUSTE eut le projet de fonder un Hôtel des
INVALIDES pour remédier à l'insuffisance des
asiles ouverts aux MOINES-LAYS ou RELI-
GIEUX laïques. Il eut la faiblesse de demander au pape INNOCENT TROIS la permission de
soustraire cet ÉTABLISSEMENT à la jurisprudence de l'évêque. Cette vaine difficulté
s'opposa à la réussite du projet. — Depuis
le quatorzième siècle surtout, les ROIS DE
FRANCE pourvurent au sort de quelques HOM-
MES DE GUERRE hors de service, caducs, MU-
TILÉS; ils les placèrent dans les monastères
de fondation royale. Un petit nombre d'é-
lus obtenaient, à titre de BÉNÉFICE, une place
de valet, et prenaient la qualification d'O-
BLATS OU FRÈRES-LAYS; ils balayaient l'église
et sonnaient les cloches. C'étaient de bien
faibles ressources pour les vieux guerriers,
encore les obtenaient-ils avec peine; la pro-

tection, plus que le bon droit, octroyait ces misérables emplois. — Les ordonnances de 1578 (4 mars) et de 1628 (12 octobre) sont des dernières sur ce sujet. — Les abbés et les religieux exigeaient souvent de ces malheureux plus de services que des estropiés ou des fainéants n'en pouvaient ou n'en voulaient rendre; il en résultait des altercations violentes, et quelquefois il s'élevait des plaintes mutuelles dont les invalides ou les couvents fatiguaient la cour. — Le clergé, pour se soustraire à ce genre d'impôt et de tracasseries, proposa à la couronne de servir des pensions annuelles qui furent aussi nommées oblats. Ces prestations, fixées d'abord à un taux qui variait de cent à cent cinquante livres, se grossirent ensuite. Les établissements religieux les acquittaient dans une proportion calculée sur les revenus dont ils jouissaient. — Delanoue (1559, A) proposa d'imiter la noble charité athénienne. Ainsi, chez les modernes, la création du corps des invalides est une pensée française. — Henri quatre réunit à Paris quelques invalides, tant protestants que catholiques, rue des Cordiers-Saint-Marcel; mais cette institution n'ayant pas été dotée, s'éteignit en 1596. Il plaça des militaires devenus inhabiles au service dans le local d'un hôpital désert situé à Paris, rue de l'Oursine. Louis treize transféra au château de Bicêtre les frères de l'Oursine; mais il exclut du droit à tous secours ceux de la religion réformée. — En 1635, il établit à Saint-Germain en Laye, sur un système à peu près pareil, la commanderie de Saint-Louis. — Le besoin de centraliser les prestations des oblats, quelques idées plus saines en administration, mais surtout un mouvement d'ostentation et la passion que Louis quatorze avait pour la bâtisse, donnèrent naissance au projet de fonder un palais pour la demeure des invalides. Paris fut le lieu choisi par Louvois, quoique tout autre point du royaume eût mieux convenu à cet objet. On aurait dû surtout préférer les provinces où il y avait des terres à défricher.—De magnifiques cénacles furent consacrés à un vain apparat. De vastes locaux devinrent des habitations fastueuses où s'établirent des protégés. — L'Hôtel qui, y compris le bâtiment neuf, peut à peine contenir cinq mille hommes, occupa un terrain suffisant aux habitations d'un nombre une fois plus fort. — L'édit de création fut promulgué en 1664. L'établissement s'ouvrit en 1670; il eut, comme le témoigne Odier (1824, E), le privilège de ne pas être soumis à la visite du grand aumonier. Cet écrivain avoue qu'il ignore quelles étaient les formes, les consé-

quences de ce genre de visite, apparemment exercée sur les autres établissements analogues et de charité, ouverts au profit de la classe civile. — Il suffisait, dans l'origine, d'avoir vingt ans de service effectif, ou d'avoir été grièvement blessé pour être admis à l'Hôtel. — Nul ne pouvait y entrer comme officier, à moins qu'il n'eût commandé deux ans à ce titre, ou qu'il n'eût été estropié au service depuis son élévation au rang d'officier. — Le corps des invalides devait être de quatre mille officiers et soldats; les moins infirmes devaient en être détachés dans des places frontières pour y faire un service de paix. Ces compagnies d'invalides prenaient rang avec l'infanterie. — Les oblats ou subvention annuelle ecclésiastique furent les principes de la dotation des invalides, comme le témoigne un arrêt du conseil de 1672 (28 avril). L'insuffisance de cette dotation nécessita une retenue de deux deniers pour livre sur toutes les dépenses de la guerre, et sur les payements que faisaient aux troupes les trésoriers généraux, de l'ordinaire et de l'extraordinaire des guerres. Ainsi le voulait l'édit de 1674 (avril). — L'arrêt du conseil de 1682 (17 février) porte à un denier de plus la retenue —Telle fut l'origine du système des retenues sur dépenses, système mal conçu, ressource oblique qui n'économise rien au profit de l'Etat, embrouille la comptabilité, la complique, l'enchérit et est une fraude fiscale, un mensonge administratif. — Tous les comestibles, tout le combustible qui, pour les Parisiens, étaient soumis à des droits d'entrée ou autres, arrivèrent en franchise à l'Hôtel. Ce fut une autre source d'abus. — Son administration, conduite à la manière conventuelle, bonifia les revenus, en concédant des terrains à des individus industrieux, ou en bâtissant des maisons qui furent louées utilement. Cette gestion intelligente avait produit en 1764 une thésaurisation de deux millions. Ils furent convertis en rentes sur la ville. — A cette époque, le nombre des hommes de l'Hôtel s'était considérablement accru. Il y avait au temps du gouverneur Despagnac quantité d'invalides de faveur, c'est-à-dire d'hommes qui n'avaient jamais servi. Les grands seigneurs, au lieu de pensionner leurs vieux serviteurs, les faisaient admettre à l'Hôtel, comme dans un hospice de la vieillesse. Faute de place, il fallut créer des pensions à l'extérieur; la nécessité rendit moins faciles les conditions d'admission; et, sous Guibert et Saint-Germain, la faveur, les abus diminuèrent. — L'ordonnance de 1776 (17 juin) ne permit d'admettre que les

ESTROPIÉS, ou ceux qui étaient affligés de cé-
cité, ceux qui avaient subi des AMPUTATIONS,
et enfin les militaires de plus de soixante-
dix ans. Par là, SAINT-GERMAIN espérait réduire les dépenses et simplifier l'ADMINIS-
TRATION de cet ÉTABLISSEMENT. — La solde
mensuelle des OFFICIERS INVALIDES fut restreinte ; un tiers des invalides fut renvoyé,
comme le témoigne BOHAN (1781, H) ; mais
il est vrai que, par abus, il avait été, suivant AUDOUIN, admis trois mille invalides,
quand il ne devait en être reçu que dix-
huit cents. — A la suite de ces mesures,
de nouveaux abus prirent racine. Un état-
major inutile et dispendieux fut créé par
MONTBARREY. Les dilapidations recommen-
cèrent. — Le revenu de l'Hôtel était, en
1789, d'un million sept cent mille francs.
— En 1790, la prestation des OBLATS s'éteignit. Le trésor public subvint à ce déficit.
— Le DÉCRET DE 1792 (30 AVRIL) dénommait
Hôtel national et militaire de l'ARMÉE l'établissement des INVALIDES. L'accès n'en resta
ouvert qu'aux MILITAIRES ESTROPIÉS pendant
leur SERVICE, ou aux MILITAIRES arrivés à l'âge
de la caducité. — De nouvelles règles d'AD-
MINISTRATION furent posées par cet arrêté.
Les INVALIDES, jusque-là regardés comme propres encore à quelques SERVICES MILITAIRES,
commencèrent à être désignés sous le nom
de VÉTÉRANS, et à être distraits des INVA-
LIDES, ou à compter à part. — La LOI DE 1792
(16 MAI) supprima le fastueux ÉTAT-MAJOR de
l'Hôtel. L'établissement passa dans les attributions du ministère de l'intérieur, sous
la surveillance du corps départemental. —
A l'abolition des MINISTÈRES, en l'an deux,
d'autres mesures furent prises ; elles n'ont
été que transitoires. — Dans le cours de
cette même année, les immunités furent
abolies et les rentes éteintes, les propriétés
foncières furent diverties de l'Hôtel. La LOI
DE 1792 mit au compte du trésor public
toute la dépense que l'ÉTABLISSEMENT entraînait ; elle était soldée mensuellement. —
Une LOI DE L'AN SIX (28 VENTOSE) établit un
budget de l'Hôtel. — Une LOI DE L'AN SEPT
(26 FRUCTIDOR) fit revivre les RETENUES et les
fixa à deux centimes par franc sur toutes les
dépenses du MATÉRIEL DE LA GUERRE. C'est
exactement comme si on eût dit aux ENTRE-
PRENEURS et aux FOURNISSEURS du MINISTÈRE
et des CORPS : Vous exigerez du gouvernement et des régiments que, par chaque
franc qu'ils vous payeront, ils vous allouent
deux centimes de plus, pour que vous en
faisiez à l'Etat une rétrocession. — En effet,
un gouvernement qui exige d'un créancier
une remise, n'a pas puissance d'abaisser
d'autant la valeur vénale des matières li-

vrées, ou de réduire arbitrairement le bénéfice que le commerce croit légitime ; en
définitive, l'Etat débourse ce qu'il se paye
à lui-même, et il y a logomachie en comptabilité. — Par un ARRÊTÉ DE L'AN NEUF (27
MESSIDOR) les PENSIONS DE RETRAITE accordées
à de vieux militaires et montant à neuf cents
francs et au-dessus furent frappées d'une
RETENUE de cinq pour cent ; les pensions de
moins de neuf cents francs subirent une RE-
TENUE de deux pour cent. C'était un renversement de tous les principes. Autrefois les
fonds de l'association des INVALIDES avaient
dû pourvoir aux PENSIONS des vieillards ou
des infirmes qui ne pouvaient pas jouir de
la faveur d'être admis dans l'ÉTABLISSEMENT.
Le nouvel édit bursal prit le contre-pied ; il
pressura les INVALIDES les moins favorisés,
ceux qui étaient inadmis ou inadmissibles à
l'Hôtel ; il les obligeait à secourir les privilégiés qui menaient une vie douce et assurée
au sein de l'Hôtel. — Un ARRÊTÉ DE L'AN HUIT
(9 FRUCTIDOR), considérant la grande augmentation du nombre des INVALIDES, avait placé
une SUCCURSALE dans le château de VERSAILLES ;
elle y resta peu de temps. Il en fut ensuite
établi une à AVIGNON et une à Louvain ;
cette dernière, transférée à Arras, a été
abolie. Il ne reste que celle d'AVIGNON ; un
maréchal de camp la commande. — Deux
ARRÊTÉS DE L'AN ONZE (19 FRUCTIDOR) recons-
tituèrent les règles administratives de l'Hôtel. — Un DÉCRET DE 1811 (25 MARS) asseyait sur de nouvelles bases les DOTATIONS,
l'ADMINISTRATION, la POLICE de l'Hôtel ; il faisait revivre tout le faste d'un ÉTAT-MAJOR
ruineux. Il y a été plus tard attaché un IN-
TENDANT et un SOUS-INTENDANT, un TRÉSO-
RIER, un ARCHIVISTE et un SOUS-ARCHIVISTE,
trente PHARMACIENS ou autres officiers, des
nuées d'EMPLOYÉS civils, des sinécures sans
nombre. — Cet établissement de divers Hôtels d'INVALIDES, sur plusieurs points, et
sous la surintendance d'un seul GOUVERNEUR
résidant à Paris, amena l'usage d'appeler à
ce poste un MARÉCHAL DE FRANCE ; usage qui
n'a plus que des inconvénients depuis l'abolition des succursales. — Des routines et
de vieilles lois sans harmonie avec les usages actuels se sont longtemps perpétuées à
l'Hôtel ; ainsi, les ventes des EFFETS DE DÉ-
CÉDÉS y étaient faites sans l'intervention de
l'AUTORITÉ CIVILE. — L'admission à l'Hôtel
était, pour des MILITAIRES de certains GRADES
ou de certaines classes, comme une déchéance, parce qu'on ne connaissait pas,
chez les invalides, de GRADES assimilés à
ceux d'ADJUDANT, de FOURRIER, de SOUS-
LIEUTENANT, d'OFFICIER DE SANTÉ, d'OFFICIER
D'ARTILLERIE ; ces derniers n'y eurent accès

qu'en 1716 ; la plupart des autres n'y furent reconnus que de nos jours. Cette anomalie provenait de ce qu'en 1670, partie de ces GRADÉS n'existaient pas ; aussi les ADJUDANTS y redevenaient sergents-majors ; aussi les CHIRURGIENS-MAJORS des CORPS n'y pouvaient-ils, dans le dernier siècle, être admis qu'à titre de bas officiers, encore était-ce par faveur. Au contraire, des militaires venus des CORPS PRIVILÉGIÉS y jouissaient des prérogatives injustement accordées, puisqu'elles étaient le prix d'un service qui n'était ni plus méritoire, ni plus périlleux. De ce nombre étaient les MILITAIRES de la GENDARMERIE DE LA MAISON et de la MARÉCHAUSSÉE. — Le maintien de ces formes gothiques de l'Hôtel, cette LÉGISLATION apathique au milieu des inévitables révolutions que subissent les coutumes, était l'engourdissement de l'incurie et de l'ignorance. Le ministre DECAUX fit enfin reconnaître aux INVALIDES le grade de SOUS-LIEUTENANT. — L'Hôtel, c'est-à-dire le bâtiment, a eu, à diverses époques, un genre d'utilité dont les lois de sa fondation s'étaient peu occupées ; il a, pendant quelque temps, reçu dans son enceinte l'institution nommée DÉPÔT DE LA GUERRE ; il a renfermé les PLANS EN RELIEF des FORTERESSES, exécutés pour et par le GÉNIE ; il a été le lieu d'entrepôt des modèles des vieux ENGINS de guerre ; il a été à la veille de contenir une ÉCOLE MILITAIRE ; enfin il a été comme le temple de la gloire nationale, puisque les tombeaux de TURENNE et de VAUBAN ont décoré son sanctuaire, et que les voûtes de l'église ont été longtemps pavoisées d'une quantité de DRAPEAUX ÉTRANGERS. — Mieux eût valu, peut-être, changer l'Hôtel des invalides, monument de luxe et de profusion, en une large et véritable ÉCOLE MILITAIRE, non que Paris soit une ville propre aux ÉTABLISSEMENTS de ce genre, mais parce que le local était tout prêt ; on eût pu composer d'INVALIDES le PERSONNEL et l'ÉTAT-MAJOR de l'ÉCOLE, on eût tiré parti des VÉTÉRANS jusque-là inutiles, on leur eût assuré les douceurs de la vie de la capitale comme un dédommagement des services que la jeunesse et la patrie eussent attendu de leur vieillesse. N'y a-t-il pas en effet, à l'Hôtel, quantité d'OFFICIERS qui auraient tout le savoir convenable pour être chefs d'école ? Combien de sergents, voués à un repos précoce, sont capables encore d'enseigner l'exercice ? Les hommes illettrés n'eussent-ils pas pu être les surveillants subalternes d'une telle institution ? Ceux dont l'état de santé exige des soins de tous les instants, des pansements journaliers, on les eût seuls réunis dans des établissements de santé ; les inva-

lides hors d'état d'être utiles, mais pour qui la clinique de l'Hôtel n'eût pas été une nécessité, on les eût répartis dans des pays où l'on vit à bas prix ; ils y auraient joui d'une PENSION suffisante, mais moins onéreuse au trésor ; ceux qui auraient eu encore de l'activité et des forces auraient pu y occuper leurs bras et demander au sol d'utiles produits. — Quant à ceux qui auraient été capables d'être des professeurs, des précepteurs, des répétiteurs, des économes, des maîtres d'escrime ou de tactique, des garçons de salle, des frères servants, des portiers, des gardiens de l'ÉCOLE MILITAIRE, des fabricateurs de tout ce qui devrait y être mis en service et consommé, on les y eût utilement employés pour eux, pour le pays, pour l'ÉTABLISSEMENT, pour l'ESPRIT MILITAIRE, pour l'honneur de la FRANCE, pour l'émulation de l'ARMÉE. Mais on a mieux aimé dégrader le caractère de l'invalide, en assimilant sa vie à celle d'un moine. Le régime de la restauration plongeait cette classe d'infortunés dans l'idiotisme de la vie dévote, et hâtait le temps où le guerrier tombe en enfance. — Les particuliers, les citadins qui se retirent des affaires, vont ordinairement, par esprit d'économie et pour jouir d'un air plus pur, finir leurs jours à la campagne ; on agglomère au contraire, dans des villes trop populeuses, des hommes peu fortunés et habitués à l'air des champs ; l'esprit de faste et la puissance de la routine les entassent dans une capitale, tandis qu'ils vivraient plus heureux, et à meilleur compte, dans des provinces où quantité d'entre eux pourraient cultiver des terrains concédés. Les progrès de l'administration déracineront un jour les coutumes d'aujourd'hui ; l'Hôtel et toutes les ÉCOLES MILITAIRES cesseront de grossir nos populations urbaines ; les y souffrir est onéreux au trésor et préjudiciable au pays. Cinq ou six mille vieux soldats, au lieu de s'assourdir entre eux de leurs hauts faits, en répandraient, s'ils étaient disséminés, les souvenirs sur le sol français, y seraient comme les bardes de la vieille gloire, ils y nourriraient l'ESPRIT MILITAIRE.—Qu'on ne croie pas nouveau ce projet ; LOUVOIS avait eu l'intention d'instituer aux INVALIDES une ÉCOLE MILITAIRE, et voici une opinion qui répond mieux encore à la direction actuelle des esprits et aux besoins du siècle ; ODIER (1824, E, t. III) l'a mise au jour. Il appelle de ses vœux *un établissement manufacturier où se seraient fabriquées, par les mains des invalides ou de leurs enfants, les choses nécessaires à l'Hôtel, devenu la plus belle manufacture de France, par la facilité d'amener de l'eau, par l'établissement de machines à vapeur ; elle pouvait s'agrandir indéfiniment ; placée au foyer des sciences et des arts, elle était susceptible d'offrir une véritable école normale, une fabrique modèle ; l'industrie, le soldat, tout y aurait gayné. Le prestige du compte rond semble être la seule excuse qui puisse faire tolérer des entreprises non nécessitées par la détresse ; ce prestige abuse de très-honnêtes gens ; un état-major qui administre, pourrait administrer en adoptant le régime direct. On serait conduit à faire fabriquer. On aurait procuré une ressource nécessaire aux familles, et économisé les revenus de l'Etat, qui supplée chaque année à l'insuffisance de la dotation.* — En outre du MATÉRIEL de l'Hôtel et de la valeur des terrains et de la bâtisse, le simple INVALIDE coûte, par jour, trente-six sous, et l'officier quarante-quatre. — En 1831, les quatre mille cent soixante-huit INVALIDES de PARIS et d'Avignon coûtaient, par homme, dans la première de ces villes, sept cent cinq francs ; ils coûtaient, dans la seconde, cinq cent soixante-dix-huit francs ; et, à la même époque, comme le témoigne le *Dictionnaire de la Conversation* (t. xv, p. 255), le VÉTÉRAN HOLLANDAIS, non moins bien traité que l'INVALIDE français, plus heureux même parce qu'il n'est pas inactif, ne coûtait à l'Etat que quatre-vingt-dix francs par an. — En outre des frais généraux de premier ÉTABLISSEMENT et d'ÉTAT-MAJOR, un INVALIDE, ou ce qu'on appelle l'HOMME MOYEN, coûte à l'Etat sept cent cinquante francs par an ; et pourtant ce qu'ils touchent d'argent de poche, ou ce qu'ils appellent le tabac, ne se monte, de grade en grade, que de deux à trente-deux francs, à partir du simple soldat jusqu'au colonel, inclusivement. Le MINISTRE DE LA GUERRE l'a déclaré à la chambre des députés en 1829 (23 mars). C'est une dépense énorme, criante, et dont le principal effet est de forcer un vieux soldat à croupir dans l'inaction, à vivre privé des douceurs de la vie de famille, et à consommer des denrées une fois plus chères qu'en province. — On a dit à la tribune, mais c'est exagéré tant soit peu, que le tiers de la DÉPENSE de l'Hôtel s'applique à l'ÉTAT-MAJOR et aux OFFICIERS. — Sous le commandement du général LATOUR-MAUBOURG, une MUSIQUE qui coûtait par an vingt-deux mille francs avait été attachée à l'Hôtel ; il eût été aisé cependant d'en créer une composée d'INVALIDES ; un orgue, d'ailleurs, eût bien pu suffire à la pompe des cérémonies sacrées qui ont été le pieux motif de cette création mondaine. — Pour

subvenir au luxe d'un ÉTAT-MAJOR inutile, pour entretenir de pareilles superfluités, on arrachait à de malheureux OFFICIERS un vingtième de leur PENSION, car telle était la retenue infligée aux retraités. — Le MINISTRE LATOUR-MAUBOURG, passant à l'Hôtel des invalides, jouissait d'une PENSION DE RETRAITE de sept mille francs ; il la conservait parce qu'on colorait du nom de fonctions civiles le commandement réellement militaire qu'il exerçait, et qui donnait les appointements d'activité. Le corps des invalides était-il donc ou non une institution militaire. — Le grand ÉTAT-MAJOR, compris en dehors du total de l'Hôtel, était une des dépenses inutiles de l'ARMÉE ; un corps de trois ou quatre mille OFFICIERS OU SOLDATS que l'on condamne à une vie monacale et fainéante trouverait bien dans son sein assez d'hommes capables de prendre la direction d'un établissement permanent et d'un corps toujours sur pied de paix ; le plus haut en grade ne pourrait-il les commander ? Un MARÉCHAL n'est-il pas toujours prêt à rompre des lances avec le MINISTRE, et n'exige-t-il pas pour lui, sa lignée, ses gens, soixante et onze chambres, au grand préjudice des ayants-droit. En 1834, vingt-deux parents, dont deux députés, trouvaient illégalement ainsi un logement gratuit que l'Etat ne leur devait pas. — Le *Journal de l'Armée* (t. iv, p. 141) et le *Moniteur* (1836, 4 mai), dans un exposé détaillé de l'état de l'Hôtel, mentionnaient cette quantité de soixante et onze pièces composant l'appartement du GOUVERNEUR. Ce FONCTIONNAIRE jouissait en outre de la faveur du cumul, percevait trente mille francs comme MARÉCHAL, trente-cinq mille francs comme GOUVERNEUR, et cinq mille francs de frais de bureau ; total, soixante-dix mille francs. — Un article du *Constitutionnel* de 1836 (7 mai) prétendait que, en réalité, ces prétendus soixante et onze pièces n'en représentaient que sept à huit. Le puits de la Vérité est bien profond, en faire sortir cette beauté inconnue est bien difficile. — L'ÉTAT-MAJOR médical, trois fois plus nombreux que sous LOUIS QUATORZE, est une fois trop fort ; les places de SECRÉTAIRE GÉNÉRAL et de TRÉSORIER pourraient être gérées avec de bien plus modiques émoluments, et de nombreuses sinécures pourraient se fondre en quelques offices presque gratuits. — La bibliothèque surannée que l'ÉTABLISSEMENT contenait a été dépouillée, pour des motifs de dévotion, de tous les traités que le rigorisme de la restauration jugeait trop mondains. Il a été vendu même à l'encan et à vil prix quantité d'ouvrages militaires qu'il eût été si simple et si sage, si là ils étaient doubles et inutiles, d'envoyer dans nos grandes garnisons, privées pour la plupart de bibliothèques militaires.—Jamais le ministre n'a osé soumettre aux chambres le compte détaillé des dépenses des invalides, on y eût reconnu trop d'abus. L'établissement coûte, par le lieu mal choisi de sa résidence et par mille causes, le double de ce qu'il devrait coûter. Est-il un invalide, sauf ceux à qui une déplorable santé ne permet de vivre qu'en communauté, qui persévérât, si on lui accordait les sept cent cinquante francs dépensés pour lui, à rester à l'Hôtel? On ne l'y retient donc que pour y conserver un état-major. La France gagnerait par un système différent les frais d'administration et économiserait les dépenses d'état-major; le gouvernement pourrait employer plus utilement les immenses constructions qui sont de pure somptuosité. Il y aurait de moins le fatras administratif, l'enrichissement des fournisseurs et les frais du clergé. — Une partie des opinions qui viennent d'être énoncées n'a rien de nouveau; elles ne nous appartiennent pas. L'Encyclopédie (1785, C, t. iii, p. 31, col. 1re) les proclamait il y a un demi-siècle, ainsi que le rapport qui a précédé le décret de 1791 (28 mars, 17 avril). — Toutefois, d'importantes réductions ont été faites par le ministre Gérard; les ordonnances de 1850 (16 et 28 octobre) ont diminué les frais de bureau et le traitement de l'état-major et des fonctionnaires; des chapelains surabondants ont été abolis; la musique a été supprimée le 16 octobre. Le service de santé a été réduit de vingt-huit à dix-huit individus; mais, par une méticuleuse condescendance, la place d'intendant était maintenue, à charge de s'éteindre après que celui qui la gérait ne l'exercerait plus. — L'ordonnance de 1852 (16 août) prescrivait quelques mesures analogues.—L'enterrement du maréchal Jourdan a coûté vingt mille francs, dont six mille francs de crêpe. Le ministre de la guerre pouvait prévenir le retour de pareilles prodigalités; mais il en a préparé le renouvellement en appelant à la sinécure devenue vacante le doyen des maréchaux. — Au sujet d'une dénonciation d'abus adressée au ministre par le gouverneur, le ministre se rangeait du côté des fournisseurs. Au sujet des observations dressées au département de la guerre, et de l'appui qu'il prêtait aux entrepreneurs et à l'intendance, le gouverneur envoyait, en mars 1856, un cartel au ministre de la guerre. De deux maréchaux, l'un octogénaire, l'autre septuagénaire, le moins jeune provoquait l'autre, oubliant

qu'il y a anarchie, si, dans une armée, un chef peut traiter d'égal à égal avec un ministre. — Mais ce ministre, comme on l'en accusait à la tribune, lui présent, le 3 juin 1856, avait-il pris en mains la défense des fonctionnaires accusés de désordres? Le gouverneur avait écrit au président du conseil : *Quelle a été l'issue des révélations que j'ai faites touchant les abus qui infestaient l'Hôtel, si ce n'est d'inspirer au ministre le soin de justifier l'administration des invalides.* —Les dilapidations résultaient surtout de l'abus des permissions; mais les bénéfices énormes que faisaient les entrepreneurs sur les hommes en permission, ne s'élevaient pas, disait le ministre à la tribune, en 1856 (3 juin), au quart de la somme énoncée dans le rapport rédigé par la commission du budget de 1856.—Lisez les discussions parlementaires de 1856, vous qui voudriez vous former une opinion sur l'Hôtel, vous y verriez que, pour satisfaire à la loi, il faut que les comptes présentés par l'intendant soient vérifiés par le conseil d'administration, et qu'ils ne deviennent qu'après cette formalité une pièce légale aux yeux de la cour des comptes; mais que cette vérification n'avait jamais lieu, qu'il en avait toujours été ainsi, disait l'intendant, que le gouverneur convenait les avoir lui-même signés de confiance. — Les ordonnances de 1856 (30 novembre et 15 décembre) réorganisaient le personnel de l'Hôtel et de sa succursale; l'ordonnance de 1857 (21 septembre) était relative aux divers emplois du service intérieur.—Les auteurs qui plus anciennement ont jeté quelques lumières sur ce sujet, sont : Audouin, Briquet (1761, H), Daniel (1721, A), Dautheville (1762, F), Félibien, Granet, Guignard (1725, B), Lecouturier (1825, A), Lejeune, l'Encyclopédie (1751, C, au mot *Invalide*), Malzet, Maury (l'abbé, *Politicon*, 6e vol.), Morin (1798), Pasquier, Pérau (l'abbé), Potier (1779, X), M. Sicard, le *Dictionnaire géographique des Gaules*. — Un lieutenant invalide avait composé, en 1825, un précis historique de l'Hôtel; il est resté en manuscrit, parce que, à cette époque, le gouverneur avait défendu qu'il fût imprimé.

HOTEL du commandement. V. commandement. V. établissement militaire. V. logement d'état-major général.

HOTEL du roi. V. maitre d'hotel du r... V. roi. V. roi des ribauds. V. tribunal.

HOTELLE, subs. fém. V. fer de lance.

HOTROBOS, subs. masc. V. pique.

HOTTE, subs. fém. V. amas d'outils. V. approvisionnement de siége offensif.

HOUCQUE, subs. masc. v. HUGUE. v. HOQUETON.

HOUESTRE, subs. masc. v. GUÊTRE.

HOUGUINES, subs. masc. plur. v. ARMURE. V. CERVELIÈRE. V. HALECRET.

HOUILLE, subs. fém. v. BRIQUETTE. V. CHARBON DE TERRE. V. COMBUSTIBLE DE CUISINE DE CASERNE. V. EFFET AU COMPTE DU GÉNIE.

HOULAN, subs. masc. v. HULLAN.

HOUPE, subs. fém. (term. génér.). Mot qui, suivant FAUCHET et CASENEUVE, est venu par corruption de hupe ou de huppe. On appelait d'abord Houpe, un FLOC de soie ou de fils noués qui ornait l'extrémité des CHAPERONS ou des MORTIERS. La richesse de cette garniture avait amené l'expression : *être des plus hupés*. — Ici le mot Houpe doit être distingué en HOUPE A POUDRER et en HOUPE DE COIFFURE.

HOUPE A POUDRER, (F). Sorte de HOUPE qui faisait partie du PETIT ÉQUIPEMENT. Le RÈGLEMENT DE 1779 (21 FÉVRIER) et la CIRCULAIRE DE L'AN SIX (29 BRUMAIRE) en prescrivaient l'emploi et voulaient que chaque HOMME DE TROUPE eût la sienne.

HOUPE de COIFFURE (F). Sorte de HOUPE dont le RÈGLEMENT DE 1779 (21 FÉVRIER) prescrivait l'emploi; il voulait que les OFFICIERS DE GRENADIERS portassent, au-dessus de la COCARDE, une Houpe en soie ou en laine rouge. — L'INSTRUCTION DE 1791 (1ᵉʳ AVRIL) donnait des Houpes aux HOMMES DE TROUPE; elles avaient, à peu près, la forme d'un œuf. La CIRCULAIRE DE L'AN SIX (10 PLUVIOSE) mettait au compte de la MASSE D'ENTRETIEN cet EFFET DE COIFFURE. La Houpe était façonnée sur métier, en laine de passementerie; elle avait un mandrin pour soutien, et pour queue une TIGE en fil de fer. — Plusieurs ORDONNANCES ont consacré le mot Houpe, mais l'usage y a substitué les termes POMPON et HOUPETTE, pour exprimer, tantôt des Houpes en POIRE, tantôt des Houpes en LENTILLE; ainsi la DÉCISION DE 1821 (10 AOUT) ne se servait plus que du substantif HOUPETTE, et comprenait sous ce nom ce que la NOTICE DE 1815 (5 DÉCEMBRE) appelait POMPON.

HOUPE de HAUSSECOL. v. HAUSSECOL.

HOUPE d'HABILLEMENT. V. BRANDEBOURG. V. HABILLEMENT.

HOUPELANDE, subs. fém. v. MANTEAU D'HABILLEMENT.

HOUPETTE, subs. fém. v. GRENADIER D'INFANTERIE FRANÇAISE DE LIGNE Nº 4. V. HOUPE. V. INFANTERIE FRANÇAISE Nº 4. V. INFANTERIE FRANCO-SUISSE DE GARDE ROYALE. V. MARQUE DISTINCTIVE. V. OFFICIER D'INFANTERIE FRANÇAISE Nº 2. V. POMPON.

HOUQUE, subs. masc. v. HOQUETON.

HOUQUINES, subs. fém. plur. v. ARMURE.

HOUR, subs. masc. (F), ou HOORDE, HORD, HORDEIE, HORDEIS, HORDIS, HORDOIS, HORT, HORTIE, HOURD, HOURDE, HOURDEIS, HOURDEL, HOURDEYS, HOURDIEZ, HOURDIS, HOURDOIR, HOURDOIS, HOURT, HOURTE, HOURTEYE, HOURTIE. Mots qui, suivant BOREL (Pierre), LACHESNAIE (1758, I), ROQUEFORT, ont signifié BARRICADE de CLAIES ou de PIEUX, BOULEVARD, CHOC, FORTIFICATION, défendant l'approche des CRÉNEAUX, TREFS DE CARROUSEL, PALISSADEMENT, REMPART. — Ces ÉCRIVAINS tirent le terme Hour et ses analogues du bas LATIN *hordicium, hurdicium, ordatium*, ou du LATIN *ora*, bord. Ces mots étaient en rapport avec le verbe bas LATIN *hurdare*, FORTIFIER, maçonner grossièrement. Le terme s'était francisé dans les verbes HOURDEYER, HOURDER, HOURDIR, HOURDOIER. — LACHESNAIE (1758, I) prétend que *ordatium* a signifié CLAIE propre à défendre les REMPARTS ou plutôt les CRÉNEAUX, contre les MACHINES DE GUERRE des ASSIÉGEANTS, et qu'il a été aussi la dénomination d'un ENGIN, dont il n'indique pas l'espèce. — CARRÉ (1785, E) appelle Hours, les échafauds, l'amphithéâtre ou les loges qui, dans un CARROUSEL ou un TOURNOI, étaient réservés aux JUGES DU CAMP et aux dames; ils étaient décorés d'emblèmes, de tapis, de bannières, etc. On garnissait de Hours ou claies des remparts.

HOURA, subs. masc. v. FOURNEAU DE CUISINE. V. HOURRA.

HOURD, subs. masc. v. HOUR.

HOURDE, subs. masc. v. HOUR.

HOURDÉYER, verb. act. et neut. v. HOUR. V. REMPART.

HOURDEIS, subs. masc. v. HOUR.

HOURDEL, subs. masc. v. HOUR.

HOURDER, verb. act. et neut. v. FORTIFICATION. V. HOUR.

HOURDEYER, verb. act. v. HOUR. V. REMPART.

HOURDEYS, subs. masc. v. HOUR.

HOURDIEZ, subs. masc. v. HOUR.

HOURDIR, verb. act. et neut. v. HOUR. V. REMPART.

HOURDIS, subs. masc. v. CRÉNEAU. V. HOUR.

HOURDOIER, verb. act. et neut. v. HOUR.

HOURDOIR, subs. masc. v. HOUR.

HOURDOIS, subs. masc. v. HORDIS. V. HOUR.

HOURRA, subs. masc. (F), ou HOURA ou HOURRAH, ou HURRA, ou HURRAH. Mots russe et TARTARE ou MOGOL, suivant le *Dictionnaire* *de la Conversation*; les Cosaques l'emploient comme cri de guerre; il signifie : en avant; il est comme le hurlement qui précède une charge. Peut-être n'est-il pas sans quelque rapport plus ou moins exact et jusqu'ici inaperçu avec le cri : *a youria*, qui était, en 1825, le signal du choc des soldats du *Po strategos*, quand ils s'élançaient, le sabre à la main, sur les Turcs. — Quelques écrivains ont comparé le Hourra au cri *a la la* des soldats de la Grèce antique. — Par métonymie, les Français appellent Hourra, une échauffourée, une insulte de troupes irrégulières, un cri de joie. — Les Anglais ont adopté le terme Hourra et en ont fait une expression de politesse, un vivat; dans l'acception qu'ils y attachent, les troupes saluent du Hourra, un personnage éminent, un souverain.

HOURRAH, subs. masc. v. HOURRA.

HOURT, subs. masc. (F). Mot du moyen age, dont l'étymologie et le sens sont mal expliqués; il a été l'analogue de hour, mais on ne sait lequel des deux a donné naissance à l'autre. — Beneton (1741, A) regarde le substantif Hourt comme ayant servi de désignation aux caterves, turmes ou routs des milices allemandes ; on pourrait supposer ainsi qu'il s'est corrompu dans le féminin horde encore en usage dans le style historique. — Carré (1785, È), donnant un autre sens au mot Hourt, le croit une corruption du substantif heurt, provenu du verbe heurter; dans ce sens le mot Hourt était synonyme de hour, signifiant choc de deux troupes à la guerre, de même qu'il était synonyme de behourd, signifiant choc dans un tournoi. — Ces mêmes écrivains croient que les mots hour, hourte, ont de l'affinité avec le nom donné aux cohortes des légions.

HOURTE, subs. fém. v. COHORTE DE LÉGION ROMAINE nº 3. v. HOURT.

HOURTEYE, subs. masc. v. HOUR.

HOURTIE, subs. fém. v. HOUR.

HOUSE, subs. fém. v. HEUSE. v. TRICOUSES.

HOUSEAU, subs. masc. v. BRODEQUIN. v. HEUSE. v. TRICOUSES.

HOUSEIS, subs. masc. v. HEUSE.

HOUSEL, subs. masc. v. HEUSE.

HOUSET, subs. masc. v. HEUSE.

HOUSETTE, subs. fém. v. HEUSE.

HOUSIAU, subs. masc. v. BRODEQUIN. v. HEUSE.

HOUSSARD, subs. masc. v. HUSSARD nº 3.

HOUSSE, subs. fém. (term. génér.). Mot qui, suivant Borel (Pierre), viendrait du latin *ursa*, ours; mais rien n'est moins certain. — Ce mot ne sera examiné ici que comme housse de harnachement.

HOUSSE de bouclier. v. BOUCLIER.

HOUSSE de cavalerie. v. CAVALERIE. v. HOUSSE DE HARNACHEMENT.

HOUSSE de harnachement (B; 1, F). Sorte de housse qui au moyen age était quelquefois un ornement du cheval houssé, quelquefois un moyen de défense du cheval bardé. — La racine étymologique de ce mot est mal connue; peut-être avait-il quelque analogie avec le substantif heuse ou housserie, qui servait de dénomination aux bottes que portaient à la guerre les chevaliers. — Les Housses dont ils se servaient au moyen age comme accompagnement de la selle d'armes se sont nommées caparaçon, houssure, parement, sambue, tenicle; il y en avait en étoffe d'or et d'argent qui recouvraient le girel, le harnement, les flancois. — Les housses de cavalerie ne doivent être ici l'objet d'aucuns détails; ce sujet n'appartient pas à notre cadre : on peut consulter à cet égard Lecouturier, et les planches d'un projet de règlement (1818, B). — Les Housses des officiers montés de l'infanterie française ont été l'objet d'une description ministérielle ou notice de 1845 (5 décembre). La couleur n'en était pas déterminée, mais le bleu y est depuis longtemps affecté. Cette décision voulait que la Housse fût bordée d'un galon à cul de dé d'or ou d'argent pour l'officier particulier, et de deux galons pour l'officier supérieur. Les décisions de 1825 (51 décembre) et 1851 (22 aout) modifiaient ces dispositions. Une schabraque y était substituée, quoiqu'aucune utilité ne justifiât ce changement.

HOUSSÉ (houssée), adj. v. CHEVAL HOUSSÉ.

HOUSSEAU, subs. masc. v. HEUSE.

HOUSSEIS, subs. masc. v. HEUSE. v. SELLE D'ARMES.

HOUSSERIE, subs. fém. v. HEUSE. v. HOUSSE DE HARNACHEMENT.

HOUSSET, subs. masc. v. HEUSE.

HOUSSETTE, subs. fém. v. HEUSE.

HOUSSURE, subs. fém. v. HOUSSE DE HARNACHEMENT.

HOUST, subs. masc. v. HOST.

HOUZARD, subs. masc. v. HUSSARD nº 5.

HOUZEAU, subs. masc. v. HEUSE. v. INSIGNE.

HOUZEAULX, subs. masc. v. HEUSE.

HOUZEL, subs. masc. v. HEUSE.

HOUZETTE, subs. fém. v. HEUSE.

HOUZIAU (houziaux), subs. masc. v. HEUSE.

HOZIE, subs. fém. v. HEUSE.

HOWARD. v. NOMS PROPRES.

HOYAU, subs. masc. v. PIC-HOYAU.

HOYER. v. NOMS PROPRES

HOZ, subs. masc. v. ARMÉE. v. HOST.

HOZIAU (hoziaux), subs. masc. v. HEUSE.

HUBER ; HUBERTSBOURG. v. NOMS PROPRES.

HUCHE, subs. fém. v. CORNET INSTRUMENTAL. V. CRI. V. HOQUETON. V. HUGUE.

HUCHET, subs. masc. v. CRI. V. INSTRUMENT A VENT. V. INSTRUMENT DE MUSIQUE OLIFANT.

HUCQUE, subs. fém. et masc. v. HUGUE.

HUCQUEBILLE, subs. fém. v. HUGUE.

HUCQUETTE, subs. fém. v. HUGUE.

HUEBLER ; HUEBNER. v. NOMS PROPRES.

HUÉE, subs. fém. v. CHEVALIER DU MOYEN AGE N° 3. V. CRI. V. CRI DE GUERRE. V. MÉNESTREL.

HUEGEL ; HUERNE ; HUET. v. NOMS PROPRES.

HUETTE, subs. fém. v. CHAPEAU. V. COIFFURE.

HUEZE (huezes), subs. fém. v. HEUSE.

HUGO. v. NOMS PROPRES.

HUGUE (hugues), subs. fém. (F), ou HUCQUE, HEUGNE, HOUCQUE, HUCHE, HUCQUEBILLE, HUCQUETTE, HUQUE, HUQUET. Mots qui étaient en usage depuis le treizième siècle, comme le témoigne DUCANGE ; ils provenaient ou du FLAMAND, *huque*, signifiant MANTEAU, à ce que dit BOREL (Pierre), ou du bas LATIN *huca;* ils exprimaient, suivant M. DE BARANTE, à la date de 1413, un genre de MANTEAU à l'italienne ; suivant d'autres opinions, ils donnaient idée d'une espèce de bonnet ou de CAPUCHON d'étoffe ou de peau qui a été une COIFFURE à l'usage des FRANCS-ARCHERS de la MILICE FRANÇAISE. La Hugue de BRIGANDINE était un accompagnement de ce genre d'ARME DÉFENSIVE ou un HOQUETON. — Les ARCHERS de la GARDE ÉCOSSAISE de CHARLES SEPT avaient la Hugue à la LIVRÉE du roi. — ROQUEFORT regarde la Hugue comme s'étant conservée dans la Bourgogne et le Gatinais, jusqu'au commencement du dix-huitième siècle ; il regarde les PERRUQUES comme ayant succédé aux Hugues ; il se pourrait que l'un de ces mots fût un composé de l'autre.

HUGUES. v. NOMS PROPRES.

HUILE, subs. fém. v. A L'HUILE. V. BOIS ET LUMIÈRES. V. CHANDELLE. V. COMBUSTIBLE. V. MILICE TURCO-RUSSE N° 5.

HUILIER, subs. masc. v. BOITE A TOURNEVIS.

HUISSIER, subs. masc. v. SERGENT. V. SERGENT CIVIL. V. SERGENTERIE.

HUISSIER d'ARMES (F), ou UISSIER, ou UCHER, ou UXIER. Ces mots viennent, suivant ROQUEFORT, du LATIN *exitus*, sortie; ou *ostiarius*, portier ; ils sont analogues aux substantifs UIS, UISSE, UIX, UIZ, USSE, USSIE, UXE, WIS, signifiant porte ; ce qui explique le sens de UISSE DE CASQUE, et des verbes issir, ussir, uxer, qu'on retrouve fréquemment dans les vieux récits militaires. — DUANE et ROQUEFORT prennent dans le même sens les termes VAVASSEURS et Huissiers d'armes ; c'étaient des OFFICIERS D'ARMES ou des SERGENTS D'ARMES, d'un rang distingué, qui ouvraient la porte de l'appartement royal ; ils étaient armés, suivant les temps, d'une MASSE ou d'une PERTUISANE. LACHESNAIE (1758, I) dit que ces Huissiers devinrent ensuite des ARCHERS D'ARMES, comparables par quelques fonctions aux SAPEURS D'INFANTERIE.

HUISSIER-SERGENT. V. SERGENT. V. SERGENT D'ARMES.

HUIT, subs. masc. v. ARTILLERIE D'INFANTERIE. V. BOULET DE H... V. BOMBE DE H... V. CANON D'ARTILLERIE. V. CANON DE CAMPAGNE. V. DIX-H... V. PIÈCE DE H... V. QUARANTE-H... V. SOIXANTE-H... V. VINGT-H...

HUIT BATAILLONS. V. A HUIT BATAILLONS. V. BATAILLON.

HUIT CENT. V. CENT. V. MILLE HUIT CENTS. V. PIÈCE DE HUIT CENTS.

HUIT CENTS CINQUANTE. V. BOMBARDE. V. CENT CINQUANTE. V. PIÈCE DE HUIT CENT CINQUANTE.

HUIT FLORÉAL. V. ARRÊTÉ DU H... V. FLORÉAL.

HUIT HEURES DU MATIN. V. CHIRURGIEN-MAJOR D'INFANTERIE FRANÇAISE N° 12. V. HEURE. V. MATIN.

HUIT HEURES et demie du MATIN. V. CHEF DE BATAILLON DE SEMAINE N° 5. V. HEURE. V. TAMBOUR DE SERVICE. V. TAMBOUR-MAJOR N° 9.

HUIT MILLE HUIT CENTS. V. MILLE HUIT CENTS. V. PIÈCE DE HUIT MILLE HUIT CENTS.

HUIT POUCES. V. BOMBE DE H... V. OBUSIER DE H... V. POUCE.

HUITIÈME (subs. masc.) de DÉTACHEMENT. V. DÉTACHEMENT. V. DÉTACHEMENT D'ENTERREMENT.

HULLAN (hullans), subs. masc. (F), ou HOULAN, ou OULAN, suivant GANEAU et POTIER (1780, X), ou uhlan, ou ULAN suivant Duane (1810), ou WLLAND, comme l'écrivent JABRO (1777, G), ROQUEFORT, ou ULAN suivant LACHESNAIE (1758, I), etc. Mots TARTARES ou POLONAIS qui expriment un genre de CAVALERIE LÉGÈRE ou de PANSERNES armées de la LANCE ou du DGERID. Le terme est depuis longtemps en usage dans les MILICES POLONAISE, RUSSE, TARTARE ; en cela, elles ont été imitées par les MILICES ANGLAISE, AUTRI- CHIENNE, FRANÇAISE, HANOVRIENNE, PRUS- SIENNE, etc. — Les Hullans primitifs parti- cipaient des mœurs et des coutumes des TURCS; et, quoiqu'ils ne fussent pas maho- métans, ils étaient coiffés du TURBAN; c'é- taient des SOLDATS, ou plutôt des TENANCIERS originaires des provinces POLONAISES qui bor- daient la TURQUIE. — Dans la GUERRE DE 1741, les SAXONS avaient un corps com- posé de Hullans proprement dits; c'étaient des GENTILSHOMMES armés de LANCES; chacun d'eux était accompagné d'un PACOLET ou serviteur à cheval qui portait MOUSQUETON; ces CHEVAU-LÉGERS étaient les ESCARMOUCHEURS du corps; c'était une trace des LANCES FOUR- NIES DU MOYEN AGE. POTIER (1779, X) nous sert, à cet égard, d'autorité. — Des LAN- CIERS, sous le nom de Hullans, ont paru, pour la première fois, en FRANCE en 1744; MAURICE DE SAXE avait introduit cette espèce de SOLDATS dans la LÉGION qui portait son nom; ils avaient des LANCES A BANDEROLES, un HARNACHEMENT et un HABILLEMENT parti- culiers, des HAUTBOIS et des CYMBALES dans leurs MUSIQUES MILITAIRES, etc. — Cette lé- gion n'ayant pas survécu au maréchal de SAXE, la cavalerie armée de LANCES était oubliée quand un officier saxon, le colonel Schomberg, leva, pour le SERVICE DE FRANCE, un corps de Hullans qui combattit dans la GUERRE DE 1756; il fut réformé en 1762, et prit rang dans l'arme des dragons, parce qu'il n'avait pu, dit AUDOUIN, se naturaliser, et qu'*il y a des armes nationales qui ne peuvent passer aux mains des étrangers.* — Cette opinion a été démentie par l'ins- titution des LANCIERS. — Quelques détails sont donnés sur les Hullans par l'ENCYCLO- PÉDIE (1751, C), JABRO (1777, G), LACHESNAIE (1758, I), POTIER (1779, X), les *Amuse- ments du Cœur et de l'Esprit* (t. XII), le *Dictionnaire de la Conversation.*

HULLAN AUTRICHIEN. V. AUTRICHIEN, adj. V. ÉCOLE DE MARS N° 2. V. HULLAN.

HULLAN RUSSE. V. MILICE RUSSE N° 2. V. RUSSE, adj.

HULOT. V. NOMS PROPRES.

HUMAIN (humaine), adj. V. BOUCHE H... V. CANCER H... V. CORPS H... V. DENTS H... V. ÉPAULES H... V. LANGUE H... V. MAIN H... V. MEMBRE H... V. PIED H... V. POING H... V. POUCE H... V. TAILLE H... V. TALONS H... V. TÊTE H...

HUMBERT; **HUME.** V. NOMS PROPRES.

HUMÉRAL, subs. masc. V. CUIRASSE. V. DOS DE CUIRASSE. V. ÉPAULIÈRE.

HUMPHREY; **HUNEZOUSKY**; **HUND**; **HUNIADE**; **HUNINGUE**; **HUNS.** V. NOMS PROPRES.

HUPÉRÈTE, subs. masc. V. FOURRIER D'INFANTERIE FRANÇAISE DE LIGNE N° 2. V. MI- LICE GRECQUE N° 6.

HUPERSTRATÉGE, subs. masc. V. HUPOSTRATÈGUE, OU HUPERSTRATÈGUE.

HUPERSTRATÈGUE, subs. masc. (F), OU HUPERSTRATÉGE. Nom qui exprimait un personnage exerçant la STRATÉGIE, c'est-à- dire le POUVOIR MILITAIRE. — L'EMPEREUR de BYSANCE, à titre de GÉNÉRAL EN CHEF, avait pour LIEUTENANT, pour OFFICIER secondaire, le MÉRARQUE ou HUPOSTRATÈGUE.

HUPOSTRATÉGE, subs. masc. V. HU- POSTRATÈGUE.

HUPOSTRATÈGUE, subs. masc. (F), OU HUPOSTRATÉGE. Mot dérivé du substantif STRATÉGIE; l'ENCYCLOPÉDIE (1751, C, au mot *Cavalerie*, p. 556) emploie ce mot pour exprimer un LIEUTENANT, un OFFICIER, un GÉNÉRAL en second, un MÉRARQUE soumis au HUPERSTRATÈGUE de la MILICE BYSANTINE. Le STRATÈGUE était le GÉNÉRAL EN CHEF par qui l'EMPEREUR se faisait représenter.

HUQUE, subs. fém. V. HUGUE. V. PER- RUQUE.

HUQUET, subs. masc. V. HUGUE.

HURD; **HURILÉE.** V. NOMS PROPRES.

HURON, subs. masc. V. MINEUR FRANÇAIS.

HURRA, subs. masc. V. HOURRA.

HURRAH, subs. masc. V. HOURRA.

HURTE, subs. fém. (F). Vieux mot que la LANGUE ANGLAISE a conservé pour signifier coup ou blessure; il était synonyme en fran- çais du terme choc, et répondait à l'infinitif heurter et au substantif HOURT. — BRANTOME (1600, A) dit, en parlant de BAYARD : *Il ai- moit mieux aller à toutes Hurtes et aven- tures à la guerre.*

HUS, subs. masc. V. CRI DE GUERRE.

HUSSAR, subs. masc. V. HUSSARD N° 3.

HUSSARD (hussards), subs. masc. V. ALLOCATIONS DE H... V. BONNET DE H... V. BOTTES DE H... V. CHEVAL DE H... V. COLBACH DE H... V. COMPAGNIE DE H... V. COMPOSITION DE H... V. CORPS DE H... V. CRÉATION DE H... V. DÉNOMINATION DE H... V. ÉPÉE DE H... V. ESCADRON DE H... V. GANSE DE H... V. MANTEAU DE H... V. MARQUE DISTINCTIVE DE H... V. MOUS- TACHE DE H... V. NOMBRE DE H... V. OFFICIER DE H... V. PLUMET DE H... V. POCHE DE H... V. PU- NITIONS DE H... V. RÉGIMENT DE H... V. SAC DE H... V. SCHAKO DE H... V. SERVICE DE H... V. UNI- FORME DE H...

HUSSARD (hussards) (A, 1). SOLDATS OU troupe de CAVALERIE LÉGÈRE dont la HON- GRIE, ou plutôt l'ORIENT, est le berceau: presque toutes les MILICES ont adopté l'usage de cette ARME, que, à l'imitation de l'AUTRICHE, l'ARMÉE FRANÇAISE avait admise la première.

— L'étymologie du mot sera indiquée ci-après n° 5. — Mirabeau (1788, C) discute avec profondeur la question de l'utilité des Hussards, de leur abolition ou de leur conservation. — *Les Français*, dit Odier (1824, E), *fournissent des troupes légères aussi bonnes sous l'habit français que sous le dolman hongrois.* Cet auteur, appliquant cette même remarque aux dragons, déclare que *cette complication constitue l'État en dépenses superflues pour lui donner en quatre ou cinq espèces de troupes, deux espèces de soldats.* — Plus d'un écrivain s'étonnent avec raison qu'on ait tenu à la fois sur pied des chasseurs et des Hussards, puisque, raisonnablement, ces deux sous-armes de cavalerie légère n'en doivent faire qu'une. C'est une anomalie de constitution, un ridicule en fait de composition, surtout depuis que les troupes ne se recrutent plus par la seule voie de l'engagement volontaire, et qu'il n'a plus été politiquement utile de faire, par ruse, des soldats, en séduisant la jeunesse par les bizarreries du costume et la coquetterie, par les amorces de la vanité. — Les auteurs qui ont traité de ce qui concerne les Hussards sont : M. Ambert, Audouin, Carré (1785, E), M. Carrion (1824, A), M. le général Castellane, Daniel (1721, A), Guignard (1725, B), Kleist, Làchesnaie (1751, I; id., au mot *Paye*), Lecouturier (1825, A), Platon, Potier (1779, X), M. le général Rogniat (1816, B), Rose, M. Sicard, l'anonyme français : *le Hussard*, ou *Courtes maximes de la petite guerre*, ouvrage traduit en allemand, Leipzig, 1771 ; le *Journal de l'Armée* (t. III, p. 228), le *Dictionnaire de la Conversation*. — Le mot demande à être examiné ici sous les rapports suivants : création, composition, dénomination, force, nombre, uniforme, allocations, punitions, service. — N° 1. Création. — Dès le quinzième siècle, il existait en Hongrie des corps d'infanterie, mais surtout des corps de cavalerie, qui s'appelaient Hussards. C'était un arrière-ban que les autres nations nomment l'insurrection hongroise. Ils avaient de l'analogie avec les généraires de la milice espagnole ; mais nous ne saurions dire laquelle des deux nations aurait imité l'autre. — Sous Louis treize, il y avait au service de France cinq compagnies de cavalerie hongroise ; mais elles n'y étaient pas connues sous la désignation de Hussards ; cette cavalerie figura au siége de Landrecies en 1637. — On lit dans les *Mémoires pour servir à l'histoire du cardinal de Richelieu* une lettre qu'il adressait au cardinal Lavalette, et dans laquelle il lui dit : *Nous allons maintenant faire deux mille chevaux de la nouvelle cavalerie dont vous m'avez écrit, qui n'aura qu'une cuirasse et une bourguignote qui couvre les deux joues et une barre sur le nez, une carabine et un pistolet. Je crois qu'on l'appellera cavalerie hongroise, si ce n'est que M. Hebron nous voulût mander un autre nom qui fût plus idoine.* — Ce nom plus *idoine* ou plus convenable à donner à ces cavaliers était apparemment la désignation de Hussard ou une dénomination hongroise, ou le nom du colonel. — Louvois réforma la cavalerie hongroise de Louis treize ; mais des Hongrois furent remis sur pied sous le nom de Hussards après son ministère ; ils furent amenés en France, à ce que dit Audouin, en 1689, par Bercheny, magnat de Hongrie ; mais dans un autre passage cet auteur se contredit lui-même ; son assertion est une erreur. — Daniel (1721, A), Guignard (1725, B), Jaero (1777, G), M. Sicard reportent à l'an 1692 la création des premiers Hussards français. Daniel dit qu'on appelait Hussards des soldats de race hongroise et polonaise, destinés à servir contre les Turcs, mais il accuse juste, en les rattachant à une origine polonaise. — Dans le service français, ce genre d'arme fut créé par hasard, et fut conservé par habitude ; l'étrangeté plus que l'utilité de cette troupe ont inspiré le goût qu'on a conçu pour elle. Voici comment elle prit naissance. — En 1692, quelques Hussards désertèrent de l'armée impériale, et se mirent comme domestiques aux gages de plusieurs officiers français. Le maréchal de Luxembourg, remarquant à la suite des officiers de son armée ces hommes d'une tournure leste, d'un air martial, et dont le costume, le sabre hongrois étaient singuliers, se persuada qu'il en pourrait tirer d'utiles services. — Il les employa d'abord comme partisans, et fut satisfait de leur intelligence pour la petite guerre ; il conçut dès lors le projet d'en former quelques compagnies régulières ; dans cette vue, il envoya deux de ces Hongrois à Fontainebleau où était la cour. Ces Hussards rencontrèrent au cabaret un baron de Corneberg, bâtard d'une grande maison d'outre-Rhin, déserteur de tous les services, recruteur cosmopolite, intrigant, joueur, dilapidateur de tout bien, et pourtant accueilli, ou du moins protégé à la cour de France, où quelquefois l'intrigue a trouvé accès. Les deux Hussards se lièrent avec Corneberg, et le prirent pour guide et pour interprète ; tous trois habillés, équipés, montés à la manière hongroise, ils parurent devant

Louis quatorze qui se décida à admettre ce genre de troupe dans la cavalerie française. — Corneberg fut chargé de lever un régiment de hussards. La cour lui remit pour effectuer ce recrutement des sommes qu'il perdit en grande partie au jeu à Strasbourg ; cependant il leva trois mauvaises compagnies composées en grande partie d'Allemands, au lieu d'être uniquement formées de Hongrois. Corneberg obtint, comme récompense, une pension de deux mille livres, et commanda, comme colonel, cette poignée de Hussards qui se conduisirent médiocrement sur le Necker, où ils servirent, en 1693, sous les ordres de Monseigneur ; le prince se montra peu content d'eux. — Corneberg, au bout de six ou sept mois, joua sa pension, la perdit, et proposa à l'ambassadeur de Venise de déserter avec son régiment pour passer au service de la république. Peu de temps auparavant, Montécuculi proposait à Louis quatorze de déserter d'Autriche avec un régiment de dragons. Cette manière de vendre son épée était un reste des usages des guerres civiles. — La résolution de Corneberg transpira ; il fut mis à la Bastille jusqu'à la paix de Riswick, et ensuite expulsé de France à perpétuité ; son régiment fut donné à un Wurtembergeois, nommé, suivant les diverses versions, Mortain, ou Mortani, ou Mortagne, ou Mortagni. — Villars institua un second régiment de Hussards donné au sieur Verceil. Le duc de Bavière en amena un troisième sous les ordres d'un Hongrois nommé Ratzki ; et dans celui-ci on incorpora, à la paix d'Espagne, en 1721, le régiment de Verceil. — La constitution de 1733 et 1734 reconnaissait trois régiments. — En 1738, le magnat hongrois Bercheny amena au service de France un régiment de hussards qu'il avait levé sur les possessions turques en 1719 ; il était moitié moins fort que les autres. — Tour à tour on créa et l'on supprima les Hussards pendant la guerre de 1741. Il y en avait trois régiments sur pied au commencement de la guerre de sept ans. — Une ordonnance de 1760 (mars) ajoutait cinq cents hommes à deux régiments de hussards. — L'ordonnance de 1762 (21 décembre) conservait trois régiments. — Audouin dit qu'il n'existait plus en 1764 qu'un seul régiment de hussards, c'était celui de Bercheny. L'ordonnance de 1764 (10 février) créa de plus Chamboran et Royal Nassau, chacun de douze compagnies, moitié à pied, moitié à cheval. — En 1766, il fut créé, sous le nom de Esterhazi, un quatrième régiment de hussards. — N° 2. Compo-

sition. — L'arme ou la sous-arme des Hussards, car on ne sait lequel dire, a sans cesse changé quant au nombre des régiments, des escadrons, des compagnies. On en trouve le témoignage dans les ordonnances de 1762 (21 décembre), 1764 (10 février), 1772 (9 juin), 1776, etc. — Au temps de Louis quinze, il y avait des compagnies franches de Hussards ; il y avait des régiments de hussards composés de quatre escadrons ; chaque escadron, de quatre compagnies, chacune de quarante hommes ; ainsi le régiment était de six cent quarante Hussards ; il en fut ainsi pendant la guerre de 1756. — En 1760 (4 janvier), il était attaché des corps de chasseurs à pied aux régiments de Berchény et de Chamboran ; par là ces régiments se trouvaient transformés en véritables légions. — Quantité de Français faisaient partie de ces corps ; mais on leur apprenait, dit le *Spectateur militaire* (t. xxiv, p. 644), *à jurer en langue hongroise.* — L'ordonnance de 1772 (9 juin) reconnaissait quatre régiments à quatre escadrons ; celle de 1776 (25 mars) en reconnaissait quatre régiments à cinq escadrons. — L'ordonnance de 1778 (22 novembre) leur donnait pour colonel général le duc de Chartres ; jusque-là ils étaient sous les ordres du colonel général de la cavalerie. — Il y avait six règlements de hussards en 1791 ; ils étaient chacun à quatre escadrons. — En 1793, douze régiments de hussards sont sur pied. — Jusqu'à cette époque, ce genre de troupe s'était recruté, à de légères exceptions près, dans celles des provinces françaises du Rhin où l'on parle allemand. Le gouvernement eût craint qu'en n'offrant pas ce débouché à des hommes naturellement belliqueux, qui ne savaient pas le français, et qui avaient du goût pour ce genre de service, il ne prissent parti dans les troupes étrangères. Une raison politique tenait donc, en France, des Hussards sur pied. Cette raison a cessé d'exister. — Carré (1783, E) dit que, de son temps, on ne pouvait être enrôlé comme Hussard, à moins qu'on ne fût né au delà de la Sarre. — Il y avait entre les Hussards de France et ceux de Prusse la différence que dans l'armée de Frédéric deux, un régiment se divisait de deux manières, savoir : en cinq escadrons ou en deux bataillons. — Le décret de l'an deux (21 nivose) classait les Hussards dans la cavalerie légère ; jusque-là ils ne lui appartenaient pas nominalement, quoique leur service fût le même. — Sous le régime impérial, la taille des Hussards, ainsi que celle des chasseurs, avait été assimilée à celle de l'infanterie. — L'ordonnance de 1831

(19 FÉVRIER) classait comme CAVALERIE LÉ-GÈRE SIX RÉGIMENTS DE HUSSARDS. — N° 5. DÉNOMINATION, FORCE, NOMBRE. — L'orthographe du mot Hussard est mal arrêtée; VOLTAIRE l'écrit HOUSSARD; ANDREW, HUSSAR; CARRÉ (1783, E) et DANIEL (1721, A), HUSSART; GÉBELIN et ROQUEFORT (1835), HUSZARD. Des ordonnances et des AUTEURS modernes ont dit HOUZARD, HUZARD, BUZAR. — Ces termes tirent leur origine du HONGROIS *husz*, qui signifie vingt, parce que la levée de ce genre de TROUPE s'opérait à raison d'un sur vingt; on disait les Hussards, comme on aurait dit les vingtièmes HONGROIS. Cette étymologie peut aider à expliquer les différences d'orthographe du terme que chacun a écrit de la manière qu'il jugeait correspondre à la prononciation HONGROISE.

ANNÉES.	NOMBRE DE			FORCE TOTALE.	OBSERVATIONS.
	RÉGIMENTS.	ESCADRONS par régim.	COMPAGNIES par escadr.		
1693....................	1		3		Nommé Corneberg.
1705....................	2				— Mortain, Verceil.
1720....................	3				
1721....................	2	2	4		Verceil incorporé dans Ratzki.
1733....................	3				
1738....................	4				Création de Bercheny.
1756....................	3				Il y a des RÉGIMENTS à 4 escadrons. Les COMPAGNIES à 48 hommes. La force des RÉGIMENTS à 640 hussards.
1762....................	3			1,176	12 escadrons et près des deux tiers d'hommes non montés.
1763....................	1				
1764....................	3				Bercheny, Chamboran, Royal Nassau.
1766....................	4				Création d'Esterhazi.
1772....................	4	4	2		FORCE d'un régiment, 320 hommes.
1775....................	4	4		1,280	
1776 (25 mars)......	4	6		3,532	Les deux tiers d'hommes non montés.
1784 (juillet).........	6	5		3,126	
1788 { Pied de paix.	6	4		4,146	
{ P. de guerre.		4		5,394	
1791 { Pied de paix. (1er janvier)				3,480	Il y a sur pied de guerre plus de chevaux que d'hommes.
{ P. de guerre.				4,080	
1793....................	12	6		11,000	
An 2 (16 nivôse), ou 1794 (10 janvier)....	11	6		15,510	
An 4 (10 brumaire).	8	6		11,280	
An 7 (23 fruct.)......	12	6		11,304	
1799 (juillet)..........	13	4		11,304	
1804 (septembre)...	10	5		10,108	
1808....................	10	4		10,550	Presque autant d'hommes que de chevaux.
1812....................	13	6		12,500	
1813....................	13			13,715	
1814 (12 mai)........	6	4		3,864	
1815 (30 août).......	6			3,492	
1819 (9 octobre).....	6			2,880	
1825 { Pied de paix. (25 février)	6	6		4,404	
{ P. de guerre.	6	6		6,132	
1828 ( )..					Ne sont encore qu'à 4 escadrons, quoique en principe toute la cavalerie dût être à six escadrons.
1831....................	6	6		6,165	

N° 4. Uniforme. — Les Hussards portèrent d'abord le costume des Hongrois ;
quoique censé maintenu, il ne se ressemble
plus. Le chaperon et le bonnet ou schako a
flamme sont oubliés ; le pantalon collant
galonné, à tresse, à trèfle est devenu large
et uni ; la pelisse ou pelice, autrefois casaque ou manteau, n'est plus qu'un ornement
inutile et une surcharge ; le dolman descendait jusqu'au milieu des cuisses, il va à
peine aux hanches ; un manteau a été donné
par double emploi. Il n'est resté du vieux
temps que les boutons demi-sphériques et
l'absence de poches, c'est-à-dire la conservation de choses inutiles et la privation du
nécessaire. — La couleur de l'uniforme des
Hussards fut d'abord en France le vert,
quel que fût le corps ; le dolman ne différait
dans chaque corps que par le parement. Là
pelisse était dans le principe une simple
peau de mouton taillée en veste large, à
manches droites, le poil en dedans. — L'ordonnance de 1669 (21 février) renonça, par
un caprice blâmable, à l'unité de la couleur
de fond ; elle reconnut autant d'habillements de couleurs différentes qu'il y avait
de régiments ou de compagnies régimentaires. Mille colifichets de harnachement,
mille brimborions de grande tenue, des
ganses en guise de revers ; des tresses de
toutes couleurs, d'innombrables boutons furent tolérés, modifiés, déplacés ; les officiers se donnèrent des bottes bleues, rouges,
jaunes comme celles des Orientaux ; le caprice des chefs eut autorité souveraine,
comme cela arrive dans tous les corps privilégiés ou anomales. — Daniel (1721, A)
parle déjà du pantalon des Hussards ; Lachesnaie (1758, I) aussi emploie ce mot ;
mais Carré (1785, E) se sert du terme grègues, qui est moins exact, et les commis de
la guerre, même au commencement du siècle actuel, ne l'appelaient que culotte hongroise. — L'ordonnance de 1757 (15 mai)
réglait leur uniforme ; le règlement de 1767
(25 avril) donnait la culotte hongroise garance à tous les Hussards et la culotte de
peau à tous leurs trompettes. — Les premiers Hussards laissaient la moustache tomber dans toute sa longueur ; ils avaient la
tête rasée à la musulmane. — A la fin du
dernier siècle, ils conservaient au contraire
à la hongroise toute leur chevelure ; elle
se réunissait en un énorme catogan où venaient aboutir les cheveux des faces, nattés
en deux longues cadenettes assujetties au
moyen de lames de plomb ; ces bizarreries
ont fait place aux cheveux coupés ; au colbach, au schako sans flamme, en feutre noir,
en feutre de couleur, en cône tronqué dont

la partie évasée est tantôt en bas, tantôt en
haut. — A l'époque de la révolution, les
Hussards avaient le plumet long et cylindrique à plumes attachées en spirale. Depuis la décision de 1831 (7 mai) qui a été
rendue par condescendance pour des caprices de jeunes gens engoués des modes
étrangères, ils ont le plumet tombant en
pleureur, à la russe. — Le sabre des Hussards était et est encore courbe ; cela tient à
ce que les Hongrois sont originaires de l'O-
rient, pays où la dextérité à couper des têtes
constitue un grand mérite ; mais, à la guerre,
les Occidentaux coupent peu de têtes aux
vivants, et celles des morts ne sont pas
bonnes à grand'chose ; les taillades du sabre
courbe sont de peu d'effet, le poids de la
garde en fait porter à faux le tranchant, à
moins que la lame ne glisse à la manière de
la guillotine, comme le pratiquaient avec
tant de dextérité les mameloucks. Les Hussards modernes ne sont pas si habiles ; cependant la mode a voulu que l'on conservât
cette espèce de cimeterre allongé ayant
garde à branche et moins en demi-lune ;
c'étaient autant de combinaisons fausses ;
bien des institutions ne reposent pas sur
des principes mieux raisonnés. — Originairement chaque Hussard était, en outre,
armé d'une longue épée droite, à petite
poignée de cuivre et à simple branche ; la
lame était à trois pans et longue de quatre
pieds et demi. Le fourreau en cuir noir
était fortifié dans sa longueur d'une quantité de colliers en cuivre mince. Cette espèce de broche restait attachée par son
fourreau à la selle du cheval ; les jours
d'action le cavalier s'en escrimait en guise
de lance. Cette longue épée se nommait
palache ou panserétesche, à ce que dit Daniel (1721, A) ou pansetérèche, ou pansté-
rèche à ce que dit Carré (1785, E), ou meg,
ou megg, en langue turco-hongroise, à ce
que disent Lachesnaie (1758, I) et l'Encyclopédie (1785, au mot *Arme*). — Depuis que nos Hussards furent une imitation
de ceux du service d'Allemagne, l'usage du
mot carabine s'est répandu pour signifier
arme a feu de cavalerie, quoique cette arme
fût un mousqueton et non une carabine ;
mais, dans leur langage, les cavaliers allemands l'appelaient carabine. — Dans l'origine, les trompettes des Hussards n'étaient
que de simples cornets pareils à ceux des pos-
tillons d'Allemagne. — Carré (1785, E) appelle sabrakque ce que des ordonnances appellent maintenant schabraque, mot devenu
français et emprunté des Hussards. — Lachesnaie (1758, I) rend l'idée de la sabretache
actuelle, c'est-à-dire du sac attaché au cein-

TURON du SABRE en disant que les Hussards ont de *grandes gibecières en bandoulière en forme de havresac;* ainsi le mot SABRETACHE qui est ALLEMAND et non HONGROIS est moderne, tandis que le mot DOLIMAN, DOLMAN est ORIENTAL et fort ancien. — La CEINTURE des Hussards, inutile fardeau, ajustement dispendieusement fabriqué en cordes de laine de couleur variée, était une trace des usages qui remontent au temps où le dolman turc traînant à terre, il fallait pour la guerre le retrousser au moyen d'une ceinture; c'était ce que les Romains appelaient se *præcingere ad bellum.* — La SELLE A LA HUSSARDE ou selle à PALETTE, malgré ses inconvénients et ses formes qui rappelaient l'enfance de l'art, a été adoptée comme si l'on eût ignoré qu'en Hongrie, faute d'argent et de selliers, le simple soldat, avec le seul secours de sa hache et de son couteau, fabriquait sa selle, en abattant un arbre et en tuant un mouton et une vache. La crinière des CHEVAUX était rasée à moitié; il n'en était laissé que la partie inférieure et la touffe nécessaire au montoir. C'était un vestige de l'usage de la CERVICALE ou du BUINDUK des ORIENTAUX; de là venait l'expression mentionnée par l'ACADÉMIE au mot *Hussard :* Couper les crins à la hussarde. — L'HABILLEMENT et le HARNACHEMENT des OFFICIERS de Hussards rappelaient et leur origine et leur manière de faire la guerre. De riches SOUTACHES capricieusement contournées enjolivaient leurs vêtements; leurs BOTTES, à la manière des ORIENTAUX, étaient de couleurs vives ou tendres. Une boule de métal précieux qui pendait au poitrail du cheval était un témoignage de la noble origine du CAVALIER. Un CROISSANT, ou plusieurs CROISSANTS d'argent, cousus sur la poitrine du DOLMAN, étaient, à ce que dit GUIGNARD, un témoignage du nombre des têtes d'ENNEMIS que l'OFFICIER avait coupées; nous croyons que c'était plutôt une trace des coutumes des TURCOMANS ou des TURCS, avec qui les HONGROIS avaient une origine commune. — Les CHEVEUX des Hussards, accompagnés de force POUDRE, ou blanc d'Espagne, se nouaient en une QUEUE à MANDRIN attachée bas et accompagnée de deux TRESSES latérales en ligne courbe. — Une idée de l'ancien costume des Hussards est donnée dans *le Journal de l'Armée,* t. III, p. 228 et planches 7 et 9; il rappelle celui des PANSERNES. — Les moindres détails du costume des Hussards, du dessin de leurs TRESSES, et de leurs cordonnets, du PANTALON COLLANT et à TRÈFLES, maintenant hors d'usage, du BOUDIN de leurs MANCHES, de leurs MARQUES DISTINCTIVES bizarres, de leurs BOTTES

à ÉPERONS fixes, de leur CEINTURE, etc., sont représentés de demi-grandeur dans un ouvrage moderne (1818, B). — N° 5. ALLOCATIONS, PUNITIONS, SERVICE. — Primitivement le BUTIN tenait lieu de solde aux Hussards. Depuis qu'ils sont devenus TROUPE RÉGULIÈRE et ont cessé de vivre de PILLAGE, ils ont perçu le FOURRAGE dans la proportion des RATIONS allouées aux TROUPES LÉGÈRES. — Les Hussards à titre de TROUPE d'origine étrangère ont été soumis des derniers à l'empire du BATON. Il y avait dans quelques RÉGIMENTS un usage qui mérite d'être rapporté : l'HOMME qui le dernier arrivait, soit à l'exercice, soit au pansement, soit à un rassemblement, recevait de nécessité un coup de canne; contre la loi des choses possibles, il ne fallait pas qu'il y eût de dernier; aussi les Hussards se précipitaient comme un troupeau de moutons effarés; mais il fallait que le coup de canne fût administré, sauf à frapper plusieurs dos à la fois. — La manière de servir des Hussards fut analogue au service dont s'étaient acquittés plus anciennement les ESTRADIOTS, les CARABINS, les CROATES; c'était la PETITE GUERRE. — MIRABEAU (1788, C), en parlant des Hussards, a dit : *Leur nom et leur habillement est un hommage rendu à la supériorité des troupes légères d'Autriche.* — Les HONGROIS s'étaient, en effet, distingués d'abord en combattant fréquemment contre les TURCS; mais ce fut dans les guerres soutenues par MARIE-THÉRÈSE qu'ils acquirent surtout de la réputation; cependant, à une époque où déjà toute l'EUROPE commençait à solder des Hussards, ils n'étaient encore qu'une CAVALERIE IRRÉGULIÈRE, comparable à la plus grande partie des corps actuels de COSAQUES. — Aussi FRÉDÉRIC DEUX (1761, G) disait-il à ses généraux : *Ces soldats ne sont redoutables que pour ceux qui ne les connaissent pas.* — MAIZEROY (1767, E) dit, qu'ils n'étaient pas rangés genou à genou, ce qui leur donnait la facilité, quand une CHARGE ne réussissait pas, de FAIRE DEMI-TOUR sans confusion. — Dans la première moitié du dernier siècle, les Hussards des MILICES ALLEMANDES étaient bien supérieurs aux TROUPES LÉGÈRES des ANGLAIS, des FRANÇAIS, des HOLLANDAIS. — Pendant le cours des GUERRES de LOUIS QUINZE, les Hussards français, si l'on s'en rapporte à POTIER (1779, X), étaient des corps peu estimés; par une espèce de pacte tacite, à la manière des anciens AVENTURIERS, ceux de partis opposés se ménageaient comme frères; leurs rencontres en plaine n'amenaient jamais de résultats sérieux; cet ÉCRIVAIN fut témoin dans la retraite de Prague qu'un régiment de Hussards français, mais il ne le nomme pas, et un de Hussards allemands, après avoir fait feu du mousqueton et du pistolet hors de portée de canon, avaient tiré le sabre pour se charger, et que s'étant abordés, ils s'étaient arrêtés pour boire l'eau-de-vie et se dire amicalement adieu. *Ils ne campent, ni ne combattent en ligne, dit-il ; s'ils font quelque action valeureuse, ils n'ont pas de témoin ; on ne l'apprend que sur leur récit qu'ils ne manquent jamais à donner à leur avantage, et comme on est peu porté à les en croire sur parole, aucun gazetier n'a jusqu'à présent (1779) célébré leurs exploits.* — Dans les guerres de la révolution, il en a été autrement ; des généraux d'armée ont formé en brigades des régiments de Hussards ; mais plus souvent, et plus convenablement, ils ont été employés par détachements aux escortes de convois ; aux opérations de la petite guerre, à toutes les fonctions des anciens partisans, et dans ces diverses positions les Hussards français ont rendu de mémorables services et se sont conduits glorieusement.

HUSSARD a pied. v. a pied. v. heiduque. v. infanterie française n° 2. v. milice autrichienne n° 1.

HUSSARD anglais. v. anglais, adj. v. milice anglaise n° 2.

HUSSARD autrichien. v. autrichien, adj. v. milice autrichienne n° 1, 2, 3, 4, 6.

HUSSARD colombien. v. colombien, adj. v. milice colombienne.

HUSSARD danois. v. danois, adj. v. milice danoise n° 1, 5.

HUSSARD de garde royale. v. armée française n° 2. v. composition. v. garde royale.

HUSSARD de ligne. v. armée française n° 2. v. composition. v. ligne.

HUSSARD hanovrien. v. hanovrien, adj. v. milice hanovrienne n° 1.

HUSSARD hessois. v. hessois, adj. v. milice hessoise.

HUSSARD hollandais. v. hollandais, adj. v. milice hollandaise n° 2.

HUSSARD néerlandais. v. milice néerlandaise n° 1. v. néerlandais, adj.

HUSSARD prussien. v. milice prussienne n° 2, 4. v. prussien, adj. v. tirailleur. v. tresse de chevelure.

HUSSARD russe. v. milice russe n° 2, 4. v. russe, adj.

HUSSARD saxon. v. milice saxonne n° 1. v. saxon, adj.

HUSSARD suédois. v. milice suédoise n° 1. v. suédois, adj.

HUSSARD turco-égyptien. v. milice turco-égyptienne n° 2. v. turco-égyptien, adj.

HUSSARDE, subs. fém. v. a la hussarde.

HUSSART, subs. masc. v. hussard n° 3.

HUSSON. v. noms propres.

HUSZAR, subs. masc. v. hussard n° 3.

HUTTE (huttes), subs. fém. (F). Mot qu'on croit d'origine allemande ; cependant Philippe de Clèves (1520, A) disait dans le même sens, cahute. — Les Huttes étaient des cabanes que l'infanterie construisait en campagne avant que l'usage des tentes ne fût adopté. Guillet (1678, D), au mot *Baraque*, fait connaître l'instant où l'un de ces termes a fait place à l'autre. Delafontaine (1665, A), en traitant de l'infanterie ne parle que des Huttes et non des baraques. — Manesson (1685, B) appelle baraques les logements de la cavalerie et Huttes les logements de l'infanterie ; il dit que, de son temps, on alignait les files de Huttes à raison de quatre rangées ; chaque Hutte avait huit pieds carrés et était propre à contenir deux hommes de pied ; en cela Manesson recopie Praissac (1622, A) ; mais l'ordonnance de 1670 (10 juillet) commençait déjà à prendre comme synonymes Hutte et tente. — Le mot Hutte n'avait pas toujours un sens absolument spécial, puisque Billon (1612, B) et Stevin parlent de Huttes de cavalerie. — Dans les guerres modernes on a appelé baraques ce qu'on appelait autrefois Huttes, et les camps de ce genre ont reparu quand on a aboli les tentes et que le système des bivacs a prévalu.

HUTTON. v. noms propres.

HUVESTE, subs. fém. v. chapeau. v. coiffure.

HUVETTE, subs. fém. v. chapeau. v. coiffure.

HUZAR, subs. masc. v. hussard n° 3.

HYDROCÈLE, subs. masc. (D, 4, 5). Mot tout grec donnant idée d'une infirmité qui affecte les parties naturelles de l'homme. — L'Hydrocèle reconnu incurable est un cas de réforme.

HYDROPISIE, subs. fém. (D, 4, 5). Mot tout grec exprimant une maladie bien connue ; cette infirmité si elle est incurable est rangée au nombre des cas de réforme.

HYGIÈNE, subs. fém. v. air vital. v. Biron. v. chirurgie militaire. v. Colombier (1775, A). v. Diez. v. habillement. v. Hempel (L.-A.-L). v. Kirckoff. v. Lachèse. v. Lecointe (1779). v. Monro. v. Pergot. v. Révolat. v. service de santé. v. Sigwart. v. Somerville. v. Vaidi.

HYGIN; HYGINUS. v. NOMS PROPRES.

HYLARQUE, subs. masc. v. ÉLÉPHANT. v. MILICE GRECQUE N° 7.

HYNIZSCH. v. NOMS PROPRES.

HYPASPISTE, subs. masc. v. PELTASTE.

HYPÆTHROMACHIE, subs. fém. v. GUERRE EN RASE CAMPAGNE.

HYPOCLASTIQUE, adj. v. FEU H... v. ORDRE H...

HYPORICHTIQUE, adj. v. GUERRE SOUTERRAINE. V. ORDRE EN POTENCE.

HYPOTAXE, subs. fém. (F), ou ORDRE EN POTENCE. Mot dérivé du GREC *hypotaxis*, sous-ordre ou subordination. C'était un ORDRE TACTIQUE, une formation, une ÉVOLUTION de la MILICE GRECQUE. De *hypotassein*, subordonner. — L'Hypotaxe consistait à placer les ARMÉES A LA LÉGÈRE en crochet ou en POTENCE, en dehors des ailes de la PHALANGE pour en protéger les FLANCS. PRAISSAC (1622, A) explique, mais peu nettement, cette ÉVOLUTION. DILLON en donne l'image et représente sur huit rangs et sur huit files les deux troupes d'armés à la légère dépassant tant soit peu le front de bataille. — ROBINSON compare cette ÉVOLUTION *à une triple porte.* Cette comparaison est inintelligible.

HYPPARCHIE, subs. fém. v. TARENTINARCHIE. V. XÉNAGIE.

HYRONDE, subs. fém. v. QUEUE D'H...

IAGER. v. NOMS PROPRES.

IALME, subs. masc. v. HEAUME.

IAULME, subs. masc. v. HEAUME.

IAUME, subs. masc. v. HEAUME.

IBRAHIM. v. NOMS PROPRES.

IDENTIQUE, adj. v. PLATINE I...

IDIOPLIE, subs. fém. v. ARCHER A PIED. V. ARCHER DE POLICE. V. ARME PERSONNELLE. V. BATAILLON. V. BOMBARDIER. V. CHIEN DE GUERRE. V. COMPAGNIE FRANCHE. V. COMPOSITION (tableau N° 1). V. CORRESPONDANCE MINISTÉRIELLE. V. DÉNOMBREMENT D'ARMÉE. V. ÉLÉPHANT. V. GRAND MAITRE DES ARBALÉTRIERS. V. HASTAIRE N° 1. V. MILICES ITALIENNES.

IDIOPLIQUE, adj. v. ARME I... V. ARTILLERIE I... V. BATTERIE I... V. CHAPERON I... V. CLHAIRON I... V. COR I... V. CORNET I... V. CORNETTE I... V. CORVÉE I... V. ESPADON I... V. EXEMPT I... V. FAGOT I... V. FIFRE I... V. GARDE I... V. GARNISON I... V. GÉNIE I... V. GUIDE I... V. GUIDON I... V. HABILLEMENT I... V. HAUTBOIS I... V. HAUTE PAYE I... V. INFIRMIER I... V. LANCE I... V. LIGNE I... V. MINEUR I... V. ORDONNANCE I... V. PAS I... V. PASSE VOLANT I... V. REMPLACEMENT I...

IENA; IETEZ. v. NOMS PROPRES.

IF, subs. masc. v. BOIS D'ARC.

ILARCHIE, subs. fém. v. ÉLÉPHANT. V. ÉPITARCHIE.

ILARQUE, subs. masc. v. CENTARQUE. V. ÉLÉPHANT. V. ILE ÉQUESTRE. V. MILICE BYZANTINE. V. MILICE GRECQUE N° 7. V. OFFICIER N° 2.

ILE, subs. fém. (term. génér.). Mot tout LATIN ou tout GREC, suivant l'acception qu'il prend; il se distingue en ILE ÉQUESTRE et en ILE MARITIME.

ILE BOURBON. v. BOURBON. V. NOMS PROPRES.

ILE de FRANCE. v. NOMS PROPRES.

ILE ÉQUESTRE (F), ou ARCHIE, suivant PRAISSAC (1622, A). Le mot ile, en grec *ilé* appartient aux anciens usages de la CAVALERIE de la MILICE GRECQUE. ROBINSON dit que l'Ile avait la forme d'un œuf. ELIEN (70, A) et M. CARRION prétendent qu'un Thessalien nommé Iléon, inventeur de l'ESCADRON en LOSANGE, qu'on nomma aussi rhombe ou RHOMBOÏDE, donna son nom à l'Ile; mais BOUCHAUD (1757, G) révoque en doute cette assertion. L'Ile était l'UNITÉ TACTIQUE de l'ÉPITAGME. Cette SUBDIVISION était un carré ou une COMPAGNIE de soixante-quatre CAVALIERS CATAPHRACTES, en huit RANGS et huit FILES, sous les ordres d'un ILARQUE. — Suivant DECRAMMEVILLE (1789, A), deux Iles formaient un ESCADRON. M. le colonel CARRION (1824, A), au contraire, appelle ESCADRON une Ile, et ÉPITARCHIE, l'ensemble de deux Iles. — Il y avait un ÉTENDARD par deux Iles, ce qui probablement faisait une file creuse dans l'ESCADRON, qui avait dix-sept mètres ou cinquante et un pieds de front. — M. LISKENNE a donné une image de l'Ile (t. I, p. 576, gravure).

ILE (îles) MARITIME (E, 3). Sorte d'ILES considérées abstraction faite de la distance plus ou moins grande qu'il peut y avoir entre elles et la métropole. Il n'en est question ici que sous le point de vue des GARNISONS que la FRANCE tient dans les Iles françaises, et des principes relatifs aux moyens de PASSAGES D'EAU. — Une INSTRUCTION DE 1814 (23 DÉCEMBRE) règle la manière dont les TROUPES FRANÇAISES doivent être envoyées dans les Iles et y être transportées.

ILLÉGAL (illégale), adj. V. ABSENCE I... V. ARRESTATION I... V. RASSEMBLEMENT I...

ILLÉGALEMENT, adv. V. ABSENT I...

ILLETTRÉ, adj. et subs. masc. V. ÉCOLE RÉGIMENTAIRE. V. RECRUTEMENT. V. SOLDAT I...

ILLICITE, adj. V. DÉPART I... V. RETENUE I...

ILLIMITÉ, adj. V. CONGÉ I... V. ENGAGEMENT I...

ILLING ou **ILLNIG; ILLIRIE.** V. NOMS PROPRES.

IMAGE, subs. fém. V. COHORTE MILITAIRE. V. EMPEREUR. V. LABARUM. V. LÉGION ROMAINE N° 4. V. MILICE GRECQUE N° 4. V. PORTE-IMAGE.

IMAGINIFÈRE, subs. masc. V. LÉGION ROMAINE N° 1. V. MILICE ROMAINE N° 2. V. PORTE ENSEIGNE.

IMAN (subs. masc.) ou **IMAM.** V. AUMONIER; id. N° 2. V. MILICE TURQUE; id. N° 2, 6.

IMBÉCILLITÉ, subs. fém. V. CAS DE RÉFORME. V. INFIRMITÉ.

IMBERT; IMBOTTI. V. NOMS PROPRES.

IMMATRICULATION, subs. fém. V. ANCIENNETÉ D'APPELÉ. V. ANNÉE DE SERVICE ORDINAIRE. V. DROIT. V. ENROLEMENT CONSCRIPTIF. V. ÉTAT CIVIL. V. IMMATRICULÉ subs. V. NOMS PROPRES. V. OFFICIER DE SANTÉ. V. RECRUE. V. RECRUTEMENT. V. SERVICE PERSONNEL.

IMMATRICULATION D'ENFANT DE TROUPE. V. ENFANT DE TROUPE. V. ENFANT D'HOMME DE TROUPE N° 1, 5. V. RECRUE.

IMMATRICULÉ, subs. masc. et adj. (A, 1; B, 1) ou MATRICULÉ. Mot analogue, ainsi que le substantif IMMATRICULATION, au terme CONTROLE MATRICULE, et se rapportant à la même étymologie. — L'expression Immatriculé est peu ancienne, elle a été adoptée dans les lois promulguées au sujet des APPELS. Le terme donne idée d'un individu ou JEUNE SOLDAT susceptible de faire partie de l'ARMÉE et passant de l'ordre civil dans le DÉPARTEMENT DE LA GUERRE, à l'instant où a lieu l'inscription de ses NOMS sur la MATRICULE d'un CORPS, sur des CONTROLES départementaux, ou sur des états tenus aux BUREAUX du MINISTÈRE. — Un Immatriculé est ou MILITAIRE ou EMPLOYÉ de l'ARMÉE, ou MAITRE OUVRIER, etc., etc. En vertu de son inscrip-

tion, il est autorisé à toucher, au compte du MINISTÈRE DE LA GUERRE, un traitement en argent ou en nature. — Il reste douteux si des GAGISTES ou des MUSICIENS non ENGAGÉS par ACTE devant la MAIRIE, ou par APPELS, seraient Immatriculés, quoiqu'ils soient momentanément militaires et paraissent passibles de PEINES MILITAIRES. — Il est du devoir des COLONELS D'INFANTERIE FRANÇAISE de ne souffrir aucun délai entre l'arrivée des ENROLÉS ou des APPELÉS et leur IMMATRICULATION. — Le général LECOUTURIER (1825, A) a traité du mot Immatriculé.

IMMÉMORIAL, adj. V. RÉGIMENT I...

IMMOBILE, adj. V. ARME DÉFENSIVE I... V. ARME NATURELLE I...

IMMOBILITÉ (subs. fém.) SOUS LES ARMES. V. DÉSERTION. V. REPOS, interj. V. SOUS LES ARMES.

IMPAIR (impaire), adj. V. BATAILLON I... V. COMPAGNIE I... V. DIVISION I... V. FEU I... V. PELOTON I... V. PELOTONS PAIRS ET I... V. SUBDIVISION PAIRE.

IMPÉRIAL (impériale), adj. V. CHAMBRE I... V. COMMISSAIRE I... V. CORPS I... V. GARDE I... V. GENDARMERIE I... V. LÉGAT I... V. PROCUREUR I... V. QUARTIER I... V. TRÉSOR I...

IMPLEXE, adj. V. PHALANGE I...

IMPÉRIAUX. V. NOMS PROPRES.

IMPOSITION, subs. fém. (F). Mot tout LATIN que MAIZEROY (1771, A) emploie pour rendre l'idée du MÉLANGE D'ARMES dont parle ÉLIEN (70, A) en traitant de la PHALANGE. — ARRIEN (110, A) dit que la MILICE GRECQUE s'est servi tactiquement de l'ORDRE ENTREMÊLÉ; mais il ne paraît pas en approuver l'usage.

IMPOSITION DIRECTE et PERSONNELLE. V. DIRECT, adj. V. PERSONNEL, adj. V. RETENUE. V. RETENUE SUR SOLDE. V. TAILLE. V. TAILLE FISCALE.

IMPRÉVU (imprévue), adj. V. BATTERIE I... V. DÉPART I...

IMPRIMÉ (imprimée), adj. V. CARTOUCHE I... V. CONGÉ I...

IMPROPRE (adj. et subs.) AU SERVICE. V. AU SERVICE. V. CONGÉ DÉFINITIF. V. DISPENSE DE SERVICE CONSCRIPTIF. V. SERVICE CONSCRIPTIF.

IMPULSIF (impulsive), adj. V. CHARGE I... V. COLONNE I...

IMPUTATION, subs. fém. V. A COMPTE. V. AVANCE AUX ISOLÉS. V. BORDEREAU D'AVANCE. V. EFFET D'IMPUTATION. V. FEUILLE D'IMPUTATION. V. FEUILLE DE RETENUE. V. MASSE DE LINGE ET CHAUSSURE. V. MINISTÈRE DE LA GUERRE. V. RETENUE. V. TITRE D'AVANCE.

INCARCÉRATION, subs. fém. V. AR-

RESTATION JURIDIQUE. V. COMPOSITION. V. CONDAMNÉ A L'I... V. EMPRISONNEMENT. V. JUSTICE MILITAIRE. V. MILICE ANGLAISE N° 10. V. MILICE ROMAINE N° 9. V. SERGENT D'INFANTERIE FRANÇAISE DE LIGNE N° 11.

INCARCÉRÉ, adj. et subs. masc. v. ALIMENTS D'I... V. CONSIGNE DE PIQUET DE LOGEMENT. V. GEOLAGE. V. PRISON. V. PRISONNIER DE GUERRE.

INCARNAT, subs. masc. v. COULEUR NATIONALE. V. DRAPEAU TRICOLORE. V. TRICOLORE.

INCASTELAR (verb. act.) ou incasteler. V. BUTIN. V. CHEVALIER DU MOYEN AGE N° 1. V. FORTERESSE. V. SERVICE FÉODAL.

INCENDIAIRE, adj. v. BALLE I... V. BATIMENT I... V. BOMBE I... V. CHAR I... V. CARTOUCHE I... V. ENGIN I... V. FUSÉE I... V. MÈCHE I... V. OBUS I... V. PROJECTILE I... V. TIR I...

INCENDIAIRE, subs. masc. v. PEINE. V. PRÉVOT DES MARCHANDS.

INCENDIE, subs. masc. v. ALERTE DE FEU. V. ALERTE D'I... V. CAPORAL DE PATROUILLE. V. CAS D'I... V. CHAÎNE DE SENTINELLES. V. CHEF DE POSTE DE PLACE. V. COMMANDANT DE PLACE N° 10. V. CONSIGNE GÉNÉRALE DE SENTINELLE. V. CRIME. V. FEU. V. FEU D'I... V. POSTE D'ALARME. V. POSTE D'HOMMES DE GARDE EN GARNISON. V. TRIBUNAL.

INCLINAISON, subs. fém. v. CLISE.

INCLINÉ (inclinée), adj. v. TIR I...

INCOMPÉTENCE, subs. fém. v. CASSATION JUDICIAIRE. V. COMMISSAIRE DU ROI. V. CONFIRMATION DE JUGEMENT. V. CONSEIL DE RÉVISION JUDICIAIRE. V. CONSEIL PERMANENT N° 5. V. JUGEMENT MILITAIRE.

INCOMPLET d'ARMÉE. V. ARMÉE. V. COMMISSAIRE DES GUERRES N° 6. V. ÉTAT DE SITUATION. V. HOPITAL MILITAIRE.

INCONNU, adj. et subs. v. ARGENT D'ENVOI AUX I...

INCONTINENCE (subs. fém.) d'URINE (D, 4, 5). Infirmité exprimée par une dénomination dont l'étymologie ne demande pas à être recherchée. — L'incontinence habituelle des voies urinaires est un CAS DE RÉFORME; mais cette INFIRMITÉ demande à être constatée avec beaucoup de soin afin de reconnaître si ceux qui s'en disent atteints, ne la simulent pas par supercherie; aussi, l'INSTRUCTION DE 1822 sur l'INSPECTION GÉNÉRALE veut-elle qu'un examen attentif et des épreuves subies dans un HOPITAL, constatent la réalité de l'INFIRMITÉ, et que l'INSPECTEUR GÉNÉRAL y donne une attention particulière.

INCORPORATION, subs. fém. (A). Mot dont le substantif CORPS donne visiblement l'étymologie. Il a produit les termes DÉSINCORPORATION et RÉINCORPORATION, ou du moins le dictionnaire de l'ACADÉMIE dit *désincorporer*, en se servant de ce verbe dans une acception militaire. Il semble que DÉCORPORATION, pris comme opposé d'Incorporation, serait mieux d'accord avec la logique grammaticale, de même que TRANSCORPORATION offre une idée bien plus précise que CHANGEMENT DE CORPS. — L'AUGMENTATION intérieure de la FORCE des CORPS par le fait de l'Incorporation, intéresse essentiellement leur ADMINISTRATION, puisque les DÉPENSES EN DENIERS et EN MATIÈRES, les CONSOMMATIONS D'EFFETS D'ARMEMENT, l'emploi d'EFFETS D'HABILLEMENT, etc., en sont la conséquence; aussi un des soins administratifs des COLONELS de l'INFANTERIE FRANÇAISE DE LIGNE est-il de s'assurer de l'inscription ponctuelle de la DATE de toute Incorporation. — Il y a des Incorporations par AMALGAME que prévoyait l'ARRÊTÉ DE L'AN TREIZE (25 GERMINAL, art. 212); il y en a par RECRUTEMENT, par EMBRIGADEMENT; il y a des Incorporations d'OFFICIERS, d'HOMMES DE TROUPE, etc.: mais ces différences n'en apportent point dans la forme des inscriptions sur les CONTROLES. — L'ANCIENNETÉ DE SERVICE des RETARDATAIRES ne se calcule que du jour de l'Incorporation. — Les Incorporations ont été du ressort des INSPECTEURS AUX REVUES, comme elles sont maintenant du ressort de l'INTENDANCE. — La sincérité et la légalité des Incorporations opérées depuis la dernière REVUE, sont soigneusement examinées par l'INSPECTEUR GÉNÉRAL D'ARMES.

INCORPORATION de REMPLAÇANT. V. CERTIFICAT D'I... V. REMPLAÇANT.

INCORPORATION d'HOMME DE TROUPE. V. HOMME DE TROUPE N° 2. V. INCORPORATION.

INCORPORATION d'OFFICIER. V. CLASSE HIÉRARCHIQUE. V. INCORPORATION. V. OFFICIER.

INCORPORÉ, adj. et subs. masc. v. CAHIER D'APPEL. V. CHANGEMENT DE COMPAGNIE. V. COLONNE DE CONTROLE ANNUEL. V. COMPAGNIE DE DISCIPLINE. V. CORPS. V. EFFET DE GRAND ÉQUIPEMENT. V. HOMME DE TROUPE N° 2. V. JEUNE SOLDAT.

INCORRIGIBLE, adj. et subs. masc. V. COMPAGNIE DE DISCIPLINE.

INCULPÉ, adj. et subs. v. CONSEIL DE DISCIPLINE. V. PRÉVENU.

INCURSION, subs. fém. v. CAMP OFFENSIF. V. COURIR. V. PLAT PAYS. V. RAISE.

INDE. V. NOMS PROPRES.

INDEMNITÉ, subs. fém. v. DÉCOMPTE D'I... V. ÉTAT D'I... V. PAYEMENT D'I... V. TARIF D'I...

INDEMNITÉ
- D'AMEUBLEMENT.
- DE CHAUFFAGE.
- DE FOURRAGE.
- DE FRAIS DE CULTE.
- DE FRAIS DE REPRÉSENTATION.
- DE LOGEMENT.
- DE PERTE. . . . .
  - DE CHEVAL.
  - D'ÉQUIPAGES.
- DE ROUTE. . . . .
  - D'HOMME DE TROUPE.
  - D'OFFICIER. . . . . { INDEMNITÉ DE CHEVAL DE SELLE.
- DE VIVRES.

INDEMNITÉ (term. génér.), ou INDEMNITÉ PÉCUNIAIRE, par opposition à certaines INDEMNITÉS EN NATURE qui ont quelquefois été en usage. — Le mot Indemnité vient du LATIN *in damnum*, dit GÉBELIN ; il donne idée d'un dédommagement en deniers accordé à des MILITAIRES par la loi française ; elle le leur alloue suivant des cas prévus, soit en représentation de PRESTATION EN NATURE, soit en remplacement par suite de PERTES éprouvées dans certaines circonstances déterminées. — Plusieurs documents ministériels nomment INDEMNITÉS REPRÉSENTATIVES, ces divers genres de PAYEMENTS OU de remboursements. — Il y a des INDEMNITÉS PERSONNELLES, il y en a de RÉGIMENTAIRES. Quelques-unes ne dépendent que du MINISTRE seul ; d'autres sont gérées par les CONSEILS D'ADMINISTRATION. — Les Indemnités diffèrent des GRATIFICATIONS en ce que les premières sont plutôt le résultat d'un DROIT, et que les GRATIFICATIONS sont plutôt une chose de fait ; cependant on verra bientôt que, en quelques circonstances, Indemnités, GRATIFICATION et SUPPLÉMENT DE SOLDE sont synonymes. — L'ORDONNANCE DE 1818 (13 MARS) disposait qu'aucune Indemnité n'est passive de RETENUE POUR DETTES. — L'ORDONNANCE DE 1825 (19 MARS) établissait différents modes de DÉCOMPTE d'Indemnités ; ainsi les INDEMNITÉS DE LOGEMENT se décomptaient par quinzaines ; les INDEMNITÉS DE VIVRES et de FOURRAGE se décomptent à raison du nombre effectif de JOURNÉES pour lequel elles sont dues ; d'autres se décomptent mensuellement par douzième, comme les APPOINTEMENTS. Il y a des INDEMNITÉS EXTRAORDINAI-

RES, il y en a de PÉRIODIQUES ; ces dernières appartiennent surtout au genre nommé ACCESSOIRE DE SOLDE. — Les AUTEURS qui se sont occupés de ces divers sujets sont : BARDIN (1807, D ; 1809, B), BERRIAT (1812, A), DENERVO, M. GONVOT, LECOUTURIER (1825, A), ODIER (1818, E ; 1824, E), M. QUILLET, SERVAN (1780, B), M. VAUCHELLE. — Les Indemnités se distinguent en INDEMNITÉ D'AMEUBLEMENT, — DE CHAUFFAGE, — DE CONVOI, — DE DÉTENU, — DE FOURRAGE, — DE FRAIS DE BUREAU, — DE FRAIS DE CULTE, — DE FRAIS DE REPRÉSENTATION, — DE GREFFIER, — DE LOGEMENT, — DE LOGEMENT D'ADJUDANT-MAJOR, — DE MISSION, — DE PERTE, — DE PRESTATION, — DE REMPLACEMENT, — DE REPRÉSENTATION, — DE ROUTE, — DE ROUTE DE MUSICIEN, — DE SÉJOUR, — DE SERVICE DE TRAVAILLEURS, — DE TÉMOIN, — DE VIVRES, — D'ENTRÉE EN CAMPAGNE, — D'ÉTAPE, — D'HOMME DE TROUPE, — D'OFFICIER, — EN NATURE, — EN REMPLACEMENT DE VIVRES, — EXTRAORDINAIRE, — PÉCUNIAIRE, — PÉRIODIQUE, — PERSONNELLE, — RÉGIMENTAIRE, — REPRÉSENTATIVE.

INDEMNITÉ D'AMEUBLEMENT (B, 1). Sorte d'INDEMNITÉ considérée ici comme allouée à des OFFICIERS D'INFANTERIE FRANÇAISE DE LIGNE. — Pour les OFFICIERS SUPÉRIEURS, cette Indemnité est égale au tiers du prix de l'INDEMNITÉ DE LOGEMENT ; pour les OFFICIERS PARTICULIERS, elle équivaut à la moitié de cette même indemnité. — L'ORDONNANCE DE 1825 (19 MARS) ne l'accorde qu'aux OFFICIERS logés dans des PAVILLONS non meublés ; ainsi c'est une INDEMNITÉ EXTRAORDINAIRE.

INDEMNITÉ DE CHAUFFAGE (B, 1). Sorte d'INDEMNITÉ qui n'est octroyée qu'en TEMPS DE

PAIX ; elle n'a lieu qu'en vertu de décision spéciale ; elle est particulière aux HOMMES DE TROUPE, et se paye de la même manière que la SOLDE. Cette INDEMNITÉ EXTRAORDINAIRE est représentative du COMBUSTIBLE DE CUISINE DE CASERNE qui n'aurait pu être servi comme CHAUFFAGE EN NATURE.

INDEMNITÉ de CHEVAL DE SELLE (B, 1). Sorte d'INDEMNITÉ DE ROUTE D'OFFICIER considérée comme allouée dans l'INFANTERIE FRANÇAISE DE LIGNE à certaine catégorie d'officiers, tels qu'ADJUDANT-MAJOR, QUARTIER-MAITRE (TRÉSORIER DE CORPS). — Les OFFICIERS PARTICULIERS dont l'AGE excède cinquante ans avaient droit au CHEVAL DE SELLE ou à l'Indemnité qui le représente ; cette indemnité était ainsi un ACCESSOIRE de leur SOLDE DE ROUTE. — Un CAPITAINE RAPPORTEUR se déplaçant, en vertu d'ordre de qui de droit, pour un trajet d'une certaine durée et pour une INSTRUCTION JURIDIQUE de sa compétence, touchait, en ce cas, cette Indemnité. — Il a été d'usage, pendant quelque temps, que les OFFICIERS PARTICULIERS D'INFANTERIE BLÉSSÉS OU INFIRMES par suite des ÉVÉNEMENTS de la guerre, et ayant moins de cinquante ans d'AGE, perçussent cette Indemnité ; mais le DÉCRET DE L'AN TREIZE (25 GERMINAL) annulait cette faveur, et ne la maintenait qu'à l'égard des SOUS-LIEUTENANTS OU LIEUTENANTS, ou CAPITAINES de plus de cinquante ans d'âge. — Le DÉCRET DE L'AN TREIZE disposait que l'Indemnité due aux OFFICIERS voyageant avec le corps serait considérée comme SUPPLÉMENT D'ÉTAPE et payée pour les mêmes JOURNÉES. — L'INSTRUCTION DE 1811 (4 MARS) disposait que l'Indemnité due, en ce cas, aux OFFICIERS VOYAGEANT ISOLÉMENT, serait acquittée sur COUPON en vertu de MANDATS et serait considérée comme ACCESSOIRE DE SOLDE. — Un arrêté de l'AN DOUZE (8 FRIMAIRE) s'étendait en longs détails au sujet du droit à l'Indemnité de cheval de selle. — L'ORDONNANCE DE 1837 (25 DÉCEMBRE) substituait à l'Indemnité de cheval une double indemnité de route.

INDEMNITÉ de CONVOI. V. COMMANDANT DE PLACE Nº 7. V. CONVOI. V. CONVOI A LA SUITE. V. MASSE COMPTABILIAIRE. V. PRÉFET DE DÉPARTEMENT. V. SOUS-PRÉFET.

INDEMNITÉ de DÉTENU. V. DÉTENU. V. DÉTENU EN PRISON PUBLIQUE. V. PRÉFET DE DÉPARTEMENT.

INDEMNITÉ de FOURRAGE (B, 1), ou FOURRAGE EN ARGENT. Sorte d'INDEMNITÉ qu'une décision de l'AN TREIZE (28 FRIMAIRE) déclare insaisissable. — Il est mention ici de ce genre d'ALLOCATION par rapport aux CHEFS DE BATAILLON, aux COLONELS et aux OFFICIERS MONTÉS de l'INFANTERIE FRANÇAISE DE LIGNE.

— Cette Indemnité, considérée comme ACCESSOIRE DE SOLDE, se paye en même temps que les APPOINTEMENTS ; elle est REPRÉSENTATIVE du FOURRAGE non fourni EN NATURE, et auquel des OFFICIERS auraient eu droit à raison du nombre de CHEVAUX DE SELLE qui leur sont octroyés. — L'ARRÊTÉ DE L'AN DIX (19 GERMINAL) déterminait le nombre des RATIONS allouées aux OFFICIERS SUPÉRIEURS de l'INFANTERIE. — L'ARRÊTÉ DE L'AN DIX (25 VENDÉMIAIRE) ne faisait opérer le remboursement de l'Indemnité que de trois mois en trois mois. — D'autres règles de DÉCOMPTE D'INDEMNITÉ ont été adoptées ; elle était payée depuis le DÉCRET DE 1810 (19 JUILLET), à la fin du mois en même temps que les APPOINTEMENTS. — L'ORDONNANCE DE 1817 (7 MARS) s'est étendue sur ce sujet. — L'Indemnité est payée sans que l'INTENDANCE puisse exiger que les CHEVAUX lui soient représentés ; tel était du moins l'esprit de l'INSTRUCTION DE L'AN TREIZE (12 FRUCTIDOR). — L'ORDONNANCE DE 1823 (19 MARS) disposait que le DROIT à une SOLDE D'ACTIVITÉ quelconque établissait le droit d'une INDEMNITÉ REPRÉSENTATIVE des FOURRAGES pour les OFFICIERS MONTÉS, les SOUS-INTENDANTS, etc., qui ne sont ni aux ARMÉES, ni dans des RASSEMBLEMENTS D'ARMÉE. Ainsi le nombre de RATIONS en argent n'était alloué que sur PIED DE PAIX, puisque sur PIED DE GUERRE le FOURRAGE EN NATURE était dû pour le nombre voulu et présent de CHEVAUX.

INDEMNITÉ de FRAIS DE BUREAU. V. FRAIS DE BUREAU.

INDEMNITÉ de FRAIS DE CULTE DIVIN (B, 1). Sorte d'INDEMNITÉ accordée aux RÉGIMENTS D'INFANTERIE FRANÇAISE DE LIGNE, soit dans le cas où ils n'ont pas d'AUMONIERS, soit dans le cas où les CORPS devaient indemniser des paroisses qui prêtent ou fournissent à l'AUMONIER DU CORPS des objets nécessaires à la célébration de la MESSE MILITAIRE ; ainsi ce genre d'indemnité était RÉGIMENTAIRE. Une CIRCULAIRE DE 1816 (9 DÉCEMBRE) accordait annuellement aux corps une somme de cent francs pour ces divers objets. — Une DÉCISION DE 1817 (10 FÉVRIER) élevait à cent cinquante francs par an l'ALLOCATION due aux ecclésiastiques non militaires qui remplissent les fonctions sacrées vis-à-vis des CORPS privés d'AUMONIER. — On a bientôt reconnu la surabondance abusive de cette ALLOCATION, puisqu'il se pouvait que dans une même GARNISON plusieurs corps assistassent à une même MESSE, et qu'il suffisait qu'un seul CORPS supportât les FRAIS pour tous, puisqu'une MESSE n'est pas plus chère pour cent personnes que pour dix. — Une DÉCISION DE 1817 (30 AVRIL) n'a, en conséquence, accordé qu'à un seul des CORPS de la GARNIson ce genre d'ALLOCATION. — Une DÉCISION DE 1820 (31 MARS) voulait au contraire que chaque CORPS eût, autant que possible, sa MESSE particulière ; c'était un surcroît de dépense pour l'État, mais un bénéfice pour les églises ; ainsi l'entendait le GRAND AUMONIER, comme le déclarait le MINISTRE DE LA GUERRE.

INDEMNITÉ de FRAIS DE REPRÉSENTATION (B, 1). Sorte d'INDEMNITÉ qu'une DÉCISION DE L'AN TREIZE (28 FRIMAIRE) déclarait insaisissable, et qui, dans certaines circonstances, était accordée comme ACCESSOIRE DE SOLDE à quelques OFFICIERS, tels que CHEF DE BATAILLON, COLONEL, OFFICIER GÉNÉRAL, etc. — Dans aucun cas, elle n'était accordée à un CAPITAINE, et elle n'était allouée qu'à un OFFICIER SUPÉRIEUR présent à son CORPS, et le commandant en personne. — Le DÉCRET DE 1810 (16 MAI) voulait que cette Indemnité fût payée par mois ; le taux en a été déterminé par l'INSTRUCTION DE 1811 (4 MARS). — Une CIRCULAIRE DE 1809 (20 JUILLET) et une DÉCISION DE 1824 (17 AVRIL) réglaient la matière. — L'Indemnité de FRAIS DE REPRÉSENTATION est considérée comme SUPPLÉMENT DE SOLDE, et payée à la fin de chaque mois avec les APPOINTEMENTS ; c'est ainsi une INDEMNITÉ PÉRIODIQUE. — L'ORDONNANCE DE 1823 (19 MARS) a modifié les règles anciennes, en n'accordant plus l'Indemnité qu'au COLONEL, ou au LIEUTENANT-COLONEL remplissant l'intérim si le COLONEL est absent. Cette même ORDONNANCE accordait les FRAIS DE REPRÉSENTATION au CHEF d'un BATAILLON RÉGIMENTAIRE présent à son CORPS ; mais, en son absence, aucun autre OFFICIER COMMANDANT PAR INTÉRIM n'y avait droit.

INDEMNITÉ de GREFFIER. V. GREFFIER. V. GREFFIER DE CONSEIL JUDICIAIRE.

INDEMNITÉ de LOGEMENT (B, 1), ou LOGEMENT EN ARGENT. Sorte d'INDEMNITÉ instituée par le RÈGLEMENT DE 1791 (12 OCTOBRE), par le règlement annexé à la LOI DE 1792 (23 MAI), par les ARRÊTÉS DE L'AN QUATRE (22 VENDÉMIAIRE) et DE L'AN CINQ (23 FLORÉAL), et par le TARIF DE 1811 (4 MARS). — Les OFFICIERS de l'INFANTERIE FRANÇAISE DE LIGNE y ont droit EN GARNISON OU EN STATION dans l'INTÉRIEUR DU ROYAUME quand ils ne sont pas logés aux frais de l'État ; ainsi c'est une INDEMNITÉ EXTRAORDINAIRE, de même que l'INDEMNITÉ D'AMEUBLEMENT. — L'Indemnité de logement est au nombre des ACCESSOIRES DE SOLDE qui se payent en même temps que les APPOINTEMENTS. Il a été un temps où la MASSE DE CASERNEMENT y pourvoyait. — L'INSTRUCTION DE L'AN SIX (1er FLORÉAL) expliquait que l'Indemnité de logement n'est point un SUPPLÉMENT DE SOLDE, et n'est due qu'aux OFFICIERS qui ne sont ni

campés, ni baraqués, ni logés dans les PAVILLONS, etc. ; elle n'est point due pendant les ABSENCES PAR CONGÉ ; son taux ne varie point, alors même que l'OFFICIER remplit par intérim les fonctions d'un GRADE au-dessus du sien. — Une CIRCULAIRE DE L'AN CINQ (19 FRIMAIRE) voulait que le montant de l'Indemnité de logement ne fût acquitté qu'autant que la PARTIE PRENANTE prouvait par une quittance en règle que le prix du loyer chez l'habitant était intégralement acquitté. — La LOI DE 1792 (23 MAI) et l'INSTRUCTION DE 1811 (4 MARS) accordaient moitié en sus de l'Indemnité de logement et d'AMEUBLEMENT aux OFFICIERS EN GARNISON à PARIS. — Cette instruction n'allouait en général l'Indemnité de logement qu'aux OFFICIERS présents à leur poste, et ne les octroyait pas pendant la durée des ROUTES.

INDEMNITÉ de LOGEMENT D'ADJUDANT-MAJOR. V. ADJUDANT-MAJOR D'INFANTERIE FRANÇAISE DE LIGNE No 8. V. LOGEMENT D'ADJUDANT-MAJOR.

INDEMNITÉ de MISSION. V. GÉNÉRAL EN CHEF No 2. V. MISSION.

INDEMNITÉ de PERTE DE CHEVAL (B, 1). Sorte d'INDEMNITÉ DE PERTE EN CAMPAGNE presque aussi ancienne que l'usage de la PAYE. L'ARRÊTÉ DE L'AN CINQ (11 BRUMAIRE) avait réglé le montant de cette ALLOCATION qui avait lieu dans le cas où le CHEVAL d'un OFFICIER ayant droit à être MONTÉ, avait été tué ou pris par l'ENNEMI. Le prix estimatif en était fixé pour l'INFANTERIE, la CAVALERIE LÉGÈRE et les DRAGONS à quatre cents francs. L'Indemnité était de quatre cent cinquante francs pour les OFFICIERS de GROSSE CAVALERIE. L'ORDONNANCE DE 1823 (19 MARS) accordait l'Indemnité de perte de cheval aux OFFICIERS MONTÉS qui, ayant été faits PRISONNIERS DE GUERRE, rentraient des GARNISONS DE L'ENNEMI. Cette ordonnance présente un TARIF qui règle le REMBOURSEMENT par arme et par GRADE. Le MINISTRE prononce sur le droit à ce REMBOURSEMENT.

INDEMNITÉ de PERTE D'ÉQUIPAGES (B, 1). Sorte d'INDEMNITÉ DE PERTE EN CAMPAGNE dont le montant est réglé par des TARIFS annexés aux devis indicatifs des EFFETS D'UNIFORME DES OFFICIERS. — Les LOIS DE 1793 (7 MAI) et DE L'AN DEUX (4 GERMINAL) réglaient que l'Indemnité ne peut excéder le taux de l'ALLOCATION de la GRATIFICATION DE CAMPAGNE accordée proportionnellement au GRADE. — L'ARRÊTÉ DE L'AN CINQ (14 BRUMAIRE) a décidé que, pour les HOMMES DE TROUPE, le remplacement ne s'effectue qu'EN NATURE. — Une CIRCULAIRE DE 1810 (26 MAI) a prononcé sur la forme des réclamations de cette espèce. — L'ORDONNANCE DE 1823 (19

MARS) n'allouait le REMBOURSEMENT qu'aux seuls OFFICIERS qui, ayant été faits PRISONNIERS DE GUERRE autrement que par capitulation, et étant rentrés des PRISONS de l'ENNEMI, recevaient l'ordre de rentrer immédiatement EN CAMPAGNE.

INDEMNITÉ de PERTE EN CAMPAGNE (term. sous-génér.). Sorte d'INDEMNITÉ allouée en dédommagement de PERTES éprouvées du fait de la GUERRE, par des MILITAIRES de l'INFANTERIE FRANÇAISE DE LIGNE. — Les LOIS DE L'AN DEUX (4 GERMINAL et 9 THERMIDOR) n'accordent qu'un délai de quinze jours pour faire constater l'événement de la PERTE. Il n'est dérogé à cette disposition que quand un empêchement de force majeure s'oppose à la rédaction du certificat. — Les Indemnités de perte sont considérées comme EXTRAORDINAIRES, et ne sont passibles d'aucune RETENUE ; elles sont payées sur des ÉTATS particuliers dont l'ORDONNANCE DE 1823 (19 MARS) établissait le modèle. — Le CONSEIL D'ADMINISTRATION du CORPS dresse dans la quinzaine l'ÉTAT de PERTE ; un MEMBRE de l'INTENDANCE le vise ; un OFFICIER GÉNÉRAL le certifie, le MINISTRE prononce. — Dans la MILICE ANGLAISE, les Indemnités de pertes sont l'objet d'un relevé annuel général. — Les Indemnités de perte se distinguent en INDEMNITÉ DE PERTE DE CHEVAL et en INDEMNITÉ DE PERTE D'ÉQUIPAGES.

INDEMNITÉ de PRESTATION. V. PRESTATION. V. SAPEUR D'INFANTERIE.

INDEMNITÉ de REMPLACEMENT. V. REMPLACEMENT. V. REMPLACEMENT D'ENROLÉ.

INDEMNITÉ de REPRÉSENTATION. V. INDEMNITÉ DE FRAIS DE REPRÉSENTATION. V. REPRÉSENTATION. V. RETENUE SUR APPOINTEMENTS.

INDEMNITÉ de ROUTE (term. sous-génér.), ou INDEMNITÉ D'ÉTAPE. Sorte d'INDEMNITÉ qui était accordée aux MILITAIRES de l'INFANTERIE FRANÇAISE VOYAGEANT ISOLÉMENT ainsi qu'à ceux qui marchaient EN CORPS. Cette INDEMNITÉ a été REPRÉSENTATIVE de l'ancienne ÉTAPE. — SERVAN (1780, p. 166) proposait déjà dans son ouvrage la suppression de l'ÉTAPE, et son remplacement par une Indemnité proportionnelle pendant la durée de la ROUTE. — L'Indemnité due aux MILITAIRES ISOLÉS était payée individuellement sur le vu d'un COUPON D'INDEMNITÉ, dont la FEUILLE DE ROUTE constatait le MANDAT. — L'Indemnité de route était réglée sur TARIF, et calculée à raison de la distance des LIEUX D'ÉTAPE. — Dans certains documents, l'expression est distincte de l'ALLOCATION nommée SUPPLÉMENT DE SOLDE DE ROUTE ou SUPPLÉMENT D'ÉTAPE ; dans d'autres documents, ces différentes locutions

sont prises l'une pour l'autre. — S'il s'agissait de ROUTE PAR TERRE, et que la ROUTE fût de plus d'une ÉTAPE, ce SUPPLÉMENT était payé collectivement aux CORPS, et était dû autant de fois qu'il y avait d'ÉTAPES, quand même le CORPS en aurait eu franchi plusieurs en un même jour, soit A PIED, soit EN VOITURES ou EN POSTE ; s'il s'agissait de ROUTE PAR EAU, le SUPPLÉMENT n'était dû que pour le nombre de JOURNÉES DE ROUTE, quelles que fussent les distances d'ÉTAPE. — L'ARRÊTÉ DE L'AN HUIT (1ER FRUCTIDOR), bornant l'étape à la FOURNITURE DU PAIN, accordait une INDEMNITÉ PÉCUNIAIRE *pour tenir lieu de supplément d'étape ;* cette INDEMNITÉ variait suivant les GRADES, depuis le chef de brigade (COLONEL) jusqu'au SIMPLE SOLDAT voyageant avec le CORPS. Une CIRCULAIRE DE L'AN NEUF (11 VENDÉMIAIRE) s'occupait du même sujet. — L'ARRÊTÉ DE L'AN DIX (19 GERMINAL) distinguait l'Indemnité de route du SUPPLÉMENT D'ÉTAPE ; elle n'employait cette dernière désignation que par rapport aux MILITAIRES VOYAGEANT AVEC LE CORPS ; elle n'appliquait qu'aux MILITAIRES VOYAGEANT ISOLÉS l'expression Indemnité de route. — Une CIRCULAIRE DE L'AN ONZE (15 VENTOSE) appelait SUPPLÉMENT D'ÉTAPE les deniers accordés aux MILITAIRES VOYAGEANT EN CORPS, et regardait ce qui est payé aux HOMMES DE TROUPE comme devant servir à procurer aux COMPAGNIES leur VIANDE D'ORDINAIRE. — Une CIRCULAIRE DE L'AN DOUZE (19 VENDÉMIAIRE) appelait INDEMNITÉ D'ÉTAPE l'ALLOCATION accordée aux TROUPES EN MARCHE. — La CIRCULAIRE DE L'AN DOUZE (8 FRIMAIRE) s'est étendue en longs détails à l'égard des Indemnités de route. — Le RÈGLEMENT DE L'AN TREIZE (25 GERMINAL) voulait que l'Indemnité de route fût payée sur COUPONS à tous les MILITAIRES VOYAGEANT ISOLÉMENT. — Le DÉCRET DE 1806 (18 JUILLET) en réglait de nouveau le tarif sous le nom de SUPPLÉMENT D'ÉTAPE. — Un AVIS DU CONSEIL D'ÉTAT DE 1810 (13 MARS) a réglé cet objet sous le nom de SUPPLÉMENT D'ÉTAPE DE CORPS et DÉTACHEMENTS en marche. — L'INSTRUCTION DE 1811 (4 MARS) a donné le tarif des Indemnités de route de tout genre. — Les Indemnités de route ont été, pendant la GUERRE DE LA RÉVOLUTION, l'occasion de graves abus ; DENERVO en évalue les dépenses au double de ce qu'elles auraient dû légitimement coûter ; la dilapidation a résulté, soit de la facilité avec laquelle des COUPONS étaient accordés à des OFFICIERS qui n'y avaient pas droit, soit de l'espèce de trafic dont cette branche de service fut l'occasion. — Les MILITAIRES EN CONGÉ LIMITÉ jouissent, en certaines circonstances, de l'Indemnité de route, comme l'explique l'ORDONNANCE DE 1823 (19

MARS) ; mais plus ordinairement le CONGÉ LIMITÉ ne donne pas droit à l'Indemnité. — Une ORDONNANCE DE 1825 (24 SEPTEMBRE) embrassait avec détails la matière des Indemnités. La CIRCULAIRE DE 1826 (20 NOVEMBRE) en déterminait le montant. Mais ces règles avaient éprouvé de si nombreuses modifications, qu'une nouvelle ORDONNANCE paraissait le 20 décembre 1857. — Sur ces matières on peut consulter M. BERRIAT (1825, E), M. LEGRAND (1857, A), ODIER (1824, E). — L'Indemnité de route s'est surtout distinguée en INDEMNITÉ DE ROUTE D'HOMME DE TROUPE et en INDEMNITÉ DE ROUTE D'OFFICIERS.

INDEMNITÉ de ROUTE de MUSICIEN. V. MUSICIEN ; id. n° 5.

INDEMNITÉ de ROUTE D'HOMME DE TROUPE (B, 1). Sorte d'INDEMNITÉ DE ROUTE qui était la même pour tous les GRADES OU EMPLOIS ; elle avait été créée par l'ARRÊTÉ DE L'AN CINQ (25 PLUVIOSE et 25 FLORÉAL). — La LOI DE L'AN SEPT (26 FRUCTIDOR) conservait aux HOMMES DE TROUPE le droit à la FOURNITURE de l'ÉTAPE, c'est-à-dire du PAIN DE MUNITION. — L'ARRÊTÉ DE L'AN HUIT (1er FRUCTIDOR) et le RÈGLEMENT DE L'AN TREIZE (25 GERMINAL) ont maintenu l'Indemnité de route. — Les HOMMES DE TROUPE ISOLÉS percevaient quinze centimes ou TROIS SOUS PAR LIEUE sans autres FOURNITURES ; ils les touchaient sur MANDATS des SOUS-INTENDANTS ; s'ils voyageaient avec leur CORPS, ils touchaient leur SOLDE, l'Indemnité et l'ÉTAPE, c'est-à-dire le PAIN. — L'Indemnité se payait indépendamment de la SOLDE : elle était due pour SÉJOUR simple ou SÉJOUR prolongé, dans les GITES D'ÉTAPE où stationnaient des HOMMES ISOLÉS, quand ils y attendaient des VOITURES DE TRANSPORT. — L'Indemnité de route a cessé d'être allouée sous ce nom, en vertu d'une DÉCISION DE 1825 (26 OCTOBRE) ; elle était remplacée par une indemnité unique pour chaque grade ; ainsi, au lieu de l'Indemnité de route qui était servie à raison de quinze centimes par lieue, et au lieu de l'indemnité de SÉJOUR qui était de soixante-quinze ou de quatre-vingt-dix centimes par jour, il était alloué, soit par CITE D'ÉTAPE, soit par JOURNÉE DE SÉJOUR, un franc cinquante centimes par ADJUDANT ; un franc vingt-cinq centimes par SOUS-OFFICIER ; un franc par SOLDAT, tant pour les JOURNÉES DE MARCHE que pour celles de SÉJOUR. — Les MILITAIRES ABSOUS et rejoignant y avaient droit.

INDEMNITÉ de ROUTE D'OFFICIER (B, 1). Sorte d'INDEMNITÉ DE ROUTE considérée par rapport aux OFFICIERS voyageant isolément et en vertu d'un ordre mentionnant le droit à cette PRESTATION. — Cette Indemnité existait depuis la LOI DE L'AN CINQ (23 FLORÉAL)

et l'ARRÊTÉ DE L'AN CINQ (22 MESSIDOR). — La LOI DE L'AN CINQ (23 FRUCTIDOR) supprima la FOURNITURE de l'ÉTAPE des OFFICIERS, et la remplaça par l'Indemnité de route. — Depuis 1810, les OFFICIERS reçurent pour la durée de la ROUTE, la SOLDE D'ACTIVITÉ avec son Indemnité calculée à raison de cinq lieues par JOURNÉE DE MARCHE. — L'Indemnité de route était proportionnée à la SOLDE du GRADE, n'était pas due pour les JOURNÉES DE SÉJOUR, et n'était point accordée à ceux à qui il était alloué des FRAIS DE POSTE. — Les officiers faisant fonction de JUGES ou appelés comme TÉMOINS y ont droit également. — Les Indemnités de route d'officier comprennent l'INDEMNITÉ DE CHEVAL DE SELLE.

INDEMNITÉ de SÉJOUR. V. HOMME DE TROUPE N° 5. V. INDEMNITÉ DE ROUTE D'HOMME DE TROUPE. V. SÉJOUR.

INDEMNITÉ de SERVICE DE TRAVAILLEURS. V. ARME DE TRAVAILLEUR. V. SERVICE DE TRAVAILLEUR.

INDEMNITÉ de TÉMOIN. V. HOMME DE TROUPE N° 5. V. JUGEMENT MILITAIRE. V. TAXE D'INDEMNITÉ. V. TÉMOIN. V. TÉMOIN JUDICIAIRE.

INDEMNITÉ (indemnités) de VIVRES (B, 1) ou INDEMNITÉ EN REMPLACEMENT DE VIVRES. Sorte d'INDEMNITÉS qui ne sont accordées qu'en vertu d'une décision spéciale du MINISTRE ; elles ne sont payées que dans des cas où des PRESTATIONS DE VIVRES ou de LIQUIDES analogues aux VIVRES DE CAMPAGNE n'auraient pu être l'objet d'une DISTRIBUTION EN NATURE au profit des TROUPES qui y auraient droit, et qu'autant que la non perception eût été indépendante de la volonté des PARTIES PRENANTES. — Les Indemnités de vivres étaient allouées aux HOMMES DE TROUPE, cependant le RÈGLEMENT DE L'AN TREIZE (25 GERMINAL) les attribuait aux OFFICIERS DE TROUPE ; elles étaient calculées par homme et par jour, et payées conformément au DÉCRET DE 1810 (16 MAI) en même temps que les APPOINTEMENTS et le PRÊT, et suivant les mêmes formalités, mais sur états distincts ; ainsi c'étaient des INDEMNITÉS EXTRAORDINAIRES servies dans des cas rares. — L'ORDONNANCE DE 1823 (19 MARS) disposait que les Indemnités de vivres peuvent être accordées en remplacement d'EAU-DE-VIE, de VIN, de VINAIGRE, de VIVRES DE CAMPAGNE.

INDEMNITÉ d'ENTRÉE EN CAMPAGNE. V. CHEVAL D'OFFICIER. V. ENTRÉE EN CAMPAGNE. V. GRATIFICATION D'ENTRÉE EN CAMPAGNE.

INDEMNITÉ d'ÉTAPE. V. INDEMNITÉ DE ROUTE. V. LÉGISLATION MILITAIRE.

INDEMNITÉ d'HOMME DE TROUPE. V.

HOMME DE TROUPE N° 5. V. INDEMNITÉ DE CHAUFFAGE. V. INDEMNITÉ DE PERTE D'ÉQUIPAGES. V. INDEMNITÉ DE ROUTE. V. INDEMNITÉ DE VIVRES. V. RÉFORME.

INDEMNITÉ d'officier. V. INDEMNITÉ D'AMEUBLEMENT. V. INDEMNITÉ DE FOURRAGE. V. INDEMNITÉ DE FRAIS DE REPRÉSENTATION. V. INDEMNITÉ DE LOGEMENT. V. INDEMNITÉ DE PERTE. V. INDEMNITÉ DE ROUTE. V. MILICE TURCO-ÉGYPTIENNE N° 4. V. OFFICIER. V. OFFICIER D'INFANTERIE FRANÇAISE N° 5.

INDEMNITÉ EN NATURE. V. EN NATURE. V. INDEMNITÉ. V. INDEMNITÉ DE PERTE D'ÉQUIPAGES.

INDEMNITÉ EN REMPLACEMENT DE VIVRES. V. EN REMPLACEMENT DE VIVRES. V. INDEMNITÉ DE VIVRES.

INDEMNITÉ EXTRAORDINAIRE. V. EXTRAORDINAIRE. V. GRATIFICATION D'ENTRÉE EN CAMPAGNE. V. INDEMNITÉ D'AMEUBLEMENT. V. INDEMNITÉ DE CHAUFFAGE. V. INDEMNITÉ DE LOGEMENT. V. INDEMNITÉ DE PERTE. V. INDEMNITÉ DE VIVRES. V. RÉFORME.

INDEMNITÉ PÉCUNIAIRE. V. INDEMNITÉ. V. INDEMNITÉ DE ROUTE. V. PÉCUNIAIRE, adj. V. RÉFORME D'OFFICIER.

INDEMNITÉ PÉRIODIQUE. V. INDEMNITÉ. V. PÉRIODIQUE, adj.

INDEMNITÉ PERSONNELLE. V. INDEMNITÉ. V. PERSONNEL, adj.

INDEMNITÉ RÉGIMENTAIRE. V. INDEMNITÉ. V. INDEMNITÉ DE FRAIS DE CULTE. V. RÉGIMENTAIRE, adj.

INDEMNITÉ REPRÉSENTATIVE. V. CHEVAL DE SELLE DE CONVOI. V. FOURRAGE. V. FOURRAGE DE DISTRIBUTION. V. INDEMNITÉ. V. LIQUIDÉ. V. MAJOR LIEUTENANT-COLONEL N° 1. V. PRESTATION PÉCUNIAIRE. V. REPRÉSENTATIF, adj.

INDEPÉNON, subs. masc. V. PENNON.

INDEX, subs. masc. V. MUTILATION VOLONTAIRE. V. PHALANGE DE MAIN HUMAINE.

INDIEN. V. NOMS PROPRES.

INDIEN (indienne), adj. V. ARMÉE I... V. LANGUE I...

INDIGO, subs. masc. V. BLANC A LA COLLE.

INDIRECT (indirecte), adj. V. COLONNE I...

INDISCIPLINE, subs. fém. V. AFFAIRE DE PLAINE. V. ARRIÈRE-BAN. V. BAGAGES D'ARMÉE AGISSANTE. V. COMMANDEMENT D'ARMÉE. V. CONVALESCENT ABSENT. V. DISCIPLINE. V. GÉNÉRAL FRANÇAIS N° 5. V. GOUVERNEMENT STRATONOMIQUE. V. GRENADIER DE FRANCE. V. GUERRE. V. GUERRE DE 1741, 1756, 1792. V. JANISSAIRE. V. JUSTICE MILITAIRE. V. MAHEUTRE. V. MILICE PRUSSIENNE N° 9. V. MILICE RUSSE N° 8. V. RÉCOMPENSE. V. SAINT-GERMAIN (1779, C).

INDISPOSÉ, adj. V. CHIRURGIEN-MAJOR D'INFANTERIE FRANÇAISE DE LIGNE N° 8, 13. V. ÉCLOPPÉ. V. MILITAIRE I... V. OFFICIER I...

INDISPOSITION, subs. fém. V. ABSENCE PAR MALADIE. V. ADJUDANT-MAJOR D'INFANTERIE FRANÇAISE DE LIGNE N° 1. V. CAPITAINE D'INFANTERIE FRANÇAISE DE LIGNE N° 12. V. CHIRURGIEN-MAJOR D'INFANTERIE FRANÇAISE DE LIGNE N° 10, 12, 15. V. OFFICIER DE SEMAINE.

INDIVIDUEL (individuelle), adj. V. ALIGNEMENT I... V. ANCIENNETÉ I... V. CIRCULATION I... V. CONTRIBUTION I... V. DÉCOMPTE I... V. DÉPÔT I... V. DÉSERTION I... V. DROIT I... V. LIVRET I... V. MASSE I... V. MOUVEMENT I... V. POSITION I... V. PRESTATION I... V. REVUE I... V. TERRAIN I...

INDRE. V. NOMS PROPRES.

INERTE, adj. V. DÉFENSE I...

INEXÉCUTION de CONSIGNE. V. CONSIGNE. V. CONSIGNE DE SENTINELLE.

INFAMANT (infamante), adj. V. CARTOUCHE I... V. CONGÉ I... V. JUGEMENT I... V. MARQUE I... V. PEINE I...

INFANTERIE, subs. fém. V. ADJUDANT D'I... V. ADJUDANT-MAJOR D'I... V. AIDE-MAJOR GÉNÉRAL D'I... V. AILE D'I... V. AMBULANCE D'I... V. ARME D'I... V. ARMEMENT D'I... V. ARMURE D'I... V. ART DE L'I... V. ARTILLERIE D'I... V. ARTILLEUR D'I... V. ATTRIBUT DE DRAPEAU D'I... V. AUMONIER D'I... V. AVANCEMENT D'I... V. BAIONNETTE D'I... V. BALISTIQUE D'I... V. BATAILLON D'I... V. BOTTES D'I... V. BOUCLIER D'I... V. BOUTON D'I... V. BRIGADE D'I... V. BRIGADIER D'I... V. CADRE D'I... V. CAISSON D'I... V. CAMP D'I... V. CANON D'I... V. CANONNIÈRE D'I... V. CAPITAINE D'I... V. CARABINIER D'I... V. CARRÉ D'I... V. CARTOUCHE D'I... V. CASERNE D'I... V. CASQUE D'I... V. CHAMBRÉE D'I... V. CHAPEAU D'I... V. CHARGE D'I... V. CHASSEUR D'I... V. CHEF D'I... V. CHEVAL D'I... V. CHIRURGIEN-MAJOR D'I... V. CHOC D'I... V. COIN D'I... V. COLONEL DE L'I... V. COLONEL D'I... V. COLONEL GÉNÉRAL DE L'I... V. COLONEL GÉNÉRAL D'I... V. COLONNE D'I... V. COMBAT CONTRE I... V. COMBAT D'I... V. COMITÉ D'I... V. COMMANDANT D'I... V. COMPAGNIE D'I... V. COMPAGNIE DE CHASSEURS D'I... V. COMPOSITION D'I... V. CONTRE I... V. CORNETTE D'I... V. CORPS D'I... V. CRÉNEAU D'I... V. CUIRASSE D'I... V. DÉCURION D'I... V. DÉGARNIR L'I... V. DEMI-BRIGADE D'I... V. DÉPÔT D'I... V. DEVANT D'HABIT D'I... V. DÉTACHEMENT D'I... V. DEVOIR D'I... V. DIRECTEUR GÉNÉRAL D'I... V. DISCIPLINE D'I... V. DISTINCTION D'I... V. DIVISION D'I... V. DRAPEAU D'I... V. ÉCOLE D'I... V. EFFECTIF D'I... V. ENSEIGNE D'I... V. ÉPÉE D'I... V. ÉPITAGME D'I... V. ESCADRON D'I... V. ESCOUADE D'I... V. ÉTAT-MAJOR D'I... V. ÉVOLUTION D'I... V. FEU D'I... V. FILE D'I... V. FORMATION D'I... V.

FRONT D'I... V. FOURRIER D'I... V. FUSÉE D'I... V. FUSILIER D'I... V. GARDE D'I... V. GÉNÉRAL D'I... V. GIBERNE D'I... V. GILET D'I... V. GRADE D'I... V. GRENADIER D'I... V. GRAND' GARDE D'I... V. GROS D'I... V. GROSSE I... V. HABILLEMENT D'I... V. HALTE D'I... V. HAUTEUR D'I... V. HOMME D'I... V. INSIGNE D'I... V. INSPECTEUR D'I... V. INSPECTEUR GÉNÉRAL D'I... V. INSTRUCTION D'I... V. INTERVALLE D'I... V. LÉGION D'I... V. LIEUTENANT D'I... V. LIGNE D'I... V. LOGEMENT D'I... V. MAITRE DE L'I... V. MAJOR D'I... V. MAJOR GÉNÉRAL D'I... V. MANOEUVRES D'I... V. MARCHE D'I... V. MARÉCHAL DE CAMP D'I... V. MARÉCHAL DES LOGIS D'I... V. MARQUE DISTINCTIVE D'I... V. MESTRE DE CAMP D'I... V. MILITAIRE D'I... V. MOUSQUETAIRE D'I... V. MOUVEMENT D'I... V. MUSIQUE D'I... V. OFFICIER D'I... V. OFFICIER SUPÉRIEUR D'I... V. ORDRE DE BATAILLE D'I... V. ORGANISATION D'I... V. PANTALON D'I... V. PAS D'I... V. PA-TROUILLE D'I... V. PAYE D'I... V. PEINE D'I... V. PELOTON D'I... V. PIÈCE D'I... V. PIQUE D'I... V. POIGNARD D'I... V. POSTE D'I... V. PRÉROGATIVE D'I... V. PRÉVOT D'I... V. PUNITION D'I... V. QUARTIER D'I... V. RANG D'I... V. RANGEMENT D'I... V. RANGS D'I... V. RÉGIMENT D'I... V. RÉSERVE D'I... V. REVUE D'I... V. ROUTE D'I... V. SABRE D'I... V. SAC D'I... V. SALADE D'I... V. SAPEUR D'I... V. SCHAKO D'I... V. SCIENCE DE L'I... V. SECONDE LIGNE D'I... V. SECTION D'I... V. SENTINELLE D'I... V. SERVICE D'I... V. SOLDE DE SOLDAT D'I... V. SONNERIE D'I... V. SOULIER D'I... V. SOUS-AIDE-MAJOR D'I... V. SOUS-ARME D'I... V. SOUS-LIEUTENANT D'I... V. SOUS-OFFICIER D'I... V. SUBDIVISION D'I... V. SUBORDINATION D'I... V. TACTIQUE D'I... V. TAILLE D'I... V. TAMBOUR D'I... V. TENTE D'I... V. TENUE D'I... V. TERRAIN D'I... V. THÉORIE D'I... V. TIERCEMENT D'I... V. TIR D'I... V. TIRAILLEUR D'I... V. TRÉSORIER D'I... V. TROUPE D'I...

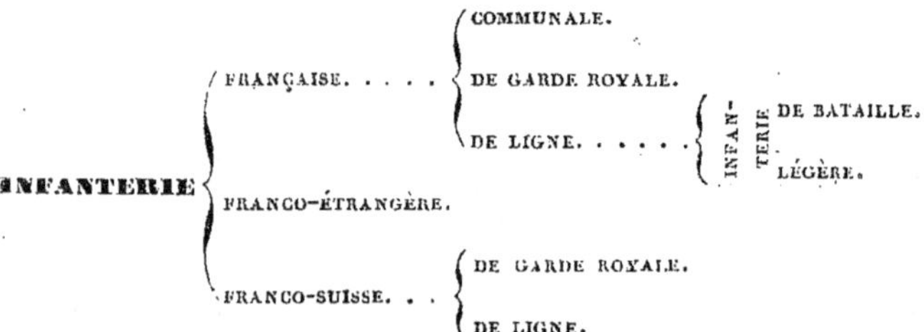

INFANTERIE (term. génér.), ou FANTERIE. Ces mots, dont l'étymologie sera indiquée au n° 5, expriment une CATÉGORIE D'ARMÉE qui va être examinée par rapport aux usages anciens, aux MILICES ÉTRANGÈRES et à la CHOSE MILITAIRE en général. — L'article AUTEUR MILITAIRE offre une nomenclature complète des ÉCRIVAINS qui ont traité d'une manière plus ou moins spéciale de l'Infanterie ou de quelques-unes de ses parties importantes. — Ceux qui s'en sont occupés plus directement et en mentionnant le mot Infanterie, soit dans le titre de leurs traités, soit en tête de quelques chapitres, sont en outre et particulièrement indiqués ainsi qu'il suit : AMBERT, AYRAL (1814, D, BACKAUSEN 1664, C), BARDET (1740, A), BARDIN (1809, B; 1813, C; 1814, E), BARROS (1661), BARTHÉLEMY, BILLON (1771, A), BIRAC (1693, B), BOMBELLES (1746, A), BOREL (1791, A), BOTTÉE (1750, B), CACAULT (1802, A), CARRION (1824, A), CATANEO (1584, A), CORMONTAINGNE (1825), CULANT (1786, A), DAGOBERT (1790, B), DALRYMPLE (1767), DANIEL (1721, A), DARÇON (1774, D), DARROS (1782, E), DAUBARÈDE (1644, C), DECKER (1828), DELAMONT (1693, C), DELANOUE (1760, F), DESPAGNAC (1751, D), DESPAR (1753, A), DESPREZ (1735, B), DEVILLE (1672, B), DICKINSON (1798, D), DONNA, DOYLE, DUANE, DUNDAS (1788, D), DUPAIN (1757, B), ÉLIEN (1757, G), l'ENCYCLOPÉDIE (1751, C; 1785, C), FISCHER (1819, D), FLAVIO (1639, B), FLEISCHER (1802, G), FOLARD (1727, A), FONTENILLE (1790, B), FRIEDRICH (1619, B), FROMENT (1790, A), FROMM (1825, F), FROMMUELLER (1819, F), GHEYN (1608), GIOVINE (1687, A), GIRARDIN, GOETZMANN (1777), GREVEN, GUIBERT (1775, E), GUILLET (1686, B), HASSENFRATZ (1790, C), HESSENSTEIN (1786, G), JACQUINOT, JOURNAL MILITAIRE (1790, F), KAUSLER (1827), KROHN, LABOUREUR, LACHESNAIE (1758, I), LAMARQUE (1820, D), LAON (1652, B), LAROCHE-AYMON (1817, C), LAURENS (1773, H), LAVATER (1662, A), LEBLOND (1758, B), LECOUTURIER (1825, D), LEGRAND (1837, A), LENORMANT (1632, A), LINDENAU (1780, G), LOSTELNEAU (1647, B), MACHIAVEL (1547, A), MAINGARNAUD (1822, B), MAIZEROY (1777, E), MANESSON (1685, B), MAULANDI, MAURICE DE SAXE (1757, A), MAUVILLON (1785; 1788, A, C), MESNIL DU-

RAND (1774, B), MEUNIER (1805, E), MILLER (1788, B), MONDÉSIR (1781, C), MONPINOT, MONTÉCUCULI (1692, A), MONTESQUIEU (*Grandeur des Romains*), MOSCH (1784, E; 1787, A), OGILVUS (1641, D), OKOUNEF, PASCHE (1687, B), PICTET (1761, I), POTIER (1779, X), PORBECK (1822), PRAISSAC (1622, A), PUYSÉGUR (1748, C), REICHLING (1825), RIMPLER (1709, A), ROGNIAT (1816, B), RUSSEL (1805, B), SALDERN (1785, B), SANTA-CRUZ, SCHEIDMANTEL (1800, F), SCHLIEBEN (1809), SCHLUETER (1674, A), SERVAN (1780, B), SILVA (1792, C), SINCLAIRE (1775, L), SMIRKE (1799, G), SUASSO (1816, A), TAUSCH, URBICIUS (500, A), VÉGÈCE (390, A), WALHAUSEN (1615, A), WINKER (1689, B), WINZENBERGER (1588), XILANDER (1825), ZIMMERMANN (1769, A), le *Dictionnaire de la Conversation*, le *Spectateur militaire*, t. XXIII, p. 59 et 596.—L'article Infanterie demande à être divisé comme il suit: CRÉATION, COMPOSITION, DÉNOMINATION, FORCE, UNIFORME, RANG, FONCTIONS, INSTRUCTION, TACTIQUE, SUBORDINATION, PUNITIONS, PEINES, SERVICE. — Nº 1. CRÉATION. — On voit, dans les gravures de Champollion et de Wilkinson, de l'Infanterie qui, bien avant le siège de Troie, marchait au pas, combattait en masse, manœuvrait en colonne au son de la trompette et du tambour. — 550 ans avant Jésus-Christ, la MILICE de CYRUS comprenait une Infanterie nombreuse, divisée décimalement, et dont les moindres AGRÉGATIONS étaient des COMPAGNIES de cent hommes. — Depuis la chute des grands empires d'ASIE et d'ORIENT, l'Infanterie cessa d'y être estimée ; le dédain que les PERSES et les TARTARES conçurent pour elle s'y maintint, parce que, suivant les expressions de VOLNEY, *l'art de la guerre n'y étant que l'art de fuir ou de poursuivre, l'homme de cheval qui remplit le mieux ce double but est réputé, comme chez les barbares, le seul homme distingué.* — L'armée des GERMAINS, dit TACITE, était entièrement composée d'Infanterie, *omne robur in pedite.* Cette différence entre des usages contemporains s'explique par la différence des pays de plaines pourvus de chevaux, et des pays de forêts, pauvres et sans commerce. — ROME et les MACÉDONIENS ont conquis le monde avec des TROUPES presque toutes A PIED. — Les GAULOIS, avant d'être subjugués par les ROMAINS, entretenaient quantité de CHARS DE GUERRE et étaient riches en CAVALERIE. C'était probablement une conséquence des expéditions qu'ils avaient entreprises vers des contrées plus méridionales ; l'homme d'Occident s'y était marié au cheval d'Orient, et la GAULE fournissait de CAVALIERS, l'ITALIE la

GRÈCE, CARTHAGE. — La force principale des FRANCS, commandés par CLOVIS, consistait en Infanterie ; ils imitaient en cela les GERMAINS leurs pères. *S'il y avait,* dit VELLY (à la date 695), *quelques cavaliers, c'était pour escorter le général et porter ses ordres.* Ce système changea quand la CAVALERIE GALLO-ROMAINE s'incorpora dans les TROUPES des PRINCES des PREMIÈRES RACES. — GRÉGOIRE DE TOURS atteste cependant que la majeure partie des ARMÉES se composait encore de GENS DE PIED à l'époque où il écrivait. — LEBEAU démontre que, dans le cours du sixième siècle, l'Infanterie commençait à n'être plus estimée à BYSANCE et en ITALIE ; il dit qu'en 537, à la bataille de ROME, livrée aux ROMAINS par les GOTHS, *Bélisaire ne voulait faire usage que de la cavalerie ; il comptait pour rien l'Infanterie. Depuis plus d'un siècle l'Infanterie était presque anéantie ; les barbares étant tous cavaliers, avaient mis en honneur la cavalerie.* La proposition n'est pas entièrement juste, puisque les Germains étaient des barbares à pied.—Le dépérissement des TROUPES pédestres précéda de peu la décadence de l'EMPIRE ROMAIN. — L'Infanterie, après avoir rendu d'importants services à CHARLEMAGNE, décrut depuis le règne de ce prince, et s'éteignit à l'époque de la FÉODALITÉ. — Une révolution s'était opérée au treizième siècle. L'Infanterie des MILICES ALLEMANDES était propre à combattre contre la CAVALERIE. A BOUVINES (1214) elle était fournie d'ARMES DE LONGUEUR et savait agir par MASSES. — De HUGUES CAPET jusqu'au seizième siècle, la MILICE FRANÇAISE ne se compose plus que des HOMMES FIEFFÉS et de la CAVALERIE. Les VILAINS, à qui la NOBLESSE française refuse le droit de COMBATTRE à cheval, ne servent, pour la plupart, que comme FOSSIERS, GASTADOURS, RIBAUDAILLE ; on les expose aux premiers coups de l'ENNEMI comme un vil BOUCLIER. — Dans les pays de FÉODALITÉ, chaque CHEF de CHATEAU se fait CHEF d'une ARMÉE de GENTILSHOMMES à cheval ; celui qui montait un CHEVAL DE BATAILLE était NOBLE et SOLDAT ; le reste des colons de la CHATELLENIE étaient tenus désarmés et étaient gouvernés comme HOMMES DE POESTÉ ou comme SERFS. — Cependant, sous PHILIPPE AUGUSTE, une poignée de PIÉTONS forme une partie de la GARDE du souverain, et la MILICE PÉDESTRE DES COMMUNES se composait d'hommes qui, comme les INGÉNUS des PREMIÈRES RACES, n'étaient ni SERFS ni NOBLES, et marchaient sous des BANNIÈRES d'église. — Avant cette époque, l'ITALIE, régie par la loi municipale, était couverte de MILICES ou de GARDES URBAINES à pied, auxquelles succédèrent, dans la suite du moyen age, les aventuriers à pied et à cheval. Ces Infanteries, soit nationales, soit mercenaires, n'étaient pas sans habileté, mais leur histoire ne nous est parvenue que confuse et incomplète. — Les Guelfes de Florence avaient, à la bataille d'Arbia, en 1260, trois mille chevaux et trente mille piétons. — Dans le siècle suivant, l'Italie renonce à l'Infanterie, et lui préfère la cavalerie. Les troupes achetées à l'extérieur furent plus faibles en nombre que les milices; elles furent mieux tenues, mais moins guerrières. — L'Allemagne, dont les provinces abondent en chevaux, vendit des cavaliers à l'Italie, pays semé de montagnes et peu fourni de haras et de fourrages. Ce recours aux armées étrangères plongea, à ce que dit Machiavel (1510, A), les Italiens dans l'avilissement. — Vers la fin du moyen age, l'invention des canons a main et la supériorité reconnue de la pique, préparent la révolution militaire qui allait remettre en estime l'Infanterie, et qui devait amener l'abolition des lances fournies. — Pendant le long période qui règne de Charlemagne à Charles sept, les piétons qui figurent sur le champ de bataille, ne sont, pour la plupart, qu'un ramas d'hommes plus nuisibles qu'utiles aux opérations de la guerre. Il fallait pourtant bien que des hommes de pied s'employassent aux siéges offensifs et défensifs; aussi, à défaut de fantassins exercés et valeureux, les gens d'armes étaient souvent contraints de mettre pied à terre (*facti pedites*); la chevalerie était réduite à *retailler la lance* pour remédier au vice fondamental de la formation des armées agissantes. — Dans le dix-septième siècle encore, ne vit-on pas des grenadiers a cheval déployer leur vaillance en combattant à pied? — Quelques auteurs ont rattaché la renaissance de l'Infanterie aux croisades; mais c'est une de ces assertions qui restent louches, à moins qu'on n'indique les temps, les royaumes, les circonstances auxquels la proposition peut se rapporter. — M. Rocquancourt doute que les expéditions d'outremer aient ramené l'usage de combattre à pied; cependant si elles ne remirent pas de suite en faveur ce genre de service, elles en firent apprécier l'importance. — Dans la croisade de 1147, Louis sept avait une infanterie régulière; d'autres corps a pied ont, dans les siècles suivants, une origine orientale. Les templiers avaient à leur solde une Infanterie. Ce système nouveau ou renouvelé s'introduisait à la fois vers les temps des dernières croisades chez les chrétiens et chez les mahométans; les janissaires datent du quatorzième siècle. — Ce ne furent

pas les Français, mais les croisés des contrées allemandes qui rapportèrent dans leur pays le goût de cette innovation; cependant, en France, des gentilshommes ruinés par les croisades se résignent à servir à pied. Hors d'état de subvenir aux dépenses que le service de la cavalerie exigeait, ils commencent, dans le quatorzième siècle, à entrer dans l'Infanterie. La charge de grand maitre des arbalétriers prend de l'importance; quelques seigneurs consentent à être les premiers officiers de ce dignitaire, qui était et fut le généralissime des hommes de pied jusqu'à l'époque où l'artillerie se sépara de l'Infanterie. Ce dédoublement eut lieu à la création du grand maitre de l'artillerie. — L'usage progressivement plus commun de la poudre abat la chevalerie, parce que les armes a feu sont essentiellement propres aux fantassins, et que la cavalerie est d'autant plus vulnérable qu'elle offre plus de surface aux arquebusades. Les compagnies d'ordonnance ne trouvent plus de garantie derrière l'armure et le bouclier; le costume de fer s'alourdissant à mesure, leur prépare même un danger de plus, soit en aggravant les blessures causées par les projectiles et par le brisement des parties métalliques, soit en condamnant à l'immobilité le cavalier désarçonné. La multiplication des armes a feu portatives et la substitution du silex à la mèche soumet la force physique à la puissance de l'ordre et du calcul. — Froissard et Monstrelet témoignent, cependant, qu'il n'existait de leur temps qu'une Infanterie défectueuse et méprisable, mais que le besoin de l'améliorer était reconnu. — Aux temps qui répondent aux règnes de Charles cinq, et bien plus tard, le commandement des corps était une entreprise. Le gouvernement n'intervenait en rien dans les détails d'administration et de solde, les traitants militaires de ces époques aimaient mieux fournir à l'Etat de la cavalerie que de l'Infanterie. Cette cupidité de fournisseurs explique en partie pourquoi l'Infanterie n'a obtenu que si tard de la considération. — A la fin du moyen age, des Espagnols à pied secondent la chevalerie qui expulse de la Péninsule les cavaliers maures. La Suisse oppose victorieusement aux gens d'armeries de l'Autriche et du duc de Bourgogne les premiers fantassins organisés pour combattre par masses. Les batailles de Grandson et de Morat remettent en vogue la grosse infanterie et donnent crédit aux actions de feu. — Charles-Quint restaure les troupes a pied; elles redeviennent l'élément des armées et reprennent leur ascendant sur la cavalerie à mesure que l'art reparaît. — Les

MILICES ALLEMANDES, SUÉDOISES et ITALIENNES imitèrent les SUISSES. L'INFANTERIE HOLLANDAISE se régla sur l'EXERCICE et la FORMATION TACTIQUE des ESPAGNOLS; enfin les FRANÇAIS se modelèrent sur les SUISSES, les LANSQUENETS, les HOLLANDAIS et les SUÉDOIS. — Ceci demande cependant une explication. A l'égard de l'INFANTERIE DE BATAILLE, nous fûmes des derniers à copier les SUISSES, mais depuis longtemps nous avions des BANDES ou des COMPAGNIES D'INFANTERIE, et une INFANTERIE COMMUNALE; celle-ci était seule recrutée d'indigènes. Toutes ces TROUPES À PIED n'agissaient qu'en manière de VÉLITES. — En FRANCE, depuis le premier appel fait aux SUISSES par LOUIS ONZE, l'Infanterie, jusque-là dans une sorte de domesticité militaire, commence à se faire servir elle-même par des GOUJATS, terme qui, alors, n'avait encore rien de méprisant et qui signifiait jeune gars. Elle commence aussi à avoir des CHEVAUX DE BAT. — Au seizième siècle, l'importance d'une Infanterie solide est décidément reconnue par les FRANÇAIS. BRANTOME (1600, A) dit : *Les gens de pied dont la charge façonne fort un grand capitaine, tant pour les continuels hasards que pour les belles pratiques qu'on y fait.* — Nº 2. COMPOSITION. — Les lois longtemps et sans cesse changeantes de la FORMATION CONSTITUTIVE des GENS DE PIED sont loin d'être fixées encore, puisqu'il reste même douteux si l'Infanterie est ou n'est pas une ARME. — M. XILANDER (1825), dans un tableau exact et animé, où il peint tous les services que rend l'Infanterie, toutes les fatigues dont elle est écrasée, toutes les privations qui lui sont imposées, déplore l'usage où l'on est de ne la former *que du rebut des autres armes*, même du TRAIN. — C'est surtout à la CAVALERIE qu'elle est sacrifiée. Ce serait un singulier pays que celui où la loi dirait aux hommes robustes et lestes : *Il vous est enjoint de vous faire porter sur un cheval, vous et vos bagages ;* aux hommes débiles et frêles : *Il vous est ordonné d'aller à pied, en portant sur le dos votre lourd bagage;* aux chevaux de France : *Vous êtes rares, chers et de médiocre vigueur, vous porterez les hommes qui pèsent le plus.* — Une opinion trop accréditée a consacré une erreur; il est reçu qu'on peut créer subitement de l'Infanterie, si l'on a de bons CADRES et quelques CHEFS DE FILE; il n'en faut pas davantage; il est vrai, pour montrer de l'Infanterie sur un CHAMP DE BATAILLE, et même pour qu'elle serve utilement dans des cas de DÉFENSIVE; mais une Infanterie débile ne fait pas de sérieuses CAMPAGNES. Dans la discussion de la loi du recrutement, en 1851 (4 novembre), le maréchal Soult disait : *C'est une erreur de supposer qu'en un an on forme un homme d'Infanterie ; il faut plus de temps pour faire un fantassin qu'un cavalier, parce qu'il faut que le premier ait acquis la force de supporter les fatigues de la guerre.* — Il y a du faux et du vrai, mais le vrai l'emporte. — Dans les différents temps, les différentes contrées, l'Infanterie est subdivisée en de nombreuses AGRÉGATIONS. Ces classes de MILITAIRES, ces CORPS RÉGIMENTAIRES, ces FRACTIONS de corps se sont nommés : ARBALÉTRIERS, ARCHERS, ARGYRASPIDES, ARQUEBUSIERS, AVENTURIERS, BANDES, BANDIÈRES, BATAILLES, BATAILLONS, BRIGADES, BRIGANDINIERS, BRIGANS, CARABINIERS, CATERVES, CENTAINES, CENT-SUISSES, CHASSEURS, COHORTES, COMPAGNIES, CONNÉTABLIE, CORPS, DEMI-BRIGADES, DIVISIONS, DRAGONS, DRONGES, ÉCLAIREURS, ENFANTS PERDUS, ENSEIGNES, ESCADRES, ESCADRONS, ESCHELEURS, ESCOPETIERS, ESCOUADES, ESPADONS, ESPINGARDIERS, FERENTAIRES, FOSSIERS, FUSILLIERS, GARDES A PIED, GASTADOURS, GENDARMERIES, GENS D'ARMES, GRENADIERS, GUISARMIERS, HALLEBARDIERS, HEIDUQUES, HOMMES A PIED, HOMMES DE PIED, HOKEBOS, HUSSARDS, INCIGNOURS, LATRONS, LÉGIONNAIRES, LÉGIONS, MAHEUTRES, MANIPULES, MENADIERS, PAVOISIERS, PELTASTES, PHALANGES, PIONNIERS, PIQUIERS, PRINCES, RÉGIMENTS, RIBAUDS, ROUTS, SERRE-FILES, TRABONS, TRIAIRES, VÉLITES, VOLONTAIRES, VOLTIGEURS, VOULGES. — Bien d'autres qualifications encore se sont appliquées à divers genres d'AVENTURIERS. — Chez plusieurs peuples modernes, la composition de l'Infanterie la partage surtout en INFANTERIE DE BATAILLE et en INFANTERIE LÉGÈRE; mais, à l'égard de cette classification, il ne règne pas d'unanimité dans les opinions. GUIBERT (1773) prétend qu'un de nos avantages sur les anciens est de n'avoir qu'un seul genre d'Infanterie. BONAPARTE, dans les mémoires qu'on lui attribue, a reproduit une pensée analogue. — Nº 3. DÉNOMINATION. — Le LATIN et le bas LATIN prenaient, dans le sens d'Infanterie, les substantifs *aldii, ministeriales, pedites, pedestres copiæ;* les GRECS disaient, dans le même sens, *pezikistratia, pezos.* Voilà pourquoi des savants ont proposé d'appeler PÉZISTRATÉGIE l'art, le maniement, la TACTIQUE de l'Infanterie. — Les CORPS D'INFANTERIE, sous PHILIPPE AUGUSTE, s'appellent MILICES DES COMMUNES, SATELLITES, CLIENTS, RIBAUDS (*clientes, ribaldi*). — Avant de se servir du mot moderne Infanterie, on a dit, dans le même sens, PIÉTAILLE, ARQUEBUSE et FANTERIE. On appelait aussi RUSTRES les HOMMES D'INFANTERIE, comme

Brantome le remarque en citant le roman de Bayard. — Le mot Infanterie commençait à peine à être de mode au temps de Henri Estienne ; il était mentionné dans l'ordonnance de 1553 (23 décembre). Delanoue (1559, A) et Dubellai (1546, B, p. 35 *bis*) ne se servent que du mot fanterie ; il était italien et espagnol, ou plutôt bas latin. Si les Italiens disent *infanteria*, c'est du français qu'ils l'ont pris, et si le bas latin a dit *infanteria*, c'était pour signifier enfance ; il venait de *infans*, *infantes* (*quia non fantur*), parce qu'ils bégayent. — L'étymologie du terme actuel est mal débrouillée. Mondésir (1781, C), recopié par de crédules imitateurs, a avancé ridiculement qu'une infante d'Espagne était cause de l'invention du mot Infanterie. — Wachter prétend qu'il vient du teuton *fethe-here*, comme on dirait arme a pied. — On peut conjecturer d'une note de Velly (t. iv, p. 365) que le mot espagnol *infancos*, homme inférieur, pris par opposition aux termes *ricos umbres* et *cavalleros*, synonymes d'hommes d'armes, aura été la souche du substantif Infanterie. — Le mot enfant, qu'on trouve dans les vieux auteurs, a eu positivement la même acception que soldat d'infanterie. — N° 4. Force, nombre. — La force numérique de l'Infanterie doit être envisagée ici par comparaison avec la quotité des troupes d'une nature différente dans la même armée. Cette force a toujours été en raison inverse de l'estime accordée aux armes défensives ; depuis leur abandon, l'Infanterie est la principale et la plus forte catégorie des armées. — Proportionner l'Infanterie aux autres armes est un point spéculatif sur lequel les auteurs ne sont pas encore unanimes ; il est vrai qu'en cela des principes invariables ne sauraient être posés. — Il y avait, dit-on, à la bataille de Poitiers, en 732, quatre fois plus de fantassins que de cavaliers dans l'armée française. — Suivant Voltaire, Charlemagne avait plus de cavalerie que d'Infanterie, mais celle-ci était florissante. D'autres écrivains, au contraire, ont soutenu que sous ce prince le nombre des hommes de cheval et de pied se balançait à peu près — Dans la croisade de 1096, il y avait environ sept fois plus d'Infanterie que d'hommes de cheval. — Une expédition, préparée en 1336 contre l'Angleterre par la noblesse de Normandie, devait se composer de quarante mille piétons et de quatre mille hommes d'armes. — L'histoire de l'infanterie des communes est trop mal débrouillée ; le service de cette troupe était trop transitoire pour qu'on en puisse évaluer les effectifs. — Pendant le treizième siècle, la proportion la plus généralement établie en Italie donnait un cavalier sur cinq, sept ou dix fantassins ; ces quantités variaient suivant que le pays abondait plus ou moins en fourrages. — Dans le quinzième siècle, les armées de France ne comprenaient pas un fantassin par deux cavaliers. Dans les troupes d'Italie, dit Machiavel (1510, A), on comptait un fantassin par trois ou quatre hommes a cheval. — Au commencement du siècle suivant, l'armée de Louis douze, faisant campagne en Italie, était dans la proportion de douze chevaux pour vingt fantassins. — Vers ces époques, le perfectionnement des armes a feu discrédita la gensd'armerie ; on reconnut alors, comme le dit Daru (*Histoire de Venise*, t. iii), que *c'est elle* (l'Infanterie) *qui agit avec le plus d'efficacité dans toutes les circonstances*. — Dans le système de Montécuculi (1704, D), l'Infanterie devait former les trois quarts de l'armée et la cavalerie l'autre quart. — Dans l'armée confédérée, la force de l'Infanterie répond aujourd'hui à un sixième du total général. — N° 5. Uniforme. — Dans l'antiquité, l'armement de l'infanterie comprenait : le casque, la cètre, la fronde, le javelot ou lance courte, l'épée, le gardecoeur, la manubaliste, le pavois, le pile et plusieurs autres armes offensives et défensives qui étaient des variétés de celles qu'on vient de nommer. — Pendant le moyen age, il n'existe que des règles vagues, que des coutumes passagères à l'égard du costume, de l'équipement, de l'armement de l'Infanterie ; elle s'habille et se coiffe à peu près à la manière des bourgeois ; elle a quelquefois la jaque, le buffle défensif, le chaperon de mailles, la cuirasse d'osier ; ordinairement elle porte l'arc ou l'arbalète, la trousse ou le carquois. — Le plus ancien système d'un habillement d'uniforme peut avoir appartenu aux templiers ; leur Infanterie était vêtue de noir, ou peut-être c'était la couleur de leur armure, de même que ce fut ensuite la couleur des enseignes et de l'armure des bandes noires. — Le duc de Bretagne eut une Infanterie tenue avec quelque régularité. Cette troupe, en vertu d'une ordonnance de 1425, avait le bouge, la capelline, la jaque, le bouclier nommé panier. — Dans tous les pays de l'Occident, le genre des armes défensives et l'espèce de la coiffure de l'Infanterie ont varié à mesure de la multiplication des armes a feu. Certains corps ont porté bacinet, bouclier, bourguignote, brigandine, cabasset, casque ouvert, chapeau de fer, corselet, cuirasse, gants, gantelets, halecret, haussecou, mo-

RION, POT, SALADE, TASSETTES, ainsi que toutes les autres ARMES DÉFENSIVES PORTATIVES dont nous avons fait mention comme n'étant pas uniquement équestres. — Les SUISSES avaient la HALLEBARDE et l'ESPADON; les VOULGES ou GUISARMIERS avaient SALADE A VISIÈRE, GANTELETS, GRANDE DAGUE. — Les LANCIERS avaient SALADE A VISIÈRE, GANTELETS, ESPÉE DE PASSOT et LANCE de la mesure des LANCES D'ARMES. — Les ARCHERS avaient ARC, BASTARDE, SALADE sans VISIÈRE, TROUSSE. — Les ARBALÉTRIERS avaient ARBALÈTE, ESPÉE DE PASSOT et SALADE A VISIÈRE échancrée à droite. — En général, le FANTASSIN a eu longtemps l'épée à LAME DROITE, n'a jamais porté HAUBERT, HEAUME, ARMURE entière ni CHAUSSURE de métal; cependant quelques MUSÉUM ou conservatoires d'armes renferment des ARMURES PÉDESTRES DE PIED EN CAP, parce qu'il a existé des GENS D'ARMES A PIED. Ainsi JEANNE D'ARC, véritable SOLDAT D'INFANTERIE, à la fois CHEF et FANTASSIN comme Tyrtée, comme LATOUR D'AUVERGNE, n'a jamais COMBATTU ou commandé à cheval, et elle portait ARMURE complète PÉDESTRE et PENNON. — Les AUTEURS qui fournissent des détails touchant ce qu'on appelle maintenant l'UNIFORME, auraient dû faire observer aux lecteurs que ce n'étaient que quelques CORPS PRIVILÉGIÉS, quelques TROUPES D'ÉLITE, quelques GARDES de SEIGNEURS ou de PRINCES qui portaient un COSTUME et des ARMES ARTIFICIELLES ou MÉCANIQUES dont l'espèce et la confection offrissent quelque régularité. — A des époques peu anciennes, lorsque l'Infanterie devint nombreuse, le vulgaire, la populace de cette Infanterie avait, pour la plupart, les jambes et les pieds nus; les HOMMES étaient ce qu'on appelait *deschaults* (sans chaussure). BRANTOME (1600, A) nous peint les AVENTURIERS marchant nu-pieds et attachant leurs bas à leur ceinture pour les ménager. On lit dans le manuscrit de Jehan d'Autun (1503) : *Les Galliègues* (ceux du pays de Galice), *avecque leurs haults bonnets et presque tous deschaults* (dépourvus de SOULIERS), *tarquettes* (petites TARGES ou TARGUES), *pertuisannes et pavois en main, descendirent dedans Rege* (REGGIO). — Quand les TROUPES D'INFANTERIE commencèrent à prendre de l'ensemble, à marcher sous des DRAPEAUX, les ARMES des ARQUEBUSIERS, nommées ARQUEBUSES A CROC, étaient fort lourdes; la portion ou classe d'Infanterie qui les manœuvrait était une espèce de CORPS D'ARTILLERIE et avait des BIDETS pour le transport de ces ARMES; mais la plupart du temps ces BÊTES DE SOMME pliaient sous le BUTIN, ce qui fit abolir l'usage des BIDETS et amena par suite l'allége-

ment des ARMES, l'emploi des ARQUEBUSES A SERPENTIN, l'usage du HAVRE-SAC, nommé CANAPSA, la coopération des GOUJATS, la création de l'ARTILLERIE spéciale. — Des innovations dont on ne saurait prévoir l'effet se préparent de nos jours; ce sont : la FUSÉE D'INFANTERIE, la CARABINE Delvigne, les FUSILS A PISTON, les ARMES A VAPEUR. — N° 6. RANG, FONCTIONS. — L'Infanterie a le droit d'aînesse et même une position de paternité par rapport au GÉNIE et à l'ARTILLERIE. Ces ARMES secondaires sont sorties de son sein; car, originairement, les FANTASSINS manœuvraient le CANON, tiraient les GRANDES ARMES à feu et construisaient les ENGINS. — Pendant un siècle l'INFANTERIE, *cette nation des camps*, comme disait le général Foy; *cette reine des batailles*, comme disait la *Sentinelle de l'armée*, a pris rang avant l'ARTILLERIE et le GÉNIE. — Elle a pris rang à leur suite depuis la DÉCISION DE L'AN SIX (29 BRUMAIRE). *Voici le subterfuge sur lequel s'est appuyé ce décadrement; nous avons presque dit cette dégradation. L'Infanterie subit refonte par l'embrigadement, l'artillerie est maintenue sur son pied ancien; donc elle devient plus ancienne et l'Infanterie plus nouvelle. Le génie est maintenu à la suite de l'artillerie; donc il doit passer avant l'Infanterie.* Mais le DÉCRET DE L'AN DOUZE (24 MESSIDOR) semblait annuler la DÉCISION DE L'AN SIX et rendre sa primauté à l'INFANTERIE. Cette question était examinée dans *le Spectateur militaire*, t. XXIII, p. 595. — L'extension que l'ART MILITAIRE a prise a restreint, en TEMPS DE PAIX, les fonctions et les DEVOIRS de l'Infanterie; une vie d'automate était la sienne. Un autre Vaucanson en pourra peut-être un jour renouveler les HOMMES DE TROUPE. — En TEMPS DE PAIX et en GARNISON, la carrière de l'HOMME D'INFANTERIE était semée de dégoûts dans la plupart des MILICES; il y avait des causes nombreuses qui y contribuaient : telles étaient la monotonie des GARDES inutiles; la fatigue, sans nécessité, des HONNEURS à rendre; la symétrie machinale des FACTIONS et des PATROUILLES; la vie automate des PLANTONS; la répétition rebutante des EXERCICES élémentaires; la surcharge d'un SERVICE qui ne laissait qu'une ou deux NUITS DE REPOS; la privation d'amusements qui pussent éveiller l'émulation, rendre souple la jeunesse, développer les forces. Le *nec plus ultrà* des récréations était d'écouter, quand il y avait musique, les INSTRUMENTS qui jouaient à la PARADE et à la MESSE. — Dans peu de pays on encourageait les expériences de la CIBLE, la GYMNASTIQUE, la NATATION;

on ne faisait qu'un froid accueil à l'ENSEI-GNEMENT MUTUEL ; l'insouciance retardait la fondation des BIBLIOTHÈQUES et les progrès des ÉCOLES PRIMAIRES ; les futilités de la TENUE dévoraient un temps précieux ; l'emprisonnement entre des remparts n'avait pas même pour dédommagement l'étude de la GUERRE DE SIÉGE ; la rareté des CAMPS D'INSTRUCTION et le mépris où étaient tombées l'antique DOLOIRE, la PIOCHE, la BÈCHE, avaient amené la désuétude des RÈGLEMENTS qui prescrivaient l'apprentissage des TRAVAUX DE CAMPAGNE et des OPÉRATIONS DE GUERRE. Il en était du moins ainsi avant la construction des routes stratégiques. — Enfin, dans les pays catholiques et dans les CORPS À AUMONIERS, l'Infanterie a eu quelques contrariétés d'une autre nature à éprouver. — Il était difficile qu'un être susceptible de réfléchir s'accommodât de cette existence. La CAVALERIE, du moins, a des CHEVAUX à panser, des leçons d'ÉQUITATION à prendre, des PROMENADES qui la déplacent et l'agitent ; le champ de l'intelligence n'est pas fermé pour elle. L'ARTILLERIE s'exerce à des travaux où l'industrie est en jeu. Les TROUPES DU GÉNIE entrent en participation avec les découvertes du siècle et les spéculations des hommes de talent. Mais dans quelques cinquante ans le moindre prolétaire sera trop éclairé pour ne pas prendre en dégoût la vie engourdie de l'Infanterie, si elle ressemblait encore à ce qu'elle a été si longtemps. — Languir dans une insipide GARNISON où il n'y a pas même de CHAMP DE MANŒUVRES, dormir sur les planches nues d'un LIT DE CAMP, FAIRE SENTINELLE, fourbir une ARME, se noyer dans les minuties d'une TENUE mal déterminée, rester immobile à l'EXERCICE, être fréquemment CONSIGNÉ dans une sombre et infecte CASERNE, agir le lendemain dans le même cercle que la veille, etc., etc., voilà à peu prés ce qui dessinait l'horizon et composait l'existence de l'Infanterie, quand elle ne FAISAIT pas CAMPAGNE. — Des fonctions toutes semblables à elles-mêmes, quelque HABIT que porte celui qui les accomplit, ont cependant varié suivant les temps, les pays, le SERVICE, dans les différentes Infanteries que voici : INFANTERIE A CHEVAL. — ALLEMANDE. — ANGLAISE. — ANGLO-AMÉRICAINE. — AU CAMP. — AUTRICHIENNE. — BADOISE. — BAVAROISE. — BELGE. — BRÉSILIENNE. — BYZANTINE. — CHINOISE. — COLOMBIENNE. — COLONIALE. — COMMUNALE. — CONTRE INFANTERIE. — COSAQUE. — DANOISE. — D'ARRIÈRE-BAN. — DE BATAILLE DE GARDE IMPÉRIALE. — DE BATAILLE DE LIGNE. — DE BORD. — DE GARDE DES CONSULS. — DE GARDE IMPÉRIALE. — DE GARDE ROYALE. —

DE LÉGION. — DE LIGNE. — DE MARINE. — DE MONTAGNES. — DE SECONDE LIGNE. — DES COMMUNES. — D'ÉLITE. — ÉCOSSAISE. — EN BATAILLE. — EN CAMPAGNE. — EN COLONNE. — EN GARNISON. — EN MARCHE. — EN ROUTE. — ESPAGNOLE. — ÉTRANGÈRE. — FRANÇAISE. — FRANÇAISE DE BATAILLE. — FRANCO-CORSE. — FRANCO-ÉTRANGÈRE. — FRANCO-ITALIENNE. — FRANCO-SUISSE. — GAULOISE. — GRAVE. — GRECQUE. — HAITIENNE. — HANOVRIENNE. — HELLÉNIQUE. — HESSOISE. — HOLLANDAISE. — HOLLANDAISE DE GARDE IMPÉRIALE. — HONGROISE. — IRLANDAISE. — IRRÉGULIÈRE. — ITALIENNE. — LÉGÈRE DE GARDE IMPÉRIALE. — LÉGÈRE DE LIGNE. — LOURDE. — MERCENAIRE. — MEXICAINE. — NAPOLITAINE. — NÉERLANDAISE. — NOBLE. — NORWÉGIENNE. — OPLITE. — ORDINAIRE. — PARAGUÉENNE. — PORTUGAISE. — PERMANENTE. — PERSANE. — PESANTE. — PIÉMONTAISE. — POLONAISE. — PORTUGAISE. — PRIVILÉGIÉE. — PRUSSIENNE. — RÉGLÉE. — RÉGULIÈRE. — ROMAINE. — RUSSE. — SAXONNE. — SÉDENTAIRE. — SIKE. — SOUS LES ARMES. — SUÉDOISE. — SUISSE. — SUISSE DE GARDE ROYALE. — SUISSE DE LIGNE. — TURCO-ÉGYPTIENNE. — TURQUE. — VÉNITIENNE. — WURTEMBERGEOISE. — Nº 7. INSTRUCTION. — Dans le savoir faire de l'ARTILLERIE, du GÉNIE, de la CAVALERIE, la THÉORIE entre pour beaucoup. Dans l'Infanterie, l'expérience de la GUERRE est presque tout : un fantassin de paix ne sait rien. — L'Infanterie est un instrument simple, il suffit que la main qui l'emploie soit habile ; en parlant de cette TROUPE, on peut dire : *la guerre fait le soldat.* Les autres SOLDATS ne peuvent, au contraire, se présenter à l'ENNEMI que tout formés. — Si la culture de l'ART de l'Infanterie fut tardive en FRANCE, si l'ITALIEN et FLORENCE lui ont fourni beaucoup de termes, c'est cependant notre idiome qui a donné naissance à la LANGUE de l'Infanterie de l'EUROPE, parce que quantité d'ÉCRIVAINS militaires FRANÇAIS, quantité d'historiens de tout pays ont traité des GUERRES de LOUIS QUATORZE, et ont rendu compte des révolutions que l'Infanterie, qui venait à peine de naître, a éprouvées dans les ARMÉES FRANÇAISES du dix-septiéme siécle ou dans celles qui les ont imitées. La LANGUE de notre Infanterie est devenue européenne par suite de l'émigration qu'occasionna la révocation de l'édit de Nantes, et parce que le nombre des ÉCRIVAINS didactiques, en fait d'Infanterie, est en FRANCE, par rapport à toutes les autres nations prises ensemble, comme deux est à trois. — La facilité avec laquelle se dresse l'Infanterie la rend le premier des instruments de GUERRE ; ce qui fait l'infériorité du SOLDAT, par rapport au savoir faire des autres ARMES, fait la supériorité du CORPS. La simplification des moyens est le chef-d'œuvre à la GUERRE comme en mécanique. — En ne parlant ici que du SIMPLE SOLDAT, faut-il qu'on l'exerce à des études de BALISTIQUE? C'est une question irrésolue ou qui demande du moins quelques distinctions logiques. Le TIR habile du FUSIL est à exiger surtout de l'Infanterie légère; mais à celui qui sert dans l'INFANTERIE DE BATAILLE, il suffit de savoir entretenir ses ARMES, MARCHER, FAIRE FEU, élever une BARAQUE, creuser une HUTTE, établir les COMMUNICATIONS d'un CAMP, concourir à construire une BATTERIE DE SIÉGE, fabriquer les CARTOUCHES, confectionner les CLAIES, les FASCINES propres aux FORTIFICATIONS DE CAMPAGNE, et faire à son tour la SOUPE et le SERVICE. — Qu'est-il besoin qu'un FANTASSIN sache rien de ce qui concerne les CORPS qui ne sont pas Infanterie? Pourquoi étudierait-il un autre SERVICE que le sien? Il faut, au contraire, que toutes les autres ARMES sachent en grande partie ce qui constitue le savoir de l'Infanterie. — Mais tout ce qui vient d'être dit ne s'applique qu'à la classe des SIMPLES SOLDATS. Il en est tout autrement s'il s'agit des OFFICIERS et des SOUS-OFFICIERS; il leur faut ici autant d'application, de savoir spécial et de sagacité que dans quelque ARME que ce soit. Ce n'est pas l'opinion générale, mais tant pis pour les ARMÉES où les OFFICIERS croient à l'habileté innée et à l'inutilité des études. — N° 8. TACTIQUE. — Quand la PIQUE était la seule ou la principale ARME en usage, le HÉRISSON était l'ORDRE défensif et le moyen de résistance des CARRÉS; le LIMAÇON était une ÉVOLUTION D'ATTAQUE. VELLY le témoigne à la date de 1488; mais on ignore quelle était précisément cette dernière MANŒUVRE, que des auteurs ont aussi appelée SCORPION. — Depuis la découverte de la POUDRE les progrès de l'Infanterie furent rapides, parce que des essais, alors difficiles, laissèrent longtemps les systèmes incomplets ou contradictoires. Ainsi l'on a tour à tour pratiqué et abandonné les FEUX A GÉNUFLEXION, de BILLEBAUDE, de CHAUSSÉE, DOUBLES; on a renoncé de même aux DOUBLEMENTS et DÉDOUBLEMENTS de RANGS, etc., à l'emploi de la FILE comme UNITÉ, à l'ORDRE EN DENTS DE SCIE, etc. — Quoique l'ART ne se soit amélioré qu'avec lenteur, l'Infanterie l'emportait, dans le seizième siècle, sur la CAVALERIE, qui jusque-là avait fait la force des ARMÉES. L'ARME PÉDESTRE, chargée à la fois d'exécuter et l'ARTILLERIE et les PETITES ARMES, prit l'ascendant sur la CAVALERIE, sa rivale, par la FORMATION facile de ses RANGS,

la flexibilité de ses COLONNES, leur prompt rétablissement en cas de désordre, l'usage plus général des ARMES A FEU PORTATIVES, le concert de leurs DÉCHARGES, le croisement de leurs COUPS, le peu de surface que les BATAILLONS présentaient aux PROJECTILES comparativement au volume des ESCADRONS et à l'élévation de leurs RANGS; il y avait ce double danger du cavalier blessé dans son CHEVAL ou du CHEVAL blessé dans son CAVALIER. — Au commencement du seizième siècle, comme le prouve M. MORITZ MEYER, un tiers de l'Infanterie de l'ALLEMAGNE et de l'ESPAGNE se servait déjà d'ARMES A FEU. — L'ESPAGNE surtout mettait en jeu une INFANTERIE redoutable; celle des Castillans a tenu un RANG distingué. — *Mais sa gloire a péri dans les champs de Rocroy,* comme le dit FRÉDÉRIC DEUX (1760, E). — La formation des TROUPES d'infanterie fut améliorée par les NASSAU. — GUSTAVE ADOLPHE reconnut, le premier, combien il importe d'attacher à l'ORDRE DE BATAILLE les MOUSQUETAIRES à pied, qui jusque-là n'avaient combattu qu'en ENFANTS PERDUS. Il les rangea à droite et à gauche des PIQUIERS, sous le nom de MANCHES; il amincit en même temps ses lourdes PHALANGES de forme SUISSE et ESPAGNOLE, les divisa en plusieurs BATAILLONS et y attacha des PIÈCES A LA SUÉDOISE. — Les GUERRES de la réformation prouvèrent à l'EUROPE quel parti on peut tirer de l'Infanterie, quelle énergie on en peut attendre; ainsi GUSTAVE ADOLPHE réalisait, le premier, les pronostics que, depuis longtemps, MACHIAVEL (1510, A) avait tirés. — CHARLES DOUZE porta à une rare perfection l'Infanterie. L'EXERCICE MILITAIRE commença à refleurir partout; les TROUPES des deux héros SUÉDOIS en avaient donné l'exemple. — Pendant le dix-septième siècle, l'Infanterie et la CAVALERIE, FORMÉES EN BATAILLE sur le même FRONT, ne MARCHAIENT que du même PAS et COMBATTAIENT également par le FEU; de là le MÉLANGE D'ARMES érigé en précepte. Ainsi COLIGNY, HENRI QUATRE, GUSTAVE ADOLPHE et tant d'autres grands CAPITAINES entrecoupaient d'ARQUEBUSIERS A PIED leurs ESCADRONS. Cet usage est devenu impraticable le jour où l'on a deviné quel était le véritable rôle que la CAVALERIE devait jouer. Ainsi, depuis TURENNE, un autre système a prévalu. — La science de l'Infanterie est devenue la partie fondamentale de l'ART DE LA GUERRE, parce que les CORPS A PIED sont solides par essence; bien conduits, ils ne se dissipent pas après une AFFAIRE malheureuse. La CAVALERIE, au contraire, peut, à l'aide de sa vélocité, fuir A VAUDEROUTE. L'ARTILLERIE peut se voir réduite à l'inaction par la rencontre d'un bourbier; par la rupture d'une ROUE, par la chute d'un OBUS, par la perte ou l'explosion d'un CAISSON. — Formée d'abord sur un grand nombre de RANGS, l'Infanterie ne s'est amincie que postérieurement à la CAVALERIE; elle contractait ou dilatait ses FILES par DOUBLEMENTS et DÉDOUBLEMENTS, à l'instar de l'ancienne PHALANGE GRECQUE; elle opérait l'EMBOÎTEMENT des RANGS pour l'exécution des FEUX; elle se formait en gros CORPS à ESPACES variables ou en HÉRISSONS à ANGLES ÉMOUSSÉS, à l'instar du COIN des anciens et à la manière des SUISSES. — L'Infanterie a progressivement diminué de HAUTEUR, à mesure que les ARMES DE LONGUEUR se sont discréditées. — Depuis cet AMINCISSEMENT; depuis l'uniformité d'ARMEMENT donné aux hommes du CENTRE ou du GROS et à ceux des AILES, elle est devenue propre à tous les TERRAINS; elle a acquis de l'ensemble depuis l'invention des MASSES, la condensation des RANGS et la formation par RANG DE TAILLE; sa MARCHE a pris de la célérité depuis la simplification des ÉVOLUTIONS, le concours des GUIDES, le jeu des PIVOTS; elle a agi avec plus d'habileté dans les AFFAIRES DE PLAINE et de POSTE, depuis la rapidité des CHANGEMENTS DE DIRECTION et des FORMATIONS EN BATAILLE, depuis l'alternative combinée des PLOIEMENTS et des DÉPLOIEMENTS. On a cru y ajouter encore par l'adoption des RENVERSEMENTS TACTIQUES; mais c'était revenir à l'enfance de l'ART. — En tout temps elle garde les FRONTIÈRES à la GUERRE; elle appuie la CAVALERIE dans les grandes reconnaissances; fournit des NAGEURS ou a recours aux SCAPHANDRES; elle s'emploie tour à tour à l'ATTAQUE et à la DÉFENSE des FORTERESSES; jette la GRENADE en mettant le FUSIL A LA GRENADIÈRE; se porte à l'ABORDAGE; monte à l'ESCALADE, le SABRE entre les dents; assure la DÉFENSE des CONVOIS, en les ESCORTANT, soit PAR EAU, soit PAR TERRE; favorise les FOURRAGES; défend les ABATIS, les PLIS DE TERRAIN, les RAVINS; accomplit les OPÉRATIONS que l'ARTILLERIE entame; couronne les HAUTEURS où les CHEVAUX et les PIÈCES ne sauraient atteindre; décide du sort des BATAILLES avec le secours de la CAVALERIE, et quelquefois triomphe seule, comme cela s'est vu à LUTZEN. — Peu coûteuse, leste, occupant relativement le moins de TERRAIN, aisément logée, entretenue, renouvelée, elle subsiste partout sans peine, et trouve dans la CHARGE qu'elle porte toutes ses ressources, sauf l'attirail du CAMPEMENT. Mais, comme le dit MIRABEAU (1788, C), *vous détruisez absolument ses avantages, quand vous allourdissez votre Infanterie par un énorme train de bouches à feu.* — Et pourtant, de nos jours encore comme dans le dernier siècle, des PIÈCES D'ARTILLERIE DE CAMPAGNE sont redevenues, en quelque sorte, des instruments d'Infanterie : c'était retomber dans l'enfance de l'ART. — L'Infanterie pratique deux ORDRES DE COMBAT : l'un en BATAILLE, l'autre en COLONNE; l'un de FEU, l'autre de CHOC. Ils s'approprient ainsi à cette arme à deux fins, à ce FUSIL à BAÏONNETTE, que l'industrie moderne est parvenue à fabriquer. — On a agité jusqu'à satiété cette question : l'Infanterie doit-elle craindre en plaine la CAVALERIE? BOHAN (1781, H) faisait aux deux ARMES une part à peu près égale, en affirmant que *d'excellente cavalerie battra de l'Infanterie médiocre, et que d'excellente Infanterie ne sera point entamée par une médiocre cavalerie.* Cependant, en ÉGYPTE, l'INFANTERIE FRANÇAISE, attaquée par la meilleure CAVALERIE du monde, a bravé les CHARGES des MAMELUCKS. — Il y a cette grande différence entre l'Infanterie et la CAVALERIE, que, de tout temps, la première a changé de TACTIQUE en même temps que d'ARMES; tandis que le CAVALIER n'a presque point changé sa manière de COMBATTRE, et que, s'il a imité plus d'une fois les formes de la TACTIQUE de l'Infanterie, il ne les a jamais empruntées avec succès. WARNERY (1828, D) l'a démontré dans le siècle passé; le camp de LUNÉVILLE en a fourni la preuve dans le siècle actuel, si l'on en croit des tacticiens allemands. — Le CAVALIER agit soit en LIGNE, soit isolé, comme le font, dans certaines conditions, les hommes de l'INFANTERIE LÉGÈRE et de BATAILLE; mais il ne peut opérer en grand que sur un sol presque uni; il est impropre aux ACTIONS de feu; l'ORDRE EN BATAILLE est son grand moyen d'action; l'ARME BLANCHE fait presque uniquement sa force; l'invention de la POUDRE n'a point tourné au profit de l'ART qu'il exerce; les mouvements par MASSES ne lui conviennent point; les CARRÉS ne sauraient lui réussir, lui seraient même inutiles; la forme en rond, qu'on a préconisée, est une chimère; la DÉFENSIVE n'est pas son fait; le mouvement est sa vie, l'espace est son élément, le choc est son moyen : ce sont autant de points de dissemblance entre les deux genres de TROUPE. — La TACTIQUE élémentaire de l'Infanterie consiste à assurer ses DERRIÈRES et ses FLANCS, à ne jamais se DÉGARNIR entièrement de FEU, à attaquer à l'ARME BLANCHE, à se défendre par des DÉCHARGES à juste PORTÉE et plutôt progressives qu'instantanées, à s'aider de l'OBUSIER et de la FUSÉE contre la CAVALERIE, à recourir pour dernière ressource à la BAÏONNETTE, en l'employant comme ARME D'ES-

CRIME. — Dans l'OFFENSIVE du champ de bataille, l'Infanterie ne doit FAIRE FEU que dans le cas où l'ENNEMI plie ; mais il reste à prévoir si la RETRAITE de l'antagoniste n'est pas simulée, s'il ne veut pas user votre FEU, pour lancer ensuite sur vous de la CAVALERIE ou des LANCIERS masqués par des RIDEAUX. — L'Infanterie étant propre à COMBATTRE de près et de loin, le génie de sa TACTIQUE consiste dans le meilleur ORDRE DE CHOC et le meilleur ORDRE DE FEU. Le chef-d'œuvre de l'ART est dans la transformation la plus rapide possible de ces deux ORDRES, dans le mécanisme des CONTRE-MARCHES, dans le PLOIEMENT et le DÉPLOIEMENT des COLONNES D'ATTAQUE et des CARRÉS ; l'une de ces ORDONNANCES appartient plutôt aux COMBATS CONTRE CAVALERIE, l'autre au COMBAT CONTRE INFANTERIE. — Si l'on en croit M. DUPIN (1820,B), les Infanteries FRANÇAISE, ANGLAISE, RUSSE étaient, à la fin de la dernière GUERRE, les plus formidables dans leurs CHARGES A LA BAIONNETTE et dans leurs FEUX. Cette opinion n'est pas d'une justesse rigoureuse ; à chacun sa part de célébrité : l'INFANTERIE FRANÇAISE, quand elle DONNE, est terrible ; le FEU ANGLAIS est bien supérieur ; la DÉFENSIVE que les RUSSES déploient sur place est admirable ; la constance des AUTRICHIENS en RETRAITE est merveilleuse en plaine ; la résistance infatigable derrière des murailles distingue le Turc ; enfin les GUÉRILLAS ESPAGNOLES, dans un genre de GUERRE renouvelée des SCYTHES et des PARTHES, se sont rendues formidables par une opiniâtreté de sauvages, par un acharnement de fanatiques. — En CAMPAGNE, l'Infanterie occupe de préférence les lieux accidentés et fourrés ; une TRANCHÉE, un ABATIS, quelques CHEVAUX DE FRISE, suffisent pour l'y tenir en sûreté. Dans la traversée des plaines, sa tête et ses FLANCS sont couverts par la CAVALERIE ; en RETRAITE, c'est aux HOMMES DE PIED à former l'ARRIÈRE-GARDE et à protéger la COLONNE DE CAVALERIE. A cet effet, ils bordent les sommités et les RAVINS OU FONT FERME en grosse MASSE, pendant que les CHEVAUX DÉFILENT et gagnent un TERRAIN qui convienne à leurs MANŒUVRES et à leurs ALLURES. Quand la CAVALERIE atteint un DÉBOUCHÉ, elle se DÉPLOIE FACE EN ARRIÈRE pour COUVRIR à son tour l'Infanterie et favoriser son écoulement. Ce mécanisme, ce changement de rôle sont une des hautes parties du savoir d'un CHEF DE DÉTACHEMENT. — La TOPOGRAPHIE calcule la MARCHE de l'Infanterie comme étant d'un quart plus vive que ne l'est le CHEMINEMENT des COLONNES D'ÉQUIPAGES. Des ODOMÈTRES, des PÉDOMÈTRES ont été employés à ce genre de toisé. — En quelques pays, on commence aussi à soumettre au calcul les proportions de l'allure des CAVALIERS et du CHEMINEMENT des COLONNES d'Infanterie. — N'occuper que la place convenable sur les CHEMINS militaires, ne les pas obstruer, n'y être ni gênant ni gêné, n'est pas sans importance en TACTIQUE générale ; mais l'Infanterie surtout est intéressée à cette précaution de tous les instants, parce qu'elle ne peut pas regagner le temps perdu, comme le font la CAVALERIE, par quelques temps de galop, ou les ÉQUIPAGES, en prenant le petit trot. — Le général PELET (1828) est l'ÉCRIVAIN le plus moderne qui ait traité avec étendue de la TACTIQUE de l'Infanterie. — N° 9. SUBORDINATION. — L'Infanterie a marché tour à tour sous des BANNIÈRES, des ENSEIGNES, des GONFALONS, des DRAPEAUX ; elle a eu pour CHEFS ou chevetains des CAPITAINES, des COLONELS, un COLONEL GÉNÉRAL, des COMMANDÈRES, un GRAND MAÎTRE DES ARBALÉTRIERS ; tels de ses OFFICIERS se sont même appelés ROIS. — La fréquence et l'exactitude de ses REVUES ont, de tout temps, été le moyen conservateur de sa subordination. — L'Infanterie a cessé presque partout d'être gouvernée d'une manière avilissante ; mais combien cependant elle aurait encore de vœux à former ! — N° 10. PUNITIONS, PEINES. — Les PUNITIONS, les CHATIMENTS, les SUPPLICES longtemps infligés à l'Infanterie ont été atroces ; tels étaient la DÉCIMATION, la LAPIDATION, la POTENCE, l'ÉSOREILLADE, le PERCEMENT de la LANGUE, la MARQUE, l'ESTRAPADE, l'AMPUTATION du nez, du poing ou de quelques membres, le CHEVAL DE BOIS, la FUSTIGATION sous mille formes. — Maintenant des mœurs plus humaines règnent généralement, et c'est moins le fait d'un relâchement de régime que d'une amélioration de race. L'Infanterie n'est plus une race de bandits, comme au temps où la nécessité commandait ces rigueurs ; la DISCIPLINE des FANTASSINS est devenue douce, sauf l'application des formes encore cruelles de la JUSTICE MILITAIRE, quand il s'agit de la PEINE CAPITALE et de l'emploi des ARMES DE SUPPLICE dans les mains d'un frère chargé de tuer son frère. — N° 11. SERVICE. — Tout est auxiliaire à l'Infanterie : elle n'est, au contraire, l'accessoire d'aucune autre ARME, à moins qu'on ne voie prévaloir un système vers lequel on a incliné ; il l'eût constituée la gardienne des PARCS, la portière des ARSENAUX, l'auxiliaire des ARTILLEURS, la machine à MONTER LA GARDE et à accomplir les CORVÉES DES FORTERESSES. — Les AUTEURS didactiques, aussi bien que les historiens, ont reconnu sa supériorité. VOLTAIRE l'appelle *l'âme des armées ;* elle en est, suivant MACHIAVEL, *le nerf.* — Élément principal, haute CATÉGORIE des MILICES bien organisées, l'Infanterie en est la base en TEMPS DE PAIX; elle est le levier du pouvoir en TEMPS DE GUERRE; elle peut agir seule; ce qui l'entoure ne se meut que pour la seconder; ainsi elle est la vraie force des empires; tout ce qui est militaire se ressent de son importance; ses POSTES gardent l'ARMÉE; son service est, de tous, le plus usuel, le plus simple, le plus facilement réglé et assuré. — En tout temps, le SERVICE de l'INGÉNIEUR et de l'ARTILLEUR sont plus savants; en TEMPS DE GUERRE celui de la CAVALERIE est plus brillant, quelquefois plus décisif; mais celui de l'Infanterie est universel; elle est la planète dont tous les corps environnants sont les satellites. — Des ATTAQUES ou des résistances de tout genre, la DESCENTE du FOSSÉ ou la DÉFENSE de la BRÈCHE, la TRANCHÉE et le REMPART, l'INSULTE de la PALISSADE ou le FEU du PARAPET, l'EMBUSCADE ou le CHAMP DE BATAILLE occupent l'Infanterie, exercent sa valeur, attestent son importance. — Les VALLONS, les GUÉS, les DÉFILÉS l'obligent à peine à quelques HALTES; les COURS D'EAU, les RAVINS, les ABATIS, les FORÊTS la ralentissent peu; les HAUTEURS ou la PLAINE, la PARALLÈLE ou le CAMP DE RÉSERVE, les DEHORS ou le CHEMIN COUVERT, l'avant-garde ou l'arrière-garde sont tour à tour ses THÉÂTRES. Voilà pourquoi son SERVICE est le premier; voilà pourquoi le DÉNOMBREMENT des ARMÉES se fait par BATAILLONS. — Toutes les espèces de TROUPES se prêtent sans doute un APPUI et un secours mutuels, et c'est l'emploi habile de leurs moyens, de leurs efforts, de leurs COLONNES COMBINÉES qui constitue la SCIENCE du GÉNÉRAL ou l'ARÉOTECTONIQUE; mais l'Infanterie est le genre de TROUPE dont les autres ne peuvent se passer; elle n'a besoin, pour se façonner, que de résider quelques mois dans un CAMP D'INSTRUCTION; une fois EN CAMPAGNE, sous de bons chefs, sous des primipiles éprouvés, elle offre à ceux qui y servent des occasions plus fréquentes de se distinguer, des débouchés plus nombreux, des chances d'AVANCEMENT plus favorables; et pourtant c'est le genre de troupe auquel l'ENRÔLEMENT VOLONTAIRE fournit le moins de soldats; c'est l'ARME qui est la moins soignée, la plus mal payée; les HÔPITAUX lui dévorent le plus d'hommes, les BATAILLES lui coûtent trois fois plus qu'à l'ARTILLERIE et à la CAVALERIE; les compagnies de discipline en attendent le plus de coupables.

INFANTERIE A CHEVAL. V. A CHEVAL. V. ARME DE DRAGONS. V. ARQUEBUSIER A CHEVAL. V. CONSTITUTION. V. DRAGON FRANÇAIS; id. N° 4, 6. V. DROMADAIRE. V. FUSIL DE DRAGONS.

V. GUERRE DE 1665. V. GUIDON D'ÉQUIPEMENT. V. SELLE DE CAVALERIE.

INFANTERIE ALLEMANDE. V. ALLEMAND, adj. V. BATAILLON D'INFANTERIE FRANÇAISE N° 4, 7. V. FLEISCHER. V. FROMM. V. FROMMUELLER. V. GRENADE A MAIN. V. INFANTERIE N° 1. V. INFANTERIE FRANCO-ÉTRANGÈRE. V. KROHN. V. LANSQUENET. V. LAVATER. V. LINDENAU. V. MAUVILLON (1783, H). V. PACHE. V. RIMPLER. V. SCHEIDMANTEL. V. SCHLUETER. V. WALHAUSEN (1615, A). V. WINKER (1689). V. WINZENBERGER (1588). V. XILANDER (1825, 1827).

INFANTERIE ANGLAISE. V. AGE MILITAIRE. V. ANGLAIS, adj. V. ARMEMENT DE TROUPE. V. BUFFLE DÉFENSIF. V. CHAMP DE BATAILLE. V. CHARGE D'INFANTERIE. V. DALRYMPLE. V. DUNDAS. V. ÉCOLE D'ENFANTS DE TROUPE. V. ÉCOLE MILITAIRE. V. ÉCU. V. INFANTERIE N° 8. V. MASSUE. V. MILICE ANGLAISE; id. N° 1, 2, 3, 4, 7, 8, 12. V. MILICE HOLLANDAISE N° 4, 5. V. MILICE PRUSSIENNE N° 7. V. PAL. V. PAS OBLIQUE. V. PLATINE A PISTON. V. RANGS D'INFANTERIE. V. RUSSEL. V. SMÉZO (1826, H). V. SMIRKE. V. SUASSO. V. TACTIQUE, subs. V. TIRAILLEUR.

INFANTERIE ANGLO-AMÉRICAINE. V. ANGLO-AMÉRICAIN. V. MILICE ANGLO-AMÉRICAIN. N° 1.

INFANTERIE AU CAMP. V. AU CAMP. V. GRAND'GARDE DE CAVALERIE. V. INFANTERIE FRANÇAISE N° 10. V. SERVICE AU CAMP.

INFANTERIE AUTRICHIENNE. V. AIDE-CHIRURGIEN N° 1. V. ARMÉE FRANÇAISE N° 8. V. AUTRICHIEN, adj. V. BALLE INCENDIAIRE. V. CARABINE. V. CAPITAINE LIEUTENANT. V. CHEVAL DE FRISE. V. FOURRIER D'INFANTERIE FRANÇAISE DE LIGNE N° 2. V. GUIDE. V. MARCHE DE BRIGADE D'INFANTERIE EN BATAILLE. V. MILICE AUTRICHIENNE N° 1, 2, 3, 4, 6, 7. V. MANTEAU D'HABILLEMENT. V. SCHAKO. V. TIRAILLEUR.

INFANTERIE BADOISE. V. BADOIS, adj. V. MILICE BADOISE.

INFANTERIE BAVAROISE. V. BAVAROIS, adj. V. MILICE BAVAROISE N° 1, 2.

INFANTERIE BELGE. V. BELGE, adj. V. MILICE BELGE.

INFANTERIE BRÉSILIENNE. V. BRÉSILIEN, adj. V. MILICE BRÉSILIENNE.

INFANTERIE BYSANTINE. V. BOUCLIER. V. BYSANTIN, adj. V. FUSÉE DE GUERRE. V. MILICE BYSANTINE. V. SALLE D'EXERCICE. V. SIPHON A MAIN.

INFANTERIE CHINOISE. V. CHINOIS, adj. V. MILICE N° 4.

INFANTERIE COLONIALE. V. COLONIAL. V. ARMÉE FRANÇAISE N° 2. V. COLONIAL.

INFANTERIE COLOMBIENNE. V. COLOMBIEN, adj. V. MILICE COLOMBIENNE.

INFANTERIE COMMUNALE (F), OU COMMU-
NES, OU COMPAGNIE DE PAROISSE, OU MILICE
COMMUNALE, OU MILICE DES COMMUNES. Sorte
d'INFANTERIE FRANÇAISE du MOYEN AGE, qui
n'a joui d'aucune estime ; elle n'a jamais
eu d'ensemble, et ne s'est presque point
rassemblée en CORPS D'ARMÉE. Elle assiste à
BOUVINES, y joue un rôle nul, et y forme
comme une ligne de fortins vivants où la
CAVALERIE vient chercher un parapet ; elle
figure à la bataille de CRÉCY, mais elle ne
s'y présente que pour s'y faire honteuse-
ment écraser. — Dans le quatorzième siècle,
on reconnut, à ce que dit HALLAM, l'inefica-
cité de ce genre de milice ; *mais comme la
vie des paysans français était peu importante aux yeux du gouvernement, on
continua à les mener à la boucherie, en
les opposant aux troupes disciplinées
d'Edouard trois.* — Le nouveau système
militaire introduit par CHARLES SEPT amena
l'abolition de l'INFANTERIE DES COMMUNES ;
quand il recouvra le royaume, il trouva cette
MILICE et la CAVALERIE FIEFFÉE découragées,
ruinées, détruites par la GUERRE. Sous prétexte de dégrever du tribut des MILICES le
pays, il créa un tribut d'une autre forme ;
c'étaient les COMPAGNIES D'ORDONNANCE ; les
COMMUNES furent tenues d'en faire la SOLDE
nommée TAILLE. — Si la NOBLESSE perdit de
sa puissance, en perdant sa BANNIÈRE FÉODALE,
elle gagna pécuniairement par la nouvelle
disposition adoptée, puisque la TAILLE, éventuelle d'abord, perpétuelle ensuite, ne
frappa que le pauvre peuple ; il dut supporter seul un fardeau de CONSCRIPTION jusque-
là partagé du moins par les GENTILSHOMMES.
— Sur le sujet ici traité on peut consulter
de BEAUMANOIR, Delamare (*Traité de la police*), GANEAU (au mot*Communes*), DULAURE,
M. MONTEIL, VELLY. — Ce qui concerne l'Infanterie communale va être examiné sous
les rapports suivants : CRÉATION, COMPOSITION,
DÉNOMINATION, FORCE, UNIFORME, TACTIQUE,
SUBORDINATION, SERVICE. — N° 1. CRÉATION. —
L'Infanterie communale date du commencement du douzième siècle ; elle fut une imitation des troupes que les SEIGNEURS tenaient
sur pied, et qui étaient analogues aux SOMATÈ-
NES d'ESPAGNE. Les ROIS DE FRANCE l'institué-
rent partiellement ; ils vendirent, soit à bon
droit ou non, l'affranchissement aux COMMU-
NES assez populeuses pour lever quelques
TROUPES et assez riches pour acheter la permission de PRENDRE LES ARMES. En échange
de cette émancipation, elles s'engagèrent, vis-
à-vis la couronne, à certaines contributions
dont la redevance du SERVICE fait partie, et
dont l'abolition du joug seigneurial était la
condition. Les évêques y donnèrent, pour la

plupart, les mains en vue de préserver de l'u-
surpation des NOBLES, le temporel des diocè-
ses. — Depuis l'époque où cette MILICE commence à être sur pied, on ne voit plus se
renouveler les RASSEMBLEMENTS du CHAMP DE
MAI. — Les plus anciennes chartes conser-
vées au dépôt de la guerre, touchant les milices des communes, sont de 1128. — En
1130, la MILICE COMMUNALE fait partie de l'ARMÉE
de PHILIPPE PREMIER. — La TROISIÈME RACE,
en favorisant la propagation de la MILICE COM-
MUNALE, travailla ainsi à avoir des HOMMES
de plus et des ENNEMIS internes de moins.
PHILIPPE PREMIER modifia le système politique de la FRANCE en encourageant l'affranchissement ; LOUIS LE GROS, en le multipliant,
restreignit la suzeraineté des SEIGNEURS, et
porta une rude atteinte à la FÉODALITÉ ; car
quoique les soldats de paroisse fussent de
mauvaises TROUPES, encore empêchaient-ils
qu'on ne vînt piller les manoirs. Le trône,
en recourant à cette ressource, commença à
secouer la dépendance où le tenaient les GRANDS
FEUDATAIRES, toujours disposés ou à vendre
cher au ROI leurs TROUPES, ou à les lui refuser.
— Tout en se réservant la faculté de recourir au BAN et à l'ARRIÈRE-BAN, LOUIS LE GROS
voulait que les secours féodaux fussent comme des têtes d'ARMÉE dont l'Infanterie des
COMMUNES fût le corps ou la suite ; on appelait également, en ALLEMAGNE, queue ou
suite d'armée (*heeres-folge*), les levées
auxiliaires ou de second ordre ou l'ARRIÈRE-
BAN. — Tels furent les moyens obliques que
les ROIS DE FRANCE employèrent pour brider
une NOBLESSE factieuse, et pour remédier aux
désordres que commettaient les ROUTS, c'est-
à-dire les RÉGIMENTS D'AVENTURIERS et de
scélérats commissionnés, rassemblés et armés par les SEIGNEURS ou les GENTILSHOMMES,
et ayant pour colonels et CHEFETAINS les cadets
de famille et les bâtards de grandes maisons.
—Orderic Vitalis, bénédictin du douzième
siècle et auteur d'une histoire ecclésiastique
dont il se retrouve des fragments, dit positivement que LOUIS LE GROS institua les MILI-
CES COMMUNALES pour réprimer les révoltes
perpétuelles des SEIGNEURS FRANÇAIS ; nous ne
rappelons le témoignage de cet annaliste que
parce qu'on a contesté l'affranchissement à
LOUIS LE GROS ; BREQUIGNY, DANIEL (1721,
A), MABLY, RAY DE SAINT-GENIÈS (1755, A),
s'accordent pourtant à le lui attribuer. —
L'affaiblissement des SEIGNEURS fieffés appau-
vris par suite des CROISADES, favorisa l'établissement des TROUPES COMMUNALES ; sans
cette circonstance les monarques n'eussent
pas réussi peut-être à instituer ce genre
d'ARMÉE ; les expéditions d'outre-mer pro-
duisirent ce bienfait inespéré et bien chère-